新 HSK 6급
고득점
집중공략

新HSK 6급 고득점 집중공략

초판인쇄　2011년 6월 20일
초판발행　2011년 7월 4일

저　　자　김연희 · 우치갑 공편
발 행 인　윤우상
책임편집　윤병호, 최준명
북디자인　Design Didot 디자인디도
발 행 처　송산출판사
주　　소　서울특별시 서대문구 홍제 2동 104-6
전　　화　(02) 735-6189
팩　　스　(02) 737-2260
홈페이지　http://www.songsanpub.co.kr
등록일자　1976년 2월 2일. 제 9-40호

ISBN　　978-89-7780-171-4　13720

김연희 우치갑 공편

송산출판사

머리말

　　수험생 입장에서 신HSK 6급 시험을 준비하려고 하면, 수준·분량·단어 면에서 어렵고 막연하다는 생각이 들기 쉽습니다. 시험수준 면에서 신HSK 6급은 고급시험에 해당하기 때문에 신HSK 5급에 비해 수준이 상당히 높고, 학습 분량 면에서 형식적으로는 '듣기, 독해, 쓰기' 3과목이지만, 실제로 듣기부분도 다시 '듣기 1부분~ 3부분'으로 나뉘고, 독해부분도 다시 '독해 1부분~4부분'으로 나뉘어 있는 것을 감안할 때 공부해야 하는 분량이 매우 많으며, 단어 면에서 볼 때 HSK를 주관하는 한반(汉办)에서 5000개 필수단어를 발표하기는 하였지만, 실제 시험에는 5000개 이외의 단어가 출제되는 경우가 많기 때문입니다.

　　따라서 신HSK 6급을 준비한다면 불필요한 부분은 과감히 포기하고, 필요한 부분만 선별해서 집중적으로 공략한 후에 다시 한 번 전체적인 내용을 점검하는 것이 훨씬 효과적입니다. 또한 학습할 때 가장 좋은 학습 방법 중의 하나는 무작정 문제를 많이 풀기보다는 과목마다 유형별로 분류를 해서 필수이론과 어휘를 공부한 후에 시험문제 유형을 분석하고 나서 문제 푸는 방법을 익히고, 이와 관련된 문제의 유형을 한꺼번에 많이 풀어 보는 것입니다.

　　《新HSK 6급 고득점 집중공략》에서는 현재 다른 HSK 관련 수험서가 유형별 분류가 제대로 이루어지지 않고, 지나치게 문법부분과 단어정리에만 치중하여 실제시험과 직접 연결이 되지 않는 단점을 개선하여, 각 부분마다 시험에 출제되고 있는 모든 유형을 정확히 분류해 놓았으며, 시험과 관련된 필수문법과 어휘 등을 체계적으로 정리해 놓은 이론내용을 바탕으로, 동시에 기출문제를 완벽히 분석하여 '신HSK문제 유형분석'과 '실력 다지기 문제'에서 실제 시험과 99% 유사한 5회 분량의 실전문제에 자세한 해설까지 덧붙여 놓아서, 수험생 누구나 新HSK 6급 시험을 효과적으로 준비할 수 있게 하였습니다.

　　또한 《新HSK 6급 고득점 집중공략》에서는 수험생이 어려워하는 쓰기부분에 필요한 원고지 사용법과 문장부호 사용법은 물론 쓰기부분의 학습전략, 유의사항, 신HSK 문제분석, 실력다지기 문제 등 고득점을 받는데 필요한 모든 사항들을 자세히 정리해 놓았습니다.

　　그밖에 《新HSK 6급 고득점 집중공략》에서는 각 부분 마다 HSK시험을 주관하는 한반(汉办)에서 발표한 5000개 필수단어에는 없지만 실제 시험에는 출제가 된 기출단어와 필수 4자 성어를 따로 정리하여서 녹음 파일과 함께 별책부록으로 제공하였고, 한반에서 발표한 필수단어 5000개는 카페에서 다운을 받을 수 있도록 제공하여서 수험생이 이 책으로 좀 더 편리하고 쉽게 공부를 할 수 있게 하였습니다.

《新HSK 6급 고득점 집중공략》은 '기본기학습 (20일) → 총정리하기 (10일)'로 구성한 학습서로 빠른 시일 내에 신HSK 6급 시험 준비를 할 수 있게 구성이 되어 있는 책입니다. 또 '날짜별 계획'과 '요일별 계획'을 동시에 제공하여 수험생 각자의 성향에 맞게 가장 효율적으로 학습할 수 있는 최적의 학습 방향을 제시하였습니다.

《新HSK 6급 고득점 집중공략》은 여러분께 고득점으로 향하는 지름길을 안내해 드릴 것입니다. 자, 이제부터 마음을 비우시고 요일별로 흥미롭게 학습해서 듣기, 독해, 쓰기 전체 부분을 한 번에 끝내십시오. 여러분의 중국어 실력과 점수에 기적 같은 일이 일어날 것입니다.

끝으로 좋은 책 만들기에 여념이 없으신 송산 출판사 윤우상 사장님, 윤병호 과장님, 최준명 대리님, 신HSK 어학연구소 조교 李喆, 刘冰 선생님 등께 감사합니다.

2011.05.
편저자

이 책은 이런 점이 좋아요!

• 6급 신HSK 독학하기가 너무 어렵다고요?

• 듣기 · 독해 · 쓰기영역을 학습하고도 이해가 안 된다고요?

• 걱정 마세요! 고/득/점/ 학/습/전/략을 제시합니다.

1. **책 한 권으로 기본부터 실전까지 완벽 대비**

   듣기·독해·쓰기영역의 출제경향을 완벽하게 분석한 실전대비 고득점 학습전략 기본서이며, 많은 양의 신HSK 문제까지 풀어볼 수 있는 실전 문제집을 겸비한 종합서이다.

2. **시험관련 분석·방법·전략제시**

   내용을 학습하기 전에 1단원에서 6급 시험의 형식과 방식, 출제경향 분석, 학습방법, 문제풀이 전략을 제시하여, 처음 6급 시험을 준비하는 수험생도 공부 방향을 한눈에 파악할 수 있도록 일목요연하게 정리하였다.

3. **유형별로 분류한 수험생 맞춤서**

   듣기·독해·쓰기영역에서 시험에 출제되고 있는 모든 유형을 정확히 분류해 놓았으며, 시험관련 필수문법과 어휘를 체계적으로 정리해 놓은 수험생에게 꼭 필요한 맞춤서이다.

4. **실전유형문제 총 5회 분량 수록**

   실전 응용력 강화를 위해 실제시험과 99% 유사한 유형의 [新 HSK문제 유형분석]과 [실력 다지기 실전문제]를 제공하였다.

5. **쓰기부분의 고득점으로 향하는 필수이론과 문제 정리**

   수험생이 어려워하는 쓰기부분 학습에 필요한 원고지 사용법과 문장부호 사용법은 물론 쓰기부분의 학습전략, 유의사항, 신HSK 문제분석, 실력다지기 문제 등 고득점을 받는데 필요한 모든 사항들을 자세히 정리해 놓았다.

6. **단어와 MP3 파일을 제공**

   듣기·독해·쓰기영역 각 부분 별로 한반(汉办)에서 발표한 5000개 필수단어에는 없지만, 실제 시험에는 출제가 된 기출단어와 필수 4자 성어를 따로 정리하여 녹음 파일과 함께 별책부록으로 제공하였고, 필수단어 5000개는 카페에서 다운을 받을 수 있도록 제공하였다.

7. **날짜별, 요일별 학습 계획표 제시**

   '기본기학습 (20일) → 총정리하기 (10일)'로 구성한 학습서로 날짜에 따른 '과목별 학습 계획표'와 학원 수업방식에 맞춘 '요일별 학습 계획표'를 동시에 제공하여, 수험생 스스로 학습 성향에 맞게 선택해서 독학할 수 있게 학습 계획표를 다양한 형식으로 제공하였다.

8. **효과적인 단어 암기 방법과 6급 시험공부 방법을 제시**

   '이 책의 활용방법'과 '학습 계획표'에서 효과적으로 많은 양의 단어를 암기하는 방법과 단기간 안에 6급 시험을 마스터할 수 있는 방법을 제시해 놓았다.

《新HSK 6급 고득점 집중공략》은 20일간 기본내용을 집중적으로 빨리 학습하고 나서, 10일간 전체적인 내용을 다시 한 번 정리하는 방식으로 30일 안에 신HSK 6급 시험을 준비할 수 있도록 구성한 최적의 학습서입니다.

그러나 이 책의 학습계획이 30일로 구성되어 있다고 해서 '듣기능력'이나 '긴 지문 독해능력' 등 비교적 장기간 꾸준히 학습하면서 실력을 향상시켜 나가야하는 부분까지 30일 만에 마스터할 수 있다는 말은 아닙니다. 《新HSK 6급 고득점 집중공략》은 6급 시험의 듣기 · 독해 · 쓰기부분의 유형과 난이도를 정확히 파악하고, 시험에 필요한 모든 내용을 일정한 시간이나 조건에 맞게 학습할 수 있도록 유형별로 일목요연하게 정리해 놓은 종합 수험서입니다.

《新HSK 6급 고득점 집중공략》으로 학습하기에 앞서 수험생은 다음과 같은 사항에 유의해야 합니다.

1 **듣기부분과 독해4부분은 평소에 꾸준히 학습해야 한다.**

중국어 학습자는 '듣기부분, 독해4부분, 어휘 량 늘리기' 등 비교적 긴 시간을 필요로 하는 부분은 시험과 상관없이 관련서적을 보며 하루에 조금씩이라도 꾸준히 공부해야하며, 6급 시험 준비를 할 때에 《新HSK 6급 고득점 집중공략》책으로 6급 시험에 맞게 올바른 방향으로 학습해 나간다면 반드시 좋은 성적을 받을 수 있을 것입니다.

2 **쓰기부분은 실전연습을 많이 해야 한다.**

쓰기부분은 시험보기 전에 반드시 실제시험과 비슷한 난이도와 유형으로 되어있는 문제로 연습을 많이 해보아야 합니다. 따라서 쓰기부분을 학습할 때에는 '2단계 총정리 단계'에서 《6급 新HSK 쓰기 고득점 집중공략》책과 같은 쓰기부분에 관한 전문서적을 병행해서 학습하면 효과적으로 이 부분을 마스터할 수 있습니다.

3 **단어정리는 평소에 꾸준히 하고, MP3 파일을 적극 활용한다.**

《新HSK 6급 고득점 집중공략》에서 각 과목 중간의 '기출 단어정리'와 '4자 성어 정리'와 같이 MP3 파일도 함께 제공하는 단어는 평소에 장소를 이동할 때나 시간이 나는 대로 틈틈이 들으면서 숙지해야 하고, 카페에서 다운로드 할 수 있는 '5000개 필수단어' 도 본인이 모르는 단어 위주로 체크해 놓고 수시로 암기해야 합니다.

'5000개 필수단어'처럼 많은 양의 단어를 암기할 때에는 처음부터 긴 시간 동안 적은 양의 내용을 자세히 공부하기보다 매일 30분~1시간 정도 단어암기 시간을 정해놓고, 정해진 시간 안에 목표한 단어를 집중해서 암기하고, 만약 그 시간에 암기를 다 못했다할지라도 단어암기를 마무리합니다.

다음날 단어암기 시간에는 전날 암기한 내용을 10-15분간 집중해서 다시 한 번 빨리 복습한 후, 전날과 같은 방법으로 다음 단어를 암기하는 식으로 누적해서 공부하면 좀 더 효과적으로 암기할 수 있으며, 단어를 암기할 때에는 쓰면서 암기하는 것 보다 단어를 보면서 큰 소리로 읽으면서 암기한 후 마지막에 한 번 써보는 방식으로 공부하는 것이 더 효과적입니다.

《新HSK 6급 고득점 집중공략》에서는 20일간 기본내용을 집중적으로 빨리 학습하고 나서, 10일간 전체적인 내용을 다시 한 번 정리하는 방식으로 30일 안에 신HSK 6급 시험을 준비할 수 있도록 구성하였고, 날짜에 따른 '과목별 학습 계획표'와 학원 수업방식에 맞춘 '요일별 학습 계획표'를 동시에 제공하여, 수험생 각자 학습 성향에 맞게 학습 계획표를 선택해서 짧은 기간 안에 가장 효과적으로 학습할 수 있게 방향을 제시하였습니다.

중국어 공부한 기간이 짧거나, 알고 있는 어휘 량이 많이 부족해서 이 책을 30일 계획표에 따라 마스터하기 힘든 수험생 또는 6급 시험을 1개월 이상 준비하겠다고 계획한 수험생이라 할지라도, 처음부터 긴 시간을 할애하여 일일 학습량에 해당하는 분량을 자세히 공부하기 보다는 전체내용을 소설책 읽듯이 집중해서 읽어내려 가면서 이론 설명을 이해한 후, 문제를 풀고 나서 틀린 부분이나 이해가 안 가는 부분은 체크해 놓고, 다음 공부할 부분을 공부하는 방식으로 빨리 책 한권을 처음부터 끝까지 한 번 학습하고 나서, 다시 전체적인 내용을 1~2차례, 또는 그 이상 반복해서 복습하면서 첫 번째 학습할 때 완전히 마스터하지 못한 부분, 틀린 문제, 단어정리 등 세부적인 부분을 좀 더 자세히 보충해서 공부하는 방식으로 학습하면 훨씬 지루하지 않게 효율적으로 시험 준비를 할 수 있습니다.

그밖에 스스로 일일 학습량을 마치고 나서, 학습 계획표 옆의 □ 부분에 ☑ 표시를 해 나가면, 자신의 학습 진도 상황도 한눈에 점검하면서 성취감도 맛볼 수 있습니다.

30일 집중 학습 계획표는 다음과 같습니다.

30일 집중 학습 계획과 나의 학습 진도 상황 점검표

1 단계 기본기 다지기 [20일 간]

(1) 날짜에 따른 과목별 학습 계획표

과목	부분	일수	학습 내용		페이지	학습 방법
듣기 부분	1부분	1일	1단원 유형 및 분석	□	20~35p	1. '1단원 유형 및 분석'을 읽어보면서 앞으로 학습할 방향잡기 2. '유형별 문제풀이 집중공략' 을 소설책 읽듯이 집중해서 읽으면서 내용 이해하기 3. '新HSK 문제 유형분석'을 집중해서 읽으면서 문제유형을 익히기 4. '기출 단어정리'는 평소에 시간이 날 때 마다 mp3 파일 듣기 5. 실력다지기 문제를 풀어 본 후 정답과 해설부분 확인하기 6. 틀린 문제, 이해가 안 되는 부분, 모르는 단어는 다시 한 번 정리한 후 별도로 체크해 놓기
			유형별 문제풀이 집중공략 3가지 유형정리 *新HSK 문제 유형분석 *기출 단어정리 *실력다지기 실전문제	□ □ □ □	38~53p	

과목	부분	일수	학습 내용	페이지	학습 방법
		2일	**최종점검하기** * 新HSK 문제 유형분석 ☐ * 실력다지기 실전문제 ☐	54–59p	1. 전날 학습했던 '유형별 문제풀이 집중공략'을 다시 한 번 집중해서 읽으면서 복습하기 2. '新HSK 문제 유형분석'을 집중해서 읽으면서 문제유형을 익히기 3. 실력다지기 문제를 풀어 본 후 정답과 해설 부분 확인하기 4. 틀린 문제, 이해가 안 되는 부분, 모르는 단어는 별도로 체크해 놓기
	2부분	3일	**유형별 문제풀이 집중공략** 2가지 유형정리 ☐ * 新HSK 문제 유형분석 ☐ * 기출 단어정리 ☐ * 실력다지기 실전문제 ☐	62–77p	* 듣기1부분과 학습방법은 같습니다.
		4일	**최종점검하기** * 新HSK 문제 유형분석 ☐ * 실력다지기 실전문제 ☐	78–85p	* 듣기1부분과 학습방법은 같습니다.
	3부분	5일	**유형별 문제풀이 집중공략** 2가지 유형정리 ☐ * 新HSK 문제 유형분석 ☐ * 기출 단어정리 ☐ * 실력다지기 실전문제 ☐	88–101p	* 듣기1부분과 학습방법은 같습니다.
		6일	**최종점검하기** * 新HSK 문제 유형분석 ☐ * 실력다지기 실전문제 ☐	102–108p	* 듣기1부분과 학습방법은 같습니다.
독해 부분	1부분	7일	**기본기 다지기** ☐ **서술어 관련 유형의 문제** 8가지 유형정리 ☐ * 新HSK 문제 유형분석 ☐ * 실력다지기 실전문제 ☐	112–114p 115–139p	1. '기본기 다지기'를 집중해서 읽어보기 2. '유형별 문제풀이 집중공략' 을 소설책 읽듯이 집중해서 읽으면서 내용을 이해하고, ★ 표시 위주로 암기하기 3. '新HSK 문제 유형분석'을 집중해서 읽으면서 문제유형을 익히기 4. 실력다지기 문제를 풀어 본 후 정답과 해설 부분 확인하기 5. 틀린 문제, 이해가 안 되는 부분, 모르는 단어는 다시 한 번 정리한 후 별도로 체크해 놓기
		8일	**부사 관련 유형의 문제** 4가지 유형정리 ☐ * 新HSK 문제 유형분석 ☐ * 실력다지기 실전문제 ☐	140–163p	* '7일차 서술어 관련 유형의 문제'와 학습방법은 같습니다.
		9일	**접속사 관련 유형의 문제** 4가지 유형정리 ☐ * 新HSK 문제 유형분석 ☐ * 실력다지기 실전문제 ☐	164–180p	* '7일차 서술어 관련 유형의 문제'와 학습방법은 같습니다.

과목	부분	일수	학습 내용		페이지	학습 방법
독해 부분	1부분	10일	**보어와 조사 관련 유형의 문제** 7가지 유형정리 ☐ *新HSK 문제 유형분석 ☐ *실력다지기 실전문제 ☐		181–208p	*'7일차 서술어 관련 유형의 문제'와 학습방법 은 같습니다.
		11일	**전치사 관련 유형의 문제** 3가지 유형정리 ☐ *新HSK 문제 유형분석 ☐ *실력다지기 실전문제 ☐		209–226p	*'7일차 서술어 관련 유형의 문제'와 학습방법 은 같습니다.
		12일	**기타 시험에 잘나오는 유형의 문제** 2가지 유형정리 ☐ *新HSK 문제 유형분석 ☐ *실력다지기 실전문제 ☐		227–238p	*'7일차 서술어 관련 유형의 문제'와 학습방법 은 같습니다.
	2부분	13일	**기본기 다지기** ☐		242–244p	1. '기본기 다지기'를 집중해서 읽어보기 2. '유형별 문제풀이 집중공략' 을 소설책 읽듯 이 집중해서 읽으면서 내용을 이해하기 3. '新HSK 문제 유형분석'을 집중해서 읽으면 서 문제유형을 익히기 4. 실력다지기 문제를 풀어본 후 정답과 해설 부분 확인하고, 해설부분의 '단어정리'부분 을 집중해서 암기하기 5. 틀린 문제, 이해가 안 되는 부분, 모르는 단 어는 다시 한 번 정리한 후 별도로 체크해 놓기
			유형별 문제풀이 집중공략 5가지 유형정리 ☐ *新HSK 문제 유형분석 ☐ *실력다지기 실전문제 ☐		245–268p	
독해 부분	2부분	14일	**최종점검하기** *新HSK 문제 유형분석 ☐ *실력다지기 실전문제 ☐ *시험에 잘나오는 4자 성어 ☐		269–299p	1. 전날 학습했던 '유형별 문제풀이 집중공략' 과 해설부분의 '단어정리'부분을 다시 한 번 집중해서 읽으면서 복습하기 2. '新HSK 문제 유형분석'을 집중해서 읽으면 서 문제유형을 익히기 3. 실력다지기 문제를 풀어본 후 정답과 해설 부분 확인하고, 해설부분의 '단어정리'부분 을 집중해서 암기하기 4. '시험에 잘나오는 4자 성어'는 평소에 시간 이 날 때 마다 mp3 파일 듣기 5. 틀린 문제, 이해가 안 되는 부분, 모르는 단어 는 다시 한 번 정리한 후 별도로 체크해 놓기
	3부분	15일	**유형별 문제풀이 집중공략** 6가지 유형정리 ☐ *新HSK 문제 유형분석 ☐ *실력다지기 실전문제 ☐		302–323p	1. '유형별 문제풀이 집중공략' 을 소설책 읽듯 이 집중해서 읽으면서 시험문제 유형과 문 제를 푸는 방법 완전히 숙지하기 2. '新HSK 문제 유형분석'을 집중해서 읽으면 서 문제유형을 익히기 3. 실력다지기 문제를 풀어본 후 정답과 해설 부분 확인하기 4. 틀린 문제, 이해가 안 되는 부분, 모르는 단어 는 다시 한 번 정리한 후 별도로 체크해 놓기

과목	부분	일수	학습 내용		페이지	학습 방법
독해 부분	3부분	16일	최종점검하기 ＊新HSK 문제 유형분석 ＊실력다지기 실전문제	☐ ☐	324–332p	1. 전날 학습했던 '유형별 문제풀이 집중공략'을 다시 한 번 집중해서 읽으면서 복습하기 2. '新HSK 문제 유형분석'을 집중해서 읽으면서 문제유형을 익히기 3. 실력다지기 문제를 풀어본 후 정답과 해설 부분 확인하기 4. 틀린 문제, 이해가 안 되는 부분, 모르는 단어는 다시 한 번 정리한 후 별도로 체크해 놓기
	4부분	17일	기본기 다지기	☐	336–338p	1. '기본기 다지기'를 집중해서 읽어보기 2. '유형별 문제풀이 집중공략' 을 소설책 읽듯이 집중해서 읽으면서 내용을 이해하기 3. '新HSK 문제 유형분석'을 집중해서 읽으면서 문제유형을 익히기 4. '기출 단어정리'는 평소에 시간이 날 때 마다 mp3 파일 듣기 5. 실력다지기 문제를 풀어본 후 정답과 해설 부분 확인하기 6. 틀린 문제, 이해가 안 되는 부분, 모르는 단어는 다시 한 번 정리한 후 별도로 체크해 놓기
			유형별 문제풀이 집중공략 4가지 유형정리 ＊新HSK 문제 유형분석 ＊기출 단어정리 ＊실력다지기 실전문제	☐ ☐ ☐ ☐	339–368p	
		18일	최종점검하기 ＊新HSK 문제 유형분석 ＊실력다지기 실전문제	☐ ☐	369–384p	1. 전날 학습했던 '유형별 문제풀이 집중공략'을 다시 한 번 집중해서 읽으면서 복습하기 2. '新HSK 문제 유형분석'을 집중해서 읽으면서 문제유형을 익히기 3. 실력다지기 문제를 풀어본 후 정답과 해설 부분 확인하기 4. 틀린 문제, 이해가 안 되는 부분, 모르는 단어는 다시 한 번 정리한 후 별도로 체크해 놓기
쓰기 부분		19일	기본기 다지기	☐	388–396p	1. '기본기 다지기'를 집중해서 읽어보기 2. '유형별 문제풀이 집중공략' 을 소설책 읽듯이 집중해서 읽으면서 내용을 이해하기 3. '新HSK 문제 유형분석'을 집중해서 읽으면서 문제유형을 익히기 4. 실력다지기 문제를 풀어보기 5. 모범답안과 대조해 보고 틀린 부분과 모르는 단어는 다시 한 번 정리한 후 별도로 체크해 놓기
			유형별 문제풀이 집중공략 ＊新HSK 문제 유형분석 ＊실력다지기 실전문제	☐ ☐	397–408p	
		20일	최종점검하기 ＊新HSK 문제 유형분석 ＊실력다지기 실전문제	☐ ☐	409–417p	1. 전날 학습했던 '기본기 다지기' 을 다시 한 번 집중해서 읽으면서 복습하기 2. '新HSK 문제 유형분석' 문제를 한 번 스스로 풀어보고 모범답안과 대조해 보기 3. 실력다지기 문제를 풀어보기 4. 모범답안과 대조해 보고 틀린 부분과 모르는 단어는 다시 한 번 정리한 후 별도로 체크해 놓기

(2) 요일별 학습 계획표

주/요일	월	화	수	목	금
과목	독해 1부분	듣기 1부분 + 듣기 2부분	독해 1부분 + 독해 2부분	독해 3부분 + 독해 4부분	쓰기 부분 + 듣기 3부분
1주	1단원 유형 및 분석 ☐ 기본기 다지기 ☐ 서술어 관련 유형의 문제 8가지 유형정리 ☐ *新HSK 문제 유형분석 ☐ *실력다지기 실전문제 ☐	[듣기 1부분] 유형별 문제풀이 집중공략 3가지 유형정리 ☐ *新HSK 문제 유형분석 ☐ *기출 단어정리 ☐ *실력다지기 실전문제 ☐	[독해 2부분] 유형별 문제풀이 집중공략 5가지 유형정리 ☐ *新HSK 문제 유형분석 ☐ *실력다지기 실전문제 ☐	[독해 3부분] 유형별 문제풀이 집중공략 6가지 유형정리 ☐ *新HSK 문제 유형분석 ☐ *실력다지기 실전문제 ☐	[쓰기부분] 기본기 다지기 ☐ 유형별 문제풀이 집중공략 *新HSK 문제 유형분석 ☐ *실력다지기 실전문제 ☐
2주	부사 관련 유형의 문제 4가지 유형정리 ☐ *新HSK 문제 유형분석 ☐ *실력다지기 실전문제 ☐	[듣기 1부분] 최종점검하기 *新HSK 문제 유형분석 ☐ *실력다지기 실전문제 ☐	[독해 2부분] 최종점검하기 *新HSK 문제 유형분석 ☐ *실력다지기 실전문제 ☐ *시험에 잘나오는 4자 성어 ☐	[독해 4부분] 기본기 다지기 ☐ 유형별 문제풀이 집중공략 4가지 유형정리 ☐ *新HSK 문제 유형분석 ☐ *기출 단어정리 ☐ *실력다지기 실전문제 ☐	[듣기 3부분] 유형별 문제풀이 집중공략 2가지 유형정리 ☐ *新HSK 문제 유형분석 ☐ *기출 단어정리 ☐ *실력다지기 실전문제 ☐
3주	접속사 관련 유형의 문제 4가지 유형정리 ☐ *新HSK 문제 유형분석 ☐ *실력다지기 실전문제 ☐	[듣기 2부분] 유형별 문제풀이 집중공략 2가지 유형정리 ☐ *新HSK 문제 유형분석 ☐ *기출 단어정리 ☐ *실력다지기 실전문제 ☐	[독해 1부분] 전치사 관련 유형의 문제 3가지 유형정리 ☐ *新HSK 문제 유형분석 ☐ *실력다지기 실전문제 ☐	[독해 3부분] 최종점검하기 *新HSK 문제 유형분석 ☐ *실력다지기 실전문제 ☐	[쓰기부분] 최종점검하기 *新HSK 문제 유형분석 ☐ *실력다지기 실전문제 ☐
4주	보어와 조사 유형의 문제 7가지 유형정리 ☐ *新HSK 문제 유형분석 ☐ *실력다지기 실전문제 ☐	[듣기 2부분] 최종점검하기 *新HSK 문제 유형분석 ☐ *실력다지기 실전문제 ☐	[독해 1부분] 기타 시험에 잘나오는 유형의 문제 2가지 유형정리 ☐ *新HSK 문제 유형분석 ☐ *실력다지기 실전문제 ☐	[독해 4부분] 최종점검하기 *新HSK 문제 유형분석 ☐ *실력다지기 실전문제 ☐	[듣기 3부분] 최종점검하기 *新HSK 문제 유형분석 ☐ *실력다지기 실전문제 ☐

2단계 **총정리하기 [10일 간]**

1단계에서 20일간 기본내용을 집중적으로 학습하고 난 후, 2단계에서는 10일간 처음부터 끝까지 전체적인 내용을 다시 한 번 정리하면서 최종점검을 합니다.

이때 듣기부분이나 독해4부분은 10일 만에 수준을 크게 향상시키기 어려운 부분이므로, 전체적인 유형만 파악하고, 독해 1·2·3부분 등 다른 부분에 시간을 더 할애하는 것이 좋습니다.

그리고 쓰기부분에 관한 서적을 별도로 가지고 있는 수험생이라면 남은 기간 동안 매일 1문제씩 풀어보고 정리하는 방식으로 2단계 총정리 학습과 병행해서 학습하며, 이때 처음 몇 번은 보고서 정확히 요약하는 연습을 한 후에, 나중에 실제시험처럼 보지 않고 쓰는 연습을 하는 것이 효과적입니다.

2단계 총정리 계획표는 다음과 같습니다.

일수	학습 과목		학습 방법	
21일	듣기 + 독해	1·2·3부분 + 독해 4부분	1. '유형별 문제풀이 집중공략'과 '질문형식' 위주로 읽어보기 2. '1단계'에서 체크해 놓은 부분을 다시 한 번 풀어 보면서 점검하기	☐ ☐
22일 23일 24일	독해	1부분	1. '유형별 문제풀이 집중공략'을 읽어보고, 특히 ★ 표시부분의 내용 점검하기 2. '실력다지기 실전문제'를 책 읽듯이 집중해서 읽어보면서 시험유형 다시 한 번 확인하기 3. '1단계'에서 체크해 놓은 부분을 다시 한 번 풀어 보면서 점검하기	☐ ☐ ☐
25일 26일		2부분	1. '기본기 다지기'부분과 '유형별 문제풀이 집중공략' 읽어보기 2. '실력다지기 실전문제'를 책 읽듯이 집중해서 읽어보면서 시험유형 다시 한 번 확인하기 3. '용법'이나 '해설'부분에서 핵심단어 정리한 부분 위주로 완전히 정리하기 4. '해설'부분에서 문제 푸는 방법 다시 한 번 확인하기 5. '1단계'에서 체크해 놓은 부분을 다시 한 번 풀어 보면서 점검하기	☐ ☐ ☐ ☐ ☐
27일		3부분	1. '유형별 문제풀이 집중공략'에서 6가지 문제 푸는 유형 위주로 완전히 정리하기 2. 6가지 문제 푸는 유형 중에서 '관용격식' 완전히 정리하기 3. '실력다지기 실전문제'를 책 읽듯이 집중해서 읽어보면서 시험유형 다시 한 번 확인하기 4. '해설'부분에서 문제 푸는 방법 다시 한 번 확인하기 5. '1단계'에서 체크해 놓은 부분을 다시 한 번 풀어 보면서 점검하기	☐ ☐ ☐ ☐ ☐
28일 29일	단어 정리		1. 독해2부분의 '시험에 잘나오는 4자 성어' 집중해서 읽으면서 완전히 암기하기 2. 별책부록에 있는 기출단어나 카페의 5000개 필수단어 소설책 읽듯이 집중해서 읽으면서 다시 한 번 정리하기	☐ ☐
30일	쓰기부분 + 1단원 유형 및 분석		1. '기본기 다지기'부분 다시 한 번 읽어 보기 2. '유형별 문제풀이 집중공략'에서 학습전략과 유의사항 숙지하기 3. '해설'부분에서 문제 푸는 방법 다시 한 번 확인하기 4. '1단계'에서 체크해 놓은 부분을 다시 한 번 풀어 보면서 점검하기	☐ ☐ ☐ ☐
			각 단원별로 '3. 출제경향 분석'의 '부분별 내용분석'과 '5. 문제풀이 전략' 위주로 읽어보기	☐

목차

제 1 단원

유형 및 분석

듣기부분

1. 시험형식

듣기부분은 1부분, 2부분, 3부분으로 나누어져 있으며, 총 50문제가 출제되고, 50문제를 약 35분 동안 풀어야 합니다. 듣기는 일괄적으로 한 문제씩 먼저 녹음을 들려주면 수험생이 약 15~20초 동안 문제를 풀고, 다시 다음 문제로 넘어가게 되어 있으므로, 개인적으로 따로 시간을 안배할 필요가 없습니다.

듣기	영역별 문항 수	총 문항 수	시간	점수 배점	부분별 점수	총점
1	총 45문항 (01–15번)				30점	
2	총 15문항 (16–30번)	총 50문항 (01–50번)	약 35분	한 문제당 2점	30점	100점
3	총 20문항 (31–50번)				40점	

2. 시험방식

방식1. 먼저 녹음을 듣고 시험지 위에 답을 체크한다.

新HSK 시험은 듣기문제부터 풀기 시작합니다. 듣기부분은 우선 해당 부분의 문제를 푸는 방법을 간단히 알려주고 나서 문제를 들려줍니다. 이때 문제는 시험지 위에 바로 풀기 시작하면 되고, 문제를 풀 때에는 시험지 위에 메모를 하거나 정답을 표시해도 됩니다.

방식2. 문제를 다 풀고 나서 답안지에 정답을 표기하는 시간 5분이 따로 주어진다.

듣기문제를 다 풀고 나면 5분간 듣기정답을 답안지에 표기하는 시간을 따로 줍니다.

3. 출제경향분석

듣기	총 문항 수	지문 수	문장 길이와 형식	내용
1	15문항	15개	약 80–100자 정도 길이의 단문형식	보기 ABCD 중에서 단문 내용과 일치하는 것 고르기
2	15문항	3개 (각 지문 당 5문항씩)	약 500–600자 정도 길이의 인터뷰형식	보기 ABCD 중에서 질문에 해당하는 알맞은 정답 고르기
3	20문항	6개 (각 지문 당 2–4문항씩)	약 130–400자 정도 길이의 단문형식	

(* 문장길이는 '문장부호'를 제외한 순수한 '글자 수' 만을 말합니다.)

● 전체적인 경향분석

분석1. 기출문제가 중요하다.

기출문제를 잘 살펴보면 시험문제의 출제유형과 난이도를 한눈에 파악할 수 있기 때문에 그만큼 시험공부를 효과적으로 할 수 있습니다.

분석2. 단문은 TV 뉴스에서 아나운서가 말하는 속도와 비슷하고, 인터뷰 내용은 속도가 빠른 편이다.

단문형식인 듣기 1부분과 듣기 3부분 시험문제의 속도는 TV뉴스에서 아나운서가 말하는 속도와 비슷하고, 인터뷰형식인 듣기 2부분 시험문제의 속도는 평소 대화하는 속도보다 빠른 편입니다. 실전에서 긴장하지 않고 차분하게 문제를 풀 수 있도록 평소에 하루에 30분이라도 듣기공부를 생활화해야 합니다.

분석3. 내용은 다방면에서 고루 출제되고 있다.

농업 · 공업 · 상업 · 항공 · 과학기술 등과 관련된 뉴스 또는 자료, 각종 사회문제 · 교육 · 문화 · 예술 공연 · 사회 모금 운동 등 사회 전반에 관한 문제, 개인의 신변잡기, 동물 · 식물, 재미있는 유머, 국가 · 인물 · 사물 등의 역사와 유래 등 모든 부분에 걸쳐 고루 출제되고 있습니다.

부분별 내용분석

 1부분 · 3부분

단문형식으로 되어있는 문제입니다. 평소에 받아쓰기 연습을 꾸준히 하고, 반드시 단어정리를 병행해야 하며, 비슷한 유형의 문제를 많이 풀어보아야 합니다.

 2부분

인터뷰 형식으로 되어있는 문제이고, 두 사람이 대화하는 내용이므로, 의미단위로 끊어 읽는 연습을 하는 것이 효과적이므로, 테잎을 따라 소리 내어 읽으면서 대화내용을 듣는 연습을 합시다.

4. 학습방법

방법1. 받아쓰기 연습하기

듣기 실력을 높일 수 있는 가장 확실한 방법은 듣고 받아쓰기하는 것이지만, 받아쓰기 공부를 한 번도 해보지 않으신 분들은 이 방법으로 공부하는 것이 부담이 클 수 있습니다. 하루에 조금씩 꾸준히 연습을 하고 나서, 점점 내용을 늘려나간다면 좀 더 쉽게 듣고 받아쓰기에 다가갈 수 있을 것입니다.

받아쓰기를 하는 방법은 다음과 같습니다.

> 원래 속도로 한 줄씩 끊어서 한 번 듣고 받아쓰기 (검정볼펜) → 느린 속도로 한 구절씩 짧게 끊어서 2~3번 듣고 받아쓰기 (파랑볼펜) → 원문을 보면서 못 쓴 부분 메우기 (빨강볼펜) → 본인이 쓴 수정 본을 보고 테잎을 들으면서 따라 읽고 암기 → 테잎을 들으면서 백지에 다시 한 번 받아쓰기

(1) 처음 검정볼펜으로 받아쓰기 할 때에 전혀 모르는 단어가 나왔을 때에는 들리는 그대로의 발음을 써 넣습니다.

(2) 두 번째 파랑 볼펜으로 받아쓰기 할 때에는 본인의 실력에 따라 2번~3번 정도 끊어서 듣고 받아 쓰기를 합니다.

(3) 세 번째 빨강볼펜으로 원문을 보면서 틀린 부분을 확인할 때에는 본인이 쓴 부분과 원문을 꼼꼼히 대조를 하면서 못 쓴 부분을 메워 봅니다. 이때 반드시 쓰면서 외운다는

기분으로 집중해서 메우는 연습을 해야 하며, 전혀 모르는 단어가 나왔을 때에는 옆에 쓰면서 그 단어만 따로 외우고 단어장에 단어를 정리합니다.

⑷ 네 번째 수정 본을 보면서 테잎을 따라 읽을 때에는 들리는 그대로 집중해서 큰 소리로 따라 읽습니다. 이 과정은 문장을 완전히 외울 때까지 계속합니다.

⑸ 마지막으로 백지에 처음부터 끝까지 한 구절씩 끊어서 받아쓰기를 합니다.

그러나 알고 있는 어휘 량이 많이 부족하거나, 받아쓰기 방법이 본인의 학습방법과 도저히 맞지 않는 경우에는 순서를 바꾸어서 먼저 '원문과 번역을 보고 테잎을 듣고 따라 읽으면서 문장 암기하기 → 받아쓰기' 순서로 연습을 하거나, 받아쓰기를 하기 전에 우선 단어 정리와 파트별 이론정리를 선행학습 한 후 연습을 하면 보다 효과적으로 듣기공부를 할 수 있습니다.

또한 혼자서 개인적으로 학습하기 힘드신 분들은 비슷한 수준의 학생들과 스터디 그룹을 조직해서 학습하거나 학원에 가서 듣기수업을 병행하면서 함께 공부를 하는 것도 좋은 방법 중의 하나입니다.

방법2. 의미단위로 끊어 읽는 연습하기

쓰면서 외우기보다는 소리 내어 외우는 것이 훨씬 효과적이라는 것은 이미 과학적으로 입증이 되었습니다. 듣기부분의 문제를 풀고 난 후에는 원문과 번역을 보면서 테잎을 따라 소리 내어 읽으면서 동시에 의미를 파악하고, 읽으면서 저절로 외워질 때까지 완전히 암기한다는 생각으로 암기해 봅시다.

또한 문장을 읽을 때에는 의미단위로 끊어서 읽는 연습을 하면, 들을 때에도 훨씬 잘 들립니다. 예를 들어 '아버지 / 가방에 / 들어 / 가신다.'라고 읽으면 도무지 무슨 말인지 알아들을 수 없지만, '아버지가 / 방에 / 들어 / 가신다.'라고 읽으면 금방 알아들을 수 있으므로, 문장을 읽는 연습도 듣기공부와 일맥상통한다고 할 수 있습니다. 의미단위로 끊어서 읽는 방법은 3단원의 독해4부분 '기본기 다지기의 방법2에서 의미단위로 끊어 읽는 방법'에서 소개한 내용과 같습니다.

5. 문제풀이 전략

전략1. 우선 보기 ABCD를 먼저 확인해서 어떤 유형의 문제인지 파악한다.

新HSK 시험은 어떤 영역이든 상관없이 문제를 풀기 전에 우선 문제지에 제시된 보기 ABCD의 내용을 확인하는 것이 문제를 푸는데 훨씬 유리합니다. 듣기부분도 마찬가지로 보기의 단어를 확인하면, 어떤 내용이 나올 것이라는 것을 미리 짐작할 수 있습니다. 말하자면 보기 ABCD는 시험문제와 관련된 힌트라고 보면 됩니다.

전략2. 듣기 1부분 문제풀이전략

01. '유머'와 관련된 유형의 문제

: 내용은 쉽게 들리지만, 말하는 사람의 의도를 정확히 파악해야만 정답을 고를 수 있는 문제가 자주 등장하므로 전체적인 내용을 주의해서 듣고, 의도를 잘 판단해야 한다.

02. '각 방면에 대해 소개 · 설명 '하는 유형의 문제

: 인물 · 사물 · 장소 · 문화 등 각 방면을 소개 · 설명하는 형식의 글로 구성된 문제로 객관적인 사실 바탕으로 소개하는 글이기 때문에, 말하는 사람의 의도를 파악하는 문제가 아닌 소개하는 내용을 정확히 듣고 정답을 골라야 한다.

03. '설명문'과 관련된 유형의 문제

: 02의 '소개 관련 글'과 마찬가지로 객관적인 사실을 바탕으로 쓴 글이기 때문에 보기 ABCD를 먼저 확인하고 나서, 들리는 그대로의 내용이 정답이다.

전략3. 듣기 2부분 대화형식 문제풀이전략

01. 특정 인물을 인터뷰하는 유형의 문제

① 특정인물의 인터뷰 형식으로 구성된 문제는 맨 처음 부분에서 사회자가 초청 게스트에 대해 소개하는 내용을 놓치지 말고 잘 들어야 한다.

② 대화 중 사회자의 질문도 주의해서 들어야 한다. 주로 인터뷰에 응하는 사람의 직업과 관계있는 질문을 하는 경우가 제일 많으며, 그밖에 인터뷰에 응하는 사람에 관한 개인적인 질문, 대화의 내용과 일치하는 부분을 잘 들어야 한다.

02. '사회적인 이슈나 전문적인 지식'에 대해 인터뷰하는 유형의 문제

① 인터뷰하는 사람 자체가 중요한 것이 아니라, 두 사람이 말하고 있는 화제(话题)가 중심 내용을 파악해야 한다.

② 화제에 대한 인터뷰하는 사람의 생각이나 관점, 인터뷰 내용 중 언급된 특정 단어의 뜻이나 특징, 또는 대화의 내용과 일치하는 내용을 주의해서 들어야 한다.

전략4. 듣기 3부분 단문형식 문제풀이전략

01. 주제나 목적은 반드시 객관성을 염두에 두고 문제에 접근해야 하며, 본문을 부분적으로 듣지 말고 종합적으로 파악해야 한다.

02. '다음 중 옳은 것은?' 또는 '옳지 않은 것은?'에 해당하는 문제는 본문에 나온 내용을 근거로 보기 ABCD 옆에 하나하나 체크해 가며 정답을 찾아야 한다.

03. 단어의 뜻을 문제는 어휘의 사전적인 의미보다는 문맥상의 의미에 유의해야 한다.

독해부분

1. 시험형식

독해부분은 1부분, 2부분, 3부분, 4부분으로 나누어져 있으며, 총 50문제가 출제되고, 50문제를 답안지에 정답을 표시하는 시간까지 포함해서 50분 동안 풀어야 합니다. 그러므로 한 문제 당 늦어도 1분 이내에 풀어야 시간이 모자라지 않습니다.

독해	영역별 문항 수	총 문항 수	시간	점수 배점	부분별 점수	총점
1	총 10문항 (51–60번)	총 50문항 (51–100번)	약 50분	한 문제당 2점	20점	100점
2	총 10문항 (61–70번)				20점	
3	총 10문항 (71–80번)				20점	
4	총 20문항 (81–100번)				40점	

2. 시험방식

50분 동안 독해 1 · 2 · 3 · 4 부분의 문제를 풀고, 답안지에 정답까지 모두 체크해야 합니다.

3. 출제경향분석

독해	총 문항 수	지문 수	정답 형식
1	10문항	10개 (각 지문 당 1문항씩)	보기 ABCD 중 문법적으로 틀린 문장 고르기
2	10문항	10개 (각 지문 당 1문항씩)	한 문제 당 3–5개의 빈칸이 있고, 보기 ABCD 중 문맥상 알맞은 낱말을 고르기
3	10문항	2개 (각 지문 당 5문항씩)	보기 ABCDE를 문맥상 알맞은 순서대로 빈칸에 재 배열하여 넣기
4	20문항	6개 (각 지문 당 2–4문항씩)	지문을 독해한 후, 3–5개의 질문에 대한 알맞은 답을 각각 보기 ABCD 중에서 한 개씩 고르기

● 전체적인 경향분석

분석1. 문제를 풀 때 시간안배를 잘해야 한다.

독해부분은 1 · 2 · 3 · 4부분의 총 50문제를 50분 안에 풀어야 하므로, 시험에 한 번도 응시해 본 적이 없는 수험생이라면 실제시험에서 시간이 모자라서 시험을 망치는 경우가 상당히 많습니다. 독해부분의 문항 수를 시간으로 나누어 계산했을 때, 한 문제당 늦어도 1분 이내에 풀어야만 시간이 모자라지 않습니다. 그러나 新HSK 시험은 300점 만점 중 전체 성적이 180점 이상만 되면 6급 증서를 취득할 수 있으므로, 본인이 자신 있는 부분과 자신 없는 부분을 파악해서, 실전에서는 좀 더 확실히 점수를 받을 수 있도록 본인이 자신 있는 부분에 시간을 좀 더 할애하는 것이 좋습니다.

분석2. 기출문제 유형을 파악하자.

수험생은 가능하면 기출문제를 풀어보고 나서 시험에 응시하여야 합니다. 앞에서 말한 것처럼 기출문제를 잘 살펴보면 시험문제의 출제유형과 난이도를 한눈에 파악할 수 있어서, 그 만큼 시험공부를 효과적으로 할 수 있기 때문입니다.

분석3. 반드시 단어정리를 병행하자.

문제를 풀고 나서는 반드시 단어를 정리하는 습관을 들여야 합니다. 단어 정리를 할 때에는 우선 뜻이 같거나 비슷하지만 문장에서 쓰이는 용법이 다른 어휘들을 함께 묶어서 정리하고, 모르는 단어가 나왔을 경우에도 마찬가지로 단어를 따로 정리해서 암기해야 합니다.

또한 이전의 '旧HSK' 학습에 있어서 필요한 단어가 12000개이었던 반면, '新HSK' 학습에 있어서 필요한 단어는 5000개로 줄었으므로, 한반(汉办)[新HSK 시험을 책임지고 주관하는 국가기관]에서 발표한 6급에 해당하는 단어를 우선적으로 학습하면 효과적이지만, 신 HSK 6급의 듣기부분, 독해3부분, 독해4부분 등 많은 부분에서 이미 5000개 이외의 단어가 계속해서 많이 출제되고 있는 추세이므로, 문제를 풀고 나서는 반드시 '나만의 단어장'을 따로 정리해서 함께 정리해 나가야 합니다.

분석3. 문제를 많이 풀어보자.

문제 푸는 방법을 익히고 모르는 단어를 암기한 후에는 시험문제 난이도에 맞춘 비슷한 유형의 문제를 많이 풀어보면서 문맥상 알맞은 의미의 어휘나 문장을 찾는 훈련을 꾸준히 해 나가야 합니다.

● 부분별 내용분석

 1부분

분석. 중국어의 기본문법과 단어사용에 관한 문제이다.

(1) 주로 문장에서 잘못 쓰인 품사를 찾는 등 기본문법을 묻는 문제가 출제되므로, 각각의 단어에 치우쳐서 단어마다 지나치게 구체적이고 자세하게 공부할 필요는 없으며, 시험에 자주 출제되는 각각의 품사의 기본문법과 위치를 위주로 공부하면 됩니다.

(2) 문법을 묻는 문제 이외에도 보기 중에서 '주어와 동사 서술어', '동사와 목적어' 등 단어 간의 호응관계가 잘못된 경우를 찾는 문제도 출제되는데, 이와 관련된 단어는 독해2부분에서도 자주 출제되고 있습니다.

(3) 그밖에 문장 중에서 전치사구, 접속사 등 잘못 사용된 관용격식이나 단어를 찾는 문제도 출제됩니다.

 2부분

분석. '어휘와 독해'에 관한 문제이다.

빈칸에 문맥상 알맞은 단어를 고르는 문제로 핵심어휘와의 호응관계(搭配)가 알맞은 단어를 고르는 문제가 출제되는데, 특히 사자성어가 자주 출제되므로 기본적인 사자성어는 우선적으로 정리해 두어야 합니다.

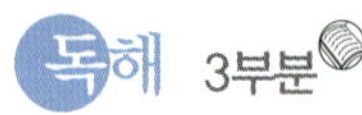 독해 3부분

분석. '문맥 이해하기'에 관한 문제이다.

한 지문 안에 있는 5개의 빈칸에 문맥상 알맞은 순서대로 보기 ABCDE에서 적합한 구절을 선택해서 넣는 문제입니다. 이 부분은 무작정 문장 전체를 해석하기 보다는 문장 전체 구조의 흐름을 이해하는 것이 중요합니다. 또한 정답의 단서가 될 수 있는 핵심단어를 찾거나, 빈칸 앞 뒤 문맥의 흐름을 파악하여 보기 ABCDE에서 문맥상 일치하는 구절을 고르는 방식으로 문제를 풀어나가야 합니다. 그밖에 보기 ABCDE 순서대로 문제를 푸는 것보다, 확실한 정답 또는 절대 정답이 아닌 것부터 확인하는 것이 문제를 푸는데 훨씬 유리합니다.

 독해 4부분

분석. '독해 (阅读)'에 관한 문제이다.

'독해(阅读)'에 관한 문제입니다. 독해 4부분은 450~800자 정도의 비교적 긴 지문 하나를 읽고 3-5개의 질문에 대한 알맞은 답을 고르면 되는데, 모두 객관적인 시각을 바탕으로 주어진 시간 안에 지문의 내용을 읽고 문맥의 의미를 파악하여야 합니다.

4. 학습방법

 독해 1부분

방법1. 품사별 기본문법과 문장성분의 위치를 위주로 공부한다.

문장의 기본 성분 중에서 주로 잘못 쓰인 품사를 찾는 등 문법을 묻는 문제가 출제되므로 다음 사항에 유의해서 학습해야 합니다.

(1) 평소에 공부할 때에는 명사, 대명사, 수량사, 동사, 형용사, 전치사, 부사, 보어, 조사 등 중국어의 기본품사와 해당 문법을 체계적으로 정리한다.

(2) 문제를 풀 때에는 주어, 서술어, 목적어, 관형어, 부사어, 보어 등 문장성분에 따라 문장의 전체적인 구조를 파악한다.

(3) 문법에 관한 문제는 서술어, 접속사, 보어, 명사에 관한 문제가 가장 많이 출제되고 있다.

방법2. **중요한 핵심 단어와 함께 호응하여 쓰이는 낱말을 함께 정리한다.**

단어 간의 호응관계가 잘못된 경우를 찾는 문제는 다음 사항에 유의해서 학습해야 합니다.

⑴ 문장 중에서 관용적으로 함께 쓰이는 '주어와 형용사 서술어', '주어와 동사 서술어', '동사와 목적어', '동사와 보어', '보어와 목적어' 를 함께 정리하고 암기해야 한다.

⑵ 병렬로 연결된 어구의 조합, 서로 대응되는 어구의 조합도 함께 정리한다.

방법3. **시험에 자주 출제되는 고정문형이나 단어를 암기하자.**

문장 중에서 잘못 사용된 관용격식이나 단어를 찾는 문제는 다음 사항에 유의해서 학습해야 합니다.

⑴ 문맥의 뜻에 맞지 않는 단어를 사용한 부분을 찾는 연습을 한다.

⑵ 전치사구, 접속사 등 관용격식을 정리한다.

 2부분

독해2부분은 올바른 어휘사용 즉 단어 간의 올바른 호응관계나 문맥상 알맞은 단어를 묻는 문제이므로 다음 사항에 유의해서 학습해야 합니다.

⑴ 문장 중에서 관용적으로 함께 쓰이는 '주어와 형용사 서술어', '주어와 동사 서술어', '동사와 목적어', '동사와 보어', '보어와 목적어' 에 해당하는 단어를 함께 정리하고 암기해야 한다.

⑵ 병렬로 연결된 어구의 조합, 서로 대응되는 어구의 조합도 함께 정리한다.

⑶ 6급 시험에 자주 출제되는 필수 사자성어를 정리한다.

 3부분

한 지문 안에 있는 5개의 빈칸에 문맥상 알맞은 순서대로 보기 ABCDE에서 적합한 구절을 선택해서 넣는 문제이고, 독해4부분은 긴 지문의 내용을 파악하는 문제입니다.

무작정 처음부터 끝까지 문장 전체를 해석하려기 보다는 문장이 전개되는 흐름을 이해하는 것이 중요합니다. 평소에 글을 많이 읽는 습관을 들이는 것이 좋으며, 읽을 때에 각 단락의 핵심 문장이나 단어를 찾는 연습을 하고, 문장의 전체적인 흐름을 파악하는 연습을 해본다면, 독해3부분을 공부할 때 많은 도움이 되며, 더 나아가 쓰기부분의 요약하기에도 상당한 효과를 볼 수 있습니다.

 독해 4부분

긴 문장을 읽고 의미를 파악하는 부분이므로, 문장을 의미단위로 끊어서 읽는 연습을 하고, 특히 독해연습을 한 후 반드시 단어를 함께 외우는 것을 생활화해야 합니다.

5. 문제풀이전략

전략1. **우선 보기 ABCD를 먼저 확인해서 어떤 유형의 문제인지 파악한다.**

독해부분도 마찬가지로 보기의 단어를 확인하면, 어떤 내용이 나올 것이라는 것을 미리 짐작할 수 있습니다. 말하자면 보기 ABCD(E)는 시험문제와 관련된 힌트라고 보면 됩니다.

전략2. **독해 1부분 문제풀이 전략**

> **01.** **문장성분을 중심으로 의미를 파악하자.**
>
> : 우선 주어, 서술어(+목적어), 부사어, 관형어, 보어 등 문장성분을 기준으로 의미를 파악한다.
>
> **02.** **품사가 잘못 쓰인 부분이 있는지 확인하자.**
>
> : 의미를 파악한 후, 문장 성분 중에서 잘못 쓰인 품사가 있는지 확인한다.
>
> **03.** **단어 간의 호응관계가 잘못된 부분이 있는 지 확인하자.**
>
> : '주어와 형용사 서술어', '주어와 동사 서술어', '동사와 목적어', '동사와 보어', '보어와 목적어' 등 단어 간의 호응관계를 살펴본다.

전략3. **독해 2부분 문제풀이 전략**

> **01.** **먼저 지문의 길이를 살펴본다.**
>
> ① 1~2줄 정도의 짧은 지문인 경우
>
> : 보기 ABCD의 단어의 품사와 뜻을 확인 한 후에 바로 지문을 보면서 문제를 푼다.
>
> ② 5~6줄 정도의 비교적 긴 지문인 경우
>
> : 먼저 지문의 첫째~둘째 줄 정도를 읽어보면 어떤 내용에 관한 문장인지 어느 정도 파악할 수 있기 때문에, 문제를 좀 더 쉽게 풀어 나갈 수 있다.
>
> **02.** **빈칸의 문장성분을 먼저 파악하자.**
>
> : 문장 전체를 읽기보다는 우선 빈칸의 문장성분을 파악하고 나서, 빈칸의 문장성분과 호응이 되는 가장 알맞은 단어를 보기 ABCD에서 찾는다.

03. 보기 ABCD에서 확실히 알고 있는 단어부터 공략한다.

: 제시된 단어를 순서대로 보기 보다는 쉬운 단어나 자신이 확실히 알고 있는 단어를 먼저 공략하면 보다 쉽고 정확하게 정답에 접근할 수 있다.

04. 틀린 품사는 먼저 제외한 후 문제를 푼다.

: 보기에서 빈칸에 들어갈 수 없는 품사를 먼저 제외한 후 문제를 푼다.

05. 사자성어를 공략하자.

: 사자성어는 보통 ABCD보기 중 하나만 정답인 경우가 대부분이므로 평소에 사자성어를 잘 정리해 두면 실전에서 상당히 유리하다.

전략4. 독해 3부분 문제풀이 전략

01. '한 단락 안에는 같은 내용이 전개 된다'는 원리를 이해한다.

: 한 단락 안의 빈칸에는 그 단락의 내용과 같은 의미의 구절이나 단어가 쓰여야 하므로, 그 단락 안에서 이미 사용된 단어 또는 비슷한 뜻의 단어를 찾는다.

02. 앞 뒤 절에 함께 호응하여 쓰이는 단어를 찾는다.

① 지시대명사에 유의한다.

: 지시대명사 '这' 또는 '那'가 있고 빈칸이 있는 경우, 지시대명사가 가리키는 앞 절의 문장, 구절, 단어 등을 찾아서 보기 ABCDE 중에서 같은 의미에 해당하는 보기를 정답으로 찾는다.

② 접속사에 유의한다.

: 뒤 절에 접속사와 빈칸이 있는 경우, 보기 ABCDE 중에서 함께 호응하여 쓰는 접속사가 있는 보기를 정답으로 찾는다.

③ 문장 맨 앞쪽에 쓰이는 관용격식에 유의한다.

: 문장 맨 앞쪽에 쓰이는 전치사, 부사어 등에 유의해야한다.

03. 알맞은 문장성분을 찾는다.

① 주어나 목적어 자리에 빈칸이 있는 경우

: 보기 ABCDE 중에서 명사나 대명사만 있는 보기를 찾아야 한다.

② 서술어 자리에 빈칸이 있는 경우

: 보기 ABCDE 중에서 서술어가 아닌 것은 정답에서 제외해야 하며, 서술어가 있는 보기가 여러 개가 있는 경우에는 그 중에서 단어의 호응관계가 문맥상 알맞은 보기를 정답으로 찾으면 된다.

04. 문맥상 알맞은 구절을 찾는다.

: 보기 ABCDE에서 문맥상 앞 뒤 구절이 하나로 이어지는 보기를 정답으로 찾으면 된다.

05. 설명하는 형식의 글은 문장의 전체구조를 이해한다.

: 어떤 인물, 사물, 사실 등에 대해 2가지 이상의 화제를 제시한 후, 그것에 대해 설명을 하는

경우, 앞에서 A와 B의 순서로 설명했다면, 뒤에서 구체적으로 부연설명을 할 때에도 마찬가지로 'A → B'의 순서대로 설명을 하는 경우가 대부분이다.

06. 확실한 정답 또는 절대 정답이 아닌 것부터 확인한다.
: 5개의 빈칸 중에서 정답이 확실하거나, 절대로 정답이 될 수 없는 보기부터 체크한 후, 그것을 제외한 나머지 보기도 같은 방법으로 배열하면서 문제를 풀어 나간다.

전략5. 독해 4부분 문제풀이 전략

01. 의미단위로 끊어 읽기
: 문제와 보기 ABCD를 먼저 읽은 후 지문을 의미단위로 끊어서 읽어 내려간다.

02. 전체적인 주제파악하기
: 주제나 목적은 주로 맨 앞부분이나 맨 뒤 부분에 있으며, 반드시 객관성을 염두에 두고 문제에 접근해야 하고, 글을 종합적으로 파악해야 한다.

03. 세부적인 내용파악하기
: 본문의 구체적인 내용을 묻는 문제는 주로 각 단락의 중간부분에 있으며, 이 부분을 근거로 하나하나 체크해 가며 보기에서 알맞은 정답을 찾아야 한다.

04. 단어의 뜻 파악하기
: 단어의 뜻을 문제는 어휘의 사전적 의미보다는 문맥상 의미에 유의해야 한다.

I. 시험형식

요약하기는 1문제가 출제되고, 10분간 독해하기와 35분간 요약하기로 나뉘어져 있으며, 총 45분 동안 문제를 풀어야 합니다.

쓰기	총 문항 수	부분별 시간		총 시간	총점
요약하기	총 1문항 (101번)	독해하기	10분	45분	100점
		요약하기	35분		

2. 시험방식

방식1. 10분간 읽기 시간에는 메모할 수 없다.

요약 간추리기 시험시간에 시험 감독관이 먼저 1000자 문장을 나누어 주면, 10분간 읽기 시간이 주어지는데, 이때 메모를 따로 할 수 없고, 문장을 눈으로 읽으면서 내용을 파악해야 됩니다.

방식2. 35분간 400자 요약 간추리기를 한다.

읽기 시간 10분이 끝나면 시험 감독관이 다시 시험지를 걷어간 후에 35분 동안 내용을 보지 않고 400자 정도로 요약해야 합니다.

3. 출제경향분석

쓰기	총 문항 수	지문 수	문장 길이와 형식
요약하기	1문항	1개	약 1000자 정도 길이의 서술문 형식

● 전체적인 경향분석

분석1. 쉬운 난이도의 서술문이 출제된다.

중국어 공부를 1년~2년 이상 공부한 수험생이라면 누구나 주어진 10분 안에 내용을 충분히 파악할 수 있을 정도로 쉬운 난이도의 줄거리가 있는 1000자 정도의 문장이 출제됩니다.

분석2. 앞의 도입부분에는 화제를 제시하는 내용이 들어있다.

문장 맨 앞부분에는 '어떤 사람이 언제, 어디서, 무엇을 하려고 하고 있다' 는 내용을 서술하여 앞으로 어떤 이야기가 전개 될 것인지에 대한 화제를 제시하는 내용이 있으므로 400자 요약하기 처음부분에 반드시 인물과 상황을 소개하는 화제 제시부분을 서술하여야 합니다.

분석3. 중간 부분에는 이야기가 전개된다.

글의 중간부분에는 본격적으로 이야기가 전개되는데, 이 부분은 내용을 파악한 후, 너무

어려운 단어나 표현은 가급적 피하고, 문법적으로 오류가 없이 전체적인 내용을 객관적으로 매끄럽고 쉽게 써나가면 됩니다.

분석4. **주로 맨 마지막 단락에 주제문이 들어 있다.**

글의 맨 마지막 부분에는 주로 짧게라도 글 전체에서 말하고자 하는 핵심 내용인 주제문이 들어 있습니다. 주제문에 해당하는 문장은 가장 중요한 핵심 내용이므로 암기한 후에 그대로 옮겨 적는 것이 좋습니다. 아무리 요약을 잘 해도 주제문이 들어가 있지 않으면 가장 큰 감점요인이 되기 때문입니다.

4. 학습방법

방법1. **글의 주제문 파악을 시작으로 단계별로 마스터한다.**

글의 주제문을 파악할 줄 알면 1000자 문장에서도 각 단락의 핵심문장을 찾아서 연결할 수 있으므로, 우선 글의 주제문을 파악하는 연습부터 한 후에, 각 부분 별로 요약하기에 필요한 기술을 연마하면 훨씬 빠르고 쉽고 정확하게 요약하기를 내 것으로 만들 수 있습니다. '주제문 찾고 만들기→ 머리말과 주제문 요약하기 → 중간부분 스토리 요약하기 → 원고지 사용법과 문장부호 익히기 → 시험문제 유형의 1000자 서술문으로 요약하기'등의 순서로 연습해 봅시다. 6급 쓰기연습은《6급 新HSK 쓰기 고득점 집중공략(송산출판사)》 책을 참고 하시면 많은 도움이 될 것입니다.

방법2. **반드시 시험문제 유형의 1000자 서술문으로 연습을 해야 한다.**

아무리 열심히 공부해도 시험문제 유형과 동떨어진 내용으로 연습을 하면 실제 시험에서 낭패를 보기 쉽습니다. 요약하기에 출제되는 문제는 형식이 거의 같습니다. 반드시 시험 문제 유형의 1000자 서술문을 잘 선택해서 학습해야 합니다.

방법3. **처음에는 문장을 보면서 정확하게 요약하는 연습을 한다.**

대부분 수험생들의 입장에서는 요약하기가 생소하게 느껴질 것입니다. 더구나 1000자나 되는 긴 문장을 처음부터 보지 않고 요약하기 연습을 하면 너무나 막연해서 아무리 시간을 할애해서 공부를 한다하더라도 많은 효과를 보기 어렵습니다. 따라서 '문장을 보고서 정확하게 요약하는 연습하기 → 되도록 보지 말고 요약하기 → 실전처럼 안보고 요약하기'의 순서로 연습을 해봅시다.

방법4. **반드시 500자 원고지로 실전 연습을 한다.**

실제 시험에서는 500자 원고지가 주어지므로, 반드시 500자 원고지로 실전연습을 해야

하는데, 현재 출판된 대부분의 책에서는 600-1000자 원고지에 500자 이상으로 된 모범 답안을 적어놓은 경우가 많이 있습니다. 반드시 6급 요약하기에서 제시된 기본사항을 정확히 숙지한 후에 요약하기 학습을 해야 합니다.

5. 문제풀이전략

전략1. **자신의 주관적인 관점이 들어가면 안 된다.**

400자 요약하기는 자신의 주관적인 관점이 들어가면 안 되고, 반드시 내용을 객관적으로 서술해야 합니다.

전략2. **요약하기에는 반드시 화제제시 부분과 주제문이 들어가야 된다.**

중간에 전개되는 이야기는 전체 내용을 바꾸지 않는 것을 원칙으로 쉽고 간결하게 재구성해서 객관적으로 서술해 나가야 합니다. 맨 처음 화제를 제시한 부분과 맨 마지막의 주제문은 반드시 써야 하며, 특히 주제문에 해당하는 부분은 그대로 외워서 옮겨 적어도 됩니다.

전략3. **요약하기에는 반드시 제목을 쓴다.**

400자 요약하기를 작성할 때에는 반드시 제목을 써야 하며, 제목은 글 전체에서 핵심이 되는 단어나 구를 사용해야 합니다.

전략4. **원고지 사용법을 정확하게 숙지해야 한다.**

400자 요약하기는 500자 원고지에 써서 제출해야 하는데, 요약하기에 필요한 원고지 사용법은 일반 작문을 쓸 때의 원고지 사용법과는 다소 차이가 있으므로, 글을 쓰기 전에 반드시 먼저 원고지 사용법부터 숙지해야 합니다. 또한 문장부호의 쓰임과 원고지 상에 문장 부호를 표기하는 방법도 함께 익혀 두어야 합니다.

6. 新 HSK 6급 성적결과

(1) HSK 6급 성적표에는 듣기, 독해, 쓰기 세 영역의 점수와 총점이 기재됩니다.

(2) 각 영역별 만점은 100점 만점으로, 총점은 300점 만점이며, 무조건 총점이 180점 이상이면 합격이고, 다른 조건은 없습니다.

(3) HSK 성적은 시험일로부터 2년간 유효합니다.

제 2 단원

듣기 1 부분

듣기부분에서 1부분은 약 80-100자 정도의
짧은 단문형식의 내용을 듣고서 문제를 푸는 부분입니다.

내용은 건축물 · 명승지 · 유적지 등 여러 가지 사물이나 장소의 역사와 유래,
인물, 유머, 이야기(우화), 개인의 신변잡기, 동식물, 항공, 농 · 공 · 상업, 과학기술,
정보와 지식, 상식, 문화, 교육, 각종 사회문제, 인체와 건강 등
사회생활 전반에 걸친 폭넓은 범위에서 다양하게 출제됩니다.

유형별 문제풀이 집중공략

유형별 문제풀이 집중공략

1주차 화요일

듣기 1부분은 짧은 단문을 듣고서 보기 ABCD 중 내용과 일치하는 것을 정답으로 고르는 문제입니다. 듣기 1부분에서는 건축물·명승지·유적지 등 여러 가지 사물이나 장소의 역사와 유래, 인물, 유머, 이야기(우화), 개인의 신변잡기, 동식물, 항공, 농업, 공업, 상업, 과학기술, 정보와 지식, 상식, 문화, 교육, 각종 사회문제, 인체와 건강 등 사회생활 전반에 걸친 폭넓은 범위에서 다양하게 출제됩니다.

제1주차 화요일 듣기 1부분에서는 '유머'와 관련된 유형의 문제 → (인물·사물·장소·문화 등) '각 방면에 대해 소개·설명'하는 유형의 문제 → (교육·과학·정보와 지식·상식·인체와 건강 등) '설 명문'과 관련된 유형의 문제' 를 중심으로 학습해 보기로 하겠습니다.

1. '유머'와 관련된 유형의 문제

재미있는 이야기로 구성된 문제입니다. 구어적인 표현이 많고, 어려운 단어가 적어서 비교적 쉽게 내용이 들리는 장점이 있지만, 말하는 사람의 의도를 정확히 파악해야만 정답을 고를 수 있는 문제 가 자주 등장하므로 주의해서 듣고 잘 판단해야 합니다.

    A. 商店卖的牛油质量不好　　　　B. 他妈妈想买质量好的牛油
    C. 妈妈喜欢朋友们来家里做客　　D. 儿子不喜欢买牛油

[단어]

磅 bàng ⑬ 파운드(pound) / 牛油 niúyóu ⑬ 버터 / 荣幸 róngxìng ⑱ (매우) 영광스럽다 / 设法 shèfǎ ⑧ 방법을 세우다, 대책을 강구하다

[원문 & 번역]

"我要买一磅牛油，　　　　　　　"저는 버터를 좀 사고 싶은데요
要跟上次买的一模一样，　　　　저번에 샀던 것과 같은 것으로 주세요

我妈妈说，要是跟上次的不一样，就不要买。"	엄마께서는 만약에 저번에 샀던 것과 다르면 사오지 말라고 말씀 하셨어요."
商店老板高兴地说：	상점 사장은 기뻐하며 말했다
"我荣幸地听到顾客对本店的牛油有这样好的印象。"	"저는 손님이 저희 가게의 버터에 이렇게 좋은 인상을 갖고 있다는 것이 영광스럽습니다."
"不是这样，我家经常来了很多朋友要吃茶点，	"그게 아니 라요, 우리 집에는 자주 많은 친구들이 와서 다과를 먹고 싶어해서
妈妈正设法使他们下次不敢再来。"	엄마께서는 친구들이 다음에 다시 오지 못하게 하시려고 대책을 세우시고 계신 거예요."

A. 상점에서 파는 버터의 질은 나쁨
B. 그의 어머니는 질 좋은 버터를 사고 싶어 함
C. 어머니는 친구들이 집에 손님으로 오는 것을 좋아함
D. 아들은 버터 사는 것을 싫어함

[해설]

유머와 관련된 내용입니다. 어머니께서는 친구들이 자주 집에 와서 간식을 먹는 것이 싫어서 다시는 못 오게 하시려고, 아들에게 상점에 가서 지난번과 같은 버터를 사오도록 시켰으므로, 이상점에서는 질이 좋지 않은 버터를 팔고 있는 것을 알 수 있습니다.

[정답]   A

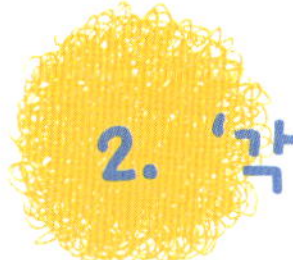

2. '각 방면에 대해 소개·설명'하는 유형의 문제

인물·사물·장소·문화 등 각 방면을 소개·설명하는 형식의 글로 구성된 문제입니다. 객관적인 사실 바탕으로 소개하는 글이기 때문에 말하는 사람의 의도를 파악하는 문제가 아닌 소개하는 내용을 정확히 듣고 정답을 고르는 문제에 해당합니다.

  #002

A. 桂林中等城市　　　　B. 桂林农业发达
C. 桂林的民族不太多　　D. 桂林是一个旅游城市

[단어]

丰富多彩 fēngfùduōcǎi 형 풍부하고 다채롭다

[원문&번역]

桂林位于中国西北部的广西,	계림은 중국 서북부의 광시에 위치하는데,
人们都说 "桂林山水甲天下"。	사람들은 모두 "계림산수 갑 천하" 라고 부른다.
它历史文化悠久、	계림은 역사문화가 유구하고,
少数民族文化丰富多彩。	소수민족문화가 풍부하고 다채로우며,
生态环境和独特的城市风貌极具吸引力。	생태환경과 독특한 도시의 모습은 아주 매력이 있다.
桂林是一个适合人类居住的城市,	계림은 사람들이 거주하기에 적합한 도시이고,
一个可以满足现代人多元化旅游需求的国际旅游城市。	현대인의 다원화된 여행의 욕구를 만족시킬 수 있는 국제여행도시이다.
A. 계림은 중간정도 수준의 도시임 C. 계림의 민족은 별로 많지 않음	B. 계림은 농업이 발달하였음 D. 계림은 여행도시임

[해설]

중국의 유명한 장소 소개와 관련된 내용입니다. 맨 마지막 줄에서 '桂林是一个 (…的) 国际旅游城市.' 라고 한 것으로 보아 정답은 D입니다.

[정답]   D

3. '설명문'과 관련된 유형의 문제

문화·교육·과학·정보와 지식·상식·인체와 건강 등에 관해 설명을 하는 형식으로 구성된 문제로 가장 광범위한 내용에 해당합니다. 2번의 '소개 관련 글'과 마찬가지로 객관적인 사실을 바탕으로 쓴 글이기 때문에 보기 ABCD를 먼저 확인하고 나서, 들리는 그대로의 내용이 정답입니다.

新 HSK 문제 유형분석   #003

A. 做什么事情都要完美	B. 不要做多余的事
C. 画画的时候要符合事实	D. 做事情要考虑后果

[단어]

画蛇添足 huàshétiānzú (성) 뱀을 그리는데 다리를 그려 넣다 ; 쓸데없는 짓을 하다 / 有害无益 yǒuhàiwúyì (성) 백해무익하다, 해만 되고 이로운 것은 없다 / 无用功 wúyònggōng (명) (기계가 자체 저항력 극복에 필요한) 일량 / 适可而止 shìkěérzhǐ (성) 적당한 정도에서 그치다, 적당한 때에 그만두다

[원문 & 번역]

"画蛇添足" 这个成语说的是：	"画蛇添足"라는 성어가 말하는 것은
原来蛇没有脚，但画蛇时非要给蛇添上脚。	원래 뱀은 다리가 없는데, 뱀 그림을 그릴 때 반드시 뱀의 다리를 그려 넣으려고 하는 것을 말한다.
它比喻做了多余的事，	이것은 쓸데없는 일을 하는 것을 비유하는데,
不但没有用，而且更有害无益，白白浪费资源。	쓸데없는데다가, 백해무익하기까지 해서, 괜히 자원을 낭비하는 것을 말한다.
现实生活中，我们总是追求完美。	현실 생활 속에서, 우리는 늘 완벽함을 추구한다.
实际上，我们在这个过程中做了许多无用功，	사실 우리는 이 과정 중에 많은 불필요한 일을 하는데,
所以凡事应该适可而止。	만사에 적당한 정도에서 그쳐야 한다.

A. 어떤 일을 하든지 완벽해야 함   B. 쓸데없는 일을 하지 말아야 함
C. 그림을 그릴 때 사실에 부합해야 함   D. 일을 할 때는 나쁜 결과를 고려해야 함

[해설]

성어의 뜻을 설명한 글입니다. 맨 마지막 문장에서 "做了许多无用功，所以凡事应该适可而止。"이라고 한 것으로 보아 정답은 B입니다.

[정답]　B

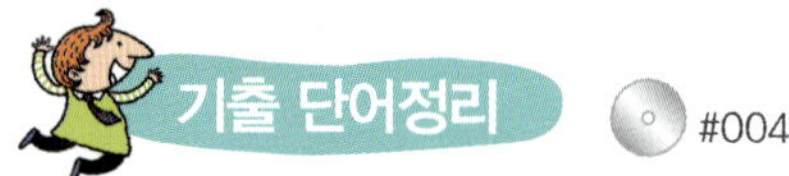 #004

〈기출 단어정리〉는 5000개 필수 단어에는 없지만, 실제 시험에는 출제된 듣기1부분 기출 단어만 따로 정리해 놓은 부분입니다. 이 부분의 단어를 포함하여 듣기부분을 학습하여 철저히 실전에 대비해 보도록 합시다.

단어	발음	품사와 뜻
船舶	chuánbó	명 배, 선박
能见度	néngjiàndù	명 가시거리, 가시도
光照	guāngzhào	명 일조 동 비치다, 비추다
进而	jìnér	접 더 나아가, 진일보하여
领奖	lǐngjiǎng	동 상(품)을 타다 (받다)
言谈举止	yántánjúzhǐ	명 언행, 말과 행동
彬彬有礼	bīnbīnyǒulǐ	성 예의가 밝아 점잖다, 점잖고 예절이 바르다
殷勤	yīnqín	형 은근하다, 정성스럽다, 따스하고 빈틈없다
得体	détǐ	형 (언어나 행동 등이) 틀에 꼭 맞다, 신분에 걸맞다, 제격이다
拘禁	jūjìn	명동 구금(하다)
排除	páichú	동 ① (장애를) 제거하다, 배제하다 ② 배설하다
碰杯	pèngbēi	동 (건배할 때) 잔을 서로 부딪치다, 건배하다
清脆	qīngcuì	형 (목소리, 발음 등이) 낭랑하다, 맑고 깨끗하다
甲天下	jiǎtiānxià	천하제일이다
风情	fēngqíng	명 ① 풍향, 풍력의 상황 ② 풍치, 운치
视为	shìwéi	동 ~로 보다 (생각하다, 간주하다)
职场	zhíchǎng	명 직장, 일터
网民	wǎngmín	명 네티즌
曲折	qūzhé	명 (우여)곡절, 복잡하게 얽힌 (미심쩍은) 사정, 자세한 내용 형 ① 굽다, 구불구불하다 ② 복잡하다, 곡절이 많다
航天	hángtiān	명 우주비행
卫星	wèixīng	명 (인공)위성
调控	tiáokòng	동 조정, 제어하다
机智	jīzhì	명형 기지(가 넘치다)

奇特	qítè	(형) ① 기묘하다, 기괴하다 ② 특출하다
宣泄	xuānxiè	(동) ① 새나가다, 누설되다, 누설하다 ② 물길을 트다, 물을 빼다, 배수하다 ③ 화나 울분을 풀다 (털어 놓다)
秘诀	mìjué	(명) 비결
依附	yīfù	(동) 의지하여 따르다, 의뢰하다, 종속하다, 붙다
载满	zàimǎn	(동) 만재하다, 가득 싣다
下坡	xiàpō	(명) 내리막 (동) ① 언덕 (비탈, 내리막)을 내려가다 ② 떨어지다, 세력이 약해지다
追赶	zhuīgǎn	(동) ① (뒤)쫓다, 쫓아가다, 따라잡다 ② 재촉하다, 몰아붙이다, 다그치다
气喘吁吁	qìchuǎnxūxū	(동) 숨이 차다 (가쁘다), 헐떡거리다
票房	piàofáng	(명) (극작, 역 등의) 매표소
演技	yǎnjì	(명) 연기
一举手 一投足	yìjǔshǒu yìtóuzú	일거수일투족
待人接物	dàirénjiēwù	(성) 사람을 대하는 태도
卵黄色	luǎnhuángsè	(명) 난황색, 노란 색
开阔	kāikuò	(형) (면적 혹은 공간범위가) 넓다, 광활하다
明朗	mínglǎng	(형) ① 밝다, 환하다 ② 분명하다, 명백하다, 뚜렷하다
松弛	sōngchí	(형) ① (줄이) 늘어지다, 느슨하다, 헐겁다 ② (관계, 규율, 경계 등이) 해이하다, 무르다, 엄하지 않다
氛围	fēnwéi	(명) ① 대기, 공기 ② 분위기
烹饪	pēngrèn	(명)(동) 요리(하다), 조리(하다)
缩短	suōduǎn	(동) (길이, 거리, 시간 등을) 단축하다, 줄이다
分享	fēnxiǎng	(동) ① 몫을 받다, 배당을 받다 ② (행복, 기쁨 등을) 함께 나누다, 누리다
排斥	páichì	(동) 배격하다, 배척하다, 반발하다
与众不同	yǔzhòngbùtóng	(성) 보통 사람과 다르다, 남다르다, 남보다 뛰어나다
消遣	xiāoqiǎn	(동) 심심풀이하다, 한가한 시간을 보내다, 소일하다
高谈阔论	gāotánkuòlùn	(성) 고상하고 오묘한 의론을 끊임없이 주고받다; 공리공론 (탁상공론)을 끊임없이 늘어놓다
处世	chǔshì	(동) 사회에서 활동하며 사람들과 왕래하다, 처세하다
规划	guīhuà	(명) 계획, 기획 [비교적 종합적이고 장기적인 계획에 쓰임] (동) 계획하다, 기획하다

笨拙	bènzhuō	형 ① 서툴다 ② 우둔하다, 굼뜨다
付诸	fùzhū	동 (~에) 부치다
先天	xiāntiān	명형 선천(적인)
仰望	yǎngwàng	동 ① (머리를 들어) 바라보다 ② 삼가 바라다 ③ 받들다, 존경하다
企盼	qǐpàn	동 바라다, 기대하다, 희망하다
游子	yóuzǐ	명 나그네, 방랑자
借此	jiècǐ	동 이 기회를 빌다 접 이(것으)로써, 그(것으)로써
花光	huāguāng	동 전부 써버리다
云游四海	yúnyóusìhǎi	온 천하를 주유하다, 여러 곳을 돌아다니다
奢侈	shēchǐ	형 사치하다
岁月	suìyuè	명 세월
缺席	quēxí	명 결석(자) 동 결석하다
肠炎	chángyán	명 장염
羊圈	yángjuàn	명 양 우리
亡羊补牢	wángyángbǔláo	성 소 잃고 외양간 고치다 ① 이미 실패나 손실을 당한 뒤에 대책을 강구하는 것도 차후의 재난에 대비할 수 있다 ② 실패한 후 손질하는 것은 쓸데없다
修复	xiūfù	동 ① (건축물을) 수리하여 복원하다 ② 재생하다, 회복하다 ③ 편지 회답을 하다
前提	qiántí	명 ① 전제 ② 전제조건, 선결조건
胜任	shèngrèn	동 (맡은 직책, 임무 등을) 능히 감당하다
肯干	kěngàn	동 자발적으로 일을 하다
酗酒	xùjiǔ	동 주정하다, 취해서 난폭하게 굴다
忧郁	yōuyù	동 근심 걱정하다, 번민하다 형 우울하다, 울적하다, 마음이 무겁다
本真	běnzhēn	명 원래 모습, 원래 모양 형 성실하고 순진한, 바르고 솔직하다
绅士	shēnshì	명 ① (옛날, 지방의) 유력인사, 명사, 세도가 ② 신사
工匠	gōngjiàng	명 공예가, 공인
臀围	túnwéi	명 (양장에서) 엉덩이 둘레
摩擦	mócā	명동 마찰(하다)
融洽	róngqià	형 사이가 좋다, 조화롭다, 융화하다

交界	jiāojiè	몧 경계, 접경 墨 경계선이 맞닿다, 인접하다
掩护	yǎnhù	몧墨 엄호(하다), 몰래 보호하다
凝聚力	níngjùlì	몧 응집력
鲸鱼	jīngyú	몧 고래
栖息	qīxī	墨 서식하다, 깃들이다, 미물다 [주로 새에 대하여 씀]
须子	xūzǐ	몧 수염뿌리, 수근
全力以赴	quánlìyǐfù	성 전력을 다하여 일에 임하다, 전력투구하다
后悔莫及	hòuhuǐmòjí	성 후회막급
轰动	hōngdòng	墨 뒤흔들다, 진동시키다, 센세이션을 불러일으키다, 파문을 일으키다
婉拒	wǎnjù	墨 완곡하게 거절하다
执意	zhíyì	墨 집의하다, 자신의 견해를 고집하다
阅历	yuèlì	몧 경험, 경력에서 얻은 지식, 체험한 지식 墨 체험하다, 겪다
覆盖	fùgài	墨 가리다, 덮다
惯性	guànxìng	몧 관성, 타성
延缓	yánhuǎn	墨 늦추다, 미루다, 연기하다
宠爱	chǒngài	몧墨 총애(하다)
智商	zhìshāng	몧 지능지수
情商	qíngshāng	墨 ① 사정을 털어놓고 상의하다, 기탄없이 의논하다 ② 개인적인 관계를 통하여 상담하다
望眼欲穿	wàngyǎnyùchuān	성 뚫어지게 바라보다 ; 눈이 빠지게 기다리다, 매우 간절히 바라다
垂钓	chuídiào	墨 낚시를 물속에 드리우다
琐事	suǒshì	몧 자질구레한 일, 번거로운 일, 사소한일
不屑	búxiè	墨 ~할 가치가 없다(고 생각하다), 하찮게 여기다
轻描淡写	qīngmiáodànxiě	성 (공들이지 않고) 대충 묘사하다 (서술하다)
醇厚	chúnhòu	형 ① (냄새나 맛이) 깨끗하고 진하다 ② 신중하고 온후하다, 꾸밈이 없고 인정이 두텁다
腰缠万贯	yāochánwànguàn	아주 부유하다
忧心忡忡	yōuxīnchōngchōng	근심걱정에 싸이다, 매우 시름겹다
一贫如洗	yìpínrúxǐ	성 씻은 듯이 가난하다 ; 매우 가난하다
愁眉不展	chóuméibùzhǎn	성 양 눈썹을 잔뜩 찡그리다, 근심 걱정에 잠기다

逆境	nìjìng	명 역경
绝佳	juéjiā	형 대단히 (상당히) 아름답다, 훌륭하다
怯懦	qiènuò	형 겁이 많고 나약하다, 비겁하다
恰恰	qiàqià	부 꼭, 바로, 마침
冲刺	chōngcì	명동 전력투구, 막바지 노력, 스퍼트(하기)
懦弱	nuòruò	형 패기가 없고 연약하다, 용기가 없고 나약하다, 무기력하다
谦逊	qiānxùn	형 겸손하다 동 남에게 양보하다
尤为	yóuwéi	부 더욱이, 특히, 특별히
如意算盘	rúyìsuànpán	성 뜻대로 되기만을 바라는 심산, 자체 타산, 독장수셈
熟能生巧	shúnéngshēngqiǎo	성 익숙해지면 교묘한 기능이 생긴다 ; 술견은 연습 (경험)에서 온다
画蛇添足	huàshétiānzú	성 뱀을 그리는데 다리를 그려 넣다 ; 쓸데 없는 짓을 하다, 사족을 가하다
徒劳无功	túláowúgōng	성 아무런 성과도 없이 헛일을 하다, 헛수고하다
适可而止	shìkěérzhǐ	성 적당한 정도에서 그치다 (그만두다)
以貌取人	yǐmàoqǔrén	성 용모로 사람을 평가하다, 용모로 사람을 고르다
仪表堂堂	yíbiǎotángtáng	풍채가 당당하다
不修边幅	bùxiūbiānfú	성 ① 몸가짐 (겉치레)에 신경을 쓰지 않다 ② 소소한 예의범절과 형식에 구애되지 않다
灵魂	línghún	명 ① 마음, 정신 ② 인격, 양심 ③ 영혼, 혼 ④ 사물의 중심, 핵심
科幻	kēhuàn	명 과학 환상, SF
唐三彩	tángsāncǎi	명 당삼채 ① 잿물이 세 가지 빛으로 된 당나라 도자기 ② 당대에 사용한 도자기용 유약
陶器	táoqì	명 도자기, 오지 그릇
雕塑	diāosù	명 조형예술의 한 분야인 조각과 소조
潜能	qiánnéng	명 잠재(능)력, 가능성, 잠재 에너지
光环	guānghuán	명 ① (행성 주위의) 밝은 빛의 고리 ② 빛나는 (반짝이는) 고리 ③ (불상 등의) 원광, 후광
流淌	liútǎng	동 (액체가) 흐르다, 유동하다
奢望	shēwàng	명 지나친 욕망
丰厚	fēnghòu	형 ① 두툼하다, 두텁다 ② 푸짐하다, 풍성하다 ③ 살림이 넉넉하다, 유복하다
盲目	mángmù	명 잘못된 인식 형 맹목적(인)

夸大	kuādà	동 과대하다, 과장하다
吉祥	jíxiáng	명 상서로운 징조, 길한 징조 형 ① 상서롭다, 운수가 좋다, 길하다 ② 순조롭다
孝道	xiàodào	명 효도
名副其实	míngfùqíshí	성 명실상부하다, 명성과 실제가 부합되다
唠叨	láodao	동 되풀이하여 말하다, 말을 많이 하다, 시끄럽게 떠들다, 잔소리하다, 수다떨다
吝啬	lìnsè	명형 인색(하다)
传授	chuánshòu	동 전수하다, 가르치다
口耳相传	kǒuěrxiāngchuán	성 입으로 (친히) 전수하다
力度	lìdù	명 ① 힘, 기력, 역량 ② (예술, 문학작품에) 깊이 내포된 뜻의 심도 ③ 음의 세기, 강도, 강약, 셈여림
局限	júxiàn	동 국한하다, 한정하다
门卫	ménwèi	명 수위, 문지기, 경비원
平衡	pínghéng	명 평형, 균형 동 평형 되게 하다, 균형 있게 하다
循环	xúnhuán	명동 ① 순환(하다) ② 사이클
宝典	bǎodiǎn	명 ① 희귀한 책 ② 경전
默默无闻	mòmòwúwén	성 이름이 세상에 알려지지 않다
潦草	liáocǎo	형 ① (글씨가) 조잡하다, 거칠다, 난잡하다 ② (일을 하는데) 허술하다, 성실하지 않다
手绢	shǒujuàn	명 손수건
高亢	gāokàng	형 ① (노랫소리 등이) 높고 낭랑하다, 우렁차다 ② (지세, 산세가) 높다
粗犷	cūguǎng	형 ① 거칠고 상스럽다, 난폭하다, 조심성이 없고 거칠다 ② 호방하다, 걸걸하고 소탈하다, 활달하다
诙谐	huīxié	명 해학, 익살 형 재미있다, 익살맞다, 우스꽝스럽다
空谈	kōngtán	명 공담, 공론, 헛소리 동 입으로만 말할 뿐 실행하지 않다
虫牙	chóngyá	명 충치
编纂	biānzuàn	동 편찬하다
饱满	bǎomǎn	형 ① 포만하다, 풍만하다, 옹골지다 ② 충만하다, 왕성하다 ③ 만족하다, 만족시키다
蹦	bèng	동 뛰어오르다, 껑충 (팔짝) 뛰다

超前	chāoqián	용 ① (현재 수준을) 앞서다, (시대를) 앞서가다 ② 선인을 (전대를) 뛰어넘다
投产	tóuchǎn	용 생산에 들어가다, 조업 (가동)을 개시하다
汇集	huìjí	용 ① 모이다, 집중하다 ② 모으다, 집중시키다
耍嘴皮	shuǎzuǐpí	용 ① 빈 말만 하다 ② 억지를 부리다, 생떼를 쓰다
死缠烂打	sǐchánlàndǎ	죽자꾸나 하고 매달리다 (달라붙다)
叼	diāo	용 입에 물다
倒影	dàoyǐng	명 거꾸로 선 그림자, 수면에 비친 그림자
扑	pū	용 ① 뛰어들다, 돌진하다, 달려들다 ② (향기, 냄새 등이 코를) 찌르다, 진동하다 ③ (바람이 얼굴에) 스치다 ④ (일, 사업 등에) 몰두하다, 열중하다
开垦	kāikěn	용 개간하다
尖端	jiānduān	명 ① 첨단, 뾰족한 끝 ② 정점 형 첨단의, 최신의
边缘	biānyuán	명 ① 가장자리 ② 거의 닿을 듯한 곳 (상태), 위기, 더이상 여지가 없는 상태 형 (경계에) 근접한, (양방이) 관계가 있는
涵养	hányǎng	명 수양, 교양 용 ① 함양하다 ② (수분 등을) 축적, 보존하다
日积月累	rìjīyuèlěi	성 날을 거듭하다, 세월이 쌓이다
天伦之乐	tiānlúnzhīlè	성 가정의 즐거움, 가정의 단란함
朝霞	zhāoxiá	명 아침 놀
谚语	yànyǔ	명 속어, 속담
情侣	qínglǚ	명 사랑하는 사람, 애인, 연인
由来已久	yóuláiyǐjiǔ	유래가 이미 오래되었다, 유래가 깊다

1회

第1–15题：请选出与所听内容一致的一项。

1
A. 不渴不用喝水　　　　　　　　B. 平时要喝一杯水
C. 口渴的时候要等一等再喝水　　D. 平时应该多喝水

2
A. 能通过树木分辨方向　　　　　　B. 年轮距离较窄的一方是南方
C. 石头或树根上长青苔的一面是南面　D. 通过树的生长状况不能辨别方向

3
A. 姑娘很有礼貌　　　　　　　　B. 老大爷不能忍受姑娘的行为
C. 老大爷很想让姑娘坐下　　　　D. 老大爷马上下车，所以让姑娘坐下

4
A. 介绍柠檬的特点　　　　　　　B. 介绍有哪些驱蚊植物
C. 植物的驱蚊效果跟温度无关　　D. 驱蚊植物能把蚊子全部消灭

5
A. 他们要一起回家　　　　　　　B. 男学生不愿意背行李
C. 行李箱坏了　　　　　　　　　D. 男学生误解了说话人的意思

6
A. 怎样给顾客开账单　　　　　　B. 教授在批评学生
C. 学生对教授开玩笑　　　　　　D. 学生不接受教授的意见

7
A. 人际关系好的人受人排斥　　　B. 自私的人引来众人帮助
C. 自私自利的人总是不满　　　　D. 帮助别人就是帮助自己

8
A. "以形补形"的意思是用有形状的东西补身体

B. 吃羊的内脏可以使人更加补血

C. "以形补形"是民间流传补身体的方法

D. 吃猪皮可以使人更加聪明

9
A. 饭店的服务质量很好   B. 饭店给顾客上错了菜

C. 饭店故意给顾客不一样的牛肉   D. 饭店给顾客的牛肉很多

10
A. 维生素E有延缓衰老的功效

B. 维生素E都是人工合成的

C. 维生素E只适合65岁以上的妇女服用

D. 维生素E可以降低各种老年病的发病率

11
A. 千万别做没有用的事情   B. 羊圈一定要修牢固了

C. 做错事时要及时补救   D. 做事情要懂得轻重

12
A. 德国人很重视垃圾的处理方式

B. 在德国扔错了垃圾，无论是谁，都得罚款

C. 德国垃圾回收利用世界第一

D. 德国人对环境保护不太重视

13
A. 这个孩子真的以为知识使用勺子吃   B. 每个孩子都带来一个勺子

C. 校长正在讲笑话   D. 校长在毕业典礼上发表演讲

14
A. 冬天最适合喝粥   B. 不同粥品各有功效

C. 人们都喜欢喝菜粥   D. 粥和环境湿度没什么关系

15
A. 布艺沙发具有亲和力   B. 布艺沙发已经流行很久了

C. 布艺沙发不太实用   D. 布艺沙发颜色单一

▶ 정답 & 해설 p. 426 – 433

#005-1

2회

第1-15题: 请选出与所听内容一致的一项。

1
A. 笑容是最美丽的
B. 身份低的人不需要微笑
C. 微笑是对生活的尊重
D. 微笑是一种物理反应

2
A. 那个人生病了
B. 世界上没有变聪明的药
C. 医生治好了他的病
D. 医生给那个人一些变聪明的药

3
A. 每天一定要睡八个小时
B. 充分睡眠使人们感到满意
C. 八小时睡眠很科学
D. 睡眠多了是一种负担

4
A. 这款U盘的外型是专门为女性设计的
B. 该款产品只有三款颜色供消费者选择
C. 白色的U盘代表灿烂的笑容
D. 紫色的U盘代表着独一无二

5
A. 有人在犹豫着买不买红苹果
B. 世界正从战争走向和平
C. 苹果对现在世界很满意
D. 苹果认为现在世界很混乱

6
A. 氨基酸，水温在70度时会溶解出来
B. 水温过高，会使茶水变苦
C. 沏茶的水温最好是100℃
D. 沏茶的水温最好是在50℃至60℃之间

7
A. 哈佛大学毕业后很好找理想的工作
B. 哈佛大学毕业后不容易找理想的工作
C. 年轻人是已经找到了工作
D. 司机和年轻人成了好朋友

8
A. 圣诞色是红、绿、蓝色
B. 圣诞色是绿、红、白色
C. 圣诞节用白色的蜡烛，绿色的树
D. 不是每个家庭都用圣诞色来装饰圣诞节的

9
A. 中暑的表现是咳嗽，轻微发热
B. 冬瓜汤可以预防中暑
C. 喝很热的汤可预防中暑
D. 人在空气不流通的地方会中暑

10
A. 他们都因为考试很疲倦
B. 他们喜欢照镜子
C. 他们正在谈论美容的问题
D. 他们都通过了期末考试

11
A. 大气能见度大于1千米时才称得上沙尘暴
B. 北京沙尘暴经常发生
C. 沙尘暴是很严重的自然灾害
D. 沙尘暴的危害程度亚于台风

12
A. 北极熊经常在水里生活
B. 北极熊最喜欢吃鲸鱼肉
C. 北极熊冬季在冰盖上度过冬季
D. 北极熊在夏天的时候活动最频繁

13
A. 儿子长的更像母亲
B. 父子之间长得很像
C. 父亲是儿子的榜样
D. 母亲对儿子的影响很大

14 A. 第二个顾客的钱包丢了　　　B. 第二个顾客不愿意买单
　　C. 服务员对顾客很不礼貌　　　D. 服务员在跟顾客开玩笑

15 A. 钱钟书很幽默　　　B. 鸡蛋和鸡是一个问题
　　C.《围城》的内容和鸡蛋有关　　　D. 钱钟书接受了记者的访问

제1주차 화요일 듣기 1부분에서는 '유머'와 관련된 유형의 문제 → (인물·사물·장소·문화 등) '각 방면 소개'와 관련된 유형의 문제 → (교육·과학·정보와 지식·상식·인체와 건강 등) '설명문'과 관련된 유형의 문제' 를 중심으로 학습해 보았습니다.

제2주차 화요일 듣기 1부분에서는 1주차에서 배운 내용을 다시 한 번 최종점검하고, 실력다지기 실전문제의 총정리문제를 풀어보면서 듣기 1부분을 마스터해 보도록 합시다.

新 HSK문제 유형분석 #006

A. 查理的爸爸是开酒场的　　B. 老师误会查理的礼物
C. 盒子里放的是一瓶白兰地　　D. 老师很爱喝酒

[단어]

液体 yètǐ 명 액체 / 沾 zhān 동 젖다, 적시다, 묻히다 / 香槟 xiāngbīn 명 샴페인 / 白兰地 báilándì 명 브랜디

[원문 & 번역]

毕业前, 学生送给老师小礼物表达谢意。	졸업 전에, 학생들은 선생님께 작은 선물을 드려 감사의 표시를 했다
查理的老爸是卖酒的,	찰리의 아버지는 주류 판매를 하신다
他带来一个大盒子, 老师看到盒子在漏液体,	그는 큰 상자 하나를 가져 왔는데, 선생님은 상자에서 액체가 새는 것을 보고
就用手指沾了一滴放在嘴里品尝。	손가락으로 한 방울을 찍어서 맛을 보았다
老师问: "是香槟?" 查理回答说: "不是。"	선생님께서 '샴페인이니?' 하고 물으셨다. 찰리는 '아니요.' 하고 대답하였다.
"白兰地?" "不是。"	'그럼 브랜디?' '아닌데요.'
最后, 老师说: "我不尝了, 你说你带了什么?"	마지막으로 선생님이 말했다. " 맛보지 않을게, 네가 가져온 것이 무엇인지 말해보렴?"

查理小声地说：“一只小狗！”   찰리는 작은 소리로 말했다. “ 강아지에요!”

A. 찰리의 아버지는 술집을 개업했음   B. 선생님께서 찰리의 선물을 오해했음

C. 상자에 브랜디 한 병이 들어있음   D. 선생님께서는 술 마시는 것을 매우 좋아하심

[해설]

유머에 관한 문제입니다. 졸업을 하면서 학생들이 선생님께 선물을 했는데, 주류 판매를 하시는 아버지를 둔 찰리도 선생님께 강아지가 들어있는 상자를 선물로 드렸는데, 선생님께서는 술을 선물한 것으로 잘못 아셨다.

[정답]   B

▶ 정답 & 해설 p. 433 – 439

 #007

1회

第1–15题: 请选出与所听内容一致的一项。

1
A. 铁树是用铁做的
B. 铁树在任何地方都能生长
C. 热带的铁树几十年才能开花
D. 铁树是一种不容易开花的植物

2
A. 音乐使电影的情节更丰富
B. 人们去电影院看电影是为了感觉浪漫
C. 没有音乐的电影不存在
D. 电影让人们感情得到宣泄

3
A. 马认为各自都有自己的活儿
B. 狗认为马干很多活，很辛苦
C. 马认为狗的功劳很大
D. 马认为狗没什么可看守的

4
A. 爸爸被罚款了
B. 爸爸写的字条丢了
C. 爸爸碰到警察了
D. 爸爸找到了停车位

5
A. 人体细胞一整天都在更新
B. 牛奶可以促进睡眠
C. 睡前喝牛奶不利于睡眠
D. 人们应该睡觉前多喝牛奶

6
A. 婴儿睡眠时间比成人短
B. 成年人睡觉时间越多越好
C. 人的睡眠时间长短差不多
D. 年龄不同睡眠时间也不同

7
A. 学生们都说谎了
B. 教授写的书已经出版了
C. 学生都看过教授写的书
D. 学生们都喜欢读教授写的《论谎言》

8   A. 他犯了很多错误
     B. 他去世时已经没有房子了
     C. 他想花光所有的钱
     D. 他因为买了很多房子而后悔

9   A. 这种树只有俄罗斯东部才有
     B. 这种神木对病人有治疗效果
     C. 这种树质地很不结实
     D. 神木可以在战争中防止敌人的炮弹

10   A. 夸奖女人时不能夸奖她可爱
     B. 男人都喜欢漂亮的女人
     C. 女人喜欢别人说她可爱
     D. 女人因可爱而美丽

11   A. 伦敦塔里面有很多稀世珍宝
     B. 伦敦塔里面有现代刑法的地牢
     C. 伦敦塔里面只有宝剑
     D. 主要介绍伦敦塔的历史

12   A. 高速公路上事故多
     B. 亲密无间的没有距离
     C. 保持距离才能人际和谐
     D. 高速公路上要控制车速

13   A. 茶叶煮鸡蛋是不太科学的
     B. 茶叶煮鸡蛋是很好吃的食品
     C. 主要介绍茶叶煮鸡蛋的做法
     D. 茶叶煮鸡蛋促进消化吸收

14   A. 选择总是让人后悔
     B. 选择是一件很麻烦的事情
     C. 时间是最宝贵的东西
     D. 不同的选择带来不同的人生

15   A. 已婚者要互相理解
     B.《围城》描写的是不幸的婚姻
     C. 婚姻是一种无奈的选择
     D. 结婚、离婚是很普遍的事情

▶ 정답 & 해설 p. 439 – 446

#007-1

2회

第1–15题: 请选出与所听内容一致的一项。

1
A. 男孩不爱说话
C. 男孩向女孩表达爱情
B. 他们在练习英语
D. 女孩是男孩的女朋友

2
A. 武夷山位于武夷山脉的南部
C. 武夷山是一座人工制造的名山
B. 武夷山长约10公里
D. 有许多文化名人先后来过武夷山

3
A. 月季和玫瑰是长得完全一样的
C. 月季和玫瑰不是同一种类
B. 玫瑰原产于欧洲
D. 玫瑰花是月季花中的一种

4
A. 人们捕猎是为了吃北极狐肉
C. 北极狐越往南它的毛质越好
B. 人们知道狐狸毛皮的价值
D. 北极狐生活在温度适宜的地方

5
A. 电子胶囊很容易被人体吸收
C. 电子胶囊是一种药品
B. 电子胶囊是由英国人发明的
D. 电子胶囊是用来检查胃病的

6
A. 迪拜塔是世界上最高的楼
C. 迪拜塔位于伊拉克巴格达
B. 迪拜塔的高度将超过160米
D. 迪拜塔的建造时间是74个月

7
A. "恐归族"是觉得回家很烦的一类人
B. "恐归族"是害怕过年不能回家的人
C. "恐归族"是一种没有感情的人
D. "恐归族"不敢回家的人

8 A. "火车票实名制" 可以预防各种犯罪行为

B. 火车票实名制其实很麻烦

C. 火车票实名制已经实行了

D. 火车票实名制得到了许多人的反对

9 A.《西游记》充满了想象　　B.《西游记》是现代科幻小说

C.《西游记》是一部反映现实的小说　　D.《西游记》只在中国出名

10 A. 要让孩子童年时多吃些苦　　B. 应该给孩子一个充满幻想的童年

C. 游戏可以培养创造力　　D. 玩耍不利于孩子的成长

11 A. 手机应该挂在腰部　　B. 手机的辐射对身体有益

C. 手机挂在腰部会损害人的肾脏　　D. 手机的磁场对人体无益

12 A. 跳舞草的跳舞时间是3至5分钟　　B. 低温可以跳舞

C. 跳舞草原产于欧洲　　D. 在中国这种草很稀少

13 A. 主要介绍过春节的方式　　B. 人们希望过环保的春节

C. 过春节是一个时尚的话题　　D. 放爆竹，不会污染环境

14 A. 人们在家里养鸟　　B. 鸟的巢是一项很大的工程

C. 鸟的羽毛很光滑　　D. 鸟巢对建筑设计有启发

15 A. 补品很适合老人　　B. 阴虚体虚的人应该多吃人参

C. 补品不一定对每个人都有益　　D. 年轻人不需要吃补品

제 2 단원

듣기 **2** 부분

듣기 2부분은 인터뷰형식으로 된
두 사람의 대화 내용을 듣고서 문제를 푸는 부분입니다.
이 부분은 문장부호를 제외하고 약 500–600자 정도의 긴 대화 내용이고,
말하는 속도도 비교적 빠르지만,
회화체이므로 듣기 1·3부분에 비해 잘 들리는 장점이 있습니다.

듣기 2부분의 내용은 듣기 1·3부분과 마찬가지로
인물, 사물, 장소, 문화, 교육, 과학, 정보와 지식, 상식, 인체와 건강 등
각 방면의 내용이 광범위하게 출제됩니다.

유형별 문제풀이 집중공략

3주차_ 유형별 문제풀이 집중공략
1. '특정 인물'을 인터뷰하는 유형의 문제
2. '사회적인 이슈'나 '전문적인 지식'에 대해 인터뷰하는 유형의 문제
   - 新HSK 문제 유형분석
   - 기출 단어정리
   *실력다지기 실전문제

4주차_ 최종점검하기
   - 新HSK 문제 유형분석
   *실력다지기 실전문

유형별 문제풀이 집중공략

듣기 2부분은 두 사람의 대화를 듣고서 보기 ABCD 중 알맞은 정답을 고르는 문제입니다. 듣기 2부분 역시 듣기 1부분과 마찬가지로 인물, 사물, 장소, 문화, 교육, 과학, 정보와 지식, 상식, 인체와 건강 등 각 방면의 내용이 광범위하게 출제됩니다.

제3주차 화요일 듣기 2부분에서는 '특정 인물'을 인터뷰하는 유형의 문제와 '사회적인 이슈'나 '전문적인 지식'에 대해 인터뷰하는 유형의 문제를 중심으로 학습해 보기로 하겠습니다.

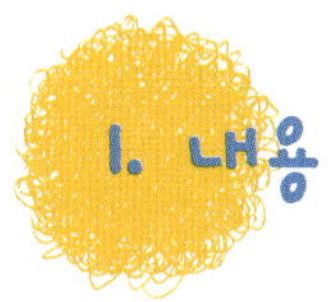

I. 내용

1 특정 인물을 인터뷰하는 유형의 문제

어떤 분야의 전문가 또는 성공한 사람 등이 프로그램 게스트로 나오는 경우가 많습니다.
① 소설가, 동화작가, 만화가 등 글을 쓰는 작가
② 사업가, 창업가, 경영인, 어떤 업계의 관계자
③ 마술사, 사진작가, (영화, 스포츠 등의) 감독, 대학교수, 운동선수, 공무원, 프로그램 사회자, 기자, 수집가, 여행가

2 '사회적인 이슈나 전문적인 지식'에 대해 인터뷰하는 유형의 문제

'부(財富)와 성공', '여성의 적극적인 사회활동 참여' 등 사회적인 관심으로 떠오르고 있는 화제 또는 '(침구를 사용한) 한방치료', '쌍둥이(双胞胎)' 등 각 방면의 전문지식에 대해 인터뷰합니다.

2. 질문 유형

들기 2부분에 자주 출제되는 질문 유형은 다음과 같습니다.

① 특정 인물을 인터뷰하는 유형의 문제

대부분 TV 또는 라디오 프로그램에서 사회자가 주로 한 방면의 전문가, 성공한 사람, 또는 영향력 있는 특정인물을 초청하여 인터뷰하는 형식으로 구성된 문제입니다. 작가나 기업 경영인을 인터뷰하는 문제가 가장 자주 출제되고 있으며, 들기 2부분의 시험문제는 대부분 여기에 속합니다.

특정인물의 인터뷰 형식으로 구성된 문제는 맨 처음 부분에서 사회자가 초청 게스트가 누구인지, 어떤 방면에서 종사하고 있는 사람인지 소개하는 내용을 놓치지 말고 잘 들어야 하며, 대화 중 사회자의 질문도 주의해서 들어야 합니다.

이런 유형의 문제는 인터뷰에 응하는 사람의 이전 또는 현재 종사하고 있는 직업, 직업을 선택하게 된 이유, 직업의 특징, 직업에 대한 본인의 관점, 이 일을 하는 주된 목적, 직업과 관련된 사회적인 문제 등 주로 인터뷰에 응하는 사람의 직업과 관계있는 질문을 하는 경우가 제일 많으며, 그밖에 인터뷰에 응하는 사람에 관한 개인적인 질문, 대화의 내용과 일치하는 정답을 고르는 문제가 출제되고 있습니다.

인터뷰에 응하는 사람의 직업에 관한 질문	男的做什么的?	남자의 직업은 무엇인가?
	工作的主要目的是什么?	일의 주된 목적은 무엇인가?
	女的为什么选择这个职业?	여자가 이 직업을 선택한 이유는 무엇인가?
	女的现在从事哪方面的工作?	여자는 지금 어떤 방면의 일에 종사하고 있는가?
	男的以前做过什么?	남자는 이전에 무슨 일을 했었나?
	他平时主要搞哪方面的工作?	그는 평소에 주로 어떤 일을 하는가?
인터뷰에 응하는 사람의 관점에 대한 질문	女的怎样评价自己的工作?	여자는 자신의 일을 어떻게 평가하는가?
	男的认为现在做的工作有什么特点?	남자는 현재 하고 있는 일이 어떤 특징이 있다고 생각하는가?
	女的认为怎样才能做到最好?	여자는 어떻게 해야만 가장 좋게 될 수 있다고 생각하는가?

인터뷰에 응하는 사람의 관점에 대한 질문	关于创作小说男的是什么看法?	소설을 창작하는 것에 관해서 남자는 어떤 견해를 가지고 있는가?
	男的觉得运动员的生活如何?	남자는 운동선수 생활이 어떻다고 생각하는가?
	他觉得这篇文章怎么样?	그는 이 글이 어떻다고 생각하는가?
직업과 관련된 문제점에 관한 질문	理论为主的课程，没有效果的主要原因是什么?	이론 위주의 교과과정이 효과적이지 않은 주된 원인은 무엇인가?
	男的人为好的小说少是因为:	남자는 좋은 소설이 적은 이유가 무엇이라고 생각하는가?
	女的有什么建议?	여자는 무슨 의견이 있는가?
대화 내용에 관한 질문	关于对话下列哪项正确?	대화에 관해 다음 중 옳은 것은?
	关于女的下列说法哪项正确?	여자에 관해 다음 중 옳은 것은?
	"双高女性"主要是什么意思?	"双高女性"의 뜻은 무엇인가?
	关于男的可以知道什么?	남자에 관해 알 수 있는 것은 무엇인가?
	根据对话可以知道什么?	대화에서 알 수 있는 것은 무엇인가?
	这段对话主要谈论什么?	주로 무엇에 대해 대화하고 있는가?
인터뷰에 응하는 사람에 관한 사적인 질문	男的一天睡多少个小时?	남자는 하루에 몇 시간 잠을 자는가?
	他们的队伍有多少人?	그들의 팀은 몇 명인가?
	男的希望什么?	남자는 무엇을 바라는가?
	女的有什么愿望?	여자의 바람은 무엇인가?
	女的获得了什么?	여자는 무엇을 얻었는가?

② **'사회적인 이슈나 전문적인 지식'에 대해 인터뷰하는 유형의 문제**

'사회적인 이슈' 또는 '동식물, 사람의 신체와 건강, 사물, 항공, 농업, 공업, 상업, 과학기술, 정보와 지식, 상식, 문화, 교육, 각종 사회문제' 등 전문적인 지식에 대해 묻고 대답하는 유형의 문제가 출제됩니다.

이런 유형의 문제는 특정인물을 인터뷰하는 것이 아니라 객관적인 정보나 지식에 관한 것을 질문하고 답하는 내용이므로, 인터뷰하는 사람 자체가 중요한 것이 아니라, 두 사람이 말하고 있는 화제(话题)가 중심내용입니다.

따라서 화제에 대한 인터뷰하는 사람의 생각이나 관점, 인터뷰 내용 중 언급된 특정 단어의 뜻이나 특징, 또는 대화의 내용과 일치하는 내용을 선택하는 문제 등이 주로 출제되고 있습니다.

	和一般胎儿相比，双胞胎有什么特点?	보통 태아와 비교해서 쌍태아는 어떤 특징이 있는가?
특징, 단어의 뜻에 관한 **질문**	和西药相比，中药有什么区别?	양약과 비교해서 한약은 어떤 차이가 있는가?
	"遵医嘱"是什么意思?	"遵医嘱"은 무슨 뜻인가?
	对话主要谈论什么?	주로 무엇에 대해 대화하고 있는가?
대화 내용에 관한 질문	根据对话下面哪项正确?	다음 중 옳은 것은 무엇인가?
	关于中国经济发展下列哪项正确?	중국 경제발전에 관해 다음 중 옳은 것은 무엇인가?
	关于针灸疗法下列哪项正确?	침구 치료법에 관해 다음 중 옳은 것은 무엇인가?
질문에 대답하는 사람의 관점에 관한 질문	关于针灸，男的有什么看法?	침(구)에 관해 남자는 어떤 생각을 하는가?
	男的认为经济独立的好处是什么?	남자는 경제독립의 장점이 무엇이라고 생각하는가?
	女性创业主要考虑的是什么?	여성창업은 주로 무엇을 고려하는가?
	关于竞争，女的有什么看法?	여자는 경쟁에 관해 어떻게 생각하는가?

新 HSK문제 유형분석　　#008

🔘 **16.~20.**

16.　A. 便于解决矛盾　　　　B. 节省资源
　　　C. 适应人民的需要　　D. 交通便利

17.　A. 在大学里当过老师　　B. 工作经历比较简单
　　　C. 专业是环境保护　　D. 觉得工作压力太大

18.　A. 很容易简单　　　　B. 成绩很大
　　　C. 有点不太喜欢　　　D. 压力非常大

19.　A. 交通有点乱　　　　B. 道路不太宽
　　　C. 管理得很好　　　　D. 乘车太麻烦

20. A. 提高巴士票的价格   B. 重视道路修建
     C. 鼓励人们买私家车   D. 建议人们多出行

[단어]

荣幸 róngxìng 형 (매우) 영광스럽다 / 访谈 fǎngtán 통 탐방하다, 방문취재하다 / 基础设施 jīchǔshèshī 명 기초시설 / 延误 yánwù 통 질질 끌어 시기를 놓치다 / 平衡 pínghéng 명통 평형(되게 하다) / 人口密度 rénkǒumìdù 명 인구밀도 / 征收 zhēngshōu 통 (정부가 공출 곡식이나 세금을) 징수하다 / 税 shuì 명 세(금)

[원문 & 번역] 16-20题是根据下面一段采访：

男： 各位观众大家好？ 今天我们非常荣幸地请到了香港特别行政区环境交通局梁英局长做客我们访谈节目，梁局长跟我们介绍香港的交通方面和环境保护方面的问题，梁局长请您先给大家介绍一下您的工作内容是什么？

시청자 여러분 안녕하십니까? 오늘 우리는 매우 영광스럽게도 홍콩 특별행정구역 환경교통 관리국 梁英 국장님을 우리 프로그램 게스트로 모셨습니다. 양 국장님께서는 우리한테 홍콩의 교통방면과 환경보호 방면 문제를 말씀해 주시겠습니다. 양 국장님 먼저 모두에게 국장님 어떤 일을 하시는 지 소개를 좀 해주시겠습니까?

女： 我在香港主要主管三个方面，一个是环境，第二个是交通运输，第三个是城市基础设施建设。

저는 홍콩에서 주로 3가지 방면을 주관하고 있습니다. 첫 번째는 환경이고, 두 번째는 교통운수, 세 번째는 도시 기초시설 건설입니다.

男： 大家都知道无论是环保、还是交通，包括基础设施的建设，这些工作都和经济发展有关，它们之间关系非常密切，但有时候，它们之间又好像存在一些现实的矛盾。香港政府从一开始设计这种结构的时候，将这三个方面放在一起是不是有什么想法？

모두가 환경보호이든 교통이든 상관없이 기초시설 건설을 포함하고 있다는 것을 다 알고 있고, 이 일들은 모두 경제발전과 관계가 있는데요, 이들의 관계는 매우 밀접하지만, 그러나 어떤 때에는 그것들 사이에 또 현실적인 모순이 존재하고 있는 것 같습니다. 홍콩정부는 이런 구조를 구상하기 시작했을 때 이 3가지 방면을 모두 갖추기 위해 어떤 생각을 했습니까?

女： 所有的国家在发展的过程中，都承认经济发展和环境保护它们之间是有矛盾的。举个例子：如果一项环保政策不同意交通方面的计划，就会把事情都延误了。(16) 我觉得把它们放在一起，能让我们更好地解决这两个方面的矛盾，搞好它们之间的平衡。

모든 국가는 발전과정 중에 경제발전과 환경보호 사이에 모순이 있다는 것을 인정합니다. 예를 들면 환경보호 정책이 교통 방면의 계획을 반대한다면 일하는 시기를 놓치게 됩니다. 저는 이들 둘을 함께 병행하는 것은, 바로 우리에게 이 두 가지 방면의 모순을 더욱 잘 해결할 수 있게 해서, 그들 사이의 균형을 잘 이룰 수 있다고 생각합니다.

男： (17) 您做过民间组织活动、做过企业领导，现在做政府的公务员，这肯定是一件很富有挑战的工作，您是从什么时候开始担任这个局的局长，到现在你在工作中有什么体会？

국장님께서는 민간단체 활동을 하신 적이 있고, 기업의 오너를 하신 적도 있으며, 지금은 정부 공무원이십니다. 이것은 분명히 하실 것이 많은 일들인데, 언제부터 교통관리국의 국장을 담당하셨고, 현재까지 국장님께서 어떤 경험을 하셨나요?

女： 我是在2002年开始当局长的。(17) 由于我大学的专业是环保专业，所以对环保方面的事了解得比较清楚，对其他两个方面，就要花一段时间去了解。在这几年的工作中我感觉，工作很复杂，很辛苦，但工作成绩很大。

저는 2002년에 국장직을 맡았습니다. 저는 대학에서 환경보호 전공을 하였기 때문에 환경보호 방면의 일에 대해서 잘 알고 있는 편입니다. 기타 다른 2가지 방면에 대해서는 좀 더 시간을 들여서 알아가야 할 것입니다. 이 몇 년 동안 일을 하면서, 저는 일이 복잡하고 힘들었지만, 일의 성과는 매우 컸다고 생각합니다.

男 : 香港面积比较小，人口密度非常大。首要问题是交通方面的问题。（19）**许多外地人去过香港的人，都称赞香港交通管理得好**，您能给我们讲讲关于香港的交通，香港的交通从一个什么样的基本思想出发的？

홍콩의 면적은 작은 편이고, 인구밀도가 매우 높습니다. 가장 중요한 문제는 교통방면의 문제입니다. 많은 외지 사람들 중 홍콩을 가본 적이 있는 사람들은 모두 홍콩의 교통이 잘 관리가 되어있다고 칭찬합니다. 국장님께서 우리에게 홍콩 교통에 관해서 좀 말씀해 주십시오. 홍콩의 교통은 어떤 기본사상에서 출발했습니까?

女 : 香港有一个总体的政策，就是尽量多使用公共交通工具。（20）**就是鼓励人们乘坐火车或公共汽车。交通设计呢，首先是把路修好，这是一个基本的条件。其次，政府不鼓励老百姓自己买车**。政府对私家车征收重税。第三就是搞好公共交通的建设和服务。如我们的双层巴士、各种小巴、铁路数量很多。使人们出行感到很方便、舒服。

홍콩은 총체적 정책이 하나 있는데, 바로 최대한 많이 대중교통수단을 이용하자는 겁니다. 즉 사람들에게 기차나 버스를 타도록 격려합니다. 교통시설은요, 우선 길을 수리하는 것이 기본 조건입니다. 그 다음 정부는 서민들이 차를 사는 것을 권장하지 않습니다. 정부는 개인 자가용에 대해서 무거운 세금을 징수합니다. 세 번째는 바로 대중교통 건설과 서비스입니다. 예를 들면, 우리의 2층 버스, 각종 셔틀버스, 철로 등의 수량이 매우 많아서 사람들이 외출을 할 때 매우 편리하고 편안하게 여기도록 합니다.

16. 把三方面工作放在一起的主要目的是什么？
    세 가지 방면을 함께 병행하는 주된 목적은 무엇인가？

    A. 모순을 해결하는데 편리하게 하기 위해서　　B. 자원을 절약하기 위해서
    C. 사람들의 요구에 부응하기 위해서　　D. 교통의 편리를 위해서

17. 关于女的可以知道什么？
    여자에 관해 무엇을 알 수 있는가？

    A. 대학에서 교수를 한 적이 있음　　B. 일한 경력이 간단한 편임
    C. 환경보호 전공을 했음　　D. 일에 대한 스트레스가 매우 크다고 생각함

18. 女的怎样评价自己的工作？
    여자는 자신의 일을 어떻게 평가하는가？

    A. 아주 쉽고 간단함　　B. 성과가 매우 큼
    C. 약간 마음에 들지 않음　　D. 스트레스가 매우 큼

19. 外地人觉得香港交通状况怎么样？
    외지사람은 홍콩의 교통상황이 어떻다고 생각하는가？

    A. 교통이 좀 혼란함　　B. 도로가 별로 넓지 않음
    C. 관리가 잘 되어 있음　　D. 차를 탈 때 매우 번거로움

20. 关于香港的交通政策下列哪项正确？
    홍콩의 교통정책에 관해 다음 중 옳은 것은 무엇인가？

    A. 버스표의 가격을 인상함　　B. 도로 시공을 중시함
    C. 사람들이 개인 자가용을 사는 것을 권장함　　D. 사람들에게 자주 외출하라고 제안함

[해설]

16. '我觉得把它们放在一起，能让我们更好地解决这两个方面的矛盾，搞好它们之间的平衡。(이들 둘을 함께 병행하는 것은, 바로 우리에게 이 두 가지 방면의 모순을 더욱 잘 해결할 수 있게 해서, 그들 사이의 균형을 잘 이룰 수 있다고 생각합니다.)'라고 했으므로 정답은 A입니다.

17. 남자가 '您做过民间组织活动、做过企业领导，现在做政府的公务员 (국장님께서는 민간단체 활동을 하신 적이 있고, 기업의 오너를 하신 적도 있으며, 지금은 정부 공무원이십니다.)'라고 하였으므로, A와 B는 정답이 아닙니다. 여자가 '由于我大学的专业是环保专业，…，在这几年的工作中我感觉，工作很复杂，很辛苦，但工作成绩很大。(저는 대학에서 환경보호 전공을 하였기 때문에, …, 이 몇 년 동안 일을 하면서, 저는 일이 복잡하고 힘들었지만, 일의 성과는 매우 컸다고 생각합니다.)'라고 말했으므로 정답은 C입니다.

18. 17번의 내용으로 보아 정답은 B인 것을 알 수 있습니다.

19. '许多外地人去过香港的人，都称赞香港交通管理得好 (많은 외지 사람들 중 홍콩을 가본 적이 있는 사람들은 모두 홍콩의 교통이 잘 관리가 되어있다고 칭찬합니다.)'라고 하였으므로 정답은 C입니다.

20. '就是鼓励人们乘坐火车或公共汽车。交通设计呢，首先是把路修好，这是一个基本的条件。其次，政府不鼓励老百姓自己买车。(교통시설은요, 우선 길을 수리하는 것이 기본 조건입니다. 그 다음 정부는 서민들이 차를 사는 것을 권장하지 않습니다.)'라고 한 것으로 보아 정답은 B인 것을 알 수 있습니다.

[정답]　16. A　17. C　18. B　19. C　20. B

〈기출 단어정리〉는 5000개 필수단어에는 없지만, 실제시험에는 출제된 듣기 2부분의 기출 단어만 따로 정리해 놓은 부분입니다. 이 부분의 단어를 포함하여 듣기부분을 학습하여 철저히 실전에 대비해 보도록 합시다.

단어	발음	품사와 뜻
聆听	língtīng	통 공손히 (정중히) 듣다
省吃俭用	shěngchījiǎnyòng	성 아껴 먹고 아껴 쓰다 ; 절약해서 생활하다
鉴定	jiàndìng	명 (사람에 대한) 평가서 통 ① (사람의 잘잘못, 출신, 장단점 등을) 평정하다 ② (사물의 우열, 진위 등을) 감정하다, 판정하다
捐	juān	통 ① 버리다, 포기하다, 희생하다 ② 헌납하다, 기부하다
荣誉	róngyù	명 영예, 명예
厚爱	hòuài	명 (상대방이 자신에게 베푼) 두터운 사랑, 깊은 배려, 특별한 보살핌
简便易行	jiǎnbiànyìxíng	성 간편해서 사용하기 편리하다, 간단하고 편리하다
立竿见影	lìgānjiànyǐng	성 장대를 세우면 그림자가 나타나다 ; 즉시 효과가 나타나다
纯粹	chúncuì	형 순수하다, 깨끗하다 부 ① 순전히, 오직, 전적으로 ② 단순히
抵御	dǐyù	통 마아내다, 방어하다
任重道远	rènzhòngdàoyuǎn	성 맡은 바 책임은 무겁고 갈 길은 아직도 멀다
巅峰	diānfēng	명 최고봉
无所适从	wúsuǒshìcóng	성 누구를 따라야 할 지 모르다, 누구의 말을 믿어야 좋을 지 모르다
统筹	tǒngchóu	통 전반적인 계획을 하다
兼顾	jiāngù	통 고루 (아울러) 돌보다, 겸하여 (함께) 고려하다
收视率	shōushìlǜ	명 시청률
反馈	fǎnkuì	명 귀환, 재생, 피드백 통 (정보나 반응이) 되돌아오다
紫砂壶	zǐshāhú	명 자사 차 주전자 [강소 성 의흥에서 생산되는 도자기용 흙으로 만는 차(茶) 주전자]
治标不治本	zhìbiāobúzhìběn	겉으로만 일시적으로 해결하고 문제를 근본적으로 해결하지 못하다
刻不容缓	kèbùrónghuǎn	성 한시도 지체할 수 없다, 잠시도 늦출 수 없다
循序渐进	xúnxùjiànjìn	성 차례대로 한 걸음 한 걸음 앞으로 나아가다 ; 학습이나 업무를 점차적으로 심화시키다

双胞胎	shuāngbāotāi	몡 쌍둥이
龙凤胎	lóngfèngtāi	몡 이란성 쌍둥이
子宫	zǐgōng	몡 자궁
胎盘	tāipán	몡 태반
目眩	mùxuàn	톙 눈앞이 아찔하다, 눈앞이 캄캄해지다, 눈이 어지럽다
超声波	chāoshēngbō	몡 초음파
分娩	fēnmiǎn	됭 분만하다, 아기를 낳다, 출산하다
遵医嘱	zūnyīzhǔ	됭 의사의 지시를 따르다
使命	shǐmìng	몡 ① 사명 ② 명령
破译	pòyì	됭 암호를 해독하다
畅销	chàngxiāo	톙됭 판로가 넓다, 잘 팔리다
虚荣心	xūróngxīn	몡 허영심
下坡路	xiàpōlù	몡 ① 내리막길 ② 쇠락, 멸망의 길
兴建	xīngjiàn	됭 건설 (건축)하다, 창설하다 [주로 대규모 건설을 말함]
初衷	chūzhōng	몡 맨 처음 먹은 생각, 최초의 지향과 소망
策划	cèhuà	몡됭 계획(하다), 기획(하다), 계략(을 꾸미다)
配套	pèitào	됭 ① (관계가 있는 사물을 조합하여) 하나의 세트로 만들다 ② (부품을 모아) 조립하다, (부분품을) 맞추다
嘉年华	jiāniánhuá	몡 카니발
庞大	pángdà	톙 방대하다, 거대하다
眼花缭乱	yǎnhuāliáoluàn	셩 눈이 어지럽다, 눈부시다
信手	xìnshǒu	됭 손에 맡기다, 손길 닿는 대로 하다 [주로 부사성 수식어로 쓰임]
揣摩	chuǎimó	됭 (의도 등을) 반복하여 세심하게 따져보다, 헤아리다, 사색하고 탐구하다
热衷	rèzhōng	됭 ① (지위나 이익을) 간절히 바라다, 열을 올리다 ② 몰두하다, 열중하다
宽容	kuānróng	됭 관용하다, 너그럽게 받아들이다 (용서하다)
莫若	mòruò	~하는 것만 못하다, ~하는 것이 낫다 [주로 '与其'와 호응하여 쓰임]
痴醉	chīzuì	됭 도취하다, 심취하다
全力以赴	quánlìyǐfù	셩 전력을 다하여 일에 임하다, 전력투구하다
感悟	gǎnwù	됭 느끼어 깨닫다
踏实	tāshi	톙 (일, 학습 태도 등이) 착실하다, 성실하다 됭 (마음이) 놓이다, 편안하다, 안정되다

果断	guǒduàn	[형] 과단성 있다
桃李满天下	táolǐmǎntiānxià	문하생이 천하에 가득하다
授课	shòukè	[동] 강의를 하다
奉行	fèngxíng	[동] ① 바람이 불다 ② 널리 퍼지다, 유행 (성행)하다
劣势	lièshì	[명] 열세
冒险	màoxiǎn	[동] 모험하다, 위험을 무릅쓰다
初生牛犊不怕虎	chūshēngniúdú búpàhǔ	호랑이 범 무서운 줄 모른다
头脑发热	tóunǎofārè	(머리에) 발끈 열이 오르다, 열내다, 발끈하다
羹	gēng	[명] 고기나 야채 등을 찌거나 삶아서 만든 수프
施展才华	shīzhǎncáihuá	재능을 발휘하다
朝气蓬勃	zhāoqìpéngbó	생기가 넘쳐흐르다, 생기발랄하다
高深莫测	gāoshēnmòcè	[성] 내용이 너무 심오한 나머지 헤아릴 수 없다 [흔히 풍자의 뜻으로 쓰임]
冷场	léngchǎng	[명] ① (연극에서 배우가 제때에 등장하지 않거나 대사를 잊어버려) 쑥스러운 장면, 난처한 장면 ② (모임에서 발언하는 사람이 없어서) 분위기가 어색한 장면, 멋쩍게 침묵이 흐르는 장면
门槛	ménkǎn	[명] 문지방, 문턱
擀皮儿	gǎnpír	[동] (반죽의) 피를 밀방망이로 얇게 밀(어서 피)다
发掘	fājué	[동] 발굴하다, 캐다
酝酿	yùnniàng	[동] ① 술을 빚다, 술을 담그다, 양조하다 ② 내포하다, 배태하다, 품다, 성숙되어 가다
妥协	tuǒxié	[동] ① 타협하다, 상담이 성립되다 ② 의견이 맞다, 단합되다
编剧	biānjù	[명] 각본가, 시나리오 작가, 극작가 [동] 각본 (시나리오)을 쓰다
按部就班	ànbùjiùbān	[성] (일을) 순서에 따라 규정대로 진행시키다, 순서대로 하나하나 진행시키다, 착실히 한 걸음 한 걸음 나아가다
扶持	fúchí	[동] ① 부축하다 ② 돕다, 보살피다
修订	xiūdìng	[동] (서적이나 계획을) 수정하다
筹措	chóucuò	[동] ① 마련하다, 조달하다 ② 조치를 취하다
躯体	qūtǐ	[명] 신체, 체구
不容	bùróng	[동] 용납 (허용)하지 않다
加盟	jiāméng	[동] ① (동맹, 연맹, 단체, 조직 등에) 가입하다 ② (운동선수가) 입단하다

事倍功半	shìbèigōngbàn	성 많은 노력을 들이고도 성과는 적다
适得其反	shìdéqífǎn	성 (결과가 바라는 바와) 정반대가 되다
毫无疑义	háowúyíyì	조금도 의심스러운 점이 없다
自欺欺人	zìqīqīrén	성 스스로를 기만하고 남도 속이다
沮丧	jǔsàng	동 ① 기가 꺾이다, 실망하다, 낙담하다 ② 기를 꺾다, 실망시키다
微妙	wēimiào	형 미묘하다
狡猾	jiǎohuá	형 교활하다, 간사하다
折腾	zhēteng	동 ① 잠자리에서 엎치락뒤치락하다 ② 되풀이하다, 반복하다 ③ 고민하다, 괴로워하다
捣乱	dǎoluàn	동 ① 교란하다, 소란을 피우다 ② 성가시게 굴다
误区	wùqū	명 오류가 (폐단이) 있는 부분, 잘못된 영역 (부분)
魔术师	móshùshī	명 마술사
见证	jiànzhèng	명 ① (사건을 목격한 현장) 증인, 증거 (물품) ② 증명서, 증거서류 형 (목격자로서) 증거를 댈 (증명할) 수 있는
屡屡	lǚlǚ	부 자주, 누차, 여러 번, 여러 차례
碰壁	pèngbì	동 벽에 부딪치다, 난관에 부닥치다
轨道	guǐdào	명 궤도, 선로
晋升	jìnshēng	동 승진하다, 승진시키다
摇钱树	yáoqiánshù	명 ① 신화 속에 나오는 흔들면 돈이 떨어진다는 나무 ② 돈줄
微软	wēiruǎn	명 ① '微机软件'의 준말. 마이크로 (컴퓨터) 소프트(웨어) ② 마이크로소프트(Microsoft)사 [미국의 소프트웨어 회사 또는 상표 이름]
毅然	yìrán	형 의연하다 (부) 의연히, 결연히, 단호히
筹划	chóuhuà	동 ① 계획 (기획)하다 ② 마련하다, 조달하다
旋律	xuánlǜ	명 선율, 멜로디
东家	dōngjia	명 ① (옛날, 상점, 중소기업의) 자본주, 자금을 댄 사람 ② 옛날, 점원이 주인을 이르는 말 ③ 소작인이 지주를 이르는 말
股权	gǔquán	명 주주의 권리
行头	xíngtou	명 ① 무대 의상과 소도구 ② (해학의 뜻으로) 복장, 옷차림 ③ 옛날의 여행용품 ② 송 대의 축국에 쓰인 가죽 공
隔三差五	gésānchàwǔ	(일정한 사이를 두고) 언제나, 늘
磨合	móhé	동 마찰을 거쳐 빈틈없이 맞물리다 (새로 조립한 기계의 가공 표면이 일정 시간동안 사용하면 마찰을 거쳐 접촉면이 딱 맞물리는 것을 일컬음)
一帆风顺	yìfānfēngshùn	성 순풍에 돛을 올리다 ; 일이 순조롭게 진행되다

磕绊	kēbàn	몡 불우, 노고, 괴로움
情不自禁	qíngbúzìjìn	성 자신의 감정을 억제할 수 없다, 저도 모르게, 저절로
细致入微	xìzhìrùwēi	정성껏하다, 세심하게 돌보다
平起平坐	píngqǐpíngzuò	성 동등한 자격으로 대하다, 지위나 권력이 동등하다

▶ 정답 & 해설 p. 446 – 452

#010

1회

第16–30题：请选出正确答案。

16
A. 得了很多奖 B. 人生受到启发
C. 变得成熟了 D. 拥有了很多读者

17
A. 质量好的 B. 图片精美的
C. 读者多的作品 D. 获奖的作品

18
A. 爱人 B. 朋友
C. 父母 D. 老师

19
A. 大师的作品 B. 主题多样的作品
C. 扩大阅读的年龄范围 D. 出版幼儿小说

20
A. 出版商 B. 写小说的作家
C. 儿童教育家 D. 图画书编辑人

21
A. 邮票 B. 中国古币
C. 6把小紫砂壶 D. 一把刀

22
A. 北京大学 B. 清华大学
C. 南开大学 D. 复旦大学

23
A. 20年 B. 30年
C. 50年 D. 60年

24　A. 是武术家　　　　　　　　B. 曾在美国留学
　　C. 收藏店工作　　　　　　　D. 在美国工作

25　A. 中国统一　　　　　　　　B. 中国文物在外国展出
　　C. 买属于自己的房子　　　　D. 有更多的人关注收藏

26　A. 故乡　　　　　　　　　　B. 大城市的生活
　　C. 国外文学　　　　　　　　D. 影视作品

27　A. 写作的内容差别很大　　　B. 形成不同的写作风格
　　C. 使写作范围越来越窄　　　D. 形成很有特色的乡村文化

28　A. 很多年轻作家是外国人　　B. 很多年轻作家都喜欢冒险
　　C. 很多年轻的作家出现了　　D. 年轻作家写作水平很高

29　A. 觉得网络作家不如自己　　B. 去过国外很多地方
　　C. 认同网络文学　　　　　　D. 反对网络文学

30　A. 觉得写得不太好　　　　　B. 和自己的一部小说很像
　　C. 很一般　　　　　　　　　D. 和自己的风格完全不同

▶ 정답 & 해설 p. 452 − 457

 #010−1

2회

16
A. 大学生　　　　　　　　　　　B. 领导
C. 科技人员　　　　　　　　　　D. 农民企业家

17
A. 旅游业　　　　　　　　　　　B. 种植桃树
C. 科学技术　　　　　　　　　　D. 养殖业

18
A. 宣传效果不好　　　　　　　　B. 还没打开市场
C. 景点遭到破坏　　　　　　　　D. 环境污染严重

19
A. 1月到5月是旅游旺季　　　　　B. 团体旅游占游客的大部分
C. 允许游客在溶洞里拍照　　　　D. 是平谷经济主要来源

20
A. 要经常出去旅游　　　　　　　B. 要保护生态环境
C. 多参加社会实践活动　　　　　D. 学好理论知识很重要

21
A. 能解决所有的事情　　　　　　B. 提高自身的价值
C. 得到别人的羡慕和尊敬　　　　D. 可以做自己喜欢的事

22
A. 个人爱好　　　　　　　　　　B. 提高在家庭中的地位
C. 要和男人一样平等　　　　　　D. 证明自己能做好任何事情

23
A. 看情况而定　　　　　　　　　B. 越多越好
C. 要有多个目标　　　　　　　　D. 一定要明确

24
A. 以家庭为重　　　　　　　　　B. 协调能力没有男人好
C. 坚韧、细致入微　　　　　　　D. 更容易获得社会的认可

25
A. 就业率比西方国家高　　　　B. 女性的工作经验更丰富
C. 喜欢与男人竞争　　　　　　D. 管理层的女人居多

26
A. 年轻的女子　　　　　　　　B. 家庭主妇
C. 老太太　　　　　　　　　　D. 村干部

27
A. 王阿姨　　　　　　　　　　B. 村里干部
C. 工艺老师　　　　　　　　　D. 自己发起的

28
A. 热情　　　　　　　　　　　B. 专心
C. 兴趣　　　　　　　　　　　D. 耐心

29
A. 规模比较大　　　　　　　　B. 人越来越少
C. 工艺品销路很好　　　　　　D. 没有形成规模

30
A. 挣了很多钱　　　　　　　　B. 自己制作自己欣赏
C. 很多人后来放弃了　　　　　D. 主要是为了挣钱

제3주차 화요일 듣기 2부분에서는 '특정 인물'을 인터뷰하는 유형의 문제와 '사회적인 이슈'나 '전문적인 지식'에 대해 인터뷰하는 유형의 문제를 중심으로 습해 보았습니다.

제4주차 화요일 듣기 2부분에서는 3주차에서 배운 내용을 다시 한 번 최종점검하고, 실력다지기 실전문제의 총정리문제를 풀어보면서 듣기 2부분을 마스터해 보도록 합시다.

新 **HSK** 문제 유형분석　　#011

 **31.~35.**

31.	A. 为了做宣传	B. 作为礼物送给音乐爱好者
	C. 经纪公司要这么做	D. 让更多年轻人欣赏音乐
32.	A. 了解观众想法	B. 优秀的演奏技术
	C. 观众的要求	D. 理解作曲本身
33.	A. 休息	B. 和朋友聊天
	C. 耐心	D. 转移注意力
34.	A. 敢于想	B. 坚持不懈
	C. 做自己喜欢做的事	D. 改革目前演奏方法
35.	A. 演奏世界名曲	B. 与观众交流
	C. 争取加演中国曲目	D. 讲几句话

[단어]

演奏家 yǎnzòujiā 몡 연주가 / 回报 huíbào 동 ① 보고하다 ② 보답하다 / 赠予 zèngyǔ 동 증여하다 / 古典音乐 gúdiǎnyīnyuè 몡 고전음악 / 昂贵 ángguì 혱 물건 값이 비싸다 / 技艺 jìyì 몡 기예

／ 感悟 gǎnwù 동 느끼어 깨닫다 ／ 悟性 wùxìng 명 이해 ／ 逆境 nìjìng 명 역경 ／ 浮躁 fúzào 형
경솔하다, 경박하다 ／ 突破 tūpò 동 (한계, 난관 등을) 돌파하다, 뛰어넘다, 타파하다

[원문 & 번역]

男：今天我们请到了著名钢琴演奏家贤朗。最近你的网上有这样一条消息："贤朗为回报国内
热心钢琴爱好者，打算让其经纪公司，预留出国内钢琴演奏会部分低价票，并通过在网上
低于半价抢购或赠予的方式，**(31) 让很多经济能力不宽裕的爱好者，也能欣赏到高水平
的古典音乐。**"

오늘 우리는 유명한 피아니스트 贤郎을 모셨습니다. 최근 당신 홈페이지에서 '贤郎은 국내의 열성팬들에 보답
하기 위해 매니지먼트 회사가 국내 피아니스트 회에 일부 저가 표를 남겨주고, 또 인터넷에서 50% 할인 가격으
로 판매하거나 증여하는 방식을 통해, 경제적으로 여유가 없는 많은 애호가들도 수준 높은 클래식을 감상하실
수 있도록 했다'는 소식이 있던데요?

女：是的，古典音乐的门票非常昂贵。在音乐厅里最低价的票一般也要二三百元，甚至我看到
最低票价有伍佰元的，所以就留一部分票，把它作为一个普及音乐的票价。

그렇습니다. 클래식음악의 입장권은 매우 비쌉니다. 가장 저렴한 표도 보통 2,3백 원이나 하고, 심지어 저는 가
장 싼 표가 5백 원인 것도 보았습니다. 그래서 표 일부를 남겨서 일반음악표 가격으로 책정하였습니다.

男：有人说你的演奏很有特点，是因为你演奏的音乐中有一种打动人心的东西，这和你高超的
技艺有关，更有隐藏在技艺后面的对音乐深刻的感悟和丰富的情感，那么你的这种个性演
奏，你是怎样把握的？

어떤 사람은 당신 연주하는 음악 속에 사람의 마음을 움직이게 하는 것이 있기 때문에 당신 연주가 매우 특징이
있다고 말하는데요, 이것은 수준 높은 기교와 관계가 있고, 기술 뒤의 음악에 대한 깊은 깨달음과 풍부한 감정
이 감춰져 있어서 더욱 그렇습니다. 그럼 당신의 이런 개성적인 연주는 어떻게 마스터하였습니까?

女：**(32) 关于弹琴，** 我觉得首先要理解作曲的本身，我很认真地读一些作曲家的传记，希望
通过读传记，提高自己的悟性，能够确切明白他到底想表现什么，但弹琴没有固定的规
矩，最后还是要把离自己最近的感觉演奏出来。

피아노에 관해서, 저는 우선 작곡 그 자체를 이해해야 된다고 생각합니다. 저는 열심히 작곡자의 전기를 읽고
전기를 읽는 것을 통해 제 자신의 깨달음을 향상시켜서, 정확하고 분명하게 도대체 무엇을 표현하려고 하는지
를 이해할 수 있기를 바랍니다. 그러나 피아노는 고정된 형식이 없기 때문에, 결국은 역시 제 자신이 최근까지
느낀 것을 연주해 내야 합니다.

男：你在国外的经历据说不怎么顺利，后来的机会让你这个天才展现了自己的才华。**请问你在
逆境中是怎样调节自己的？**

당신은 해외에서의 경험이 순조로운 편이 아니었다고 들었는데, 그 뒤의 기회는 당신과 같은 천재에게 자신의
재능을 펼치게 해주었습니다. 당신은 역경 속에서 자신을 어떻게 컨트롤했습니까?

女：**(33) 实际上就两个字，"耐心"。要非常有耐心，**我当时非常急躁，没有演出，也没有音乐
会，也不知道自己弹钢琴到底能不能成功。确实是挺苦恼的，但那个时候其实也挺好的，
能静下心来学习新曲子，练习新曲子。也不那么浮躁，而且生活作息上还比较正常。

사실 바로 '인내'라는 두 글자라고 할 수 있습니다. 참을성이 매우 있어야 되는데, 저는 그때 당시 매우 조바심이
났어요, 공연도 없고, 음악회도 없어서, 제 자신이 과연 피아노로 성공을 할 수 있을 지도 모르겠더라고요. 정말
무척 고민이 되었어요. 그러나 그때도 좋았어요. 마음을 가라앉히고 새로운 곡을 배우고, 연습했지요. 별로 경
솔하게 행동하지도 않았고, 또 생활하면서 일하고 쉬는 면에서 정상적인 편이었어요.

男：相比你的同龄人，**你最大的优势或特点是什么呢？**

당신 또래의 사람과 비교했을 때, 당신의 가장 큰 장점 또는 특징은 무엇입니까?

女： 关于这点，(34) 我想说要敢于想，要敢于去做，不要每个人都做同样的事，另外每个人都有一种惯性，习惯于什么，不能突破自己。

이점에 관해서는요, 저는 과감하게 생각하고, 과감하게 하려고 하는 것이라고 말씀드리고 싶어요. 모든 사람이 매 번 같은 일을 하려고 해서는 안 됩니다. 사람들은 모두 타성이 있어서, 어떤 것에 익숙해지면, 자신을 뛰어넘을 수 없습니다.

男： (35) 听说你在国外演出时，经常加演一些中国的曲目？

당신은 해외에서 공연을 할 때, 자주 중국 곡들을 앵콜 곡으로 연주하신다고 하던데요?

女： 对，国外对中国的曲目不太了解，好多人都没听过中国音乐，我想通过这种方式让外国人了解中国，了解中国音乐。

네, 외국에서 중국 음악은 잘 모릅니다. 많은 사람들이 중국음악을 들어 본 적이 없지요. 저는 이런 방법을 통해서 외국인이 중국과 중국음악을 알게 하고 싶습니다.

31. 女的为什么要预留部分低价票？

여자는 왜 일부 저가 표를 남겨주려고 하는가?

A. 홍보를 하기 위해서
B. 음악 애호가들에게 선물하려고
C. 매니지먼트 회사가 이렇게 계획했기 때문에
D. 더 많은 청년들이 음악을 감상하게 하기 위해서

32. 关于弹琴，女的认为首先应重视什么？

피아노에 관해, 여자는 우선 무엇을 중시해야 한다고 생각하는가?

A. 관중들의 생각을 아는 것
B. 우수한 연주기술
C. 관중들의 요구
D. 작곡 그 자체를 이해하는 것

33. 女的遇到逆境时调节心理的办法是什么？

여자가 역경에 처했을 때 마음을 컨트롤 하는 방법은 무엇인가?

A. 휴식함
B. 친구와 이야기함
C. 인내함
D. 주의력을 환기시킴

34. 女的觉得自己最大的优势是什么？

여자는 자신의 가장 큰 장점이 무엇이라고 생각하는가?

A. 과감하게 생각하는 것
B. 해이해 지지 않고 계속하는 것
C. 자신이 좋아하는 일을 하는 것
D. 현재의 연주방법을 개혁한 것

35. 女的在国外演出时有什么习惯？

여자는 외국에서 공연을 할 때, 어떤 습관이 있는가?

A. 세계명곡을 연주함
B. 관중과 교류함
C. 중국음악을 앵콜 곡으로 연주함
D. 말을 몇 마디 함

[해설]

31. '让很多经济能力不宽裕的爱好者，也能欣赏到高水平的古典音乐。(경제적으로 여유가 없는 많은 애호가들도 수준 높은 클래식을 감상하실 수 있도록 했다)'라고 하였으므로 정답은 D입니다.

32. '关于弹琴，我觉得首先要理解作曲的本身 (피아노에 관해서, 저는 우선 작곡 그 자체를 이해해야 된다고 생각합니다)' 라고 하였으므로 정답은 D입니다.

33. 남자가 역경을 어떻게 극복했느냐고 질문하자, 여자가 '实际上就两个字，"耐心"。要非常有耐心 (사실 바로 '인내'라는 두 글자라고 할 수 있습니다.)'라고 한 것으로 보아 정답이 C인 것을 알 수 있습니다.

34. 남자가 여자에게 자신의 장점이 무엇이라고 생각하느냐고 질문하자, 여자는 '要敢于想，要敢于去做 (과감하게 생각하고, 과감하게 하려고 하는 것)'이라고 하였으므로 정답은 A입니다.

35. 남자가 여자에게 '听说你在国外演出时，经常加演一些中国的曲目? (당신은 해외에서 공연을 할 때, 자주 중국 곡들을 앵콜 곡으로 연주하신다고 하던데요?)' 하고 물어보자, 여자가 '对 (맞다)'라고 하였으므로 정답은 C입니다.

[정답]　31. D　32. D　33. C　34. A　35. C

▶ 정답 & 해설 p. 457 – 464

#012

1회

第16-30题：请选出正确答案。

16
A. 慈善家　　　　　　　　　　B. 国家公务员
C. 社会活动家　　　　　　　　D. 学校的校长

17
A. 初中　　　　　　　　　　　B. 高中
C. 大学　　　　　　　　　　　D. 说不清楚

18
A. 残疾人　　　　　　　　　　B. 贫困小学生
C. 失去亲人的人　　　　　　　D. 下岗工人

19
A. 每年建立10所希望小学　　　B. 扶贫帮困
C. 建立盲人学校　　　　　　　D. 安排下岗工人就业

20
A. 更多的人关注弱势群体　　　B. 得到更多人的理解
C. 得到政府的支持　　　　　　D. 安排更多的人就业

21
A. 更容易发脾气　　　　　　　B. 更有耐心
C. 更渴望沟通交流　　　　　　D. 更容易感动

22
A. 公司　　　　　　　　　　　B. 报社
C. 小学　　　　　　　　　　　D. 电视台

23
A. 音乐　　　　　　　　　　　B. 语言
C. 情感　　　　　　　　　　　D. 爱好

24　　A. 做到男人做到的事　　　　B. 家庭和事业都好
　　　C. 有个幸福的家庭　　　　　D. 找到自己的定位

25　　A. 教育　　　　　　　　　　B. 女性
　　　C. 健康　　　　　　　　　　D. 心理

26　　A. 生活背景　　　　　　　　B. 家庭的支持
　　　C. 创作和工作能力　　　　　D. 对电影的热爱

27　　A. 冲击很大　　　　　　　　B. 一直影响很大
　　　C. 没有什么太大影响　　　　D. 不太适应美国生活

28　　A. 大事化小小事化了　　　　B. 比较顺服
　　　C. 喜欢表达自己的想法　　　D. 不喜欢宣泄情绪

29　　A. 采用东方的手法　　　　　B. 采用西方手法
　　　C. 用戏剧的手法　　　　　　D. 用反戏剧的手法

30　　A. 是独生子　　　　　　　　B. 和妻子在台湾认识的
　　　C. 考上很好的大学　　　　　D. 家庭幸福美满

▶ 정답 & 해설 p. 464 – 469

 #012-1

2회

第16-30题: 请选出正确答案。

16
A. 自传
B. 人物专题
C. 整理的新闻报道
D. 有关自己感受的

17
A. 学会包容
B. 学会忍耐
C. 增长了见识
D. 改变了坏习惯

18
A. 工作技能
B. 阅读能力
C. 文笔能力
D. 实践能力

19
A. 知识面要广
B. 要掌握一切技能
C. 天文学和地理学很重要
D. 做事之前要多考虑

20
A. 很高
B. 还不到家
C. 不会的太多
D. 有点低

21
A. 市场需要
B. 学校的知名程度
C. 个人爱好
D. 家里的经济条件

22
A. 实际
B. 学历高低
C. 毕业的学校
D. 语言

23
A. 眼光很高
B. 踏实肯干
C. 喜欢不断创新
D. 水平不太高

㉔　A. 竞争力比较弱　　　　　B. 开设文化课程
　　C. 学费比一般高中高得很多　D. 就业的水平太低

㉕　A. 专业的选择很重要　　　B. 教育方式改革
　　C. 公司急需专业人才　　　D. 中等职业学校的情况

㉖　A. 科幻类　　　　　　　　B. 言情类
　　C. 历史类　　　　　　　　D. 都市类

㉗　A. 性格　　　　　　　　　B. 生活
　　C. 回忆　　　　　　　　　D. 爱情

㉘　A. 故事的情节　　　　　　B. 结局的描写
　　C. 女主角的描写　　　　　D. 男主角的描写

㉙　A. 人物性格　　　　　　　B. 人物之间的感情
　　C. 心理描写　　　　　　　D. 情节刻画

㉚　A. 敢爱敢恨　　　　　　　B. 不言失败
　　C. 乐观向上　　　　　　　D. 热爱生活

제 **2** 단원

듣기 **3** 부분

듣기 3부분은 듣기 1부분과 마찬가지로 단문형식의 내용을 듣고서 문제를 푸는 부분이지만
듣기 1부분에서 짧은 단문형식의 내용을 듣고서 문제를 푸는데 비해
듣기 3부분에서는 문장부호를 제외한 글자 수만 130–400자 정도 되는
비교적 긴 단문내용을 듣고서 푸는 것이 차이점입니다.

내용은 듣기 1·2부분과 마찬가지로
건축물·명승지·유적지 등 여러 가지 사물이나 장소의 역사와 유래,
인물, 유머, 이야기(우화), 개인의 신변잡기, 동식물, 항공, 농·공·상업, 과학기술,
정보와 지식, 상식, 문화, 교육, 각종 사회문제, 인체와 건강 등
사회생활 전반에 걸친 폭넓은 범위에서 다양하게 출제됩니다.

유형별 문제풀이 집중공략

유형별 문제풀이 집중공략

듣기 3부분은 단문을 듣고 질문에 해당하는 알맞은 정답을 고르는 문제입니다. 듣기 3부분은 듣기 1부분과 문제유형은 같지만, 듣기 1부분에 비해 단문의 길이가 긴 것이 특징입니다.

듣기 3부분도 마찬가지로 여러 가지 역사와 유래, 유머, 이야기(우화), 개인의 신변잡기, 항공, 농업, 공업, 상업, 동물, 식물, 과학기술, 정보와 지식, 상식, 문화, 교육, 각종 사회문제, 인체와 건강, 여행, 명승지, 유적 등 사회생활 전반에 걸친 폭넓은 범위에서 다양하게 출제됩니다.

제2주차 금요일 듣기 3부분에서는 '이야기 형식으로 된 유형의 문제 → 설명문·논설문 형식으로 된 유형의 문제'를 중심으로 학습해 보기로 하겠습니다.

1. '이야기 형식'으로 된 유형의 문제

한 편의 짧은 이야기로 구성된 문제입니다. 어떤 사람이 일상생활에서 겪은 일, 단어·사물·인물 등과 관련된 고사, 재미있는 이야기, 교훈이 담긴 이야기 등이 출제되고 있습니다. 구어적인 표현이 많고, 어려운 단어가 적어서 비교적 쉽게 내용이 들리는 장점이 있습니다.

#013

41.~44.

41.	A. 要去另一个村子	B. 他的船上没有东西
	C. 农民已经好几天没回家了	D. 农民已经到了想去的地方
42.	A. 和对方打招呼	B. 不让对方过去
	C. 叫对方让开	D. 让对方回去

43.	A. 装着很多货物	B. 速度很快
	C. 故意撞上他	D. 和农民去的地方一样
44.	A. 天已经黑了	B. 船上的货物都湿了
	C. 两艘船是去同一个村子的	D. 两艘船相撞了

[단어]

划船 huáchuán 동 배를 젓다 / 吼 hǒu 동 ① (짐승이) 울부짖다, 으르렁거리다 ② (화가 나거나 흥분하여)
고함치다, 큰소리로 외치다 / 挣脱 zhèngtuō 동 애써 벗어나다, 필사적으로 벗어나다 / 绳索 shéngsuǒ
명 밧줄, 새끼 / 漂流 piāoliú 동 ① 표류하다, 물결 따라 흐르다 ② 방황(방랑, 유랑)하다, 떠돌아다니다

[원문 & 번역]

有一个农民，划着小船给另一个村子的居民运送自己的农产品。
한 농민은 작은 배를 저어서 다른 마을 사람에게 자신의 농산품을 운송하여 주었다.

(41) 这个人为了能在太黑前赶到另一个村子，
이 사람은 해가 지기 전에 다른 마을에 가기 위해서,

他着急地划着小船，希望能赶紧送到目的地，
빨리 목적지에 운송하고 싶어서 급히 배를 젓고 있었는데

这样在天黑前能够赶回家吃饭。
이렇게 하면 해가 지기 전에 집에 와서 식사를 할 수 있었다.

这时候，农民发现，(43) 前面有一只小船向自己快速驶来，马上就要撞到他的船了。
이때, 농민은 앞에 작은 배 한 척이 자기를 향해 빠른 속도로 와서, 금방 그의 배에 부딪히게 될 것이라는 것을 알게
되었다.

但是那只船没有躲避的意思，好像是故意要和农民的船相撞。
그러나 그 배가 피하지 않는 것이 마치 고의로 농민의 배와 서로 부딪히려는 것 같았다.

(42) "让开，快点儿让开！"农夫生气地向对面的船吼道：
'비키세요, 빨리 비키란 말이에요!' 농민은 화를 내면서 맞은편의 배에 소리를 질렀다.

"再不让开，你就要撞上我了。"
'비키지 않으면, 당신은 나와 부딪힌단 말이에요!'

但是农民的叫喊根本没有用，尽管农民急忙地向旁边躲避，但已经晚了，
그러나 농민의 부르짖음은 아무 소용이 없었고, 농민이 급히 옆쪽으로 피했지만, 이미 늦었다.

(44) 那只船还是撞上了农民的船。农民朝着那条船非常气愤地喊道：
그 배는 농민의 배와 충돌하였다. 농민은 그 배를 향해 매우 화를 내면서 말했다.

"你会不会开船，这么大的河面，你还能撞到我的船上！"
'당신, 배를 어떻게 모는 거요? 이렇게 큰 강에서 어떻게 내 배와 부딪칠 수 있단 말이오!'

农民突然不说话了，原来他发现那条船上竟然没有人，
농민은 갑자기 말을 하지 않았는데, 알고 보니 그는 그 배위에는 뜻밖에 사람이 없는 것을 발견하였기 때문이었다.

听他大声指责的只是一只挣拖了绳索、顺河漂流的空船。
그가 큰 소리로 꾸짖은 것은 단지 밧줄을 필사적으로 벗어나서 물결을 따라 표류하고 있는 빈 배 한 척일 뿐이었다.

41. 关于农夫可以知道什么？
    농부에 관해서 알 수 있는 것은?

    A. 다른 마을에 가려고 함   B. 배위에는 물건이 없음
    C. 농민은 이미 여러 날 귀가하지 않았음   D. 농민은 이미 가고 싶은 곳에 도착했음

42. 农夫看到对面的船后做了什么？
    농부는 맞은편의 배를 보고 무엇을 하였는가？

    A. 상대방에게 인사를 했음   B. 상대방을 못 지나가게 하였음
    C. 상대방에게 비키라고 하였음   D. 상대방에게 돌아가게 하였음

43. 关于对面的那只船，下列哪项正确？
    맞은편의 그 배에 관해 다음 중 옳은 것은？

    A. 많은 물건을 싣고 있음   B. 속도가 매우 빠름
    C. 고의로 그와 충돌하였음   D. 농민이 가려는 곳과 같음

44. 根据这段话，可以知道什么？
    다음 중 알 수 있는 것은 무엇인가？

    A. 날이 이미 어두워졌음   B. 배 위의 물건은 모두 물에 젖었음
    C. 배 두 척은 같은 마을로 가는 배임   D. 배 두 척은 서로 충돌했음

[해설]

41. '这个人为了能在太黑前赶到另一个村子 (이 사람은 해가 지기 전에 다른 마을에 가기 위해서)' 라고 한 것으로 보아 정답이 A인 것을 알 수 있습니다.

42. '"让开，快点儿让开!"农夫生气地向对面的船吼道 ('비키세요, 빨리 비키란 말이에요!' 농민은 화를 내면서 맞은편의 배에 소리를 질렀다.)'라고 했으므로 정답은 C입니다.

43. '前面有一只小船向自己快速驶来 (앞쪽에 작은 배 한 척이 자기를 향해 빠른 속도로 왔다)'라고 하였으므로 정답은 B입니다.

44. '那只船还是撞上了农民的船 (그 배는 농민의 배와 충돌하였다)'라고 했으므로 정답은 D입니다.

[정답] 41. A   42. C   43. B   44. D

2. 설명문 · 논설문 형식으로 된 유형의 문제

인물 · 동식물 · 사물 · 장소 · 문화 · 교육 · 환경 · 건강 등 각 방면을 설명하거나 자신의 생각을 표현하는 논설문 형식의 글로 구성된 문제입니다. 객관적인 사실 바탕으로 설명하거나 논설을 하는 문장이기 때문에 들리는 그대로의 내용을 정확히 듣고 정답을 고르는 문제에 해당합니다. 시험에

① 우는 것, 칭찬, 미소, 자책 등과 사람의 감정과의 관계와 관련된 문제
② 성격, 일, 날씨, 생기(生气)와 사람(의 건강)과의 관계와 관련된 문제
③ 간식, 책 읽는 습관, 외국어 교육문제와 아이와의 관계와 관련된 문제
④ 교우관계와 관련된 문제
⑤ 다리동작, 손짓 등 신체와 관련된 문제
⑤ 돈, 영화 등 사물과 관련된 문제
⑥ 상어, 흑곰, 华南虎 등 동물과 기타 식물과 관련된 문제
⑦ ‘狗仔队’과 같은 단어의 유래와 관련된 문제
⑧ 기타 ‘인류문명의 단계, 세계박람회, 여행업, 진정한 목표’ 등과 관련된 문제

듣기
3부분

 #014

 **31.~32.**

31.　A. 可以主动地解决问题　　　B. 解决问题很快
　　　C. 只能被动地解决　　　　　D. 电脑能解决各种问题

32.　A. 电脑更有创造力　　　　　B. 思考的概念
　　　C. 电脑是人的好帮手　　　　D. 电脑会不会思考

[단어]

输入 shūrù 동 ① (밖에서 안으로) 들여보내다 ② 입력하다 / 程序 chéngxù 명 순서, 단계, (수속) 절차 / 界定 jièdìng 명 범주(한계)의 확정 동 (이론상으로) 사물 또는 개념의 한계나 범주를 확정하다, 정의를 내리다 / 谱写 pǔxiě 동 ① 작곡하다, 창작하다 ② 새로운 장을 열다, 짓다

[원문 & 번역]

（32）电脑会像人一样思考吗?
컴퓨터는 사람처럼 생각을 할까?

这关键在于你所说的 “思考” 是指什么了。
이 핵심은 당신이 하는 ‘사고’가 무엇을 가리키는 지에 달려있다.

人们经常说电脑能够解决各种各样的问题，是因为人们给它输入了解决问题的程序。
사람들이 컴퓨터에 문제를 해결하는 절차를 입력하기 때문에, 사람들은 자주 컴퓨터는 여러 가지 문제를 해결할 수 있다고 말한다.

(31) 它们只能做人们让它们做的事,
컴퓨터는 단지 사람들이 컴퓨터가 하게끔 시키는 일을 할 뿐이지만,

然而我们的程序太复杂了,
그러나 우리의 절차는 매우 복잡해서

人们通常用"创造力"一词来界定思考的定义 — 创作优美的小说戏剧,
사람들은 통상적으로 '창조력'이라는 단어로 사고의 정의를 내린다.

谱写动人的音乐，都需要这种创造力。
사람을 감동시키는 음악을 쓰는 것도 모두 이런 창조력이 필요하다.

31. 在解决问题方面，说话人认为电脑怎么样?
문제를 해결하는 방면에서, 말하는 사람은 컴퓨터가 어떻다고 생각하는가?

A. 주동적으로 문제를 해결할 수 없음
B. 문제를 해결하는 것이 매우 빠름
C. 피동적으로 해결할 수밖에 없음
D. 컴퓨터는 각종문제를 해결할 수 있음

32. 这段话主要谈什么?
주로 무엇에 대해 말하고 있는가?

A. 컴퓨터는 더욱 창조력이 있음
B. 사고의 개념
C. 컴퓨터는 사람의 좋은 비서임
D. 컴퓨터의 사고여부

[해설]

31. '它们只能做人们让它们做的事 (컴퓨터는 단지 사람들이 컴퓨터가 하게끔 시키는 일을 할 뿐이다)'라고 했으므로 정답은 C입니다.

32. 말하는 사람은 처음부분에서 '电脑会像人一样思考吗? (컴퓨터는 사람처럼 생각을 할까?)'라고 화제제시를 하고 난후, 계속해서 화제에 대해 설명하고 있으므로 정답은 D입니다.

[정답] 31. C 32. D

#015

〈기출 단어정리〉는 5000개 필수단어에는 없지만, 실제시험에는 출제된 듣기 3부분의 기출 단어만 따로 정리해 놓은 부분입니다. 이 부분의 단어를 포함하여 듣기부분을 학습하여 철저히 실전에 대비해 보도록 합시다.

단어	발음	품사와 뜻
畏惧	wèijù	통 외구하다, 무서워하고 두려워하다
墨守成规	mòshǒuchéngguī	성 종래의 규칙, 관례 등을 묵수하다, 낡은 틀에 매달리다, 얽매이다
缺陷	quēxiàn	명 ① 결함, 결점, 허물 ② 부족한 것, 아쉬운 것 ③ 신체적 장애
推崇	tuīchóng	명통 숭배(하다), 추앙(하다)
横纹	héngwén	명 가로무늬
雌雄	cíxióng	명 ① 암컷과 수컷 ② 승패, 우열 ③ 쌍이 되는 것
嗅觉	xiùjué	명 후각
濒临	bīnlín	통 ① ~에 인접하다 ② 임박하다, ~한 지경에 이르다
乳白色	rǔbáisè	명 유백색
演化	yǎnhuà	명통 진화(하다)
空空落落	kōngkōngluòluò	형 텅 비어 쓸쓸하다
汇聚	huìjù	통 한데 모이다, 모여들다
波斯	bōsī	명 페르시아, 이란의 옛 이름
造假	zàojiǎ	통 거짓으로 꾸미다, 가짜 상품을 만들다
归咎	guījiù	통 잘못을 남에게 돌리다, ~의 탓으로 돌리다
掌控	zhǎngkòng	통 장악 (파악)하고 통제(규제)하다 ['掌握控制'의 줄임말임]
完美无缺	wánměiwúquē	완전무결하다
夹克	jiākè	명 자켓
衡量	héngliáng	통 ① 따져보다, 판단(평가)하다, 가늠하다 ② 고려하다, 짐작하다
铲除	chǎnchú	통 뿌리 뽑다, 제거하다, 없애버리다
经脉	jīngmài	명 경맥
针管	zhēnguǎn	명 침과 부황 [침구를 말함]
敷药	fūyào	명 바르는 약, 외용약 통 약을 바르다
石器时代	shíqìshídài	명 석기시대
渔猎	yúliè	명 어렵, 고기잡이와 사냥, 어업과 수렵

铁器时代	tiěqìshídài	몡 철기시대
开启	kāiqǐ	동 열다, 개방하다
极致	jízhì	몡 극치
随心所欲	suíxīnsuǒyù	몡 자기의 뜻대로 하다, 하고 싶은 대로 하다
为所欲为	wéisuǒyùwéi	성 (주로 나쁜 일을 하는데 쓰여) 하고 싶은 대로 하다, 마음대로 하다
蛮干	mángàn	동 무리하게 하다, 무턱대고 하다, 억지로 하다
望而却步	wàngérquèbù	성 (위험, 곤경 혹은 힘이 닿지 않을 듯한 일을) 보는 대로 뒷걸음질 치다, 꽁무니를 빼다
门可罗雀	ménkěluóquè	몡 문 앞에 그물을 쳐 참새를 잡을 정도이다 ; 방문객이 거의 없어 적막하다
跳楼价	tiàolóujià	몡 (손해마저도 불사하는) 최저 판매가
脱手	tuōshǒu	동 ① 손에서 떨어져 나가다, 놓치다 ② 손을 떼다, 팔아 버리다
起死回生	qǐsǐhuíshēng	성 기사회생하다
爆满	bàomǎn	동 꽉 차다, 만원이 되다
素食主义	sùshízhǔyì	몡 채식주의
锋利	fēnglì	형 ① (공구, 무기 등의) 끝이 날카롭다 ② (언론, 문장 등이) 예리하다
味蕾	wèilěi	몡 미뢰, 맛 봉오리
稀缺	xīquē	동 희소하다, 결핍하다
收购	shōugòu	몡 구입, 구매, 수매, 조달 동 (여러 곳으로부터) 사들이다, 수매하다, (대량)구입하다
颓废	tuífèi	동 무너져 쓰지 못하게 되다 형 의기소침하고 퇴폐적이다
榨油	zhàyóu	몡 짜낸 기름 동 ① 기름을 짜다 ② 착취하다
开拓	kāituò	몡 채굴에 앞서 진행되는 갱도 건설 등 공정의 총칭 동 개척하다, 개간하다
坚韧	jiānrèn	형 강인하다, 단단하고 질기다
绳索	shéngsuǒ	몡 밧줄, 새끼
过山车	guòshānchē	몡 제트 코스터 (jetcoaster)
难以置信	nányǐzhìxìn	믿기 어렵다
贴近	tiējìn	동 바짝 다가가다, (아주 가까이) 접근하다
不足为怪	bùzúwéiguài	성 진기한 (신기한, 이상한) 것이 못되다, 이상한 것은 아니다
红极一时	hóngjíyìshí	(한 때) 매우 인기가 있다, 환영을 받다

遗忘	yíwàng	图 유망하다, 잊(어버리)다
推移	tuīyí	명동 (시간, 형세, 기풍 등이) 추이(하다), 변천(하다), 변화(하다)
缆车	lǎnchē	명 케이블카
腿肚子	tuǐdùzi	명 장딴지
抽筋	chōujin	동 경련을 일으키다, 쥐가 나다
孤陋寡闻	gūlòuguǎwén	성 학문이 얕고 견문이 좁다, 보고 들은 것이 적다
老生常谈	lǎoshēngchángtán	성 노서생의 평범한 여러 가지 이야기 ; 늘 들으면서 입버릇처럼 해 오던 이야기, 상투적인 말
千篇一律	qiānpiānyílǜ	성 (모두 똑 같은 가락으로) 조금도 변화가 없다 ; (문장이나 말 등이) 천편일률적이다
荣耀	róngyào	명 영예, 영광 형 영광스럽다
视网膜	shìwǎngmó	명 망막
舒展	shūzhǎn	동 (주름, 구김살 등을) 펴다 형 ① (심신이) 편안하다, 쾌적하다 ② 넓다, 널찍하다
瑜伽	yújiā	명 요가 (yoga)
统领	tǒnglǐng	명 ① 통솔자 ② 청말, 무관이름 [현재, 여단장에 해당함] 동 통솔하다
陷入	xiànrù	동 ① (불리한 상황에) 빠지다 ② 몰두하다, 열중하다, 깊이 빠져들다
装载	zhuāngzài	동 (짐을) 싣다, 직재하다
堆积	duījī	명 퇴적 동 쌓아 올리다, 쌓이다, 밀리다
倾泻	qīngxiè	동 퍼붓다, 쏟다, 흘러내리다
急不可待	jíbùkědài	성 조급하여 기다릴 수 없다, 한시도 참을 수 없다
自言自语	zìyánzìyǔ	성 혼잣말을 하다, 중얼거리다
克制	kèzhì	명동 (감정 등을) 자제(하다), 억제(하다)
屈服	qūfú	동 굴복하다
因人而异	yīnrénéryì	성 사람에 따라 (대응책이) 다르다
一落千丈	yíluòqiānzhàng	성 일순간에 천장이 떨어지다 ; (명예, 지위, 시세 등이) 갑자기 여지 없이 떨어지다, 폭락하다
视而不见	shì'érbújiàn	성 보아도 보이지 않다, 보고도 알지 못하다 , 보고도 못 본 척하다 ; 주의하지 않다, 전혀 관심이 없다
忘恩负义	wàngēnfùyì	성 배은망덕하다
无动于衷	wúdòngyúzhōng	성 아무런 느낌이 없다, 조금도 동요하지 않다, 무관심 (무감동)하다

纳凉	nàliáng	동 더위를 피하여 서늘한 바람을 쐬다
提拔	tíbá	동 등용하다, 발탁하다
开场白	kāichǎngbái	명 ① (연극 등의) 개막사, 프롤로그 ② 머리말, 서두, 서론
一扫而空	yìsǎoérkōng	성 일소하다, 말끔히 쓸어버리다, 완전히 없애버리다
疏导	shūdǎo	동 ① 막힌 물을 터서 통하게 하다 ② 완화하다
心胸开阔	xīnxiōngkāikuò	도량 (마음)이 넓다
假以时日	jiǎyǐshírì	시일 (시간과 날짜)의 여유가 주어지다
硕果累累	shuòguǒlěilěi	훌륭한 성적 (큰 업적)이 거듭 쌓이다
明智	míngzhì	명 명지, 총명한 (밝은) 지혜 형 사리를 알다, 현명하다
长大成材	zhǎngdàchéngcái	커서 쓸모 있는 사람 (인재)이 되다
谱写	púxiě	동 ① 작곡하다, 창작하다 ② 새로운 장을 열다
鲜为人知	xiǎnwéirénzhī	아는 사람이 드물다, 적다
镁光灯	měiguāngdēng	명 (사진 촬영 용) 플래시, 섬광등
窃	qiè	동 훔치다, 도둑질하다 부 남몰래, 살짝, 마음속으로, 슬그머니
偷偷摸摸	tōutōumōmō	슬며시, 슬쩍, 넌지시, 남몰래, 가만가만
丑陋	chǒulòu	형 용모나 모양이 추하다
侵犯	qīnfàn	명동 침범(하다)
浑身发抖	húnshēnfādǒu	온 몸이 덜덜 떨리다
纽带	niǔdài	명 ① 유대, 연결체 ② 허리띠, 허리끈
话筒	huàtǒng	명 ① (전화기의) 수화기 ② 마이크, 메가폰
抑扬顿挫	yìyángdùncuò	성 소리의 고저, 기복과 휴지, 곡절 ; 소리의 높낮이와 곡절이 조화롭고 리드미컬하다
自告奋勇	zìgàofènyǒng	성 (어려운 일을) 스스로 맡아 나서다, 자신해서 (자발적으로) 나서다
驱逐	qūzhú	동 구축하다, 몰아내다, 쫓아내다
寄予厚望	jìyùhòuwàng	큰 기대를 걸다
跳槽	tiàocáo	동 원래의 구유 (먹이)통을 버리고 다른 구유에 뛰어들다 ① 직업을 바꾸다 ② 본처를 버리고 다른 여자를 얻다 ③ 마음이 다른 곳으로 가다
羞辱	xiūrǔ	명동 치욕(을 주다), 모욕(하다)
施加	shījiā	동 (압력, 영향 등을) 주다, 가하다
线索	xiànsuǒ	명 실마리, 단서

自投罗网	zìtóuluówǎng	성 스스로 그물에 걸려들다 ; 화를 자초하다, 스스로 죽을 길을 찾아 가다
攒钱	cuánqián	통 돈을 (걷어) 모으다
料理家务	liàolǐjiāwù	가사 (집안 일)를 돌보다 [= 操持家务]
体恤	tǐxù	통 그 입장이 되어 생각해 (돌보아) 주다, 그 처지가 되어 동정하다
凌人	língrén	명 주대(周代)에 얼음을 관장하던 벼슬 통 ① 남을 능가하다, 앞서다 ② 남을 능욕 (학대)하다
相辅相成	xiāngfǔxiāngchéng	성 서로 보완하고 도와서 일을 완성하다, 서로 도와서 일이 잘되어 나가도록 하다 ; 상부상조하다
窜出	cuànchū	통 달아나다, 도망하다 [주로 비적, 적군, 짐승 등에 대해 씀]
弯弓	wāngōng	명 (활처럼) 휘어진 물건 통 활시위를 당기다
梅花鹿	méihuālù	명 꽃사슴
苍鹰	cāngyīng	명 ① 흰 매, 참 매 ② 가혹한 관리
瞄准	miáozhǔn	통 ① 조준하다, 겨누다 ② 맞추다
遁	dùn	통 ① 도망치다 ② 회피하다 ③ 숨다
一无所获	yìwúsuǒhuò	전혀 얻은 것이 없다, 아무런 소득이 없다
嬉戏玩耍	xīxìwánshuǎ	통 즐겁게 놀다, 장난치다
诱人	yòurén	통 사람을 꾀다, 호리다 형 매력적이다
荒废	huāngfèi	통 ① (농경지를) 내버려 두다, 묵히다 ② 등한시하다, 소홀히 하다
虚荣	xūróng	명 허영, 헛된 영화
灯红酒绿	dēnghóngjiǔlǜ	성 홍등녹주 ① 화류계의 번화한 모양 ② 사치스럽고 방탕한 생활
堕落	duòluò	통 ① 떨어지다 ② 영락하다, 쇠락하다 ③ (정치가) 부패하다, 타락하다
偏离	piānlí	통 빗나가다, 벗어나다, 일탈하다
防暑	fángshǔ	통 더위를 막다

97

실력 다지기 실전문제

▶ 정답 & 해설 p. 469 – 475

 #016

1회

第31–50题: 请选出正确答案。

31
A. 宋朝　　　　　　　　　　B. 明朝
C. 清代　　　　　　　　　　D. 当今

32
A. 客人们喜欢吃面　　　　　B. 出门带着方便
C. 方便招待宾客　　　　　　D. 方便面味道鲜美

33
A. 古代流传下来的　　　　　B. 味道特别
C. 做方便面的厨师姓伊　　　D. 是伊秉授发明的

34
A. 岁数比较小　　　　　　　B. 胆子都比较大
C. 缺乏耐心　　　　　　　　D. 充满好奇心

35
A. 半小时　　　　　　　　　B. 好几个学期
C. 十多年　　　　　　　　　D. 几十年

36
A. 反应能力　　　　　　　　B. 行动力
C. 创造力　　　　　　　　　D. 自控能力

37
A. 作家　　　　　　　　　　B. 小说家
C. 制片人　　　　　　　　　D. 戏曲家

38
A. 台湾　　　　　　　　　　B. 香港
C. 美国　　　　　　　　　　D. 杭州

39
A. 不可思议　　　　　　　　B. 骄傲自满
C. 有点失望　　　　　　　　D. 没有满足

40 　A. 认为自己不如别人　　　　　B. 认为都是自己的错误
　　C. 自己身上的问题太多　　　　D. 想找到问题的答案

41 　A. 要对自己有信心　　　　　　B. 有自责感的人容易被人原谅
　　C. 人不可能没有缺点　　　　　D. 别人的看法一点也不重要

42 　A. 不太完美的　　　　　　　　B. 完美的
　　C. 善良的人　　　　　　　　　D. 有能力的人

43 　A. 不要过分地自责　　　　　　B. 与人相处要宽容
　　C. 要做一个完美的人　　　　　D. 不要过于追求完美

44 　A. 返回原来的地方　　　　　　B. 把船舱里的货物全部扔了
　　C. 让大家去另一条船　　　　　D. 往船舱里灌水

45 　A. 什么也没做　　　　　　　　B. 表现得很镇定
　　C. 按船长的指示做了　　　　　D. 只有一个人按照船长的指示做了

46 　A. 要有危机意识　　　　　　　B. 要有些压力
　　C. 应该做好自己的工作　　　　D. 要听从领导的安排

47 　A. 当兵　　　　　　　　　　　B. 做老师
　　C. 上大学　　　　　　　　　　D. 当工程师

48 　A. 孙悟空　　　　　　　　　　B. 唐僧
　　C. 米老鼠　　　　　　　　　　D. 唐老鸭

49 　A. 用外语配音　　　　　　　　B. 声音很独特
　　C. 在部队参加过战争　　　　　D. 认为自己很有天赋

50 　A. 一定要努力学习　　　　　　B. 要坚持
　　C. 要勇敢地面对困难　　　　　D. 配音工作

2회

31
A. 很片面的　　　　　　　　　　B. 极其重要的
C. 微弱的　　　　　　　　　　　D. 没什么关系

32
A. 认为很平常　　　　　　　　　B. 很恐怖
C. 怀疑自己中毒了　　　　　　　D. 觉得很无聊

33
A. 信念的作用　　　　　　　　　B. 他们的病好了
C. 医生起到作用　　　　　　　　D. 安慰很有用

34
A. 加强作用　　　　　　　　　　B. 和生存意识结合起来
C. 不用医学 只用心里就可以克服疾病　　D. 变得更加先进

35
A. 更加乐观　　　　　　　　　　B. 容易激动
C. 容易生气　　　　　　　　　　D. 脾气古怪

36
A. 年轻人更看重得失　　　　　　B. 人们倾向于关注消极的事情
C. 人们喜欢听到关于婚姻的新闻　　D. 老人对周围世界的反应相对减弱

37
A. 老人对事物的反应更积极　　　B. 老人的大脑反应并不慢
C. 负面偏向是一个未解之谜　　　D. 年轻人对快乐的渴求更迫切

38
A. 心理学家的新发现　　　　　　B. 幸福感的获得方式
C. 老年人和年轻人的区别　　　　D. 老年人更容易获得幸福感

39
A. 吸收水　　　　　　　　　　　B. 输送养分
C. 固定作用　　　　　　　　　　D. 复制细菌

40
A. 都是向后面生长的　　B. 都是向上生长的
C. 长在空气中　　D. 可能不存在

41
A. 等级很高　　B. 没有进化到这个水平
C. 没有构造　　D. 这些植物的根被吃掉了

42
A. 叶子的种类　　B. 一种向下生长的器官
C. 树枝的功能　　D. 根的生长形状

43
A. 享受阳光　　B. 打高尔夫
C. 看电影　　D. 发财

44
A. 多花3元　　B. 不用给自己买票
C. 省3元　　D. 花12元

45
A. 怕小孩子知道　　B. 觉得没必要
C. 想给孩子树立好的榜样　　D. 父亲中了彩票

46
A. 反对　　B. 没有说明
C. 赞成　　D. 认为没有道德

47
A. 凶狠残暴　　B. 胃像冷藏库
C. 吃得很多　　D. 经常挨饿

48
A. 喜欢鱼类　　B. 喜欢海鸟
C. 什么都吃　　D. 喜欢吃垃圾

49
A. 吐出来　　B. 在胃里储存起来
C. 继续消化掉　　D. 排泄掉

50
A. 百年前　　B. 千年前
C. 万年前　　D. 科学家也不知道

제2주차 금요일 듣기 3부분에서는 '이야기 형식으로 된 유형의 문제 → 설명문·논설문 형식으로 된 유형의 문제'를 중심으로 학습해 보았습니다.

제4주차 금요일 듣기 3부분에서는 2주차에서 배운 내용을 다시 한 번 최종점검하고, 실력다지기 실전문제의 총정리문제를 풀어보면서 듣기 3부분을 마스터해 보도록 합시다.

新 HSK 문제 유형분석　#017

 35.~38.

35.　A. 粗制滥造　　　　　B. 造得很精细
　　　C. 很漂亮　　　　　　D. 相当一般

36.　A. 房子造得不够好　　B. 很谦虚
　　　C. 老板把房子送给他　D. 老板批评他

37.　A. 想做什么就做什么　B. 不用每次尽最大努力
　　　C. 要很认真　　　　　D. 建造得很华丽

38.　A. 老木匠的故事　　　B. 让人羞愧的房子
　　　C. 建造的原理　　　　D. 生活的态度

[단어]

木匠 mùjiang 명 목수, 목공 / 天伦之乐 tiānlúnzhīlè 성 가정의 즐거움, 가정의 단란함 / 粗活(儿) cūhuó(r) 명 힘든 일, 막일, 중노동 / 震惊 zhènjīng 동 깜짝 놀라게 하다(놀라다) / 目瞪口呆 mùdèngkǒudāi 성 눈을 크게 뜨고 입을 벌리다, 어안이 벙벙하다, 아연실색하다. [놀란 모습을 형용] / 羞愧 xiūkuì 동 부끄러워하다 / 无地自容 wúdìzìróng 성 부끄러워 쥐구멍에라도 들어가고 싶다, 부끄러워 어쩔 줄 모르다 / 何尝 hécháng 부 언제 ~한 적이 있었느냐 / 漫不经心 mànbùjīngxin 성 전혀 아랑곳하지 않다, 조금도 마음에 두지 않다, 소홀히 대하다 / 精益求精 jīngyìqiújīng 성 훌륭한데도

더 훌륭하게 하려 하다, 더 잘하려고 애쓰다, 더 깊이 연마하다

[원문 & 번역]

有个老木匠准备退休，他告诉老板，说要离开建筑行业，
늙은 목수가 퇴직을 준비하며, 사장에게 건축업계를 떠나

回家与妻子儿女享受天伦之乐。
집으로 돌아가 가족의 단란함을 즐기고 싶다고 말했다.

老板舍不得他的好工人走，问他是否能帮忙再建一座房子，老木匠说可以。
사장은 좋은 직원이 떠난다는 사실에 아쉬워하며 집 한 채만 더 짓고 그만두라고 요청했고, 늙은 목수는 승낙을 했다.

但是大家后来都看得出来，他的心已不在工作上，(35) 他用的是软料，出的是粗活。
그러나 모두들 그의 마음이 이미 일하는 데 있지 않아 좋은 재료를 사용하지도 않고 대충 짓고 있는 것을 볼 수 있었다.

房子建好的时候，老板把大门的钥匙递给他。
집이 다 지어졌을 때 사장은 대문의 열쇠를 그에게 주면서

(36) "这是你的房子，"他说，"我送给你的礼物。"
'당신 집이요, 당신에게 주는 선물이요.'라고 말했다.

他震惊得目瞪口呆，羞愧得无地自容。
그는 놀라 아연실색했으며 부끄러워 쥐구멍에라도 들어가고 싶었다.

如果他早知道是在给自己建房子，他怎么会这样呢？
만약 그가 자기의 집을 짓는 것을 알았다면 어찌 그렇게 일할 수가 있었겠는가?

我们又何尝不是这样。
우리도 이런 식으로 일을 한 적이 없진 않을 것이다.

我们漫不经心地"建造"自己的生活，不是积极行动，
자기의 생활을 대충 계획하고, 적극적으로 행동하지 않고,

而是消极应付，(35) 凡事不肯精益求精，在关键时刻不能尽最大努力。
소극적으로 대하고, 매사에 더 잘하려고 애쓰지 않는다면, 중요한 시점에서 최선의 노력을 쏟아 붓지 못하게 될 것이다.

等我们惊觉自己的处境，早已深困在自己建造的"房子"里了。
우리가 자신의 처지에 놀라 깨우치게 될 때면 이미 심각한 어려움이 우리가 스스로 세운 '집' 안에 있을 것이다.

35. 本文中，老木匠最后造的房子：
   본문에서, 늙은 목수가 마지막으로 어떤 집을 지었는가?

   A. 대충 지었음   B. 정교하게 잘 지었음
   C. 매우 아름다움   D. 일반적임

36. 老木匠为什么很羞愧：
   늙은 목수는 왜 부끄러워했는가?

   A. 집을 잘 짓지 못했기 때문에   B. 겸손해서
   C. 사장이 그 집을 그에게 선물했기 때문에 D. 사장이 그를 꾸짖었기 때문에

37. 作者认为我们应该怎么样 "建造" 自己的生活?

글쓴이는 우리가 어떻게 자기의 생활을 계획하고 세워야 한다고 생각하는가?

A. 하고 싶은 일을 해야 함
C. 열심히 노력해야 함

B. 매 번 최대한 노력을 할 필요는 없음
D. 화려해야 함

38. 本文主要谈的是什么?

본문에서 중요하게 이야기 하고 있는 것은?

A. 늙은 목수의 이야기
C. 건축의 원리

B. 사람을 부끄럽게 하는 집
D. 생활의 태도

[해설]

35. '他用的是软料，出的是粗活。(좋은 재료를 사용하지도 않고 대충 일을 했다.)'라고 했으므로 정답은 A입니다.

36. "这是你的房子，" 他说，"我送给你的礼物。" 他震惊得目瞪口呆，羞愧得无地自容。('당신 집이요, 당신에게 주는 선물이요.'라고 말했다. 그는 놀라 아연실색했으며 부끄러워 쥐구멍에라도 들어가고 싶었다.)'라고 했으므로 정답은 C입니다.

37. '凡事不肯精益求精，在关键时刻不能尽最大努力。(매사에 더 잘하려고 애쓰지 않는다면, 중요한 시점에서 최선의 노력을 쏟아 붙지 못하게 될 것이다.)'라고 했으므로 정답은 C입니다.

38. 이 이야기는 늙은 목수의 이야기를 예로 들어, 매사에 열심히 적극적으로 생활해야 된다는 것을 알려 주고 있으므로 정답은 D입니다.

[정답]　35. A　36. C　37. C　38. D

▶ 정답 & 해설 p. 481 – 487

#018

1회

第31-50题: 请选出正确答案。

31
A. 写出喜欢的人　　　　B. 写出讨厌的人
C. 分析自己　　　　　　D. 发挥想象力

32
A. 是人缘最不好的　　　B. 是最不受欢迎的
C. 很受欢迎　　　　　　D. 没有思想

33
A. 一个人的人生观　　　B. 别人对自己的评价
C. 一个人的原则　　　　D. 一种规则

34
A. 讨好别人　　　　　　B. 表现自己
C. 对别人苛刻一些　　　D. 对别人好一些

35
A. 13%　　　　　　　　B. 稍大于13%
C. 47%　　　　　　　　D. 22%

36
A. 计算错误　　　　　　B. 忘记了一些国家的植物
C. 多考虑了一些植物　　D. 濒临灭绝的植物变多了

37
A. 地方大　　　　　　　B. 植物种类多
C. 人多　　　　　　　　D. 这一地区的数据比较好计算

38
A. 比较容易　　　　　　B. 比较困难
C. 已经开始了　　　　　D. 不能研究

39
A. 非常喜欢这本书　　　B. 想买下这本书
C. 表示这本书很不好　　D. 觉得这本书一定畅销

40
A. 很会做生意　　　　　　B. 和总统的关系很好
C. 写了很多本书　　　　　D. 以前做生意失败了

41
A. 要学会利用有地位的人　　B. 要努力创造成功的条件
C. 要学会吸取教训　　　　　D. 名人效应

42
A. 都很好　　　　　　　　B. 糟透了
C. 评价不一样　　　　　　D. 难以下结论

43
A. 水蒸汽是看不见的　　　B. 雾是气体
C. 水蒸汽是液态的水　　　D. 空气中没有水

44
A. 比较重　　　　　　　　B. 含水蒸汽比较少
C. 密度比较小　　　　　　D. 会下降

45
A. 水滴　　　　　　　　　B. 花朵
C. 冰花　　　　　　　　　D. 冰柱

46
A. 白的　　　　　　　　　B. 像一座山
C. 很小的　　　　　　　　D. 像一缕烟

47
A. 公司的产品是黑白色的　　B. 黑白色的广告很特别
C. 喜欢黑白色　　　　　　　D. 公司的产品质量好

48
A. 只在杂志上做广告　　　　B. 全部是黑白色的
C. 色彩非常鲜艳　　　　　　D. 除了黑白色的还有彩色的

49
A. 黑白色的广告很漂亮　　　B. 人们对色彩的要求越来越高了
C. 目前流行黑白文化　　　　D. 与众不同的东西

50
A. 这家公司是广告公司　　　B. 这家杂志上的广告全部都是黑白色的
C. 这家公司的产品不受欢迎　D. 这家公司的广告做得很特别

#018-1

2회

第31–50题: 请选出正确答案。

31
A. 火车
C. 一座位置特别的房子

B. 窗外的风景
D. 一座很新的房子

32
A. 风景不好
C. 火车太少

B. 环境不好
D. 交通不便

33
A. 缓解疲劳
C. 打广告

B. 让人注意
D. 卖东西

34
A. 年轻人很聪明
C. 去发现机遇

B. 做广告需要好的位置
D. 去努力寻找

35
A. 平时很融洽
C. 很矛盾

B. 每天总是吵架
D. 一点也不恩爱

36
A. 床太小
C. 丈夫喜欢沙发

B. 生气了
D. 心疼了

37
A. 丈夫没有盖毯子睡觉
C. 丈夫正在叠毯子

B. 丈夫把毯子扔了
D. 丈夫嬉皮笑脸

38
A. 为了哄妻子高兴
C. 为了要面子

B. 想听一句特别的话
D. 为了自己开心

39
A. 高
C. 胖

B. 漂亮
D. 好吃

40
A. 很潮湿　　B. 很恶劣
C. 常干旱　　D. 很高

41
A. 很长　　B. 很苦
C. 猴子爱吃　　D. 脚的形状

42
A. 叶子脱落　　B. 长出很多叶子
C. 树干里没有水　　D. 动物们来吃它

43
A. 报酬多　　B. 很有面子
C. 机会很多　　D. 工作条件很好

44
A. 有眼光　　B. 职位高
C. 给面子　　D. 经常批评人

45
A. 很开心　　B. 很虚心
C. 丢面子　　D. 很伤心

46
A. 人缘很好　　B. 被人讨厌
C. 没有面子　　D. 非常骄傲

47
A. 安静舒适　　B. 不要麻烦别人
C. 多帮助别人　　D. 要有一颗善良的心

48
A. 无关紧要的话　　B. 别人的劝告
C. 说谎的话　　D. 别人的笑话

49
A. 讲礼貌　　B. 恪守信用
C. 认真严谨　　D. 待人幽默

50
A. 经济发达的日本　　B. 日本的民族精神
C. 传统的日本　　D. 日本人的性格特点

제 **3** 단원

독해 1부분은 ABCD 4개의 보기 중
문법적으로 틀린 문장 하나를 고르는 문제입니다.

독해 1부분에서는 문장성분에 따라 문장의 전체적인 구조를 파악할 줄 알아야하며,
중국어의 기본품사와 문법을 체계적으로 정리하고,
이와 관련된 문제를 유형별로 분류하여 문제를 많이 풀어 보아야 합니다.

유형별 문제풀이 집중공략

● **기본기 다지기**
1. 품사　2. 문장성분　3. 문장안의 품사의 역할
4. 문장구조 최종분석　5. 문장구조 최종분석 도표

1주차_ 월요일 서술어 관련 유형의 문제
- 핵심유형 정리
- 新HSK문제 유형분석
- *실력다지기 실전문제

2주차_ 월요일 부사 관련 유형의 문제
- 핵심유형 정리
- 新HSK문제 유형분석
- *실력다지기 실전문제

3주차_ 월요일 접속사 관련 유형의 문제
- 핵심유형 정리
- 新HSK문제 유형분석
- *실력다지기 실전문제

3주차_ 수요일 전치사 관련 유형의 문제
- 핵심유형 정리
- 新HSK문제 유형분석
- *실력다지기 실전문제

4주차_ 월요일 보어와 조사 관련 유형의 문제
- 핵심유형 정리
- 新HSK문제 유형분석
- *실력다지기 실전문제

4주차_ 수요일 기타 시험에 잘나오는 유형의 문제
- 핵심유형 정리
- 新HSK문제 유형분석
- *실력다지기 실전문제

독해1부분은 ABCD 4개의 보기 중 문법적으로 틀린 문장 하나를 고르는 문제입니다.

독해1부분의 문제를 정확하게 풀려면 우선 주어, 서술어, 목적어, 관형어, 부사어, 보어 등 문장성분에 따라 문장의 전체적인 구조를 파악할 줄 알아야 합니다. 또한 평소에 독해1부분을 학습할 때에는 명사, 대명사, 수량사, 동사, 형용사, 전치사, 부사, 보어, 조사 등 중국어의 기본품사와 문법을 체계적으로 정리하고, 이와 관련된 문제를 유형별로 분류하여 문제를 많이 풀어 보아야 합니다.

기본기 익히기에서는 '문장성분에 따라 문장구조 파악하기'를 완전히 마스터해 봅시다.

1. 품사

품사란 단어를 문법적으로 분류해 놓은 것을 말합니다. 품사에는 동사, 형용사, 수사, 양사, 명사, 대명사, 부사, 전치사, 보어, 조사 등이 있습니다.

2. 문장성분

문장성분이란 문장을 구성하고 있는 주요성분을 말합니다. 문장성분에는 기본성분인 '주어, 서술어, 목적어'와 수식성분인 '부사어, 관형어', 그리고 서술어를 보충해주는 '보어'가 있습니다.

3. 문장안의 품사의 역할

문장 맨 앞의 명사나 대명사를 '주어'라고 하고, 문장 맨 뒤의 명사나 대명사를 '목적어'라고 합니다. 그 밖에 '주어+서술어(+목적어)'로 쓰일 수 있는 품사는 다음과 같습니다.

1 '주어나 목적어'가 될 수 있는 것

'명사', '(인칭, 지시)대명사', '수량사' 등이 있습니다.

2 '서술어'가 될 수 있는 것

'동사와 형용사' 등이 있습니다. 특히 농사 서술어 뒤에는 주로 목적어가 오지만, 형용사 서술어 뒤에는 목적어가 올 수 없습니다.

4. 문장구조 최종분석

1 문장의 3대 기본성분

문장을 이루는 가장 기본적인 성분으로 주어, 서술어, 목적어가 있습니다.

我　　买　　手机 。 나는 핸드폰을 샀다.

2 수식어

수식성분에는 부사어와 관형어가 있습니다.

① **부사어**

동사/형용사 서술어 앞에서 수식하는 낱말을 부사어라고 하는데, 전치사구, 부사, '형용사, 동사, 수량사+地'가 있습니다.

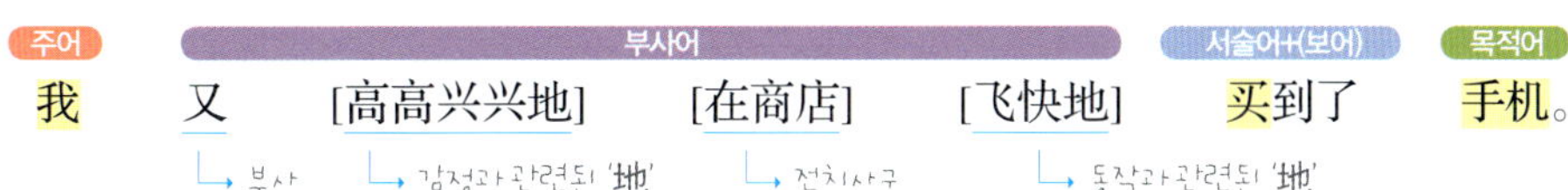

나는 또 아주 기쁘게 상점에서 재빨리 핸드폰을 샀다.

② **관형어**

명사나 대명사 앞에서 수식하는 낱말을 말하며, 두 글자 이상으로 된 관형어인 경우 "的"자를 써줍니다.　[주어, 목적어, 전치사 뒤 명사/대명사 앞에 옴]

113

<table>
<tr><td>관형어</td><td>주어</td><td>부사어</td><td>서술어+(보어)</td><td>관형어</td><td>목적어</td></tr>
</table>

(喜欢买东西的) 我 又[在 (离这儿不远的) 商店] 买到了 (新上市的) 手机。
└→ 관형어

물건 사는 것을 좋아하는 나는 또 여기서 멀지 않은 상점에서 새로 출시된 핸드폰을 샀다.

5. 문장구조 최종분석 도표

1. 문장의 6대 기본성분의 위치는 다음과 같다.

<table>
<tr><td>관형어</td><td>부사어</td><td>관형어</td></tr>
</table>

(………的) 주어 + 부사 + [(전) + (………的) + 명사/대명사] + 동사 + 보어 + (………的) + 목적어。

喜欢买东西　我　又　在　离这儿不远　商店　买到了　新上市　手机。

[수량사, 동사, 형용사 + 地]
飞快地　　　　　　　　　　: 서술어 앞 (동작과 관련)

[형용사 중첩 + 地]
高高兴兴地　　　　　　　　: 전치사구 앞 또는 서술어 앞
　　　　　　　　　　　　　　모두 가능 (감정과 관련)

···→ (喜欢买东西的)我又[高高兴兴地][在 (离这儿不远的)商店] [飞快地]买到了 (新上市的)手机。
　　　└→ 감정과 관련　　　　　　　　　└→ 동작과 관련

2. 수량사도 명사나 대명사처럼 주어나 목적어가 될 수 있고, 관형어는 보통 양사와 명사 사이에 온다.

<table>
<tr><td>주어</td><td>서술어</td><td>목적어</td></tr>
</table>

수사 + 양사 + (………的) 명사 + 동사 + 수사 + 양사 (………的) 명사 。

一　　个　　漂亮　姑娘　看见　一　　只　可爱　小猫。

···→ 一个 (漂亮的) 姑娘看见一只 (可爱的) 小猫。 어여쁜 한 아가씨가 귀여운 고양이 한 마리를 보았다.

3. 형용사 서술어는 뒤에 목적어를 가질 수 없고, 보통 정도부사와 함께 쓴다..

주어 + 정도부사 + 형용사 서술어 + 목적어。

这些花儿　　很　　　　好看。　　　　　　　　　　이 꽃들은 매우 아름답다.

서술어 관련 유형의 문제

1주차 월요일 서술어 관련 유형의 문제는 '1. 서술어가 없는 유형의 문제 → 2. 목적어의 형태에 따른 동사의 쓰임이 잘못된 유형의 문제 → 3. 동사와 목적어의 호응관계가 잘못된 유형의 문제 → 4. 사역 동사의 쓰임이 잘못된 유형의 문제 → 5. 是…的 강조 구문의 쓰임이 잘못된 유형의 문제 → 6. 서술 어의 중첩형태가 잘못된 유형의 문제 → 7. 주어와 형용사의 호응관계가 잘못된 유형의 문제→ 8. 명 사를 서술어로 혼동하여 쓴 유형의 문제'에 대해 학습해 봅시다.

독해
1부분

1. 서술어가 없는 유형의 문제

독해1부분에서는 문장 중에서 서술어가 없는 유형의 문제가 자주 출제되는데, 특히 동사 '是'와 '有' 가 빠진 문제가 가장 많습니다. 독해1부분의 문제를 풀 때에는 우선 주어와 서술어를 찾아보고, 목 적어가 있는 경우 그 앞에 동사서술어가 있는지부터 살펴보아야 합니다. 서술어가 없는 유형은 다 음과 같이 문제를 풉니다.

비법전수 1. 동사 서술어를 찾아라!!

01. 주어, 서술어, 목적어를 찾는다.
02. 동사 '是' 또는 '有'가 없는 경우가 제일 많다.

新 HSK 문제 유형분석

> A. 这几天我国南方的强降水导致各种灾害。
> B. 悬空寺又名玄空寺，是中国现存的唯一的佛、道、儒三教合一的独特

  寺庙。

 C. 机会总是留给有准备的人，有准备才能及时抓住机会。

 D. 苏州，古称吴都，她既有自然山水之美，又具有悠久的历史，兼具古

   今文明的园林化城市。

[단어]

持续 chíxù 통 지속되다, 계속 유지되다 / 强降水 qiángjiàngshuǐ 명 강한 비, 폭우 성 강우 / 兼具 jiānjù 통 겸비하고 있다, 함께 가지고 있다

[해설]

D의 뒷 절의 '兼具古今文明(옛 문명과 현대문명을 겸비하고 있다)'은 목적어인 '园林化城市(조경 화된 도시)' 앞에 쓰인 관형어입니다. 따라서 관형어 앞의 서술어 '是'를 써야 합니다. → 是(兼具古今文明的)园林化城市。

[번역]

A. 요 며칠 우리나라 남부의 폭우는 각종 재해를 초래하였다.

B. 悬空寺는 玄空寺이라고도 하는데, 중국에서 현존하는 유일한 불교, 도교, 유교 3가지 종교를 결합한 독특한 사찰이다.

C. 기회는 늘 준비된 사람에게 주어진다. 준비가 있어야만 제때에 기회를 잡을 수 있다.

D. 소주는 吴都라는 옛 명칭이 있는데, 자연산수의 아름다움이 있고, 또 유구한 역사를 가지고 있는 고금문명을 겸비한 조경 화된 도시이다.

[정답] D

2. 목적어의 형태에 따른 동사의 쓰임이 잘못된 유형의 문제

동사는 뒤에 목적어를 가지는 ==타동사==와 목적어를 가지지 않는 ==자동사==가 있습니다. 또한 타동사는 뒤에 ==목적어가 1개가 오는 경우==와 ==2개가 오는 경우==가 있으며, 목적어가 1개오는 경우는 다시 ==명사 또는 대명사 목적어==가 오는 경우, ==주술 목적어==가 오는 경우, ==동사 성 어구 목적어==가 오는 경우로 나뉩니다.

대표적인 자동사로는 이합동사(离合动词)가 있는데, 하나의 동사를 다시 '동사+목적어'의 형태로 나눌 수 있는 것을 이합동사라고 합니다. 이 경우 ==전치사와 함께 다니는 자동사, 주어+자동사의 형==태로 나뉩니다.

116

목적어의 형태에 따라 동사를 구분해서 정리하면 쉽고 체계적으로 모든 내용을 단 번에 정리할 수 있는 장점이 있습니다.

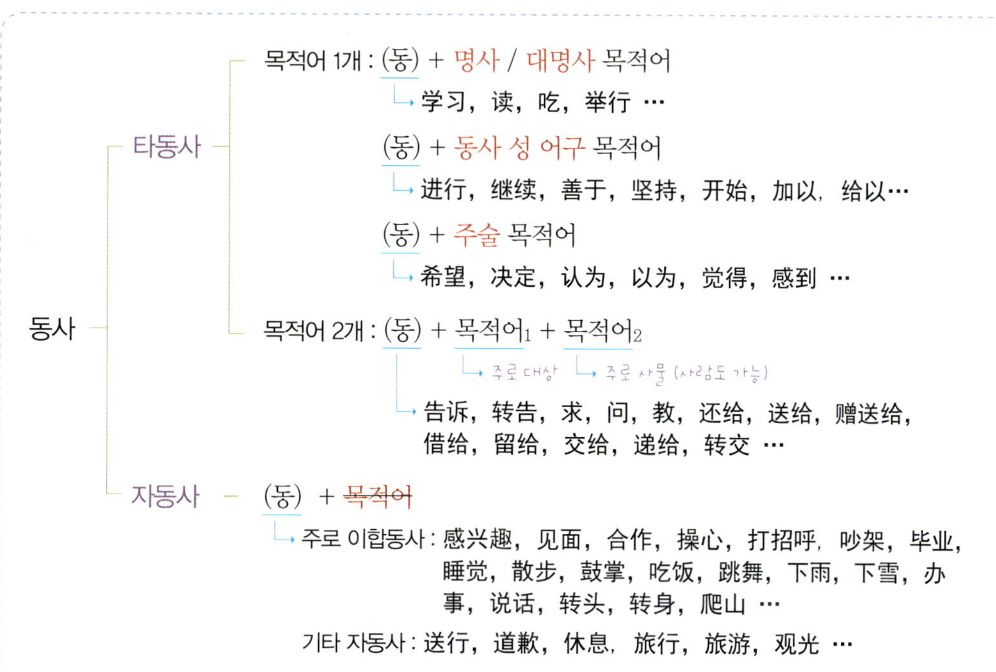

단어

동사	뜻	목적어
举行	★ 진행하다, 거행하다	~ (명사 목적어) 会议 / 会谈 / 婚礼 / 结婚典礼 / 舞会 / 比赛 / 运动会 / 活动 …
进行		~ (동사 성 어구 목적어) 讨论 / 检查 / 调查 / 分析 / 研究 / 手术 / 改革 …
继续	계속하다	~ (동사 성 어구 목적어) 学习 / 工作 / 试验 / 努力 / 开会 / 讨论 …
善于	~를 잘하다, ~에 능숙하다	~ (동사 성 어구 목적어) 解决问题 / 动脑筋 / 交际 / 打球 / 绘画 / 歌唱 … ~ 书法 / 歌舞 [습관적으로 사용가능]
坚持	계속하다, 지속하다	~ (동사 성 어구 목적어) 练习 / 学习 / 每天跑步 … ~ (명사 목적어) 立场 / 原则 / 意见 / 大方向 …
开始	시작하다	~ (동사 성 어구 목적어) 上课 / 学习 / 工作 / 念 / 生活 …
加以	~을 하다	~ (동사 성 어구 목적어) 批评 / 指责 / 合并 / 联系 / 克服 / 限制 / 确认 …

117

| 给以 | ~을 주다 | (동사 성 어구 목적어) ~ 帮助 / 评论 / 研究 / 答复 / 鼓励 … |
| 感到 | ~라고 여기다, 생각하다 | ~ (주로 형용사 목적어) 高兴 / 快乐 / 失望 / 痛苦 … |

참고

(1) '喜欢，开始，表示，适应，限制，坚持' 등은 목적어 자리에 동사(성 어구)와 명사/대명사가 모두 올 수 있습니다.

  예) 适应(环境 / 要求) (환경, 요구에) 적응하다, 부응하다

  限制(数量 / 参观) (수량, 참관을) 제한하다

(2) '相信，看见，听见，知道，记得，考虑，喜欢'는 목적어 자리에 주술 구 또는 명사/대명사가 모두 올 수 있습니다.

  예) 相信(她 / 她能取得好成绩) (그녀, 그녀가 좋은 성적을 받을 수 있다는 것을) 믿다

목적어의 형태에 따른 동사의 종류가 잘못된 유형은 다음과 같이 문제를 풉니다.

비법전수 2. 동사 목적어를 찾아라!!

01. 우선 주어, 서술어를 찾아본다.
02. 동사 서술어가 있는 경우에는 뒤쪽에서 목적어를 찾는다.
03. 타동사인 경우 목적어의 형태나 호응관계가 올바른지 확인한다.
04. 자동사인 경우 동사 뒤에 목적어가 있으면 안 된다.

新 HSK 문제 유형분석

Q 01.

> A. 我们在桂林旅游时，当地的姑娘们热心地给我们教编竹篮的技术。
> B. 梁朝伟在接受记者的采访时，他称赞这部影片的魅力很大。
> C. 那件事他在脑子里不知过了多少遍，还是没有头绪。
> D. 现在做父母的都忙于工作。

[단어]

编 biān 동 엮다, 짜다 / 魅力 mèilì 명 매력 / 头绪 tóuxù 명 두서, 단서, 실마리

118

A의 뒷 절의 '给我们/教/(编竹篮的)技术'에서 동사 '教'는 목적어를 2개 가지는 타동사이며, '教+대상+가르치는 내용'의 형태가 되어야 합니다. 따라서 '教//我们/编/(竹篮的)技术'라고 해야 합니다.

[번역]

A. 우리가 계림에 여행할 때, 현지 아가씨들은 적극적으로 우리한테 대나무 바구니를 짜는 기술을 가르쳐 주었다.
B. 양조위가 기자의 취재에 응했을 때, 그는 이 영화의 매력이 크다고 칭찬하였다.
C. 그 일을 그는 머릿속에서 얼마나 돌이켜 보았는지 모른다. 그러나 여전히 단서가 없다.
D. 현재 부모들은 모두 일하느라 바쁘다.

[정답]   A

 02.

A. 那老两口感情好得很，一辈子没有红过脸。
B. 如果不合作他人，你就寸步难行。
C. 为了能进政府部门工作，他找不少人活动过，但都遭到了拒绝。
D. 导游的介绍使我们对它的历史和特色有了一个初步的了解。

[단어]

寸步难行 cùnbùnánxíng (성) 걷기기 매우 곤란하다, 억경에 처하다

[해설]

B의 앞 절의 동사 '合作'는 목적어를 가질 수 없는 자동사입니다. 따라서 '如果/不/和他人/合作'라고 해야 합니다.

[번역]

A. 그 노부부는 사이가 매우 좋아서, 평생 얼굴을 붉힌 적이 없다.
B. 다른 사람과 협력하지 않으면, 당신은 어려움에 처하게 될 것이다.
C. 정부기관에 들어가서 일할 수 있도록 하기 위해서, 그는 많은 사람들을 찾아가 부탁을 했지만, 모두 거절당했다.
D. 가이드의 소개는 우리가 그것의 역사와 특색에 대해 기본적인 이해를 갖게 하였다.

[정답]   B

3. 동사와 목적어의 호응관계가 잘못된 유형의 문제

承担（责任 / 义务）책임이나 의무를 지다, 맡다
担任（主持人 / 主人 / 班长）사회자, 주임, 반장 등 구체적인 직책을 맡다, 담당하다
와 같이 동사 '承担'과 '担任'은 둘 다 '맡다, 지다, 담당하다'는 뜻입니다. 그러나 '承担'은 '책임이나 의무' 등의 추상 목적어를 함께 쓰며, '担任'은 '사회자, 주임, 반장 등 구체적인 직책이나 신분'을 나타내는 목적어를 함께 씁니다.

이처럼 타동사 중에서 명사나 대명사 목적어를 가지는 동사는 동사와 목적어의 호응관계가 잘못된 유형의 문제로 출제됩니다. 따라서 평소에 단어를 정리할 때에는 동사 서술어는 관용적으로 쓰이는 목적어를 함께 정리해야 합니다. 여기에 해당하는 서술어는 독해2부분의 어휘를 묻는 문제로도 출제되고 있습니다.

동사와 목적어의 호응관계가 잘못된 유형은 다음과 같이 문제를 풉니다.

비법전수 3. 동사서술어가 있는 경우에 목적어를 찾아서 호응관계를 살펴라!!

01. 우선 주어, 서술어를 찾는다.
02. 타동사 서술어가 있는 경우 뒤쪽에서 목적어를 찾는다.
03. 동사와 목적어의 호응관계가 올바른지 확인한다.

新 HSK문제 유형분석

A. 火车离家越来越近了，她恨不得马上就见到年迈的父母。
B. 回族的饮食习惯，除了主食以面、米为主外，在肉食方面禁忌颇多。
C. 降低销售贵金属的中间环节，使收藏爱好者能更快购买到自己喜爱的贵金属。
D. 在这种疾病的防治的方面，王大夫积累了不少经验。

[단어]
禁忌 jìnjì [동] 꺼리다, 금기하다 [명] 금기, 터부 / 颇 pō [부] 몹시, 매우 / 中间环节 zhōngjiānhuánjié (명) 중간부분, 중간 고리, 중개상, 중간에 거치는 곳 / 贵金属 guìjīnshǔ [명] 귀금속 / 积累 jīlěi [동] (지식, 경험, 문화 등을) 쌓(이)다, 축적하다

[해설]

C의 앞 절의 동사 '降低'는 '내리다, 낮추다'는 뜻으로 '降低 (成本 / 价格 / 温度 …) 처럼 주로 '인위적으로 내리다, 낮추다'는 뜻으로 쓰이며, 수량(数量)과는 함께 쓸 수 없습니다. 따라서 앞 절에서 '降低 (…的)中间环节'라고 할 수 없고, 이 경우 '수량을 줄이다'는 뜻의 동사 '减少'로 바꾸어 써야 합니다. 참고로 동사 '下降' 역시 '① 내려가다, 떨어지다 ② 수량이 줄어들다 '는 뜻으로, '(视力 / 成绩 / 气温)下降了.' 처럼 주로 '저절로 떨어지다, 내려가다' 또는 '数量'과 함께 쓰여 '수량이 줄어들다'는 뜻으로도 쓸 수 있지만, 자동사이므로 뒤에 목적어를 쓸 수 없습니다.

[번역]

A. 기차가 집에 점점 가까워지자, 그녀는 곧바로 연로하신 부모님을 뵐 수 있기를 간절히 바랐다.
B. 회족의 식습관은 주식이 면과 쌀인 것을 제외하고, 육식방면에서 금기가 매우 많다.
C. 귀금속 판매의 중간 고리를 줄인 것은 수집 애호가가 더 빨리 자신이 좋아하는 귀금속을 살 수 있게 하였다.
D. 이런 종류의 질병을 예방하는 방면에서 왕 닥터는 많은 경험을 축적하였다.

[정답]   C

4. 사역동사의 쓰임이 잘못된 유형의 문제

사역동사란 '让 · 叫 · 使 · 令'처럼 '~에게 …하도록 하다, ~에게 …하도록 시키다, ~를 …게 하다'라는 뜻으로 해석이 되는 동사를 말하고, 이러한 사역동사는 앞 문장의 목적어가 뒷문장의 주어를 겸하고 있는 겸어 문에 속합니다. 사역동사는 사역동사 구문의 문장구조가 틀린 경우와 문맥상 사역동사를 써야 하는데 쓰지 않은 경우가 시험에 출제됩니다.

1 사역동사 '让 · 叫 · 使 · 令' 구문의 문장구조가 틀린 경우

★ ① '让 · 叫 · 使 · 令' 뒤에는 '주어+서술어' 구조가 옵니다. 특히 '使'는 '주어가 使 뒤의 결과를 초래하다' 는 뜻으로만 쓰이며, 사람주어가 올 수 없고, 사물주어만 옵니다. 또한 이 경우 '让 · 叫 · 使 · 令'은 동의어입니다.

주어₁   +   동사₁   +   목적어₁
└→ 사람, 사물   └→ 让. 叫. 使. 令   주 어₂ + 서술어₂ ……。

예 他们的技术使我们家人佩服。 그의 기술은 우리가족을 감탄하게 했다.

② '사람주어가 (어떤 사람)에게 …하도록 시키다'는 뜻인 경우 '让 · 叫'만 쓰고, '使'와 '令'은

쓸 수 없습니다. 즉 '让·叫'는 사람 주어가 올 수 있지만, '使'와 '令'은 사람주어는 올 수 없고, 사물 주어만 옵니다.

주어₁ + 동사₁ + 목적어₁
└ 사람   └ 让, 叫, 使, 令   주 어₂ + 서술어₂ …… 。

예） 他让我明天上午参加会议。 그는 나한테 내일 오후 회의에 참가하도록 했다.

③ 令 뒤에는 대부분 사람이 오며, 맨 앞의 주어는 생략하는 경우가 많습니다.

(주어₁) + 令 + 목적어₁
주 어₂ + 서술어₂ …… 。
└ 사람

예） 令人感到满意。 사람을 만족스럽게 여기도록 했다.
她的行为令我很生气。 그녀의 행위는 나를 매우 화나게 했다.

④ 부사는 때에 따라서 서술어2 앞의 부사자리에 쓰는 경우도 있기는 하지만, 조동사와 부사는 보통 '让·叫·使·令' 앞에 씁니다.

주어₁ + 부사/조동사 + 동사₁ + 목적어₁
└ 让, 叫, 使, 令   주 어₂ + (부사) + 서술어₂ …… 。

예） 这样做才能使大家满意。 이렇게 해야만 비로소 모두를 만족시킬 수 있다.

⑤ 정도부사 '很', '非常' 등은 보통 '让·叫·使·令' 뒤의 형용사 서술어 바로 앞에 쓰는데, 정도부사 '很'은 '让'과 함께 쓰는 경우에는 '让' 앞에 써도 됩니다.

a. 주어₁ + 동사₁ + 목적어₁
└ 让, 叫, 使, 令   주 어₂ + 정도부사 + (형용사)서술어₂ …… 。
└ 很, 非常 …

b. 주어₁ + 很 + 让 + 목적어₁
주 어₂ + (형용사)서술어₂ …… 。

예） 这件事让我很感动。 [=这件事很让我感动。] 이 일은 나를 매우 감동시켰다.

> A. 任何事情恰到好处才是最好的。过与不及都不好甚至有害。
> B. 怀疑自己，造成自己内心受到控制；怀疑别人，则缺乏让自己安全感。
> C. 对于工作繁忙的人来说，时间似乎总是不够，因此控制时间成为许多人需要学习的内容。
> D. 江浙一带就是有名的"才子之乡"，明清两朝一共产生了202名状元，仅苏州地区就有35名。

[단어]

恰到好处 qiàdàohǎochù ❸ 꼭 알맞다, 아주 적당하다 / 繁忙 fánmáng ❸ 번거롭고 바쁘다, 어수선하고 바쁘다 / 控制 kòngzhì ❸ 통제하다, 규제하다, 억제하다 / 江浙 jiāngzhè ❸ 강소성과 절강성

[해설]

B의 뒤 절의 '缺乏让∥我们安全感'에서 사역동사 '让' 뒤에는 '주어+서술어' 관계가 성립이 되어야 하는데 '我们 / 安全感'는 모두 명사이므로 주술관계가 성립이 되지 않습니다. 따라서 '让∥我们/缺乏/安全感'이라고 바꾸어 써야 합니다.

[번역]

A. 어떠한 일이라도 적절한 것이야 말로 가장 좋은 것이다. 지나치거나 모자란 것은 모두 좋지 않으며, 심지어 해롭기까지 하다.
B. 자신을 의심하면 자신의 마음이 억압을 당하고, 다른 사람을 의심하면 자신에게 안전감을 부족하게 한다.
C. 일하느라 매우 바쁜 사람들의 입장에서는 시간이 마치 늘 부족한 것 같다, 때문에 시간을 컨트롤하는 것은 많은 사람들이 배워야 하는 내용이 되었다.
D. 강소 성과 절강 성 일대는 바로 그 유명한 '재능이 뛰어난 사람들의 고향'이다. 명ㆍ청시기에 모두 202명의 장원을 배출하였는데, 겨우 소주지역에서만 35명이나 되었다.

[정답] B

2 문맥상 사역동사를 써야 하는데 쓰지 않은 경우

문맥상 '주어가 ~에게 …하게하다'는 사역의 의미가 있는데 사역동사를 쓰지 않는 경우가 이 경우에 속합니다.

新 HSK 문제 유형분석

A. 经常欣赏优美的风景，有助于放松紧张的心情，并且身心处于平和的状态。
B. 牡丹被誉为国色天香，历史上有不少诗人为它作诗赞美。
C. 含羞草的小叶对外界刺激极为敏感，轻轻触动即可闭合，5分钟～8分钟
  后又可慢慢恢复原状。
D. 素质教育是指一种以提高受教育者诸方面素质为目标的教育模式。

[단어]

牡丹 mǔdan 몡 모란(꽃) / 国色天香 guósètiānxiāng 솅 모란의 아름다움을 형용하는 말, 나중에는 여성의 아름다움을 형용하는 말로 쓰임 / 含羞草 hánxiūcǎo 몡 함수초, 미모사, 감응초 / 刺激 cìjī 몡동 자극(하다) / 敏感 mǐngǎn 혱 민감하다 / 触动 chùdòng 동 ① 부딪치다, 건드리다 ② (심정, 추억 등을) 불러일으키다, 감동되다 / 闭合 bìhé 동 ① 접속하다, 잇다 ② (스위치 등을) 닫다 몡 (회로의) 접속

[해설]

A의 앞 절에서 '经常欣赏优美的风景(자주 아름다운 풍경을 감상하는 것은)'이라고 하였고, 맨 뒤 절에서 '身心处于平和的状态。(심신이 평화로운 상태에 놓이다)' 라고 하였습니다. 문맥상 '자주 아름다운 풍경을 감상하는 것은 심신을 평화로운 상태에 놓이게 한다.'는 뜻입니다. 주어로 인해 뒤의 결과를 초래하였고, 결과의 문장에는 주술구조가 있으므로, 뒤 절의 주술구조 앞에 사역동사 '使[=让, 叫]'를 써서 '使身心处于平和的状态'라고 해야 합니다.

[번역]

A. 자주 아름다운 풍경을 감상하는 것은 긴장된 마음을 완화시키는데 도움을 주고, 또한 심신을 평화로운 상태에 놓이게 한다.
B. 모란꽃은 전국에서 색과 향이 가장 아름다운 꽃으로 찬양되었고, 역사상 많은 시인들이 모란을 시로 써서 찬미하였다.
C. 감응초의 잎은 외부자극에 대해 민감해서, 가볍게 건드리면 바로 오므라들고, 5분～8분 후에 다시 천천히 원래 모습을 회복한다.
D. 자질교육은 피교육자의 모든 방면의 소질을 향상시키는 것을 목적으로 하는 교육모델이다.

[정답] A

사역동사의 쓰임이 잘못된 유형은 다음과 같이 문제를 풉니다.

비법전수 4. 사역동사를 찾아라!!

01. 우선 주어, 서술어를 찾아본다.

★ 02. 사역동사가 있는 경우 바로 뒤에 '주어+서술어' 관계가 올바른지 확인한다.

⋯▶ (주어 +) 서술어₁ + // 주어₂ + 서술어₂。
　　　　 └▶ 让, 叫, 使, 令

03. '使'가 있는 경우 앞 쪽의 주어가 사물주어인지 확인한다. 이 경우 '让 · 叫 · 使 · 令'
　　 은 동의어이다.

⋯▶ 주어 + 서술어₁ + // 주어₂ + 서술어₂。
　　└▶ 사물　└▶ 让, 叫, 使, 令

★ 04. 사역동사 '使 · 让 · 叫'와 '用 · 把 · 被'를 혼동해서 쓴 경우가 가장 많다.

★ 05. 문맥상 사역의 의미인데, 사역동사가 없는 경우도 시험에 자주 출제된다.

5. 是 ⋯ 的 강조 구문의 쓰임이 잘못된 유형의 문제

어떤 동작 또는 행위가 과거에 이미 실현되거나 완성됨을 나타내며, 동작이나 행위가 행해지는 '시간, 장소, 대상, 목적, 방식 등'을 특별히 강조하고 싶을 때, 강조하고 싶은 단어 바로 앞에 是를 쓰고, 맨 뒤에 的를 써서 강조합니다.

★ ⑴ 동작이나 행위가 행해지는 '시간, 장소, 대상, 목적, 방식 등'을 특별히 강조하고 싶을 때, 강조하고 싶은 단어 바로 앞에 是를 쓰고, 맨 뒤에 的를 써서 강조합니다.

⑵ 是와 的 사이에는 주로 '부사어(=시간사, 전치사구)+동사', '동사+목적어', '부사어+동사+목적어' 등의 형식이 옵니다.

⑶ 앞에 这/那가 있을 때를 제외하고 일반적으로 '是'는 생략이 가능합니다.

　예 他是前天来上海的。 →　他前天来上海的。

⑷ 是⋯的 강조구문 사이에 '동사+목적어 구조'가 올 때, 인칭대명사 목적어를 제외하고, 목적어를 모두 的 뒤에 써도 됩니다.

　예 他是前天来上海的。(○) / 他是前天来的上海。(○)
　　　我是昨天告诉他的。(○) / 我是昨天告诉的他。(×)

⑸ '不是⋯的'의 형식으로 부정합니다.

　예 我不是前天来的，我是昨天来的。

참고 어기와 관련된 또 다른 '是…的' 강조구문

> 주어 + **是** + (정도부사 +) 형용사서술어 　　　　**的** 。
> 　　　　　　(부사 +) 동사서술어 (+ 목적어)
> 　　　　　　(조동사 +) 동사 (+ 가능보어)
> 　　　　　　주로 네 글자로 된 단어

① 말하는 사람의 관점, 생각, 태도 등을 나타냅니다. 따라서 是와 的 사이에는 형용사서술어, 동사서술어, 네 글자로 된 단어 등이 오는 경우가 많습니다.
이 경우 형용사서술어 앞에는 정도부사를 쓰거나, 동사서술어 앞에 부사나 조동사를 쓰거나, 동사서술어 뒤에 목적어를 쓰거나, 가능보어형태를 함께 써도 됩니다.

[예문]

我是明白的，你不肯来就算了！	알았어, 네가 오고 싶지 않으면 관둬라!
你的意见大家是接受的。	네 의견을 모두가 받아들였다.
他是愿意来我这儿的。	그는 나한테 오고 싶어 한다.
这两种啤酒我是喝不出来有什么区别的。	나는 이 두 가지 맥주가 무슨 차이가 있는 지 마셔서 구분을 해낼 수 가 없다.
这点儿小事他是应该办得成的。	이런 작은 일은 그는 당연히 완성할 수 있다.
她的声音是我一辈子中所听到的最美妙、最宏亮的。	그녀의 목소리는 내가 평생 들었던 가장 아름답고 낭랑한 목소리이다.
孩子犯错误是不可避免的。	아이가 실수를 하는 것은 피할 수 없는 일이다.

② 대부분 긍정적인 어투나 확신의 어감을 강조하기 위해 씁니다.

③ 是는 주어 뒤에, 的는 반드시 문장 맨 끝에 써야 하며, 是는 생략할 수 없습니다.

④ '是+서술어+的' 강조 구문에서 서술어 앞에 '주관적인 감탄을 나타내는 정도 부사'는 쓸 수 없습니다. [단, 객관적인 정도의 의미로 쓰는 정도부사 '很, 最' 등은 쓸 수 있습니다.]
→ 주어+是+[太, 可, 真, 可真, 好, 好不, 多, 多么]+서술어+的 （×）

예 她是可真漂亮的。（×） / 她的声音是多么宏亮的。（×）
她是很漂亮的。（○） / 她的声音是最宏亮的。（○）

⑤ 어기의 是…的 강조구문에서 的의 위치 : 반드시 문장 맨 끝에 써야 하고, 부정형식으로 쓰는 경우 是…的 사이를 부정합니다.
예 我是不明白的。

是…的 강조구문의 쓰임이 잘못된 유형은 다음과 같이 문제를 풉니다.

비법전수 5. 동사 '是'를 찾아라!!

01. 우선 주어, 서술어를 찾아본다.

★02. 동사 是가 있는 경우 바로 뒤에 '시간' 또는 '장소'와 관련된 단어가 있는지 확인한다. 이 경우 맨 뒤에는 반드시 的를 써야 한다.

⋯ 주어 + 是 + 시간사   +的 。
　　　　　　　 시간이나 장소를 나타내는 전치사구

★03. 지금까지 是…的 강조구문 문제는 문장 맨 마지막 부분에 '的'가 없어서 틀린 유형의 문제가 출제되었다.

新 HSK 문제 유형분석

A. 做一件事情，只要开始行动，就算获得了一半的成功。
B. 据鉴定，这幅画出自著名画家齐白石之手，有着极高的收藏价值。
C. 秦始皇兵马俑是在1974年发现了。
D. 正像世界上没有两片完全一样的树叶，每个人也是独一无二的。

[단어]

鉴定 jiàndìng 통 ① (사물의 우열, 진위 등을) 감정하다, 검정하다, 판단하다 ② (사람의 출신, 장단점 등을) 평가하다, 평정하다 명 평가(서), 평정 ／ 独一无二 dúyīwúè 성 오로지 하나만 있다, 유일무이하다

[해설]

C 에서 동사 '是' 뒤에 시간을 나타내는 전치사구 '在1974年'이 있으므로 문장 맨 뒤에는 반드시 '的'를 함께 써야 하고, '了'는 쓸 수 없습니다.

[번역]

A. 일을 하는데 있어서, 행동을 시작한다면, 절반은 성공한 셈이다.
B. 감정에 따르면 이 그림은 유명한 화가 齐白石의 손에서 나온 것으로, 매우 높은 수장가치를 가지고 있다.
C. 진시황 병마용은 1974년에 발견하였다.
D. 세상에 두 개의 완전히 똑같은 나뭇잎이 없는 것처럼, 모든 사람들도 오로지 한 사람씩만 있다.

[정답]　C

6. 서술어의 중첩형태가 잘못된 유형의 문제

서술어(A)는 보통 중첩(AA)을 할 수 있습니다. 그러나 동사서술어와 형용사서술어는 중첩 형식과 뜻이 다르며, 중첩을 할 수 없는 경우도 있습니다. 시험에서는 주로 서술어의 중첩형식과 중첩을 할 수 없는데, 중첩을 한 경우가 나옵니다.

1 동사의 중첩

(1) 동사의 중첩이란?

① 동사를 한 번 더 써주는 것을 말하며, '(짧은 시간 동안 가볍게) 한 번 ~해보다'는 뜻을 나타내고, 때에 따라서 '적은 양'을 나타낼 때도 쓸 수 있습니다.

② 동사를 중첩하면 아직 일어나지 않았음을 나타내고, 이미 일어난 완성을 나타내는 경우에는 동사중첩 사이에 '了'를 씁니다.

③ 시도를 나타내는 '좀 ~해 보다'의 뜻일 때에는 뒤에 조사 '看'을 붙일 수 있다.

> 예 这件外衣我来试试看。 이 외투를 제가 한 번 좀 입어보겠습니다.

④ '가볍게, 마음대로' 의 어감을 주며, 열거할 때에 많이 씁니다.

> 예 放了假以后，我平时就看看书、洗洗衣服 ，听听音乐。
> 방학을 한 후에 나는 평소에 책을 좀 보고, 빨래도 좀 하고, 음악도 좀 듣는다.

(2) 동사중첩의 종류

한 글자 동사 (A)
① A(一)A (○)
② A了A (○) / A了一A (○) / AA了 (×)

두 글자 동사 (AB)
★ ① ABAB (○)
② AB了AB (○) / AB一AB (×) / AB了一AB (×) / ABAB了 (×)

① 동사의 중첩 형식은 'AB(AB)'입니다. 한 글자 동사 사이에는 '一'를 써도 되고 안 써도 상관이 없지만, 두 글자 동사의 중첩에는 사용할 수 없습니다. 동사를 중첩하면 '좀 ~하다' 의 가벼운 어감으로 아직 일어나지 않음을 나타냅니다.

> 예 听(一)听 / 问(一)问
> 讨论讨论 [= 讨论一讨论] / 商量商量 [= 商量一商量]

② 동작이 이미 일어났음을 나타내는 경우에는 동사의 중첩 사이에 '了'를 쓰고, 두 번째 동사 뒤에 쓰지 않습니다. 이 경우 한 글자, 두 글자 동사 모두 가능하며, 한 글자 동사의 중첩의 사이에 '一'와 '了'를 함께 쓸 때에는 '了+一'의 순서로 씁니다.
　예 听了(一)听 / 问了(一)问 / 讨论了讨论 / 商量了商量

① 이합동사의 중첩형식은 'AAB'입니다. 이합동사를 중첩할 경우 동사만 중첩하고 목적어는 중첩할 수 없고, 동사와 동사 사이에 '一'도 쓸 수 없습니다.
　예 洗洗脸 (○) / 洗脸洗脸 (×) / 洗一洗脸 (×)

② 동작이 이미 일어났음을 나타내는 경우에는 동사의 중첩 사이에 '了'를 쓰고, 두 번째 동사 뒤에 쓰지 않습니다.
　예 洗了洗脸 (○) / 洗洗了脸 (×)

(3) 동사를 중첩할 수 없는 경우

★ ① 동사를 중첩한 경우 완성의 뜻으로 '了'는 쓸 수 있지만, '着(현재진행)'나 '过(과거의 경험)'가 있는 경우 동사를 중첩할 수 없습니다.
　예 我读了读这本小说。(○) / 我读着读这本小说。(×) / 我读过读这本小说。(×)

★ ② '进行' 처럼 '진행하다'는 뜻을 가진 동사는 중첩을 할 수 없습니다.
　예 大家进行进行讨论。(×) / 大家继续继续讨论这个问题。(×)

★ ③ '正, 在, 正在(부)+동사+着……呢'처럼 현재 진행이나 상태의 지속을 나타내는 낱말이나 '一边…一边…'처럼 동시에 진행되는 동작은 중첩할 수 없습니다.
　예 我正在学习学习汉语。(×) / 我在学习学习汉语呢。(×)
　　同学们一边听听金老师的讲课，一边记记上课的内容。(×)

④ '哭, 病, 睡'처럼 사람의 의지대로 할 수 없는 동사는 중첩을 할 수 없습니다.
　예 这个姑娘突然哭起来了。(○) / 这个姑娘突然哭了哭。(×)

★ ⑤ 수량사와 같은 불특정한 뜻의 목적어가 있는 경우 동사를 중첩할 수 없습니다.
　예 我们要参加一个节目。(○) / 我们要参加参加一个节目。(×)

⑥ 동사 중첩은 관형어가 될 수 없습니다.
　예 我们谈的话是重要的 。(○) / 我们谈谈的话是重要的 。(×)

⑦ 동사중첩은 보어가 될 수 없습니다.
　예 小刚累得流下了汗。 / 小刚累得流流下了汗。(×)

⑧ 동사서술어 뒤에 보어가 있는 경우 동사를 중첩할 수 없습니다. 다음은 모두 틀린 경우에 해당합니다.

예) 결과보어 我听听懂了。

방향보어 大家向外边走走出去。

가능보어 我说说不出这句话来了。

정도보어 他汉语说说得很流利。

동량보어 我学习了学习一遍这本教材。

★ 시량보어 我等了等半个小时的公车。 / 我想休息休息一会儿。 / 我们讨论讨论一下儿再说吧。

⑨ '地' 부사어가 있는 경우 그 뒤의 동사는 중첩할 수 없습니다.

예) 他不住地摇摇头。(×)

⑩ 조동사 자체는 중첩할 수 없고, 그 뒤의 동사를 중첩해야 합니다.

예) 你应该干干活。(○) / 你应该应该干活。(×)

단, 의문문에서는 조동사의 '긍정+부정'형태를 쓸 수 있습니다.

예) 我可(以)不可以在这儿抽烟?

⑪ 동사중첩 형식은 대부분 부정형식에 쓰지 않습니다.

예) 他不认真学习学习外语。(×)

단, 가정이나 조건을 나타내는 짧은 구절에는 쓸 수 있습니다.

예) 他如果现在不好好学习学习就找不到工作。(○)

⑫ 연동 문이나 겸어 문의 첫 번째 동사는 중첩할 수 없습니다.

예) 我们去上海游览了。(○) / 我们去去上海游览了。(×)
妈妈让我买东西。(○) / 妈妈让让我买东西。(×)

2 형용사의 중첩

① 형용사를 한 번 더 써주는 것을 말합니다.

② '매우~하다'는 뜻으로 정도가 깊어짐 또는 묘사를 더욱 강화함을 나타냅니다.
[= 很+형용사]

(1) 종류

> 한 글자 형용사 (AA)
> ① A→AA
> ★ ② A→ Abb

① 한 글자 형용사(A)의 중첩형식은 'AA' 입니다.

예) 慢慢 / 小小 / 好好

② 맨 앞의 글자(A)가 원래의 뜻인데, 습관적으로 뒤에 아무 뜻도 없는 같은 모양의 한 글자 낱말(bb)을 두 번 쓴 것도 형용사 중첩의 한 형태입니다.

> 예 孤零零 gūlínglíng （= 孤丁丁 gūdīngdīng） 외롭다, 고독하다, 적적하다
>
> 喜洋洋 xǐyángyáng （= 喜盈盈 xǐyíngyíng） 몹시 기쁘다, 기쁨이 가득하다

두 글자 형용사 (AB)

★ ① AB → AABB

② AB → ABAB

③ AB → A里AB

---

① 형용사의 일반적인 중첩 형식은 'AA(BB)'이고 대부분의 형용사가 이에 속합니다.

> 예 清清楚楚 / 漂漂亮亮 / 干干净净

② 앞 글자는 정도의 의미(=很)를 나타내고, 글자가 원래 단어의 뜻인 경우 'ABAB'로 중첩합니다.

> 예 雪白 (눈처럼) 희다 → 雪白雪白 (雪雪白白)
>
> 血红 (피처럼) 붉다 → 血红血红 (血红血红)

③ '糊涂, 小气' 등 부정적인 뜻(= 미워하거나 경멸하는 어감)을 가진 형용사는 'A+里+AB'로 중첩합니다.

> 예 糊涂 → 糊里糊涂 흐리멍텅하다, 어리둥절하다
>
> 小气 → 小里小气 째째하다, 인색하다

(2) 형용사를 중첩할 수 없는 경우

★ ① 정도 부사나, 정도 보어가 있으면 형용사를 중첩할 수 없습니다.

> 예 很高高兴兴。(×) / 很孤零零 (×) / 干干净净极了。(×)

② 형용사서술어를 중첩한 경우 형용사 중첩 뒤에는 的를 써도 되고 안 써도 상관없지만, 두 글자 형용사 중첩은 보통 뒤에 的를 함께 씁니다. 또한 정도 보어로 쓸 때에도 뒤에 的 자를 함께 써야 합니다.

> 예 他高高兴兴的 / 我每天认认真真的。 / 他的个子高高(的)。 / 花开得香喷喷的。

③ ABAB로 중첩하는 형용사는 단어 자체에 정도의 의미가 있기 때문에 정도 부사나 정도 보어를 함께 쓸 수 없습니다.

> 예 很雪白 (×) / 雪白极了 (×) / 最通红 (×) ……

④ '정도 부사+형용사서술어'나 '형용사 중첩'의 형태를 부사어로 쓸 경우 반드시 '地'를 함께 써야 합니다.

> 예 我深深地爱她。(○) / 我深深爱她。(×)
>
> 我很高兴地告诉他这件事。(○) / 我很高兴告诉他这件事。(×)

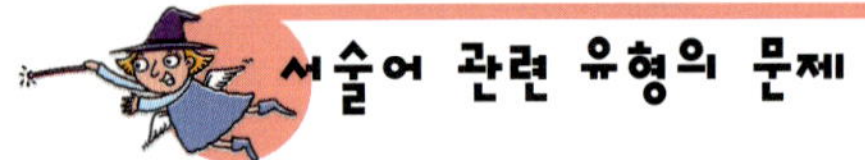

서술어중첩의 쓰임이 잘못된 유형은 다음과 같이 문제를 풉니다.

비법전수 6. 서술어의 중첩형식을 찾아라!!

01. 우선 주어, 서술어를 찾아본다.

★ 02. 동사나 형용사서술어의 중첩이 있는 경우, 중첩형식이 맞는지 확인한다.
⋯⋯ ① 동사서술어(AB) → ABAB
② 형용사서술어(AB) → AABB / Abb

★ 03. 중첩을 할 수 없는데 중첩을 했는지 확인한다.

★ 04. 지금까지 서술어중첩 문제는 02번과 03번에 해당하는 유형의 문제가 출제되었다.

新 HSK 문제 유형분석

A. 腐败不仅危害社会，更制约经济的发展。

B. 不是每一次努力都会成功，但是每一次成功都需要努力。

C. 你以后有什么事情，一定要和大家商量商量一下，不要自己做决定。

D. 我是电影评论专业的一名研究生，去年我一共看了300余部电影。

[단어]

腐败 fǔbài 동 (제도, 조직, 기구, 생각 등이) 썩다, 부패하다, 문란하다 / 制约 zhìyuē 명동 제약(하다)

[해설]

C의 가운데 절의 동사 ‘商量’ 뒤에 수량보어 ‘一下’가 있으므로 동사를 중첩할 수 없으므로, ‘商量一下’ 또는 ‘商量商量’으로 바꾸어 써야 합니다.

[번역]

A. 부패는 사회를 해칠 뿐만 아니라, 경제발전을 더욱 제약한다.
B. 매 번 노력한다고 해서 모두 성공 할 수 있는 것은 아니지만, 매 번의 성공은 모두 노력이 필요하다.
C. 너는 앞으로 무슨 일이 있으면 반드시 모두와 상의를 좀 해야 되며, 혼자서 결정을 하면 안 된다.
D. 나는 영화평론을 전공하는 대학원생이다, 작년에 나는 모두 300 여 편의 영화를 보았다.

[정답]   C

7. 주어와 형용사서술어의 호응관계가 잘못된 유형의 문제

형용사서술어는 보통 뒤에 목적어가 올 수 없기 때문에 주어와 함께 호응하여 문장의 뜻을 이룹니다. 따라서 문장을 분석했을 때 형용사서술어가 있는 경우에는 우선 주어와의 호응관계가 맞는 지 살펴보아야 합니다. 이 경우에 해당하는 시험문제 유형은 다음과 같습니다.

新 HSK문제 유형분석

> A. 现代社会，我们拥有了更多的发展机会。
> B. 对于"五四"以来的中国现代作家，研究最深入、成果最丰盛。
> C. 听说今天下雨，你上夜班的时候，一定要记得带伞。
> D. 他去年刚大学毕业，所以应该说不如其他设计师经验丰富。

[단어]

深入 shēnrù 동 깊이 들어가다, 깊이 파고들다 형 심각하다, 철저하다 / 丰盛 fēngshèng 형 (차려놓은 음식이) 풍부하다, 성대하다

[해설]

B의 맨 마지막 절의 형용사 서술어 '丰盛'은 '차려놓은 음식이 풍성하다, 많다'는 뜻이므로 주어 자리에 '成果'를 함께 쓸 수 없고, 문맥상 '成果很大' '成果最好' 등으로 바꾸어 써야 합니다. A의 동사 '拥有'는 '소유하다, 가지다, 보유하다'는 뜻으로 '拥有(财产 / 土地 / 东西)'처럼 구체적인 목적어와 함께 쓰지만, '拥有机会' 처럼 나중에 후천적으로 가지게 되는 것에도 쓸 수 있으므로 올바른 표현입니다.

[번역]

A. 현대사회에서 우리는 더 많은 발전기회를 가지게 되었다.
B. '5·4'이래의 중국 현대 작가에 대해 연구가 가장 철저하고, 성과가 가장 많다.
C. 오늘 비가 온다고 했으니, 당신은 야근을 할 때 반드시 우산을 가지고 가세요.
D. 그는 작년에 막 대학을 졸업했기 때문에, 다른 디자이너들 보다 경험이 풍부하지 못하다.

[정답]   B

8. 명사를 서술어로 혼동하여 쓴 유형의 문제

'愿意'와 '愿望'은 모두 '바라다, 원하다'는 뜻입니다. 그러나 '愿意'는 동사 서술어로 쓸 수 있지만, '愿望'은 명사입니다. 따라서 시험에는 뜻은 같지만, 동사 서술어 자리에 명사를 쓰거나, 명사 목적어 자리에 동사를 써서 문법상 틀린 경우에 해당하는 유형의 문제가 나옵니다.

이런 문제의 경우 주로 전자보다는 후자의 경우가 자주 출제되고 있으므로 4주차 '명사'부분의 실력다지기 실전문제 부분에서 문제를 많이 풀어 보기로 하고, 여기서는 간단히 체크하기로 합니다.

명사를 서술어로 혼동하여 쓴 유형은 다음과 같이 문제를 풉니다.

비법전수 7. 서술어(+목적어)를 찾아라!!

01. 우선 주어, 서술어를 찾아본다.

02. 서술어 자리에 동사서술어나 형용사 서술어가 알맞게 쓰였는지 확인한다.
    ⋯ 명사는 서술어 자리에 쓸 수 없다.

★03. 지금까지는 오히려 동사서술어 뒤의 명사/대명사 목적어 자리에 동사를 쓴 유형의 문제가 많이 출제되고 있다.

新 HSK 문제 유형분석

> A. 这部影片反映了农民的真实生活，深受广大农民朋友的欢迎。
> B. 世界杯期间，一些公司采取了人性化的措施，将上班时间延后一小时。
> C. 人们追逐时尚，不是因为它符合自己的气质，而只是因为大家都是如此。
> D. 我们愿望双方继续加强合作。

[단어]

符合 fúhé 동 부합하다, 맞다, 일치하다 / 气质 qìzhì 명 성미, 성격, 기질 / 加强 jiāqiáng 동 강화하다, 보강하다

[해설]

D의 '愿望'은 '바람, 소원'이라는 뜻의 명사이므로 서술어 자리에 쓸 수 없습니다. 따라서 같은 의미의 동사 '愿意' 또는 '希望'으로 바꾸어 써야 합니다.

[번역]

A. 이 영화는 농민의 진실된 생활을 반영하였고, 많은 농민들의 환영을 받았다.

B. 월드컵기간에 몇 몇 회사들은 인간적인 시책을 취하여 출근시간을 1시간 늦추었다.

C. 사람들이 유행을 쫓는 것은 자신의 스타일에 맞는 것이 아니라 단지 모두가 이렇게 하기 때문이다.

D. 우리는 양측이 협력을 강화하는 것을 계속하기 바란다.

[정답]　D

1회

第51-60题: 请选出有语病的一项。

51
A. 老师鼓励我在最艰苦的时候坚持下来，不然到现在我也许还是一事无成。
B. 时间能抚平心灵的伤痛，因此人们常说时间是最好的医生。
C. 计划生育我国一项基本国策， 为了国家的富强和发展, 要大力提倡晚婚。
D. 语文学习不是一朝一夕的事，只有多读多写，才能真正学好语文。

52
A. 这世界有人忙得发愁，也有人闲得发愁。
B. 写日记的一个好处是能留下自己成长过程中的点点滴滴。
C. 尽管我是个残疾人，可是决不能做社会与家庭的累赘。
D. 四年后，她的愿望终于实现了，她还说将来要结婚一个博士。

53
A. 农历腊月是北方一年中最冷的一个月。
B. 李老师是一位很有经验的老教师，从事教育工作已经二十年了。
C. 当你决定做一件事情的时候，一定要付诸行动，不然一切都是空谈。
D. 常州属于明朝著名航海家郑成功的故里和国歌之父聂耳的家乡。

54
A. 他们对新来的学生的培训是严肃认真的，一点儿也不含糊。
B. 这个文化站已成为挽救和培养失足青年的场所。
C. 小陈的爱好很广泛，可是没有影响到她的学习成绩，真让人佩服。
D. 外婆虽然年纪比较大了，可她的记忆力还特别好。

55
A. 我多次受到上级领导的表彰。
B. 上大学后，他就下定决心一定要考上研究生。
C. 据相关人士预测，房价将会持续降低。
D. 当今社会是个协作性社会，做任何事情都不是你一个人就能完成的。

56
A. 我一定要学学一门手艺，做到自食其力，回报社会家庭的支持和关怀。
B. 一个志向高远的人，必定将追求优秀作为自己的人生目标。
C. 人们在财务困境中挣扎的一个原因是：他们在学校里学习多年，却没有学到任何关于金钱方面的知识。
D. 商业广告显然不同于公益广告，因为它带有明显的功利色彩。

57
A. 不管是小时候的事儿，还是眼前的事儿，她都记得非常清清楚楚。
B. 颐和园是一座环境幽雅，建筑精美，举世闻名的古典园林，它是中外游客到北京的必游之地。
C. 对于幸福的含义，每个人都有不同的理解。
D. 这种星系没有一定的形状，也没有明显的中心，所以被称为不规则星系。

58
A. 中国云南省大理县盛产大理岩，使大理岩雕成的各种工艺品，在国内外享有盛名。
B. 农历九月初九，为中国传统的重阳节。
C. 保持好心情，关键是要有一个好心态。
D. 那里是休闲度假的好地方，更是难得的天然浴场，吸引着大量游客。

59
A. 正式的书籍是在春秋战国时代两千多年前出现。
B. 因为第一印象是最初的感觉，所以新鲜，引人注目，也容易记住。
C. 2010年上海世博会开幕在即，中国欢迎世界各地友人前来参观。
D. 火车的发明极大地拓展了人类的陆上移动空间和物流能力，促进了交通运输业。

60
A. 由于工作成绩突出，因此我赢得了同事们的肯定。
B. 内蒙古草原非常广阔，牛羊成群，是我国主要的产奶基地。
C. 我算起来达今年年底已整整五年没见面我家人了。
D. 他面对眼前实在的一箱啤酒，却茫然起来。

▶ 정답 & 해설 p. 496 – 499

2회

第51-60题：请选出有语病的一项。

51

A. 任何人的成功，都是从小事积累起来的，没有做不到的事，只有不肯做的人。

B. 鸟类最早飞行是从地上飞跑开始的，这是鸟类飞行的陆地奔跑起源假说。

C. 生长在热带的铁树, 10年后就能年年开花结果。

D. 全球一体化之所以能成为现实，主要出于科学技术的迅猛发展。

52

A. 大约在2300年前，蹴鞠已成为一种民间盛行的体育和娱乐活动项目。

B. 骆驼和其他动物不一样，特别耐饥耐渴，人们能骑着骆驼横穿沙漠。

C. 教育的目的是学生对学习产生兴趣，快乐地学习知识，激发他们的积极性和创造性。

D. 面对大千世界，只要善于发现，用心去发现，就一定能够从中得到收获。

53

A. 我朝老公使了一下眼色，他站起来拉着女儿的手。

B. 现在粮食产量逐年增加，质量逐年增加，初步解决了粮食问题。

C. 老王从卫生间递过一条毛巾，她接过来擦了擦脸。

D. 如今只要买一部电脑，厂商就会免费附赠一份百科全书的光盘当赠品。

54

A. 有许多人由于工作原因经常对着电脑，时间长了，很容易导致视觉疲劳。

B. 很多中草药的疗效不但经受住了长期医疗实践的检验，而且也已被现代科学研究所证实。

C. 工作的时候，我们要合理安排工作内容，分明主次。

D. 世界上没有找到过有两个指纹相同的人，即使是双胞胎他们的指纹也不一样。

55

A. 指南针一经发明很快就被应用到日常生活、地形测量等方面，特别是航海上。

B. 我有十年的会计方面的工作经验，有自信肯定能满意贵公司。

C. 中央气象台预计未来两天我们北方将出现大范围雨雪天气。

D. 不管对手是朋友还是敌人，我们都要学会尊重你的对手，这样你才能尊重自己。

56

A. 亡羊补牢比喻出了问题以后想办法补救，可以防止继续受损失。

B. 人可以不博学，但要好求；人可以不坚持，但要尝试；人可以不知礼，但要尊重。

C. 今天是开学的第一天，早上孩子们十分兴高采烈地参加了学校，开始新的一年学习。

D. 《心灯》以中国古代神话为题材，讲述了一群孩子为了实现生态和谐的心愿而历险的故事。

57

A. 生活就像海洋，只有意志坚强的人，才能到达彼岸。

B. 这商店在居民区南面，虽然商品齐全，但是全部混在一起，显得很乱糟糟的。

C. 坚强的信心，能使平凡的人做出惊人的事业。

D. 总经理说：我们的目的一定要达到，我们的目的一定能够达到。

58

A. 手机的使用给我们的生活和工作带来了很大的变化，这些变化既有正面的也是负面的。

B. 他17岁，爱穿蓝白格的校服，说话有一点齿间音，据说是小时候娇惯的。

C. 张大千是个天才型画家，中国画人物、山水、花鸟鱼虫、走兽，无所不能。

D. 天池中的水都是由冰雪融化而成的，清澈透明，像一面大镜子。

59

A. 黑龙江位于中国东北部，与俄罗斯、朝鲜相邻，省会是哈尔滨市。

B. 森林大火过后，一片废墟，地上到处是被烧死的动物的尸体。

C. 丰田公司的子公司大发汽车公司11日称因质量问题将召回约27.5万辆汽车。

D. 他的精神影响了我，向我改变了主意。

60

A. 在怎样获得快乐这个问题上，孩子有时是我们的老师。

B. 第十届国际马拉松赛报名时间将于本月12号截止。

C. 我非常喜欢写日记，保持写日记已经8年了。

D. 忘掉失败，不过要牢记失败中的教训。

부사 관련 유형의 문제

서술어 앞에서 시간, 중복이나 빈도, 어투, 범위, 정도 및 긍정이나 부정의 상황을 설명하는데 쓰이는 낱말을 부사라고 합니다. 그밖에 부사는 두 개의 동사나 형용사 서술어 사이에서 상호관계를 나타내는 접속사 역할을 하기도 합니다.

독해1부분에서는 부사의 세부적인 용법을 묻는 문제보다 부사의 일반적인 위치와 기본 뜻을 묻는 문제가 많이 출제되고 있습니다. 따라서 각각의 단어정리를 하는데 치중하기 보다는 실제시험과 바로 연결될 수 있도록 비슷한 종류와 뜻으로 분류를 해놓은 '부사 관련 도표'를 보면서 단어를 간단히 정리하고 나서, 오히려 '부사 관련 유형'에 해당하는 내용을 위주로 학습하는 것이 훨씬 효과적입니다.

2주차 월요일 부사 관련 유형의 문제는 '1. 부사의 위치가 잘못된 유형의 문제 → 2. 부정부사 '不'와 '沒'의 형태나 쓰임이 잘못된 유형의 문제 → 3. 정도부사의 쓰임이 잘못된 유형의 문제 → 4. 부사의 어휘사용이 잘못된 유형의 문제'에 대해 학습해 보기로 하겠습니다.

★ 1. 부사의 위치가 잘못된 유형의 문제

독해1부분에서 부사와 관련된 문제는 일반적인 부사의 위치가 잘못된 경우와 접속사 구문에서 뒤 절에 연결사로 쓰이는 부사의 위치가 제일 많이 출제됩니다.

① 일반적인 부사의 위치

> ★ 주어 + 부사 + 서술어 。

부사는 서술어 앞에 쓰며, 서술어 뒤에는 올 수 없습니다.

예 今天早上天气还好，中午忽然刮起了大风。
오늘 아침에는 날씨가 그런대로 괜찮았는데, 오후에 갑자기 바람이 많이 불기 시작했다.

시간사와 '马上, 立刻, 回头, 一时, 忽然[=突然], (原)先, 起初, 慢慢' 등 시간과 관련된
부사, 어기를 나타내는 부어 앞에 올 수 있습니다.

★ 주어 + 부사 + [(전) + 명/대] + 서술어 。

서술어 앞에 전치사구가 있는 경우 부사는 보통 전치사 앞에 씁니다.
예 这些论文必须[在老师规定的日期内]上交，否则就会不及格。
　　이 논문은 반드시 선생님께서 정한 기한 내에 제출해야 하며, 그렇지 않으면 불합격이다.

(1) 부사 '都'가 '모두(全部)'의 뜻인 경우 전치사가 있다 하더라도 서술어 앞에 씁니다.
예 她几乎把所有的材料都删除了。 그녀는 거의 모든 자료를 모두 삭제했다.

★ (2) 부사 '一直 (시간적으로) 줄곧, 계속해서'와 '就 곧, 바로'는 시간을 나타내는 전치사구
　　뒤의 서술어 앞에 씁니다.
예 她[从早上8点]一直学习到晚上6点。 그녀는 아침 8시부터 저녁 6시까지 계속 공부한다.
　　小王[从小学一年]就学习外语。
　　('就'는 이전에 이미 발생한 것을 강조할 때 시간부사 또는 기타 부사 뒤에 씀)

★ 주어 + 부사 + 동사₁ + 목적어₁ + 서술어₂(+ 목적어₂)。 [연동문]

하나의 주어에 서술어가 연이어서 나오는 연동문에서 부사는 첫 번째 동사 앞에 씁니다.
예 他经常去图书馆借书。 그는 자주 책을 빌리러 도서관에 간다.

주어₁ + 부사 + 동사₁ ＋ 목적어₁
└ 让, 叫, 使, 令　主 어₂ + (부사) + 서술어₂ …… 。

사역동사 '让 · 叫 · 使 · 令' 구문에서 부사는 때에 따라서 서술어2 앞의 부사자리에 쓰는 경
우도 있기는 하지만, 보통 부사는 보통 '让 · 叫 · 使 · 令' 앞에 씁니다.
예 这样做才能使大家满意。 이렇게 해야만 비로소 모두를 만족시킬 수 있다.

新 HSK문제 유형분석

> A. 现代的医学已经很发达了，基本上这样的小病是不用开刀的，仅仅是
>   简单的几幅药就可以解决了。
> B. 母亲的淡漠，以我当时的心境是很难体悟到的。
> C. 现在的高考复读班鱼龙混杂，有的复读班没有什么好的教师和教学设施。
> D. 人与动物的不同点之一是对事物的预测性、预见性。

[단어]

基本上 jīběnshang ⬤ 기본적으로, 대체로, 거의 / 体悟 tǐwù ⬤ 체득하다, 체험해서 깨닫다 ⬤ 체득, 이해 [= 体会 tǐhuì] / 鱼龙混杂 yúlónghùnzá ⬤ 물고기와 용이 한데 섞여 있다, 구성이 복잡하다

[해설]

A의 가운데 절의 '基本上 (기본적으로, 대체로)'은 부사로 '大致, 大多'와 동의어입니다. 따라서 주어 '(这样的) 小病'과 동사서술어 '是' 사이에 써서 '这样的小病基本上是~'라고 해야 합니다.

[번역]

A. 현대의학은 이미 매우 발달해서, 이런 작은 병은 대체로 수술을 하지 않고, 단지 간단한 몇 가지 약으로 바로 해결할 수 있다.
B. 어머니의 무관심은 그때 당시 나의 심정으로서는 이해하기가 아주 어려웠다.
C. 현재 대입 재수 반은 구성이 복잡하고, 어떤 재수 반은 좋은 선생님과 교학시설이 없다.
D. 사람과 동물의 다른 점 중의 하나는 사물에 대한 예측성과 예견성이다.

[정답]　A

2 접속사 구문에서 뒤 절에 연결사로 쓰이는 부사의 위치 ★

조건을 나타내는 접속사 '只有' 뒤 절의 부사자리에는 '才'를 함께 쓰며, 이때 부사 '才'는 접속사 뒤 절에서 연결사로 함께 쓰입니다. 이 경우 주어가 있는 경우에 반드시 주어 뒤에 써야 하는데 위치가 잘못된 경우가 시험에 출제됩니다.

新 HSK문제 유형분석

> A. 中国生活垃圾一般可分为四大类：可回收垃圾、厨余垃圾、有害垃圾

[단어]

认可 rènkě 명·동 승낙(하다), 인가(하다), 허가(하다), 인정(하다) / 掌握 zhǎngwò 동 ① (외국어, 기술, 단어 등을) 익히다, 마스터하다, 정통하다 ② 장악하다, 지배하다 / 可谓 kěwèi 동 ~라고 말할 수 있다, ~라고 할 만하다 / 家喻户晓 jiāyùhùxiǎo 성 집집마다 다 알다, 모두 다 안다

[해설]

B의 앞 절의 '除了 ~ 之外'는 앞 절과 뒤 절의 내용을 모두 포함할 때에 뒤 절의 부사 '还, 又, 也'와 호응하여 '除了 ~ 以外[= 之外, 外], 还[= 又, 也] ….'의 형태로 쓰여 '~이외에, 또 …이다'라는 뜻으로 씁니다. 따라서 뒤 절의 주어 뒤의 '也'만 쓰면 되고, 주어 앞의 '还有'는 쓸 필요가 없습니다.

[번역]

A. 중국의 생활쓰레기는 보통 4종류로 나뉜다. 재활용 쓰레기, 음식물 쓰레기, 유해 쓰레기와 기타 쓰레기이다.
B. 이 지역의 경제수입은 여행업 이외에 농업도 이 지역의 수입 중의 하나이다.
C. 대부분의 사람들이 모두 인정하는 일은 반드시 옳은 것은 아니다. 진리는 자주 소수사람의 손 안에 있다.
D.《홍루몽》은 중국 4대 명저 중의 하나인데, 누구나 다 알고 있으며, 4대 명저 중의 으뜸이라고 할만하다.

[정답]　B

★ 2. 부정부사 '不'와 '没'의 형태나 쓰임이 잘못된 유형의 문제

'不' 또는 '没'는 둘 다 '~하지 않(았)다'는 뜻으로 부정을 할 때 쓰는 부정부사이지만, 그 쓰임은 서로 다릅니다. 따라서 문장에서 '不' 또는 '没'가 쓰인 경우에는 다음과 같은 유형이 가장 많이 출제되고 있습니다.

❶ 문맥상 뜻이 잘못된 경우

부정부사와 관련된 문제는 문맥상 긍정적인 뜻인데 부정부사 '不'또는 '没'를 쓴 경우, 또는 그와 반대로 문맥상 부정적인 뜻인데 부정부사를 쓰지 않고 긍정형태로 쓴 경우가 출제빈도수가 가장 높습니다.

新 HSK문제 유형분석

> A. 在医护人员的努力下，他身体很快就恢复了。
> B. 心理学家发现，心情的好坏对健康影响很大。
> C. 广告是传播信息的一种方式，其目的在于推销商品带有明显的商业色彩。
> D. 为了防止以后不再出现相同的错误，大家应该吸取这次失败的教训。

[단어]

在于 zàiyú 동 ~에 있다, ~에 달려있다 / 吸取 xīqǔ 동 (교훈, 경험, 영야 등을) 받아들이다, 흡수하다, 빨아들이다

[해설]

D의 앞 절의 동사 '防止'는 '예방하다, 방지하다'는 뜻으로 '防止(水灾 / 火灾 / 事故 / 自然灾害)' 처럼 '바라지 않는 일이나 상황을 미리 예방하다'는 뜻입니다. 그런데 '防止' 뒤의 목적어 자리에 '不再出现相同的错误 (더 이상 같은 실수를 하지 않다)'라는 긍정의 뜻이 쓰였으므로 문맥상 바른 문장이 아닙니다. 따라서 D에서는 부사 '不'를 삭제해야 합니다.

[번역]

A. 의료팀의 노력 하에, 그의 건강은 매우 빠르게 회복되었다.
B. 심리학자는 기분의 좋고 나쁨이 건강에 영향을 크게 미친다는 것을 발견하였다.
C. 광고는 정보를 전파하는 일종의 방식이며, 그 목적은 뚜렷한 상업적인 색채가 있는 상품판매에 있다.
D. 앞으로 다시는 같은 실수를 하지 않도록 하기 위하여, 모두는 이번 실패의 교훈을 받아들여야 한다.

[정답] D

② '不'와 '没'를 혼용하여 쓴 경우

문장 중에 부정부사 '不' 또는 '没'가 있는 경우 우선 올바르게 부정형식을 사용하였는지 확인해야 합니다. 즉 동사 '是'의 부정형식은 '不是'이고, '有'의 부정형식은 '没有'이며, 시험에 잘 나오는 관용적인 표현으로 '没(有)什么~' 형태가 있습니다.

 新 HSK 문제 유형분석

> A. 信教的人数也在逐年增加，在不什么信仰的人们心里，真不知道该信
> 什么才好。
> B. 子默是个著名的作家，多年来一直在努力为观众提供最大的精神享受。
> C. 他的态度给了我莫大的支持和安慰，我十分感谢他。
> D. 天未黑，大街小巷霓虹灯已争相闪烁，家家户户的门上挂起了一排排
> 大红灯笼。

[단어]

逐年 zhúnián 🄫 매 년, 해마다 / 信仰 xìnyǎng 🄫 신앙 🄭 (어떤 주장, 주의, 종교 등을) 믿다 / 莫大 mòdà 🄮 막대하다, 대단히 크다 / 霓虹灯 níhóngdēng 🄫 네온사인 / 闪烁 shǎnshuò 🄭 번쩍이다, 깜박이다 / 灯笼 dēnglong 🄫 등, 초롱

[해설]

A의 가운데 절의 '在/(不/什么/信仰的)/人们心里 (신앙이 없는 사람들의 마음속에는)'에서 '(어떠한) ~이 없다'는 뜻으로 '没(有)什么~'를 써야 하므로 '在/(没/什么/信仰的)/人们心里'라고 바꾸어 써야 합니다.

[번역]

A. 종교를 믿는 사람 수도 해마다 증가하고 있지만, 신앙이 없는 사람들은 어떤 종교를 믿어야 좋을 지 정말 모른다.
B. 子默는 유명한 작가인데, 여러 해 동안 계속해서 노력하여 관중들에게 가장 큰 정신적 즐거움을 제 공하고 있다.
C. 그의 태도는 나에게 매우 큰 지지와 위로를 주었다, 나는 그에게 매우 감사한다.
D. 날이 아직 저물기도 전에, 크고 작은 길에는 네온사인이 이미 앞 다투어 번쩍이고, 집집마다 문 위에는 긴 홍등을 걸기 시작했다.

[정답]　A

★ 3. 정도부사의 쓰임이 잘못된 유형의 문제

정도부사란 '很，非常，十分 (매우) / 比较，相当 (비교적, 상당히) / 越来越 (점점 더)' 등과 같 이 상태나 성질이 어느 정도인지를 나타내는 낱말을 말합니다. 정도부사는 보통 '很高兴，非常美 丽，相当聪明，越来越好' 등 처럼 형용사서술어 앞에서 함께 쓰이지만, '希望，喜欢，讨厌' 등

처럼 감정과 관계있는 심리상태를 나타내는 동사 앞에서도 쓰입니다. 문장에서 정도부사가 쓰인 경우에는 다음과 같은 유형이 가장 많이 출제되고 있습니다.

1 한 문장에서 정도부사를 여러 번 사용한 경우★

한 문장에서 정도부사는 한 번만 사용해야 하고 2개 이상 함께 쓸 수 없습니다. 이런 유형의 문제인 경우 혼동하기 쉬운 정도부사에 유의해야 합니다.

〈시험에 잘나오는 혼동하기 쉬운 정도부사〉

① 格外 (géwài) 유달리, 매우
② 越来越 점점 더
③ 这么 또는 那么 이렇게, 그렇게, 아주

예 快到春节的时候，街道打扮得格外漂亮。 설쯤에는 거리를 유달리 예쁘게 꾸며 놓는다.
　　她的病越来越好了。 그녀의 병은 점점 좋아졌다.
　　你打扫得这么干净！ 네가 이렇게 깨끗이 청소를 했구나!

新 HSK 문제 유형분석

> A. 中国人在中秋节的时候吃月饼，圆圆的月饼象征着团圆，寓意美好生活的开始。
> B. 快乐有助于长寿，有助于增加食欲，有助于提高工作效率。
> C. 依山傍水的大陈镇，元宵节这天显得格外非常美丽。
> D. 湿地是地球上最富生物多样性的生态系统和人类最重要的生态环境之一。

[단어]

寓意 yùyì 몡 담긴 뜻, 우의 통 의미하다, 우의하다 / 长寿 chángshòu 통 장수하다, 오래살다 몡 장수 / 元宵节 yuánxiāojié 몡 정월대보름 / 缓慢 huǎnmàn 통 느리다, 완만하다

[해설]

C의 뒷 절의 '格外非常美丽'에서 정도부사 '格外'와 '非常'은 함께 쓸 수 없으므로 둘 중 하나를 삭제해야 합니다.

[번역]

A. 중국인은 추석 때 월병을 먹는데 둥근 월병은 가족이 단락하게 지내는 것을 상징하며, 아름다운 생활의 시작을 의미한다.

B. 즐거움은 장수 하는데 도움이 되고, 식욕증진에 도움이 되며, 일의 효율을 향상시키는데 도움을 준다.
C. 산과 물에 근접한 지방 도시는 정월대보름날에 유달리 아름다워 보인다.
D. 습지는 지구에서 생물 다양성이 가장 풍부한 생태계통이고 인류의 제일 중요한 생태환경 중의 하나이다.

[정답]   C

2 형용사 중첩 앞에 정도부사를 사용한 경우 ★

형용사를 중첩하면 '很+형용사'의 뜻이 되므로 형용사서술어를 중첩했을 경우 '非常清清楚楚'와 같이 정도부사와 함께 쓸 수 없습니다.
형용사 중첩의 형태는 두 글자 형용사(AB)의 중첩 형태인 'AB → AABB' 형식 말고도 여러 가지가 있으므로 1주차 월요일 서술어 관련유형 의 '6. 서술어의 중첩형태가 잘못된 유형의 문제'에서 반드시 정리하여야 합니다.

A. 窗花是一种剪纸艺术品，在中国已有上千年的历史。
B. 一个人的快乐，不是因为他拥有的多，而是因为他计较的少。
C. 臭氧层就好比是地球的 "保护伞"，阻挡了太阳99%的紫外线辐射。
D. 清晨他漫步在卢沟桥畔，看见了河水很清清。

[단어]

窗花 chuānghuā 몡 주로 창문의 장식에 사용하는 전지(剪纸)의 일종 / 臭氧层 chòuyǎngcéng 몡 오존층 / 阻挡 zǔdǎng 됭 저지하다, (가로)막다 / 紫外线 zǐwàixiàn 몡 자외선 / 辐射 fúshè 몡됭 방사(하다), 복사(하다) / 畔 pàn 몡 (강, 호수, 도로 등의) 가장자리, 주변, 부근, 주위

[해설]

D의 맨 뒷 절의 '河水很清清'에서 정도부사 '很'과 형용사 중첩 형태인 '清清'은 함께 쓸 수 없으므로 '很'을 삭제하거나, 형용사를 중첩하지 않고 '很清'이라고 해야 합니다.

[번역]

A. 窗花는 종이오리기 예술의 일종이며, 중국에서 이미 천 년 이상의 역사가 있다.
B. 한 사람의 즐거움은 그가 소유한 것이 많기 때문이 아니라 그가 따지는 것이 적기 때문이다.
C. 오존층은 마치 지구의 '백(그라운드)'과 같은데, 태양의 99%의 자외선 방사를 막는다.
D. 이른 아침 그가 卢沟桥 부근을 한가롭게 거닐다가, 강물은 매우 맑은 것을 보았다.

[정답]   D

③ 비교구문에 쓰이는 정도부사를 잘못 쓴 경우 ★

비교문은 전치사를 묻는 문제가 아니라 비교구문에서 부사어자리에 쓸 수 있는 낱말을 묻는 문제가 출제됩니다. ('要'나 서술어 뒤에 쓰이는 보어는 부사가 아니지만 비교구문에 쓸 수 있으므로 함께 썼음)

〈비교구문의 기본형식〉

```
주어 + [ 比 (전) + 명/대 ] + 还(要) + (형용사) 서술어 + 一些 / 一点
 A              B           更                       多了 / 得多 / 多 (×)
                            都
                            要
                        很, 比较, 기타정도부사나 부사
```

① 'A가 B보다 (더) ~ 하다'는 뜻입니다. [→ A 선택]
② 비교구문의 서술어 앞에 부사 '还(훨씬)', '更(더욱)', '都(모두, 다)'와 강조하기 위해 무의미한 글자 '要'는 쓸 수 있지만 그 이외의 '很, 非常, 特別' 등 정도부사는 쓸 수 없습니다.
③ 부사 '都'나 강조하기 위해 쓴 무의미한 글자 '要'는 전치사 '比' 앞에 써도 됩니다.
④ 서술어 뒤에 '훨씬, 더욱'이라는 뜻의 보어 '多了, 得多'를 쓸 수 있지만 '多'는 쓸 수 없습니다.
⑤ 서술어 뒤에 '좀, 약간'의 뜻의 보어 '一些, 一点'을 쓸 수 있습니다.

예 他的个子比我的个子还高一些。　그의 키가 내 키보다 좀 더 크다.
　一句对不起比什么道歉的话都管用。 미안하다는 한 마디 말이 어떤 사과의 말보다도 쓸모가 있다.
　这次考试比上次还(要)难。 이번 시험이 지난번보다 훨씬 어렵다.

新 HSK 문제 유형분석

> A. 时间能抚平心灵的伤痛，因此人们常说时间是最好的医生。
> B. 他现在遇到的困难比自己想象的还很多。
> C. 权利没有制约，必然会产生腐败。
> D. 人类出现在地球上已经有二三百万年了。

[단어]
抚 fǔ 통 ① 위로하다 ② 어루만지다, 쓰다듬다 ③ 돌보다, 보호하다 / 腐败 fǔbài 통 (제도, 기구, 생각 등이) 썩다, 부패하다, 낡다 명 부패 / 挫折 cuòzhé 명통 좌절(하다), 실패(하다)

[해설]

B는 비교구문이므로 뒤의 형용사 서술어 '多' 앞의 정도부사 '很'은 쓸 수 없으므로 삭제해야 합니다.

[번역]

A. 시간은 마음의 상처를 고루 어루만져줄 수 있기 때문에, 사람들은 자주 시간은 가장 좋은 의사라고 말한다.
B. 그가 현재 겪는 어려움은 자신이 상상했던 것 보다 훨씬 많다.
C. 권리는 제약이 없어서 반드시 부패가 생겨날 것이다.
D. 인류가 지구상에 출현한 것은 이미 이삼백 만년이 되었다.

[정답]　B

4. 부사의 어휘사용이 잘못된 유형의 문제

'尤其 (특히)'와 '甚至 (심지어)'는 모두 뒤 절을 강조할 때 쓰는 부사입니다. 그러나 '尤其'는 '我喜欢吃中国菜，尤其是川菜。(나는 중국음식 먹는 것을 좋아하는데, 특히 사천요리를 좋아한다.)' 처럼 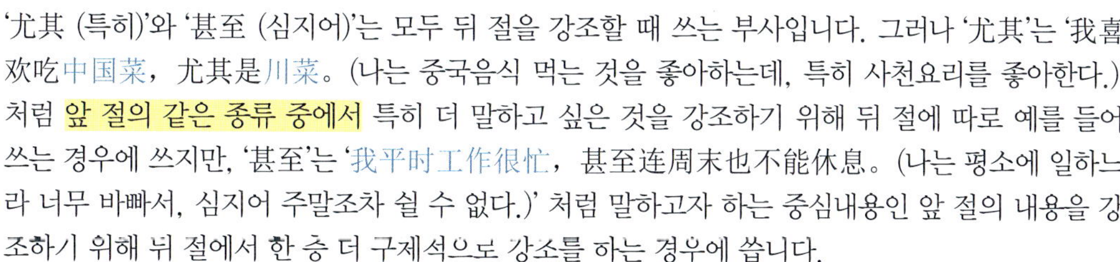앞 절의 같은 종류 중에서 특히 더 말하고 싶은 것을 강조하기 위해 뒤 절에 따로 예를 들어 쓰는 경우에 쓰지만, '甚至'는 '我平时工作很忙，甚至连周末也不能休息。(나는 평소에 일하느라 너무 바빠서, 심지어 주말조차 쉴 수 없다.)' 처럼 말하고자 하는 중심내용인 앞 절의 내용을 강조하기 위해 뒤 절에서 한 층 더 구체석으로 강소를 하는 경우에 씁니다.

위와 같이 어떤 부사들은 아주 비슷하게 해석이 되지만 그 쓰임이 다르기 때문에 독해1부분에서는 문맥상 부적절하게 부사를 사용한 경우에 해당하는 문제가 출제되기도 합니다. 수험생은 우선 평소에 시험에 잘나오는 부사 중 같거나 비슷한 어휘를 함께 묶어서 뜻을 암기한 후, 다시 문법상 차이점을 비교해서 알아두어야 합니다.

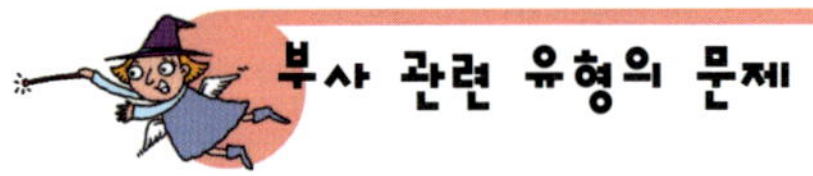

新 HSK문제 유형분석

01.

A. 草原上的天气变幻莫测，刚刚还是晴空万里，转眼间便乌云密布了。

B. 能够了解社会各阶层的人物，对一个作家来说是极好的机会。

C. 拉萨的天空总是那么湛蓝、透亮，好像用清水洗过的蓝宝石一样。

D. 年已五十六岁的李宝海工作很辛苦，每天晚上十一点多就可以休息。

[단어]

变幻 biànhuàn 명동 변환(하다), (규칙이 없이) 변화(하다), 바뀌다 / 莫测 mòcè 동 측정할 수 없다, 헤아릴 수 없다 / 密布 mìbù 동 (구름 등이) 짙게 깔리다, 덮이다 / 湛蓝 zhànlán 형 짙은 남색이다, 짙푸르다 / 透亮 tòuliàng 형 투명하다

[해설]

D의 뒤 절의 '每天晚上十一点多就可以休息 (매일 저녁 11시가 되어서야 쉴 수 있다)'에서 부사 '就'는 '시간이 얼마 안 걸림 또는 시간이 이름'을 나타내는 경우에 쓰는데, 여기서는 문맥상 '시간이 오래 걸림 또는 시간이 늦음'을 나타내는 경우에 쓰는 부사 '才'를 써야 합니다.

[번역]

A. 초원의 하늘의 변화는 예측을 할 수 없다. 방금 여전히 맑은 하늘이었다가도 순식간에 먹구름이 짙게 깔린다.

B. 작가의 입장에서 사회 각층의 인물을 이해할 수 있는 것은 매우 좋은 기회이다.

C. 라사의 하늘은 늘 아주 짙푸르고 투명해서 마치 맑은 물로 씻은 남색보석과 같다.

D. 이미 56세가 된 李宝海는 일이 매우 힘들다, 매일 저녁 11시가 되어서야 쉴 수 있다.

[정답]　D

02.

A. 世界上一共有250种细菌和病毒可以通过唾液互相传播。

B. 生姜具有暖胃驱寒的功效，是很好的保健食材。

C. 已经夜里4点了，我估计他今天一定不会回家了。

D. 人们在学校里学习多年，却没有学到任何关于金钱方面的知识。

[단어]

细菌 xìjūn 명 세균 / 唾液 tuòyè 명 침, 타액 / 生姜 shēngjiāng 명 생강 / 驱 qū 동 쫓아내다, 몰아내다, 축출하다

[해설]

C의 뒤 절의 부사 '一定 (반드시, 꼭)'은 '一定不~'의 형태로 쓰는 경우에는 1인칭에만 쓸 수 있고, 2·3 인칭에는 쓸 수 없습니다. 만약 2·3인칭에서 부정 형태로 쓴다면 '반드시 (절대로) ~해서는 안 된다, ~ 하지 말아야한다'의 뜻의 '一定+別[=不要, 不能]~'의 형태로만 쓸 수 있습니다. 따라서 C는 문맥상 '一定'을 삭제해야 합니다.

[번역]

A. 세상에는 모두 250종류의 세균과 바이러스가 있는데 타액을 통해 서로 옮길 수 있다.
B. 생강은 위를 따뜻하게 하고 추위를 없애는 효능이 있어서, 아주 좋은 건강식재료이다.
C. 이미 새벽 4시가 되어서, 나는 그가 오늘 집에 오지 않을 거라고 생각한다.
D. 사람들은 학교에서 다년간 공부를 했지만, 돈 방면에 관한 어떠한 지식도 배우지 않았다.

[정답]　C

참고 **부사의 종류**

(1) 시간을 나타내는 부사

① '시간이 얼마 안 걸림' 또는 '시간이 빠름'을 나타내는 부사

곧, 바로	★ 就 (= 便) ｜ 一下子 ｜ 立刻 [= 立即, 立时]
곧, 바로 (~할 것이다) 장차 ~하려고 하다	马上 ｜ 将要 ｜ 即将
즉시, 곧	随即
잠깐, 잠시, 일시적으로	顿时 ｜ 一时 ｜ 暂时 (＊'暂时'는 형용사이고, 부사어로도 쓸 수 있음)
방금, 막 (~했다)	刚(刚) ｜ 刚才 (＊시간사이고, 주어 앞에도 쓸 수 있음)
빨리, 급히	赶快 ｜ 赶紧 ｜ 赶忙 ｜ 连忙

② '시간이 오래 걸림 또는 시간이 느림'을 나타내는 부사

★ (~하고나서야) 비로소, 겨우	才
가까스로, 어렵게, 겨우	不容易(才) [= 很不容易, 好不容易, 好容易]

③ '현재진행' 또는 '상태의 지속'을 나타내는 부사

지금 ~하고 있(는 중이)다	正[= 在, 正在]

④ '과거의 경험' 또는 '완성'을 나타내는 부사

이전에, 일찍이 ~한 적이 있다	曾(经)
이미, 벌써 ~했다	已(经) ｜ 早 [= 早就, 早已]

⑤ '계속됨'을 나타내는 부사

여태껏 ~해왔다	向来 [= 一向, 历来]
여태껏 ~한 적이 없다	从来(没/不/未)
계속해서	始终 ｜ 一直

⑥ '늘, 항상, 수시로' 를 나타내는 부사

늘, 항상	总是 [= 总, 老是] ｜ 时时 [=时刻, 时时刻刻]
수시로, 아무 때고, 언제나	随时(都)
언제나	随时随地(都)
영원히	永远

⑦ '갑자기, 별안간'을 나타내는 부사

갑자기, 별안간	突然 [= 忽然, 猛然]
	(＊'突然'은 형용사서술어로 쓸 수 있으며, 부사로 쓰이는 경우 주어 앞에 올 수 있음)

⑧ '시간이 늦지도 않고, 빠르지도 않음'을 나타내는 부사

때마침, 딱 맞게, 알맞게도	正好 [= 恰好, 恰巧, 恰恰, 正巧, 凑巧]

⑨ '시간의 흐름에 따른 동작의 순서'를 나타내는 부사

우선, 먼저	(首)先
뒤이어, 그 다음에, 바로 곧	随后(就) ｜ 然后(再)
	(＊'随后'는 주로 뒤에 '就, 才, 还, 又, 也' 등과 함께 씀)
잠시 후에, 이따가	不一会儿 ｜ 回头 ｜ 以后 (＊시간사임)

(2) 수량을 나타내는 부사

수량사와 함께 다니는 부사는 동사 앞의 부사 자리에 쓰거나, 수량사 바로 앞에 쓸 수 있습니다.

최소한	至少
최대한	至多
겨우, 단지	只 [= 仅, 仅仅, 光, 单, 就] ｜ 偏偏
	(＊주어 앞에 쓰는 경우, 주어의 수량이 적음을 나타냄)
대략, 약	大约 [= 大概, 约, 约莫]
	(＊'大概'는 수량과 함께 쓰이지 않는 경우에는 '可能'의 뜻임)

전부, 모두(합해서)	★ 一共 [= 总共, 共, 统共]
계속해서, 연이어, 잇따라	连续 ∣ 一连 ∣ 先后[= 陆续] (＊'连续'는 형용사이므로 서술어와 관형어로 쓸 수 있지만, 부사어로 도 쓸 수 있음)
거의	几乎 [= 差不多]
이미, 벌써	已经 [= 都] … 了

(3) 중복 · 빈도를 나타내는 부사

자주, 항상	经常 [= 常常, 时常, 时不时地, 时不常地, 不时(地), 　　　　往往, 动不动(就)]
가끔, 이따금, 때때로	偶尔 [= 有时, 间或] (＊'经常'과 반대되는 개념임)
끊임없이, 계속해서	一个劲儿地 [= 不停地, 不断(地), 不住地] ∣ 继续 (＊'继续'는 동사이고, 뒤에 동사 성 어구 목적어가 옴)
또, 다시	还 [= 仍, 仍然] ∣ 再 ∣ 又 ∣ 也 ∣ 重(新)
반복해서, 되풀이해서, 다시	反复 ∣ 重复 (＊'重复'는 동사서술어임) (＊'反复'는 동사서술어로도 쓸 수 있음)
다시, 여러 번	★ 一再 [= 再三，一而再、再而三地, 屡次, 屡屡, 多次]

(4) 범위부사

도처에, 어느 곳에서나	到处 ∣ 处处
전부, 모두	都 ∣ 全 [=全部] ∣ 均 ∣ 统统 ∣ 一切 ∣ 一概 ∣ 一律
전부, 모두(합해서)	一共 [= 总共, 共, 统共]
함께, 같이	一起 [= 一块儿, 一同, 一齐, 一道]
단지 (~일 뿐이다)	只是 [= 只不过, 不过, 无非]
단지, 겨우, 유독	只 [= 仅, 仅仅, 光, 单, 就] ∣ 唯独 (＊'只'는 수량과 범위를 제한함)
오로지	一味
혼자(서), 홀로, 단독으로	独(自)

독해 1부분

★ (5) 정도부사

가장, 제일	最 │ 顶
지극히, 매우	极 │ 极其 │ 极为
매우, 아주	很 │ 太 │ 挺 │ 怪 │ 非常 │ 十分 │ 特別 │ 真 │ 多 │ 多么 │ ★ 格外 │ ★ 这么 │ 那么 (∗'这么'와 '那么'는 지시대명사이지만 형용사서술어 앞에서 부사어로 쓰여 정도의 의미를 나타낼 수 있습니다.)
크게, 대단히	大大
지나치게	过于
많이, 더	多
특히, 더욱	★ 尤其 [= 特別]
심지어	★ 甚至 [= 甚至于, 甚而至于, 甚而]
상당히, 비교적	相当 │ 比较 [= 较, 较为]
좀, 약간	稍微 [= 稍稍, 稍 │ 有(一)点儿 │ 略(微)
점점 더, 더욱 더	★ 越来越 │ 越 [=愈] │ 越加 [= 越发, 越加, 愈加] 更 │ 更加

(6) 어기부사

① '결국은, 마침내, 어쨌든'의 뜻을 나타내는 부사

결국은, 마침내 (~했다)	终于 [= 总算, 到底+동사+了]
결국은, 어쨌든 (~할 것이다, ~하다)	终究 │ 毕竟
어쨌든	反正 │ 无论如何(都) [= 无论怎样(都), 无论怎么 样(都)] (∗'反正, 无论如何'는 주어 앞에도 쓸 수 있음)

② '방법이 없음'의 뜻을 나타내는 부사

하는 수 없이, 어쩔 수 없이	只好 [= 只能, 只得, 不得不, 不得已, 无(可)奈 (何), 无法] (∗'不得已, 无可奈何'는 서술어로 도 쓸 수 있음) 没办法 (∗'没办法'는 서술어의 부정 형태임)

③ '반드시, 꼭'의 뜻을 나타내는 부사

반드시, 꼭	★ 一定 │ 必定 │ 绝对 │ 千万 (∗'绝对'와 '千万'은 긍정의 형태일 때 '一定'의 뜻임)

④ '뜻밖에, 생각지도 못하게'의 뜻을 나타내는 부사

뜻밖에, 의외로	竟然 [= 竟, 居然, 意外]
생각지도 못하다, 뜻밖이다	没想到 (∗동사임) ｜ 不料 (∗동사임)

⑤ '추측'의 뜻을 나타내는 부사

아마도 (~일 것이다)	大概 [= 也许, 或许, 或是，恐怕, 多半，没准儿] 说不定 (∗동사임)

⑥ '원래생각 또는 원인이 결과와 일치함'의 뜻을 나타내는 부사

과연, 어쩐지	怪不得 [= 难怪] ｜ 果然 [= 果真] (∗'怪不得'는 결과의 문장이나 절 맨 앞에 씀)

⑦ '원래생각 또는 알고 있는 사실이 결과와 불일치함'의 뜻을 나타내는 부사

원래(는), 본래	本来 [= 原来，原本]
사실(은)	其实

⑧ '정도의 깊음을 과장함'의 뜻을 나타내는 부사

그야말로, 아주, 정말	简直 ｜ 实在 ｜ 的确 [= 确实]

⑨ '다행히도, 운 좋게'의 뜻을 나타내는 부사

다행히, 운 좋게	幸亏 [= 幸好, 幸而] ｜ 好在 ｜ 多亏

⑩ '굳이, 기어코, 일부러'의 뜻을 나타내는 부사

굳이, 기어코, 일부러	偏(偏) ｜ 故意 [= 成心, 有意]

⑪ '추측, 판단'의 뜻을 나타내는 부사

마치 ~인 것 같다	好像 [= 仿佛，如同，就像，似乎] (∗'好像, 仿佛'는 동사서술어로 쓸 수 있음) 看起来 [= 看来] ｜ 看上去 [= 看样子] (∗'看起来'는 추측이나 판단의 문장 맨 앞에도 쓸 수 있음)

⑫ 기타 어기부사

근본적으로, 아예, 처음부터	根本
시원스럽게, 아예	干脆 [= 索性] (∗'干脆'는 형용사이며, 부사어로도 쓸 수 있음)
직접	直接 (∗'直接'는 형용사이며, 부사어로도 쓸 수 있음)
마음 놓고, 얼마든지	只管 [= 尽管]

분명히, 분명하게	分明[= 明明] ★ 明显 [= 显然] (＊'明显'은 형용사이며, 부사어로도 쓸 수 있음)
도대체	到底 [= 究竟] (＊'到底'가 의문문에 쓰인 경우에 해당함)
하마터면 (~할 뻔 했다)	差点儿(没/就)
설마 (~이겠니?)	难道 [= 难道说, 莫非, 莫不是, 莫不成] … 吗[= 不成]?
각각, 각자	分别[= 各自]

(7) 긍정·부정 관련 부사

① 긍정의 뜻을 나타내는 부사

반드시, 틀림없이, 꼭	★ 一定 [= 准] | 必定 | 肯定 | 必须 | 必然 (＊'必然'은 형용사이고, 부사어로 쓰는 경우 '一定'의 뜻임)

② 부정의 뜻을 나타내는 부사

~하지 않(았)다	★ 不 没 [= 无]
결코, 절대로 ~하지 않다	并不 | 决不 [= 绝对不] | 千万 | 万万
전혀 ~하지 않다	丝毫(没/不) [= 毫(不/无), 根本(没/不)] (＊'丝毫'는 부정형으로 쓰기 때문에 편의상 분류를 함께 하였고, '根本'은 긍정형태로도 쓸 수 있음)
~한 적이 없다	不曾
여태껏 ~한 적이 없다	从来(没/不/未) (＊'从来'는 부정형으로 쓰기 때문에 편의상 분류를 함께 하였음)
반드시, 꼭 ~한 것은 아니다	未必 [= 不一定, 不见得]
~가 아니다	非 (＊'非'는 '~가 아니다'는 뜻인 경우 동사임)
~할 필요는 없다	不必 [= 不用, 甭]
~하지 않으면 안 된다	非 … 不可 [= 不行, 不成] (＊이중부정 형태임)
~하지 마라	别 [= 勿, 毋, 莫, 不要] (＊'不要'는 조동사의 부정형임)
~를 피하기 어렵다, 불가피하다	不免 [= 难免] (＊'难免'은 형용사이고, 부사로 쓸 수 있음)
~하지 않도록 ...을 하다	以免 (＊'以免'은 접속사임)
(그나) 오히려	却 | 反而
그러나	可是 [= 但是, 不过, 然而] (＊'可是'은 접속사임)

⑻ 정태(状态)를 나타내는 부사

여전히, 변함없이	依然 [= 依旧, 还, 仍(然)]
섬섬, 차츰차츰	逐渐 [= 渐渐, 逐步]
갑자기, 별안간	猛然
친히, 몸소	亲自 [= 擅自] ｜ 亲眼 ｜ 亲耳
백방으로, 여러 가지로	百般
특별히	特地 [= 特意, 特别]
서로	互相 [= 相互]

1회

第51–60题: 请选出有语病的一项。

51
A. 上体育课的时候，我玩双杠，由于不太熟练，没从杠上差点儿掉下来，把体育老师惊得一身冷汗。
B. 经济上的困难使我们连休息的时间都没有。
C. 当你喜欢别人时，别人也可能会接纳你；但是当你不喜欢别人时，别人也可能不会接纳你。
D. 这次高层互访，加深了两国之间的互相了解。

52
A. 老师要求全班同学以最快的速度，写出他们所不喜欢的人的姓名。
B. 成功没有灵丹妙药，也是不轻轻松松的事，成功的关键是个人要努力奋斗、刻苦钻研。
C. 癌症和心血管疾病是人类死亡率最高的疾病。
D. 科学实验证明，每两个小时服用一次维生素C可以治疗感冒。

53
A. 让小杨雪上加霜的是他的祖父得了重病。
B. 今年的春节比往年特别盛大，广场上就已经摆放了很多鲜花。
C. 他于1985年转入西德另一所大学学习，毕业后取得了巨大成功。
D. 现在高中生由于学校的功课很多，使他们很少有时间跟父母交谈。

54
A. 几乎所有的奥运纪念品都卖得很好，甚至是吉祥物福娃，深受消费者的青睐。
B. 冬季停车要注意选地点，尽量避开坑洼潮湿处，以免积水结冰，冻住车轮。
C. 语言的使用，促进了人类的思维，使得大脑更加发达。
D. 一个人在某一年龄，特别容易建立和发展某一种意识和行为。

55
A. 有句老话这样说：世上总是好人多，然而当今社会许多人已经分明忘记或正在怀疑这句老话。
B. 黄侃非常孝顺，不管他母亲是从北京回老家还是由老家来到北京，他都要陪伴同行。
C. 由于人们对森林木材资源的大量消耗，引起了多方面的环境问题。
D. 岳飞是中国南宋时的民族英雄，他率领岳家军打败敌人屡次。

56
A. 这两个民族虽然属于一个国家，但是它们在生活上文化上存在很大的差异。
B. 工业革命以后，世界经济的发展速度才加快明显起来。
C. 经过三次搬家之后，我们感觉太麻烦了，所以我和妻子决定买一套房子。
D. 一个九十岁的老大爷能跑得这样快，令人难以置信。

57
A. 倾听别人谈话，对我来说是获得某种知识、经验和思想启迪的机会。
B. 豆浆是中国人十分喜爱的一种饮品，它营养丰富，又被称做"植物奶"。
C. 大多数人想要改造这个世界，但却很少有人想改造自己。
D. 如果标准混乱，那么向谁看齐都不成问题，连要推广什么都弄不清，民族语言就无从谈起了。

58
A. 不管鸟的翅膀多么完美，如果不凭借空气，它就永远不能飞到高空。

B. 报告说，该公司第四季度盈利达18.6亿元，十分超出了分析人士此前的预期。

C. 世界小麦种植的总面积，居粮食作物种植总面积的第一位。

D. 面对逆境，是随波逐流，还是奋起抗争？强者懂得支配环境，而弱者往往受制于环境。

59
A. 他收拾了房间，又对着镜子理了理头发，这就迈着轻盈的脚步走出了房间。

B. 为了躲避天敌的追杀，很多动物都具有非常强的伪装能力。

C. 他的见解独到而且深刻，常应邀到许多高校发表演讲，深受学生的欢迎。

D. 电脑的发明给人们的生活带来了很大的便利。

60
A. 丝绸之路的开辟，有力地促进了东西方经济、文化等各方面的交流与合作。

B. 当人的注意力不集中时，就会下意识地眨眼，以减少进入大脑的信息。

C. 作为倾诉对象，我们不需要发表自己的观点，认真倾听就够了。

D. 听到发生这样不幸的事情，他十分悲痛，吃不下饭，也睡不好觉。

2회

51
A. 你在心情不好的情况下，最好自己先调整一下。

B. 他家里总是那么安静舒适，收拾的也井井有条。

C. 他明白自己终于会离开这里，这些美好的回忆将永远留在他的脑海里。

D. 时间就是生命，我们像对待自己的生命一样对待我们的时间。

52
A. 很快，他开始和一些大公司联系，推荐房屋正面这道极好的"广告墙"。

B. 这里的培训班即使有也是设施不健全，难免保证学生的学习质量。

C. 生活中，有许多细节中隐藏着机遇，只要我们用心去发现，成功就在拐角处等着我们。

D. 妻子进屋一看，丈夫还躺在沙发上呼呼大睡。

53
A. 倾听别人说话是一种礼貌，也是一种沟通方式，有助于我们建立融洽的关系。

B. 语言发展是从儿童在1岁左右讲出第一个真正的单词开始的。

C. 在他所患的疾病中，没有比感冒更常见的了。

D. 中国古代的玉除了供欣赏装饰外，兼具实用功能。

54
A. 大风天气最好将车停在室内，如果迫不得已停在室外，就要选择朝阳、避风、平坦、干燥的地点停放。

B. 因为冬至并没有固定于特定的一日，因此和清明一样，被称为"活节"。

C. 韭菜在我国的栽培历史很悠久，据史书记载，古时候的人就已经很久以前一直在吃它了。

D. 握手除了表示问候外，还是一种祝贺、感谢或相互鼓励的表示。

55
A. 雪松给杂志、网站写影评，为摇滚乐队写英文歌词，爱好广博却丝毫影响学习。

B. 英国一位著名的考古学家卡特，发掘了埃及著名法老王的陵墓。

C. 它不仅为人类生产、生活提供了多种资源，而且具有巨大的环境功能和效益。

D. 火车行驶在一片荒无人烟的山野之中，人们一个个无聊地望着窗外。

56
A. 当地时间7月6日将揭开这两处申请的最终答案。

B. 常听人说，人世间最纯净的友情只存在于孩童时代。

C. 我们要看见这世界的美，需要有一对水晶一样自然清澈的眼睛。

D. 虽然两个人的年龄不同，但他们的手却那么很相像，都布满了辛勤劳作的痕迹。

57
A. 人们通过大量的绿化造林来改善环境，这不是有道理的，茂密的丛林使空气中的大粒灰尘下降。

B. 在当今瞬息万变的社会，对将来必要的担心和考虑是应该的。

C. 他在刺眼的阳光中醒来，睁开睡眼，一看四周景物才发现船仍停在原来的岸边，根本没有移动。

D. 当危机到来时，我们往往没有丝毫准备。

58
A. 他会找来杂志的编辑人员，私底下告诉他们编辑上的缺点。

B. 在他20多年的教学生涯中，他不止一次地遇到类似的情形。

C. 盲目乐观者很容易在危机来临之前高枕无忧。

D. 有不少人工作很紧张，根本没有休息时间，这对身体是一点儿也没有好处。

59
A. 隔壁刘大妈心眼好，经验丰富，人又热心，街坊邻居不管有什么事，都愿意找她解决。

B. 我非常喜欢云南丽江，我三次一连去丽江，如果有机会，我还想再去。

C. 赵树林与李丽芬结婚7年了，抚养了11个孤儿。

D. 我陆续收到了千余封对记忆术感兴趣的朋友的来信。

60
A. 九十年代众多的作家全都垂青历史，而置当代和现实于不顾，这难免就太不正常了。

B. 上周我们到医院做体检，到了一个放射科的时候，医生让我们把手机关掉。

C. 人们时常发现山顶上缭绕着紫金色的云彩，其实是山的北坡露出的紫红色页岩。

D. 一想到那些形状特别的水果、香甜可口的甜点，女孩就开心无比。

접속사 관련 유형의 문제

접속사란 단어와 단어, 구와 구, 절과 절, 문장과 문장을 중간에서 하나로 이어주는 낱말을 말합니다. 접속사는 '虽然 …, 但是 ~。'와 같이 앞 절과 뒤 절에 함께 호응하여 쓰는 경우가 많으며, 접속사의 유형에 따라 문맥이 달라지므로 독해1부분에서 뿐만 아니라, 듣기, 독해 234부분, 쓰기부분에서도 중요한 역할을 합니다.

독해1부분에서는 접속사의 세부적인 용법을 묻는 문제보다 접속사의 앞 뒤 절에 함께 호응하여 쓰이는 접속사가 바르게 쓰였는지에 관해 접속사를 묻는 문제가 출제빈도수가 높습니다. 따라서 각각의 단어정리를 하는데 치중하기 보다는 실제시험과 바로 연결될 수 있도록 비슷한 종류와 뜻으로 분류를 해놓은 '접속사 관련 도표'를 보면서 단어를 간단히 정리하고 나서, 오히려 '접속사 관련 유형'에 해당하는 내용을 위주로 학습하는 것이 훨씬 효과적입니다.

3주차 월요일 접속사의 유형에서는 '1. 앞 뒤 절에 함께 쓰이는 접속사의 호응관계가 잘못된 유형의 문제 → 2. 뒤 절에 쓰이는 연결사의 위치가 잘못된 유형의 문제 → 3. 주어와 접속사의 위치가 잘못된 유형의 문제 → 4. 문맥상 접속사의 쓰임이 잘못된 유형의 문제'에 대해 학습해 봅시다.

★ 1. 앞 뒤 절에 함께 쓰이는 접속사의 호응관계가 잘못된 유형의 문제

접속사문제 중 가장 출제빈도수가 높은 부분입니다. 접속사의 뜻과 용법을 간단히 정리하는 동시에 반드시 동의어를 함께 정리해 두어야 합니다. 우선 문제에서 접속사가 나왔을 경우, 제일 먼저 앞 뒤 절의 호응관계가 올바르게 쓰였는지부터 확인해야 합니다.

新 HSK문제 유형분석

A. 每个人都渴望得到别人的尊重与理解，要先给予别人尊重与理解，才能获得别人的尊重。

B. "卡奴" 一词最先源于台湾，是指没有能力偿还透支信用卡的卡民。

C. 绝大多数人认为李小龙是 "发扬中国武术最有成效的人"。

D. 作为一名教育工作者，一方面要充满爱心，一方面要严格教育也是非常重要的，两者缺一不可。

[단어]

偿 cháng 동 갚다, 배상(변상)하다 / 透支 tòuzhī 동 ① 적자가 되다 ② (인체가 견딜 수 있는 범위를 넘어서서) 과도하게 정력을 사용하다, 소모하다 / 缺一不可 quēyībùkě 성 하나라도 부족해서는 (없어서는) 안 된다

[해설]

D에서 '한편으로 ~하고, 또 한편으로 …하다'는 뜻의 접속사로 '一方面 ~, 另一方面 ….'을 써야 합니다.

[번역]

A. 모든 사람들은 다 다른 사람의 존중과 이해를 받기를 갈망하는데, 먼저 다른 사람을 존중하고 이해해 주어야 비로소 다른 사람의 존중을 받을 수 있다.

B. "卡奴"라는 단어는 제일 처음 대만에서 비롯되었는데, 갚을 능력이 없으면서도 여전히 과도하게 신용카드를 사용하는 사람들을 가리킨다.

C. 대다수의 사람들은 이소룡은 중국무술을 발양하는데 가장 큰 성과를 낸 사람이라고 생각한다.

D. 교육자는 한 편으로 사랑하는 마음으로 충만해야 하며, 또 한 편으로 엄격하게 교육을 하는 것도 매우 중요한데, 두 가지는 모두 하나라도 부족해서는 안 된다.

[정답]   D

★ 2. 뒤 절에 쓰이는 연결사의 위치가 잘못된 유형의 문제

접속사가 쓰인 문장 중, 뒤 절에 쓰이는 연결사인 '就, 才, 还, 又, 也, 都, 却' 등의 위치가 잘못된 경우가 자주 출제됩니다. 뒤 절에 쓰이는 연결사의 위치는 다음과 같습니다.

① 뒤 절 맨 앞에 쓰이는 접속사

그러므로	所以, 因此, 因而		바로 ~이다	而是
그럼, 그러면	那 [= 那么]		그러나	但是 [= 可是, 不过, 然而]
게다가, 또	而且 [= 并且]			

2 주어 뒤에 쓰이는 연결사 ★

곧, 바로	就 [= 便]	모두	都
비로소	才	(그러나) 오히려	却
또, 다시	还, 又, 也		

 新 HSK 문제 유형분석

A. 信仰可以帮助人净化心灵；全世界现在有各种各样的宗教团体。
B. 无论明天来不来，都你要给我打电话告诉我一声。
C. 据介绍，"恐龙人"中脊椎骨隆起最高者竟突出背脊外36厘米之多。
D. 我们不能因为听到一些反对意见，就垂头丧气停滞不前。

[단어]

信仰 xìnyǎng 명 신앙 동 (어떤 종교, 주장, 주의 등을) 믿다 / 净化 jìnghuà 동 정화하다, 맑게 하다 / 垂头丧气 chuítóusàngqì 성 의기소침하다, 풀이 죽고 기가 꺾이다 / 停滞不前 tíngzhìbùqián 성 정체되어 앞으로 나아가지 못하다, 제자리걸음하다

[해설]

B의 뒤 절의 부사는 '都'는 주어인 '你' 뒤에 써야합니다.

[번역]

A. 신앙은 사람의 마음을 정화하는데 도움을 줄 수 있다. 전 세계에는 지금 각종 종교집단이 있다.
B. 내일 오든 안 오든 상관없이, 너는 나한테 전화해서 좀 알려줘야 한다.
C. 소개에 따르면 "공룡인" 중 중간 척추가 가장 돌출된 사람은 뜻밖에 척추가 밖으로 36센티미터 이상 돌출되어있다.
D. 우리는 반대의견 들을 들었다고 해서 의기소침하여 정체하고 앞으로 나아가지 않아서는 안 된다.

[정답] B

★3. 주어와 접속사의 위치가 잘못된 유형의 문제

앞 절에 쓰이는 접속사는 주어 앞에 오는 경우와 주어 뒤에 오는 경우가 있으므로 잘 구분하여야 합니다. 앞 절에 쓰이는 접속사와 주어의 위치는 다음과 같습니다.

① 주어가 1개인 경우

뒤 절에 주어가 없는 경우 이 문장은 주어가 1개인 경우에 속합니다. 이 경우 주어를 맨 앞에 쓰고, 접속사는 주어 뒤에 씁니다.

예 我 // 因为工作很忙，所以没去颐和园。
　　 └→ 주어 (주어를 맨 앞 쪽에 씀)

② 주어가 2개인 경우

뒤 절에 주어가 있는 경우 이 문장은 대부분 주어가 2개인 경우에 속합니다. 이 경우 접속사를 맨 앞 쪽에 쓰고, 주어는 접속사 뒤에 씁니다.

예 因为 // 天气不太好，所以我没去颐和园。
　　　　 └→ 주어1　　　　 └→ 주어2　　(주어를 접속사 뒤 쪽에 씀)

> A. 不但他喜欢上网，而且喜欢在网上购物。
> B. 她不但是北京花样游泳队的教练，还是女子柔道冠军呢。
> C. 只有在非洲，才能看到这种动物。
> D. 兔子长着长长的耳朵，性格温顺，惹人喜爱，是很受欢迎的宠物。

[단어]

花样游泳 huāyàngyóuyǒng 몡 싱크로나이즈드즈 스위밍 / 温顺 wēnshùn 혱 (성격이) 온순하다 / 惹 rě 동 (어떤 결과나 사태 등을) 일으키다, 야기시키다 / 宠物 chǒngwù 몡 (개나 고양이 등의) 애완동물

[해설]

A에서 주어는 앞 절의 '他' 1개만 있고, 뒤 절의 접속사 '而且' 뒤에는 주어가 없으므로, A는 주어가 1개

인 문장입니다. 따라서 주어를 맨 앞 쪽에 쓰고, 접속사를 그 뒤에 써서 '他不但 ~'이라고 해야 합니다.

[번역]

A. 그는 인터넷하는 것을 좋아할 뿐만 아니라, 인터넷에서 물건을 구입하는 것도 좋아한다.
B. 교녀는 북경 싱크로나이즈드 스위밍팀의 코치일 뿐만 아니라, 여자 유도 우승자이기도 하다.
C. 오로지 아프리카에서만이 비로소 이런 종류의 동물을 볼 수 있다.
D. 토끼는 귀가 매우 길게 생겼고, 성격이 온순해서 사람들의 사랑을 받는 아주 인기가 있는 애완동물이다.

[정답] A

★ 4. 문맥상 접속사의 쓰임이 잘못된 유형의 문제

문맥상 접속사의 쓰임이 잘못된 경우는 접속사의 뜻과 용법을 묻는 문제와 관련이 있지만, 앞 절의 접속사가 생략된 채, 뒤 절의 접속사 또는 연결사만 쓰인 문장에서 그 쓰임이 잘못된 경우를 묻는 문제도 자주 출제되고 있습니다. 2가지 유형을 모두 알아둡시다.

1 접속사의 뜻과 용법이 잘못 사용된 경우

A. 娃娃鱼是世界上现存最大的两栖类，因其发声酷似婴儿啼哭，外形似鱼，故称"娃娃鱼"。

B. 她到处寻求减肥药方，饮过减肥茶，参加过针灸减肥，可这一切对她都不起作用。

C. 无论是初次见面，还是相识已久，微笑都能拉近人与人之间的距离，令彼此倍感温暖。

D. 医生让我们把手机关掉，这不是为了医生怕打扰他，而是为了怕射线损害手机。

[단어]

两栖类 liǎngxīlèi 몡 양서류 / 酷 kù 뮈 매우, 대단히, 아주 혱 매우 잔혹하다, 포악하다 / 啼哭 tíkū 동 (큰 소리로) 울다 / 倍感 bèigǎn 동 더욱 더 느끼다 / 射线 shèxiàn 몡 방사선

168

[해설]

D의 중간절과 마지막 절의 접속사 '不是为了 + 목적 ～ , 而是为了 + 목적 … 。(～를 위해서 가 아니라, 바로 …을 위해서이다)' 는 '목적'을 나타내는 경우에 쓰이지만, 문맥상 의사가 핸드폰을 끄도록 한 '이유'에 대해서 설명한 것이므로 '不是因为 + 원인 ～ , 而是因为 + 원인 … 。(～ 때문이 아니라, 바로 … 때문이다)'를 써야 합니다.

[번역]

A. 큰 도롱뇽은 세상에 현존하는 가장 큰 양서류이며, 소리가 아기가 우는 소리와 매우 비슷하고, 생김새가 어류와 비슷해서 '아기물고기'라고 한다.

B. 그녀는 여기저기서 다이어트 처방을 구한다. 다이어트 차도 마셔 봤고, 침 다이어트도 받아 봤지만, 이것들은 모두 그녀에게 효과가 없다.

C. 초면이든 서로 알고 지낸 지 오래 되었든 상관없이, 미소는 사람과 사람사이의 거리를 가깝게 해주어서 서로에게 따스함을 더욱 느끼게 해준다.

D. 의사가 우리에게 핸드폰을 끄라고 하는 것은 의사가 자신을 방해할까봐 그런 것이 아니라, 방사선이 핸드폰을 망가뜨릴 까봐 그런 것이다.

[정답]　D

2 뒤 절의 접속사 또는 연결사만 쓰인 문장에서 그의 쓰임이 잘못된 경우

> A. 家长充分利用家庭及社会环境，加以辅导培养，使孩子的聪明智慧得到发展。
> B. 焦虑症患者的焦虑不是来自环境的真正存在的实际危险。
> C. 邓子均的杂粮酒生产规模很小，因此在城里极具盛名。
> D. 刘桂英总是不厌其烦地了解丈夫的病情和治疗情况。

[단어]

焦虑 jiāolǜ 통 가슴을 태우다, 마음을 졸이다, 애타게 근심하다 / 杂粮 záliáng 명 (쌀과 밀 이외의) 잡곡 / 盛名 shèngmíng 명 명성 / 不厌其烦 búyànqífán 성 귀찮게 생각하지 않다

[해설]

C의 앞 절에는 '生产规模很小 (생산규모가 매우 작다)'라고 하였고, 뒤 절에서 '极具盛名(명성이 대단했다)'라고 하였습니다. 규모가 작기 때문에 명성이 있는 것이 아니기 때문에 뒤 절의 결과를 나타내는 문장 앞에 쓰는 접속사 '因此'를 쓸 수 없고, 문맥상 전환의 의미가 있는 접속사 '但是[＝ 可是，然而]'로 바꾸어 써야 합니다.

169

[번역]

A. 학부모가 가정 및 사회 환경을 충분히 이용하고, 지도하고 육성하는 것은 아이의 총명함과 지혜를 발달하게 한다.
B. 불안증 환자의 초조함은 환경에서 진짜로 존재하는 실제 위험에서 오는 것이 아니다.
C. 邓子均의 곡주 생산규모는 작지만, 시내에서 명성이 대단하다.
D. 刘桂英은 항상 귀찮게 생각하지 않고 남편의 병세와 치료 상황을 자세하게 알고 있다.

[정답] C

참고 접속사의 종류

병렬관계(并列关系)

: 앞 뒤 형식과 길이가 비슷하거나 같으며, 한쪽으로 치우쳐지지 않고 대등한 관계를 나타내는 낱말을 말합니다.

한편으로 ～하면서 또 한편으로 …하다

(1) 又[= 既] ～ 又 ……。
(2) 也[= 既] ～, 也 ……。
(3) 一边[= 一面] ～, 一边[= 一面] ……。
★ (4) 一方面 ～, 另一方面 ……。

～및, 그리고, 아울러

명/대, 명/대 + 以(及) + 명/대 。
: 둘 이상을 열거하는 명사/대명사(, 구, 절) 사이에 씀

★ 인과관계(因果关系)

: 원인과 결과를 나타내는 낱말을 말합니다.

～이니까 (～하기 때문에), 그래서 (그러므로) …하다

(1) ① 因为 + 원인 ～, 所以[= 就, 才, 而, ~~因此, 因而~~] + 결과 ……。
   = 由于   ～   , 因此[= 因而, 所以, 就, 才, 而] ……。 └ 이미 일어난 사실
   ② 之所以 + 결과 ～ , 是因为 + 원인 ……。(○)

是因为 + 원인 ～ , 之所以 + 결과 …… 。(×)

(2) 既然 + 원인 ～ , (那么) + (주어) + 就 + <u>결론</u> …… 。
                                                     ↳ 주어의 생각이나 판단

(3) 원인 ～ , 以至 + 일반적인 결과 …… 。

(4) 원인 ～ , 以致 + 나쁜 결과 …… 。

가정관계(假设关系)

: 가정과 결과를 나타내는 낱말을 말합니다. 가정에 따라 결과가 변하는 경우에는 '如果'를 쓰고, 가정과 상관없이 결과는 변하지 않는 경우에는 '即使'를 쓰며, 가정을 반대로 하는 경우에는 '要不然'을 씁니다.

만약 ～한다면, 곧 …일 것이다

<u>如果</u> + 가정 ～   ,   (那么) + (주어) + <u>就</u> + 결과 …… 。
  ↳ = 要是，倘若，假如，假设，假使   ↳ = 便

설령 ～라 할지라도, (그러나) 모두 …이다

<u>即使</u> + 가정 ～   ,   也 [= 都] + 결과 …… 。
  ↳ = 即便，就是，就算，哪怕

그렇지 않았다면, 안 그랬으면 (～했을 것이다, ～할 것이다)

(1)   ～   ,   <u>要不然</u> …… 。
                  ↳ = 否则，要不，不然

(2) <u>幸亏</u> ～   ,   <u>要不然</u> …… 。

    (다행히, 운 좋게도 ～했다, 그렇지 않으면 …했을 것이다.)

전환관계(转折关系)

: '그러나'의 뜻으로 서로 반대되는 뜻을 나타내는 두 개의 짧은 절을 이어주는 낱말을 말합니다.

비록(물론) ～이지만, 그러나 …이다.

<u>虽然</u> + 사실 ～　　　,　　　　<u>但是</u> + (주어) + 却/还/仍然 + 결과 …… 。
└ = 固然，尽管，虽说(是)　　└ = 可是，不过，然而

★ 조건관계(条件关系)

: '조건'과 '결과'의 뜻을 나타내는 두 개의 짧은 절을 이어주는 낱말을 말합니다.

(여러 가지 조건 중 이 조건이) ～라면, 곧 …하다

<u>只要</u> + 여러 가지 조건 중 하나 ～　　　,　　　<u>就</u> + 결과 …… 。

오로지 (이러한 조건) ～이어야만, 비로소…이다

<u>只有</u> + 유일한 조건 ～　　　,　　　<u>才</u> + 결과 …… 。
└ = 除非

～을 막론하고(～와 상관없이), 모두 …이다

<u>不管</u> + 의문문 형식 ～　　　,　　　<u>都</u> + 결과 …… 。
└ = 无论，不论　　　　　　└ = 也，总是，反正

(무릇, 대체로) ～이기만 하면, 모두 …이다

<u>凡是</u>　　～　　　,　　　<u>都</u> …… 。
└ = 凡，只要是

선택관계(选择关系)

: 두 개 또는 두 개 이상을 말한 후, 그 중에서 하나 또는 하나 이상을 '선택'하는 뜻을 나타내는 낱말을 말합니다.

A니, B니? [의문문에서 A, B 둘 중 하나를 선택함]

(<u>是</u>) A ～　　　,　　　<u>还是</u> B …… (呢)?

A이거나 B이다. [평서문에서 A, B 둘 중 하나를 선택함]

（或者） A ～ ，　　　 或者 B …… 。
= 不是 A ～ ，　　　 就是 B …… 。

★ A가 아니라 B이다. [B를 선택함]

(1) 不是 　　　A ～ ，　　　 而是 　　　B …… 。
(2) 不是 因为 A ～ ，　　　 而是 因为 B …… 。 [원인이나 이유]
(3) 不是 为了 A ～ ，　　　 而是 为了 B …… 。 [목적]

★ A 하느니, B하는 게 (오히려/훨씬) 낫다 [B를 선택함]

与其 A ～ ，　　　 （倒/还）不如 B …… 。

설령 A하는 한이 있어도, 반드시 B하겠다. [愿意 B의 뜻임]

宁可 A (주어한테 불리한 상황으로 가정) ～ ， 也要 B …… 。
└→ = 宁肯，宁愿 　　　　　　　　　　　　└→ = 也愿意

설령 A하는 한이 있어도, 절대로 B하지 않겠다. [不愿意 B의 뜻임]

宁可 A ～ ， 也不 B …… 。
　　　　　　　└→ = 也不愿意，也决不，也别

★ **진일보관계(进一步关系)**
: 앞 뒤 절의 형식이 같거나 비슷한데, 뒷 절의 내용이 앞 절의 내용보다 한걸음 더 나아가 강
　조함을 나타내는 낱말을 말합니다.

～ 일 뿐만 아니라, 게다가(또) …하다.

不但 ～ ， 而且 …… 。
└→ = 不仅(仅)，不单，不光，非但 　└→ = 并且，还，又，也 / 甚至，越来越，更(加)

～하기는커녕, 오히려 (더) …하다.

不但 ＋ 不/没 ～ ，　反而 …… 。

A 조차도 …한데, 하물며 B는?　[＝ B는 말할 필요도 없다, B는 더 …하다.]

连 A 都 [＝ 也]　～ ，　何况　B 呢？　[반문구]
＝ 连 A 都 [＝ 也]　～ ，　更不用说 B 。　[평서문]
　　　　　　　　　　　　　　　┗→ ＝ 别说

1회

第51-60题: 请选出有语病的一项。

51
A. 调查显示，最近书籍的销售量明显减少，看电影的人数大幅上升。
B. 她的打扮总是简单朴素，虽说看上去不够时尚，因此给人的感觉很好。
C. 很多老年人对退休后如何打发时间一无所知。
D. 科学的规则是铁面无私的，只允许人们遵守，不容违反。

52
A. 王刚与李丽结婚 9 年了，抚养了15个孤儿，外人很难看出他们不是一家人。
B. 家庭可以让人分享快乐，为人分担忧愁。
C. 我觉得写历史小说比写论文要自由得多，也痛快得多!
D. 既你不能去参加这次会议，那么我们只好派别人去。

53
A. 一个人没有一点创新意识和创新精神，就不可能在事业上有所作为。
B. 不管他有这样那样的缺点，我们仍然敬佩他。
C. 生命的意义在于付出，在于给予，而不是在于接受，也不是在于争取。
D. 按照中国人的习俗，新春佳节，亲戚朋友相互之间拜拜年，赠送些礼品。

54
A. 冰糖葫芦，能使很多人回忆起自己的童年，那又酸又甜的味道，至今记忆犹新。
B. 在年降雨量少于500毫升的地区不能种树，但只能种草。
C. 撒哈拉沙漠是世界上最炎热的地方，也是世界上最大和自然条件最为严酷的沙漠。
D. 最早的鸟类是一些快跑者，他们在奔跑时拍动带有羽毛的前肢帮助前进。

55

A. 由于这些天天气凉爽，天空湛蓝，所以拍婚纱照的新人明显增多。

B. 酒与中国人的生活似乎结下了不解之缘，之所以闹出了个轰轰烈烈的酒文化。

C. 父母在教育子女的时候总是想尽一切办法要让孩子好，对于孩子的不良习惯总是加以斥责打骂。

D. 你不是明天离开北京吗？以后我再把这些东西给你寄过去。

56

A. 即使有可能的话，我多么希望自己也尝试尝试文学创作。

B. 请你千万要记住，我们可是征求过你的意见。

C. 参加完挑战栏目后，我陆续收到了千余封对记忆术感兴趣的朋友的来信。

D. 尽管我的父母不愿让我到国外来学习，可是我还是来了。

57

A. 毕业后，我是从2010年开始在一家公司工作。

B. 陶勇去办案子，具体办什么案子我也不清楚。

C. 这是一个看似普通而且特殊的家庭。

D. 获得博士学位，我第一个告诉母亲，母亲在电话里哭了，一句话也说不出来。

58

A. 他家里总是那么安静舒适，虽说面积显得小点儿，但是收拾的一尘不染，井井有条。

B. 这几年他们来往少了，不是为了意见不合，而是因为各自忙于工作。

C. 我在访日的时候很高兴，因为远离日本很久，旧地重游，碰到很多亲友。

D. 从北京北站开出的1456次列车上的列车员，服务的周到、耐心是有口皆碑的。

59

A. 现在乘坐地铁不仅方便了许多，而且也很人性化。

B. 与牛奶相比，酸奶更易于消化和吸收，所以可以用酸奶代替牛奶。

C. 学生的说谎有时是无意的，而教师的“谎言”则经过深思熟虑。

D. 哪怕旅客们对她的态度怎么样，她都跟他们认真地谈话。

60

A. 大家知道，不但黄河以"地上悬河"闻名世界，而且还是输沙量最大的河流。

B. 史学理论，不但包括对客观历史过程的一般理论考察，而且包括对反映客观历史过程的历史学自身的理论探索。

C. 我已经长大了，他们的担心其实是没有必要的。

D. 你在心情不好的情况下，最好自己先调整一下，因为你的坏情绪会传染别人。

▶ 정답 & 해설 p. 509 – 512

2회

51
A. 森林不但能净化空气，而且是工业的原料。

B. 橙子、猕猴桃、柚子等水果中含有丰富的维生素C。

C. 开始时电影放映是在咖啡馆等处进行的，随着电影业的发展，有了专门为放映电影而建造的电影院。

D. 几乎每个人在身处重复、单调、压抑的环境中，都有过短暂的厌烦情绪。

52
A. 世上的很多事都是难以预料的，成功常常伴随着失败，失败往往孕育着成功。

B. 太阳能直接利用太阳辐射获取能量，安全卫生，因为不会带来任何污染。

C. 我国科学家袁隆平对杂交水稻的研究作出了巨大贡献，被誉为"杂交水稻之父"。

D. 虽然大脑只占体重的2%，但是大脑却需要人体20%的氧和热量。

53
A. 人往往如此，得到的东西不懂得珍惜，一旦失去了才知珍贵。

B. 由于手机的普及，为人们信息交流提供了一个便利条件。

C. 作为中国历史上伟大的思想家、儒家学说的创始人，孔子在每个人心目中，有不同的样貌。

D. 学习好坏与做生意赚钱完全是两码事。

54
A. 国家现在把元大都成垣遗址开辟成人们休息游玩的场所。

B. 现代握手礼通常是先打招呼，然后互相握手，同时问候致意。

C. 他如果今天作报告的地方是某一所大学的历史系，所得到的反应可能还不止是掌声。

D. 上初中的时候，我在回家的路上目睹了一起车祸。

55 A. 作为一名古董收藏爱好者，我常常去古玩市场收集自己喜爱的古玩。

B. 面对逆境，真正的强者懂得改变环境，而弱者常常是屈服于环境。

C. 别的花都是春天才开，只有梅花不一样，愈是寒冷，愈是风欺压雪。

D. 森林的覆盖率差不多全国总面积三分之一以上，或者分布均匀时，就不会发生较大的自然灾害。

56 A. 小李明天就要大学毕业了，他的朋友们会把他抬起来抛向半空!

B. 长途跋涉者们认为，旅行的过程越劳累，难度越大，才越能显示出旅游的珍贵。

C. 因为有些人身体内缺乏一种酶而不能分解牛奶中的乳糖，所以喝牛奶后肠胃不适。

D. 即使是躲在密闭工事的人员，就会因为暂时缺氧而呼吸困难，以致窒息死亡。

57 A. 如果误会不及时消除，则会从量变到质变。

B. 从中央到地方，各个地区、部门以致企业、都要认真抓好精神文明建设。

C. 读书人往往呆头呆脑，墨守陈规；而做生意则需要头脑灵活多变，想到就要做到。

D. 在夏天经常出现雷电交加的现象，而且是闪电过后几秒至十几秒才听到雷声。

58 A. 奥运会开幕式当天如果下雨的话，不但影响典礼的顺利进行，也会影响观众的观看的心情。

B. 每次家里来了我不太熟的人，我说过一句"你好!"之后，我就没话说了。

C. 很多人以为营养不良就是营养不足，其实营养不良包括营养不足和营养过剩两种情况。

D. 他给我的鼓励既然增添人生的温暖，又给我以排忧解难的希望和力量。

59

A. 她曾做过一段绘图员，每天用电脑画这样那样的图画。

B. 如果城市规划的时候就做好垃圾处理设施的规划，就可以很好地减少污染。

C. 他不是有意说那样的话，所以别生气了。

D. 只有在社会安定、经济发展的情况下，就会有老百姓的安居乐业。

60

A. 世界小麦种植的总面积，居粮食作物种植总面积的第一位。

B. 昨天的报纸没到，所以他一齐把今天和昨天的报纸放在报箱里了。

C. 现在车厢里的扶手越来越多，不免将乘客摔倒。

D. 殊不知孩子的不良习惯和父母的行为有很大的关系，尤其是决定性的关系。

보어와 조사 관련 유형의 문제

보어란 서술어 뒤에서 서술어에 대한 결과, 정도, 방향, 가능, 수량 등을 보충 설명하는 낱말을 말합니다. 독해1부분에서는 보어의 일반적인 형태와 위치 그리고 서술어 뒤의 보어와 목적어의 알맞은 순서 익히기를 위주로 학습하면 되는데, 특히 개사 구 보어와 정도 보어가가장 많이 출제되고 있습니다.

중국어에서는 좀 더 정확하고 완전하게 뜻을 전달할 수 있도록 여러 가지 조사가 사용됩니다. 문장 맨 끝에 '吗', '吧', '呢' 등을 써서 어기를 나타내는 어기조사, 동사 뒤에 '了', '着', '过'를 써서 과거 · 현재 · 미래 등을 나타내는 동태조사, '的', '地', '得' 를 써서 낱말과 낱말을 매끄럽게 이어주는 구조조사가 이에 속합니다. 독해1부분에서는 조사와 관련된 문제는 자주 출제되지는 않지만, 가끔 동태조사 '了 · 着 · 过'의 기본적인 위치와 부사와 함께 관용적으로 쓰이는 '了 · 着 · 过'가 시험문제로 출제되고 있습니다.

독해
1부분

4주차 월요일 보어와 조사 관련 유형에서는 '1. 결과보어의 위치와 쓰임이 잘못된 유형의 문제 → 2. 방향보어의 위치와 쓰임이 잘못된 유형의 문제 → 3. 가능보어의 위치와 쓰임이 잘못된 유형의 문제 → 4. 정도보어와 정태보어의 위치와 쓰임이 잘못된 유형의 문제 → 5. 수량보어의 위치와 쓰임이 잘못된 유형의 문제 → 6. 개사구보어의 위치와 쓰임이 잘못된 유형의 문제 → 7. 동태조사 '了 · 着 · 过'의 위치와 쓰임이 잘못된 유형의 문제'에 대해 학습해 봅시나.

1. 결과보어의 위치와 쓰임이 잘못된 유형의 문제

결과보어'란 동사 바로 뒤에 '동사나 형용사'를 붙여 써서 동작이나 변화로 인해 생긴 '결과'를 강조하는 낱말을 말합니다. 동사와 결과보어 뒤에는 결과를 나타내는 '了'나 '过'는 올 수 있지만 동작의 진행이나 상태의 지속을 나타내는 '着'는 쓸 수 없습니다.

① 주어 + 동사 + 동사 + (了 / 过 / 着) + 목적어 ～ 。
　　　　　└→ 결과보어 [= 到, 见, 成, 住, 完, 懂, 会, 动, 开, 倒, 掉 …]
② 주어 + 동사 + 형용사 + (了 / 过 / 着) + 목적어 ～ 。
　　　　　└→ 결과보어 [= 好, 清楚, 干净, 光, 满, 对, 错 …]

1 결과보어의 위치가 잘못된 경우

결과보어와 목적어의 위치가 올바른지 먼저 확인해야 합니다.

新 HSK문제 유형분석

A. 她因为平时很注重保养，所以看起来非常年轻。
B. 他那张饱经沧桑的脸上，露出了难得的笑容。
C. 大家游览这些地方完了以后，又急着去参观西安最繁华的街道。
D. 我国人口问题已经成为国民经济发展的沉重包袱。

[단어]

饱经沧桑 bǎojīngcāngsāng [성] 세상사의 온갖 변천을 다 겪다 / 包袱 bāofu [명] 부담, 짐

[해설]

C의 앞 절의 '完'은 동사 바로 뒤에 쓰는 결과보어이고, 동태조사 '了'는 '동사+결과보어' 뒤에 쓰여 이미 일어난 완성을 나타냅니다. 따라서 결과보어 '完'은 동사 '游览' 뒤에 써야 하며, 목적어인 '这些地方' 뒤에 쓸 수 없으므로 '大家/游览/完/了/这些地方以后 ~'라고 바꾸어 써야 합니다.

[번역]

A. 그녀는 평소에 보양에 매우 신경을 써서 겉으로 보기에 아주 젊어 보인다.
B. 그의 온갖 세상의 풍파를 다 겪은 얼굴에 모처럼 웃는 얼굴을 드러냈다.
C. 모두는 이곳의 관광을 다 끝내고 나서, 또 서둘러서 서안의 가장 번화가를 참관하러 갔다.
D. 우리나라 인구문제는 이미 국민 경제발전의 무거운 짐이 되었다.

[정답] C

2 문맥상 결과보어의 쓰임이 잘못된 경우

결과보어는 동사 뒤에서 '결과'를 강조하는 낱말을 말합니다. 따라서 동사 뒤에 동작의 진행이나 상태의 지속을 나타내는 동태조사 '着'는 쓸 수 없으며, 아직 일어나지 않은 상황인 경우에도 일반적으로 결과보어를 쓸 수 없습니다.

[예] 他是个很能干的人，我看起来他能做好这件事。(×) [추측, 판단 / 미 발생]
그는 아주 능력이 있는 사람이라서, 내가 보기에 그가 이 일을 잘 할 수 있을 거라고 생각한다.

> A. 马老汉的老伴儿病倒了，他觉得生活没有奔头儿了。
> B. 对儿童来说，童话是最佳的文章，童话可以培养成儿童的阅读兴趣。
> C. 2010年上海世博会开幕在即，中国欢迎世界各地友人前来参观。
> D. 火车的发明极大地拓展了人类的陆上移动空间，促进了交通运输业发展。

[단어]

奔头儿 bèntour 명 (노력을 해서 이룰 수 있는) 희망, 보람, 전도 / 在即 zàijí 동 (어떤 상황이) 다가오다, 임박하다 / 拓展 tuòzhǎn 동 넓히다, 확장하다, 개척하다

[해설]

B의 맨 뒤 절의 '童话可以培养成儿童的阅读兴趣。(동화는 아동의 독서흥미를 기를 수 있다.)'에서 결과보어 '成'은 'A가 B로 ～하다'는 뜻으로 이미 일어난 결과를 강조하는 말인데, 조동사 '可以'는 '～할 수 있다 또는 ～해도 된다'는 뜻으로 아직 일어나지 않는 미래도 포함하는 말이므로 함께 쓸 수 없습니다. 따라서 문맥상 '成'을 삭제하여 '童话可以培养儿童的阅读兴趣.'라고 바꾸어 써야 합니다.

[번역]

A. 马老汉의 마누라가 병으로 쓰러져서, 그는 생활하는데 희망이 없어졌다고 여긴다.
B. 어린이의 입장에서 동화는 가장 좋은 글이며, 동화는 아동의 독서흥미를 기를 수 있다.
C. 2010년 상하이 세계 박람회 개막이 임박해 왔으며, 중국은 세계각지 사람들이 참관하러 오는 것을 환영한다.
D. 기차의 발명은 인류의 육지 이동 공간을 확장하였고, 교통 운수업을 촉진시켰다.

[정답] B

2. 방향보어의 위치와 쓰임이 잘못된 유형의 문제

방향보어에는 동사 뒤에 '上，下，进，出…' 등 방향을 나타내는 한 글자 동사를 써서 동작의 방향을 나타내는 것을 '단순 방향보어(= 한 글자 방향보어)'와 한 글자 방향보어 뒤에 '来' 또는 '去'를 함께 써서 방향을 나타내는 '복합 방향보어(= 두 글자 방향보어)'가 있습니다.

> ① 주어 + 동사 + 한 글자 방향보어 + ～ 。
> ↳ 上，下，进，出，回，过，起，来，去

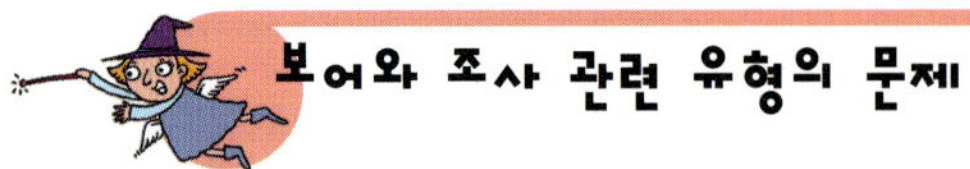

② 주어 + 동사 + 두 글자 방향보어 + ~ 。

└ (上, 下, 进, 出, 回, 过, 起) + 来 / 去

= 上来, 上去, 下来, 下去, 进来, 进去, 出来, 出去,　回来, 回去, 过来,
过去, 起来, 起去

방향보어 문제는 방향보어와 목적어의 올바른 위치를 묻는 문제가 출제됩니다.

1 한 글자 방향보어와 목적어의 위치

일반적인 경우

주어 + 동사 + 한 글자 방향보어 + 목적어 。

★ **예외**

주어 + 동사 + 장소 목적어 + 한 글자 방향보어(= 来/去) 。

新 HSK 문제 유형분석

A. 小王向领导提出辞职，让大家非常吃惊。

B. 他必须要尽快赶回去美国，以便能和临终前的母亲见上一面。

C. 暑期档的电影真好看，令我们大饱眼福。

D. 极限运动因为对人体具有更强的挑战性，所以也具有很强的竞技性和
观赏性。

[단어]

临终 línzhōng 명 임종(시), 죽을 때 동 죽을 때가 되다, 죽음에 이르다 / 赖以 làiyǐ 동 의지하다, 믿다 / 挑战性 tiǎozhànxìng 명 도전성 / 竞技性 jìngjìxìng 명 경기성

[해설]

B의 앞 절의 '回去美国'에서 동사 뒤에 장소목적어와 한 글자 방향보어 '来 또는 去'가 함께 있으면 '동사+장소목적어+来/去'라고 해야 합니다. 따라서 '回美国去'로 바꾸어 써야 합니다.

[번역]

A. 小王은 상사한테 사직서를 제출해서 모두를 매우 놀라게 하였다.

B. 그는 임종 전에 어머니를 한 번 뵐 수 있도록, 반드시 빨리 미국으로 돌아가야 한다.

C. 暑期档의 영화는 정말 재미있어서 우리에게 눈요기를 실컷 할 수 있게 해준다.

D. 극한의 운동은 인체에 대해 더욱 강한 도전성을 가지고 있기 때문에, 매우 강한 경기 성과 관람 성을 가지고 있다.

[정답]　B

② 두 글자 방향보어와 목적어의 위치

일반적인 경우

① 주어 + 동사 + 두 글자 방향보어 + 목적어 。

② 주어 + 동사 + 방향보어₁ + 목적어 + 방향보어₂ (= 来/去) 。

★ **예외** : 반드시 ②번으로 써야 하는 경우가 이에 속합니다.

a. 주어+ 동사+ 방향보어₁ + 장소 목적어 + 방향보어₂ (= 来/去) 。

b. 주어+ 동사+ 방향보어₁ + 이합동사 목적어 + 방향보어₂ (= 来/去) 。

新 HSK 문제 유형분석

A. 进入18世纪后期，世界人口的增长速度才加快明显起来。

B. 用比拟词造句，可以借助想象，使句子更生动。

C. 幼儿园老师的歌喉实在太动听了，到现在我还记忆犹新。

D. 人生应该如蜡烛一样，从顶燃到底，一直都是光明的。

[단어]

比拟 bǐnǐ 명동 ① 비유법, 의인법, 의태법(을 사용하다) ② 비교(비유)하다 / 借助 jièzhù 동 (다른 사람 또는 사물의) 도움을 빌다, ~의 힘을 빌리다 / 歌喉 gēhóu 명 (노래하는 사람의) 노랫소리, 목청, 목소리 / 记忆犹新 jìyìyóuxīn 성 아직도 기억이 생생하다

[해설]

A의 뒤 절의 부사 '明显 (분명히, 눈에 띄게)' 는 동사 '加快 (가속화되다, 빨라지다)' 앞에 써야 하고, 방향보어 '起来'는 동사 뒤에 써서 '明显/加快/起来'라고 바꾸어 써야 합니다.

[번역]

A. 18세기 후기에 들어서면서, 비로소 세계인구 증가속도는 눈에 띄게 가속화되기 시작하였다.

B. 비유어를 사용해서 글을 짓는 것은 상상의 도움을 빌릴 수 있어서 글을 더욱 생동감있게 한다.
C. 유치원 선생님의 목소리는 정말 듣기가 좋아서, 지금까지도 나는 기억이 생생하다.
D. 인생은 촛불과 같아서 꼭대기부터 아래까지 모두 탈 때까지 계속 밝다.

[정답]　A

3. 가능보어의 위치와 쓰임이 잘못된 유형의 문제

어떤 결과나 상황에 도달할 수 있는 지에 대한 '가능여부'를 나타내는 낱말을 가능보어라고 합니다.
가능보어는 동사와 결과보어 또는 동사와 방향보어 사이에 긍정일 때에는 '得', 부정일 때에는 '不'
를 써서 '~할 수 있다(없다)'의 뜻을 나타냅니다. 가능보어도 마찬가지로 가능보어의 형식을 위주
로 학습하면 되고, 목적어의 위치는 결과보어나 방향보어와 같습니다.

1 동사 + 得 / 不 + 결과보어

① 주어 + **동사** + **得** + **결과보어** 。[~할 수 있다]
② 주어 + **동사** + **不** + **결과보어** 。[~할 수 없다]
　　　　　　　　　　　└→ 동/형

2 동사 + 得 / 不 + 방향보어

① 주어 + **동사** + **得** + **방향보어** 。[~할 수 있다]
② 주어 + **동사** + **不** + **방향보어** 。[~할 수 없다]

新 HSK 문제 유형분석

A. 这部作品描写了农民的生活，深刻地表达了广大农民的愿望。

B. 社会主义建设时期，需要大批杰出的科学家。

C. 由于钢材质量屡屡出现问题，销售人员无法拓展销售渠道。

D. 开始学习英语的时候，我的英语水平很有限，大部分不听懂，需要继续努力。

[단어]

杰出 jiéchū 형 걸출하다, 뛰어나다, 출중하다 / 屡屡 lǚlǚ 부 늘, 자주, 종종 / 渠道 qúdào 명 ① (관개) 수로 ② 방법, 경로, 루트

[해설]

D의 뒤 절의 '不听懂'에서 가능보어의 부정 형태는 '동사+不+결과보어'로 씁니다. 따라서 '听不懂'이라고 바꾸어 써야 합니다.

[번역]

A. 이 작품은 농민생활을 묘사하였으며, 많은 농민들의 바람을 철저하게 표현하였다.
B. 사회주의건설 시기에는 많은 출중한 과학자들이 필요하다.
C. 강재 품질에 자주 문제가 생기기 때문에, 판매원은 판매루트를 확장할 방법이 없다.
D. 영어를 배우기 시작할 때, 나의 영어실력은 매우 한계가 있어서 대부분 못 알아들었고, 그래서 계속 노력이 필요하였다.

[정답]   D

4. 정도보어와 정태보어의 위치와 쓰임이 잘못된 유형의 문제

'정도보어'란 대부분 동사 뒤에서 '得'와 함께 '동작이나 상태가 어떤 정도나 상태에 이르렀음'을 나타내는 낱말을 말하고, '매우~하다' 또는 '~할 정도로 …하다'는 뜻으로 쓰입니다. '정태보어'란 서술어 뒤에서 '得'와 함께 주어 또는 서술어에 대한 '설명, 평가, 묘사'를 하는 낱말을 말합니다. 정도보어와 정태보어도 마찬가지로 일반적인 형식을 위주로 학습하면 됩니다.

1 정도보어

'정도보어'는 ① '동사+得' 뒤에 '정도부사+형용사서술어'를 써서 '매우 ~하다' 또는 '~할 정도로 …하다'는 뜻을 나타냅니다. ② 동사 뒤에 목적어가 있는 경우에는 다시 한 번 동사를 쓴 후에 그 뒤에 '得+정도보어'를 써야 합니다. 이 경우 앞의 동사는 생략할 수 있습니다. ③ 만약 소유를 나타내는 '명사나 대명사'가 있다면 목적어 앞에 씁니다. ④ 그밖에 정도보어의 부정형식은 '동사+得' 뒤의 형용사 서술어 앞에 부정부사를 써야 합니다.

★ ① 주어 + 동사 + 得 + 정도보어 。
     └→ 정도부사 + 형용사서술어

★ ② 주어+ (동사₁) + 목적어 + 동사₁ + 得 + 정도보어 。
 ③ (...... + 的) + 목적어 + 동사₁ + 得 + 정도보어 。
   └→ 소유를 나타내는 명사/대명사
 ④ 주어+ 동사 + 得 + 정도보어의 부정 。   [부정형태]
      └→ 부정부사(不) + 형용사서술어

 新 HSK 문제 유형분석

A. 我想起那个时候, 我们刚认识不久, 每次见面都觉得别扭。
B. 黄瓜具有清热解毒的功效, 是夏季人们餐桌上必不可少的凉菜之一。
C. 昨天下雨得很大, 赶走了连续几日的高温, 回到家里连空调都不用开了。
D. 滑冰是老百姓非常喜爱的一项冬季运动。

[단어]

必不可少 bìbùkěshǎo （성） 없어서는 안 된다, 반드시 있어야한다

[해설]

C의 앞 절의 '昨天下雨得很大'에서 정도보어 형태는 '동사+得 // 정도부사+형용사서술어。'와 같이 쓰며, 명사 '雨' 뒤에는 구조조사 '得'를 쓸 수 없습니다. 따라서 '昨天/(下)雨/下得/很大。'라고 바꾸어 써야 합니다.

[번역]

A. 나는 그 때가 생각이 났다, 우리가 막 알고지낸 지 얼마 안 되어서, 매 번 만날 때 마다 좀 불편했다.
B. 오이는 해열을 하고 독을 없애는 효능이 있어서, 여름철 사람들의 식탁에 없어서는 안 될 냉채중의 하나이다.
C. 어제 비가 많이 내려서 며칠 동안 계속되었던 고온이 물러가서, 집에 와서 에어컨조차 켤 필요가 없게 되었다.
D. 스케이트를 타는 것은 서민들이 가장 좋아하는 겨울철 운동이다.

[정답] C

② 정태보어

'정태보어'란 '서술어+得' 뒤에 주어를 '평가'하거나, 서술어를 '설명 또는 묘사'하는 내용이 나오는 것을 정태보어라고 합니다. 일반적으로 '정도보어'와 '정태보어'를 모두 '정도보어'라고 부르지만, 이 두 가지 형태를 나누어서 학습하면 쉽게 이해할 수 있어서 정도보어를 훨씬 효율적으로 학습할 수 있습니다.

주어 + 서술어 + 得 + 정태보어 。
↳ 동사/형용사   ↳ 절, 서술어(동사, 형용사), 4글자로 된 관형어

[예문]

他们听音乐听得不想吃饭。	그들은 노래를 듣느라 밥도 먹고 싶어 하지 않는다.
她长得像妈妈一样漂亮。	그녀는 엄마처럼 예쁘게 생겼다.
热得气都喘不过来。	숨도 쉴 수 없을 정도로 덥다.
他高兴得跳起来。	그는 뛸 듯이 기쁘다.
他说得一清二楚。	그는 아주 분명히 말했다.

A. 陶渊明流传下来的诗歌大约有120首，另外还有散文、辞赋多篇。

B. 笔画多的字写起来麻烦，可是认起来未必难。

C. 锻炼的时候, 运动量要适当，以免对身体造成伤害。

D. 妈妈把茶具擦得一尘不染得干净。

[단어]

辞赋 cífù 명 사부 [문체(文体)의 하나. 본래는 부(赋)를 일컫는 것이었지만, 후세사람들은 부체(赋体)의 문학을 일반적으로 사부라고 불렀음] / 以免 yǐmiǎn 접 ~하지 않도록, ~하지 않기 위해서 / 一尘不染 yīchénbùrǎn 성 (환경이) 매우 깨끗하다

[해설]

D의 '擦得一尘不染得干净'에서 정태보어의 형태로 '동사+得+4글자로 된 단어.'와 같이 쓸 수 있으므로, 그 뒤의 '得干净'은 불필요한 단어이므로 삭제해야 합니다. 따라서 '擦得/一尘不染'이라고 바꾸어 쓰거나 '擦得很干净' 처럼 써야 합니다.

[번역]
A. 도연명이 전하는 시가는 대략 120수 정도 되며, 그밖에 산문과 시부 여러 편도 있다.
B. 필획이 많은 글자는 쓸 때 번거롭지만, 글자를 익히는 것은 꼭 어려운 것은 아니다.
C. 건강을 해치지 않도록 하기 위해서, 운동을 할 때 운동량은 적당해야 한다.
D. 어머니께서는 다기를 티끌 하나 없이 깨끗이 닦으셨다.

[정답]   D

 5. 수량보어의 위치와 쓰임이 잘못된 유형의 문제

서술어 뒤에서 동작과 관련된 수량을 나타내는 낱말을 수량보어라고 합니다. 수량보어에는 시간이 지속된 양을 타나내는 '시량보어'와 동작의 횟수를 나타내는 '동량보어'가 있습니다.
수량보어는 일반적인 수량보어와 목적어의 위치와 예외에 해당하는 부분을 함께 알아두어야 합니다.

① 시량보어

'시량보어'란 동사 뒤에서 동작을 하거나 상태가 지속되면서 흘러간 시간의 양을 나타내는 낱말을 말하는데, 대부분 '~동안'의 뜻으로 쓰입니다. 시량보어는 보통 동사 바로 뒤에 쓰고, 목적어는 그 뒤에 써야하지만, 대명사 목적어인 경우에는 대명사 목적어를 동사 바로 뒤에 씁니다. 시량보어가 있는 경우 동사 뒤에는 보통 '了' 또는 '过'를 함께 쓰는 경우가 많으며, '着'는 쓸 수 없습니다.

> **일반적인 경우**
> ★ 주어 + 동사 + (了/过) + 시량보어 + 목적어 。
>
> **예외**
> 주어 + 동사 + (了/过) + 목적어 + 시량보어 。
> └→ 대명사

新 HSK 문제 유형분석

> A. 大家都知道，我曾经做过保险业务员五年。

B. 我早上出门时天气还很好，不料没过一会儿就下起雨了。

C. 芹菜含有挥发性的芳香油，吃芹菜可以增进食欲，帮助肠胃消化吸收。

D. 与人相处最重要的一点就是真诚待人，只有真心付出才会得到意想不到的收获。

[단어]

不料 búliào 접 생각지도 못하다, 뜻밖이다 / 芹菜 qíncài 명 미나리 / 诱 tòu 동 (액체, 광선, 공기 등이) 스며들다, 침투하다 / 待人 dàirén 동 사람을 대(우)하다, 대접하다

[해설]

A의 뒤 절의 '做过/保险业务员/五年。(보험회사직원을 5년간 한 적이 있다)'에서 시간이 흘러간 양을 나타내는 시량보어 형태는 '동사+(了/过)+시량보어+목적어.'처럼 씁니다. 따라서 '做过/五年/保险业务员'라고 바꾸어 써야 합니다.

[번역]

A. 모두가 내가 이전에 보험회사 직원을 5년 간 한 적이 있다는 것을 알고 있다.

B. 나는 아침에 외출을 할 때 날씨가 여전히 좋아서, 잠시 후에 비가 내릴 줄은 생각지도 못했다.

C. 미나리는 휘발성 방향유를 함유하고 있어서, 미나리를 먹으면 식욕을 증진시키고, 위장의 소화흡수를 도울 수 있다.

D. 사람과 함께 지내는데 가장 중요한 점은 바로 진실한 마음으로 사람을 대하는 것이다. 오로지 진심을 바쳐야만 비로소 예기치 못하는 수확을 얻을 것이다.

[정답]　A

2　동량보어

'동량보어'란 동사 뒤에서 동작의 횟수를 세는 낱말을 말하는데, 모두 '~번, ~차례(…하다)'의 뜻으로 쓰입니다. 동량보어는 보통 동사 바로 뒤에 쓰고, 목적어는 그 뒤에 써야하지만, 대명사 목적어인 경우에는 대명사 목적어를 동사 바로 뒤에 씁니다.

일반적인 경우

★ 주어 + **동사 + (了/过) + 동량보어** + 목적어 。
　　　　　　　└▸一次[= 一回]，一遍，一趟，一顿 ……

예외

주어 + **동사 + (了/过) + 목적어** + 동량보어 。
　　　　　　　└▸대명사

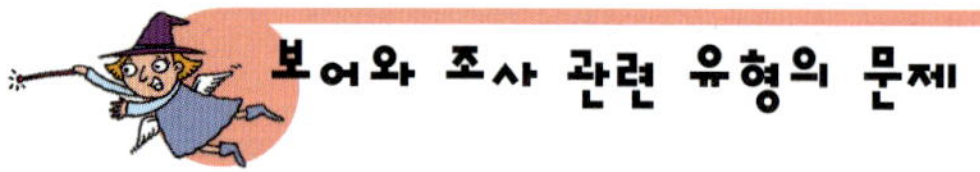

> A. 他在毫无准备的情况下，突然失去了最亲近的人，受到了很大的精神
>   打击。
> B. 有一天，一个朋友打过来电话说出去逛街，我也正要一下出去，于是我就
>   爽快地答应了。
> C. 调查发现，很多学生总是 "睡不醒" 与教室的空气质量有关。
> D. 在袭击其他动物时，鲨鱼会以惊人的速度冲向猎物，并一口吞下。

[단어]

毫无 háowú 〔부〕 조금도, 전혀 ~하지 않다 / 袭击 xíjī 〔명〕〔동〕 습격(하다), 기습하다 / 鲨鱼 shāyú 〔명〕
상어 / 吞 tūn 〔동〕 (통째로) 삼키다

[해설]

B의 뒤 절의 '我正要一下出去'에서 수량보어 '一下(좀 ~하다)'는 동사서술어 바로 뒤에 써야하므로 '我
/正要/出去/一下'라고 바꾸어 써야 합니다.

[번역]

A. 그는 준비가 전혀 되어있지 않은 상황에서, 갑자기 가장 친한 사람을 잃어서 아주 큰 정신적 충격을
   받았다.
B. 하루는 한 친구가 쇼핑을 가자고 전화를 했는데, 나도 마침 나가려고 했기 때문에 그래서 나는 흔쾌
   히 동의했다.
C. 조사에서 많은 학생들이 늘 잠에 취해있는 것은 교실의 공기의 질과 관계가 있다는 것을 발견했다.
D. 다른 동물을 습격할 때, 상어는 사람을 놀라게 하는 속도로 먹잇감을 향해 돌진해서 한 입에 삼켜버린다.

[정답] B

★ 6. 개사구보어의 위치와 쓰임이 잘못된 유형의 문제

전치사구 '(전)+명/대'는 보통 주어와 서술어 사이에 쓰거나, 강조하기 위해 주어 앞에 쓰이지만,
'在，到，于，给，自，向，往'과 같이 몇몇 전치사들은 동사 뒤에 개사(介词)구 보어가 될 수
있습니다.

주어 + **동사** + [(전)] + 명/대] ～ 。
    └ 在, 到, 于, 给, 自, 向, 往

이 경우 특히 개사구보어로 쓰인 '在', '到', '于'가 장소나 범위와 함께 쓰였을 경우에는 반드시 방위사와 함께 써야합니다. (단, 지명이나 국가이름 등에 해당하는 고유명사 장소는 예외임.) 독해1 부분에는 개사구보어로 쓰인 '在'와 '到'가 시험에 매우 자주 출제되며, 그 뒤에 장소가 있는 경우 방위사를 함께 써야 되는데 쓰지 않아서 틀린 경우 역시 출제빈도수가 상당히 높습니다.

① ★ a. 주어 + **동사** + **在** + 명사/대명사 + **방위사** 。
               └ 시간,장소,(범위) └ 上, 下, 中, 里[=内], 边儿 ....
        └ 坐, 站, 躺, 挂, 放, 发生 ...

    b. 주어 + **동사** + **在** + 명사/대명사 + **방위사** 。
                  └ 장소 (고유명사)

예 我把这本书放在桌子上。 나는 이 책을 책상위에 놓았다.
今天的事故发生在天安门广场。 오늘 사고는 천안문광장에서 발생했다.

② ★ 주어 + **동사** + **到** + 명사/대명사 + **방위사** 。
             └ 장소,(범위) └ 上, 下, 中, 里[=内], 边儿 ....

예 我们工厂今天把这批货运到郊区。 우리 회사는 오늘 이 물건들은 교외지역으로 운반했다.
('郊区' 뒤에는 방위사를 붙이지 않음)

③ a. 주어 + **동사** + **于** + 명사/대명사 。
             └ 장소,시간
        └ 产, 发源, 诞生, 毕业, 成立

    b. 주어 + **동사** + [**于** + 동사/ 형용사/ 명사] 。
                └ 방향, 분야, 목표,사람이나 사물
        └ 趋向, 从事, 便, 敢, 忙, 乐, 有利, 取材

예 这样做有利于我们。 이렇게 하는 것은 우리한테 유리하다.

④ 주어 + **동사 + 给** + 목적어₁ + 목적어₂ 。
   └→ 还, 送, 留, 交, 借 ...
        └→ 대상(대부분 사람) └→ 대부분 사물

예 我的朋友送给我一件礼物。 내 친구는 나한테 선물을 하나 했다.

⑤ 주어 + **동사 + 自** + 명사/대명사 。
   └→ 来, 出, 吵, 引 └→ 장소, 출처

예 他来自中国南部的一个城市。 그는 중국남부의 한 도시에 왔다.

② 주어 + **동사 + 向** + 명사/대명사 。
   └→ 走, 飞, 通, 冲, 流 └→ 장소, 범위

예 我们从战争走向和平。 우리는 전쟁에서 평화로 나아간다.

⑦ 주어 + **동사 + 往** + 명사/대명사 。
   └→ 飞, 通, 开, 迁, 运, 派 └→ 장소, 범위

예 这趟车开往香山。 이 기차는 향산으로 운행한다.

新 HSK 문제 유형분석

A. 绿色生态农业、信息化农业，已成为当今中国农业发展的新趋势。
B. 医学家证明，适当的慢跑比快跑更消耗热量，有助于减肥，更有助于健康。
C. 雪山的天气变化很快，刚才还是大晴天，几分钟后就下起雪了。
D. 新型的数码相机体积很小，可以握在手心里，甚至可以放一个小钱包里。

[단어]

消耗 xiāohào 통 (정신, 힘, 물자 등을) 소모하다, 소비하다 / 数码相机 shùmǎxiàngjī 명 디지털카메라

[해설]

D의 뒤 절의 '放一个手提包里 (핸드백 속에 넣다)'에서, 동사 뒤에 '장소+방위사'의 형식이 있는 경우 반드시 '동사+在/于/到+장소+방위사'처럼 써야 합니다. 따라서 동사 '放' 뒤에 전치사 '在'를 함께 써서 '放在/一个手提包/里'라고 해야 합니다.

[번역]

A. 환경보호 생태농업과 정보화 농업은 이미 현재 중국 농업발전의 새로운 추세가 되었다.
B. 의학자는 적당히 걷기는 빨리 뛰기보다 더욱 에너지를 소비할 수 있어서 다이어트에 도움이 되고, 건강에 더 도움을 줄 수 있다고 증명하였다.
C. 설산의 날씨 변화는 매우 빨라서, 방금 날씨가 화창했었는데, 몇 분 후에 바로 눈이 내리기 시작했다.
D. 신형의 디지털카메라의 크기는 매우 작아서 손바닥 안에 쏙 들어가고, 심지어 작은 지갑 속에도 넣을 수 있다.

[정답] D

7. 동태조사 '了·着·过'의 위치와 쓰임이 잘못된 유형의 문제

❶ 동태조사의 일반적인 위치가 잘못된 경우

문장 중에 동태조사 '了·着·过'가 쓰인 경우 우선 동태조사의 기본적인 위치와 용법이 잘못된 경우를 살펴보아야 하는데, 특히 동사서술어가 이합동사인 경우에 더욱 유의해서 보아야 합니다.

〈동태조사의 일반적인 위치사〉

把

① 주어 + **동사 + 了₁** + 목적어 。　　　　　　　　[동작의 완성]
② 문장 맨 끝 +**了₂** 。　　　　　　　　　　　　　[상태의 변화]
③ 주어 + 동사 +了₁ + **수량보어** + (목적어) + **了₂** 。　[상태의 지속]

예 我去年学习了汉语。 나는 작년에 중국어를 배웠다.
　　孩子突然哭起来了。 아이가 갑자기 울기 시작했다.

我(学)汉语学了两年了。 나는 중국어를 배운지 2년째 되었다.

着

> ① 주어 + 동사 / 일부 형용사 + 着 + 목적어 。   [현재 진행이나 상태의 지속]
> ② 주어 + 서술어₁ + 着 + 목적어 + 서술어₂ + 목적어 。
>   : ～ 하면서 … 하다   [연동문에서 두 가지 동작이 동시에 진행]
> ③ 주어 + 한글자동사₁ + 着 + 한글자동사₁ + 着 + 목적어₁ + 동사₂ + 목적어₂ 。
>   : 계속 ～하고 있는 상태에서 자기도 모르게 새로운 상황이 나타나다

예 我走着路。 나는 길을 걷고 있는 중이다.
天亮着。 날이 밝았다.
门开着呢。 문이 열려져 있다.
他低着头走路。 고개를 숙이고 걷다.
红着脸说。 얼굴을 붉히며 말하다.
我看着看着电视睡着了。 나는 TV를 보다가 잠이 들어 버렸다.

过

> ① 주어 + 동사 + 过 + 목적어 。 [과거의 경험]
>   : (이전에) ～ 한 적이 있다
> ② 주어 + 동사₁ + 목적어 + … + 맨 마지막 동사 + 过 + 목적어 。 [연동문]
> ③ 주어+ 동사 + 过 + 목적어 。 [동작의 완료]

예 我以前看过这本教材。 나는 이전에 이 교재를 본 적이 있다.
他曾经到北京旅游过。 그는 일찍이 북경에 여행을 간 적이 있다.
咱们吃过饭再讨论吧。 우리 식사를 하고나서 다시 토론을 합시다.

〈대표적인 이합동사〉

> 感兴趣，见面，合作，操心，打招呼，吵架，毕业，睡觉，散步，
> 鼓掌，吃饭，跳舞，下雨，下雪，办事，说话，转头，转身，爬山，撒谎……

예 잠을 잤다   睡觉了 (×) → 睡了觉 (○)
산에 올라갔다   爬山了 (×) → 爬了山 (○)

新 HSK 문제 유형분석

> A. 甭说是你一个人，就是再来三五个也不是我的对手。
> B. 父母爱子女是人类的本能，家长教育子女是民族和历史赋予家庭的责任。
> C. 过去我从来没有爬山过，第一次爬山，不免有点紧张。
> D. 白族人民的服饰、婚嫁、习俗以及节日，都充满着独特的民族情趣。

[단어]

赋予 fùyǔ 图 (중대한 임무나 사명 등을) 부여하다, 주다

[해설]

C의 앞 절의 '爬山过'에서, 동태조사 '过'는 동사 바로 뒤에 써야 하며, 동사 '爬山'은 이합동사입니다. 따라서 '爬过山'이라고 해야 합니다.

[번역]

A. 당신 한 사람은 말할 필요도 없고, 몇 사람이 더 오더라도 내 적수는 아니다.
B. 부모가 자녀를 사랑하는 것은 인류의 본능이며, 가장이 자녀를 교육하는 것은 민족과 역사가 가정에 부여해준 책임이다.
C. 전에 나는 한 번도 등산을 한 적이 없고, 처음 등산을 하기 때문에 아무래도 좀 긴장이 된다.
D. 백족사람들은 복식, 혼사, 풍속과 습관 및 명절에 대해 모두 독특한 민족정취가 충만하다.

[정답]   C

2 동태조사의 쓰임이 잘못된 경우 ★

① 문맥상 동태조사 '了'와 '过'는 보통 이미 동작이나 상황이 이미 일어났음을 나타내며, '着'는 현재진행이나 상태의 지속을 나타내는데, 문장 중에서 그 쓰임이 잘못된 경우가 이에 속합니다.

新 HSK 문제 유형분석

> A. 这次地震给人们带来了毁灭性的灾难，许多人都被夺去了生命。
> B. 人人都需要关爱，关爱能够增进了了解。
> C. 我们昨晚看到了百年一次的流星雨，大家显得特别兴奋。
> D. 科学家们认为，经常食用海带，会使头发更加黑亮光泽，具有韧性且
>   不易脱落。

[단어]

光泽 guāngzé 명 광택, 윤기 / 韧性 rènxìng 명 (강)인성, 근성

[해설]

B의 뒤 절의 '关爱能够增进了理解。(관심과 사랑은 이해를 증진시킬 수 있다)'에서, 문맥상 아직 일어나지 않은 상황도 포함되는데, 동사 '增进' 뒤의 '了'는 이미 일어난 동작이나 상황의 완성을 나타내므로 함께 쓸 수 없습니다. 따라서 동태조사 '了'를 삭제하여 '关爱/能够/增进/理解。'이라고 해야 합니다.

[번역]

A. 이번 지진은 사람들에게 섬멸적인 재난을 가져왔으며, 많은 사람들이 생명을 빼앗겼다.
B. 모든 사람들은 관심과 사랑을 필요로 한다. 관심과 사랑은 이해를 증진시킬 수 있다.
C. 우리는 어제저녁에 백 년에 한 번 있는 유성우를 보았고, 모두 매우 흥분한 것 같았다.
D. 과학자들은 다시마를 자주 먹으면, 머리카락에 검은 윤기를 더해주고, 근성을 가지게 해서, 쉽게 탈모되지 않을 것이라고 여긴다.

[정답]　B

② 동태조사 '了'를 쓸 수 없는 경우

그밖에 동태조사 '了'를 쓸 수 없는데 '了'를 쓴 경우도 정리해 두어 시험에 만전을 기하도록 합시다.

〈'了'를 쓸 수 없는 경우〉

a. '决定, 打算, 觉得, 认为, 希望'과 같이 주술 구를 목적어로 취하는 동사 뒤에는 了를 쓸 수 없고, 문장 맨 뒤에 了를 써야 합니다.

> 주어 + 동사₁ + 了 + 주술구 목적어 + 了 (○)　。
> └ 决定, 打算, 觉得, 认为, 希望…

예 我希望了你来这儿。(×) / 我希望你来这儿了。(○)

b. '继续, 开始, 给予, 敢于'와 같이 동사 성 어구 또는 형용사를 목적어로 취하는 동사 뒤에는 了를 쓸 수 없고, 문장 맨 뒤에 了를 써야 합니다.

> 주어 + 동사₁ + 了 + 동사 성 어구 목적어 + 了 (○)　。
> └ 继续, 开始, 给予, 敢于…

예 她的女儿刚开始了学习英语。(×) / 她的女儿刚开始学习了英语。(×)

她的女儿刚开始学习英语（了）。（○）

进行도 두 글자 동사성 어구를 목적어로 취하는 동사이지만, 그 뒤에 了를 쓸 수 있습니다.

예 关于秩序问题，我们进行了热烈的讨论。

c. '是, 需要, 作为' 등 변화를 나타내지 않는 동사는 그 뒤에 了를 쓸 수 없습니다.

예 她是了一个漂亮的小姑娘。（×） / 她是一个漂亮的小姑娘。（○）

d. '喜欢, 爱, 讨厌'과 같은 상태동사는 사람 또는 동물의 정신이나 심리, 감정과 관계있는 동사인데, 사람의 감정은 언제 끝났는지 명확하게 구별되지 않으므로 상태동사 뒤에는 了를 쓸 수 없습니다.

예 我喜欢了他。（×） / 我喜欢他。（○）

e. 동사가 일상적인 동작 즉 '매일 일어나는 일'을 나타낼 때는 완성(결과)의 뜻을 가지는 了를 쓸 수 없습니다. 즉 문장 중에서 '매일, 늘, 항상'의 뜻을 가지는 시간사가 있을 경우 동사 뒤에 了를 쓸 수 없습니다.

주어 + 每天/总是/老是 + 동사 + 了 + 목적어 。

예 我每天早上八点上了班。（×） / 我每天早上八点上班。（○）

f. 사역동사 '让, 叫, 使, 令' 뒤에는 了를 쓸 수 없고, 뒤쪽에 있는 동사 뒤에 씁니다.

예 小利叫了我找来一些材料。（×） / 小利叫我找来了一些材料。（○）

新 HSK 문제 유형분석

A. 他的足迹踏遍了全国，测量、摄影、分析研究的文物达2000余项。

B. 我原来打算了这个周末去上海旅游，但要在学校里举行运动会，所以我的计划泡汤了。

C. 古往今来，谁也不否认有伟大成就的天才，都具有刻苦勤奋的精神。

D. 教育子女的问题，是所有家长及全社会最关注的一个重大问题。

[단어]

足迹 zújì 명 족적, 발자취 / 泡汤 pàotāng 동 물거품이 되다, 허사가 되다, 수포로 돌아가다

[해설]

B의 앞 절의 '我/原来/打算了//这个周末去上海旅游'에서, 동사 '打算' 뒤에 주술목적어가 있으므로 '打算' 바로 뒤에 '了'를 함께 쓸 수 없으며, 앞 절의 맨 뒤에 쓸 수 있습니다. 따라서 '我/原来/打算//这 个周末去上海旅游了，～'라고 바꾸어 써야 합니다.

[번역]

A. 그의 발자취는 전국을 두루 밟았고, 측량, 촬영, 분석하고 연구한 문물이 2000여 항목에 이른다.
B. 나는 원래 이번 주말에 상하이로 여행갈 계획이었는데, 학교에서 운동회가 있어서 내 계획은 수포로 돌아갔다.
C. 예부터 지금까지 위대한 업적이 있는 천재는 모두 열심히 노력하는 정신을 가지고 있다는 것을 어느 누구도 부인하지 못한다.
D. 자녀를 교육하는 문제는 모든 학부모 및 사회 전체에서 가장 관심을 가지는 중대한 문제이다.

[정답]   B

❸ '了·着·过'의 관용적인 표현이 잘못된 경우

〈관용적인 표현 정리〉

了

이미, 벌써 ~했다	已经 ～ 了
곧 ~할 것이다	都快[=(马上)就要, 快要] ～ 了
~한 끝에, ~을 거치고 나서 …하다	经过＋명사/대명사, 주어＋동사＋了＋목적어。 └→ 과정
~을 통해서 …하다	주어＋[通过＋명사/대명사]＋동사＋了＋목적어。 └→ 수단, 방법, 도구
(어떤 장소에 ~하러)가다, 오다	주어₁＋동사₁＋子＋목적어₁＋동사₂＋了(○)＋목적어2 …。 └→ 来/去/到 └→ 장소
~을 하고 나서, …하다	주어₁＋동사₁＋子＋목적어₁＋동사₂＋了(○)＋목적어2 …。 └→ 이미 완성된 후…… └→ 발생함
~했다	동사＋결과보어＋了/过＋목적어 。

(~동안 / ~번) …하다	주어＋동사＋了/过＋시량보어/동량보어＋목적어。
'了'는 '不' 또는 '(可)別'로 부정한다	주어＋不/(可)別＋동사＋不＋목적어。

着

지금, 마침 ~하고 있(는 중이)다 [현재진행, 상태의 지속]	주어＋**正在**(부)＋동사＋**着**＋목적어。 └→ = 正，在
변함없이, 여전히, 계속해서	주어＋**仍**(부)＋동사＋**着**＋목적어。 └→ = 仍然，还，还是，依旧，依然，照样
계속 ~하고 있다	주어＋**一直在**(부)＋동사＋**着**＋목적어。
계속, 여전히 ~하고 있다	주어＋**还在**(부)＋동사＋**着**＋목적어。
모두 관용적으로 씀 ① 동사 (사람을)데리고, (물건을)가지고, (얼굴 표정을) 띠고 / (사람을) 따라서 ② 전치사 (구체적인 길을) 따라서 / (구체적, 추상적인 길을) 따라서 / ~에 따라서 ③ 부사 이어서	① 동사 　带(着)/跟(着) … ② 전치사: 顺(着)/沿(着)/随(着) … ③ 부사: 　接着 …
'过'와 '着'는 '没'로 부정한다	주어＋**没**＋동사＋**过/着**＋목적어。

过

이전에, 일찍이 ~한 적이 있다 [과거의 경험]	주어＋**曾(经)**(부)＋동사＋**过**＋목적어。
여태껏 ~한 적이 없다	주어＋**从来没/从来不**(부)＋동사＋**过**＋목적어。 └→ 从未/从不

A. 流鼻血时，很多人喜欢仰起头来，其实这种做法是不正确的。
B. 专家建议睡前半个小时不要用脑，在安宁的环境中听听柔和优美的音乐，很快就会入睡。
C. 塑造人物形象是小说反映社会生活的主要手段。
D. 现在这个地方已开辟公园，那高高的山坡，好像还在向人们诉说过它多年的雄伟。

[단어]

仰头 yǎngtóu 동 머리(고개)를 들다 / 塑造 sùzào 동 ① 빚어서 조소하다 ② (문자로) 인물을 형상화하다, 묘사하다 / 开辟 kāipì 동 (길을) 열다, 창립하다 / 诉说 sùshuō 동 하소연하다, 간곡히 말하다, 감동적으로 말하다 / 雄伟 xióngwěi 형 웅위(우람)하다

[해설]

D의 맨 뒤 절의 부사 '还在 (여전히, 계속해서 ~하고 있다)'는 현재진행 또는 상태의 지속을 나타내며, 동사 뒤의 동태조사 '过'는 과거의 경험을 나타내므로 함께 쓸 수 없습니다. 따라서 현재진행 또는 상태 지속을 나타내는 동태조사 '着'를 함께 써서 '好像/还在/向人们/诉说/过/(它多年的)/雄伟'라고 바꾸어 써야 합니다.

[번역]

A. 코피를 흘릴 때 많은 사람들은 고개를 위로 쳐들기를 좋아하지만, 사실 이런 방법은 옳지 않다.
B. 전문가는 잠자기 30분 전에는 머리를 쓰지 말고, 편안한 환경 속에서 부드럽고 아름다운 음악을 좀 들으면 빨리 잠이 들 것이라고 제안한다.
C. 인물의 이미지를 묘사하는 것은 소설에서 사회생활을 반영하는 주요한 수단이다.
D. 현재 이곳은 이미 공원을 창립하였는데, 높은 산비탈은 마치 계속해서 사람들에게 그것의 다년간의 웅장함을 하소연하고 있는 것 같다.

[정답]   D

1회

第51-60题: 请选出有语病的一项。

51
A. 在一些傣族村寨，分辨已婚和未婚女子可以看她们的腰带。

B. 闻名于世的牛街礼拜寺就在这条街上坐落。

C. 猴妈妈示意不要打小猴子，然后它为了救孩子表示甘愿自缚。

D. 实际上年轻的男人比年轻女人更浪漫。

52
A. 你已经饿了一天了，一定要吃多点儿饭。

B. 朋友总是在我最困难的时候帮助我，使我很感动。

C. 昨晚和朋友去KTV唱了一个通宵，所以今天一整天没什么精神。

D. 为了防止流行性感冒的传染，大家必须到国家指定的医院注射流感疫苗。

53
A. 孩子成长中最需要的就是家长的信任与理解。

B. 他家的孩子刚出生不久，圆嘟嘟的小脸，真是人见人爱。

C. 一看到她走上舞台，大家便热烈地鼓掌起来，她一连唱了三首歌，每一首都赢得了热烈的掌声。

D. 互联网进入社会生活后，在短短的十年内迅速成为主流的信息媒体。

54
A. 牛街是北京城区最具特色的回民居住区。

B. 这儿无论是冬季利用日照防寒取暖，还是夏季通风和采光，都较为方便。

C. 公司的领导亲自到厂视察，提出一些改进的意见。

D. 每年12月晚上8点半左右，白矮星出现正南地平线上不高的夜空中。

55
A. 每个人在学习和生活中，都会遇到过很多困难和挫折。
B. 任何一种食物都不可能完全满足孩子的生长发育的需要。
C. 严重的醉酒可并发肺部感染、吸入性肺炎、肺水肿等。
D. 这次节目由王老中医给大家介绍一下长寿养生的秘方。

56
A. 如果一个人热爱自己所从事的工作，那么他就会在工作的过程中获得快乐。
B. 我家就在海边，小时候，父亲常常带着我到海边一边走一边给我讲故事。
C. 除了拥有广告设计文凭外，我还上过一个与旅行有关的课程，相信这些知识对这份工作能有着一定的帮助。
D. 海南属于亚热带气候，长夏无冬，暖风和煦。

57
A. 只要我们认为是对的，就要坚持下去，永不放弃。
B. 现代社会面临的一个重要课题，是如何让低收入阶层从经济的发展中有所收益。
C. 我是家里唯一的大学生，爸爸妈妈的全部希望寄托我身上。
D. 今天的比赛相当精彩，我国选手获得了世界冠军。

58
A. 现在公司招聘员工时很注重应聘者是否肯吃苦。
B. 我就是想挑战自己，成功不成功是次要的。
C. 当时我脑子一下子懵了，我都想不起来那时发生了什么。
D. 昨天晚上我的肚子不舒服，几个小时折腾了，天快亮时，才睡了一小会儿觉。

59

A. 我曾做着一家饭店的服务员，每天工作10个小时，而且经常加班，我觉得工作很辛苦。

B. 上海马戏城，有"中国马戏第一城"的美誉，是上海国际文化都市的标志性建筑之一。

C.《荷塘月色》是我国著名的文学家朱自清在清华大学任教时写的一篇散文。

D. 手术室里，医生和护士在竭尽全力地抢救病人，外面的亲属在焦急地等待着消息。

60

A. 这本杂志是以介绍野外旅游为主要内容的流行杂志。

B. 冰淇淋是很受大众喜爱的休闲食品，各式各样的口味都给人以美的享受。

C. 成群结伙的国军向房屋和光秃秃的树木涌去，纷纷都爬了屋顶和树木上。

D. 这里风景天下闻名，吸引了不少旅游爱好者前来观光。

▶ 정답 & 해설 p. 515 – 518

2회

第51–60题: 请选出有语病的一项。

51
A. 他木工活做得很好，打了不少家具，什么大衣柜、酒柜等等。
B. 他很快就把住在邻居的阿姨背进去医院了。
C. 人类生存离不开水，水是生命赖以生存的基本条件。
D. 为了奥运会期间运动员出行的方便，市政府花了很大的心思。

52
A. 我已经开始了学习汉语。从那以后，尤其是毕业后，我下定到中国去的决心。
B. 草原上的天气变幻莫测，刚刚还是晴空万里，转眼间便乌云密布了。
C. 昨天睡得很晚，所以第二天9点多我才醒来。
D. 一个十几岁的孩子能写出这样的文章来，简直令人难以相信。

53
A. 两位老人为这件事不停地奔波，可谓操心碎了。
B. 一提起昆明，人们马上就会想到温暖的春天。
C. 避讳常见的方法是用意义相同或相近的别的字来代替要避讳的字。
D. 不同的人喜欢不同的生活方式，他们对自己的生活方式有自己的看法。

54
A. 他从包里拿出一张报纸，低着头聚精会神地看着。
B. 春困症状是人体生理机能随着自然气候变化而产生的一种季节性生理现象。
C. 猪肉价格从去年11月份出现短暂上涨后，从2010年1月份开始连续下降。
D. 据了解，今天白天风力有所减小一些，风力强度明显减弱。

55
A. 成功需要成本，时间也是一种成本，对时间的珍惜就是对成本的节约。

B. 由于华人众多，所以新加坡的春节也可以寻找到或许比国内更加浓郁的"年味儿"。

C. 东北地区的粮食总产量，除了供给当地外，还运送给南方。

D. 报名参加活动的朋友请在2011年2月20日之前，将个人资料寄到本编辑部。

56
A. 他不是有意说那样的话，所以别生气吧，他只是一时气愤，不要太计较了。

B. 中华文化博大精深，为许多文学家提供了创作的源泉。

C. 一个只会吹牛的人，其生活的诚信度之低，令人难以想象。

D. 戏剧是一种综合的舞台艺术，它借助文学、音乐等艺术手段塑造舞台艺术形象。

57
A. 好客的山里人把家里所有的好吃的，拿出来招待远方来的客人，令我们很感动。

B. 老人直起身子，那张黑黝黝的脸盘顿时绽放出那憨厚的歉意。

C. 近两年来，这些志愿者积极投入到各项环保活动。

D. 如今，许多商品的价格都由市场来"调整"，以前卖10元的商品现在竟然卖到了50元。

58
A. 吃过午饭后刮起了一阵大风，一转眼太阳就被乌云遮挡住了。

B. 人们去香山最好错开双休日，双休日前往最好避交通高峰时段。

C. 在你成功地把自己推销给别人之前，你必须百分之百地把自己推销给自己。

D. 你们之间有意见归有意见，可不要影响工作。

59

A. 音乐疗法的确对缓解病人的情绪、降低压力和消除焦虑有着不小的作用。

B. 人们对 "财富" 一词的看法各不相同，最近它正在引起许多人们的关注着。

C. 春天来了，覆盖在大地上的一层厚厚的积雪，渐渐地融化了，滋润着大地。

D. 物质意义上的幸福生活仅仅是一个指标。

60

A. 中国的 "吃" 举世闻名，这不仅表现在中国的食物丰富，种类繁多，而且表现在烹制方法上有自己独特的一面。

B. 有专家认为，过于依赖电脑、短信带来的便利，将使汉字书写面临尴尬处境了。

C. 在北京的胡同，每逢国庆节，家家户户的门外都悬挂着五星红旗。

D. 这个布料上的图案都是人工用银线绣的，很别致, 让人一看就爱不释手。

전치사 관련 유형의 문제

전치사란 '〜는, 〜은, 〜이, 〜가, 〜에게, 〜을 향해서' 등과 같이 한국어의 조사와 같은 역할을 하는 것을 중국어에서는 전치사라고 하며, 중국어로 '개사(介词)'라고 합니다. 전치사 뒤에는 주로 명사나 대명사가 와서 함께 전치사 구를 이루어서 장소·대상·목적·원인 등을 나타냅니다.

독해1부분에서 전치사와 관련된 유형의 문제는 다른 품사와 달리 위치를 묻는 문제가 출제되는 것이 아니라 전치사 기본 용법 또는 고정형식과 전치사의 사용여부가 잘못된 유형의 문제가 출제되고 있습니다. 전치사는 지금까지 시험에서 출제빈도수가 그다지 높은 편이 아니었지만, 앞으로 자주 출제될 가능성이 매우 높은 부분이기 때문에 꼼꼼히 정리해 둘 필요가 있습니다.

3주차 수요일 전치사 관련 유형의 문제에서는 '1. 전치사의 기본 용법의 쓰임 잘못된 유형의 문제 → 2. 전치사의 고정형식이 잘못된 유형의 문제 → 3. 전치사의 사용 여부가 잘못된 유형의 문제'에 대해 학습해 봅시다.

1. 전치사 기본 용법의 쓰임이 잘못된 유형의 문제

① 전치사 구의 위치

전치사 구는 보통 주어와 서술어 사이의 부사어 자리에 오며, 대부분의 전치사 구는 강조하기 위해 문장 맨 앞에도 쓸 수 있습니다. 그러나 '随着'와 같이 반드시 문장 맨 앞에 써야하는 전치사도 있습니다.

① 주어 + [(전) + 명/대] + 서술어 。
   跟, 从, 在, 离, 给, 为, 向, 对, 以, 被, 把, 按照, 比, 凭(着) …
② [(전) + 명/대] , 주어 + 서술어 。
   随(着), 为了, 关于 …

2 전치사 기본 용법 ★

① 跟[= 和, 与, 同]

'~와, ~과'의 뜻으로 '둘 이상이 함께 ~을 하다'는 뜻을 나타냅니다.

예 昨天她[和妈妈]一起去北京。 어제 그녀는 엄마와 함께 북경에 갔다.

② 从[= 自, 由, 打]

'~로부터'의 뜻으로 '시작 또는 출발'의 뜻을 나타냅니다.

예 我从早上9点一直学习到晚上5点。 나는 오전 9시부터 저녁 5시까지 계속 공부를 한다.

③ 由

'由 뒤의 명사/대명사가 ~하다'는 뜻으로, 보통 '~는, ~은, ~이, ~가'처럼 해석이 됩니다. 어떤 사람이나 사물이 주체가 되어 책임지고 어떤 일을 하는 것을 강조함을 나타내며, 由는 동작을 하는 주체 앞에 씁니다.

예 这几天他去上海出差了，这件事由我包了。
요 며칠 그가 상하이에 출장을 가서, 이일은 내가 도맡았다.

④ 在 / 于 / 离

在와 于는 둘 다 '~(시간)에, ~(장소)에서'라는 뜻을 나타내고, 离는 '~(장소)에서 (거리가 얼마 떨어져 있다)'는 뜻을 나타냅니다.

예 这趟车在9点钟通过这座桥。 이 기차는 9시에 이 다리를 통과한다.
小王你身体不舒服，在这里休息一会儿吧。 小王 너는 몸이 아프면, 여기에서 좀 쉬어라.
我于2011年当上了经理。 나는 2011년에 사장이 되었다.
培训班离我家很近。 학원은 우리 집에서 가깝다.

⑤ 到 / 离

到는 '~(시간, 장소, 범위, 수량, 정도 등)까지'의 뜻이고, 离는 '~(시간)까지 (시간이 얼마 남아있다)'는 뜻을 나타냅니다.

例 我弟弟昨天从早上一直玩到晚上。 내 남동생은 어제 아침부터 저녁때까지 계속 놀았다.
爸爸把儿子送到学校门口。 아버지는 아들을 학교 문 입구까지 바래다주었다.
离上课时间还有5分钟。 수업시간까지는 아직 5분이 남아있다.

⑥ 给 / 为

给는 '(~에게 이익이 되는 것 또는 해로움이 되는 것)을 주다'는 뜻이고, 为는 '~을 위해서, ~ 때문에 (이익이 되는 것)을 주다'는 뜻입니다.

例 他们[为我们]提供了服务。 그들은 우리에게 서비스를 제공해 주었다.
她故意给我找麻烦。 그녀는 일부러 나를 귀찮게 하였다.

⑦ 为了

'~을 위해서'라는 뜻으로, 보통 문장 맨 앞에 쓰며, 뒤에 '명사/대명사 목적어, 동사구 목적어, 문장 목적어'가 모두 올 수 있습니다.

例 为了(幸福的)明天，人们都在努力地工作。
행복한 내일을 위해서, 사람들은 모두 열심히 일하고 있다.

⑧ 向 / 往 / 朝 / 冲 chòng

(1) 모두 '~을 향해서'의 뜻으로 '방향'을 나타냅니다.
  : 往은 '~를 향해서 이동하다, 움직이다'는 뜻에만 쓰이고, 朝는 '(방향만) ~를 향해서 … 하다'는 뜻으로 이동에 의미가 있는 경우에는 사용할 수 없으며, 向은 두 가지 경우에 모두 쓰일 수 있습니다.
(2) '向'은 '~한테 (추상적인 동사)를 하다'는 뜻으로도 쓰입니다.

例 我[向大家]表示感谢。 나는 모두에게 감사를 표시했다.

⑨ 对 / 对于 / 关于

对(于)는 '대상에 대해서'라는 뜻이고, 关于는 '내용에 관해서'라는 뜻입니다. 关于는 부사어로 쓰이는 경우 문장 맨 앞에만 올 수 있습니다.

例 我[对那条路]不太熟悉。 나는 그 길에 대해서 잘 알지 못한다.

⑩ 以

'~로써, ~로'의 뜻으로 '(신분 · 자격 · 도구 · 형식 · 점수)로써 …하다'는 뜻입니다.

예) 我[以(代表的)资格]发言。 나는 대표의 자격으로 발언한다.

⑪ 被[= 让 / 叫 / 给 / 为]

'~에 의해서'의 뜻으로 '피동'의 뜻을 나타냅니다.

예) 他被北京大学录取了。 북경대학에서 그를 뽑았다.

⑫ 把 [= 将]

'~을, ~를'의 뜻으로 ' 주체적으로 어떤 일이나 행동을 하는 것'을 나타냅니다.

예) 我把手机里的短信全部删除了。 나는 핸드폰 안의 문자메시지를 모두 삭제하였다.

⑬ 比

'~보다'의 뜻으로 '같은 종류의 사물을 서로 비교하는 것'을 나타냅니다.

예) 一句对不起比什么道歉的话都管用。 미안하다는 한 마디 말이 어떤 사과의 말보다 유용하다.

⑭ 按照 / 根据 / 凭(着) [= 靠(着)] / 沿着 / 顺着 / 随着

모두 '~에(을) 따라서'라는 뜻입니다.

按照	(기준)에 따라 …하다	你应该[按照(说明书上的)产品说明]进行安装。 너는 설명서의 상품설명에 따라 설치를 해야 한다.
根据	(근거, 자료)에 따르면 …하다	根据新华社报道，韩国总统将访问中国。 신화사 보도에 따르면 한국 대통령이 중국을 방문한다고 한다.
凭(着) = 靠(着)	(주어의 능력)에 따라 …하다	他[凭着(自己的)能力]当上了名牌大学的教授。 그는 자신의 능력으로 명문대학의 교수가 되었다.
沿着	(구체적, 추상적인 길[路])을 따라 …하다	请大家沿着民主主义大路前进! 모두가 민주주의의 큰길을 따라 전진합시다!

| 顺着 | (구체적인 길[路])을 따라 …
하다 [=沿(着)] | 咱们顺着湖边散散步吧。
우리 호숫가를 따라서 산책을 좀 하자. |
| 随(着) | ～에 따라서 어떤 결과를 얻
었다 [문장 맨 앞에 씀] | [随着(社会的)发展]，人们的生活水平也提高了。
사회의 발전에 따라 사람들의 생활수준도 높아졌다. |

新 HSK문제 유형분석

A. 我们以人们的目的来判断他们的活动，目的伟大，活动才可以说是伟大的。

B. 自然界的动物都具有非常强的伪装能力，这是它们生存的表现。

C. 我们厂生产的产品不但把国内的销售很好，而且在海外的销售也不错。

D. 因为这种杨树长得像狗尾巴，所以大家就叫它"狗尾巴杨"。

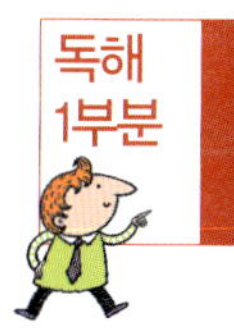

[단어]

伪装 wěizhuāng 명동 위장(하다), 가장(하다) / 杨树 yángshù 명 백양나무, 사시나무

[해설]

C의 앞 절의 '把国内'에서 '(장소)에서'란 뜻의 전치사 '在'를 써서 '在国内'라고 해야 합니다. 참고로 접속사 '不但～, 而且…'는 앞 뒤 형식이 같거나 비슷하고, 뒤 절을 강조할 때 쓰는 진일보에 해당하는 접속사입니다. 앞 절에서 '不但/在国内/～'라고 했으므로, 뒤 절에서도 '而且/在海外/～'의 형태를 썼습니다.

[번역]

A. 우리는 사람들의 목적으로 그들의 활동을 판단하려고 한다. 목적이 위대하면 활동이야말로 위대하다고 말할 수 있다.

B. 자연계의 동물은 모두 매우 강한 위장능력을 가지고 있는데, 이것은 그들의 생존의 표현이다.

C. 우리공장에서 생산한 상품은 국내에서 잘 팔릴 뿐만 아니라, 해외에서도 잘 팔린다.

D. 백양나무는 개의 꼬리처럼 생겨서, 모두가 백양나무를 '狗尾巴杨'이라고 부른다.

[정답] C

2. 전치사의 고정형식이 잘못된 유형의 문제

'对(于)+사람+来说'는 '어떤 사람의 입장에서 말하면, ~가 생각하기에는' 이라는 뜻인데, 관용적으로 형식이 정해져 있어서 앞의 전치사 자리에 '对(于)'이외의 다른 전치사를 함께 쓸 수 없습니다. 독해1부분의 전치사 관련 문제에는 이런 전치사구의 고정형식이 시험에 출제됩니다.

1 从

★ (어떤 시간, 장소, 인물, 수량, 범위)로부터 (~에서) … 까지	从[=自, 由, 打] ～ 到[=至] ……
(어떤 시간, 장소)로부터 (시작해서)	从[=自, 由, 打]+시간, 장소+起/开始
★ ~이래로 / ~ 이후로	从[=自, 由, 打] …… 以来/以后
(장소, 근거)로부터(~에서) 출발하다	从[=自, 由, 打] …… 出发
~로부터(~에서) 오다	从[=自, 由, 打] …… 来(的)
~를 근거로 보면(말하자면), ~(으)로 말하자면, ~의 각도(관점)에서 보면 [어떠한 것을 근거로 예측하거나 분석하는 경우에 씀]	[从+근거+上]+看/看出来的 [从+근거]+来看 [从+근거]+来说/上说 [从+근거+角度]+看
(장소)로 부터, (~에서) 빌리다	从[=自, 由, 打]+장소+借
★ (상황이나 상태) 속에서(속으로부터), (상황이나 상태) 가운데(로 부터)	从+상황이나 상태+中
(장소, 출처)로 부터 (장소, 출처)를 향하여(…로)	从[=自, 由, 打]+장소나 출처+往[=向]+장소, 출처

2 由

★ ~로 구성되다	由 ～ 组成 / 构成
~는(은, 이, 가) 책임지다, 맡다, 도맡다, 주관하다	由 ～ 负责 / 承担 / 包起来 / 主持 / 主办

3 在

① 在 뒤에 주로 명사가 오는 경우 ② '~한 방면에 있어서'의 뜻인 경우 ③ 장소와 함께 쓰여 '~위에서'의 뜻으로 씀 [방향을 나타냄]	在+주로 명사(구) 나 명사구+上 동사성어구 / 장소 ：基础，历史，工作，学习，这件事 …
① 在 뒤에 '(…的) + 두 글자 동사 성 어구'가 오는 경우 ② 상황이나 조건이 오는 경우 ★ ③ 장소와 함께 쓰여 '~아래서'의 뜻으로 씀 [방향을 나타냄]	在+주로 (……的) 두 글자 동사 성 어구+下 전제조건과 상황 / 장소 ：〜 的帮助，〜 的指导，〜 的指点， 〜 的护送，〜 的安排 〜 的情况，〜 的条件
① 在 전치사 뒤에 '过程'이 오는 경우 ★ ② 범위나 장소가 함께 쓰여 '~가운데, ~중에'의 뜻으로 씀	在+동작의 발생과 과정+中 상태가 존재하고 있는 범위나 시간 (〜가운데, 〜중에) ：过程，比赛，谈判 …
장소와 함께 쓰여 '〜 안에서'의 뜻으로 씀	在+장소+里 [=内]
★ 사람 관련 명사/대명사와 함께 쓰여 '~의 관점에서 보면', '~의 생각은'의 뜻으로 씀	在+사람을 가리키는(대)명사+看来 [= 对(于)+사람+来说]

4 跟 [=和, 与, 同]

~ 와 함께	跟 … 一起 [= 一块儿，一同]
~와 싸우다, 말다툼하다	跟 … 吵架 [= 吵嘴，打架，闹别扭 nàobièniu]
~와 만나다 / ~와 약속하다	跟 … 见面/约会
~와 관계가 있다(없다) / ~와 관계를 맺다, 알고 지내다	跟 … (没)有关系/拉上了关系
~와 같다 , 비슷하다	跟 … 相同 [= 一样，相似，相等，差不多]
~와 다르다 / ~ 와 서로 반대되다	跟 … 不一样 [= 不同]/相反
~와 비교하다	跟 … 相比 [= 比较]
~와 분리되다, 헤어지다, 나누다, 구별하다 / ~와 나눌 수 없다, 떼어 놓을 수 없다, 구별할 수 없다	跟 … 分开/分不开
~ 와 교제(교류)하다, 사귀다	跟 … 交往 [= 交际，来往，往来，打交道，接触]

~와 연락하다, ~와 연결하다 / ~와 통화하다 / ~와 이야기하다 / ~와 한담하다, 잡담하다 / ~와 결혼하다, 이혼하다, 재혼하다	跟 … (联系 / 通话 / 谈话 / 聊天 / 结婚 / 离婚 / 重婚 ～)

5 为 / 给

~에게 …을 (가져다주다, 가져오다 / 보태(주)다 / 남기다, 남겨주다 / 소개해 주다, 소개하다)	给 … (带来了 / 增添了 / 留下了 / 介绍 ～)
~에게(전화를 하다 / …를 보여주다 / …를 써주다 / 길안내를 해주다 / ~를 도와주다, 답장을 해주다 / 수업해 주다(하다) / 술을 권해주다(하다) / 예를 들어주다(들다) / 이름을 지어주다(짓다) / 길을 양보를 해 주다(하다) / (글을) 투고하다 / ~를 일부러 성가시게 하다	给 … (打电话 / 看 / 写 / 带路 / 回信 / 讲课 / 敬酒 / 举列 / 起名 / 让路 / 投稿 / 找麻烦[=出难题] ～)

6 为

~를 위해서, ~ 때문에(걱정하다 / 마음을 쓰다, 신경쓰다 / 어떤 사람이나 일의 이익을 위해 생각하다, 고려하다 / 배웅하다)	为 … (担心 / 操心 / 着想 / 送行 ～)
~에게(…을 제공해 주다 / 박수를 쳐주다)	为 [=给] …… (提供 / 鼓掌)

7 向

~한테(책임지우다 / 요구하다 / 청혼하다 / 빌리다 / 배우다 / 묻다, 가르침을 구하다 / (휴가 · 결근 · 조퇴 · 외출 등) 허가를 받다 / (의견을)널리 구하다, 묻다 / 사과하다 / 새해 인사를 하다 / 경례하다, 인사하다 / 안부를 묻다 / 표시하다 / 표현하다)	向… (负责 / 要求 / 求婚 / 借 / 学习 / 请教 / 请假 / 征求 / 道歉[= 赔礼] / 拜年 / 敬礼 / 问好 / 表示 / 表达 ～)
(~한테 / ~를 위해서) 기부하다	向 / 为 … 捐款

8 对

~에 대해서(흥미를 느끼다, 관심을 갖다 / 흥미를 느끼지 않다, 관심이 없다 / 유익하다, 도움이 되다 / 해로움이 있다 / 의견이 있다, 불만이 있다 / 자신이 있다 / 충만하다, 가득 차다 / 생기다, 나다)	对 … (很感兴趣 / 不感兴趣 / 有利[= 有益] / 有害 / 有意见[= 不满] / 有信心 / 充满了 / 产生了 ~)

9 按照

'(어떤 기준에) 따라서' 의 뜻이다. ~ (규정 / 원칙 / 규칙 / 정책 / 약정 / 계획 / 모습, 모양 / 방법)에 따라서	按照 + (规定 / 原则 / 规则 / 政策 / 预定 / 计划 / 样子 / 方法 / 办法 …)

10 根据 / 依 / 靠(着)[= 凭(着)] / 以

'(근거자료) 에 따르면, 근거하면'의 뜻이다 (조사 / 통계) 에 따르면, 근거하면	根据+(调查 / 统计 …)
'~가 보기에는, ~의 입장에서 말하면'	依+명사+看(说) └→ 사람
'(주어가 가지고 있는 능력)~에 따라서, ~에 의지하여 (그 결과 ... 되다)'의 뜻이다 (능력 / 실력 / 수준 / 경험 / 상식 / 장점 / 역량) 에 따라, 의(지)하여	靠着+(能力[= 本事, 本领] / 实力 / 水平/ 经验 / 常识 / 优点 / 力量 …)
장소와 함께 쓰여 '~ 안에서'의 뜻으로 씀	在+장소+里 [=内]
'~로(써)'의 뜻이다 (도구 / 자격 / 신분 / 이유 / 점수 / 형식)으로써	以+ (工具 / 资格 / 身份 / 理由 / 分数 / 形式 …)

11 趁(着)

'~을 틈타, ~을 이용해서 (…하다)'의 뜻이다 (조건 / 기회 / 시간)을 틈타서, 이용해서 뜨거울 때 / 젊었을 때 [趁 뒤에 한 글자가 오는 경우 趁着는 쓸 수 없음]	趁 (着) +[명사/형용사/동사구/절/문장]+서술어 └→ 条件/机会 [= 时机]/时间热/年轻

217

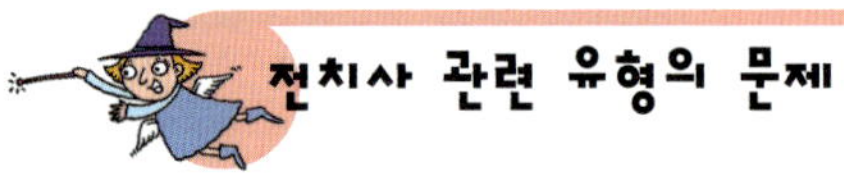

12 除了 ★

A를 제외하고 모두 B 이다 [A는 제외됨]	除了　A　以外，（都）　B　。 └▸ [= 之外，外]
★ A 말고도, 또 B 이다 [A,B 모두 포함됨]	除了　A　以外，还/又/也　B　。

13 把

~을 …에/…까지 서술어하다	주어+[把+목적어]+동사+在/到+장소+방위사。
~을 … 로 서술어하다	주어+[把+~]+동사+成+… 。
~을 …로 삼다(여기다, 생각하다, 간주하다)	주어+[把+~]+作为/当作+… 。
~을 … 에게 서술어해 주다	주어+[把+목적어₂]+동사+给+대상 목적어₁。 └▸ 介绍/还/交/借/送 …

예 老师[把书]放在桌子上。 선생님은 책을 책상위에 놓아 두었다.

我爱人[把咖啡]送到我面前。 내 아내는 커피를 내 앞에까지 가져다주었다.

我[把美元]换成人民币了。 나는 달러를 인민폐로 바꾸었다.

父母总[把子女]当作小孩儿。 부모는 늘 자녀를 어린 아이로 여긴다.

很多国家[把英语]作为母语。 많은 국가들은 영어를 모국어로 한다.

他[把那封信]交给了我。 그는 그 편지를 나한테 전해 주었다.

他[把我们]介绍给了家人。 그는 우리를 가족에게 소개해 주었다.

14 被

주어가 ~에 의해서 …가 되다 [피동을 나타냄] [일부 두 글자 동사 앞에 조동사나 시간을 나타내는 단어가 있으면 동사 뒤에 기타성분이 없어도 됨]	주어+[被+명사/대명사]+서술어+기타성분 。 　└▸ 동작을 받는 자　　└▸ 동작을 하는 주체
서술어 바로 앞에 给는 被의 뜻이다	주어+给+서술어+기타성분 。 　　└▸ (= 被)
전치사 为를 두 글자 동사 성 어구 앞의 '给'와 함께 쓰는 경우 '为'는 '被'의 뜻이다 [보통 동사 뒤에 기타성분을 쓰지 않음]	주어+[为+명사/대명사]+所+두글자동사성어구。 　　└▸ (= 被)
전치사 叫[=让]를 서술어 앞의 '给'와 함께 쓰는 경우 '叫[=让]'는 '被'의 뜻이다	주어+[叫, 让+명사/대명사]+(给)+두글자동사 성어구。　└▸ (= 被)

'~라고 부르다'는 뜻의 동사 앞에는 被와 함께 '~라고 불리어 지다'의 뜻으로 쓴다	주어+被+(명사/대명사)+称为/叫做+기타성분。
'~라고 여겨지다, ~라고 보여 지다'의 뜻이다	주어+被+认为是+~。 주어+被+视为+~。

예 这个小贼[被警察]抓起来了。 이 좀도둑은 경찰에 의해 붙잡혔다.

我[给感动]了。 나는 감동받았다.

我[为这个故事]所感动。 나는 이 이야기에 감동받았다.

我[叫(=让)这个故事]给感动了。

这张纸条叫我给扔了。 내가 이 메모지를 버렸다.

这部小说[被大家]叫做世界之作。[= 这部小说被叫做世界之作。]
이 소설은 (모두에게) 세계적인 작품으로 불리어졌다.

A. 阳光中的紫外线有扼杀原始生命的 "本领"。
B. 随着科学技术的不断发展，电脑已经很普及了。
C. 今天的电影真好看，令人遗憾的是我没有能带儿子一起来看。
D. 叶先生在身体不舒服的情况坚持为我的书写完了序言。

[단어]

紫外线 zǐwàixiàn 명 자외선 / 扼杀 èshā 동 목을 눌러 죽이다, (새로운) 세력을 억눌러서 존재하거나 발전하지 못하게 하다 / 序言 xùyán 명 서문, 머리말

[해설]

D의 '在身体不舒服的情况'에서 '~한 상황에서'라는 뜻인 경우 관용적으로 '在 ~ 情况下'라고 써야 합니다.

[번역]

A. 햇볕 속의 자외선은 원시생명을 죽이는 능력을 가지고 있다.
B. 과학기술의 부단한 발전에 따라, 컴퓨터는 이미 매우 보급되었다.
C. 오늘 영화는 정말 재미있었는데, 내가 아들을 함께 데리고 와서 볼 수 없었다는 것이 아쉽다.
D. 엽 선생은 몸이 아픈 상황에서도 내 책을 위해 서문 쓰는 것을 계속하였다.

[정답]   D

3. 전치사 사용 여부가 잘못된 유형의 문제

전치사를 반드시 써야 할 부분에 쓰지 않았거나, 전치사가 필요 없는 부분에 전치사를 쓴 경우가 이에 해당합니다.

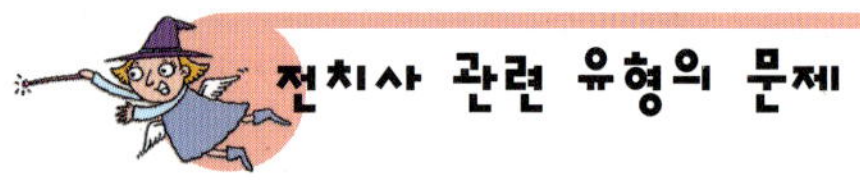

新 HSK 문제 유형분석

> A. 中国武术绘画、戏曲、诗歌一样，是中国文化的重要组成部分。
> B. 他的学说在人类社会发展的未来，必将会被人们不同程度地接受的。
> C. 等人类定居在某一个地方后，就相对稳定了。
> D. 由于小郑工作中出了一点儿毛病，老板批评了他几句。

[단어]

武术 wǔshù 몡 무술 / 必将 bìjiāng 뷔 반드시 ~할 것이다

[해설]

A의 '中国武术//绘画、戏曲、诗歌一样，/是 ～。(중국무술은 회화, 희곡, 시가와 마찬가지로 ～이다)'에서 전치사 '和'는 둘 이상이 함께 함을 나타내는 단어이며, 관용적으로 '和 … 一样'의 형태로 쓰입니다. 따라서 주어 '中国武术'와 서술어 '是'사이의 명사 대명사 '绘画、戏曲、诗歌' 앞에 전치사 '和[= 跟，与，同]'를 함께 써서 '中国武术[和绘画、戏曲、诗歌一样]，是 ～。'라고 바꾸어 써야 합니다.

[번역]

A. 중국무술은 회화, 희곡, 시가처럼 중국문화의 중요한 구성부분이다.
B. 그의 학설은 인류사회발전의 미래에 반드시 사람들에 의해서 다른 정도로 받아들여질 것이다.
C. 인류가 어떤 장소에 정착하고부터 상대적으로 안정되었다.
D. 小郑이 일하는 중에 실수를 좀 해서, 사장이 그에게 몇 마디 꾸지람을 하였다.

[정답]　A

실력 다지기 실전문제

▶ 정답 & 해설 p. 518 – 521

1회

第51–60题: 请选出有语病的一项。

51
A. 最后，他以0.1秒的优势成功地闯进了决赛。

B. 从开始参加工作到现在，他向来勤勤恳恳，赢得了同事们的一致好评。

C. 一提起健身，很多人马上就会想到设施齐全的健身房。

D. 参加活动的读者请在2011年7月1日以前，把报告寄回本社。

52
A. 消费者在厨卫用品的购物观念上，从几年前以价格、外观为中心，转变到现在以功能、环保为主导。

B. 我们把本民族的优良传统应该加以发扬。

C. 自由职业者是独立工作，不隶属于任何组织的人。

D. 自古以来，人类就利用天体在天球上的运动来计量时间。

53
A. 鲨鱼是一种古老的海洋性鱼类，在全世界分布较广，共有250多种。

B. 旅游业是综合性的经济事业，在国民经济中占有重要地位。

C. 应试教育如今很常见，这种教育方式会造成对孩子心理和身体的双重伤害。

D. 他的见解独到而且深刻，常应邀到许多高校发表演讲，深受学生欢迎。

54
A. 你们从外国引进了喷灌机，在条田里作业。

B. 在余秋雨和叶圣陶的交往中，有一件非常感人的事情。

C. 这家航空公司在1955年1月1日成立以来，已连续安全飞行四十周年。

D. 比赛中，在你没有充分了解你的对手时，不要轻易采取行动。

55 A. 我们应在这些发人深省的案件中汲取教益。

B. 最好每小时都进行观测，这样可以保证观测结果的准确性。

C. 他每天吃一顿饭，就是想省下几个钱给孩子买衣服。

D. 造纸术和印刷术的发明对人类的经济、文化等诸多方面产生了重要影响。

56 A. 教育者必须是一个完美的形象，没有任何理由放纵自己。

B. 为了将货物运到大都，修建了使通州到大都的通惠河。

C. 景泰蓝是我国著名的传统手工艺品，它集历史、文化、艺术与独特的传统工艺于一身，古朴典雅。

D. 他凭记忆将这则故事复述在另一张纸条上给一个同学看。

57 A. 长白山从16世纪到现在以来有过3次喷发。

B. 这是一个重建高质量生态平衡的典型。

C. 在三年前，他的一件棉大衣被偷走了，从此一连三年都没有棉大衣。

D. 他们的这一做法在全国起了示范的作用。

58 A. 你还没有经历那样的事，体会不到他们的痛苦。

B. 节日前后，在北京的高档小区发生过类似的入室盗窃。

C. 为了向香港的货物运到北京，他们希望加强合作。

D. 杨贵妃饮毒死于马嵬坡的故事一直广为流传。

59 A. 这个事故从他的家庭增添了更加沉重的负担。

B. 中国国际航空公司创造了我国民航史上的光辉业绩。

C. 他连续几年被评为优秀工作者。

D. 现在在宣传本民族文化、吸收外来文化的同时，也一定要记住另一个问题。

A. 遇上猎人无法逃脱时，猴妈妈会不断往猎人摆手，示意不要打小猴子。

B. 它在21颗最亮的恒星中居第二位，仅次于天狼星。

C. 在一些傣族村寨，分辨已婚和未婚女子可以看她们的腰带。

D. 李经理赢得了同事的一致好评。

2회

第51-60题：请选出有语病的一项。

51

A. 城市居民住宅，分布在是小街和胡同的南北两侧，大多座北朝南。

B. 蘑菇中有丰富的营养成分，而且热量很低，常吃也不会发胖。

C. 开拓农业新的领域，已成为当今世界农业发展的新趋势。

D. 妈妈的鼓励，使我信心大增。

52

A. 从电视观众来说，主持人必须是一个完美的形象，没有任何理由放纵自己。

B. 这儿的冬天一点儿也不冷，下雪天更是罕见。

C. 避讳是中国古代社会的一种习俗，也是一种特有的文化现象。

D. 许多取得伟大成就的人，都具有刻苦勤奋的精神。

53

A. 东西方在饮食上、习惯上存在着较大的差异。

B. 他昨天睡得很晚，所以第二天11点左右才醒来。

C. 为着响应国家的号召，我国人民把北大荒改造成"北大仓"，也是一个重建高质量生态平衡的典型。

D. 经过好几次搬迁之后，我们一家人总算在山东定居下来了。

54

A. 眼看就要毕业了，我心里真舍不得这里的一草一木。

B. 一次次赔钱，他觉得自己不是做生意的材料。

C. 许多小饭馆经营不规范，被消费者难放心，经常发生一些纠纷。

D. 夫妻双方应互相扶助，这是双方的权利，同时也是义务。

55　A. 即将建成的三峡水电站，能改善航运条件，而且能改善气候的作用。

　　B. 我国的科研工作者一直在努力攻克着这一难题。

　　C. 他们还是以猎杀野生动物食。

　　D. 我的孩子顺利地完成从幼儿园到小学的过程。

56　A. 虽然你拿到的决不是《百科全书》的光盘，但也算是同类产品中顶尖的产品。

　　B. 计算机虽然使人们工作更舒适了，但是人们却无法直接与别人聊聊、开玩笑。

　　C. 在人类所患的各种疾病中，再没有比感冒更常见的了。

　　D. 这家店的生意极好，慢慢在城里做出了名气。

57　A. 人类就利用天体在天球上的运动来计量时间，因为这种运动既均匀，又能使一切人所观测共用。

　　B. 周总理向一个图书馆借世界地图和其他一些书籍看。

　　C. 其独特的地理构造造就了绮丽迷人的景观。

　　D. 我们的先人在远古的时候一直是在野外活动的。

58　A. 这些住宅大多坐北朝南。

　　B. 政府给出的各项优惠政策的实施，把工厂形势有所好转。

　　C. 这里的桃花通常在三月开放，一大片太美了。

　　D. 航天员们为我国的航天事业作出了突出的贡献。

59　A. 政府采取了很多措施，就是想让社会上的文盲尽量少一些。

　　B. 采取这种方法后，学生的人数显著增多了。

　　C. 我们相互听不到对方声音，只能用手势来表达意思。

　　D. 天文学家根据星星看上去的明亮程度，它们分成六个等级。

60

A. 获得财富的手段应当是正当合法的。

B. 冬季停车要注意选地点，尽量避开坑洼潮湿处，以免积水结冰，冻住车轮。

C. 有些少数民族的已婚妇女都会家中的钥匙挂在腰带上。

D. 全市已经将这项工作纳入综合实践活动课程。

기타 시험에 잘나오는 유형의 문제

지금까지 우리는 서술어, 부사, 접속사, 보어, 전치사와 관련된 시험유형을 살펴 보았습니다. 4주차 수요일 독해1부분에서는 기타 시험에 잘나오는 유형을 함께 묶어서 정리해 보겠습니다. 이 부분에서는 특히 주어와 목적어로 쓰이는 명사와 관련된 유형의 문제가 출제빈도수가 상당히 높기 때문에 특히 주의 깊게 학습하여야 합니다.

4주차 화요일 기타 시험에 잘나오는 유형에서는 '1. 주어나 목적어의 품사와 쓰임이 잘못된 유형의 문제 → 2. 기타 품사의 위치와 쓰임이 잘못된 유형의 문제 '에 대해 학습하면서 독해1부분을 마무리 해 봅시다.

★ 1. 주어나 목적어의 품사와 쓰임이 잘못된 유형의 문제

1 '是'자 구문에서 주어와 목적어의 쓰임이 잘못된 경우

① '北京 / 是 / 中国的 / 首都 。' [동작의 완성]
　　주어　　＝　（관형어的 +）　목적어

② '我 / 是 / 个 / 大学生 。'　　[귀속]
　　주어　＝　　　　목적어

위의 ①② 두 문장에서 주어와 목적어는 각각 동등과 귀속을 나타냅니다. 이런 경우 주어와 목적어는 같은 것이거나 상응하는 것이어야 하며, ①은 주어와 목적어를 서로 호환하여 쓸 수 있지만, ②의 경우는 서로 호환하여 쓸 수 없습니다. 이렇게 문맥상 '주어(A) = 목적어(B)'의 관계가 성립되어야 하는데, 성립되지 않은 유형의 문제가 제일 많이 출제됩니다.

新 HSK 문제 유형분석

> A. 12月的冰城哈尔滨，是一个美丽的季节。
> B. 收藏热反映出一个国家的兴衰、社会的进步、百姓家庭生活的变迁。
> C. 没有理想，就没有坚定的方向，而没有方向，就没有生活。
> D. 一个懂得在适当的场合和适当的时间展露笑容或开怀大笑的人，一定能受
> 到别人的欢迎。

[단어]

兴衰 xīngshuāi 명 흥함과 쇠함, 성쇠 / 变迁 biànqiān 명동 (사물이) 변천(하다) / 展露 zhǎnlù 동
표면에 내놓다, 공개하다, 드러내다

[해설]

A의 '주어+동사+목적어'는 '冰城哈尔滨/是/一个（ 的）季节.'인데, 하얼빈은 도시이지 계절이 아니므
로 문맥상 올바른 문장이 아닙니다. 따라서 목적어를 '地方' 또는 '城市' 등으로 바꾸어 써서 '冰城哈尔
滨/是/一个（ 的）地方.' 또는 '冰城哈尔滨/是/一个（ 的）城市.'라고 해야 합니다.

[번역]

A. 12월의 얼음도시 하얼빈은 아름다운 곳이다.
B. 수집 붐은 국가의 성쇠, 사회의 진보, 서민의 가정생활의 변천을 반영한다.
C. 이상이 없으면 확고한 방향이 없는 것이며, 방향이 없으면 생활이 없는 것이다.
D. 적합한 장소와 시간에 웃는 얼굴을 띠거나 마음을 열고 크게 웃을 줄 아는 사람은 반드시 다른 사람의
환영을 받을 수 있다.

[정답]　A

2　문맥상 명사의 뜻이 잘못된 유형의 문제

문장구조를 파악했을 때 문맥상 주어나 목적어로 쓰인 명사나 대명사의 뜻이 잘못된 경우가
시험에 출제됩니다. 주어와 서술어(+목적어)를 잘 분석하고 나서 반드시 주어나 목적어로 쓰
인 단어의 의미가 올바른지 확인해야 합니다.

新 HSK 문제 유형분석

> A. 小波家原来就很贫穷，恰巧今年又遇上了灾年。

B. 热爱工作的人，只要工作需要，他们就变换生活的城市。
C. 一提起健身，很多人马上就会想到设施齐全的健身房。
D. 秦始皇是中国历史上第一位皇帝，秦始皇最大的功能是统一了汉字和度量衡。

[단어]

恰巧 qiàqiǎo [부] 공교롭게도, 때마침 / 紧闭 jǐnbì [동] 꼭닫다, 다물다 / 度量衡 dùliànghéng [명] (길이, 무게, 부피 등의) 도량형

[해설]

D의 뒤 절의 '(秦始皇/最大的)/功能/是/统一了汉字和度量衡 (진시황의 가장 큰 기능은 한자와 도량형을 통일한 것이다)'에서, 주어 '功能'은 사물에 쓰이는 단어입니다. 따라서 '功能'을 '(사람이 세운) 업적, 공훈'이란 뜻의 명사 '功绩'로 바꾸어 써야 합니다.

[번역]

A. 小波집은 원래 매우 가난한데다가, 공교롭게도 올해 또 흉년을 겪었다.
B. 일을 매우 좋아하는 사람은 일에 필요하기만 하면, 그들은 생활하는 도시를 바꾼다.
C. 몸을 튼튼히 하는 것을 말하면, 많은 사람들은 바로 시설이 잘 갖추어진 헬스클럽을 떠올린다.
D. 진시황은 중국 역사상 첫 번째 황제이고, 그의 가장 큰 업적은 한자와 도량형을 통일한 것이다.

[정답] D

3 주어와 목적어 자리의 낱말 사용여부가 잘못된 유형의 문제

주어와 목적어 자리에 불필요한 단어가 쓰였거나, 반드시 써야 되는데 쓰지 않는 경우가 이에 속합니다.

新 HSK문제 유형분석

A. 连年的干旱给这里的农业生产造成了很大的损失严重。
B. 语言是人类交际的重要工具，是人们进行沟通交流的各种表达符号。
C. 第一印象并非总是正确，但却总是最鲜明、最牢固的。
D. 生活就是享受，只有品尝人生才能感知生活的快乐。

[단어]

干旱 gānhàn 명 가뭄 동 가물다 / 牢固 láogù 형 ① 견고하다, 튼튼하다 ② 확고하다

[해설]

A의 '주어+동사+목적어'는 '(…的)/干旱/… /造成了/(…的)/损失。(가뭄은 손실을 초래하다)'이므로, 뒤의 형용사 '严重(심하다)'는 불필요한 단어이므로 삭제해야 합니다. 또한 관형어 '很大的' 뒤에는 명사나 대명사가 와야 하므로, 역시 형용사 严重은 쓸 수 없습니다.

[번역]

A. 여러 해 계속되는 가뭄은 이곳의 농업생산에 매우 큰 손실을 초래하였다.
B. 언어는 인류 사교의 중요한 수단이며, 사람들이 교류를 하는 각종 표현기호이다.
C. 첫 번째 인상은 늘 옳은 것은 아니지만, 그러나 늘 가장 선명하고, 가장 확고하다.
D. 생활은 즐거움이다. 오로지 인생을 음미하여야만 비로소 생활의 즐거움을 감지할 수 있다.

[정답]　A

4　주어와 목적어의 품사의 쓰임이 잘못된 유형의 문제

(……的) + <u>주어</u> + 동사서술어 + (……的) + <u>목적어</u> 。
　　　　↳ 명사/대명사/수량사/~~동사~~/~~형용사~~/~~부사~~　　　↳ 명사/대명사/수량사/~~동사~~/~~형용사~~/~~부사~~

위의 경우처럼 명사와 대명사는 문장 중에서 주어 또는 목적어로 쓰이고, 특히 주어와 목적어 앞에 관형어 '……的'가 있으면 반드시 명사 또는 대명사 주어 또는 목적어가 와야 하는데, 동사나 형용사 등 함께 쓸 수 없는 품사를 쓴 경우가 이에 해당합니다.

新 HSK 문제 유형분석

A. 世界上蝴蝶种类有上万种，它们分布在世界各个地方。
B. 有了智慧，我们才能得到财富，有了财富我们才能得到自由。
C. 每个走向成功的人，无疑都会面临一个选择的方面、确定目标的问题。
D. 他是一个伟大的相声演员，我想他每时每刻都想听到观众的笑。

[단어]

蝴蝶 húdié 명 나비

[해설]

D의 뒤 절의 '我想 // 他/每时每刻都/想听到/(观众的) 笑。(나는 그가 늘 관중의 웃음소리를 듣고 싶어 한다고 생각한다)'에서, 관형어 '观众的'뒤에는 명사 목적어가 와야 하는데, 여기서는 동사 '笑(웃다)'가 쓰였습니다. 따라서 동사 '听到' 뒤의 목적어는 '笑声(웃음소리)'로 바꾸어 써야 합니다.

[번역]

A. 세계의 나비의 종류는 만 가지 이상 되며, 나비들은 세계각지에 분포하고 있다.
B. 지혜가 있어야만, 우리는 비로소 부를 얻을 수 있고, 부가 있어야만 우리는 비로소 자유를 얻을 수 있다.
C. 성공으로 나아가는 모든 사람들은 틀림없이 선택하는 방면과 목표를 확정하는 문제에직면할 것이다.
D. 그는 위대한 만담 배우이다. 나는 그가 시시각각 늘 관중들의 웃음을 듣기를 바랄 것이라고 생각한다.

[정답]　D

2. 기타 품사의 위치와 쓰임이 잘못된 유형의 문제

그밖에 양사와 같이 출제빈도수가 높지 않기 때문에 위에서 언급되지는 않았지만 가끔씩 출제되고 있는 단어도 있는데, 이와 관련된 문제는 실력다지기부분에서 문제를 풀고 정리를 하기로 하겠습니다.

新 HSK문제 유형분석

  A. 生活是一把镜子，你对它微笑，它也对你微笑。
  B. 窗花是一种剪纸艺术品，在中国已有上千年的历史。
  C. 创造力与一般能力的区别在于它的新颖性和独创性。
  D. 世界小麦种植的总面积，居粮食作物种植总面积的第一位。

[단어]

新颖性　xīnyǐngxìng　명　참신성

[해설]

A의 앞 절의 '一把镜子'에서 거울을 세는 양사는 '面'을 써야 합니다. '面'은 '一面(镜子 거울 / 旗子 깃발)' 처럼 '넓고 평평한 면이 있는 물건'을 세는 양사입니다. '把'는 '一把(椅子 의자 / 伞 우산)' 처럼 '손잡이가 있거나 손으로 잡을 수 있는 곳이 있는 물건'을 세는 양사입니다.

[번역]

A. 생활은 거울과 같아서, 당신이 생활을 보며 웃으면, 생활도 당신을 보며 웃는다.
B. 窗花는 일종의 종이공예 예술품이며, 중국에서는 이미 천 년 이상의 역사가 있다.
C. 창조력과 일반 능력과의 차이점은 창조력의 참신성과 독창성에 있다.
D. 세계 밀 재배의 총 면적은 식량 작물재배 총 면적의 1위를 차지한다.

[정답]   A

[번역]

A. 생활은 거울과 같아서, 당신이 생활을 보며 웃으면, 생활도 당신을 보며 웃는다.

▶ 정답 & 해설 p. 524 – 527

1회

第51-60题：请选出有语病的一项。

51 
A. 老师问清了原因，沉思了少许，轻轻地拍我的肩膀示意我去他的教师。

B. 中华文化博大精深，为许多文学家提供了创作的源泉。

C. 一个只会吹牛的人，其生活的诚信度之低，令人难以想象。

D. 戏剧是一种综合的舞台艺术，它揭示矛盾反映现实生活。

52
A. 孩子成长中最需要的就是家长的信任与理解。

B. 他家的孩子刚出生不久，圆嘟嘟的小脸，真是人见人爱。

C. 畅销书不一定就是好书，但也有可能成为名著，这要看它是否经得起时候的考验。

D. 互联网进入社会生活后，在短短的十年内迅速成为主流的信息媒体。

53 
A. 人们有所作为的时候就是现在，但很多人却在后悔过去和担心未来之中浪费了大好时光。

B. 某些动物具有辨别方向的本能，大多数人不具备这种能力。

C. 人类生存离不开水，水是生命赖以生存的基本条件。

D. 在他20多年的教学生涯中，他不止一次地遇到类似的情形。

233

54

A. 人生就像一场戏，你所在乎的不是观众，而是你自己所扮演的角色。

B. 北京郊区的地方风景优美，最著名的旅游景点是青龙峡。

C. 大家都知道秦始皇统一文字,所以在秦以前,文字的写法也因为国家的不同而有不同。

D. 她从小精明能干，再加上又肯吃苦。

55

A. 两年来我一直坚持跑步，不仅是为了减肥，也是为了磨练自己的意志。

B. 宽容意味着尊重、理解、信任和沟通，但不是放任，不是纵容，不是消极地无所作为。

C. 据调查，多数女性喜欢认真、幽默的男性最受女性欢迎。

D. 登山设备要适应登山运动的环境条件，在设计制作上要尽量使其轻便，并能一物多用。

56

A. 茶是提神醒胃的饮料，尤其是吃了油腻的点心，茶有助洗去油腻。

B. 唐朝是中国古典诗歌最辉煌的时期，流传下来的诗歌将近五万首。

C. 在千奇百怪的植物界里，有些植物也能成为找到地下矿藏。

D. 北京四合院作为老北京人世代居住的主要建筑形式，驰名中外，世人皆知。

57

A. 这起事故经新闻媒体报道以后，引起了强烈的反响。

B. 他这个人除了有点懒之外，还有不少让人值得佩服。

C. 闻名遐迩的苏州园林采用缩景的手法，给人以小中见大的艺术效果，为苏州赢得"园林之城"的美誉。

D. 说谎时，心跳往往加速，血液涌进毛细血管，人就会觉得热，继而可能脸红。

58 A. 从前有个人，他在沙漠中迷失了方向，饥渴难忍，濒临死亡。

B. 作家不是一味地坐在家里空想，而是要走出去体验生活来充实自己，这样才对写作有帮助。

C. 我们居住在地球上，是由陆地和海洋组成的一块大磁体。

D. 生活就像一间房子，它可能空虚无物，它也可能被你布置的丰富多彩。

59 A. 女孩的心早就飞到了繁华热闹的大街上，满脑子想的都是卖完牛奶后的打算。

B. 对于幸福的含义，每个人都有不同的理解。

C. 每遇到让他沮丧伤怀的事，他都靠着妈妈的话度过了一个又一个家庭和事业上的危机。

D. 西北部中国的甘肃省旅游资源十分丰富，形成了独具特色的旅游资源。

60 A. 严重的醉酒可并发肺部感染、吸入性肺炎、肺水肿等。

B. 武当山是中国四大道教名山之一，它直到明朝，才成为举世闻名的道教圣地。

C. 我最近太忙了，根本没有时候，老婆孩子怪我不陪她们，真是没办法。

D. 在市场竞争越来越激烈的今天，一个企业能不能成功的关键取决于它的技术和管理。

▶ 정답 & 해설 p. 527 – 530

2회

第51-60题：请选出有语病的一项。

51

A. 孩子成长离不开家长的教育，因为孩子总是能从父母得到启发。

B. 蓝鲸是世界上已知最大的动物。

C.《西游记》讲述唐朝和尚西天取经的故事，表现了惩恶扬善的古老主题。

D. 倾听能够创造一种安全温暖的气氛，使人更加坦率地表达真实的想法。

52

A. 中国是世界上率先发明瓷器的国家，为人类历史写下了光辉的一页。

B. 许多北京的高档小区都发生过类似的诉讼。

C.《清明上河图》描绘了北宋的城市面貌和人民的生活，具有极高的史料价值，是中国十大传世名画。

D. 夏至虽表示炎热的夏天已经到来，但夏至后的一段时间内气温仍继续升高，大约再过二三十天，一般是最热的天气了。

53

A. 如果没有进食早餐，体内无法供应足够血糖，人便会感到倦怠、疲劳。

B. 一般情况下，当人们困倦、疲乏、兴趣不足或抑郁时，注意力往往难于集中。

C. 据有关部门统计，这次自然灾害损失严重，粮食产量将减少100万吨以内。

D. 牛奶营养丰富、容易消化吸收，人称"白色血液"，是最理想的天然食品。

54

A. 人，只要有一种信念，有所追求，什么艰苦都能忍受，什么环境也都能适应。

B. 你不努力学习，那怎么可能有好的成绩是可想而知的。

C. 一个人知道了自己的短处，能够改过自新，就是有福的人。

D. 荷兰一家保险公司推出一种特殊的"球赛病假"险种，只要员工在荷兰队有比赛的日子请病假，其所在公司就可以要求获得赔付。

55

A. 有没有坚定的信心，是决定一个人能够成功的关键。

B. 当你想向别人倾诉时，如果有人能够认真地倾听你的倾诉，那么他就是你最好的朋友。

C. 有位名人曾说过："金钱是最好的奴隶，有时候它也会变成坏主人。"

D. 时尚就是短时间里一些人所崇尚的生活，这种时尚涉及到生活的各个方面。

56

A. 我觉得2010年是很运气的一年，因为通过这一年的学习，我取得了很大的成功。

B. 中国古代的园林里，所有的路都是弯弯曲曲的。

C. 科学家们证实，菌类与某些特殊的树林有着互相依赖的关系。

D. 生命仅有理想和目标是不够的，还要懂得为它付出代价。

57

A. 竹地板以其优越的性能吸引了不少消费者的眼球。

B. 仍有许多美国人们，没有得到关于癌症的足够的教育，对癌症有大量的误解。

C. 清代以后，茶具品种增多，形状多变，色彩多样。

D. 经过数十年的辛勤努力，张明山一生中创作了一万多件作品。

58

A. 据科学家统计，蜜蜂每酿造一斤蜜，大约要采集50万朵花粉。

B. 在烹调过程中品尝自制的小点心不但有成功的喜悦，也有意想不到的乐趣。

C. 他没有听清我的话，误解了我的意思。

D. 由于鼠标小巧灵活，形状看上去像一只小老鼠，所以被称为"鼠标"。

59

A. 农历九月初九，为中国传统的重阳节。

B. 京剧是在汉戏的基础上吸收了一些戏曲剧种的优点逐渐演变而形成的。

C. 由于自然资源匮乏，该个国家的主要工业原料均依赖进口。

D. 这种星系没有一定的形状，也没有明显的中心，所以被称为不规则星系。

60

A. 有航空学家说，一些重要机场都对航空运输每天所产生的噪音有限制。

B. 传统服装具有的那种稳定的、持久的美感确实是用来表现社会或者个人的高雅情趣的。

C. 塑造人物形象是小说反映社会生活的主要手段。

D. 你不是明天离开北京吗？将来我再把这些东西给你寄过去，你别担心。

제 **3** 단원

독해 2부분은 '어휘'에 관한 문제로
한 문항 안에 있는 3~5개의 빈칸에 들어갈 알맞은 낱말을 선택하는 문제입니다.

독해 2부분에서는 우선 중국어 문장의 기본구조를 파악할 줄 알아야 하며,
그다음 빈칸의 문장성분을 파악하고 나서 빈칸의 문장성분과 호응이 되는
가장 알맞은 단어를 보기ABCD에서 찾으면 됩니다.

유형별 문제풀이 집중공략

● 기본기 다지기

문장성분 파악하기 / 문제를 푸는 방법

1주차_ 유형별 문제풀이 집중공략

1. 서술어 관련 문제유형
2. 주어 또는 목적어 관련 문제유형
3. 관형어 관련 문제유형
4. 부사어 관련 문제유형
 • 新HSK문제 유형분석
 *실력다지기 실전문제

2주차_ 최종점검하기

 • 新HSK문제 유형분석
 • 시험에 잘나오는 4자 성어
 *실력다지기 실전문제

독해 2부분은 '어휘'에 관한 문제로 한 문항 안에 있는 3~5개의 빈칸에 들어갈 알맞은 낱말을 선택하는 형식으로 된 문제입니다.

독해 2부분 문제는 문장성분에 따른 어휘의 호응관계(搭配)를 묻는 유형으로 되어 있습니다. 독해 2부분 문제를 풀려면 우선 중국어 문장의 기본 구조를 파악할 줄 알아야 하며, 이때 문장 전체를 읽기보다는 빈칸의 문장성분을 파악하고 나서, 빈칸의 문장성분과 호응이 되는 가장 알맞은 단어를 보기 ABCD에서 찾으면 됩니다.

이때 제시된 단어를 순서대로 보기 보다는 쉬운 단어나 자신이 확실히 알고 있는 단어를 먼저 공략하면 보다 쉽고 정확하게 정답에 접근할 수 있습니다.
독해 2부분의 문제를 푸는 방법은 다음과 같습니다.

1 제일 먼저 밑줄 친 부분의 문장성분이 무엇인지 파악한다.

보통 문장 맨 앞쪽의 명사/대명사는 '주어', 문장 맨 뒤쪽의 명사/대명사는 '목적어'이며, 동사서술어는 주로 뒤쪽의 목적어와 함께 씁니다. 아래의 ①은 뒤쪽에 명사/대명사 목적어가 있으므로 '동사 서술어' 자리에 빈칸이 있는 유형입니다.

아래의 ②는 주어만 있을 뿐 서술어가 없으며, 서술어 뒤쪽에 목적어도 없습니다. 이런 경우는 '형용사 서술어' 또는 '사자성어 서술어'자리에 빈칸이 있는 유형입니다.

a처럼 서술어 앞쪽에는 주어가 올 수 있습니다. 또한 b처럼 맨 앞쪽에 관형어 '(… 的)'가 있다면, 그 뒤에는 반드시 주어에 해당하는 명사/대명사를 써야 합니다. 아래의 ③은 '주어' 자리에 빈칸이 있는 유형입니다.

③ a. __________ …… 서술어 。
       └→ 주어

   b. (… 的) __________ …… 서술어 。
                  └→ 주어

보통 명사나 대명사 앞에서 수식을 해주는 두 글자 이상의 '관형어'는 맨 뒤에 '的'를 함께 써서 '(… 的)'의 형태로 명사/대명사 앞에 씁니다. 아래의 ④는 '(명사/대명사) 목적어' 자리에 빈칸이 있는 유형입니다.

④ 주어 … 동사 + (… 的) __________ 。
                         └→ 명사/대명사 목적어

명사/대명사 앞쪽에는 모두 수식성분인 관형어를 함께 쓸 수 있습니다. 따라서 관형어는 주어 앞, 목적어 앞, 전치사와 명사/대명사 사이에 올 수 있습니다. 아래의 ⑤는 '관형어' 자리에 빈칸이 있는 유형입니다.

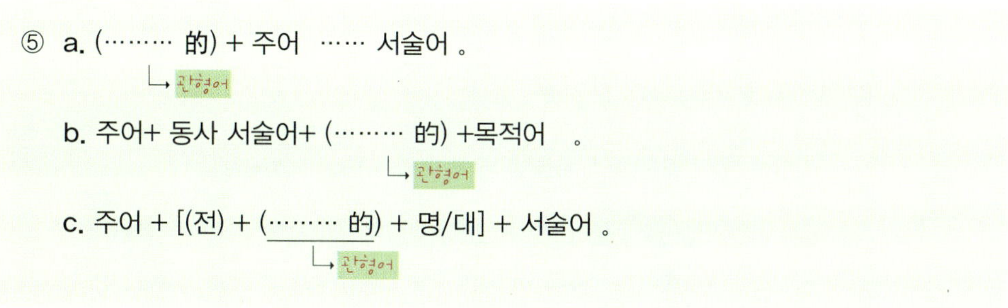

⑤ a. (……… 的) + 주어 …… 서술어 。
        └→ 관형어

   b. 주어 + 동사 서술어 + (……… 的) + 목적어 。
                            └→ 관형어

   c. 주어 + [(전) + (……… 的) + 명/대] + 서술어 。
                      └→ 관형어

2 빈칸에 들어갈 낱말과 호응하는 핵심단어를 찾는다.

① 동사 서술어 자리에 빈칸이 있는 경우 뒤쪽의 목적어가 핵심단어입니다.
   → 동사 서술어 + 목적어。

② 동사 서술어 자리에 빈칸이 있는데 목적어가 없다면 앞쪽의 주어가 핵심단어입니다.
   → 주어 + 동사 서술어。

③ 형용사 서술어 또는 사자성어 자리에 빈칸이 있는 경우 앞쪽의 주어가 핵심 단어입니다.

→ 주어 + 형용사 서술어 / 사자성어 서술어。

④ 관형어 자리에 빈칸이 있으면 우선 관형어만 따로 분리해서 봅니다.

→ (…… _______ 的) + 명사/대명사。

⑤ 관형어만 보고서 이해가 잘 안가는 경우에는 관형어 바로 뒤의 명사/대명사까지 함께 봅니다.

→ (…… _______ 的) + 명사/대명사。

⑥ 접속사 자리에 빈칸이 있는 경우 우선 호응하여 함께 쓰는 낱말을 찾습니다.

→ 如果 …… , _______ 就 …… 。

3 **틀린 품사는 먼저 제외한 후 정답을 찾는다.**

빈칸에 들어갈 알맞은 품사를 확인하고 나서 우선 보기 ABCD 중에서 빈칸에 절대로 들어갈 수 없는 품사는 정답에서 제외하고 나서, 나머지 보기의 단어 중에서 알맞은 정답을 찾습니다. 지금까지 우리는 독해 2부분 문제를 푸는 방법에 대해 학습해 보았습니다. 이 부분의 고득점을 향한 문제풀이 방법은 다음과 같이 요약을 할 수 있습니다.

01. 먼저 지문의 길이를 살펴본다.

(1) 1~2줄 정도의 짧은 지문인 경우

: 보기 ABCD의 단어의 품사와 뜻을 확인 한 후에 바로 지문을 보면서 문제를 풀면 됩니다.

(2) 5~6줄 정도의 비교적 긴 지문인 경우

: 먼저 지문의 첫째~둘째 줄 정도를 읽어보면 어떤 내용에 관한 문장인지 어느 정도 파악할 수 있기 때문에, 문제를 좀 더 쉽게 풀어 나갈 수 있습니다.

02. 지문에서 빈칸의 앞 뒤 구절의 품사와 문장성문 또는 내용을 정확히 파악한다.

: 무조건 처음부터 끝가지 문장을 읽어 내려가기 보다는 우선 빈칸의 앞 뒤 구절을 보면서, 품사와 문장성분 또는 내용을 파악해야 합니다.

03. 보기에서 쉬운 단어나 자신이 확실히 알고 있는 단어부터 확인한다.

① 빈칸 앞 뒤 구절에 있는 단어의 품사와 문장성분을 파악하고 나서, 보기 ABCD에서 쉬운 단어나 자신이 확실히 알고 있는 단어부터 지문의 핵심어와 호응관계가 올바른지 확인합니다.

② 절대 정답이 될 수 없는 것부터 정답에서 제거하고 나머지 보기를 확인합니다.

③ 호응관계가 정확하게 맞아 떨어지는 것이 1개 밖에 없으면 그 것이 정답입니다.

유형별 문제풀이 집중공략

독해 2부분은 빈칸에 알맞은 어휘를 선택하는 문제이기 때문에 무작정 문장 전체를 해석하기 보다는 문장성분을 기준으로 빈칸에 알맞은 품사를 찾은 후, 그 중에서 문맥상 일치하는 뜻이나 호응관계를 고르는 방식으로 문제를 풀어나가는 것이 훨씬 유리합니다. 제1주차 수요일에는 독해 2부분 문제풀이 방법에 대해 집중 공략해 봅시다.

먼저 문장성분을 기준으로 문제를 푸는 방법은 '서술어 → 주어 또는 목적어 → 관형어 → 부사어' 의 순서로 학습하면서 시험에 자주 출제되는 단어를 함께 마스터해 보도록 하고, 문장성분을 기준으로 문제를 푸는 방법 이외에 접속사와 관련된 문제도 함께 학습하겠습니다.

★ 1. 서술어와 관련된 문제유형

서술어가 될 수 있는 대표적인 낱말은 동사와 형용사 그리고 사자성어 등이 있는데, 독해 2부분 시험에서 서술어 관련 문제가 80%이상 출제되고 있습니다.

동사 서술어는 주로 목적어와 함께 씁니다. 아래의 ①은 뒤쪽에 명사/대명사 목적어가 있으므로 '동사 서술어' 자리에 빈칸이 있는 유형입니다. ②는 주어만 있으므로 서술어자리에 빈칸이 있는 문제인데, 서술어 뒤쪽에 목적어가 없으므로 '형용사 서술어' 또는 '사자성어 서술어'자리에 빈칸이 있는 유형입니다.

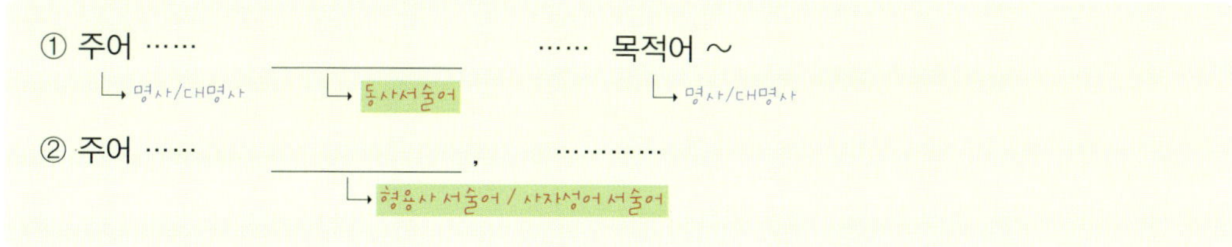

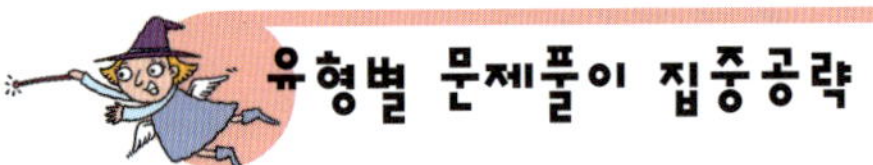

01.

> 湘菜品种________、味道独特，________"香辣天下第一"的美誉，湘菜的这种香辣的风格也________国内外人们的欢迎，许多人发出"食在中国，味在湖南"的________。
>
> A. 丰富　　享有　　赢得　　赞叹
> B. 丰盛　　具有　　造成　　赞扬
> C. 丰收　　拥有　　吸收　　表扬
> D. 繁荣　　占有　　吸引　　赞赏

[단어]

湘菜 xiāngcài 명 호남(湖南) 풍의 요리 / 美誉 měiyù 명 ① 명성과 명예 ② 찬미

[용법]

첫 번째 단어: '丰'은 모두 '많음'을 의미합니다.

단어	품사	뜻	내포된 의미	호응하여 함께 쓰이는 낱말
丰富	형	풍부하다	종류나 수량이 많음 [= 很多]	(种类 / 经验 / 知识 / 维生素 / 营养)很丰富。 [구체적, 추상적인 주어 모두 사용 가능]
丰盛	형	성대하다, 풍부하다	음식이나 물질 등이 많이 (차려) 있음	(物产 / 菜)很丰盛。 丰盛的(酒席 / 款待)
丰收	명/동	풍작(을 이루다)	(1) 농작물에서 많은 수확을 거둠 (2) 다 방면에서 성과를 얻음을 비유함	(粮食 / 今年农业)又丰收了。 我在工作上取得了很大的丰收。
繁荣	형/동	번영(번창)하다 / 번창시키다	경제, 사업방면에서 왕성하게 발전함	(国家 / 祖国 / 都市 / 农村 / 经济)很繁荣。 繁荣(经济 / 文化 / 市场 / 教育) 祖国(昌盛繁荣 / 繁荣富强)

두 번째 단어: '有'는 모두 '있다'는 뜻을 의미하고, 모두 동사로 쓰입니다.

단어	품사	뜻	내포된 의미	호응하여 함께 쓰이는 낱말
享有	동	누리다, 향유하다	권리, 명예, 명성 등을 가지고 있으면서 누리다	享有(权利 / 名声 / 名誉 / 美誉)

具有	동	가지다, 구비하다	주로 추상적인 것 또는 선척적으로 있는 것을 가지고 있다	具有(思想 / 价值 / 优点 / 能力)
拥有	동	소유하다, 가지다	주로 구체적인 것 또는 후천적으로 생긴 것을 가지고 있다	拥有(财产 / 土地 / 东西 / 机会)
占有	동	차지해(고 있)다	지위나 위치를 차지하고 있다	占有(地位 / 位置 / 比重)

세 번째 단어: '得'는 '얻음, 받음'을 의미하고, '吸' 또는 '引'은 '흡수하다, 끌어들이다'는 뜻을 의미합니다.

단어	품사	뜻	내포된 의미	호응하여 함께 쓰이는 낱말
赢得	동	얻다, 획득하다	갈채, 찬사 등 상대방에게 좋은 것을 받다, 얻다	赢得(掌声 / 喝彩 / 欢呼 / 称赞 / 欢迎 / 好评 / 信任 / 尊敬 / 支持)
造成	동	초래하다, 조성하다	대부분 나쁜 결과나 바라지 않은 일을 초래하다	造成了(疾病 / 环境污染 / 蔬菜价格上涨)
吸收	동	흡수하다, 받아들이다	양분 또는 외부사물이나 사람을 받아들이다	吸收(营养 / 养分 / 水分 / 新会员 / 新成员 / 外国文化)
吸引	동	끌어들이다	(대부분) 사람 또는 사람이 ~하도록 끌어들이다, 이끌다	吸引(人 / 观众 / 顾客到公园来玩儿)

네 번째 단어: '赞叹'은 '감탄하다'는 뜻의 동사이며, '赞扬(찬양하다, 칭찬하다), 表扬(표창하다, 칭찬하다), 赞赏(높이 평가하다, 칭찬하다)'은 모두 '칭찬하다'는 뜻을 가지고 있는 동사입니다.

[해설]

첫 번 째 빈칸 앞의 주어가 '品种'이므로 '종류가 많다'는 뜻의 형용사 '丰富'를 써야 하므로 정답은 A입니다. 맨 마지막 빈칸 앞의 동사 '发出'는 (1) 소리를 내다 (2) 명령, 지시등을 발포하다 (3) 정리된 원고나 우편물을 발송하다 뜻이므로, (1)의 뜻으로 쓰는 경우 뒤의 목적어 자리에 '赞叹' 이외의 다른 단어는 함께 쓸 수 없습니다.

[번역]

호남음식의 종류는 풍부하며 맛도 독특해서 '매운맛이 천하제일이다'는 명성을 누리고 있다. 호남의 매운 맛의 풍격도 국내외 사람들의 환영을 받는데, 많은 사람들은 '음식은 중국에 있고, 맛은 호남에 있다'라고 감탄한다.

A. (형) 풍부하다 (〇) / (형) 향유하다, 누리다 (〇) / (동) 얻다, 받다 (〇) / (명/동) 감탄(하다) (〇)
B. (형) 성대하다 (×) / (동) 가지다, 구비하다 (〇) / (동) 초래하다 (×) / (동) 찬양하다 (×)
C. (명/동) 수확(하다) (×) / (동) 소유하다 (×) / (동) 흡수하다 (×) / (동) 표창하다 (×)
D. (동) 번영하다 (×) / (동) 차지하고 있다 (×) / (동) 끌어들이다 (×) / (동) 높이 평가하다 (×)

[정답]　A

02.

三国的故事________，然而一代枭雄曹操死后的墓到底在什么地方却
________。河南省安阳市文物工作在对一个古墓葬进行挖掘时发现了一块
与曹操有关的石碑，这个石碑与古代书籍相印证，但是这一发现没有得到
相关部门的________。

A. 众所周知　　　络绎不绝　　　证明
B. 家喻户晓　　　众说纷纭　　　证实
C. 举世闻名　　　众口一词　　　承认
D. 尽人皆知　　　难能可贵　　　论证

[단어]

枭雄 xiāoxióng 몡 효웅, 강하고 야심찬 인물, 지혜와 용기가 뛰어난 인물 / 墓 mù 몡 묘, 무덤 / 墓
葬 mùzàng 몡 고분 / 石碑 shíbēi 몡 비석 / 印证 yìnzhèng 몡동 검증, 실증, 증명(하다)

[용법]

첫 번째 단어: 모두 사자성어입니다.

단어	발음	의미
众所周知	zhòngsuǒzhōuzhī	다 아는 바와 같이, 모든 사람이 다 알고 있다

众所周知，在社会中人才的竞争是十分激烈的。
모두 다 알다시피 사회에서 인재의 경쟁은 아주 치열하다.
复活节游行是众所周知的一种时装展览。
부활절 행진은 모든 사람들이 다 아는 바와 같이 일종의 패션쇼이다.

家喻户晓	jiāyùhùxiǎo	집집마다 다 알다, 누구나 다 알다

姚明在中国和美国都是一个家喻户晓的人物。
姚明은 중국과 미국에서 누구나 다 아는 인물이다.
每家公司都希望他们每年推出的新产品可以家喻户晓。
모든 회사는 그들이 매년 출시하는 신상품이 모두에게 알려질 수 있기를 바란다.

举世闻名	jǔshìwénmíng	온 세상이 다 알다, 온 세상에 널리 이름나다

我们这次旅游的目的地是举世闻名的大熊猫故乡，列入世界自然遗产的九寨沟自然保护区。
우리의 이번 여행 목적지는 세계에서 이름이 난 팬더의 고향으로, 세계 자연 유산에 속해 있는 九寨沟 자연보호
구이다.
那些举世闻名科学家最大的特征便是拥有很强的自信力。
세계에서 이름난 과학자들의 가장 큰 특징은 바로 매우 강한 자신감을 가지고 있는 것이다.

尽人皆知	jìnrénjiēzhī	모든 사람들이 다 안다, 누구나 다 안다

> 吸烟有害健康,这是尽人皆知的事实。
> 흡연은 건강에 해로운데, 이것은 누구나 다 알고 있는 사실이다.
> 网络语言流行的传播的速度之快，尽人皆知。
> 인터넷 유행어가 전파되는 속도가 빠른 것은 누구나 다 알고 있다.

두 번째 단어: 모두 사자성어입니다.

단어	발음	의미
络绎不绝	luòyìbùjué	그칠 줄 모르다, (사람, 수레, 배 등) 왕래가 빈번해 끊이지 않다

每年来此游览的各国游客络绎不绝。
매년 이곳에 여행을 오는 각국 여행객은 끊이질 않는다.

全聚德闻名世界，来品尝烤鸭的人的络绎不绝。
전취덕은 세계에서 아주 유명해서 오리구이를 먹으러 오는 사람들이 끊이지 않는다.

众说纷纭	zhòngshuōfēnyún	의론이 분분하다

科学家们对这种奇怪的现象众说纷纭，没有统一的解释。
과학자들은 이런 기현상에 대해 의론이 분분하며, 일치된 설명이 없다.

对于众说纷纭的科学问题，我们应该采取慎重的态度。
의론이 분분한 과학문제에 대해 우리는 신중한 태도를 취해야 한다.

众口一词	zhòngkǒuyìcí	이구동성으로 말하다, 여러 사람이 같은 말을 하다

记者们对当地人调查的结果是众口一词, 都说他们是个好人。
기자들의 현지인에 대한 조사 결과 이구동성으로 모두 그들이 좋은 사람이라고 말한다.

我们没有经过商量，都众口一词地同意了这项计划。
우리는 상의도 하지 않고, 모두 이구동성으로 이 계획에 동의했다.

难能可贵	nánnéngkěguì	매우 귀하다, 진귀하다, 매우 갸륵하다

她带病努力工作,真是难能可贵!
그녀는 아프면서도 열심히 일하는데, 정말 기특하다.

"他有两点特别难能可贵之处：才华和动力。
그는 특별히 두 가지 훌륭한 점이 있다: 재능과 원동력이다.

세 번째 단어: '证'은 모두 '증명하다'는 뜻을 의미하고, 모두 동사로 쓸 수 있습니다.

단어	품사	뜻	내포된 의미	호응하여 함께 쓰이는 낱말
证明	명/동	증명(하다)	믿을 만한 자료로 어떤 사람이나 사물의 판단 또는 진위를 밝힘	得到证明 证明(人 증인 / 信 소개장, 증명하는 편지 / 单 증명서 / 文件 증명서류) 证明(身份 신분) 开 떼다, 작성하다(一份健康证明 / 结婚证明 / 财产证明)
证实	동	실증(하다)	사실을 바탕으로 증명하다	(得到 / 需要)证实 证实(自己的证件 / 理论 / 这种说法)

承认	동	승인(허가)하다, 동의(시인)하다	대부분 부정적인 것 또는 원래는 인정하지 않은 것을 승인, 허가, 동의하다	承认(失败 / 自己的错误 / 问题 / 不好)
论证	명/동	논증(하다)	논리적인 추론에 의해 명제가 진짜인 것을 증명함	论证(基本原理 / 现象 / 三个问题) 有力的论证

[해설]

세 번째 빈칸 앞의 '这个石碑/与古代书籍/相印证, /但是/这一发现/没有得到/(相关部门的) ___。(이 비석은 고대서적과 서로 검증을 했지만, 그러나 관련 부처의 ___ 는 얻지 못했다.)'에서 문맥상 '没 有得到证明 (증명을 얻지 못했다)', '没有得到证实 (검증을 얻지 못했다)' 라고는 할 수 있지만, C의 '承认'은 주로 '실수, 실패' 등 부정적인 것을 인정하다의 뜻으로 쓰므로 정답이 아니며, D의 '论证'은 '논리적인 추론에 의해 증명하다'는 뜻인데, 여기서는 고대서적과 서로 자료를 검증했다고 했으므로 정답이 아닙니다. 따라서 정답은 A와 B 둘 중의 하나입니다. 첫 번째 사자성어는 A와 B 둘 다 '모두가 다 안다'는 뜻이며, 두 번째 빈칸 앞에 전환의 뜻을 가진 부사 '却'가 있으므로 문맥상 '누구나 다 알고 있지만, ~에 대해서는 의론이 분분하다'는 뜻의 사자성어 '众说纷纭'을 써야 합니다.

[번역]

삼국의 고사는 누구나 다 알고 있지만, 그러나 지혜와 용기가 뛰어난 조조가 죽은 후의 무덤은 도대체 어디에 있는지 오히려 의론이 분분하다. 하남 성 안양 시 문물작업은 한 고분에 대해 발굴을 할 때 조조와 관계있는 비석을 발견했는데, 이 비석은 고대 서적과 서로 검증을 하였지만, 그러나 이 발견은 관련 부처의 실증을 얻지 못했다.

A. (성) 누구나 다 안다 (○) / (성) 왕래가 빈번해 끊이지 않다 (×) / (동) 증명하다 (○)
B. (성) 집집마다 모두 다 안다 (○) / (성) 의론이 분분하다 (○) / (동) 실증하다 (○)
C. (성) 세계에서 유명하다 (×) / (성) 이구동성으로 말하다 (×) / (동) 인정하다 (×)
D. 누구나 다 안다 (○) / (성) 매우 진귀하다 (×) / (동) 논증하다 (×)

[정답] B

★ 2. 주어 또는 목적어와 관련된 문제유형

① 주어와 관련된 문제유형

아래의 a처럼 서술어 앞쪽에는 주어가 올 수 있습니다. 또한 b처럼 맨 앞쪽에 관형어 '(… 的)'가 있다면, 그 뒤에는 반드시 주어에 해당하는 명사/대명사를 써야 합니다. 아래의 a와 b는 '주어' 자리에 빈칸이 있는 유형입니다.

a. ___________ …… 서술어 。
 └─→ 주어

b. (… 的) ___________ …… 서술어 。
 └─→ 주어

② 목적어와 관련된 문제유형

아래의 a는 동사 뒤에 관형어가 있고 그 뒤에 '(명사/대명사) 목적어' 자리에 빈칸이 있고, b는
동사 바로 뒤의 명사/대명사 목적어 자리에 빈칸이 있습니다. 아래의 a와 b는 목적어 자리에
빈칸이 있는 유형의 문제입니다.

a. 주어 … 동사 + (… 的) ___________ 。
 └─→ 명사/대명사 목적어

b. 주어 … 동사 + ___________ 。
 └─→ 목적어

运动与人的_________有很大的关系，事实上人体的各个________都参与这
个过程，适当的运动可以促进人体的代谢，有助于人们缓解________。

A. 安居乐业　　　位置　　　疲困
B. 理所当然　　　地位　　　压抑
C. 聚精会神　　　部门　　　困倦
D. 新陈代谢　　　部位　　　疲劳

[단어]

参与 cānyù 통 참여(, 가담, 개입, 참견)하다 / 适当 shìdàng 형 적당하다, 적절하다, 알맞다 / 缓解
huǎnjiě 통 ① (급박하고 긴장된 상태가) 완화되다, 풀어지다 ② 완화시키다

[용법]

첫 번째 단어: ABC는 모두 사자성어이고, D만 명사입니다.

단어	발음	의미
安居乐业	ānjūlèyè	평안하고 조용히 살면서 즐겁게 일하다

保障人民群众安居乐业，是政府应尽的责任。
국민들이 평안하게 살면서 즐겁게 일할 수 있게 보장하는 것은 정부가 당연히 해야 할 책임이다.

现在社会稳定，经济繁荣，人民安居乐业。
현재 사회가 안정되고, 경제가 번영하여서, 사람들이 평안한 생활을 하면서 즐겁게 일한다.

단어	발음	의미
理所当然	lǐsuǒdāngrán	도리로 보아 당연하다

自由，现在已被认为是件理所当然的事情。 현재 자유는 이미 당연한 일로 여겨진다.

请记住，并不是所有事情都是理所当然的。 모든 일이 다 당연한 일은 아니라는 것을 기억하십시오.

단어	발음	의미
聚精会神	jùjīnghuìshén	정신을 집중하다

爷爷戴上了眼镜，聚精会神地看报纸。 할아버지는 안경을 쓰고, 집중하여 신문을 보신다.

课堂上学生们聚精会神地听老师讲课。 교실 안의 학생들은 집중하여 선생님의 수업을 듣는다.

단어	발음	의미
新陈代谢	xīnchéndàixiè	(명) 신진대사 [사람 몸속의 묵은 것이 없어지고 새것이 대신 생김]

두 번째 단어: 모두 '위치, 자리, 부위'의 뜻을 의미하는 명사입니다.

단어	뜻	내포된 의미
位置	(1) 위치, 자리, 좌석 (2) 지위	(1) 차지하고 있는 구체적인 장소, 곳, 자리, 좌석을 말함 　: 大家都坐在指定的位置上。 모두 지정좌석에 앉아 있다. (2) 사회적인 지위나 차지하고 있는 비중을 말함
地位	지위, 자리	개인 또는 단체의 사회적인 위치를 말함. : 地位(高 / 低 / 贵 / 贱 / 显赫 xiǎnhè 빛나다) 　(没)有～的地位 ～한 자리가 있다(없다)
部门	부문, 부처, 부서	회사, 단체 등 일정한 조직체 안에서 일의 성격에 따라 나누어진 부분 : 人事部门 / 财务部门 / 安全部门 …
部位	부위	전체에 대한 부분의 위치 : 身体部位 / 各个部位

세 번째 단어: ABD는 모두 '피곤하다, 지치다'는 뜻입니다.

단어	품사	뜻	내포된 의미
疲困	형/동	피곤하다, 피곤하게 하다	'疲', '困', '倦(juàn)'은 모두 '피곤하다, 지치다'는 뜻을 나타냄.
困倦	형	피곤하여 졸리다	
疲劳	명/동	피로(해 지다), 지치다	
压抑 yāyì	명/동 형	(1) (감정을) 억압(하다), 억제(하다), 속박(하다) (2) (마음이) 답답하다	压抑(感情 / 情绪 / 愿望 / 悲痛 / 愤怒) (环境 / 感觉 / 黑色使人们觉得 / 灰暗的天空)十分压抑。

두 번째 빈칸 앞의 '事实上/(人体的)/各个 ________/都参与/这个过程 (사실 인체의 각 ______는 이 과정에 참여한다)'에서 '사람의 신체부위'라고 하는 경우 '人体部位', '身体部位'라고 해야합니다. A의 '位置'는 차지하고 있는 구체적인 장소를 말하는 자리, 좌석을 말하고, B의 '地位'는 사회적으로 차지하고 있는 위치, 비중을 말하며, C의 '部门'은 단체나 조직내에서 일에 따라 나누어 놓은 부처, 부서를 말하므로 모두 정답이 될 수 없습니다. 따라서 이 문제의 정답은 D입니다. 그밖에도 이 문장은 신체와 운동과의 관계에 대해 설명하고 있으므로, 문맥상 첫 번째 빈칸에는 '人的新陈代谢'라고 해야 합니다.

[번역]

운동과 사람의 신진대사는 매우 큰 관계가 있으며, 사실 인체의 각 부위는 모두 이 과정에 참여하고 있어서, 적당한 운동은 인체대사를 촉진시킬 수 있으며, 사람들의 피로를 완화시키는데 도움을 준다.

A. (성) 평안하고 조용히 살면서 즐겁게 일하다 (×) / (명) 위치, 자리, 좌석 (×) / (형/동) 피곤하다 (○)
B. (성) 도리로 보아 당연하다 (×) / (명) 지위, 위치 (×) / (명/동/형) 억압(억제)하다, (마음이) 답답하다 (×)
C. (성) 정신을 집중하다 (×) / (명) 부문, 부처, 부서 (×) / (형) 피곤하다, 피곤해서 졸리다 (○)
D. (명) 신진대사 (○) / (명) 부위 (○) / (명/동) 피로하다, 지치다 (○)

[정답]   D

★ 3. 관형어와 관련된 문제유형

명시/대명사 앞쪽에는 모두 수식성분인 관형어를 함께 쓸 수 있습니다. 따라서 관형어는 아래의 ① 처럼 주어 앞에 오는 경우, ②처럼 목적어 앞에 오는 경우, ③처럼 전치사와 명사/대명사 사이에 오는 경우가 있습니다. 아래의 ①②③는 모두 '관형어' 자리에 빈칸이 있는 유형입니다. 형용사, 동사, 사자성어, 명사, 전치사구 등 보통 부사를 제외한 낱말들은 관형어 자리에 모두 쓸 수 있습니다.

① (……… 的) + 주어 …… 서술어 。
   └→ 관형어 [→ 형용사, 동사(구), 사자성어, 명사, 전치사구 …]

② 주어 + 동사 서술어 + (……… 的) + 목적어 。
                    └→ 관형어

③ 주어 + [(전) + (……… 的) + 명/대] + 서술어 。
         └→ 관형어

新 HSK 문제 유형분석

《红楼梦》一书以________的构想，________的感情，________的语言，描绘着几百年前中国古时官宦家族的后代的________的故事。

A. 严密　　　　细腻　　　　生动　　　　动人
B. 细致　　　　细致　　　　生气　　　　动情
C. 细密　　　　细微　　　　活跃　　　　动听
D. 稠密　　　　细巧　　　　活泼　　　　动人

[단어]

构想 gòuxiǎng 명동 구상(하다) / 官宦 guānhuàn 명 관리

[용법]

첫 번째 단어: '密'는 '조밀하다', '细'는 '섬세하다, 정교하다'는 뜻을 가진 형용사입니다.

단어	발음	뜻	호응하여 함께 쓰이는 낱말
严密	yánmì	(구성, 결합이) 빈틈없다, 치밀하다	(结构 / 组织 / 体系)很严密。 (盖 / 封)得很严密。
细致	xìzhì	(1) (공예품, 조각, 물건 등이) 정교하다 (2) (일하는 것에) 공들이다, 꼼꼼하다	(工艺品 / 雕刻 / 产品)很细致。 (工作 / 做事)很细致。
细密	xìmì	(사람의 태도가) 신중하다, 세심하다	(小王办事 / 分析)很细密。
稠密	chóumì	(인구, 삼림 등이) 조밀하다, 빽빽하다	(人口 / 森林)很稠密。

두 번째 단어: '细'는 '섬세하다, 정교하다'는 뜻을 가진 형용사입니다.

단어	발음	뜻	호응하여 함께 쓰이는 낱말
细腻	xìnì	(1) (감정을 묘사하거나 표현하는 것이) 섬세하다, 세밀하다 (2) (표면이) 매끄럽다, 미끄럽다	(描写 / 表演)很细腻。 这部小说描写了细腻的感情。 (质地 / 皮肤)很细腻。
细微	xìwēi	(수리 등이) 미세하다, 매우 작다	细微的(变化 / 动作) 声音很细微。
细巧	xìqiǎo	(공예품, 사물 등이) 작교 정교하다	(工艺品 / 图案)很细巧。

세 번째 단어: 모두 '활발하다'는 어감의 형용사입니다.

단어	발음	뜻	호응하여 함께 쓰이는 낱말
生动	shēngdòng	생동감 있다, 생동적이다	(语言 / 文章写得 / 描写得 / 讲得)很生动。

生气	shēngqì	(1) (명) 생기, 활력, 생명력 (2) (동) 화를 내다	(充满了 / 增添了 / 带来了)生气。 他非常生气。
活跃	huóyuè	(동) (분위기, 사유 등이) 활발 하다, 활기를 띠다, 적극적 이다	(气氛 / 思维 / 思想 / 晚会开得)很活跃。
活泼	huópo	(동) (사람의 성격이) 명랑하다, 활발하다	(孩子们 / 她)非常活泼。

네 번째 단어

A, D. 动人 (동) 감동시키다 (형) 감동적이다
B. 动情 (동) 흥분되다, 감정이 동하다, 격동하다
C. 动听 (형) 듣기 좋다, 감동적이다

[해설]

첫 번째 빈칸의 '(______的)构想'에서 '구성이 치밀하다'는 뜻의 형용사는 '严密'를 쓰고, 두 번째 빈칸의 '(______的)感情'에서 '감정이 섬세하다, 세심하다'는 뜻의 형용사는 '细腻'를 쓰며, 세 번째 빈칸의 '(______的)语言'에서 '언어가 생동 감 있다'는 뜻의 형용사는 '生动'를 써야하며, 네 번째 빈칸의 '描绘 着/(…的) / (______的) / 故事。'에서 '이야기가 감동적이다'는 뜻의 형용사는 '动人'을 씁니다.

[번역]

《홍루몽》이란 책은 치밀한 구성과 섬세한 감정, 생동감 있는 언어로 몇 백 년 전 중국 고대의 관리가족의 후손들의 감동적인 이야기를 묘사하고 있다.

A. (형) 치밀하다 (○) / (형) 섬세하다 (○) / (형) 생동적이다 (○) / (형) 감동적이다 (○)
B. (형) 정교하다 (×) / (형) 정교하다 (×) / (명) 생기 / (동) 격동하다, 흥분되다 (×)
C. (형) 심세하다 (×) / (형) 미세하나 (×) / (형) 석극석이다 (×) / (형) 듣기 좋다, 감농적이다 (×)
D. (형) 조밀하다 (×) / (형) 작고 정교하다 (×) / (형) 명랑하다 (×) / (형) 감동적이다 (○)

[정답]   A

★ 4. 부사어와 관련된 문제유형

부사어란 서술어 앞에서 서술어를 수식해 주는 낱말을 말합니다. 부사어로는 '부사', '전치사구', '[수량사/동사/형용사/사자성어]+地' 가 있습니다. 독해 2부분에서는 서술어와 관련된 문제가 거의 대부분을 차지하고 있고, 그밖에 주어 또는 목적어 관련 문제와 관형어 관련 문제가 출제되고 있으며, 부사어 관련 문제는 출제빈도가 낮은 편입니다.

아래의 ①은 주어와 서술어 사이의 부사 자리에 빈칸이 있고, ②는 전치사 자리에 빈칸이 있으며, ③는 주어와 서술어 사이의 地자 앞의 부사어 자리에 빈칸이 있습니다. 아래의 ①②③은 모두 부사어 자리에 빈칸이 있는 유형의 문제입니다.

① 주어 + ________ + 서술어 。
    └ 부사

② 주어 + [________ + 명사/대명사]+ 서술어 。
       └ 전치사

③ 주어 + [________ + 地) + 서술어 。
       └ 수량사, 동사, 형용사, 사자성어

新 HSK 문제 유형분석

最新的研究材料显示, 毕业后在京买房子的人________少数, 因为最近北京的房价________一直在涨, 这也是经济迅速发展的原因, 买了房子不住的话, 卖________可以赚钱。

A. 没有　　　实在　　　再
B. 不在　　　的确　　　还
C. 不在　　　肯定　　　赶快
D. 不止　　　确实　　　尽量

[단어]

涨 zhǎng 동 (물가가) 오르다 / 迅速 xùnsù 형 (동작, 발전 등이) 빠르다, 신속하다

[해설]

첫 번째 빈칸의 '(…的) 人/________少数'에서 문맥상 '소수에 그치지 않다, 많다'는 뜻으로 '수량'과 함께 쓸 수 있는 단어인 B, C의 '不在'와 D의 '不止'를 사용하여 '不在少数' 또는 '不止少数'라고 해야 하므로 정답은 B, C, D 중의 하나입니다. 두 번째 빈칸의 '房价________一直在涨 (집값이 계속해서 오르고 있다)'에서 서술어 앞의 부사자리에 빈칸이 있으므로, 문맥상 '정말, 확실히'란 뜻을 가진 부사 '实在, 的确, 确实'는 쓸 수 있지만, '肯定 (틀림없이, 반드시)'는 쓸 수 없으므로 정답은 B와 D 둘 중 하나입니다. 세 번째 빈칸의 '买了房子/不住/的话, /卖________/可以赚钱。(집을 사고 나서 살지 않으면, 팔아도 돈을 벌 수 있다)'에서 부사 자리에 밑줄이 있는데, A의 부사 '再'는 '조동사+再'의 형태로 써야 하므로 정답이 아니며, 문맥상 '~해도, 또한'의 뜻이므로 부사 '还'를 써야 하므로 정답은 B입니다.

[번역]

가장 최근의 연구 자료에 따르면, 졸업 후에 북경에 집을 사는 사람의 수가 적지 않다고 한다. 최근 북경의 집값이 정말로 계속해서 오르고 있기 때문인데, 이것도 경제의 신속한 발전 때문이다. 집을 구입한 후 살지 않는다면, 집을 팔아도 돈을 벌 수 있다.

A. 없다 (×) / (부) 정말, 아주 (○) / (부) 다시, 또 (×)

B. (수량)에 그치지 않다 (○) / (부) 정말 (○) / (부) 또한, 여전히, 변함없이 (○)
C. (수량)에 그치지 않다 (○) / (부) 틀림없이, 반드시 (×) / (부) (재)빨리 (×)
D. (수량)에 그치지 않다, (수량) 이상이다 (○) / (부) 확실히, 정말 (○) / (부) 가능한, 되도록 (×)

[정답]   B

5. 접속사와 관련된 문제유형

'주어, 목적어, 서술어, 관형어, 부사어' 등 문장성분을 기준으로 문제를 푸는 방법 이외에 독해 2부분에서는 접속사와 관련된 문제도 출제되고 있습니다. 그러나 접속사 관련 문제도 부사어 관련 문제와 마찬가지로 출제빈도는 낮은 편입니다.

접속사 관련 문제는 주로 앞 절에 쓰이는 접속사와 뒤 절에 쓰이는 접속사의 호응관계를 묻는 문제가 출제되고 있고, 간혹 문맥상 알맞은 접속사를 고르는 문제가 출제되기도 합니다. 아래는 접속사 자리에 빈칸이 있는 유형의 문제입니다.

① ________ ………… , 但是 ………… 。
   └→ '但是'와 호응하는 앞 절에 쓰는 접속사

② 只有 ………… , 주어 + ________ ………… 。
   └→ '只有'와 호응하는 뒤 절에 쓰는 접속사

新 HSK 문제 유형분석

________你的价值观和人生观是错误的话，你却非要按着你自己的意思去办事，那么________你做的很努力、很用心，也________会犯一些或大或小的错误的。

A. 如果　　　　即使　　　　还是
B. 不但　　　　虽然　　　　不是
C. 由于　　　　即使　　　　还是
D. 因为　　　　虽然　　　　能

[단어]

用心 yòngxīn 동 마음을 쓰다, 심혈을 기울이다, 열심히 하다

[해설]

첫 번째 빈칸의 '______(你的)/价值观/和人生观/是/错误/的话'에서 '的话'는 가정과 결과를 나타내는 접속사의 앞 절에 '如果'와 함께 '如果……的话，那么+(주어)+就'의 형태로 쓰므로 정답은 A입니다. 뒤 절의 '______你/做的/很努力、/很用心，/也/______会犯/(…的)/错误的。'에서 문맥상 '앞의 가정과 상관없이 결과는 변하지 않음'을 나타내는 접속사 '即使~, 也….'를 써야 합니다.

[번역]

만약에 당신의 가치간과 인생관이 틀렸는데도, 당신은 오히려 자신의 뜻에 따라 일을 처리한다면, 설령 당신이 열심히 한다할 지라고, 크고 작은 실수를 하게 될 것이다.

A. (접) 만약 ~라면 (ㅇ) / (접) 설령 ~라 할지라도 (ㅇ) / (부) 여전히, 계속해서, 변함없이 (ㅇ)
B. (접) ~일 뿐만 아니라 (×) / (접) 비록 ~이지만 (×) / (동사의 부정) ~가 아니다 (×)
C. (접) ~이기 때문에 (×) / (접) 설령 ~라 할지라도 (ㅇ) / (부) 여전히, 계속해서, 변함없이 (ㅇ)
D. (접) ~이기 때문에 (×) / (접) 비록 ~이지만 (×) / (조동) ~할 수 있다 (×)

[정답] A

실력 다지기 실전문제

▶ 정답 & 해설 p. 530 – 540

1회

第61–70题: 选词填空。

61 我们在做事情前要________周全，最好在现有的基础上能________各种结果和可能性，做好各种准备工作，一旦时机成熟要________地行动，以免错过机会。

A. 思考　　　　预见　　　　充足

B. 考验　　　　预料　　　　充分

C. 考虑　　　　预计　　　　迅速

D. 考察　　　　预测　　　　显著

62 我们每个人都有________的生活，有了希望，才有动力去实现它，________有一天我们拥有了想要的生活，这时候你还会有新的希望，继续努力下去，这就是生活的一个又一个的目标，有了它我们才能________得更出众。

A. 等待　　　　设想　　　　表明

B. 渴望　　　　假如　　　　发表

C. 期待　　　　假设　　　　表现

D. 指望　　　　一旦　　　　表示

63 大多数人在年轻的时候都喜欢听流行音乐，但随着年龄的增大，我们好像被社会＿＿＿＿＿＿了。我们不再关心现在流行什么音乐，曾经崇拜的偶像也在我们脑海里远去了。最主要的我们和年轻人没有共同的＿＿＿＿＿，这就是所谓的"代沟"。如果你想永远保持年轻，不妨＿＿＿＿＿＿一下，听听现在流行的音乐，＿＿＿＿＿＿在听的过程中你会找回自己流逝的青春。

A.	抛弃	话题	尝试	或许
B.	淘汰	问题	经验	即便
C.	消极	题材	挑战	仿佛
D.	流浪	课题	试图	怪不得

64 每个人都有同情心，每个人都想把温暖送给需要帮助的人，有时候为＿＿＿＿＿＿的人说一句鼓励的话，为孤独无援的人说一句关心的话，为＿＿＿＿＿＿的人说一句鼓励的话，为痛苦失去爱的人说一句＿＿＿＿＿＿同情的话，许多时候，雪中送炭比＿＿＿＿＿＿＿＿更能温暖人心。

A.	惭愧	自满	嘱咐	半途而废
B.	沮丧	自卑	安慰	锦上添花
C.	孤独	自私	辜负	知足常乐
D.	忧郁	骄傲	慰问	雪上加霜

65 有的人，在心情不好或是紧张的时候，很喜欢吃甜食________心情，有的人则在________自己时喜欢来一点甜的，当你看到各种甜品的________包装时，一定会激起你想吃的欲望，那么你的心情自然会好起来。所以当你想发________的时候，不开心的时候，不妨用甜美的食物来________坏心情。

A. 轻松　　　　奖励　　　　繁华　　　　幸运　　　　消灭
B. 发挥　　　　赞赏　　　　豪华　　　　气氛　　　　取消
C. 放松　　　　犒劳　　　　华丽　　　　脾气　　　　消除
D. 释放　　　　欣赏　　　　完整　　　　运气　　　　消失

66 近年来人们对房屋的装修越来越重视，人们已经不再是炫耀奢华的________，________的是环保健康的装修风格。目前自然和谐的装修风格更________，更受大众的欢迎。为业内________所推崇。

A. 时装　　　　东张西望　　　　完美　　　　人员
B. 象征　　　　迫不及待　　　　新颖　　　　人才
C. 潮流　　　　供不应求　　　　时髦　　　　职员
D. 装饰　　　　取而代之　　　　时尚　　　　人士

67 中国的传统文化犹如一盏明灯，它________是给每一个学习中国文化的青年指引了一个方向，为了让自己显得更加有________，青年们都努力从中国传统文化中汲取营养，这样就会让青年们格外有________。

A. 难怪　　　出息　　　意义
B. 无疑　　　修养　　　内涵
C. 说不定　　个性　　　水平
D. 估计　　　好看　　　素质

68 没有人愿意和不快乐的人呆在一起，这主要是因为我们生活的这个________，每个人都________着或多或少的压力，他没有时间更没有精力来________你的烦恼。你把你的不满、坏________全部倾诉给了别人，你轻松了，但时间长了，对方会渐渐远离你。

A. 时代　　　面临　　　倾听　　　情绪
B. 当代　　　面对　　　处理　　　心情
C. 时期　　　掌握　　　宣告　　　精神
D. 时机　　　防止　　　承受　　　感情

69 幽默是一种________表达方式，可以通过语言或动作来表现。日常生活中幽默无处不在，任何一个人都可以变得幽默，因此幽默是人们______________的一种搞笑艺术，幽默是一种乐观的态度，机智活跃的________方式，需要我们有一个宽广的________。

A. 特殊　　　见多识广　　　思想　　　心灵
B. 神奇　　　有条不紊　　　考虑　　　视野
C. 特地　　　兴致勃勃　　　思念　　　气魄
D. 独特　　　喜闻乐见　　　思维　　　胸怀

70 甘肃敦煌莫高窟历史悠久，有很高的艺术________，并以其________的壁画艺术，精湛的________雕刻，丰富的彩绘图画和________的造型艺术，在世界石窟艺术中独树一帜。

A. 财富　　　坚固　　　制作　　　刻不容缓
B. 成就　　　独特　　　手工　　　千姿百态
C. 收获　　　特殊　　　制造　　　千方百计
D. 成果　　　罕见　　　人工　　　物美价廉

▶ 정답 & 해설 p. 540 – 548

2회

第61–70题：选词填空。

61 我们要学会＿＿＿＿＿自己的情绪，调整自己的心情，要＿＿＿＿＿自我对坏情绪的抵抗力，只有这样才能真正＿＿＿＿＿一个好心情。

A. 抓住　　　增强　　　享受

B. 掌握　　　减弱　　　充满

C. 支配　　　减少　　　取得

D. 控制　　　加强　　　拥有

62 喜鹊是好运与福气的象征。如果出门能够看见喜鹊在枝头上欢叫，就代表会有好运到来。喜鹊登梅是中国书画中常见的＿＿＿＿＿。在中国民间＿＿＿＿＿中，每年的七月初七，人间所有的喜鹊会飞上天河，＿＿＿＿＿起一座鹊桥，让分离的牛郎和织女相会，＿＿＿＿＿中华文化中鹊桥常常成为男女情缘的象征，因此，人们称为喜鹊为爱情鸟、情人鸟。

A. 主题　　　故事　　　做　　　总而言之

B. 题材　　　传说　　　搭　　　因而

C. 关键　　　节目　　　架　　　因此

D. 材料　　　风闻　　　组　　　以致

63 京剧艺术可谓历史悠久，__________于清朝乾隆年间，后在不断汲取和__________中国传统戏剧的基础上形成了独具特色的京剧。京剧的唱腔、服饰__________有独到之处。它__________了其他许多剧种的优点，唱腔丰富，剧目多样，具有很高的欣赏价值。

A. 兴起　　　发扬　　　均　　　借鉴
B. 成立　　　发明　　　都　　　吸取
C. 起源　　　发行　　　各　　　吸收
D. 兴建　　　发掘　　　还　　　反映

64 如果没有在农村生活和工作的__________，就没有后来名满天下的袁隆平。他经过多年在农村田间的细心栽培和研究，终于成功培育了杂交水稻，他成了名人，但袁隆平不这么__________，他说"这些都是乡亲们的共同努力得到的成果，只要我们肯__________，无论向哪个__________，都是向上的。

A. 阶段　　　认为　　　付出　　　目标
B. 经验　　　分析　　　加油　　　目的
C. 课程　　　以为　　　刻苦　　　范围
D. 经历　　　理解　　　努力　　　方向

65 有这样一些年轻人，他们________自己的事业，只要事业________，他们就会变换生活环境，________变换生活的城市，所以他们________搬家。

A. 热爱　　　需要　　　甚至　　　习惯

B. 愿望　　　指望　　　而且　　　等候

C. 喜欢　　　要求　　　宁愿　　　时常

D. 追求　　　需求　　　并且　　　频繁

66 城市空气质量的好坏与城市规划有________关系。所以，城市居住区与工业企业位置的规划是否合理都会影响空气质量改善的________。一般情况下，工业企业规划在城市的下风向5公里的位置比较________。

A. 相关　　　结果　　　理想

B. 敏感　　　成果　　　合理

C. 复杂　　　后果　　　适合

D. 直接　　　效果　　　合适

67 许多人失败并不是由于他们能力不够，也不是因为________不好，而是由于没有保持一种________的心态，才是自己最终品尝不到________的喜悦。与其说他们败给了竞争对手，________说他们是败给了自己。

A. 感情　　　较好　　　权利　　　那么
B. 背景　　　愉快　　　命运　　　也要
C. 运气　　　健康　　　成功　　　不如
D. 心情　　　轻松　　　胜利　　　不过

68 人们都说"桂林山水甲天下"其中漓江的水是人间最________的水。像一面大镜子，你可以看到江面上山的倒影，还可以看到鱼儿在水中游来游去，都是那么神奇迷人，令人________________。水构成了漓江最富魅力的景色，是的桂林山水的________。

A. 清楚　　　称心如意　　　形象
B. 透明　　　锲而不舍　　　心灵
C. 清澈　　　流连忘返　　　灵魂
D. 清晰　　　得不偿失　　　灵感

69 我们有时候会希望摆脱小事，不肯为琐碎的事操心，不懂得积少成多的道理，总是想做大事＿＿＿＿＿＿＿。慢慢地发现其他不如自己的人都已经有了＿＿＿＿＿的收获，才发现自己原来＿＿＿＿＿＿＿，这时他才懂得不是上帝没有给他机会，而是他一心只想着丰收，却忘了＿＿＿＿＿。

A. 一鸣惊人　　　可观　　　一无所有　　　播种
B. 滔滔不绝　　　奇观　　　有条不紊　　　照顾
C. 画蛇添足　　　美观　　　各抒己见　　　培养
D. 一帆风顺　　　壮观　　　饱经沧桑　　　酿造

70 少林寺从默默无闻到＿＿＿＿＿＿＿，并且引起世人的高度＿＿＿＿＿，这和一个人有非常大的关系。他就是少林寺的现任方丈"释永信"他被＿＿＿＿＿为"少林寺总裁"。

A. 肆无忌惮　　　注意　　　耸
B. 得天独厚　　　注重　　　叫
C. 名扬中外　　　关注　　　誉
D. 理直气壮　　　关怀　　　称

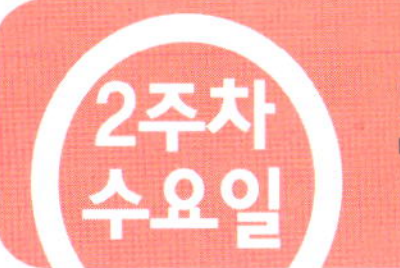 

제1주차 수요일 독해 2부분에서는 독해2부분을 학습하기 전에 필요한 기본기를 학습한 후, 문장성분을 기준으로 문제를 푸는 방법에 대해 학습하면서, 시험에 잘 나오는 동사, 형용사, 사자성어, 접속사, 부사 등의 낱말을 정리하였습니다.

제2주차 수요일 독해 2부분에서는 1주차에서 배운 내용을 다시 한 번 최종점검하고, 실력다지기 실전문제의 총정리문제를 풀어보면서 독해 2부분을 마스터해 보도록 합시다.

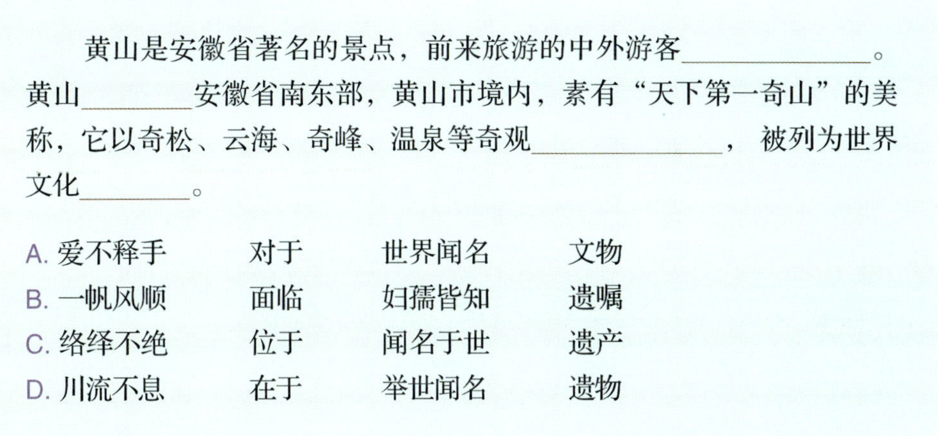

黄山是安徽省著名的景点，前来旅游的中外游客＿＿＿＿＿＿。黄山＿＿＿＿安徽省南东部，黄山市境内，素有"天下第一奇山"的美称，它以奇松、云海、奇峰、温泉等奇观＿＿＿＿＿＿，被列为世界文化＿＿＿＿。

A. 爱不释手	对于	世界闻名	文物
B. 一帆风顺	面临	妇孺皆知	遗嘱
C. 络绎不绝	位于	闻名于世	遗产
D. 川流不息	在于	举世闻名	遗物

[단어]

素 sù 몡 평소, 원래, 이전 / 奇观 qíguān 몡 기이한 풍경, 훌륭한 경치(광경)

[용법]

첫 번째 단어:

단어	발음	의미
爱不释手	àibúshìshǒu	잠시도 손에서 놓으려 하지 않다, 매우 아껴서 손을 떼지 못하다

这部小说很有意义，简直使我爱不释手。
이 소설은 너무 재미있어서, 정말 내가 손에서 놓지 못하게 한다.

有特色的人性化设计和高性能商品令人 爱不释手。
특색이 있는 휴머니즘 설계와 고성능 상품은 사람들로 하여금 손을 뗄 수 없게 한다.

| 一帆风顺 | yìfānfēngshùn | 순풍에 돛을 올리다, 일이 순조롭게 진행되다 |

在新的一年里祝大家：新年快乐，工作生活一帆风顺。
올 한해 모두 새해 복 많이 받으시고, 모든 일이 순조로우시길 바랍니다.

在成功的道路上不是一帆风顺的，但只要坚持下去，努力前进着，就会成功。
성공의 길은 순조롭지 않지만, 끝까지 계속하고, 열심히 앞으로 나간다면 성공할 것이다.

| 络绎不绝 | luòyìbùjué | 그칠 줄 모르다, (사람, 수레, 배 등) 왕래가 빈번해 끊이지 않다 |

每年来此游览的各国游客络绎不绝。
매년 이곳에 여행을 오는 각국 여행객은 끊이질 않는다.

全聚德闻名世界，来品尝烤鸭的人的络绎不绝。
전취덕은 세계에서 아주 유명해서 오리구이를 먹으러 오는 사람들이 끊이지 않는다.

| 川流不息 | chuānliúbùxī | 냇물의 흐름이 쉬지 않다, (사람과 차들이) 물처럼 끊임없이 오가다 |

宽阔的林荫道上，汽车川流不息。
넓은 가로수 길에 차들이 끊임없이 오간다.

每到节假日，商场里的人川流不息，都是来购买节日用品的。
매번 명절이 되면, 상점 안의 사람은 끊임없이 오가는데 모두 명절용품을 사러 온 사람들이다.

두 번째 단어:

단어	발음	품사	뜻	함께 호응하여 쓰이는 낱말 또는 예
对于	duìyú	전	(대상)에 대해서	我对于这里的情况还不太了解。
面临	miànlín	동	직면하다, 처하다	面临(危险/ 危机/ 挑战/ 问题/ 不好的情况) : 주로 바라지 않는 일, 부정적인 목적어가 옴
位于	wèiyú	동	～에 위치하다	黄山位于安徽省南东部。[= 坐落在]
在于	zàiyú	동	～에 (달려) 있다	成功在于你的努力。

세 번째 단어:

단어	발음	의미
世界闻名	shìjièwénmíng	세계에서 유명하다 [= 闻名中外 wénmíngzhōngwài / 驰名中外 chímíngzhōngwài / 世界著名 shìjièzhùmíng / 名扬四海 míngyángsìhǎi / 名扬中外 míngyángzhōngwài]
闻名于世	wénmíngyúshì	
举世闻名	jǔshìwénmíng	

我们这次旅游的目的地是举世闻名的大熊猫故乡，列入世界自然遗产的九寨沟自然保护区。
우리의 이번 여행 목적지는 세계에서 이름이 난 팬더의 고향으로, 세계 자연 유산에 속해 있는 九寨沟 자연 보호구이다.

那些世界闻名科学家最大的特征便是拥有很强的自信力。
세계에서 이름난 과학자들의 가상 큰 특징은 바로 매우 강한 자신감을 가지고 있는 것이다.

| 妇孺皆知 | fūrújiēzhī | 여자와 어린아이까지 모두 안다
[= 不言而喻 bùyánéryù / 尽人皆知 jìnrénjiēzhī /
家喻户晓 jiāyùhùxiǎo / 众所周知 zhòngsuǒzhōuzhī] |

> 姚明在中国和美国都是一个妇孺皆知的人物。
> 姚明은 중국과 미국에서 누구나 다 아는 인물이다.
>
> 每家公司都希望他们每年推出的新产品可以家喻户晓。
> 모든 회사는 그들이 매년 출시하는 신상품이 모두에게 알려질 수 있기를 바란다.
>
> 复活节游行是众所周知的一种时装展览。
> 부활절 행진은 모든 사람들이 다 아는 바와 같이 일종의 패션쇼이다.

네 번째 단어: 모두 '(전해 내려오는) 물건이나 사물'을 뜻하는 명사로 쓸 수 있습니다.

단어	발음	품사	뜻	내포된 의미
文物	wénwù	명	문물, 문화재	건축, 비석, 도구, 무기, 생활도구, 각종 예술품 등 문화발전 역사상 가치가 있는 물건
遗嘱	yízhǔ	명/동	유언(하다), 유언장	사람이 죽음에 이르러 남기는 말
遗产	yíchǎn	명	유산	(1) 죽은 사람이 남긴 물건, 재산 (2) 역사적으로 후대에 남긴 정신적, 물질적인 재산 : (文化/医学/经济)遗产
遗物	yíwù	명	유물, 유품	(1) 죽은 사람이 남긴 물건 (2) 고대 유적에서 출토, 발견된 물건

[해설]

두 번째 빈칸의 '黄山______安徽省南东部'에서 '어떤 장소에 위치하다'는 뜻의 동사 '位于'를 써야 하므로 정답은 C입니다.

[번역]

황산은 안후이 성에서 유명한 여행지이고, 여행을 오는 세계 여행객들이 끊이지 않는다. 황산은 안후이 성 남동부에 위치하고 있는데, 황산 시 구역은 전부터 '천하제일의 기산'이라고 이름이 나있다. 황산은 기송, 운해, 기봉괴석, 온천 등 기이한 경관으로 세계에서 유명하며, 세계문화유산에 속한다.

A. (성) 매우 아껴서 잠시도 손에서 놓지 않다(×) / (전) ~에 대해서 (×) /
   (성) 세계에서 유명하다(○) / (명) 문물 (×)
B. (성) 일이 순조롭게 진행되다 (○) / (동) 직면하다, 처하다 (×) /
   (성) 누구나 다 안다 (×) / (명/동) 유언(하다) (×)
C. (성) 왕래가 빈번해 끊이지 않다 (○) / (동) ~에 위치하다 (○) /
   (성) 세계에서 유명하다 (○) / (명) 유산 (○)
D. (성) 물처럼 끊임없이 오가다 (○) / (동) ~에 (달려)있다 (×) /
   (성) 세계에서 유명하다(○) / (명) 유물, 유품 (×)

[정답] C

1회

第61-70题：选词填空。

61 电影最大的特点，在于营造一个独具________光影的世界，人们在这个世界里，不仅可以使人得到________和快乐，更可以品味人生，充分________到"电影是浓缩的人生"这一特点。

A. 独特　　　休息　　　意味

B. 特意　　　兴趣　　　理解

C. 魅力　　　放松　　　体会

D. 特色　　　趣味　　　意识

62 良好的英语口语能力，已成为国际交流必备的________。语言的交流不仅仅是人们相互________信息的过程也是人与人之间沟通的基本________。现代国际贸易的广泛发展对英语能力的要求越来越高了。

A. 美德　　　传播　　　模式

B. 道德　　　传授　　　途径

C. 品质　　　流传　　　形式

D. 素质　　　传递　　　手段

63 我们都知道地球上有71%是海洋，海洋里的生物和矿产________，丰富多样，但是常常被大家忽略的海水其实也是宝藏之一，科学家们经过长期的研究发现，深层海水是海洋的________，深层海水含有大量的微量________和矿物质。因此我们应该________利用深层海水，来解决我们的资源危机。

A. 资源　　　精华　　　元素　　　充分
B. 能源　　　重心　　　成分　　　深刻
C. 物资　　　核心　　　物质　　　完全
D. 物力　　　精心　　　因素　　　充足

64 自立使我们变得坚强，能________决定自己生活，而不需要别人用手________；依赖使我们像一个正常人________拐杖，虽然可以借助拐杖的力量使自己舒服，但是时间长了，我们会忘记怎样走路，迷失了自己，我们可能将________失去自我，成为别人的附属品。

A. 主动　　　帮忙　　　使　　　逐渐
B. 自由　　　搀扶　　　挂　　　永远
C. 独立　　　陪同　　　捧　　　始终
D. 积极　　　同伴　　　打　　　总算

65 打喷嚏是人类的一种本能行为，非________意志所能控制。当一个人受到冷空气、强烈气味等因素的________时，鼻子会变得敏感，进而引起大脑中"喷嚏中枢"________，随即向鼻子发出"指令"运动有关的神经严格________"指令"运动，于是，一个喷嚏________了。

A. 自我   冲击   激动   随着   出生
B. 客观   袭击   喜悦   采取   产生
C. 主观   刺激   兴奋   遵照   诞生
D. 自己   打扰   快乐   采用   发生

66 出差错时，我们总是会________他人的批评，如果正如我们所想的那样果然受到了别人的批评，我们反而会有一种"很安心"的感觉，对批评和自己所出的差错也就________了。相反，如果他人________沉默，我们的心里反而________会感到"不舒服"，进而反省自己的错误。

A. 发愁   相辅相成   支持   谨慎
B. 担心   不以为然   保持   紧张
C. 忧虑   想方设法   坚持   慌张
D. 担忧   漠不关心   维持   慎重

67 电影的发展和社会的发展有着密切的关系：城市是电影产生的经济基础和场地________，电影记录和反映着城市的发展面貌，有助于发展城市旅游经济和文化，城市用电影营造________的城市文化气氛，有助于提升城市的名气，从而________城市的竞争力。

A. 来源　　　和谐　　　增强

B. 根源　　　和平　　　增添

C. 基础　　　和睦　　　增长

D. 起源　　　和蔼　　　增加

68 有人说话、写文章老是"故意使用难词"，其实这是一个不好的习惯。所以"咬文嚼字"这个成语的意思也________是不好的。可是在阅读和写文章时，我们________要有一字不肯放松的严谨态度。文学________借文字表达思想，文字上面有________，就失去了文学的精神实质。

A. 偶尔　　　未必　　　小说　　　矛盾

B. 通常　　　必须　　　作品　　　含糊

C. 常常　　　一定　　　题材　　　差错

D. 尤其　　　不一定　　　著作　　　分歧

69 花样游泳是一项体育项目，原为游泳赛间歇时的水中________项目，由游泳、技巧、舞蹈和音乐编排而成，有"水中芭蕾"之称。花样游泳是一项艺术型的________的体育运动，它也需要力量和________，需要许多年不断的________来掌握。

A. 娱乐　　　美妙　　　才华　　　锻炼

B. 比赛　　　优美　　　速度　　　培养

C. 表演　　　优雅　　　技巧　　　训练

D. 竞赛　　　美丽　　　技能　　　培训

70 现在国家大力提倡的许多节能减排措施，大大________生活环境，这些措施不仅提高资源的利用________，还可以________扩大清洁资源利用的范围使资源________更大的作用。

A. 改正　　　度　　　渐渐　　　发扬

B. 改变　　　化　　　继续　　　发生

C. 改良　　　性　　　持续　　　产生

D. 改善　　　率　　　不断　　　发挥

2회

第61-70题: 选词填空。

61 花茶，又名香片，它的生产始于宋朝，最早的加工________在福建。花茶是利用茶善于吸收异味的特点，将有香味的鲜花和新茶一起闷，________茶叶吸收花的香气。花茶适合清饮，不加任何东西，为的是保留________香味。

- A. 中心　　　　促使　　　　天然
- B. 重心　　　　促进　　　　纯真
- C. 基地　　　　催促　　　　天生
- D. 关键　　　　导致　　　　自然

62 科学证明，调皮的孩子比老实的孩子更具有创造力。通常调皮的孩子接触的事物面比较______，大脑受到的________也不少。这样可以启发他们的________。作为家长，别责怪那样调皮的孩子，应该提供给他们更多的时间和空间，不妨让他们淘气一点，让孩子________地去想象、去创造。

- A. 大　　　　激发　　　　智慧　　　　随便
- B. 多　　　　打击　　　　看法　　　　活跃
- C. 宽　　　　兴奋　　　　想象　　　　活泼
- D. 广　　　　刺激　　　　智力　　　　自由

63 做学问是一件严谨的事情，需要付出＿＿＿＿＿＿的劳动。它在来不得半点＿＿＿＿＿＿的同时，也需要创造，这样才能打破传统的＿＿＿＿＿＿，才能发展得多。

A. 艰辛　　　　虚假　　　　束缚

B. 艰难　　　　虚度　　　　规矩

C. 艰苦　　　　虚伪　　　　拘束

D. 辛勤　　　　虚心　　　　风俗

64 李娜虽然是第一次参加奥运会，可是她完全是和名大赛型选手一样，自己表现得非常＿＿＿＿＿＿，具有很大的＿＿＿＿＿＿。李娜因父亲＿＿＿＿＿＿网球生意而积累打网球的经验。她从10岁开始接受＿＿＿＿＿＿训练，2008年北京奥运会网球赛场上＿＿＿＿＿＿自己的网球天赋。

A. 稳定　　　　魅力　　　　承担　　　　正经　　　　表明

B. 固定　　　　能力　　　　实施　　　　正式　　　　暗示

C. 固执　　　　实力　　　　包办　　　　正当　　　　显示

D. 镇定　　　　潜力　　　　经营　　　　正规　　　　展示

65 人们追求完美的心态有优点也有缺点。它可以________人们对实现梦想的渴望，使人们表现得更加完美；也可能让人们更加________、害怕不能实现梦想，甚至小小的缺憾也会成为我们无法承受的________。

A. 激发　　　焦虑　　　挫折
B. 引起　　　疑惑　　　刺激
C. 导致　　　恐惧　　　痛苦
D. 推动　　　犹豫　　　失败

66 民间有句________叫做"良药苦口利于病，忠言逆耳利于行"，它包含的意思是虽然好药吃的时候很苦，但对________病很有利、效果很好。；同样，如果别人________你的话，你可能不愿意接受他的意见，但对你是很有益的，所以我们要________听取别人的意见。

A. 寓言　　　防止　　　揍　　　便于
B. 闲话　　　诊断　　　骂　　　鉴于
C. 俗话　　　治疗　　　劝　　　善于
D. 谚语　　　预防　　　提　　　敢于

67 一般心胸宽广的人，在生活中常常是快乐的，他们对于这个世界________善意，他们吸引的都是美好的东西。相反，心胸狭窄的人，在生活中常常是________、郁闷的，他们有太多的抱怨，当他们觉得什么都不好时，负面的一切就相继来________了。就像一块磁铁，所以快乐的人会吸引快乐的人和事，悲观的人_____会吸引悲观的人和事。

A. 充满　　　悲观　　　报到　　　则
B. 盛满　　　气愤　　　报复　　　皆
C. 存在　　　焦虑　　　预报　　　颇
D. 盛行　　　悲哀　　　报答　　　勿

68 个人和集体的利益是一种________的关系，它们既是矛盾的，又是统一的。利益无论是个人还是集体，都是不可过于在乎，如果我们过于________个人利益，就会变得自私自利，从而会慢慢地________集体的信任。因此我们要________协调二者的关系。

A. 美妙　　　较量　　　损害　　　擅长
B. 微妙　　　计较　　　失去　　　善于
C. 奇妙　　　计算　　　损失　　　鉴于
D. 巧妙　　　统计　　　消除　　　勇于

69 刘天华先生＿＿＿＿＿＿了西方乐器的演奏手法和技巧，对二胡演奏方法进行
＿＿＿＿＿＿，大胆、科学地将二胡定位为五个把位，从而充扩了二胡的音域范
围，丰富了表现力，确立了新的艺术内涵。二胡从民间伴奏乐器＿＿＿＿＿＿为
独特的独奏乐器。

A. 吸收　　　　革命　　　　成长

B. 吸引　　　　改正　　　　提高

C. 采纳　　　　改善　　　　飙升

D. 吸取　　　　改革　　　　上升

70 李时珍是我们著名的医药学家，他在研究很多医书以后，一方面
＿＿＿＿＿＿佩服前代医药大师们的优秀成果。另一方面也发现他们的一些
错误的地方，这些是需要加以＿＿＿＿＿＿、订正的。因此他就把这个责
任＿＿＿＿＿＿起来。他访遍各地名医，观察和收集药物标本。经过27年
＿＿＿＿＿＿和编书的生活，他终于完成了伟大的医学著作《本草纲目》。

A. 固然　　　　整理　　　　担负　　　　采访

B. 当然　　　　整顿　　　　承担　　　　采集

C. 毅然　　　　挖掘　　　　负责　　　　采取

D. 果然　　　　整齐　　　　担任　　　　访问

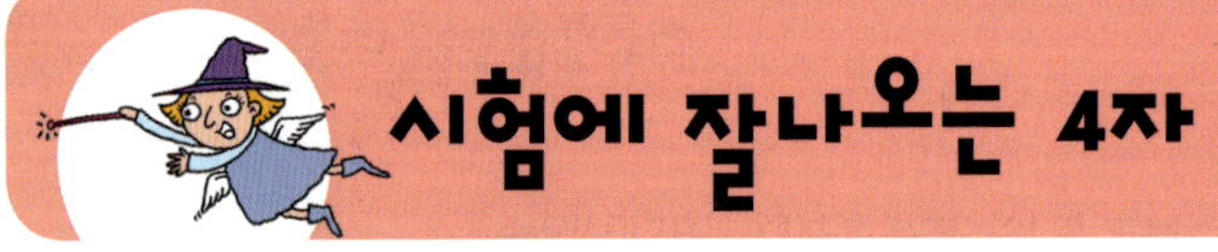

 #019

| 01 | 举世闻名 | jǔshìwénmíng | 온 세상이 다 알다, 온 세상에 널리 이름나다 |

我们这次旅游的目的地是举世闻名的大熊猫故乡，列入世界自然遗产的九寨沟自然保护区。

우리의 이번 여행 목적지는 세계에서 이름이 난 팬더의 고향으로, 세계 자연 유산에 속해 있는 九寨沟 자연 보호구이다.

那些举世闻名科学家最大的特征便是拥有很强的自信力。

세계에서 이름난 과학자들의 가장 큰 특징은 바로 매우 강한 자신감을 가지고 있는 것이다.

| 02 | 家喻户晓 | jiāyùhùxiǎo | 집집마다 다 알다, 누구나 다 알다 |

姚明在中国和美国都是一个家喻户晓的人物。

姚明은 중국과 미국에서 누구나 다 아는 인물이다.

每家公司都希望他们每年推出的新产品可以家喻户晓。

모든 회사는 그들이 매년 출시하는 신상품이 모두에게 알려질 수 있기를 바란다.

| 03 | 不言而喻 | bùyánéryù | 말하지 않아도 안다 |

不言而喻，科学技术的发展对中国经济进步是至关重要的。

말하지 않아도 과학기술의 발전은 중국 경제발전에 매우 중요하다는 것을 안다.

欢笑是小事，但是要知道，它点缀着我们的人生路，它的好处是不言而喻的。

웃는 것은 작은 일이지만, 우리의 인생길을 아름답게 해준다는 것을 알아야 하는데, 그것의 장점은 말하지 않아도 안다.

| 04 | 众所周知 | zhòngsuǒzhōuzhī | 다 아는 바와 같이, 모든 사람이 다 알고 있다 |

复活节游行是众所周知的一种时装展览。

부활절 행진은 모든 사람들이 다 아는 바와 같이 일종의 패션쇼이다.

众所周知，在社会中人才的竞争是十分激烈的。
모두 다 알다시피 사회에서 인재의 경쟁은 아주 치열하다.

| 05 | 爱不释手 | àibúshìshǒu | 잠시도 손에서 놓으려 하지 않다, 매우 아껴서 손을 떼지 못하다 |

这部小说很有意义，简直使我爱不释手。
이 소설은 너무 재미있어서, 정말 내가 손에서 놓지 못하게 한다.

有特色的人性化设计和高性能商品令人爱不释手。
특색이 있는 휴머니즘 설계와 고성능 상품은 사람들로 하여금 손을 뗄 수 없게 한다.

| 06 | 安居乐业 | ānjūlèyè | 평안하고 조용히 살면서 즐겁게 일하다 |

保障人民群众安居乐业，是政府应尽的责任。
국민들이 평안하게 살면서 즐겁게 일할 수 있게 보장하는 것은 정부가 당연히 해야 할 책임이다.

现在社会稳定，经济繁荣，人民安居乐业。
현재 사회가 안정되고, 경제가 번영하여서, 사람들이 평안한 생활을 하면서 즐겁게 일한다.

| 07 | 理所当然 | lǐsuǒdāngrán | 도리로 보아 당연하다 |

自由，现在已被认为是件理所当然的事情。
현재 자유는 이미 당연한 일로 여겨진다.

请记住，并不是所有事情都是理所当然的。
모든 일이 다 당연한 일은 아니라는 것을 기억하십시오.

| 08 | 一目了然 | yímùliǎorán | (1) 일목요연하다 (2) 한눈에 환히 알다(보다) |

在网上，商品的外形，大小和颜色一目了然。
인터넷에서는 상품의 모양, 크기와 색을 한눈에 환히 알 수 있다.

在地图上标记不同的颜色，看上去一目了然。
지도에 다른 색으로 표기하여, 일목요연한 것 같다.

| 09 | 一帆风顺 | yìfānfēngshùn | 순풍에 돛을 올리다, 일이 순조롭게 진행되다 |

在新的一年里祝大家：新年快乐，工作生活一帆风顺。
올 한해 모두 새해 복 많이 받으시고, 모든 일이 순조로우시길 바랍니다.

在成功的道路上不是一帆风顺，但只要坚持下去，努力前进着，就会成功。
성공의 길은 순조롭지 않지만, 끝까지 계속하고, 열심히 앞으로 나간다면 성공할 것이다.

10	一举两得	yìjǔliǎngdé	일거양득이다

这次活动既好玩，又很有知识性，真是一举两得！
이번 활동은 재미도 있으면서, 지적인 면도 있어서 정말 일거양득이다.

我去北京出差顺便看望一下住那附近的姐姐，真是一举两得。
나는 북경에 출장 가는 김에 그 근처에 사는 언니도 좀 볼 수 있어서 정말 일거양득이다.

11	一如既往	yìrújìwǎng	지난날과 다름없다

我们将一如既往地为用户提供更好服务。
우리는 여느 때와 다름 없이 고객을 위해 더 좋은 서비스를 제공할 것이다.

公司将一如既往地提供优质稳定的展览展示产品。
회사는 여느 때와 다름 없이 우수하고 편안한 전시회를 열어 상품을 전시 할 것이다.

12	与日俱增	yǔrìjùzēng	날이 갈수록 번창하다

他的知识和经验与日俱增。 그의 지식과 경험은 날이 갈수록 더 쌓인다.
祝我们两国友谊与日俱增。 우리 양국의 우정이 날이 갈수록 더 돈독해지길 바랍니다.

13	继往开来	jìwǎngkāilái	지난날의 것을 이어받아 앞길을 개척하다: 계승 발전시키다

继往开来，学习外国的优点，以便更好地服务中国的发展。
중국의 발전에 더 좋게 기여하기 위해, 외국의 좋은 점을 공부하고, 받아들여 발전시킨다.

愿与国内外新老客户继往开来，精诚合作，恪守信用，共同繁荣！
국내외의 신구 고객들을 개척하고, 성실하게 협력하고, 신용을 지키며, 함께 번영하기를 바랍니다.

14	潜移默化	qiányímòhuà	모르는 사이에 (은연중에) 감화하다, 바람직스럽게 변화시키다

爸爸是个幽默的人，孩子潜移默化地受到了影响，所以也很幽默。
아빠는 유머러스한 사람이라, 아이들도 은연중에 영향을 받아서, 아이들 또한 유머러스하다.

你的一言一行都会对孩子产生潜移默化的影响。
당신의 언행은 모두 아이들에게 바람직한 영향을 줄 것이다.

| 15 | 循序渐进 | xúnxùjiànjìn | 차례대로 한걸음 한 걸음 앞으로 나아가다: (학습, 업무를) 점차적으로 심화시키다 |

学习是一个循序渐进的过程，不能过于急躁，否则达不到效果。
학습은 한걸음 한 걸음 앞으로 나아가는 과정이라서, 너무 조급해하면 안 된다, 그렇지 않으면 효과를 볼 수 없다.

学习语言必须遵循循序渐进的原则。
언어 학습은 반드시 점차적으로 심화시켜가야 하는 원칙을 따라야 한다.

| 16 | 欣欣向荣 | xīnxīnxiàngróng | (1) 초목이 무성하다, 무럭무럭 자라다
(2) (사업이) 활기차게 발전하다, 번영하다 |

当春天来的时候，万物欣欣向荣，到处是春的气息。
봄이 올 때, 만물은 무럭무럭 자라서, 어디든지 봄의 분위기이다.

人民生活水平提高，市场也繁荣，到处充满着欣欣向荣的景象。
사람들의 생활수준이 높아졌고, 시장도 번영하여, 사방이 활기찬 모습으로 가득하다.

| 17 | 精益求精 | jīngyìqiújīng | 훌륭한 것을 더 훌륭하게 하려고 하다: 더 잘하려고 애쓰다 |

老刘是个医生，他以医疗为职业，对技术精益求精。
老刘는 의사인데, 그는 의료를 직업으로 하여, 그 기술을 더 훌륭하게 하려고 한다.

本店以精益求精的态度为顾客奉上美味佳肴。
본점은 더 잘하려는 태도로 고객에게 맛있는 음식을 제공한다.

| 18 | 日新月异 | rìxīnyuèyì | 나날이 새롭게 되다, 날마다 새로워지다, 괄목상대하다 |

人才作为一种重要的稀缺资源，在高科技日新月异的今天，越来越受到人们的关注。
인재는 중요한 희소자원으로서, 고등 과학기술이 날로 새로워지는 지금, 나날이 사람들의 관심을 받는다.

在经济全球化深入发展和科学技术日新月异的新形势下，中国将坚定不移地实行对外开放政策。
경제 세계화의 심화 발전과 과학 기술이 나날이 새로워지는 상황에서, 중국은 흔들림 없이 외부 개방정책을 실행할 것이다.

| 19 | 再接再厉 | zàijiēzàilì | 더욱 더 힘쓰다, 한층 더 분발하다 |

校长讲了许多鼓励他的话，希望他再接再厉，在今后的考试中取得优异成绩。
교장 선생님께서는 그를 격려하는 말씀을 많이 하셨고, 그가 한층 더 분발하여, 다음 시험에서 좋은 성적을 거두기를 바라셨다.

在下次比赛中我会再接再厉的。 나는 다름 시합에서 더욱더 분발할 것이다.

| 20 | 竭尽全力 | jiéjìnquánlì | 모든 힘을 전부 쓰다, 안간힘은 다하다, 전력을 다하다 |

女人们用自己的智慧竭尽全力使家庭生活丰富多彩。
여성들은 자신의 지혜를 이용하고 전력을 다해 가정의 생활을 풍부하고 다채롭게 한다.

运动员们竭尽全力向终点冲去。 선수들은 전력을 다해 결승점을 향해 돌진한다.

| 21 | 全力以赴 | quánlìyǐfù | 혼신의 힘을 다해 일에 임하다, 전력투구하다 |

你们想赢得这场比赛，一定要全力以赴。
당신들이 이 시합에서 이기고 싶다면, 반드시 온 힘을 다해야 한다.

有了目标就要全力以赴去实现，这样才有意义。
목표가 있다면 혼신의 힘을 다해 실현해야 하는데, 이렇게 해야 의미가 있다.

| 22 | 聚精会神 | jùjīnghuìshén | 정신을 집중하다 |

爷爷戴上了眼镜，聚精会神地看报纸。 할아버지는 안경을 쓰고, 집중하여 신문을 보신다.

课堂上学生们聚精会神地听老师讲课。 교실 안의 학생들은 집중하여 선생님의 수업을 듣는다.

| 23 | 举足轻重 | jǔzúqīngzhòng | 일거 수 일 투족이 전체에 중대한 영향을 끼치다, [매우 높은 지위에 있음을 가리킴] |

特别是公共厕所，作为城市文明的窗口，更是起着举足轻重的作用。
특히 공공화장실은 도시문명의 문으로서 더욱 중대한 영향을 끼치는 작용을 하고 있다.

信息社会，网络传播的高速发展，使网页设计人员在网站的建设中占着举足轻重的地位。
정보사회에 인터넷 전파의 빠른 발전은, 홈페이지 구축 자가 사이트 개설을 할 때, 매우 중요한 부분을 차지하고 있다.

| 24 | 名副其实 | míngfùqíshí | 이름이 그 내용과 일치하다, 명실 공히, 명실상부하다 |

杭州西湖是名副其实的人间天堂。 항주의 서호는 명실 공히 인간세계의 천당이다.
《清明上河图》是名副其实的珍品。 《청명상하도》는 명실상부한 진귀품이다.

| 25 | 理直气壮 | lǐzhíqìzhuàng | 이유가 충분해서 하는 말이 떳떳하고 거리낌이 없다, 당당하다 |

他觉得自己没有错，所以说起话来理直气壮。
그는 자신이 틀리지 않다고 생각하기 때문에, 당당하게 얘기하기 시작했다.

你付出了劳动，就应该理直气壮地向老板索要工资。
당신이 일을 했으면, 당연히 당당하게 사장에게 월급을 요구해야 한다.

| 26 | 不相上下 | bùxiāngshàngxià | 막상 막하이다 : 서로 우열을 가릴 수 없다 |

两个人竞选班长的实力不相上下，大家都在猜最后谁会获胜。
반장 선거에 나온 두 사람의 실력은 서로 우열을 가릴 수 없어서, 모두들 마지막에 누가 승리를 거둘 것 인지 예상해 보고 있다.

这两种水稻都是优良品种，产量不相上下。
이 두 종의 벼는 모두 우량 품종이어서, 생산량이 막상 막하이다.

| 27 | 力所能及 | lìsuǒnéngjí | 스스로 할 만한 능력이 있다 |

那些体弱者，在从事力所能及的劳动中，也得到了很好的锻炼。
그 체력이 약한 사람들은, 스스로 할 수 있는 일에 종사 하는 중에, 좋은 신체 단련 또한 얻었다.

我们每个人都应该做些力所能及的事，来保护我们的环境。
우리는 각자 모두 스스로 할 수 있는 일을 해서, 우리의 환경을 보호해야 한다.

| 28 | 难能可贵 | nánnéngkěguì | (1) 매우 귀하다, 진귀하다 (2) 매우 갸륵(기특) 하다 |

她带病努力工作，真是难能可贵！
그녀는 아프면서도 열심히 일하는데, 정말 기특하다.

他有两点特别难能可贵之处：才华和动力。
그는 특별히 두 가지 훌륭한 점이 있다: 재능과 원동력이다.

| 29 | 苦尽甘来 | kǔjìngānlái | 고진감래, 고생 끝에 낙이 온다 |

有人说今天的痛苦是为了明天的丰收，这就叫苦尽甘来。
어떤 사람은 오늘의 고통은 내일의 수확을 위한 것이라고 하는데, 이것을 바로 고진감래라고 부른다.

老王辛苦地抚养儿子，现在儿子考上大学了，老王也算苦尽甘来啊。
老王은 고생스럽게 아들을 키웠고, 지금 아들이 대학에 들어가서, 老王도 고생 끝에 낙이 온 것이라 여긴다.

| 30 | 锲而不舍 | qièérbùshě | 새기다가 중도에 그만두지 않는다. : 한번 하고자 하는 일은 중도에서 포기하지 않는다. |

真的很佩服法国人锲而不舍追求爱情的决心和恒心。
프랑스인이 도중에 포기하지 않고 사랑의 결심과 변하지 않는 마음을 추구하는 것에 정말 감탄한다.

我们在学习上要有锲而不舍的精神，这样才会取得好成绩。
우리는 공부할 때 중도에서 포기하지 않는 정신이 필요한데, 그래야만 좋은 성적을 받을 수 있을 것이다.

| 31 | 半途而废 | bàntúérfèi | 끝을 내지 않고 중도에 그만두다 |

不论你做什么，都要尽你的全力去做。若是半途而废，那你永远都不可能成功。
당신이 무엇을 하든지, 전력을 다해서 하세요. 만일 중도에서 포기한다면, 당신은 영원히 성공하지 못할 것입니다.

这项试验一定要搞到底，不能半途而废。
이런 실험은 반드시 끝까지 해야지, 중간에서 포기하면 안 됩니다.

| 32 | 雪上加霜 | xuěshàngjiāshuāng | 엎친 데 덮치다, 설상가상이다 |

全球金融危机让中国的高等教育更加雪上加霜。
전 세계 금융위기는 중국의 고등 교육을 더욱 악화시켰다.

日子本来就很不好过了，偏偏这时候母亲又病了，真是雪上加霜。
원래 생활이 넉넉하지 못한데다 하필이면 이 때 어머니께서 편찮으셔서, 정말 엎친 데 덮친 격이다.

| 33 | 不可思议 | bùkěsīyì | 상상할 수 없다, 이해할 수 없다, 불가사의하다 |

猎豹的奔跑速度之快，令人不可思议。
치타의 달리는 속도의 빠르기는 사람이 상상할 수 조차 없게 한다.

一个孩子能独立完成这件事情，真是不可思议。
아이가 이 일을 혼자서 완성할 수 있다는 것은 정말 불가사의하다.

| 34 | 莫名其妙 | mòmíngqímiào | 영문을 모르다, 귀신이 곡할 일이다 |

他看见我转身就走，真是莫名其妙。
그는 내가 몸을 돌려 바로 가는 것을 발견했는데, 정말 영문을 모를 일이다.

最近，我总是莫名其妙地感觉头晕，应该去医院检查一下。
요즘, 나는 항상 이상하게 머리가 어지러운데, 반드시 병원에 가서 진찰을 좀 받아봐야 할 것 같다.

| 35 | 迫不及待 | pòbùjídài | 절박하다, 더는 기다리지 못하다, 사태가 절박하여 한시도 지체할 수 없다 |

听说那本小说出版了，他就迫不及待地跑到书店去买。
듣자 하니 그 소설이 출판되었다고 해서, 그는 한시가 급하게 서점으로 뛰어가 샀다.

他一听到这个好消息，就迫不及待地告诉了他的父亲。
그는 이 좋은 소식을 듣자마자, 지체하지 않고 바로 그의 아버지에게 말했다.

| 36 | 刻不容缓 | kèbùrónghuǎn | 잠시도 멈출 수 없다, 한시도 미룰 수 없다 |

病人的病情刻不容缓，必须马上进行手术，否则有生命危险。
환자의 병세는 한시도 미룰 수 없고, 반드시 곧 수술을 해야지, 그렇지 않으면 생명이 위험하다.

原有的技术已经非常落后了，技术改革刻不容缓。
원래 기술은 이미 아주 낙후되어서, 기술개혁은 한시도 지체할 수 없다.

| 37 | 实事求是 | shíshìqiúshì | 실사구시 : 사실을 토대로 하여 진리를 탐구하다 |

我们要用实事求是的态度，对待学习和工作。
우리들은 실사구시의 태도로 공부와 일에 임해야 한다.

你应该实事求是反映群众的意见，不要有所保留，这样不利于工作。
당신은 실사구시 적으로 모두의 의견을 반영하고, 조금도 보류해선 안 된다, 이렇게 하면 일하는데 불리하다.

| 38 | 齐心协力 | qíxīnxiélì | 한마음 한 뜻으로 협력하다 |

只有大家齐心协力，我们才能最终取得胜利。
모두가 오로지 한마음 한 뜻으로 협력해야만, 우리는 비로소 마지막에 승리를 할 수 있을 것이다.

保护环境不是一个简单的问题，而是要靠大家齐心协力共同努力，才能解决的问题。
환경보호는 간단한 문제가 아니고, 모두의 협력과 함께 노력해야 만이 비로소 해결할 수 있는 문제이다.

| 39 | 见多识广 | jiànduōshíguǎng | 보고 들은 것이 많고 식견이 넓다 |

她自幼随父亲经商，周游四方，可谓见多识广。
그녀는 어렸을 때부터 아버지가 장사하시는 것을 따라, 사방팔방 돌아다녀, 식견이 넓어졌다고 할 수 있다.

老李工作十年了，在工作方面可是见多识广。
老李는 10년간 일을 하고 있으며, 일 방면에서 식견이 넓다.

| 40 | 见义勇为 | jiànyìyǒngwéi | 정의를 보고 용감하게 뛰어들다 |

人人都赞美他这种见义勇为的精神。 사람들은 모두 그의 이런 정의롭고 용감한 정신을 찬양한다.

对见义勇为人员实行精神鼓励与物质奖励相结合的原则。
정의롭고 용감한 사람에게 그 정신적인 격려와 물질적인 장려를 결합한 원칙을 실행한다.

| 41 | 精打细算 | jīngdǎxìsuàn | 세밀하게 타산하다, 꼼꼼히 따지다, 정밀하게 계획하다 |

这个月他通过精打细算节省了一大笔钱。
이번 달에 그는 꼼꼼한 계획을 통해 많은 돈을 절약했다.

许多家庭主妇都是精打细算地过日子。
많은 가정주부는 모두 꼼꼼히 따져가며 생활한다.

| 42 | 统筹兼顾 | tǒngchóujiāngù | 여러 방면의 일을 통일적으로 계획하고 돌보다 |

无论是在学习中还是在生活中，我们都要统筹兼顾地做事情。
공부하거나 생활하는 면에서 우리는 모두 계획적으로 일을 해야 한다.

在工作中采用统筹兼顾的科学方法，能达到事半功倍的效果。
일을 할 때 통일적이고 계획적인 과학적 방법을 채택하면, 작은 노력으로 많은 성과를 보는 효과에 이를 수 있다.

| 43 | 小心翼翼 | xiǎoxīnyìyì | (1) 엄숙하고 경건하다
(2) 거동이 신중하고 소홀함이 없다, 매우 조심스럽다 |

护士小心翼翼地将病人受伤的手臂包扎起来。
간호사는 매우 조심스럽게 환자의 부상당한 팔을 싸매기 시작했다.

他小心翼翼地打开盒子，看见里面有一件精美的工艺品。
그가 조심스럽게 상자를 열자, 안에 있는 예쁜 공예품 하나가 있었다.

| 44 | 一丝不苟 | yìsībùgǒu | (1) 조금도 소홀히 하지 않다 (2) 조금도 빈틈이 없다 |

她一丝不苟地遵照医生嘱咐吃药休息，病渐渐好起来了。
그녀는 소홀히 하지 않고 의사의 지시에 따라 약을 먹고 쉬었더니, 병이 점점 나아지기 시작했다.

他甚至对服装、饰物的选择也一丝不苟。
그는 심지어 옷과 액세서리에 대한 선택마저도 빈틈이 없다.

| **45** | 从容不迫 | cóngróngbúpò | 태연자약하다, 침착하다 |

我已经养成了凡事从容不迫的习惯。 나는 이미 범사에 침착하게 처리하는 습관을 길렀다.

他讲演经验丰富，每次都是从容不迫地走上讲台。
그는 강의 경험이 풍부해서, 매번 침착하게 강단으로 올라간다.

| **46** | 斩钉截铁 | zhǎndīngjiétiě | 결단성이 있고 단호하다 |

你的回答应该是斩钉截铁的一个"不"字，不要拖拖拉拉。
당신의 대답은 단호하게 '아니요' 라고 해야지, 질질 끌면 안 된다.

他斩钉截铁地说："这事情我来办，大家都回去吧。"
그는 '이 일은 내가 처리할 테니, 모두들 돌아가세요.' 하고 단호하게 말했다.

| **47** | 恰到好处 | qiàdàohǎochù | 꼭 알맞다, 지극히 적당하다 |

这个花瓶放在这里真是恰到好处。
이 꽃병을 여기에 놓으면 딱 맞겠다.

她是一个说话总能恰到好处的女人。
그녀는 항상 맞는 말만 하는 여자이다.

| **48** | 有条不紊 | yǒutiáobùwěn | 조리(질서) 정연하다 |

他们总是有条不紊地干他们的工作。 그들은 항상 조리 있게 그들의 일을 처리한다.

你放心吧，各项工作都在有条不紊地进行着。
안심하세요, 각 항목의 일은 모두 질서 정연하게 진행되고 있습니다.

| **49** | 轻而易举 | qīngéryìjǔ | 별로 노력하지 않아도 실행할 수 있다, 가벼워서 들기 쉽다: 매우 편하다 |

如果竞技状态良好，她可以轻而易举地赢得这场比赛。
만일 경기 상황이 좋다면, 그녀는 쉽게 이 시합에서 이길 수 있을 것이다.

以他的技术水平，修理这台机器轻而易举。
그의 기술 수준으로, 이 기계를 수리하는 것은 아주 쉽다.

| 50 | 称心如意 | chènxīnrúyì | 마음에 꼭 들다, 생각대로 (뜻 한대로, 원한대로) 되다 |

如今大学毕业能找到一份称心如意的工作很难。
오늘날 대학을 졸업하고 마음에 드는 직업을 찾기란 아주 어렵다.

他逛了一整天的商场，终于买到了称心如意的礼物。
그는 하루 종일 상점을 돌아다녀서, 결국은 마음에 드는 선물을 샀다.

| 51 | 喜闻乐见 | xǐwénlèjiàn | 듣기 좋아하고 보기 좋아하다 |

童话是儿童喜闻乐见的文学形式，它对儿童的成长有重要影响。
만화는 어린이들이 좋아하는 문학 형식인데, 그것은 아이들의 성장에 중요한 영향을 준다.

装饰图案的题材多反映人们喜闻乐见的内容，具有清新活泼的生活气息和浓厚的民间色彩。
도안을 장식하는 소재는 사람들이 좋아하는 내용을 많이 반영하여, 참신하고 활기찬 생활의 분위기와 짙은 민간 색채를 가지고 있다.

| 52 | 空前绝后 | kōngqiánjuéhòu | (너무 특별해서) 비교 대상이 전무후무하다 |

这次全球性的金融危机是空前绝后的，它波及了全球200多个国家和地区。
이번 세계적인 금융위기는 전무후무한 것이었으며, 전 세계 200 여 개 국가와 지역에 영향을 미쳤다.

这是奥运会后首都体育馆迎来的首次个人演唱会，可谓空前绝后。
이것은 올림픽 후의 수도 체육관에서 맞이한 첫 번째 개인 음악회인데, 전무후무하다고 할 만하다.

| 53 | 得天独厚 | détiāndúhòu | 하늘로부터 분부 받은 것이 홀로 두텁다 : 처한 환경(조건)이 남달리 좋다 [사람의 소질이나 토지의 자연 조건에 대해 쓰이는 경우가 많음] |

公司地理位置得天独厚，交通快速便捷。
회사 지리적인 위치는 아주 좋아서, 교통이 신속하고 빠르다.

这里的煤炭资源得天独厚，是我国主要的产煤基地。
이곳의 석탄 자원은 조건이 매우 좋으며, 우리 나라의 주요한 석탄생산기지이다.

| 54 | 供不应求 | gōngbúyìngqiú | 수요가 너무 많아서 공급이 수요를 따라잡지 못하다 |

水果供不应求是由于干旱造成的。
과일의 수요 공급이 힘에 부치는 것은 가뭄 때문이다.

这种产品卖得很好，目前市场上出现了供不应求的状况。
이 상품은 잘 팔려서, 현재 시장에서 수요에 따른 공급이 부족한 상황이 나타났다.

| 55 | 讨价还价 | tǎojiàhuánjià | 흥정하다 |

他在买东西时喜欢跟小贩讨价还价。그는 물건을 살 때 상인과 값을 흥정하는 것을 좋아한다.

他与商人讨价还价了一个小时才买下一块地毯。
그는 상인과 한 시간 동안 흥정을 하고 나서야 카펫 하나를 샀다.

| 56 | 兴致勃勃 | xìngzhìbóbó | 흥미가 솟다, 흥미진진하다 |

那位收藏家兴致勃勃地谈他最新的发现。
그 수집가는 흥미진진하게 그가 가장 새로운 발견을 했다고 말했다.

我每天晚上都兴致勃勃地阅读当地的报纸。나는 매일 저녁마다 흥미롭게 현지 신문을 읽는다.

| 57 | 津津有味 | jīnjīnyǒuwèi | (1) 흥미진진하다 (2) 매우 맛있다 |

他拿起书便津津有味地读起来了，连吃饭都忘记了。
그는 책을 들고 바로 흥미진진하게 읽기 시작했는데, 밥 먹는 것 조차 잊어버렸다.

客人们津津有味地吃着当地的特色小吃。고객들은 맛있게 현지의 특색 음식을 먹고 있다.

| 58 | 东张西望 | dōngzhāngxīwàng | 여기저기를 두리번거리며 보다 |

这个女学生提着她的行李，在站台外东张西望，却看不见有接她的人。
이 여학생은 그녀의 짐을 들고, 역 밖을 여기저기 두리번거렸지만, 그녀를 마중 나온 사람을 발견하지 못했다.

考生请注意考场纪律，不要东张西望。
수험생은 고사장 규율에 주의하십시오, 주위를 두리번거려서는 안 됩니다.

| 59 | 千方百计 | qiānfāngbǎijì | 온갖 방법 (백방으로), 계책, 계략을 다하다 |

我千方百计地想留住他，可是他还是走了。
나는 온갖 방법으로 그를 붙잡아 두려 했지만, 그는 가버렸다.

公司非常重视人才，目前正千方百计地招揽人才。
회사는 매우 인재를 중시하는데, 현재 백방으로 인재를 끌어 모으고 있다.

| 60 | 不择手段 | bùzéshǒuduàn | 수단 방법을 가리지 않다, 온갖 수단을 다 쓰다 |

他这个人很自私，为了达到自己的目的常常是不择手段。
그는 이기적이라서 자신의 목적을 달성하기 위해서 종종 수단 방법을 가리지 않는다.

有些商家为了谋取利益，不择手段地制造假货，损害消费者的利益。
어떤 상인들은 이익을 취하기 위해 수단 방법을 가리지 않고 가짜 상품을 만들어서, 소비자의 이익에 손해를 끼친다.

| 61 | 想方设法 | xiǎngfāngshèfǎ | 온갖 방법을 생각하다 |

在比赛中，他想方设法使自己表现的更好。
시합 중에 그가 온갖 방법을 생각하는 것은 자신을 더 잘 드러내게 한다.

你要想方设法通过考试，不然你就没有机会了。
당신은 온갖 방법을 다 동원하여 시험을 통과해야지, 그렇지 않으면 기회가 없을 것이다.

| 62 | 层出不穷 | céngchūbùqióng | 끊임없이 나타나다, 꼬리를 물고 일어나다, 차례차례로 나타나서 끝이 없다 |

最近几年，有关"幸福科学"的研究文章层出不穷。
최근 몇 년 사이에, '행복과학'과 관련된 연구 문장은 끊임없이 나왔다.

随着时代的发展变化，婚礼在演进变异，当今的婚礼花样更是层出不穷。
시대의 변화 발전에 따라, 결혼식은 진화하고 변화하고 있고, 현재 결혼식 형식은 더욱 끊임없이 나타나고 있다.

| 63 | 滔滔不绝 | tāotāobùjué | 끊임없이 흐르다 : 끊임없이 말하다 |

推销员在销售产品时，滔滔不绝地讲了三十分钟。
외판원이 상품을 판매할 때, 30분간 끊임없이 말을 하였다.

沉默也许并不是智慧，但滔滔不绝是愚蠢的表现。
침묵도 결코 지혜로운 것이 아니겠지만, 그러나 끊임없이 말하는 것은 어리석음의 표현이다.

| 64 | 川流不息 | chuānliúbùxī | 냇물의 흐름이 쉬지 않다 : (사람과 차들이) 물처럼 끊임없이 오가다 |

宽阔的林荫道上，汽车川流不息。넓은 가로수 길에 차들이 끊임없이 오간다.

每到节假日，商场里的人们川流不息，都是来购买节日用品的。
매번 명절이 되면, 상점 안의 사람들은 끊임없이 오가는데, 모두 명절 용품을 사러 온 사람들이다.

| **65** | 络绎不绝 | luòyìbùjué | 그칠 줄 모르다, (사람, 수레, 배 등) 왕래가 빈번해 끊이지 않다 |

每年来此游览的各国游客络绎不绝。 매 년 이곳에 여행을 오는 각국의 여행객은 끊이질 않는다.

全聚德闻名世界，来品尝烤鸭的人的络绎不绝。
진취덕은 세계에서 유명해서 오리구이를 먹으러 오는 사람들이 끊이지 않는다.

| **66** | 得不偿失 | débùchángshī | 얻는 것 보다 잃는 것이 더 많다, 수지가 맞지 않다, 혹 떼러 갔다가 혹 붙여오다 |

这事不值得我们去做，如果做这件事就会得不偿失。
이 일은 우리가 가서 할 필요가 없다. 만일 이 일을 한다면 혹 붙여 오는 격이 될 것이다.

为了经济发展而不顾生态环境保护，到头来只能是得不偿失。
경제 발전을 위해 생태 환경을 보호하지 않으면, 결국에는 어쩔 수 없이 잃는 것이 더 많을 수밖에 없다.

| **67** | 丢三落四 | diūsānlàsì | 이것저것 잘 빠뜨리다, 잘 잊어버리다, 건망증이 심하다 |

我最近总是丢三落四的，出门不是忘了锁门就是忘了拿钱。
나는 요즘 깜박깜박하는데, 집을 나설 때 문 잠그는 것을 잊거나 돈을 가지고 나오는 것을 잊는다.

我们出外旅行时，要将路上需要的东西都准备好，不要丢三落四。
우리는 여행을 갈 때, 여행에서 필요한 물건을 모두 완벽히 준비해야 하고 이것저것 빠뜨리면 안 된다.

| **68** | 画蛇添足 | huàshétiānzú | 뱀을 그리는데 다리를 그려 넣다: 쓸데없는 짓을 하다 |

对于这么漂亮的女孩儿，化妆简直就是画蛇添足。
이렇게 예쁜 여자 아이에게 화장은 정말 쓸데없는 짓이다.

剧作者最后加了一个美满的结局，实在是画蛇添足。
작가는 맨 마지막에 원만한 결말을 보태었는데, 사실 쓸데없는 짓이다.

| **69** | 根深蒂固 | gēnshēndìgù | 뿌리가 깊고 꼭지가 튼튼하다 : 매우 깊이 뿌리 박혀 있다, 고질이 되다 |

新的政策在当地根本无法实行，因为旧的观念根深蒂固。
낡은 관념이 매우 깊게 뿌리 박혀 있기 때문에, 새로운 정책은 현지에서 근본적으로 실행될 수 없다.

民族优越感在他的心里根深蒂固。
민족 우월감은 그의 마음속에 깊이 뿌리 박혀있다.

| 70 | 拔苗助长 | bámiáozhùzhǎng | (모가 늦게 자란다고 하여) 모를 뽑아서 자라게 하다: 성급하게 일을 서두르다 오히려 그르치다 (망치다) |

文化艺术事业不能拔苗助长，不能急于求成。
문화 예술 사업은 서두르다 일을 그르쳐서는 안 되며, 급하게 성공을 바라서는 안 된다.

草会自己生长，如果拔苗助长，它便会死去。
풀은 스스로 자랄 수 있는데, 성급히 모를 뽑는다면, 풀은 바로 죽게 될 것이다.

| 71 | 后顾之忧 | hòugùzhīyōu | 뒷걱정, 이후의 일에 대한 염려 |

厂里开办了幼稚园，解决了双职工后顾之忧。
공장 안에 유치원을 열어서, 맞벌이하는 직원의 걱정을 해결했다.

公司以员工的安全放在首位，使得公司的员工都能安心的工作，无后顾之忧。
회사는 직원의 안전을 최우선에 두어, 직원이 안심하고 일을 하게하고 걱정이 없게 하였다.

| 72 | 急功近利 | jígōngjìnlì | 눈앞의 이익에 눈이 멀다 |

现在急功近利的年轻人越来越多了，踏实肯干的年轻人不多了。
현재 눈앞의 이익에 눈이 먼 청년들은 점점 더 많아졌고, 성실한 청년은 많지 않다.

急功近利是医学创新中的一种不良现象，给我国医学科学的发展带来了十分严重的后果。
눈앞의 이익에 눈이 먼 것은 의학창조 중의 좋지 않은 현상이며, 우리나라 의학 과학의 발전에 매우 심각한 결과를 가져왔다.

| 73 | 任重道远 | rènzhòngdàoyuǎn | 책임은 무겁고 갈 길은 멀다 [일이 중대함을 나타내는 말] |

中国是一个发展中国家，消除贫困任重道远。
중국은 개발도상국이라서 빈곤을 없애는데 책임이 막중하다.

中国出版业未来的国际化道路仍任重道远。
중국 출판업의 미래 국제화의 길은 여전히 갈 길이 멀다.

| 74 | 肆无忌惮 | sìwújìdàn | 거리낌이 없다, 제멋대로이다 |

洪水肆无忌惮地冲毁了人们的家园，许多人无家可归。
홍수는 사람들의 집 정원을 아무렇게나 휩쓸어 버려서, 많은 사람들이 돌아 갈 집이 없다.

恐怖分子肆无忌惮地制造爆炸事件，造成大量的平民死亡。
테러리스트는 거리낌 없이 폭파사건을 일으켜, 많은 사람들의 사망을 초래하였다.

| 75 | 岂有此理 | qǐyǒucǐlǐ | 어디 그런 법이 있는가? 어찌 이럴 수가 있는가? |

岂有此理！他不说一句话就走，太没有礼貌了。
어떻게 이럴 수가 있지! 그가 한 마디도 하지 않고 가버리다니, 너무 예의가 없다.

岂有此理！你话说得很过分，必须向我道歉。
어떻게 이럴 수가 있습니까! 당신이 말씀이 지나치셨으니, 반드시 저한테 사과하셔야 합니다.

| 76 | 当务之急 | dāngwùzhījí | 당장 급한 일, 급선무 |

控制人口增长速度，提高人们的素质，是我国的当务之急。
인구증가 속도를 규제하고, 사람들의 수준을 높이는 것은 우리나라의 급선무이다.

目前公司的当务之急是解决资金问题。 현재 회사의 급선무는 자금문제를 해결하는 것이다.

| 77 | 各抒己见 | gèshūjǐjiàn | 제각기 자기 의견을 말하다 |

对于这个讨论，学生们发言积极，各抒己见，想出了好多个主意。
이 토론에 대해 학생들은 발표를 적극적으로 하고, 각자 자기 의견을 말해서, 많은 좋은 방법들을 생각해냈다.

我们会考虑大家的意见与建议，欢迎大家各抒己见。
우리들은 모두의 의견과 건의를 고려하며, 모두가 자신의 의견을 말하는 것을 환영한다.

| 78 | 饱经沧桑 | bǎojīngcāngsāng | 온갖 경험을 다하다 |

风风雨雨，一个血气方刚的黑发人已经变成了一个饱经沧桑的白发老人。
무수한 시련 속에서 한 혈기 왕성한 젊은이는 이미 온갖 경험을 다 한 백발노인이 되었다.

他消瘦的脸上，露出了饱经沧桑的笑容。 그의 마른 얼굴에는 온갖 경험을 다한 미소가 드러났다.

| 79 | 波涛汹涌 | bōtāoxiōngyǒng | 파도가 출렁거리다, 풍랑이 세차다 |

这船在波涛汹涌的海面行驶。 이 배는 풍랑이 심한 바다 위를 항해한다.

水闸一开，几万吨的水波涛汹涌地流向河里。
수문이 열리자마자, 몇 만 톤의 물이 출렁이며 강으로 흘러 들어갔다.

| 80 | 归根到底 | guīgēndàodǐ | 결국은, 끝내, 마침내 |

这件事归根到底都是我的错，我会承担责任的。
이 일은 결국은 모두 내 잘못이어서, 나는 책임을 질 것이다.

全球市场范围的激烈竞争，归根到底还是人才的竞争。
세계 시장 범위의 치열한 경쟁은 결국은 역시 인재경쟁이다.

| 81 | 物美价廉 | wùměijiàlián | 물건도 좋고, 값도 싸다 [상점의 홍보 문구로 많이 쓰임] |

物美价廉的商品总是会受到广大消费者的欢迎。
품질이 좋고 값도 싼 상품은 항상 많은 소비자의 환영을 받는다.

这个手提包确实是物美价廉。 이런 핸드백은 정말 품질도 좋고 값도 저렴하다.

| 82 | 相辅相成 | xiāngfǔxiāngchéng | 두 가지 사물이 서로 보충하여 잘 되어 나가도록 하다, 서로 보완하고 도와서 일을 완성하다 : 상부상조하다 |

服务与文化相辅相成，文化支配着服务，服务又蕴含着文化。
서비스와 문화는 서로 상부상조한다, 문화는 서비스를 지배하고 있고, 서비스는 또 문화를 포함하고 있다.

科学和技术是相辅相成的。 과학과 기술은 서로 상부상조 하는 것이다.

| 83 | 兴高采烈 | xìnggāocǎiliè | 아주 흥겹다, 매우 기쁘다, 신바람 나다, 기뻐 어쩔 바를 모르다 |

孩子们一听说要放假的消息，兴高采烈地跑回家。
아이들은 방학을 할 것이라는 소식을 듣고, 매우 기뻐하며 뛰어서 집으로 돌아갔다.

每当"六一"儿童节的时候，孩子们都兴高采烈地欢度着自己的节日。
'6월 1일'어린이 날마다, 아이들은 모두 매우 기뻐하여 자신의 명절을 보낸다.

| 84 | 咬牙切齿 | yǎoyáqièchǐ | (1) 이를 부득부득 갈다 (2) 몹시 화를 내다 |

老百姓对敌人恨得咬牙切齿。 백성들은 적을 이를 부득부득 갈 정도로 미워한다.

他咬牙切齿地说："抓住那个小偷，然后把他交给警察！"
그는 몹시 화를 내며 '그 도둑을 잡으면 그를 경찰에 넘기세요!' 하고 말했다.

| 85 | 争先恐后 | zhēngxiānkǒnghòu | 늦을세라 앞을 다투다 : 모두 경진하다 (앞을 다투다) |

这个班级很活跃，学生们都争先恐后地回答问题。
이 반은 매우 활발한 분위기여서, 학생들은 모두 뒤실세라 앞 다투어 문제에 대답을 한다.

孩子们争先恐后地抢到食物，狼吞虎咽地吃起来。
아이들은 앞 다투어 음식을 가로채어, 게걸스럽게 먹기 시작했다.

제 3 단원

독해 3부분

독해 3부분은 한 지문 안에 있는 5개의 빈칸에 문맥상 알맞은 순서대로
보기 ABCDE에서 적합한 구절을 선택해서 넣는 문제입니다.

이 부분은 무작정 문장 전체를 해석하기보다
문장 전체 구조의 흐름을 이해하는 것이 중요하며,
정답의 단서가 될 수 있는 핵심단어를 찾거나,
보기 ABCDE에서 문맥상 일치하는 구절을 고르는 방식으로 문제를 풀어나가야 합니다.
그밖에 확실한 정답 또는 절대 정답이 아닌 것부터 확인하는 것이
문제를 푸는데 훨씬 유리합니다.

유형별 문제풀이 집중공략

1주차_ 유형별 문제풀이 집중공략

〈핵심유형 정리〉
1. '한 단락 안에는 같은 내용이 전개 된다'는 원리 이해하기
2. 앞 뒤 절에 함께 호응하여 쓰이는 단어 찾기
   ① 지시대명사 ② 접속사 ③ 문장 맨 앞 쪽에 쓰이는 관용격식 ④ 기타 시험에 자주 출제되는 관용격식
3. 알맞은 문장성분 찾기
4. 문맥상 알맞은 구절 찾기
5. 설명하는 형식의 글의 문장의 전체 구조 이해하기
6. 확실한 정답 또는 절대 정답이 아닌 것부터 확인하기
   • 新HSK문제 유형분석
*실력다지기 실전문제

3주차_ 최종점검하기
   • 新HSK문제 유형분석
*실력다지기 실전문제

유형별 문제풀이 집중공략

독해 3부분은 한 지문 안에 있는 5개의 빈칸에 문맥상 알맞은 순서대로 보기 ABCDE에서 적합한 구절을 선택해서 넣는 문제입니다.

이 부분은 무작정 문장 전체를 해석하기 보다는 문장 전체 구조의 흐름을 이해하는 것이 중요합니다. 또한 정답의 단서가 될 수 있는 핵심단어를 찾거나, 빈칸 앞 뒤 문맥의 흐름을 파악하여 보기 ABCDE에서 문맥상 일치하는 구절을 고르는 방식으로 문제를 풀어나가야 합니다. 그밖에 보기 ABCDE 순서대로 문제를 푸는 것보다, 확실한 정답 또는 절대 정답이 아닌 것부터 확인하는 것이 문제를 푸는데 훨씬 유리합니다.

제1주차 목요일에는 '1. '한 단락 안에는 같은 내용이 전개 된다'는 원리 이해하기 → 2. 앞 뒤 절에 함께 호응하여 쓰이는 단어 찾기 [① 지시대명사 ② 접속사 ③ 문장 맨 앞 쪽에 쓰이는 관용격식 ④ 기타 시험에 자주 출제되는 관용격식] → 3. 알맞은 문장성분 찾기 → 4. 문맥상 알맞은 구절 찾기 → 5. 설명하는 형식의 글의 문장의 전체 구조 이해하기 → 6. 확실한 정답 또는 절대 정답이 아닌 것부터 확인하기' 의 순서로 독해 3부분 문제풀이 방법에 대해 집중 공략해 봅시다.

1. '한 단락 안에는 같은 내용이 전개 된다'는 원리를 이해한다.

중국어 문장은 처음에 두 글자를 들여쓰기를 하면서 시작합니다. 또한 새로운 내용이 시작될 때는 한 단락을 끝내고, 줄을 바꾸어서 다시 두 글자 들여쓰기를 하면서 새로운 단락이 시작됩니다.

따라서 한 단락 안의 빈칸에는 그 단락의 내용과 같은 의미의 구절이 쓰여야 하며, 단어사용 또한 그 단락 안에서 이미 사용된 단어 또는 비슷한 뜻의 단어가 쓰입니다.

> 美国女国务卿赖斯，其奋斗史颇有传奇色彩。赖斯小的时候，美国的种族歧视还很严重。黑人地位低下，处处受白人欺压。
>
> 赖斯10岁时全家到首都游览，________________。小赖斯倍感羞辱，凝神远望白宫良久，然后回身一字一句地告诉父亲："总有一天，我会成为那房子的主人！"赖斯的父母很赞赏她的志向，就经常向她灌输这样的思想：改善黑人状况的最好办法就是取得非凡的成就。
>
> A. 成功无缘的人无需埋怨别人
>
> B. 白人做不到的她也要做到
>
> C. 26岁她已经是斯坦福大学最年轻的教授
>
> D. 如果你拿出双倍的劲头往前冲
>
> E. 却因身份是黑人, 不能进入白宫参观

[단어]

国务卿 guówùqīng 몡 국무장관 / 传奇 chuánqí 몡 전기, 기담 / 种族歧视 zhǒngzúqíshì 몡동 인종차별(하다) / 欺压 qīyā 동 (권세 등을 업고) 남을 위압하다, 억압하다 / 倍感 bèigǎn 동 더욱 더 느끼다 / 羞辱 xiūrǔ 몡동 치욕(을 주다), 모욕(하다) / 凝神 níngshén 동 정신을 집중하다, 깊이 생각하다 / 志向 zhìxiàng 몡 지향, 포부 / 灌输 guànshū 동 ① 물을 대다 ② (지식, 사상 등을) 불어넣다, 주입하다 / 非凡 fēifán 혱 보통이 아니다, 비범하다, 뛰어나다

[해설]

먼저 보기 ABCDE를 정확히 확인한 후에, '한 단락 안에는 같은 내용이 전개된다.'는 원리를 이용해 봅시다. 빈칸 앞에 '到首都游览'이라고 하였고, 바로 아래 줄에는 '远望/白宫/良久'라고 하였으므로, 빈칸에는 백악관을 참관하러 갔지만, 흑인이라는 이유로 들어가지 못한 내용인 E가 들어가야 합니다.

[번역]

미국 여자 국무장관 라이스의 분투 사는 전기적인 색채가 강하다. 라이스가 어릴 때 미국의 인종차별이 여전히 심각했다. 흑인의 지위는 낮았으며, 어디서나 백인의 억압을 받았다.
라이스가 10세 때 온 가족이 수도로 놀러갔는데, 그런데 흑인신분이라는 이유로 백악관에 참관하러 들어갈 수 없었다. 어린 라이스는 모욕을 더욱 느꼈으며, 멀리서 백악관을 한 참 동안 응시하고 나서, 몸을 돌려 한 글자, 한 마디씩 또박또박 아버지께 '언젠가는 내가 그 집 주인이 될 거예요!'하고 말씀드렸다. 라이스의 부모도 그녀의 의향에 매우 찬성을 하였으며, 그녀에게 자주 흑인의 상황을 개선하는 가장 좋은 방법은 바로 뛰어난 성과를 거두는 것이라는 사상을 주입시켰다.

A. 성공과 인연이 없는 사람은 다른 사람을 원망할 필요가 없다
B. 백인이 할 수 없는 것도 해야 한다
C. 26세에 그녀는 이미 스탠퍼드 대학의 최연소 교수가 되었다
D. 만약에 당신이 두 배의 노력을 들여 앞으로 나아간다면
E. 그러나 오히려 흑인신분이라는 이유 때문에 백악관에 참관하러 들어갈 수 없었다

[정답] E

2. 앞 뒤 절에 함께 호응하여 쓰이는 단어를 찾는다.

1 지시대명사에 유의한다.

중국어 문장에서 뒤 절의 맨 앞에 지시대명사 '这'와 '那'를 사용해서 앞 문장 전체를 가리킴으로써 앞 뒤 문장이 중복되지 않게 할 수 있습니다.

따라서 뒤 절에 지시대명사 '这' 또는 '那'가 있고 빈칸이 있는 경우, 지시대명사가 가리키는 앞 절의 문장, 구절, 단어 등을 찾아서 보기 ABCDE 중에서 같은 의미에 해당하는 보기를 정답으로 찾으면 됩니다.

> ·············· , <u>这 / 那</u> ~ 。
>
> 앞의 같은 내용을 가리키는 지시대명사

예 中国有句古话，"远亲不如近邻。"，这说明中国人懂得邻居关系的重要性。
중국 옛말에 '먼 친척보다 가까운 이웃이 낫다.'라는 말이 있는데, 이것은 중국인들이 이웃관계의 중요성에 대해 알 고 있음을 설명해 준다.

新 HSK 문제 유형분석

加拿大有一位长跑教练，以在很短时间内培养出了几位长跑冠军而闻名。然而，谁也没有想到，他成功的秘密是_________________，而这个陪练不是一个人，是一只凶猛的狼！他说他是这样决定用狼做陪练的。

A. 不要在这里浪费时间了
B. 他拼命地在前面跑
C. 他聘请了一个驯兽师
D. 因为有一个神奇的陪练
E. 必须自己一路跑来

[단어]

陪练 péiliàn 명 전문적으로 운동선수와 함께 훈련하는 연습 상대 동 함께 연습하다 / 凶猛 xiōngměng 형 흉맹하다, 사납다 / 狼 láng 명 이리 / 聘请 pìnqǐng 동 초빙하다 / 驯兽师 xùnshòushī 명 조련사

[해설]

먼저 보기 ABCDE를 정확히 확인한 후에, '지시 대명사에 유의한다.'는 원리를 이용해 봅시다. 빈칸 뒤에 '而/这个陪练/不是/一个人'이라고 하였으므로, 빈칸에는 '陪练'이라는 단어가 들어간 D가 들어가야 합니다.

[번역]

캐나다에 장거리 달리기 코치가 있었는데, 짧은 시간 내에 몇 명의 장거리 달리기 우승자를 육성해내서 유명해졌다. 그러나 그의 성공비결은 바로 신기한 연습상대 때문이었는데, 이 연습상대는 사나운 이리라는 것을 누구도 생각하지 못했다. 그는 자신이 이렇게 이리를 연습상대로 이용하기로 결정을 했다고 말했다.

A. 여기에서 시간을 낭비하지 마라
B. 그는 필사적으로 앞에서 뛰었다
C. 그는 조련사 한 명을 초빙하였다.
D. 신기한 연습상대가 있었기 때문이다.
E. 반드시 오는 길은 스스로 뛰어서 와야 한다.

[정답]   D

② 접속사에 유의한다.

앞 뒤 절에 함께 쓰이는 접속사도 정답을 찾는 중요한 핵심단서가 될 수 있습니다. 앞 절 또는 뒤 절에 접속사와 빈칸이 있는 경우, 보기 ABCDE 중에서 함께 호응하여 쓰는 접속사가 있는 보기를 정답으로 찾으면 됩니다.

한편으로 ~하면서 또 한편으로 ...하다	又 [＝ 既] ～ 又 …… 。 也 [＝ 既] ～ ，也 …… 。 一边 [＝ 一面] ～ ，一边 [＝ 一面] …… 。 一方面 ～ ，另一方面 …… 。
~하기 때문에, 그래서(그러므로) ...하다	⑴ 因为 ＋ 원인 ～ ，所以 [＝ 就，才，而] ＋ 결과 …… 。 　 ＝ 由于　　 ～　 ，因此 [＝ 因而，就，才，而] …… 。 ⑵ 之所以 ＋ 결과 ～ ，是因为 ＋ 원인 …… 。
~이니까, ~인 이상, 그러면 ...하다	既然 ＋ 원인 ～ ，(那么) ＋ (주어) ＋ 就 ＋ 결론 …… 。
만약 ~한다면, 곧 ...일 것이다	如果 ＋ 가정 ～ ，(那么) ＋ (주어) ＋ 就 ＋ 결과 …… 。 　　└→＝要是，倘若，假如，假设，假使　　　└→＝便
설령 ~라 할지라도, (그러나) 모두...이다	即使 ＋ 가정 ～ ，也 [＝ 都] ＋ 결과 …… 。 　　└→＝即便，就是，就算，哪怕
다행히, 운 좋게도 ~했다, 그렇지 않으면 ...했을 것이다	幸亏 ～ ，要不然 …… 。 　　└→＝否则，要不，不然

비록(물론) ~이지만, 그러나 …이다	虽然 + 사실 ~, 但是 + (주어) + 却/还/仍然 + 결과 …… 。 　└→ =固然, 尽管,　└→ =可是, 不过, 然而 　　　虽说(是)
(여러 가지 조건 중 이 조건이) ~라면, 곧 …하다	只要 + 여러 가지 조건 중 하나 ~, 就 + 결과 …… 。
오로지 (이러한 조건) ~이어야만, 비로소 …이다	只有 + 유일한 조건 ~, 才 + 결과 …… 。 　└→ =除非
~을 막론하고 (~와 상관없이), 모두 …이다	不管 + 의문문 형식 ~, 都 + 결과 …… 。 　└→ =无论, 不论　　　└→ =也, 总是, 反正
~라면 (~이기만 하면), 모두 …이다	凡是 ~, 都 + 결과 …… 。 　└→ =凡, 只要是
A니, B니? [의문문에서 A, B 둘 중 하나를 선택함]	(是) A ~, 还是 B …… (呢)?
A이거나 B이다 [평서문에서 A, B 둘 중 하나를 선택함]	(或者) A ~, 或者 B …… 。 = 不是 A ~, 就是 B …… 。
A가 아니라 B이다 [B를 선택함]	(1) 不是 A ~, 而是 B …… 。 (2) 不是因为 A ~, 而是因为 B …… 。 [원인이나 이유] (3) 不是为了 A ~, 而是为了 B …… 。 [목적]
A 하느니, B하는 게 (오히려/훨씬) 낫다 [B를 선택함]	与其 A ~, (倒/还)不如 B …… 。
설령 A하는 한이 있어도, 반드시 B하겠다 [愿意 B의 뜻임]	宁可 A (주어한테 불리한 상황으로 가정) ~, 也要 B …… 。 　└→ =宁肯, 宁愿　　　　　　　　└→ =也愿意
설령 A하는 한이 있어도, 절대로 B하지 않겠다 [不愿意 B의 뜻임]	宁可 A ~, 也不 B …… 。 　　　　　└→ =也不愿意, 也决不, 也别
~ 일 뿐만 아니라, 게다가 (또) …하다	不但 ~, 而且 + (주어) + 还(부) …… 。 　└→ =不仅(仅), 不单,　└→ =并且　　└→ =又, 也/甚至, 　　　不光, 非但　　　　　　　　　　　越来越, 更(加)
~하기는커녕, 오히려 (더) …하다	不但 + 不/没 ~, 反而 …… 。
A 조차도 …한데, 하물며 B는? [= B는 말할 필요도 없다, B는 더 …하다]	连 A 都[= 也] ~, 何况 B 呢? [반문구] = 连 A 都[= 也] ~, 更不用说 B 。 [평서문] 　　　　　　　　　　　└→ =别说

新 HSK문제 유형분석

大卫和约翰是一对要好的朋友，他们一同外出旅行。到了目的地后，约翰在酒店里看书，大卫到街上闲逛，他看到路边有一个老妇人在卖一只玩具猫。老妇人对他说，这只玩具猫是祖传宝物，＿＿＿＿＿＿＿＿，所以不得已才将它卖掉。大卫随手拿起玩具猫，发现猫身很重，似乎是用黑铁做的。

A. 如果你要买，就给两美元吧
B. 不要想在没有仔细观察
C. 这只玩具猫要卖多少钱
D. 因为儿子病重无钱医治
E. 这玩具猫是纯金的啊！

[단어]
闲逛 xiánguàng [동] 할 일없이 돌아다니다, 한가롭게 쇼핑하다 / 祖传 zǔchuán [동] 조상 대대로 전해지다 / 纯金 chúnjīn [명] 순금

[해설]
먼저 보기 ABCDE를 정확히 확인한 후에, '접속사에 유의한다.'는 원리를 이용해 봅시다. 빈칸 뒤에 '所以不得已才将它卖掉。'라고 하였으므로, 빈칸에는 '因为'라는 단어가 들어간 D가 들어가야 합니다.

[번역]
大卫와 约翰은 친한 친구이고, 그들은 함께 여행을 갔다. 목적지에 도착한 후에 约翰은 호텔에서 책을 보고, 大卫는 길거리에서 한가롭게 둘러보고 있었는데, 그는 길에서 한 할머니가 장난감 고양이 한 마리를 팔고 있는 것을 보았다. 할머니는 그에게 이 장난감 고양이는 조상 대대로 전해 내려오는 보물인데 아들이 중병에 걸렸는데 병원비가 없기 때문에, 그래서 하는 수 없이 장난감 고양이를 파는 것이라고 하였다. 大卫는 그냥 장난감 고양이를 들었는데, 고양이 몸이 아주 무거운 것을 발견했다. 마치 검은 철로 만든 것 같았다.

A. 당신이 사신다면, 2달러만 내세요.
B. 자세히 관찰하지 않으려고 하지 마라.
C. 이 장난감 고양이를 얼마에 파십니까?
D. 아들이 중병에 걸렸는데, 치료비가 없기 때문에
E. 이 장난감 고양이는 순금이다!

[정답] D

③ 문장 맨 앞쪽에 쓰이는 관용격식에 유의한다.

'(从) …… 以后' 또는 '(在 / 当) …… 时' 처럼 '시간이나 때'와 관계가 있는 전치사구와 '随(着)' 처럼 문장 맨 앞쪽에 쓰이는 전치사 등에 유의해야합니다.

앞 절에 빈칸이 있고, 뒤 절에 '주어+서술어' 구조가 오는 경우, 보기 ABCDE 중에서 주어 앞쪽에 쓸 수 있는 부사어를 정답으로 찾으면 됩니다.

… 하고 나서, 주어는 서술어하다	[(从) …… 以后 / 之后 / 后], 주어 + 서술어 。
… 하기 전에, 주어는 서술어하다	[(从) …… 以前 / 之前 / 前], 주어 + 서술어 。
… 할 때, 주어는 서술어하다	[(在 / 当) …… 时 / 的时候], 주어 + 서술어 。
… 에 따라서, 주어는 서술어하다	[随(着)(전) + (……的) + 명/대], 주어 + 서술어 。
… 하기 위해서, 주어는 서술어하다	[为了(전) + 명/대/동사(구)/주술], 주어 + 서술어 。
… 에 관해서, 주어는 서술어하다	[关于(전) + 명/대], 주어 + 서술어 。
(주어가 서술어 할 줄은) 생각지도 못하다	(1) 没想到(동) + 주어 + 竟然 / 居然 / 却 + 서술어 。 (2) …… , 不料 / 没想到 + 주어 + 竟然 / 居然 / 却 + 서술어。 → 뒤절 맨앞

新 HSK문제 유형분석

孩子对爸爸说："爸爸，那棵树早就死了，把它砍了吧！我们再种一棵。"可是爸爸阻止了他。他说："孩子，也许它的确是不行了。但是，________________，它可能还会萌芽抽枝的—它正在养精蓄锐呢！记住，孩子，冬天不要砍树。"

A. 现在竟成了一位小有名气的律师

B. 冬天过去之后

C. 毕业后自己创办了一家红火的公司

D. 只听 "吧嗒" 一声，枝干折断了

E. 真的重新萌生新芽

[단어]

砍 kǎn / 萌芽 méngyá 명 (1) 새싹, 맹아 (2) 사물의 시작 동 (1) (식물이) 싹트다, 움트다 (2) (사물이) 싹트다, 막 발생하다 / 抽枝 chōuzhī 동 (1) 곁가지를 따내다, 가지치기를 하다 (2) 가지를 뻗다 / 养精 蓄锐 yǎngjīngxùruì 성 정기를 키우고 예기를 모으다 ; 기운찬 정신과 굳센 기세를 갈고 닦다, 정예를 양 성하다 / 吧嗒 bādā 의성어 탁, 툭 [물건이 떨어지는 소리, 물건을 두드리는 소리] / 萌生 méngshēng 동 움트다, 싹트다

[해설]

먼저 보기 ABCDE를 정확히 확인한 후에, ‘문장 맨 앞쪽에 쓰이는 관용격식에 유의한다.’는 원리를 이용 해 봅시다. 빈칸 뒤에 주어 ‘它’가 있으므로, 그 앞의 빈칸에는 주어 앞에 쓸 수 있는 부사어인 ‘冬天过去 之后’가 들어가야 하므로 정답은 B입니다.

[번역]

아이가 아버지한테 ‘아빠, 그 나무는 이미 죽었으니, 베어 버리고, 우리 다시 나무를 심어요!’하고 말씀을 드렸다. 그러나 아버지는 아이를 저지하며 ‘얘야, 이 나무는 정말 죽었을 지도 모르지만, 겨울이 지나고 나면, 이 나무는 아마 다시 새싹이 돋고, 가지를 뻗을 수 도 있단다. 지금 힘을 모으고 있을 지도 모르잖 니! 애야, 겨울에는 나무를 베지 않는다는 것을 기억하렴.’하고 말씀하셨다.

A. 지금 뜻밖에 이름이 있는 변호사가 되었다
B. 겨울이 지나고 난 후에
C. 졸업 후에 자신이 잘나가는 회사를 차렸다
D. ‘툭’ 하는 소리만 들렸고, 가지가 부러졌다
E. 정말 새로 싹이 텄다

[정답]　B

❹ 기타 시험에 자주 출제되는 관용격식에 유의한다.

우선 ~을 하고, 그 다음 …을 하고, 맨 마지막으로 ~하다 [동작의 순서]	先(부) + 동사₁ ~, 然后 (再)(부) + 동사₂ ……, 最后 + 동사₃ ~ 。
① ~ 이외에, 모두 …이다. ② ~ 말고도 (~이면서), 또 …이다	① 除了 ~ 以外, 全 / 都 …… 。 ② 除了 ~ 以外, 还 / 又 / 也 …… 。
모든 주어는 다 …이다	① 一切 + 주어 + 都 …… 。 ② 所有(的) + 주어 + 都 …… 。
어쨌든 주어는 모두 …이다	无论如何 + 주어 + 都 / 也(부) …… 。 ↳ 无论怎(么)样

309

> 沙漠里的动物大都以微黄的 "沙漠色" 作为它们的特征，那里的狮子、鸟、蜴、蜘蛛、蠕虫等等，＿＿＿＿＿＿＿＿＿＿＿＿＿，都可以找到这种颜色。
>
> A. 总之在沙漠动物当中一切动物的身上
> B. 随着冬季的来临
> C. 在生存竞争中保存自己
> D. 银鼠如果不随着雪的融化而改变自己的颜色
> E. 它们的保护色完全是透明的

[단어]

沙漠 shāmò / 蜴 yì 명 도마뱀 / 蜘蛛 zhīzhū 명 거미 / 蠕虫 rúchóng 명 연충, 기생충 / 银鼠 yínshǔ 명 은색 족제비, 은서 / 融化 rónghuà 동 (얼음, 눈 등이) 녹다, 융해되다 / 透明 tòumíng 형 ① 투명하다 ② (사람이) 순수하다 ③ 공개적이다, 투명하다

[해설]

먼저 보기 ABCDE를 정확히 확인한 후에, '기타 습관적으로 쓰는 관용격식에 유의한다'는 원리를 이용해 봅시다. 빈칸 뒤에 '都/可以找到/这种颜色'라고 하였으므로, 빈칸에는 '주어'가 있으면서 모두라는 뜻을 가지고 있는 형태인 '在(…一切动物的)身上'가 들어가야 합니다. 따라서 정답은 A입니다.

[번역]

사막의 동물은 대부분 옅은 황색의 '사막 색'을 그들의 특징으로 한다. 사막의 사자, 새, 도마뱀, 거미, 유충 등 어쨌든 사막동물 중의 모든 동물의 몸은 모두 이런 색깔을 찾을 수 있다.

A. 어쨌든 사막동물 중의 모든 동물의 몸은
B. 겨울이 옴에 따라서
C. 생존경쟁 중에서 자신을 보존한다
D. 은색 족제비가 만약에 눈이 녹는 것에 따라 자신의 색깔을 바꾸지 않으면
E. 그들의 보호색은 완전히 투명한 색이다

[정답]　　A

3. 알맞은 문장성분을 찾는다.

빈칸 앞 뒤 절에서 주어나 목적어 자리에 빈칸이 있는 경우에는 보기 ABCDE 중에서 명사나 대명사만 있는 보기를 찾아야 하고, 서술어 자리에 빈칸이 있는 경우에는 보기 ABCDE 중에서 서술어가 아닌 것은 정답에서 제외해야 하며, 서술어가 있는 보기가 여러 개가 있는 경우에는 그 중에서 단어의 호응관계가 문맥상 알맞은 보기를 정답으로 찾으면 됩니다.

＿＿＿＿＿＿＿＿＿＿＿＿＿＿＿，几乎都生活在社会的中下层面，他们能安稳地生活与工作，但都没有什么特别的成绩。剩下27%的是那些25年来都没有目标的人群，他们几乎都生活在社会的最底层。

A. 其中占60%的模糊目标者

B. 常常失业，靠社会救济

C. 大都生活在社会的中上层

D. 几乎都不曾更改过自己的人生目标

E. 对象是一群智力、学历、环境等条件差不多的年轻人

[단어]

救济 jiùjì 명동 구제(하다)

[해설]

먼저 보기 ABCDE를 정확히 확인한 후에, '알맞은 문장성분을 찾는다'는 원리를 이용해 봅시다. 빈칸 뒤의 '几乎都/生活在/社会的/中下层面'에서 '几乎都'는 부사이므로, 빈칸에는 '주어'가 있어야 합니다. 따라서 빈칸에는 명사/대명사 형태만 있는 '(其中占60%的)模糊目标者'가 들어가야 하므로, 정답은 A입니다.

[번역]

그 중에서 60%를 차지하는 목표가 불분명한 사람은 거의 모두 사회의 중하층에서 생활하고 있다. 그들은 안정되게 생활하고 일을 할 수 있지만, 모두 어떤 특별한 성적을 내지 못한다. 나머지 27%는 25년 간 목표가 없었던 사람들인데, 그들은 거의 모두 사회의 최하위층에서 생활하고 있다.

A. 그중에서 60%를 차지하는 목표가 불분명한 사람
B. 자주 직장을 잃고, 사회가 구제해 주기를 바란다
C. 대부분 사회의 중상층에서 생활한다
D. 거의 모두 자신의 인생목표를 바꾼 적이 없다

E. 대상은 지능, 학력, 환경 등 조건이 비슷한 청년들이다.

[정답]　A

4. 문맥상 알맞은 구절을 찾는다.

① 나는 감기에 걸려서 → 병원에 갔다.
② 상점 주인한테 가격이 얼마냐고 물어보니까 → 상점 주인은 가격이 얼마라고 대답하였다.

위의 ①과 ②는 각각 문맥상 앞 절과 뒤 절이 하나로 이어지는 내용입니다. 이처럼 앞 절 또는 뒤 절에 빈칸이 있고, 지금까지 배운 1~3번까지의 내용에 해당되지 않는 경우, 보기 ABCDE에서 문맥상 앞 뒤 구절이 하나로 이어지는 보기를 정답으로 찾으면 됩니다.

新 HSK문제 유형분석

一只老虎突然从旁边的树林里蹿出来，扑向我，正在我绝望时，我的仇人从后面赶过来，他一刀就结果了老虎的命。我问他为什么要救我的命，他说："你救我在先，＿＿＿＿＿＿＿＿＿＿。这……这实在是不算做了什么大事。"

A. 有一个夜晚，我独自骑马走在悬崖边
B. 你的仁爱化解了我的仇恨
C. 你做得很对，但诚实是你做人应有的品德
D. 你们三个都要到外面去游历一年
E. 后来，当我下马准备过一条河时

[단어]

蹿 cuān 통 (홀쩍) 뛰어 오르다 / 扑 pū 통 뛰어들다, 돌진하다, 달려들다 / 在先 zàixiān 통 미리, 이전에 ~하다 / 悬崖 xuányá 명 낭떠러지, 벼랑 / 化解 huàjiě 통 풀(리)다, 누그러지다, 용해하다 / 游历 yóulì 통명 두루 돌아다니다, 유력(하다)

[해설]

먼저 보기 ABCDE를 정확히 확인한 후에, '문맥상 알맞은 구절을 찾는다'는 원리를 이용해 봅시다. 빈칸 앞에서 '我问他 // 为什么/要救/我的命，/他说是//你救我/在先 (내가 그에게 왜 내 생명을 구해주었냐고 물어보자, 그는 당신이 나를 먼저 구해주었다고 말했다)'라고 했으므로, 문맥상 빈칸에는 '당시의 자애로움이 내 미움을 누그러지게 하였다'는 내용이 들어가야 합니다. 따라서 정답은 B입니다.

[번역]

호랑이 한 마리가 갑자기 옆쪽 수풀 속에서 펄쩍 뛰어나와서 나를 향해 달려들었다. 내가 절망하고 있을 때 내 원수가 뒤 쪽에서 뛰어왔고, 그는 단칼에 호랑이를 죽였다. 나는 그에게 왜 내 목숨을 구해주었느냐고 묻자, 그는 '당신이 먼저 나를 구해주어서 , 당신의 자애로움이 내 미움을 누그러뜨린 것이니까, 내가 당신을 구해 준 것은 정말 별 일 아니다.'하고 말했다.

A. 한 밤 중에 나는 혼자서 말을 타고 낭떠러지 곁을 가고 있었는데
B. 당신의 자애로움이 내 미움을 누그러뜨렸다
C. 네가 아주 옳은 행동을 하였지만, 성실함은 사람이 당연히 지녀야 하는 덕목이다
D. 너희 세 사람은 모두 밖으로 1년간 돌아다녀야 한다
E. 나중에 내가 말에서 내려 강을 건널 준비를 하고 있을 때

[정답]   B

5. 설명하는 형식의 글은 문장의 전체구조를 이해한다.

현아와 소윤이는 친한 친구인데, 취미가 서로 다르다.

현아는 운동을 좋아하고, 소윤이는 음악을 좋아한다.

위의 글처럼 어떤 인물, 사물, 사실 등에 대해 2가지 이상의 화제를 제시한 후, 그것에 대해 설명을 하는 경우, 앞에서 A와 B의 순서로 설명했다면, 뒤에서 구체적으로 부연설명을 할 때에도 마찬가지로 'A → B'의 순서대로 설명을 하는 경우가 많습니다.

이렇게 어떤 것을 설명하는 형식의 글은 상대방에게 쉽게 내용을 전달하기 위해 규칙적인 패턴을 사용해서 글을 써 내려가는 경우가 많으므로, 글 전체를 독해하기 보다는 먼저 각 단락의 전체적인 흐름을 파악하거나, 반복적으로 사용되는 형식이나 구절을 파악하면 좀 더 쉽게 정답에 접근할 수 있습니다.

新 HSK 문제 유형분석

> 　　三个旅行者同时住进了一家旅店。早上出门时，一个旅行者带了一
> 把伞，一个拿了一根拐杖，第三个则两手空空。
> 　　晚上归来时，拿雨伞的人淋湿了衣服，＿＿＿＿＿＿＿＿＿＿＿＿，
> 而空手的人却衣不湿，身无泥。前两个人都很奇怪，问第三个人这是为
> 什么。
>
> A. 问拿拐杖者为何没有淋雨
> B. 发挥自己的主动性
> C. 拿拐杖的人跌得全身是泥
> D. 我很高兴有先见之明
> E. 下雨时我拣能躲雨的地方走

[단어]

拐杖 guǎizhàng 圐 지팡이 / 淋湿 línshī 통 (비에) 흠뻑 젖다 / 泥 ní 圐 진흙 / 先见之明
xiānjiànzhīmíng 성 선견지명 / 拣 jiǎn 통 고르다, 뽑다, 선택하다

[해설]

먼저 보기 ABCDE를 정확히 확인한 후에, '설명하는 형식의 글은 문장의 전체구조를 이해한다'는 원리
를 이용해 봅시다. 첫 번째 단락에서 '一个旅行者/带了/一把伞，一个/拿了/一根拐杖，/第三个
/则/两手空空。(한 여행자는 우선을 가지고 있었고, 또 한사람은 지팡이를 가지고 있었으며, 세 번째
여행자는 오히려 빈손이었다.)'라고 세 명의 여행자에 대해 설명하고 있습니다. 또 빈칸 앞에는 '拿雨伞
的人/淋湿了/衣服 (우산을 든 사람은 옷이 비에 흠뻑 젖었다)'이라고 하였고, 빈칸 뒤에는 '空手的人/
却/衣不湿，身无泥。(빈손인 사람은 오히려 옷도 젖지 않고, 흙도 묻지 않았다)'라고 하였으므로, 중
간의 빈칸에는 '지팡이를 든 사람'에 대해 설명해야 합니다. 따라서 정답은 C입니다.

[번역]

여행자 세 명이 동시에 한 여관에 묵었다. 아침에 외출할 때, 한 여행자는 우선을 가지고 있었고, 또 한
사람은 지팡이를 가지고 있었으며, 세 번째 여행자는 오히려 빈손이었다. 저녁 때 돌아왔을 때, 우산을
든 사람은 옷이 비에 흠뻑 젖어있었고, 지팡이를 든 사람은 넘어져서 온 몸이 흙투성이였지만, 그러나
빈손인 사람은 오히려 옷이 젖지도 않고, 몸에 흙도 묻지 않았다 앞의 두 사람은 모두 이상해서 세 번째
사람에게 어떻게 된 일이냐고 물어 보았다.

A. 지팡이를 든 사람에게 왜 비에 젖지 않았냐고 물어 보았다
B. 자신의 주동 성을 발휘하였다
C. 지팡이를 든 사람은 넘어져서 온 몸이 흙투성이였다
D. 나는 선견지명이 있는 것이 너무 기뻤다
E. 비가 내릴 때 나는 비를 피할 곳을 찾아서 갔다

[정답] 　C

6. 확실한 정답 또는 절대 정답이 아닌 것부터 확인한다.

보기 ABCDE 순서에 따라 지문에서 알맞은 위치를 찾는 것 보다는, ABCDE 보기 내용을 정확히 분석한 후에, 5개의 빈칸 중에서 정답이 확실하거나, 절대로 정답이 될 수 없는 보기부터 체크한 후, 그것을 제외한 나머지 보기도 같은 방법으로 배열하면서 문제를 풀어 나가면 훨씬 쉽게 정답에 접근할 수 있습니다.

新 HSK 문제 유형분석

76-80.

　　有一位富翁，不久于人世，把儿子叫到跟前，向儿子讲述了自己如何白手起家的故事，希望儿子也能奋发图强，(76)＿＿＿＿＿＿＿＿＿＿＿＿。

　　儿子听了很感动，决定独自一人去寻找宝物。他跋山涉水历尽艰辛，最后在热带雨林找到一种树木，(77)＿＿＿＿＿＿＿＿＿＿＿＿，放在水里不是像别的树一样浮在水面，而是沉到水底。他心想这种树一定是价值连城的宝物(78)＿＿＿＿＿＿，可是却无人问津，为此他深感苦恼。当看到隔壁摊位上的木炭总是很快就能卖光时，他一开始还能坚守自己的判断，但时间最终让他改变了自己的想法，(79)＿＿＿＿＿＿＿＿＿＿＿＿。第二天，他果然就把香木烧成木炭，结果很快被一抢而空，这个结果令他十分高兴，就迫不及待地跑回家告诉他的父亲，但父亲听了他的话，却不由得老泪纵横。原来，青年烧成木炭的香木，正是这个世界上最珍贵的树木——沉香，只要切下一块磨成粉屑，价值就超过了一车的木炭。

　　读了这则故事，我不由想到上初中时，老师告诉我们：做人最怕的不是贫穷，而是没有主心骨，(80)＿＿＿＿＿＿＿＿＿＿，最终随波逐流，放弃自己一直坚守的最宝贵的东西。

A. 这种树能散发一种无比的香气

B. 经不住外在的诱惑

C. 就满怀信心地把香木运到市场去卖

D. 靠自己的努力打出一番天下来

E. 他决定将香木变成木炭来卖

[단어]

奋发图强 fènfātúqiáng [성] 분발하여 (국가의) 부강을 꾀하다 / 跋山涉水 báshānshèshuǐ [성] 산을 넘고 물을 건너다; 고생스럽게 먼 길을 가다 / 历尽艰辛 lìjìnjiānxīn [성] 갖은 고생을 다 겪다 / 浮 fú [동] 뜨다, 헤엄치다 / 问津 wènjīn [동] (가격, 상황 등을) 묻다 [주로 부정문에 쓰임] / 摊位 tānwèi [명] 노점 대, 상품 진열대 / 木炭 mùtàn [명] 목탄, 숯 / 一抢而空 yīqiǎngérkōng [성] 불티나게 다 팔리다 / 迫不及待 pòbùjídài [성] 한시도 지체할 수 없다 / 纵横 zònghéng [동] 거침없이 내달다 [명] 종횡, 가로와 세로 / 粉屑 fěnxiè [명] 가루, 부스러기 / 随波逐流 suíbōzhúliú [성] 물결치는 대로 표류하다; 남의 장단에 춤을 추다, 부화뇌동하다 / 散发 sànfā [동] 발산하다, 내뿜다 / 诱惑 yòuhuò [동] 유혹하다 / 满怀信心 mǎnhuáixìnxīn [성] 심신이 충만하다, 자신이 있다 / 打天下 dǎtiānxià [동] ① (무력으로) 정권을 잡다 ② 새로운 사업을 개척하다, 창업하다

[해설]

먼저 보기 ABCD를 정확히 확인한 후에, 우선 '확실한 정답 또는 절대 정답이 아닌 것부터 확인한다.'는 원리를 이용해 봅시다.

77. 빈칸 아래 줄에 '他心想/这种树/一定是/价值连城的/宝物! (그는 속으로 이런 종류의 나무는 반드시 가치가 있는 보물일 것이라고 생각했다)' 라는 말이 있으므로 77번 빈칸에는 '这种树'에 대해 나와야 하므로 정답은 A입니다.

78. 빈칸 오른 쪽에 '可是/却/无人问津 (그러나 가격을 물어보는 사람이 없었다)' 라는 말이 있으므로, 빈칸에는 '시장에 향목을 내다파는 내용'인 C가 들어가야 합니다.

79. 빈칸 오른 쪽에 '他/果然/就/把香木/烧成/木炭 (그는 과연 향목을 목탄으로 태워서 만들더니)' 라는 말이 있으므로, '향목을 목탄으로 만들어서 팔기로 하는' 내용인 E가 들어가야 합니다.

80. 빈칸 왼쪽에 '没有/主心骨 (줏대가 없다)' 가 있고, 빈칸 오른 쪽에는 '最终/随波逐流 (결국에는 조류에 휩쓸린다)'는 말이 있으므로 빈칸에는 같은 내용인 '经不住/外在的/诱惑 (외부의 유혹에 견디어 내지 못한다)'는 말인 B를 써야 합니다.

76. 따라서 76번의 정답은 D입니다. 참고로 빈칸 왼쪽에 '希望/儿子也/能奋发图强 (아들도 부강을 꾀하기를 바란다)' 는 내용이 있으므로 D의 '打天下 (사업을 개척하다, 창업하다)'를 써야 합니다.

[번역]

한 부옹이 죽을 날이 머지않아서 아들을 앞에 불러놓고, 아들한테 자신이 어떻게 맨 손으로 집안을 일으켰는지에 대한 이야기를 해주면서, 아들도 분발하여 부강을 꾀하고 사업을 일으키기를 바랐다.
아들은 매우 감동하면서 혼자서 보물을 찾아가기로 결정하였다. 그는 고생스럽게 먼 길을 가면서 갖은 고생을 다하였고, 맨 마지막에는 열대우림에서 나무 한 그루를 찾았다. 이런 종류의 나무는 비할 데 없는 향기를 내뿜었고, 물속에 넣으니 다른 나무처럼 수면위로 떠오르는 것이 아니라, 물 아래로 가라앉았다. 그는 속으로 이런 나무는 반드시 가치가 있는 보물일 것이라고 생각하였다. 곧바로 자신 있게 향목을 팔러 시장으로 운반을 하였는데, 그러나 오히려 가격을 물어보는 사람이 없었다. 이 때문에 그는 매우 괴로웠다. 그런데 옆집의 갑판 대 위의 목탄은 늘 매우 빨리 다 빨리는 것을 보았을 때, 그는 처음에는 여전히 자신의 판단을 고수했지만, 시간은 결국 그에게 자신의 생각을 바꾸게 하였다. 그는 향목을 목탄으로 바꾸어 팔기로 결정한 것이다. 이튿날 그는 과연 향목을 목탄으로 태워서 바꾸었더니, 결국은 매우 빨리 모두 팔았다. 이결과는 그를 매우 기쁘게 하였고, 한 시도 지체할 수 없어서 집으로 돌아가 그의 부친께 말씀드렸다. 그러나 아버지는 그의 말을 듣고서 오히려 노인의 눈에는 저절로 눈물이 끊임없이 흘러내렸다. 알고 보니, 청년이 목탄으로 만들었던 향목은 바로 이 세상에서 가장 진귀한 나무인 심향이었다. 덩어리고 잘라서 가루로 내기만 하면, 가치는 목탄을 훨씬 뛰어넘는다.
이 이야기를 읽고 나서, 나는 나도 모르게 중학교 때에 선생님께서 우리에게 사람이 가장 두려워하는 것은 가난이 아니라, 줏대가 없어서 외부의 유혹을 견디어 낼 수 없고, 결국은 남의 장단에 춤을 추면서 자신이 계속 지켜야 하는 가장 귀중한 것을 포기하는 것이라고 말씀하신 이야기가 생각이 났다.

A. 이런 나무는 비할 데 없는 향기를 발산한다
B. 외부의 유혹을 견디어 낼 수 없다
C. 자신 있게 향목을 팔러 시장으로 운반하였다
D. 자신의 노력으로 사업을 한 번 하다
E. 그는 향목을 목탄으로 바꾸어 팔기로 결정하였다

[정답]　76. D　77. A　78. C　79. E　80. B

1회

71-75

　　爱·罗塞尼奥是第七届国际马拉松赛冠军。当他从领奖台上走下来的时候，有记者问他，是什么力量让他坚持到最后，跑在最前面？他想了想，就讲了一个自己的故事。

　　在上中学的时候，有一次他参加学校举办的10公里越野赛。开始，他跑得很轻松，慢慢地，他感觉有些跑不动了，汗流浃背，脚底发虚，很想停下来歇一歇，喝口水。(71)________________，这辆校巴是专门在赛跑路线上接送那些跑不动或者受伤的学生的。他很想上车，但还是忍住了。又跑了一段时间，他感到两眼模糊，胸口发紧，双腿沉重，(72)________________。一辆校巴又开过来了，他迟疑了一下，还是压制住了他那极速膨胀的渴望，继续往前跑。

　　不知又跑了多久，到了一个小山坡前，他感到眼冒金星，全身虚脱，两条腿似乎不再属于自己。他觉得现在要爬上眼前这个小小的山坡，对他来说就像攀登珠穆朗玛峰。他绝望了，不再坚持，当校巴再一次开过来的时候，(73)________________。没想到的是，校巴开过那个小山坡一拐弯就到了终点。(74)________________，要是再坚持一分钟，冲刺一下，就能越过小山坡，跑到终点，那是多么令人骄傲的事情啊！

　　从那以后，每次参加比赛，当感到自己跑不动、快要泄气的时候，他就不断地对自己说："(75)________________"就这样，他一直跑到世界冠军的领奖台。

A. 停下来休息的愿望强烈地袭了上来　　B. 他后悔极了

C. 这时，一辆学校巴士开了过来　　D. 再坚持一分钟，快到终点了！

E. 他没有犹豫，上去了

76 - 80

美国女国务卿赖斯,其奋斗史颇有传奇色彩。赖斯小的时候,美国的种族歧视还很严重。黑人地位低下,处处受白人欺压。

赖斯10岁时全家到首都游览,(76)____________。小赖斯倍感羞辱,凝神远望白宫良久,然后回身一字一句地告诉父亲:"总有一天,我会成为那房子的主人!"赖斯的父母很赞赏她的志向,就经常向她灌输这样的思想:改善黑人状况的最好办法就是取得非凡的成就。(77)____________,或许能赶上白人的一半;如果你愿意付出四倍的辛劳,就得以跟白人并驾齐驱;如果你愿意付出八倍的辛劳,就一定能赶在白人前头。

为了能"赶在白人前头",她数十年如一日,以超过白人"八倍的辛劳"发奋学习,积累知识,增长才干。她除母语外,还精通俄语、法语、西班牙语;她考进丹佛大学拿到博士学位;(78)____________,随后又出任斯坦福大学历史上最年轻的副校长。她还曾获得美国青少年钢琴大赛第一名。此外,她还精心学习了网球、花样滑冰、芭蕾舞、礼仪,白人能做到的她要做到,(79)____________。她终于成功了。

有耕耘就有收获,一个急切渴望成功却又总与(80)____________,先问问自己:你是否付出了"八倍的辛劳"?

A. 成功无缘的人无需埋怨别人

B. 白人做不到的她也要做到

C. 26岁她已经是斯坦福大学最年轻的教授

D. 如果你拿出双倍的劲头往前冲

E. 却因身份是黑人,不能进入白宫参观

▶ 정답 & 해설 p. 565 – 567

2회

第71–80题：选词填空。

71 – 75

　　王建和兰兰是人人羡慕的一对儿。两个人爱得很深，他们已经约好了，以后一直要生活在一起。忽然有一天，兰兰对王建说不再爱他，(71)＿＿＿＿＿＿＿＿＿＿。他虽然有本事，却终究只是一个穷书生。当一切回归现实，真正决定爱情的方向和质量的还是金钱。

　　听兰兰说完，王建一言不发，愤然离去。他不相信自己的才华无法施展。在人生的进程中连爱情都会失去，还有什么值得相信？(72)＿＿＿＿＿＿＿＿，历尽千辛万苦，终于赢得百万财富。王建志满意得，心中却有一条伤痕无法愈合。当初兰兰对他的伤害，是一生都无法弥补的痛。终于，在厌倦商战后，他决定去找兰兰，向她展示自己现在的成就和所拥有的一切，以报当年一箭之仇。

　　王建意外地发现了(73)＿＿＿＿＿＿＿＿。他开车跟在后面。不意间来到一处墓地，两位老人俯身在一个墓前放下鲜花。他惊呆了：墓碑上灿然的是她永远定格的笑容。多少年的爱与恨面对的竟是这样一个事实！

　　两位老人告诉他，(74)＿＿＿＿＿＿＿＿。宁可让他恨她一生，也不想告诉他自己得了绝症，让他伤心。她未曾负他，她已用她短暂的生命燃尽了一生的爱。(75)＿＿＿＿＿＿＿＿，十几年商海沉浮，他没有爱上任何一个女人。这就是爱的全部。

A. 女儿希望他们隐瞒他一生

B. 因为她想嫁给一个有钱人

C. 他也没有对不起她

D. 兰兰的年老的父母正要出门

E. 他辞职去做生意，努力地赚钱

76-80

如果给甲一个机会，给乙300个机会，那么，(76)______________？如果要你回答，你会选谁呢？我想，你一定会选乙，因为乙拥有比甲多得多的机会，所以乙也就更有可能把握机会了。(77)______________，我们先来读读以下一个故事吧。

有一位射击运动员，开始时，教练每天给他300发子弹进行训练，(78)______________，还没对准靶心就随意地发射，结果射击成绩一直得不到提高。后来，教练对他改变了训练方法，每天仅给他一发子弹，因为只有一发子弹可以发射，只有一次机会，所以他训练起来变得格外认真，(79)______________。经过一段时间的训练后，他的射击成绩突飞猛进。

"1"为什么大于"300"？就是因为"1"是"唯一"，失去了这"唯一"，就什么也没有了，所以人们对这"1"也就看得格外珍重。而如果换上"300"，失去了其中一个"1"，还有许多个"1"，所以人们对失去其中的一个又一个"1"，也就漠然视之，正因为这种漠然视之的态度，(80)______________。

A. 再也不敢有丝毫马虎

B. 在判断你的答案是否正确之前

C. 谁更有可能把握机会呢

D. 可他训练总是漫不经心

E. 这样的人最终失去全部

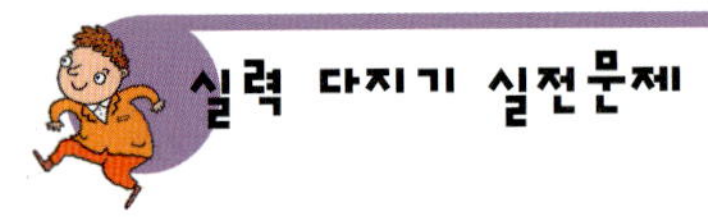

▶ 정답 & 해설 p. 567 – 569

3회

第71–80题：选词填空。

71 – 75

　　加拿大有一位长跑教练，以在很短时间内培养出了几位长跑冠军而闻名。然而，谁也没有想到，他成功的秘密是(71)＿＿＿＿＿＿＿＿＿，而这个陪练不是一个人，是一只凶猛的狼！他说他是这样决定用狼做陪练的。因为他训练队员的项目是长跑，所以他一直要求他的队员从家里来时一定不要借助任何交通工具，(72)＿＿＿＿＿＿＿＿＿。

　　他的一个队员每天来都是最后一个，而这个队员的家还不是最远的。教练甚至都告诉这个队员让他改行去干别的，(73)＿＿＿＿＿＿＿＿＿。但是，突然有一天，他的这个队员竟比其他人早到了20分钟，他知道这个队员离家的时间，他算了一下，惊奇地发现这个队员今天的速度几乎可以超过世界纪录。

　　教练见到这个队员的时候，这个队员正气喘吁吁地向他的队友们描述着他今天的遭遇。原来，这个队员在离开家不久，经过一段有五公里的野地时，遇到了一只野狼。那野狼在后面拼命地追他，(74)＿＿＿＿＿＿＿＿＿，竟把野狼给甩下了。

　　教练明白了，这个队员今天超常的成绩是因为他有了一个可怕的敌人，这个敌人使他把自己所有的潜能都发挥了出来。从此，(75)＿＿＿＿＿＿＿＿＿，找来几只狼，每当训练的时候，就把狼放开。没有多长时间，他的队员的成绩都有了大幅度的提高。

A. 不要在这里浪费时间了

B. 他拼命地在前面跑

C. 他聘请了一个驯兽师

D. 因为有一个神奇的陪练

E. 必须自己一路跑来

76-80

三个旅行者同时住进了一家旅店。早上出门时，一个旅行者带了一把伞，一个拿了一根拐杖，第三个则两手空空。

晚上归来时，拿雨伞的人淋湿了衣服，(76)＿＿＿＿＿＿＿＿＿，而空手的人却衣不湿，身无泥。前两个人都很奇怪，问第三个人这是为什么。第三个旅行者没有回答，他反过来问拿伞的人："你为什么淋湿了却没有摔跤呢？"拿伞的人回答说："下雨时(77)＿＿＿＿＿＿＿＿，就有恃无恐地撑开伞大胆地在雨中走，以为不会被淋湿，可是衣服还是湿了不少。当我走到不好走的地方，想想自己又没有拐杖，所以走起来格外小心，生怕摔跤，结果一路走回来反而没事。"听完第一个人说的话，第三个人又(78)＿＿＿＿＿＿＿＿，反而摔得满身是泥。对方是这样回答的："下雨时，没有伞我就拣能躲雨的地方走或停下来避雨。泥泞难行的地方我便用拐杖拄着走，没想到反而跌了跤。"

空手的旅行者哈哈大笑，说："(79)＿＿＿＿＿＿＿＿，路不好走时我就分外小心，所以我没有淋着也没有摔着。看样子，你们有可以凭借的优势反而不会谨慎行事，(80)＿＿＿＿＿＿＿＿。也难怪你们会掉以轻心，结果自然是反受其害了。"优势和劣势永远是相对的，如何把劣势转化为优势，如何好好利用已有的优势发挥更大的作用，这不但要看个人的努力，还要看个人的悟性。

A. 问拿拐杖者为何没有淋雨

B. 发挥自己的主动性

C. 拿拐杖的人跌得全身是泥

D. 我很高兴有先见之明

E. 下雨时我拣能躲雨的地方走

제1주차 목요일 독해 3부분에서는 '1. '한 단락 안에는 같은 내용이 전개 된다'는 원리 이해하기 → 2. 앞 뒤 절에 함께 호응하여 쓰이는 단어 찾기 [① 지시대명사 ② 접속사 ③ 문장 맨 앞 쪽에 쓰이는 관용격식 ④ 기타 시험에 자주 출제되는 관용격식] → 3. 알맞은 문장성분 찾기 → 4. 문맥상 알맞은 구절 찾기 → 5. 설명하는 형식의 글의 문장의 전체 구조 이해하기 → 6. 확실한 정답 또는 절대 정답이 아닌 것부터 확인하기' 의 순서로 독해 3부분의 문제를 푸는 방법을 학습하였습니다.

제3주차 목요일 독해 3부분에서는 1주차에서 배운 내용을 다시 한 번 최종점검하고, 실력다지기 실전 문제의 총정리문제를 풀어보면서 독해 3부분을 마스터해 보도록 합시다.

新 HSK 문제 유형분석

71-75.

以前有一个利比里亚商人在挪威买了12000吨鲜鱼，运回利比亚首都后，一过称，鱼竟然一下子少了47吨。他回想购鱼时亲眼看着过称的，(71)＿＿＿＿＿＿＿＿＿＿，无人动过鱼。那么这47吨鱼上哪去了呢？他百思不得其解。

后来，这桩奇案终于大白于天下，(72)＿＿＿＿＿＿＿＿＿＿。地球重力是指地球引力与地球离心力的合力。地球的重力值会随着地球纬度的增加而增加，赤道处最小，两极最大。同一个物体若在两极重190公斤，拿到赤道，就会减少1公斤。挪威所处的纬度高，靠近北极；利比里亚的纬度低，靠近赤道，(73)＿＿＿＿＿＿＿＿＿＿。他的鱼丢失了分量，就是因为不同地区的重力差异造成的。

(74)＿＿＿＿＿＿＿＿＿＿，也为1980年墨西哥奥运会连破多项世界纪录这一奇迹找到了答案。墨西哥城在北纬不到20度，(75)＿＿＿＿＿＿＿＿＿＿，正因为地心引力相对较小，运动健儿们奇迹般地一举打破了男子100米、200米、400米接力比赛、男子跳远等多项世界纪录，1980年也因此成为奥运会历史上最辉煌的年代之一。

A. 地球重力的地区差异

B. 比一般城市远离地心1500米

C. 原来是地球的重力 "偷" 走了鱼

D. 归途中平平安安

E. 地球的重力值也随之减少

[단어]

挪威 nuówēi 명 노르웨이 / 百思不解 bǎisībùjiě 성 아무리 생각해도 이해가 되지 않다 / 桩 zhuāng 양 ~건, ~가지 [사건이나 일을 세는 단위] / 奇案 qíàn 명 기이한 사건 / 纬度 wěidù 명 위도 / 赤道 chìdào 명 적도 / 墨西哥 mòxīgē 명 멕시코 / 接力赛 jiēlìsài 명 계주, 릴레이경주 / 辉煌 huīhuáng 형 빛나다, 눈부시다

[해설]

먼저 보기 ABCD를 정확히 확인한 후에, 우선 '확실한 정답 또는 절대 정답이 아닌 것부터 확인한다'는 원리를 이용해 봅시다.

71. 첫 번째 단락의 71번 빈칸 위쪽에 '运回利比亚首都后 (라이베리아 수도로 운반하여 돌아온 후에)'라는 말이 있으므로 77번 빈칸에는 같은 내용인 D의 '归途中平平安安 (돌아오는 도중에는 아무런 일도 없었다)'에 대해 나와야 하므로 정답은 D입니다.

74. 빈칸 오른 쪽에 부사 '也'가 있고, 그 뒤에 '전치사구+서술어'가 있으므로, 빈칸에는 명사/대명사 주어만 있는 A를 써야 합니다.

72-73 72번 빈칸 오른 쪽을 보면 '地球的重力'이라는 말이 있으므로, 두 번째 단락에는 '地球的重力(지구중력)'에 관한 이야기가 전개되고 있는 것을 알 수 있으므로, 72번과 73번의 정답으로는 각각 C 또는 E가 될 수 있습니다. E의 '地球的重力值也'에서 '也'는 '我走了，他也走了.'처럼 보통 어떤 것을 서술을 한 다음, 그 뒤 쪽에 쓰는 부사이므로 73번에 써야하며, 72번 빈칸 왼쪽에 '这桩奇案/终于/大白于天下 (이 기이한 사건은 결국 진상이 만천하에 드러났다)'라는 말이 있고, 빈칸 뒤에는 지구중력에 대해 설명하고 있으므로, 72번에는 C를 써야 합니다.

75. 따라서 75번의 정답은 B입니다. 75번 빈칸 왼 쪽에 '墨西哥城在北纬不到20度 (멕시코 시티는 북위 20도가 채 안 된다)'라고 하였으므로, 빈칸에는 '적도에서 멀리 떨어져 있다'는 뜻이 나와야 되므로 B가 들어가야 합니다.

[번역]

이전에 라이베리아 상인이 노르웨이에서 생선 12000톤을 사서 라이베리아 수도로 운송한 후 무게를 재어보니, 생선무게가 뜻밖에 47톤이나 줄어 있었다. 그는 생선을 구매했을 때를 다시 생각해 보았다. 눈으로 직접 무게를 재는 것을 보았으며, 집으로 돌아오는 도중에 아무 일도 없었고, 생선에 손을 댄 사람도 없는데, 도대체 생선 47톤이 어디를 갔단 말인가? 그는 아무리 생각해 봐도 도무지 이해가 되지 않았다. 나중에 이 기이한 사건은 마침내 세상에 명백히 드러났다. 알고 보니 지구의 중력이 생선을 '훔쳐간' 것이다. 지구중력은 지구의 만유인력과 원심력을 합한 것을 말한다. 지구 중력 값은 지구의 위도가 높아짐에 따라 증가한다. 적도 지역이 중력이 작고, 양극은 중력이 크다. 만약에 같은 물체가 양극에서 190kg이었는데, 적도에 가져오면 1kg이 줄어든다. 노르웨이가 위치한 위도가 높고 북극에 가까운데, 라이베리아의 위도는 낮고, 적도에 가깝기 때문에 지구 중력 값도 이에 따라 줄어든 것이었다. 그의 생선의 무게가 줄어든 것은 바로 서로 다른 지역의 중력의 차이가 만든 것이다.

지구 중력의 지역적인 차이는 멕시코 올림픽에서 연이어 세계기록을 깬 기적에서도 해답을 찾을 수 있다. 멕시코시티는 북위 20도가 채 안 되고, 일반 도시보다 지구중심에서 1500m 떨어져 있다. 지구중력이 상대적으로 작기 때문에 운동선수들이 기적과도 같이 100m, 200m, 400m 계주경기와 남자 멀리뛰기 등에서 세계기록을 깬 것이다. 이 때문에 1980년은 올림픽 역사상 가장 눈부신 한 해였다.

A. 지구중력의 지역적인 차이
B. 일반 도시보다 지구중심에서 1500m 떨어져 있다
C. 알고 보니 지구중력이 생선을 '훔쳐간' 것이다
D. 집으로 돌아오는 도중에는 아무 일도 없었다
E. 지구 중력 값도 이것에 따라 줄어들었다

[정답]　71. D　72. C　73. E　74. A　75. B

1회

第71-80题: 选词填空。

71 - 75

20世纪初，美国吉列公司的创始人吉列先生发明了安全剃须刀。(71) ____________
____________，而且使用不安全又不方便，每次刮胡须都要磨刀片，使用也要很小心。

刚发明出安全剃须刀的吉列，(72)____________，他认为他的剃须刀一定会取得很好的销售成绩。但是，令他没有想到的是，人们并没有像他想象中那样轻易地接受安全剃须刀，他的产品严重滞销，在1903年整整一年里，仅仅销售了刀架51个，刀片168片！

有一天，吉列在看报纸的时候，看到了一张前线战士的照片，这个战士一脸胡子拉碴，这让吉列顿生灵感，他马上联系军队的采购部门，(73)____________，一分钱不赚地以成本价卖给军队以慰劳前线的战士。就这样，吉列剃须刀进入军队，被士兵们使用并喜爱。同时，士兵们辗转征战，(74)____________，这无形之中给吉列做了一个全球范围的大广告。

1917年，(75)____________。仅仅在那一年，吉列剃须刀就销售了1.3亿片刀片，这几乎是吉列产品上市第一年的80万倍！吉列通过一次无利润的劳军赠送，收获的却是吉列的巨大成功。

A. 表示要以自己的吉列剃须刀"优待劳军"

B. 吉列剃须刀已经成为享誉世界的名牌剃须刀

C. 当时人们使用的传统剃须刀十分昂贵

D. 对自己的剃须刀的前景充满希望

E. 将吉列剃须刀带到了世界的各个角落

76 - 80

　　哈佛大学有一个非常著名的关于目标对人生影响的跟踪调查，(76) ＿＿＿＿＿＿＿＿＿＿ ＿＿＿＿＿＿＿，调查结果发现：27％的人没有目标；　60％的人目标模糊；　10％的人有清晰但比较短期的目标；　3％的人有清晰且长期的目标。

　　25年的跟踪研究结果，他们的生活状况及分布现象十分有意思。　那些占3％者，25年来(77)＿＿＿＿＿＿＿＿＿。25年来他们都朝着同一方向不懈地努力，25年后，他们几乎都成了社会各界的顶尖成功人士，他们中不乏白手创业者、行业领袖、社会精英。那些占10％有清晰短期目标者，(78)＿＿＿＿＿＿＿＿＿。他们的共同特点是，那些短期目标不断被达成，生活状态稳步上升，成为各行各业的不可缺的专业人士。如医生、律师、工程师、高级主管，等等。(79)＿＿＿＿＿＿＿＿＿，几乎都生活在社会的中下层面，他们能安稳地生活与工作，但都没有什么特别的成绩。　剩下27％的是那些25年来都没有目标的人群，他们几乎都生活在社会的最底层。他们的生活都过得不如意，(80)＿＿＿＿＿＿＿＿＿，并且常常都在抱怨他人，抱怨社会，抱怨世界。

A. 其中占60％的模糊目标者

B. 常常失业，靠社会救济

C. 大都生活在社会的中上层

D. 几乎都不曾更改过自己的人生目标

E. 对象是一群智力、学历、环境等条件差不多的年轻人

2회

71 – 75

　　有的动物外表颜色与周围环境相类似，这种颜色叫保护色。自然界有许多生物靠保护色避过敌人，(71)＿＿＿＿＿＿＿＿。这种保护色的例子在动物界可以举出许多。沙漠里的动物大都以微黄的"沙漠色"作为它们的特征，那里的狮子、鸟、蜥蜴、蜘蛛、蠕虫等等，

(72)＿＿＿＿＿＿＿＿，都可以找到这种颜色。而北方雪地上的动物，北极熊也好，海燕也好，却都披上了一层白色，它们在雪的背景上简直看不出来。

　　水生动物也是这样。银色的鱼鳞也同样具有保护性，它既可以使鱼类不受水面上飞鸟的伤害，又可以使小型鱼类不受水下大型鱼类的袭击。至于水母和水里的其他透明动物，(73)＿＿＿＿＿＿＿＿，使敌人在那无色透明的自然环境里看不见它们。

　　许多动物都能按照周围条件的变化来改变保护色。(74)＿＿＿＿＿＿＿＿，那它的保护色就失去了作用。因此在春天，这种白色小动物会换上一身红褐色的新毛皮，使自己的颜色跟新从雪里裸露出来的土壤的颜色打成一片，(75)＿＿＿＿＿＿＿＿，它们又穿上了雪白的冬衣，重新变成白色。

A. 总之在沙漠动物当中一切动物的身上

B. 而随着冬季的来临

C. 在生存竞争中保存自己

D. 银鼠如果不随着雪的融化而改变自己的颜色

E. 它们的保护色完全是透明的

76-80

　　沃尔玛总部每周六的大会是这样的：有时做健美操，有时喊口号，有时唱歌，有时请来喜剧演员，有时举行拳击比赛，(76)＿＿＿＿＿＿＿＿，甚至跳起奇形怪状的舞蹈。这么做不是没有原因的，这正是沃尔顿"工作时吹口哨"的管理哲学的体现。沃尔顿认为，让员工保持生气和活力，(77)＿＿＿＿＿＿＿＿。疯疯癫癫的喧闹文化还有更为"离谱"的表演。

　　1984年，沃尔顿预测，当年的税前净利润率不会超过7％，但当时的公司总裁大卫却认为一定会超过8％。(78)＿＿＿＿＿＿＿＿：输了的人，必须穿上夏威夷式的草裙在华尔街上跳舞。结果，当年的销售情况非常理想，(79)＿＿＿＿＿＿＿＿。沃尔顿输了，他不得不兑现自己的承诺。就这样，沃尔玛董事长在华尔街扭腰跳舞的形象在报纸和电视上广为流传。

　　更有趣的故事还在后边。仓库经理史奈德曾跟员工打赌说沃尔玛(80)＿＿＿＿＿＿＿＿＿＿＿，否则他就和狗熊摔跤。结果，他不得不和狗熊摔跤。

　　制造令人捧腹的事件几乎成了沃尔玛的传统之一，这给员工们带来了极大的乐趣，也使他们对公司有了更多的亲近感。

A. 于是两人打了一个赌

B. 不可能打破生产纪录

C. 他们在工作时才会有激情和创造力

D. 税后利润都超过了8％

E. 总经理和董事们也和员工一样大喊大叫

3회

71 – 75

2006年初，在英国伦敦市的一条大街上，新开了一家叫"罗毕"的鞋店。鞋子的款式丰富，质量也不错，但是这条街上的鞋店实在太多，(71)______________，因此这家鞋店的生意一直平平淡淡。

一天,店里进来两位时尚女性。她们挑了一双又一双的鞋，试穿了一次又一次，最后终于买了一双。付账的时候，只听买鞋的顾客对同伴说："今天购物真是辛苦，(72)______________。"店老板心想，既然许多顾客在选购鞋子时，常抱怨换鞋太麻烦，若能让顾客赤脚进店就少了不必要的麻烦，顾客购起物来就要轻松多了。但如何能让顾客自觉自愿赤脚进店呢？放上许多拖鞋，肯定不行，仅仅一双拖鞋是不可能让顾客自觉地脱鞋的。那该怎么做呢？

后来，(73)______________，于是决定在店内铺放名贵地毯。铺好地毯后，他将店名改为"赤脚鞋店"，又在门口设置鞋架。做好这些后，他召集所有员工，郑重地宣布：顾客脱鞋进店后，(74)______________。然后，老板在门口贴出一份告示：店内铺有名贵地毯,顾客须脱鞋进店购物，并由本店代为擦鞋。

告示公布后，(75)______________。顾客进店后，感觉既随便，又亲切，而且又有人给擦鞋，结果鞋店销售额大增。

A. 店老板从一些重要场合中地上铺的红地毯得到了启发

B. 许多顾客慕名而来

C. 由服务员代为擦鞋

D. 一次一次地脱鞋,又烦又累

E. 竞争非常激烈

76-80

　　有一个自以为很有才华的年轻人，毕业后屡次碰壁，一直找不到理想的工作，他觉得自己怀才不遇，没有人欣赏并且重视他，(76)＿＿＿＿＿＿＿＿＿＿，他感到没有伯乐来赏识他这匹"千里马"痛苦绝望之下，有一天，他来到大海边，(77)＿＿＿＿＿＿＿＿＿＿＿＿＿＿＿＿，在他正要自杀的时候，正好有一个老人从附近经过，看见了他并且救了他。老人问他为什么要选择走绝路，他说自己得不到别人和社会的承认，(78)＿＿＿＿＿＿＿＿＿＿。听了年轻人的诉说后，老人从脚下的沙滩上捡起一粒沙子，让年轻人看了看，(79)＿＿＿＿＿＿＿＿＿＿，对年轻人说："请你把我刚才扔在地上的那粒沙子捡起来吧……。"

　　"这，根本不可能！"年轻人流露出不屑的眼神。老人没有说话，从自己的口袋里掏出一颗晶莹剔透的珍珠，也是很随便地扔在了沙滩上，然后对年轻人说："你能不能把这粒珍珠捡起来呢？"年轻人回答说："当然可以！"老人十分慈爱地对年轻人说："那你就应该明白这是为什么了吧？你(80)＿＿＿＿＿＿＿＿＿＿，所以你不能苛求别人立即承认你，如果要别人承认，那你就要想办法使自己成为一颗珍珠才行。"

　　年轻人低下了头。

A. 对社会感到非常失望

B. 然后就随便地扔到了地上

C. 打算就此结束自己的生命

D. 现在你自己还不是一颗珍珠

E. 多次地碰壁，让他伤心而绝望

제 **3** 단원

독해 4부분은 긴 지문을 읽은 후
보기 ABCD에서 문제에 해당하는 알맞은 답을 고르는 문제입니다.

독해 4부분에서도 듣기부분과 마찬가지로
여러 가지 역사와 유래, 유머, 이야기(우화), 개인의 신변잡기, 항공, 농업, 공업, 상업,
동물, 식물, 과학기술, 정보와 지식, 상식, 문화, 교육, 각종 사회문제,
인체와 건강, 여행, 명승지, 유적 등
사회생활 전반에 걸친 폭넓은 범위에서 다양하게 출제됩니다.

유형별 문제풀이 집중공략

● **기본기 다지기**
고득점을 향한 문제 풀이 방법

2주차_ 유형별 문제풀이 집중공략
· 新HSK문제 유형분석
· 기출 단어정리
*실력다지기 실전문제

4주차_ 최종점검하기
· 新HSK문제 유형분석
*실력다지기 실전문제

 독해 4부분은 450~800자 정도의 비교적 긴 지문 하나를 읽고 3–5개의 질문에 대한 알맞은 답을 고르면 되는데, 모두 객관적인 시각을 바탕으로 주어진 시간 안에 지문의 내용을 읽고 문맥의 의미를 파악하여야 합니다.

은 다음과 같습니다.

방법1. **보기 ABCD를 먼저 확인해서 어떤 유형의 문제인지 파악한다.**

新HSK 시험은 어떤 영역이든 상관없이 문제를 풀기 전에 먼저 문제지에 제시된 보기 ABCD의 내용을 확인하면 어떤 내용이 나올 것이라는 것을 미리 짐작할 수 있기 때문에 문제를 푸는 데 훨씬 유리합니다. 독해 4부분도 마찬가지입니다. 말하자면 보기 ABCD는 시험문제와 관련된 힌트라고 할 수 있습니다.

방법2. **본문을 읽을 때에는 의미단위로 끊어 읽기를 한다.**

예를 들어 '아버지 / 가방에 / 들어 / 가신다.'라고 읽으면 도무지 무슨 말인지 알아들을 수 없지만, '아버지가 / 방에 / 들어 / 가신다.' 라고 읽으면 금방 알아들을 수 있습니다. 문장을 읽는 것도 말하기와 마찬가지입니다. 독해를 할 때 의미단위로 끊어 읽으면 훨씬 쉽게 문맥을 이해할 수 있습니다. 독해 능력을 향상시키고 싶다면 먼저 차근차근 원문을 끊어 읽는 연습부터 해야 합니다. 은 다음과 같다.

★ 쉼표, 마침표, 물음표, 느낌표 뒤와 단락과 단락 사이는 끊어 읽고, 긴 문장의 중간에 문장 부호가 없을 때에는, 보통 문장 성분에 따라 끊어 읽는다.

① 翻译/外国书籍 // 不但/需要/外语能力, 而且/需要/(很高的)/文化修养。
   └→ 주어   └→ 서술어 (+목적어)

② (八十年的/和一百年的) / 茅台酒 // 我 / 喝不出来/有什么区别。
   └→ 관형어   └→ 목적어   └→ 주어   └→ 서술어 (+목적어)

③ 韩国各地 / 都有 / (自己独具特点的) // (很美丽的) / 风景点。
   └→ 주어   └→ 서술어 └→ 관형어1   └→ 관형어2   └→ 목적어

④ 我 / 这么/没日没夜地 // 拼命苦干。
   └→주어   └→부사어   └→서술어

⑤ 妹妹 / 长得 // 像我妈妈一样/那么漂亮。
   └→주어   └→서술어   └→보어 (부사어서술어의형태)

⑥ 她 / 每天都 / 在早上八点左右 / 吃早饭。
   └→주어   └→시간사   └→전치사구   └→서술어

* 보통 전치사구가 있는 경우 전치사 바로 뒤에서 끊어 읽지만, 독해를 할 때 전치사 구를 의미 단위로 보고 전치사 앞에서 끊어 읽기를 하면 더 쉽게 문맥을 이해할 수 있습니다.

방법3. **글 전체의 주제는 주로 문장 맨 앞부분이나 맨 마지막 부분에 있다.**

글 전체에서 말하고자 하는 주제나 목적은 주로 문장 맨 앞 또는 맨 뒤에 나오는 경우가 많기 때문에, 말하고자 하는 내용을 강조하기 위해 구체적으로 예를 들어 부연설명을 하는 중간부분은 글 전체의 주제문으로 보기 어렵습니다. 만약 글의 주제문이 명확히 제시되지 않은 문장이라면, 내용을 부분적으로 이해하지 말고, 반드시 전체적이고 종합적으로 이해하여야 합니다.

방법4. **세부적인 내용은 보기 ABCD의 내용을 본문에서 하나하나 체크한다.**

보기 ABCD에 '이 글에서 언급하지 않은 것은?' 또는 '이 글에서 언급한 것은?' 등의 형식으로 물어보는 경우, 보기 ABCD의 내용을 본문내용과 대조해 가며 하나하나 체크해야 합니다.

방법5. **단어나 구절의 뜻은 문맥상 의미에 주의한다.**

단어나 구절의 뜻을 물어보는 경우, 보통 주제와 밀접히 관련된 단어를 묻는 경우가 대부분이므로 문장 맨 앞부분이나 맨 뒷부분에서 재빨리 문제에서 제시한 단어를 찾은 후 단어의 앞 뒤 부분을 해석해 보면서, 문맥상 의미를 파악해야 합니다.

지금까지 우리는 독해 4부분의 문제를 푸는 방법에 대해 학습해 보았습니다. 이 부분의 고득점을 향한 문제풀이 방법은 다음과 같이 요약을 할 수 있습니다.

01. 의미단위로 끊어 읽기

: 문제와 보기 ABCD를 먼저 읽은 후 지문을 의미단위로 끊어서 읽어 내려간다.

02. 전체적인 주제파악하기

: 주제나 목적은 주로 맨 앞부분이나 맨 뒤 부분에 있으며, 반드시 객관성을 염두에 두

고 문제에 접근해야 하고, 글을 종합적으로 파악해야 한다.본문의 구체적인 내용을 묻는 문제는 주로 각 단락의 중간부분에 있으며, 이 부분을 근거로 하나하나 체크해 가며 보기에서 알맞은 정답을 찾아야 한다.

03. 세부적인 내용파악하기

: 본문의 구체적인 내용을 묻는 문제는 주로 각 단락의 중간부분에 있으며, 이 부분을 근거로 하나하나 체크해 가며 보기에서 알맞은 정답을 찾아야 한다.

04. 단어의 뜻 파악하기

: 단어의 뜻을 문제는 어휘의 사전적 의미보다는 문맥상 의미에 유의해야 한다.

유형별 문제풀이 집중공략

독해 4부분은 긴 지문을 읽은 후 보기 ABCD에서 문제에 해당하는 알맞은 답을 고르는 문제입니다.

이 부분은 우선 문제와 보기 ABCD를 읽어본 후, 지문을 읽는 순서로 학습해야 하며, 본문을 읽을 때에는 의미단위로 끊어 읽는 것이 더욱 효과적입니다.

독해 4부분에서는 여러 가지 역사와 유래, 유머, 이야기(우화), 개인의 신변잡기, 항공, 농업, 공업, 상업, 동물, 식물, 과학기술, 정보와 지식, 상식, 문화, 교육, 각종 사회문제, 인체와 건강, 여행, 명승지, 유적 등 사회생활 전반에 걸친 폭넓은 범위에서 다양하게 출제됩니다.

제 2주차 목요일 독해 4부분에서는 질문유형을 파악한 후, 시험 관련 문제를 중심으로 학습해 보기로 하겠습니다.

질문유형

독해 4부분에 자주 출제되는 질문 유형은 다음과 같습니다.

1　**본문의 구체적인 부연설명 부분에서 정답을 찾는 문제**

根据上文，下列哪项正确？	다음 중 옳은 것은 무엇인가?
根据文章，下面哪种说法是正确的？	다음 중 옳은 견해는 무엇인가?
根据本文，下列哪项没有提到的？	다음 중 언급하지 않은 것은 무엇인가?
本文提到了几种可能产生坏脾气的原因？	본문에서 나쁜 성격을 만들 수 있는 원인을 몇 가지로 언급했는가?
过去年纪大的女孩征婚时多出现什么情况？	과거의 나이 많은 여자가 구혼을 할 때 어떤 상황이 벌어졌는가?

❷ 사람 또는 사물에 대한 생각, 추측, 판단과 관련된 문제

小许认为和自己年纪差不多的人怎么样？	샤오쉬는 자기 나이 또래의 사람은 어떻다고 생각하는가？
作者认为宋代的服饰：	작가는 송 대 복장은 어떻다고 여기는가？
他认为，老张为什么要画凶猛的动物？	그는 샤오장이 왜 사나운 동물을 그리려고 한다고 생각하는가？
他的行为为什么不符合别人的要求？	그의 행동은 왜 다른 사람의 요구에 맞지 않는가？
根据上文，“图客”最可能是什么样的人？	‘图客’는 어떤 사람일 가능성이 높은가？

❸ 지문에서 소개하고 있는 사람, 동물, 식물, 사물에 관한 특징이나 작용을 묻는 문제

他主要有什么特点？	그의 주된 특징은 무엇인가？
“这件衣服”最大的特点是什么？	‘이 옷’의 가장 큰 특징은 무엇인가？
根据本文，金丝猴有什么特点？	들창코 원숭이의 특징은 무엇인가？
“它”最重要的特征是：	‘그것’의 가장 중요한 특징은 무엇인가？

❹ 단어의 뜻을 묻는 문제

第四段中，“骨干分子”在文中是什么意思？	4째 단락의 “骨干分子”가 의미하는 것은 무엇인가？
第四段中，狗“汪汪”一声的意思是：	4째 단락의 개의 “멍멍”소리는 무슨 뜻인가？
第三段中，“无礼貌”指的是：	3째 단락의 “无礼貌”가 가리키는 것은 무엇인가？
第三段中，“试金石”的意思最可能是？	3째 단락의 “试金石”는 무슨 뜻일까？
第3段中“如梦初醒”的意思是：	3째 단락의 “如梦初醒”의 뜻은 무엇인가？
与第3段中画线句子意思最接近的是：	3째 단락의 밑줄 그은 부분과 뜻이 가장 가까운 것은 무엇인가？

新 HSK 문제 유형분석

81-84.

　　战国时代，秦国有个宰相名叫吕不韦。有人建议他说："我们知道孔子的学问很好，那是因为他写了部叫《春秋》的书；孙武能当上吴国的大将，是因为吴王看了他写的《孙子兵法》。我们为什么不能写部书，既能扬名当世，又能垂范后代呢？"吕不韦认为这个办法很好，命令门客立即组织人员撰写。

　　他聘请许多很有才华的学者，给他们很高的待遇，并且在家中供养他们，最多的时候曾多达三千多人。吕不韦请他们依自己的专长，编写许多篇文章，同时更订体裁和主旨，然后他将这些作品集合成一部伟大的著作，名为《吕氏春秋》。这本书分为八览、六论、十二纪，共二十六卷，总共有二十多万字，内容十分丰富，包罗了天地万物、上下古今的许多事情。

　　吕不韦非常得意，曾经把《吕氏春秋》这本书挂在咸阳城门口公开展览，并且对天下人士声称，如果有谁能修改其中的任何一个字，他就赏给那个人千两黄金。他还把千两黄金放在书旁边，表示他说话算话。但是，由于吕不韦是那时的宰相，有很高的权力，因此没有人敢去更改。这就是"一字千金"这个成语的由来，后用来形容文词精妙，价值极高。

81.　吕不韦编写《吕氏春秋》的目的是：

　　A. 为了学问　　　　　　　　　B. 为了当上大将

　　C. 为了名留千古　　　　　　　D. 为了召集学者

82.　根据本文，推测《吕氏春秋》的内容可能包括：

　　A. 历史　　　　B. 动物　　　　C. 植物　　　　D. 大地

83.　为什么当时没有人去修改《吕氏春秋》?

　　A. 没有能力　　　　　　　　　B. 不想要千金

　　C. 畏惧他的权利　　　　　　　D.《吕氏春秋》写得很精彩

84.　第三段中，"一字千金"指的是：

　　A. 字写得很难　　　　　　　　B. 一个字母

　　C. 一个字不值千金　　　　　　D. 文章写得很好

[단어]

扬名 yángmíng ⑧ 이름을 날리다, 명성을 떨치다 / 垂范 chuífàn ⑧ 모범을 보이다 / 撰写 zhuànxiě ⑧ (문장을) 쓰다, 짓다 / 供养 gōngyǎng ⑧ (노인을) 부양하다 / 更订 gēngdìng ⑧ 수정하다, 개정하다 [= 更定] / 体裁 tǐcái ⑨ 체재, 장르, (문학 작품의) 표현 양식 / 包罗 bāoluó ⑧ 포괄하다, 망라하다 [보통 큰 범위를 가리킴] / 上下古今 shàngxiàgǔjīn ⑨ 천지(天地)와 고금(古今), 천하 고금, 세상의 온갖 일 / 声称 shēngchēng ⑧ 공언하다, (소리 높여) 주장하다, 성명하다 / 精妙 jīngmiào ⑱ 정교하고 아름답다 / 畏惧 wèijù ⑧ 무서워하고 두려워하다

[번역]

전국시대 진나라의 여불위라는 재상이 있었다. 어떤 이가 그에게 "공자의 학문이 매우 뛰어나다 하는 것은 그가 《춘추》라는 책을 썼기 때문이고, 순무가 오나라의 대장이 된 것은 오나라 왕이 그의 《손자병법》을 봤기 때문입니다. 우리는 왜 못 쓰고, (81) 당대에도 명성이 자자하고 후대에도 모범이 될 수 있는 책을 우리는 왜 못 쓴 단 말입니까?" 하고 건의하였다. 여불위는 참 좋은 생각이라 여겨서, 각 분야에 즉시 인원을 조직하여 책을 집필하라고 명령했다.

그는 많은 재능이 뛰어난 인재들을 초청해 그들에게 아주 좋은 대우를 해주었을 뿐만 아니라 그들을 집에 거주하게 하여 부양하였는데, 그 숫자가 족히 3000여 명에 이르렀다. 여불위는 그들에게 자신의 특기를 바탕으로 글을 많이 쓰게 하였으며, 동시에 장르와 주제를 정하게 한 다음, 그는 이들 작품을 위대한 저작으로 집대성하였고, 이것을 《여씨춘추》라고 하였다. 이 책은 〈팔람(八覽)〉 〈육론(六論)〉 〈십이기(十二紀)〉로 나누어 모두 26권이며 모두 합쳐 20 만 자가 넘으며, (82) 내용이 매우 풍부하여 천지만물, 천하고금의 온갖 일을 망라하였다.

여불위는 매우 의기양양해 하여 셴양의 시문(市門)에 걸어놓고 공개적으로 전람하게 하였을 뿐만 아니라 모든 사람들에게 이 책의 내용을 한 자라도 고칠 수 있는 사람이 있으면 황금천 냥을 주겠다고 공언하였다. 또한 그는 황금 천 냥을 옆에 갖다 놓고 자신의 말 한 것에 책임을 지겠다는 것을 보여주었다. 그러나 (83) 여불위는 그 당시 재상이어서, 권력이 너무 강했기 때문에 그 어느 누구도 감히 그것을 고치려 들지 않았다. (84) 이것이 바로 "일자천금"이라는 성어의 유래이며, 문장이 훌륭하고 가치가 아주 높음을 형용한다.

81. 여불위가 《여씨춘추》를 편찬한 목적은 무엇인가?
    A. 학문을 위해서   B. 고위 장성이 되고 싶어서
    C. 영원히 이름을 남기고 싶어서   D. 학자를 모으기 위해서

82. 본문에 의하면, 《여씨춘추》는 어떤 내용을 포함하고 있는가?
    A. 역사   B. 동물   C. 식물   D. 지구의 모든 것

83. 그 당시 아무도 《여씨춘추》를 고치려 하지 않았던 이유는 무엇인가?
    A. 능력이 없어서   B. 천금을 원하지 않아서
    C. 그의 권력을 두려워해서   D. 《여씨춘추》가 너무 훌륭해서

84. 본문 세 번째 단락의 "일자천금"이 가리키는 것은 무엇인가?
    A. 글자를 쓰기가 매우 어려움   B. 자음 하나
    C. 한 글자는 천금에 해당하는 가치가 없음   D. 글을 매우 잘 씀

[해설]

81. '有人建议他说: "…既能扬名当世，又能垂范后代呢?" 吕不韦认为这个办法很好，…撰写 (어떤 사람이 당대에도 명성이 자자하고 후대에도 모범이 될 수 있는 책을 우리는 왜 못 쓴 단 말입니까?" 하고 건의하였다. 여불위는 참 좋은 생각이라 여겨서, …책을 집필하라고 명령했다.)'라고 하였으므로 정답은 C입니다.

82. "内容十分丰富，包罗了天地万物、上下古今的许多事情。(내용이 매우 풍부하여 천지만물,

천하고금의 온갖 일을 망라하였다.)"라고 하였으므로 정답은 D입니다.

83. '由于吕不韦是那时的宰相，有很高的权力，因此没有人敢去更改。(여불위는 그 당시 재상이어서, 권력이 너무 강했기 때문에 그 어느 누구도 감히 그것을 고치려 들지 않았다)'라고 하였으므로 정답은 C입니다.

84. '这就是 "一字千金" 这个成语的由来，后用来形容文词精妙，价值极高。(이것이 바로 "일자천금"이라는 성어의 유래이며, 문장이 훌륭하고 가치가 아주 높음을 형용한다.)'라고 하였으므로 정답은 D입니다.

[정답]　81. C　82. D　83. C　84. D

#020

〈기출 단어정리〉는 5000개 필수단어에는 없지만, 실제시험에는 출제된 독해4부분의 기출단어만 따로 정리해 놓은 부분입니다. 이 부분의 단어를 포함하여 독해부분을 학습하여 철저히 실전에 대비해 보도록 합시다.

단어	발음	품사와 뜻
得心应手	déxīnyìngshǒu	성 ① (일이) 마음먹은 대로 되다, 순조롭게 진행되다 ② 매우 익숙해 있어서 자유자재로 하다
沃土	wòtǔ	명 옥토, 비옥한 땅
豁达	huòdá	형 (성격이) 활달하다, 명랑하다, 도량 (통)이 크다, 확 트이다, 너그럽다
轶事	yìshì	명 일화
唉声叹气	āishēngtànqì	성 (슬픔, 고통, 번민 때문에) 탄식하다
怨天尤人	yuàntiānyóurén	성 하늘을 원망하고 남을 탓하다 ; 모든 것을 원망하다
患得患失	huàndéhuànshī	성 얻기 전에는 얻으려고 노심초사하고 얻은 뒤에는 잃을까봐 걱정하다, 일득일실에 끙끙 앓다, 개인의 이해득실만 따지다
狭隘	xiáài	형 ① 지세의 폭이 좁다, 협애하다 ② (마음, 견식, 기량 등이) 좁고 한정되다, 편협하다
隔绝	géjué	통 막히다, 끊어지다, 단절시키다, 차단하다
挣脱	zhèngtuō	통 애써 벗어나다, 필사적으로 벗어나다
公顷	gōngqǐng	양 헥타아르 (hectare)
蓄水	xùshuǐ	통 저수하다
蒸腾	zhēngténg	통 김이 무럭무럭 나다, 열기가 오르다, (기체가) 상승하다
均匀	jūnyún	형 균등하다, 고르다, 균일하다
环抱	huánbào	형 둘러 (에워) 싸다 [주로 자연 경치에 대해 씀]
绿树成荫	lǜshùchéngyīn	녹음이 우거지다
御寒	yùhán	형 방한 통 추위를 막다, 방한하다
辐射	fúshè	명통 방사(하다), 복사(하다)
抵御	dǐyù	통 막아내다, 방어하다
弥补	míbǔ	통 (결점, 결손 따위를) 메우다, 보충하다, 보완하다, 벌충하다
自卫	zìwèi	통 자위하다, 스스로 지키다
章鱼	zhāngyú	명 문어

墨汁	mòzhī	명 먹물
掩盖	yǎngài	동 ① 덮어씌우다 ② 덮어 감추다
撤退	chètuì	동 철퇴하다, 철수하다 [군대용어임]
喷射	pēnshè	동 분사하다, 내뿜다
趁机	chènjī	동 ① 기회를 타다 (이용하다) [주로 부사적으로 쓰임] ② 비행기를 타다
愈合	yùhé	명동 (상처가) 아물다
蠕动	rúdòng	동 연동 운동을 하다, 꿈틀거리다
溶解	róngjiě	명동 용해(하다)
孵化	fūhuà	명동 부화(하다)
洞穴	dòngxué	명 ① (땅이나 산의) 동굴 ② 터널
无足轻重	wúzúqīngzhòng	성 문제 삼을 만한 것이 못되다, 별로 중시할 것이 못되다, 대수롭지 않다, 보잘 것 없다, 하찮다
乘虚而入	chéngxūérrù	허를 타고 들어오다, 허점을 이용해서 (노리고) 들어오다
吹拂	chuīfú	동 ① (미풍이) 스치다, 바람에 흔들리다 ② 남을 거들어 말해주다, 선전하다
津津乐道	jīnjīnlèdào	성 흥미진진하게 이야기하다
红疹	hóngzhěn	명 홍역
束手无策	shùshǒuwúcè	성 속수무책이다, 이쩔 도리기 없디
抑郁	yìyù	형 (불만을 호소할 수 없어) 우울하다, 울적하다, 번민하다
郎中	lángzhōng	명 ① 낭중 [벼슬이름, 옛날, 주대에 근시를, 한 대에서는 상서랑을 가리킴] ② 한의사
痊愈	quányù	동 병이 낫다, 완쾌되다
落成	luòchéng	명동 (건축물을) 낙성(하다), 준공(하다)
夹杂	jiāzá	동 혼합하다, 뒤 섞(이)다
御医	yùyī	명 어의, 시의
纷至沓来	fēnzhìtàlái	성 차례차례로 그치지 않고 계속 오다
供奉	gòngfèng	명 ① 옛날, 궁중의 예인 ② 청대에 '南书房'에서 문학 시중을 들던 관직 동 바치다, 공양하다, 모시다
授命	shòumìng	동 ① 생명을 바치다 ② 명령을 내리다 [대개 국가 원수가 의회의 다수당 대표에게 조각(组阁)하도록 명령을 내리는 것을 가리킴]
益母草	yìmǔcǎo	명 익모초
特准	tèzhǔn	동 특별히 허가하다

更新换代	gēngxīnhuàndài	낡은 것을 새것으로 바꾸다, 갱신하다
川流不息	chuānliúbùxī	성 (사람과 차들이) 냇물처럼 끊임없이 오가다
遮掩	zhēyǎn	동 ① 덮어 가리다 ② (잘못, 결점 등을) 숨기다
如梦初醒	rúmèngchūxǐng	성 막 꿈에서 깨어난 것 같다 ; 사리에 어둡다가 방금 깨닫다
视角	shìjiǎo	명 ① 시각 ② (카메라의) 앵글 ③ 시각 [사물을 관찰하는 각도]
激素	jīsù	명 ① 호르몬 ② 격려 요소
浑浊	húnzhuó	형 ① 혼탁하다, 흐리다 ② 어리석다, (머리가) 흐리멍덩하다
抵触	dǐchù	명동 ① 저촉(되다), (상호) 모순(되다) ② 위화감을 느끼다
水火不容	shuǐhuǒbùróng	물과 불은 섞일 수 없다, 함께 있는 것을 용납하지 않는다; 두 사람의 관계가 매우 나쁘다
喜闻乐见	xǐwénlèjiàn	성 기쁜 마음으로 듣고 보다 ; 기쁘게 반기다 (환영하다)
演绎	yǎnyì	명동 연역(하다) [일반적인 원리에서 논리적으로 특수원리를 이끌어 내는 진술방법을 말함]
负载	fùzài	명 하중, 부하 동 등에 지다
混淆	hùnxiáo	동 ① 뒤섞이다, 헷갈리다 [주로 추상적인 것에 씀] ② 뒤섞다, 헷갈리게 하다
地盘	dìpán	명 ① 지반, 지구 표면의 단단한 부분 ② 지반, 세력범위, 근거지 ③ (건물의) 토대, 지반
目光短浅	mùguāngduǎnqiǎn	시야가 좁다
贪图	tāntú	명 욕심나는 물건, 욕심부리는 목적물 동 욕심을 부리다, 탐내다
价值连城	jiàzhíliánchéng	(물건이) 매우 값지다, 귀중하다
心花怒放	xīnhuānùfàng	성 마음의 꽃이 활짝 피다 ; 기쁨이 넘치다, 대단히 기쁘다
唇亡齿寒	chúnwángchǐhán	성 순망치한 ; 입술이 없으면 이가 시리다 [상호 이해가 같은 밀접한 관계를 말함]
豪爽	háoshuǎng	형 호쾌하고 시원시원하다
消遣	xiāoqiǎn	동 ① 심심풀이하다, 한가한 시간을 보내다, 소일하다 ② 희롱하다
片酬	piànchóu	명 (영화배우나 탤런트에게 지급되는) 출연료
执导	zhídǎo	동 연극, 영화감독 (연출)을 맡다
淡化	dànhuà	명동 ① 담수화(하다) ② (관념, 인식 등이) 희미해지다, 희미하게 하다 ③ 담박화(淡泊化)
大手笔	dàshǒubǐ	명 ① 대작, 명작, 명저 ② 문호, 이름난 작가 ③ 돈을 물 쓰듯 쓰는 사람 동 대규모의 사업을 시작하다
档期	dàngqī	명 영화를 상영하는 기간
里程碑	lǐchéngbēi	명 ① 이정표 ② 역사상 이정표가 되는 사건, 획기적인 사건

346

周期	zhōuqī	명 주기
沉默寡言	chénmòguǎyán	성 입이 무겁고 말이 적다, 과묵하다
不知所措	bùzhīsuǒcuò	성 어찌할 바를 모르다, 갈팡질팡하다
释放	shìfàng	명 릴리즈(release), 배포 동 ① 석방하다 ② (에너지 등을) 방출하다
宣泄	xuānxiè	동 ① 물길을 트다, 물을 빼다, 배수하다 ② 새나가다, 누설되다, 누설하다 ③ 화나 울분을 풀다 (털어놓다)
松弛	sōngchí	형 ① (줄이) 늘어지다, 느슨하다, 헐겁다 ② (관계, 규율, 경계 등이) 해이하다, 무르다, 엄하지 않다 동 느슨하게 하다, 풀다, 이완하다
漠视	mòshì	동 경시하다, 냉담하게 대하다
谨记	jǐnjì	동 잘 기억하다, 새겨두다
封闭	fēngbì	동 ① 밀봉하다, 봉인하다, 봉하다 ② 봉쇄하다, 폐쇄하다 ③ 차압하다
牢固	láogù	형 견고하다, 확고하다
斟酌	zhēnzhuó	동 ① 짐작하다, 헤아리다, 고려하다, 숙고하다, 따져보다 ② 상의하다, 의논하다
权衡	quánhéng	명 ① 저울 ② 권력 동 무게를 달다, 가늠하다, 평가하다
照耀	zhàoyào	동 밝게 비추다, 눈부시게 비치다
不消	bùxiāo	① ~할 필요가 없다, ~할 나위가 없다 ② 견딜 수 없다 ③ 필요하지 않다
附着	fùzhuó	동 부착하다, 틈이 없이 착 붙다, 붙다
属性	shǔxìng	명 속성
混合	hùnhé	명 혼합 동 혼합하다, 함께 섞다
仪表堂堂	yíbiǎotángtáng	풍채가 당당하다
广开言路	guǎngkāiyánlù	성 누구나 다 말할 수 있는 길을 널리 열어주다
疆土	jiāngtǔ	명 강토, 영토
城池	chéngchí	명 ① 성지 ② 성(城) ③ 도시
妃子	fēizi	명 임금의 비 (첩)
蒙蔽	méngbì	명 속임, 기만 동 (사실을) 감추다, 가리우다, 속이다, 기만하다
劝谏	quànjiàn	동 (윗사람에게) 충고하다, 간언하다
奶酪	nǎilào	명 유락
胆固醇	dǎngùchún	명 콜레스테롤

飞禽	fēiqín	몡 비금, 날짐승, 조류
柔嫩	róunèn	톙 부드럽다, 연하다, 여리다
红润	hóngrùn	톙 (피부가) 볼그스름하다, 볼그레하다, 혈색이 좋다
喧嚣	xuānxiāo	톙 시끄럽다, 소란스럽다 통 떠들어대다, 시끄럽게 굴다
荤食	hūnshí	고기류의 음식
生猛	shēngměng	톙 ① 싱싱하다, 생기 있다 ② 용맹스럽다 ③ 원기왕성하다 ④ 대단하다, 엄청나다
急于求成	jíyúqiúchéng	성 서둘러 성공을 추구하다
烹饪	pēngrèn	몡통 요리(하다), 조리(하다) [= 烹调 pēngtiáo]
捷径	jiéjìng	몡 첩경, 빠른 길 (방도)
拯救	zhěngjiù	통 구(제)하다, 구조 (구출)하다, 건지다, 구원하다
耳熟能详	ěrshúnéngxiáng	성 여러 번 들어 귀에 익어 자세하게 말할 수 있다
耗油	hàoyóu	통 기름을 소비(소모)하다
坠毁	zhuìhuǐ	통 추락하여 부서지다
安然无恙	ānránwúyàng	평안하고 탈이 없다, 무탈하다, 건강하다
介质	jièzhì	몡 매체, 매개체, 매개물
存储	cúnchǔ	몡 축적, 축전, 기억(장치) 통 ① 저장하다 ② 저축하다
芯片	xīnpiàn	몡 껍질을 벗긴 골풀 (등심초)
烈焰	lièyàn	몡 맹렬한 불길
眷顾	juàngù	톙 돌봐주다, 관심을 갖다, 돌보다
橱	chú	몡 장롱, 궤짝
问津	wènjin	통 ① 나루터가 있는 곳을 묻다 ② 가격, 상황 등을 묻다 [주로 부정문에 쓰임] ③ 학문의 길을 묻다, 학문의 길에 들다
碰巧	pèngqiǎo	통 마침 잘 되어 가다, 좋은 기회를 만나다 閈 공교롭게, 때마침, 운 좋게
阔绰	kuòchuò	톙 사치스럽다, 호사스럽다
咋舌	zéshé	통 (놀라거나 두려워서) 말이 나오지 않다, 말을 못하다, 말문이 막히다, 혀가 굳어지다
麦穗	màisuì	몡 ① 밀, 보리이삭 ② 털이 보리 이삭처럼 더부룩하게 긴 양가죽
奢侈	shēchǐ	톙 사치하다
吝啬	lìnsè	몡톙 인색(하다)
聚焦	jùjiāo	통 초점을 모으다, 집광하다

倾向	qīngxiàng	몡 경향, 추세　통 마음이 쏠리다, 편들다
一览	yìlǎn	몡 일람, 편람　통 일람하다, 한 번 죽 훑어보다
审视	shěnshì	통 ① (매우 조심해서) 자세히 (살펴) 보다 ② 심사하고 주시하다
尽收眼底	jìnshōuyǎndǐ	솅 (모든 경물이) 한눈에 다 보이다, 한눈에 들어오다
揭	jiē	통 ① 벗기다, 떼다, 뜯다 ② (덮어씌운 것을) 열다, 벗기다 ③ 폭로하다, 들추어내다 ④ 높이 들다, 추켜들다, 게양하다 ⑤ (어깨에) 메다
观摩	guānmó	통 (경험이나 장점을 흡수하기 위해) 서로 (교류하며) 보고 배우다, 견학하다, 참관하다
破格	pògé	톙 파격적이다, 예외적이다　통 전례를 깨다, 규약을 깨뜨리다
胶泥	jiāoní	몡 점토, 찰흙
精湛	jīngzhàn	톙 정밀하고 깊다, (조예가) 깊다, 심오하다, 능란하다
名垂青史	míngchuíqīngshǐ	솅 청사에 길이 이름을 남기다
拆卸	chāixiè	통 분해하다, 해체하다
盲从	mángcóng	통 맹종하다, 무턱대고 따르다
一窝蜂	yìwōfēng	벌집하나 ; 벌집을 쑤신 것 같은 소란, 벌떼 처럼
逐利	zhúlì	통 (장사 따위를 해서) 이익을 추구하다
冒然	màorán	톙 경솔하다, 부주의하다
诱发	yòufā	통 ① 유도 계발하다 ② (주로 질병을) 유발하다
驱动	qūdòng	몡 〈电〉 부팅
地狱	dìyù	몡 ① 지옥 ② 아주 괴로운 지경
陈词滥调	chéncílàndiào	솅 진부하고 상투적인 논조, 케케묵은 소리
亢奋	kàngfèn	통 극도로 흥분하다
蜂拥而上	fēngyōngérshàng	솅 벌떼처럼 몰려오다, 쇄도하다
荒谬	huāngmiù	톙 터무니없다, 엉터리이다, 황당무계하다
险境	xiǎnjìng	몡 위험 지대, 위험한 곳 (처지)
贪婪	tānlán	톙 ① 매우 탐욕스럽다 ② 만족할 줄 모르다
审时度势	shěnshíduóshì	솅 시기와 형세를 판단하다, 시세를 잘 살피다
孵化	fūhuà	몡통 부화(하다)
荒唐	huāngtáng	톙 ① 황당하다, 터무니없다 ② 방종하다, 방탕하다
极品	jípǐn	몡 ① 최상품, 일등품 ② 최고의 관직
吹嘘	chuīxū	통 (자신이나 다른 사람을) 추켜세우다, 과장해서 말하다, 선전하다

挑逗	tiǎodòu	(동) 직접거리다, 건드리다, 놀리다, 희롱하다
发誓	fāshì	(동) 맹세하다
搜寻	sōuxún	(동) 여기저기 (돌아다니며) 찾다, 물으며 찾다
迄今	qìjīn	(무) 지금에 이르기까지, 지금까지
陡峻	dǒujùn	(형) (지세가) 높고 가파르다, 험준하다
悬崖	xuányá	(명) 낭떠러지, 벼랑
层叠	céngdié	(동) 서로 겹치다, 겹겹으로 포개다
殿阁	diàngé	(명) ① 궁전과 누각 ② 재상
危楼	wēilóu	(명) ① 붕괴 위험 건물 ② 위루, 매우 높은 누각
凌空	língkōng	(동) 하늘 높이 오르다, 높이 솟다
汗马功劳	hànmǎgōngláo	① 전쟁에서 세운 (큰) 공로 ② (일정 분야에서의) 공로, 공적, 공헌
承重	chéngzhòng	(명)(동) ① 하중(을 견디다) ② 아버지를 일찍 여의고 조부의 상속자가 되다
身不由己	shēnbùyóujǐ	(성) ① 몸이 자기 마음대로 되지 않다 ; 어쩔 수 없이 ② 무의식적으로, 자기도 모르게
因地制宜	yīndìzhìyí	(성) 각지의 구체적인 실정에 맞게 적절한 대책을 세우다
小巧玲珑	xiǎoqiǎolínglóng	(성) 깜찍하고 정교하다, 작고 깜찍하다
争奇斗艳	zhēngqídòuyàn	(성) 기이함과 아름다움을 다투다
东拉西扯	dōnglāxīchě	(성) ① 조리 없이 함부로 말하다, 이것저것 말하다 ② 이곳 저 곳에서 잡아당기다
随心所欲	suíxīnsuǒyù	(성) 자기의 뜻대로 하다, 하고 싶은 대로 하다
闲散	xiánsǎn	(형) ① 한산하다, 한가하고 자유롭다 ② (사람이나 자재가) 놀고 있다, 남아돌다 ③ (직무가) 중요하지 않다
漫不经心	mànbùjīngxīn	전혀 아랑곳하지 않다, 조금도 마음에 두지 않다, 소홀히 대하다
点缀	diǎnzhuì	(동) ① 점철하다, 단장하다, 장식하다, 돋보이게 하다 ② 숫자 (머릿수)를 채우다, 구색을 맞추다
空灵	kōnglíng	(형) 변화가 많아 포착하기 힘들다, 시문이 생동적으로 쓰여 진부하지 않다 (명) 동양화에서 여백 처리로 신묘한 뜻을 나타내는 것
浮游	fúyóu	(명) 〈虫〉 하루살이 (동) ① 떠다니다 ② 이리저리 돌아다니다
寥寥数笔	liáoliáoshùbǐ	(형) ① 글을 매우 적게 쓰다, 조금밖에 쓰지 않다 ② 그림을 매우 적게 그리다
赋予	fùyǔ	(동) (중대한 임무나 사명 등을) 부여하다, 주다
朝气	zhāoqì	(명) ① 생기, 패기, 진취적 기상 ② 아침의 신선한 공기

简练	jiǎnliàn	형 간결하고 세련되다, 간단하고 요령이 있다
洞窟	dòngkū	명 동굴
逼真	bīzhēn	형 ① 핍진하다, 진실에 거의 가깝다, 마치 진짜와 같다 ② 똑똑하다, 명확하다
鬼魅	guǐmèi	명 귀매, 도끼비와 두억시니 (모질고 악한 귀신의 하나, 야차)
淋漓尽致	línlíjìnzhì	성 (글이나 말이) 통쾌하기 그지없다 ; 남김없이 다 드러내다 (표현하다)
纤维	xiānwéi	명 섬유(질)
收缩	shōusuō	명 ① 심장 수축 ② (수족, 관절 등의) 굴곡 동 ① (물체가) 수축하다, 졸아 들다 ② 축소하다, 줄이다, 좁히다, 오그라지다 (분산하였다가) 집중하다
德高望重	dégāowàngzhòng	성 덕성과 명망이 높다
依依不舍	yīyībùshě	헤어지기 서운하다
毫无怨言	háowúyuànyán	한 마디 원망의 말도 하지 않다
传颂	chuánsòng	동 전해 내려오며 칭송하다 (되다)
不择手段	bùzéshǒuduàn	수단을 가리지 않다, 온갖 수단을 다 쓰다
驱逐	qūzhú	동 구축하다, 몰아내다, 쫓아내다
唾骂	tuòmà	동 욕을 내뱉다, 모질게 욕하다
鄙视	bǐshì	동 경멸하다, 경시하다, 깔보다
罪魁祸首	zuìkuíhuòshǒu	명 두목, 괴수, 장본인
远走他乡	yuǎnzǒutāxiāng	동 타향으로 멀리 떠나다, 원정하다, 멀리 도망치다
斩尽杀绝	zhǎnjìnshājué	성 깡그리 죽이다, 몰살 시키다
凸显	tūxiǎn	동 분명히 드러내다 (나타내다), 분명히 보이다 (드러나다)
大名鼎鼎	dàmíngdǐngdǐng	명 명성, 명망
枯竭	kūjié	형 고갈되다, 소멸하다, 없어지다
质疑	zhìyí	동 질의하다, 질문하다
推崇	tuīchóng	명동 숭배(하다), 추앙(하다), 추장(하다)
回馈	huíkuì	명 ① 피드백 ② 귀환 ③ 반응 ④ 보답
舱位	cāngwèi	명 ① (배, 비행기 등의) 객석, 좌석, 자리 ② (선실 등의) 공간
幅度	fúdù	명 ① 정도, 폭 ② 사물의 변동 폭
里程	lǐchéng	명 ① 이정, 노정 ② 발전 과정
青黄不结	qīnghuángbùjié	성 ① 묵은 곡식은 다 떨어지고 햇곡식이 아직 수확되지 않은 단 경기, 보릿고개, 춘궁기 ② 인력, 재력, 물자 등의 공백상태

독해 4부분

351

觅食	mìshí	동 먹을 것을 찾다, 먹이를 구하다
喜出望外	xǐchūwàngwài	성 뜻밖의 기쁜 일을 만나 기뻐 어쩔 줄을 모르다
环顾	huángù	동 (사방을) 둘러보다
衣食无忧	yīshíwúyōu	입고 먹는데 아무런 근심 걱정도 없다
抉择	juézé	명 동 선택(하다), 채택(하다)
无能为力	wúnéngwéilì	성 무능해서 아무 일도 못하다, 일을 추진시킬 힘이 없다
据为己有	jùwéijǐyǒu	자신이 가졌다고 생각하다
内训	nèixùn	명 내훈, 규중의 가르침
慷慨	kāngkǎi	형 ① 강개하다 (의기, 정서가) 격앙되다 ② 기개가 있다 동 아끼지 않다, 후하게 대하다
房贷	fángdài	명 주택구입 융자금
潇洒	xiāosǎ	형 (모습, 행동 등이) 소탈하다, 말쑥하고 멋스럽다, 시원스럽다, 스마트하다
购置	gòuzhì	동 (장기간 사용할 물건을) 사들이다
沦落	lúnluò	동 ① 떠돌다, 유랑하다, 영락하다 ② 몰락하다, 쇠락하다 ③ 전락하다, 타락하다
隐患	yǐnhuàn	명 잠복해 있는 병, 겉에 드러나지 않은 폐해 또는 재난
日积月累	rìjīyuèlěi	성 날을 거듭하다, 세월이 쌓이다
亚健康	yàjiànkāng	명 아직 병은 나지 않았지만, 생리기능 감퇴되고 신진대사기능이 떨어지는 상태 [주로 피로, 가슴이 답답함, 두통, 불면증, 정서불안, 업무효율 저하, 허리와 등이 결림 등의 증상이 나타남]
跽坐	jìzuò	동 꿇어앉다
军姿	jūnzī	명 군인의 자세
折叠	zhédié	동 접다, 개다, 개키다
玲珑	línglóng	형 ① (물건이) 정교하고 아름답다 ② (사람이) 영리하고 민첩하다 ③ 눈부시게 찬란하다, 영롱하다
奠定	diàndìng	동 다지다, 닦다, 안정시키다
顺理成章	shùnlǐchéngzhāng	성 (일, 문장 등이) 이치에 맞으면 저절로 되기 마련이다 ; 문장을 쓰거나 일을 하는 것이 조리 있고 분명하다, 조리정연하다
体魄	tǐpò	명 신체와 정신, 체력과 기백
三棱镜	sānléngjìng	명 프리즘
光谱	guāngpǔ	명 스펙트럼, 분광(分光)
冷酷	lěngkù	형 냉혹하다, 잔인하다

敬畏	jìngwèi	명동 경외(하다)
忧心忡忡	yōuxīnchōngchōng	근심걱정에 싸이다, 매우 시름겹다
半径	bànjìng	명 반경
延伸	yánshēn	동 ① 뻗(어 나가)다 ② (의미가) 확대되다, 확대시키다
极目远眺	jímùyuǎntiào	눈길이 닿는 데까지 멀리 바라보다
虚幻	xūhuàn	형 가공의, 비현실적인, 허황한
蒙昧	méngmèi	형 ① 미개하다 ② 우매하다, 몽매하다, 사리에 어둡다
旗帜	qízhì	명 ① 깃발 ② 모범 ③ 기치, 대표적이거나 또는 호소력 있는 어떤 사상, 학술 또는 정치 역량
碌碌无为	lùlùwúwéi	매우 평범하다
匮乏	kuìfá	형 (물자가) 결핍하다, 부족하다
划破	huápò	동 그어 찢다, 째다, 베다
锋利	fēnglì	형 ① (공구, 무기 등의) 끝이 날카롭다 ② (언론, 문장 등이) 예리하다
锯子	jùzi	명 톱
螺旋	luóxuán	명 ① 나선, 나사 ② 농기구의 날 ③ (배의) 스크루, (비행기의) 프로펠러
名声大振	míngshēngdàzhèn	명성을 크게 떨치다
蕴藏	yùncáng	동 묻히다, 간직해두다, 내장되다, 잠재하다
望尘莫及	wàngchénmòjí	성 앞 사람이 일으키는 먼지만 바라볼 뿐 따라가지 못하다 ; 발전이 (진보가) 빨라 도저히 따라잡을 수 없다, 발밑에도 미치지 못하다
蓝图	lántú	명 ① 건설 계획, 설계도 ② 청사진, 미래도
不解之谜	bùjiězhīmí	수수께끼를 풀 수 없다 , 문제를 해결할 수 없다
触目惊心	chùmùjīngxīn	성 보기만 해도 몸서리치다, 마음이 아프다
血肉模糊	xuèròumóhu	피와 시체가 모호하다 ① 격전 또는 격투가 참혹하다 ② 매우 심하게 다친 것을 형용하는 경우에 쓰임
毫不知情	háobùzhīqíng	전혀 모르다 [= 一点儿也不知道事情]
粗鲁	cūlǔ	형 (성격이나 행동 등이) 우악스럽다, 우락부락하다, 거칠다, 경솔하다
隐蔽	yǐnbì	동 ① (나뭇가지에) 가리우다, 덮이다 ② 숨기다, 은폐하다
凹凸	āotū	형 울퉁불퉁하다 명 요철
映射	yìngshè	동 영사하다 , (햇빛이) 비치다, 반사하다

破茧	pòjiǎn	고치 (누에가 실을 토하여 제 몸을 둘러싸서 긴 타원형으로 얽어 만든 집)를 깨다
蝴蝶	húdié	명 나비
阻力	zǔlì	명 ① 저항(력), 항력 ② 상해, 장애, 제지, 저지, 억제
苍老	cānglǎo	형 ① (용모, 목소리 등이) 나이가 들어 보이다 ② (그림, 필치가) 고아하고 힘차다, 세련되고 웅건하다
润滑剂	rùnhuájì	명 윤활제
天真烂漫	tiānzhēnlànmàn	성 천진난만하다
吻合	wěnhé	동 꼭 들어맞다, 부합하다
游刃有余	yóurènyǒuyú	성 솜씨 있게 일을 처리하다, 힘들이지 않고 여유있게 일을 처리하다 ; 식은 죽 먹기
健谈	jiàntán	형 입담이 좋다, 능변이다
得心应手	déxīnyìngshǒu	성 ① (일이) 마음 먹은대로 되다, 순조롭게 진행되다 ② 매우 익숙해 있어서 자유자재로 하다
沃土	wòtǔ	명 옥토, 비옥한 땅
典故	diǎngù	명 ① 전고 ② 이유, 까닭, 사정
豁达	huòdá	형 확 트이다, (성격이) 활달하다, 명랑하다, 도량 (통)이 크다, 너그럽다
名人轶事	míngrényìshì	명 유명한 사람의 일화
唉声叹气	āishēngtànqì	성 (슬픔, 고통, 번민 때문에) 탄식하다

1회

第81–100题: 请选出正确答案。

81 – 84

有些植物在进化中形成了独特的形态，这些形态就成了它们的防身术。例如，我国喜马拉雅山麓有种"眼镜草"，它的样子很像高昂着头的眼镜蛇，使得敌害不敢接近它。斯里兰卡生长的舞草，能不停地在空中舞动，食草动物不知这是什么玩意，于是干脆避开它。不过，制造不利于敌人的化学物质则是植物最多见的自卫方法。

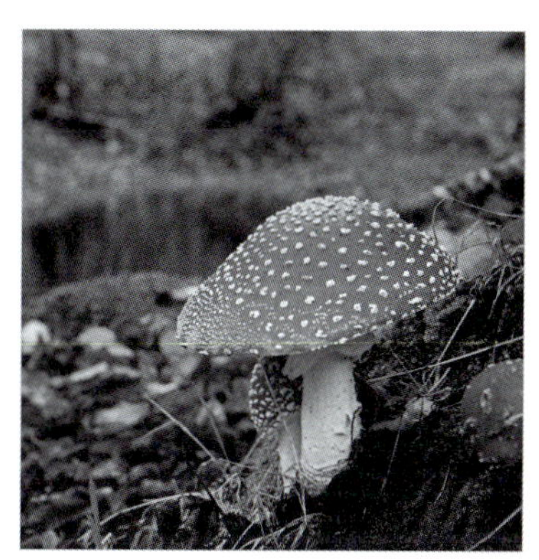

有些毒蘑菇长得十分艳丽，可是人和动物并不愿意去动它，原因是它含有剧毒，是吃不得的。莴苣能散发出一种刺激性的苦味，能使菜粉蝶、菜青虫不敢靠近它。艾叶分泌的特异气味，则有驱虫防鼠功能。苦楝子中含有一种"昆虫拒食剂"，虫子不肯去吃它，即使吃了也会死。不少植物受到微生物的病菌的侵犯时，还能迅速分泌出"植物防御素"，这种粘性的抗菌物质可以使病菌失去继续入侵的能力。有的树木还能制造假氨基酸，使害虫误以为它是营养物质，其实它是有害的蛋白质，反可置害虫于死地。

科学家认为，植物从生到死都能分泌这样或那样的防御物质，需要时可在几小时内迅速合成。可见，植物虽没有"手脚"和"牙齿"，为了生存，它也是拥有种种防身之术的。否则，在天敌众多的世界里，几十万种植物又怎能生生不息、代代相传呢？

81.　根据本文，"眼镜草"的样子:

　　A. 很大很恐怖　　　　　　　　B. 很像一种有毒的动物

　　C. 很像戴了眼镜　　　　　　　D. 很吓人

82. 大多数植物依靠什么方式自卫?

    A. 艳丽的颜色

    B. 可怕的外表

    C. 模仿其他动物

    D. 化学物质

83. 莴苣会:

    A. 含有剧毒

    B. 驱虫防鼠

    C. 散发出刺激性苦味

    D. 含有昆虫拒食剂

84. 本文主要说明的是:

    A. 植物的防身

    B. 植物如何对付昆虫

    C. 植物的牙齿

    D. 眼镜草的原理

85-88

在自然界中，大部分的生物都需要两性交配才能生儿育女繁殖后代，但也有极个别的物种具有无性繁殖能力，俗称自我克隆，比如蜗牛和水蚤等就具有自我克隆能力，而龙虾却没有这个能力。可是现在在德国有一种人工饲养的神秘龙虾居然被发现具有无性繁殖能力，令当地的科学家深感震惊。

科学家说，这种神秘的龙虾叫"Marmorkrebs"，身体坚硬，性情凶狠，可能与北美的一个物种有联系，但科学家并不能肯定它们起源于何处。有一位洪堡大学的比较动物学家说，每只雌性的"Mar-morkrebs"龙虾6个月就可自我繁殖至少20只小龙虾，有的甚至达近百只。由于它们的繁殖能力极强，加上凶狠好斗，所以一旦进入野生状态就会把其它种类的龙虾杀死。另外，这种龙虾具有很强的环境适应能力和病菌抵抗力，自身带有病菌，却很少发病，可是如果其它种类的龙虾被传染上，则很容易得病，甚至会流行致命的"龙虾瘟疫"，所以科学家呼吁，这种龙虾可以在养殖场里养殖，不可放到江河湖泊里。舒尔茨博士警告说："这种神秘的龙虾在欧洲的各养殖场里很受欢迎，人们纷纷养殖，因为它们生育能力强，抗病毒能力强，且味道鲜美。这种龙虾绝对是欧洲淡水生态系统的一个巨大威胁，即使只有一只进入野外，要不了几年，它们的数量就会达到难以控制的地步，其它的龙虾没有能力与它们竞争。"

85. 根据本文，发现于德国的这种龙虾最大的特征是：

A. 性格凶猛

B. 身体坚硬

C. 可以人工养殖

D. 可以自我复制

86. 如果这种龙虾进入自然环境，可能：

A. 和其他龙虾一起生存

B. 对其他龙虾有威胁

C. 杀死细菌

D. 让龙虾家族都灭绝

87. 人们喜欢这种新龙虾的原因是：

A. 性情凶猛

B. 身体坚硬

C. 对生态有威胁

D. 味道鲜美

88. 作者主要想说明：

A. 新龙虾市场前景好

B. 新龙虾带来的威胁

C. 新龙虾的繁殖很奇怪

D. 新龙虾的味道很好

89 – 92

　　很久以前，有一位心地善良的女孩叫阿巧。由于家境贫穷，很小的时候就被送到富贵人家中当下女。有一天，阿巧到后院菜圃中浇菜的时候，突然，有一位衣服破烂，全身肮脏，臭气冲天的乞丐出现在她身后。

　　"这位好心的姑娘，我已经好几天没吃饭了，请你施舍一点东西给我吃吧！"乞丐求阿巧。阿巧看到乞丐这样可怜，于是就把自己的午餐偷偷留下一半，送给乞丐。

　　第二天，当阿巧在洗衣服的时候，那个乞丐又出现了。阿巧正准备去拿吃的东西给乞丐时，正好被家的女主人看到了，她对阿巧大喊："阿巧，你在做什么，还不快去洗你的衣服。"阿巧只好回去洗衣服，女主人一看到乞丐就把他推向门外，一边推还一边骂："你这个臭乞丐，还不快给我滚，这里没有东西给你吃，快滚。"乞丐一下子就被推出了门外。阿巧看到这个情形，心里很难过，就趁着女主人不注意的时候，偷偷拿了东西，送给已倒在门旁边的乞丐。乞丐非常感动，一直对阿巧说："谢谢你，你的心地真好，好人会有好报的。"乞丐三四下就把东西吃完了，对阿巧说："好心的姑娘，你就好人做到底，帮我把脚上包包中的脓挤出来，我已经痛了好几天了。"好心的阿巧一句话也没说：就把乞丐脚上的脓给挤出来。脓溅得阿巧整脸和整身，但是阿巧一点也不在乎，反而问乞丐："现在好多了吧？"　"好多了，好多了，姑娘，谢谢。"乞丐说完，就笑嘻嘻地走了。

乞丐走了之后，阿巧在水槽边把手脚和脸洗干净。当她走进屋里时，女主人十分惊异地看着她，并且问："你是谁啊？怎么穿了阿巧的衣服？"

原来阿巧已经变成一个如花似玉的美人！女主人非常羡慕，就问阿巧原因。阿巧告诉了女主人，女主人就找到了乞丐，不但请他吃饭，还帮他挤脚上的脓包。结果女主人不但没有变得比以前更漂亮，反而比以前更丑了。而且她的脸上，身上还长出毛来，好像一只野兽。女主人伤心地大哭起来，乞丐就拿了一块火热的瓦，对她说："如果你要拔掉身上的猴毛，就坐到这块瓦上吧！"女主人一听，赶紧坐在瓦片上，谁知道不但没有把毛弄走，反而把屁股烧得通红，痛得她哇哇大叫。

从此以后，女主人再也没有脸在镇上住下去，一个人跑到山中隐居起来。据说，这就是猴子的祖先。

89.　这篇文章是:

　　A. 散文　　　　　B. 小说　　　　　C. 民间传说　　　　　D. 日记

90.　阿巧一共给了乞丐几次饭吃?

　　A. 一次　　　　　B. 二次　　　　　C. 三次　　　　　D. 没给过

91.　阿巧为什么变漂亮了?

　　A. 她很善良　　　　　　　　　　　B. 她给了乞丐饭吃

　　C. 穿了新衣服　　　　　　　　　　D. 化了妆

92. 女主人为什么去找乞丐?

    A. 乞丐偷了她家的饭吃   B. 给乞丐送饭吃

    C. 也想变得像阿巧一样漂亮   D. 拔掉脸上的毛

93 - 96

    开发节能及采用替代能源的环保型汽车,以减少对环境的污染,是当今世界汽车产业发展的一个重要趋势。在所有的未来汽车中,电动汽车似乎是最被看好的零污染汽车。它以蓄电池的电能为动力,在行驶中几乎没有废气排出,比内燃机汽车减少92~98%。它的工作噪声很小,仅有内燃机的一半;排放的废热也很少。总之,电动汽车最接近零污染汽车的目标。

    到目前为止,电动汽车遇到的最大困难是无法获得高能而廉价的蓄电池。出于对成本的考虑,多数厂商在开发电动汽车时都以传统的铅蓄电池为动力。在适于汽车的体积和重量的限度内,这种蓄电池不仅所能储存的能量太低,使电动汽车每次充电后所能行驶的路程大受限制,而且充电时间通常长达十多个小时,损害了对汽车来说相当重要的机动性。找到储能密度大、充电时间短、价格适宜的新型蓄电池,是电动汽车能否拥有更大的机动性并与汽油车竞争的关键。

    但,即使能够制造出能量密度较高、使用寿命较长、价格适宜的蓄电池,电动汽车所需的电动机、相应的充电器、电子控制装置等,所需的成本也可能高于汽油动力的汽车。电动汽车的唯一优点是污染程度低,因而在一定情况下使用才合算,如展览中心和行人区,等等。

    然而,这个"唯一优点"也受到了质疑。有人指责推崇电动汽车的环保专家们目光短浅,因为电动汽车并未减少污染,只是把污染集中转移到了电厂。如果未来电动汽车的电池以传统的铅酸蓄电池为主,那么,铅化物污染的后果可能比目前的废气污染更糟。为了生产未来电动汽车所需的铅酸蓄电池,人们不得不大量开采、熔解和提炼毒性很大的铅,从而使矿山和工厂附近的污染加剧。因此,电动汽车成败的另一个关键是能否找到无害电池。

93. 第一段中，"零污染"的"零"是什么意思？

    A. 减少　　　　　　B. 不够　　　　　　C. 琐碎　　　　　　D. 没有

94. 哪一项属于电动汽车唯一的优点？

    A. 污染程度低　　　　　　　　　B. 体积小，重量轻

    C. 机动性强　　　　　　　　　　D. 充电时间短，价格适宜

95. 汽车厂商为什么采用铅蓄电池

    A. 性能好　　　　　　　　　　　B. 成本低

    C. 寿命长　　　　　　　　　　　D. 最先进

96. 为了真正实现零污染，最关键的是什么？

    A. 生产现有的内燃机汽车　　　　B. 发展所需的电动机等装置

    C. 开发无害电池　　　　　　　　D. 大量开采铅

97 - 100

科学研究表明，世界上一共有250种细菌和病毒可以通过唾液互相传播，通过皮肤传播的情况是：一旦皮肤相互接触，就意味着每平方厘米的面积上，有5000多个细菌等待着交换……这听起来既让人毛骨悚然又让人难以置信，那我们岂不是每天都生活在被细菌感染的危险中，一不留神就会"中奖"？维士达诊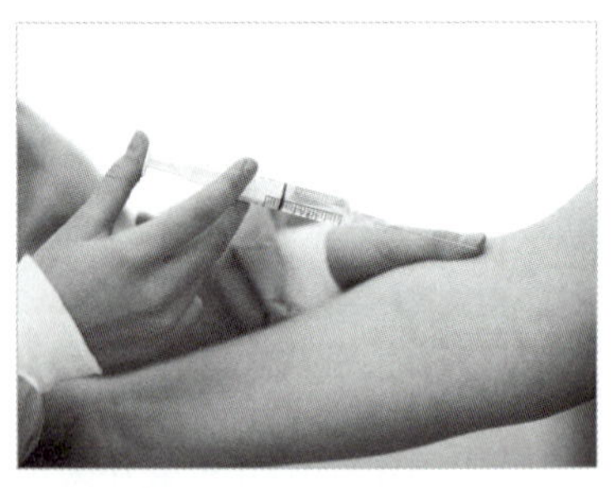所的吴医生会告诉你，人体都是有一定的免疫功能的，在正常情况下，感染的概率实在很小，但如果刚好你因为疲劳、感冒或其他原因抵抗力降低，那就很容易被感染，除非你不到任何公共场所。当然，更为直接并且简单的手段就是接种疫苗。

说到这儿，你不得不承认疫苗是一种极为理想化的预防手段，它可以使人体对病毒有免疫力，从而免受病痛之苦(当然得是在免疫期内)。说起来，疫苗的工作原理很简单，它是控制性地利用病毒刺激机体，从而使机体在首次接触病毒后自动产生抗体

而不会再感染 。

　　疫苗被发明的过程是极为漫长的，早在十六、十七世纪的中国和印度，人们发现用天花病人的结痂制成的粉末可以预防天花的感染。虽然这个方法本身也有很大的危险性，大约有0.5%–2%的人因为接种而感染天花导致死亡，但和自然感染天花的20%–30%的死亡率比起来，值得冒险一试。到了十八世纪，英国的一位医生，发现用牛痘病毒也能免疫，并且无严重的副作用。之后，到了十九世纪，制作疫苗的技术更加完善，从而将人类从传染病和流行病的阴影中解救出来。

　　对于现代人来说，头号的健康杀手是癌症和心血管病等等，这是人类死亡率最高的疾病，但是在一百年以前，由病毒或细菌引起的传染病，才是人们恐惧的。疫苗被发明的意义相当于现在发现了治疗癌症、艾滋病或其他疑难病症的方法，它是医疗史上重大的成就之一。即使你已不是个孩子，你仍旧需要疫苗来预防传染病。其实，各类病毒所引起的传染病和流行病是可以根据相应的疫苗来预防的。通常一个人从出生后要接种卡介苗、脊髓灰质炎糖丸疫苗、腮腺炎疫苗、百白破三联疫苗、麻疹疫苗、水痘疫苗、乙型脑炎疫苗、乙型肝炎疫苗等疫苗，因为这个时期的抵抗力和免疫系统都比较脆弱。

97.　在接种疫苗后，机体在第一次接触病毒时:

　　A. 马上就被感染　　　　　　　　B. 完全没有反应
　　C. 自动产生抗体　　　　　　　　D. 转成别的病毒

98.　最早利用机体首次接触病毒后会自动产生抗体的道理来预防的疾病是:

　　A. 天花　　　　　B. 牛痘　　　　　C. 水痘　　　　　D. 麻疹

99.　根据本文，造成现代人死亡率最高的疾病是:

　　A. 癌症和心血管疾病　　　　　　B. 艾滋病和心血管病
　　C. 病毒引起的传染病　　　　　　D. 细菌引起的传染病

100.　为什么孩子出生就接种疫苗?

　　A. 小孩子容易产生抗体　　　　　B. 疾病从小开始传染
　　C. 小孩免疫系统脆弱　　　　　　D. 小孩的免疫力更强

▶ 정답 & 해설 p. 581 – 587

2회

第81-100题: 请选出正确答案。

81 - 84

葡萄科的落叶藤本攀缘植物爬山虎，藤蔓质柔，叶节满生吸根，善于依物攀缘伸展，在地面蔓生，入秋叶色泛红，宛如锦被盖地，又叫地锦。

爬山虎嫩蔓呈淡红色，有卷须，前端具有吸盘。夏季开绿色小花，聚伞花序，杂缀叶丛中。花后结蓝色细小圆形浆果，秋天呈紫黑色。爬山虎傍墙滋长，伸展迅速，不消几年就把草墙或整宅外壁全部覆盖，缀成有生命的"绿墙"。爬山虎不仅在城市垂直绿化中能展露附墙攀缘生长的本领，而且在环境保护中发挥作用。

爬山虎占地少，生长快，绿化覆盖面积大。沿街围墙、房屋墙面攀缘的爬山虎枝叶，宛如绿色的屏障。夏天，根部的水分经叶片蒸腾，可带走空气中的热量，降低环境温度。由于墙面上密集着茎叶，在阳光照射下，可以使墙面不致太热，降低室内温度。此外，还可吸收环境噪音，减少尘土飞扬。大城市是高密度的耗氧地区，而大面积绿化是增加空气中氧气的主要办法，而爬山虎正可以大显身手。

爬山虎攀附墙面不仅不会引起墙壁潮湿，相反，它的吸盘能吸去墙上水分。干燥季节，爬山虎遮蔽墙面，又可增加湿度。

爬山虎容易繁殖。喜阴湿，适应性强，耐干，对土质、肥料要求不严。初春时，剪取隔年生枝蔓，扦插砂质土壤中，移放阴凉处，保持湿润，5月中旬就能生根发叶，倚墙攀缘，长势快，不久便能送你一片绿荫。微风吹拂，似绿波起伏，炎夏时节，能带来无限清凉之感。

81. 本文告诉我们爬山虎是一种什么样的植物?

    A. 爬在地上生长的   B. 爬墙生长的

    C. 在地底下生长的   D. 生长速度很慢的

82. 在夏天，爬山虎的作用是可以:

    A. 升温   B. 让人觉得暖和

    C. 降低温度   D. 加强声音

83. 在空气很干燥的时候，爬山虎会:

    A. 吸收空气里的水分   B. 遮蔽墙面增加湿度

    C. 增加空气中氧气   D. 反射阳光

84. 根据本文，爬山虎繁殖起来:

    A. 很困难   B. 剪取叶子就可以

    C. 放到阴凉的地方就可以   D. 容易繁殖

85 - 88

    娃娃鱼，是世界上现存最大的两栖类，因其发声酷似婴儿啼哭，外形似鱼，故称"娃娃鱼"。但它没有鱼的鳍而有肥短的四肢，前肢有四指，后肢有四趾，没有鳞而有发达的粘液腺，成体没有鳃而有肺，动物学家因而给它取名"大鲵"。是国家级保护动物。

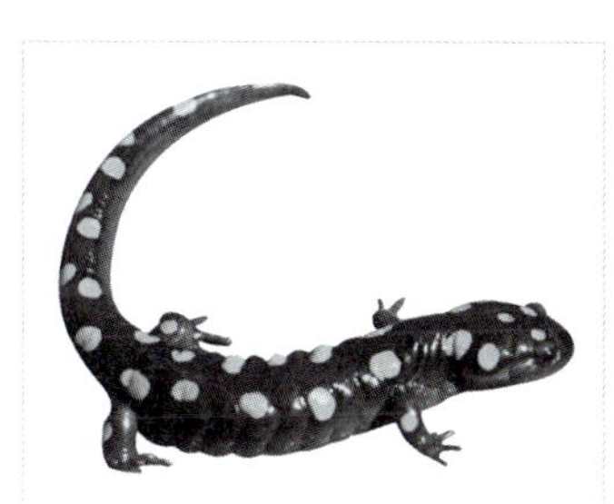

    在壶瓶山保护区的江坪河、深溪河中有一种红色的娃娃鱼生存，在壶瓶山北的湖北五峰县境内的海洋河、汉阳河阴暗的溪谷中亦多次发现这种遍体通红的娃娃鱼存在。壶瓶山镇长岭村党支部副书记唐纯贤在施家河捕获到一条重12. 5公斤的红色娃娃鱼，放养在自家一口缸中。据目击者介绍，开始主人给它喂肉喂饭喂蛙，它一一拒食，后捉来活螃蟹投入缸中，它便如狼扑食，从螃蟹的尾部一口咬去，囫囵吞下，每每如此。

　　1994年5月，壶瓶山镇水打溪村堰湾村民钟明文在洪水消退时下河捕鱼，在南坪河谷中意外地捕捉到一条半斤重的红色娃娃鱼，对其精心饲养，捕捉小鱼、小虾、蚯蚓、螃蟹等活物投放，在大热天为其设法保持恒温15摄氏度的水温，使之健康成长，现已重达6公斤。2001年1月17日，记者一行前去拍照，主人将处于半冬眠状态的娃娃鱼放进脚盆中，大约过了1个小时，只见，娃娃鱼身色渐红，于是拍下了照片。据钟明文说，前不久有个外地进山经商的老板要花5000元将这条娃娃鱼买走，被他拒绝。他说，如果国家需要，他可以忍痛割爱，将其贡献给国家。

85.　　娃娃鱼有哪个器官？

    A.鳞　　　　　　B.脚　　　　　　C.鳃　　　　　　D.鳍

86.　　娃娃鱼的个性怎么样？

    A.小心　　　　　B.凶猛　　　　　C.乐观　　　　　D.贪吃

87.　　唐纯贤刚捕到娃娃鱼后，发生了什么事？

    A.有人想买娃娃鱼　　　　　　　　B.娃娃鱼天天吃螃蟹

    C.娃娃鱼的身色变红了　　　　　　D.娃娃鱼不吃食物

88.　　一个外地的老板要买走娃娃鱼时，钟明文怎样了？

    A.上当　　　　　B.不会卖它　　　　C.讲价　　　　　D.献给国家

89-92

　　有一个女孩子，小的时候腿不利索，常年只能坐在门口看别的孩子玩，很寂寞。

　　有一年的夏天，邻居家的城里亲戚来玩，带来了他们的小孩，一个比女孩大五岁的男孩。因为年龄都小的关系，男孩和附近的小孩很快打成了一片，跟他们一起上山下河，一样晒得很黑，笑得很开心，不同的是，他不会说粗话，而且，他注意到了一个不会走路的小姑娘。男孩第一个把捉到的蜻蜓放在女孩的手心，第一个把女孩背到了河边，第一个对着女孩讲起了故事，第一个告诉她她的腿是可以治好的。第一个，仔细想来，也是最后一个。女孩难得地有了笑容。

夏天要结束的时候，男孩一家人要离开了。女孩眼泪汪汪地来送，在他耳边小声地说："我治好腿以后，嫁给你好吗？"男孩点点头。

一转眼，二十年过去了。他开一间咖啡店，有了一个未婚妻，生活很普通也很平静。有一天，他接到一个电话，一个女子细细的声音说她的腿好了，她来到了这个城市。他想不起她是谁。他早已忘记了童年某个夏天的故事，忘记了那个脸色苍白的小女孩，更忘记了一个孩子善良的承诺。可他还是收留了她，让她在店里帮忙。他发现，她几乎是终日沉默的。可是他没有时间关心她，他和未婚妻分手了。他羞愤交加，扔掉了所有准备结婚用的东西，日日酗酒，生意更是无心打理，不久，他就大病了。这段时间里，她一直守在他身边，照顾他，容忍他酒醉时的打骂，更独立撑着那片摇摇欲坠的小店。她学到了很多东西，也累得骨瘦如柴，可眼里，总跳跃着两点神采。

半年之后，他终于康复了。面对她做的一切，只有感激。他把店送给她，她执意不要。在她的帮助下，他又慢慢振作了精神，他把她当做是至交的好友，掏心掏腹地对她倾诉，她依然是沉默地听着。他不懂她在想什么，他只是需要一个耐心地听众而已。终有一天，他厌倦了自己平静的状态，决定出去走走。拿到护照之前，他把店里的一切正式交给了她。这一次，她没再反对，只是说，为他保管，等他回来。

回到家的时候他为她的良苦用心而感动。无论是家里还是店里，他的东西他的位置都一直好好保存着，仿佛随时等着他回来。他大声叫唤她的名字，却无人应答。店里换了新主管，他告诉他，她因积劳成疾去世已半年了。他把她的遗物交给他，一个蜻蜓的标本，还有一卷录音带，是她的临终遗言。带子里只有她回光返照时宛如少女般的轻语："我……嫁给你……好吗？……

没有人知道，有时候，一个女人要用她的一生来说这样一句简单的话……

89.　小男孩和小女孩小时候是什么关系？

　　A. 兄妹　　　　　B. 邻居　　　　　C. 姐弟　　　　　D. 同学

90.　小女孩为什么说要嫁给小男孩？

　　A. 小男孩背她去河边玩　　　　　B. 送给她蜻蜓

　　C. 关心并照顾小女孩　　　　　　D. 小男孩不说粗话

91. 女孩为什么一直没有结婚？

   A. 年纪太小了　　　　　　　　　B. 腿有病

   C. 没有找到喜欢的人　　　　　　D. 一直在等男孩

92. 女孩的遗物中为什么会有一个蜻蜓标本？

   A. 喜欢蜻蜓　　　　　　　　　　B. 因为是男孩儿送给自己的

   C. 喜欢收集标本　　　　　　　　D. 给男孩的礼物

93-96

　　内蒙古的草原面积逐年减少，河道水道干涸，湿地萎缩消失，地下水位下降，沙漠化虽然没有大面积发生，但鼠虫灾害却频繁出现。跟沙漠化相比，鼠虫灾害损失并不见得小，同样对国家的生态安全构成了严重的威胁。

　　对于内蒙古草原的退化，人们一直强调是由于人类盲目扩大畜牧的结果。但无论如何，人们还是忽略了另外一个原因，那就是人们不能容忍自己的劳动成果或活动地盘让动物分享。我国是世界上湿地类型齐全，数量丰富的国家之一，在经济发展和人口增长的压力下，湿地及其生物多样性受到普遍的威胁和破坏，消减的势头惊人。

　　据资料表明，我国每年约有20个左右的湖泊消亡，湖北的湖泊数量由1066个减少到325个，黑龙江三江平原500多万公顷沼泽已缩减到113万公顷。沿海湿地如今只剩下一半的面积，森林由20世纪50年代5万公顷下降到目前的1.4万公顷。湿地的缩减和破坏，使湿地生态功能、社会效益得不到正常发挥，丧失了抵御自然灾害的能力。据介绍，湿地是地球上最富生物多样性的生态系统和人类最重要的生态环境之一。它不仅为人类生产、生活提供了多种资源，而且具有巨大的环境功能和效益。另外它对缓解全球气候变暖也有重要作用，湿地仅占陆地面积的25%-30%，在碳循环问题上发挥着重要的作用。

93. 根据本文，内蒙古的草原正在；

   A. 植树造林　　　B. 慢慢沙漠化　　　C. 变成湿地　　　D. 开挖河道

94. 除了沙漠化，同样对生态安全威胁的是：
     A. 环境污染　　　　B. 气候变暖　　　　C. 水质破坏　　　　D. 鼠虫灾害

95. 湖北省现存的淡水湖有；
     A. 113个　　　　　B. 325个　　　　　C. 500个　　　　　D. 1066个

96. 本文主要谈论的是；
     A. 保护动物的重要性　　　　　　　B. 中国水资源的危机
     C. 保护湿地的重要性　　　　　　　D. 土地沙漠化的危害

97 – 100

近几年来，许多在高楼大厦里工作的白领常常会莫名其妙地出现类似头疼，鼻塞，眼睛干涩发痒，以及疲乏无力这样的症状，时间一长，人们将这种现象称为"大楼综合征"。于是，许多无端的责怪都冲向办公大楼，似乎是这些高楼大厦本身给楼内工作人员的健康带来了灾难。

然而，英国科学家最近发表的一项研究报告显示，办公大楼本身并不是这种综合征得病原，人们在工作中所面临的日益增长的压力才是真正的元凶。在这项研究中，研究人员调查了四千名在办公大楼里工作的英国政府雇员的健康状况。这些公务员分布在伦敦44个办公大楼里工作。研究人员对其工作环境及所受的工作压力进行了分析。研究还分析了大楼里的有关环境指标，如温度，湿度，粉尘，空气中的真菌和细菌含量等。研究人员发现，虽然工作环境中的燥热和湿度情况，以及空气中的粉尘和细菌对楼内工作人员的健康有一些影响，但是真正具有明显统计意义的结果却是，这些政府雇员所面临的工作压力，以及常常所处的无助状态导致了这些人产生"大楼综合征"，而工作地点本身与这种综合征并无实质性的关联。

研究人表示，"大楼综合症"的说法实际上是一种误导。 这种综合征症状的确存在，而且会因此造成许多工作人员经常请病假，所带来的经济损失也是相当大的。但是具体的工作环境并不是产生这些综合征的根源。研究人员介绍说，所谓"大楼综合征"指的是当人在某一室内环境里工作时所产生的一系列症状，如头疼，鼻塞，眼睛干涩发痒，疲乏无力。但是，他们的研究并没有在这些症状与具体的办公楼环境之间找到相应的关联。相反，在这项研究中，研究人员却发现，在大楼里工作的人所面临的工作压力越来越大，特别是在工作压力不断增大，而工作人员的自主权利越来越小的情况下，这种综合征病状就显得更加严重。此外，研究人员还在无意中发现，在那些空气循环比较差，且空气中的二氧化碳，真菌和挥发性有机化合物指标未能达标的工作环境中，人们出现"大楼综合征"的情况却比较少。

研究人员告诫说，这一发现并不意味着这些不达标的工作环境是可以接受的。即使楼内的工作人员未受到明显的影响，这些不达标的工作环境仍应加强治理。研究人员表示，像"大楼综合征"这样的情况，需要从心理和社会环境的综合角度去分析。总的来讲，人们所面对的工作压力是造成这种综合征的主要根源，而工作环境差别可以起到推波助澜的作用。

97. 根据本文，不是大楼综合征的:

A. 鼻塞
B. 眼睛干涩发痒
C. 疲劳无力
D. 燥热

98. "大楼综合征"的根本原因是:

A. 工作压力
B. 空气中的细菌
C. 办公楼的灰尘
D. 办公楼的湿度

99. 研究员的研究结果发现:

A. 不能确定
B. 研究中没有得到结论
C. 工作环境对职员影响很大
D. 工作环境对职员影响不大

100. 工作环境和"大楼综合征"有什么关系?

A. 前者使后者加重
B. 后者使前者加重
C. 前者跟后者没有关系
D. 文中没有提到

최종점검하기

제2주차 목요일 독해 4부분에서는 질문유형을 파악한 후, 시험 관련 문제를 중심으로 학습해 보았습니다.

제4주차 목요일 독해 4부분에서는 2주차에서 배운 내용을 다시 한 번 최종점검하고, 실력다지기 실전문제의 총정리문제를 풀어보면서 독해 4부분을 마스터해 보도록 합시다.

新 HSK 문제 유형분석

81-84.

从埃及金字塔所表现出来的众多超高度文明迹象表明：其建造设计者所拥有的科技文明程度甚至远高于当今人类文明。但是，我们根据人类史学研究可以得出这样一个结论：任何一个独立发展的文明，其发展程度与其社会制度、人口数量、文明所影响的区域面积、资源以及能源的利用状况等诸多因素存在着密切的关系。

如果地球上曾经存在过超越当今人类文明的史前文明，那么此类文明势必会在全球范围发挥出相当大的影响力，在世界各地都应该留下由此类文明所创造的城市遗迹、大量已开发过的矿产遗迹、由高度文明所产生的垃圾、以及人类骸骨化石……可是，地质学家和古生物学家在无论任何一个地质层中都没有找到相关充足的证据。

此外，根据史料记载所谓的亚特兰提斯帝国就其发展状况只不过是处于奴隶制的鼎盛时期罢了，一个由君主奴隶制作为统治方式的古代文明怎么可能发展出甚至超越现代文明的科学技术呢？仅凭一次岛屿沉没或是一次大规模火山爆发怎么可能就能够轻易将拥有超越现代文明的远古文明彻底毁灭呢？

81. 根据本文，金字塔的迹象说明：

　A. 奴隶制在当时很发达　　　　B. 当时的科技非常发达

　C. 当时的水平很落后　　　　　D. 当时没有文明

82. 如果埃及人的科技很发达，那么：

    A. 人类就是落后了　　　　　　　B. 应该留下一些他们的脚印

    C. 应该留下一些文化的遗迹　　　D. 我们应该反思

83. 作者认为埃及人拥有比我们现在更鼎盛的文明是：

    A. 有很大可能的　　　　　　　　B. 不太清楚

    C. 不太可能的　　　　　　　　　D. 百分之百的确定

84. 第三段中，“亚特兰提斯帝国”的特征是：

    A. 社会主义　　B. 奴隶制度　　C. 资本注意　　D. 猿人时期

[단어]

迹象 jìxiàng 몡 ① 흔적, 자취 ② 현상, 기미, 조짐, 기색 / 骸骨 háigǔ 몡 ① 사람의 뼈, 해골 ② 몸, 신체 / 岛屿 dǎoyǔ 몡 ① (크고 작은 여러) 섬, 열도(列島) / 沉没 chénmò 동 ① 물에 가라앉다, 침몰하다 ② (안개 따위에) 파묻히다 / 远古 yuǎngǔ 몡 상고(上古), 먼 옛날 / 毁灭 huǐmiè 동 괴멸 (섬멸)하다, 박멸하다

[번역]

(81) 이집트 피라미드는 수많은 고도의 문명 자취를 드러나게 해주었다. 그것의 건축설계자가 가지고 있는 과학기술문명 수준은 현재 인류의 문명보다 높고 심원하다. 그러나 우리는 인류역사 연구를 근거의 이런 결론을 얻을 수 있다. 모든 독립 발전한 문명의 발전 정도는 그 문명의 사회제도, 인구수, 문명이 끼친 지역의 면적, 자원과 에너지의 활용 상황 등 많은 요소가 밀접한 관계가 가지고 있다.
만약 지구상의 일찍이 현재 인류의 문명을 초월한 선사 문명이 있었다면 그 문명은 전 세계의 범위에서 상당히 큰 영향력을 발휘했으며, (82) 세계 각지에 그 문명이 창조한 도시의 유적들을 남겼을 것이다. 이미 광산물 유적, 고도 문명으로부터 생산 된 쓰레기, 인류의 해골화석 등이 대량으로 발굴되었으나 지질학자와 고생물학자는 어떤 지질층에서 조차도 거기에 관한 충족된 증거를 찾아내지 못했다.
그 밖에 역사자료 기재에 의하면 (83) 아틀란티스 제국의 발전상황은 단지 노예제의 전성기였을 뿐이었으며, (84) 군주노예제를 통치 방식으로 채택한 고대 문명이 어떻게 현대 문명의 과학기술을 초월할 정도로 발전했겠는가? 한 차례의 크고 작은 여러 섬들이 침몰 혹은 대규모의 화산 폭발에 의해 어떻게 그렇게 쉽게 현대문명을 초월한 상고문명을 철저하게 섬멸할 수 있겠는가?

81. 본문에서 피라미드의 자취가 설명해주는 것은?
    A. 노예제가 당시에 매우 발달했음　　　　B. 당시의 과학 기술이 매우 발달했음
    C. 당시의 수준이 매우 낙후됨　　　　　　D. 당시에는 문명이 없었음

82. 만약 이집트인의 과학기술이 발달했다면 어떠했을까?
    A. 인류는 곧 낙후되었음　　　　　　　　B. 분명히 그들의 일부 발자취를 남겼을 것임
    C. 분명히 일부 문화 유적을 남겼을 것임　D. 우리는 반성해야함

83. 작가는 이집트인이 현재 우리보다 더욱 흥성한 문명을 가졌다고 생각하는가?
    A. 매우 가능성이 높음　　　　　　　　　B. 잘 모르겠음
    C. 별로 가능성이 높지 않음　　　　　　　D. 백 퍼센트 확신함

84. 세 번째 단락의 아틀란티스제국의 특징은 무엇인가?

    A. 사회주의 제국임   B. 노예제도가 있었음

    C. 자본주의 제국임   D. 원인시기의 제국임

[해설]

81. '(从埃及金字塔所表现出来的)众多/超高度文明迹象/表明：/(其建造设计者/所拥有的)/科技文明程度/甚至/远高于/当今人类文明。(이집트 피라미드는 수많은 고도의 문명 자취를 드러나게 해주었다. 그것의 건축실계자가 가지고 있는 과학기술문명 수준은 현재 인류의 문명보다 높고 심원하다.)'라고 했으므로 정답은 B입니다.

82. '如果/地球上/曾经/存在过/超越/(当今人类文明的)史前文明 …, /在世界各地/都/应该/留下/(由此类文明/所创造的)城市遗迹 (만약 지구상의 일찍이 현재 인류의 문명을 초월한 선사 문명이 있었다면, 세계 각지에 그 문명이 창조한 도시의 유적들을 남겼을 것이다.)'라고 했으므로 정답은 C입니다.

83. '(…的)亚特兰提斯帝国/就其发展状况/只不过是/处于/奴隶制的/鼎盛时期/罢了 (아틀란티스제국의 발전상황은 단지 노예제의 전성기였을 뿐이었으며)'라고 하였으므로 정답은 C입니다.

84. '一个(…的)/古代文明/怎么可能/发展出/甚至/超越/现代文明的/科学技术呢？仅/凭一次岛屿/沉没/或是/一次/大规模火山爆发/怎么可能/就/能够/轻易/将/拥有/超越现代文明的/远古文明/彻底/毁灭呢？(…한 고대 문명이 어떻게 현대 문명의 과학기술을 초월할 정도로 발전했겠는가? 한 차례의 크고 작은 여러 섬들이 침몰 혹은 대규모의 화산 폭발에 의해 어떻게 그렇게 쉽게 현대문명을 초월한 상고문명을 철저하게 섬멸할 수 있겠는가?)'에서, 부정적인 뜻으로 반문하였으므로 정답은 B입니다.

[정답]　81. B　82. C　83. C　84. B

1회

第81-100题: 请选出正确答案。

81 - 84

你注意到了吗，向日葵的花盘总是跟着太阳转，好像对阳光有特别的感情似的。过去人们一直认为这是植物生长素在起作用，是生长素分布在花盘和茎部的背阳部分，促进那里的细胞分裂增长，而向阳面的生长相应地慢了，于是植株就弯曲起来，葵花的花盘就这样朝着太阳打转了。

然而，近年来植物生理学家发现,在葵花的花盘基部,向阳和背阳处的生长素分布基本相等.显而易见,葵花向阳就不是植物生长素在起作用了。那么，是什么原因使葵花向阳呢?有人做了实验，在温室里，用冷光(就是日光灯)代替太阳光模拟阳光方向对葵花花盘进行照射。尽管早晨从东方照来，傍晚从西方照来，葵花始终都没有转动。然而，用火盆代替太阳，并把火光遮挡起来，花盘就会一反常态，不分白天黑夜，也不管东西南北，一个劲儿朝着火盆转动。

由此可见,向日葵花盘的转动并不是由于光线的直接影响,而是由于阳光把向日葵花盘中的管状小花晒热了,基部的纤维会发生收缩,这一收缩就使花盘能主动转换方向来接受阳光.所以,向日葵还可以称作"向热葵"。

81. 植物学家发现，说明葵花向阳

 A. 与生长素无关   B. 与温度无关

 C. 与光线有关   D. 花盘大小有关

82. 实验表明，向日葵花盘转动主要与什么有关?

 A. 光线   B. 土壤   C. 纤维素   D. 热量

83. 关于向日葵下列哪项正确?

    A. 花盘中有管状小花   B. 在晚上开花

    C. 花盘有向阳的功能   D. 花盘大小跟温度有关

84. 最适合做上文的标题是:

    A. 向日葵   B. 向阳的花

    C. 阳光和温度   D. 神奇的植物

85 – 88

　　浅海区域，常常可以看到一些寄居蟹借居在空的螺壳内，壳上又生长着海葵的奇妙现象。这是因为海葵自己不能游走，追捕食物有困难，它附着在寄居蟹的壳上，随寄居蟹的活动，可以不费力气地东走西奔，寻找食物，同时，也可吃寄居蟹剩下的食物。例如章鱼的腕手很容易破门而入，将寄居蟹拉出来吃掉. 螺壳上有海葵，它就不怕了。海葵的触手像花瓣，生有许多装满毒汁的刺细胞，海洋中的动物对海葵都敬而远之，如别的动物碰着它，它会立即从刺细胞里射出刺丝蜇对方，使其麻痹，然后吃掉它。但海葵毒对寄居蟹不起作用，因为寄居蟹的血液中有抗毒物质。这样，章鱼等别的动物就不敢轻易地去攻击和伤害寄居蟹了。

　　生活在非洲尼罗河上游的尼罗鳄，经常出没水面，袭击鱼类和其他动物，但它对千鸟却十分友好。千鸟可以自由自在地在鳄的嘴里跳跃，啄食其牙缝中的残渣。有时候，尼罗鳄感到很舒服，竟然忘记了嘴中还有朋友，把嘴闭上了。这时，千鸟就急忙拍打翅膀，用羽毛上的棘刺，刺痛鳄的牙床，尼罗鳄便重新张开嘴巴，让千鸟饱食后赶快飞开。也有的时候，千鸟飞来，尼罗鳄正在熟睡，千鸟就用翅膀轻轻敲打它的嘴巴，鳄从梦中惊醒，便知道是朋友来了，立即张开嘴巴迎接，让千鸟为自己剔牙。

　　蚂蚁与蚜虫，这对动物气味相投，亲密无间。蚂蚁保护蚜虫，蚜虫供给蚂蚁"蜜汁"，成了蚂蚁的"乳牛"。蚜虫尾部排出的蜜汁有糖分，有蛋白质，还有糊精，营养成分很丰富，蚂蚁很喜欢吃。有时蚂蚁来了，用触角拍打着蚜虫的尾部，蚜虫立即翘起尾部，排泄出蜜汁来，让蚂蚁吃食。蚂蚁也帮了蚜虫许多大忙。到了严寒的冬天，便把黍根蚜虫的卵搬到自已的巢穴内过冬；天气转暖，它又把这些蚜虫卵搬出穴外，在太阳底下受日光浴。等黍根蚜虫的卵孵化成蚜虫以后，小黄蚁又把没有翅膀的蚜虫，运到野草或玉米根上去，正像人们把乳牛牵到青草地去一样。

85. 本文主要说明的是：
 A. 寄居蟹的故事
 B. 鳄鱼和水鸟
 C. 动物的共栖现象
 D. 动物的友好关系

86. 如果章鱼想要吃掉寄居蟹，那么：
 A. 寄居蟹不怕章鱼
 B. 海葵的触手会保护寄居蟹
 C. 章鱼会死掉
 D. 其他的动物都害怕寄居蟹

87. 如果鳄鱼正在睡觉，千鸟会：
 A. 扎鳄鱼的牙床
 B. 敲打鳄鱼的嘴
 C. 迎接鳄鱼
 D. 让鳄鱼给自己剔牙

88. 本文中，蚜虫如何帮助蚂蚁？
 A. 排粪便给蚂蚁
 B. 冬天给蚂蚁搬家
 C. 给蚂蚁孵化
 D. 供给蚂蚁"蜜汁"

89－92

蔚蓝色的海水里，一条美丽的"人鱼"在斑驳灯光的映照下穿梭游泳，时而拉住凶猛的黑鳍鲨的背鳍在珊瑚间穿行，时而攀着200多岁的大海龟向观众行礼，扮演美人鱼角色的这个女孩，就是北京太平洋海底世界的花样潜水演员刘晶。

在北京太平洋海底世界7米深的海水池里，今年还不满23岁的刘晶可是不折不扣的明星，许多观众到海底世界就是为了一睹

"美人鱼"的芳容。虽然知道刘晶从事这个特殊的职业已经有近两年的光景了，不过，当换上便装的刘晶坐在记者面前时还真是有些出人意料——刚刚与凶猛的鲨鱼在水下嬉戏的"美人鱼"，竟然是如此纤弱的一个女孩，安静而略带忧郁。

做"美人鱼"水性一定要好，从小学一年级就开始学习游泳的刘晶曾获得过北京市小学生50米蛙泳的第五名。不过，刘晶能够成为"美人鱼"可不是单纯因为水性好。能在海洋馆里进行花样潜水尤其是'美人鱼'表演的，全国不超过40个人。做'美人鱼'的条件甚至比当飞行员更难达到，除了要求表演者水性好外，更重要的一点是对动物要有爱心，否则即使水性再好，也难以和这些凶猛的冷血动物建立感情，也不会成为一条合格的'美人鱼'的。

刘晶就是一个天生喜欢动物的女孩，别看她娇柔的模样，除了猫、狗以外，就连小蛇、小蜥蜴这些冷血动物也是她屋里的常客，而养鱼更是她的最爱。每当鱼儿死掉时，刘晶除了落泪，还会将它们晒干，然后制成标本，等到想念它们的时候翻出来看看。虽然单位规定不允许"美人鱼"给鲨鱼喂食物，但刘晶为了培养和鲨鱼的感情，还是偷偷地满足馋嘴的鲨鱼朋友，不过为此还差点出大乱子。刘晶指着右手上的疤痕告诉记者，那次真的很危险，正当她在给小鲨鱼喂食时，一条"美国红"突然过来抢劫，结果把她的手咬破了，其实被'美国红'咬伤没什么事，可一旦让旁边的那十几条鲨鱼闻到血腥味可不得了，虽然是回忆，刘晶多少还是有些后怕。

这里最大的一条鲨鱼有3.6米长，比两个刘晶加起来还要大。与鲨共舞的危险她也承认。可当记者问她为什么要选择这个"危险职业"时，刘晶回答说："因为这不是别的女孩能做的！"

89. 根据这段文字，我们对北京太平洋海底世界可以知道什么？

    A. 深度　　　　　　B. 游客人数　　　　　　C. 规模　　　　　　D. 美人鱼的数量

90. 根据这段文字，刘晶换上便装时，刘晶怎么样？

    A. 活泼　　　　　　B. 美丽　　　　　　C. 平静　　　　　　D. 结实

91. 根据第四自然段，可以知道什么？

    A. 刘晶是鲨鱼饲养员　　　　　　B. 刘晶就喜欢养小动物

    C. 刘晶喜欢做动物标本　　　　　　D. 刘晶不喜欢流泪

92. 刘晶为什么选择这份工作?

A. 因为挑战性很强　　　　B. 和她专业有关

C. 因为喜欢游泳　　　　　D. 她热爱小动物

93 – 96

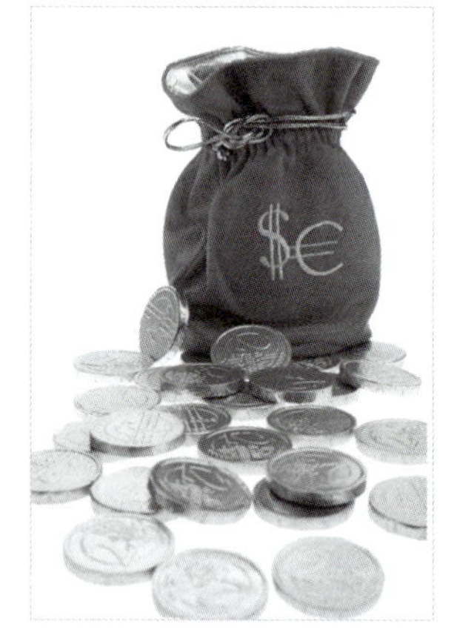

　　一个开罗人整天梦想着发财，一天夜里，他梦见神对他说："想发财，你就得去伊斯法罕，在那里能找到金币。""天哪!伊斯法罕远在波斯啊，必须穿越阿拉伯半岛，经波斯湾，再攀上扎格罗斯山，才能到达那山巅之城。可能还没到就客死他乡了。到底去不去呢?"开罗人想，"但是，如果不去，这辈子恐怕难以发财了。"最后他还是决定前行。

　　开罗人千里跋涉，历经了许多艰难险阻，风尘仆仆地到达了"山巅之城"伊斯法罕。但是结果令他大失所望，当地兵荒马乱，连他随身带的一点值钱的东西都被土匪抢走了。还是一位当地人救了他。"听口音，你不是本地人?" 救命恩人问他。"我从开罗来。"开罗人气息奄奄地说。"什么? 开罗? 你从那么远、那么富有的城市，到我们这鸟不生蛋的伊斯法罕来干什么?""因为我梦见神对我启示，到这里来可以找到成千上万的金币。" 开罗人坦白地说。

　　那人大笑了起来:"真是个笑话，我还经常做梦，我在开罗有个房子，后面有7棵无花果树和一个日晷，日晷旁边有个水池，池底藏着好多金币呢!回到开罗去吧，别做白日梦了。"

　　开罗人衣衫褴褛一无所有地回到了开罗，但是，没过多久，他就变成了开罗最有钱的人。因为那位伊斯法罕人所说的7棵无花果树和水池，正在他家的后院。而他在水池底下，真的挖出了成千上万的金币。

　　有人说，开罗人白去了一趟伊斯法罕，因为金币就在自己家后院。但是如果他没去伊斯法罕，也许永远不会知道这个结果。

93. 开罗人为什么不远万里去伊斯法罕?

    A. 他想去见神   B. 伊斯法罕很富有

    C. 他想发财   D. 他很喜欢那个地方

94. 伊斯法罕的情况是怎么样的?

    A. 一片富饶   B. 到处是神仙

    C. 在战争中   D. 是树林里的城市

95. 当地人认为开罗人的行为:

    A. 很值得学习   B. 很愚蠢

    C. 很有信念   D. 很聪明

96. 如果开罗人不去伊斯法罕, 他:

    A. 仍然可以找到金子   B. 会发财

    C. 不会知道自己家有金子   D. 会很成功

97 – 100

古代埃及是世界四大文明古国之一，埃及人很早就开始在尼罗河谷地的肥沃土地上种植大麦、小麦和亚麻等农作物，储备粮食。粮仓就像磁铁吸引铁屑一般吸引来无数的老鼠，老鼠又引来无数的猫。猫，这些捕食给人们劳动成果带来威胁的老鼠的动物，逐渐地开始接近人类。也许就是捕食老鼠的原因，猫不仅受到人们的珍爱，而且已经开始被当作神的化身来崇拜。不过这时的猫，可能还未被驯化为家猫。

虽然在5000年以前埃及人就开始驯养猫，不过还只限于农村各地。由于猫的捕鼠能力，而受到农民的保护和饲养，猫自身也大量繁殖起来。据推测，直至3500年之前，猫才被驯化为家猫。据现有的资料，还未见到比埃及更早的关于家猫的记载，所以世界上公认最早驯化家猫的是埃及。

虽然，在人类的长期驯化下猫才成为与人关系密切的家猫，但是家猫仍是一种独立性很强的动物。正如一些生物学家所指出：家猫并不是象其他家畜那样，一旦离开了人就很难再适应原有的外界生存环境，而需要过分地依赖人类生存和与人共命。猫只是在人类定居以后，才进入到人类生活之中并与人类共同分享劳动产品。它们独立生存的本能至今依然保留，一些原有的习惯，诸如夜行或漫游生活，现在依然未改。

97. 本文主要说明的是：

    A. 猫的驯化　　　　　　　　　　B. 埃及人的生活

    C. 猫的历史　　　　　　　　　　D. 家猫为什么受人喜爱

98. 埃及人对猫的态度是：

    A. 厌恶　　　　　B. 喜欢　　　　　C. 崇拜　　　　　D. 吸引

99. 如果家猫离开了人：

    A. 会不适应而死　　　　　　　　B. 会很痛苦

    C. 很难再适应　　　　　　　　　D. 能很好地适应新环境

100. 作者认为猫的性格特征是什么样的：

    A. 和人类共存　　　　　　　　　B. 很独立

    C. 很可爱　　　　　　　　　　　D. 很顽强

▶ 정답 & 해설 p. 593 – 597

2회

第81–100题：请选出正确答案。

81 - 84

关于百慕大三角洲，我们知道一个事实，有些人认为，也许是它造成了这个地区的导航问题---因为这是地球上少数几个磁北极和地理北极重合的地方。另一个类似的区域位于日本海岸外，那里也发生过船只神秘失踪的事件。

一项发现指出，百慕大三角洲上方磁气圈的变化速度，比地球上其他任何地方都要快。从这一点来看，百慕大三角洲不同于世界上的任何其他地方。一群丹麦科学家将自己的数据与20年前美国磁场卫星取得的数据进行了比较。这是他们第一次专门研究百慕大三角洲地区，并取得了惊人的结果。他们说："我们比较了卫星所取得的磁场资料。它们显示，在过去的20年中，百慕大地区的磁场减弱了大约6％。"

百慕大三角洲磁场减弱的速度，比世界上其他任何地方都要快。这是一项重要发现。但20年来，到底是什么导致了这些改变？科学家推测，磁场的改变可能来自一阵强烈的乱流，就像一场暴风雨。它起源于地核中的液态铁，就位于百慕大三角洲的正下方。

81. 本文中，百慕大是一个什么样的地方？

    A. 很平静的地方   B. 飞机起飞的地方

    C. 船失踪的地方   D. 地理南北磁极重合的地方

82. 科学家发现百慕大上方变化很快的是：

    A. 气体温度   B. 磁气圈   C. 飞机速度   D. 风力减弱

83. 科学家发射的卫星得到的数据说明：

    A. 磁气圈变小   B. 磁气圈变大

    C. 磁场减弱   D. 磁场增强

84. 根据本文，百慕大三角洲的变化可能是因为；

    A. 人为的原因   B. 动物的破坏

    C. 磁场的变化   D. 地核中物质的变化

85 – 88

勤奋出真知。勤奋是你走向成功的一把钥匙，趋向于成功之门；勤奋是你挥笔成章的桥梁，迈步于文海之中；勤奋是你实现理想的金箍棒铸就新的辉煌。爱因斯坦曾云："天才=1%灵感+99%勤奋。"因此，勤奋是我们学习的基础。

古时候，有位学士因家境贫寒，买不起煤油灯，他只能在白天刻苦读书，他读书专心致志，后来他用刀在墙上凿了一个洞，灯光从洞口穿进，他便昼夜不停地读书，后来，他终于小学有所成，他就是成语"凿壁借光"的主人公 … 匡衡，这足以说明勤奋可以铸就人才，勤奋可以实现理想。

勤奋可以铸就人才，反之亦可浪费人才。在我的记忆中，我有一位同学智力可谓出类拔萃，他脑筋动得很灵活，想方法很全面,同学们一致认为他是"天才"，但他却没有把握自己，整天沉迷于游戏，玩耍，久而久之，他变的不是那么联合灵活了，惜其智利而不终也.是故，光有天资，不勤奋也只是浪得虚名,最终一无所成。

勤奋是无法用语言去描述的，它是实际行动的表现。"**黑发不知勤学早,白首方悔读书迟**。"不勤奋的人，他就会一无所成。因此，勤奋是迈向成才的第一步。勤奋的力量比天高。比海深，比地大。一个懂得勤奋的人，就是体会了人生的哲理,因为勤奋可以铸就人才，勤是刻苦，是奋斗，勤奋融入了智慧，鞭达了理想，为下一个目标去努力,勤奋充分发扬了中华美德，同时更编写了辉煌的成就，在学习生涯中，勤奋是你的左右手，拥有勤奋便会手到擒来……

85. 第一段用了什么修辞手法？

    A. 比喻   B. 拟人   C. 排比   D. 比喻和排比

86. 匡衡为什么要在墙上凿一个洞？

    A. 节省油灯   B. 墙壁坏了   C. 为了读书   D. 觉得有意思

87. 为什么不勤奋也可以浪费人才？

    A. 因为勤奋是学习的基础   B. 不聪明的人在勤奋也没用

    C. 勤奋因人而异   D. 不认真学习，最终反而一事无成

88. 与第4段中画线句子意思指的是：

    A. 黑天白天都要认真读书

    B. 趁年轻好好读书，不要年老后后悔

    C. 不管年龄大小，都要读书

    D. 年轻时不努力挣钱, 老的时候就悲伤了

89-92

    中懒猴分布于中国云南东南部、越南北部等地。这些地方生长着世界最北缘的热带雨林，是它理想的栖息环境。它属于典型的热带雨林中的树栖动物，很少下到地面上活动。它昼伏夜出，性情孤僻，胆怯怕人，白天蜷缩成球状，在树洞里、树枝桠上或其他隐蔽的地方抱头而眠，夜里才出来觅食，行动时缓慢无声，所以有的地方又叫它"怕羞猫"。

    中懒猴在捕食的时候不仅要靠视觉和嗅觉，还依靠十分敏锐的听觉，这一点在夜行性动物中显得极为重要。事实上，它在捕猎的过程中常常是先通过声音寻觅到昆虫、小鸟、鼠类、青蛙、蜗牛等猎物的，能够表现出极高的准确性，很少扑空。通常是先警惕地巡视四周，发现目标后就暗暗地接近，然后出其不意地用前肢出击，将猎物抓住。进食的时候，主要采取坐姿或爬站在树枝上，用手抓握食物缓慢地放进口中嚼食，从来没有狼吞虎咽的现象。有时还会用两条后肢攀在树枝上，用手抓住下面的

果实倒吊着进食。在中懒猴一天的食量中，动物性食物所占比例从10%到85%不等，这说明它虽然食性广泛，但似乎更喜欢食肉，每夜要花大量的时间去猎取动物，同时再取食一些爱吃的果实。

虽然中懒猴看上去总是神情倦怠、动作迟缓，但却有很强的攀援能力，其拇指与食指可以呈180度角，十分灵活，因而具有独特的抓握能力，能够在细小的树枝间穿行往来，也常常依靠这种本领来躲避危险。

89. 根据本文，中懒猴是一种：

A. 地面活动动物   B. 树栖动物

C. 猫科动物   D. 体形很大的动物

90. 本文告诉我们，中懒猴最先通过什么寻找食物？

A. 听觉   B. 视觉   C. 嗅觉   D. 味觉

91. 中懒猴进食的时候：

A. 狼吞虎咽   B. 缓慢地吃

C. 比较喜欢植物类   D. 在地上进食

92. 根据本文可以知道中懒猴：

A. 不善于爬树   B. 善于攀爬

C. 非常苯   D. 平时动作很灵活

93-96

很久以前，有一位年老的国王，他决定不久后就将王位传给三个儿子中的一个。一天国王把三个儿子叫到跟前说："我老了，决定把王位传给你们三兄弟中的一个，但你们三个都要到外面去游历一年。一年后回来告诉我，你们在这一年内所做过的最高尚的事情。只有那个真正做过高尚事情的人，才能继承我的王位。"

一年后，三个儿子回到了国王跟前，告诉国王自己这一年来在外面的收获。大儿

子先说：“我在游历期间，曾经遇到一个陌生人，他十分信任我，托我把他的一袋金币交给他住在另一镇上的儿子，当我游历到那个镇上时，我把金币原封不动地交给了他的儿子。” 国王说：“你做得很对，但诚实是你做人应有的品德，不能称得上是高尚的事情。”

二儿子接着说：“我旅行到一个村庄，刚好碰上一伙强盗打劫，我冲上去帮村民们赶走了强盗，保护了他们的财产。” 国王说：“你做得很好，但救人是你的责任，还称不上是高尚的事情。”

三儿子迟疑地说：“我有一个仇人，他千方百计地想陷害我，有好几次，我差点就死在他的手上。在我的旅行中，有一个夜晚，我独自骑马走在悬崖边，发现我的仇人正睡在一棵大树下，我只要轻轻地一推，他就掉下悬崖摔死了。但我没有这样做，而是叫醒了他，告诉他睡在这里很危险，并劝告他继续赶路。后来，当我下马准备过一条河时，一只老虎突然从旁边的树林里蹿出来，扑向我，正在我绝望时，我的仇人从后面赶过来，他一刀就结果了老虎的命。我问他为什么要救我的命，他说‘是你救我在先，你的仁爱化解了我的仇恨。’这……这实在是不算做了什么大事。”

“不，孩子，能帮助自己的仇人，是一件高尚而神圣的事，” 国王严肃地说：“来，孩子你做了一件高尚的事，从今天起，我就把王位传给你。”

93.　国王的大儿子所具有的品德是：

A. 高尚　　　　　B. 诚实　　　　　C. 勇敢　　　　　D. 有责任心

94.　当强盗来打劫的时候，国王的二儿子：

A. 保护了村民的财产　　　　　B. 杀死了强盗

C. 侵吞了财产　　　　　D. 帮助了强盗

95.　国王的三儿子的仇人为什么会救他？

A. 是他先救了那个仇人　　　　　B. 是因为他很喜欢国王的三儿子

C. 因为仇人良心发现　　　　　D. 他们本来是好朋友

96. 国王为什么要把皇位传给三儿子:

A. 他很诚实　　　　　　　　B. 帮助仇人是高尚的

C. 他的儿子很有才华　　　　D. 最喜欢三儿子

97 – 100

　　据英国广播公司19日报道，由美国和俄罗斯科学家组成的一个研究小组，最近发现了几种"特殊材料制成"的细菌。他们发现，这些细菌在人体能够承受辐射极限几千倍的辐射下仍然能够成活，因此他们认为，这些稀有的特殊细菌内部已经形成了某种可以抵御超强辐射并且可以保持水分的功能。

　　科学家们不相信任何地球上起源的生命可以演化出这些特异功能，因为有证据显示，在过去40多亿年中，地球上的辐射强度变化不大，所以他们认为，这些超级细菌可能源自火星，搭乘陨石来到地球，并最终成为地球上最早的简单生命。他们的研究成果将发表在最新一期《星际生物学》杂志上。

　　不过，也有许多学者对此提出了质疑。一些学者指出，这些超级细菌的DNA与普通细菌相差无几。还有一些科学家们指出，在地球上已被发现的数万枚陨石中，只有20多枚来自火星，即便火星上有这些超级细菌，它们搭乘陨石从火星到地球的可能性不大。

　　火星被其他天体碰撞后，它表面的一些物质被撞到太空中最终落到地球上就形成了来自火星的陨石。在太阳系形成的早期，经常出现小天体碰撞大行星的现象。

97. 根据本文，科学家发现的特殊细菌最大的特征是什么:

A. 寿命很长　　　　　　　　B. 生存能力很差

C. 能抵抗很强的辐射　　　　D. 不能抵抗辐射

98. 科学家们为什么认为这种生命不是来自地球?

A. 地球辐射强度变化不大　　B. 火星辐射很大

C. 地球的辐射很弱　　　　　D. 火星的外星人光临了地球

99.　目前地球上的陨石有多少来自火星？

A. 没有　　　　　B. 400多个　　　　　C. 数万个　　　　　D. 20多个

100.　在太阳系形成初，经常有：

A. 小天体碰撞大行星　　　　　　　　B. 火星石头光临地球

C. 超级细菌光临地球　　　　　　　　D. 火星的陨石被地球碰撞

제 4 단원

쓰기 부분

쓰기부분은 '요약하기(缩写)'에 관한 문제입니다.

요약하는 방법은 '1000자 원문을 읽은 후, 원문을 보지 않고,
500자 원고지에 35분 동안 제목이 있는 400자 요약하는 것'이므로
올바른 원고지 사용법과 문장부호 쓰기 능력까지 고루 갖추어야
고득점을 받을 수 있습니다.

또한 '쓰기부분 고득점 = 新HSK 6급 시험 고득점'이라고 할 정도로
이 부분은 매우 큰 비중을 차지하므로
6급을 준비하는 수험생들께서는 너무 조급해하지 말고,
처음부터 체계적으로 단계별로 정리를 해나가도록 해야 합니다.

유형별 문제풀이 집중공략

● 기본기 다지기
원고지의 올바른 사용법 / 문장부호의 올바른 사용법

1주차_ 유형별 문제풀이 집중공략
· 新HSK문제 유형분석
*실력다지기 실전문제

3주차_ 최종점검하기
· 新HSK문제 유형분석
*실력다지기 실전문제

쓰기부분은 '요약하기(缩写)'에 관한 문제입니다. 요약하기는 '1000자 원문을 읽은 후, 원문을 보지 않고, 500자 원고지에 35분 동안 제목이 있는 400자 요약하기'이므로, 올바른 원고지 사용법과 문장부호 쓰기 능력까지 고루 갖추어야 고득점을 받을 수 있습니다.

다음은 원고지와 문장부호의 올바른 사용법입니다.

1. 원고지 사용법 익히기

실제 시험에서 400자 요약하기 내용은 답안지 안에 있는 500자 원고지에 써서 제출해야 합니다. 요약하기에서의 원고지 사용법은 보통 작문할 때의 원고지 사용법과는 약간 차이가 있으므로 시험 보기 전에 반드시 정확한 원고지 사용법을 익혀야 합니다.

원고지 사용법의 핵심 포인트는 다음과 같습니다.

공략1. 제목은 가운데 부분에 쓴다.

						传	播	快	乐										

공략2. 본문 내용은 둘 째 줄의 세 번째 칸부터 쓴다.

본문 내용은 둘 째 줄에서 맨 앞의 두 칸을 띄우고 세 번째 칸에서부터 써야 합니다.

						传	播	快	乐										
		周	日	下	午	，	大	家	很	不	情	愿	地	被	经	理	叫	到	酒
店	陪	客	户	应	酬	。	吃	饭	的	时	侯	，	气	氛	很	紧	张	，	客

공략3. **새로 시작되는 단락마다 줄을 바꾸어 그 다음 줄의 세 번째 칸부터 쓴다.**

내용이 바뀌는 각 단락마다 줄을 바꾸어 그 다음 줄에서 앞의 두 칸을 띄우고, 세 번째 칸부터 다시 쓰기 시작합니다.

他	笑	得	很	开	心	。	酒	桌	上	的	气	氛	开	始	活	跃	起	来	，
距	离	感	消	失	了	，	这	顿	饭	吃	得	很	成	功	。				
		几	天	后	，	公	司	和	这	位	顾	客	签	了	一	份	很	大	的
合	同	。	在	欢	送	会	上	，	客	户	和	我	们	热	情	地	聊	天	。

공략4. **중국어에는 띄어쓰기가 없다.**

중국어에는 띄어쓰기가 없으므로 낱말과 낱말, 낱말과 문장부호는 모두 붙여 쓰고 띄어 쓰지 말아야 합니다.

잘못된 예

这	里	是	公	司	的	私	家	花	园	，		只	有	员	工	可	近	来	。
"	我	就	是	这	家	公	司	的	员	工	。 "		老	人	打	了	个	电	话

올바른 예

这	里	是	公	司	的	私	家	花	园	，	只	有	员	工	可	近	来	。	她
"	我	就	是	这	家	公	司	的	员	工	。 "	老	人	打	了	个	电	话	。

공략5. **문장부호는 글자 1개와 같다.**

문장부호 역시 글자 수에 포함되므로 한 칸에 하나씩 씁니다.

那	天	记	者	问	他	如	何	克	服	困	难	，	取	得	好	成	绩	，	首
先	向	谁	表	示	感	谢	。												

공략6. 직접화법과 문장 맨 끝에 원고지 칸이 없을 때는 예외이다. ★

① 직접화법을 쓰는 경우에는 앞의 클론(:)과 인용부호("), 그리고 뒤의 문장부호(。/ ! / ?)
와 인용부호(")는 한 칸에 같이 써야 합니다.

他	竟	然	回	答	说	:"	我	要	感	谢	两	棵	树	。"					

② 문장 맨 끝에 원고지 칸이 없는 경우 맨 마지막 글자 옆에 문장부호를 함께 쓰고, 원고
지 밖에는 쓰지 않습니다.

可	很	多	店	主	都	把	他	赶	出	店	门	。							
		天	快	黑	时	，	有	一	个	店	主	热	情	地	接	待	了	男	孩,

공략7. 원고지 맨 앞 또는 맨 뒤 칸에는 쓸 수 없는 문장부호도 있다.

① 문장부호 중에서 " "와《 》를 제외한 나머지 문장부호는 맨 앞에 쓸 수 없습니다.

잘못된 예

	我	的	母	亲	说	外	公	以	前	曾	偷	过	的	人	家	的	东	西
。																		

올바른 예

	我	的	母	亲	说	外	公	以	前	曾	偷	过	的	人	家	的	东	西。
" 我	被	你	看	见	了	。"												
《我	和	她 》																

②" "와《 》는 원고지 맨 끝 칸에 단독으로 사용할 수 없습니다.

잘못된 예

															"
我	被	你	看	见	了	。	"								
															《

| 我 | 和 | 她 | 》 | | | | | | | | | | | | | | | | |

																			"我
被	你	看	见	了	。"														
																			《我
和	她	》																	

공략8. 破折号와 省略号는 두 칸에 이어서 길게 표기한다.

앞 문장의 내용을 부연설명 할 때 쓰는 '破折号'는 중간에 끊지 않고 두 칸에 길게 이어서 쓰고, '省略号'는 한 칸에 점 3개씩 나누어 씁니다.

| 然 | 后 | 在 | 挑 | 选 | 颜 | 色 | 淡 | 的 | 种 | 子 | 栽 | 种 | … | … | 年 | 复 | 一 | 年 | |
| " | 这 | 三 | 样 | 东 | 西 | 面 | 临 | 同 | 样 | 的 | 逆 | 境 | —— | | 开 | 水 | ， | 但 | 是 |

공략9. 알파벳 대문자와 문장부호는 한 칸에 하나씩 쓴다.

'A, B, C, D, E'와 같은 알파벳 대문자와 문장부호는 한 글자로 인정하여 한 칸에 하나씩 씁니다.

| | K | O | R | E | A | | | | | | | | | | | | | | |

공략10. 아라비아 숫자와 알파벳 소문자는 한 칸에 두 글자씩 쓴다.

'1, 2, 3, 4, 5, 6'과 같은 아라비아 숫자와 'a, b, c, d, e'와 같은 알파벳 소문자는 한 칸에 두 글자씩 씁니다.

| | 12 | 34 | 56 | 78 | | | | | | | | | | | | | | | |
| | ab | cd | ef | gh | | | | | | | | | | | | | | | |

공략11. **연도에 해당하는 아라비아 숫자는 한자(汉字)로 쓰지 않아도 상관없다.**

'2011年3月12日'처럼 연도에 해당하는 아라비아 숫자는 한자로 쓰지 않고, 숫자 그대로 써도 됩니다.

2	0	0	7	年	1	2	月	2	5	日						
2	0	1	1	年	3		月	2		日						

2. 문장 부호 익히기

원고지에 글을 쓸 때 문장부호는 보통 하나의 글자처럼 취급을 하기 때문에, 문장부호 역시 글자의 한 종류라고 생각하면 됩니다. 문장부호를 적절히 사용할 줄 아는 것은 요약하기의 기본이라고 할 수 있습니다. 평소에 자주 쓰이는 문장부호는 그 쓰임과 위치를 정확히 파악하여, 실제 시험에서 초보적인 실수를 하지 말아야 하겠습니다.

〈기본적인 문장부호에 관한 정리〉

문장 부호	명칭	의미	주의 사항	위치
。	句 号 (마침표)	진술문(陈述句)이 **끝난 후 휴지(休止)를 표시 함**	다른 언어는 '.'을 쓰지만 중국어는 '。'를 씀	**진술문의 문장 맨 끝** [한 문장은 완전한 의미를 나타낼 수 있어야 함]
,	逗 号 (쉼표, 콤마)	문장 중간에 휴지를 표시 함	','와 '。' // ','와 '、'를 잘 구분해서 써야 함	문장 중간

잘못된 예

小	王	会	说	汉	语	。	也	会	说	日	语	。			
因	为	,	她	有	了	很	多	新	朋	友	,	所	以	感	到	很	高	兴	。

올바른 예

小	王	会	说	汉	语	,	也	会	说	日	语	。			
因	为	她	有	了	很	多	新	朋	友	,	所	以	感	到	很	高	兴	。

→ '因为……, 所以……'는 관용적인 형태이므로, '因为'와 같은 접속사 뒤에는 보통쉼표를 쓰지 않습니다.

문장 부호	명칭	의미	주의 사항	위치
、	顿 号 (모점)	문장 중에서 **열거하는 단어와 단어 사이**의 휴지를 표시 함	병렬로 말할 때 휴지가 필요하지 않은 곳은 顿号를 쓰지 않음	**열거하는 단어와 단어 사이**

这	次	英	语	考	试	，	我	一	定	要	争	取	八	、	九	十	分	。	
兰	兰	是	一	个	漂	亮	，	聪	明	，	开	朗	的	姑	娘	。			

这	次	英	语	考	试	，	我	一	定	要	争	取	八	九	十	分	。	

→ 숫자를 연이어 쓸 때에는 모점을 쓰지 않습니다.

兰	兰	是	一	个	漂	亮	、	聪	明	、	开	朗	的	姑	娘	。	

문장 부호	명칭	의미	위치
?	问 号 (물음표)	의문문에서 문장이 끝났음을 표시함	**의문문의 문장 맨 끝**
!	感叹 号 (느낌표)	감탄문에서 휴지를 표시함	**감탄문의 문장 맨 끝**

请	问	，	动	物	园	怎	么	走	？						
这	里	的	风	景	多	美	丽	啊	！						

쓰기
부분

문장 부호	명칭	의미	주의 사항	위치
" "	引 号 (큰 따옴표)	문장 중에서 **다른 사람의 말을 인용**하는 경우에 씀 (1) **일반적으로 모두 큰 따옴표를 사용함.**	인용부호 안의 말은 원래 모양 그대로 쓰며, 형태를 바꾸어서는 안 됨.	문장 안에서 씀
' '	引 号 (작은 따옴표)	(2) **인용문 안에서 다시 인용을 하는 경우에는 작은 따옴표를 사용함.** (강조, 부정, 풍자 등)		

잘못된 예

金	老	师	对	我	说	"	只	要	你	坚	持	练	习	写	，	就	会	写	出	好
文	章	。		"	天	下	无	难	事	，	只	怕	有	心	人	"	。	"		

올바른 예

金	老	师	对	我	说	：	"	只	要	你	坚	持	练	习	写	，	就	会	写	出
好	文	章	。		'	天	下	无	难	事	，	只	怕	有	心	人	'	。	"	

문장 부호	명칭	의미	주의 사항	위치
；	分 号 (반 구절 점, 쌍반점, 세미콜론)	문장을 일단 끊었다가 다시 추가로 설명을 계속하여 덧붙이는 것을 나타냄. [문장에서 병렬로 나뉜 구문과 구문 사이에서 휴지를 나타냄]	① 문장에서 병렬이 아닌 문장 중간의 휴지에는 반구절점을 쓰면 안 되고, 쉼표를 써야 함. ② 두 문장은 완전한 문장이어야 함	문장 안에서 씀
：	冒 号 (쌍점, 콜론)	질문, 질문에 대답하는 내용을 직접 인용하는 경우 또는 부연설명을 하는 경우에 씀		

잘못된 예

我	问	了	旁	边	走	路	的	人	；	才	明	白	了	这	到	底	怎	么	回

星	期	天	，	天	气	好	，	我	们	出	去	玩	，	天	气	不	好	，	我
们	就	留	在	家	看	电	视	。											

老	师	问	"	放	了	假	，	你	们	要	做	什	么	呀	？	"			

올바른 예

我	问	了	旁	边	走	路	的	人	，	才	明	白	了	这	到	底	怎	么	回

→ 앞 뒤 절의 내용이 하나로 이어지는 경우에는 쉼표를 써야 합니다.

星	期	天	，	天	气	好	，	我	们	出	去	玩	；	天	气	不	好	，	我
们	就	留	在	家	看	电	视	。											

→ 앞 뒤 절이 병렬로 이어지는 경우에는 쉼표를 쓰지 않고, 반구절점(；)을 써야 합니다.

| 老 | 师 | 问 | ： | “ | 放 | 了 | 假 | ， | | 你 | 们 | 要 | 做 | 什 | 么 | 呀 | ？” | | | |

→ 직접 상대방에게 물어보는 경우 쌍점(:)과 인용부호(“), 뒤쪽의 문장부호(?)와 인용부호(”)를 한 칸에 함께 써야 합니다.

문장 부호	명칭	의미	주의 사항	위치
……	省略号 (줄임표, 생략표)	문장 안에서 같은 종류의 사물을 생략하는 것을 나타냄	‘等’과 생략 부호는 함께 쓸 수 없음.	문장 중간 또는 맨 끝
——	破折号	앞의 문장 바로 뒤에서 의미를 전환하거나, 부연 설명을 하는 것을 나타냄		문장 안에서 씀

잘못된 예

| 桌 | 子 | 上 | 放 | 着 | 书 | 、 | | 本 | 子 | 、 | | 杂 | 志 | 等 | … | … | 。 | | | |

올바른 예

| 桌 | 子 | 上 | 放 | 着 | 书 | 、 | | 本 | 子 | 、 | | 杂 | 志 | 等 | 。 | | | | | |

| 桌 | 子 | 上 | 放 | 着 | 书 | 、 | | 本 | 子 | 、 | | 杂 | 志 | … | … | 。 | | | | |

→ ‘等’과 ‘……’는 둘 중 하나만 써야 합니다.

| 她 | 除 | 了 | 做 | 家 | 务 | 外 | ， | | 还 | 得 | 照 | 顾 | 多 | 病 | 的 | 老 | 伴 | —— | 我。 |

문장 부호	명칭	의미	위치
〈 〉	书名号 (큰 묶음표, 큰 괄호)	문장 중에서 책 제목, 영화제목, 문장제목 등을 나타냄	문장 맨 처음 또는 중간
( )	括号 (작은 괄호)	문장 중의 주석(注释)부분을 나타냄	부연 설명하려는 단어 바로 뒤

올바른 예

| 《 | 太 | 阳 | 有 | 耳 | 》 | 是 | 一 | 部 | 反 | 映 | 20 | 年 | 代 | 中 | 国 | 妇 | 女 | 社 | 会 |
| 地 | 位 | 的 | 影 | 片 | 。 | | | | | | | | | | | | | | |

| 我 | 写 | 的 | 小 | 说 | 就 | 登 | 在 | 《 | 人 | 民 | 日 | 报 | 》 | 上 | 。 | | | | |

| 今 | 天 | 组 | 织 | 三 | 年 | 级 | (2 | 03 | 班 | 除 | 外) | 去 | 参 | 观 | 长 | 城 | 。 | | |

문장 부호	명칭	의미	위치
·	着重号 (강조점)	문장 중에서 강조하는 부분을 나타냄	강조하는 낱말 위쪽이나 아래쪽
·	间隔号 (가운데 점, 중점)	'월과 날짜 사이', '민족이름의 구분', '외국사람의 성과 이름의 구분' 등을 나타냄	월과 날짜 사이, 소수민족 이름, 외국인 이름의 중간
—	连接号 (하이픈)	시간, 지점, 숫자 등의 시작과 끝을 나타냄	장소와 장소 사이 숫자와 숫자 사이

올바른 예

| 他 | 这 | 个 | 人 | 正 | 在 | 对 | 着 | 我 | 笑 | 。 | | | | | | | | |

| 他 | 参 | 加 | 过 | 五 | · | 四 | 运 | 动 | 。 | | | | | | | | | |

| 温 | 度 | 3 | ℃ | — | 7 | ℃ | | | | | | | | | | | | |

쓰기부분은 '요약하기(縮寫)'에 관한 문제입니다. 요약하기는 '1000자 원문을 읽은 후, 원문을 보지 않고, 500자 원고지에 35분 동안 제목이 있는 400자 요약하기'이므로, 올바른 원고지 사용법과 문장부호 쓰기 능력까지 고루 갖추어야 고득점을 받을 수 있습니다.

그러나 요약하기를 처음 공부하는 수험생이라면 처음부터 보지 않고 쓰기가 쉽지 않습니다. 따라서 1주차 금요일에는 서술문을 읽고 난 다음 원문을 보고서 중심내용을 정확하게 요약하는 연습을 위주로 학습하고, 3주차 금요일에서는 실제시험과 똑같이 원문을 보지 않고 요약하는 학습을 하겠습니다.

1. "요약하기"란 무엇인가?

우리가 긴 문장을 읽을 때 핵심내용만 간추려서 읽으면 내용을 더 쉽고 정확하게 이해힐 수 있고, 작가가 말하고자 하는 주제를 한 눈에 파악할 수 있으며, 글의 내용도 오랫동안 기억할 수 있습니다. 요약이란 '글을 읽는 사람이 글의 중심생각과 흐름을 정확히 파악해서, 같은 내용으로 다시 짧고 명확하게 재구성해서 하나의 자연스러운 완전한 이야기를 만들어 내는 것'이라고 할 수 있습니다.

400자로 요약하기에는 맨 앞 쪽의 화제제시 부분과 맨 뒤 쪽의 주제문에 해당하는 부분은 반드시 요약하기에 들어가야 하고, 그렇지 않으면 가장 큰 감점요인이 됩니다. 중점적으로 요약을 해야 하는 부분은 이야기를 전개하는 중간부분이라고 할 수 있습니다.

글을 재구성 할 때에는 글에 나타난 중심생각을 기준으로 "무엇이 어떠하다"와 같이 주어와 서술어가 있는 완전한 문장으로 쓰되, 구체적인 단어를 사용해야합니다. 또한 없는 내용을 보태어 쓰거나 자신의 주관적인 생각이 들어가면 절대 안 되고, 반드시 객관적으로 같은 내용으로 서술해야 하며, 문단마다 흐름이 자연스럽게 연결되어, 하나의 완전한 문장이 되어야 합니다.

쓰기
부분

2. 가장 완벽한 요약하기 학습전략

전략1. 독해하기

주어진 10분 동안 문장을 읽을 때에는 우선 요약하고자 하는 글이 전체 몇 개의 단락으로 구성되어 있는지 보고 나서, 각 단락마다 작가가 말하고자 하는 중심내용을 파악해야 합니다. 특히 이때 맨 앞 쪽의 화제제시부분과 맨 뒤 쪽의 주제문을 반드시 정확하게 숙지해야 합니다.

전략2. 삭제하기

각 단락마다 중심내용과 중심내용이 아닌 부분을 분류해야 합니다.'인용문','예문', '수식어','비유' 등은 불필요한 부분에 해당하므로 과감히 삭제합니다.

전략3. 일반화하기

① 반복해서 사용되는 구절 또는 비슷한 내용이 계속 되풀이 되는 경우에는 그 내용을 포괄할 수 있는 구절이나 단어로 전부 바꾸어 줍니다.
② 상징적인 뜻과 같이 불분명한 추상적인 표현은 분명하고 구체적인 표현으로 바꾸어 씁니다.

전략4. 재구성하기

① 각 단락의 중심내용을 간추립니다. 이때 각각의 중심 내용 중에서 전체 주제문에 해당하는 문장을 정확하게 파악합니다.
② 문장을 차례대로 흐름에 맞게 재구성하고, 화제제시와 주제문은 반드시 요약하기 문장에 포함시킵니다.
③ 글의 전체 주제문이 본문에 직접 쓰여 있는 경우에는 그대로 인용해서 쓰고, 주제문에 해당하는 표현이 본문에 분명히 나와 있지 않을 때에는, 내용이 바뀌지 않는 범위 안에서 문맥에 맞게 주제문을 다시 만들어서 요약하기 내용에 포함시킵니다.

3. "요약하기"할 때의 유의 사항

1. "요약하기"는 "작문"과 전혀 다른 영역이라는 것을 알아야 한다.

구(舊)HSK 시험의 작문영역은 우선 자신이 말하고자 하는 주관적인 견해나 주상이 들어가야 하고, 문맥에 어울리는 난이도가 비교적 높은 세련된 단어나 사자성어를 많이 섞어서 쓸 수 록 높은 점수를 받을 수 있었습니다.

그러나 신(新)HSK의 요약하기는 말 그대로 1000자로 된 긴 글의 내용을 군더더기 없는 400자로 된 깔끔한 문장으로 요점정리를 해서, 글에서 말하고자 하는 중심내용을 읽는 사람이 한 눈에 알 수 있도록 하는 것을 목표로 하는 부분입니다.

따라서 굳이 1000자 본문에 나와 있지도 않는 지나치게 어려운 단어나 사자성어를 쓸 필요가 없으며, 오히려 본문의 어려운 단어는 같은 의미의 쉬운 단어로 바꾸어 써서, 상대방에게 글에서 말하고자 하는 내용을 쉽고 분명하게 전달하는 것이 고득점을 받을 수 있는 비결입니다.

2. 제목은 반드시 써야하고, 쉽고 간결해야 된다.

400자 요약하기를 작성할 때에는 반드시 제목을 써야 합니다. 가장 좋은 제목은 글 전체에서 핵심이 되는 단어나 구를 사용하여 중심내용 즉 주제가 나타나도록 쓰는 것입니다. 따라서 요약하기에서 글의 내용과 관련이 없는 제목으로 쓰지 말아야 합니다.

제목은 간단명료하게 압축해서 표현하여야 합니다. 제목에 중심 내용이 들어가야 한다고 해서 지나치게 설명을 하여 제목이 길어지면 좋은 제목이라고 할 수 없습니다. 또 제목에 쓰인 단어가 너무 어렵거나 구조가 복잡하면 글을 읽는 사람의 입장에서 주제를 한눈에 파악하기가 어렵기 때문에 실제시험에서는 감점요인이 될 수도 있습니다.

3. 자기 마음대로 내용을 바꾸거나 본문에 없는 내용을 보태지 않는다.

요약문은 글의 중심 내용을 간단명료하면서 충실하게 담고 있어야 하고, 절대로 자신의 주관적인 생각이 들어가서는 안 됩니다.

4. 글의 순서는 되도록이면 바꾸지 않는다.

"글의 문단의 순서 = 작가의 생각의 흐름"이라고 할 수 있습니다. 순서를 바꾸게 되면 글의 논리적인 흐름을 제대로 파악할 수 없게 됩니다.

5. 기본적으로 500자 원고지 밖에 글씨를 쓰면 안 된다.

'400자 징도의 글로 요약하기'이므로, 보통 '400자~450'자 정도로 요약하는 것이 가장 바람직하지만, 450자가 넘어도 상관은 없습니다. 그러나 400자 이하로 글을 너무 짧게 줄여 쓰거나, 500자 이상 글을 써서 원고지 밖에 글씨를 쓰는 경우는 감점처리 됩니다. 또한 문장부호도 글자에 속하므로, 원고지 밖에는 표기하지 않도록 해야 하며, 앞의 〈기본기 익히기〉의 '원고지 사용법'에 근거해서 정확하게 표기해야 합니다.

6. 직접화법과 간접화법을 적절히 사용한다.

요약하기는 말 그대로 긴 문장을 핵심 요지가 들어가 있는 짧은 문장으로 요약하는 것이므로, 반드시 직접화법을 모두 간접화법으로 바꾸어야 하는 것은 아니라, 문맥에 따라 두 가지를 적절히 사용하는 것이 가장 좋습니다.

① 직접화법과 간접화법의 정의

직접화법이란 小王问：“妈妈上午上哪儿去啊？”처럼 남의 말을 그대로 인용하거나, 직접 그 사람의 말을 그대로 되풀이하는 화법 즉 “ ”속에 있는 말을 말하고, 간접화법이란 小王问妈妈上午上哪儿去。처럼 남의 말을 전할 때 그 말을 원형 그대로 전하지 않고 뜻을 풀어 자기 말로 해서 전하는 화법을 말합니다.

② 간섭화법의 장점

요약하기에 제시되는 글은 스토리가 있는 1000자 서술문이기 때문에 내용에서 직접화법이 비교적 많이 나옵니다. 이러한 간접화법은 짧은 여러 개의 직접화법을 간략하게 요약함으로써 상대방에게 말하고자하는 내용을 간단명료하게 알려줄 수 있다는 장점이 있습니다.

③ 요약하기에서는 직접화법을 쓴다고 해서 감점이 되는 것은 아닙니다.

간접화법이 간단명료하게 서술할 수 있는 장점이 있다고 해서 요약하기에 나오는 직접화법을 반드시 모두 간접화법으로 바꾸어야 하는 것은 아닙니다. 직접화법을 쓰더라도 내용이 중복되지 않고 글의 흐름과 내용을 상대방에게 매끄럽고 정확하게 전달할 수 있으면 됩니다.

7. 요약한 글은 하나의 완성된 글이 되어야 한다.

요약한 글은 단순히 여기저기서 짜깁기한 느낌이 들면 안 되고, 반드시 글의 중심내용을 위주로 접속사와 지시 대명사를 적절히 사용하여 문단과 문단 사이가 자연스럽게 이어지도록 써서, 요약문 자체가 전체적으로 통일성이 있어야 합니다.

新 HSK 문제 유형분석

　　男孩和女孩是在一个晚会上相识的，那时，女孩年轻漂亮，身边有很多追求者，而男孩却是一个很普通的人。因此，当晚会结束，男孩邀请女孩一块去喝咖啡的时侯，女孩没有什么话题，女孩只想尽快结束。但是当服务员把咖啡端上来的时候，男孩却突然说：“麻烦你拿点盐过来，我喝咖啡习惯放点盐。” 当时，女孩愣了，服务员也愣了，大家的目光都集中到了男孩的身上，男孩的脸都红了。服务员把盐拿过来了，男孩放了点进去，慢慢地喝着。

　　女孩是个好奇心很强的人，于是很好奇地问男孩：“你为什么要加盐呢？”男孩沉默了一会儿，很慢的几乎是一字一顿地说：“小时候，我家住在海边，我总是在海里游泳，海浪打过来，海水涌进嘴里，又苦又咸。现在，很久没回家了，咖啡里加盐，就算是想家的一种表现吧。"

女孩突然被打动了，因为这是她第一次听到男人在她面前说想家，想家的男人必定是顾家的好男人，而顾家的男人必定是爱家的好男人。女孩忽然有一种很亲切的感觉，女孩跟男孩说起了远在千里之外的家乡，气氛渐渐变得融洽起来，两个人聊了很久，最后，女孩没有拒绝男孩送她回家。

以后，两个人经常约会，女孩发现男孩实际上是一个很好的男人，大度、细心、体贴，符合女孩所欣赏的所有的优秀男人应该具有的特性。女孩很庆幸，幸亏当时的礼貌，才没有和男孩擦肩而过。

女孩带男孩去遍了城里的每家咖啡厅，每次女孩都对服务员说："请拿些盐来好吗？我的朋友喜欢在咖啡里加盐。"

再后来，就像童话书里所写的一样，"王子和公主结婚了，从此过着幸福的生活。"男孩和女孩确实过得很幸福，而且一过就是几十年，他们都老了，男孩变成了老头，女孩变成了老太太。直到男孩前不久得病去世。故事似乎要结束了，如果没有那封信的话。

那封信是男孩在临终前写给女孩的："亲爱的，请原谅我一直都欺骗了你，还记得第一次请你喝咖啡吗？当时气氛太紧张，我很难受，也很不安，一紧张不知怎么想的，竟然对服务员说拿些盐来，其实我不加盐的，当时既然说出来了，没办法只好将错就错了。

没想到竟然引起了你的好奇心，这个谎言，一下子让我喝了半辈子的加盐的咖啡。有好多次，我都想告诉你，可我怕你会生气，更怕你会因此离开我。现在我终于不怕了，死人总是很容易被原谅的，对不对？今生得到你是我最大的幸福，如果有来生，我还希望能娶到你，只是，我可不想再喝加盐的咖啡了，咖啡里加盐，你不知道，那味道，有多难喝！"

信的内容让女孩吃了一惊，也让她有种被欺骗的感觉。然而，男孩不知道，女孩是多想告诉他："她是多么高兴，有人为了她，能够做出这样的一生一世的欺骗。"

[단어]

好奇心 hàoqíxīn 명 호기심 / 海浪 hǎilàng 명 파도 / 涌进 yǒngjìn 동 많이 밀려 들다, 앞으로 전진하다, 갑자기 한꺼번에 쏠리다 / 融洽 róngqià 형 사이가 좋다, 조화롭다, 융화하다 / 庆幸 qìngxìng 형 ① (의외로 좋은 결과에) 축하할 만하다, 경사스럽다 ② 다행이다, 기쁘다 / 擦肩而过 cājiānérguò 성 어깨를 스쳐 지나가다 / 将错就错 jiāngcuòjiùcuò 성 잘못인 줄 알면서도 그대로 계속 밀고 나가다, 잘못된 김에 계속 잘못된 길로 나가다 / 来生 láishēng 명 내세, 저승

[번역]

남자와 여자는 한 저녁모임에서 서로 알게 되었는데, 그 때 여자아이는 젊고 아름다워서, 주위에 좋아하는 남자들이 많았지만, 이 남자아이는 아주 평범한 사람에 불과했다. 그래서 파티가 끝나고 나서, 남자아이가 여자아이에게 함께 커피를 마시자고 했을 때 여자아이는 할 말이 없어서 빨리 마시고 가고 싶었다. 그런데, 종업원이 커피를 가져왔을 때, 남자아이가 갑자기 '제가 커피에 소금을 타서 마시는 습관이 있어서 그러는데, 죄송하지만 소금 좀 가져다주시겠습니까?' 하고 말했다. 그때 당시 여자아이와 종업원은 모두 어리둥절해 하였다. 모두의 시선이 남자아이에게 집중되자 남자아이의 얼굴이 붉어졌다. 종업원이 소금을 가져오자 남자아이는 소금을 넣은 후 천천히 마셨다.

여자는 호기심이 매우 강해서, 궁금해 하며 남자아이에게 '왜 소금을 넣어 드세요?' 하고 물어 보았다. 남자는 잠깐 말이 없다가 말을 더듬으면서 '어렸을 때 저희 집은 바닷가에서 살았고, 저는 늘 바다에서 수영을 했죠. 파도가 밀려오면 바닷물이 입 속으로 들어갔는데, 아주 쓰고 짰어요. 지금 너무 오랫동안 고향에 가지 못해서, 너무 그리운 마음에 이렇게 커피에 소금을 넣어 마셔요.'하고 말했다.

여자아이는 감동했다. 이것은 그녀가 처음으로 한 남성이 그녀 앞에서 집을 그립다고 하는 이야기를 들은 것인데, 집을 그리워하는 남성은 틀림없이 가정을 잘 돌보는 좋은 남자이고, 가정을 잘 돌보는 남자는 반드시 가정을 사랑하는 좋은 남자라고 생각했기 때문이다. 여자아이는 갑자기 아주 친근한 느낌이 들었고, 여자아이는 남자아이와 아주 멀리 있는 고향 이야기를 했으며, 분위기는 점점 화기애애해졌다. 두 사람은 오랫동안 얘기했고, 마지막에 여자아이는 남자아이가 그녀를 집까지 바래다주겠다는 것을 거절하지 않았다.

나중에 두 사람은 자주 데이트를 했는데, 여자는 남자아이가 정말 아주 좋은 남자라는 것을 알게 되었다. 너그럽고, 세심하고, 자상해서 그녀가 좋아하는 모든 우수한 남성이 갖춰야하는 특성과 일치하였다. 여자아이는 다행스럽게도 그때 당시에 예의를 갖춘 덕에 이 남자아이를 놓치지 않아서 너무 기뻤다.

여자아이는 시내의 모든 커피숍에 남자를 데리고 갔는데, 매 번 종업원에게 '소금 좀 가져다주시겠어요? 제 친구가 커피에 소금을 넣어 마시는 것을 좋아하거든요.' 하고 말했다.

그리고 그 후, 마치 "왕자와 공주는 결혼해서 행복하게 살았답니다." 하는 동화책 속의 이야기처럼 남자와 여자는 아주 행복하게 살았고, 눈 깜짝 할 사이에 수 십 년이 흘러 그들은 모두 늙어서, 남자아이는 할아버지가 되고 여자아이는 할머니가 되었다. 남자아이가 얼마 전 병으로 세상을 떠나면서 만약에 그 편지가 없었다면 이야기는 이것으로 끝나는 것 같았다.

그 편지는 남자가 임종 전에 여자에게 쓴 것이었다. '여보, 용서해주오. 난 줄곧 당신을 속였다오. 처음 함께 커피 마셨던 때를 기억하오? 그 때 분위기가 너무 딱딱해서 불편해서 마음도 불안했었지. 긴장해서 무슨 생각을 했는지 모르겠는데 별안간 종업원에게 소금을 가져오라고 했지. 사실 나는 소금을 넣지 않는다오. 그 때 기왕에 말을 내뱉은 김에 그냥 밀고 나가는 수밖에 없었다오. 그런데 뜻밖에 그 일이 당신의 호기심을 자극했고, 이 거짓말은 순식간에 나에게 반평생을 커피에 소금을 넣어 마시게 했지. 나는 여러 번 당신에게 말하려고 했지만 당신이 화낼까봐, 또 이로 인해 나를 떠날까 두려웠다오. 결국 지금은 두렵지 않게 되었어. 죽은 사람은 늘 쉽게 용서받는 법이잖아, 그렇지? 이번 생에서 당신은 내게 제일 큰 행복이었소. 만일 다음 생이 있다면 나는 또 당신과 결혼하고 싶소. 다만, 소금 넣은 커피는 다시는 안마시고 싶다오. 커피에 소금을 넣은 다는 것. 당신은 모를 거야. 그 맛이 얼마나 고약한지!'

편지의 내용은 여자아이를 깜짝 놀라게 했고, 속았다는 느낌도 들었다. 하지만 남자아이는 여자아이가 얼마나 남자아이에게 '누군가 그녀를 위해 이렇게 일생일대의 속임수를 쓸 수 있다는 것에 대해 그녀가 얼마나 기뻐하고 있는지'에 대해 말해주고 싶었는지 모를 것이다.

[모범답안]

								加	盐	咖	啡					
	男	孩	和	女	孩	是	在	一	个	晚	会	上	认	识	的 ，	那 时
女	孩	很	漂	亮 ，	有	很	多	追	求	者 ，		而	男	孩	很	普 通 。

男孩请女孩喝咖啡。在咖啡厅里，两个人没有什么话题，气氛有点儿紧张。这时侯，男孩对服务员说："请给我拿点盐，我喝咖啡习惯放盐。"女孩很吃惊地问他为什么，男孩说："我从小在海边长大，在咖啡里加点盐，让我想起家的味道。"女孩被感动了。她觉得想家的男人一定是好男人。

以后男孩和女孩经常约会，去了所有咖啡厅，每次女孩对服务员说："请给我拿点盐，我朋友喝咖啡喜欢加盐。"

再后来，他们幸福地结婚了，一过就是几十年，直到那个男孩得病去世，临终前男孩给女孩写了一封信：原谅我一直欺骗你，还记得请你喝咖啡吗？由于紧张，我说错了话，我竟然让服务员拿点盐，没办法只好将错就错了。没想到引起了你的好奇心。这个谎言让我喝了半辈子加盐的咖啡。不过我很幸福，只是加盐的咖啡太难喝了……。

女孩吃惊了，有一种被骗的感觉。然而她多想告诉他：她很高兴，有人为了她，能够做出这样一生的欺骗。

소금을 넣은 커피

남자아이와 여자아이는 한 저녁모임에서 서로 알게 되었는데, 그때 여자는 매우 아름다워서 따라다니는 사람들이 많았지만 남자는 아주 평범했다. 남자는 여자에게 함께 커피마시자고 했는데, 커피숍에서 두 사람은 별 다른 화제가 없어 분위기가 좀 경직되었다. 이때 남자가 종업원에게 '소금 좀 갖다 주세요. 저는 커피 마실 때 소금을 넣어서 마시는 습관이 있습니다.' 하고 말했다. 여자아이는 매우 놀라서, 그에게 이유를 물어보았다. 남자아이는 '저는 어려서부터 바닷가에서 자랐는데, 커피에 소금을 넣는 것은 제가 고향의 맛을 느끼고 싶어서입니다.'하고 말했다. 여자아이는 감동했다. 그녀는 집을 그리워하는 남자는 반드시 좋은 남자일 것이라고 생각했다.

나중에, 남자아이와 여자아이는 자주 만남을 가졌고, 그들은 모든 커피숍을 다녀보았는데, 그때마다 매번 여자 아이는 종업원에게 '소금 좀 갖다 주세요. 제 친구가 커피에 소금을 타서 마시는 것을 좋아하거든요.' 하고 말했다.

또 그 이후에, 남자아이와 여자아이는 행복하게 결혼했다. 시간은 금 새 수 십 년이 흘렀고, 남자아이가 병에 걸려 세상을 떠나게 되었다. 남자아이는 임종 전에 여자아이에게 편지 한 통을 남겼다. '줄곧 당신을 속인 나를 용서하오. 우리가 처음으로 함께 차 마시던 때를 기억하오? 나는 너무 긴장해서 말을 잘 못 내뱉었지. 나는 뜻밖에도 종업원에게 소금을 가져오라고 했고, 어쩔 수 없이 나는 그대로 밀고 나가는 수밖에 없었다오. 그런데 생각했던 것과는 달리 당신은 이것에 호기심을 느꼈지. 이 거짓말로 나는 반평생을 소금을 넣은 커피를 마셔야 했지. 하지만 나는 매우 행복했다오. 단지 소금을 넣은 커피의 맛이 너무 고약한 것만 빼면 ……..'

여자아이는 놀랐고, 속았다는 느낌이 들었다. 하지만 그녀는 그에게 '그녀가 누군가 그녀를 위해 이렇게 평생 동안 속임수를 썼다는 것이 너무 기쁘다고' 말하고 싶었다.

1회

第101题：缩写。

(1) 仔细阅读下面这篇文章，时间为10分钟，阅读时不能抄写、记录。

(2) 10分钟后，监考收回阅读材料，请你将这篇文章缩写成一篇短文，时间为35分钟。

(3) 标题自拟。只需复述文章内容，不需加入自己的观点。

(4) 字数为400左右。

(5) 请把作文直接写在答题卡上。

张明先生经过多年的努力奋斗，如今终于成了一个受人尊敬的企业家。

一天，当他从办公楼出来时，听到背后传来"嗒嗒"的声音，那是盲人用竹竿敲打地面发出来的，张明停下了脚步。盲人意识到前方有人，连忙上前说道："先生，我是个可怜的盲人，帮帮我，买一个精美的打火机吧，1美元，我可靠它谋生呢。"张明叹了口气，接过了打火机："我不会用的，但我愿意帮你。"说着递了张钞票过去。盲人一摸发现是100美元，兴奋得声音都颤抖了："您真是个好心的人，上帝保佑您。"

张明正准备转身离去，但盲人仍在自言自语："我本不是天生的瞎子，是18年前爆炸事故引起的，真可怕。"听到这儿，张明心里一震，回过头失声地叫道："那次化工厂爆炸吗？""是啊。"盲人见引起了张明的注意，便喋喋不休地讲起了自己的遭遇，希望博得这位富人的同情，得到更多的好处。

"那次死了好多人啊，我也因此落到了今天这样子，贫困交加。您不知道，当时的情景真可怕，一声巨响，然后到处都是熊熊的烈火。逃命的人挤作一团，我本来已经到了门口，可后面一个大个子却叫道：'我还年轻，让我先出去'。边说边用力把我推倒。踩在我身上跑了出去。等我醒过来后，眼睛便什么也看不见了……。"

盲人还要继续讲下去，张明却冷冷地打断了他的话："你在撒谎。事情不是这样的。"盲人一惊，停止了自己的诉说。张明又说道："当时我也在化工厂内，是你踩着我的身体跑出门的，你说的那几句话，我一辈子也忘不了！"盲人呆住了，他忽然拉住威尔的衣服，激动地大叫："这不公平！我跑了出去，却成了瞎子；你留在了里面，如今却风光得意。"张明用力挣脱了他，举起手中一支精致的手杖，不屑地说

405

道：“我也是瞎子，可我从不相信命运。”

　　生命无常，每个人都有或大或小的苦难，不同的人面对这种困境有不同的应对方法。身体残疾，尤其是眼睛，对人的生活影响最大，很不容易找到适合自己的生存方式。我们不知道张明先生以怎样的方式，克服怎样的困难，去开创了自己的事业，而且能够成功。他的成功中，应该包含着一种无比的宽容，就像宽容18年前从自己身上践踏过去、夺路而逃的那个人，只是不能宽容他的颓废、他的不振作、他的听天由命。

　　不相信命运，只相信自己，只要你有一颗永不服输的心灵，有一种坚强的意志，内心就会有一种勇往直前的勇气，从而也就不再抱怨老天的不公平。即使这样去做了，虽然不一定都能达到理想的彼岸。但这个心灵的激励，这个奋斗过程会让我们的生命更完美。

▶ 정답 & 해설 p. 599 – 600

2회

第101题：缩写。

(1) 仔细阅读下面这篇文章，时间为10分钟，阅读时不能抄写、记录。

(2) 10分钟后，监考收回阅读材料，请你将这篇文章缩写成一篇短文，时间为35分钟。

(3) 标题自拟。只需复述文章内容，不需加入自己的观点。

(4) 字数为400左右。

(5) 请把作文直接写在答题卡上。

　　一位在纽约任教的老师决定告诉她的学生，他们是如何重要，来表达对他们的赞许。

　　她将学生逐一叫到讲台上，然后告诉大家这位同学对整个班级和她的重要性，再给每人一条蓝色缎带，上面以金色的字写着："我是重要的。"之后那位老师想做一个班上的研究计划，来看看这样的行动对一个社区会造成什么样的影响。她给每个学生3个缎带别针，教他们出去给别人相同的感谢仪式，然后观察所产生的结果，一个星期后回到班级报告成果。

　　班上一个男孩子到邻近的公司去找一位年轻的主管，因为他曾经指导过男孩子完成生活规划。那个男孩子将一条蓝色缎带别在年轻主管的衬衫上，并且再多给了2个别针，接着解释说："我们正在做一项研究，我们必需出去把蓝色缎带送给感谢尊敬的人，再给你们多余的别针，让他们也能向别人进行相同的感谢仪式。下次请告诉我，这么做产生的结果。"

　　过了几天，这位年轻主管去看他的老板。从某些角度而言，他的老板是个易怒、不易相处的同事，但极富才华。年轻主管向老板表示十分仰慕他的创作天分，老板听了十分惊讶。这个年轻主管接着要求他接受蓝色缎带，并允许他帮自己别上。一脸吃惊的老板爽快地答应了。

　　那个年轻人将缎带别在老板外套、心脏正上方的位置，并将所剩的别针送给他，然后问他："您是否能帮我个忙？把这缎带也送给您所感谢的人。这是一个男孩子送我的，他正在进行一项研究。我们想让这个感谢的仪式延续下去，看看对大家会产生什么样的效果。"

那天晚上，那位老板回到家中，坐在14岁儿子的身旁，告诉他："今天发生了一件不可思议的事。在办公室的时候，有一个年轻的同事告诉我，他十分仰慕我的创造天分，还送我一条蓝色缎带。想想看，他认为我的创造天分如此值得尊敬，甚至将印有'我很重要'的缎带别在我的夹克上，还多送我一个别针，让我能送给自己感谢尊敬的人，当我今晚开车回家时，就开始思索要把别针送给谁呢？我想到了你，你就是我要感谢的人。这些日子以来，我回到家里并没有花许多精力来照顾你、陪你，我真是感到惭愧。有时我会因你的学习成绩不够好，房间太过脏乱而对你大吼大叫。但今晚，我只想坐在这儿，让你知道你对我有多重要，除了你妈妈之外，你是我一生中最重要的人。好孩子，我爱你。"

他的孩子听了十分惊讶，他开始呜咽啜泣，最后哭得无法自制，身体一直颤抖。他看着父亲，泪流满面地说："爸，我原本计划明天要自杀，我以为你根本不爱我，现在我想那已经没有必要了。"

在生活中，每个人都很重要，我们要学会感谢，学会尊重，当你把别人当成重要的人的同时，你也同样重要。

최종점검하기

1주차 금요일에는 원고지와 문장부호의 올바른 사용법을 학습하고 나서, 1000자 서술문을 읽고 난 다음 원문을 보고서 중심내용을 정확하게 요약하는 연습을 위주로 학습하였습니다.

3주차 금요일에는 머리말의 화제제시와 마지막 부분의 주제문을 파악하고, 중간부분의 스토리를 내용이 바뀌지 않게 핵심만 재구성하여 "머리말(화제제시) – 중간부분(스토리) – 마지막부분(주제문)" 이 자연스럽게 이어지는 완전한 한 편의 400자 요약문을 만들어 보는 것과 동시에, 앞에서 설명한 원고지와 문장부호 사용법까지 올바르게 사용하여, 400자 요약하기를 마스터하도록 합시다.

요약하기 부분을 좀 더 자세히 학습하고 싶은 수험생이 있다면, 《6급 新HSK 쓰기 고득점 집중공략 (송산 출판사)》 책을 참고하시기 바랍니다. 이 책에는 '70자 단문에서 주제문 찾기 연습 → 100자 단 문에서 주제문 만드는 연습 → 200자 단문에서 화제제시 부분과 주제문 요약하는 연습 → 500자 단 문에서 줄거리 만드는 연습 → 제목 붙이는 연습 → 1000자 서술문 요약하기 연습 (실전 모의고사 문제 총 20회 포함)'의 순서로 단계별로 요약하기에 접근하여 어떤 문장이 나와도 누구나 쓰기부분 에서 고득점을 받을 수 있도록 체계적으로 구성이 되어있습니다.

新 HSK 문제 유형분석

　　戴尔是美国著名的人际关系学大师，西方现代人际关系学教育的奠基人，小时候，他是一个公认的坏孩子。

　　在他 9 岁的时候，父亲把继母娶进家门。当时他们还是居住在乡下的贫苦人家，而继母则来自富有的家庭。父亲一边向继母介绍，一边说："亲爱的，希望你注意这个全村最坏的男孩，他已经让我无可奈何，忍无可忍。说不定明天早晨以前，他就会拿石头扔向你，或者做出你完全想不到的坏事。"出乎他意料的是，继母微笑着走到他面前，托起他的头认真地看着他。接着她回来对丈夫说："你错了，他不是全村最坏的男孩，而是全村最聪明最有创造力的男孩。只不过，他还没有找到发泄热情的地方。"

　　继母的话说得他心里热乎乎的，眼泪几乎滚落下来。就是凭着这一句话，他和继母开始建立友谊。也就是这一句话，成为激励他一生的动力，使他日后创造了成功的28项好法则，帮助千千万万的普通人走上成功和致富的道路。在继母到来之前，没有一个人称赞过他聪明，他的父亲和邻居认定：他就是坏男孩。但是，继母就只说了一句话，便改变了他一生的命运。

他14岁时，继母给他买了一部打字机，并且对他说，相信你会成为一名作家。他接受了继母的礼物和期望，并开始向当地的一家杂志社投稿。他了解继母的热心，也很欣赏她的那股热心，他亲眼看到她用自己的热心，如何改变了他们的家庭。所以，他不愿意辜负她。继母的鼓励与热情，激发了他的想象力，激励了他的创造力，帮助他和无穷的智慧发生联系，使他成为美国的富豪和著名作家，成为20世纪最有影响的人物之一。戴尔小时候的故事令人印象深刻，孩子的心是敏感而脆弱的，有时候一句鼓励的话，也会让他们充满信心，一句赞美的话，也会让他们更快乐。

一句普普通通的赞美有时可以改变一个人的一生。不管是普通的人也好，还是一个伟大的人，都希望听到别人的一句赞美的话。赞美不是虚伪的奉承，不是夸大其辞的吹捧，赞美也不是一味地宽容；赞美是真诚的鼓励。一句真诚的赞美可以激励一个人的一生，可以使他成就一番事业；一句漫不经心的讽刺，有时会毁掉一个人的一生。

作为家长，应该用显微镜一样的眼睛发现学生的优点，善于赞美、鼓励孩子，一句赞美的话有时会收到意想不到的教育效果，而且应该让孩子们都学会赞美。赞美自己的亲人、朋友，赞美同事，赞美我们身边的每一个人。这样，我们的社会将变得更加美好。

[단어]

奠基人 diànjīrén 명 창시자, 기초를 다진 사람 / 公认 gōngrèn 명통 공인(하다) / 继母 jìmǔ 명 계모, 의붓어머니 / 发泄 fāxiè 통 (불만, 감정 등을) 털어놓다, 발산하다 / 滚落 gǔnluò 통 굴러 떨어지다 / 激励 jīlì 명통 격려(하다) / 致富 zhìfù 통 부자가 되다 / 打字机 èrshǒudǎzìjī 통 타자기 / 期望 qīwàng 명통 (앞날에 대해) 기대(하다) / 投稿 tóugǎo 통 투고하다 / 辜负 gūfù 통 (호의, 기대, 도움 등을) 헛되게 하다, 저버리다 / 无穷 wúqióng 형 무궁하다, 무한하다, 끝이 없다 / 夸大其词 kuādàqící 성 말을 과장하다, 허풍을 치다 / 吹捧 chuīpěng 통 치켜세우다, 자꾸 추어올리다 / 宽容 kuānróng 통 관용하다, 너그럽게 받아들이다, 용서하다 / 毁掉 huǐdiào 통 부숴버리다, 못쓰게 만들다 / 显微镜 xiǎnwēijìng 명 현미경

[번역]

렐은 미국의 저명한 대인관계학 권위자로서 서구 현대 대인관계학 교육의 창시자이지만, 그가 어렸을 때는 유명한 문제아였다.

그가 9살 때, 아버지는 새 어머니를 데려오셨다. 당시 그들은 여전히 시골에서 가난한 삶을 꾸려가고 있었지만 새어머니는 부유한 가정 출신이었다. 아버지는 새 어머니에게 나를 소개하면서 말씀하시기를 '여보, 당신은 온 마을에서 제일 못된 아이를 조심해야 해요. 이 아이는 나로서는 더 이상 손 쓸 대책이 없으며 더는 참을래야 참을 수 없게 만든다오. 아마도 내일 아침이 되기 전에 아이가 당신에게 돌을 던질 수도 있고, 아니면 당신이 상상도 못할 나쁜 짓을 할지도 모른다오.' 그런데 뜻밖에 새어머니는 미소를 지으며 아의의 앞으로 걸어가, 그의 머리를 쓰다듬으면서 찬찬히 그를 보았습니다. 그리고 그녀는 남편에게 '당신이 틀렸어요. 이 아이는 온 마을에서 제일 못된 남자아이가 아니라, 온 마을에서 제일 똑똑하고 창의력이 있는 남자아이에요. 단지 열정을 분출할 데를 찾지 못했을 뿐이에요.'하고 말했다.

새어머니의 말은 그의 마음을 따뜻하게 하여 하마터면 눈물을 흘릴 뻔하였다. 바로 이 한 마디로 인해 그와 새어머니는 우정을 쌓았다. 또한 이 말 한마디가 그를 평생 동안 격려하는 원동력이 되어, 그가 나중에 28가지 성공의 법칙을 만들어 내어 수많은 보통 사람들이 성공과 부자의 길로 갈 수 있도록 도와줄 수 있게 하였다. 새 어머니가 오시기 전까지는 아무도 그가 똑똑하다고 칭찬한 적이 없었다. 그의 아버지와 이웃들은 그를 나쁜 아이라고 단정하였다. 하지만, 그러나 새 어머니는 단지 한 마디 말로 그의 평생의 운명을 바꿔놓았다.

그가 14살 때, 새어머니는 그에게 타자기 한 대를 사주면서 그에게 네가 작가가 될 수 있을 것이라고 믿는다고 말했다. 그는 새어머니의 선물과 기대를 받아들였고, 현지의 한 잡지사에 투고하기 시작했다. 그는 새어머니의 열정을 이해했으며 또한 그녀의 그 열정을 좋아했다. 그는 직접 그녀가 자신의 열정으로 그들의 가정을 어떻게 변화 시켰는지를 지켜보았기 때문에, 그래서 그는 그녀의 기대를 저버리고 싶지 않았다. 새 어머니의 격려와 열정은 그의 상상력을 자극했으며, 그의 창의력을 길러 주어 그가 많은 지혜를 쌓을 수 있도록 해주어서, 그는 미국의 부호와 저명한 작가가 되어 20세기 최고의 영향력을 가진 인물 중 한사람이 될 수 있게 되었다. 델의 어린 시절 이야기는 매우 인상이 깊은데, 아이의 마음은 민감하고 연약해서, 때로 한 마디의 격려의 말이 그들에게 자신감을 갖게 하고, 한 마디의 칭찬이 그들을 더욱 신나게 한다.

아주 평범한 칭찬 한마디가 때로는 한 사람의 일생을 바꿔놓을 수 있다. 평범한 사람도, 위대한 사람도 모두 다른 사람의 칭찬을 듣기를 바란다. 칭찬은 거짓된 아첨이 아니고, 과장되게 치켜세우는 것도 아니며, 덮어놓고 베푸는 관용도 아니다. 칭찬은 진실 된 격려이다. 한 마디의 진실 된 칭찬은 한 사람이 평생 동안 힘을 낼 수 있게 하니, 그가 목표를 이룰 수 있게 해준다. 대수롭지 않게 하는 비난이 때로는 한 사람의 일생을 망칠 수도 있다.

학부모는 현미경 같은 눈으로 학생의 장점을 파악하여 아이를 칭찬하고 격려할 줄 알아야 한다. 때로 칭찬 한 마디로 예상치 못한 교육적 효과를 얻기도 한다. 그리고 아이들에게 모두 모두 칭찬하는 것을 배우도록 해야 한다. 자신의 가족, 친구, 직장동료, 우리 주위의 모든 사람을 칭찬한다면, 우리 사회는 앞으로 더욱 아름다워질 것이다.

[모범답안]

						赞	美	的	重	要	性					
			戴	尔	是	美	国	著	名	的	人	际	关	系	学	大	师	，		小	时
侯	他	是	一	个	公	认	的	坏	孩	子	。					
			在	他	9	岁	时	，	父	亲	娶	了	一	个	继	母	，	父	亲	对
继	母	说	：	"	戴	尔	是	全	村	最	坏	的	孩	子	，	你	要	注	意	别
理	他	。	"	可	出	乎	意	料	的	是	继	母	摸	着	他	的	头	，	然	后
对	父	亲	说	：	"	你	错	了	，	他	不	是	全	村	最	坏	的	男	孩	，

而是全村最聪明、最有创造力的男孩。他只是还没找到发泄热情的地方。"继母的话让戴尔很感动，就是这句话改变了他一生的命运，成为激励他一生的动力。从此他和继母成了好朋友。

　　14岁时，继母给他买了一部打字机，对他说："我相信你一定能成为作家。"他接受了继母的礼物和期望，开始给杂志社投稿。继母的热心感染了他，也改变了他的家庭。继母的鼓励和热情激发了他的想象力和创造力，使他成为美国的富豪和著名的作家，成为20世界最有影响力的人物之一。

　　一句普通的赞美有时可以改变一个人的一生。作为家长，应该善于赞美和鼓励孩子，而且应该让孩子们学会赞美。

칭찬의 중요성

델은 미국의 저명한 인간관계학 권위자이지만, 그는 어렸을 때 유명한 문제아였습니다.

그가 9살 때 아버지는 재혼을 하셨는데, 아버지는 새어머니께 '델은 온 마을에서 가장 못된 아이니까 당신은 이 아이를 상대할 것 없어요.' 하고 말했다. 그런데 새어머니는 뜻밖에 델의 머리를 쓰다듬으며 아버지께 '당신이 틀렸어요. 이 아이는 온 마을에서 가장 못된 사내아이가 아니라, 온 마을에서 가장 똑똑하고 가장 창의력이 있는 사내아이에요. 단지 아직 그 열정을 분출할 데를 찾지 못했을 뿐이에요.'하고 말씀하셨다.

새 어머니의 말에 델은 크게 감동하였고, 바로 이 한마디 말이 그의 일생의 운명을 바꿨으며, 그에게 일생동안 힘을 주는 원동력이 되었다. 이때부터 그는 새어머니와 좋은 친구가 되었다.

14살이 되었을 때, 새어머니는 그에게 타자기를 한 대를 사주며 그에게 '나는 네가 작가가 될 수 있다는 것을 믿는단다.' 하고 말씀하셨다. 그는 새어머니의 선물과 기대를 받고나서 잡지사에 투고를 하기 시작하였다. 새어머니의 열정이 그를 감화시켰으며, 그의 가정도 바꾸어 놓았다. 새어머니의 격려와 열정은 그의 상상력과 창의력을 이끌어 내어 그가 미국의 부호와 저명한 작가가 되도록 하였으며, 20세기에 가장 영향력 있는 인물 중 한 사람이 되게 하였다.

평범한 칭찬 한 마디가 때로는 한 사람의 일생을 바꿀 수 있다. 학부모로써 아이를 칭찬하고 격려할 줄 알아야 하고, 또 아이들에게 칭찬하는 것을 배우도록 해야 한다.

1회

第101题：缩写。

(1) 仔细阅读下面这篇文章，时间为10分钟，阅读时不能抄写、记录。

(2) 10分钟后，监考收回阅读材料，请你将这篇文章缩写成一篇短文，时间为35分钟。

(3) 标题自拟。只需复述文章内容，不需加入自己的观点。

(4) 字数为400左右。

(5) 请把作文直接写在答题卡上。

　　有个孩子总是想不通，为什么自己的学习成绩总是不如别人，他的同桌想考第一。一下子就能考第一；而他想考第一，却只考了全班第二十一名。回家后，他问："妈妈，我是不是比别人笨？我觉得我和同桌一样听老师的话，一样认真做作业，一样的复习功课，可是，为什么我总比他的成绩差？"妈妈不知该怎样回答。孩子很苦闷却找不到原因。

　　又是一次考试。这一次，孩子考了第十七名，而他的同桌还是第一名。儿子回去又问了同样的问题。妈妈真想说，人的智力确实有高低，考第一的人，脑子就是比一般人的脑袋聪明。但母亲知道，如果他这样告诉儿子的话，孩子也许会认为自己是个愚笨的人，因此就会放弃学习。母亲没有说出口，她怕伤了孩子的自尊心和学习的积极性。不久，母亲为此带他去看了一次大海，就是在这次旅行中，这位母亲回答了儿子的问题。

　　儿子小学毕业了，虽然成绩仍没赶上他的同桌，但他一直没有放弃学习，他更加努力了，他一直在不断地进步。他再也没有问过母亲同样的问题。看着孩子的努力样子，母亲心里很高兴。经过很多次考试，孩子一次比一次优秀，母亲始终坚信儿子一定能行。

　　初中的时候，儿子考了第十名，老师说儿子再努力一定能上重点高中，儿子第一次得到老师的肯定，他更有信心了。后来，高中毕业时，儿子以全校第一名的成绩考入了清华大学，这是全家人最值得骄傲的大事，儿子多年的努力终于有了回报。

　　学校请他给同学们和老师做一个报告，让他谈谈自己的学习经验和考上大学的感

想。令人出乎意料的是他没有说自己是如何努力刻苦学习的，而是讲了小时候的一段经历："有一次，我和母亲面向大海坐在沙滩上，她指着前面对我说，你看那些在海边争食的鸟儿，当海浪打来的时候，小灰雀总能迅速地飞起，它们拍儿下翅膀就飞上了天空，很灵活也很聪明。而海燕却显得非常笨拙，从沙滩飞上天空又需要很长时间，然而，只有海燕可以穿越大海，飞向更广阔的天空。每当我不如别人时，我以为自己愚笨，而妈妈却告诉我，"孩子，你是勇敢的海燕！"从那以后，我一直告诉自己，要像海燕一样顽强的生活，总有一天会达到成功的彼岸。我感谢妈妈。这个报告使很多母亲流下了眼泪，也包括他的母亲。

孩子的心是敏感而脆弱的，常常因为小小的失败而自己我怀疑，这时候孩子需要的是肯定与鼓励，要让他知道，这个世界上没有永久的失败，只要肯努力，总有一天会成功。母亲的一句鼓励的话让这个孩子不再自我怀疑，而是重拾信心，走向成功。

▶ 정답 & 해설 p. 602 – 603

2회

第101题：缩写。

(1) 仔细阅读下面这篇文章，时间为10分钟，阅读时不能抄写、记录。
(2) 10分钟后，监考收回阅读材料，请你将这篇文章缩写成一篇短文，时间为35分钟。
(3) 标题自拟。只需复述文章内容，不需加入自己的观点。
(4) 字数为400左右。
(5) 请把作文直接写在答题卡上。

　　爸爸在一家大公司工作，每天都很晚才下班，每当爸爸回来的时候，儿子已经睡了，所以儿子很少见到爸爸。

　　一天，爸爸下班以后，很晚才到家，他感 觉很累并有点烦，爸爸靠在沙发上，准备休息一会儿，这时爸爸发现他八岁的儿子靠在门旁等他，儿子好像有什么事情要和他说。儿子对爸爸说："爸，我可以问你一个问题吗？""当然可以，什么问题？"父亲反问道。儿子问："爸，你一小时可以赚多少钱？能告诉我吗？"父亲生气地说："这与你无关，你为什么问这个问题？""我只是想知道，请您告诉我，您一小时赚多少钱？"儿子哀求着。爸爸说："假如你一定要知道的话，我告诉你，我一小时赚20块美金。""喔……"儿子低着头这样回答。儿子接着说："爸爸，您可以借我10块美金吗？"爸爸听完儿子的话，他生气地发怒了。他冲着儿子大声地说："如果你问这个问题，只是要借钱去买毫无意义的玩具或东西的话，那么给我回到你的房间并上床好好想想为什么你会那么自私？"爸爸继续说："我每天长时间辛苦工作，没时间和你玩小孩子的游戏！"儿子什么也没说，安静地回自己房间并关上门。这位父亲坐下来，他还对儿子的问题感到生气，他想儿子怎么敢只为了钱而问这种问题？

　　大约一个小时后，他平静下来了，开始想着他可能对儿子太凶了。或许他应该用那10块钱美金买儿子真正想要的东西，因为儿子不经常向他要零用钱。父亲走到儿子的房间。"你睡了吗孩子？"他问。"爸爸，还没睡，我还醒着。"儿子回答。爸爸对儿子说："我想过了，我刚刚可能对你太凶了，我将今天的闷气都爆发出来了。对不起，孩子这是你要的10块钱美金……"儿子笑着坐了起来，"爸爸，谢谢你！"儿子叫着。接着儿子从枕头下拿出一些被弄皱了的钞票。这时爸爸看到儿子已经有钱了，还向他要钱，他快要再次发脾气了。儿子慢慢地数着钱。"为什么你已经有钱了还需要更多？"父亲生气地说着。"因为我以前不够，但我现在足够了。"儿子回答。儿子开心地对爸爸说："爸爸，我现在已经有了20块钱美金了，我可以向你买一个小时的时间吗？明天请早一点儿回家，我想和你一起吃晚餐。"爸爸一愣，接着爸爸的眼睛湿润了……。

生活在忙碌中的人们往往会在不知不觉中忽视了亲情，与孩子沟通的时间越来越少，我们不要以为只要给予孩子金钱或满足孩子的要求，就尽到了做父母的责任，有时候孩子的愿望只是希望父母抽出一点时间陪他。哪怕是一顿晚饭，也可以让孩子开心很久。"我想用20美元买你一个小时的时间，和你一起吃晚饭。"这是孩子的心愿，这份亲情是无价的，它是人世间最美好、最珍贵的爱。

Me
mo

김연희 우치갑 공편

송산출판사

정답 및 해설

듣기1부분

[1주차 원문 & 해설 & 정답]

1회

[정답]

1 D	2 A	3 B	4 B	5 D
6 C	7 D	8 C	9 C	10 D
11 C	12 A	13 A	14 B	15 A

01.

[원문]

大多数人总是认为，口渴的时候才喝水是很正常不过的事情，不渴当然不用喝水，然而专家称，人并不是口渴才需要喝水，当感觉口渴时，说明体内已经是缺水的状态了，所以平时我们不渴的时候也要多补充水分，等到口渴了在喝水就来不及了。

A. 不渴不用喝水
B. 平时要喝一杯水
C. 口渴的时候要等一等再喝水
D. 平时应该多喝水

[단어]

口渴 kǒukě 형 목이 타다, 갈증이 나다

[번역]

대부분 사람들은 목마를 때에야 비로소 물을 마시는 것이 아주 정상적인 일이고 목마르지 않으면 당연히 물을 마실 필요가 없다고 생각한다. 그렇지만 전문가들은 사람이 목이 말라서 물을 마실 필요가 있는 것이 아니라, 목마를 때에는 이미 체내의 물이 부족한 상태이기 때문에, 평소에 목마르지 않아도 수분을 많이 보충해야 하며, 목이 마르고 나서 물을 마시면 늦는다고 말한다.

A. 목이 마르지 않으면 물을 마실 필요가 없음
B. 평소에 물 한 잔을 마셔야 됨
C. 목이 마를 때 좀 기다렸다가 물을 마셔야 함
D. 평소에 당연히 물을 많이 마셔야 됨

[해설]

맨 마지막 부분에 '平时我们不渴的时候也要多补充水分，等到口渴了在喝水就来不及了。(평소에 목마르지 않아도 수분을 많이 보충해야 하며, 목이 마르고 나서 물을 마시면 늦는다)'고 하였으므로 정답은 D입니다.

[정답] D

02.

[원문]

如果树木不是生长得很浓密，一般可从树干上分辨南北：光滑的一面是南，另一面是北。由树叶生长的方向辨别，一般叶面所朝的方向为南面。由树木的年轮辨别，年轮距离较宽的一方即为阳光充足、能使树木生长良好的南方。还可由石头或树根的青苔辨别，青苔喜欢生长于潮湿的地方，即背阳处，而其反向即为向阳的南方。

A. 能通过树木分辨方向
B. 年轮距离较窄的一方是南方
C. 石头或树根上长青苔的一面是南面
D. 通过树的生长状况不能辨别方向

[단어]

浓密 nóngmì 형 (풀, 나무, 머리카락, 수염 등이) 조밀하다, 빽빽하다, 촘촘하다 / 树干 shùgàn 명 나무줄기 / 光滑 guānghuá 형 (물체의 표면이) 매끄럽다, 반들반들하다, 윤기가 돌다 / 青苔 qīngtái 명 ① 이끼, 청태 (푸른 이끼) ② 곰팡이

[번역]

나무가 매우 조밀하게 자라지 않는다면, 보통 나무줄기로 남북을 구별할 수 있는데, 반질반질한 면이 남쪽이고, 다른 면이 북쪽이다. 나뭇잎이 자라는 방향으로 구별을 하면, 보통 잎 면이 향하고 있는 방향은 남쪽이다. 나무의 나이테로 구별을 하면, 나이테의 거리가 비교적 넓은 쪽은 햇빛이 충분하여, 나무가 남쪽으로 잘 자랄 수 있게 해 준다. 그리고 돌이나 나무뿌리의 이끼로 구별할 수 있는데, 이끼는 습한 곳을 좋아해서, 태양 쪽을 등지고 있고, 그 반대 방향은 태양을 향하고 있는 남쪽이다.

A 나무를 통해 방향을 구별할 수 있음
B. 나이테의 거리가 좁은 쪽은 남쪽임
C. 돌과 나무뿌리 위의 이끼가 낀 쪽은 남쪽임
D. 나무의 성장상태를 통해서는 방향을 구별할 수 없음

[해설]

첫째 줄 ~두 번째 줄에서 '从树干上分辨南北：…。由树叶生长的方向辨别，…。由树木的年轮辨别，…。(나무줄기로 남북을 구별할 수 있는데…. 나뭇잎이 자라는 방향으로 구별을 하면…. 나무의 나이테로 구별을 하면….)'라고 한 것으로 보아, 나무를 통해 방향을 구분할 수 있는 것을 알 수 있습니다.

[정답] A

03.

[원문]

有一天，我亲眼看见一位老大爷给一个姑娘让座。老大爷说："孩子啊，你坐下吧。"那个姑娘坐下后，感激地问老大爷："您是不是要下车？"老大爷摇摇头说："不是。我给你让座是因为你吃的点心渣总是掉在我的脑袋上和脖子里。"

A. 姑娘很有礼貌
B. 老大爷不能忍受姑娘的行为
C. 老大爷很想让姑娘坐下
D. 老大爷马上下车，所以让姑娘坐下

[단어]

渣 zhā 몡 찌꺼기, 침전물

[번역]

어느 날, 나는 어떤 할아버지께서 젊은 아가씨에게 자리를 양보하는 것을 직접 보았다. 할아버지께서는 '애야, 여기 앉거라.' 하고 말씀하셨다. 그 아가씨는 앉고 나서, 감사해하며 할아버지께 '할아버지, 내리실 거예요?'하고 여쭈어 보았다. 그런데 할아버지는 고개를 가로저으면서 '아니다, 네가 먹는 과자의 찌꺼기가 자꾸 내 머리와 목에 떨어져서 네게 자리를 양보한 거란다.'하고 대답하였다.

A. 아가씨는 매우 예의바름
B. 할아버지는 아가씨의 행위를 견딜 수 없었음
C. 할아버지는 아가씨를 자리에 앉게 하고 싶어 함
D. 할아버지는 곧 차에서 내리기 때문에 아가씨에게 자리를 양보함

[해설]

맨 마지막 부분에서 '老大爷摇摇头说："不是。我给你让座是因为你吃的点心渣总是掉在我的脑袋上和脖子里。"(아니다, 네가 먹는 과자의 찌꺼기가 자꾸 내 머리와 목에 떨어져서 네게 자리를 양보한 거란다.'하고 대답하였다.)'라고 했으므로 정답은 B입니다.

[정답] B

04.

[원문]

有些植物能散发出清新淡雅的柠檬香味，在室内有很好的驱蚊效果，且温度越高，驱蚊效果越好。驱蚊植物还有除虫菊、七里香、食虫草、薄荷、茉莉花等。

A. 介绍柠檬的特点
B. 介绍有哪些驱蚊植物
C. 告诉我们植物的驱蚊效果跟温度无关
D. 驱蚊植物能把蚊子全部消灭

[단어]

清新 qīngxīn 혱 ① 맑고 새롭다, 참신하다 ② 싱싱하다, 산뜻하다 / 淡雅 dànyǎ 혱 (색깔, 모양 등이) 아담하다, 말쑥하고 우아하다 / 驱 qū (동) ① 몰아내다, 축출하다, 쫓아버리다 ② (가축을) 몰다 / 除虫菊 chúchóngjú 〈植〉제충국 / 食虫草 shíchóngcǎo 몡 〈植〉식용 동충하초 / 薄荷 bòhe 몡 〈植〉박하 / 茉莉花 mòlìhuā 몡 〈植〉자스민

[번역]

어떤 식물들은 싱그럽고 우아한 레몬 향이 나는데, 실내에서 모기를 쫓는 효과가 탁월하며, 온도가 높을수록 모기를 쫓는 효과도 좋다. 모기를 쫓는 식물은 제충국, 칠리향, 식용 동충하초, 박하, 자스민 등이 있다.

A. 레몬의 특징을 소개함
B. 모기를 쫓는 식물은 어떤 것이 있는가를 소개함
C. 식물의 모기를 쫓는 효과는 온도와 관계가 없음
D. 모기를 쫓는 식물은 모기를 박멸할 수 있음

[해설]

문장 처음 부분에서 '有些植物能散发出(…的)柠檬香味，在室内有很好的驱蚊效果(어떤 식물들은 …한 향이 나는데, 실내에서 모기를 쫓는 효과가 탁월하다)'라고 하여 모기를 쫓는 식물에 대해 소개를 하고 있는 것을 알 수 있습니다.

[정답] B

05.

[원문]

假期回家，同学们送我。有个男学生帮我背行李，虽然行李底下有滚珠，但行李又大又重。我看见这个男学生背着行李很吃力，就对他说："背不动就滚吧！"这个男学生听了后很气愤地放下了行李看着我，我一愣，忙向他解释："我指的是轮子！"

A. 他们要一起回家
B. 男学生不愿意背行李
C. 行李箱坏了
D. 男学生误解了说话人的意思

[단어]

滚珠 gǔnzhū 명 (가방 밑에 달린) 바퀴 / 滚 gǔn 동
① 굴리다 ② 물러가다, 떠나다 / 愣 lèng 동 어리둥
절해 지다, 멍해지다

[번역]

방학에 집에 갈 때, 반 친구들이 나를 배웅하여 주었다. 한 남학생이 나대신 짐을 등에 매었는데, 짐 아래 바퀴가 있기는 했지만, 짐은 너무 무겁고 컸다. 나는 이 남학생이 짐을 매고 매우 힘들어하는 것을 보고서, 그에게 '짊어지기 힘들면 굴려라!' 하고 말했다. 그 남학생은 이 말을 듣고 매우 화를 내며 가방을 내려놓고 나를 보고 있었다. 나는 어리둥절해서 급히 그에게 '나는 바퀴를 말하는 거야.' 하고 설명하였다.

A 그들은 함께 집에 가려고 함
B. 남학생은 짐을 짊어지고 싶어 하지 않음
C. 트렁크가 망가졌음
D. 남학생은 말하는 사람의 말뜻을 오해했음

[해설]

문장 마지막 부분에서 '就对他说："背不动就滚吧！" 这个男学生听了后很气愤地放下了行李看着我，我一愣，忙向他解释："我指的是轮子！" (그에게 '짊어지기 힘들면 굴려라!' 하고 말했다. 그 남학생은 이 말을 듣고 매우 화를 내며 가방을 내려놓고 나를 보고 있었다. 나는 어리둥절해서 급히 그에게 '나는 바퀴를 말하는 거야.' 하고 설명하였다.)'라고 한 것으로 보아 말하는 사람은 남학생은 '滚 (바퀴로 굴려라)'라고 했는데, 남학생은 '滚 (꺼져, 나가라)'이라고 잘못 알아들은 것으로 보아 정답은 D 입니다.

[정답] D

06.

[원문]

我们的商业学教授正在讲授有关给顾客开账单的各种不同方式。首先他讲道："也许最愚蠢的做生意的方式就是先让顾客付账，这种方法会把潜在的顾客拒之门外，会放过许多生意机会。"然后，他问道："谁能举出一个自己在得到商品服务之前就被要求付费的例子？"坐在我旁边的那家伙举起手并尖声说："大学学费！"

A 怎样给顾客开账单
B. 教授在批评学生
C. 学生对教授开玩笑
D. 学生不接受教授的意见

[단어]

账单 zhàngdān 명 계산서, 명세서 / 愚蠢 yúchǔn
형 어리석다, 우둔하다, 미련하다 / 潜在 qiánzài 형
잠재하다

[번역]

우리의 상업학 교수님은 고객에게 계산서를 작성해주는 여러 가지 다른 방식을 알려주고 있었는데, 먼저 그는 '장사할 때 가장 어리석은 방법은 바로 고객에게 먼저 계산해 달라고 하는 것입니다. 이런 방법은 잠재고객들을 들어오지 못하게 해서 많은 장사 기회를 놓치게 될 것입니다.'하고 말했다. 이어서 교수는 '누가 상품 서비스를 받기 전에 돈을 지불하라는 요구를 받았던 예를 들어 보겠습니까?'라고 물었다. 그러자 내 옆에 앉아 있는 녀석이 손을 들고서 째지는 목소리로 '대학 등록금이요'라고 말했다.

A 어떻게 고객에게 계산서를 줘야하는가
B. 교수는 학생을 꾸짖고 있음
C. 학생이 교수에게 농담을 함
D. 학생은 교수의 의견을 받아들이지 않음

[해설]

맨 마지막 부분에서 '他问道："谁能举出一个自己在得到商品服务之前就被要求付费的例子？"坐在我旁边的那家伙举起手并尖声说："大学学费！" (교수는 '누가 상품 서비스를 받기 전에 돈을 지불하라는 요구를 받았던 예를 들어 보겠습니까?'라고 물었다. 그러자 내 옆에 앉아 있는 녀석이 손을 들고서 째지는 목소리로 '대학 등록금이요'라고 말했다.)'라고 한 것으로 보아, 수업시간에 한 학생이 교수의 질문에 농담조로 대답하고 있는 것을 알 수 있습니다.

[정답] C

07.

[원문]

人际关系良好的人，有着几乎相同的特点，例如他们总是爱帮助人，喜欢和别人分享快乐，这样的人会受到别人的欢迎，自私自利的人的行为会引来大家的不满、疏远排斥，乐于助人的行为往往会得到大家的肯定、亲近，可以说这是处理人际关系的重要法则之一。

A 人际关系好的人受人排斥
B. 自私的人引来众人帮助
C. 自私自利的人总是不满
D. 帮助别人就是帮助自己

[단어]

分享 fēnxiǎng ① 몫을 받다, 배당을 받다 ② (행복, 기쁨 등을) 함께 나누다, 누리다 / **疏远** shūyuǎn 웹 소원하(게 되다) / **排斥** páichì 웹 배격하다, 배척하다, 반발하다

[번역]

대인관계가 좋은 사람은 대부분 같은 특징이 있다. 예를 들면 그들은 늘 다른 사람을 도와주는 것과 다른 사람과 기쁨을 나누는 것을 좋아해서 이런 사람들은 다른 사람의 환영을 받는다. 이기적인 사람의 행위는 모든 사람들의 불만과 소원해짐과 배척을 불러일으킬 것이고 남을 기꺼이 돕는 행위는 모든 사람들의 칭찬과 친근함을 얻을 것이다. 이것은 대인관계를 처리하는 데에 아주 중요한 법칙 중의 하나라고 할 수 있다.

A. 대인관계가 좋은 사람도 가끔 사람들의 배척을 받음
B. 이기적인 사람이 오히려 사람들의 도움을 이끌어 냄
C. 이기적인 사람은 늘 불만스러움
D. 다른 사람을 돕는 것이 바로 자신을 돕는 것임

[해설]

맨 마지막 부분에서 '乐于助人的行为往往会得到大家的肯定和亲近，可以说这是处理人际关系的重要法则之一。(남을 기꺼이 돕는 행위는 모든 사람들의 칭찬과 친근함을 얻을 것이다. 이것은 대인관계를 처리하는 데에 아주 중요한 법칙 중의 하나라고 할 수 있다.)'라고 한 것으로 보아 정답이 D인 것을 알 수 있습니다.

[정답] D

08.
[원문]

"以形补形"，即以与人体脏器或组织形状类似的食品补助身体。这种说法在民间流传很久，其主要内容有以脏补脏，一般多是用猪、羊的内脏来补益人体的内脏，以血补血，吃核桃补脑，吃骨头汤壮骨，吃猪皮养肤等等。

A. "以形补形"的意思是用有形状的东西补身体
B. 吃羊的内脏可以使人更加补血
C. "以形补形"是民间流传补身体的方法
D. 吃猪皮可以使人更加聪明

[단어]

人体脏器 réntǐzàngqì 웹 인체 장기, 각 내장 기관 / **脏** zàng 웹 내장 / **核桃** hétao 웹 호두 / **骨头汤** gǔtoutāng 웹 사골탕 / **壮骨** zhuànggǔ 웹 뼈를 튼튼하게 하다

[번역]

'以形补形'은 인체 장기 또는 조직과 모습이 비슷하게 생긴 식품으로 건강을 보충한다는 말이다. 이런 말은 민간에서 전해 내려 온지 오래되었는데, 그 주된 내용은 사람의 장기와 비슷하게 생긴 동물의 장기를 먹어서 건강을 보조하는 것이다. 일반적으로 돼지나 양의 내장으로 인체의 내장을 이롭게 하고, 그밖에 동물의 피를 먹어서 사람의 피를 좋게 하고, 호두를 먹어서 뇌를 좋게 하고, 사골 탕을 먹어서, 뼈를 튼튼히 하고, 돼지껍질을 먹어 피부를 보양하는 것 등이 있다.

A. '이형보형'이란 구체적인 모습이 있는 음식을 먹어서 건강을 보충한다는 뜻임
B. 양의 내장을 먹으면 사람의 피를 더 보충해 줄 수 있음
C. '이형보형'은 민간에서 전해내려 온 지 오래된 건강을 보충하는 방법임
D. 돼지 껍질을 먹으면 사람의 머리를 더 똑똑하게 할 수 있음

[해설]

문장 앞 부분에서 '"以形补形"，即以与人体脏器或组织形状类似的食品补助身体。这种说法在民间流传很久 ('이형보형'은 인체 장기 또는 조직과 모습이 비슷하게 생긴 식품으로 건강을 보충한다는 말이다. 이런 말은 민간에서 전해 내려 온지 오래되었다)'라고 하였으므로 정답은 C인 것을 알 수 있습니다. A의 '~是/用(有形状的)东西/补身体 (구체적인 모습이 있는 음식을 먹어서 몸을 보호하다)'라고 하였으므로 정답이 아닙니다.

[정답] C

09.
[원문]

一位饭店的常客叫来服务员："你们这是什么意思？看看这块牛肉，昨天的那块可是这块的两倍！""昨天晚上你坐在哪里？"服务员问。"跟你有什么关系！我确信我昨天晚上坐在窗子旁边。""哦，是这样。"服务员笑着说："这就很好解释了，我们给靠窗的顾客的通常是大块的牛肉，那是比较理想的广告位置。"

A. 饭店的服务质量很好
B. 饭店给顾客上错了菜
C. 饭店故意给顾客不一样的牛肉
D. 饭店给顾客的牛肉很多

[단어]

常客 chángkè 몡 단골손님

[번역]

식당의 한 단골손님이 종업원을 불렀다. '이게 뭡니까? 이 스테이크 덩어리를 보세요, 어제 스테이크는 이것보다 두 배는 컸다고요!' 그러자 종업원은 '손님, 어제 어디에 앉으셨습니까?' 하고 물어 보았다. '그게 당신과 무슨 상관이에요? 나는 어제 저녁에 분명히 창가 쪽 자리에 앉았었다고요!' 종업원은 '아 그러셨군요.' 하고 웃으면서, '그렇다면 제가 손님께 쉽게 설명을 드릴 수 있습니다. 창가 쪽 자리는 비교적 좋은 홍보 위치이기 때문에, 저희는 창가에 앉은 손님께 보통 큰 덩어리의 스테이크를 드리고 있습니다.'

A. 음식점의 서비스 질은 매우 좋음
B. 음식점에서는 손님에게 음식을 잘못 주었음
C. 음식점에서는 고의로 손님에게 다른 스테이크를 줌
D. 음식점에서 손님에게 스테이크를 매우 많이 주었음

[해설]

맨 마지막 부분에서 '我们给靠窗的顾客的通常是大块的牛肉，那是比较理想的广告位置。(창가 쪽 자리는 비교적 좋은 홍보 위치이기 때문에, 저희는 창가에 앉은 손님께 보통 큰 덩어리의 스테이크를 드리고 있습니다.)' 라고 한 것으로 보아 정답은 C입니다.

[정답] C

10.
[원문]

维生素E可有效降低心肌梗死和中风的死亡率。特别是对65岁以上妇女。另一项研究发现，服用大剂量维生素E能够降低70%老年痴呆症的发病率。选择天然的维生素E，因为天然维生素E比人工合成的具有更高的有效性。

A. 维生素E有延缓衰老的功效
B. 维生素E都是人工合成的
C. 维生素E只适合65岁以上的妇女服用
D. 维生素E可以降低各种老年病的发病率

[단어]

心肌梗死 xīnjīgěngsǐ 몡 심근경색

[번역]

비타민E는 심근경색과 중풍으로 사망할 확률을 낮추는 효과가 있으며, 특히 65세 이상의 부녀자에게 효과가 있다.

또 다른 연구에서는 비타민E를 많이 복용하면 노년의 치매 발병률을 70%까지 낮춰준다는 것을 발견했다. 천연 비타민E를 선택하면, 천연비타민E는 인공합성보다 더 높은 효과가 있다.

A. 비타민E는 노화를 완화시키는 효능이 있음
B. 비타민E는 모두 인공합성으로 만든 것임
C. 비타민E는 65세 이상의 부녀자만 복용하기에 적합함
D. 비타민E는 각종 노인병의 발병률을 낮추어줌

[해설]

맨 앞 부분에서 '维生素E可有效降低心肌梗死和中风的死亡率 (비타민E는 심근경색과 중풍으로 사망할 확률을 낮추는 효과가 있다)'라고 한 것으로 보아 정답이 D인 것을 알 수 있습니다.

[정답] D

11.
[원문]

"亡羊补牢" 这句成语的意思是：因为羊圈破了而丢了羊，如果赶快把破的地方修牢固，就不算晚。比喻处理事情犯错误以后，如果赶紧去挽救，还不为迟的意思。

A. 千万别做没有用的事情
B. 羊圈一定要修牢固了
C. 做错事时要及时补救
D. 做事情要懂得轻重

[단어]

亡羊补牢 wángyángbǔláo 몡 심 / 羊圈 yángjuàn 몡 심 / 牢固 láogù 몡 심 / 挽救 wǎnjiù 몡 심 / 补救 bǔjiù 몡 심

[번역]

'亡羊补牢'이라는 성어는 양 우리가 망가져서 양을 잃었지만, 만약에 서둘러 울타리를 수리한다면 그래도 늦은 편은 아니라는 것을 뜻하며, 일을 처리함에 있어서, 잘못을 한 후라도 서둘러 보완한다면, 아직 늦지 않았다는 것을 비유하는 말이다.

A. 절대로 쓸데없는 일을 하지 말아야 함
B. 양 우리는 반드시 튼튼하게 고쳐야 함
C. 잘못했을 때 제때에 부족한 것을 보완해야 함
D. 일을 할 때 일의 경중을 알아야 함

[해설]

마지막 부분에서 '比喻处理事情犯错误以后，如果赶紧

去挽救，还不为迟的意思。(일을 처리함에 있어서, 잘
못을 한 후라도 서둘러 보완한다면, 아직 늦지 않았다는
것을 비유하는 말이다.)'라고 하였으므로 정답이 C인 것을
알 수 있습니다.

[정답] C

12.

[원문]

在德国，倒垃圾是很讲究的。如果你不小心扔
错了垃圾，整个小区都可能受到影响。在德国
留学，我攻读的是环境工程硕士，课余还到垃
圾回收公司打工，切身感受到德国人对于环境
保护的重视。德国的垃圾回收利用率居欧洲第
一，垃圾分类系统也非常复杂。

A 德国人很重视垃圾的处理方式
B 在德国扔错了垃圾，无论是谁 ，都得罚款
C 德国垃圾回收利用世界第一
D 德国人对环境保护不太重视

[단어]

攻读 gōngdú 图 열심히 공부하다. 전공하다. 연마하다

[번역]

독일에서, 쓰레기를 버리는 것은 매우 주의해야 된다. 만
일 당신이 부주의하여 쓰레기를 잘못 버렸다면, 작은 지역
전체가 영향을 받을 것이다. 독일에서 유학할 때, 나는 환
경공정 석사과정을 공부들 하면서, 수업이외에 쓰레기 회
수 회사에 가서 아르바이트를 했었는데, 독일 사람들은 환
경보호를 중시한다는 것을 온몸으로 느꼈다. 독일의 쓰레
기 회수율은 유럽에서 1위이고, 쓰레기분리 시스템도 매우
복잡하다.

A. 독일인은 쓰레기를 처리방식을 매우 중시함
B. 독일에서 쓰레기를 잘못 버리면 누구든지, 벌금을 내야함
C. 독일의 쓰레기 회수율은 세계1위임
D. 독일인은 환경보호를 별로 중시하지 않음

[해설]

처음과 중간부분에서 '在德国，倒垃圾是很讲究的 (독
일에서, 쓰레기를 버리는 것은 매우 주의해야 된다)', '德
国人对于环境保护的重视 (온몸으로 독일 사람들은 환
경보호를 중시한다) '라고 한 것으로 보아 정답이 A인 것
을 알 수 있습니다.

[정답] A

13.

[원문]

开学典礼上，校长发表演讲："孩子们，知识
是大海，是大江。我们学习知识，就像拿一把
小小的勺子，在大江大海里舀水一样……"
突然，人群中传来一个失望的声音："完了！
我妈妈给我带的是叉子。"

A 有孩子真的以为知识用勺子吃
B 每个孩子都带来一个勺子
C 校长正在讲笑话
D 校长在毕业典礼上发表演讲

[단어]

舀 yǎo 图 (국자, 바가지 따위로) 푸다. 떠내다. 건져내
다 / 叉子 chāzi 圐 양식용 포크

[번역]

개학식에서 교장선생님이 연설을 하고 있었다. '어린이들,
지식은 바다이고, 큰 강이랍니다. 우리가 지식을 배우는 것
은 아주 작은 숟가락으로 바다와 강에서 물을 퍼내는 것처
럼……' 그런데 갑자기 학생들 중에서 실망하는 소리가 들
려왔다. '다 끝났어! 우리 엄마는 나한테 포크만 주셨는데.'

A. 정말 지식은 숟가락으로 먹는 줄 알고 있는 아이가 있었음
B. 모든 아이들이 숟가락을 가지고 왔음
C. 교장선생님이 재미있는 이야기를 하고 있음
D. 교장선생님이 졸업식에서 연설을 하고 있음

[해설]

교장선생님께서 '我们学习知识，就像拿一把小小的勺
子，在大江大海里舀水一样 (우리가 지식을 배우는 것
은 아주 작은 숟가락으로 바다와 강에서 물을 퍼내는 것과
같다)' 고 하자, 한 아이가 '完了！我妈妈给我带的是叉
子。(다 끝났어! 우리 엄마는 나한테 포크만 주셨는데)'라
고 한 것으로 보아 정답이 A인 것을 알 수 있습니다.

[정답] A

14.

[원문]

粥可谓四季咸宜的佳品，不同时节温度、湿度
和环境会有很大差异，相应地选择不同粥品，
有各自的功效，是所谓的"春粥养颜、夏粥清
火、秋粥滋补、冬粥暖胃"。当然，用时鲜蔬
菜煮菜粥，清淡而富含维生素，一年四季都适
合。

A. 冬天最适合喝粥
B. 不同粥品各有功效
C. 人们都喜欢喝菜粥
D. 粥和环境湿度没什么关系

[단어]

咸宜 xiányí ❸ 모두 이치에 맞다, 적당하다 / 养颜 yǎngyán ❸ 얼굴을 보호하다, 관리하다, 가꾸다 / 清火 qīnghuǒ ❸ 열기를 식히다, 열을 내리다 / 滋补 zībǔ ❸ 자양하다, 보양하다

[번역]

죽은 사계절 어울리는 좋은 음식이라고 할만하다. 다른 계절의 온도, 습도와 환경은 많은 차이가 있어서 그에 상응하는 다른 죽을 골라서 먹으면, 각각 효과가 있는데, 이른바 '봄에 먹는 죽은 얼굴을 보호하고, 여름에 먹는 죽은 열을 식히고, 가을에 먹는 죽은 몸을 보양하고, 겨울에 먹는 죽은 위를 따뜻하게 한다'고 한다. 당연히 먹을 때 신선한 야채로 끓인 야채 죽은 담백하고 비타민이 풍부하여 일 년 사계절 먹기에 적합하다.

A. 겨울에 죽을 먹기에 가장 적합함
B. 서로 다른 죽은 각각 효능이 있음
C. 사람들은 모두 야채 죽을 좋아함
D. 죽과 환경습도와는 별로 관계가 없음

[해설]

앞부분에서 '相应地选择不同粥品, 有各自的功效 (그에 상응하는 다른 죽을 골라서 먹으면, 각각 효과가 있다)'라고 했으므로 정답은 B입니다.

[정답] B

15.
[원문]

布艺沙发是以纺织品为面料做的沙发。手感柔软，图案丰富，造型新颖、使人放松，它颇受许多人的欢迎。柔和的质感与色彩的丰富赋予布艺沙发多变的"表情"，极具亲和力。而且它在冬天，暖化室内空气，制造阳光明媚的春日感觉。

A. 布艺沙发具有亲和力
B. 布艺沙发已经流行很久了
C. 布艺沙发不太实用
D. 布艺沙发颜色单一

[단어]

布艺 bùyì ❸ 퀼트 [quilt] / 圆润 yuánrùn ❸ 원숙하고 매끄럽다, 충만하고 윤택하다 / 新颖 xīnyǐng ❸ 참신하다, 새롭고 독특하다 / 赋予 fùyǔ ❸ 부여하다, 주다 / 明媚 míngmèi ❸ ① (자연 경관이) 맑고 아름답다 ② (눈동자가) 밝고 매력적이다

[번역]

퀼트소파는 방직 품을 원단으로 만든 소파이다. 촉감은 부드럽고, 도안은 풍부하고, 모양이 참신해서 사람을 편안하게 하여, 많은 사람에게 큰 한영을 받는다. 온화한 질감과 색상의 풍부함은 퀼트소파에게 변화무쌍한 '표정'을 주어서, 매우 친화력이 있다. 퀼트소파는 또 겨울에 실내공기를 따뜻하게 해주어 햇살이 찬란한 봄날의 느낌을 만든다.

A. 퀼트소파는 친화력이 있음
B. 퀼트소파는 유행한지 이미 오래되었음
C. 퀼트소파는 별로 실용적이지 못함
D. 퀼트소파는 색상이 단일함

[해설]

중간 부분에서 '柔和的质感与色彩的丰富赋予布艺沙发多变的"表情", 极具亲和力 (온화한 질감과 색상의 풍부함은 퀼트소파에게 변화무쌍한 '표정'을 주어서, 매우 친화력이 있다.)'라고 하였으므로 정답은 A입니다.

[정답] A

2회

[정답]

1 C	2 B	3 B	4 A	5 D
6 B	7 B	8 B	9 D	10 A
11 C	12 B	13 C	14 B	15 A

01.
[원문]

微笑不分身份高低，每个人都可以拥有微笑。微笑是对别人的尊重，也是对生活的尊重。微笑是有收获的。你种下了微笑的种子，会得到微笑果实，这是一种平衡，你对别人的微笑越多，别人对你的微笑也越多。

A. 笑容是最美丽的
B. 身份低的人不需要微笑
C. 微笑是对生活的尊重
D. 微笑是一种物理反应

[단어]

平衡 _pínghéng_ 동·형 평형(이 되게 하다), 균형(있게 하다)

[번역]

미소는 신분의 고하를 막론하고 사람마다 미소를 지닐 수 있다. 미소는 남에 대한 존중이고 생활에 대한 존중이기도 하다. 미소는 수확이 있다. 당신이 미소의 씨앗을 뿌리면, 미소의 과실을 수확할 수 있을 것이다. 이것은 일종의 균형인데, 당신이 다른 사람한테 미소를 많이 지을 수 록 다른 사람이 자신한테도 미소를 많이 지을 것이다.

A. 웃는 얼굴은 가장 아름다운 것임
B. 신분이 낮은 사람은 미소가 필요하지 않음
C. 미소는 생활에 대한 존중임
D. 미소는 일종의 생물반응임

[해설]

앞 부분에서 '微笑是对别人的尊重，也是对生活的尊重。(미소는 남에 대한 존중이고, 생활에 대한 존중이기도 하다.)'라고 하였으므로 정답은 C입니다.

[정답] C

02.
[원문]

一个人问道："大夫，你能开给我一些可以变得聪明的药吗？"医生开了些药，要他下星期再来。一星期后，那个人又问："大夫，我觉得自己没有比以前变得更聪明。"医生又开了同样的药，并要他下星期再来。一个星期过去后，那个人对大夫说："我知道自己没有变得比较聪明，你该不会拿糖来骗我是药吧。"医生笑着答道："你是变得聪明些了。"

A. 那个人生病了
B. 世界上没有变聪明的药
C. 医生治好了他的病
D. 医生给那个人一些变聪明的药

[단어]

骗 _piàn_ 동 속이다, 기만하다

[번역]

어떤 사람이 '의사 선생님, 저한테 똑똑해질 수 있는 약을 지어 주실 수 있으세요?'하고 묻자, 의사는 그에게 약을 처방해 주고, 다음 주에 다시 오라고 했다. 일주일 후에 그

사람은 의사 선생님한테 또 '선생님, 저는 이전보다 더 똑똑해지지 않은 것 같습니다.'하고 물었다. 의사는 또 똑같은 약을 처방해 주고, 다음 주에 다시 오라고 했다. 일주일 후에 그는 의사에게 '저는 제가 똑똑해지지 않았다는 것을 압니다. 선생님께서 사탕으로 저를 속이지는 않으셨겠지요?'하고 말했다. 의사는 웃으면서 '당신은 좀 똑똑해졌군요.' 라고 대답했다.

A. 그 사람은 병이 났음
B. 세상에서 똑똑해지는 약은 없음
C. 의사는 그의 병을 잘 치료하였음
D. 의사는 그 사람에게 똑똑해지는 약을 지어 주었음

[해설]

유머에 해당하는 이야기입니다. 어떤 사람이 의사에게 똑똑해지는 약을 지어달라고 하자 의사는 사탕을 약이라고 주었는데, 나중에 그 사람이 그것을 알고 따지자, 의사가 이제 똑똑해 졌다고 한 것으로 보아, 이 세상에 사람을 똑똑하게 만드는 약이 없다는 것을 알 수 있습니다.

[정답] B

03.
[원문]

成年人的正常睡眠时间一定是八个小时吗？通常人们很习惯地认为八个小时睡眠是最好的，如果睡不够八小时，总觉得有一种无形的负担困扰着自己，其实每天六个或七个小时的睡眠对人体来说是足够的，完全可以使人体恢复体力，精神饱满地工作和生活。

A. 每天一定要睡八个小时
B. 充分睡眠使人们感到满意
C. 睡八个小时很科学
D. 睡眠多了是一种负担

[단어]

困扰 _kùnrǎo_ 명 괴롭힘, 성가심, 혼란 동 귀찮게 굴다, 성가시게 하다, 괴롭히다 / **饱满** _bǎomǎn_ 형 ① 포만하다, 풍만하다, 옹골지다 ② 충만하다, 왕성하다 ③ 만족하다(시키다)

[번역]

성인의 정상적인 수면 시간은 반드시 8시간이어야 하는가? 보통 사람들은 습관적으로 8시간 자는 것이 가장 적당하다고 여기고, 8시간을 자지 못하면, 늘 무형의 부담이 자기를 성가시게 한다. 사실 매일 6~7시간의 수면은 인체에 충분해서, 사람의 체력을 완전히 회복시킬 수 있으며,

사람들이 활기차게 일하고 생활할 수 있다.

A. 매일 반드시 8시간 수면을 해야 함
B. 충분한 수면은 사람들을 만족하게 함
C. 8시간 수면은 매우 과학적임
D. 많이 자는 것은 일종의 부담임

[해설]

'其实每天六个或七个小时的睡眠对人体来说是足够的，完全可以使人体恢复体力，精神饱满地工作和生活。(사실 매일 6~7시간의 수면은 인체에 충분해서, 사람의 체력을 완전히 회복시킬 수 있으며, 사람들이 활기차게 일하고 생활할 수 있다.)'라고 했으므로, 수면시간과 상관없이 충분한 수면은 사람들에게 만족을 준다는 것을 알 수 있습니다.

[정답] B

04.
[원문]

这款U盘外型设计非常女性化，玫瑰花冠代表着丰富的玫瑰花语，每一种颜色都表达着每一种爱意，白色代表纯洁的爱情，粉色代表灿烂的笑容，紫色代表浪漫与真情，蓝色代表善良、独一无二。

A. 这款U盘的外型是专门为女性设计
B. 该款产品有三款颜色供消费者选择
C. 白色的U盘代表灿烂的笑容
D. 紫色的U盘代表独一无二

[단어]

花冠 huāguàn 〈植〉화관. 꽃부리 / **粉色** fěnsè 분홍색, 핑크색 / **灿烂** cànlàn 찬란하다, 선명하게 빛나다, 눈부시게 현란하다 / **独一无二** dúyīwúèr 단지 하나 있다, 유일무이하다

[번역]

이 USB의 외형 디자인은 아주 여성적인 스타일로 되어있다. 장미꽃 화관은 풍부한 장미꽃 언어를 의미하여 색상마다 다른 사랑의 뜻을 대표하고 있다. 하얀 색은 순수한 사랑, 분홍색은 찬란한 웃음, 보라색은 낭만과 진실한 감정, 파란색은 착하면서 유일무이한 것을 대표한다.

A. 이 USB의 외형은 전문적으로 여성을 위해 디자인 함
B. 이 상품은 소비자가 선택할 수 있는 3가지 색상을 제공함
C. 흰색 USB는 찬란한 웃음을 대표함
D. 보라색 USB는 유일무이한 것을 대표함

[해설]

'这款U盘外型设计非常女性化 (이 USB의 외형 디자인은 아주 여성적인 스타일로 되어있다)'에서 '女性化'는 '여성적인 취향, 스타일'이라는 뜻이므로 정답은 A입니다.

[정답] A

05.
[원문]

树上的两个苹果正在嘲笑世人。一个苹果说："人们整天争来夺去，吵死了，看来没有一个人愿意和其他人和平共处，说不定有一天，在世界上将只有我们苹果了，那么我们将统治这个世界。"另一个答道："哪一个？ 是红苹果还是绿苹果？"

A. 有人在犹豫着买不买红苹果
B. 世界正从战争走向和平
C. 苹果对现在世界很满意
D. 苹果认为现在世界很混乱

[단어]

嘲笑 cháoxiào 조소하다, 비웃다 / **世人** shìrén 세상사람, 일반 사람

[번역]

나무에 달려 있는 사과 두 알이 세상 사람을 비웃고 있다. 사과 하나가 '인간들은 매일 말다툼하니 시끄러워 죽겠어. 다른 사람들과 평화롭게 함께 사는 것을 원하는 사람이 한 명도 없는 것 같아. 어느 날 세상에 우리 사과만 있게 되어서, 우리가 이 세상을 통치하게 될지도 몰라.'하고 말하자, 다른 사과가 '어느 사과가? 빨간 사과가 통치해, 아니면 파란 사과가 통치해?'라고 되물었다.

A. 어떤 사람이 사과를 사야하는지 망설이고 있음
B. 세계는 지금 전쟁에서 평화로 나아가고 있음
C. 사과는 현재 세계에 매우 만족함
D. 사과는 지금 세상이 매우 혼란스럽다고 여김

[해설]

'一个苹果说："人们整天争来夺去，吵死了，看来没有一个人愿意和其他人和平共处 (사과 하나가 '인간들은 매일 말다툼하니 시끄러워 죽겠어. 다른 사람들과 평화롭게 함께 사는 것을 원하는 사람이 한 명도 없는 것 같아.')'라고 한 것으로 보아 사과는 지금 세상이 매우 혼란스럽다고 생각하고 있는 것을 알 수 있습니다.

[정답] D

06.

[원문]

茶叶中的氨基酸对人体有好处，它在水温60℃的时候就能溶解出来。维生素C在水温70℃时就要受到破坏。茶单宁和咖啡碱在水温70℃时就逐渐溶解出来，若水温过高，茶的味道就过于苦涩了。因此，要想保持茶叶中的营养、味道和香气，人们沏茶的水温最好在70℃至80℃之间为宜，

A. 氨基酸，水温在70度时会溶解出来。
B. 水温过高，会使茶水变苦
C. 沏茶的水温最好是100℃
D. 沏茶的水温最好是在50℃至60℃之间

[단어]

氨基酸 ānjīsuān [명] 아미노산 / **溶解** róngjiě [명][동] 용해(하다) / **单宁** dānníng [명] 〈化〉 타닌 / **咖啡碱** kāfēijiǎn [명] 카페인 / **苦涩** kǔsè [형] ① (맛이) 씁쓸하고, 떫다 ② (마음속으로) 괴롭다 / **沏茶** qīchá [동] 차를 우리다, 차를 타다

[번역]

찻잎 속의 아미노산은 인체에 좋다. 아미노산은 수온이 60도 일 때, 물에 용해되어 나올 수 있으며, 비타민C는 수온이 70도 일 때 파괴될 것이다. 차의 타닌과 카페인은 수온이 70도일 때 점차 물에 용해되어 나오는데, 수온이 너무 높으면 차의 맛이 지나치게 쓰고 떫게 된다. 그래서 차의 영양성분, 맛과 향기를 유지하려면 차를 우릴 때 수온을 70도~80도정도로 유지하는 것이 가장 적당하다.

A. 아미노산은 수온이 70도일 때 물에 용해되어 나옴
B. 수온이 너무 높으면 차는 맛이 써질 것임
C. 차를 우릴 때의 수온은 100도가 가장 적당함
D. 차를 우릴 때의 수온은 50~60도 사이가 가장 적당함

[해설]

'若水温过高，茶的味道就过于苦涩了(수온이 너무 높으면 차의 맛이 지나치게 쓰고 떫게 된다.)'라고 했으므로 정답은 B입니다.

[정답] B

07.

[원문]

一个年轻人刚从哈佛大学毕业，一想到自己的未来就兴奋不已。他上了一辆出租车，司机问："你好！要去哪儿?" "我是今年哈佛大学毕业的毕业生，我刚毕业，我只想出来好好看看这个世界，看看这个世界将给我一个什么样的机会。"年轻人兴奋地说。司机回过头，握住年轻人的手："祝贺你！我是哈佛49届的。"

A. 哈佛大学毕业后很好找理想的工作
B. 哈佛大学毕业后不容易找理想的工作
C. 年轻人是已经找到了工作
D. 司机和年轻人成了好朋友

[단어]

哈佛 hāfó [명] 하버드대학교

[번역]

한 젊은이는 막 하버드대학을 졸업했는데, 자신의 미래를 생각하면 너무 흥분이 되었다. 그가 택시를 탔는데, 택시기사가 '안녕하세요. 어디로 모실까요?' 하고 물어 보았다. 젊은이는 '저는 올해 하버드대를 졸업한 졸업생입니다. 저는 막 졸업해서 그냥 이 세계를 잘 좀 둘러보면서, 이 세계가 저에게 어떤 기회를 줄 것일지 보고 싶습니다.'하고 흥분하면서 말했다. 택시기사는 고개를 돌려서 젊은이의 손을 잡고 말했다. '축하합니다. 저는 하버드 49기 졸업생입니다.'

A. 하버드대 졸업 후 좋은 직장을 구하기 쉬움
B. 하버드대 졸업 후에도 좋은 직장을 구하기 어려움
C. 청년은 이미 직장을 구했음
D. 택시기사와 청년은 좋은 친구가 되었음

[해설]

'司机回过头，握住年轻人的手："祝贺你！我是哈佛49届的 (택시기사는 고개를 돌려서 젊은이의 손을 잡고 말했다. '축하합니다. 저는 하버드 49기 졸업생입니다.')' 라고 한 것으로 보아, 하버드대학을 졸업했다 하더라도 이상적인 직장을 구하는 것은 어렵다는 것을 알 수 있습니다.

[정답] B

08.

[원문]

西方人以红、绿、白三色为圣诞色，圣诞节来临时家家户户都要用圣诞色来装饰。红色的有圣诞花和圣诞蜡烛。绿色的是圣诞树。它是圣诞节的主要装饰品，用砍伐来的常青树装饰而成。白色是雪花的颜色。

A. 圣诞色是红、绿、蓝色
B. 圣诞色是绿、红、白色
C. 圣诞节用白色的蜡烛，绿色的树

D. 不是每个家庭都用圣诞色来装饰圣诞节的

[단어]

圣诞 shèngdàn [명] 예수의 탄생일, 성탄절, 크리스마스 / **蜡烛** làzhú [명] 양초, 초 / **常青树** chángqīngshù [명] 상록 침엽수, 상록수

[번역]

서양 사람들은 붉은 색, 녹색 및 흰색을 크리스마스의 색으로 여긴다. 크리스마스가 되면 집집마다 크리스마스 색으로 집을 장식한다. 붉은 것은 포인세티아와 양초이고, 초록색은 크리스마스트리이다. 크리스마스트리는 크리스마스의 주요한 장식물이고 베어온 상록 침엽수로 만든다. 하얀 색은 눈꽃의 색깔이다.

A. 크리스마스 색은 붉은 색, 녹색, 남색임
B. 크리스마스 색은 녹색, 붉은 색, 흰색임
C. 크리스마스에는 흰색 양초와 녹색 나무를 사용함
D. 모든 가정에서 크리스마스 색으로 크리스마스를 꾸미는 것은 아님

[해설]

'西方人以红、绿、白三色为圣诞色 (서양 사람들은 붉은 색, 녹색 및 흰색을 크리스마스의 색으로 여긴다)'라고 했으므로 정답은 B입니다.

[정답] B

09.

[원문]

专家提醒我们，天气酷热时，若处于空气不流通的地方，便容易中暑。中暑病征是汗多、呼吸困难、头痛或头晕、严重发热。冬瓜汤则可以达到消暑的目的，有清热功效。我们可把冬瓜、生薏米、扁豆、木棉花和猪骨放在一起，用冷水煲两小时，可收到一定效果。

A. 中暑的表现是咳嗽，轻微发热
B. 冬瓜汤可以预防中暑
C. 喝很热的汤可预防中暑
D. 人在空气不流通的地方会中暑

[단어]

中暑 zhòngshǔ [명][동] 더위 먹다, 중서 [더위로 인해 두통, 현기증 등이 일어나고, 심하면 정신을 잃는 병] / **酷热** kùrè [명] 혹서 [형] (날씨가) 매우 덥다 / **流通** liútōng [동] ① 유통하다 ② 널리 퍼지다 [명] (상품, 화폐 등의)유통 / **消暑** xiāoshǔ [동] (나름대로 더위를 이길 방법을 찾아) 여름을 보내다, 피서하다 / **薏米** yìmǐ [명] 율무쌀 / **扁豆** biǎndòu [명] 제비 콩, 강낭콩, 편두 / **煲** bāo [명] (속이 깊은) 냄비, 솥 [동] (속이 깊은 냄비로) 음식을 끓이다

[번역]

전문가는 우리에게 날씨가 무더울 때 공기가 통하지 않는 곳에 있으면 더위를 먹기 쉽다고 경고했다. 더위를 먹는 증상은 땀이 많이 나고 숨이 차고, 머리가 아프고 어지러우며, 열이 심하게 많이 나는 것이다. 冬瓜탕은 열을 없애는 효능이 있어서, 더위를 없애는 목적에 이를 수 있다. 우리가 동과, 율무쌀, 강낭콩, 목화 꽃과 돼지 뼈를 함께 넣고, 찬물에 두 시간정도 끓이면 어느 정도 효과를 얻을 수 있다.

A. 더위를 먹었을 때 기침과 경미한 발열이 있음
B. 사람은 공기가 잘 통하지 않는 곳에서 더위를 먹을 수 있음
C. 너무 뜨거운 탕을 먹으면 더위를 먹을 수 있음
D. 冬瓜탕은 더위 먹는 것을 예방할 수 있음

[해설]

'冬瓜汤则可以达到消暑的目的， 有清热功效 (冬瓜탕은 열을 없애는 효능이 있어서, 더위를 없애는 목적에 이를 수 있다)'라고 했으므로 정답은 D입니다.

[정답] D

10.

[원문]

期末考试后，一个学生看着镜中的自己脸色不好，不禁对室友说："我的样子好像老了10年！"室友说："你比我好，我的样子好像只剩下10年了。"这时候，另一个室友忍不住插嘴说："你们都比我好，我的样子好像已经死了10年。"

A. 他们都因为考试很疲倦
B. 他们喜欢照镜子
C. 他们正在谈论美容的问题
D. 他们都通过了期末考试

[단어]

不禁 bùjīn [부] 자기도 모르게, 저절로 / **忍不住** rěnbúzhù 참을 수 없다, 참지 못하다 / **插嘴** chāzuǐ [동] 말참견하다

사 재해는 사람이나 가축이 사망하거나, 건축물이 무너지고 농업 생산량을 줄이는 것 등을 초래하는데, 황사의 위해한 정도는 태풍에 뒤지지 않으며, 대기오염과 지표토양 유실 등 환경 문제도 초래한다.

A. 대기의 가시거리가 1km 이상일 때 황사라고 할 수 있음
B. 북경은 황사가 자주 일어남
C. 황사는 매우 심각한 자연재해를 초래함
D. 황사의 위해한 정도는 태풍에 못 미침

[해설]
'沙尘暴灾害可造成人畜死亡、建筑物倒塌、农业减产等（황사 재해는 사람이나 가축이 사망하거나, 건축물이 무너지고 농업 생산량을 줄이는 것 등을 초래한다）'라고 했으므로 정답은 C입니다.

[정답] C

12.
[원문]
北极熊经常栖息在冰盖上，过着水陆两栖生活，通常以鱼类、鸟类和其它小哺乳动物为食，若能幸运碰到鲸鱼的尸体，则可美美地饱餐一顿。冬天，北极熊一般在巢穴里度过。直到来年春季二三月才出来活动，3月–5月北极熊活动最频繁。温暖的夏天，北极熊出穴四处寻找猎物。

A. 北极熊经常在水里生活
B. 北极熊喜欢吃鲸鱼肉
C. 北极熊在冰盖上度过冬季
D. 北极熊在夏天的时候活动最频繁

[단어]

北极熊 běijíxióng 몧 북극곰 / 栖息 qīxī 롱 서식하다, 머물다 [주로 새에 대해 씀] / 两栖 liǎngqī 롱 ① 땅에서도 물에서도 살다 ② 두 가지를 겸해서 하다 / 哺乳动物 bǔrǔdòngwù 몧 포유동물 / 鲸鱼 jīngyú 몧 고래 / 尸体 shītǐ 몧 시체 / 巢穴 cháoxué 몧 (새나 짐승의) 집 / 频繁 pínfán 몧 잦다, 빈번하다 / 穴 xué 몧 동굴, 구멍, 소굴

[번역]
북극곰은 자주 두꺼운 얼음 위에서 서식하고 수륙 양서 생활을 한다. 먹이는 보통 물고기, 조류 및 기타 작은 포유동물 등인데 운이 좋게 고래의 시체를 찾으면 마음껏 포식을 한 번 한다. 겨울에 북극곰은 보통 굴속에서 보내고, 다음 해 2~3월이 되어서야 비로소 나와서 활동하고, 3월~5월

에는 북극곰의 활동이 가장 빈번하고, 따뜻한 여름에 북극곰은 동굴에서 나와서 사방으로 사냥감을 찾아다닌다.

A. 북극곰은 자주 물속에서 생활함
B. 북극곰은 고래 고기 먹는 것을 좋아함
C. 북극곰은 얼음 위에서 겨울을 보냄
D. 북극곰은 여름에 활동이 가장 빈번함

[해설]

'若能幸运碰到鲸鱼的尸体，则可美美地饱餐一顿。(운이 좋게 고래의 시체를 찾으면 마음껏 포식을 한 번 한다.)'라고 했으므로 정답은 B입니다.

[정답] B

13.

[원문]

父亲在儿子的心目中是伟大的。在父亲身上，男孩学习如何举手投足、如何待人接物、如何关爱女性。父亲就是儿子做人的榜样。每个父亲都可以从自己的孩子身上发现自己的影子。每个孩子长大以后也会发现自己越来越像父亲。

A. 儿子长的更像母亲
B. 父子之间长得很像
C. 父亲是儿子的榜样
D. 母亲对儿子的影响很大

[단어]

举手投足 jǔshǒutóuzú (명) 일 거수 일 투족, 아주 조그만 동작이나 행동 / 待人接物 dàirénjiēwù (성) 사람을 대하는 태도 / 榜样 bǎngyàng (명) 모범, 본보기

[번역]

아버지는 아들의 마음속에서 늘 위대하다. 남자아이는 아버지에게서 사람이나 사물을 어떻게 대하는 지, 여성에게 어떻게 관심을 갖고 사랑을 하는지, 일 거수 일 투족을 배운다. 아버지는 아들에게 행동의 본보기다. 모든 아버지들은 자기의 아이로부터 자신의 그림자를 발견할 수 있다. 모든 아이들이 어른이 된 후에도 자신이 점점 더 아버지를 닮아가는 것을 발견할 수 있다.

A 아들의 모습은 어머니를 더욱 닮음
B. 부자지간은 매우 비슷하게 생김
C. 아버지는 아들의 본보기임
D. 어머니의 아들에 대한 영향은 매우 큼

[해설]

'父亲就是儿子做人的榜样 (아버지는 아들에게 행동의

본보기다)'라고 하였으므로 정답은 C입니다.

[정답] C

14.

[원문]

一位顾客在餐厅中用餐。当服务员把账单送上时，他摸了摸口袋，假装惊慌地说："糟糕！我的钱包不见了。"服务员面无表情地问："真的吗？"于是，他把这个男人带到门口，大声命令他："蹲下。"然后用力一脚，把他踢到门外。这时，坐在另一张桌上的一个顾客，自动地走到门口，同样地蹲下来，然后回头对服务员说："结账。"

A. 第二个顾客的钱包丢了
B. 第二个顾客不愿意买单
C. 服务员对顾客很不礼貌
D. 服务员在跟顾客开玩笑

[단어]

假装 jiǎzhuāng (동) 가장하다, …인 척하다 / 惊慌 jīnghuāng (형) 당황하다

[번역]

어느 손님은 식당에서 식사를 했고, 종업원이 계산서를 가져올 때 그는 호주머니를 만지작 거리다가 일부러 당황해하면서 '큰 일 났네! 지갑을 잃어버렸어요.' 하고 말했다. 종업원이 무표정하게 '정말인가요?'라고 묻고는 그 남자를 입구로 데려가서 큰 소리로 '무릎 꿇어!'하고 명령한 후에 그를 발로 힘껏 밖으로 차버렸다. 이때 다른 테이블에 앉아 있던 손님이 자발적으로 입구에 가서 무릎을 꿇고서, 종업원에게 '계산 좀 해주세요!'라고 말했다.

A 두 번째 손님은 지갑을 잃어버렸음
B. 두 번째 손님은 계산을 하고 싶지 않음
C. 종업원은 손님에게 매우 불친절함
D. 종업원은 손님에게 농담을 하고 있음

[해설]

유머에 해당하는 내용입니다. 첫 번째 손님이 지갑을 잃어버렸다고 하자 종업원이 문 입구에서 무릎을 꿇게 한 후 발로 걷어차 내보내는 것을 보고, 두 번째 손님이 자진해서, 문 입구에 가서 직접 무릎을 꿇고 앉아서, 종업원에게 계산을 하자고 한 것으로 보아, 두 번째 손님도 첫 번째 손님처럼 계산을 하지 않고 그냥 가고 싶어서 그런 것을 알 수 있습니다.

[정답] B

15.

[원문]

《围城》的作者钱钟书，是一个非常有意思的人，有一次，一位记者想要采访他，但是钱钟书再三婉拒，这位记者还是不死心，钱钟书给他写了几句话：如果你吃了个鸡蛋觉得不错，何必要去认识那只下蛋的母鸡呢？

A. 钱钟书很幽默
B. 鸡蛋和鸡是一个问题
C. 《围城》的内容和鸡蛋有关
D. 钱钟书接受了记者的访问

[단어]

婉拒 wǎnjù 图 완곡하게 거절하다 / **死心** sǐxīn 图
① 단념하다. 희망을 버리다 ② 마음을 확실히 정하다

[번역]

《围城》의 저자 钱钟书는 매우 재미있는 사람이다. 한번은 어느 기자가 그를 인터뷰하고 싶어 했다. 钱钟书는 누차 인터뷰를 완곡하게 거절했지만, 그 기자가 끝까지 단념하지 않자, 钱钟书는 그에게 몇 마디를 써주었다. '당신이 계란을 먹고서 아주 맛있다고 생각하면 구태여 알 낳은 암탉을 알 필요가 있는가?'

A. 钱钟书는 매우 유머가 있음
B. 계란과 닭은 하나의 문제임
C. 《围城》의 내용과 계란은 관계가 있음
D. 钱钟书는 기자의 인터뷰를 맡아 들였음

[해설]

'钱钟书，是一个非常有意思的人 (钱钟书는 매우 재미있는 사람이다.)'라고 하였으므로 정답은 A입니다.

[정답] A

[2주차 원문 & 해설 & 정답]

1회

[정답]

1 D	2 A	3 A	4 D	5 B
6 D	7 A	8 C	9 D	10 D
11 A	12 C	13 A	14 D	15 A

01.

[원문]

铁树学名苏铁，是地球上现存的最原始的种子植物之一。铁树开花有很强的地域性，它喜湿热、好光，而我国北方雨量少、干燥，铁树往往需要几十年甚至几百年才能开花，有的终身不开花；生长在热带的铁树，10年后就能年年开花结果。

A. 铁树是用铁做的
B. 铁树在任何地方都能生长
C. 热带的铁树几十年才能开花
D. 铁树是一种不容易开花的植物

[단어]

铁树 tiěshù 图 소철 [= 苏铁 sūtiě]

[번역]

铁树의 학명인 소철은 지구상에 현존하는 가장 원시적인 씨앗 식물 중 하나이다. 소철의 개화는 강한 지역성을 가지고 있고, 그것은 습하면서 무덥고, 빛을 좋아하지만, 우리나라 북쪽은 비가 적고, 건조하여, 소철은 늘 몇 십 년에서 심지어는 몇 백 년이 걸려서야 꽃을 피울 수 있다. 어떤 것은 평생 꽃을 피우지 않는다. 열대에서 성장하는 소철은, 10년 후에는 해마다 개화하는 결실을 맺을 수 있다.

A. 소철은 철로 만든 것임
B. 소철은 어느 곳에서나 성장이 가능함
C. 열대의 소철은 몇 십 년 만에 비로소 꽃을 피울 수 있음
D. 소철은 어렵게 꽃이 피는 식물임

[해설]

'铁树往往需要几十年甚至几百年才能开花，有的终身不开花 (소철은 늘 몇 십 년에서 심지어는 몇 백 년이 걸려서야 꽃을 피울 수 있다. 어떤 것은 평생 꽃을 피우지 않는다)'라고 하였으므로 정답은 D입니다.

[정답] D

02.

[원문]

电影是音乐和画面的完美结合，音乐是电影中必不可少的重要组成部分，现在大多数人喜欢在电影院里欣赏电影，是因为人们想通过电影来体会身临其境的感觉，从电影开始到结束，加入的音乐使情节变得更丰富、更能引起人们的共鸣。

A. 音乐使电影的情节更丰富
B. 人们去电影院看电影是为了感觉浪漫
C. 没有音乐的电影不存在
D. 电影让人们感情得到宣泄

[단어]

必不可少 bìbùkěshǎo [성] 없어서는 안 된다, 반드시 필요하다 / **身临其境** shēnlínqíjìng [성] 그 장소에 직접 가다, 그 입장에 서다 / **共鸣** gòngmíng [명][동] 공감(하다) / **宣泄** xuānxiè [동] ① 물길을 트다, 물을 빼다, 배수하다 ② 새나가다, 누설되다 (하다) ③ 화나 울분을 풀다 (털어 놓다)

[번역]

영화는 음악과 화면의 완벽한 결합이다. 음악은 영화에 없어서는 안 되는 중요한 부분이다. 현재 대부분 사람들이 영화관에서 영화를 감상하기 좋아하는 것은 영화를 통해 직접 그 입장에 서는 느낌을 체험하고 싶기 때문이다. 처음부터 끝까지 영화 속의 음악은 플롯을 더욱 풍부하게 만들어서, 더더욱 사람들의 공감을 일으킬 수 있게 한다.

A. 음악은 영화의 플롯을 더욱 풍부하게 해 줌
B. 사람들은 낭만을 느끼기 위해 극장에 가서 영화를 봄
C. 음악이 없는 영화는 존재하지 않음
D. 영화는 사람들에게 감정상의 울분을 풀게 해줌

[해설]

'加入的音乐使情节变得更丰富 (영화 속의 음악은 플롯을 더욱 풍부하게 만든다)' 라고 하였으므로 정답은 A입니다.

[정답] A

03.

[원문]

狗和马一起替农夫干活。一天，他们开始讨论彼此的功绩。狗对马说："我们狗真伟大啊， 要是人们把你赶出农庄，我才不觉得可惜呢。耕田、拖车，固然是高尚的活儿，可我从未听说过你还有其他功绩。你怎能跟我相比呢？我白天黑夜都不休息，保护牲口，看守门户。" 马回答说："你说得很对。不过你要记住，如果没有我耕田，你在这儿就没有什么可看守的了。"

A. 马认为各自都有自己的活儿
B. 狗认为马干很多活，很辛苦
C. 马认为狗的功劳很大
D. 马认为狗没什么可看守的

[단어]

功绩 gōngjì [명] 공적, 수훈 / **耕田** gēngtián [동] 밭을 갈다 / **拖车** tuōchē [동] 차를 끌다

[번역]

개와 말은 함께 농부를 위해 일하는데, 어느 날 둘이 서로의 공로를 이야기하기 시작했다. 개는 말에게 '우리 개들은 정말 위대해! 사람들이 너를 마을에서 쫓아내더라도 나는 하나도 아깝다는 생각이 안 들어. 논밭을 갈고 수레를 끄는 것도 물론 훌륭한 일이지만, 그것 말고는 네가 다른 공로가 있다는 것을 한 번도 들어본 적이 없는데, 어떻게 나랑 비교할 수 있겠니? 나는 밤낮으로 쉬지 않고 가축을 지키고, 집을 보고 있다고.' 하고 말했다. 그러자 말은 '네 말이 맞아. 하지만 내가 논밭을 안 갈면 너도 여기에서 안 지키고 있어도 된다는 것을 꼭 기억하렴.'하고 대답했다.

A. 말은 각자 자기 일이 다 있다고 생각함
B. 개는 말이 일을 많이 하고, 매우 힘들다고 생각함
C. 말은 개의 공로가 매우 크다고 생각함
D. 말은 개가 안 지켜도 된다고 생각함

[해설]

개가 자신의 공로에 대해서 설명하면서, 그에 비해 말은 별로 하는 일이 없다고 하자, 말이 '你说得很对。不过你要记住，如果没有我耕田，你在这儿就没有什么可看守的了。(네 말이 맞아. 하지만 내가 논밭을 안 갈면 너도 여기에서 안 지키고 있어도 된다는 것을 꼭 기억하렴)' 이라고 대답한 것으로 보아 말은 각자 자신에게 주어진 일이 있으며, 개의 공로는 당연한 것이지 훌륭한 일이 아니라고 생각하고 있는 것을 알 수 있습니다.

[정답] A

04.

[원문]

爸爸开车去银行取钱，到了银行以后，发现没有停车的位置了，没办法，他只好把车停在路边上，他在车窗上贴了一张纸条，上面写着：我来此办事，不会很长时间。当爸爸回来的时候，他的车窗上多了一张交通罚单，而且在那张纸条上多了一行字：我也是。

A. 爸爸被罚款了
B. 爸爸写的字条丢了
C. 爸爸碰到警察了
D. 爸爸找到了停车位

[단어]

贴 tiē [동] (벽이나 면에) 부치다 / **罚单** fádān [명] 벌금 딱지

[번역]

아버지는 차를 몰고 은행에 돈을 찾으러 갔다. 은행에 도착하고 나서, 주차공간이 없다는 것을 알고, 어쩔 수 없이 길가에 차를 세웠다. 그는 차창에 자기는 일을 보러 왔고, 시간이 많이 걸리지 않을 것이라는 쪽지를 하나 써 붙였다. 아버지가 돌아왔을 때, 그의 차창에 교통 벌금 딱지가 하나 붙었는데, 그 쪽지에도 '나도 그렇다'는 글 한 줄이 더 쓰여 있었다.

A. 아버지는 주차할 곳을 찾았음
B. 아버지가 쓴 메모지를 잃어버렸음
C. 아버지는 경찰을 만났음
D. 아버지는 벌금을 부과 받았음

[해설]

'他的车窗上多了一张交通罚单 (그의 차창에 교통 벌금 딱지가 하나 붙었다)'라고 한 것으로 보아 아버지는 벌금을 부과 받은 것을 알 수있습니다.

[정답] D

05.

[원문]

人体细胞分裂只在夜间进行，也就是说，人体细胞的更新是在睡眠中进行的，所以睡眠前喝牛奶既保证皮肤获得足够的营养物质，也有利于皮肤的新陈代谢。上床前喝一杯牛奶可以使你睡得更好。

A. 人体细胞一整天都在更新
B. 牛奶可以促进睡眠
C. 睡前喝牛奶不利于睡眠
D. 人们应该睡觉前多喝牛奶

[단어]

细胞分裂 xìbāofēnliè [명] 세포분열 / **新陈代谢** xīnchéndàixiè [명] 신진대사

[번역]

인체 세포 분열은 밤에만 진행되는데, 인체세포의 재생은 잠자는 도중에도 진행된다고 말할 수 있다. 그래서 잠자기 전에 우유를 마시면 피부에 충분한 영양물질을 공급하는 것을 보증하고, 피부의 신진대사에도 좋으며, 잠자리에 들기 전에 우유 한잔을 마시는 것은 당신에게 더욱 숙면을 할 수 있게 해준다.

A. 인체세포는 온 종일 재생되고 있음
B. 우유는 수면을 촉진시킬 수 있음
C. 잠자기 전에 우유를 마시는 것은 수면에 좋지 않음
D. 사람들은 잠자기 전에 당연히 우유를 많이 마셔야 함

[해설]

'上床前喝一杯牛奶可以使你睡得更好。(잠자리에 들기 전에 우유 한잔을 마시는 것은 당신에게 더욱 숙면을 할 수 있게 해준다.)'라고 했으므로 정답은 B입니다.

[정답] B

06.

[원문]

人的一生中有三分之一的时间在睡眠中度过，睡眠对我们来说很重要，婴儿的睡眠时间可以达到十几甚至二十几个小时，随着年龄的增长，时间不断缩短，一般成年人一天6-8个小时就够了。

A. 婴儿睡眠时间比成人短
B. 成年人睡觉时间越多越好
C. 人的睡眠时间长短差不多
D. 年龄不同睡眠时间也不同

[단어]

婴儿 yīng'ér [명] 갓난아기, 영아 / **缩短** suōduǎn [동] 단축하다, 줄(이)다

[번역]

사람은 평생 1/3의 시간을 잠을 자며 보낸다. 수면은 인간에게 아주 중요하다. 영아의 수면시간은 십여 시간, 심지어 이십 여 시간에 이르고, 나이가 들면서 수면시간도 계속 줄어서, 일반 성인은 매일 6~8 시간 자면 충분하다.

A. 갓난아기의 수면시간이 성인보다 짧음
B. 성인의 수면 시간은 많을 수 록 좋음
C. 사람의 수면 시간의 길이는 비슷함
D. 연령이 다르면 수면 시간도 달라짐

[해설]

'婴儿的睡眠时间可以达到十几甚至二十几个小时，随着年龄的增长，时间不断缩短 (영아의 수면시간은 십여 시간, 심지어 이십 여 시간에 이르고, 나이가 들면서 수면시간도 계속 줄어든다)'라고 했으므로, 연령별로 수면 시간이 달라짐을 설명하고 있는 것을 알 수 있습니다.

[정답] D

07.

[원문]

教授说："你们已了解'谎言'的概念，关于这个问题，我已在自己的著作《论谎言》一书中写到。你们谁读过这本书，请举起手来。"所有的同学不约而同地举起了手。"很好！" 教授继续说："这回可有了新的讲课例子啦。我写的书尚未出版呢！"

A. 学生们都说谎了
B. 教授写的书已经出版了
C. 学生都看过教授写的书
D. 学生们都喜欢读教授写的《论谎言》

[단어]

谎言 huǎngyán 명 거짓말 / **不约而同** bùyuēértóng 성 약속이나 한 듯이 일치하다 / **尚** shàng 부 아직

[번역]

교수는 '여러분은 이미 거짓말이란 개념을 알게 되었으며, 저는 이 문제에 관해 이미 제 저서인《거짓말을 논하다》에서 언급을 했습니다. 여러분 중에 이 책을 읽은 적이 있는 사람은 손을 들어보세요.'라고 말하자 학생들이 약속이나 한 듯이 모두 손을 들었다. 교수는 '좋습니다.'라고 하면서 계속해서 '이 번에 새로운 강의 예가 생겼네요. 제 책은 아직 출간되지도 않았거든요.'하고 말했다.

A. 학생들은 모두 거짓말을 했음
B. 교수가 쓴 책은 이미 출간되었음
C. 학생들은 모두 교수가 쓴 책을 본 적이 있음
D. 학생들은 모두 교수가 쓴《거짓말을 논하다》란 책 읽기를 좋아함

[해설]

교수가 쓴 책이 아직 출간되지도 않았는데, 교수가 이 책을 읽은 학생은 손을 들어보라고 하자, 학생들이 일제히 손을 든 것으로 보아, 학생들 모두가 거짓말을 한 것을 알 수 있습니다.

[정답] A

08.

[원문]

林先生用打工挣来的钱，买了二十多套房子，年过花甲之时，他决定到处走走，他选择出去旅游，每当钱花光了，他就卖掉一套房子，直到84岁去世时，他还留有几套房子。他临终的遗言是：我最大的错误是没有花完所有的钱。

A. 他犯了很多错误
B. 他去世时已经没有房子了
C. 他想花光所有的钱
D. 他因为买了很多房子而后悔

[단어]

临终 línzhōng 동 죽음에 이르다, 죽을 때가 되다 명 임종 시, 죽을 때 / **遗言** yíyán 명동 유언(하다) / **花甲** huājiǎ 명 환갑, 회갑, 60세

[번역]

임 선생은 일해서 번 돈으로 집 20여 채를 구입했다. 환갑이 되었을 때, 그는 곳곳을 다 가보기로 결정하고, 그는 여행갈 곳을 선택을 했다. 돈이 떨어질 때마다 그는 집 한 채를 팔았고, 그는 84 세로 죽을 때까지도, 그는 집 몇 채를 남겼다. 그는 유언에서 나의 가장 큰 실수는 돈을 다 쓰지 못한 것이라고 했다.

A. 그는 많은 잘못을 했음
B. 그가 죽을 때에는 이미 집이 없었음
C. 그는 모든 돈을 다 쓰고 싶었음
D. 그는 집을 많이 샀기 때문에 후회했음

[해설]

'他临终的遗言是：我最大的错误是没有花完所有的钱。(그는 유언에서 나의 가장 큰 실수는 돈을 다 쓰지 못한 것이라고 했다.)'라고 했으므로 정답은 C입니다.

[정답] C

09.

[원문]

在俄罗斯西部，生长着一种独特的树木，当地人把它叫做 "神木"。据说，1696年彼得大帝在大战时所乘坐的旗舰，就是用这种木头打造的。正是因为这种木头质地坚硬，敌人的炮弹对其无可奈何，才使得彼得大帝在海战中战胜了强大的敌人。后来，彼得大帝把这种树木封为 "俄罗斯国宝"。

A. 这种树只有俄罗斯东部才有
B. 这种神木对病人有治疗效果
C. 这种树质地很不结实
D. 神木可以在战争中挡住敌人的炮弹

[단어]

旗舰 qíjiàn 명 함대, 사령관이 승선한 군함

[번역]

러시아 서부에 독특한 나무가 한 그루 자라고 있었는데, 그 지역 사람들은 그것을 '신목'이라고 불렀다. 피터황제가 1696년에 전쟁 시에 탔던 군함은 바로 이 나무로 만들었다고 한다. 이 나무의 재질은 매우 단단했기 때문에, 적의 포탄도 이것을 뚫을 방법이 없어서 피터황제가 해전 중에 강대한 적들을 물리치게 하였다. 나중에 피터 황제는 이 나무를 '러시아의 국보'로 봉하였다.

A. 이런 나무는 러시아 동부에만 있음
B. 이런 신목은 환자에 대해 병을 치료하는 효과가 있음
C. 이런 나무의 재질은 견고하지 않음
D. 신목은 전쟁 중에 적의 포탄을 막을 수 있음

[해설]

'这种木头质地坚硬，敌人的炮弹对其无可奈何 (이 나무의 재질은 매우 단단했기 때문에, 적의 포탄도 이것을 뚫을 방법이 없다)'라고 했으므로 정답은 D입니다.

[정답] D

10.

[원문]

人们都说可爱的女人最美丽，要说怎样可爱才算美丽？每个人都有自己的标准，总之一句话，女人不是因为美丽而可爱，而是因为可爱而美丽，不知道从何时起，大家都喜欢夸奖女人可爱，但有些女性会认为，夸她可爱就意味着你认为她不漂亮，所以说这句话时可要注意了。

A. 夸奖女人时不能夸奖她可爱
B. 男人都喜欢漂亮的女人
C. 女人喜欢别人说她可爱
D. 女人因可爱而美丽

[단어]

何时 héshí 언제 / 意味着 yìwèizhe 의미하다, 뜻하다

[번역]

사람들은 모두 귀여운 여자가 가장 예쁘다고 말한다. 어떻게 귀여워야만 예쁘다고 할 수 있냐고 물어보면 사람마다 기준이 다를 것이다. 한마디로 하면 여자는 예뻐서 귀여운 것이 아니라 귀여워서 예쁜 것이다. 언제부터인지 모르지만 사람들은 모두 여자에게 귀엽다고 칭찬해주곤 한다. 그런데 어떤 여자들은 자신에게 귀엽다고 칭찬해주면 사실 예쁘지 않다는 뜻이라고 여긴다. 그래서 여자를 귀엽다고 칭찬할 때에는 매우 주의해야 한다.

A. 여자에게 칭찬할 때 귀엽다고 하면 안됨
B. 남자들은 모두 예쁜 여자를 좋아함
C. 여자는 다른 사람이 자신을 귀엽다고 말하는 것을 좋아함
D. 여자는 귀엽기 때문에 예쁜 것임

[해설]

'总之一句话，女人不是因为美丽而可爱，而是因为可爱而美丽 (한마디로 하면 여자는 예뻐서 귀여운 것이 아니라 귀여워서 예쁜 것이다)'라고 했으므로 정답은 D입니다.

[정답] D

11.

[원문]

伦敦塔在英国王宫中的意义非常重大，作为一个防卫森严的宫殿，英国数代国王都在此居住。如今在伦敦塔内，除了有显示古代刑法的地牢和宝剑外，还收藏有历代英国国王的王冠和珠宝。这些都是全球闻名的稀世珍宝。

A. 伦敦塔里面有很多稀世珍宝
B. 伦敦塔里面有现代刑法的地牢
C. 伦敦塔里面只有宝剑
D. 主要介绍伦敦塔的历史

[단어]

森严 sēnyán 삼엄하다, 엄중하다 / 地牢 dìláo 지하 감옥 / 宝剑 bǎojiàn 무검, 보배로운 칼, 검의 통칭

[번역]

런던탑의 영국왕실에서의 의미는 매우 크다. 삼엄한 궁전을 지키는 것으로써, 영국 수대에 걸친 국왕은 모두 이곳에서 살았다. 지금 런던 탑 내에는 고대 형벌의 지하 감옥과 보검을 보여주는 것 외에도, 역대 영국 국왕의 왕관과 보물도 보존하고 있는데, 이것들은 모두 전 세계에서 유명한 희귀보석들이다.

A. 런던탑 안에는 많은 세계의 희귀보물이 있음
B. 런던탑 안에는 현대 형벌의 지하 감옥이 있음
C. 런던탑 안에는 보검만 있음
D. 주로 런던탑의 역사를 소개하고 있음

[해설]

'这些都是全球闻名的稀世珍宝。(이것들은 모두 전 세계에서 유명한 희귀보석들이다.)'라고 했으므로 정답은 A입니다.

[정답] A

12.

[원문]

人际关系就像高速公路上行驶的两辆汽车，要保持一定距离才会避免碰撞。"距离产生美"是真理。再亲密无间的两个人都应该保持一定的距离，把握好这种距离，是十分重要的。它能够让你的人际关系保持和谐，也有助于增进交往双方的感情。

A. 高速公路上事故多
B. 亲密无间的没有距离
C. 保持距离才能人际和谐
D. 高速公路上要控制车速

[단어]

碰撞 pèngzhuàng 명동 충돌(하다) / 亲密无间 qīnmìwújiàn 성 매우 친밀하여 조금의 격의도 없다 / 和谐 héxié 형 ① (배합, 가락 등이) 잘 어울리다. 조화하다. 맞다 ② 의좋다. 정답하다. 화목하다 / 人际关系 rénjìguānxi 명 대인관계

[번역]

대인관계는 고속도로를 달리는 두 대의 차량처럼 일정한 거리를 유지해야만 부딪치는 것을 피할 수 있다. '거리가 아름다움을 만든다.'라는 말은 진리이다. 두 사람이 아무리 사이가 좋아도 일정한 거리를 유지해야 하며, 이 거리를 잘 조절하는 것은 매우 중요하다. 이 거리는 당신의 대인관계를 조화롭게 할 수도 있고, 두 사람 간의 감정을 증진시킬 수도 있다.

A. 고속도로에서 사고가 많음
B. 아주 친밀한 사이에는 거리가 없음
C. 거리를 유지해야만 대인관계가 좋아질 수 있음
D. 고속도로에서는 차량 속도를 규제해야 함

[해설]

친한 사이라도 일정한 거리를 유지하는 것이 대인관계를 조화롭게 한다는 내용을 강조하고 있으므로 정답은 C입니다.

[정답] C

13.

[원문]

茶叶煮鸡蛋会影响健康。专家的解释是，茶叶中含有生物酸碱成分，在烧煮时会渗透到鸡蛋里，与鸡蛋中的铁元素结合；这种结合体，对胃有很强的刺激性，久而久之，会影响营养物质的消化吸收，不利于人体健康。

A. 茶叶煮鸡蛋是不太科学的
B. 茶叶煮鸡蛋是很好吃的食品
C. 主要介绍茶叶煮鸡蛋的做法
D. 茶叶煮鸡蛋促进消化吸收

[단어]

酸碱 suānjiǎn 명 수소 / 渗透 shèntòu 동 ① 삼투하다 ② 침투하다. 스며들다 / 久而久之 jiǔérjiǔzhī 성 오랜 시일이 지나다, 오래 지속되다 (놓아두다. 계속하나) [부사적 용법으로 사용하는 경우가 많음]

[번역]

차 잎을 넣고 삶은 계란은 건강에 지장을 줄 수 있다. 전문가는 차 잎 속에는 생물 수소성분이 함유되어 있어서, 삶을 때 조금씩 계란 속으로 들어가서, 계란 속의 철분과 결합할 수 있는데, 이런 결합체는 위에 강한 자극을 주고 오래 지속하면 영양물질의 소화흡수에 영향을 주어서, 인체 건강에 해로울 것이라고 말한다.

A. 차 잎을 넣고 삶은 계란은 별로 과학적이지 않음
B. 차 잎을 넣고 삶은 계란은 맛있는 음식임
C. 주로 차 잎을 넣어 계란을 삶은 방법을 소개함
D. 차 잎을 넣고 삶은 계란은 소화 흡수를 촉진시킴

[해설]

'茶叶煮鸡蛋会影响健康 (차 잎을 넣고 삶은 계란은 건강에 영향을 줄 수 있다)'고 하였으므로 정답은 A입니다.

[정답] A

14.

[원문]

我们的人生总是面临各种各样的选择，什么样的选择决定什么样的生活。今天的生活是由我们以前的选择决定的，而今天的选择将决定我们以后的生活。我们要接触最新的信息，了解新的事物，为自己的选择做好准备，这样才不至于后悔。

A. 选择总是让人后悔
B. 选择是一件很麻烦的事情
C. 时间是最宝贵的东西
D. 不同的选择带来不同的人生

[단어]

面临 miànlín 통 (문제, 상황에) 직면하다. 당면하다. 앞에 놓여 있다 / **接触** jiēchù 통 ① 닿다. 접촉하다 ② 교제를 하다

[번역]

우리의 인생은 늘 여러 가지 선택에 직면하고, 우리의 선택에 따라 삶이 달라진다. 오늘날 생활은 우리가 이전의 선택에 따라 결정한 것이고, 오늘의 선택은 우리 앞으로의 생활을 좌우할 것이다. 우리는 새로운 정보를 접촉하고, 새로운 사물을 알아야 한다. 자기의 선택을 위해 철저히 준비해야 비로소 후회하지 않을 것이다.

A. 선택은 늘 사람을 후회하게 만듦
B. 선택은 아주 번거로운 일임
C. 시간은 가장 소중한 것임
D. 다른 선택이 다른 인생을 가져다 줌

[해설]

'什么样的选择决定什么样的生活。(우리의 선택에 따라 삶이 달라진다.)'라고 하였으므로 정답은 D입니다.

[정답] **D**

15.
[원문]

钱钟书先生在《围城》中以"被围困的城堡"比喻婚姻，外面的人想进来，里面的人想出去。它生动地描写了人们的心态，一种对待"得到"与"未得"的态度，一种面临"好处"与"坏处"的选择。其实婚姻应该互相理解，积极解决问题。这样生活才会更美好。

A. 已婚者要互相理解
B.《围城》描写的是不幸的婚姻
C. 婚姻是一种无奈的选择
D. 结婚、离婚是很普遍的事情

[단어]

围困 wéikùn 통 적을 포위하여 외부와의 연락을 끊다 (출로를 막다), 겹겹이 포위하다 / **城堡** chéngbǎo 명 성보, 성루

[번역]

钱钟书선생은《围城》에서 혼인을 '포위된 성'으로 비유하였다. 밖에 있는 사람은 들어오고 싶어 하고, 안에 있는 사

람은 나가고 싶어 한다.《围城》은 생동적으로 사람들의 심리를 묘사하였는데, 그것은 '얻음' 과 '얻지 못함'에 대한 태도이며, '좋은 점' 과 '나쁜 점'에 대한 선택이다. 사실 결혼은 서로 이해하고 적극적으로 문제를 해결해야 만이 더욱 행복하게 살 수 있을 것이다.

A. 기혼자는 서로 이해를 해야 함
B.《围城》에서는 불행한 결혼을 묘사함
C. 결혼은 어쩔 수 없는 선택임
D. 결혼과 이혼은 매우 보편적인 일임

[해설]

'其实婚姻应该互相理解 (사실 결혼은 서로 이해해야 한다)'라고 하였으므로 정답은 A입니다.

[정답] **A**

2회

[정답]

1	C	2	D	3	C	4	B	5	D
6	A	7	D	8	A	9	A	10	C
11	C	12	A	13	B	14	D	15	C

01.
[원문]

男孩红着脸，结结巴巴地说："我们做朋友吧，我爱上你了！"然后一脸期望地望着女孩。女孩笑笑，问："好吧，你要听3个字的汉语，还是8个字母的英文？"男孩略一心算，马上笑容满面："英文吧！"女孩红唇轻吐："I am sorry！"

A. 男孩不爱说话
B. 他们在练习英语
C. 男孩向女孩表达爱情
D. 女孩是男孩的女朋友

[단어]

结结巴巴 jiējiebābā 형 말을 더듬는 모양 / **期望** qīwàng 명통 기대(하다) / **红唇** hóngchún 명 붉은 입술

[번역]

소년은 얼굴이 빨개진 채로 더듬거리면서 '우리 사귀어요, 사랑해요.'하고 말을 하고나서 기대에 차서 소녀를 바라보

고 있었다. 소녀는 웃으면서 '좋아요. 세 글자 중국어로 듣고 싶어요? 아니면 여덟 글자 영어로 듣고 싶어요?'하고 물었다. 소년은 잠깐 생각하다가 얼굴에 가득 웃음을 띠고 '영어요'라고 말했다. 그러자 소녀는 붉은 입술로 가볍게 내뱉었다. 'I am sorry!'

A. 남자아이는 말하는 것을 좋아하지 않음
B. 그들은 영어를 연습하는 중임
C. 남자아이는 여자아이한테 사랑을 표현함
D. 여자아이는 남자아이의 여자 친구임

[해설]
'男孩红着脸，结结巴巴地说：“我们做朋友吧，我爱上你了！” (소년은 얼굴이 빨개진 채로 더듬거리면서 '우리 사귀어요, 사랑해요.'하고 말을 했다)'라고 했으므로 정답은 C입니다.

[정답] C

02.
[원문]
武夷山风景区位于武夷山脉的中部，长约９公里的九曲溪和36峰构成一幅天然美景。武夷山是一座历史文化名山。中国的历史文化名人朱熹、陆游、辛弃疾等都先后在武夷山生活、讲学，留下了不少文化遗产。

A. 武夷山位于武夷山脉的南部
B. 武夷山长约10公里
C. 武夷山是一座人工制造的名山
D. 有许多文化名人先后来过武夷山

[단어]

山脉 shānmài 📖 산맥

[번역]
우이 산 풍경 구는 우이산맥 중간 부분에 있으며, 약 9킬로미터의 구곡 계와 36개의 연봉은 한 폭의 천연의 아름다운 풍경을 형성하고 있으며, 우이 산은 역사 문화의 명산이다. 주자, 육유와 신기질 등 수많은 중국 역사문화의 명인들은 잇따라 우이 산에서 생활하고, 강연을 하였고, 문화유산을 많이 남겼다.

A. 우이 산은 우이산맥 남부에 위치함
B. 우이 산 길이는 약 10킬로미터임
C. 우이 산은 인공으로 만든 명산임
D. 많은 문화명인들이 잇따라 우이 산에 온 적이 있음

[해설]
'中国的历史文化名人朱熹、陆游、辛弃疾等都先后在武夷山生活、讲学 (주자, 육유와 신기질 등 수많은 중국 역사문화의 명인들은 잇따라 우이 산에서 생활하고, 학술 강연을 하였다)'라고 하였으므로 정답은 D입니다.

[정답] D

03.
[원문]
月季和玫瑰原产于中国。在香港、台湾、广东等地区， 由于受国外的影响， 长期以来一直把月季称为玫瑰。从植物学角度来说， 月季和玫瑰是属于蔷薇科蔷薇属的两个不同种。虽然长得很像， 但通过“一看二摸三闻”， 就很容易辨认。

A. 月季和玫瑰是长得完全一样
B. 玫瑰原产于欧洲
C. 月季和玫瑰不是同一种类
D. 玫瑰花是月季花中的一种

[단어]

月季 yuèjì 📖 월계화 / 玫瑰 méigui 📖 장미 / 蔷薇 qiángwēi 📖 장미(꽃)

[번역]
월계화와 장미는 중국이 원산지이다. 홍콩, 대만, 광동 등의 지역에서 외국의 영향을 받아서 장기간 동안 계속해서 월계화를 장미로 불렀다. 식물학의 관점에서 말하면 월계와 장미는 장미과 장미에 속하는 서로 다른 두 종이다. 겉모습이 비슷하게는 생겼지만, '첫 번째는 보고, 두 번째는 만져 보고, 세 번째는 향기를 맡아보는 것'을 통해 쉽게 구분할 수 있다.

A. 월계와 장미는 완전히 똑같이 생겼음
B. 장미는 유럽이 원산지임
C. 월계와 장미는 같은 종류가 아님
D. 장미는 월계꽃의 한 종류임

[해설]
'月季和玫瑰是 (…)的两个不同种 (월계와 장미는 장미과 장미에 속하는 서로 다른 두 종이다)'라고 했으므로 정답은 C입니다.

[정답] C

04.

[원문]

狐狸之所以能在北极这种严酷的自然环境下生存下来，完全得益于它们那身浓密的毛皮。即使气温降到零下四五十摄氏度，它们仍然生活得很舒服。尽管人们对狐狸并无好感，但深知狐狸毛皮的价值和妙用。狐皮品质也有好坏之分，越往北，其毛质越好，毛越柔软，价也越高。因此，北极狐自然成了人们竞相猎捕的目标。

A. 人们捕猎是为了吃狐肉

B. 人们知道狐狸毛皮的价值

C. 北极狐越往南它的毛质越好

D. 狐狸生活在温度适宜的地方

[단어]

严酷 yánkù 쥉 ① 엄혹하다, 엄격하다, 뼈저리다 ② 냉혹하다, 잔혹하다, 가혹하다 / **得益于** déyìyú 쥉 이익을 얻다, ~에 덕을 입다 / **浓密** nóngmì 쥉 (나뭇잎, 안개, 두발, 수염 등이) 농밀하다, 조밀하다, 빽빽하다 / **妙用** miàoyòng 쥉 신묘한 작용, 불가사의한 효능

[번역]

여우가 북극과 같은 혹한 자연환경에서 살아남을 수 있는 것은 모두 여우의 두꺼운 털가죽이 때문이다. 기온이 영하 40~50도까지 내려가더라도 여우들은 여전히 편하게 생활한다. 사람들은 여우에 대해 호감은 별로 없지만, 여우 모피의 가치와 기능은 잘 알고 있다. 여우모피의 품질에도 차이가 있는데, 북쪽으로 갈수록 모피의 품질이 좋고 부드럽고 가치도 높아진다. 그래서 북극여우는 자연히 사람들이 앞 다투어 포획하는 목표가 되었다.

A. 사람들은 여우고기를 먹기 위해서 여우를 포획함

B. 사람들은 여우모피의 가치를 알고 있음

C. 북극여우는 남쪽으로 갈 수 록 모피의 품질이 더 좋음

D. 여우는 온도가 알맞은 곳에서 생활함

[해설]

'尽管人们对狐狸并无好感，但深知狐狸毛皮的价值和妙用。(사람들은 여우에 대해 호감은 별로 없지만, 여우모피의 가치와 기능은 잘 알고 있다)'라고 했으므로 정답은 B입니다.

[정답] B

05.

[원문]

最近，一种可以诊断胃病的电子胶囊在美国研制成功。这种诊断胃病的微型电子仪器，由一个信息接收器和一个电子胶囊组成。电子胶囊大小和大的维生素片差不多，且不能被胃肠所消化。检查时，患者先将信息接收器挂在腰间，再将胶囊吞入。

A. 电子胶囊很容易被人体吸收

B. 电子胶囊是由英国人发明的

C. 电子胶囊是一种药品

D. 电子胶囊是用来检查胃病的

[단어]

胶囊 jiāonáng 쥉 캡슐 / **研制** yánzhì 쥉 ① 연구, 제작(제조)하다 ② 빻아서 가루약을 만들다, 약을 빻다 / **微型** wēixíng 쥉 소형의 / **吞** tūn 쥉 ① (통째로) 삼키다 ② 꾹 참다, 목소리를 삼키다

[번역]

최근, 위장병을 진단할 수 있는 전자캡슐이 미국에서 연구제작이 성공하였다. 이런 위장병을 진단할 수 있는 소형의 전자 의료 기구는 정보수신기와 전자캡슐로 구성되어 있다. 전자캡슐의 크기는 큰 비타민 알약과 비슷하고, 위에서 소화할 수 없게 되어있다. 검사할 때, 환자는 먼저 이 정보수신기를 허리에 차고 나서 캡슐을 삼킨다.

A. 전자캡슐은 인체에 쉽게 흡수될 수 있음

B. 전자캡슐은 영국인이 발명했음.

C. 전자캡슐은 일종의 약품임

D. 전자캡슐은 위장병을 검사하기 위한 것임

[해설]

'这种诊断胃病的微型电子仪器 (이런 위장병을 진단할 수 있는 소형의 전자 의료 기구는)'이라고 하였으므로 정답은 D입니다.

[정답] D

06.

[원문]

在阿拉伯联合酋长国的首都迪拜，正在兴建一座世界第一高楼 — "迪拜塔"。该高楼是从2005年1月开始施工，预计在2008年年底完工，整个建造时间为47个月。"迪拜塔"的楼层超过160层，高度将超过700米，总投资约为10亿美元。

A. 迪拜塔是世界上最高的楼
B. 迪拜塔的高度超过160米
C. 迪拜塔位于伊拉克巴格达
D. 迪拜塔的建造时间是74个月

[단어]

阿拉伯联合酋长国 ālābóliánhéqiúzhǎngguó 명 〈国〉아랍에미레이트 / 迪拜 díbài 〈地〉두바이 / 兴建 xīngjiàn 동 건설하다, 건축하다 [주로 대규모의 건설을 말함] / 伊拉克 yīlākè 〈国〉이라크 / 巴格达 bāgédá 〈地〉바그다드

[번역]

아랍에미레이트의 수도 두바이에서는 세계에서 가장 높은 빌딩인 '두바이 탑'을 건설하고 있는 중이다. 이 높은 빌딩은 2005년 1월부터 짓기 시작하여, 2008년 말에 완공할 예정인데, 총 건축시간은 47개월이 걸린다. '두바이 탑'의 층수는 160층을 넘고, 높이는 700미터가 넘으며, 모두 100억 달러를 투자하였다.

A. 두바이 탑은 세계에서 가장 높은 빌딩임
B. 두바이 탑은 높이가 160미터를 넘음
C. 두바이 탑은 이라크 바그다드에 있음
D. 두바이 탑의 건축시간은 총 74개월 걸림

[해설]

'正在兴建一座世界第一高楼 — "迪拜塔"(세계에서 가장 높은 빌딩인 '두바이 탑'을 건설하고 있는 중이다)'라고 했으므로 정답은 A입니다.

[정답] A

07.

[원문]

对 "恐归族" 来说，恐惧回家实在有太多的理由——回家要做的事情太多，可假期太短；年底各种开销加大，回家过年无疑又是一次 "大出血"；好不容易能静静地享受单身贵族的特权，却被父母亲抓住连逼七日的 "婚"…… 春节回家，怎么一个 "烦" 字了得。

A. "恐归族" 是觉得回家很烦的一类人
B. "恐归族" 是害怕过年不能回家的人
C. "恐归族" 是一种没有感情的人
D. "恐归族" 是不敢回家的人

[단어]

开销 kāixiāo 명동 비용(을 지출하다), 지불하다 / 大出血 dàchūxuè 명 대출혈 / 单身贵族 dānshēnguìzú 명 싱글 / 特权 tèquán 명 특권 / 逼 bī 동 핍박하다, 죄다, 강박하다 / 了得 liǎode 동 놀라움, 반어, 책망 등의 어기를 나타내는 글귀 끝에 쓰여 상태가 심각하여 수습할 수 없음을 표시함

[번역]

'恐归族'의 입장에서는 고향에 돌아가기 무서운 이유가 많이 있다. 고향에 가면 할 일은 매우 많지만, 휴가 기간은 너무 짧다. 연말에 각종 지출이 많은데, 고향에 돌아가 설을 쇠면 틀림없이 또 한 번 '큰 출혈'을 할 것이다. 가까스로 어렵사리 싱글 생활의 특권을 조용히 즐길 수 있는데, 오히려 부모님과 친지들에게 잡혀 7일 내내 결혼 독촉을 듣는다. 설날 때 고향에 가는 것은 어떻게 '귀찮다'는 말 한마디로 표현할 수 있는가?

A. "恐归族"은 고향에 가는 것을 귀찮게 여기는 사람들을 말함
B. "恐归族"은 고향에 갈 수 없어서 설 쇠기 무서워하는 사람을 말함
C. "恐归族"은 감정이 없는 사람을 말함
D. "恐归族"은 고향에 갈 엄두가 나지 않는 사람을 말함

[해설]

맨 앞 쪽에서 '对 "恐归族" 来说，恐惧回家实在有太多的理由 ('恐归族'의 입장에서는 고향에 돌아가기 무서운 이유가 많이 있다.)'라고 하였고, 맨 마지막 부분에서 '春节回家，怎么一个 "烦" 字了得。(고향에 가는 것은 어떻게 '귀찮다'는 말 한마디로 표현할 수 있는가?)'라고 반문하여 고향에 내려가는 것이 귀찮은 것이 아니라 엄두가 나지 않음을 설명하고 있으므로 정답은 D입니다.

[정답] D

08.

[원문]

火车票实名制是指公民在购买火车票和乘座火车时，需要登记、核查个人的真实身份的一种实名制度。火车票实名制可以打击贩卖火车票违法犯罪行为，预防、控制铁路站车上的旅客财物被盗、杀人、爆炸、贩毒等，而且从人身安全保障和乘车管理上，都起到了不可忽视的作用。

A. 火车票实名制可以预防各种犯罪行为
B. 火车票实名制其实很麻烦

C. 火车票实名制已经实行了

D. 火车票实名制得到了许多人的反对

[단어]

实名制 shímíngzhì **명** 실명제 / **核查** héchá **명동**
대조 (심의)검사(하다), 검증(하다) / **贩卖** fànmài **동**
(구입하여) 팔다 / **盗** dào **동** 훔치다 **명** 도둑, 강도 /
抢劫 qiǎngjié **동** (재물을) 약탈하다, 강탈하다, 빼
앗다 **명** 노상강도 / **爆炸** bàozhà **명동** 작렬(하다),
폭발(하다), (정보 인구 등이 갑자기) 급증(하다) /
贩毒 fàndú **동** (모르핀, 아편, 대마초 등) 마약을
판매하다

[번역]

기차표 실명제는 국민들이 기차표를 구입할 때와 기차를
탈 때, 신고를 해야 하는데, 개인의 신분을 대조 검사하는
실명제도이다. 기차표 실명제는 기차표를 판매하는 범죄
행위에 타격을 줄 수 있으며, 또한 기차 안에서의 도둑질,
살인, 폭발과 마약판매 등 범죄를 예방하고 통제할 수 있
다. 그리고 신변안전을 보장하고 승차관리를 하는데도 간
과할 수 없는 작용을 할 수 있다.

A. 기차표 실명제는 각종 범죄행위를 예방할 수 있음

B. 기차표 실명제는 사실 매우 번거로움

C. 기차표 실명제는 이미 실행되었음

D. 기차표 실명제는 많은 사람들이 반대를 함

[해설]

'火车票实名制可以打击贩卖火牛票违法犯罪行为, 预
防、控制铁路站车上的旅客财物被盗、杀人、爆炸、
贩毒等 (기차표 실명제는 기차표를 판매하는 범죄행위에
타격을 줄 수 있으며, 또한 기차 안에서의 도둑질, 살인,
폭발과 마약판매 등 범죄를 예방하고 통제할 수 있다.)'라
고 했으므로 정답은 A입니다.

[정답] A

09.

[원문]

《西游记》在中国可谓家喻户晓，是我国古代著
名的长篇神话小说，这篇小说中让读者印象深
刻的是孙悟空，他本领高强、聪明伶俐、敢于
反抗，深受人们的喜爱。这部小说充满了奇特
的幻想，表现出丰富的想象力，在中国和世界
影响很大。

A.《西游记》充满了想象

B.《西游记》是现代科幻小说

C.《西游记》是一部反映现实的小说

D.《西游记》只在中国出名

[단어]

家喻户晓 jiāyùhùxiǎo **성** 집집마다 다 알다 / **古典**
gǔdiǎn **명** 고전 / **本领** běnlǐng **명** 능력, 수완, 기량,
재능 / **高强** gāoqiáng **형** (무예나 수단이) 뛰어나다,
훌륭하다 / **伶俐** línglì **형** 영리하다, 총명하다 / **反
抗** fǎnkàng **명동** 반항(하다) / **奇特** qítè **형** ① 기묘
하다, 기괴하다 ② 특출하나

[번역]

〈서유기〉는 중국에서 모든 사람이 다 안다고 할 정도로 유
명한 고대 장편 신화 소설이다. 이 소설 속의 손오공은 독
자에게 매우 깊은 인상을 남겼다. 손오공은 능력이 뛰어나
고, 영민하며 대담하게 반항을 하여, 사람들의 사랑을 많
이 받는다. 이 소설은 기묘한 환상으로 충만하고, 풍부한
상상력을 표현해 내어, 중국과 세계에서 모두 큰 영향력을
발휘하였다.

A.《서유기》는 상상력이 충만함

B.《서유기》는 현대 SF소설임

C.《서유기》는 현실을 반영한 소설임

D.《서유기》는 중국에서만 유명함

[해설]

'这部小说充满了奇特的幻想, 表现出丰富的想象力
(이 소설은 기묘한 환상으로 충만하고, 풍부한 상상력을
표현해 내디)'라고 했으므로 정답은 A입니다.

[정답] A

10.

[원문]

孩子需要快乐的童年，让他们自由地玩耍，有
助于培养他们的与人交往的能力、发挥创造
力，还能使他们在成长中，更好地面对挫折，
克服困难。然而，如今玩耍正从许多孩子的童
年中缺失，这对孩子来说是很可怕的事情。

A. 要让孩子童年时多吃些苦

B. 应该给孩子一个充满幻想的童年

C. 游戏可以培养创造力

D. 玩耍不利于孩子的成长

[단어]

玩耍 wánshuǎ (동) 놀다, 장난하다 / 缺失 quēshī (명) 결함, 결점

[번역]

아이들은 즐거운 어린 시절을 보낼 필요가 있다. 아이들을 자유롭게 놀게 하면, 사람과 교제하는 능력을 키우고, 창조력을 발휘하게 하는데 도움을 준다. 그리고 그들은 성장하는 과정에서 좌절과 어려움을 더욱 잘 극복할 수 있다. 그런데 지금 아이들의 노는 시간이 계속 줄어들고 있다. 이것은 아이에게 아주 끔찍한 일이다.

A. 아이에게 어릴 때 좀 더 고생을 하게 해야 함
B. 아이들에게 환상으로 충만한 어린 시절을 주어야 함
C. 노는 것은 창조력을 기를 수 있음
D. 노는 것은 아이의 성장에 도움이 안 됨

[해설]

'让他们自由的玩耍，有助于培养他们的与人交往的能力、发挥创造力 (아이들을 자유롭게 놀게 하면, 사람과 교제하는 능력을 키우고, 창조력을 발휘하게 하는데 도움을 준다)'라고 했으므로 정답은 C입니다.

[정답] C

11.
[원문]

英国《星期日镜报》通过模拟人体测试发现，挂在腰部的手提电话会不断发出辐射，影响肝脏和肾脏的功能。医生指出，肾脏小血管的血流对磁场特别敏感，而肾脏就在腰侧，将手机挂在此位，通话时释放出来的强磁场，可穿过皮肤，影响肾脏血流，伤害肾脏功能。

A. 手机应该挂在腰部
B. 手机的辐射对身体有益
C. 手机挂在腰部会损害人的肾脏
D. 手机的磁场对人体无益

[단어]

模拟 mónǐ (동) 모방하다, 본뜨다 (명) 모의실험, 시뮬레이션 / 测试 cèshì (명) 테스트, 시험 (동) (기계, 기구, 전기 등의 성능과 정밀도에 대해) 측정하다, 테스트하다 / 辐射 fúshè (명)(동) 방사(하다), 복사(하다) / 肝脏 gānzàng (명) 간장 / 肾脏 shènzàng (명) 신장, 콩팥 / 小血管 xiǎoxuèguǎn (명) 모세혈관 / 磁场 cíchǎng (명) 자기장 / 释放 shìfàng (동) ① 발사하다, 쏘다, 치다, 뿌리다 ② 베풀다, 나누어 주다

[번역]

영국 신문 〈The Sunday Mirror〉는 모의 인체 테스트를 통해 허리에 차고 있는 휴대폰이 계속 방사능을 내보내서, 간장과 신장 기능에 영향을 미칠 수 있다는 것을 발견했다. 의사는 '신장 모세혈관의 혈액은 자기장에 아주 민감한데, 신장은 바로 허리 부분에 있어서, 휴대폰을 이 부위에 차고 있으면, 통화할 때 나온 강한 자기장이 피부를 통과하여, 신장의 혈액에 영향을 미치고, 신장의 기능을 훼손시킨다.'고 하였다.

A. 핸드폰은 당연히 허리에 차야 됨
B. 핸드폰의 방사능은 건강에 도움이 됨
C. 핸드폰을 허리에 차는 것은 신장을 훼손할 수 있음
D. 핸드폰의 자기징은 인체에 무해함

[해설]

'肾脏就在腰侧，将手机挂在此…，影响肾脏血流，伤害肾脏功能。(신장은 바로 허리 부분에 있어서, 휴대폰을 이 부위에 차고 있으면, … 신장의 혈액에 영향을 미치고, 신장의 기능을 훼손시킨다.)'라고 하였으므로 정답은 C입니다.

[정답] C

12.
[원문]

跳舞草，是一种可以快速舞动的奇特植物，其小叶具有自身"摆动"的功能。气温达25℃以上并在70分贝声音刺激下，两枚小叶绕中间大叶便"自行起舞"，跳舞时间一般为3到5分钟。跳舞草原产于亚洲，中国华南部很常见，南太平洋附近国家和地区也有跳舞草分布。

A. 跳舞草的跳舞时间是3至5分钟
B. 低温可以跳舞
C. 跳舞草原产于欧洲
D. 在中国这种草很稀少

[단어]

摆动 bǎidòng (동) 흔들거리다, 흔들다, 진동하다 (명) 진동, 동요 / 分贝 fēnbèi (명) 데시벨 / 稀少 xīshǎo (형) 희소하다, 적다, 드물다

[번역]

跳舞草는 빠르게 춤출 수 있는 기이한 식물인데, 작은 잎은 스스로 흔들리는 기능이 있다. 기온이 25도 이상이고, 70 데시벨 소리의 자극을 받으면, 두 개의 작은 잎이 중간의 큰 잎을 둘러싸고, '스스로 춤추기' 시작하는데, 보통

3~5분간 춤을 춘다. 이 풀은 아시아가 원산지이고, 중국 화남지역에서 매우 흔하며, 남태평양 근처의 국가와 지역에도 분포한다.

A. 跳舞草는 3~5분간 춤을 춤
B. 저온에서 춤을 출 수 있음
C. 跳舞草는 유럽이 원산지임
D. 중국에서 매우 희소함

[해설]
'跳舞时间一般 为3到5分钟 (보통 3~5분가 춤을 춘다)'이라고 하였으므로 정답은 A입니다.

[정답] A

13.
[원문]
春节是中国人的传统节日，放爆竹，亲人团聚等传统的春节活动极容易造成奢侈浪费和环境污染。在新春佳节中节约能源，改变高耗能的生活和消费习惯，绿色的春节假期是现代人的希望。“绿色的春节”不仅是一个时尚的话题，更是一种道德的选择，一种负责任的生活态度。

A. 主要介绍过春节的方式
B. 人们希望过环保的春节
C. 过春节是一个时尚的话题
D. 放爆竹，不会污染环境

[단어]

爆竹 bàozhú 圆 폭죽 / 走亲访友 zǒuqīnfǎngyǒu 圆 친척과 친구를 방문하다 / 奢侈 shēchǐ 圆 사치하다 / 碳 tàn 圆 탄소 / 耗能 hàonéng 圆圆 에너지(를) 소모(하다)

[번역]
설은 중국인의 전통명절이다. 폭죽을 터뜨리거나 가족이 한 자리에 모이는 등의 전통적인 설날 활동은 쉽게 재물을 많이 낭비하고, 환경을 오염시킬 수 있다. 설날에 에너지원을 절약하고, 에너지를 많이 소모하는 생활과 소비습관을 고치며, 환경 친화적인 설을 보내는 것은 현대인의 소망이다. '환경 친화적 설은 유행하는 화제일 뿐만 아니라, 더더욱 도덕적인 선택이기도 하며, 책임지는 생활태도이기도 하다.

A. 주로 설 쇠는 방식을 소개함
B. 사람들은 환경을 보호하는 설을 쇠고 싶어 함
C. 설 쇠는 것은 유행하는 화제임

D. 폭죽을 터뜨리는 것은 환경을 오염시키지 않을 것임

[해설]
'绿色的春节假期是现代人的希望。(환경 친화적인 설을 보내는 것은 현대인의 소망이다.)'라고 하였으므로 정답은 B입니다.

[정답] B

14.
[원문]
鸟是人类的好朋友，它的羽毛美丽，叫声很动听，还有被称为天然艺术品的鸟巢。人们经常说人类除了鸟巢以外，什么都能制造出来。鸟巢不但漂亮，而且很精致，构造也很特别，是人类在艺术构思时，创作的源泉。

A. 人们在家里养鸟
B. 鸟的巢是一项很大的工程
C. 鸟的羽毛很光滑
D. 鸟巢对建筑设计有启发

[단어]

鸟巢 niǎocháo 圆 새둥지 / 精致 jīngzhì 圆 ① 세밀하다, 정교하다 ② 상등이다, 우수하다 / 构造 gòuzào 圆 구조 圆 (집 등을) 짓다, (교량을) 가설하다, (기계 등을) 조립하다, (이론, 체계를) 세우다 / 源泉 yuánquán 圆 원천 / 光滑 guānghuá 圆 ① 물체의 표면이 매끄럽다, 반들반들하다 ② 사람됨이 빤질빤질하나 (비꾸라시 같나)

[번역]
새는 인류의 친구이다. 새는 깃털이 아름답고, 소리가 매우 감동적이며, 천연의 예술품이라고 불리우는 새둥지도 있다. 사람들은 자주 인류는 새둥지를 제외한, 모든 것을 다 만들 수 있다고 한다. 새둥지는 예쁘고 정교하며, 구조도 아주 독특해서 인류가 예술구상을 할 때 창작의 원천이다.

A. 사람들은 집에서 새를 기름
B. 새 둥지는 매우 큰 공정임
C. 새의 깃털은 매우 매끄러움
D. 새 둥지는 건축구상에 있어서 일깨워주는 것이 있음

[해설]
'鸟巢不但漂亮，而且很精致，构造也很特别，是人类在艺术构思时，创作的源泉。(새 둥지는 예쁘고 정교하며, 구조도 아주 독특해서 인류가 예술구상을 할 때 창작의 원천이다.)'에서 '새 둥지는 구조적인 면에서 인류

가 구상을 할 때 창작의 근원이 된다'고 하였으므로 정답이 D인 것을 알 수 있습니다.

[정답] D

15.

[원문]

不少年轻人讲究给老人送补品，但好东西不一定人人受益。比如人参虽然高级，但阴虚体虚的人不能享受。有的人吃了人参流鼻血，**这说明补品有益也有弊**。进补也不可乱吃，否则花钱找不自在。

A. 补品很适合老人
B. 阴虚体虚的人应该多吃人参
C. 补品不一定对每个人都有益
D. 年轻人不需要吃补品

[단어]

受益 shòuyì 통 이익을 얻다 / 阴虚 yīnxū 명 〈中医〉 음허 / 流鼻血 liúbíxuè 통 코피를 흘리다 / 自在 búzìzai 형 자유롭다

[번역]

많은 젊은이들은 노인에게 보양 식품을 선물하는 것을 중요시하는데, 좋은 물건이라고 해서 모든 사람에게 다 유익한 것은 아니다. 예를 들어 인삼은 아주 고급스럽지만, 기력이 허한 사람은 먹을 수 없다. 어떤 사람들은 인삼을 먹은 후에 코피를 흘리는데, 이것은 보양제는 이로운 점도 있고, 해로운 점도 있다는 것을 설명한다. 그래서 보신할 때 함부로 먹으면 안 되는데, 그렇지 않으면 돈으로 불편함을 사는 것과 같다.

A. 보양식품은 노인에게 적합함
B. 기력이 허한 사람은 인삼을 많이 먹어야 함
C. 보양식품이 반드시 모든 사람한테 좋은 것은 아님
D. 젊은 사람은 보양식품을 먹을 필요가 없음

[해설]

'这说明补品有益也有弊 (이것은 보양제는 이로운 점도 있고, 해로운 점도 있다는 것을 설명한다)'라고 하였으므로 정답은 C입니다.

[정답] C

듣기2부분

[3주차 원문 & 해설 & 정답]

1회

[정답]

16 B	17 D	18 B	19 D	20 D
21 C	22 A	23 C	24 B	25 A
26 A	27 B	28 C	29 C	30 D

16.-20.

[원문]

男: 我们今天有幸邀请到了著名的图画书作家兰美女士。您好!

女: 您好!

男: **(20) 您从事图画书编辑工作已经20多年了**，编过上千本儿童书，获奖20多次，翻译、创作了近百本图画书。这20多年，您最大的收获是什么?

女: **(16) 图画书是人生的缩影，里面蕴含喜怒哀乐及酸甜苦辣，每次读完一本图画书，我都可以得到莫大的启发，不但滋润心灵，也学到如何有智慧地去待人处世**。图画书是治愈心灵的良药，我们可视个人需要，阅读不同的图画书，让心情更开怀。

男: 作为一个优秀的图画书出版人，您看重的是图画书的哪些品质? 读者应该怎样挑选?

女: 图画书的出版数量会越来越可观，品质有高有低，唯有优质的图画书才能感动读者。首先，图画要先能吸引我想要一页页地翻下去观赏，然后看文字是否跟图画搭配得宜，最后阅读故事，是否可以让我读完以后心中很感动。**(17) 我建议读者先挑选荣获大奖的图画书，或选择图画书大师的作品**，因为大奖严格审核的关卡已经为我们层层把关，代表一种品质保证。

男: 您很喜欢读书? 为什么? 从小到大，书籍给您扮演什么样的角色?

女: 我真的很喜欢读书，尤其是读图画书和少年小说，**(18) 我觉得书就像朋友一样**，新书像刚认识的新朋友，想了解他。旧书就像认识好多年的老朋友一样，有很深的感情。有些书会逗 得我发笑，有些书会让我哭个不停，更多的时候，书就像好朋友一样，陪着我度过许多快乐的时光。

男: 您在内地还有什么出版计划? 除了图画书

的文本之外，还有关于阅读指导书籍的出版计划吗？

女: **(19)** 除了出版更多大师的作品及更多元主题的图画书之外，我还预计出版幼儿图书及少年小说，将儿童的阅读年龄从零岁拉至十四岁，并且将为他们拟定一连串的阅读计划，希望小朋友从零岁开始就喜欢阅读，而且配合身心发展，有阶段地一步步阅读，成为最开心的阅读人。

16. 女的觉得自己最大的收获是什么？
  A 得了很多奖 B 人生受到启发
  C 变得成熟了 D 拥有了很多读者

17. 女的建议读者选择什么样的图画书？
  A 质量好的 B 图片精美的
  C 读者多的作品 D 获奖的作品

18. 女的认为书籍在生活中扮演什么角色？
  A 爱人   B 朋友
  C 父母   D 老师

19. 在内地的出版计划中不包括下面哪项？
  A 大师的作品
  B 主题多样的作品
  C 扩大阅读的年龄范围
  D 出版幼儿小说

20. 女的是做什么的？
  A 出版商 B 写小说的作家
  C 儿童教育家 D 图画书编辑人

[단어]

缩影 suōyǐng 명종 축소(하다) / **蕴含** yùnhán 동형 포함(하다), 내포(하다) / **喜怒哀乐** xǐnùāilè 성 희노애락, 기쁨과 노여움과 슬픔과 즐거움 / **酸甜苦辣** suāntiánkǔlà 성 신맛, 단맛, 쓴맛, 매운맛; 각양각색의 맛, 세상의 온갖 고초, 풍파 / **莫大** mòdà 성 막대하다, 더없이 크다 / **滋润** zīrùn 형 젖어 있다, 촉촉하다 동 촉촉하게 하다, 축이다, 적시다 / **待人处世** dàirénchǔshì 성 사회생활을 하다, 사회활동을 하며 사람들과 왕래하다, 처세하다 / **搭配** dāpèi 동 ① 배합(조합)하다 ② 결합하다, 안배하다 / **审核** shěnhé 동 (주로 문서나 숫자로 된 자료를) 심사하여 결정하다, 심의하다 / **关卡** guānqiǎ 명 ① 세관 ② 초소, 검문소, 관문 ③ 난관 / **层层把关** céngcéngbǎguān 동 엄밀히 (엄격히) 검사하다, 점검하다 / **扮演** bànyǎn 동 ~의 역을 맡다, 출연하다

[번역]

남: 오늘 우리는 운 좋게 유명한 그림책 작가 르메 여사를 모시게 되었습니다. 안녕하십니까?

여: 안녕하세요!

남: **(20)** 여사님께서는 그림책 편집하는 일을 종사하신지 이미 20여 년이 되었습니다. 천여 권의 동화책을 편집하셨고, 20여 차례의 상을 타셨으며, 백 권 가까이 그림책을 창작하셨네요. 그럼 20여 년 동안에 여사님께서 얻은 가장 큰 수확이 무엇이라고 생각하십니까?

여: **(16)** 그림책은 인생의 축소판이고, 그 안에는 희로애락과 세상의 온갖 풍상고초가 모누 담겨 있습니다. 매번 그림책 한 권을 다 읽고나면, 저도 많은 깨우침을 얻을 수 있습니다. 그림책은 사람의 마음을 윤기가 있게 해줄 뿐만 아니라, 어떻게 지혜롭게 사람과 일을 대해야 하는지도 가르칩니다. 그림책은 마음을 치유하는 좋은 약입니다. 우리는 개인의 요구에 따라 다른 그림책을 읽으면 기분을 더욱 좋게 할 수 있습니다.

남: 우수한 그림책 출판인으로서, 여사님께서는 그림책의 어떤 품질을 중요하게 생각하십니까? 독자들은 어떻게 그림책을 골라야 합니까?

여: 그림책은 점점 더 많이 출판되며, 품질도 좋고 나쁜 것이 있습니다. 오로지 품질이 좋은 그림책이어야만이 독자를 감동시킬 수 있습니다. 우선 그림은 저의 관심을 끌어서 계속 보고 싶은 생각을 불러일으켜야 하고, 그런 연후에 문장과 그림이 잘 어울려야 하며, 마지막으로 이야기가 저의 마음을 감동시켜야 합니다. **(17)** 독자들은 먼저 대상을 받은 작품이나 그림책 대가의 작품을 선택해야 한다고 생각합니다. 엄격하게 작품을 심사하는 과정은 이미 우리에게 엄격하게 검사하게 하여서, 책의 품실을 보승할 수 있기 때문입니다.

남: 여사님께서는 책 읽는 것을 좋아하시지요? 왜 좋아하십니까? 여사님께 책은 어떤 역 함을 합니까?

여: 저는 정말 책을 읽는 것을 좋아하고, 특히 그림책과 하이틴소설을 좋아합니다. **(18)** 책은 친구와 같다고 생각합니다. 새로운 책은 막 알게 된 새로운 친구와 같아서 그를 알고 싶고, 오래된 책은 여러 해 동안 알고지난 오랜 친구와 같아서 감정이 깊습니다. 어떤 책은 저를 웃게 하고 어떤 책은 저를 울게 합니다. 많은 시간 동안에 책은 친한 친구처럼 저와 함께 많은 즐거운 세월을 보냅니다.

남: 여사님께서는 중국 내륙에서 다른 출판 계획이 또 있으십니까? 그림책 원본 외에 독서

여: **(19)** 더 많은 대가들의 작품과 더욱 다양화된 주제의 그림책을 출판하는 것 외에도, 저는 유아도서와 하이틴소설도 출판하려고 합니다. 어린이들의 독서 연령을 0세부터 14세까지 확대할 거예요. 그리고 그들을 위해서 일련의 독서계획을 세우려고 합니다. 어린이들이 0세부터 독서를 좋아하기 시작하게 되기를 바라며, 또한 그들이 균형이 있게 심신발전을 하고, 단계적으로 꾸준히 독서를 하여, 가장 즐거운 독자가 되기를 희망합니다.

16. 여자는 자신의 가장 큰 수확은 무엇이라고 생각하나?
 A 많은 상을 탄 것
 B. 인생에 있어서 깨우침을 얻는 것
 C. 성숙해진 것
 D. 많은 독자를 얻게 된 것

17. 여자는 독자에게 어떤 그림책을 선택하라고 제안하는가?
 A 품질이 좋은 것   B. 그림을 잘 그린 것
 C. 독자가 많은 작품   D. 상을 탄 작품

18. 여자는 책은 생활 속에서 어떤 역할을 한다고 생각하는가?
 A 사랑하는 사람   B. 친구
 C. 부모   D. 선생님

19. 중국 내륙에서의 출판계획 중에서 다음 중 포함되지 않는 것은?
 A 대가의 작품
 B. 주제가 다양한 작품
 C. 독자의 연령층을 확대함
 D. 유아소설을 출판하는 것

20. 여자는 무엇을 하는 사람인가?
 A 출판 상   B. 소설을 쓰는 작가
 C. 아동 교육가   D. 그림책 편집인

[해설]

16. '图画书是人生的缩影，里面蕴含喜怒哀乐及酸甜苦辣，每次读完一本图画书，我都可以得到莫大的启发，不但滋润心灵，也学到如何有智慧的去待人处世。(그림책은 인생의 축소판이고, 그 안에는 희로애락과 세상의 온갖 풍상고초가 모두 담겨 있습니다. 매번 그림책 한 권을 다 읽고나면, 저도 많은 깨우침을 얻을 수 있습니다. 그림책은 사람의 마음을 윤기가 있게 해줄 뿐만 아니라, 어떻게 지혜롭게 사람과 일을 대해야 하는 지도 가르칩니다)'라고 했으므로 정답은 B입니다.

17. '我建议读者先挑选荣获大奖的图画书，或选择图画书大师的作品 (독자들은 먼저 대상을 받은 작품이나 그림책 대가의 작품을 선택해야 한다고 생각합니다)'라고 하였으므로 정답은 D입니다.

18. '我觉得书就像朋友一样 (책은 친구와 같다고 생각합니다)'이라고 하였으므로 정답은 B입니다.

19. '除了出版更多大师的作品及更多元主题的图画书之外，我还预计出版幼儿图书及少年小说，将儿童的阅读年龄从零岁拉至十四岁 (더 많은 대가들의 작품과 더욱 다양화된 주제의 그림책을 출판하는 것 외에도, 저는 유아도서와 하이틴소설도 출판하려고 합니다. 어린이들의 독서 연령을 0세부터 14세까지 확대할 거예요.)'에서 '幼儿图书'라고 하였지 '幼儿小说'라고 하지 않았으므로 정답은 D입니다.

20. '您从事图画书编辑工作已经20多年了 (여사님께서는 그림책 편집하는 일을 종사하신지 이미 20여 년이 되었습니다)'라고 하였으므로 정답은 D입니다.

[정답] **16.** B   **17.** D   **18.** B   **19.** D   **20.** D

21.-25.

[원문]

女: 大家好，今天我邀请到著名收藏家王度先生和我们谈一谈文物收藏的经历，请问您是从什么时候开始对收藏感兴趣的？

男: 我从小喜欢收藏邮票、银币，上个世纪60年代 (24) 我在美国留学，业余在餐馆里端盘子打工，在一家店里看到6把小紫砂壶，非常漂亮。老板开价每把100美元，我当时月薪300美元，仍然 (21) 省吃俭用，把这6把小壶买了下来。不料，后请人鉴定，其中一把壶是明末清初大收藏家陈鸣远所藏，已传世400多年。就是从那时候开始我喜欢上了收藏。我年轻时到纽约大都会博物馆、伦敦大不列颠博物馆，"一看那么多中国文物都在外国人的博物馆里。我就说，我将来有了钱，一定要开始收藏。现在我想开了，在他们的博物馆，对我们也没坏处。成千上万的人去参观，看到的也是我们中国的东西。"

女: 听说您的收藏品台湾和大陆都有，捐出去的比卖的多？

男: 我做人有8个字，除了知足、惜福、感恩、舍得，特别强调最后两个字："舍得"。"这两个字最难做到，我现在也做到了。舍得，有舍才有得。我捐给博物馆，因为他们将永久地替我保存。所以凡有学校、博物馆有需要，能为我保护好这些文物，我都捐。"

女: 你所有的财产都用来买文物，甚至卖房子也要买文物，你觉得值得吗？

男: 我认为我做的比我父亲留给我的房子还要好。当时不知道，现在我认为我做对了。钱再多，就多一个零嘛，100亿和1000亿根本没有分别，但 (23) 我保护了文物50年如一日，现在树也长大了，花也开了，开始结果了，是该收获的时候了。

女: (22) 你今年获得了北京大学的荣誉博士学位，这对您来说算是一种收获吗？

男: 我一个小商人能拿到北大的博士学位，不是因为我有钱，是因为我保护中华文物五十年。

女：您今后还打算收获些什么？有什么目标吗？

男：我已经得到了我所有想要的东西。当然，**(25)** 我自己也有一个梦想，我最珍爱的一对明朝东厂双刀，已经收藏30年了。"别人出多少钱我都不会卖。我希望一把送大陆，一把送台湾，将来能在一起，这两把刀应该留在我们中国。我现在要做的，就是回馈社会，这是我的最后一个目标。"

21. 男的收藏的第一件文物是什么？
  A．邮票   B．中国古币
  C．6把小紫砂壶 D．一把刀

22. 男的获得了哪个大学的荣誉博士学位？
  A．北京大学   B．清华大学
  C．南开大学   D．复旦大学

23. 男的收藏文物多少年了？
  A．20年   B．30年
  C．50年   D．60年

24. 关于男的下列哪项正确？
  A．是武术家   B．曾在美国留学
  C．收藏店工作 D．在美国工作

25. 男的还有什么愿望？
  A．中国统一
  B．中国文物在外国展出
  C．买属于自己的房子
  D．有更多的人关注收藏

[단어]

收藏家 shōucángjiā 몡 수집가 / **月薪** yuèxīn 몡 월급 / **省吃俭用** shěngchījiǎnyòng 쳥 아껴 먹고 아껴 쓰다 ; 절약해서 생활하다 / **鉴定** jiàndìng 됭 ① (사람의 잘잘못, 출신, 장단점 등을) 평가하다, 징하다 ② (사물의 우열, 진위 등을) 감정하다, 검정하다, 판정하다 몡 평가서, 평정서 / **成千上万** chéngqiānshàngwàn 솅 수천, 수만; 대단히 많은 수를 형용하는 말임 / **捐** juān 됭 ① 버리다, 바치다, 포기하다 ② 헌납하다, 기부하다, 부조하다 / **十年如一日** shíniánrúyírì 쳥 10년을 하루같이 하다 / **荣誉** róngyù 몡 명예, 영예 / **知足** zhīzú 됭 지족하다, 분수를 지키어 만족할 줄 알다 / **回馈** huíkuì 몡 ① 피드백, 귀환 ② 반응 ③ 보답

[번역]

여: 여러분, 안녕하십니까? 오늘은 유명한 수집가 王度 선생님을 모시고 문물소장 경험에 대해 이야기를 나눠보겠습니다. 선생님께서는 언제부터 소장에 대해 관심을 가지셨습니까?

남: 저는 어릴 때부터 우표와 은화를 모으는 것을 좋아했습니다. 20세기 60년대 **(24)** 제가 미국에서 유학할 때 여가시간에 식당에서 아르바이트를 했습니다. 어느 식당에서 6개의 작은 자사호를 발견했는데, 아주 예뻤습니다. 사장님께서 하나에 100달러씩을 불렀지요. 그 때 저의 월급이 겨우 300달러였지만, **(21)** 제가 여전히 아껴 먹고 아껴 쓰면서 자사호 6개를 다 샀습니다. 그 후에 남에게 부탁하여 검정을 했는데, 뜻밖에 그 중의 하나는 명나라 말기와 청나라 초기의 위대한 수집가인 陈鸣远이 소장한 것이고, 후세에 전해진지 이미 400여 년이 되었다는 것을 알게 되었습니다. 바로 그때부터 저는 수집하는 것을 좋아하기 시작했습니다. 저는 젊은 시절에 뉴욕 메트로폴리탄 미술관과 런던 대영박물관에 가본 적이 있는데, 수많은 중국 문물이 외국 박물관에서 진열되어 있는 것을 보고, 저는 내가 부자가 되면 꼭 문물을 소장할 거라고 마음을 먹었습니다. 그런데 지금은 제가 생각이 트여서, 많은 사람들이 그 문물들을 보러 가고, 또 중국의 물건을 보게 되는 것이기 때문에 외국 박물관에 있어도 우리에게 나쁜 점은 없다고 생각합니다.

여: 선생님의 소장품이 대만과 중국대륙에 모두 있고, 기증하신 것이 파신 것보다 더 많다고 들었는데요.

남: 저는 8개의 글자를 격언으로 삼아 처세합니다. 知足 (분수를 지키어 만족할 줄 아는 것), 惜福 (자기 분수에 알맞게 처신하는 것), 感恩 (은혜에 감사하는 것) 이외에, 마지막 두 글자 '舍得 (미련을 두지 않는 것)'을 특히 중요하게 생각합니다. 이 두 글자는 가장 하기 힘든데 제가 지금 이것도 이루었습니다. '아까워하지 않는 것', 버려야 얻을 수 있다는 뜻입니다. 제가 박물관에 기증한 이유는 그들이 저를 대신해서 영원히 보존할 수 있기 때문입니다. 그래서 학교와 박물관에서 필요로 하고, 저를 대신해서 문물을 잘 보존할 수 있기만 하면, 저는 모두 기증할 수 있지요.

여: 선생님의 전 재산으로 문물을 사시고, 심지어 집까지 파셔서 문물을 사려고 하시는데, 그런 가치가 있다고 생각하십니까?

남: 제가 하는 일은 아버지께서 제게 남겨주신 집보다 가치가 높다고 생각합니다. 그 때 당시에는 몰랐는데, 지금은 제가 잘했다고 생각합니다. 돈이 아무리 많아도 0을 하나 더 붙이는 것에 불과하지요. 100억하고 1000억은 전혀 차이가 없습니다. 그런데 **(23)** 저는 50년을 하루 같이 문물을 보호했습니다. 지금 나무도 자랐고, 꽃도 피어서 열매를 맺기 시작했고, 이제는 수확할 때가 되었지요.

여: **(22)** 선생님께서는 올해 북경대학교에서 명예 박사학위를 취득하셨는데, 이것이 하나의 수확이라고 할 수 있을까요?

남: 저와 같은 장사꾼이 북경대학에서 박사학위를 취득할 수 있는 까닭은 돈이 많아서가 아니라 제가 50년 동안 중국 문물을 보호했기 때문이지요.

여: 선생님께서는 앞으로 또 무엇을 수확하시려고 합니까? 어떤 목표가 있으십니까?

남: 저는 이미 원한 것을 다 얻었습니다. **(25)** 물론 제 자신도 꿈이 하나 있습니다. 저한테 한 쌍의 명나라 东厂의 쌍칼이 있는데 제가 가장 귀중하게 여기는 소장품이에요. 소장한지 이미 30년이 되었는데, 다른 사람이 돈을 얼마를 주겠다고 해도, 팔지 않을 것입니다. 저는 칼 하나는 중국대륙에 기증하고, 다른 하나는 대만에 기증하고 싶고, 미래에 한 쌍이 다시 함께 있기를 바랍니다. 이 쌍길은 당연히 우리 중국에서 보존해야 합니다. 저는 지금 나라와 사회에게 보답하려고 합니다. 이것이 저의 마지막 하나의 목표입니다.

21. 남자가 처음으로 소장한 문물은 무엇인가?
A. 우표
B. 중국 옛날화폐
C. 6개의 작은 자사호
D. 칼 하나

22. 남자는 어떤 대학의 명예 박사학위를 받았나?
A. 북경대학교
B. 청화대학교
C. 남개대학교
D. 복단대학교

23. 남자는 문물을 몇 년 간 소장하였나?
A. 20년
B. 30년
C. 50년
D. 60년

24. 남자에 관해 다음 중 옳은 것은?
A. 무술가임
B. 미국에서 유학을 한 적이 있음
C. 골동품상점에서 일을 함
D. 미국에서 일을 함

25. 남자는 또 어떤 바람이 있나?
A. 중국 통일
B. 중국 문물이 외국에서 전시되는 것
C. 자기 집을 사는 것
D. 더 많은 사람들이 수집에 관심을 가지게 되는 것

[해설]

21. '省吃俭用，把这6把小壶买了下来。不料，后请人鉴定，其中一把壶是明末清初大收藏家陈鸣远所藏，已传世400多年。就是从那时候开始我喜欢上了收藏 (제가 여전히 아껴 먹고 아껴 쓰면서 자사호 6개를 다 샀습니다. 그 후에 남에게 부탁하여 검정을 했는데, 뜻밖에 그 중의 하나는 명나라 말기와 청나라 초기의 위대한 수집가인 陈鸣远이 소장한 것이고, 후세에 전해진지 이미 400여 년이 되었다는 것을 알게 되었습니다. 바로 그때부터 저는 수집하는 것을 좋아하기 시작했습니다.)'라고 하였으므로 정답은 C입니다.

22. '你今年获得了北京大学的荣誉博士学位 (선생님께

서는 올해 북경대학교에서 명예 박사학위를 취득하셨는데)'라고 하였으므로 정답은 A입니다.

23. '我保护了文物50年如一日 (저는 50년을 하루 같이 문물을 보호했습니다)'라고 하였으므로 정답은 C입니다.

24. '我在美国留学 (제가 미국에서 유학할 때)'라고 하였으므로 정답은 B입니다.

25. '我自己也有一个梦想，我最珍爱的一对明朝东厂双刀，已经收藏30年了。…我希望一把送大陆，一把送台湾，将来能在一起，(물론 제 자신도 꿈이 하나 있습니다. 저한테 한 쌍의 명나라 东厂의 쌍칼이 있는데, 제가 가장 귀중하게 여기는 소장품이고, 이미 소장한지 30년이 되었습니다. … 저는 칼 하나는 중국대륙에 기증하고, 다른 하나는 대만에 기증하고 싶고, 미래에 한 쌍이 다시 함께 있기를 바랍니다.)'라고 하였으므로, 남자는 중국대륙과 대만이 통일되기를 바라는 것을 알 수 있으므로, 정답은 A입니다.

[정답] 21. C 22. A 23. C 24. B 25. A

26.-30.
[원문]

女: 各位网友大家好，今天我们请到著名小说家莫言老师，网友们对莫言老师的小说很熟悉，大家很想知道您创作小说的灵感是从哪里来的？

男: **(26)** 家乡可以说是一个最大的创作来源，因为我很多的人物、故事，都是受到家乡的启发创作出来的，还有很多故事是我在北京、天津的生活经历，甚至我从国外电影上看到的，在国外作家书里读到的，从电视新闻里看到的等等，这些都是我持续不断的创作源泉。

女: 中国传统文化流传下来两个不同的文化，一种是文人文化，另外一种是民间文化，您的作品好像更多体现的是民间文化，对此您有什么看法？

男: 每一个作家接受的文人文化都差不多，如果仅有文人文化，那么所有作家的作品应该是差不多的，但是 **(27)** 为什么会有这么多的作家，每个作家都有各自不同的风格，因为每个作家接受的民间的文化不一样，这一点对一个作家的写作风格是至关重要的。

女: 您觉得网络文学对文学有什么影响？

男: 网络文学毫无疑问给很多有才华的年轻作者提供了施展才华的机会。通过网络写作，**(28)** 很多年轻的写手冒了出来，然后重新回归到传统的出版方式出书。这是好事，(29) 网络文学有自己的鲜明风格，丰富的想象力、充满朝气蓬勃的力量，这都是用纸笔写作很难达到的，这样的写作势必会影响我们的文学。

女: 您最近看过哪些网络的作品？

男: 看过郭敬明写的《幻城》，我觉得写得很不错，(30) 他写作方法和我的是根本不一样的，他写的东西我写不了，我写的东西可能他也写不了。总之各有各的特点吧。

26. 男的的创作源泉主要是从哪里来的？

A. 故乡　　B. 大城市的生活

C. 国外文学　　D. 影视作品

27. 男的认为民间文化对写作有什么影响？

A. 写作的内容差别很大

B. 形成不同的写作风格

C. 使写作范围越来越窄

D. 形成很有特色的乡村文化

28. "很多年轻的写手冒了出来" 主要是什么意思？

A. 很多年轻作家是外国人

B. 很多年轻作家都喜欢冒险

C. 很多年轻的作家出现了

D. 年轻作家写作水平很高

29. 关于男的可以知道什么？

A. 觉得网络作家不如自己

B. 去过国外很多地方

C. 认同网络文学

D. 反对网络文学

30. 男的怎么看待郭敬明的作品？

A. 觉得写得不太好

B. 和自己的一部小说很像

C. 很一般

D. 和自己的风格完全不同

[단어]

持续 chíxù [동] 지속하다, 계속 유지하다 / **至关重要** zhìguānzhòngyào [성] 지극히 중요하다, 매우 중요하다 / **网络文学** wǎngluòwénxué [명] 인터넷 문학, 사이버 문학 / **施展** shīzhǎn [동] (재능, 수완 등을) 발휘하다, 나타내다, 보이다, 펼치다 / **冒** mào [동] ① 뿜어 나오다, (바깥쪽으로 또는 위쪽으로) 내밀다, 내뿜다, 발산하다, 나오다 ② (위험, 악 조건 등을) 무릅쓰다, 개의치 않다 / **回归** huíguī [명][동] 회귀(하다) / **朝气蓬勃** zhāoqìpéngbó 생기가 넘쳐흐르다, 생기발랄하다 / **势必** shìbì [부] 반드시, 꼭, 기필코 / **冒险** màoxiǎn [동] 모험하다, 위험을 무릅쓰다 / **认同** rèntóng [명] 승인, 인정, 동의, 찬동 [명][동] 동일시(하다), 공동체 의식(을 갖다), 친밀감(을 느끼다)

[번역]

여: 네티즌 여러분 안녕하십니까? 오늘은 우리가 유명한 소설가 莫言 선생님을 모셨습니다. 네티즌들은 莫言선생님 소설에 대해 아주 익숙한데요, 모두가 선생님께서 소설 창작의 영감을 어디서 얻으시는지 궁금해 합니다.

남: (26) 고향은 창작의 가장 큰 모티브라고 할 수 있습니다. 왜냐하면 저의 소설에서 많은 인물과 이야기는 모두 고향의 깨우침을 받아 창작을 했습니다. 그리고 많은 이야기가 제가 북경과 천진에서 생활한 경험이고, 심지어 제가 외국 영화에서 본 것, 외국 작가의 책에서 본 것, TV뉴스에서 본 것 등 입니다. 이것들은 모두 저의 끊임없는 창작의 원천입니다.

여: 중국 전통문화는 두 가지 서로 다른 문화에서 전해 내려왔습니다. 하나는 문인문화이고 다른 하나는 민간문화입니다. 선생님 작품은 민간문화를 더 많이 표현하신 것 같은데, 이것에 대해 어떻게 생각하십니까?

남: 모든 작가들이 받아들인 문인문화는 거의 비슷합니다. 단지 문인문화만 있다면 모든 작가들의 작품은 당연히 큰 차이가 없을 겁니다. 그런데 (27) 많은 작가가 있어도, 작가마다 왜 이렇게 모두 자기의 스타일이 있는 건가요? 그것은 작가마다 받아들인 민간문화가 다르기 때문이지요. 이 점은 작가의 문체에 대해 아주 중요합니다.

여: 선생님께서는 인터넷 문학은 문학에 대해 어떤 영향을 미친다고 생각하십니까?

남: 인터넷 문학은 틀림없이 재주가 있는 많은 젊은 작가에게 재능을 발휘하는 기회를 많이 제공해 주었지요. (28) 인터넷 창작을 통해 많은 젊은 작가들이 나타났고, 그런 후에 그들은 다시 전통적인 출판 방식으로 되돌아와 책을 냅니다. 이것은 아주 좋은 일입니다. (29) 인터넷 문학은 자신만의 뚜렷한 스타일과 풍부한 상상력, 또한 생기발랄한 힘을 가지고 있습니다. 이것들은 모두 종이와 펜으로 이르기 어렵습니다. 이런 창작은 반드시 우리의 문학에 영향을 미칠 것입니다.

여: 선생님께서는 최근에 어떤 인터넷 작품을 보신 적이 있으십니까?

남: 저는 郭敬明의 《幻城》을 본 적이 있는데, 잘 썼다고 생각합니다. (30) 그의 창작방법은 저와 전혀 다릅니다. 그가 쓴 것은 제가 쓸 수 없고, 제가 쓴 것은 아마 그도 쓸 수 없는 것 같습니다. 어쨌든 각자의 특징이 있다고 할 수 있지요.

26. 남자는 주로 어디에서 창작의 모티브를 얻는가?

A. 고향　　B. 대도시 생활

C. 해외문학　　D. 영화나 TV 작품

27. 남자는 민간문학이 창작에 어떤 영향을 주었다고 생각
하는가?
   A. 창작 내용의 차이가 매우 큼
   B. 서로 다른 창작 스타일을 만듦
   C. 창작 범위를 점점 좁아지게 함
   D. 매우 특색 있는 농촌문화를 만듦

28. '很多年轻的写手冒了出来'는 주로 무엇을 의미하는가?
   A. 많은 젊은 작가들은 외국인임
   B. 많은 젊은 작가들은 모두 모험을 좋아함
   C. 많은 젊은 작가들이 나타났음
   D. 젊은 작가들의 창작 수준은 매우 높음

29. 남자에 관해 일 수 있는 것은 무엇인가?
   A. 인터넷 작가는 자신보다 못하다고 여김
   B. 외국의 여러 곳을 간 적이 있음
   C. 인터넷 문학을 찬성함
   D. 인터넷 문학을 반대함

30. 남자는 郭敬明의 작품을 어떻게 생각하는가?
   A. 그다지 잘 쓰지 못했다고 생각함
   B. 자신의 소설과 매우 비슷함
   C. 매우 평범함
   D. 자신의 스타일과 완전히 다름

[해설]

26. 家乡可以说是一个最大的创作来源 (고향은 창작의
가장 큰 모티브라고 할 수 있습니다.)'이라고 하였으므
로 정답은 A입니다.

27. '为什么会有这么多的作家, 每个作家都有各自不
同的风格, 因为每个作家接受的民间的文化不一
样 (많은 작가가 있어도, 작가마다 왜 이렇게 모두 자
기의 스타일이 있는 건가요? 그것은 작가마다 받아들
인 민간문화가 다르기 때문이지요.)'이라고 하였으므
로 정답은 B입니다.

28. '很多年轻的写手冒了出来'라는 말은 문맥상 '인터넷
창작을 통해 많은 젊은 작가들이 나타났다'는 것을 의
미하므로 정답은 C입니다.

29. '网络文学有自己的鲜明风格, 丰富的想象力、充
满朝气蓬勃的力量, 这都是用纸笔写作很难达到
的, 这样的写作势必会影响我们的文学。(인터넷
문학은 자신만의 뚜렷한 스타일과 풍부한 상상력, 또
한 생기발랄한 힘을 가지고 있습니다. 이것들은 모두
종이와 펜으로 이르기 어렵습니다. 이런 창작은 반드
시 우리의 문학에 영향을 미칠 것입니다.)'라고 하였으
므로 정답은 C입니다.

30. '他写作方法和我的是根本不一样的, 他写的东西
我写不了, 我写的东西可能他也写不了。总之各
有各的特点吧 (그의 창작방법은 저와 전혀 다릅니다.
그가 쓴 것은 제가 쓸 수 없고, 제가 쓴 것은 아마 그도

쓸 수 없는 것 같습니다. 어쨌든 각자의 특징이 있다고
할 수 있지요.)'이라고 하였으므로 정답은 D입니다.

[정답] 26. A 27. B 28. C 29. C 30. D

2회

[정답]

16 B	17 A	18 B	19 D	20 C
21 D	22 A	23 D	24 C	25 A
26 B	27 B	28 C	29 D	30 B

16.-20.
[원문]

女: 朋友们好, 今天我们邀请到了著名的生态
保护专家, 松林先生, 您好!

男: 您好!

女: 松林先生, 我们了解到平谷的生态旅游搞
得很不错, 能不能跟我们简单介绍一下?

男: 生态旅游主要是京东大溶洞和大峡谷。京东
大溶洞是在北京东部地区最早发现的溶洞
群, 是我国目前发现的第一个大型溶洞群,
有 "天下第一古洞" 之称。我们大概是在90
年代开发的, 这些年效益都还不错。

女: 那每年的客流量大概是多少? 主要是散客
还是团体? 经济收入占村的总收入的多少?

男: 客流量没有统计过, 每年应该有20万左右
吧, 主要集中在旺季, 就是5月到10月, 这
个和溶洞本身的特色是有关的, 散客和团体
参观各占一半吧, 很多有私家车的人们在
周末会开车来到这里。**(19)** 经济收入占到
80%。尽管我们这里有桃园, 但是这个的经
济收入不是很高, 你们在超市买的桃子不便
宜, 但是由于我们平谷主要是产桃子, 竞争
是比较强的, 在收获季节是卖不出价的, 所
以 **(17)** 还主要是靠旅游这方面。

女: 没想到占到这么大的比重, 那你们旅游开
发了这么多年, 遇到的主要问题是什么?

男: **(18)** 现在主要问题是宣传不够, 就是说还没
打开市场。平谷还有其他很有特色的景点做
得不错, 我们在这方面明显不足。另外, 我
们这个溶洞是经过万年才形成的, 游客的相
机的闪光灯对那些钟乳石的透明度很有影
响, 现在都没有前些年好看了, 尽管我们一
再强调不能拍照, 导游也是一再的提醒, 可

是有些游客就是不听，可能没这方面的意识，但这对我们的溶洞已经造成了很大的破坏，而且这种破坏是不能修复的。这也是我们遇到的一个很大问题。

女: **(16)** 大学毕业后，到这里当领导，而且已经工作了两年，对我们在校大学生有什么建议？

男: **(20)** 一是多实践，这次的"1+1"活动我相信我们对于科学发展观有了更深的理解，而不仅仅是理论上的学习，这也有助于我们能够发现自己的不足并及时的改正。只有真正地去做了，才能发现很多问题，才知道和自己的想象是不一样的，经过自己的思考，去解决问题，这个过程是很重要的。

16. 男的是做什么的？
    A. 大学生　　　　　　B. 领导
    C. 科技人员　　　　　D. 农民企业家

17. 平谷的经济主要依靠什么？
    A. 旅游业　　　　　　B. 植桃树
    C. 科学技术　　　　　D. 养殖业

18. 男的在旅游开发中遇到的主要问题是什么？
    A. 宣传效果不好　　　B. 还没打开市场
    C. 景点遭到破坏　　　D. 环境污染严重

19. 关于平谷的生态旅游下列说法正确的是：
    A. 1月到5月是旅游旺季
    B. 团体旅游占游客的大部分
    C. 允许游客在溶洞里拍照
    D. 是平谷经济主要来源

20. 对于在校大学生男的有什么建议？
    A. 要经常出去旅游
    B. 要保护生态环境
    C. 多参加社会实践活动
    D. 学好理论知识很重要

[단어]

溶洞 róngdòng 명 〈地〉 종유동 / **大峡谷** dàxiágǔ 명 대협곡 / **旺季** wàngjì 명 성수기 / **钟乳石** zhōngrǔshí 명 종유석 / **透明度** tòumíngdù 명 투명도 / **修复** xiūfù ① (건축물을) 수리하여 복원하다 ② 〈医〉 재생하다, 회복하다 ③ 편지 회답을 하다 / **养殖业** yǎngzhíyè 명 양식업

[번역]

여: 여러분, 안녕하십니까? 오늘은 우리가 유명한 생태보호 전문가 松林 선생님을 모셨습니다. 안녕하십니까?

남: 안녕하십니까?

여: 松林 선생님, 平谷의 생태 체험여행은 매우 훌륭하다고 들었습니다. 우리에게 간단하게 소개를 좀 해주시겠습니까?

남: 생태 체험여행은 주로 경동 대용동과 대협곡을 가리킵니다. 경동 대용동은 북경동부지역에서 제일 처음 발견된 종유동굴 군이며, 현재 중국에서 발견된 첫 번째 대형 종유동굴 군이라서 '천하제일고동'이라고 불립니다. 우리가 90년대쯤에 개발하였고, 지금까지의 수익도 그런대로 괜찮습니다.

여: 그럼 매년 관광객의 유동량은 얼마나 됩니까? 주로 개별 관광객입니까? 단체 관광객입니까? 경제적 수입은 마을의 총수입에서 얼마나 차지합니까?

남: 관광객의 유동량을 통계 낸 적은 없지만, 매년 20만 명 정도 될 겁니다. 주로 성수기 즉 5월부터 10월까지에 집중되어 있는데, 이것은 종유동의 특색과 관련이 있습니다. 개별 관광객과 단체 관광객이 각각 절반씩을 차지합니다. 차가 있는 사람들은 주말에 차를 몰고 이곳에 많이 옵니다. **(19)** 경제적 수입은 총수입의 80%를 차지합니다. 이곳에 복숭아밭이 있지만, 경제수입은 많지 않습니다. 여러분께서 슈퍼에서 사는 복숭아는 매우 비싸지만, 우리 平谷에서는 주로 복숭아를 생산하기 때문에 경쟁이 치열합니다. 그래서 수확하는 계절에 제 가격에 판매를 할 수 없습니다. 그래서 **(17)** 여전히 수입은 주로 관광산업에 의지하고 있지요.

여: 이렇게 큰 비중을 차지하는 것을 몰랐습니다. 그럼 여러 해 동안 관광개발을 하셨는데, 주로 어떤 문제에 부딪혔습니까?

남: **(18)** 현재 주요 문제는 홍보가 부족하다는 것입니다. 나시 말하면 시상을 점유하지 못한 것이라고 말씀드릴 수 있습니다. 平谷에는 다른 특색이 있는 명소도 있는데, 우리는 이런 방면에서 확실히 부족합니다. 그리고 우리의 종유동은 만년이 지나고 나서야 형성되는 것입니다. 그런데 관광객들의 카메라의 플래시가 종유석의 투명도에 영향을 많이 끼쳐서, 지금은 이미 예전만 못합니다. 우리는 사진을 찍으면 안 된다고 거듭 강조했고, 가이드도 거듭 알려드렸는데도, 일부 관광객들은 도저히 말을 듣지 않습니다. 아마 이 방면에 대한 인식이 없어서 그러는 것 같지만, 이것은 이미 우리의 종유석을 많이 훼손시켰지요. 그리고 이런 훼손은 복원할 수 없는데, 이것도 우리가 봉착한 매우 큰 문제입니다.

여: **(16)** 대학 졸업 후, 이곳에 와서 관리자가 되어 일한지 이미 2년이 되었지요. 그럼 우리 대학 재학생에게 어떤 조언을 하시고 싶습니까?

남: **(20)** 첫째는 실천을 많이 하는 것입니다. 이번 '1+1' 활동을 통해 우리는 과학발전에 대해 더욱 깊은 이해가 생길 것이고, 단지 이론적 학습에만 그치지 않을 거라고 생각합니다. 그리고 이것은 또한 우리가 자신의 단점을 발견하고 즉시 시정할 수 있는 데에 도움이 될 것입니다. 진정으로 실천을 해야만, 비로소 많은 문제를

발견할 수 있고, 자신의 상상과 다르다는 것을 알게 될 것입니다. 자신의 사고를 통해 문제를 해결하는 과정은 아주 중요합니다.

16. 남자는 무엇을 하는 사람인가?
    A. 대학생임
    B. 관리자
    C. 과학기술자
    D. 농민 기업가

17. 平谷의 경제는 주로 무엇에 의지하는가?
    A. 여행업
    B. 복숭아나무를 기르는 것
    C. 과학기술
    D. 양식업

18. 남자는 여행개발 중에 주로 어떤 문제에 부딪혔는가?
    A. 홍보효과가 나쁨
    B. 아직 시장을 점유하지 못함
    C. 여행지가 훼손 됨
    D. 환경오염이 심각함

19. 平谷의 생태 체험여행에 관해 다음 중 옳은 것은 무엇인가?
    A. 1월–5월은 여행 성수기임
    B. 단체 여행객은 여행객의 대부분을 차지함
    C. 여행객이 용동 안에서 사진을 찍을 수 있도록 허락함
    D. 平谷 경제의 주된 원천임

20. 대학 재학생한테 남자는 어떤 것을 제안했는가?
    A. 자주 여행을 가야 함
    B. 생태 환경을 보호해야 함
    C. 사회 실천 활동에 많이 참가해야 함
    D. 이론 지식을 마스터하는 것이 매우 중요함

[해설]

16. '大学毕业后, 到这里当领导, 而且已经工作了两年 (대학 졸업 후, 이곳에 와서 관리자가 되어 일한지 이미 2년이 되었지요.)'이라고 하였으므로 정답은 B입니다.

17. '还主要是靠旅游这方面。 (여전히 수입은 주로 관광산업에 의지하고 있지요.)'이라고 하였으므로 정답은 A입니다.

18. '现在主要是问题是宣传不够, 就是说还没打开市场 (현재 주요 문제는 홍보가 부족하다는 것입니다. 다시 말하면 시장을 점유하지 못한 것이라고 말씀드릴 수 있습니다.)'이라고 하였으므로 정답은 B입니다.

19. '经济收入占到了80%。 (경제적 수입은 총수입의 80%를 차지합니다)'이라고 하였으므로 정답은 D입니다.

20. '一是多实践 (첫째는 실천을 많이 하는 것입니다)'이라고 하였으므로 정답은 C입니다.

[정답] **16.** B **17.** A **18.** B **19.** D **20.** C

21.-25.

[원문]

男: 您好, 您觉得财富对你来说有哪些好处吗?

女: **(21)** 我觉得财富带来最大的好处, 是让我们能选择做自己喜欢的事情, 或者不做不喜欢的事。 从这一点来说, 财富是非常让人向往和值得拥有的, 但你如果想用财富去换取人生当中的爱、 尊重, 那我们买不到的。 这些还需要我们付出我们的真心、 我们的真爱去获得。

男: 女人是不是应该建立自己的财富目标?

女: **(23)** 我认为女人应该有基本的财富保证。 经济独立很重要, 就算选择做家庭主妇, 也要给自己一个基本的生活保障。 因为这关系到一个人的尊严。 相关资料显示, **(22)** 女性创业大多数都和爱好有关, 而不是绝对以金钱为目标。 这是和男性很不相同的。

男: 您认为未来社会中哪些行业更适合女性?

女: 女性特别适合做服务性的行业。 它对人际交往和协调能力要求比较高。 像媒体领域, 现在主要的从业者都是女性, 还有艺术、 保险、 银行、 咨询、 律师、 生活类设计师、 以及基于网络的很多小的产业, 它不一定要求有大的资本, 但是 **(24)** 要求有创意、 有坚韧、 细致入微的工作精神, 这是女性更擅长的。

男: 如果把财富圈比作一个俱乐部, 在这个俱乐部里, 女性是否真的实现了和男人一样的平等?

女: **(25)** 在中国, 女性就业率普遍比西方国家还要高, 但高层管理层的女性比例, 是非常少的, 她们不一定会感觉有明显的歧视, 但你需要证明自己的能力。 比如说, 一个男人获得某种事业的成功, 其他人就觉得可以跟他做生意了, 但一个女人往往需要几件事来证明自己, 要表现出来自己的诚信、 自己的能力、 自己的各个方面的才华。 相对来说女性付出的要比男性更多。

21. 女的认为财富最大的好处是什么?
    A. 能解决所有的事情
    B. 提高自身的价值
    C. 得到别人的羡慕和尊敬
    D. 可以做自己喜欢的事

22. 女性创业主要考虑的是什么?
    A. 个人爱好

B. 提高在家庭中的地位

C. 要和男人一样平等

D. 证明自己能做好任何事情

23. 关于财富目标女的是什么观点？

A. 看情况而定　　　B. 越多越好

C. 要有多个目标　　D. 一定要明确

24. 女的认为女性有什么特点？

A. 以家庭为重

B. 协调能力没有男人好

C. 坚韧、细致入微

D. 更容易获得社会的认可

25. 关于中国女性就业下列哪项正确？

A. 就业率比西方国家高

B. 女性的工作经验更丰富

C. 喜欢与男人竞争

D. 管理层的女人居多

[단어]

财富 cáifù 🖲 부, 재산, 자원 / **向往** xiàngwǎng 🗟 동경하다, 그리(워하)다 / **换取** huànqǔ 🗟 바꾸어 가지다, 바꾸다, 바꾸어 얻다 / **尊严** zūnyán 🖲 존엄하다, 존귀하고 장엄하다 🗟 존엄(성) / **协调** xiétiáo 🗟 협조하다, (의견을) 조정하다, 조화하다 / **从业者** cóngyèzhě 🖲 취업자 / **创意** chuàngyì 🖲 새로운 의견, 새로운 고안, 창의 🗟 새로운 착상(경지)을 펼치다 / **坚韧** jiānrèn 🖲 강인하다, 단단하고 질기다 / **入微** rùwēi 🗟 매우 치밀하거나 깊은 경지 (정도)에 이르나 / **歧视** qíshì 🖲🗟 경시(하다), 차별대우(하다) / **诚信** chéngxìn 🖲 성실, 신용 🗟 신용을 지키다 / **付出** fùchū 🗟 지출하다, 지불히다, 비치다, 들이다 / **认可** rènkě 🖲🗟 승낙(하다), 인가(하다), 허가(하다), 허락(하다)

[번역]

남: 안녕하십니까? 당신한테 돈은 어떤 좋은 점이 있다고 생각하십니까?

여: **(21)** 부의 가장 큰 장점은 우리에게 자신이 하고 싶은 일을 선택할 수 있게 하는 것 또는 자신이 하고 싶지 않은 일을 하지 않게 하는 것입니다. 이런 면에서 보면 부는 매우 동경하게 하고, 소유할 만한 가치가 있는 것이라고 생각합니다. 그러나 우리가 돈으로 사람의 인생 안의 사랑과 존중을 사고 싶다하여도, 우리는 돈으로 그것을 살 수 없으며, 우리가 우리의 진심과 진실한 사랑을 바쳐야 얻을 수 있습니다.

남: 여성은 자신의 부의 목표를 세워야 합니까?

여: **(23)** 여성은 당연히 최소한의 경제적 보장이 있어야 한다고 생각합니다. 경제적 자립은 아주 중요합니다. 가정

주부가 되더라도, 자신에게 최소한의 생활보장을 해주어야 합니다. 이것은 인간의 존엄과 관련되어 있기 때문입니다. 관련 자료에 따르면 **(22)** 여성창업의 대다수는 취미와 관계가 있고, 반드시 돈이 목표가 아니라고 하는데, 이것은 남성과 매우 다릅니다.

남: 당신은 미래 사회에서 어떤 직종이 여성에게 더욱 적합하다고 생각하십니까?

여: 여성은 특히 서비스업에 특히 적합합니다. 서비스업은 대인관계와 조화로운 운용 능력에 대한 요구가 높은 편입니다. 현재 대중매체 영역에서 주된 종사자들은 모두 여성입니다. 그리고 예술, 보험, 은행, 사문, 변호사, 생활과 관련된 디자이너 및 인터넷에 기반을 둔 작은 산업 등에서도 마찬가지입니다. 이런 산업은 반드시 막대한 자본이 드는 것은 아니지만, **(24)** 창의력과 강인하고 섬세한 작업 정신이 필요한데, 이것은 여성이 더욱 뛰어납니다.

남: 부를 추구하는 사람들을 클럽에 비유하면, 이 클럽 안에서 여성은 정말 남녀평등을 실현했습니까?

여: **(25)** 중국에서 여성 취업률은 일반적으로 서양보다 훨씬 높지만, 고위관리자 중에서 여성의 비율은 매우 낮습니다. 여성들은 차별 대우를 반드시 느낀다고는 할 수 없지만, 그녀들은 자신의 능력을 증명해야 합니다. 예를 들면 남자가 어떤 사업에 성공하면 다른 사람들은 그와 사업을 해도 된다고 생각하지만, 여자는 보통 몇 가지 일을 통해 자신을 증명해야 합니다. 자신의 신용, 능력 및 각 방면의 재주 등을 보여주어야 합니다. 상대적으로 여성은 남성보다 더 많이 공을 들여야 되지요.

21. 여자는 부의 가장 큰 장점이 무엇이라고 생각하는가?

A. 모든 일을 해결할 수 있음

B. 자신의 가치를 높일 수 있음

C. 다른 사람의 부러움과 존경을 받을 수 있음

D. 자신이 좋아하는 일을 할 수 있음

22. 여성창업에서 주로 고려하는 것은 무엇인가?

A. 개인의 취미

B. 가정안에서의 지위를 향상시키는 것

C. 남녀평등을 이루는 것

D. 자신이 어떤 일이든 할 수 있다는 것을 증명하는 것

23. 부의 목표에 관해 여자는 어떤 관점을 가지고 있는가?

A. 상황을 보고 정함

B. 많을 수 록 좋음

C. 많은 목표가 있어야 함

D. 반드시 분명해야 함

24. 여자는 여성은 어떤 특징이 있다고 생각하는가?

A. 가정을 중시함

B. 조화능력이 남자보다 못함

C. 강인하고 매우 섬세함

D. 더욱 쉽게 사회의 인정을 받음

25. 중국여성 취업에 관해 다음 중 옳은 것은 무엇인가?

A. 취업률은 서양보다 높음

B. 여성의 직장 경험이 더욱 풍부함
C. 남자와 경쟁하는 것을 좋아함
D. 여성 관리자가 많음

[해설]

21. '我觉得财富带来最大的好处，**是让我们能选择做自己喜欢的事情**，或者不做不喜欢的事。(부의 가장 큰 장점은 우리에게 자신이 하고 싶은 일을 선택할 수 있게 하는 것 또는 자신이 하고 싶지 않은 일을 하지 않게 하는 것입니다.)'이라고 하였으므로 정답은 D입니다.

22. '**女性创业大多数都和爱好有关** (여성창업의 대다수는 취미와 관계가 있다)'이라고 하였으므로 정답은 A입니다.

23. '我认为**女人应该有基本的财富保证**。(여성은 당연히 최소한의 경제적 보장이 있어야 한다고 생각합니다.)'이라고 한 것으로 보아, 여자는 여성도 부의 목표를 반드시 분명히 해야 한다고 생각하는 것을 알 수 있으므로, 정답은 D입니다.

24. '要求有**创意、有坚韧、细致入微**的工作精神，这是女性更擅长的。(창의력과 강인하고 섬세한 작업 정신이 필요한데, 이것은 여성이 더욱 뛰어납니다.)'이라고 하였으므로 정답은 C입니다.

25. '在中国，**女性就业率**普遍**比西方国家还要高** (중국에서 여성 취업률은 일반적으로 서양보다 훨씬 높지만)'이라고 하였으므로 정답은 A입니다.

[정답] **21.** D **22.** A **23.** D **24.** C **25.** A

26.-30.
[원문]

男: 王阿姨，先感谢您能抽出时间接受我们的采访。听说村子里有一个"巧娘工作室"，您能给我们介绍一下具体情况吗？

女: "巧娘工作室"啊，其实是为了让我们在农闲的时候有点娱乐，挣点零钱，**(27) 村里领导把大家召集在一起**，从镇上请了老师来教大家编织中国结。

男: 那村里大妈、大婶儿愿意学吗？

女: 当然啦，大家都很积极，我就抢先报了名，没事的时候就去学，后来老师走后我们就自己编，还自创了很多新花样呢。

男: 这墙上的"大福字"就是您亲手编的？编好的这些中国结肯定很多人抢着买吧？

女: 是呀！隔壁那屋儿还有很多，都是我自己编的，可只是在家做个摆设，卖不出去。

男: 为什么呀？这么有潜力的手工编织怎么没有形成产业呢？

女: **(26) "巧娘工作室"的成员就是家庭主妇**，业余时间做些手工艺品，所以不成规模，而且编中国结成本高，耗时长，作品还没有销路，**(30) 到最后只作为一个爱好，是我们自娱自乐**。

男: 那还真是挺可惜的。不过你们这么精湛的手艺怎么传下去啊？年轻人有喜欢学的吗？

女: 中国结的制作有着悠久的历史，你看这鲜艳的中国结，多有中国特色啊。**(28) 这个手艺最重要的是兴趣和摸索创新。(29) 希望在乡里和村里的引导下，更多的人会关注，让我们的作品找到出路，让中国结的制作形成规模，手艺自然而然就流传下去了**。

26. "巧娘工作室"主要是由哪些人组成的？
  A. 年轻的女子　　B. 家庭主妇
  C. 老太太　　　　D. 村干部

27. "巧娘工作室"主要是由谁召集的？
  A. 王阿姨　　　　B. 村里干部
  C. 工艺老师　　　D. 自己发起的

28. 女的认为年轻人学习手艺需要什么？
  A. 热情　　　　　B. 专心
  C. 兴趣　　　　　D. 耐心

29. "巧娘工作室"的目前情况怎么样？
  A. 规模比较大
  B. 人越来越少
  C. 工艺品销路很好
  D. 没有形成规模

30. 关于这个工作室我们可以知道什么？
  A. 挣了很多钱
  B. 自己制作自己欣赏
  C. 很多人后来放弃了
  D. 主要是为了挣钱

[단어]

农闲 nóngxián 명 농한기 / 中国结 zhōngguójié 명 중국 매듭 / 抢先 qiǎngxiān 동 (시간적으로) 앞을 다투다 / 花样 huāyàng 명 무늬, 모양, 디자인 / 潜力 qiánlì 명 잠재력, 숨은 힘, 저력 / 销路 xiāolù 명 (상품의) 판로 / 精湛 jīngzhàn 형 정밀하고 깊다. (조예가) 깊다. 심오하다. 능란하다 / 鲜艳 xiānyàn 형 (색이) 산뜻하고 아름답다 / 摸索 mōsuo 동 ① (길, 방향 등을) 더듬어 찾다 ② (방법, 경험, 요령 등을) 모색하다, 탐색하다

[번역]

남: 王 아주머님, 저희 인터뷰에 시간을 내주셔서 정말 감사합니다. 마을에 '巧娘 작업실'이 있다고 들었는데, 구체적인 상황을 좀 설명해 주시겠습니까?

여: '巧娘 작업실'이요. 실은 우리가 농한기를 즐겁게 보내고 용돈을 좀 벌기 위해서 만든 것인데요. **(27)** 마을 지도자들은 모두를 소집하고, 읍내에서 선생님을 초청하여 모두에게 중국 매듭을 짓는 방법을 가르치고 있어요.

남: 그럼 마을의 아주머니들께서 배우고 싶어 합니까?

여: 그럼요. 모두 매우 적극적이에요. 저도 다른 사람들보다 먼저 신청했고, 한가할 때 가서 배웠어요. 나중에 선생님이 가신 뒤에, 우리는 스스로 매듭을 짓기도 하고, 새로운 무늬도 짜냈습니다.

남: 벽에 걸려 있는 '큰 복자'를 아주머님께서 직접 짜셨습니까? 완성된 중국 매듭은 틀림없이 많은 사람들이 앞 다투어 살 거 같은데요?

여: 네, 옆방에 더 많이 있는데, 모두 제가 직접 짠 거예요. 그런데 이 매듭들은 그냥 집에 진열해 놓을 뿐, 팔지는 않습니다.

남: 왜 그런가요? 이렇게 잠재력이 있는 수공 편직물을 왜 산업으로 만들지 않으십니까?

여: **(26)** '巧娘 작업실'의 구성원은 바로 가정주부예요. 여가 시간에 수공예품을 조금 만드는 거라서, 규모가 매우 작아요. 그리고 중국 매듭을 짜는 것은 원가가 많이 들고, 시간도 많이 걸리는데, 아직 판로가 없어서, **(30)** 결국 그냥 취미삼아, 우리 스스로 즐기고 있어요.

남: 너무 아쉽네요. 그런데 이렇게 뛰어난 기술을 어떻게 전수하고 계승해야 합니까? 배우고 싶어 하는 젊은이들이 있습니까?

여: 중국 매듭 제작은 유구한 역사가 있어요. 이렇게 산뜻하고 아름다운 중국 매듭이 얼마나 중국 특색이 있는지 좀 보세요? **(28)** 이 기술에서 가장 중요한 것은 흥미와 창의성이에요. **(29)** 읍과 마을의 지도하에 더 많은 사람들이 관심을 가져서, 우리 작품의 판로를 찾게 하고, 중국 매듭 제작이 형태를 갖추게 되기를 바랍니다. 그러면 이 기술은 자연히 널리 퍼질 수 있을 거예요.

26. '巧娘 작업실'은 주로 어떤 사람이 만들었는가?

    A. 젊은 여자   B. 가정주부

    C. 할머니   D. 마을 간부

27. '巧娘 작업실'에서 주로 누가 소집을 하는가?

    A. 왕 아주머니   B. 마을 간부

    C. 공예 선생님   D. 자기 스스로 소집함

28. 여자는 젊은 사람들이 기술을 배우려면 무엇이 필요하다고 생각하는가?

    A. 열정   B. 전념

    C. 흥미   D. 인내

29. '巧娘 작업실'은 현재 어떤 상황인가?

    A. 규모가 큰 편임

    B. 사람이 점점 줄어 듦

    C. 공예품의 판로가 매우 좋음

    D. 형태를 갖추지 못함

30. 이 작업실에 관해 우리가 알 수 있는 것은 무엇인가?

    A. 돈을 많이 벌었음

    B. 스스로 만들고 즐김

    C. 많은 사람들이 나중에 포기함

    D. 주로 돈을 벌기 위해서임

[해설]

26. '巧娘工作室的**成员就是家庭主妇** ('巧娘 작업실'의 구성원은 바로 가정주부예요)'라고 하였으므로 정답은 B입니다.

27. '村里**领导**把大家召集在一起 (마을 지도자들은 모두를 소집하고,)'라고 하였으므로 정답은 B입니다.

28. '这个**手艺最重要的是兴趣**和摸索创新 (이 기술에서 가장 중요한 것은 흥미와 창의성이에요.)'이라고 하였으므로 정답은 C입니다.

29. '希望在乡里和村里的引导下，更多的人会关注，让我们的作品找到出路，**让中国结的制作形成规模**，手艺自然而然就流传下去了。(읍과 마을의 지도하에 더 많은 사람들이 관심을 가져서, 우리 작품의 판로를 찾게 하고, 중국 매듭 제작이 형태를 갖추게 되기를 바랍니다.)'이라고 하였으므로 정답은 D입니다.

30. '到最后只**作为一个爱好，是我们自娱自乐**。(결국 그냥 취미삼아, 우리 스스로 즐기고 있어요.)'이라고 하였으므로 정답은 B입니다.

[정답] 26. B   27. B   28. C   29. D   30. B

[4주차 원문 & 해설 & 정답]

1회

[정답]

16 D	17 D	18 C	19 B	20 A
21 B	22 D	23 C	24 D	25 B
26 C	27 A	28 C	29 B	30 D

16.-20.

[원문]

女: 大家好，欢迎收看我们的节目。现在坐在我旁边的是关注社会弱势群体的张院长，您好！

男: 您好！

女：张院长，您是从什么时候起开始关注社会
　　弱势群体的？

男：**(17)** 要我说具体从什么时候起关注社会弱
　　势群体，我真的说不出来。我想，这缘于
　　家庭的熏陶。在读初中、高中、大学的时
　　候，每当看到残疾人努力拼搏的事迹都深
　　受感动，每当看到那些因贫困而失学、因
　　工厂倒闭而下岗的报道就触及心灵，觉得
　　社会对弱势群体应有更多的关怀，更大的
　　关注。也就是从那时起就觉得关心弱势群
　　体是我的责任！

女：您在帮助社会弱势群体方面作了很多工
　　作，能否具体给我们大家谈一谈？

男：**(16)** 我来九江学院以后，一方面加紧、加快
　　学院的建设和发展，进行了人事制度、后
　　勤企业化的改革；另一方面，坚持扶贫帮
　　困，**(18)** 关注社会弱势群体工作从不间断。
　　在全校教职员工的共同努力下，通过考
　　察、调研，在修水老区、共同捐资兴建现
　　代化希望小学、在瑞昌投资兴建中学，为
　　九江聋儿语训学校捐资8万元。安排100多
　　名下岗工人到校工作；组织多种捐款、捐
　　物活动，以帮助失学儿童和在校特困生，
　　并为特困生提供勤工助学岗位。

女：张院长，在今后的扶贫帮困、关心社会弱
　　势群体方面有什么打算？

男：**(19)** 扶贫帮困，关心社会弱势群体是我校
　　素质教育活动的重要内容，我们将一如既
　　往地开展这项工作，争取每年捐助一所希
　　望小学，并规划在九江学院新区划出几亩
　　地，兴建九江聋哑儿语训学校。

女：您有什么希望呢？

男：关注社会弱势群体是一项全社会的工作，
　　(20) 希望九江学院为此所做的一切能使残疾
　　人事业有更大的发展、迎来全社会关注弱
　　势群体的春天。

16. 男的是做什么的？
　　A 慈善家　　　　　B 国家公务员
　　C 社会活动家　　　D 学校的校长

17. 男的是从什么时候开始关注弱势群体的？
　　A 初中　　　　　　B 高中
　　C 大学　　　　　　D 说不清楚

18. 文章中的弱势群体不包括下列哪些人？
　　A 残疾人　　　　　B 贫困小学生
　　C 失去亲人的人　　D 下岗工人

19. 男的今后有什么打算？
　　A 每年建立10所希望小学
　　B 扶贫帮困
　　C 建立盲人学校
　　D 安排下岗工人就业

20. 男的的希望是什么？
　　A 更多的人关注弱势群体
　　B 得到更多人的理解
　　C 得到政府的支持
　　D 安排更多的人就业

[단어]

弱势群体 ruòshìqúntǐ 명 소외계층 / **熏陶** xūntáo 동 훈도(하다), 영향(을 끼치다) / **拼搏** pìnbó 동 맞붙어 싸우다, 필사적으로 싸우다, 끝까지 다투다 / **倒闭** dǎobì 동 (상점, 회사, 기업체 등이) 도산하다, 파산하다 / **后勤** hòuqín 명 후방 근무, 병참 고급 근무(작업) / **扶贫帮困** fúpínbāngkùn 동 가난한 농가를 도와 가난에서 벗어나게 하다 / **间断** jiànduàn 동 (연속된 일이) 중단되다, 중간에서 끊어지다 / **捐资** juānzī 동 돈 (자금)을 기부하다 / **兴建** xīngjiàn 동 건설하다, 창설하다, 건축하다 [주로 대규모 건설을 가리킴] / **希望小学** xīwàngxiǎoxué 명 희망 프로젝트 초등학교 [학업을 중단한 빈곤지역 아동을 돕기 위해 만든 초등학교를 말함] / **勤工助学** qíngōngzhùxué 성 ① 일하면서 배우다, 고학하다 ② 노동 학교의 운영 방식 [학생들이 수업 외에 일정한 시간동안 노동에 종사하여 얻어진 수입으로 학교를 운영하는 방식] / **岗位** gǎngwèi 명 직책, 본분 / **一如既往** yìrújìwǎng 성 지난날과 다름없다 / **聋哑** lóngyǎ 명 농아 / **慈善家** císhànjiā 명 자선가

[번역]

여: 여러분 안녕하십니까? 우리의 프로그램을 시청해주셔서 감사합니다. 지금 제 옆에 앉아 계신 분은 사회 소외계층에게 관심을 가지고 계시는 장 학장님이십니다. 안녕하십니까?

남: 안녕하십니까?

여: 학장님께서는 언제부터 사회 소외계층에 관심을 가지기 시작하셨습니까?

남: **(17)** 구체적으로 사회 소외계층에 언제부터 관심을 가지기 시작했는지 말씀드려야 한다면, 저는 정말 기억이 안 나는데, 저는 가족의 영향을 받았다고 생각합니다. 중학교, 고등학교와 대학에 다닐 때, 저는 매 번 장애인들이 열심히 노력을 하는 모습을 보면서 깊은 감동을 받았고, 또한 매 번 가난해서 진학하지 못하거나, 공장이 도산해서 직장을 잃었다는 보도는 저의 심금을 울렸고, 사회는 소외 계층에게 더 많은 관심과 더 많은

보살핌이 있어야 한다고 생각했습니다.

여: 학장님께서는 사회 소외 계층을 도와서 많은 일을 하셨습니다. 구체적으로 말씀 좀 해 주실 수 있을까요?

남: **(16)** 저는 九江 대학에 온 후, 한편으로 학원 건설과 발전을 가속화시키고, 인사 제도 및 후방 기업화의 개혁을 진행하였습니다. 또 다른 한편으로는 지속적으로 가난한 사람들을 돕고, 사회 소외계층에 관심을 가지는 일을 계속 해왔습니다. 전교 교직원들의 공동 노력 하에, 현지조사와 연구를 통해, 우리는 修水 구시가지에 다 같이 기부금을 내서, **(18)** 현대화된 희망 프로젝트 초등학교를 설립했으며, 瑞昌에 투자해서 중학교를 설립했습니다. 그리고 九江 농아언어훈련학교에 8만 원을 기부하였고, 100여 명의 실업자들에게 학교에 가서 일할 수 있도록 일자리를 구해 주었습니다. 여러 가지 금전적인 기부와 물건을 기부하는 활동으로, 가난해서 진학하지 못한 아동 및 극빈학생을 도와주고, 동시에 극빈학생에게 고학할 수 있는 일자리를 제공해 주었습니다.

여: 학장님께서는 향후 가난한 사람을 돕고, 사회 소외계층에 관심을 가지는 일에 대해 어떤 계획이 있으십니까?

남: **(19)** 가난한 사람을 돕고 사회 소외계층에 관심을 가지는 것은 우리 학교 인성교육의 중요한 내용입니다. 우리는 지난날과 다름없이 이 일을 전개할 것이고, 매년 희망 프로젝트 초등학교 하나를 설립하기 위해 노력할 것이며, 또한 九江 대학은 신개발 지구에서 몇 마지기 땅을 내어, 九江 농아 언어훈련학교를 설립할 계획입니다.

여: 학장님께서는 지금 어떤 소망이 있으십니까?

남: 사회 소외계층에 관심을 가지는 것은 온 사회의 일입니다. **(20)** 九江 대학이 이를 위해 했던 모든 일들이 장애인 사업을 더욱 발전할 수 있게 하실 바라며, 온 사회가 사회 소외계층에게 관심을 가지는 봄날을 맞이하길 희망합니다.

16. 남자는 무엇을 하는 사람인가?
　　A. 자선가　　　　　　　B. 국가 공무원
　　C. 사회 활동가　　　　 D. 학교의 학교장

17. 남자는 언제부터 소외계층에 관심을 가지기 시작했는가?
　　A. 중학생 시절　　　　 B. 고등학생 시절
　　C. 내학생 시절　　　　 D. 잘 모르겠음

18. 다음 중 소외계층에 속하지 않는 사람은 누구인가?
　　A. 장애인　　　　　　　B. 가난한 초등학생
　　C. 친지를 잃은 사람　　 D. 실직 노동자

19. 남자는 앞으로 어떤 계획이 있나?
　　A. 매 년 10개의 희망 프로젝트 초등학교를 건립할 것임
　　B. 경제적으로 어려운 사람을 도울 것임
　　C. 맹인 학교를 건립할 것임
　　D. 실직 노동자의 일자리를 구해 줄 것임

20. 남자의 소망은 무엇인가?
　　A. 더 많은 사람들이 소외계층에 관심을 가지는 것
　　B. 더 많은 사람의 이해를 얻는 것
　　C. 정부의 지지를 얻는 것
　　D. 더 많은 사람의 일자리를 구해주는 것

[해설]

16. '我来九江学院以后 (저는 九江 대학에 온 후~)'이라고 하였고, 여자가 남자에게 계속 '张院长'이라는 호칭을 사용하는 것으로 보아, 남자는 단과대학의 학(교)장인 것을 알 수 있으므로, 정답은 D입니다.

17. '要我说具体从什么时候起关注社会弱势群体，我真的说不出来。(구체적으로 사회 소외계층에 언제부터 관심을 가지기 시작했는지 말씀드려야 한다면, 저는 정말 기억이 안 나는데)'이라고 하였으므로 정답은 D입니다.

18. '兴建现代化希望小学、在瑞昌投资兴建中学，为九江聋儿语训学校捐资8万元。安排100多名下岗工人到校工作 (현대화된 희망 프로젝트 초등학교를 설립했으며, 瑞昌에 투자해서 중학교를 설립했습니다. 그리고 九江 농아언어훈련학교에 8만 원을 기부하였고, 100여 명의 실업자들에게 학교에 가서 일할 수 있도록 일자리를 구해 주었습니다.)'이라고 하였으므로 정답은 C입니다.

19. '扶贫帮困，关心社会弱势群体是我校素质教育活动的重要内容，我们将一如既往地开展这项工作 (가난한 사람을 돕고 사회 소외계층에 관심을 가지는 것은 우리 학교 인성교육의 중요한 내용입니다. 우리는 지난날과 다름없이 이 일을 전개할 것이고)'이라고 하였으므로 정답은 B입니다.

20. '希望九江学院为此所做的一切能使残疾人事业有更大的发展、迎来全社会关注弱势群体的春天。(九江 대학이 이를 위해 했던 모든 일들이 장애인 사업을 더욱 발전할 수 있게 하길 바라며, 온 사회가 사회 소외계층에게 관심을 가지는 봄날을 맞이하길 희망합니다.)'이라고 하였으므로 정답은 A입니다.

[정답] 16. D　17. D　18. C　19. B　20. A

21.-25.
[원문]

男: 您好！欢迎您参中央二套的《半边天》栏目。

女: 大家好！

男: 在您来之前很多朋友通过短信和网络都发来了他的提问，都把您当成儿童教育专家了，您在有了宝宝之后，有什么和以前不一样的？

男: 我感觉我比以前对人对事更宽容了，感悟了多。有孩子的家长应该知道，其实每一步都

463

是很不容易的，包括他怎么爬、怎么站、怎么开始学说话，原来我们认为很简单的事情都是需要有一个学习的过程，而且这个过程很漫长，需要有照顾孩子的耐心， 所以自然的，**(21) 我们就会对别人有更多的耐心，容易理解别人或是容忍一些事情。**

男: 在我们众多朋友提的问题里，大多数都想知道，如何和孩子相处？这方面你有什么体验可以和我们分享？

男: 和孩子交朋友，在这个交朋友的过程当中和他建立良好的关系。我觉得做妈妈这件事也是不断学习的事情，实际上孩子教会你成为一个更好的自己，比如说我的孩子就是我的忠实批评者，**(22) 他们在电视上经常看到我，我如何主持那个节目，他们会给我提一些意见**，我会很尊重他们的意见，我们像朋友一样平等。

男: 有些家长反映自己孩子不听话，特别不爱学习和看书，对此您有什么经验？

男: **(23) 专家认为孩子在两岁之前，父母对孩子最重要的是情绪和情感的教育**，虽然孩子还不会说话，但是父母要会说话，一定要不着急，不生气，这种好的情绪习惯，会维持孩子一生中很长一段时间，如果两岁之前父母就让孩子学这学那，父母又很焦虑，他们的这种紧张的情绪就会感染到孩子，孩子也会变得没有耐心急躁。因此父母一定要重视这方面。

男: **(25) 您曾经说过，女人最大的智慧就是意识到自己是女人**，您能否解释一下这句话？

男: **(24) 我觉得人生最大的成功就是找到自己，正确地认识自己，我们知道自己是一个什么样的人，自己想做什么样的事，自己做什么样的事最快乐，最有成就感**，如果能够按照自己选择的方式生活，我认为就是很成功了。

21. 女的有孩子后最大的变化是什么？
　　A. 更容易发脾气
　　B. 更有耐心
　　C. 更渴望沟通交流
　　D. 更容易感动

22. 女的最可能在哪里工作？
　　A. 公司　　　　　　　B. 报社
　　C. 小学　　　　　　　D. 电视台

23. 根据这段对话父母应该对两岁前的孩子进

行哪方面教育？
　　A. 音乐　　　　　　　B. 语言
　　C. 情感　　　　　　　D. 爱好

24. 女的认为什么是成功:
　　A. 做到男人做到的事
　　B. 家庭和事业都好
　　C. 有个幸福的家庭
　　D. 找到自己的定位

25. 这段对话最可能出现在什么栏目？
　　A. 教育　　　　　　　B. 女性
　　C. 健康　　　　　　　D. 心理

[단어]

半边天 bànbiāntiān 몡 ① 하늘의 반쪽, 세상 (사회)의 반쪽 ② (신 사회의) 여성 / 宽容 kuānróng 혱 너그럽게 받아들이다, 용서하다 / 感悟 gǎnwù 통느끼어 깨닫다 / 漫长 màncháng 혱 (시간, 길 등이) 멀다, 길다, 지루하다 / 容忍 róngrěn 통 참고 용서하다, 참고 견디다, 허용하다, 용인하다 / 分享 fēnxiǎng 통 ① 몫을 받다, 배당을 받다 ② (행복, 기쁨 등을) 함께 누리다 (나누다)

[번역]

남: 안녕하십니까? CCTV2 〈半边天〉 프로그램에 오신 것을 환영합니다.

여: 여러분, 안녕하세요?

남: 당신이 오시기 전에 많은 시청자들께서 이미 문자 메시지와 인터넷을 통해 질문을 주셨는데, 당신을 아동교육 전문가로 생각하는 것 같습니다. 어머니가 되고나서 예전과 달라진 것이 있다면 무엇입니까?

여: 저는 예전보다 사람이나 일에 대해서 많이 너그러워졌고 많은 것을 깨달았다고 느낍니다. 아이를 가진 부모들은 아실 거예요. 사실 매 단계마다 다 쉬운 일이 아닙니다. 아이들이 어떻게 기고, 어떻게 서고, 어떻게 말을 배우기 시작하는 지를 다 포함합니다. 원래 우리가 아주 쉽다고 여겼던 일들은 아이들은 모두 길고 긴 시간을 통해 배워야 하기에 우리는 아이를 돌보는 인내심이 있어야 합니다. 그래서 **(21) 우리는 자연스럽게 인내심이 강해져서 남에 대해 더 쉽게 이해하고, 어떤 일들을 더욱 잘 참을 수 있습니다.**

남: 수많은 질문 중에 대부분은 아이하고 어떻게 하면 사이 좋게 지낼 수 있냐고 하는 것입니다. 이 방면에 대해 어떤 경험을 우리와 함께 나누고 싶습니까?

여: 아이의 친구가 되고 사귀는 과정에서 그들하고 좋은 관계를 맺어야 합니다. 저는 어머니로서 부단히 배워야 할 일이 아주 많다고 생각합니다. 사실 아이들은 우리에게 더 좋은 자신이 되는 방법을 가르쳐 줍니다. 예를 들면

우리 아이들은 바로 저의 충직한 비평가입니다. **(22)** 아이들은 자주 TV에서 저를 보고, 제가 그 프로그램의 사회를 어떻게 진행해야 하는지에 대해 모니터를 해줍니다. 저는 아이들의 의견을 항상 존중하고, 우리는 친구처럼 평등합니다.

남: 일부 부모들은 자기의 아이가 말을 듣지 않고, 특히 공부하기 싫어하다고 말씀하셨는데요. 이에 대해 어떤 경험이 있으십니까?

여: **(23)** 전문가들은 2세 전에 부모의 아이의 정서와 감정에 대한 교육이 가장 중요하다고 했습니다. 아이들은 아직 말을 할 줄 모르지만, 부모는 말을 잘해야 하고, 조급히 하거나 화내지 말아야 합니다. 좋은 정서를 유지하는 습관은 아이의 인생에 큰 영향을 미칠 것입니다. 만약 부모가 2세 전에 이미 아이를 이것저것 배우도록 시키고, 또한 부모도 항상 초조해하면, 이런 감정적인 스트레스는 아이에게 전염될 것입니다. 때문에 아이들도 인내심이 없어지고, 초조해질 것입니다. 그래서 부모들은 반드시 이 방면을 중요시해야 합니다.

남: **(25)** 당신께서는 전에 여자들의 가장 큰 지혜는 바로 자신이 여자란 것을 깨닫는 것이라고 말씀하셨는데요. 이 말의 의미를 좀 설명해주시겠습니까?

여: **(24)** 저는 인생에 있어서 가장 큰 성공은 바로 자신을 찾고, 정확하게 자신을 아는 것이라고 생각합니다. 우리는 자신이 어떤 사람인지, 어떤 일을 하고 싶어 하는지, 또한 자신이 어떤 일을 할 때 가장 즐겁고, 성취감이 있는지를 알아야 합니다. 자신이 원하는 방식대로 생활할 수 있다면, 이미 크게 성공했다고 생각합니다.

21. 여자가 아이를 낳은 후, 가장 큰 변화는 무엇인가?
    A. 더 쉽게 화를 냄
    B. 더욱 침울싱이 있어짐
    C. 의사소통하고 교류하는 것을 더욱 갈망함
    D. 더욱 쉽게 감동을 함

22. 여자는 어디에서 일할 가능성이 가장 큰가?
    A. 회사   B. 신문사
    C. 초등학교   D. TV 방송국

23. 이 대화에 따르면, 부모는 2세 전의 아이에게 어떤 방면의 교육을 시켜야 하는가?
    A. 음악   B. 언어
    C. 감정   D. 취미

24. 여자는 무엇이 성공이라고 생각하는가?
    A. 남자가 하는 일을 하는 것
    B. 가사 일과 사업을 모두 잘 하는 것
    C. 행복한 가정을 꾸리는 것
    D. 자기의 자리를 찾는 것

25. 어떤 프로그램에서 나누는 대화일 가능성이 가장 큰가?
    A. 교육   B. 여성
    C. 건강   D. 심리

[해설]

21. '我们就会对别人有更多的耐心，容易理解别人或是容忍一些事情。(우리는 자연스럽게 인내심이 강해져서 남에 대해 더 쉽게 이해하고, 어떤 일들을 더욱 잘 참을 수 있습니다.)'이라고 하였으므로 정답은 B입니다.

22. '他们在电视上经常看到我，我如何主持那个节目，他们会给我提一些意见 (아이들은 자주 TV에서 저를 보고, 제가 그 프로그램의 사회를 어떻게 진행해야 하는지에 대해 모니터를 해줍니다)'이라고 하였으므로 정답은 D입니다.

23. '专家认为孩子在两岁之前，父母对孩子最重要的是情绪和情感的教育 (전문가들은 2세 전에 부모의 아이의 정서와 감정에 대한 교육이 가장 중요하다고 했습니다.)'이라고 하였으므로 정답은 C입니다.

24. '我觉得人生最大的成功就是找到自己，正确地认识自己，我们知道自己是一个什么样的人，自己想做什么样的事，自己做什么样的事最快乐，最有成就感 (저는 인생에 있어서 가장 큰 성공은 바로 자신을 찾고, 정확하게 자신을 아는 것이라고 생각합니다. 우리는 자신이 어떤 사람인지, 어떤 일을 하고 싶어 하는지, 또한 자신이 어떤 일을 할 때 가장 즐겁고, 성취감이 있는지를 알아야 합니다.)'이라고 하였으므로, 여자는 각자 자신이 있어야 하는 알맞은 자리를 찾는 것이 성공이라고 생각하는 것을 알 수 있으므로, 정답은 D입니다.

25. 남자와 여자의 대화는 아이를 낳은 후 엄마로써 아이를 교육하는 방법, 여성이 자신이 원하는 자리를 찾는 것 등 주로 여성에 관한 이야기를 하고 있으므로 정답은 B입니다.

[정답] **21.** B   **22.** D   **23.** C   **24.** D   **25.** B

26.-30.
[원문]

女: 朋友们好，今天我们邀请到了现在最受欢迎的导演，李安导演，您好！

男: 大家好！

女: 你的电影不论中文还是英文的，在世界范围内都取得了很好的票房成绩，参加了很多电影节，得过很多奖。一个东方人为什么能够在美国这样的电影大国里取得成功？在这后面都有些什么？这是大家感兴趣的。所以，我想先请你谈谈你的经历。

男: 说来话长。我想我做的这些不是一天两天的功夫，是很多生活的积累。不过我个人觉得背景并不重要，对美国文化的了解土生土长的美国人比我更了解。我弟弟跟我是同样的背景，或者我的同事跟我也是同样的背景，大家都做一样的事情。所以我觉得，**(26) 还是对电影的创作力、表达力和你的工作能力更重要**，这些是跳开文化背景的。

女：那您觉得自己是个什么样的人，怎么给自己定位呢？

男：我基本上是个家居的人，从小就很乖。妈妈是北京人，爸爸是台湾一个很好的高中的校长，我就是那所高中毕业的。**(30) 我们家就跟正常的幸福家庭一样**，我有两个姐姐，一个弟弟。台湾的生长环境和大陆有点相像，不鼓励小孩玩、运动和社交，就是读书和考学校，一直考到出国为止。我不太适应这种教育方式，可是我的性格又比较内向，不好动，所以我就喜欢幻想，唯一的活动就是看电影，社交也只限于同学。我的大学没有考好，太紧张了，所以到了艺术学校。

女：那你在艺术学校的经历对你有什么影响？

男：台湾艺术学校的学习经历对我来说是个很大的转变，毕业后就不准备考大学了。当然，家庭阻力是有的，但我还是这样决定了。后来就跟很多人一样，到美国留学，我是七八年去的，在大学念了两年多的戏剧，并且认识了我的太太。这就是我的背景，内向、家居和比较温室化的成长过程。

女：可以料想，美国的生活一定对你是个很大的冲击，对你以后的创作也会产生很大的影响。

男：**(27) 头两年对我影响很大。东方的生活态度和西方很不一样，这对我来讲确实是个很大的冲击**。东方的传统伦理哲学是大事化小，小事化了，比较压抑和顺服。**(28) 西方就不是，比较表达自我**，对压抑的抗争方式就是宣泄，这就增高了冲突，这就是戏剧。对我来说，东方的人生态度是非常反戏剧的，用西方的戏剧原理来讲的话，不是有真正的戏剧冲突，只是故事性强而已。所以在以后的拍电影的时候，虽然我用的是东方的眼光，**(29) 但在手法上基本用的是西方的戏剧形式**。

26. 男的认为取得成功最重要的是什么？
    A. 生活背景
    B. 家庭的支持
    C. 创作和工作能力
    D. 对电影的热爱

27. 男的在美国的生活经历对他的影响怎么样？
    A. 冲击很大
    B. 一直影响很大
    C. 没有什么太大影响
    D. 不太适应美国生活

28. 下面哪项符合西方的生活的态度？
    A. 大事化小小事化了
    B. 比较顺服
    C. 喜欢表达自己的想法
    D. 不喜欢宣泄情绪

29. 男的拍电影的手法有什么特点？
    A. 采用东方的手法
    B. 采用西方手法
    C. 用戏剧的手法
    D. 用反戏剧的手法

30. 关于男的下列说法正确的是：
    A. 是独生子
    B. 和妻子在台湾认识的
    C. 考上很好的大学
    D. 家庭幸福美满

[단어]

票房 piàofáng 명 (극장, 역 등의) 매표소 / **积累 jīlěi** 통 (조금씩) 쌓이다, 누적하다, 축적하다 명 ① 축적 ② 적립금 / **定位 dìngwèi** 통 ① 위치를 측정하다 ② 자리를 정하다, 매기다 명 측량된 후 확정된 위치 / **家居 jiājū** 명 ① 거처 ② 일상생활 통 (직업이 없이) 집에 박혀있다, 집에서 놀고 있다 / **阻力 zǔlì** 명 ① 저항, (저)항력 ② 방해, 장애, 제지, 저지, 억제 / **料想 liàoxiǎng** 통 예상하다, 추측하다, 짐작하다 / **大事化小小事化了 dàshìhuàxiǎoxiǎoshìhuàliǎo** 성 중대한 문제는 사소한 것으로 하고, 사소한 문제는 끝난 것으로 치다 / **压抑 yāyì** 형통 억압(하다), 억제(하다), 속박(하다) 형 (마음이) 답답하다 / **顺服 shùnfú** 통 순종하다, 복종하다

[번역]

여: 여러분 안녕하십니까? 오늘은 저희가 현재 인기가 가장 많으신 李安 감독님을 모셨습니다. 안녕하십니까?

남: 여러분, 안녕하십니까?

여: 감독님의 영화는 중국어이든 영어이든 상관없이 모두 선 세계에서 흥행에 성공했으며, 많은 영화제에서 싱을 받았습니다. 동양인이 어떻게 미국과 같은 영화대

국에서 성공하셨는지, 성공의 뒷면에는 어떤 이야기가 숨어있는지, 시청자 여러분들께서 모두 궁금해 합니다. 그래서 저는 먼저 감독님께 감독님의 경험을 말씀해달라고 부탁드리고 싶은데요?

남: 말하자면 깁니다. 제가 한 일은 하루 이틀의 노력이 아니라, 수많은 생활의 축적이라고 생각합니다. 그러나 개인적으로 문화배경은 결코 중요하지 않다고 생각합니다. 미국 문화에 대해서는 그 고장에서 나고 자란 미국인이 저보다 더 잘 압니다. 제 남동생도 저와 같은 배경을 가지고 또한 제 동료들도 저와 같은데, 모두 같은 일을 합니다. 그래서 **(26)** 영화에 대한 창의력, 표현력 및 자신이 일하는 능력은 더욱 중요하다고 생각합니다. 이런 것들은 다 문화배경을 뛰어 넘는 것이지요.

여: 감독님께서는 자신이 어떤 사람이라고 생각하십니까? 자신을 어떻게 평가하십니까?

남: 저는 기본적으로 가정적인 사람이고 어릴 때부터 말을 잘 들었습니다. 어머니는 북경 사람이시고, 아버지는 대만의 매우 좋은 고등학교의 교장선생님이시며, 저는 바로 그 고등학교를 졸업했습니다. **(30)** 저희 집은 수많은 평범하고 행복한 가정과 같았습니다, 저는 누나 두 명과 남동생이 하나 있습니다. 대만의 성장 환경은 중국대륙과 약간 비슷해서 아이들이 놀고, 운동하고, 사교적인 것을 지지하지 않고, 그냥 공부하고 진학하고, 외국에 유학을 떠날 때까지 계속 시험을 봅니다. 저는 이런 교육 방식에 잘 적응하지 못했을 뿐만 아니라, 성격도 내성적이고 활동적이지 않았습니다. 그래서 저는 늘 공상하는 것을 좋아하고, 유일한 취미가 영화를 보는 거였습니다. 그리고 같은 반 학우들하고만 사귀었습니다. 저는 너무 긴장해서 대학 입학시험을 길 뜻 봐서 결국 예술학교에 갔습니다.

여: 그럼 예술학교에서 경험한 것은 감독님께 어떤 영향을 주었습니까?

남: 대만예술학교에서 공부한 경험은 저한테는 일대 큰 변화였습니다. 저는 졸업하고 나서, 대학에 진학하지 않기로 했습니다. 물론 가족들이 반대했지만, 저는 결심을 굳혔습니다. 그 후에 많은 사람들처럼 미국으로 유학을 떠났습니다. 저는 1978년에 유학을 갔고, 대학에서 2년 정도 희극을 공부했으며, 제 아내도 만났습니다. 이것이 바로 제 배경입니다. 저는 내성적이고 가정적이며, 비교적 편안하고 안락한 환경에서 자랐습니다.

여: 미국생활은 틀림없이 감독님께 큰 충격을 주고, 그 이후의 창작에도 영향을 많이 주었다고 짐작할 수 있습니다.

남: **(27)** 처음 몇 년간의 생활은 저에게 많은 영향을 주었습니다. 동양의 생활태도는 서양과 너무 달라서 저에게 정말 매우 큰 충격이었습니다. 동양의 전통윤리철학은 분규가 생겨난 후 문제를 최소화하도록 노력하는 것이며, 억제하고 순종하는 편입니다. 반대로 **(28)** 서양인은 자신을 잘 표현하는 편이고, 억압에 항쟁하는 방식이 바로 고민을 털어놓는 것입니다. 그러니까 갈등이 많이 생겼지요. 이것이 바로 희극입니다. 제가 보기에 동양 사람

의 생활태도는 희극원리와 반대된 것입니다. 서양의 희극원리로 보면 진정한 희극갈등이 없고, 그냥 줄거리가 재미있을 뿐입니다. 그래서 그 후에 제가 영화를 찍을 때, 비록 동양인의 시선으로 보아도, **(29)** 기법 면에서는 거의 서양의 희극형식으로 찍습니다.

26. 남자는 성공을 하는데 가장 중요한 것이 무엇이라고 생각하는가?
　　A. 생활배경
　　B. 가정의 지지
　　C. 창작능력과 일하는 능력
　　D. 영화에 대한 사랑

27. 남자의 미국생활 경험은 그에게 어떤 영향을 주었는가?
　　A. 충격이 매우 컸음
　　B. 계속 영향이 매우 컸음
　　C. 별다른 영향을 주지 못했음
　　D. 미국생활에 잘 적응하지 못했음

28. 다음 중 서양의 생활태도와 일치하는 것은 무엇인가?
　　A. 중대한 문제는 사소한 것으로 하고, 사소한 문제는 끝난 것으로 침
　　B. 순종적인 편임
　　C. 자신의 생각을 표현하는 것을 좋아함
　　D. 감정을 표출하는 것을 좋아하지 않음

29. 남자가 찍는 영화기법은 어떤 특징이 있는가?
　　A. 동양의 기법을 사용함
　　B. 서양의 기법을 사용함
　　C. 희극의 수법을 사용함
　　D. 희극과 반대되는 기법을 사용함

30. 남자에 관해 다음 중 옳은 것은 무엇인가?
　　A. 외아들임
　　B. 아내와 대만에서 알게 되었음
　　C. 명문 대학에 합격했음
　　D. 가정이 행복하고 원만함

[해설]

26. '还是对电影的创作力、表达力和你的工作能力更重要 (영화에 대한 창의력, 표현력 및 자신이 일하는 능력은 더욱 중요하다고 생각합니다)'라고 하였으므로 정답은 C입니다.

27. '头两年对我影响很大。东方的生活态度和西方很不一样，这对我来讲确实是个很大的冲击。(처음 몇 년간의 생활은 저에게 많은 영향을 주었습니다. 동양의 생활태도는 서양과 너무 달라서 저에게 정말 매우 큰 충격이었습니다.)'라고 하였으므로 정답은 A입니다.

28. '西方就不是，比较表达自我 (서양인은 자신을 잘 표현하는 편이다)'이라고 하였으므로 정답은 C입니다.

29. '但在手法上基本用的是西方的戏剧形式。(기법 면

에서는 거의 <u>서양의 희극형식으로 찍습니다</u>.)'이라고 하였으므로 정답은 B입니다.

30. '我们家就跟正常的幸福家庭一样 (저희 집은 수많은 평범하고 행복한 가정과 같았습니다)'이라고 하였으므로 정답은 D입니다.

[정답] 26. C 27. A 28. C 29. B 30. D

2회

[정답]

16 D	17 C	18 A	19 A	20 B
21 C	22 A	23 B	24 B	25 D
26 B	27 A	28 C	29 B	30 B

16.-20.
[원문]

男: 我们今天请到了记者张女士，来聊一下她刚出版的新书，和她对记者这份职业的看法。您好！

女: 大家好！

男: 您觉得您的书与众不同的地方是什么？您觉得您的新书和别人的有什么不同？

女: 我对图书市场不太熟悉。这两天我去北京的书店，我觉得很多书有点自传性。我的书和他们不同的地方是，我希望能够把镜头捕捉不到的东西，通过文字和大家分享。我是一名记者，做报道的时候要反映实际情况，不能把自己的感情加进去。但通过书却不一样，我的角色有了改变，除了告诉大家我遇到了哪些事情，还可以 **(16)** 把自己的感受和想法通过文字记录下来。

男: 能不能谈一下做记者对您的生活的影响。

女: 我做了记者后，我有很多不好的习惯改变了，但是 **(17)** 影响最大的是做了记者之后，见了不同的人，走了不同的地方。

男: 您认为作为一名记者，什么是最重要的？

女: 很简单，**(18)** 是工作技能，需要你在工作中用心的积累，比如要有新闻的敏感度，怎么判断一个事情是新闻，怎么把这件事概括出来，这就是积累的过程，不仅要向别人学习，还要不断地学习各方面的知识。对一些问题多观察，多了解，多读书会很有帮助，这样会让你比别人做得更好。

男: 您认为作为记者是不是一定要 **(19)** "上知天

文下知地理"？

女: 我觉得时事评论需要很深厚的功底，学问的积累和经验的积累都是非常必要的，可 **(20)** 我现在还没有达到那个标准。

16. 女的写了一本什么样的书？
  A 自传
  B 人物专题
  C 整理的新闻报道
  D 有关自己感受的

17. 做记者对女的最大的影响是什么？
  A 学会包容　　　　B 学会忍耐
  C 增长了见识　　　D 改变了坏习惯

18. 女的认为对记者来说什么最重要？
  A 工作技能　　　　B 阅读能力
  C 文笔能力　　　　D 实践能力

19. "上知天文下知地理"主要说的是什么意思？
  A 知识面要广
  B 要掌握一切技能
  C 天文学和地理学很重要
  D 做事之前要多考虑

20. 女的觉得自己的学问怎么样？
  A 很高　　　　　　B 还不到家
  C 不会的太多　　　D 有点低

[단어]

与众不同 yǔzhòngbùtóng 상 보통 사람과 다르다, 남다르다, 남보다 뛰어나다 / **自传** zìzhuàn 명 자서전 / **捕捉** bǔzhuō 동 (붙)잡다, 포획하다 / **敏感度** míngǎndù 명 민감도 / **上知天文下知地理** shàngzhītiānwénxiàzhīdìlǐ 박학다식하다, 아는 것이 많다, 해박하다 / **功底** gōngdǐ 동 (연기의) 기초 / **包容** bāoróng 동 ① 포용(관용)하다 ② 수용하다

[번역]

남: 오늘 저희는 기자이신 장 여사님을 모셔서, 여사님의 신작에 관한 이야기와 기자란 직업에 대한 견해를 함께 나누어 보겠습니다. 안녕하십니까?

여: 여러분 안녕하십니까?

남: 여사님 책은 다른 책에 비해 어떤 좋은 점이 있다고 생각하십니까? 여사님께서는 여사님의 신간 서적은 다른 사람과 어떤 다른 점이 있다고 생각하십니까?

여: 저는 도서시장에 대해 잘 모릅니다. 며칠 전에 저는 북경의 서점에 갔었는데, 자서전 특성이 있는 책들이 많다고 느꼈습니다. 제 책이 그들과 다른 점은 카메라 렌즈로 잡을 수 없는 것을 문자를 통해 모두와 함께 나누는

것입니다. 기자로써 항상 현실생활을 보도해야 하고, 자신의 감정에 연연하지 말아야 합니다. 그런데 책을 쓰는 것은 다릅니다. 책을 쓰면서 저의 역할이 바뀌었습니다. **(16)** 제가 어떤 일들을 겪었는지 독자에게 알릴 수 있고, 제 느낌과 생각도 문자를 통해 기록할 수 있습니다.

남: 기자란 직업이 당신의 생활에 어떤 영향을 주었는지 말씀해 주시겠습니까?

여: 기자가 된 후에 저는 나쁜 습관을 많이 고쳤습니다. 그런데 **(17)** 가장 큰 영향은 기자가 된 후에 저는 많은 사람들을 만났고, 많은 곳을 가본 것입니다.

남: 기자에게 가장 중요한 것은 무엇이라고 생각하십니까?

여: 간단합니다. **(18)** 바로 일하는 능력이라고 할 수 있습니다. 이것은 일하면서 조금씩 쌓아야 한다고 생각합니다. 예를 들면 뉴스에 대한 민감도를 길러야 하며, 한 가지 일을 어떻게 뉴스라고 판단하고, 어떻게 이야기를 요약해야 하는지에 관한 능력을 향상시켜야 합니다. 이런 것을 축적하는 과정은 다른 사람에게 배우는 동시에 각 분야의 지식도 부단히 배워야 합니다. 어떤 문제에 대해 많이 관찰하고 이해해야 하며, 책을 많이 읽으면 도움이 될 것입니다. 이렇게 하면 반드시 남보다 훨씬 잘할 것입니다.

남: 기자가 되려면 반드시 **(19)** 박학다식해야 한다고 생각하십니까?

여: 저는 시사평론을 하려면 기초가 튼튼해야 한다고 생각합니다. **(20)** 지식과 경험의 축적은 모두 필요한데, 저는 아직 그 수준에 도달하지 못했습니다.

16. 여자는 어떤 책을 썼는가?
　　A. 자서전
　　D. 특정 인물
　　C. 정리된 뉴스보도
　　D. 자신의 체험과 관계있는 것

17. 기자란 직업이 여자의 어떤 점에 가장 큰 영향을 주었는가?
　　A. 관용을 배움　　　　　B. 인내를 배움
　　C. 견문을 넓힘　　　　　D. 나쁜 습관을 고쳤음

18. 여자는 기자한테 가장 중요한 것은 무엇이라고 생각하는가?
　　A. 일하는 능력　　　　　B. 독해능력
　　C. 글을 쓰는 능력　　　　D. 실천 능력

19. "上知天文下知地理"는 주로 어떤 것을 의미하는 말인가?
　　A. 각종 지식에 대한 이해나 파악하는 범위가 넓어야 함
　　B. 모든 능력을 마스터해야 함
　　C. 천문학과 지리학은 매우 중요함
　　D. 일을 하기 전에 많이 생각해야 함

20. 여자는 자신의 학문에 대해 어떻게 생각하는가?
　　A. 수준이 매우 높음
　　B. 아직 일정수준에 이르지 못했음

　　C. 못하는 것이 너무 많음
　　D. 수준이 낮은 편임

[해설]

16. '把自己的感受和想法通过文字记录下来。(제 느낌과 생각도 문자를 통해 기록할 수 있습니다.)'라고 하였으므로 정답은 D입니다.

17. '影响最大的是做了记者之后，见了不同的人，走了不同的地方。(가장 큰 영향은 기자가 된 후에 저는 많은 사람들을 만났고, 많은 곳을 가본 것입니다.)'이라고 말한 것으로 보아, 여자는 기자가 된 후 견문을 넓힌 것이 자신에게 가장 큰 영향이라고 한 것을 알 수 있습니다. 따라서 정답은 C입니다.

18. '就是工作技能 (바로 일하는 능력이라고 할 수 있습니다.)'이라고 하였으므로 정답은 A입니다.

19. '上知天文下知地理'는 '각종 지식에 대한 이해나 파악하는 범위가 넓어서 박학다식하여 모르는 것이 없다'는 뜻이므로 정답은 A입니다.

20. '我现在还没有达到那个标准。(지식과 경험의 축적은 모두 필요한데, 저는 아직 그 수준에 도달하지 못했습니다.)'이라고 하였으므로 정답은 B입니다.

[정답]　**16.** D　**17.** C　**18.** A　**19.** A　**20.** B

21.-25.
[원문]

女: 今天我们请来了市教育局工局长，**(25)** 和大家交流中等职业学校招生就业问题。王局长欢迎您。

男: 很高兴和朋友们共同聊聊中等职业学校的话题。欢迎大家多提问。

女: 王局长，您能不能简单说一下职业教育的特点？

男: 职业教育不同于以知识传授为主的普通教育模式，**(24)** 它以文化课为基础，以专业课为主体，以技能培养为重点，以岗位合格为目标，注重提高学生的动手能力和专业技能。

女: 王局长，大家比较关心的一个问题就是报考中等职业学校时怎样选择专业，您能不能给大家提些建议？

男: 选择专业其实就是选择将来的职业，所以 **(21)** 个人兴趣爱好很重要，应当好好分析一下自己的优势和不足，特别是注重挖掘和未来职业有关的潜在的职业素质，喜欢什么和擅长做什么，往往就是你选择和确定从事未来职业的关键，一定要从自己的爱好特点和经济发展需求的实际出发，做出正确的选择。

女: 家长都希望自己的孩子学到一技之长，找到一份适合自己的工作，职业教育的就业形势怎么样？

男: **(22)** 现在公司在招聘新员工方面，更讲究实际和专业技能的高低，特别是从2006年以来，职业学校的学生越来越受到欢迎，这几年我市职业学校毕业生就业率都在95%以上，之所以出现这样的情况，用公司管理人的话讲，就是职业学校的学生，眼不高，手不低，意思是 **(23)** 学生们踏实、肯干，岗位技能水平也比较高，这就是职业学校的优势所在。

女: 那职业学校收费与普通高中一样吗？

男: 我给大家提供基本数据，大家自己比较，公办职业学校学杂费每学期在1000—1500元左右，普通高中学杂费为每学期2000元。

21. 男的认为选择专业时首先应该注重什么？

A. 市场需要　　B. 学校的知名程度

C. 个人爱好　　D. 家里的经济条件

22. 公司在录用新员工时更重视什么？

A. 实际　　B. 学历高低

C. 毕业的学校　　D. 语言

23. 招聘的公司如何评价职业学校的学生？

A. 眼光很高　　B. 踏实肯干

C. 喜欢不断创新　　D. 水平不太高

24. 关于中等职业学校可以知道什么？

A. 竞争力比较弱

B. 开设文化课程

C. 学费比一般高中高得很多

D. 就业的水平太低

25. 这段话主要讲了什么？

A. 专业的选择很重要

B. 教育方式改革

C. 公司急需专业人才

D. 中等职业学校的情况

[단어]

招生 zhāoshēng [동] (학교가) 신입생을 모집하다 / **挖掘** wājué [동] 파다, 캐다, 발굴하다, 찾아내다 / **潜在** qiánzài [동] 잠재하다 / **踏实** tāshi [형] ① (작업, 학습, 태도 등이) 착실하다, 성실하다, 알뜰하다 ② (마음이) 놓이다, 편안하다, 안정되다 / **肯干** kěngàn [동] 자발적으로 일하다

[번역]

여: 오늘 저희는 시 교육국의 왕국장님을 모시고, **(25)** 직업고등학교의 학생모집과 취업문제에 대해 여러분들과 의견을 나누겠습니다.

남: 직업고등학교에 대해 여러분과 함께 의견을 나누게 되어 정말 기쁩니다. 많은 질문바랍니다.

여: 왕국장님, 직업 교육의 특징을 간단하게 말씀 좀 해주시겠습니까?

남: 직업교육은 지식 전수를 위주로 하는 일반 교육 모델과 다릅니다. **(24)** 직업교육은 기초과목에 기반을 두고, 전공과목을 위주로 합니다. 그리고 기술양성을 중점으로 하며, 근무에 합격하는 것을 목표로 합니다. 또한 학생들의 실무능력과 전문기술을 향상시키는 것을 중시합니다.

여: 왕국장님, 모두가 큰 관심을 갖는 문제는 바로 직업고등학교를 지원할 때 어떻게 전공을 선택하느냐 하는 것입니다. 조언을 좀 해주시겠습니까?

남: 전공을 선택하는 것은 사실 미래의 직업을 선택하는 것입니다. 그래서 **(21)** 개인의 취미는 아주 중요합니다. 당연히 자기의 장단점을 잘 분석을 좀 해야 하며, 특히 미래의 직업과 관련되어 있는 잠재된 소질을 발굴해내야 합니다. 무엇을 좋아하는지, 무엇을 잘하는지, 항상 미래의 직업을 선택하고 결정하는 관건이 될 것입니다. 그래서 반드시 자기의 취미와 장점, 그리고 경제발전의 요구에 착안해서 올바른 선택을 해야 합니다.

여: 부모들은 모두 자기의 아이가 한 가지 기술을 배워서, 적절한 일자리를 찾을 수 있길 바랍니다. 직업 교육의 취업상황은 어떻습니까?

남: **(22)** 현재 회사에서 직원을 모집할 때 실무능력과 전문기술 수준을 더욱 중요시합니다. 특히 2006년부터 직업학교의 학생은 점점 인기가 많아지고 있습니다. 최근 몇 년 동안 우리시 직업학교 졸업생의 취업률은 95%를 넘었습니다. 회사 관리자의 말대로 직업학교의 학생들이 눈도 높지 않고, 솜씨도 서툴지 않기 때문에 이런 상황이 발생한 것입니다. 그것은 **(23)** 학생들이 착실하고 능동적이며, 업무기술수준도 비교적 높다는 뜻입니다. 이런 것들이 바로 직업학교의 장점입니다.

여: 그럼 직업학교의 학비는 일반 고등학교와 같습니까?

남: 저는 여러분에게 기본적인 데이터만 제공해 드리겠습니다. 모두 스스로 비교해 보십시오. 공립 직업학교의 학비와 잡비는 한 학기에 1000-1500원 정도이고, 일반 고등학교는 한 학기에 2000원 정도입니다.

21. 남자는 직업을 선택할 때 무엇을 중시해야 한다고 생각하는가?

A. 시장수요　　B. 학교의 지명도

C. 개인의 취미　　D. 집의 경제조건

22. 회사에서 신입사원을 채용할 때 무엇을 더욱 중시하는가?

A. 실무능력　　B. 학력수준

C. 졸업한 학교　　D. 언어

23. 직원을 채용하는 회사는 직업학교 학생을 어떻게 평가하는가?

    A 눈이 높음

    B. 성실하고 능동적으로 일을 함

    C. 부단히 창조하는 것을 좋아함

    D. 수준이 별로 높지 않음

24. 취업 고등학교에 관해 알 수 있는 것은 무엇인가?

    A 경쟁력이 약한 편임

    B. 기초과목 과정을 개설함

    C. 학비가 일반 고등학교보다 매우 비쌈

    D. 취업 수준이 매우 낮음

25. 주로 무엇에 대해 대화하고 있는가?

    A 전공 선택은 매우 중요함

    B. 교육방식의 개혁

    C. 회사는 전문 인재를 급히 필요로 함

    D. 취업고등학교의 상황

[해설]

21. '个人兴趣爱好很重要 (개인의 취미는 아주 중요합니다.)'라고 하였으므로 정답은 C입니다.

22. '现在公司在招聘新员工方面，更讲究实际和专业技能的高低 (현재 회사에서 직원을 모집할 때 실무능력과 전문기술 수준을 더욱 중요시합니다.)'라고 하였으므로 정답은 A입니다.

23. '学生们踏实、肯干 (학생들이 착실하고 능동적이며)'이라고 하였으므로 정답은 B입니다.

24. '它以文化课为基础 (직업교육은 기초과목에 기반을 두고)'이라고 하였으므로 정답은 B입니다.

25. '대화 맨 앞부분에서 여자 사회자가 '和大家交流中等职业学校招生就业问题 (직업고등학교의 학생모십과 취업문제에 대해 여러분들과 의견을 나누겠습니다.)'라고 하면서 대화를 시작했으므로 정답은 D입니다.

[정답] 21. C 22. A 23. B 24. B 25. D

26.-30.

[원문]

男: 大家好，**(26) 今天我请到了言情小说家曾老师做客我们节目**，你好曾老师！

女: 您好！

男: 你今年的新作《米奇的甜心屋》创作的源泉来自于哪里？新作品中添加了哪些跟以往作品不同的创作元素？这部作品最让自己满意的地方是哪里？

女: 其实很久以来，我就想写一个"小恶魔"的故事。**(27) 也许是性格中比较顽皮的那一部**

分使我写出这个故事，我笔下的女主角大多都有那么一点活泼或是搞笑。所以，在写这部作品的时候，我就想，不如索性让主人公的性格发挥到极至，也许会令人印象深刻呢！现在看来，**(28) 似乎对这部小说里最满意的部分也正是对女主角的描写呢！** 也许，我在作品中加入了那么一点点的魔幻因素，会让这部小说有些与众不同吧。

男: 你认为新作中最打动人心的部分是什么？比如：人物性格、情节刻画、心理描写或对白设置等？

女: **(29) 我觉得还是感情吧**。那是一种男女生之间，互相发现，互相吸引，互相喜欢，纯洁，懵懂却又至情至性的情怀，不带任何功利和目的，只是最真最纯的喜欢。而一步步获得这份感情的过程，则是一个带着笑与泪，痛并快乐的历程。

男: 你写的小说男女生都喜欢，还有的女生说你的小说是她们青春期的言情圣经，那么你自己到底最喜欢哪一部呢？

女: 现在让我来说绝对是《米奇的甜心屋》，我写的时候忍不住地笑，有时候又被感动得想落泪，这么投入和忘我地写，真的很想和所有人分享这种感觉。

男: 新作的男女主人公的性格中，你认为最值得推崇的地方是什么？最能激励青少年读者的是什么？

女: 也许是对梦想的不断追求吧，还有就是面对挫折，摔倒的时候，能很快爬起来，继续追逐自己想要的。**(30) 这种勇气和不言败的精神，是我非常喜欢的个性**。我希望自己能有这样的精神，也希望我的书能带给读者这样的激励。

26. 女的是写哪一类型作品的作家？

    A 科幻类   B. 言情类

    C. 历史类   D. 都市类

27. 女的新作品的创作的源泉来自什么？

    A 性格   B. 生活

    C. 回忆   D. 爱情

28. 女的对这部作品最满意的部分是什么？

    A 故事的情节   B. 结局的描写

    C. 女主角的描写   D. 男主角的描写

29. 女的认为新作品最打动读者的是什么？

    A 人物性格   B. 人物之间的感情

    C. 心理描写   D. 情节刻画

30. 新作品最值得青少年推崇和学习的是什么
精神？

    A. 敢爱敢恨　　　　B. 不言失败

    C. 乐观向上　　　　D. 热爱生活

[단어]

言情小说 yánqíngxiǎoshuō 몡 연애소설 / 恶魔
èmó 몡 ① 악마 ② 흉악한 사람 / 顽皮 wánpí (형) (아
이들이) 장난이 심하다, 개구쟁이다 / 搞笑 gǎoxiào
동 (우스갯소리 등으로) 웃기다 / 极致 jízhì 몡 극
치 / 打动 dǎdòng 동 마음을 움직이다, 감동시키
다 / 对白 duìbái 몡 (연극, 영화 등의) 대화 / 懵懂
měngdǒng 형 ① 사리에 어둡다, 어리석다 ② 모호하
다, 흐릿하다 ③ 멍청하다, 멍하다 / 至情 zhìqíng 몡
진심에서 우러나오는 지극한 정 / 至性 zhìxìng 몡 지
성, 성실한 성품 / 情怀 qínghuái 몡 ① 심사, 기분, 감
흥, 감정, 심경 ② 정(情) / 圣经 shèngjīng 몡 ① 성경,
성서 ② 성인이 지은 책 / 推崇 tuīchóng 명동 숭배(하
다), 추앙(하다) / 科幻 kēhuàn 몡 과학 환상, SF

[번역]

남: 여러분 안녕하십니까? **(26)** 오늘 저는 우리 프로그램
게스트로 연애소설 작가 증 선생님을 모셨습니다. 증
선생님, 안녕하십니까?

여: 안녕하십니까?

남: 선생님 올해의 신작《米奇的甜心屋》는 어디에서 창작
모티브를 얻으셨고, 신작에 어떤 새로운 창작요소를 보
태셨습니까? 선생님께서는 이 작품의 어디가 가장 만족
스러우신지요?

여: 사실 오래 전부터 저는 이미 '작은 악마'에 관한 이야기
를 쓰고 싶었습니다. **(27)** 아마도 저의 장난스러운 성격
이 이 이야기를 쓰도록 만들었을 것입니다. 제가 의도
한 여주인공은 대부분 조금 활발하고 웃깁니다. 그래서
이 작품을 쓸 때 저는 차라리 여주인공의 성격을 극단적
으로 발휘시키면, 더욱 인상적일 거라고 생각했죠. 지금
보면 이 작품에서 **(28)** 제가 가장 만족하는 부분도 바로
여주인공에 대한 묘사인 것 같습니다. 아마 제가 이 작
품에 판타지 소요를 조금 보탠 것은 이 작품을 남다르게
했을 겁니다.

남: 선생님께서는 예들 들면 인물의 성격, 줄거리의 묘사,
심리묘사, 그리고 대화의 설치 등 신작에서 가장 사람의
마음을 감동시키는 부분이 무엇이라고 생각하십니까?

여: **(29)** 저는 역시 감정이라고 생각합니다. 그것은 남녀 간
에 서로 발견하고, 서로 끌어당기고, 서로 좋아하는 것
인데, 순수하고, 좀 어리석지만 진실한 감정입니다. 그
리고 어떤 실리적인 목적도 지니지 않은 단지 진실하고
순수한 호감입니다. 그런데 이런 감정을 얻는 과정은 웃
음과 눈물, 아픔과 기쁨을 지닌 과정입니다.

남: 선생님 소설은 남학생과 여학생이 모두 좋아합니다. 심

지어 어떤 여학생은 선생님 소설이 그녀들의 사춘기 시
절의 연애성경이라고까지 말합니다. 그럼 선생님께서는
도대체 어느 책이 더 마음에 드십니까?

여: 지금 저한테 말하라고 하면 당연히《米奇的甜心屋》라
고 하겠지요. 저는 이 소설을 쓰는 동안 때로는 웃겨서
웃음을 참지 못하고, 때로는 감동을 받아서 눈물을 흘렸
습니다. 이렇게 몰입해서 저를 잊어버리고 썼는데, 정말
모든 사람들과 이런 느낌을 함께 나누고 싶습니다.

남: 신작의 남녀주인공의 성격 중에 가장 추앙해야 할 만한
것은 무엇이라고 생각하십니까? 그리고 청소년 독자에
게 무엇을 가장 격려해 줄 수 있습니까?

여: 아마도 꿈에 대한 끊임없는 추구겠지요. 또한 좌절에 직
면할 때나 넘어질 때 빨리 일어날 수 있고, 계속 자기가
원하는 것을 추구하는 것입니다. **(30)** 이런 용기와 실패
를 두려워하지 않는 정신은 제가 가장 좋아하는 개성입
니다. 저는 이런 정신을 지니기를 바라고, 제 책이 독자
에게 이런 격려를 주길 바랍니다.

26. 여자는 어떤 종류의 작품을 쓰는 작가인가?

    A SF류　　　　　　B. 연애소설류

    C. 역사류　　　　　D. 도시류

27. 여자의 신작은 창작 모티브를 어디서 얻었는가?

    A 성격　　　　　　B. 생활

    C. 추억　　　　　　D. 애정

28. 여자는 이 작품에서 어느 부분을 가장 만족스러워하
는가?

    A. 이야기의 줄거리　　B. 결말의 묘사

    C. 여자 주인공의 묘사　D. 남자 주인공의 묘사

29. 여자는 신작에서 가장 독자를 감동시키는 것이 무엇이
라고 생각하는가?

    A 인물성격　　　　　B. 인물간의 감정

    C. 심리묘사　　　　　D. 줄거리 묘사

30. 신작에서 청소년이 가장 추앙해야 할 만한 정신은 무
엇인가?

    A 대담하게 사랑하고 대담하게 원망하는 것

    B. 실패를 두려워하지 않는 것

    C. 낙천적인 태도로 진보하는 것

    D. 생활을 사랑하는 것

[해설]

26. '今天我请到了言情小说家曾老师做客我们节目
(오늘 저는 프로그램 게스트로 연애소설 작가 증 선생
님을 모셨습니다)'라고 하였으므로 정답은 B입니다.

27. '也许是性格中比较顽皮的那一部分使我写出这个
故事 (아마도 저의 장난스러운 성격이 이 이야기를 쓰
도록 만들었을 것입니다.)'라고 하였으므로 정답은 A
입니다.

28. '似乎对这部小说里最满意的部分也正是对女主角

的描写呢! (제가 가장 만족하는 부분도 바로 여주인공에 대한 묘사인 것 같습니다)'라고 하였으므로 정답은 C입니다.

29. '我觉得还是感情吧。(저는 역시 감정이라고 생각합니다)'라고 하였으므로 정답은 B입니다.

30. '这种勇气和不言败的精神，是我非常喜欢的个性 (이런 용기와 실패를 두려워하지 않는 정신은 제가 가장 좋아하는 개성입니다)'라고 하였으므로 정답은 B입니다.

[정답] **26.** B **27.** A **28.** C **29.** B **30.** B

듣기3부분

[2주차 원문 & 해설 & 정답]

1회

[정답]

31	C	32	C	33	D	34	C	35	D
36	D	37	A	38	B	39	D	40	B
41	C	42	A	43	D	44	D	45	C
46	B	47	A	48	D	49	B	50	B

31.-33.

[원문]

(31) 相传清代大书法家伊秉绶非常好客，因为经常有客人来，家里的厨师有时候忙过不来，很烦恼。这时候，伊秉绶想出了一个好办法，它让人将面粉和鸡蛋掺水和匀，擀成面条，卷曲成团，晾干后将面条放入滚油炸熟了，将已炸熟的面条煮一下，在浇上鸡、猪骨及海鲜炖制的浓汤。没想到客人们食用后纷纷称赞面条爽滑筋道，汤味鲜美。**(32)** 用来招待客人很方便。从此用这种方法做的面就被称为"伊面"而流传下来。因其加工方法与现代方便面很相似，后人就把"伊面"看作是现代方便面的最初形式。如今，一些生产方便面的公司，仍然把方便面叫伊面，有海鲜伊面，猪肉伊面等等。

31. 方便面是什么时候发明的?
  A 宋朝　　　　　　　B 明朝
  C 清代　　　　　　　D 当今

32. 伊秉授做方便面的原因是什么?
  A 客人们喜欢吃面
  B 出门带着方便
  C 方便招待宾客
  D 方便面味道鲜美

33. 为什么有些公司把方便面叫做伊面?
  A 古代流传下来的
  B 味道特别
  C 做方便面的厨师姓伊
  D 是伊秉绶发明的

[단어]

相传 xiāngchuán 통 (확실치 않은 전설 또는 근거 없는 사실이) ~라고 전해지다, ~라고 전해오다 / **掺** chān 통 (한데) 섞다, 타다 / **和匀** huòyún 고르게 (알맞게) 뒤섞다 / **擀** gǎn 통 (가루 반죽을) 밀방망이로 얇게 밀어서 펴다 / **晾干** liànggān 통 그늘진 곳에서 말리다 / **筋道** jīndào 형 음식이 씹는 맛이 있다, 쫄깃쫄깃하다 명 씹는 맛, 쫄깃쫄깃한 맛

[번역]

(31) 청나라의 대 서예가 伊秉绶은 손님을 대접하기를 매우 좋아했다고 전해진다. 손님이 자주 오기 때문에 伊秉绶의 집에서 일하는 요리사들은 가끔 너무 바빠서 어쩔 줄 몰라 했고, 매우 귀찮아했다. 이때 伊秉绶는 좋은 아이디어 하나를 생각해냈다. 먼저 요리사에게 밀가루와 계란에 물을 부어 골고루 반죽하게 하고, 반죽을 밀어서 만든 국수를 덩어리로 말아서 말린 후에 끓는 기름에 익히고, 익힌 국수를 다시 삶은 다음, 닭, 돼지 뼈와 해물로 푹 끓인 진한 수프를 국수에 뿌렸다. 뜻밖에 손님들이 국수를 먹고 나서, 면발이 쫄깃쫄깃하고 수프 맛이 좋다고 계속해서 칭찬해주었다. **(32)** 이것으로 손님을 대접하면 아주 편리하다. 그때부터 이런 방법은 '伊面'이라고 불리고 전해 내려왔다. '伊面'과 지금의 라면의 제작 방법은 비슷하기 때문에 후세 사람은 '伊面'를 현재 라면의 시초라고 여겼다. 지금 어떤 라면 회사들은 여전히 라면을 '伊面'이라고 부르며, 해물 伊面과 돼지고기 伊面 등이 있다.

31. 라면은 언제 발명했는가?
  A 송나라　　　　　　　B 명나라
  C 청대　　　　　　　　D 현재

32. 伊秉授이 라면을 만든 이유는 무엇인가?
  A 손님들이 면을 먹는 것을 좋아하기 때문에
  B 외출할 때 가지고 다니기 편리해서
  C 손님을 대접하는데 편리해서
  D 라면은 맛이 좋기 때문에

33. 왜 어떤 회사들은 라면을 이면이라고 부르는가?
  A 예부터 전해 내려와서
  B 맛이 특별해서

C. 라면을 만드는 요리사의 성이 이가이기 때문에
D. 伊秉绶이 발명한 것이기 때문에

[해설]

31. 문장 맨 처음부분에서 '相传清代大书法家伊秉绶非常好客 (청나라의 대 서예가 伊秉绶은 손님을 대접하기를 매우 좋아했다고 전해진다.)'라고 하면서, 伊秉绶이 라면을 처음 만들게 된 배경을 소개하고 있으므로 정답은 C입니다.

32. '用来招待客人很方便 (이것으로 손님을 대접하면 아주 편리하다.)'라고 하였으므로 정답은 C입니다.

33. 청나라 때 대 서예가 伊秉绶이 라면을 만들어서 손님을 접대하였기 때문에, 이때부터 라면을 '伊面'이라고 부르게 되었다고 했으므로 정답은 D입니다.

[정답] 31. C 32. C 33. D

34.-36.

[원문]

一个教授找来数十名孩子，在每人面前放一块果汁软糖，告诉他们糖可以吃，但如果等到他返回时再吃就可以多得到一块。然后他便离开教室10到15分钟。通过观察发现，有三分之一的孩子马上就开始吃糖果，还有三分之一则一直克制自己，等教授回来后才开始吃，另外三分之一儿童开始坚持但后来忍耐不住放弃等待。之后教授开始跟踪调查，几十年后，他发现当年 **(34)** 马上开始吃糖的孩子在青少年时期表现得缺乏自信和耐心，与同龄人相处不好；等到最后才吃糖果的孩子则交际能力强、有主见且学业出众。**(35)** 教授通过几十年观察得出结论：对待糖果诱惑的态度与日后成功与否有关。**(36)** 那些吃糖之前耐心等待的孩子，长大后事业和生活都更容易获得成功。

34. 马上得到一块糖的孩子有什么特点？
　　A. 岁数比较小　　　B. 胆子都比较大
　　C. 缺乏耐心　　　　D. 充满好奇心

35. 教授的这项研究持续了多长时间？
　　A. 半小时　　　　　B. 好几个学期
　　C. 十多年　　　　　D. 几十年

36. 这项研究主要是关注孩子的什么？
　　A. 反应能力　　　　B. 行动力
　　C. 创造力　　　　　D. 自控能力

[단어]

返回 fǎnhuí 통 (원래의 곳으로) 되돌아가다 (오다) / 克制 kèzhì 명통 (감정 등을) 자제(하다), 억제(하다) / 跟踪 gēnzōng 통 바짝 뒤를 따르다, 미행하다, 추적하다 / 诱惑 yòuhuò 통 ① 유혹하다, 호리다 ② 매혹시키다 / 美满 měimǎn 형 아름답고 원만하다 / 自控能力 zìkòngnénglì 명 자기 억제능력, 자기관리 능력

[번역]

교수가 아이 수십 명을 모집하고, 모든 아이들 앞에 과일 맛 소프트 캔디 하나씩을 놓았다. 이 과일 맛 소프트 캔디를 먹어도 되지만, 교수가 돌아온 후에 먹으면 하나 더 받을 수 있다고 알려 주었다. 교수는 10-15분 동안 교실에서 나가 있었다. 관찰을 통해서 1/3에 해당하는 아이들은 캔디를 바로 먹기 시작했고, 다른 1/3에 해당하는 아이는 자신을 억누르면서 교수가 돌아온 후에야 먹기 시작했다. 남은 1/3에 해당하는 아이는 참다가 교수님이 돌아올 때까지 견디지 못하고 포기하였다. 그 후에 교수는 그 아이들을 추적조사하기 시작했다. 수십 년 후에 교수는 그 때 **(34)** 캔디를 바로 먹기 시작한 아이들은 청소년기에 자신감과 인내심이 부족하고, 동갑내기들과 사이좋게 지내지 못하는 반면에, 교수가 돌아온 후에 캔디를 먹은 아이들은 사교 능력이 뛰어나고 주관이 있으며 공부도 잘한 것을 발견하였다. **(35)** 교수는 수십 년간의 관찰을 통해서 캔디의 유혹에 대한 태도가 미래의 성공여부와 관련이 있다고 결론을 내렸다. **(36)** 캔디를 먹기 전에 인내심을 가지고 참았던 아이들은 나중에 커서 모두 사업과 생활면에서 모두 더욱 쉽게 성공하였다.

34. 곧바로 사탕하나를 먹은 아이는 어떤 특징이 있는가?
　　A. 나이가 어린 편임　　　B. 대담한 편임
　　C. 인내심이 부족함　　　　D. 호기심이 충만함

35. 교수의 이 연구는 얼마간 계속되었나?
　　A. 30분　　　　　　　　　B. 여러 학기
　　C. 10여 년　　　　　　　　D. 수십 년

36. 이 연구는 주로 아이들의 무엇에 관심을 가지는가?
　　A. 반응능력　　　　　　　B. 행동력
　　C. 창조력　　　　　　　　D. 자기통제능력

[해설]

34. '马上开始吃糖的孩子在青少年时期表现得缺乏自信和耐心 (캔디를 바로 먹기 시작한 아이들은 청소년기에 자신감과 인내심이 부족하다)'이라고 하였으므로 정답은 C입니다.

35. '教授通过几十年观察得出结论 (교수는 수십 년간의 관찰을 통해서 결론을 내렸다.)'이라고 하였으므로 정답은 D입니다.

36. '那些吃糖之前耐心等待的孩子，长大后事业和生

活都更容易获得成功。(캔디를 먹기 전에 인내심을 가지고 참았던 아이들은 나중에 커서 모두 사업과 생활면에서 모두 더욱 쉽게 성공하였다.)'라고 하였으므로, 아이들의 자기통제능력에 대해 조사를 한 것을 알 수 있습니다. 따라서 정답은 D입니다.

[정답] **34. C   35. D   36. D**

37.-39.
[원문]

"我不仅看到大批内地观众，还看到那么多人从香港、台湾以及欧洲美国赶来，真出乎我的意料。" **(37)** 知名华语作家白先生兴奋地向我们讲述着昆曲经典剧目《玉丹记》日前在苏州首演时的情况。《牡丹亭》之后，近几年来，白先生一直在进行推广昆曲的工作，**(38)** 今年再次和苏州昆剧院联合推出新版《玉丹记》，并定在15—18日在香港公演，白先生表示在今后的一段时期，他们准备将昆曲艺术向全世界推广，进行世界巡演，因为 "昆曲应属于世界文化的一部分，更应属于年轻人"，这正是白先生努力进行昆曲推广工作的两大目标。值得一提的是，青春版《牡丹亭》在国内外掀起年轻一代传承昆曲的热潮。巡回演出200多场，几乎场场爆满。对于昆曲近年来发展的盛况，白先生表示："满意，但 **(39)** 永不满足"。

37. 白先生是做什么的？
　　A 作家　　　　　　　　B 小说家
　　C 制片人　　　　　　　D 戏曲家

38. 新版《玉丹记》将在哪里演出？
　　A 台湾　　　　　　　　B 香港
　　C 美国　　　　　　　　D 杭州

39. 对于昆曲发展的现状，白先生觉得怎么样？
　　A 不可思议　　　　　　B 骄傲自满
　　C 有点失望　　　　　　D 没有满足

[단어]

出乎意料 chūhūyìliào ⑧ 예상을 벗어나다, 예상이 빗나가다, 뜻밖이다 / **首演** shǒuyǎn 몡동 처음 공연(하다) / **昆曲** kūnqǔ 몡 강소 성 남부와 북경, 하북 등지에서 유행했던 지방 희곡 / **推出** tuīchū ⑧ ① (시장에 신상품이나 새로운 아이디어를) 내놓다 ② (신인을) 등용하다, 추천하다, 선발하다 / **公演** gōngyǎn 몡동 공연(하다), (상연)하다 / **巡演** xúnyǎn 몡동 순회공연(하다) / **掀起** xiānqǐ ⑧ ① (들어) 올

리다, 열어젖히다 ② 물결치다, 넘실거리다 / **传承** chuánchéng 몡 전수와 계승 / **热潮** rècháo 몡 열기, (최)고조, 붐(boom) 동 열기를 가지다, 붐이 일어나다 / **爆满** bàomǎn 꽉차다, 만원이다 / **盛况** shèngkuàng 몡 성황, 성대한 분위기 / **制片人** zhìpiànrén 몡 영화 제작자, 프로듀서 / **不可思议** bùkěsīyì ⑧ 상상할 수 없다, 불가사의하다

[번역]

'많은 중국 내륙 관객뿐만 아니라 홍콩, 대만 그리고 유럽, 미국 관객들까지 온 것은 정말 뜻밖이었습니다.' <u>**(37)** 유명한 중국작가 백 선생</u>은 흥분해서 우리한테 곤곡(崑曲)의 경전인《玉丹记》를 일전에 수저우(苏州)에서 공연했을 때의 상황을 말했다.《牡丹亭》에 이어 최근 몇 년 간 백 선생은 계속해서 곤곡을 널리 보급하는 일을 하고 있다. <u>**(38)** 올해 다시 수저우 곤곡 극장과 손을 잡고,《玉丹记》개정판을 내놓고, 15-18일에 홍콩에서 공연하기로 결정</u>했다. 백 선생은 향후 일정 기간 동안 곤곡을 전 세계에 멀리 보급하고, 세계 순회공연을 할 것이라고 했다. 그 이유에 대해 '곤곡은 세계 문화의 일부이어야 하며, 더욱 젊은 이들의 것이어야 한다.'고 말했다. 이것이 바로 백 선생님이 곤곡을 보급하는 두 가지 큰 목표이다. 제기할 만한 것은 청춘 판《牡丹亭》이 국내외 젊은이사이에 곤곡을 전수하는 열기를 불러일으킨 것이다. 순회공연을 200여 번 했는데, 거의 다 만원이었다. 최근 몇 년 간 곤곡의 발전 성황에 대하여 백 선생은 '마음에는 들지만, <u>**(39)** 영원히 만족하지 않겠다.</u>'고 말했다.

37. 백 선생은 무엇을 하는 사람인가?
　　A 작가　　　　　　　　B 소설가
　　C 영화 제작자　　　　　D 희곡을 하는 사람

38. 개정판《玉丹记》는 어디에서 공연하려고 하는가?
　　A 대만　　　　　　　　B 홍콩
　　C 미국　　　　　　　　D 항저우

39. 곤곡의 발전현황에 대해 백 선생은 어떻게 생각하는가?
　　A 불가사의함　　　　　B 거만하고 자만함
　　C 약간 실망스러움　　　D 만족하지 못함

[해설]

37. '知名华语作家白先生 (유명한 중국 작가 백 선생은)' 이라고 하였으므로 정답은 A입니다.

38. '今年再次和苏州昆剧院联合推出新版《玉丹记》，并定在15—18日在香港公演 (올해 다시 수저우 곤곡 극장과 손을 잡고《玉丹记》개정판을 내놓고, 15-18일에 홍콩에서 공연하기로 결정했다.)'이라고 하였으므로 정답은 B입니다.

39. '永不满足 (영원히 만족하지 않겠다)'라고 하였으므로 정답은 D입니다.

[정답] **37.** A **38.** B **39.** D

40.-43.

[원문]

适当的自责是一个人有责任感的表现，但自责过度可能会导致巨大的心理压力。所以，对现代人来说，要学会控制自责的限度，允许自己犯错误，要认识到生命是一个过程，自己需要不断地学习和经历才能不断地完善。

其实，喜欢自责的人都有共同的特点。他们总是过于追求完美，对自己要求很高，凡事会做周密的准备，希望完全在自己的掌控之中。一旦没有达到预期，这些人就会 **(40) 把问题归咎于自身**。追求完美的人一定活得比一般人累，而且与他们工作或生活在一起的人也会因为被他们要求而活得比较累，一般人与完美无缺的人交往时，都难免因为自己不如对方而有点自卑，如果发现精明人也和自己一样有缺点就会减轻自己的自卑，感到安全，也就更愿与之交往。你想，谁会愿意和那些容易让自己感到自卑的人交往呢？所以 **(42) 不太完美的人，更容易让人觉得可亲可爱。**

世界上没有绝对的完美，**(41) 没有缺点的人是不存在的**，如果一个人总是表现的很完美，很容易让人怀疑有造假的成分，**(43) 过分地追求完美本身就是一个缺点。**

40. "把问题归咎于自身"是什么意思？
   A. 认为自己不如别人
   B. 认为都是自己的错误
   C. 自己身上的问题太多
   D. 想找到问题的答案

41. 关于说话人的观点，下列哪项正确？
   A. 要对自己有信心
   B. 有自责感的人容易被人原谅
   C. 人不可能没有缺点
   D. 别人的看法一点也不重要

42. 根据这段话什么样的人让人觉得可亲可爱？
   A. 不太完美的　　　B. 完美的
   C. 善良的人　　　　D. 有能力的人

43. 这段话主要谈什么？
   A. 不要过分地自责
   B. 与人相处要宽容
   C. 要做一个完美的人
   D. 不要过于追求完美

[단어]

自责 zìzé 〈동〉 자책하다 / **周密** zhōumì 〈형〉 주도면밀하다, 세심하다, 빈틈없다 / **归咎** guījiù 〈동〉 잘못을 남에게 돌리다, ～의 탓으로 돌리다 / **完美无缺** wánměiwúquē 완전무결하다 / **自卑** zìbēi 스스로 낮추다, 열등감을 가지다, 비굴하다 / **精明** jīngmíng 〈형〉 총명하다, 영리하다, 일에 세심하고 똑똑하다 / **造假** zàojiǎ 〈동〉 거짓으로 꾸미다, 가짜 상품을 만들다

[번역]

적당한 자책은 책임감이 있다는 표현이지만, 지나친 자책은 심리적인 스트레스를 많이 초래할 수 있다. 그래서 현대인들은 자책의 한도를 조절할 줄 알아야 하고, 자기가 잘못을 저지르는 것을 허락하여야 한다. 생명은 하나의 과정이다. 자신이 끊임없이 공부하고, 경험해야만 비로소 계속 완벽해질 수 있다.

사실 자책을 자주 하는 사람들에게는 공통점이 있다. 그들은 항상 지나치게 완벽함을 추구하고 자신을 매우 엄격하게 대한다. 또한 모든 일을 주도면밀하게 준비하고, 모든 것을 자신이 다 주도 하고 싶어 한다. 일단 목표를 달성하지 않으면, 이런 사람들은 **(40) 잘못을 모두 자신에게 돌리기 일쑤이다.** 완벽함을 추구하는 사람은 틀림없이 일반 사람보다 힘들게 생활하고, 그들과 같이 있는 사람도 그들의 요구 때문에 힘든 편이다. 일반 사람은 완벽한 사람과 사귈 때 상대방보다 못하다고 생각하기 마련이다. 똑똑한 사람도 자신처럼 단점이 있다는 것을 알게 되면 자신의 열등감을 줄일 수 있고, 안정감을 느낄 수 있어서 더욱 사귀고 싶어 한다. 생각해보자. 자기에게 열등감을 쉽게 주는 사람을 만나고 싶어 하는 사람이 어디 있으랴. 그래서 **(42) 그다지 완벽하지 않은 사람이 더 쉽게 사랑스럽고 친근감을 줄 수 있다.**

세상에는 절대적인 완벽함은 없으며, **(41) 단점이 없는 사람도 존재하지 않는다.** 어떤 사람이 자꾸 완벽하게 행동한다면, 사람들은 쉽게 거짓된 부분이 있다고 의심하게 하기 쉽다. **(43) 지나치게 완벽함을 추구하는 것 그 자체가 바로 단점이다.**

40. "把问题归咎于自身"은 무슨 뜻인가？
   A. 자신이 남보다 못하다고 생각함
   B. 모두 자신의 잘못이라고 생각함
   C. 자기 자신의 문제가 매우 많음
   D. 문제의 해답을 찾고 싶어함

41. 다음 중 말하는 사람의 관점에 해당하는 것은 무엇인가？
   A. 자신에 대해 자신감이 있어야 함
   B. 열등감이 있는 사람은 쉽게 용서 받음
   C. 사람이라면 단점이 없는 깃은 불가능힘
   D. 다른 사람의 견해는 전혀 중요하지 않음

42. 이 말에 따르면, 사람들은 어떤 사람이 친근하고 귀엽다고 생각하는가?
A. 별로 완벽하지 않은 사람
B. 완벽한 사람
C. 착한 사람
D. 능력이 있는 사람

43. 주로 무엇을 이야기하고 있는가?
A. 지나치게 열등감을 갖지 말아야 함
B. 사람들과 함께 생활할 때 너그러워야 함
C. 완벽한 사람이 되어야 함
D. 지나치게 완벽함을 추구하지 말아야 함

[해설]

40. '把问题归咎于自身'는 '잘못을 모두 자신에게 돌리다'는 뜻이므로 정답은 B입니다.

41. '没有缺点的人是不存在的 (단점이 없는 사람도 존재하지 않는다)'라고 하였으므로 정답은 C입니다.

42. '不太完美的人，更容易让人觉得可亲可爱 (그다지 완벽하지 않은 사람이 더 쉽게 사랑스럽고 친근감을 줄 수 있다.)'라고 하였으므로 정답은 A입니다.

43. '过分地追求完美本身就是一个缺点。(지나치게 완벽함을 추구하는 것 그 자체가 바로 단점이다.)'라고 하였으므로, 말하는 사람은 지나치게 완벽함을 추구하지 말자고 주장하는 것을 알 수 있습니다. 따라서 정답은 D입니다.

[정답] 40. B 41. C 42. A 43. D

44.-46.

[원문]

有一位经验丰富的老船长，当他的货轮卸货后在浩瀚的大海上返航时，突然遭遇到了可怕的风暴。水手们惊慌失措，**(44)** 老船长果断地命令水手们立刻打开货舱，往里面灌水。"船长是不是疯了，往船舱里灌水只会增加船的压力，使船下沉，我们不就全都完了吗？" 一个年轻的水手大声叫着。
看着船长严厉的脸色，**(45)** 水手们还是照做了。随着货舱里的水位越升越高，随着船一点一点地下沉，依旧猛烈的狂风巨浪对船的威胁却一点一点地减少，货轮渐渐平稳了，大家都安全了。船长望着水手们说："上万吨的巨轮很少有被打翻的，被打翻的常常是根基轻的小船。船在负重的时候，是最安全的；空船时，则是最危险的。"
这就是"压力效应"。**(46)** 那些得过且过，没有一点压力，做一天和尚撞一天钟的人，就像风暴中没有负重的船，往往一场人生的狂风巨浪便会把他们打翻。

44. 当船出现危险时，老船长是怎么做的？
A. 返回原来的地方
B. 把船舱里的货物全部扔了
C. 让大家去另一条船
D. 往船舱里灌水

45. 关于水手下列哪项正确？
A. 什么也没做
B. 表现得很镇定
C. 按船长的指示做了
D. 只有一个人按照船长的指示做了

46. 这个故事主要想说明什么？
A. 要有危机意识
B. 要有些压力
C. 应该做好自己的工作
D. 要听从领导的安排

[단어]

卸货 xièhuò [동] 짐을 (배, 차, 말 등에서) 내리다 (부리다) / **返航** fǎnháng [동] (배, 비행기 등이) 귀항하다 / **风暴** fēngbào [명] ① 폭풍(우) ② 규모가 크고 기세가 맹렬한 사건이나 현상 / **惊慌失措** jīnghuāngshīcuò [성] 놀라 허둥대며 어쩔 줄을 모르다 / **货舱** huòcāng [명] (배, 비행기의) 짐칸 (화물칸) / **果断** guǒduàn [형] 과단성 있다 / **灌水** guànshuǐ [동] ① 물을 붓다(대다) ② 물을 억지로 마시다 (마시게 하다) / **狂风** kuángfēng [명] 광풍, 미친 듯이 사납게 부는 바람 / **巨轮** jùlún [명] ① 거대한 수레바퀴 ② 대형선, 호화선 / **打翻** dǎfān [동] 때려 엎다, 뒤집어엎다(놓다), 전복되다 / **根基** gēnjī [명] ① 기초, 근원, 토대 ② 형통, 가계, 가문, 출신 / **负重** fùzhòng [동] 무거운 짐을 짊어지다, 중책을 지다 / **效应** xiàoyìng [명] 효과, 반응 / **得过且过** déguòqiěguò [성] ① 그날그날 살아가다 ② 되는대로 지내다 ③ 되는 내로 처리하다 / **镇定** zhèndìng [형] (다급한 상황에서도) 침착하다, 냉정하다, 차분하다 [동] 진정시키다, 마음을 가라앉히다

[번역]

어느 경험 많은 나이든 선장이 있었다. 그는 화물칸에서 물건을 내리고 나서, 바다에서 귀항할 때, 갑자기 무서운 폭풍을 만났다. 선원들은 놀라고 당황하여 어찌할 바를 몰랐는데, **(44)** 노 선장은 과단 성 있게 선원들에게 화물칸을 열고 물을 주입하도록 시켰다. 한 젊은 선원이 '선장님은 미쳤습니까? 선실에 물을 주입하면 배의 무게가 증가

해서 가라앉을 텐데, 그러면 우리는 다 같이 죽는 거 아닌가요?'하고 큰 소리로 외쳤다.

하지만 선장의 매서운 표정을 보고 **(45)** 선원들은 선장의 말대로 했다. 그러자 화물칸 안의 수위가 올라가고, 배가 점점 가라앉는데, 여전히 거센 폭풍과 파도가 배를 파괴하는 위협은 점점 줄어들었고, 화물선은 점점 안정되어 모두가 무사했다.

선장은 선원들을 보면서 '만 톤 이상의 대형 선박은 뒤집힐 가능성이 별로 없지만, 가볍고 작은 배는 쉽게 뒤집힐 수 있다. 무거운 화물을 실은 배는 제일 안전하고, 빈 배는 가장 위험하다.'고 말했다.

이것이 바로 '압력 효과'이다. **(46)** 되는대로 살아가고 스트레스를 전혀 느낄 수 없으며, 매일 대충 살면서 전혀 스트레스가 없는 사람은, 소극적인 태도로 일을 처리하는데, 마치 폭풍 속에서의 빈 선박처럼 그들은 늘 인생의 거센 폭풍과 풍랑에 뒤집힐 수 있을 것이다.

44. 배가 위험에 처했을 때, 노 선장은 어떻게 했는가?
    A. 원래장소로 되돌아갔음
    B. 선박 안의 물건을 전부 버렸음
    C. 모두를 다른 배로 가게 했음
    D. 선박 안으로 물을 주입시켰음

45. 선원에 관해 다음 중 옳은 것은 무엇인가?
    A. 아무것도 하지 않음
    B. 매우 침착하게 표현함
    C. 선장의 지시에 따라 함
    D. 한 사람만 선장의 지시를 따라 함

46. 이 이야기는 주로 무엇을 설명하고 있는가?
    A. 위기의식을 가져야 함
    B. 스트레스가 약간 있어야 함
    C. 자신의 일을 해야 함
    D. 상사의 처리를 따라야 함

[해설]

44. '老船长果断地命令水手们立刻打开货舱，往里面灌水 (노 선장은 과단성 있게 선원들에게 화물칸을 열고 물을 주입하도록 시켰다)'라고 하였으므로 정답은 D입니다.

45. '水手们还是照做了 (선원들은 선장의 말대로 했다)'라고 하였으므로 정답은 C입니다.

46. '那些得过且过，没有一点压力，做一天和尚撞一天钟的人，就像风暴中没有负重的船，往往一场人生的狂风巨浪便会把他们打翻。(되는대로 살아가고 스트레스를 전혀 느낄 수 없으며, 매일 대충 살면서 전혀 스트레스가 없는 사람은, 소극적인 태도로 일을 처리하는데, 마치 폭풍 속에서의 빈 선박처럼 그들은 늘 인생의 거센 폭풍과 풍랑에 뒤집힐 수 있을 것이다.)'라고 하였으므로 정답은 B입니다.

[정답] **44.** D **45.** C **46.** B

47.-50.
[원문]

王刚是中国著名的配音演员，被人们称为"天生爱叫的唐老鸭"。**(47)** 王刚在初中毕业后参军了，在部队当一名工程兵，他的工作内容是挖土，建房屋。可是王刚明白，自己身上的潜力还没有发挥出来，那就是自己从小一直喜爱的影视艺术和文学艺术。

在一般人看来这两种工作没有一点关系。但王刚却坚信自己在这方面的潜力，应该努力把它们挖掘出来。于是他抓紧时间工作，认真读书看报。退伍后王刚成了一名普通工人，但是他仍然坚持不懈地追求自己的目标。没有多久，王刚考上了大学，成了一名大学生。经几个朋友的介绍，王刚在短短的5年中参加了数部外国电影的配音工作。1986年初，他迎来了自己事业的辉煌期，风靡世界的动画片《米老鼠和唐老鸭》招聘汉语配音，**(49)** 风格独特的王刚 **(48)** 被美国公司相中为可爱滑稽的唐老鸭配音，从此家喻户晓。**(50)** 王刚说，自己之所以成功，是因为一直没有放弃自己的追求，一直在挖掘自身的长处，坚持到底，永不放弃。

47. 初中毕业后王刚做什么了？
    A. 当兵   B. 做老师
    C. 上大学   D. 当工程师

48. 王刚为谁配音而成名？
    A. 孙悟空   B. 唐僧
    C. 米老鼠   D. 唐老鸭

49. 关于王刚，下面哪项正确？
    A. 用外语配音
    B. 声音很独特
    C. 在部队参加过战争
    D. 认为自己很有天赋

50. 这段话主要告诉我们什么？
    A. 一定要努力学习
    B. 要坚持
    C. 要勇敢地面对困难
    D. 配音工作

[단어]

配音 pèiyīn (동) (외국 영화나 텔레비전 등에) 음악, 대사 등을 넣다, 더빙(dubbing)하다, 말 맞추다 (명) 더빙, 사후 녹음, 애프터리코딩 / **唐老鸭** tánglǎoyā (명) 도널드 덕 (Donald Duck), 디즈니 만화의 주인공 / **工程兵** gōngchéngbīng (명) 건설공병 / **退伍** tuìwǔ (동) 제대하다, 퇴역하다 / **坚持不懈** jiānchíbúxiè (성) 해이해지지 않고 끝까지 견지하다 / **辉煌** huīhuáng (형) 휘황찬란하다, 눈부시다 / **风靡** fēngmǐ (동) 풍미하다 / **相中** xiàngzhòng (동) 마음에 들다, 보고 반하다 / **滑稽** huájī (형) 익살맞다, 익살스럽다 / **家喻户晓** jiāyùhùxiǎo (성) 집집마다 알다 / **坚持到底** jiānchídàodǐ 끝까지 계속하다, 견지하다, 지속하다 / **天赋** tiānfù (명) ① 선천적인 것, 타고난 것 ② 타고난 재질, 천성, 천품

[번역]

王刚은 중국의 유명한 더빙 성우이며, '말하기 좋아하는 타고난 도널드 덕'이라고 불린다. **(47)** 王刚은 중학교를 졸업 후에 군대를 갔고, 부대에서 건설공병이 되어 땅을 파고 집을 지었다. 그러나 王刚은 자기의 잠재력을 아직 발휘하지 않았다는 것을 알고 있었다. 그것은 바로 어릴 때부터 줄곧 좋아했던 영화나 TV 영상예술과 문학예술에 관한 자질이었다.

일반 사람들이 보기에 두 가지 일은 아무 관련이 없지만, 王刚은 자신이 이 방면에 잠재력이 있으니까, 당연히 열심히 노력해서 그 잠재력을 발휘해야 된다고 생각했다. 그래서 王刚은 서둘러 일하고, 열심히 책과 신문을 보았다. 제대 후에 王刚은 평범한 노동자가 되었지만, 여전히 자신의 목표를 포기하지 않고, 끊임없이 노력했다. 얼마 지나지 않아서, 王刚은 대입시험에 합격하여 대학생이 되었고, 친구 몇 명의 소개를 통해서, 5년의 짧은 시간동안 국내외 몇 편의 영화 더빙 일을 했다. 1986년 초 王刚은 사업의 전성기를 맞이했다. 세계를 휩쓴 애니메이션 《미키마우스와 도널드 덕》의 중국어 성우를 모집했는데, **(49)** 독특한 스타일을 지닌 **(48)** 王刚은 귀엽고 웃긴 도널드 덕의 성우로 미국 회사에 채용되었으며, 그때부터 王刚을 모르는 사람이 없게 되었다. **(50)** 王刚은 자신이 꿈을 포기하지 않고, 자신의 장점을 계속 찾아내며, 끝까지 견디었기 때문에 성공을 하였다고 말한다.

47. 중학교 졸업 후에 王刚은 무엇을 했는가?
  A. 군대에 갔음   B. 선생님이 되었음
  C. 대학을 다녔음   D. 엔지니어가 되었음

48. 王刚은 누구를 더빙해서 유명해 졌는가?
  A. 손오공   B. 당나라 승려
  C. 미키 마우스   D. 도널드

49. 王国에 관해 다음 중 옳은 것은 무엇인가?

A. 외국어로 더빙을 함
B. 목소리가 매우 독특함
C. 부대에서 전쟁에 참가한 적이 있음
D. 자신이 매우 천부적인 재질이 있다고 생각함

50. 우리에게 주로 말하고자 하는 것은 무엇인가?
  A. 반드시 열심히 공부해야 함
  B. 끝까지 계속해야 함
  C. 용감하게 어려움을 마주해야 함
  D. 더빙 일을 함

[해설]

47. '王刚在初中毕业后参军了 (王刚은 중학교를 졸업 후에 군대를 갔다)'라고 하였으므로 정답은 A입니다.

48. '王刚被美国公司相中为可爱滑稽的唐老鸭配音, 从此家喻户晓 (王刚은 귀엽고 웃긴 도널드의 성우로 미국 회사에 채용되었으며, 그때부터 王刚을 모르는 사람이 없게 되었다)'라고 하였으므로 정답은 D입니다.

49. '风格独特的王刚 (독특한 스타일을 지닌 王刚은 ~)'이라고 하였으므로 정답은 B입니다.

50. '王刚说, 自己之所以成功, 是因为一直没有放弃自己的追求, 一直在挖掘自身的长处, 坚持到底, 永不放弃。(王刚은 자신이 꿈을 포기하지 않고, 자신의 장점을 계속 찾아내며, 끝까지 견디었기 때문에 성공을 하였다고 말한다.)'라고 하였으므로 정답은 B입니다.

[정답] **47. A 48. D 49. B 50. B**

2회

[정답]

31 B	32 C	33 A	34 B	35 A
36 B	37 A	38 D	39 D	40 D
41 B	42 D	43 B	44 C	45 C
46 C	47 B	48 C	49 B	50 C

31.-34.
[원문]

(31) 信念对于治病的功效扮演着极为重要的角色, 甚至比药物治疗更为重要。例如, 据某权威电视台报道, 数名运动员出现食物中毒, 经推断可能是喝了一种饮料引起的, 广播告诫人们不要再喝这种饮料, 因为有人喝这种饮料而中毒, 同时描述了中毒引发的症状；顿时, **(32)**

观众中便发生了恐慌，有人开始反胃、呕吐，有人昏厥。后来经过证实这种饮料没有问题，奇怪的是观众中的"病人"竟然均不治自愈。由此可见，**(33)** 信念作为一种意识活动，对人体确实具有某种影响力。

所谓"安慰剂效应"是指给病人一片由淀粉制成的无治疗效果的"药片"或"注射剂"，医生告诉病人这是治疗这种病的特效药，于是病人症状好转了。这种"效应"实际上是一种信念作用。

因此，现在许多科学家主张躯体的疾病防治系统要与信念系统密切联系起来。因为希望、期待、信念和生存意识，能够在与疾病作斗争中起着重要作用。**(34)** 信念系统能把强烈的希望、积极的期待和生存的意识转变为与疾病斗争的有利因素。

31. 信念在对待病人方面起着什么样的作用？
    A 很片面的   B 极其重要的
    C 微弱的   D 没什么关系

32. 广告告诉人们某饮料引起中毒后，人们的反应怎么样？
    A 认为很平常   B 很恐怖
    C 怀疑自己中毒了   D 觉得很无聊

33. 病人不治而愈说明了什么？
    A 信念的作用   B 他们的病好了
    C 医生起到作用   D 安慰很有用

34. 说话人希望现在医学怎么样？
    A 加强作用
    B 和生存意识结合起来
    C 只用心里就可以克服疾病
    D 变得更加先进

[단어]

权威 quánwēi （명·형） ① 권위(적인) ② 권위자, 권위가 있는 물건 / **告诫** gàojiè （동） 훈계하다, 경고를 주다 / **恐慌** kǒnghuāng （형）（급변한 사태에） 두렵다, 무섭다, 당황하다 / **呕吐** ǒutù （명·동） 구토(하다) / **昏厥** hūnjué （동） 의식을 잃다, 졸도하다 / **由此可见** yóucǐkějiàn 이로부터 (이로써) 알 수 있다, 이로부터 볼 수 있다 [주로 문장의 첫머리에 쓰임] / **淀粉** diànfěn （명） 전분, 녹말

[번역]

(31) 신념은 병을 치료하는 효과에 매우 중요한 부분을 차

지하며, 심지어 약물 치료보다 더 중요할 때도 있다. 예를 들어 권위가 있는 모 방송사에서 보도하길, 여러 명의 운동선수가 식중독에 걸렸으며, 모 음료수를 마시고 발생되었다고 추정된다며, 그 음료수를 마시고 중독이 된 사람들이 있으니, 더 이상 그 음료수를 마시지 말라는 경고성 광고를 내보내며, 중독이 되면 생기는 증상들을 묘사했다. 순간 사람들 사이에 당황함이 엿보이며, **(32)** 어떤 사람은 구역질, 구토를 시작하였고, 어떤 사람은 졸도를 했다. 나중에 실증을 통해 알아보니 그 음료수에는 별 문제가 없었으며, 이상한 것은 사람들 중 '환자'들이 의외로 모두 저절로 치유되었다. **(33)** 이것으로부터 보아 신념은 일종의 의식 활동이며, 확실히 인체에 어떤 영향력을 가지고 있다. 소위 '안정제 효과'는 전분제로 만든 치료효과가 전혀 없는 '약' 혹은 '주사'로써 의사가 환자에게 이런 병을 치료하는 특효약이라고 알려주기만 하면, 환자의 증상이 호전되는 것이다. 이런 '효과'는 사실 일종의 신념의 작용이다.

그런 까닭에 현재 많은 과학자들은 신체의 질병 방어 계통과 신념 계통은 밀접하게 연관되어 있다고 주장한다. 희망, 기대, 신념, 생존의식은 질병과의 투쟁에서 중요한 작용을 할 수 있기 때문이다. **(34)** 신념 계통은 강렬한 희망, 적극적인 기대, 생존의식이 질병과의 투쟁에서 유리한 작용을 할 수 있도록 바꾸어 준다.

31. 본문에 의하면 신념은 환자 측에서 어떤 작용을 일으키는가?
    A 매우 단편적임   B 매우 중요함
    C 미약함   D 별다른 관계가 없음

32. 모 음료수가 중독을 일으켰다는 광고를 본 사람들의 반응은 어떠한가?
    A 대수롭지 않게 생각함
    B 매우 무서움
    C 자기가 중독이 되었을 거라 의심함
    D 지루하다고 생각함

33. 환자가 저절로 치유된 것이 설명해주는 것은 무엇인가?
    A 신념의 작용   B 그들의 병이 나음
    C 의사가 작용을 함   D 위로는 유용함

34. 본문의 작가는 현재 의학이 어떻게 되길 바라는가?
    A 기능이 더 강화되길 바람
    B 생존의식과 결합하길 바람
    C 심리만을 이용해 질병을 극복할 수 있음
    D 더욱 선진화되어야 함

[해설]

31. '信念对于治病的功效扮演着极为重要的角色 (신념은 병을 치료하는 효과에 매우 중요한 부분을 차지하며)'라고 하였으므로 정답은 B입니다.

32. '有人开始反胃、呕吐，有人昏厥 (어떤 사람은 구역질, 구토를 시작하였고, 어떤 사람은 졸도를 했다.)'라고 하였으므로 정답은 C입니다.

33. '信念作为一种意识活动，对人体确实具有某种影响力。(이것으로부터 보아 신념은 일종의 의식 활동이며, 확실히 인체에 어떤 영향력을 가지고 있다.)'라고 하였으므로 정답은 A입니다.

34. '信念系统能把强烈的希望、积极的期待和生存的意识转变为与疾病斗争的有利因素。(신념 계통은 강렬한 희망, 적극적인 기대, 생존의식이 질병과의 투쟁에서 유리한 작용을 할 수 있도록 바꾸어 준다.)'라고 하였으므로 정답은 B입니다.

[정답] 31. B 32. C 33. A 34. B

35.-38.

[원문]

随着年龄增长，大脑反应越来越慢。**(35)** 老人对负面事件的反应也相对减弱，他们更乐于接受积极事物并避免消极情绪，因而更为乐观。心理学家认为，**(36)** 人天生有一种负面偏向，及人们更倾向于关注消极的事情。比如对有关谋杀和婚姻的新闻，人们更为关注的是前者。然而最近几年，**(37)** 研究人员发现，当人变老时对周围世界的反应会变得更为积极。负面偏向随年龄的增长而下降，老人脾气古怪的传统印象毫无道理。**(38)** 相比于年轻人老人可能会更容易获得幸福感。心理学家发现，人到年老时对得与失也往往比年轻人看的更淡。随着时光流逝，他们对快乐和喜悦的渴求变得更迫切。史希望快乐地度过生命中剩下的时光。

35. 关于老人的性格，下列哪项正确？
 A 更加乐观   B 容易激动
 C 容易生气   D 脾气古怪

36. 这段话中，心理学家所说的 "负面偏向" 是指的什么？
 A 年轻人更看重得失
 B 人们倾向于关注消极的事情
 C 人们喜欢听到关于婚姻的新闻
 D 老人对周围世界的反应相对减弱

37. 下列哪项是研究人员提到的观点？
 A 老人对事物的反应更积极
 B 老人的大脑反应并不慢
 C 负面偏向是一个未解之谜
 D 年轻人对快乐的渴求更迫切

38. 这段话主要说的是什么？
 A 心理学家的新发现
 B 幸福感的获得方式

C. 老年人和年轻人的区别
D. 老年人更容易获得幸福感

[단어]

负面 fùmiàn 몡 나쁜 면, 부정적인 면 / **消极** xiāojí 톙 ① 소극적이다 ② 부정적인 / **偏向** piānxiàng 몡 편향, 부정확한 경향 [주로 정책이 한편으로 치우치는 것을 가리킴] 톙동 역성(들다), 두둔(하다), 비호(하다) / **倾向** qīngxiàng 동 편들다, 마음이 쏠리다 몡 경향, 추세 / **谋杀** móushā 동 모살하다, 살해를 계획하다, 모략을 꾸며 죽이다 / **古怪** gǔguài 톙 ① 기괴하다, 기이하다 ② 시대 조류에 맞지 않다 / **流逝** liúshì 동 유수처럼 빨리 사라지다 / **渴求** kěqiú 동 갈구하다 / **迫切** pòqiè 톙 절실하다, 절박하다 / **未解之谜** wèijiězhīmí 몡 풀리지 않는 수수께끼

[번역]

나이가 들어감에 따라 대뇌의 반응은 점점 더 느려진다. **(35)** 노인은 부정적인 사건의 반응도 상대적으로 감소한다. 그들은 긍정적인 사물을 받아들이고, 부정적인 감정은 피하는 것을 더욱 좋아하기 때문에 낙천적이다.

심리학자는 사람은 선천적으로 부정적인 면에 치우쳐져 있고, **(36)** 사람들은 부정적인 일에 더욱 관심을 가지는 경향이 있다고 여긴다. 예를 들어 살해 계획 관련 뉴스와 결혼 관련 뉴스에 대해 사람들은 전자에 더욱 관심을 가진다. 그러나 최근 몇 년 동안 **(37)** 연구원들은 사람이 늙었을 때 주위 세계의 반응에 대해 더욱 적극적으로 변해서, 부정저인 면이 나이가 많아짐에 따라 줄어드는 경향이 있어서, 노인은 성미가 괴팍하다는 전통적인 말은 전혀 근거가 없는 것이며, **(38)** 젊은 사람과 서로 비교했을 때 노인이 더욱 쉽게 행복감을 느낄 수 있다는 것을 발견하였다. 심리학자는 사람은 나이가 들었을 때 득과 실에 대해서도 종종 젊은이보다 더욱 담담하게 본다는 것을 발견했다. 세월이 유수처럼 빨리 지나감에 따라, 그들은 즐거움과 희열의 갈망도 더욱 절박해진다.

35. 노인의 성격에 관해 다음 중 옳은 것은 무엇인가？
 A. 더욱 낙관적임 B. 쉽게 흥분함
 C. 쉽게 화를 냄 D. 성미가 괴팍함

36. 심리학자가 말한 '负面偏向'은 무엇을 가리키는가？
 A. 젊은이는 더욱 득실을 중심함
 B. 사람들은 부정적인 일에 관심을 가지는 경향이 있음
 C. 사람들은 결혼에 관한 뉴스를 듣기를 좋아함
 D. 노인은 주위 세계의 반응이 상대적으로 약해짐

37. 다음 중 연구원이 제기한 관점에 해당하는 것은 무엇인가？
 A. 노인은 사물에 대한 반응이 더욱 적극적임
 B. 노인의 대뇌 반응은 결코 느리지 않음

　C. 부정적인 면에 치우치는 것은 풀리지 않은 수수께끼임
　D. 젊은이는 즐거움에 대한 갈망이 더욱 절실함

38 주로 무엇에 대해 말하는 것인가?
　A. 심리학자의 새로운 발견
　B. 행복감을 얻는 방법
　C. 노인과 젊은이의 차이
　D. 노인은 더 쉽게 행복감을 느낌

[해설]

35. '老人对负面事件的反应也相对减弱，他们更乐于接受积极事物并避免消极情绪，因而更为乐观。 (노인은 부정적인 사건의 반응도 상대적으로 감소한다. 그들은 긍정적인 사물을 받아들이고, 부정적인 감정은 피하는 것을 더욱 좋아하기 때문에 낙천적이다.)' 라고 하였으므로 정답은 A입니다.

36. '负面偏向'은 문맥상 '사람들은 부정적인 일에 더욱 관심을 가지는 경향이 있다'는 뜻이므로, 정답은 B입니다.

37. '研究人员发现，当人变老时对周围世界的反应会变得更为积极 (연구원들은 사람이 늙었을 때 주위 세계의 반응에 대해 더욱 적극적으로 변해서~)'라고 하였으므로 정답은 A입니다.

38. '相比于年轻人老人可能会更容易获得幸福感 (젊은 사람과 서로 비교했을 때 노인이 더욱 쉽게 행복감을 느낄 수 있다는 것을 발견하였다.)'라고 하였으므로 정답은 D입니다.

[정답] 35. A　36. B　37. A　38. D

39.-42.

[원문]

根是某些植物长期适应陆上生活过程中，发展起来的一种向下生长的器官。**(39)** 它具有吸收、输送、贮藏、固着的功能，少数植物的根也有繁殖的作用。通常根向下生长，是隐藏在地面以下的，但并不绝对，也有些植物的根不长在地下，而是长在空气中，甚至向上生长。此外，要注意并非所有植物都有根。世界上所拥有的50万种植物中，只有20多万种高等植物才具有真正的根，**(40)** 其余近30万种低等植物都没有根的。**(41)** 它们还没有进化到具有根这个器官的水平，有些低等植物有根的外形，但它不具有根的构造，充其量只能称它为假根。

39. 下列不属于根的功能的是什么？
　A. 吸收水　　　　B. 输送养分
　C. 固定作用　　　D. 复制细菌

40. 关于植物的根，我们可以知道什么？
　A. 都是向后面生长的
　B. 都是向上生长的
　C. 长在空气中
　D. 可能不存在

41. 有一些植物没有根的原因是什么？
　A. 等级很高
　B. 没有进化到这个水平
　C. 没有构造
　D. 这些植物的根被吃掉了

42. 根据这段话，主要告诉我们什么？
　A. 叶子的种类
　B. 一种向下生长的器官
　C. 树枝的功能
　D. 根的生长形状

[단어]

贮藏 zhùcáng 통 저장하다 / 固着 gùzhuó 통 고착하다 (되다) / 隐藏 yǐncáng 통 숨(기)다, 감추다, 비밀로 하다 / 充其量 chōngqíliàng 분 많이 (길게) 잡아도, 최대한도로, 기껏해야

[번역]

뿌리는 일부 식물들이 장기간 육지생활을 적응하는 과정에서 발전하게 된 일종의 성장기관이다. 그것은 **(39)** 흡수, 수송, 저장, 고착하는 기능을 가지고 있으며, 소수 식물의 뿌리는 번식하는 작용도 한다. 일반적으로 뿌리는 아래를 향해 성장하며, 땅 아래로 숨어 들어간다. 그러나 모든 뿌리가 그런 것은 아니며, 어떤 식물의 뿌리는 땅 속에서 성장하지 않고, 공기 중에서 자라며, 심지어는 위를 향해 자라는 것도 있다. 그 밖에 주의 할 점은 모든 식물이 뿌리를 가지고 있는 것은 아니다. 세상에는 50만 종의 식물이 있는데, 20여 만 종의 고등식물만이 진정한 뿌리를 가지고 있고, **(40)** 기타 30종 하등식물은 뿌리가 모두 없다. **(41)** 그것들은 아직 뿌리라는 기관을 가지고 있는 수준까지 진화되지 못했으며, 어떤 하등식물의 뿌리는 외형은 있으나 뿌리의 구조를 가지고 있지 못해서 기껏해야 가짜 뿌리라고 부를 수밖에 없다.

39. 다음 중 뿌리의 기능에 속하지 않는 것은 무엇인가?
　A. 물을 흡수하는 것　　B. 양분을 수송하는 것
　C. 고착작용을 하는 것　　D. 세균을 복제하는 것

40. 식물의 뿌리에 관해 우리가 알 수 있는 것은 무엇인가?
　A. 모두 뒤를 보고 성장함
　B. 모두 위를 향해 성장함
　C. 공기 중에서 성장함
　D. 없을 수 도 있음

41. 일부 식물이 뿌리를 가지고 있지 않는 이유는 무엇인가?

　　A 등급이 매우 높음

　　B. 그 수준까지 진화되지 못했음

　　C. 구조가 없음

　　D. 이런 식물은 뿌리를 먹어 버림

42. 주로 우리에게 무엇을 알려주고 있는가?

　　A 잎의 종류

　　B. 아래를 향해 성장하는 기관

　　C. 나뭇가지의 기능

　　D. 뿌리의 성장모습

[해설]

39. '它具有**吸收**、**输送**、**贮藏**、**固着**的功能 (흡수, 수송, 저장, 고착하는 기능을 가지고 있으며)'라고 하였으므로 정답은 D입니다.

40. '其余近30万种低等植物都**没有根的**。(기타 30종 하등식물은 뿌리가 모두 없다)'라고 하였으므로 정답은 D입니다.

41. '它们还**没有进化到具有根这个器官的水平** (그것들은 아직 뿌리라는 기관을 가지고 있는 수준까지 진화되지 못했으며)'라고 하였으므로 정답은 B입니다.

42. 계속해서 나무의 뿌리의 성장모습에 대해 설명하고 있으므로 정답은 D입니다.

[정답] 39. D　40. D　41. B　42. D

43.-46.
[원문]

一个阳光普照的周末午后，**(43)** 一个自豪的父亲——巴比， 止带看他的两个儿子打迷你高尔夫球。他走向售票柜台问道：“进去要花多少钱？”年轻的售票先生回答：“大人3元，6岁以上的小孩也要3元，小于6岁的小孩免费，他们两个几岁？”巴比答道：“那个3岁，另一个7岁，所以我想我得付6元。”那位售票先生笑道：“嗨！先生，你是刚中了彩券是不是发了财？**(44)** 你只要告诉我较大的男孩6岁，就可以替自己省下3元，我又看不出来有什么差别。”巴比回答：“你说的没错，但是孩子们知道那是不同的。”

爱迪生曾说：“任你喊得声嘶力竭，我却听不到。”在这决定性的时刻，道德感更重要，**(45)** 要确认你为每一个和你一起生活及工作的人树立了良好的榜样。

43. 父亲和两个儿子去做什么？

　　A 享受阳光　　　　　B. 打高尔夫

　　C. 看电影　　　　　D. 发财

44. 如果父亲撒谎说 “较大的孩子6岁”，会怎么样？

　　A 多花3元　　　　　B. 不用给自己买票

　　C. 省3元　　　　　D. 花12元

45. 父亲为什么没有撒谎？

　　A 怕小孩子知道

　　B. 觉得没必要

　　C. 想给孩子树立好的榜样

　　D. 父亲中了彩票

46. 关于父亲的做法，说话人怎么看？

　　A 反对　　　　　B. 没有说明

　　C. 赞成　　　　　D. 认为没有道德

[단어]

知行合一 zhīxínghéyī 지행합일 (아는 것과 행하는 것은 일치해야 함) / **普照** pǔzhào ⑧ 두루 비추다 / **声嘶力竭** shēngsīlìjié ⑧ 목도 쉬고 힘 (맥)도 다 빠지다, 목이 쉬도록 외치다; 기진맥진하다

[번역]

햇볕이 화사한 어느 주말 오후, **(43)** 자부심이 강한 아버지 巴比는 때마침 그의 두 아들과 미니 골프를 치러 갔다. 그는 매표소에 가서 '입장료가 얼마죠?'하고 물어보자, 젊은 매표원은 '어른은 3원, 6세 이상도 3원, 6세 미만은 무료입니다. 아이 두 명은 몇 살이죠?'하고 묻자, 巴比는 '이 아이는 3살이고, 다른 한 아이는 7살이니까, 우리는 6원을 내면 되겠군요.' 하고 말했다. 그 매표직원은 웃으면서 '아이참, 아저씨, 방금 복권에 당첨되어 부자가 되셨어요? **(44)** 비교적 큰 남자아이가 6살이라고 하면, 3원을 아낄 수 있잖아요. 전 구별이 안 되는 되요.'하고 말하자, 巴比는 '당신 말이 맞아요. 그러나 아이들은 아니라는 것을 알거든요.'하고 대답하였다.

에디슨은 '당신이 목이 쉬어라 외쳐도 나는 들을 수가 없다.' 고 말한 적이 있다. 이 결정적인 순간에 도덕정신은 매우 중요하며, **(45)** 당신과 같이 생활하거나 일하는 사람에게 올바른 본보기를 세워주기 위해서는 행동으로 보여주어야 한다.

43. 아버지는 두 아들과 무엇을 했는가?

　　A 햇볕을 즐김　　　　　B. 골프를 침

　　C. 영화를 봄　　　　　D. 부자가 됨

44. 만약 아버지가 '비교적 큰 아이가 6살'이라고 거짓말을 했다면 어떻게 되었겠는가?

　　A 3원을 더 지출하게 됨

　　B. 자기 자신의 표는 살 필요가 없음

　　C. 3원을 절약하게 됨
　　D. 12원을 지출하게 됨

45. 아버지는 왜 거짓말을 하지 않았는가?
　　A. 아이들이 알까봐 걱정이 되어서
　　B. 그럴 필요가 없어서
　　C. 아이들에게 모범을 보이기 위해
　　D. 아버지가 복권에 당첨이 되어서

46. 아버지의 행동에 대해, 말하는 사람은 어떻게 생각하는가?
　　A. 반대함　　　　　　　B. 말하지 않음
　　C. 찬성함　　　　　　　D. 도덕심이 없다고 여김

[해설]

43. '一个自豪的父亲——巴比，正带着他的两个儿子打迷你高尔夫球 (자부심이 강한 아버지 바비는 때마침 그의 두 아들과 미니 골프를 치러 갔다.)'라고 하였으므로 정답은 B입니다.

44. '你只要告诉我较大的男孩6岁，就可以替自己省下3元 (비교적 큰 남자아이가 6살이라고 하면, 3원을 아낄 수 있잖아요)'라고 하였으므로 정답은 C입니다.

45. '要确认你为每一个和你一起生活及工作的人树立了良好的榜样。(당신과 같이 생활하거나 일하는 사람에게 올바른 본보기를 세워주기 위해서는 행동으로 보여주어야 한다.)'라고 하였으므로 정답은 C입니다.

46 작가는 아이들 앞에서 행동으로 모범을 보인 바비라는 아버지의 일화와 에디슨의 말을 인용하여 도덕정신의 중요성과 행동으로 모범을 보이는 것에 대해 동의하는 것을 알 수 있으므로, 정답은 C입니다.

[정답] 43. B　44. C　45. C　46. C

47.-50.

[원문]

古往今来，鲨鱼一向以凶狠残暴而著称。但是人们往往不知道它还有一种奇特的本领，那就是食物可以在它肚子里存放10多天甚至半个月，**(47)** 鲨鱼的胃就好像一个冷藏库。
(48) 鲨鱼对食物并不选择，海鸟、海龟、鱼虾以至煤炭、垃圾、罐头瓶 …… 什么都能吞下去。鲨鱼的胃大得惊人，而且能把食物保藏很长时间，这是为什么呢？原来鲨鱼有一个"冷藏库"般的胃，当它吃饱时，**(49)** 多余的食物便送到"冷库"里贮存起来，过10天或半个月，有时甚至一个月也不变坏。当它感到饥饿而又捕猎不到新的食物时，就把"冷库"里的食物"取出"充饥。一般说来，鲨鱼为了"备

荒"，每隔二三天就"饱餐"一顿，"冷库"里有时一公斤重的鱼一存就是三四十条。有时"冷库"又是空空的，故它在饿得慌时，就不管什么都吞入口中。
鲨鱼是地球上最古老的鱼类，**(50)** 万年前它们就已经存在了。但鲨鱼的奥秘至今还没有完全弄清楚，有待未来的海洋学家和鱼类学家去揭示。

47. 关于鲨鱼的特征，下列哪项正确？
　　A. 凶狠残暴　　　　　B. 胃像冷藏库
　　C. 吃得很多　　　　　D. 经常挨饿

48. 根据这段话，鲨鱼对食物如何选择？
　　A. 喜欢鱼类　　　　　B. 喜欢海鸟
　　C. 什么都吃　　　　　D. 喜欢垃圾

49. 如果鲨鱼吃饱了，多余的食物怎么处理？
　　A. 吐出来　　　　　　B. 在胃里储存起来
　　C. 继续消化掉　　　　D. 排泄掉

50. 鲨鱼在地球上大概已经存在了多久？
　　A. 百年前　　　　　　B. 千年前
　　C. 万年前　　　　　　D. 科学家也不知道

[단어]

鲨鱼 shāyú ⑨ 상어 / 凶狠 xiōnghěn ⑱ (성격, 행동 등이) 흉악하다. 사납고 거칠다. 악랄하다 / 残暴 cánbào ⑱ 잔학하다. 잔인하고 포악하다 / 著称 zhùchēng ⑧ 이름나다. 유명 (저명)하다 / 冷库 lěngkù ⑨ 냉동창고 / 海龟 hǎiguī ⑨ 바다거북, 푸른 거북 / 鱼虾 yúxiā ⑨ ① 물고기와 새우 ② 어류를 통틀어 일컫는 말 / 煤炭 méitàn ⑨ 석탄 / 罐头 guàn·tou ⑨ 깡통, 통조림 / 吞下 tūnxià ⑧ 삼키다 / 贮存 zhùcún ⑧ 저축해 두다, 저장하다 / 充饥 chōngjī ⑧ 요기하다. 배를 채우다 / 备荒 bèihuāng ⑧ (흉작이나 재해에) 대비하다 / 揭示 jiēshì ⑧ ① 게시하다 ② 드러내어 보이다. 명시하다

[번역]

예부터 지금까지 상어는 잔인하고 포악하기로 유명하다. 그러나 사람들은 흔히 상어가 특출난 재능이 있다는 것을 모른다. 그것은 바로 상어는 뱃속에 음식을 열흘 심지어는 6개월까지 저장을 할 수가 있다는 것이다. **(47)** 상어의 위는 마치 냉동창고와 같다.
(48) 상어는 음식물을 전혀 가리지 않아 물새, 바다거북이, 물고기와 새우, 석탄, 쓰레기, 깡통, 병 등 그 어떤 것도 다 삼킬 수 있다.
상어의 위의 크기는 놀랄 만큼 크며, 식량을 오랜 기간 저장할 수 있다. 왜 그럴 수가 있는 가? 본래 상어는 '냉동창고'와 같은 위가 있는데, **(49)** 상어가 배부르게 먹은 후

대부분의 음식은 '냉동창고' 속으로 보내져 저장되는데, 열흘 혹은 6 개월, 심지어는 한 달이 지나도 상하지가 않는다. 상어가 허기가 지는데 먹잇감을 잡지 못하면 '냉동창고' 안에 있는 음식물을 꺼내서 요기를 한다. 일반적으로 상어는 굶주릴 때를 대비해 2, 3, 4 일 간격으로 폭식을 하며, '냉동 창고'에 1킬로그램짜리 생선을 한꺼번에 3, 40 마리씩 저장할 때도 있다. '냉동창고'가 비어 있는 때도 있는데, 허기가 지면 가리지 않고 닥치는 대로 삼켜 버린다. 상어는 지구상에서 가장 오래된 어류이며, **(50)** 만 년 전에도 상어들은 이미 존재하고 있었다. 그러나 상어의 오묘함은 지금까지 완전히 밝혀지지 않았으며, 미래의 해양학자와 어류학자들이 밝혀내기를 기대하고 있다.

47. 상어의 특징에 관해, 다음 중 옳은 것은 무엇인가?
    A. 잔인하고 포악함   B. 위가 냉동 창고와 같음
    C. 많이 먹음   D. 자주 굶주림

48. 이 말에 따르면, 상어는 먹이에 대해 어떤 선택을 하는가?
    A. 어류를 좋아함   B. 물새를 좋아함
    C. 무엇이든 다 먹음   D. 쓰레기를 좋아함

49. 적은 양으로도 배가 부르다면 남은 음식물들은 어떻게 처리하는가?
    A. 뱉어 냄
    B. 위 속에 저장함
    C. 지속적으로 소화해서 없앰
    D. 배설해 버림

50. 상어는 지구상에 대략 얼마나 존재해왔는가?
    A. 백 년 전   B. 천 년 전
    C. 만 년 전   D. 과학자들도 모름

[해설]

47. '鲨鱼的胃就好像一个冷藏库 (상어이 위는 마치 냉동 창고와 같다.)'라고 하였으므로 정답은 B입니다.

48. '鲨鱼对食物并不选择，海鸟、海龟、鱼虾以至煤炭、垃圾、罐头瓶 …… 什么都能吞下去。(상어는 음식물을 전혀 가리지 않아 물새, 바다거북이, 물고기와 새우, 석탄, 쓰레기, 깡통, 병 등 그 어떤 것도 다 삼킬 수 있다.)'라고 하였으므로 정답은 C입니다.

49. '多余的食物便送到"冷库"里贮存起来 (상어가 배부르게 먹은 후 대부분의 음식은 '냉동창고' 속으로 보내져 저장되는데)'라고 하였으므로 정답은 B입니다.

50. '万年前它们就已经存在了 (만 년 전에도 상어들은 이미 존재하고 있었다.)'라고 하였으므로 정답은 C입니다.

[정답] **47.** B **48.** C **49.** B **50.** C

1회

[정답]

31 B	32 C	33 B	34 D	35 C
36 B	37 B	38 B	39 C	40 A
41 D	42 C	43 A	44 C	45 C
46 C	47 B	48 B	49 D	50 D

31.-34.
[원문]

一天上课时，**(31)** 老师给每人发了一张纸条，要求全班同学以最快的速度，写出他们所不喜欢的人的姓名。有些同学在30秒之内，仅能够想出一个，有的同学甚至一个也想不出来，但是另外一些学生却能一口气列出15个之多。
老师将纸条逐一收上来，然后进行统计分析，结果发现，那些列出不喜欢的人数目最多的，自己也正是最不受众人所喜欢的，**(32)** 而那些没有不喜欢的人，或者不喜欢的人很少的同学，也很少有人讨厌他。于是，老师得出一个结论：大体而言，他们加诸别人的批判，正是对他们自身的批判。当你喜欢别人时，别人也可能会接纳你；但是当你不喜欢别人时，别人也可能不会接纳你。**(33) (34)** 你对别人怎样，别人也会对你怎样。

31. 根据这段话，老师要学生做什么？
    A. 写出喜欢的人   B. 写出讨厌的人
    C. 分析自己   D. 发挥想象力

32. 关于写出不喜欢的人最少的同学，我们可以知道什么？
    A. 是人缘最不好的   B. 是最不受欢迎的
    C. 很受欢迎   D. 没有思想

33. 说话人认为，对别人的评价是什么？
    A. 一个人的人生观
    B. 别人对自己的评价
    C. 一个人的原则
    D. 一种规则

34. 如果想要别人对自己好一点，首先应该怎么做？
    A. 讨好别人   B. 表现自己
    C. 对别人苛刻一些   D. 对别人好一些

[단어]

逐一 *zhúyī* (통) 하나하나, 일일이, 남김없이 / 接纳 *jiēnà* (통) ① (개인이나 단체가 조직이나 활동에 참가하는 것을) 받아들이다 ② (의견 따위를) 받아들이다 / 讨好(儿) *tǎohǎo(r)* (통) 비위를 맞추다, 기분을 맞추다, 잘 보이다, 눈에 들다, 이익을 얻다 / 苛刻 *kēkè* (형) (조건, 요구 등이) 너무 지나치다, 가혹하다, 모질다

[번역]

하루는 수업시간에 (31) 선생님은 모든 학생들에게 쪽지를 나누어 주며, 가장 빠른 시간 내에 자기가 가장 싫어하는 사람의 이름을 쓰라고 했다.

어떤 학생들은 30초도 안 되는 시간에 겨우 한 명을 생각해내었고, 어떤 학생은 심지어 한 사람도 생각해내지 못했지만, 그러나 또 다른 학생들은 오히려 단번에 15명도 넘는 이름을 썼다.

선생님은 하나하나 남김없이 쪽지를 걷은 후에 통계 분석을 했다. 그 결과 싫어하는 사람의 이름을 가장 많이 적은 학생들이 학우들이 가장 싫어하는 학생으로 지목되었으며, (32) 싫어하는 사람들이 없거나 싫어하는 학우가 적은 학생들은 다른 학생들이 싫어하는 경우도 적었다. 그래서 선생님은 대체적으로 다른 사람을 미워하는 것은 결국 자기 스스로를 미워하는 것과 같다는 결론을 얻었다.

당신이 다른 사람을 좋아할 때 다른 사람도 당신을 받아들인다. 그러나 당신이 다른 사람을 싫어하면 다른 사람 역시 당신을 받아들이지 않는다. (33) (34) 당신이 다른 사람에게 어떻게 대우하냐에 따라 다른 사람도 당신을 그렇게 대우하게 된다.

31. 이 말에 의하면, 선생님은 학생들에게 무엇을 하게 하였는가?
  A. 좋아하는 사람을 적어 내게 했음
  B. 싫어하는 사람을 적어 내게 했음
  C. 스스로를 분석하게 했음
  D. 상상력을 발휘하게 했음

32. 싫어하는 사람을 가장 적게 쓴 학생에 관해서 우리가 알 수 있는 것은 무엇인가?
  A. 인간관계가 가장 안 좋음
  B. 가장 인기가 없음
  C. 인기가 있음
  D. 사상이 없음

33. 말하는 사람은 다른 사람에 대한 평가는 무엇을 뜻한다고 여기는가?
  A. 한 사람의 인생관
  B. 다른 사람들의 자기에 대한 평가
  C. 한 사람의 원칙
  D. 일종의 규칙

34. 다른 사람이 자기에게 잘하게 하려면, 먼저 어떻게 해

야 하는가?
  A. 다른 사람의 비위를 맞춤
  B. 자기 자신을 표현함
  C. 다른 사람에게 모질게 함
  D. 다른 사람에게 잘함

[해설]

31. '老师给每人发了一张纸条，要求全班同学以最快的速度，写出他们所不喜欢的人的姓名。(선생님은 모든 학생들에게 쪽지를 나누어 주며, 가장 빠른 시간 내에 자기가 가장 싫어하는 사람의 이름을 쓰라고 했다.)'라고 하였으므로 정답은 B입니다.

32. '而那些没有不喜欢的人，或者不喜欢的人很少的同学，也很少有人讨厌他 (싫어하는 사람들이 없거나 싫어하는 학우가 적은 학생들은 다른 학생들이 싫어하는 경우도 적었다.)'라고 하였으므로 정답은 C입니다.

33.-34. '你对别人怎样，别人也会对你怎样。(당신이 다른 사람에게 어떻게 대우하냐에 따라 다른 사람도 당신을 그렇게 대우하게 된다.)'라고 하였으므로 33번의 정답은 B이며, 34번의 정답은 D입니다.

[정답] **31. B 32. C 33. B 34. D**

35.-38.
[원문]

《科学》杂志刊登的一项研究结果表明，如果把热带植物包括在内，(35) 全球濒临灭种植物的比例达47%，远远高于人们所广泛认为的13%的比例。(36) 目前的研究之所以会低估濒临灭绝植物的比例是因为没有把生长在厄瓜多尔和哥伦比亚等热带国家的植物考虑进去。
科学家研究了189个国家和地区的数据，得出结论说，有31万～42万的植物种类濒临灭绝的危险，这个数字约占这些国家和地区植物种类的22%～47%。研究结果表明，厄瓜多尔有83%的植物都濒临灭绝的危险。(37) 科学家研究发现，厄瓜多尔的研究数据之所以重要是因为该国有着世界上最为完备的植物种类数据库。
导致植物灭绝的原因有很多，如全球气候变暖及人类进入植物的生长地等。(38) 研究者们认为要制定出保护濒危植物的计划必须先对这些植物进行全面的研究，但目前的困难是资金不足。

35. 世界上有多少植物面临着绝种?
  A. 13%　　　　　　B. 稍大于13%
  C. 47%　　　　　　D. 22%

36. 科学家为什么会认为先前计算的濒临灭绝

植物的比例小了？

A. 计算错误
B. 忘记了一些国家的植物
C. 多考虑了一些植物
D. 濒临灭绝的植物变多了

37. 为什么厄瓜多尔的研究数据重要？
A. 地方大
B. 植物种类多
C. 人多
D. 这一地区的数据比较好计算

38. 关于要保护濒危植物，现在情况如何？
A. 比较容易　　B. 比较困难
C. 已经开始了　　D. 不能研究

[단어]

在内 zàinèi [동] 내포하다, 포함하다 / **灭种** mièzhǒng [동] ① 멸족하다, 종족을 절멸시키다 ② 멸종하다 / **濒临** bīnlín [동] ① …에 인접하다 ② 임박하다, 박두하다, …한 지경에 이르다 / **濒危** bīnwēi [동] 위험 (위기)에 처하다, 위급하게 되다, 임종에 이르다 / **低估** dīgū [동] 과소평가하다, 얕잡아 보다, 낮게 평가하다 / **厄瓜多尔** Èguāduō'ěr [명] 에콰도르 (Ecuador) / **哥伦比亚** Gēlúnbǐyà [명] 콜롬비아 (Columbia) / **数据库** shùjùkù [명] 데이터베이스 (data base), 데이터뱅크(data bank)

[번역]

《과학》잡지에 실렸던 연구 결과에 의하면 만약 열대식물을 포함한다면, **(35)** 전 세계 멸종에 임박한 식물의 비율은 47%에 다다르는데, 우리에게 널리 알려진 13% 비율보다 훨씬 높은 수치이다. 지금까지의 연구에서 **(36)** 멸종식물의 비율이 과소평가된 것은 에콰도르와 콜롬비아 등 열대 국가에서 성장하는 식물을 포함시키지 않았기 때문이다. 과학자들은 189개의 국가와 지역의 자료를 통해 31만~42만 종의 식물이 멸종 위기를 처해있으며, 이 숫자는 그 국가들과 지역의 식물 종류 중 대략 22%~47%를 차지하고 있다는 결론을 얻었다. 연구 결과에 의하면, 에콰도르는 83%의 식물이 멸종 위기에 처해 있다. **(37)** 과학자들은 연구하고 발견하였는데, 에콰도르의 연구 통계 수치를 중요하게 생각하는 이유는 세계에서 가장 완벽하게 구비된 식물의 종류와 데이터베이스를 가지고 있기 때문이다. 지구의 온난화 및 인류가 식물의 성장지로 진입하는 것 등 식물의 멸종을 야기하는 원인은 너무 많다. **(38)** 연구자들은 멸종 위기에 처한 식물을 보호하는 계획을 제정하기 위해서는 반드시 먼저 그 식물들에 대한 전면적인 연구를 해야 한다고 생각하지만, 현재는 자금이 부족해서 어렵다.

35. 세계에는 얼마만큼의 식물이 멸종위기에 처했는가?
A. 13%　　B. 13%보다 약간 많음
C. 47%　　D. 22%

36. 과학자들은 종전에는 왜 멸종위기에 처한 식물의 비율이 낮았다고 여기는가?
A. 계산 착오임
B. 일부 국가의 식물들은 생각하지 못함
C. 일부 식물들까지 더 많이 고려했음
D. 멸종위기에 처한 식물이 많아졌음

37. 에콰도르의 연구 자료가 중요한 이유는 무엇인가?
A. 장소가 크기 때문임
B. 식물 종류가 많기 때문임
C. 인구가 많기 때문임
D. 이들 지역의 수치는 비교적 계산하기 좋기 때문임

38 멸종위기에 처한 식물을 보호하는 것에 관해서, 현재 상황은 어떠한가?
A. 쉬운 편임　　B. 어려운 편임
C. 이미 시작했음　　D. 연구할 수가 없음

[해설]

35. '全球濒临灭种植物的比例达47% (전 세계 멸종에 임박한 식물의 비율은 47%에 다다른다)'라고 하였으므로 정답은 C입니다.

36. '目前的研究之所以会低估濒临灭绝植物的比例是因为没有把生长在厄瓜多尔和哥伦比亚等热带国家的植物考虑进去。(멸종식물의 비율이 과소평가된 것은 에콰도르와 콜롬비아 등 열대 국가에서 성장하는 식물을 포함시키지 않았기 때문이다.)'라고 하였으므로 정답은 B입니다.

37. '科学家研究发现，厄瓜多尔的研究数据之所以重要是因为该国有着世界上最为完备的植物种类数据库。(과학자들은 연구하고 발견하였는데, 에콰도르의 연구 통계 수치를 중요하게 생각하는 이유는 세계에서 가장 완벽하게 구비된 식물의 종류와 데이터베이스를 가지고 있기 때문이다.)'라고 하였으므로 정답은 B입니다.

38. '研究者们认为要制定出保护濒危植物的计划必须先对这些植物进行全面的研究，但目前的困难是资金不足。(연구자들은 멸종 위기에 처한 식물을 보호하는 계획을 제정하기 위해서는 반드시 먼저 그 식물들에 대한 전면적인 연구를 해야 한다고 생각하지만, 현재는 자금이 부족해서 어렵다.)'라고 하였으므로 정답은 B입니다.

[정답] 35. C　36. B　37. B　38. B

39.-42.

[원문]

一个出版商有一批滞销书久久不能脱手，便给总统送去一本，并三番五次去征求意见。忙于政务的总统不愿与他多纠缠，便回了一句："这本书不错。"出版商便大做广告，"现有总统喜爱的书出售。"于是这些书被一抢而空。不久，这个出版商又有书卖不出去，**(39) 又送了一本给总统。总统上了一回当，想奚落他，就说："这本书糟透了。"** 出版商闻之，又做广告，"现有总统讨厌的书出售。"又有不少人出于好奇争相购买，书又售尽。

第三次，出版商将书送给总统，总统接受了前两次教训，便不作任何答复。出版商却大做广告，"现有总统难以下结论的书，欲购从速！"居然又被一抢而空。总统哭笑不得，商人大发其财。

39. 第二次送书的时候, 总统是怎么做的?
    A. 非常喜欢这本书
    B. 想买下这本书
    C. 表示这本书很不好
    D. 觉得这本书一定畅销

40. 关于这个商人, 下面哪项正确?
    A. 很会做生意
    B. 和总统的关系很好
    C. 写了很多本书
    D. 以前做生意失败了

41. 这段话告诉我们什么?
    A. 要学会利用有地位的人
    B. 要努力创造成功的条件
    C. 要学会吸取教训
    D. 名人效应

42. 总统对商人的书的评价怎么样?
    A. 都很好   B. 糟透了
    C. 评价不一样   D. 难以下结论

[단어]

名人效应 míngrénxiàoyìng 몡 유명 인사의 사회 영향 / 哭笑不得 kūxiàobùdé 솅 웃을 수도 울 수도 없다, 이러지도 저러지도 못하다

[번역]

한 출판 상이 대량의 재고가 쌓여 오랫동안 팔지 못하자, 대통령에게 한 권을 선물로 보냈고, 수 없이 찾아가 가서 의견을 물었다. 정치공무에 바빴던 대통령은 그에게 그가 귀찮게 하는 게 싫어서 '이 책은 훌륭합니다.' 하고 한 마디를 해주었다. 출판 상은 '현재 대통령이 좋아하는 책을 팝니다'라고 크게 광고를 냈고, 책은 불티나게 팔려나갔다. 얼마 지나지 않아 이 출판 상은 안 팔리는 책이 생기자, **(39) 또 다시 한 권을 대통령에게 보냈다. 대통령은 이미 한 번 속은 바가 있어서 그를 골탕 먹이려고 '이 책은 정말 형편없어요.'라고 말했다.** 출판 상은 듣자마자 또다시 '현재 대통령이 싫어하는 책을 팝니다.'라고 광고를 내었다. 또 다시 많은 사람들은 호기심에 구매를 앞 다투어 했고 책을 또다시 다 팔았다.

세 번째 출판 상이 책을 대통령에게 선물하자, 대통령은 앞의 두 번의 교훈을 받아들여, 아무런 대답도 하지 않았다. 출판 상은 '현재 대통령이 의견을 내기 힘든 책이 있으니 구입하시고자 하시면 속히 사십시오!' 라고 크게 광고를 내었다. 과연 또 다시 불티나게 팔려 나갔다. 대통령은 웃을 수도 울 수도 없었고, 그 상인은 돈을 많이 벌었다.

39. 두 번째 책을 선물했을 때, 대통령은 어떻게 하였는가?
    A. 책을 매우 좋아했음
    B. 책을 사고 싶어 했음
    C. 책이 형편없다고 했음
    D. 이 책은 분명히 잘 팔릴 것이라고 생각했음

40. 이 상인에 관해 다음 중 옳은 것은 무엇인가?
    A. 장사를 매우 잘함   B. 대통령과 관계가 좋음
    C. 많은 책을 썼음   D. 이전에 장사를 실패했었음

41. 우리에게 말하고자 하는 것은 무엇인가?
    A. 지위가 있는 사람을 이용하는 것을 배워야함
    B. 노력해서 성공의 조건을 만들어야 함
    C. 교훈을 받아들이는 것을 배워야 함
    D. 유명인사의 사회 영향

42. 대통령은 상인의 책에 대해 어떤 평가를 하였는가?
    A. 모두 좋다고 하였음   B. 매우 나쁘다고 하였음
    C. 평가가 달랐음   D. 결론을 내리기 어려움

[해설]

39. '又送了一本给总统。总统上了一回当，想奚落他，就说："**这本书糟透了**。"(또 다시 한 권을 대통령에게 보냈다. 대통령은 이미 한 번 속은 바가 있어서 그를 골탕 먹이려고 '이 책은 정말 형편없어요.'라고 말했다.) '라고 하였으므로 정답은 C입니다.

40. 잘 안 팔리는 책을 유명한 사람을 이용해서 매 번 상황에 맞게 모두 팔았으므로 장사를 매우 잘하는 사람인 것을 알 수 있으므로 정답은 A입니다.

41. 대통령에 특정한 책에 대해 어떻게 평가를 하든지 상관없이, 사람들은 모두 그 책에 관심을 가지고 산 것으로 보아 유명한 사람이 사회에 끼치는 영향에 대해 말하고 있는 것을 알 수 있으므로, 정답은 D입니다.

42. 첫 번째 책은 '훌륭하다', 두 번째 책은 '형편없다', 세 번째 책은 '아무 대답도 하지 않았다'라고 하였으므로 정답은 C입니다.

[정답] **39.** C **40.** A **41.** D **42.** C

43.-46.
[원문]

(43) 水蒸气是看不见的。我们能看到液体状态的水，可是在气体状态的时候，就看不到了。当然也感觉不出空气中有水，因为水蒸气并不湿。有人以为雾就是水蒸气，那是错了。雾实际是无数的微细的水滴，并不是水蒸气。

像雾一样，多数的云也是由细微的水滴组成的。**(44)** 靠近地面的空气总比较热，含的水蒸气也比较多，因此也比较"轻"，密度比较小。"轻"的气体就会往上升。可是离地面越远，**(45)** 气温越低。上升的空气受了冷，它所含的水蒸气有一部分就凝结成为细微的水滴，这种空中的雾就是云。可是有的云不是由水滴，而是由细小的冰花组成的。水蒸气在空中凝结，可以成为水滴，也可以成为冰花，得看凝结时候的温度在冰点以上呢，还是在冰点以下。

我们看云，**(46)** 云的样子各式各样：有很大的，很白的，毛茸茸的；也有灰色的，布满了天空；有的像一缕烟，有的像一座山。气象学家把云分成许多种，各有各的名字。

43. "雾不是水蒸汽"的证据中，下列哪项正确？
   A. 水蒸汽是看不见的
   B. 雾是气体
   C. 水蒸汽是液态的水
   D. 空气中没有水

44. 靠近地面的空气会怎么样？
   A. 比较重　　　　　B. 含水蒸汽比较少
   C. 密度比较小　　　D. 会下降

45. 如果温度在冰点以下，则水蒸气会由什么组成？
   A. 水滴　　　　　　B. 花朵
   C. 冰花　　　　　　D. 冰柱

46. 根据这段话，下列不属于云的样子？
   A. 白的　　　　　　B. 像一座山
   C. 很小的　　　　　D. 像一缕烟

[단어]

水蒸气 shuǐzhēngqì 몡 수증기 / 细微 xìwēi 혱 미세하다, 자잘하다 / 凝结 níngjié 동 응결하다 (되다) / 冰花 bīnghuā 몡 성에, 살얼음무늬 / 毛茸茸(的) máorōngrōng(de) 혱 (동식물의 털이) 더부룩하다 / 冰柱 bīngzhù 몡 고드름

[번역]

우리가 볼 수 있는 액체 상태의 물은 기체상태가 되면 볼 수가 없기 때문에 **(43)** 수증기는 볼 수 없다. 수증기는 습하지 않기 때문에 공기 중에 물이 있다는 것도 당연히 느낄 수 없다. 어떤 사람은 안개가 수증기라 생각하는 데 틀렸다. 안개는 무수히 많은 아주 미세한 물방울이 모인 것이지 결코 수증기가 아니다.

안개와 마찬가지로 구름 역시 미세한 물방울로 구성된 것이다. **(44)** 지면에 가까운 공기는 비교적 뜨겁고, 수증기의 함량 또한 비교적 가볍고 많으며, 밀도도 작은 편이다. 가벼운 기체는 높이 상승하게 되는데, 지면과 멀어지면 멀어질수록 기온이 점점 낮아진다. **(45)** 상승한 공기가 차가워지면, 가지고 있는 수증기의 일부분이 응결되어 미세한 물방울을 만드는데, 이런 공기 중의 안개가 바로 구름이다. 그러나 어떤 구름은 물방울이 아닌 아주 작은 얼음으로 구성되어 있다. 수증기가 공기 중에서 응결될 때 온도가 얼음점 이상이냐 이하이냐에 따라 물방울을 되기도 얼음도 되기도 한다.

우리가 보는 **(46)** 구름의 모양은 각양각색이다. 큰 것, 하얀 색인 것, 털처럼 북실북실한 것, 회색인 것, 하늘을 다 덮는 것, 연기 같은 것, 산 같은 깃도 있다 기상학자들은 구름을 여러 가지 종류로 분류한 후 각각 다른 이름을 명명하였다.

43. '안개가 수증기가 아닌' 근거 중에서 다음 중 옳은 것은 무엇인가?
   A. 수증기는 볼 수 없음
   B. 안개가 기체임
   C. 수증기는 액체 상태의 물임
   D. 공기 중에는 물이 없음

44. 공기가 지면에 가까워지면 어떻게 되는가?
   A. 비교적 무거워짐　　　B. 수증기 함량이 적어짐
   C. 밀도가 비교적 작음　　D. 하강하게 됨

45. 만약 온도가 빙점 이하이면, 수증기는 무엇으로 구성되어 지는가?
   A. 물방울　　　　　　B. 꽃송이
   C. 얼음　　　　　　　D. 고드름

46. 다음 중 구름의 모양에 속하지 않는 것은 무엇인가?
   A. 흰색으로 된 것　　　B. 산 모양
   C. 매우 작은 모양　　　D. 한 줄기 연기 모양

[해설]

43. '水蒸气是看不见的 (수증기는 볼 수 없다.)'라고 하였는데, 안개는 볼 수 있으므로 안개는 수증기가 아닌 것을 알 수 있습니다. 따라서 정답은 A입니다.

44. '靠近地面的空气总比较热，含的水蒸气也比较多，因此也比较"轻"，密度比较小 (지면에 가까운 공기는 비교적 뜨겁고, 수증기의 함량 또한 비교적 가볍고 많으며, 밀도도 작은 편이다.)'라고 하였으므로 정답은 C입니다.

45. '气温越低。上升的空气受了冷，它所含的水蒸气有一部分就凝结成为细微的水滴，这种空中的雾就是云。可是有的云不是由水滴，而是由细小的冰花组成的。(상승한 공기가 차가워지면, 가지고 있는 수증기의 일부분이 응결되어 미세한 물방울을 만드는데, 이런 공기 중의 안개가 바로 구름이다. 그러나 어떤 구름은 물방울이 아닌 아주 작은 얼음으로 구성되어 있다.)'라고 하였으므로 정답은 C입니다.

46 '云的样子各式各样：有很大的，很白的，毛茸茸的；也有灰色的，布满了天空；有的像一缕烟，有的像一座山 (구름의 모양은 각양각색이다. 큰 것, 하얀 색인 것, 털처럼 북실북실한 것, 회색인 것, 하늘을 다 덮는 것, 연기 같은 것, 산 같은 것도 있다)'라고 하였으므로 정답은 C입니다.

[정답] **43.** A **44.** C **45.** C **46.** C

47.-50.

[원문]

(48) 法国的波莫瑞香槟酒公司刊登在杂志上的广告，全是黑白的，他们绝不做彩色广告。这是为什么呢？原来他们发现，现在的杂志里全是彩色照片。如果他们也把广告做成彩色的，夹在中间，很难被发现，于是，他们做起了黑白广告。

(47) (49) 这招果然见奇效，读者拿起一本杂志，在一片五颜六色的彩照中，突然发现一页素静大气的黑白照片，那种感觉就像在繁华的城市里，突然发现了一块幽静的地方，心里十分喜欢，自然也会对那张照片分外留意。

久而久之，这种做黑白广告的形式竟然形成了公司文化的一部分，深受消费者的喜爱。

47. 这家公司的广告为什么受到消费者的欢迎？
 A. 公司的产品是黑白的
 B. 黑白广告很特别
 C. 喜欢黑白色
 D. 公司的产品质量好

48. 这家公司的广告有什么特点？
 A. 只在杂志上做广告
 B. 全部是黑白的
 C. 色彩非常鲜艳
 D. 除了黑白色的，还有彩色的

49. 根据这段话，我们可以知道什么？
 A. 黑白广告很漂亮
 B. 人们对色彩的要求越来越高了
 C. 目前流行黑白文化
 D. 与众不同的东西，更吸引人

50. 根据这段话，下列哪项正确？
 A. 这家公司是广告公司
 B. 这家杂志上的广告全部都是黑白的
 C. 这家公司的产品不受欢迎
 D. 这家公司的广告做得很特别

[단어]

香槟酒 xiāngbīnjiǔ 명 샴페인 / 夹 jiā 동 사이에 두다 / 奇效 qíxiào 명 기효, 뛰어난 (기이한) 효능 / 素静 sùjìng 형 색깔이 수수하다 / 五颜六色 wǔyánliùsè 성 울긋불긋하다. 가지각색 / 幽静 yōujìng 형 그윽하고 고요하다 / 分外 fènwài 부 유달리. 특별히 / 留意 liúyì 동 주의하다. 조심하다 / 久而久之 jiǔérjiǔzhī 성 오랜 시일이 지나다. 오래 지속되다. (놓아두다. 계속하다) [주로 부사적으로 사용함]

[번역]

(48) 프랑스의 폼메른 샴페인 회사가 잡지에 낸 광고는 모두 흑백이다. 그들은 절대로 컬러 광고를 하지 않는다. 왜 그런 것일까? 그들은 현재 잡지 안에는 모두 컬러사진인 것을 발견했다. 만일 그들도 컬러로 광고를 해서, 중간에 끼웠다면, 눈에 띄기 어려웠을 것이다. 그래서 그들은 흑백광고를 하기 시작한 것이다.

이것은 과연 뛰어난 효과를 보았는데, **(47) (49)** 독자들은 잡지를 보았을 때 각양각색의 컬러 사진 중에서 갑자기 수수한 흑백의 사진 한 페이지를 발견하였는데, 그 느낌은 번화한 도시에서 조용한 곳을 찾아낸 것과 같이 매우 좋아서, 자연히 그 사진에 대해 특히 주의할 수 있게 되었다.

오랜 시간이 흘러서 이 흑백으로 만든 광고 형식은 뜻밖에 회사문화의 한 부분을 형성했고, 소비자의 사랑을 많이 받았다.

47. 이 회사의 광고는 왜 소비자들의 환영을 받았는가?
 A. 회사 상품이 흑백이어서
 B. 흑백 광고는 매우 특이해서
 C. 흑백 색을 좋아해서
 D. 회사 상품의 품질이 좋아서

48. 이 회사 광고는 어떤 특징이 있는가?
　　A 잡지에만 광고를 함　　B. 모두 흑백임
　　C. 컬러가 매우 신선함　　D. 흑백과 컬러 모두 있음

49. 이 말에 근거해서 우리가 알 수 있는 것은 무엇인가?
　　A 흑백광고는 매우 아름다움
　　B. 사람들의 컬러에 대한 요구가 점점 높아짐
　　C. 현재 흑백문화가 유행함
　　D. 남다른 것은 더욱 매력이 있음

50. 이 말에 근거해서 다음 중 옳은 것은 무엇인가?
　　A 이 회사는 광고회사임
　　B. 이 잡지의 광고는 모두 흑백임
　　C. 이 회사의 상품은 인기가 없음
　　D. 이 회사의 광고는 매우 특이함

[해설]

47./49./50. 这招果然见奇效，读者拿起一本杂志，在一片五颜六色的彩照中，突然发现一页素静大气的黑白照片，那种感觉就像在繁华的城市里，突然发现了一块幽静的地方，心里十分喜欢，自然也会对那张照片分外留意。(독자들은 잡지를 보았을 때 각양각색의 컬러 사진 중에서 갑자기 수수한 흑백의 사진 한 페이지를 발견하였는데, 그 느낌은 번화한 도시에서 조용한 곳을 찾아낸 것과 같이 매우 좋아서, 자연히 그 사진에 대해 특히 주의할 수 있게 되었다.)'라고 한 것으로 보아 사람들은 남다른 것에 더 관심을 가지는 것을 알 수 있습니다. 따라서 47번 정답은 B이고, 49번 정답은 D이며, 50번 정답은 D입니다.

48. '法国的波莫瑞香槟酒公司刊登在杂志上的广告，全是黑白的 (프랑스의 폼메른 샴페인 회사가 잡지에 낸 광고는 모두 흑백이다)'라고 하였으므로 정답은 B입니다.

[정답] 47. B　48. B　49. D　50. D

2회

[정답]

31 C	32 B	33 C	34 C	35 A
36 B	37 A	38 C	39 C	40 C
41 C	42 A	43 B	44 C	45 C
46 A	47 B	48 A	49 D	50 B

31.-34.
[원문]

有位年轻人乘火车去某地。火车行驶在一片荒无人烟的山野之中，人们一个个百无聊赖地望着窗外。**(31)** 前面有一个拐弯处，火车减速，一座简陋的平房缓缓地进入他的视野。也就在这时，几乎所有乘客都睁大眼睛"欣赏"起寂寞旅途中这道特别的风景。有的乘客开始窃窃议论起这房子来。年轻人的心为之一动。返回时，他中途下了车，不辞辛苦地找到了那座房子。**(32)** 主人告诉他，每天火车都要从门前驶过，噪音实在使他们受不了啦，很想以低价卖掉房屋，但很多年来一直没有人问津。

不久，年轻人用3万元买下了那座平房，他觉得这座房子正好处在拐弯处，火车经过这里时都会减速，疲惫的乘客一看到这座房子都会精神一振，**(33)** 用来做广告是再好不过的了。

很快，他开始和一些大公司联系，推荐房屋正面这道极好的"广告墙"。后来，可口可乐公司看中了这个广告媒体，在3年租期内，支付给年轻人18万元租金……

(34) 在这个世界上，发现就是成功之门。生活中，有许多细节中隐藏着机遇，只要我们用心去发现，成功就在拐角处等着我们。

31. 根据这段话，什么吸引了年轻人的注意？
　　A 火车
　　B. 窗外的风景
　　C. 一座位置特别的房子
　　D. 一座很新的房子

32. 房子的主人为什么想卖掉房屋？
　　A 风景不好　　　　B. 环境不好
　　C. 火车太少　　　　D. 交通不便

33. 年轻人把他买来的东西用做什么？
　　A 缓解疲劳　　　　B. 让人注意
　　C. 打广告　　　　　D. 卖东西

34. 这段话，想要告诉我们什么道理？
　　A 年轻人很聪明
　　B. 做广告需要好的位置
　　C. 去发现机遇
　　D. 去努力寻找

[단어]

荒无人烟 huāngwúrényān 웹 황량하여 인적이 없다 / **百无聊赖** bǎiwúliáolài 웹 ① 마음을 의탁할 만한 일이 아무것도 없다, 마음이 허전하고 무료하다, 실의가 극도에 이르다 ② 매우 지루하다, 몹시 따분하다, 싫증나다 / **拐弯(儿)** guǎiwān(r) 용 굽이(커브) 돌다, 길을 갈 때 방향을 바꾸어 돌다 웹 모퉁이 / **简陋** jiǎnlòu 웹 (가옥, 설비 등이) 초라하다, 빈약하다.

보잘것없다. 누추하다 / **窃窃** qièqiè 작은 소리로 소곤소곤 속삭이는 모양 / **不辞辛苦** bùcíxīnkǔ 고생을 마다하지 않다 / **问津** wènjīn ⑧ ① 나루터가 있는 곳을 묻다 ② 가격, 상황 등을 묻다. [주로 부정문에 쓰임] / **拐角(儿)** guǎijiǎo(r) ⑱ 모퉁이, 구석 / **细节** xìjié ⑱ 자세한 사정, 세부, 사소한 부분 / **隐藏** yǐncáng ⑧ 숨(기)다, 감추다, 비밀로 하다

[번역]

한 젊은이가 기차를 타고 어디론가 갔다. 기차는 황량하고 인적이 없는 산야를 가고 있었는데, 승객들은 모두 몹시 따분하게 창밖을 바라보고 있었다.

(31) 기차는 커브 길에서 속도를 줄였는데, 누추한 단층집 한 채가 그의 시야에 서서히 들어왔다. 대부분의 승객 또한 적막한 여행길 중의 특이한 풍경에 눈을 크게 뜨고 '감상'을 하기 시작했다. 어떤 승객들은 그 집에 대해 소곤소곤 이러쿵저러쿵하기 시작했다. 그 젊은이는 마음을 먹은 대로 행동에 옮겨서 돌아오는 길 도중에 내려서, 고생을 마다하지 않고 그 집을 찾게 되었다. **(32)** 그 집 주인은 매일 기차가 집문 앞을 지나 그 소음으로 인해 불편하여 싼 값에 집을 팔고 싶었으나, 오랫동안 아무도 집에 관해 물어보는 사람이 없었다고 말했다.

얼마 지나지 않아 젊은이는 3만원 주고 그 집을 샀다. 그는 그 집은 커브 길을 돌자마자 있는 집으로 기차가 지나갈 때 속도를 줄이게 될 것이고, 피곤한 승객들은 이 집을 발견하고, 정신이 번쩍 들 것이다. 따라서 **(33)** 여기다 광고를 하면 이보다 좋을 순 없다고 생각했다.

그는 곧바로 여러 대기업들에게 연락을 취했으며, 집 정면에 큰 '광고 란'을 세우기를 추천하였다. 후에 코카콜라 회사는 이 광고매체에 관심을 보이고, 이 젊은이에게 3년을 빌리는 데 18만원의 세를 내기로 하였다.

(34) 세상은 발견이 바로 성공의 문이다. 생활 속의 여러 사소한 일들 속에는 기회가 숨어 있다. 우리가 관심을 쏟는다면 성공은 모퉁이에서 우리를 기다리고 있을 것이다.

31. 말하는 것에 근거하면, 젊은이의 시선을 끈 것은 무엇인가?
  A. 기차
  B. 창밖의 풍경
  C. 특이한 위치에 자리 잡은 집
  D. 새 집 한 채

32. 집주인은 왜 집을 팔고 싶어 했는가?
  A. 경치가 나빠서　　　B. 환경이 안 좋아서
  C. 기차가 너무 적어서　D. 교통이 불편해서

33. 젊은이는 자신이 산 것으로 무엇을 하려고 했는가?
  A. 피로를 풀려고 함
  B. 사람들의 주의를 끌려고 함
  C. 광고하는데 사용하려고 함
  D. 물건을 팔려고 함

34. 이 말에서 우리에게 어떤 이치를 말하고자 하는가?
  A. 젊은이는 매우 똑똑함
  B. 광고는 좋은 위치에서 해야 함
  C. 찬스는 발견해야 함
  D. 노력해서 찾아야 함

[해설]

31. '前面有一个拐弯处，火车减速，一座简陋的平房缓缓地进入他的视野 (기차는 커브 길에서 속도를 줄였는데, 누추한 단층집 한 채가 그의 시야에 서서히 들어왔다. 대부분의 승객 또한 적막한 여행길 중의 특이한 풍경에 눈을 크게 뜨고 '감상'을 하기 시작했다.)'라고 하였으므로 정답은 C입니다.

32. '主人告诉他，每天火车都要从门前驶过，噪音实在使他们受不了啦，很想以低价卖掉房屋 (그 집 주인은 매일 기차가 집문 앞을 지나 그 소음으로 인해 불편하여 싼 값에 집을 팔고 싶었다)'라고 하였으므로 정답은 B입니다.

33. '用来做广告是再好不过的了 (여기다 광고를 하면 이보다 좋을 순 없다고 생각했다.)'라고 하였으므로 정답은 C입니다.

34. '在这个世界上，发现就是成功之门。生活中，有许多细节中隐藏着机遇，只要我们用心去发现，成功就在拐角处等着我们。(세상은 발견이 바로 성공의 문이다. 생활 속의 여러 사소한 일들 속에는 기회가 숨어 있다. 우리가 관심을 쏟는다면 성공은 모퉁이에서 우리를 기다리고 있을 것이다.)'라고 하였으므로 정답은 C입니다.

[정답] 31. C　32. B　33. C　34. C

35.-38.
[원문]

有一对夫妻，**(35)** 两个人平日相处融洽，恩恩爱爱，可一旦吵起嘴来谁都不让步，而且还有个不言而喻的默契：吵嘴后谁也不先找谁说第一句话，谁先说话就意味着谁输。有理也算输。
一天晚上，夫妻俩已上床就寝。不知怎么，**(36)** 两人为家庭某件琐事吵嘴。吵到厉害时，妻子气呼呼地踹丈夫一脚说：" 滚，到沙发上去睡。"
半夜，风雨大作，天气骤凉。妻子再也无法入睡，她暗暗心疼丈夫了。睡在沙发上什么也不盖还不冻坏?妻子抱起一床毛毯走到外屋一把推醒丈夫。自己也不说一句话，把毛毯往桌子上一放就回了屋。第二天早晨，**(37)** 妻子进屋一看，丈夫还躺在沙发上呼呼大睡。毯子原封不动地放在桌子上。妻子火冒三丈，拧住丈夫的耳朵，骂道："干嘛不盖毯子？"丈夫被拧得嗷嗷乱叫，还嬉皮笑脸地说："嘿嘿，毯子是我刚刚叠好的。"**(38)** 妻子气呼呼地又问："为什么要花招？"丈夫仍旧笑模笑样地说："我想叫你说第一句话。"

35. 这段话中，两夫妻相处的如何？
A. 平时很融洽 B. 每天总是吵架
C. 很矛盾 D. 一点也不恩爱

36. 妻子为什么让丈夫去睡沙发？
A. 床太小 B. 生气了
C. 丈夫喜欢沙发 D. 心疼了

37. 妻子第二天早上起来，发现丈夫怎么了？
A. 没有盖毯子睡觉 B. 把毯子扔了
C. 正在叠毯子 D. 带着嬉皮笑脸

38. 丈夫为什么要那么做？
A. 为了哄妻子高兴
B. 想听一句特别的话
C. 为了留面子
D. 为了自己开心

[단어]

融洽 róngqià [형] 사이가 좋다, 조화롭다, 융화하다 / **不言而喻** bùyányù [성] 말하지 않아도 안다, 말할 필요도 없다 / **默契** mòqì [명][동] ① 묵계(하다), 묵약(하다) ② 비밀 약속, 밀약 / **恩爱** ēn'ài [명] (부부간의) 애정 [형] (부부간에) 사랑이 깊다 / **呼呼** hūhū 의성어 / 의태어 ① 휙휙, 윙윙, 쏴쏴 [바람 소리] ② 쿨쿨, 드르렁 [코 고는 소리] / **踹** chuài [동] (발로) 차다, 걷어차다 / **就寝** jiùqǐn [동] 취침하다 / **骤** zhòu [동] (말이) 빨리 달리다, 질주하다 [형] 갑작스럽다, 급속하다 (부) 돌연히, 홀연히, 갑자기 / **推醒** tuīxǐng [동] 떠밀어 깨우다 / **原封(儿)** yuánfēng(r) [명] 개봉하지 않은 (원래 그대로의) 것 [부] 그대로 / **火冒三丈** huǒmàosānzhàng [성] 화가 머리끝까지 치밀다 / **拧** níng [동] ① 짜다, 비틀다 ② 꼬집다 / **嗷嗷** áo'áo 의성어 / 의태어 ① 아이고 아이고, 엉엉 [슬피 우는 소리] ② 와와, 와글와글, 와아 [매우 떠들썩한 소리] / **嬉皮笑脸** xīpíxiàoliǎn [성] 히히거리다, 히죽거리다, 헤헤거리다 / **叠** dié [동] ① 포개다, 겹쳐쌓다 ② (옷, 종이 등을) 개다, 접다 / **耍花招(儿)** shuǎhuāzhāo(r) [동] ① 교묘한 기예 (솜씨)를 부리다 ② 교활한 계략을 쓰다, 속임수를 쓰다, 술책을 꾸미다 / **哄** hǒng [동] ① (말로) 속이다, 기만하다 ② (어린아이를) 구슬리다, 어르다, 달래다

[번역]

어떤 부부 한 쌍이 있었다. **(35)** 두 사람은 평소에는 사이가 매우 좋아서 사랑이 깊었으나, 한 번 싸움이 붙으면 서로가 절대 양보하지 않았으며, 또한 서로 간에 굳이 말하지 않아도 알 수 있는 협정이 있었다. 싸우고 나서 그 누구도 먼저 말을 꺼내지 않았으며, 먼저 말을 꺼내는 사람이 지는 것인데, 설사 이유가 있어서 먼저 말을 걸어도 지는 것이 된다.
어느 날 밤 부부는 이미 취침을 하기 위해 잠자리에 들었는데, 어떻게 시작 했는지 모르겠지만, **(36)** 가정의 아주 사소한 일로 말다툼하기 시작해서 급기야는 큰 싸움으로 번져서 아내가 으르렁거리며 남편을 발로 걷어차며 '나가서 소파에서 자'라고 말했다.
밤이 깊어지자 비바람이 몰아치고 갑자기 추워졌다. 아내는 속으로 남편이 걱정이 되어서 더 이상 잠을 이룰 수가 없었다. 소파에서 아무것도 덮지 않고 자면 분명 추워서 병이 나지 않겠는가? 아내는 담요를 안고 거실로 나가 남편을 떠밀어 깨우고 나서 아무 말 없이 담요를 탁자 위에 올려놓고 침실로 돌아갔다. **(37)** 이튿날 이른 아침, 아내가 거실에 나가보니 남편은 여전히 코를 드르렁 골며 잘 자고 있었다. 담요는 탁자 위에 그대로 있었다. 아내는 화가 머리끝까지 나서 남편의 귀를 잡아 비틀며 '왜 담요를 덮지 않았어?'하며 말을 내뱉었다. 남편은 꼬집힌 귀 때문에 아이고 하고 소리 지르면서 히죽거리면서 '헤헤, 담요는 방금 개 놓았는데.'하고 말했다. **(38)** 아내가 심통이 나 다시 '왜 속임수 쓴 거야?'하고 묻자, 남편은 여전히 히죽거리면서 '당신이 먼저 말하게 하려고 그랬지'하고 대답하였다.

35. 이 이야기에서 부부사이는 어떠한가?
A. 평소엔 사이가 매우 좋음
B. 매일 싸움
C. 의견 충돌이 많음
D. 전혀 서로를 사랑하지 않음

36. 아내는 왜 남편한테 소파에서 자라고 했는가?
A. 침대가 너무 작아서
B. 화가 나서
C. 남편이 소파를 좋아해서
D. 몹시 사랑해서

37. 아내가 이튿날 일어나서 남편이 어떻게 하고 있는 것을 발견했는가?
A. 담요를 덮지 않고 자고 있었음
B. 남편이 담요를 버렸음
C. 남편이 담요를 개고 있었음
D. 히죽거리며 웃고 있었음

38. 남편은 왜 그렇게 했는가?
A. 아내를 속여 기쁘게 하기 위해서
B. 특별한 말을 듣고 싶어서
C. 체면을 세우기 위해서
D. 스스로 즐겁기 위해서

[해설]

35. '两个人平日相处融洽，恩恩爱爱 (두 사람은 평소에는 사이가 매우 좋아서 사랑이 깊었다)'라고 하였으므로 정답은 A입니다.

36. '两人为家庭某件琐事吵嘴。吵到厉害时，妻子气呼呼地踹丈夫一脚说："滚，到沙发上去睡。" (가정의 아주 사소한 일로 말다툼하기 시작해서 급기야는 큰 싸움으로 번져서 아내가 으르렁거리며 남편을 발로 걷어차며 '나가서 소파에서 자'라고 말했다.)'라고 하였으므로 정답은 B입니다.

37. '妻子进屋一看，丈夫还躺在沙发上呼呼大睡。毯子原封不动地放在桌子上。(이튿날 이른 아침, 아내가 거실에 나가보니 남편은 여전히 코를 드르렁 골며 잘 자고 있었다. 담요는 탁자 위에 그대로 있었다)'라고 하였으므로 정답은 A입니다.

38. '妻子气呼呼地又问："为什么要花招？" 丈夫仍旧笑模笑样地说："我想叫你说第一句话。" (아내가 심통이 나 다시 '왜 속임수 쓴 거야?'하고 묻자, 남편은 여전히 히죽거리면서 '당신이 먼저 말하게 하려고 그랬지'하고 대답하였다.)'라고 하였으므로 정답은 C입니다.

[정답] 35. A 36. B 37. A 38. C

39.-42.

[원문]

有一种植物叫做猴面包树，它生长在非洲的东部和西部的热带草原上。**(39)** 这种树一般高10米～20米，但是它的直径却有10米，远远看去就像一座房子，被人们称为是世界最胖的树。**(40)(42)** 由于它生长的地方常常一连七八个月不下雨，在干旱的时候，猴面包树的叶子就落掉了，到了雨季再生长出新的叶子来。它的树干里储藏着大量的水分，干旱的时候，狮子、斑马等都爱到它的树洞里来休息，呼吸湿润的空气。**(41)** 猴面包树的果实像手指的形状，有黄瓜那么长，果肉很甜，猴子很爱吃，故名"猴面包树"。它还有个名字叫"波巴布树"。

39. 关于猴面包树的特征，下列哪项正确？
　　A. 高　　　　　　　B. 漂亮
　　C. 胖　　　　　　　D. 好吃

40. 猴面包树生长的环境如何？
　　A. 很潮湿　　　　　B. 很恶劣
　　C. 常干旱　　　　　D. 很高

41. 关于猴面包树的果实，我们可以知道什么？
　　A. 很长　　　　　　B. 很苦

　　C. 猴子爱吃　　　　D. 脚的形状

42. 干旱的时候，猴面包树怎么样？
　　A. 叶子脱落　　　　B. 长出很多叶子
　　C. 树干里没有水　　D. 动物们来吃它

[단어]

猴面包树 hóumiànbāoshù 명〈植〉바오밥(baobab) 나무 / 直径 zhíjìng 명 직경 / 斑马 bānmǎ 명 얼룩말

[번역]

후면포수라 불리는 나무는 아프리카 동부와 서부의 열대 초원에서 성장한다. (39) 이 나무는 보통 10~20미터이지만, 직경은 10미터나 되어 멀리서 보면 집 한 채가 있는 것 같아 세계에서 가장 뚱뚱한 나무라고 불리 운다. (40) (42) 이 나무가 성장하는 지역은 자주 7~8개월 연속으로 비가 내리지 않는데, 건조할 때에는 후면포수의 잎이 지고, 우기가 오면 다시 새로운 잎이 자란다. 이 나무의 나뭇가지에는 대량이 수분이 저장되어 있어서 건조한 시기에 사자, 얼룩말 등 모두 이 나무 구멍으로 와서 휴식을 취하며, 촉촉한 공기를 마신다. 후면포수의 (41) 과실은 손가락 모양이고, 오이처럼 길다. 과육은 매우 달아서 원숭이들이 매우 좋아해서 옛 이름이 '후면포수(猴面包树)'이다. 이 나무는 '바오밥 나무'라는 이름으로도 불린다.

39. 후면포수의 특징에 관해 다음 중 옳은 것은 무엇인가?
　　A. 키가 큼　　　　　B. 아름다움
　　C. 뚱뚱함　　　　　D. 맛있음

40. 후면포수의 성장 환경은 어떠한가?
　　A. 매우 습함　　　　B. 매우 열악함
　　C. 자주 건조함　　　D. 매우 높음

41. 후면포수 과실에 관해 우리가 알 수 있는 것은 무엇인가?
　　A. 매우 김　　　　　B. 매우 씀
　　C. 원숭이가 좋아함　D. 발 모양임

42. 건조한 시기에 후면포수는 어떠한가?
　　A. 잎이 떨어짐
　　B. 잎이 무성하게 자람
　　C. 나무 가지 속에 수분이 없음
　　D. 동물들이 와서 이 나무를 먹음

[해설]

39. '这种树一般高10米～20米，但是它的直径却有10米，远远看去就像一座房子，被人们称为是世界最胖的树。(이 나무는 보통 10~20미터이지만, 직경은 10미터나 되어 멀리서 보면 집 한 채가 있는 것 같아 세계에서 가장 뚱뚱한 나무라고 불리 운다.)'라고 하였으므로 정답은 C입니다.

40./42. '由于它生长的地方常常一连七八个月不下雨，在干旱的时候，猴面包树的叶子就落掉了 (이 나무가 성장하는 지역은 자주 7~8개월 연속으로 비가 내리지 않는데, 건조할 때에는 후면포수의 잎이 지고)'라고 하였습니다. 따라서 40번 정답은 C이고, 42번 정답은 A입니다.

41. '猴面包树的果实像手指的形状，有黄瓜那么长，果肉很甜，猴子很爱吃 (과실은 손가락 모양이고, 오이처럼 길다. 과육은 매우 달아서 원숭이들이 매우 좋아해서)'라고 하였으므로 정답은 C입니다.

[정답] **39.** C **40.** C **41.** C **42.** A

43.-46.

[원문]

沃恩每年都会受邀参加某单位的杂志评审工作，**(43)** 这个工作虽然报酬不多，但却是一项荣誉，很多人想参加却找不到门路，也有人只参加一两次，就再也没有机会了！沃恩年年有此"荣誉"，让大家都羡慕不已。

他在年届退休时，有人问他其中的奥秘，他微笑着向人们揭开谜底。他说，他的专业眼光并不是关键，他的职位也不是重点，**(45)** 他之所以能年年被邀请，是因为他很会给别人"面子"。他说，他在公开的评审会议上一定会把握一个原则：多称赞、鼓励，而少批评。但会议结束之后，他会找来杂志的编辑人员，私底下告诉他们编辑上的缺点。因此，虽然杂志有先后名次，但每个人都保住了面子。**(44) (46)** 也正是因为他顾虑到别人的面子，因此承办该项业务的人员和各杂志的编辑人员，都很尊敬他、喜欢他，当然也就每年找他当评审了！

43. 这段话中，为什么很多人都想得到杂志评审的工作?

A. 报酬多　　B. 很有面子
C. 机会很多　　D. 工作条件很好

44. 沃恩可以得到这个工作的关键是什么?

A. 有眼光　　B. 职位高
C. 给面子　　D. 经常批评人

45. 开评审会议时，如果多批评，对方可能会怎么样?

A. 很开心　　B. 很虚心
C. 丢面子　　D. 很伤心

46. 关于沃恩，我们可以知道什么?

A. 人缘很好　　B. 被人讨厌
C. 没有面子　　D. 非常骄傲

[단어]

评审 píngshěn [동] 평가하다, 심사 (평정)하다 / **荣誉** róngyù [명] 영예, 명예 / **门路** ménlu [명] ① 비결, 방법, 요령 ② 단서, 실마리 ③ 연고, 연줄, 친분 / **殊荣** shūróng [명] 특별한 영예 (영광) / **不已** bùyǐ (계속하여) 그치지 않다, (…해) 마지않다, 그만두지 않다 / **奥秘** àomì [명] 매우 깊은 뜻 [형] 깊고 신비하다 / **揭开** jiēkāi [동] ① (붙은 것을) 떼다, 벗기다 ② 열다, 올리다 ③ 폭로하다, 드러내다 / **谜底** mídǐ [명] ① 수수께끼의 답 ② 사건의 진상(眞相) / **保住** bǎozhù [동] 확보하다, 지켜내다 / **承办** chéngbàn [동] 청부(도급) 맡아 처리하다, 청부 맡다

[번역]

沃恩은 매 년 모 회사의 잡지 심사 일에 초대된다. **(43)** 비록 이 일의 보수는 많지 않지만 영예로운 일이라서, 많은 사람들이 참가하고 싶어도 연줄이 없어 못한다. 또 어떤 사람은 한두 번 초빙이 되기는 하지만, 다시는 기회가 없는 경우도 있다. 沃恩은 매 년 이런 '영광'을 누리고 있으며, 많은 사람들의 부러움의 대상이었다.

그가 정년퇴직 할 때 어떤 사람이 그에게 특별한 비밀이라도 있는 지를 물었다. 그는 사람들에게 미소를 지으며 진상을 밝혔다. 그는 전문성 있는 안목이 관건이 아니며, 지위도 중요한 것이 아니라, **(45)** 그가 다른 사람의 '체면'을 잘 살려주기 때문에 매년 초빙되는 것이라고 말했다. 그는 공개심사에서는 반드시 원칙을 있어야 하는데, 많이 칭찬하고 많이 격려하고 적게 비평하지만, 회의가 끝나고 나서 잡지 편집자를 불러 개인적으로 편집상의 결점들을 알려준다고 하였다. 그렇게 때문에 비록 앞뒤 서열이 있지만, 모든 이들의 체면을 지켜주게 되는 것이다. **(44) (46)** 이렇게 그는 다른 이들의 체면을 생각해 주기 때문에, 주최 측과 각 잡지사의 편집자들 모두 그를 존경하고 좋아하고, 따라서 당연히 매 년 그를 심사위원으로 초빙하는 것이다!

43. 왜 많은 사람들이 잡지 심사 일을 하고 싶어 하는가?

A. 보수가 많기 때문임　　B. 체면이 서기 때문임
C. 기회가 많기 때문임　　D. 일의 조건이 좋기 때문임

44. 沃恩이 이 일을 할 수 있게 된 관건은 무엇인가?

A. 안목이 있기 때문임
B. 지위가 높기 때문임
C. 체면을 세워주기 때문임
D. 자주 사람들을 비판하기 때문임

45. 심사회의 때, 만약 비평을 많이 한다면, 상대방은 과연 어떠할까?

A. 매우 기뻐함　　B. 겸허하게 받아들임
C. 체면을 잃음　　D. 매우 상심함

46. 沃恩에 관해서 우리가 알 수 있는 것은 무엇인가?
　　A. 대인관계가 매우 좋음　B. 사람들이 싫어함
　　C. 면목이 없음　　　　　D. 매우 거만함

[해설]

43. '这个工作虽然报酬不多，但却是一项荣誉，很多人想参加却找不到门路 (비록 이 일의 보수는 많지 않지만 영예로운 일이라서, 많은 사람들이 참가하고 싶어도 연줄이 없어 못한다)'라고 하였으므로 정답은 B입니다.

44./46. '也正是因为他顾虑到别人的面子，因此承办该项业务的人员和各杂志的编辑人员，都很尊敬他、喜欢他，当然也就每年找他当评审了！(이렇게 그는 다른 이들의 체면을 생각해 주기 때문에, 주최 측과 각 잡지사의 편집자들 모두 그를 존경하고 좋아하고, 따라서 당연히 매 년 그를 심사위원으로 초빙하는 것이다!)'라고 하였으므로 44번 정답은 C이며, 46번 정답은 A인 것을 알 수 있습니다.

45. '他之所以能年年被邀请，是因为他很会给别人"面子"。他说，他在公开的评审会议上一定会把握一个原则：多称赞、鼓励，而少批评。但会议结束之后，他会找来杂志的编辑人员，私底下告诉他们编辑上的缺点 (그가 다른 사람의 '체면'을 잘 살려주기 때문에 매년 초빙되는 것이라고 말했다. 그는 공개심사에서는 반드시 원칙을 있어야 하는데, 많이 칭찬하고 많이 격려하고 적게 비평하지만, 회의가 끝나고 나서 잡지 편집자를 불러 개인적으로 편집상의 결점들을 알려준다고 하였다)'라고 하였으므로 정답은 C입니다.

[정답] 43. B　44. C　45. C　46. A

47.-50.

[원문]

日本一贯有注重性格修养的传统，随着近几十年来科学的发展、经济的发达，日本人受教育的程度提高，民族素质大有增强。**(49)** 如讲礼貌，待人和气，恪守信用，性格豪爽、认真严谨，是多数日本人所具有的品质。在公共场所，很少听到大声喧哗或吵闹。日本有一句口头禅：**(47)** "不给别人添麻烦"成了日本人的生活准则。整个社会提倡"安于本分、敬业重业"精神。不少人都加强内心修养，**(48)** 像"不听闲言，不说别人坏话，常存善良之心"的处世格言，几乎家喻户晓。**(50)** 这些精神对一个民族的兴旺发达，对国民的健康长寿，也有一定积极作用。

47. 日本人的生活准则是什么？
　　A. 安静舒适　　　　B. 不要麻烦别人
　　C. 多帮助别人　　　D. 要有一颗善良的心

48. 这段话中，"闲言"是什么意思？
　　A. 无关紧要的话　　B. 别人的劝告
　　C. 说谎的话　　　　D. 别人的笑话

49. 关于日本人性格特点，下列哪项不正确？
　　A. 讲礼貌　　　　　B. 恪守信用
　　C. 认真严谨　　　　D. 待人幽默

50. 这段话主要说的是什么？
　　A. 经济发达的日本
　　B. 日本的民族精神
　　C. 传统的日本
　　D. 日本人的性格特点

[단어]

贯 guàn 양 관, 꾸러미 [옛날, 엽전 1000개를 꿴 꾸러미를 말함] / 和气 héqi 형 태도가 온화하다, 상냥하다 / 恪守 kèshǒu 동 준수하다, 엄수하다 / 豪爽 háoshuǎng 형 매우 시원시원하다, 호탕하고 쾌활하다 / 严谨 yánjǐn 형 엄격하다, 신중하다 / 喧哗 xuānhuá 형 떠들썩하다, 시끌시끌하다 / 口头禅 kǒutóuchán 명 입버릇, 빈말 / 敬业 jìngyè 동 자기의 일에 대하여 진지하게 책임을 지다, 사력을 다하다 / 闲言 xiányán 명 쓸데없는 말 / 处世 chǔshì 동 처세하다 / 格言 géyán 명 격언 / 家喻户晓 jiāyùhùxiǎo 성 누구나 다 알다 / 兴旺 xīngwàng 형 번창하다, 흥성하다

[번역]

일본은 인격 수양을 중시하는 전통이 있는데, 수십 년 가까이 과학의 발전과 경제 발달에 따라, 일본인이 받는 교육의 정도가 높아지고, 민족자질도 매우 강화되었다. 예를 들어 **(49)** 예의를 중시하고, 사람을 상냥하게 대하고, 신용을 지키며, 성격은 호탕하고, 열심히 하고 신중한 것이 대다수 일본인이 가지고 있는 인품이다. 공공장소에서는 크고 시끄러운 소리를 자주 듣지 못한다. 일본은 입버릇처럼 하는 **(47)** '다른 사람에게 폐를 끼치지 마라'라는 말은 일본인의 생활준칙이 되었다. 온 사회는 '본분에 맞게 자신의 일에 최선을 다해라'라는 정신을 제창한다. 많은 사람들은 마음 수양을 강화하며, **(48)** '쓸데없는 말은 듣지 않고, 다른 사람에게 욕을 하지 않으며, 항상 선한 마음을 지닌다.'와 같은 처세 격언을 거의 모두가 알고 있다. **(50)** 이런 정신은 민족의 흥성과 발달, 국민의 건강과 장수에 상당부분 많은 삭용을 하였나.

47. 일본인의 생활준칙은 무엇인가?

A. 조용하고 편안한 것
B. 다른 사람에게 폐를 끼치지 않는 것
C. 다른 사람을 많이 돕는 것
D. 선량한 마음을 갖는 것

48. "闲言"은 무슨 뜻인가?
A. 쓸데없는 말　　　　　　B. 다른 사람의 충고
C. 거짓말　　　　　　　　D. 다른 사람의 유머

49. 일본인의 성격특징에 관해 다음 중 옳지 않은 것은 무엇인가?
A. 예의를 중시함　　　　　B. 신용을 준수함
C. 열심히 하고 신중함　　　D. 사람을 유머러스하게 대함

50. 이 말에서 주로 말하고 있는 것은 무엇인가?
A. 경제가 발달한 일본　　　B. 일본의 민족정신
C. 전통적인 일본　　　　　D. 일본인의 성격적 특징

[해설]

47. '"不给别人添麻烦"成了日本人的生活准则 ('다른 사람에게 폐를 끼치지 마라'라는 말은 일본인의 생활준칙이 되었다)'라고 하였으므로 정답은 B입니다.

48. '闲言'은 '쓸데없는 말, 잡담'이라는 뜻이므로 정답은 A입니다.

49. '如讲礼貌, 待人和气, 恪守信用, 性格豪爽、认真严谨, 是多数日本人所具有的品质 (예의를 중시하고, 사람을 상냥하게 대하고, 신용을 지키며, 성격은 호탕하고, 열심히 하고 신중한 것이 대다수 일본인이 가지고 있는 인품이다)'라고 하였으므로 정답은 D입니다.

50. '这些精神对一个民族的兴旺发达, 对国民的健康长寿, 也有一定积极作用。(이런 정신은 민족의 흥성과 발달, 국민의 건강과 장수에 상당부분 많은 작용을 히였디.)'이리고 히는 깃으로 보아, 개개인의 싱긱적인 특징을 말하는 것이 아닌 일본 전체의 민족정신에 대해 말하고 있으므로 정답은 B입니다.

[정답]　47. B　48. A　49. D　50. B

독해1부분

[1주차 실력다지기 실전문제]

1회

[정답]

| 51 | C | 52 | D | 53 | D | 54 | B | 55 | C |
| 56 | A | 57 | A | 58 | A | 59 | A | 60 | C |

51.
[단어]

一事无成 yíshìwúchéng (성) 한 가지의 일도 이루지 못하다, 아무 일도 성사하지 못하다 / 抚平 fǔpíng (동) 고루 위로하다, 쓰다듬다, 어루만지다 / 一朝一夕 yìzhāoyìxì (성) 일조일석, 매우 짧은 시간 (세월)

[해설]

C의 앞절의 '计划生育 / 我国一项基本国策'에서 주어 '计划生育 (가족계획)'와 목적어 '我国一项基本国策 (우리나라 기본 국책)'만 있을 뿐, 동사서술어가 없습니다. 따라서 '计划生育 / 是 / 我国一项基本国策'으로 바꾸어 써야 합니다.

[번역]

A. 선생님께서는 내가 가장 어려웠을 때 버티도록 격려해 주셨는데, 그렇지 않았다면 지금까지 나는 여전히 아무 것도 하지 못했을 것이다.
B. 시간은 마음의 상처를 고루 어루만져주기 때문에, 사람들은 자주 시간을 가장 좋은 의사라고 말한다.
C. 가족계획은 우리나라 기본 국책이다. 국가의 부강과 발전을 위해서 적극적으로 만혼을 제창해야 한다.
D. 언어학습은 하루아침에 되는 일이 아니다. 많이 읽고 써야 만 비로소 어학을 진정으로 마스터할 수 있다.

[정답]　C

52.
[단어]

点点滴滴 diǎndiǎndīdī (형) 아주 조금 / 残疾人 cánjirén (명) 불구자, 장애인 / 累赘 léizhui (형) 번거롭다 (동) 귀찮게 하다, 성가시게 하다, 부담을 주다 (명)거추장스럽게 하는 것, 귀찮게 하는 것

[해설]

D의 뒤 절의 '她 / 还说 / 将来 / 要结婚 / 一个博士'에서 이합동사 '结婚'은 자동사로 뒤에 목적어가 올 수 없습니다. 따라서 '她 / 还说 / 将来 / 要 / 和一个博士 / 结婚。'으로 바꾸어 써야 합니다.

[번역]

A. 이 세상에는 바빠서 걱정하는 사람이 있는가 하면, 한가해서 걱정하는 사람도 있다.
B. 일기를 쓰는 장점은 자신의 성장과정 중 아주 사소한 부분도 남길 수 있다는 것이다.

C. 나는 장애인이지만, 절대로 사회와 가정에 거추장스럽게
하지 않겠다.
D. 4년 후, 그녀의 바람은 결국 실현되었으며, 그녀는 또한
박사와 결혼을 할 거라고 말을 한다.

[정답] D

53.

[단어]

> 腊月 làyuè 몡 음력 섣달 / 空谈 kōngtán 몡 입으로
> 만 말할 뿐 실행하지 않다 몡 공론, 공담, 헛소리 / 付
> 诸 fùzhū 통 ~에 부치다

[용법]

属于 shǔyú 통 (범위, 방면, 소유)에 속하다
鲸鱼属于哺乳动物。 고래는 포유동물에 속한다.
这个东西属于我。 이 물건은 내 것이다.

[해설]

D의 '常州 / 属于 / (明朝著名航海家郑成功的) 故里 /
和 (国歌之父聂耳的) 家乡。'에서 동사 '属于'는 '어떤 범
위 또는 ~의 소유이다'는 뜻입니다. 따라서 '常州 / 是 /
(~的) 故里 / 和 (…的) 家乡。(常州는 ~의 고향이며,
…의 고향이다)'이라고 바꾸어 써야 합니다.

[번역]

A. 음력 섣달은 북방에서 1년 중 가장 추운 한 달이다.
B. 이 선생님은 아주 경험이 풍부한 노 교수이며, 교육 업에
종사한지 이미 20년이 되었다.
C. 네가 일을 하겠다고 결정을 하면, 반드시 행동을 해야지,
안 그러면 모든 것이 다 공론이다.
D. 常州는 명대의 유명한 항해가 郑成功의 고향이며, 민요
의 아버지 聂耳의 고향이다.

[정답] D

54.

[단어]

> 挽救 wǎnjiù 통 위험에서 구해 내다, 구제하다, 만회
> 하다 / 失足青年 shīzúqīngnián 몡 타락한 젊은이,
> 탈선한 젊은이

[해설]

B의 '成为 / (挽救和培养 / 失足青年的) 场所。'에서 동

사 '培养'은 '인재를 육성하다, 기르다'는 뜻으로 쓰이는 동
사이므로 목적어 '失足青年 (탈선한 젊은이)'과 함께 쓸
수 없습니다. 따라서 동사 '培养'를 삭제해서 '挽救 / 失足
青年'이라고 해야 합니다.

[번역]

A. 그들은 새로 온 학생의 훈련에 대해 엄격하고 진지하고,
조금도 소홀함이 없다.
B. 이 문화역은 이미 탈선한 젊은이들을 구제해 주는 장소
가 되었다.
C. 小陈의 취미는 매우 폭넓지만, 그녀의 학업성적에는 지
장을 주지 않아서 매우 감탄하게 한다.
D. 외할머니께서는 연세가 많은 편이시지만, 기억력은 여전
히 매우 좋으시다.

[정답] B

55.

[단어]

> 表彰 biǎozhāng 통 (선행, 공적 등을) 표창하다 / 协
> 作 xiézuò 통 협력하다, 협업하다 몡 협업 (협력 관계)

[용법]

降低 jiàngdī 타동사
(대부분 인위적으로) 내리다, 인하하다, 낮추다
: 降低 (成本 / 价格 / 温度 / 要求 / 标准)

下降 xiàjiàng 자동사
① (대부분 저절로) 내려가다, 떨어지다
: (视力 / 成绩 / 温度 / 气温 / 体温 / 血压) 下降了。
② (수량이) 줄어들다, 낮아지다, 떨어지다
: (数量 / 房价 / 水位 / 交通事故 / 发病率) 下降了。
③ (비행기가) 착륙하다
: 飞机下降了。

[해설]

C의 '房价 / 持续 / 降低。'에서 문맥상 '집값이 계속 떨어
지다'는 뜻이므로, '(인위적으로) 내리다, 인하하다'는 뜻의
타동사 '降低'를 자동사 '下降' 으로 바꾸어 써야 합니다.

[번역]

A. 나는 여러 번 윗사람의 표창을 받았다.
B. 대학에 들어가고 나서, 그는 반드시 대학원에 합격하리
라고 결심했다.
C. 관계인사의 예측에 따르면, 집값은 계속해서 하락할 것
이라고 한다.
D. 현재 사회는 협력사회라서 어떠한 일을 하더라고 당신

혼자서는 완성할 수 없다.

[정답] C

56.

[단어]

自食其力 zìshíqílì [성] 자기 힘으로 생활하다 / **挣扎** zhēngzhá [동] 힘써 버티다, 지탱하다, 발버둥치다, 발악하다 / **功利** gōnglì [명] ① 공리, 실리 ② 공적과 이익

[해설]
A 앞절의 '学学一门手艺'에서 수량사 '一门手艺'와 같은 불특정한 뜻의 목적어가 있는 경우 동사를 중첩할 수 없습니다. 따라서 '学一门手艺'라고 바꾸어 써야 합니다.

[번역]
A. 나는 반드시 기술을 한 가지 배워서 내 힘으로 생활해서 사회와 가정의 지지와 보살핌에 보답을 하겠다.
B. 포부가 원대한 사람은 반드시 우수함을 추구하는 것을 자신의 인생목표로 삼을 것이다.
C. 사람들이 경제적으로 어려운 환경 속에서 발버둥치는 원인은 그들이 다년간 학교에서 공부를 했지만, 오히려 금전방면에 관한 지식에 관해서는 어떠한 것도 배우지 못했기 때문이다.
D. 상업광고는 뚜렷한 실리적 색채를 가지고 있기 때문에, 분명히 공익광고와 다르다.

[정답] A

57.

[단어]

幽雅 yōuyǎ [형] 그윽하고 품위가 있다 / **星系** xīngxì [명] 항성(계)

[해설]
A 뒤 절의 '非常 / 清清楚楚'에서 형용사 중첩은 이미 '很+형용사'의 뜻을 가지고 있기 때문에, 정도부사와 함께 쓸 수 없습니다. 따라서 '非常清楚' 또는 '清清楚楚的'라고 바꾸어 써야 합니다.

[번역]
A. 어릴 때의 일이든, 현재의 일이든 상관없이, 그녀는 모두 아주 분명히 기억을 한다.
B. 이화원은 환경이 그윽하고 운치가 있고, 건축물이 아름다운 세계에서 유명한 고전적인 조경풍치림이라서, 세계 여행객들이 북경에 여행 왔을 때의 필수 관광코스이다.
C. 행복의 의미에 대해 사람들은 모두 다르게 이해를 한다.
D. 이런 항성계는 일정한 형상이 없고, 분명한 중심도 없어서 불규칙 항성이라고 부른다.

[정답] A

58.

[단어]

盛产 shèngchǎn [동] 많이 나다, 많이 생산하다 / **重阳节** chóngyángjié [명] 중양절 [음력 9월9일] / **休闲** xiūxián [명][동] (휴일의) 휴식 오락 활동(을 즐기다), 레저 활동(을 하다)

[해설]
A의 가운데 절의 '(使 / 大理岩 / 雕成的) / 各种工艺品'에서 관형어만 다시 보면 '使 / 大理岩 / 雕成' 형태의 사역동사 구문입니다. 사역동사 뒤에는 '주어+서술어' 의 관계가 성립되어야 하는데, 대리석이 조각을 하는 것이 아니라, 사람이 대리석을 사용해서 조각하는 것이므로 주술관계가 성립되지 않았습니다. 따라서 '구체적인 재료, 물건, 사물 등을 사용하다'는 뜻의 '用'으로 바꾸어 써서 '(用 / 大理岩 / 雕成的) / ~'라고 바꾸어 써야 합니다.

[번역]
A. 중국 운남 성 대리 현에는 대리석이 많이 생산되는데, 대리석으로 조각한 각종 공예품은 국내외에서 매우 유명하다.
B. 음력 9월 9일은 중국 전통의 중양절이다.
C. 좋은 기분을 유지하는데, 관건은 좋은 마음가짐이다.
D. 그 곳은 여가활동을 하면서 휴가를 보내는 곳인데, 보기 드문 천연의 야외 온천탕이 있어서 많은 여행객을 끌어들이고 있다.

[정답] A

59.

[단어]

引人注目 yǐnrénzhùmù [성] 사람들의 주목 (이목)을 끌다 / **拓展** tuòzhǎn [동] 넓히다, 확장하다

[해설]
A의 '是 / 在春秋战国时代 / 两千多年前 / 出现。'에서

동사 '是' 바로 뒤에 시간이나 장소에 해당하는 낱말이 오면 반드시 맨 뒤에 '的'를 함께 써서 '是…的' 강조구문의 형태로 써야 합니다. '是' 바로 뒤에 '在春秋战国时代两千多年前 (춘추전국시대 2천 여전 전에)'라는 시간을 나타내는 전치사구가 있으므로 '是 / 在春秋战国时代 / 两千多年前 / 出现 / 的。'라고 바꾸어 써야 합니다.

[번역]

A. 정식으로 출판된 서적은 춘추전국시대 2천여 년 전에 출현하였다.

B. 첫 인상은 제일 처음 느낌이기 때문에 신선해서, 사람의 주목을 끌고, 또 쉽게 기억이 된다.

C. 2010년 상해 세계 엑스포는 곧 개막이 되며, 중국은 세계 각국의 사람들이 참관하러 오는 것을 환영한다.

D. 기차의 발명은 인류의 육지 이동공간과 물류능력을 크게 확대시켰고, 교통운수업을 촉진하였다.

[정답] A

60.

[단어]

茫然 mángrán 형 ① 막연하다. 멍청하다. 무지하다 ② 실의에 빠진 모양 / 牛羊成群 niúyángchéngqún 소떼와 양떼가 무리를 이루다. 떼를 짓다

[해설]

C의 뒤 부분의 '没 / 见面 / 我家人了。'에서 이합동사 '见面'은 자동사이므로 뒤에 목적어를 쓸 수 없습니다. 따라서 '没 / 见 / 我家人了。'이라고 바꾸어 써야 합니다.

[번역]

A. 나는 업무성적이 뛰어나서, 직장 동료들의 인정을 받았다.

B. 내몽고 초원은 매우 광활하고, 소떼와 양떼가 무리를 이루는 우리나라의 주요한 우유 생산지이다.

C. 내가 따져보니 올해 연말까지 벌써 5년 내내 우리 가족을 보지 못했다.

D. 그는 눈앞의 아주 튼튼한 맥주 한 상자를 보고, 막연해지기 시작하였다.

[정답] C

2회

[정답]

51 D	52 C	53 B	54 C	55 B
56 C	57 B	58 A	59 D	60 C

51.

[단어]

积累 jīlěi 동 (조금씩) 쌓이다. 누적하다. 축적하다 / 铁树 tiěshù 명 소철(나무) / 迅猛 xùnměng 형 빠르고 맹렬하다. 날쌔고 사납다

[해설]

D의 뒤 부분의 '主要 / (出于 / 科学技术的) / 迅猛发展'에서 부사 '主要 (주로, 대부분)' 뒤에 '관형어+목적어' 형태만 있을 뿐 동사 서술어가 없습니다. 따라서 '主要 / 是 / 因为 / (…的) / 迅猛发展。' 또는 '主要 / 是 / (…的) / 迅猛发展。'이라고 바꾸어 써야 합니다.

[번역]

A. 어떠한 사람의 성공이라도 모두 작은 일이 쌓여서 된 것이다. 할 수 없는 일이란 없고, 단지 하기 싫은 사람이 있을 뿐이다.

B. 조류의 최초 비행은 바닥에서 뛰다가 날기 시작한 것인데, 이것은 조류 비행의 육지 달리기 기원설이다.

C. 열대에서 생장하는 소철은 10년 후에 해마다 꽃을 피우고 열매를 맺을 수 있다.

D. 주로 과학기술로 부터의 빠른 발전 때문에, 전 세계가 하나가 되는 것은 현실이 될 수 있다.

[정답] D

52.

[단어]

蹴鞠 cùjū 명 축국 [옛날의 공차기 놀이] / 盛行 shèngxíng 동 널리 유행하다. 성행하다 / 骆驼 luòtuo 명 낙타 / 横穿 héngchuān 동 횡단하다 / 大千世界 dàqiānshìjiè 명 대천세계, 끝없이 광활한 세계

[해설]

C의 뒤 부분의 '教育的目的 / 是 / 学生对学习产生兴趣，~。'에서 문맥상 '교육의 목적은 학생들에게 ~하도록 하는 것이다' 가 되어야 하므로 사역동사를 써야 합니다. 따라서 '教育的目的 / 使 / 学生[对学习]产生 / 兴趣，~。' 라고 바꾸어 써야 합니다.

A. 약 2300년 전에 축국은 이미 민간에서 성행하는 체육과 오락 활동 항목이 되었다.

B. 낙타와 기타 동물은 다른데, 배고픔과 갈증을 참고 견디는 것이 특히 그러해서, 사람들은 낙타를 타고 사막을 횡단한다.

C. 교육의 목적은 학생들에게 학습에 대해 흥미를 가지게 하고, 즐겁게 지식을 배우게 하여, 그들의 적극성과 창조성을 불러일으키도록 하는 것이다.

D. 끝없이 광활한 세계에서 발견을 잘하고, 열심히 발견해 나아간다면 반드시 그 중에서 수확을 얻을 수 있을 것이다.

[정답] C

53.

[단어]

使眼色 shǐyǎnsè 동 눈짓으로 알리다. 눈짓하다. 곁눈을 주다 / **附赠** fùzèng 동 덧붙여 주다. 증정하다

[용법]

增加 zēngjiā 동

① (수량이) 증가하다. 늘다

: (数量 / 产量) 增加了。

② (수량을) 늘리다. 증가시키다

: 增加 (运动量 / 一个节目 / 产量 / 数量)

提高 tígāo 동

① (정도, 수준 등이) 높아지다. 향상되다

. (成绩 / 水平 / 质量 / 素质) 提高了。

② (수량이) 증가하다. 늘다

: (收入 / 效率) 提高了。

③ (정도, 수순, 수량 등을) 높이다. 향상시키다. 늘이다

: 提高 (水平 / 质量 / 素质 / 效率)

[해설]

B의 중간 부분의 '质量 / 逐年 / 增加'에서 품질은 수량이 아니므로, 동사 '增加'와 쓸 수 없습니다. 따라서 '품질이 향상되다'라는 뜻의 동사 '提高'를 써서 '质量 / 逐年 / 提高' 라고 바꾸어 써야 합니다.

[번역]

A. 나는 남편에게 눈짓을 했고, 남편이 일어나서 딸의 손을 잡았다.

B. 현재 식량 생산량은 해마다 증가하고 있고, 품질이 해마다 향상되고 있어서, 대체적으로 식량문제는 해결하였다.

C. 老王이 화장실에서 수건을 건네주자, 그녀는 수건을 받아서 얼굴을 좀 닦았다.

D. 지금 컴퓨터를 구입하면, 상점에서는 무료로 백과사전 CD를 사은품으로 준다.

[정답] B

54.

[단어]

疗效 liáoxiào 명 치료효과 / **主次** zhǔcì 명 (일의) 경중. 주된 것과 부차적인 것 / **指纹** zhǐwén 명 지문 / **双胞胎** shuāngbāotāi 명 쌍둥이 / **分明** fēnmíng 형 분명하다. 뚜렷하다 부 분명히, 뚜렷하게

[해설]

C의 맨 마지막 부분의 '分明主次'에서 부사 '分明 (분명히, 분명하게)'과 목적어 '主次 (일의 경중)' 만 있을 뿐 동사 서술어가 없습니다. 따라서 '일의 경중을 분명히 하다'라는 뜻의 동사 '分清'을 써서 '分清主次'라고 바꾸어 써야 합니다.

[번역]

A. 많은 사람들은 일 때문에 자주 컴퓨터를 마주하는데, 시간이 길어지면 눈의 피로를 초래하기 쉽다.

B. 많은 한방 치료효과는 장기적인 의료실천의 검증을 하였을 뿐만 아니라, 현대 과학연구에 의해서도 증명되었다.

C. 일을 할 때, 우리는 합리적으로 작업내용을 안배해야 하고, 일이 경중을 분명히 해야 한다.

D. 세상에는 지문이 같은 사람을 찾을 수 없다. 설령 쌍둥이라 할지라도 그들의 지문 역시 다르다.

[정답] C

55.

[단어]

指南针 zhǐnánzhēn 명 나침반 / **航海** hánghǎi 명동 항해(하다)

[해설]

B의 뒤 절의 '我 / 有自信 / 肯定 / 能满意 / 贵公司'에서 문맥상 '귀 회사를 만족스럽게 할 수 있다' 는 뜻이므로 사역동사를 써야 합니다. 따라서 '我 / 有自信 / 肯定 / 能 / 让贵公司 / 满意'라고 바꾸어 써야 합니다.

[번역]

A. 나침반이 발명되자마자 매우 빠르게 일상생활과 지형 측

량 등의 방면에 사용되었으며, 특히 항해 방면에 사용되었다.
B. 저는 10 년 간 회계방면에서 일한 경험이 있어서, 틀림없이 귀 회사를 만족시킬 수 있을 것이라고 믿습니다.
C. 중앙 기상대는 앞으로 며칠 간 우리나라 북방에 대규모의 눈비가 오는 날이 있을 것이라고 예측하였다.
D. 경쟁상대가 친구이든 적이든 상관없이 우리는 모두 당신의 경쟁상대를 존중하는 것을 배워야 하며, 이렇게 해야만 당신도 비로소 자신을 존중할 수 있을 것이다.

[정답] B

56.

[단어]

亡羊补牢 wángyángbǔláo [성] 소 잃고 외양간 고친다 ① 이미 실패나 손실을 당한 뒤에 대책을 강구하는 것도 차후의 재난에 대비할 수 있다 ② 실패한 후 손질하는 것은 쓸데없다 / **兴高采烈** xìnggāocǎiliè [성] 매우 흥겹다, 매우 기쁘다, 신바람나다 / **和谐** héxié [형] ① 잘 어울리다, 조화하다 ② 의좋다, 정답다, 화합하다 / **历险** lìxiǎn [동] 위험을 겪다, 탐험하다

[해설]

C의 가운데 부분의 '参加了 / 学校'에서 동사 '参加'는 '활동에 참가하다'는 뜻이므로 목적어 '学校'와 함께 쓸 수 없습니다. 따라서 '학교에 오다' 는 뜻의 동사 '来'를 써서 '来了 / 学校'라고 바꾸어 써야 합니다.

[번역]

A. '소 잃고 외양간 고친다'는 문제가 발생한 후에 방법을 생각하여 보완하면 계속 손해를 보는 것을 미리 막을 수 있다는 것을 비유한다.
B. 사람은 배운 것이 많지 않아도 되지만 탐구하는 것을 좋아해야 하고, 사람은 지속하지 않아도 되지만, 한 번 시험 삼아 해보아야 하며, 사람은 예절을 몰라도 존중해야 한다.
C. 오늘은 개학 첫날이라 아침에 아이들은 매우 신이 나서 학교에 와서 새로운 1년간의 배움을 시작한다.
D. 《心灯》은 중국 고대신화를 소재로 하여 ,아이들이 생태가 조화롭기를 바라는 것을 실현하기 위해 모험을 하는 이야기를 서술하였다.

[정답] C

57.

[단어]

彼岸 bǐàn [명] ① (강, 호수, 하천 등의) 대안 ② 피안 [이르고자 하는 경지, 동경하는 경지]

[해설]

B의 맨 마지막 부분의 '显得 / 很 / 乱糟糟的'에서 동사 '乱糟糟'는 형용사 중첩 형태이므로 정도부사 '很'과 함께 쓸 수 없으므로, 정도부사 '很'을 삭제해야 합니다.

[번역]

A. 생활은 바다와 같아서, 의지가 강한 사람이어야 만이, 목표에 이를 수 있다.
B. 이상점은 서민 아파트 남쪽에 있고, 상품이 다 구비되어 있지만, 전부 한데 섞여 있어서 매우 어수선해 보인다.
C. 강한 신념은 평범한 사람이 사람을 놀라게 할 만한 사업을 하게 할 수 있다.
D. 사장은 우리의 목적은 반드시 도달해야 하며, 우리의 목적은 반드시 도달할 수 있다고 말했다.

[정답] B

58.

[단어]

娇惯 jiāoguàn [동] 응석받이로 키우다 / **蓝白格** lánbáigé [명] 남색과 흰색 체크무늬 / **走兽** zǒushòu [명] 짐승 / **无所不能** wúsuǒbùnéng [성] 못할 것이 없다, 뭐든지 다 할 수 있다 / **天池** tiānchí [명] 천지 / **融化** rónghuà [동] (얼음, 눈 등이) 녹다, 융해되다 / **清澈** qīngchè [형] 맑다, 투명하다, 깨끗하다

[해설]

A의 맨 마지막 부분의 '这些变化 / 既有 / 正面的 / 也是 / 负面的。'에서 병렬을 나타내는 접속사 '既…也 ~ '는 앞 뒤 절의 형태가 같거나 비슷한 경우에 쓰이며, 이 문장은 문맥상 '긍정적인 면이 있으면서, 부정적인 면도 있다'는 뜻입니다. 따라서 앞 뒤 절에 동사 '有'를 써서 '既有 / 正面的 / 也有 / 负面的'라고 바꾸어 써야 합니다.

[번역]

A. 핸드폰의 사용은 우리생활과 일하는데 매우 큰 변화를 가져다주었는데, 이런 변화들은 긍정적인 면이 있으면서 부정적인 면도 있다.
B. 그는 17세이고, 남색과 흰색 무늬가 섞인 체크무늬 교복을 입는 것을 좋아하며, 말을 할 때 이 사이로 바람이 좀

세는 발음을 하는데, 어릴 때 어리광부리던 습관이 있어
서 그런다는 말을 들었다.

C. 张大千은 천재적 화가이며, 중국화, 인물, 산수, 화조, 물
고기와 벌레, 짐승 그림 등 못하는 것이 없다.

D. 천지의 물은 모두 얼음과 눈이 녹은 것으로, 깨끗하고 투
명하여 마치 큰 거울과 같다.

[정답] A

59.

[단어]

省会 shěnghuì 명 소재지 / 废墟 fèixū 명 폐허 / 尸
体 shītǐ 명 시체 / 召回 zhàohuí 동 소환하다, 불러
서 돌아오게 하다, 회수하다

[해설]

D에서 문맥상 '그의 정신이 나에게 영향을 주어서, 그것이
나에게 생각을 바꾸게 하였다'는 뜻이므로, 앞의 주어로
인해 뒤의 결과를 초래함을 나타내는 사역동사를 써야 합
니다. 따라서 '他的精神影响了我, 使 / 我 / 改变了 /
主意。'라고 바꾸어 써야 합니다.

[번역]

A. 흑룡강은 중국 동북부에 위치하고, 러시아와 한국과 서
로 이웃해 있고, 소재지는 하얼빈시이다.

B. 삼림에 큰 불이 난 후에 폐허가 되어서, 땅 위에는 어디
든지 불에 타 죽은 동물들의 시체가 있다.

C. 도요타 회사의 자회사 다이하쓰 자동차 회사는 11일 품질
문제로 27.5만대의 차량을 회수할 것이라고 말했다.

D. 그의 정신은 나에게 영향을 주어서, 내 생각을 바꾸게 하
였다.

[정답] D

60.

[단어]

截至 jiézhì 동 마감하다, 일단락하다 / 牢记 láojì
동 명심하다, 깊이 마음에 새기다

[용법]

保持 bǎochí 동

① (원래 가지고 있는 좋은 것을) 지키다, 유지하다
  ː 保持(传统 / 风格 / 卫生 / 良好的关系 / 高水平)
② (조용한 상태를) 지키다, 유지하다

  ː 保持沉默 침묵을 지키다

坚持 jiānchí 동 (어려운 상황이나 환경 속에서도 끝까지
포기하지 않고) 계속하다, 지속하다
① 坚持 (+ 동사 목적어 / 练习 / 学习 / 每天跑步)
② 坚持 (+ 명사 목적어 / 立场 / 原则 / 意见 / 大方向)

[해설]

C의 뒤 절의 '保持 / 写日记 / 已经8年了'에서 동사 '保
持' 뒤에는 명사 목적어를 써야 하며, 동사목적어는 쓸 수
없습니다. 따라서 문맥상 '계속하다, 지속하다'는 뜻이면
서, 뒤 쪽에 동사 목적어를 쓸 수 있는 동사 '坚持'를 써서
'坚持 / 写日记 / 已经8年了。'라고 바꾸어 써야 합니다.

[번역]

A. 어떻게 즐거움을 얻을 수 있는가 하는 문제에서 때로는
아이들이 우리의 스승이다.

B. 제10회 국제 마라톤 대회 등록은 이번 달 12일이 마감시
간이다.

C. 나는 일기 쓰는 것을 무척 좋아해서 일기 쓰는 것을 이미
8년간 계속하고 있다.

D. 실패는 잊어버려도, 실패 속의 교훈은 명심해야 된다.

[정답] C

[2주차 실력다지기 실전문제]

1회

[정답]

| 51 A | 52 B | 53 B | 54 A | 55 D |
| 56 B | 57 D | 58 B | 59 A | 60 D |

51.

[단어]

双杠 shuānggàng 명 평행봉 / 接纳 jiēnà 동 ① (개
인이나 단체가 조직이나 활동에 참가하는 것을) 받아
들이다 ② (의견 등을) 받아들이다

[해설]

A의 뒤 절의 '没 / 从杠上 / 差点儿 / 掉下来'에서 부사
'差点儿'은 부사 '没'와 '差点儿没'의 형태로 부사 '从' 앞
에 써야 합니다. 따라서 '差点儿没 / 从杠上 / 掉下来'라
고 바꾸어 써야 합니다.

[번역]

A. 체육 수업 때, 나는 평행봉을 하는데 숙련이 되지 않아서, 하마터면 철봉에서 떨어질 뻔했고, 체육선생님께서는 온 몸에 식은 땀을 흘리실 정도로 놀라셨다.

B. 경제적인 어려움은 우리에게 쉬는 시간 조차도 없게 했다.

C. 당신이 다른 사람을 좋아 할 때 다른 사람도 당신을 받아들일 것이다. 당신이 다른 사람을 싫어하면 다른 사람도 당신을 받아들이지 않을 것이다.

D. 이번 고위층 상호 방문은 양국 간의 서로의 이해를 심화시켰다.

[정답] A

52.

[단어]

灵丹妙药 língdānmiàoyào (명) 영험한 묘약, 왕도 / 钻研 zuānyán (동) 깊이 연구하다, 탐구하다 / 心血管疾病 xīnxuèguǎnjíbìng (명) 심혈관계 질병

[해설]

B의 뒤 절의 '也 / 是(不轻轻松松的) / 事'에서 부정부사 '不'는 동사 '是' 앞에 써서 '不是'의 형태로 써야 합니다. 따라서 '也 / 不是 / (轻轻松松的) / 事'이라고 바꾸어 써야 합니다.

[번역]

A. 선생님께서는 반 전체 학생들에게 가장 빠른 속도로 그들이 싫어하는 사람의 이름을 써내라고 요구하셨다.

B. 성공은 왕도가 없고, 쉬운 일도 아니다. 성공의 관건은 개인이 열심히 노력하고 열심히 탐구하려는 것이다.

C. 암과 심혈관계 질병은 인류의 사망률이 가장 높은 질병이다.

D. 과학은 매일 네 시간 마다 한 번씩 비타민을 복용하면 감기 치료를 할 수 있다고 실증하였다.

[정답] B

53.

[단어]

雪上加霜 xuěshàngjiāshuāng (성) 설상가상, 엎친 데 덮친 격이다 / 摆放 bǎifàng (동) 놓다, 진열하다

[해설]

B의 뒤 절의 '(今年的)春节 / 比往年 / 特别 / 盛大'

에서 비교구문에서 형용사 서술어 앞에는 부사 '还' 또는 '更'을 쓰고 '特别'와 같은 다른 정도부사는 쓸 수 없습니다. 따라서 '(今年的)春节 / 比往年 / 更 / 盛大' 또는 '(今年的)春节 / 比往年 / 还 / 盛大'라고 바꾸어 써야 합니다.

[번역]

A. 小杨은 설상가상으로 그의 조부께서 심각한 병에 걸리셨다.

B. 올해의 설은 왕년에 비해 더욱 성대해서, 광장에는 이미 많은 싱싱한 꽃들을 진열해 놓았다.

C. 그는 1985년에 서독의 한 대학에 들어가서 공부를 했고, 졸업 후에 큰 성공을 하였다.

D. 현대 고등학생은 학교 수업이 매우 많기 때문에 그들이 부모와 서로 이야기할 시간을 줄어들게 하였다.

[정답] B

54.

[단어]

避开 bìkāi (동) 비키다, 피하다 / 坑洼 kēngwā (명) 땅이 움푹 패인 곳, 구덩이, 웅덩이 / 车轮 chēlún (명) 차바퀴 / 使得 shǐde (동) ~를 …하게 하다

[해설]

A의 앞 절과 가운데 절의 '奥运纪念品 / 都 / 卖得 / 很好, / 甚至 / 是 / 吉祥物福娃'에서 '앞 절의 같은 종류 중에서 특히 더 말하고 싶은 것을 강조하기 위해' 뒤 절에 따로 예를 들어 쓰는 경우에는 부사 '尤其'를 써야 합니다. 따라서 '奥运纪念品 / 都 / 卖得 / 很好, / 尤其 / 是 / 吉祥物福娃'라고 바꾸어 써야 합니다.

[번역]

A. 거의 모든 올림픽 기념품은 모두 매우 잘 팔리는데, 그중에서 특히 행운의 마스코트가 그러해서 소비자들의 특별한 주목을 받는다.

B. 겨울철에 주차를 하려면 장소를 정하는 것에 신경을 써야한다. 물이 얼어서 차바퀴가 얼지 않도록 하기 위해서 되도록 웅덩이 같은 습한 곳을 피해야 한다.

C. 언어 사용은 인류의 사유를 촉진시켰고, 대뇌를 더욱 발달하게 하였다.

D. 한 사람은 어떤 연령에 특히 어떤 생각과 행위를 만들고 발전시키기 쉽다.

[정답] A

55.

[단어]

屢次 lǚcì 图 자주, 누차, 여러 번 / 率领 shuàilǐng
图 인솔하다, 거느리다 , 이끌다

[해설]

D의 뒤 절의 '他 / 率领 / 岳家军 / 打败 / 敌人 / 屢次.'
에서 '屢次 (자주, 누차, 여러 번)'는 부사이므로 연동 문에
서 동사 앞에 써야 합니다. 따라서 '他 / 屢次 / 率领 /
岳家军 / 打败 / 敌人.'이라고 바꾸어 써야 합니다.

[번역]

A. 옛말에 '세상에는 항상 좋은 사람이 많다'는 말이 있는데,
   그러나 현대 사회에서는 이미 이 옛말을 분명히 잊었거
   나, 의심스러워하고 있다.
B. 黄侃은 매우 효성이 지극해서 그의 모친이 북경에서 고
   향으로 돌아오든지 아니면 고향에서 북경에 가든지 상관
   없이, 그는 모두 어머니를 모시고 동행을 한다.
C. 사람들은 삼림 목재 자원의 많은 소비에 대해 다방면의
   환경문제를 이끌어 내었다.
D. 악비는 중국 남송 때의 민족영웅이다. 그는 여러 번 자신
   의 군대를 이끌고 적을 물리쳤다.

[정답] D

56.

[단어]

难以置信 nányǐzhìxìn 囹 믿기 힘들다, 믿기 어렵다

[해설]

B의 뒤 절의 '(世界经济的) / 发展速度 / 才加快 / 明
显 / 起来.'에서 형용사 '明显 (분명하다, 뚜렷하다)'은 서
술어가 있는 경우, 서술어 앞에서 부사어로 쓰입니다. 따
라서 '(世界经济的) / 发展速度 / 才 / 明显 / 加快 /
起来.'라고 바꾸어 써야 합니다.

[번역]

A. 이 두 민족은 한 국가에 속하지만, 그 두 민족은 생활, 문
   화 방면에서 매우 큰 차이가 있다.
B. 공업혁명 후에 세계경제의 발전 속도는 비로소 눈에 띄
   게 가속화되기 시작하였다.
C. 세 번의 이사를 하고나서, 우리는 너무 번거롭다고 느꼈
   기 때문에, 나와 아내는 집을 한 채 사기로 결정하였다.
D. 90세 된 할아버지가 이렇게 빨리 뛰시다니, 정말 믿기 어
   렵다.

[정답] B

57.

[단어]

启迪 qǐdí 图 계발하다, 깨우치다 / 看齐 kànqí 图 나
란히 서다, 본받다 / 推广 tuīguǎng 일반화하다, 보급
하다 / 无从谈起 wúcóngtánqǐ 더욱 말할 것도 없다

[해설]

D의 앞 절과 가운데 절의 '如果 / 标准 / 混乱， / 那么
/ 向谁 / 看齐 / 都 / 不成问题'에서 문맥상 '기준이 혼
란하다면, ~문제가 있다'는 뜻입니다. 따라서 뒷 절을 '都
/ 有问题' 또는 '很成问题' 등으로 바꾸어 써야 합니다.

[번역]

A. 나는 다른 사람의 말을 경청하면 어떤 지식, 경험, 사상계
   발의 기회를 얻을 수 있다고 생각한다.
B. 두유는 중국인이 매우 좋아하는 음료수인데, 두유는 영
   양이 풍부하여 '식물성 우유'라고 불리운다.
C. 대다수 사람들은 이 세상을 개조하고 싶어 하지만, 그러
   나 소수의 사람만이 자신을 개조하고 싶어 한다.
D. 기준이 혼란하다면 누구를 본받더라도 모두 문제가 생길
   것이다. 무엇을 일반화하든지 모두 분명하지 않으며, 민
   족 언어는 더욱 말할 필요도 없다.

[정답] D

58.

[단어]

翅膀 chìbǎng 囹 날개 / 凭借 píngjiè 图 ~에 의(지)
하다, ~을 기반으로 하다 / 盈利 yínglì 囹图 이득,
이윤(을 얻다), 이익(을 보다) / 逆境 nìjìng 囹 역경 /
随波逐流 suíbōzhúliú 囵 물결치는 대로 표류하다,
정견 없이 시대 조류에 휩쓸리다, 남의 장단에 춤추
다, 부화뇌동하다 / 抗争 kàngzhēng 囹图 항쟁(하다)
/ 受制 shòuzhì 图 ① 제약을 받다, 억제되다, 속박을
받다 ② 고통을 당하다, 시달리다, 학대받다

[해설]

B의 뒤 절의 '十分 / 超出了 / (…的) / 预期'에서 정도
부사 '十分 (매우)'은 형용사 서술어 또는 감정과 관계가
있는 상태 동사 앞에 써야하므로, '(수량, 정도, 한도 등
을) 초과하다, 넘다'는 뜻의 일반 동사 '超出'와 함께 쓸 수
없습니다. 따라서 부사 '大大 (매우 크게, 아주 크게)'를 써
서 '大大 / 超出了'로 바꾸어 써야 합니다.

[번역]
A. 새의 날개가 얼마나 완벽하든 상관없이, 공기를 기반으로 하지 않으면, 새는 영원히 고공을 날 수 없을 것이다.
B. 보고서에서 이 회사의 제4분기 영업이익은 18.6억 원에 다다르며, 분석가의 이전의 예측을 훨씬 초과한다고 말하였다.
C. 세계 밀 재배의 총면적은 식량작물 재배 총 면적의 1위를 차지한다.
D. 역경에 처하면 부화뇌동할 것인가 아니면 분발하여 맞설 것인가? 강자는 환경을 지배하는 것을 알지만, 약자는 자주 환경의 지배를 받는다.

[정답] B

59.

[단어]

迈 mài [동] 큰 걸음으로 걷다, 성큼성큼 나아가다 / **轻盈** qīngyíng [형] ① 경쾌하다, 가뿐하다 ② (여성의 몸매와 동작이) 유연하다, 나긋나긋하다 / **伪装** wěizhuāng [명][동] 가장(하다), 위장(하다) / **应邀** yìngyāo [동] 초대 또는 초청에 응하다

[해설]
A는 문맥상 '방을 정리하고, 거울 보면서 머리도 정리하고 난 다음에야 방을 나갔다'라고 하였으므로 세 번째 절의 부사자리에는 '시간이 얼마 안 걸림'을 나타내는 단어 '就'를 쓸 수 없습니다. 따라서 '시간이 오래 걸림, 늦음'을 나타내는 부사 '才'를 써서, '~, 这才 / 迈着 / (轻盈的) 脚步 / 走出了 / 房间'으로 바꾸어 써야 합니다.

[번역]
A. 그는 방을 정리했고, 또 거울을 보고 머리도 정리하고 나서야 비로소 가벼운 걸음으로 성큼성큼 방을 걸어 나갔다.
B. 천적에게 잡아먹히는 것을 피하기 위해서 많은 동물들은 모두 매우 강한 위장능력을 가지고 있다.
C. 그의 견해는 독특하고 깊이가 있어서, 많은 고등학교에서 강의를 하도록 초빙되고, 학생들에게 인기가 많다.
D. 컴퓨터의 발명은 사람들의 생활에 매우 큰 편리함을 가져다주었다.

[정답] A

60.

[단어]

丝绸 sīchóu [명] 견직물, 명주, 비단 / **开辟** kāipì [동] ① (길을) 열다, 창립하다 ② 개척하다 / **倾诉** qīngsù [동] (속마음을) 이것저것 죄다 말하다, 다 털어 놓다

[해설]
D의 맨 뒤 절의 '也 / 睡不好觉'에서 부사 '也'는 주어 '睡' 뒤에 써야 합니다. 따라서 맨 뒷 절을 '睡也 / 不好觉 (잠도 잘 잘 수 없다)'로 바꾸어 써야 합니다.

[번역]
A. 비단길의 개척은 동서양의 경제, 문화 등 각 방면의 교류와 협력을 매우 촉진시켰다.
B. 사람의 주의력이 집중되지 않을 때, 무의식적으로 눈을 깜빡거려서 대뇌에 정보가 들어가는 것을 줄인다.
C. 상담자로서, 우리는 자신의 관점을 말할 필요가 없이, 열심히 들어주면 된다.
D. 이런 불행한 일이 발생했다는 것을 듣고서 그는 매우 슬퍼서 식사도 못하고 잠도 잘 수 없었다.

[정답] D

2회

[정답]

51 C	52 B	53 D	54 C	55 A
56 D	57 A	58 D	59 B	60 A

51.

[단어]

井井有条 jǐngjǐngyǒutiáo [성] 조리 정연하다, 질서정연하다

[용법]
终于 zhōngyú [부] (오랜 시간이나 노력 끝에) 결국은, 마침내 (~했다) [이미 일어난 일에 쓰임]
: 我拼命地学习，终于考上了大学。
나는 필사적으로 공부해서, 마침내 대학에 합격하였다.

终究 zhōngjiū [부] (이치나 이론상) 결국은, 마침내, 필경은, 어쨌든 (~할 것이다, ~해야 된다) [주로 조동사 '会', '要' 등과 함께 쓰여서 어떤 사실을 예측하거나 반드시 일어날 것이라고 단정 짓는 경우에 씀]
: 大家终究会原谅你。

모두가 결국은 너를 용서할 것이다.

[해설]
C의 앞 절의 '他 / 明白 / 自己 / 终于 / 会离开 / 这里'
에서 부사 '终于'는 '이미 일어난 일'에 쓰이며, 조동사 '会
(~일 것이다)' 는 '추측, 가능성'을 나타내므로 함께 쓸 수
없습니다. 따라서 앞 절의 부사 자리에 '终究'를 써서 '他
/ 明白 / 自己 / 终究 / 会离开 / 这里'라고 바꾸어 써
야 합니다.

[번역]
A. 네가 기분이 좋지 않은 상황이라면 먼저 스스로 마음을
   좀 가다듬는 것이 가장 좋다.
B. 그의 집은 늘 아주 조용하고 편안하며, 정리도 잘 되어
   있다.
C. 그는 자신이 결국 이곳을 떠날 것이라는 것을 안다. 이
   아름다운 추억은 영원히 그의 머리 속에 남아 있을 것
   이다.
D. 시간은 바로 생명이다. 우리는 자신의 생명을 대하는 것
   처럼 우리의 시간을 대해야 한다.

[정답] C

52.
[단어]

> 隐藏 yǐncáng 동 숨기다, 숨다, 감추다, 비밀로 하다
> / 拐角 guǎijiǎo 명 모퉁이, 구석, 귀퉁이

[용법]
难免 nánmiǎn 동 면하기 어렵다, 불가피하다, 피할 수 없다
① 뒤 절의 부사어로 쓰는 경우, 앞의 원인 때문에 나쁜 결
   과를 피할 수 없다는 뜻이며, 不免과 바꾸어 쓸 수 있음
   : 원인 , (주어)+难免(부)+나쁜 결과, 바라지 않는 일
     他的脾气不好，难免经常和别人吵架。
     그는 성격이 나쁘기 때문에, 자주 다른 사람과 싸우는
     것을 피할 수 없다. [= 不免]
② 서술어로 쓰는 경우 주로 '是…的' 강조 구문 형태로 쓰임.
   : 由于没有经验，犯错误是难免的。
     경험이 없기 때문에 실수를 하는 것은 불가피하다.

以免 yǐmiǎn 접 ~하지 않도록, ~하지 않기 위해서
: 바라지 않는 일을 나타내는 뒤 절 맨 앞에 쓰여, '~하지
  않도록 …하다'의 뜻으로 쓰임. 이 경우 '免得, 省得'와
  바꾸어 쓸 수 있음.
: …, 以免(접)+(주어)+바라지 않는 일
  你多给家里打电话，以免你父母担心。
  부모님께서 걱정하지 않으시도록 너는 집에 자주 전화를
  해라. [= 免得, 省得]

[해설]
B의 뒤 절의 부사 '难免' 뒤에는 '나쁜 결과 또는 바라지
않는 일' 등 부정적인 뜻이 와야 하는데 '保证 / 学生的 /
学习质量'은 긍정적인 뜻이므로 함께 쓸 수 없습니다. 따
라서 문맥상 뒷 절을 '对学生的学习质量 / 有影响 / 是
难免的.'와 같이 바꾸어 써야 합니다.

[번역]
A. 매우 빨리 그는 대기업들과 연락하는 것을 시작하고, 건
   물 정면의 가장 좋은 광고판을 추천하였다.
B. 이곳에는 학원이 있다하더라도 시설이 잘 구비되어 있지
   않아서 학생들의 학습의 질에 영향을 주는 것은 피할 수
   없다.
C. 생활하면서 많은 사소한 일 들 중에 찬스가 숨어 있어서,
   우리가 열심히 발견만 한다면, 성공은 바로 모퉁이에서
   우리를 기다리고 있다.
D. 아내가 방에 들어와서 보자, 남편은 여전히 소파워에서
   드르렁 드르렁 코를 골며 자고 있었다.

[정답] B

53.
[단어]

> 融洽 róngqià 형 사이가 좋다, 조화롭다, 융화하다 /
> 兼具 jiānjù 동 겸비하고 있다, 함께 갖추고 있다

[용법]
除了 A 以外 [=之外, 外]，（全 / 都）B 。
A를 제외하고, 모두 B이다. (A는 불 포함)

除了 A 以外 [=之外, 外]，还 / 又 / 也 B 。
A 이외에도, 또 B이다.
A 말고도, 또 B이다.   ] (A와 B 모두 포함)

[해설]
D의 앞 절과 가운데 절의 '除了 / 供 / 欣赏装饰外, /
兼具 / 实用功能.'에서 '除了… 外, (都) ~ 。'는 '… 을
제외하고 , 모두 ~이다'는 뜻인데, 문맥상 '장식을 감상하
는 것을 제공할 뿐만 아니라, 실용적인 기능도 겸비하고
있다'는 뜻이므로, 뒷 절의 부사자리에 '还'를 써서 '除了
/ 供 / 欣赏装饰外, 还 / 兼具 / 实用功能.'라고 바꾸
어 써야 합니다.

[번역]
A. 다른 사람의 말에 경청을 하는 것은 일종의 예절이며, 의
   사소통 방식이기도 한데, 우리가 사이좋은 관계를 만드
   는데 도움이 된다.
B. 언어발달은 아동이 1살 전후에 첫 번째 진정한 단어를 말

하면서 시작된다.
C. 그가 앓은 질병 중에서 감기보다 더 흔하게 앓은 병은 없다.
D. 중국 고대의 옥은 장식을 감상하는 것을 제공해 줄 뿐만 아니라, 실용적인 기능까지도 겸비하고 있다.

[정답] D

54.
[단어]

> 迫不得已 pòbùdéyǐ ❸ 절박하여 어쩔 수 없다, 할 수 없이, 부득이, 마지못해 / 朝阳 cháoyáng ❷ 양지 ❸ 태양을 향하다, 해가 들다 / 平坦 píngtǎn (형) 평탄하다 / 韭菜 jiǔcài ❷ 부추 / 栽培 zāipéi ❸ 재배하다, 심어 가꾸다 / 记载 jìzǎi ❷❸ 기재(하다), 기록(하다)

[해설]
C의 맨 뒤 절의 '(古时候的)人 / 就已经 / 很久以前 / 一直在 / 吃 / 它了.'에서 시간사 '很久以前'을 맨 앞 쪽에 써서 '很久以前 / 就 / 已经~了'이라고 쓰거나, '已经…了'과 '很久以前' 중에서 한 가지만 써서 '(古时候的)人 / 已经 / 一直在 / 吃 / 它了.' 또는 '(古时候的)人 / 很久以前 / 就 / 一直在 / 吃 / 它了.'라고 써도 됩니다.

[번역]
A. 바람이 많이 부는 날에는 차를 실내에 주차하는 것이 가장 좋다. 부득이하게 실외에 주차해야 한다면, 양지바르며 바람을 피할 수 있는 평탄하고 건조한 곳을 선택하여 주차해야 한다.
B. 동지는 특정한 날이 정해져 있는 것이 아니기 때문에 청명과 같이 '活节 (특별히 정해져 있지 않은 날)'라고 불리운다.
C. 부추는 우리나라에서 재배 역사가 매우 유구하다. 사기의 기록에 따르면 옛날 사람들은 이미 계속 부추를 먹었다고 한다.
D. 악수는 안부를 묻는 것 이외에도 일종의 축하, 감사 또는 서로 격려하는 표시이다.

[정답] C

55.
[단어]

> 摇滚乐 yáogǔnyuè ❷ 로큰롤 / 广博 guǎngbó ❸ (학식 따위가) 해박하다, 박식하다 / 发掘 fājué ❸ 발굴하다, 캐다 / 法老 fǎlǎo ❷ 파라오 [솔로몬 왕

조 시대까지의 이집트왕의 칭호] / 陵墓 língmù ❷ 왕릉, 제왕 또는 제후의 무덤, 능묘 / 荒无人烟 huāngwúrényān ❸ 황량하여 인적이 없다

[용법]
丝毫 sīháo ❷ 추호, 극히 적은 수량 [주로 부정문에 쓰임]
① 서술어 앞에서 부정부사 '不 또는 没'와 함께 부사어로 쓸 수 있으며, 이 경우 '毫无, 根本没(不), 完全没(不)'와 같은 뜻임.
 : 他的态度丝毫没有改变。
  그의 태도는 전혀 바뀌지 않았다.
② 명사 앞에서 수식할 수 있음.
 : 拿不出丝毫证据。 전혀 증거를 댈 수 없다.

[해설]
A의 맨 뒤 절의 '爱好广博 / 却 / 丝毫 / 影响 / 学习.'에서 부사 '丝毫 (조금도, 전혀, 추호도)'는 부정부사 '不 또는 没' 와 함께 쓰여 부정의 형태로 '전혀, 조금도, 추호도 ~하지 않다'는 뜻으로 쓰는 부사입니다. 따라서 '丝毫没(有) / 影响 / 学习'로 바꾸어 써야 합니다.

[번역]
A. 雪松은 잡지나 인터넷에 영화평론을 써주며, 로큰롤 팀에게 영문 가사를 써주지만, 취미가 폭넓은 것은 오히려 학습에 전혀 영향을 주지 않는다.
B. 영국의 유명한 고고학자 卡特는 이집트의 유명한 파라오 왕의 무덤을 발굴했다.
C. 그것은 인류의 생산과 생활에 많은 자원을 제공했을 뿐만 아니라, 거대한 환경 기능과 효과와 이익을 가지고 있다.
D. 기차는 인적이 없는 야산을 달리고 있었고, 사람들은 모두 무료하게 창밖을 바라보고 있다.

[정답] A

56.
[단어]

> 揭开 jiēkāi ❸ ① (붙은 것을) 떼다, 벗기다 ② 열다, 올리다 ③ 폭로하다, 드러내다 / 纯净 chúnjìng ❸ ① (성분이) 순수하다, 깨끗하다, 청정하다 ② 순수하게 하다, 깨끗하게 하다 / 清澈 qīngchè ❸ 맑다, 투명하다, 깨끗하다 / 痕迹 hénjì ❷ 흔적, 자취 / 布满 bùmǎn ❸ 가득 널리다 (퍼지다)

[해설]
D의 가운데 절의 '那么 / 很 / 相像'에서 부사어 '那么'가 서술어 '相像' 앞에서 정도부사의 역할을 하므로 '那么'와

'很' 둘 중 한 가지만 써야 합니다.

[번역]
A. 현지시간 7월 6일 이 신청한 두 곳의 최종 답안이 드러 난다.
B. 세상에서 가장 순수하고 깨끗한 우정은 오로지 어린 시 절에만 존재한다는 말을 자주 듣는다.
C. 우리가 이 세상의 아름다움을 보려면, 수정과 같은 자연 스럽고 깨끗한 눈이 필요하다.
D. 비록 두 사람의 나이는 다르지만, 그들의 손은 오히려 매 우 닮았는데, 모두 고생한 흔적으로 가득하다.

[정답] D

57.
[단어]

茂密 màomì 휑 (초목, 삼림 등이) 무성하다, 빽빽하 다, 우거지다 / **丛林** cónglín 휑 수풀, 밀림 / **瞬息 万变** shùnxīwànbiàn 셍 극히 짧은 시간에 많은 변 화를 일으키다 ; 변화가 아주 빠르다 / **刺眼** cìyǎn 동 ① (빛이 강해서) 눈부시다, 눈을 자극하다 ② 눈에 거 슬리다, 눈꼴이 시다, 눈을 끌다

[해설]
A는 문맥상 '무성한 수풀은 공기 중의 먼지를 줄이므로, 녹화조림을 통해 환경을 개선하려고 하는 것은 일리가 있 다'는 뜻입니다. 따라서 가운데 설의 '这 / 不是 / 有道理 的'를 '这 / 是 / 有道理的'라고 바꾸어 써야 합니다.

[번역]
A. 사람들은 많은 녹화조림을 통해서 환경을 개선하려고 하 는데, 이것은 일리가 있다. 무성한 수풀은 공기 중의 큰 입자로 된 먼지를 줄어들게 한다.
B. 현재 변화가 아주 빠른 사회에서 미래에 대해 필요한 걱 정과 생각은 당연한 것이다.
C. 그는 눈을 자극하는 햇볕 속에서 깨어났는데, 솔린 눈을 뜨고 주위 경물을 보고나서야 비로소 배가 전혀 이동이 없이 여전히 원래의 항구에 있다는 것을 깨달았다.
D. 위기가 닥쳐왔을 때, 우리는 자주 어떠한 준비도 되어 있 지 않다.

[정답] A

58.
[단어]

私底下 sīdǐxia 휑 비공식으로, 살그머니, 몰래 / **生涯** shēngyá 명 생애, 생활, 일생 / **盲目** mángmù 혱 명목 적(인) 명 잘못된 인식 / **高枕无忧** gāozhěnwúyōu 셍 베개를 높이 하고 걱정 없이 잘 자다 ; 마음이 편안하고 근심 걱정이 없다

[해설]
'一点 / 也 / 没 / 有 (전혀 없다)', '一句话 / 都 / 不 / 说. (한 마디도 하지 않는다, 말은 전혀 하지 않는다)'와 같이 '수량(사)+(명/대)+也 / 都+没 / 不+서술어.'의 형 태로 쓰면 '전혀 ~하지 않다'는 뜻입니다. 또한 이 경우 동 사 서술어 뒤에 목적어를 쓸 수 없지만, 목적어에 해당하 는 명사/대명사를 수량사와 '也 / 都' 사이에 쓸 수 있습니 다. 따라서 D의 맨 마지막 절의 '一点儿也 / 没有 / 好处' 에서 '전혀, 조금도 ~이 없다'는 뜻으로 쓰는 경우 '一点儿 / 好处 / 也 / 没有.'로 바꾸어 써야 합니다.

[번역]
A. 그는 잡지의 편집자를 찾아서 살짝 그들에게 편집상의 단점을 알려 주려고 할 것이다.
B. 그는 20여 년간의 교직생활 중에, 그는 여러 번 비슷한 정황을 겪었다.
C. 맹목적인 낙관론자는 위기가 닥쳐오기 전에는 근심걱정 이 없이 마음이 편하기 쉽다.
D. 많은 사람들은 일하느라 바쁘기 때문에 전혀 쉴 시간이 없는네, 이것은 건강에 내해 선혀 이롭시 않나.

[정답] D

59.
[단어]

街坊 jiēfang 명 이웃(사람) / **抚养** fúyǎng 동 부양 하다, 정성들여 기르다

[용법]
一连 yìlián 튀 계속해서, 연이어
连续 liánxù 동튀 연속하다, 계속하다
先后 xiānhòu 튀 잇따라, 계속해서
① 주어 + 一连 / 连续 / 先后 (부)+동사+수량(사)。
　: 最近一连下了4天雨。
　　他连续读了几遍小说。
　　我先后参加过三次会议。
② 주어 + 一连 / 连续 / 先后(부)+수량(사)+동사。

: 最近一连4天下了雨。
他连续几遍读了小说。
我先后三次参加过会议。

[해설]

B의 앞 절의 '我 / 三次 / 一连 / 去 / 丽江'에서 부사 '一连'과 수량(사)가 함께 서술어 앞의 부사어 자리에 있는 경우 '一连+수량(사)'의 형태로 써야 합니다. 따라서 앞 절을 '我 / 一连 / 三次 / 去 / 丽江'이라고 바꾸어 써야 합니다.

[번역]

A. 이웃집 류 아주머니는 마음씨가 좋고, 경험이 풍부하며, 또 열성적이어서 이웃사람들은 무슨 일이 있든지 상관없이 모두 그녀를 찾아서 해결하기를 원한다.

B. 나는 운남의 丽江을 매우 좋아해서, 연이어 3번을 갔는데, 기회가 있다면 또 다시 가고 싶다.

C. 赵树林과 李丽芬은 결혼한 지 7년이 되었고, 11명의 고아를 기르고 있다.

D. 나는 잇따라 천 여 통의 기억술에 대해 관심이 있는 친구들의 편지를 받았다.

[정답] B

60.

[단어]

垂青 chuíqīng ⑧ 특별히 애호하다, 호의를 보이다 / 缭绕 liáorào ⑧ 빙빙 돌며 올라가다, 피어오르다, 감돌다, 맴돌다 / 无比 wúbǐ ⑧ 비할 바 없다, 아주 뛰어나다

[해설]

A의 앞 절과 가운데 절의 '置 / 当代 / 和现实 / 于不顾, 这 / 难免 / 就 / 太不正常了 (당대와 현실을 돌보지 않는 것은, 매우 비정상적인 것이다.)'에서 서술어 '太不正常了' 앞의 부사어로 쓰인 '难免 (불가피하다, 피할 수 없다)'는 불필요한 단어이므로 삭제해야 합니다.

[번역]

A. 90년대의 많은 작가들은 모두 역사를 중시하지만, 당대와 현실은 신경을 쓰지 않는데, 이것은 매우 비정상적인 것이다.

B. 지난주에 우리는 병원에 신체검사를 하러 갔는데, 방사선과에 갔을 때, 의사 선생님께서 우리에게 핸드폰을 끄도록 하였다.

C. 사람들은 자주 산 정상에 자줏빛 구름이 감도는 것을 발견하는데, 사실은 산의 북쪽 산비탈에서 보이는 자주 빛 암석이다.

D. 그 모양이 특이한 과일들과 맛있는 과자를 생각하자마자, 여자아이는 너무 즐거웠다.

[정답] A

[3주차 실력다지기 실전문제]

1회

[정답]

51 B	52 D	53 B	54 B	55 B
56 A	57 C	58 B	59 D	60 A

51.

[단어]

朴素 pǔsù ⑧ 소박하다, 검소하다, 꾸밈이 없다 / 铁面无私 tiěmiànwúsī ⑳ 인정에 구애됨이 없이 공평무사하다 / 一无所知 yìwúsuǒzhī ⑳ 하나도 아는 것이 없다, 아무 것도 모르다

[해설]

B의 가운데 절과 맨 마지막 절의 '虽说 / 看上去 / 不够时尚, / 因此 / (…的) / 感觉 / 很好。'에서 문맥상 '보기에는 세련되지 않지만, 느낌은 좋다'는 뜻입니다. 따라서 뒷 절의 주어 '感觉' 앞의 '因此' 대신 전환을 나타내는 접속사 '但是 [=可是, 不过, 然而]'로 바꾸어 써야 합니다.

[번역]

A. 조사에서 최근 서적의 판매량이 눈에 띄게 감소하였고, 영화를 보는 사람은 큰 폭으로 상승했다고 나타냈다.

B. 그녀의 차림은 늘 심플하고 소박하다. 겉으로 보기에는 세련되지 않지만, 사람에게 주는 느낌은 매우 좋다.

C. 많은 노인들은 퇴직 후에 어떻게 시간을 보내야 할지 전혀 모른다.

D. 과학의 규칙은 공평해서, 사람들이 지키는 것만 허락할 뿐, 위반하는 것은 용납하지 않는다.

[정답] B

52.

[단어]

抚养 fǔyǎng ⑧ (아이, 어린이를) 부양하다, 정성들여 기르다 / 分享 fēnxiǎng ⑧ ① 몫을 받다, 배당을 받다 ② (행복, 기쁨 등을) 함께 나누다, 누리다

D의 '既 / 你 / 不能 / 去参加 / 这次会议，/ 那么 / 我 们 / 只好 / 派 / 别人去。'에서 문맥상 '네가 이번 회의에 참가할 수 없어서, 우리가 다른 사람을 파견했다'는 뜻이 므로, 앞 절에는 원인이나 이유를, 뒤 절은 주어의 생각이 나 판단을 나타내는 접속사 '既然 ～ , 那么+(주어)+就 … 。'를 써야 합니다. 따라서 앞 절의 접속사 '既' 대신 '既然'으로 바꾸어 써야 합니다.

[번역]

A. 王刚와 李丽는 결혼한 지 9년이 되었고, 15명의 고아를 길렀는데, 다른 사람은 그들이 친 부모자식간이 아니라 는 것을 겉으로 보고는 구별해 내기 힘들다.
B. 가정은 즐거움과 걱정을 함께 나눌 수 있게 해준다.
C. 나는 역사소설을 쓰는 것이 논문을 쓰는 것 보다 훨씬 자 유롭고, 즐겁다고 생각한다.
D. 네가 이번 회의에 참가할 수 없게 된 이상, 그러면 우리 는 다른 사람을 파견하는 수밖에 없다.

[정답] D

53.

[단어]

作为 zuòwéi 圓 소행, 행위 圄 ① 성과를 (성적 을) 내다 ② ～로써, ～의 자격으로써 / 有所作为 yǒusuǒzuòwéi 성과가 있다 / 创新 chuàngxīn 圄 옛 것을 버리고 새 것을 창조하다 圓 창조성 / 给予 jǐyǔ 圄 주다

[해설]

B의 앞 절의 '不管 / 他 / 有 / (…的) / 缺点, ～ 。'에서 접속사 '不管' 뒤에는 의문문 형태가 와야 하는데, '他 / 有 / (这样那样的) / 缺点'는 평서문이므로 함께 쓸 수 없습니다. 문맥상 '그는 단점이 있지만, 우리는 여전히 그 를 존경한다.'라고 했으므로, 앞 절의 접속사 '不管' 대신 전환을 나타내는 접속사 '尽管 [＝虽然]'으로 바꾸어 써야 합니다.

[번역]

A. 사람이 창조의식과 창조정신이 없으면, 사업상 성과가 있기란 불가능하다.
B. 비록 그는 이런 저런 단점이 있지만, 우리는 여전히 그를 존경한다.
C. 생명의 의미는 바치고, 주는데 있는 것이지, 받거나 쟁취 하는데 있는 것이 아니다.
D. 중국인의 습관과 풍속에 따라서 설날에는 친척과 친구 간에 서로 새해인사를 하고 선물을 준다.

[정답] B

54.

[단어]

记忆犹新 jìyìyóuxīn 기억이 아직도 새롭다 / 撒哈 拉沙漠 sāhālāshāmò 圐 사하라사막 / 严酷 yánkù 웹 ① 엄혹하다, 엄격하다, 뼈져리다 ② 냉혹 (잔혹, 가 혹)하다 / 前肢 qiánzhī 圐 전지, (곤충 또는 사지가 있는 적주동물의) 앞발

[해설]

B의 '不能 / 种树, / 但 / 只能 / 种草'에서 '～는 할 수 없고, …만 할 수 있다'는 뜻으로 '不能 ～ , 只能 … 。'을 씁니다. 따라서 뒤 절의 '但'은 불필요한 단어이므로 삭제 해야 합니다.

[번역]

A. 冰糖葫芦는 많은 사람들에게 자신의 어린 시절을 추억 할 수 있게 해주는데, 그 새콤달콤한 맛은 지금까지 기억 이 새롭다.
B. 연 강수량이 500 밀리리터보다 적은 지역에서는 나무를 심을 수 없고, 풀만 심을 수 있다.
C. 사하라사막은 세계에서 가장 더운 곳이며, 세계에서 가 장 큰 자연조건이 가장 엄혹한 사막이다.
D. 제일 처음 조류는 빨리 뛰는 자들이었는데, 그들은 깃털 이 있는 앞발을 차서 움직여서 앞으로 나아간다.

[정답] B

55.

[단어]

湛蓝 zhànlán 쥅 짙은 남색의, 짙푸르다 / 不解之 缘 bùjiězhīyuán 圐 떼어놓을 수 없는 인연 / 轰轰 烈烈 hōnghōnglièliè 쥅 기백이나 기세가 드높다, 힘 차다, 줄기차다, 장렬하다 / 斥责 chìzé 圄 질책하다, 탓하다, 꾸짖다 / 闹出 nàochū 圄 생기다, 일어나다, 발생하다

[해설]

B의 뒤 절의 '～, 之所以 / 闹出了 / 个 / (轰轰烈烈的) 酒文化。'에서 접속사 '之所以'는 앞 절의 결과의 문장 맨 앞에 써야 하고 뒤 절에는 쓸 수 없습니다. 따라서 원인을 나타내는 앞 절과 결과를 나타내는 뒤 절의 위치를 바꾸어 써야 합니다.

[번역]

A. 요즘 날씨가 시원하고 상쾌하며, 하늘은 푸르러서, 웨딩 사진을 찍는 신부들이 눈에 띄게 많아졌다.

B. 술은 중국인의 생활과 마치 떼어놓을 수 없는 인연으로 묶여있는 것 같아서, 시끌벅적한 술 문화가 생겨났다.

C. 부모가 자녀를 교육할 때 늘 모든 방법을 동원해서 아이에게 잘 해주어야 하며, 아이의 나쁜 습관에 대해서는 늘 꾸짖고 채찍질해야 한다.

D. 너는 내일 북경을 떠나는 거 아니니? 나중에 내가 다시 이 물건들을 네게 붙여줄게.

[정답] B

56.

[단어]

征求 zhēngqiú 동 (의견을) 널리 구하다, 묻다 / 挑战 tiǎozhàn 명 (해결해야 될) 문제, 과제, 도전 동 (적, 일, 기록, 갱신 등에) 도전하다 / 栏目 lánmù 명 (신문, 잡지 등의) 난

[해설]

A의 앞 절의 '即使 / 有可能 / 的话'에서 '的话'는 '如果 ~ 的话, …。'의 형태로 가정에 따라 결과가 바뀌는 가정문에 쓰입니다. 문맥상 앞 절의 '即使'를 '如果'로 바꾸어 써야 합니다.

[번역]

A. 가능하다면, 나는 문학 창작을 한번 해보기를 매우 바란다.

B. 우리가 당신의 의견을 물어 본 적이 있다는 것을 꼭 기억해 주십시오.

C. 글을 기고하고 나서, 나는 잇따라 기억술에 대해 관심 있어 하는 천여 통의 친구들의 편지를 받았다.

D. 부모님께서는 내가 외국에 와서 공부하도록 하고 싶어 하지 않으셨지만, 나는 여전히 왔다.

[정답] A

57.

[단어]

案子 ànzi 명 ① 소송사건 ② 긴 탁자, 긴 나무판, 작업대

[해설]

C의 '普通 / 而且 / 特殊'에서 형용사와 형용사를 중간에

서 연결해 주는 접속사는 '而'을 써야 합니다.

[번역]

A. 졸업하고 나서 나는 2010년부터 대기업에서 일을 했다.

B. 陶勇은 사건을 처리하러 갔으며, 구체적으로 무슨 사건인지는 나도 모른다.

C. 이것은 겉으로 보기에는 평범하지만 그러나 특수한 가정이다.

D. 박사학위를 취득하고, 나는 제일 먼저 어머니께 알려드렸는데, 어머니께서는 전화에서 우시면서 한 말씀도 하지 못하셨다.

[정답] C

58.

[단어]

一尘不染 yìchénbùrǎn 성 ① 매우 청결하다, 깨끗하다 ② 인품이 고상하여 티끌만큼도 세상의 물욕에 물들어 있지 않다, 순결하다 / 井井有条 jǐngjǐngyǒutiáo 성 질서정연하다, 조리 정연하다 / 旧地重游 jiùdìchóngyóu 성 옛날에 살던 집이나 놀던 곳을 다시 돌아보다 / 有口皆碑 yǒukǒujiēbēi 성 칭송이 자자하다

[해설]

B의 두 번째 절과 마지막 절의 '不是为了 / 意见不合, / 而是因为 / 各自忙于工作。'에서 접속사 '不是 ~, 而是 …。(~가 아니라 … 이다.)'는 바로 뒤에 '为了' 또는 '因为'를 붙여 쓸 수 있습니다. 이 때 앞 절과 뒤 절에는 같은 접속사를 써야 하는데, 여기에서처럼 앞 절에는 为了를 쓰고, 뒤 절에는 因为를 쓸 수 없습니다. 따라서 문맥상 앞 절은 원인이나 이유를 나타내므로 '不是因为'로 바꾸어 써야 합니다.

[번역]

A. 그의 집은 늘 조용하고 편안하다. 비록 면적이 좀 작아 보이지만, 정리된 것이 먼지하나없이 깔끔하고, 가지런하다.

B. 최근 몇 년간 그들은 왕래가 적었는데, 의견이 맞지 않아서 그런 것이 아니라 각자 일하느라 바빴기 때문이다.

C. 나는 일본에서 떨어져서 지낸지 오래 되었기 때문에, 일본을 방문했을 때 매우 기뻤고, 옛날에 살던 곳을 다시 와서 많은 친척과 친구들을 만났다.

D. 북경 역에서 출발하는 1456호 열차의 승무원은 서비스가 세심하고 참을성이 있어서 칭송이 자자하다.

[정답] B

59.

[단어]

深思熟虑 shēnsīshúlǜ 심사숙고하다 / **吸收** xīshōu [동] ① (양분 등을) 흡수하다, 빨아들이다 ② (사상, 문화 등을) 받아들이다, 흡수하다 ③ (조직이나 단체가 개인을 구성원으로) 받아들이다

[해설]

D의 앞 절의 '哪怕 / (旅客们 / 对她的) 态度 / 怎么样'에서 의문대명사 '怎么样' 앞에는 접속사 '不管 [= 无论, 不论]'을 써야하고, '哪怕'를 쓸 수 없습니다.

[번역]

A. 현재 전철을 타는 것은 훨씬 편리할 뿐만 아니라, 인간적이기도 하다.
B. 우유와 서로 비교했을 때, 요거트는 더욱 쉽게 소화하고 흡수가 되기 때문에, 그래서 요거트로 우유를 대체할 수 있다.
C. 학생의 거짓말은 때로는 생각 없이 하지만, 교사의 거짓말은 오히려 심사숙고해야 한다.
D. 여행객의 그녀에 대한 태도가 어떠하든 상관없이, 그녀는 모두 그들과 진지하게 대화한다.

[정답] D

60.

[단어]

悬河 xuánhé [명] ① 급류 ② 폭포 ③ 거침없는 웅변 / **闻名世界** wénmíngshìjiè [성] 세계에서 유명하다 / **探索** tànsuǒ [동] 탐색하다, 찾다

[해설]

A의 '不但 / 黄河 / ~闻名世界, / 而且还 / 是 / (…的) / 河流。'에서 뒤 절의 접속사 '而且还' 뒤에 주어가 없으므로, 이 문장에서 주어는 '黄河' 하나 뿐 입니다. 따라서 주어를 앞 절의 접속사 '不但' 앞에써서 '黄河 / 不但 ~, / 而且还 … 。'의 형태로 써야 합니다.

[번역]

A. 모두는 황하는 급류로 세계에서 유명할 뿐만 아니라, 퇴적토 양 또한 가장 큰 하류라는 것을 안다.
B. 역사학 이론은 객관적인 역사과정에 대한 일반적 이론고찰을 포함할 뿐만 아니라, 객관적인 역사과정을 반영하는 것에 대한 역사학자 자신의 이론 탐구까지도 포함한다.
C. 나는 이미 다 컸기 때문에, 그들의 걱정은 사실은 쓸데없는 것이다.
D. 당신의 나쁜 기분은 다른 사람에게 전염시킬 수 있기 때문에, 기분이 나쁜 상황이라면, 자신을 먼저 추스르는 것이 가장 좋다.

[정답] A

2회

[정답]

51 A	52 B	53 B	54 C	55 D
56 D	57 B	58 D	59 D	60 C

51.

[단어]

净化 jìnghuà [동] 정화하다, 맑게 하다 / **猕猴桃** míhóutáo [명] 〈植〉 다래 / **柚子** yòuzi [명] 유자 / **放映** fàngyìng [동] (영화를) 상영하다 / **压抑** yāyì [명][동] 억압(하다), 억제(하다), 속박하다 [형] (마음이) 답답하다

[해설]

A의 '森林 / 不但 / 能净化 / 空气, / 而且 / 是 / 工业的原料。'에서 진일보한 관계를 나타내는 앞 절에 쓰는 접속사 '不但'이 있고, 뒤 절에 동사 '是'가 있으므로 관용적인 형식으로 부사 '还'와 함께 '还是'라고 써서, '不但~, 还是 …。'라고 바꾸어 써야 합니다.

[번역]

A. 삼림은 공기를 정화할 수 있을 뿐만 아니라, 또한 공업의 원료이기도 하다.
B. 오렌지, 다래, 유자 등 과일 속에는 풍부한 비타민 C를 함유하고 있다.
C. 처음에 영화 상영은 커피숍 등에서 했는데, 영화업의 발전에 따라서 전문적으로 영화를 상영하기 위해 만들어진 영화관이 생겼다.
D. 거의 모든 사람들은 반복되고, 단조롭고, 억제된 환경 속에서 잠시 번거롭고 귀찮은 느낌이 든 적이 있다.

[정답] A

52.

[단어]

孕育 yùnyù [동] ① 낳다, 기르다 ② 배태하다, 배양하다, 내포하다 / **辐射** fúshè [명][동] 방사(하다), 복사(하

다) / **杂交水稻** zájiāoshuǐdào 몡 〈农〉 잡종강세 수도 [잡종 제1대가 몸의 크기, 증식력, 저항성 등에서 어버이보다 뛰어난 논벼를 말함]

[해설]

B의 '太阳能 / ~, / 安全卫生, / 因为 / 不会带来 / 任何污染。'에서 문맥상 '태양에너지는 안전하고 위생적이기 때문에, 어떠한 오염도 가져오지 않을 것이다'는 뜻입니다. 따라서 뒷 절의 원인을 나타내는 접속사 '因为'를 결과를 나타내는 접속사 '因此 [= 因而]'로 바꾸어 써야 합니다.

[번역]

A. 세상의 많은 일들은 모두 예측하기가 어렵다. 성공은 자주 실패와 함께 하기도 하고, 성공은 종종 성공을 내포하기도 한다.
B. 태양에너지는 직접 태양 복사를 이용해서 에너지를 얻기 때문에 안전하고 위생적이라서, 어떠한 오염도 가지고 오지 않을 것이다.
C. 과학자 **袁隆平**은 잡종강세 쌀 연구에 대해 큰 공헌을 하여서, "잡종강세 수도의 아버지"라고 불리운다.
D. 대뇌는 겨우 전체 면적의 2%를 차지하고 있지만, 오히려 인체의 20%에 해당하는 산소와 에너지를 필요로 한다.

[정답] B

53.
[단어]

创始人 chuàngshǐrén 몡 창시자 / **码** mǎ 몡 숫자를 나타내는 부호 몡 (일의) 종류, 가지

[해설]

B의 '由于 / 手机的 / 普及, /[为 ~] / 提供了 / 一个便利条件。'는 문맥상 '핸드폰의 보급은 ~에게 편리한 조건을 제공해 주었다.'는 뜻입니다. 따라서 앞 절의 주어 '(手机的) / 普及' 앞의 접속사 '由于'는 불필요한 낱말이므로 삭제해야 합니다.

[번역]

A. 사람은 자주 이렇게, 가지고 있는 것은 소중함을 몰랐다가, 일단 잃어버리고 나서야 비로소 소중함을 알게 된다.
B. 핸드폰의 보급은 사람들의 정보교류에 편리한 조건을 제공해 주었다.
C. 중국 역사학 상 위대한 사상가이자 유교학설의 창시자인 공자는 모든 사람들이 마음속에 다른 모습으로 남아있다.
D. 공부를 잘하고 못하는 것과 사업을 하여 돈을 버는 것은 완전히 서로 다른 두 가지 일이다.

[정답] B

54.
[단어]

城垣 chéngyuán 몡 성벽 / **遗址** yízhǐ 몡 유적 / **开辟** kāipì 동 (길을) 열다. 개척하다 / **目睹** mùdǔ 동 목도하다. 직접 보다

[해설]

C의 '(他 / 如果 / 今天作报告的) / 地方 / 是 ~, / (所得到的) / 反应 …'은 주어가 2개이므로, 앞절의 접속사 '如果'를 맨 앞 쪽에 써서 '如果 / (他 / 今天作报告的) / 地方 / 是 ~, / (所得到的) / 反应 …'으로 바꾸어 써야 합니다.

[번역]

A. 국가는 현재 元大都 수도성벽 유적을 사람들이 한가하게 거닐며 노니는 장소로 개방하였다.
B. 현대 악수 인사는 보통 먼저 인사를 한 다음, 서로 악수를 하고 동시에 안부를 묻는다.
C. 만약에 그가 오늘 보고하는 곳이 어떤 대학의 역사학과라면, 얻는 반응은 계속해서 박수 소리가 끊이지 않을 것이다.
D. 중학교 때, 나는 집에 가는 길에서 차 사고를 목격했다.

[정답] C

55.
[단어]

古玩 gǔwán 몡 골동품 / **逆境** nìjìng 몡 역경 / **屈服** qūfú 동 굴복하다 / **风欺压雪** fēngqīyāxuě ① 중국 전통 극에서 바람이 부는 것을 표시하는 검은 기 ② 추우면 추울 수록 더욱 잘 견디어 내다 / **覆盖** fùgài 동 가리다. 덮다 몡 피복 / **均匀** jūnyún 톙 균등하다. 고르다

[해설]

D의 앞 절과 가운데 절의 '(森林的) / 覆盖率 / 差不多 / 全国总面积三分之一以上, / 或者 / 分布均匀 / 时, / 就 / 不会发生 / ~。'는 문맥상 '삼림이 덮인 비율이 거의 전국 총면적의 삼분의 일이상이고, 또 분포가 균일할 때, ~이 발생하지 않을 것이다.'라는 뜻입니다. 따라서 선택을 나타내는 접속사 '或者'를 '并且 [= 而且] (게다가, 또)'로 바꾸어 써야 합니다.

[번역]

A. 골동품 수집 애호가로써, 나는 자주 내가 좋아하는 골동
품을 수집하러 골동품시장에 간다.

B. 역경에 처했을 때, 진정한 강자는 환경을 바꾸는 것을 알
지만, 그러나 약자는 자주 환경에 굴복을 한다.

C. 다른 꽃들은 모두 봄이 되어서야 피지만, 오로지 매화만이
다르다. 매화는 추우면 추울수 록 더욱 잘 견디어 낸다.

D. 삼림이 덮인 비율이 거의 전국 총면적의 삼분의 일 이상
이고, 분포가 균일할 때, 비교적 큰 자연재해가 발생하지
않을 것이다.

[정답] **D**

56.

[단어]

[해설]

D의 '即使 / 是 (躲在 / 密闭工事的) 人员, / 就 / 会 /
因为 / …缺氧 / 而 / 呼吸困难, ~ 。'에서 문맥상 '밀폐
된 바리케이드에 숨어있는 사람이라면, 산소가 부족해서
호흡이 곤란해진다. ~ .'는 뜻입니다. 따라서 앞 절의 접속
사 '即使' 를, 가정에 따라 결과가 바뀌는 경우에 쓰는 접
속사 '如果'로 바꾸어 써야 합니다.

[번역]

A. 小李은 내일 대학을 졸업하는데, 그의 친구들은 그를 들
어서 행가래를 할 것이다.

B. 장거리 여행자들은 여행의 과정이 힘들고 어려울수록 여
행의 소중함을 뚜렷이 나타낼 수 있다고 생각한다.

C. 이떤 사람들은 체내에 효소가 부족해서 우유속의 유당을
분해할 수 없기 때문에, 우유를 마시고 나면 위장이 거북
하다.

D. 밀폐된 바리케이드에 숨어 있는 사람이라면, 잠시 산소
가 부족해서 호흡이 곤란하기 때문에, 질식사할 것이다.

[정답] **D**

57.

[단어]

[해설]

B의 '各个地区、 / 部门 / 以致 / 企业'에서 둘 이상의
낱말을 열거할 때에는 중간에 접속사 '(以)及'를 써야 합
니다. 접속사 '以致'는 원인과 (나쁜) 결과를 나타내는 문
장에서 '나쁜 결과'를 나타내는 구절 맨 앞 쪽에 쓰이는 접
속사입니다.

[번역]

A. 오해를 제때에 풀지 않으면, 양적 변화로부터 질적인 변
화에까지 이를 것이다.

B. 중앙에서 지방, 각 지역, 부문 및 기업은 모두 열심히 정
신문명 건설을 해야 한다.

C. 공부하는 사람은 종종 융통성이 없고, 낡은 틀에 매달린다.
그러나 사업을 하는 사람은 융통성 있게 다변하는 것이 필
요하고, 해야 된다고 생각하면 행동으로 옮겨야 된다.

D. 여름에는 자주 번개와 천둥이 동반하는 현상이 나타나
고, 번개가 친 후에 몇 초에서 몇 십초 후에야 비로소 천
둥소리가 들린다.

[정답] **B**

58.

[단어]

[해설]

D의 '既然 / 增添 ~, 又 / 给 / 我 / (…的) / 希望 / 和
力量。'에서 문맥상 '~을 보태주고, 또 나에게 …한 희망과
힘을 주었다.'는 뜻이므로 앞 뒤 형태가 같거나 비슷한 병
렬관계를 나타냅니다. 따라서 앞 절의 접속사 '既然'을 '既
[=又]'로 바꾸어 써야 합니다.

[번역]

A. 올림픽 개막식 당일에 비가 온다면, 예식의 순조로운 진

행에 지장을 줄 뿐만 아니라 관중들의 관람하는 기분에 도 지장을 줄 것이다.

B. 매 번 집에 내가 잘 모르는 사람이 오면, 나는 '안녕하세요!'라는 말을 하고 나서 아무 말도 하지 않았다.

C. 많은 사람들은 영양이 나쁜 것이 바로 영양이 부족한 것이라고 생각하는데, 사실 영양이 나쁜 것은 영양부족과 영양과잉 두 가지 상황을 포함한다.

D. 그가 나한테 준 격려는 인생의 따스함을 주었고, 또 나에게 근심을 덜어주고 위험에서 구해내는 희망과 힘을 주었다.

[정답] D

59.

[단어]

绘图 huìtú [동] 제도하다, 도면을 그리다 / 安居乐业 ānjūlèyè [성] 평안히 살면서 즐겁게 일하다

[해설]

D의 '只有 / 在 ～ 下， / 就 / 会有 / … 。'에서 앞 절의 접속사 '只有'는 뒤 절의 부사 '才'와 함께 '只有 ～， 才 … 。'이 형태로 써야 합니다.

[번역]

A. 그녀는 이전에 도면을 그리는 일을 한 적이 있는데, 매일 컴퓨터를 마주하고 이런 저런 그림을 그렸다.

B. 만약 도시계획을 할 때, 쓰레기처리 시설의 계획을 한 다면, 효과적으로 오염을 줄일 수 있다.

C. 그가 고의로 그런 말을 한 것이 아니니까, 화내지 말아라.

D. 오로지 사회 안정과 경제발전의 상황 하에서만이, 서민들이 편안하게 살고 즐겁게 일할 수 있을 것이다.

[정답] D

60.

[단어]

一齐 yìqí [부] 일제히, 동시에, 다같이 / 扶手 fúshou [명] ① (난간, 지팡이 등의) 손잡이, (의자 등의) 팔걸이 ② 난간 / 殊不知 shūbùzhī ① 전혀 모르다 [다른 사람의 의견의 모순점이나 잘못된 점을 지적하는 문장에 많이 쓰임] ② 생각지도 않게, 뜻밖에, 의외로

[해설]

뒷 절 맨 앞의 '不免'은 '～이기 때문에, 그래서 바라지 않는 상황을 피할 수 없다, 면할 수 없다'는 뜻의 부사로 앞 절에는 원인을 나타내며, 뒤 절에는 바라지 않는 결과를 나타낼 때, 뒤 절의 부사자리에 써야합니다. 그러나 C의 '(现在 / 车厢里的) / 扶手 / 越来越 / 多, 不免 / 将乘客 / 摔倒。'는 문맥상 '손님들이 넘어지지 않도록 하기 위해서, 차안의 손잡이가 점점 많아졌다'는 뜻이므로, '～하지 않도록 하기 위해서 (…을 하다)' 의 뜻인 접속사 '以免'으로 바꾸어 쓰고, 뒤 절에서 앞 절로 해석을 해야 합니다.

[번역]

A. 세계 밀 재배의 총 면적은 식량작물 재배 총 면적의 1위를 차지한다.

B. 어제 신문은 배달하지 않았기 때문에, 그는 오늘신문과 어제 신문을 함께 신문함에 넣었다.

C. 손님들이 넘어지지 않도록 하기 위해서, 현재 차 안의 손잡이는 점점 많아졌다.

D. 아이의 나쁜 습관과 부모의 행위가 매우 큰 관계가 있고, 특히 절대적인 관계라는 것을 전혀 모르는 사람들이 많다.

[정답] C

[4주차 실력다지기 실전문제]

1회

[정답]

51 B	52 A	53 C	54 D	55 A
56 C	57 C	58 D	59 A	60 C

51.

[단어]

傣族 dǎizú [명] 태족 [중국 운남 성에 거주하는 소수민족] / 村寨 cūnzhài [명] 마을, 촌락, 부락 / 分辨 fēnbiàn [명][동] 분별(하다), 구분(하다) / 坐落 zuòluò [동] 건물이 ～에 자리 잡다, 위치하다 / 示意 shìyì [동] (표정, 동작, 함축어, 도형 등으로) 의사를 표시하다, 나타내다 / 甘愿 gānyuàn [동] 진심으로 원하다, 기꺼이 ～하고자 하다 / 缚 fù [동] 묶다

[해설]

B의 '礼拜寺 / 就 / 在这条街上 / 坐落'에서 '어떤 장소 또는 위치에 (자리 잡고) 있다'는 뜻의 동사 '坐落'는 전치사 '在'와 함께 '坐落在+장소, 위치'의 형태로 씁니다. 따라서 '礼拜寺 / 就 / 坐落在 / 这条街上'으로 바꾸어 써야 합니다.

[번역]

A. 태족 마을에서 기혼자와 미혼여자를 구분하려면 그녀들의 허리띠를 보면 된다.

B. 유명한 牛街의 礼拜사찰은 이 길에 자리 잡고 있다.

C. 원숭이 어미는 새끼 원숭이를 때리지 말라고 한 다음, 어미 원숭이는 아이를 위해서 기꺼이 자신이 붙잡히겠다고 표시하였다.

D. 사실 젊은 남자는 젊은 여자보다 더욱 낭만적이다.

[정답] B

52.

[단어]

通宵 tōngxiāo 명동 온밤(을 지새다), 철야(하다), 밤새 잠을 안자다 / 注射 zhùshè 명동 주사(하다) / 疫苗 yìmiáo 명 〈医学〉 예방접종

[해설]

A의 앞 절과 가운데 절의 '一定要 / 吃 / 多 / 点儿 / 饭'에서 '多'는 서술어 바로 앞에서 부사어로 쓰여 '더, 많이~하다'는 뜻으로 쓰이며, 수량보어 '(一)点儿'은 서술어 바로 뒤에 써야 합니다. 따라서 뒷 절을 '一定要 / 多 / 吃 / 点儿 / 饭.'으로 바꾸어 써야 합니다.

[번역]

A. 너는 이미 하루를 굶었으니, 반드시 밥을 좀 더 먹어야 힌다.

B. 친구가 늘 내가 가장 어려울 때 나를 도와주는 것은 나를 매우 감동하게 한다.

C. 어제 저녁 친구와 노래방에 가서 밤새워 노래를 불렀기 때문에, 오늘 하루 종일 정신이 없다.

D. 유행성 감기의 전염을 예방하기 위해서 모두는 반드시 국가에서 지정한 병원에 가서 예방주사를 맞아야 한다.

[정답] A

53.

[단어]

圆嘟嘟 yuándūdū 형 통통하다, 통통하다 / 主流 zhǔliú 명 주류, 주요 추세, 주된 경향 / 媒体 méitǐ 명 ① 매체 ② 매개물, 매개체

[해설]

C의 '鼓掌 / 起来'에서 '鼓 / 掌'은 이합동사이므로, 목적어 '掌'을 방향보어와 방향보어 사이에 써서 '鼓起掌来'라고 해야 합니다.

[번역]

A. 아이가 성장 중에 가장 필요한 것은 바로 학부모의 믿음과 이해이다.

B. 그 사람 집의 아이는 막 태어난 지 얼마 안 되어서, 통통한 작은 얼굴이 정말 사랑스럽다.

C. 그녀가 무대로 걸어가는 것을 보자마자, 모두는 열렬히 박수를 치기 시작했고, 그녀가 연속해서 세 곡을 불렀으며, 매 곡마다 열띤 박수를 받았다.

D. 인터넷이 사회생활에 진출하고 나서, 아주 짧은 10년 안에 신속하게 주된 정보매체가 되었다.

[정답] C

54.

[단어]

回民 huímín 명 ① 회족 ② 회교도 [일반적으로 한족(汉族)이면서 회교도인 경우를 지칭함] / 采光 cǎiguāng 명동 채광(하다) / 地平线 dìpíngxiàn 명 지평선 / 白矮星 báiǎixīng 명 백색왜성, 흰색 별

[해설]

D의 '白矮星 / 出现 / (… 的) / 夜空中.'에서 동사 뒤에 장소나 범위 등이 나오고 방위사로 끝나는 경우, 보통 동사 뒤에는 '在', '于', '到' 등을 함께 씁니다. 따라서 동사 '出现'은 전치사 '在'와 함께 '出现在+장소, 범위+방위사'의 형태인 '出现在 / (… 的) / 夜空中'으로 비7'이 써야 합니다.

[번역]

A. 牛街는 북경시내에서 가장 특색이 있는 회족 거주지역이다.

B. 이곳은 겨울에 일조를 이용해서 방한을 하여 따뜻하게 하든, 아니면 어름에 동풍과 채광이 잘 뇌든지 상관없이, 비교적 편리하다.

C. 회사 사장은 직접 공장을 시찰하고, 개진 할 의견들을 제시하였다.

D. 매 년 12월 저녁 8시 30분쯤에 백색 왜성이 정남쪽 지평선상의 높지 않은 밤하늘에 출현한다.

[정답] D

55.

[단어]

> 肺水肿 fèishuǐzhǒng 몡 〈医〉 폐수종 / 秘方 mìfāng
> 몡 비방

[해설]

A의 앞 절과 가운데 절의 '会 / 遇到过 / 很多困难 / 和挫折 (많은 어려움과 실패를 겪을 것이다)'에서 문맥상 아직 일어나지 않은 미래도 포함되므로 과거의 경험을 나타내는 동태조사 '过'를 쓸 수 없으므로 '过'를 삭제해야 합니다.

[번역]

A. 모든 사람들은 공부하고 생활하면서 모두 많은 어려움과 실패를 겪을 것이다.
B. 어떠한 음식이라도 모두 완전히 아이들의 성장발육의 요구를 만족시키는 것은 불가능하다.
C. 심각한 만취는 폐의 감염, 흡입 성 폐렴, 폐수종 등을 일으킨다.
D. 이번 프로그램에서는 王 한의사께서 모두에게 건강하게 장수하는 비법을 좀 소개해 드리겠습니다.

[정답] A

56.

[단어]

> 文凭 wénpíng 몡 ① (졸업)증서, 자격증, 졸업장 ② 옛날, 관리의 임명장, 사령장 / 亚热带 yàrèdài 몡 〈地〉
> 아열대 / 和煦 héxù 혱 (날씨가) 온화하다, 따사롭다

[해설]

C의 맨 마지막 절의 '这些知识 / 对这份工作 / 能 / 有着 / 一定的 / 帮助。(이런 지식들은 이 일에 대해서 상당한 도움을 줄 수 있다.)'에서 문맥상 아직 발생하지 않은 일이므로 현재진행이나 상태의 지속을 나타내는 동태조사 '着'를 함께 쓸 수 없으므로 '着'를 삭제해야 합니다.

[번역]

A. 사람이 자신이 종사하는 일을 매우 사랑한다면, 그러면 그는 일하는 과정 중에 즐거움을 얻을 것이다.
B. 우리 집은 해변에 있어서, 어릴 때 아버지께서는 자주 나를 해변으로 데리고 가서서 걸으면서 나에게 이야기를 들려 주셨다.
C. 광고 설계 자격증을 소지한 것 이외에도, 나는 또 여행과 관련된 교과과정을 배운 적이 있는데, 이런 자격증은 이 일에 대해서 상당한 도움이 될 수 있다고 믿는다.

D. 해남은 아열대 기후에 속하며, 여름이 길고 겨울이 없으며, 날씨가 온화하다.

[정답] C

57.

[단어]

> 收益 shōuyì 몡통 수익, 이득, 수입(을 올리다) / 寄托 jìtuō 통 ① (기대, 희망, 감정 등을) 걸다, 두다, 담다, 의탁하다, 기탁하다 ② 위탁하다, 부탁하다, 맡기다

[해설]

C의 뒤 절의 '(爸爸妈妈的) / 全部 / 希望 / 寄托 / 我身上。'에서 동사 뒤에 장소나 범위 등이 나오고 방위사로 끝나는 경우, 보통 동사 뒤에는 '在', '于', '到' 등을 함께 씁니다. 따라서 동사 '寄托'는 전치사 '在'와 함께 '寄托在+장소, 범위+방위사'의 형태인 '寄托在 / 我身上'으로 바꾸어 써야 합니다.

[번역]

A. 우리가 옳다고 생각한다면, 끝까지 지속해야 하고, 영원히 포기하면 안 된다.
B. 현대사회가 직면한 중요한 과제는 어떻게 하면 저소득층이 경제발전 속에서 다소 이익을 얻게 하느냐이다.
C. 나는 우리 집에서 유일한 대학생이라서, 부모님께서는 모든 희망을 나에게 거신다.
D. 오늘 시합은 상당히 훌륭했다. 우리나라 선수가 세계우승을 하였다.

[정답] C

58.

[단어]

> 注重 zhùzhòng 통 중시하다 / 懵 měng 혱 ① 사리에 어둡다, 어리석다, 멍청하다 ② 멍하다, 흐리멍덩하다 / 折腾 zhēteng 통 ① 잠자리에서 엎치락뒤치락하다 ② 되풀이하다, 반복하다 ③ 고민하다, 괴로워하다, 번민하다

[해설]

D의 가운데 절의 '几个小时 / 折腾了'에서 시량보어 '几个小时'는 동사서술어 뒤에 써야 하므로, '折腾了 / 几个小时'라고 바꾸어 써야 합니다.

[번역]

A. 현재 회사가 직원을 채용할 때, 응시자가 고생을 능히 감당할 수 있는지를 매우 중시한다.

B. 나는 내 스스로에게 도전을 하고 싶고, 성공을 하고 안하고는 부차적인 것이다.

C. 그때 당시 나는 머릿속이 곧바로 멍해지면서, 그때 무슨일이 일어났는지 생각이 나지 않았다.

D. 어제 저녁에 나는 배가 아파서, 몇 시간동안 엎치락뒤치락하다가 날이 밝을 때쯤에야 비로소 잠깐 잠이 들었다.

[정답] D

59.

[단어]

美誉 měiyù 명 ① 명성과 명예 ② 찬미 / 荷塘 hétáng 명 (연꽃) 연못 / 任教 rènjiào 동 교육을 담당하다, 교편을 잡다, 교직을 맡다 / 竭尽全力 jiéjìnquánlì 전심전력을 다하다

[해설]

A의 맨 앞 절의 '曾做着'에서 부사 '曾 (일찍이, 이전에 ~한 적이 있다)'은 과거의 경험을 나타내는 낱말이므로, 동사 뒤에 현재진행 또는 상태의 지속을 나타내는 동태조사 '着'를 함께 쓸 수 없으므로, '过'로 바꾸어 써야 합니다.

[번역]

A. 나는 이전에 한 호텔에서 웨이터로 일한 적이 있는데, 매일 10시간씩 일을 하고, 또 야근도 해야 돼서, 나는 일이 매우 고되다고 생각했다.

B. 상하이의 马戏城은 '중국의 서커스 제일의 장소'라는 명성을 가지고 있으며, 상하이 국제 문화도시의 상징적인 건축물 중의 하나이다.

C. 《荷塘月色》는 우리나라의 저명한 문학가 주자청이 청화대학에서 교편을 잡았을 때 쓴 산문이다.

D. 수술실 안에서, 의사와 간호사는 최선을 다해서 환자에게 응급처치를 하고 있고, 밖에서는 가족들이 초조하게 소식을 기다리고 있다.

[정답] A

60.

[단어]

光秃秃 guāngtūtū 형 ① (머리가 벗어져) 번들번들하다 ② (나무, 풀 등이 없어서) 민둥민둥하다, 민숭민숭

하다 / 涌 yǒng 동 ① 한꺼번에 나오다, 갑자기 한꺼번에 나타나다 ② 물이 솟아나다, 구름이 피어오르다 ③ (물이나 구름 속에서) 나오다, 얼굴을 내밀다

[해설]

C의 뒤 절의 '爬了 / 屋顶和树木上。'에서 동사 뒤에 장소나 범위 등이 나오고 방위사로 끝나는 경우, 보통 동사 뒤에는 '在', '于', '到' 등을 함께 씁니다. 따라서 동사 '爬'는 결과보어 '到'와 함께 '爬到+장소, 범위+방위사'의 형태인 '爬到 / 屋顶和树木上'으로 바꾸어 써야 합니다.

[번역]

A. 이 잡지는 야외여행을 주된 내용으로 하는 여행 잡지이다.

B. 아이스크림은 많은 사람들의 사랑을 받는 간식거리이며, 각양각색의 맛은 사람들에게 만족스러운 즐거움을 준다.

C. 무리를 지은 국군은 건물과 민숭민숭한 나무를 향해 한꺼번에 몰려가서, 계속해서 지붕과 나무위로 올라갔다.

D. 이곳의 경치는 세계에서 유명해서, 많은 여행 애호가들이 관광하러 오도록 이끌었다.

[정답] C

2회

[정답]

| 51 B | 52 A | 53 A | 54 D | 55 C |
| 56 A | 57 C | 58 B | 59 B | 60 B |

51.

[단어]

赖以 làiyǐ 동 의지하다, 믿다

[해설]

B의 앞 절과 가운데 절의 '(…的) / 阿姨 / 背进去 / 医院了。'에서 장소목적어는 방향보어와 방향보어 사이에 써야 하므로 '背 / 进 / 医院 / 去了'로 바꾸어 써야 합니다.

[번역]

A. 그는 목공일을 아주 잘해서, 큰 옷장, 술 장식장 등 많은 가구를 만들었다.

B. 그는 매우 빨리 이웃집에 사는 아주머니를 병원으로 업고 들어갔다.

C. 인류 생존은 물과 떨어질 수 없으며, 물은 살아가는데 필요한 기본 조건이다.

D. 올림픽기간에 운동선수들이 외출하는데 편리하게 하기

위하여, 시청에서는 신경을 매우 많이 썼다.

[정답] B

52.
[단어]

变幻 biànhuàn 图 변환하다, 변화하다 / 莫测 mòcè 图 측정할 수 없다, 헤아릴 수 없다 / 密布 mìbù 图 (구름 등이) 짙게 덮이다, 깔리다, 빽빽하게 들어차다, 빈틈없이 배치하다 / 晴空万里 qíngkōngwànlǐ 图 청명한 하늘, 맑고 깨끗한 하늘

[해설]
뒤에 주술술어 목적어를 가지는 동사는 원형을 써야하므로, A의 앞 절의 '我 / 已经 / 开始了 / 学习汉语。'에서 동사 '开始' 뒤의 '了'를 삭제해야 합니다.

[번역]
A. 나는 이미 중국어를 배우기 시작했고, 그때 이후로 특히 졸업하고 나서, 나는 중국에 가겠다는 결심을 하였다.
B. 초원의 날씨변화는 예측할 수 없다. 방금 맑은 하늘이었다가도, 눈깜짝 할 사이에 먹구름이 짙게 깔린다.
C. 어제 늦게 잠을 자서, 나는 이튿날 9시가 넘어서야 비로소 잠에서 깼다.
D. 십 여 살 된 아이가 이런 문장을 써낼 수 있다니, 정말 믿기 어렵게 한다.

[정답] A

53.
[단어]

避讳 bìhui 图 (불쾌감을 일으키는 말을 입에 올리거나 듣기를) ① 꺼려 피하다 ② 회피하다, 조심하다, 삼가다

[해설]
A의 뒤 절의 '操心碎了'에서 동사 '操心'은 '操(동)+心(목)'의 형태인 이합동사입니다. 따라서 결과보어와 동태조사 '碎 / 了'는 동사 '操' 뒤에 써서 '操碎了心'이라고 써야 합니다.

[번역]
A. 두 노인은 이 일 때문에 계속해서 바쁘게 뛰어다녀서, 그야말로 매우 신경을 썼다고 할 만하다.
B. 곤명을 말하면, 사람들은 바로 따스한 봄 날씨를 생각할

것이다.
C. 흔히 볼 수 있는 회피방법은 의미가 같거나 비슷한 다른 글자로 피하고 싶은 글자를 대신하는 것이다.
D. 서로 다른 사람들은 서로 다른 생활 방식을 좋아한다. 그들은 자신의 생활방식에 대해서 자신의 견해가 있다.

[정답] A

54.
[단어]

聚精会神 jùjīnghuìshén 图 정신을 집중하다, 전심하다, 열중하다 / 春困 chūnkùn 图 춘곤, 봄철에 졸리는 것 / 机能 jīnéng 图 기능 / 上涨 shàngzhǎng 图 (수위나 물가가) 오르다

[해설]
D의 가운데 절의 '有所 / 减小 / 一些'에서 '有所'는 '有所+(发展 / 进步 / 提高 / 增加 / 增长 …)'과 같이 뒤에 두 글자 동사와 함께 쓰여 '다소, 어느 정도, 좀 ~하다' 는 뜻으로 씁니다. 따라서 '다소 감소하였다'는 뜻으로 동사 뒤의 수량보어로 쓰인 '一些'를 삭제한 후 '有所减少'라고 써야 합니다.

[번역]
A. 그는 가방 속에서 신문 한 장을 꺼내서 고개를 숙이고 집중해서 보고 있다.
B. 춘곤증은 인체 생리기능이 자연 기후변화에 따라서 생겨나는 일종의 계절성 생리현상이다.
C. 돼지고기 가격은 작년 11월부터 잠시 오른 후에, 2010년에 계속 하락하기 시작하였다.
D. 오늘 낮의 풍력은 다소 줄어들었으며, 풍력강도는 눈에 띄게 약해졌다고 한다.

[정답] D

55.
[단어]

浓郁 nóngyù 图 ① (향기가) 짙다, 그윽하다 ② (색채, 감정, 분위기 등이) 강하다 ③ (흥미가) 크다 ④ 빽빽하다

[해설]
C의 맨 마지막 절의 '运送 / 给南方'는 문맥상 '남방까지 운송을 한다'는 뜻입니다. 동사 '运送' 뒤에 장소를 가리

키는 명사 '南方'이 있으므로 동사 뒤에는 결과보어 '到'를 써서 '运送 / 到 / 南方'으로 바꾸어 써야 합니다. 여기서 '南方'은 고유명사이므로 뒤에 방위사를 쓰지 않습니다.

[번역]
A. 성공하려면 원가가 드는데, 시간도 일종의 원가이다. 시간절약이 바로 원가절약이다.
B. 중국인은 많기 때문에, 싱가포르의 설에도 국내보다 더욱 농후한 설 분위기를 찾을 수 있다.
C. 동북지역의 식량 총 생산은 현지에 제공하는 것 이외에도, 또 남방까지 운송을 한다.
D. 활동에 등록 참가하는 분들은 2011년 2월 20일 이전에, 개인 자료를 본 편집부로 우편으로 붙여 주시기 바랍니다.

[정답] C

56.
[단어]

博大精深 bódàjīngshēn 휑 (학문 등이) 박학다식하다, 깊다 / 塑造 sùzào 됭 ① 빚어서 만들다, 조소하다 ② (문자로) 인물을 형상화하다, 묘사하다

[해설]
A의 가운데 절의 '别生气吧'에서 부정부사 '别' 뒤에는 어기조사 '了'를 함께 쓸 수 있습니다. 따라서 '吧'를 '了'로 바꾸어 써야 합니다.

[번역]
A. 그는 일부러 그런 말을 한 것이 아니니까, 화내지 마라. 그는 단지 일시적으로 화가 났을 뿐이니, 너무 따지지 마라.
B. 중국문화는 해박하고 깊어서 많은 문학가들에게 창작의 원천을 제공하여 주었다.
C. 허풍떨기만 할 줄 아는 사람은 그 생활의 신용도가 낮아서 믿기 어렵게 한다.
D. 연극은 일종의 종합 무대예술이다. 연극은 문학과 예술 등 예술수단을 빌려서 무대예술 이미지를 만든다.

[정답] A

57.
[단어]

好客 hàokè 됭 손님 접대를 좋아하다 / 黑黝黝 hēiyōuyōu 휑 ① 꺼머번지르하다 ② 거무칙칙하다, 어두컴컴하다 / 绽放 zhànfàng 됭 (꽃이) 피다 / 憨厚 hānhòu 휑 정직하고 무던하다, 충실하다

[해설]
동사 뒤에 '在', '于', '到'를 쓰고 그 뒤에 장소나 범위에 해당하는 명사나 대명사 등이 함께 오는 경우, 장소에 해당하는 명사나 대명사가 국가이름, 지명 등 고유명사가 아닌 이상, 방위사와 함께 '동사+在 / 于 / 到+장소, 범위+방위사'의 형태로 써야 합니다. 따라서 C의 '这些志愿者 / 积极 / 投入到 / 各项环保活动.'에서 '활동 속에 투입되었다'는 뜻으로 '投入 / 到 / 各项环保活动 / 中'이라고 해야 합니다.

[번역]
A. 손님 접대하기를 좋아하는 산속 사람들은 집안의 모든 맛있는 것들을 꺼내서 멀리에서 온 손님을 접대해서, 우리를 매우 감동하게 하였다.
B. 노인은 몸을 바로 세우고, 그 거무죽죽한 얼굴에 잠시 정직한 유감의 뜻을 나타내었다.
C. 최근 몇 년 동안 이런 지원자들은 적극적으로 각종 환경보호 활동에 뛰어들었다.
D. 현재, 많은 상품의 가격은 모두 시장이 조절을 해서, 이전에 10원 하던 상품인데 지금은 뜻밖에 50원에 팔았다.

[정답] C

58.
[단어]

遮挡 zhēdǎng 됭 막다, 저지하다 휑 차단물, 방해물 / 双休日 shuāngxiūrì 휑 (주 5일 근무제에서의) 쉬는 이틀, 이틀 연휴 [주로 도요일과 일요일의 연휴기간을 가리킴] / 推销 tuīxiāo 됭 판로를 확장하다, 널리 팔다

[해설]
B의 뒤 절의 '双休日 / 前往 / 最好 / 避 / 交通高峰时段.'에서 동사 '避'는 분리, 이탈의 뜻을 나타내는 동사로 결과보어 '开'와 함께 관용적으로 쓰입니다. 따라서 동사를 '避开'로 바꾸어 써야 합니다.

[번역]
A. 점심식사를 하고 나서, 바람이 많이 불어서 눈 깜짝할 사이에 먹구름이 깔렸다.
B. 사람들이 향산에 간다면 주말을 비껴서 가는 것이 제일 좋고, 주말에 간다면 러시아워를 피해서 가는 것이 가장 좋다.
C. 당신이 성공적으로 자신을 다른 사람한테 판매하기 전에, 당신은 반드시 100% 자기자신을 자신에게 팔아야 한다.
D. 너희끼리 불만이 있는 것은 불만이 있는 것이고, 일하는 데 지장을 주어서는 안 된다.

[정답] B

59.

[단어]

融化 rónghuà 통 (얼음, 눈 등이) 녹다, 융해되다 /
滋润 zīrùn 형 젖어있다, 촉촉하다 통 촉촉하게 하다,
축이다, 적시다 / 指标 zhǐbiāo 명 지표, 목표

[해설]

B의 뒤 절의 '(…的) / 关注着。'에서 관형어 '…的' 뒤에
는 명사나 대명사가 와야 하고, 현재진행이나 상태의 지속
을 나타내는 동태조사 '着'를 쓸 수 없습니다. 따라서 불필
요한 '着'를 삭제해야 합니다.

[번역]

A 음악 치료법은 확실히 환자의 정서를 완화시키고, 스트
레스를 줄이며, 초초함을 없애는 것에 대해 많은 작용이
있다.
B. 사람들은 '부'라는 단어의 견해에 대해 각자 다르다. 최근
에 부는 많은 사람들의 관심을 끌고 있다.
C. 봄이 와서, 대지를 덮고 있던 두껍게 쌓여있던 눈이 점점
녹아서 대지를 적시고 있다.
D. 물질적인 의미에서의 행복한 생활은 겨우 하나의 지표일
뿐이다.

[정답] B

60.

[단어]

举世闻名 jǔshìwénmíng 성 세계에서 유명하다, 세
상에 널리 이름나다 / 烹制 pēngzhì 동형 요리(하다),
조리(하다) / 尴尬 gāngà 형 ① (입장 등이) 난처하
다, 곤란하다, 거북하다, 곤혹스럽다 ② (표정 등이) 부
자연스럽다, 어색하다 / 悬挂 xuánguà 동 걸다, 매달
다 / 绣 xiù 동 수놓다, 자수하다 / 别致 biézhì 형 색
다르다, 독특하다, 특이하다, 신기하다 / 爱不释手
àibúshìshǒu 성 매우 아껴서 손을 떼지 못하다 ; 잠시
도 손에서 놓지 않다

[해설]

B의 맨 마지막 절의 '将 / 使 / 汉字书写 / 面临 / 尴尬
处境了。'에서 부사 '将 (곧 ~일 것이다)'는 아직 일어나지
않음을 나타내는 낱말이므로, 맨 뒤의 '了'와 함께 쓸 수
없습니다. 따라서 문맥상 맨 뒤의 '了'를 삭제해야 합니다.

[번역]

A 중국의 '먹는 것'은 세계에서 유명한데, 이것은 중국의 음
식이 풍부하고 종류가 많다는 것을 표현할 뿐만 아니라,
요리 방법상에서도 독특한 점이 있다는 것을 표현한다.
B. 전문가는 지나치게 컴퓨터나 문자 메시지가 가져오는 편
리함에 의지하면, 한자를 쓰는 것이 어색해지는 지경에
처하게 할 것이라고 생각한다.
C. 매번 국경절 때가 되면, 북경의 골목에는 집집마다 문밖
에 모두 오성기를 단다.
D. 이 천 위의 도안은 모두 수공으로 은색 실을 사용해서 수
를 놓은 것이라서 매우 독특하기 때문에, 사람이 한 번
보게 되면 손에서 놓기 어렵게 만든다.

[정답] B

[3주차 실력다지기 실전문제]

1회

[정답]

51 B	52 B	53 C	54 C	55 A
56 B	57 A	58 C	59 A	60 A

51.

[단어]

闯进 chuǎngjìn 동 틈입하다, 뛰어들다 / 勤恳 qínkěn
형 근면성실하다

[해설]

B의 맨 앞 절의 '从 / 开始 / 参加工作 / 到现在'에 '参
加工作'라는 말 자체가 '일을 하기 시작하다, 직장을 다니
기 시작하다' 는 뜻이므로, 불필요한 단어인 '开始'를 삭제
하여 말의 중복을 피해야 합니다.

[번역]

A 맨 마지막에 그는 0.1초의 우세로 성공적으로 결승선에
뛰어들었다.
B. 직장을 다니기 시작할 때부터 지금까지 그는 여태껏 아
주 근면성실해서 동료들의 한결같은 호평을 받았다.
C. 몸을 튼튼하게 하는 것을 말하면, 많은 사람들은 곧바로
시설이 잘 갖추어진 헬스클럽을 떠올릴 것이다.
D. 활동에 참가하는 독자는 2011년 7월1일 이전에, 보고서를
본사에 우편으로 부쳐 주십시오.

[정답] B

52.

[단어]

隶属 lìshǔ 통 예속되다, 종속되다 / 天球 tiānqiú 명 천구 / 计量 jìliàng 통 ① 계량하다, 재다 ② 헤아리다, 계산하다

[해설]

B의 '我们 / 把(…的)优良传统 / 应该 / 加以发扬。'에서 조동사 '应该'는 전치사 '把' 앞에 '应该把~。'의 형태로 써야 합니다.

[번역]

A. 소비자는 주방 위생용품을 구입하는 관념 면에서, 몇 년 전의 가격과 외관 중심에서 현재는 기능과 환경보호 위주로 바뀌었다.
B. 우리는 본 민족의 우수한 전통을 당연히 발양해야 한다.
C. 프리랜서는 독립적으로 일하고, 어떠한 조직에도 예속되지 않는 사람이다.
D. 자고이래로 인류는 지구상의 천체 운동으로 시간을 계산하였다.

[정답] B

53.

[단어]

鲨鱼 shāyú 명 상어 / 应试教育 yìngshìjiàoyù 명 주입식 교육 [= 填鸭式 tiányāshì] / 独到 dúdào 명 독창(적), 독특(한 점)

[해설]

C의 뒤 절의 '这种教育方式 / 会造成 / (对孩子心理和身体的) / 双重伤害。'에서 전치사구 '对孩子心理和身体'는 주어와 서술어 사이에 써야 합니다. 따라서 뒷 절을 '这种教育方式 / 会 / [给孩子心理和身体] / 造成 / 双重伤害。' 또는 전치사 '对'를 삭제하여 '这种教育方式 / 会造成 / (孩子心理和身体的) / 双重伤害。'라고 바꾸어 써야 합니다.

[번역]

A. 상어는 오래된 해양성 어류인데, 전 세계에 비교적 넓게 분포되어 있으며, 모두 250 여 종이 있다.
B. 여행업은 종합적인 경제 사업이며, 국민경제 중에서 중요한 지위를 차지하고 있다.
C. 주입식 교육은 현재 아주 흔한 일인데, 이런 교육방식은 아이들의 심신에 대해 이 중 상처를 초래할 수 있을

것이다.
D. 그의 견해는 독특하고 심오해서, 자주 많은 고등학교에서 강연을 하도록 초대를 받으며, 학생들의 환영을 받는다.

[정답] C

54.

[단어]

喷灌机 pēnguànjī 명 〈农〉 스프링쿨러 [농사를 지을 때 대량으로 물을 살포하는 기계] / 条田 tiáotián 명 넓으면서도 길쭉한 논이나 밭

[해설]

C의 앞 절과 가운데 절의 '在 / 1955年1月1日 / 成立 / 以来'에서 '~ 이래로'라는 뜻의 전치사구의 관용적인 표현은 '从[=自] …以来'입니다. 따라서 전치사 '在'를 '从'으로 바꾸어 써야 합니다.

[번역]

A. 당신들은 외국에서 스프링클러를 들여와서 밭에서 작업을 한다.
B. 余秋雨와 叶圣陶가 교제를 하는 가운데 아주 감동적인 일 하나가 있다.
C. 이 항공사는 1955년 1월1일에 성립된 이래로 이미 계속해서 40년 동안 안전비행을 하였다.
D. 시합 중에 네가 충분히 네 상대를 이해하지 못했을 때에는 함부로 행동을 취해서는 안 된다.

[정답] C

55.

[단어]

发人深省 fārénshēnxǐng 성 사람을 깊이 생각하게 하다, 사람을 깊이 깨닫게 해주다 / 汲取 jíqǔ 통 ① (물을) 긷다 ② 흡수하다, 섭취하다, 얻다 / 教益 jiàoyì 명 ① 교훈과 이익 ② 가르침을 받아서 얻은 유익한 점 / 诸多 zhūduō 명 수많은, 많은, 허다한

[해설]

전치사 '从'은 '어떤 근거로부터 결론이나 결과를 이끌어내다, 얻다'는 뜻인 경우에도 쓸 수 있습니다. A의 '在 / (这些发人深省的) 案件中 / 汲取 / 教益。'는 문맥상 '~로부터 교훈을 받아들이다, 흡수하다'는 뜻이므로, 전치사구 '在 …中'를 '从…中'으로 바꾸어 써야 합니다.

[번역]

A. 우리는 당연히 이런 사람을 반성하게 하는 사건 속에서 교훈을 받아들여야 한다.

B. 매 시간마다 관측을 하는 것이 가장 좋은데, 이렇게 하면 관측결과의 정확성을 보증할 수 있다.

C. 그는 매일 한 끼 식사를 하는데, 돈 몇 푼을 아껴서 아이에게 옷을 사주고 싶어서이다.

D. 제지술과 인쇄술의 발명은 인류의 경제 문화 등 많은 방면에 대해 중요한 영향을 생기게 하였다.

[정답] A

56.

[단어]

> 放纵 fàngzòng 통 내버려두다, 방임하다 형 방종하다, 법규를 지키지 않고 제멋대로, 예의에 어긋나다 / 大都 dàdū 명 대도 [중국 원대의 수도로 지금의 북경을 말함] / 古朴 gúpǔ 형 예스럽고 소박하다, 수수하면서 고풍스럽다 / 典雅 diányǎ 형 우아하다 / 复述 fùshù 통 다시 말하다, 복창하다, 다시 진술하다

[해설]

B의 뒤 절의 '修建了 / (使 / 通州 / 到 / 大都 / 的) / 通惠河。'에서 '~로부터 …까지'라는 뜻의 전치사구의 관용적인 표현은 '从 ~, 到 …'를 씁니다. 따라서 관형어 자리의 '(使 / 通州 / 到 / 大都 / 的) ~'를 '(从 / 通州 / 到 / 大都 / 的) ~'로 바꾸어 써야 합니다.

[번역]

A. 교육자는 반드시 완벽한 모습이어야 하며, 자신을 방임하는 어떠한 이유도 없어야 된다.

B. 물건을 大都로 운반하기 위하여, 通州로부터 大都까지의 通惠河를 건설하였다.

C. 景泰蓝은 우리나라에서 유명한 전통 수공예품이다. 그것은 역사, 문화, 예술, 독특한 전통 공예와 일체가 되어, 수수하고 고풍스럽다.

D. 그는 기억에 따라 이 이야기를 다른 종이 위에 다시 진술하여 한 학우에게 보여 주었다.

[정답] B

57.

[단어]

> 喷发 pēnfā 통 (화산이 용암을) 분출하다 / 生态平衡 shēngtàipínghéng 명 생태 평형 / 示范 shìfàn 명

통 ① 모범(을 보이다), 시범(을 보이다), 시범하다 ② 실제적인 사례 (본보기)를 들어 교육하다

[해설]

A의 '从 / 16世纪 / 到 / 现在 / 以来'에서 '从~ 到… (~로부터 …까지)'와 '~以来 (~이래로)'는 한 문장에서 한 가지만 써야 하므로, 불필요한 '以来'를 삭제해야 합니다.

[번역]

A. 백두산은 16세기에서 지금까지 3번 화산이 폭발한 적이 있다.

B. 이것은 고품격으로 생태계 균형을 재건한 전형이다.

C. 3년 전 그는 면으로 된 외투 한 벌을 도둑맞았고, 그때부터 3년간 계속해서 면으로 된 외투가 없었다.

D. 그들의 이런 방법은 전국에서 시범 작용을 하였다.

[정답] A

58.

[단어]

> 盗窃 dàoqiè 통 도둑질하다, 절도하다 / 毒 dú 명 ① 독 ② 해독, 폐단

[해설]

C의 앞 절의 '为了 / 向 / (香港的) 货物 / 运到 / 北京'에서 문맥상 '홍콩의 물건을 북경으로 운반하기 위해서'라는 뜻이므로, 방향을 나타내는 전치사 '向'을 '~를, ~을'라는 뜻의 전치사 '把'로 바꾸어 써야 합니다.

[번역]

A. 당신은 아직 그런 일을 겪지 않았기 때문에, 그들의 고통을 이해할 수 없다.

B. 명절 때 쯤, 북경의 고급 주택에는 비슷한 종류의 강도 침입 사건이 일어난 적이 있다.

C. 홍콩의 화물을 북경으로 운반하기 위하여, 그들은 협력을 강화하기를 바란다.

D. 양귀비가 음독하여 马嵬坡에서 죽은 이야기는 계속해서 널리 전해져온다.

[정답] C

59.

[단어]

光辉 guānghuī 몡 찬란한 빛, 광휘 혱 찬란하다, 훌륭하다 / **业绩** yèjì 몡 업적 / **宣传** xuānchuán 몡동 선전(하다)

[해설]

A의 '这 / 无疑 / [从 / 这个家庭]增添了 / (…的) 负担。'에서 '~에게 …을 보태주다'는 뜻으로 [给 ~] / 增添了…'를 씁니다. 따라서 전치사 '从'을 '给'로 바꾸어 써야 합니다.

[번역]

A. 이 사고는 그의 가정에 더욱 무거운 부담을 보태주었다.
B. 중국 국제항공사는 우리나라 민간항공 역사에 찬란한 업적을 만들었다.
C. 그는 연속해서 몇 년간 우수 직원으로 평가 받았다.
D. 현재 자신의 민족문화를 선전하고 외래문화를 흡수하는 동시에, 또한 반드시 다른 문제를 기억해야 된다.

[정답] A

60.

[단어]

逃脱 táotuō 동 ① 도망치다, 달출하다 ② (위험이나 불리한 입장에서) 벗어나다, 면하다 / **恒星** héngxīng 몡 항성 / **天狼星** tiānlángxīng 몡 천랑성, 시리우스 (Sirius)

[해설]

방향을 나타내는 전치사는 '朝, 向, 往'이 있는데, '~한테 …하다'는 뜻으로 움직임 (이동)의 뜻이 없이, 방향만 ~를 향해서 '挥手 (손을 흔들다), 点头 (고개를 끄덕이다), 摇头 (고개를 가로젓다)' 등 구체적인 신체동작을 하다는 뜻인 경우 전치사 '朝[= 向]'을 쓰며, '어떠한 방향을 향해서 움직이다, 이동하다'는 뜻인 경우에는 전치사 '朝'를 쓸 수 없고, '往[= 向]'을 씁니다. 따라서 A의 가운데 절의 '[往猎人] / 摆手'에서 전치사 '往'을 또는 '朝[= 向]'로 바꾸어 써야 합니다.

[번역]

A. 사냥꾼을 만나서 달아날 방법이 없을 때, 어미 원숭이는 계속해서 사냥꾼한테 손을 흔들며, 아기 원숭이를 때리지 말라고 표시한다.
B. 그것은 21개의 가장 밝은 항성 중에서 2위를 차지하며,

겨우 시리우스 다음이다.
C. 태족 마을에서 기혼자와 미혼여자를 구분하려면 그녀들의 허리띠를 보면 된다.
D. 이 사장은 직장 동료들에게 일치된 호평을 받았다.

[정답] A

[정답]

51 A	52 A	53 C	54 C	55 C
56 C	57 A	58 B	59 D	60 C

51.

[단어]

蘑菇 mógu 몡 버섯 / **开拓** kāituò 동 개척하다, 개간하다

[해설]

A의 가운데 절의 '分布在 / 是 / (…的) / 南北两侧'에서 '~에 분포하다'는 뜻으로 '分布在 ~'라고 쓰므로, 불필요한 동사서술어 '是'를 삭제해야 합니다.

[번역]

A. 도시의 서민아파트는 삼은 골목이 남북 쪽 양측에 분보하는데, 대부분 남향이다.
B. 버섯에는 풍부한 영양성분이 있고, 또 칼로리가 낮아서, 자주 먹어도 살이 찌지 않는다.
C. 농업의 새로운 영역을 개척하는 것은 이미 현재 세계 농업발전의 새로운 추세가 되었다.
D. 어머니의 격려는 나에게 자신감을 아주 많이 심어 주었다.

[정답] A

52.

[단어]

罕见 hǎnjiàn 혱 보기 드물다, 희한하다

[해설]

'~의 입장에서 말하면, ~의 생각에는'이라는 뜻의 관용적인 표현으로 전치사구 '对(于)+사람+来说'을 씁니다. 따라서 A의 맨 앞 절의 '从 / 电视观众 / 来说'에서 전치사

'从'을 '对'로 바꾸어 써야 합니다.

[번역]
A. TV 시청자들의 입장에서 사회자는 반드시 완벽한 이미지이어야 하며, 자신을 방임하는 어떠한 이유가 있어서는 안 된다.
B. 이곳의 겨울은 전혀 춥지가 않으며, 눈이 내리는 날은 더욱 드물다.
C. 삼가는 것은 중국 고대사회의 일종의 풍습이며, 특유한 문화현상이기도 하다.
D. 많은 위대한 업적을 낸 사람들은 모두 열심히 노력하는 정신이 있었다.

[정답] A

53.

[단어]

号召 hàozhào [동] 호소하다 / 搬迁 bānqiān [동] 이전하다, 이사하다

[해설]
전치사 '为了+명/대/동사(구)/주술 구'는 보통 문장 맨 앞에 쓰여서 '~하기 위해서'라는 목적을 나타냅니다. C의 맨 앞 절의 '为着 / (响应国家的) / 号召'에서 '为着'를 '为了'로 바꾸어 써야 합니다.

[번역]
A. 동서양은 음식방면, 습관적인 방면에서 비교적 큰 차이가 있다.
B. 그는 어제 잠을 늦게 잤기 때문에 이튿날 11쯤에야 비로소 잠에서 깨어났다.
C. 국가의 부름에 응답하기 위해서 우리 국민은 北大荒을 '北大仓'으로 바꾼 것은 질적으로 높은 생태계 평형을 건설한 전형이기도 하다.
D. 여러 번 이사를 하고 난 끝에, 우리 가족은 결국 산동에 정착하게 되었다.

[정답] C

54.

[단어]

一草一木 yìcǎoyímù [성] 풀 한 포기 나무 한 그루 / 纠纷 jiūfēn [명] 다툼, 분쟁, 분규, 알력 [동] 분규하다, 옥신각신하다 / 扶助 fúzhù [동] 도와주다, 부조하다, 원조하다

[해설]
C의 앞 절과 가운데 절의 '许多小饭馆 / 经营 / 不规范, / 被 / 消费者 / 难放心'에서 전치사 '被' 뒤에는 동작이나 행위의 주체가 오는데, '消费者'는 주체가 아니므로 被를 쓸 수 없습니다. 문맥상 '많은 작은 음식점에서 규정에 맞지 않게 경영을 하기 때문에 소비자들을 불안하게 한다'는 뜻이므로, 뒤 절의 '消费者 / 难放心' 앞에 '被' 대신 사역동사 '使'를 써야 합니다. (제1주차 월요일 서술어 관련 유형의 문제 → 4. 사역동사의 쓰임이 잘못된 유형의 문제' 부분을 참고하세요.)

[번역]
A. 곧 졸업이라서 나는 이곳의 풀 한포기 나무 한 그루조차 정말 아쉽다.
B. 계속해서 손해를 보자, 그는 스스로 사업을 할 재목이 아니라고 여겼다.
C. 많은 소규모 음식점이 규정을 지키지 않아서 소비자들을 불안하게 만들기 때문에, 자주 이런 분쟁들이 발생한다.
D. 부부는 상호간에 서로 도와야하는데, 이것은 서로의 권익이며, 동시에 의무이기도 하다.

[정답] C

55.

[단어]

航运 hángyùn [명] 해상 운송, 선박 수송 / 攻克 gōngkè [동] 점령하다, 정복하다, 함락시키다 / 猎杀 lièshā [동] 사냥하다

[해설]
'주어+[以(전)+명/대]+为(동)+목적어。'는 '~을 …으로 삼다, 여기다, 간주하다'는 뜻의 관용적인 표현입니다. 따라서 C의 '他们 / 还是 / [以 / 猎杀野生动物] / 食。'에서 목적어 '食' 앞에 동사 '为'를 써야 합니다.

[번역]
A. 장차 건설될 三峡 수력발전소는 항공운항 조건을 개선할 수 있을 뿐만 아니라, 기후작용을 개선할 수 도 있다.
B. 우리나라 과학연구 종사자들은 계속해서 열심히 난제를 풀려고 노력하고 있다.
C. 그들은 여전히 야생동물을 사냥하는 것을 주식으로 하고 있다.
D. 우리 아이는 순조롭게 유치원에서 초등학교 과정을 마쳤다.

[정답] C

56.

[단어]

顶尖 dǐngjiān 몡 ① 최상등, 최고급, 최고 ② (목화 등의) 순, 싹

[해설]

'~보다 더 …한 것은 없다, ~이 가장 …하다'는 뜻의 비교 구문의 관용적인 표현으로 '没有比 ～ 更 / 再+형용사+的了。'를 씁니다. 따라서 C의 뒤 설의 '再 / 没有 / [比 / 感冒] / 更 / 常见 / 的了。(감기보다 더 흔한 일은 없다)'에서 맨 앞 쪽의 再를 삭제해야 합니다.

[번역]

A. 당신이 가져간 것은 절대로 《백과서전 전서》 CD가 아니지만, 그러나 같은 종류의 물건 중에 가장 좋은 상품이기도 하다.
B. 컴퓨터는 비록 사람들이 일을 하는데 더욱 편리하게 해 주었지만, 그러나 사람들은 오히려 직접 다른 사람과 이야기하고 즐길 수 있는 방법이 없다.
C. 인류가 걸리는 각종 질병 중에 감기보다 더 흔한 것은 없다.
D. 이상점은 장사가 매우 잘되어서, 천천히 시내에서 유명해졌다.

[정답] **C**

57.

[단어]

绮丽 qǐlì 몡 아름답다, 곱다 / **远古** yuángǔ 몡 상고, 먼 옛날, 아득한 옛날

[해설]

'앞의 원인 때문에 뒤의 결과를 초래하다'는 뜻으로 주술구조 앞에 사역동사 '让, 叫, 使, 令'을 쓸 수 있습니다. 그러나 A의 맨 마지막 절의 '～, 又能 / [使 / 一切人] / 所 / 观测 / 共用'은 문맥상 '모든 사람들이 ～를 관측하고, 함께 사용할 수 있다'는 뜻입니다. 따라서 사역동사 '使'를 동작이나 행위의 주체 앞에 쓰는 전치사 '被'로 바꾸어 쓰거나, '[为(= 被)(전)+명/대]+所+두 글자 동사 성 어구.'의 형태로 피동의미인 전치사 '为'로 바꾸어 써야 합니다.

[번역]

A. 이런 운동은 일정하면서 모든 사람들에 의해 관측되어지고 함께 사용될 수 있기 때문에, 인류는 천제의 지구상에서의 운동을 이용하여 시간을 측정할 수 있다.

B. 주 총리는 도서관에서 세계지도와 기타 서적들을 빌려 보았다.
C. 그 독특한 지리 구조는 아름다운 경관을 만들었다.
D. 우리 선조는 예부터 계속해서 야외에서 활동하였다.

[정답] **A**

58.

[단어]

坐北朝南 zuòběicháonán (건물 등이) 남향이다, 북쪽에 자리 잡고 남쪽을 향하다 / **桃花** táohuā 몡 복숭아 꽃 / **航天员** hángtiānyuán 몡 우주비행사

[해설]

'앞의 원인 때문에 뒤의 결과를 초래하다'는 뜻으로 주술구조 앞에 사역동사 '让, 叫, 使, 令'을 쓸 수 있습니다. B의 '(…的)实施, / 把 / 工厂形势 / 有所好转。'에서 문맥상 '~한 시설은 공장모습을 다소 호전되게 하였다'는 뜻입니다. 따라서 주술구조인 '工厂形势 / 有所好转 (공장모습이 다소 좋아졌다)' 앞의 전치사 '把'를 사역동사 '使'로 바꾸어 써야 합니다.

[번역]

A. 이런 주택들은 대부분 남향이다.
B. 정부가 해준 여러 가지 우대정책의 실시는 공장의 모습을 다소 좋게 만들었다
C. 이곳의 복숭아꽃은 보통 3월에 피는데, 만발한 모습이 매우 아름답다.
D. 우주비행사들은 우리나라의 우주비행 사업에 큰 공헌을 하였다.

[정답] **B**

59.

[단어]

文盲 wénmáng 몡 문맹(자), 까막눈 / **显著** xiǎnzhù 몡 현저하다, 뚜렷하다, 두드러지다

[해설]

D의 '天文学家 / [根据 (星星 / 看上去的) 明亮程度], / 它们 / 分成 / 六个等级。'에서 문맥상 '별들을 6등급으로 구분 한다'는 뜻이므로, 전치사 '把'를 써서 '把 / 它们 / 分成 / 六个等级。'이라고 써야 합니다. 동사 뒤에 결과보어 '成'이 있는 경우, 전치사 '把'와 함께 '주어+[把(전)+명/대

+]+동사+成+목적어。(~을 …으로 하다)'의 형태로 쓸 수 있습니다.

[번역]
A. 정부는 많은 시책을 수용했는데, 바로 사회의 문맹자들을 가능한 좀 줄이고 싶어 하기 때문이다.
B. 이런 종류의 방법을 취하고 나서, 학생 수는 현저히 증가하였다.
C. 우리는 서로 상대방의 소리를 들을 수 없어서, 수화로 의사를 표현 할 수밖에 없었다.
D. 천문학자는 별을 겉으로 보이는 밝은 정도에 따라, 별들을 6등급으로 나눈다.

[정답] D

60.

[단어]

避开 bìkāi [동] 비키다, 피하다 / **坑洼** kēngwā [명] 땅이 움푹 패인 곳, 웅덩이, 구덩이 [형] 움푹 패이다, 우묵하다 / **结冰** jiébīng [동] 얼음이 얼다, 결빙하다 / **纳入** nàrù [동] 받아 넣다, 들어서다, (궤도에) 올리다 (오르다)

[해설]
C의 '已婚妇女 / 都 / 会 / (家中的)钥匙 / 挂在 / 腰带上。'에서 주어 '已婚妇女' 뒤의 명사 '(家中的)钥匙' 앞에 전치사가 반드시 있어야 합니다. 따라서 문맥상 '열쇠를 허리띠에 걸다'는 뜻이므로, 전치사 '把'를 써서 '已婚妇女 / 都 / 会 / 把(家中的)钥匙 / 挂在 / 腰带上。'라고 써야 합니다.
동사 뒤에 개사 구 보어 '在+명/대'가 있고, 목적어를 써야 하는 경우, 전치사 '把'와 함께 '주어+[把(전)+명/대+]+동사+在+명/대。(~을 …에 동사서술어하다)'의 형태로 쓸 수 있습니다.

[번역]
A. 부를 얻는 수단은 당연히 정당하고 합법적이어야 한다.
B. 겨울철에 주차를 하려면 장소선택에 주의해야 하는데, 물이 결빙되어 차바퀴가 얼지 않도록 최대한 웅덩이가 있는 습한 곳을 피해야 한다.
C. 어떤 소수민족의 기혼여성은 모두 집안의 열쇠를 허리띠에 차고 있다.
D. 시내 전 지역에서는 이미 이 항목의 일을 종합 실천 활동 교과과정으로 포함시켰다.

[정답] C

[4주차 실력다지기 실전문제]

1회

[정답]

51 A	52 C	53 B	54 B	55 C
56 C	57 B	58 C	59 D	60 C

51.

[단어]

吹牛 chuīniú [동] 허풍을 떨다, 큰소리치다 / **诚信** chéngxìn [명] 성실, 신용 [동] 신용을 지키다

[해설]
A의 맨 마지막 절의 '去 / 他的 / 教师。'에서 동사 '去' 뒤에는 장소 목적어가 와야 하고, 사람목적어인 '教师'는 쓸 수 없습니다. 따라서 목적어 '教师'를 '教室'로 바꾸어 써야 합니다.

[번역]
A. 선생님께서 원인을 분명히 물으시고는 좀 생각을 깊게 하시더니 가볍게 내 어깨를 두드리시며, 나한테 그의 교실에 가있으라고 하셨다.
B. 중국 문화는 해박하고 심오해서 많은 문학가들에게 창작의 원천을 제공하였다.
C. 허풍 떨기만 할 줄 아는 사람은 그 생활의 신용도도 상상하기 어려울 정도로 낮다.
D. 연극은 일종의 종합 무대예술이며, 그것은 현실생활을 반영하여 갈등을 드러낸다.

[정답] A

52.

[단어]

圆嘟嘟 yuándūdū [형] 통통하다, 퉁퉁하다 / **畅销** chàngxiāo [형][동] 매상이 좋다, 판로가 넓다, 잘 팔리다 / **经得起** jīngdéqǐ [동] 견디어 내다, 이겨내다, 참아내다

[해설]
C의 맨 마지막 절의 '(…的)实际价值 / 是否 / 经得起 / (时候的) / 考验了。(~한 실제 가치는 시간의 시련을 견디어 낼 수 있는가 하는 것이다.)'에서 목적어 앞의 관형이 자리에 '시간'이라는 뜻으로 명사 '时间'을 써야하고, '때, 시점'를 나타내는 명사 '时候'를 쓸 수 없습니다.

[번역]

A. 아이의 성장 중에 가장 필요한 것은 바로 학부모의 믿음과 이해이다.

B. 그 집 아이는 막 태어난 지 얼마 안 되었는데, 통통한 작은 얼굴이 정말 너무 사랑스럽다.

C. 잘 팔리는 책이 반드시 좋은 책은 아니지만, 명저가 될 가능성도 있는데, 이것은 그 책이 시간의 시련을 견디어 낼 수 있는지를 보아야 한다.

D. 인터넷이 사회활동에 진입하고 나서 매우 짧은 10년 내에 신속하게 주된 정보매체가 되었다.

[정답] C

53.

[단어]

生涯 shēngyá 몡 ① 생애, 생활, 일생 ② 직업, 장사

[해설]

'本能'은 선천적으로 가지고 있는 동작이나 운동을 말하며, '能力'는 주로 후천적으로 길러진 일을 감당해내는 힘을 말합니다. B의 '某些动物 / 具有 / (…的) 本能, 大多数人 / 不具备 / 这种能力。'에서 뒷 절의 지시대명사 '这种能力'는 앞의 낱말을 가리키므로, 문맥상 앞 절의 목적어 '本能'을 '能力 [= 本领, 本事]'로 바꾸어 써야 합니다.

[번역]

A. 사람들이 성과를 낼 때는 바로 현재이지만, 많은 사람들은 오히려 과거를 후회하고 미래를 걱정하는 가운데 좋은 세월을 낭비하였다.

B. 어떤 동물들은 방향을 구분하는 능력을 가지고 있지만, 대다수 사람들은 이런 능력을 가지고 있지 않다.

C. 인류 생존은 물을 떠날 수 없다. 물은 살아가는데 기본 조건이다.

D. 그의 20여 년간의 교직 생활 속에서, 그는 여러 번 이런 비슷한 정황을 겪었다.

[정답] B

54.

[단어]

扮演 bànyǎn 동 ~의 역을 맡다, 출연하다 / 精明 jīngmíng 혱 총명하다, 영리하다, 일에 세심하고 똑똑하다

[해설]

B의 앞 절의 '(北京郊区的) / 地方 / 风景优美'에서 '교외지역'이라는 말로 명사 '郊区'만 쓰면 되고, '地方'을 함께 쓸 필요가 없고, '北京郊区 / 风景优美'라고 쓰면 됩니다.

[번역]

A. 인생은 마치 연극과 같아서, 당신이 신경을 쓰는 것은 관중이 아니라, 당신 자신이 맡은 역할이다.

B. 북경의 교외지역은 경치가 아름다우며, 가장 유명한 여행지는 青龙峡이다.

C. 모두는 진시황이 문자를 통일했기 때문에, 진시황 이전의 문자를 쓰는 법 또한 국가마다 달랐다는 것을 안다.

D. 그녀는 어릴 때부터 똑똑하고 유능했으며, 게다가 힘든 일을 견디어내려고도 하였다.

[정답] B

55.

[단어]

放任 fàngrèn 동 방임하다 / 纵容 zòngróng 동 방임하다, 내버려두다, 용인하다, 눈감아 주다 혱 제멋대로이다 / 成趣 chéngqù 흥취를 자아내다, 정취가 있다

[해설]

C의 '多数女性 / 喜欢 / (认真、幽默的) / 男性 / 最受女性欢迎(많은 여성들은 열심히 하고 유머가 있는 남성을 좋아한다.)'에서 맨 뒤 쪽의 '最受女性欢迎'은 불필요한 낱말이므로 삭제해야 합니다.

[번역]

A. 2년 동안 나는 계속 달리기를 끝까지 고수한 것은 다이어트를 위해서일 뿐 만 아니라, 나 자신의 의지를 단련하기 위해서이기도 하다.

B. 관용은 존중, 이해, 믿음과 의사소통을 의미하지만, 그러나 방임과 제멋대로 구는 것은 아니다.

C. 조사에 따르면 많은 여성들은 열심히 하고, 유머가 있는 남성을 좋아한다고 한다.

D. 등산장비는 등산의 환경조건에 적합해야 하며, 장비 제작에 있어서 가능한 장비를 가볍고 편리하게 만들어야 하며, 한 가지 장비를 여러 가지 용도로 사용할 수 있어야 한다.

[정답] C

56.

[단어]

提神 tíshén 통 기운을 내다, 정신을 차리다 (가다듬다) / 油腻 yóunì 형 기름지다, 기름기가 많다 명 ① 기름진 식품 ② (기름)때 / 辉煌 huīhuáng 형 휘황찬란하다, 눈부시다 / 千奇百怪 qiānqíbǎiguài 성 기괴하다, 괴상하다, 각양각색의 기괴한 모양 / 矿藏 kuàngcáng 명 지하자원, 매장 광물 / 驰名中外 chímíngzhōngwài 성 중국과 외국에 이름이 널리 알려지다, 유명하다 / 世人皆知 shìrénjiēzhī 성 세상 사람들이 다 안다, 모두 다 안다

[해설]

C의 뒤 절의 '有些植物 / 也能 / 成为 / 找到 / 地下矿藏'에서 문맥상 '어떤 식물들은 지하자원을 찾는 근거 (증거)가 된다'는 뜻입니다. 따라서 목적어 '依据 (의거, 근거, 증거, 기초)'를 써서 '有些植物 / 也能 / 成为 / (找到 / 地下矿藏的) 依据。'라고 쓰거나 '有些植物也 / 能帮助 / 我们 / 找到地下矿藏' 등으로 바꾸어 써야 합니다.

[번역]

A 차는 정신을 맑게 하고, 위를 깨끗하게 하는 음료인데, 특히 느끼한 간식을 먹고 나서, 차는 느끼한 것을 씻어내는 데 도움이 된다.
B. 당대에는 중국 고전시가가 가장 빛났던 시기이며, 전해 내려오는 시가는 500수 가까이 된다.
C. 기괴한 식물계에서 어떤 식물들은 또한 지하자원을 찾는 근거가 될 수 있다.
D. 북경 사합원은 북경 토착민들이 대대로 거주하는 주된 건축 형식이며, 세계적으로 유명하여, 모든 사람들이 다 안다.

[정답] C

57.

[단어]

反响 fánxiǎng 명통 ① 반향(하다) ② 메아리치다 / 闻名遐迩 wénmíngxiáěr 성 멀리까지 이름을 떨치다, 유명하다 / 毛细血管 máoxìxuèguǎn 명 모세혈관 / 继而 jìér 부 계속하여, 뒤이어

[해설]

B의 '他 / 这个人 / 除了 / 有点懒 / 之外, / 还有 / 不少 / 让人 / 值得 / 佩服。(그는 좀 게으른 것을 제외하고, 사람을 감탄하게 할 만한 점이 많다.)'에서 문맥상 뒤 절에 목적어 '地方'을 써서 '他 / 这个人 / 除了有点懒之外, / 还有 / 不少 / (让人 / 值得 / 佩服的) 地方。'이라고 써야 합니다.

[번역]

A 이 사고는 뉴스 매체가 보도하고 나서, 강한 반향을 일으켰다.
B. 그는 좀 게으른 것 이외에도, 사람을 감탄하게 하는 점도 많다.
C. 유명한 苏州의 조경은 경물을 축소하는 수법을 사용해서, 사람에게 작은 것에서 큰 것을 볼 수 있는 예술적 효과를 주어서, 苏州는 '조경 화된 도시'라는 명예를 얻었다.
D. 거짓말할 때 심장이 빨리 뛰고, 혈액이 모세혈관에 한꺼번에 쏠리면서, 사람들은 덥다고 느끼고, 뒤이어 얼굴이 붉어질 수 도 있다.

[정답] B

58.

[단어]

迷失 míshī 통 ① (길이나 방향을) 잃다 ② (물건을) 잃어버리다, 분실하다 / 饥渴 jīkě 명 ① 기아와 갈증 ② 형 배고프고 목마르다 / 濒临 bīnlín 통 ① ~에 인접하다 ② 임박하다, 박두하다, ~한 지경에 이르다 / 空虚 kōngxū 형 ① 공허하다, 텅 비다, 불충실하다, 내용이 없다 ② 휑하다, 허전하다

[해설]

'주어+是+목적어。'는 '주어=목적어'라는 뜻으로 쓸 수 있습니다. C의 앞 절과 두 번째 절의 '我们 / 居住在 / 地球上, / 是 / (由…的) / 一块大磁体, ~'에서 문맥상 '지구는 큰 자기체 덩어리이다'는 뜻입니다. 따라서 주어 자리의 '我们 / 居住在 / 地球上'을 '(我们 / 居住的) / 地球'라고 바꾸어 써야 합니다.

[번역]

A 이전에 어떤 사람이 있었는데, 그는 사막에서 방향을 잃었고, 배고픔과 갈증을 견디기 힘들어 사망할 지경에 이르렀다.
B. 작가는 오로지 집에 앉아서 공상만 하는 것이 아니라, 밖으로 나아가 생활을 체험하고 자신을 보강해야만 비로소 글을 쓰는데 도움이 된다.
C. 우리가 살고 있는 지구는 육지와 바다로 구성된 큰 자기장 덩어리이다.
D. 생활은 마치 방과 같아서 휑한 채로 아무 것도 없을 수도 있고, 당신이 그것을 풍부하고 다채롭게 꾸밀 수 도 있을 것이다.

[정답] **C**

59.

[단어]

> **沮丧** jǔsàng 통 ① 기가 꺾이다, 실망하다, 낙담하다
> ② 기를 꺾다, 실망시키다

[해설]

2가지 이상의 명사를 병렬로 나열할 때에는 '北京大学 /
中文系 / 现代文学专业'처럼 '큰 범위에서 작은 범위'로
나열을 해야 합니다. 따라서 D의 앞 절의 '(西北部 / 中
国的) / 甘肃省'에서 관형어 자리의 '西北部 / 中国的~'
를 '中国 / 西北部的~'로 바꾸어 써야 합니다.

[번역]

A. 여자아이의 마음은 벌써 번화한 큰 거리에 날아가 있었
  으며, 머릿속에는 온통 우유를 다 팔고 나서의 계획뿐이
  었다.
B. 행복의 의미에 대해 모든 사람들은 다 다르게 생각한다.
C. 매 번 그를 실망하게 하고 슬프게 만드는 일을 겪을 때
  마다, 그는 어머니의 말씀에 따라 하나하나 가정과 사업
  상의 위기를 넘겼다.
D. 중국 서북부의 甘肃省은 여행 자원이 매우 풍부해서 독
  특한 특색이 있는 여행 자원을 형성하였다.

[정답] **D**

60.

[단어]

> **吸入性肺炎** xīrùxìngfèiyán 명 흡입 성 폐렴 / **肺
> 水肿** fèishuǐzhǒng 명 폐수종 / **圣地** shèngdì 명 ①
> 성지 ② 성지, 성역

[해설]

C의 첫 번째 절과 두 번째 절의 '我 / 最近 / 太忙了, /
根本 / 没有 / 时候'에서 문맥상 '바빠서 시간이 없다.'는
뜻이므로 목적어 '时候 (때, 시점)'를 '时间'으로 바꾸어 써
서 '我 / 最近 / 太忙了, / 根本 / 没有 / 时间'이라고 해
야 합니다.

[번역]

A. 심각한 만취는 폐 부위의 감염, 흡입 성 폐렴, 폐수종 등
  을 유발한다.
B. 武当山은 중국 4대 도교 명산 중의 하나인데, 명나라 때

와서야 세계적으로 유명한 도교 성지가 되었다.
C. 나는 최근에 너무 바빠서 전혀 시간이 없다, 아내와 아이
  는 내가 함께 있지 못 한다고 뭐라고 하지만, 정말 어쩔
  수 없다.
D. 시장경제가 점점 치열해 지는 오늘날, 기업이 성공을 할
  수 있는 지 없는지의 관건은 기업의 기술과 관리에 달려
  있다.

[정답] **C**

2회

[정답]

| 51 A | 52 C | 53 C | 54 B | 55 A |
| 56 A | 57 B | 58 A | 59 C | 60 D |

51.

[단어]

> **蓝鲸** lánjīng 명 장수경, 큰 고래 [몸은 남 회색에 백
> 색 반점이 있음] / **和尚** héshang 명 승려, 스님 / **取
> 经** qǔjīng 통 ① 불교도가 인도에 가서 불경을 구해
> 오다 ② 남의 경험을 배워오다, 흡수하다 / **惩恶扬
> 善** chéngèyángshàn 명 권선징악

[해설]

'他那里[=那儿] (그가 있는 그 쪽에, 그한테)', '我这里
[=这儿] (내가 있는 이쪽에, 나한테)' 처럼 사람을 나타내
는 명사나 대명사 바로 뒤에 '那里[=那儿]' 또는 '这里[=
这儿]'을 붙여 쓰면 장소로 바뀝니다. 따라서 A의 뒤 절의
'因为 / 孩子 / 总是 / 能 / 从父母 / 得到 / 启发.'에서
'부모한테서, 부모로 부터'라는 뜻으로 '从父母那儿'이라
고 써야 합니다.

[번역]

A. 아이는 늘 부모로부터 깨우침을 얻기 때문에, 아이의 성
  장은 학부모의 교육과 뗄 수 없다.
B. 큰 고래는 세상에서 이미 아는 가장 큰 동물이다.
C. 《서유기》는 당나라 승려가 서역에 가서 불경을 구해오는
  이야기를 서술하였고, 권선징악의 오래된 주제를 표현하
  였다.
D. 경청하는 것은 안전하고 온화한 분위기를 만들 수 있어
  서, 더욱 솔직하게 진실된 생각을 표현하게 한다.

[정답] **A**

52.

[단어]

率先 shuàixiān 통 앞장서다, 솔선하다 부 제일 먼저, 우선, 솔선하여 / 瓷器 cíqì 명 자기 / 光辉 guānghuī 명 광휘, 찬란한 빛 형 찬란하다, 훌륭하다 / 诉讼 sùsòng 명동 소송(하다) / 传世 chuánshì 통 ① (고대의 진귀한 보물, 저작 등이) 후세에 전해지다 ② 자손 대대로 전하다

[해설]

'몇 가지 중의 하나에 속하다, ~중의 하나이다'라는 뜻으로 '是+几(숫자)+大+명사+之一'라는 관용적인 표현을 씁니다. 따라서 C의 맨 마지막 절의 '是 / 中国十大 / 传世名画。'를 '是 / 中国十大 / 传世名画 / 之一。'라고 바꾸어 써야 합니다.

[번역]

A. 중국은 세계에서 자기를 제일 먼저 발명한 국가이며, 인류역사에 훌륭한 한 페이지를 썼다.

B. 많은 북경의 고급주택지역에서는 비슷한 소송이 발생한 적이 있었다.

C. 《清明上河图》는 북송의 도시 모습과 사람들의 생활을 묘사하였고, 매우 높은 사료가치가 있으며, 중국에서 전해 내려오는 10대 명화 중의 하나이다.

D. 하지는 이미 아주 더운 여름이 되었다는 것을 표시하지만, 하지가 지난 후의 일정시간 동안 기온이 여전히 상승하며, 다시 2,30일이 지나고 나서가 보통 가장 더운 날씨이다.

[정답] C

53.

[단어]

血糖 xuètáng 명 혈당 / 倦怠 juàndài 형 나른하다, 권태롭다 / 疲乏 pífá 명형 피로(하다), 피곤(하다) / 抑郁 yìyù 형 (불만을 호소할 수 없어) 우울하다, 울적하다, 번민하다 / 困倦 kùnjuàn 형 피곤하여 졸리다

[해설]

C의 가운데 절과 맨 마지막 절의 '这次 / 自然灾害损失 / 严重， / 粮食产量 / 将 / 减少 / 100万吨 / 以内。(이번 자연재해 손실이 매우 심각해서, 식량생산량이 100만 톤 이내로 감소할 것이다)'에서, 손실이 크다고 했으므로, 문맥상 '100만 톤 이상' 감소할 것이라고 해야 합니다. 따라서 문맥상 '以下'를 '수량+以上 (수량 이상, 수량을 넘

다)'란 낱말로 바꾸어 써야 합니다.

[번역]

A. 아침식사를 하지 않으면, 체내에 충분한 혈당이 제공되지 않아서 사람은 피곤함을 느낄 수 있다.

B. 보통 사람들이 나른하고, 피곤하고 흥미가 부족하거나 우울할 때 주의력은 종종 집중하기 힘들어진다.

C. 관계부처에서 통계한 것에 따르면 이번 자연재해는 손실이 심각해서, 식량생산은 100만 톤 이상 감소할 것이라고 하였다.

D. 우유는 영양이 풍부하고 쉽게 소화할 수 있어서 사람들은 '흰색 혈액'이라고 하며 가장 이상적인 천연식품이다.

[정답] C

54.

[단어]

可想而知 kěxiǎngérzhī 성 미루어 알 수 있다, 가히 짐작할 수 있다 / 改过自新 gǎiguòzìxīn 성 잘못을 고쳐 새 사람이 되다 / 险种 xiǎnzhǒng 명 보험 업종 / 赔付 péifù 통 (배상금을) 지불하다

[해설]

B의 앞 절과 가운데 절의 '那 / 怎么可能 / 有 / 好的 / 成绩 / 是 / 可想而知的。'에서 문맥상 '어떻게 좋은 성적을 받을 수 있겠는가?'라고 반문하여 '좋은 성적을 받을 수 없다'는 것을 강조하는 문장입니다. 따라서 맨 뒤의 '是 / 可想而知的'는 불필요한 말이므로 삭제해야 합니다.

[번역]

A. 사람은 신념이 있어서 어느 정도 추구를 한다면, 어떤 어려움도 감당할 수 있으며, 어떤 환경도 적응할 수 있다.

B. 네가 열심히 공부하지 않는다면, 어떻게 좋은 성적을 받을 수 있겠느냐.

C. 사람이 자신의 단점을 알면, 스스로 잘못을 고치고 새 출발을 할 수 있는데, 그 사람은 바로 복이 있는 사람이다.

D. 네덜란드의 한 보험회사는 특별한 '축구시합병가' 보험을 출시하였다. 직원들이 네덜란드 축구팀이 시합이 있을 때마다, 병가를 신청하면, 그 회사는 보험회사에 배상을 요구할 수 있다.

[정답] B

55.

[단어]

倾诉 qīngsù [동] (속마음을) 이것저것 죄다 말하다, 다 털어놓다 / **奴隶** núlì [명] 노예 / **崇尚** chóngshàng [동] 숭상하다, 존중하다, 숭배하다 / **涉及** shèjí [동] 언급하다, (힘, 작용 등이) 관련되다, 미치다

[해설]

A의 뒤 절의 '是 / (决定 / 一个人 / 能够 / 成功的) / 关键.'에서 문맥상 '한 사람이 성공을 할 수 있는지 없는지를 결정하는 관건이다.'라는 뜻입니다. 따라서 관형어 자리의 '(决定 / 一个人 / 能够 / 成功的) ~'에서 '(决定 / 一个人 / 能不能 / 成功的) ~' 등으로 바꾸어 써야 합니다.

[번역]

A. 굳은 신념이 있는 지 없는지는 한 사람이 성공을 할 수 있는지 없는지를 결정하는 관건이다.
B. 당신이 다른 사람한테 속마음을 다 털어놓고 싶을 때, 그 사람이 진지하게 당신의 이야기를 경청할 수 있다면, 그러면 그는 당신의 가장 좋은 친구이다.
C. 어떤 명사는 일찍이 '돈은 가장 좋은 노예이지만, 가끔 돈도 나쁜 주인으로 변할 수 있다.'고 말한 적이 있다.
D. 유행은 짧은 시간 안에 사람들이 숭배하는 생활이다. 이런 유행은 생활의 각 방면까지 영향을 미쳤다.

[정답] A

56.

[단어]

弯弯曲曲 wānwanqūqū [형] ① (길이) 꼬불꼬불하다 ② 솔직하지 않다, 마음에 꾸밈이 있다 / **园林** yuánlín [명] 조경 풍치림

[해설]

A의 맨 앞 절의 '~是 / (很 / 运气的) / 一年'에서 정도부사 '很' 뒤에는 '행운이다, 운이 좋다'는 뜻의 형용사 '幸运'을 써야 하며, '运气 (운, 행운)'는 명사이므로 쓸 수 없습니다. 따라서 관형어 자리의 '很运气'를 '是 / (很幸运的) 一年'으로 바꾸어 써야 합니다.

[번역]

A. 이 1년간의 학습을 통해서 매우 큰 성공을 했기 때문에, 나는 2010년은 가장 운이 좋은 한 해였다고 생각한다.
B. 중국 고대의 조경 풍치림 안의 모든 길은 다 구불구불하다.
C. 과학자들은 버섯류와 어떤 특별한 숲은 서로 의존관계가 있다는 것을 실증하였다.
D. 생명은 단지 이상과 목표가 있는 것만으로는 부족하며, 또 이상과 목표에 대가를 지불하여야 하는 것을 알아야 한다.

[정답] A

57.

[단어]

竹地板 zhúdìbǎn [명] 대나무 바닥 / **眼球** yǎnqiú [명] 안구

[해설]

'很多，不少，许多，一些，大量' 등과 같이 둘 이상의 '복수(复数)'의 개념이 있는 단어 뒤에는 반드시 '很多人，不少人，许多人，一些人，大量的顾客'와 같이 단수 명사를 써야 하고, '很多人们'처럼 복수를 나타내는 '们'을 함께 쓸 수 없습니다. B의 맨 앞 절의 '有 / 许多 / 美国人们'에서 '们'을 삭제하여 '有 / 许多 / 美国人'이라고 써야 합니다.

[번역]

A. 대나무 바닥은 그 우월한 성능으로 많은 소비자들의 시선을 끌었다.
B. 여전히 많은 미국인들은 암에 관한 충분한 교육이 없어서 암에 대해서 많은 오해를 하고 있다.
C. 청대 이후 다기 종류는 많아졌고, 모양도 다변하였으며, 색깔도 다양해졌다.
D. 张明山은 수십 년 간의 노력 끝에, 평생 동안 만 여 작품을 창작하였다.

[정답] B

58.

[단어]

蜜蜂 mìfēng [명] 꿀벌 / **酿造** niàngzào [동] (술, 간장, 식초 등을) 양조하다 / **花粉** huāfěn [명] 꽃가루 / **烹调** pēngtiáo [명][동] 요리(하다), 조리(하다) / **鼠标** shǔbiāo [명] 마우스

[해설]

A의 맨 마지막 절의 '采集 / 50万朵花粉.'에서 '朵'는 '꽃송이'를 세는 양사입니다. 뜻입니다. 따라서 명사 '花粉

(꽃가루)'를 '花'로 바꾸어서 '采集 / 50万朵花.'라고 써야 합니다.

[번역]

A. 과학자의 통계에 의하면 꿀벌이 매 번 1그램의 꿀을 만드는데, 약 50만 송이의 꽃을 모아야 된다고 한다.

B. 조리 과정에서 자신이 만든 간식을 맛보는 것은 성공의 희열이 있을 뿐만 아니라, 생각지도 못한 즐거움도 있다.

C. 그는 나의 말을 분명히 듣지 못하고, 내 말 뜻을 오해하였다.

D. 마우스가 작고 빠르기 때문에, 모양을 보면 마치 작은 쥐 한 마리 같아서, '鼠标'라고 불리운다.

[정답] A

59.

[단어]

重阳节 chóngyángjié 명 중양절. 음력 9월 9일 / 演变 yǎnbiàn 명동 변화 발전(하다), 변천(하다) / 匮乏 kuìfá 형 (물자가) 결핍하다, 부족하다

[해설]

'该国 (이 국가), 该校 (이 학교)'와 같이 '该+명사'의 '该'는 '这个'의 뜻입니다. 따라서 C의 뒤 절의 '该 / 个 / 国家'에서 양사 '个'를 삭제하여 '该国家 [= 这个国家]'라고 써야 합니다.

[번역]

A. 음력 9월 9일은 중국 전통 중양절이다.

B. 경극은 한극의 기초위에서 중국의 전통적인 희곡들 중의 장점을 흡수하여 점차 변화 발전하여 형성되었다.

C. 자연 자원이 부족하기 때문에, 이 나라의 주요한 공업원료는 모두 수입에 의존한다.

D. 이런 항성계는 일정한 모습이 없고, 분명한 중심이 없기 때문에, 불 규칙 항성이라고 불리운다.

[정답] C

60.

[단어]

噪音 zàoyīn 명 잡음, 소음 / 持久 chíjiǔ 동 오래 지속되다 (유지하다) / 高雅 gāoyǎ 형 고상하고 우아하다 / 情趣 qíngqù 명 ① 흥취, 정취 ② 취미, 흥미, 취향

[해설]

D의 가운데 절의 '将来 / 我 / 再 / [把 / 这些东西] / [给你] / 寄过去 (나중에 내가 다시 이 물건들을 네게 우편으로 붙여주겠다)'에서 시간사 '将来 [= 未来]'는 비교적 먼 미래를 나타내는데, 문맥상 '가까운 미래'를 나타내므로 '将来'를 쓸 수 없고, 가까운 미래를 나타내는 시간사 '以后 (이후, 나중)'으로 바꾸어 써야 합니다.

[번역]

A. 항공학자는 주요 공항들은 모두 항공운수로 인해 매일 발생하는 소음에 대해 제한을 두고 있다고 말한다.

B. 전통복식에 있는 안정 적이고 오래 지속되는 미적 감각은 확실히 사회 혹은 개인의 고상하고 우아한 정취를 표현한다.

C. 인물의 이미지를 만드는 것은 소설이 사회생활을 반영하는 주요 수단이다.

D. 너는 내일 북경을 떠난다고 하지 않았니? 나중에 내가 다시 이 물건들을 네게 붙여 줄 테니까 안심해라.

[정답] D

독해2부분

[1주차 실력다지기 실전문제]

1회

[정답]

61 C	62 C	63 A	64 B	65 C
66 D	67 B	68 A	69 D	70 B

61.

[단어]

周全 zhōuquán 형 주도면밀하다, 빈틈없다, 완전하다 동 (일이 되도록) 돕다, 보살피다, 돌보다, 성사시키다 / 以免 yǐmiǎn 접 ～하지 않도록 (하기 위해)

[번역]

우리는 일을 시작하기 전에 주도면밀하게 생각해야 하며, 현재 있는 것을 바탕으로 각종 결과와 가능성을 예측해서, 각종 준비 작업을 완성하는 것이 가장 바람직하며, 일단 시기가 무르익으면 기회를 놓치지 않도록 신속하게 행동해야 한다.

첫 번째 단어

'要＿＿＿周全'에서 문맥상 '생각을 주도면밀하게 해야 한다'는 뜻이 되어야 합니다. 思考와 考虑는 둘 다 '생각하다'는 뜻이지만, '周全[=周到]'는 '考虑'와 함께 호응하여, '考虑周到' 또는 '考虑周全'이라고 쓰고, '思考'와는 함께 쓰지 않습니다. 따라서 정답은 C입니다.

(×) **思考** sīkǎo 명통

사고(하다) [비교적 깊고 주도면밀한 사유 활동]
· 思考(问题 / 人生 / 未来)
 (用心 / 独立 / 反复 / 周密地)思考

(×) **考验** kǎoyàn 명통

① 시험(하다): 考验(人 / 耐心 / 人心 / 真假 / 能力 / 水平)
② 시련(을 주다): 经受考验 시련을 겪다

(○) **考虑** kǎolǜ 명통

고려(하다) [(주로 어떤 것을 결정하고 선택하기 위해) 생각하고 헤아려 봄] :
: 考虑(问题 / 利益 / 情况 / 时间 / 事情 / 清楚 / 周到 / 周全)

(×) **考察** kǎochá 통

현지조사하다, 시찰하다 [직접 어떤 지역에 가서 조사함]
: 考察(工作 / 市场 / 项目 / 报告 / 研究 / 环境)

두 번째 단어

'能＿＿＿各种结果和可能性'에서 '결과와 가능성을 예측하다, 예상하다'는 뜻의 동사로 '预料', '预计', '预测'를 모두 쓸 수 있지만, '(미래를) 미리 예견하다'는 뜻인 동사 '预见'은 문맥상 함께 쓸 수 없습니다. 참고로 '预料'는 보통 '아직 일어나지 않은 상황에 대한 결과들 예측하나'는 뜻을 강조하고, '수량이나 데이터 등을 미리 추산하다'는 뜻으로는 '预计'를 쓰며, '날씨와 같이 정확한 측정을 통체 예상하다'는 뜻인 경우에는 '预测'를 씁니다.

(×) **预见** yùjiàn 명통

예견(하다) (预+见) [사물의 발전규칙에 근거해서 미래가 어떠할 것이라는 것을 미리 예측함]
: 预见(未来 / 事物)∥科学的预见 / 预见变成了现实 / 证实了我的预见 / 预见性

(○) **预料** yùliào 통

예상(하다), 전망(하다), 예측(하다) [어떤 미래 상황에 대한 결과를 미리 추측함]
: 预料(事情 / 增加5% / 结果)∥(出乎 / 不出)预料

(○) **预计** yùjì 통

예상하다, 전망하다 (预+计算) [① 어떤 미래 상황에 대한 결과를 미리 추측함 ② 수량, 데이터, 날짜 등을 미리 추산하고 계산함]
: 预计(数量 / 数据 / 产量 / 人数 / 时间 / 费用 / 七月完工 / 结果)

(○) **预测** yùcè 통

예측하다 (预+测量) [① 어떤 미래 상황에 대한 결과를 미리 추측함 ② 정확한 측정을 통해 예상함]
: 预测(天气 / 台风 / 长度 / 深度 / 命运 / 前景 / 情况 / 状况 / 结局 / 结果 / 得不准)

세 번째 단어

'要＿＿＿地行动'에서 문맥상 '동작이나 행동이 빠르다'는 뜻의 형용사 '迅速'를 써야하므로 정답은 C입니다.

(×) **充足** chōngzú 형 충분하다

[구체적인 것이 많다는 뜻이며, 부사어로 쓸 수 없음]
: (水分 / 营养 / 东西 / 物品 / 东西 / 经费 / 时间)充足

(×) **充分** chōngfèn 형부 충분하다, 충분히

[추상적인 것이 많다는 뜻이며, 부사어로 쓸 수 있음]
: (条件 / 理由 / 分析 / 准备)充分
 充分(准备 / 了解 / 吸收 / 认识 / 燃烧)

(○) **迅速** xùnsù 형 신속하다, 빠르다

: (行动 / 动作 / 发展)很迅速∥迅速地(发展 / 行动)

(×) **显著** xiǎnzhù 형 현저하다, 두드러지다, 뚜렷하다

[이전에는 없었던 성적, 성과, 효과, 수준이 눈에 띄게 나타남]
: (成绩 / 效益 / 成果 / 成就)特别显著
 我的英语水平有了显著的提高。

[정답] C

62.

[단어]

出众 chūzhòng 형 출중하다, 남보다 뛰어나다

[번역]

사람마다 바라는 생활이 있다. 희망이 있어야만 이를 실현하려는 원동력도 생긴다. 어느 날 우리가 원하는 생활을 가지게 되었다고 가정하면, 그 때 우리는 또 새로운 희망이 생기고 계속 노력할 것이다. 이것이 바로 생활의 하나하나의 계속되는 목표이고 우리는 이 목표들이 있어야만 비로소 더욱 훌륭히 표현할 수 있다.

[해설]

첫 번째 단어

'我们每个人都有＿＿＿的生活，有了希望，才有动力去实现它(모든 사람들은 ___하는 생활이 있는데, 희망이 있어야만 그것을 실현할 수 있는 원동력도 생긴다)'에서 뒤 절의 '它'는 앞 절의 '___하는 생활'을 가리키는 지시대명사입니다. 또한 뒤 절의 동사 '实现'은 '꿈, 이상, 바람 등을 이루다, 실현하다'는 뜻이므로, 문맥상 '모든 사람들은 기대하는 (바라는) 생활'이라는 뜻으로 빈칸에는 '期待' 또는 '指望'을 써야 합니다.

(×) **等待** děngdài 명동 기다림 / 기다리다
  : 等待(结果 / 人 / 时间)

(×) **渴望** kěwàng 명동 갈망(하다)
  : 渴望(得到 / 知识 / 成功 / 春天 / 生活)

(○) **期待** qīdài 명동 기대(하다), 바라다
  : 期待(生活 / 未来 / 利益 / 爱)

(○) **指望** zhǐwàng 동 기대(하다), 꼭 믿다
  : 指望(生活 / 人 / 事情)

두 번째 단어

'________有一天我们拥有了想要的生活，这时候你**还会有新的希望**(어느 날 우리가 원하는 생활을 가지게 되었다고 __한다면, 그 때 우리는 또 새로운 희망이 생길 것이다)'에서 문맥상 아직 일어나지 않은 가정을 나타내는 문장이므로 빈칸에는 가정을 나타내는 접속사 '假如 [= 假设, 一旦]'를 쓸 수 있지만, '상상하다'는 뜻의 동사 '设想'은 쓸 수 없습니다.

(×) **设想** shèxiǎng 명동
  ① 상상(하다), 가상(하다) ② 구상(하다), 착상(하다)
  : 设想(问题 / 结果 / 后果 / 前景 / 未来 / 成功)

(○) **假如** jiǎrú 접
  만약 ~한다면 [= 如果, 假设, 要是, 倘若]

(○) **假设** jiǎshè 접동명
  만약 ~한다면 / 가정하다 / 가설, 가정

(○) **一旦** yīdàn 부접
  ① 어느 날, 일단 [이미 일어난 갑작스런 상황을 나타냄]
  ② 일단 ~한다면 [아직 일어나지 않은 가정의 상황을 나타내는 경우 주로 뒤 절의 '就'와 호응하여 쓰임]

세 번째 단어

'有了它我们才能________得更出众.'에서 '자신을 잘 드러내다, 표현하다'는 뜻의 동사로 '表现'을 써야 하므로 정답은 C입니다.

(×) **表明** biǎomíng 동
  표명하다, 분명하게 보이다 (나타내다)
  : 表明(态度 / 立场 / 看法 / 观点 / 决心 / 身份)
  (研究资料 / 报告 / 事实)表明

(×) **发表** fābiǎo 명동
  발표(하다) [① 자기의 의견이나 견해를 발표함 ② 잡지나 신문에 글을 발표함]
  发表(文章 / 看法 / 意见)

(○) **表现** biǎoxiàn 명동
  표현(하다) ① 사람이나 사물 안에 본질적으로 가지고 있는 정신, 품성, 성질, 성격, 특징, 행위 등을 표현함
  : 表现(精神 / 精神世界 / 民主主义精神 / 性格 / 特点 / 手法 / 智慧)
  ② 사람이 일부러 자신을 남에게 드러내다, 표현함
  : 表现自己 // 表现得(很完美 / 出众 / 很好)

(×) **表示** biǎoshì 명동
  표시(하다) [말이나 행동으로 자신의 생각, 감정, 태도, 입장 등을 표시함]
  : 表示(同意 / 反对 / 看法 / 感谢 / 谢意 / 歉意 / 支持 / 欢迎)

[정답] C

63.

[단어]

代沟 dàigōu 명 세대차 / **流逝** liúshì 동 부지불식간에 죽다

[번역]

대부분 사람들은 젊은 시절에 유행가 듣는 것을 좋아하는데 나이가 들어가면서 사회에 의해 버림받게 되는 것 같다. 우리는 지금 어떤 음악이 유행하는지 더 이상 관심을 갖지 않고, 좋아했던 우상도 기억 속에서 멀어졌다. 가장 중요한 것은 우리와 젊은이들 사이의 공통 화제가 없는 것인데, 이것이 바로 '세대차이'라는 것이다. 항상 젊음을 유지하려면 현재 유행하는 음악을 들어보는 것도 괜찮다. 듣다가 지나간 청춘을 되찾게 될지도 모른다.

[해설]

첫 번째 단어

'我们好像被社会________了。我们**不再关心**现在流行什么音乐'에서 뒤 절에서 '不再关心(더 이상 관심을 갖지 않다)'고 하였으므로, 앞 절에도 비슷한 뜻의 서술어가 들어가야 하므로, '抛弃' 또는 '淘汰'를 쓸 수 있습니다.

(○) **抛弃** pāoqì 동
  ① 버리고 돌보지 않다, 던져 버리다 ② 포기하다
  : 抛弃(人 / 东西 / 观念)

(○) **淘汰** táotài 동
  도태하다, 조건에 맞지 않아 제거되다, 쓸모없게 되다
  : 淘汰(人 / 商品 / 比赛)

(×) **消极** xiāojí 형
  ① 소극적이다 ② 부정적인
  : 消极(情绪 / 心态 / 心理 / 思想 / 想法 / 言论 / 影响 / 因素)

(×) **流浪** liúlàng 동
  유랑하다, 방랑하다
  : 流浪(人 / 心 / 生活) // 流浪到北方 / 流浪了 3 年

두 번째 단어

'我们和年轻人**没有共同的**________, **这就是**所谓的"**代沟**"。'에서 뒤 절에서 '세대차이라는 것이다'라고 했는데, '세대차이'란 '서로 다른 세대 사이에서 공통된 화제가 없어서 감정이나 가치관에서 차이를 느끼는 것'을 말하므로 '没有共同的话题(공통된 화제가 없다)'라고 해야 하므로 정답은 A입니다.

(○) **话题** huàtí 〈명〉

　　화제: (共同 / 谈论 / 改变 / 转移)话题

(×) **问题** wèntí 〈명〉

　　문제: (解决 / 发生 / 分析 / 发现)问题

(×) **题材** tícái 〈명〉

　　제재: (作品 / 文学 / 写作 / 绘画 / 诗歌 / 创作 / 寻找)题材

(×) **课题** kètí 〈명〉

　　과제: (研究 / 讨论 / 解决 / 设计 / 论证)课题

세 번째 단어

'不妨______一下，听听现在流行的音乐'에서, 앞 절의 '一下'는 '좀 ~하다'는 뜻으로 동사 바로 뒤에서 가벼운 어감을 나타내는 낱말이고, 뒤 절의 '听听' 역시 동사의 중첩 형태로 가벼운 어감을 나타내므로, 빈칸에는 '시험 삼아 한 번 해보다'는 뜻의 동사 '尝试'를 써야 하므로 정답은 역시 A입니다.

(○) **尝试** chángshì 〈명〉〈동〉

　　시험(해 보다), 시행(해 보다), 시험 삼아 한 번해 보다

　　: 尝试(方法 / 事物 / 感觉 / 口味)

(×) **经验** jīngyàn 〈명〉

　　경험: 经验(丰富 / 少 / 不足 / 总结)

(×) **挑战** tiǎozhàn 〈명〉〈동〉

　　(적, 일, 기록 갱신 등에) 도전(하다)

　　: 挑战(比赛 / 困难 / 人 / 精神)

　　　接受对方的挑战 / 面临挑战

(×) **试图** shìtú 〈동〉

　　① 시도하다, 기도하다 ② (성능 등을) 시험하다

　　: 试图(改善 / 解决问题 / 成功)

네 번째 단어

'______在听的过程中你会找回自己流逝的青春'에서 뒤 절의 '会(~일 것이다)'는 '추측, 가능성'을 나타내는 조동사이며, 전치사 '在' 앞의 부사자리에 빈칸이 있으므로, 문맥상 부사 '或许'를 써야 하므로 정답은 역시 A입니다.

(○) **或许** huòxǔ 〈부〉

　　아마, 혹시, 어쩌면 (= 可能，也许，说不定，说不准，大概，多半) [추측, 가능성을 나타냄]

(×) **即便** jíbiàn 〈접〉

　　설령 ~라 힐지라도 (= 即使，就是，就算)

　　[앞의 내용과 상관없이 결과는 불변함을 나타내며, 보통 뒤 절의 '都/也' 등과 함께 호응하여 앞 절에 쓰임]

(×) **仿佛** fǎngfú 〈부〉〈동〉

　　마치 ~인 것 같다 / ~을 방불케 하다 (= 好像，如同)

　　[판단, 평가의 의미를 나타내며, 보통 뒤 절의 '一样，一般，似的'와 함께 호응하여 앞 절에 쓰임]

(×) **怪不得** guàibùdé 〈부〉

　　과연, 어쩐지 (= 难怪)

　　[원인을 나타내는 문장 맨 앞에 '原来'과 함께 호응하여, 결과의 문장 맨 앞에 쓰이며 '原来'는 생략이 가능함]

[정답] A

64.

[단어]

无援 wúyuán 〈동〉 원조가 없다, 도와주는 사람들이 없다 / **雪中送炭** xuězhōngsòngtàn 〈성〉 눈 속에 탄을 보내다, 다른 사람이 급할 때 도움을 주다 / **惭愧** cánkuì 〈형〉 부끄럽다, 송구스럽다, 면구스럽다 / **忧郁** yōuyù 〈형〉 우울하다, 울적하다, 마음이 무겁다 〈동〉 근심 걱정하다, 번민하다

[번역]

사람마다 모두 동정심이 있고, 도움이 필요한 사람에게 따스함을 느끼게 해주고 싶어 한다. 가끔씩 풀이 죽은 사람에게 격려의 말 한마디를 하고, 외롭고 구원을 못 받는 사람에게 관심을 기울이는 말 한 마디를 하며, 또 스스로 열등감을 가지고 있는 사람에게 용기를 북돋우는 말 한 마디를 하고, 사랑하는 사람을 잃어서 괴로운 사람에게 위로와 동정의 말 한 마디를 한다. 다른 사람이 급할 때 도움을 주는 것은 좋은 일에 더 좋은 일을 해주는 것보다 더욱 사람의 마음을 따뜻하게 할 수 있는 경우가 많다.

[해설]

첫 번째 단어

'为______的人说一句鼓励的话'에서 '상심해 있는 사람 또는 의기소침해 있는 (풀이 죽은) 사람'에게 감정을 북돋위주는 격려의 말을 해주어야 히므로 빈칸에는 '沮丧'을 써야 하므로 정답은 B입니다.

(×) **惭愧** cánkuì 〈형〉

　　부끄럽다, 송구스럽다, 면구스럽다

　　: 惭愧(的心 / 的人 / 感觉 / 低下头)

(○) **沮丧** jǔsàng 〈형〉〈동〉

　　기가 꺾이다, 실망하다, 낙담하다 / 기를 꺾다, 실망시키다

　　: (士气 / 神情)沮丧 / 沮丧对方的精神 // 沮丧(后悔 / 气馁)

(×) **孤独** gūdú 〈형〉

　　고독하다, 외롭다: 孤独(的人 / 的心 / 等待 / 生活)

(×) **忧郁** yōuyù 〈형〉

　　우울하다, 울적하다, 마음이 무겁다

　　: (神情 / 气质 / 表情)忧郁

두 번째 단어

'为______的人说一句鼓励的话'에서 첫 번째 빈칸과 마찬가지 이치이므로 빈칸에는 '自卑'를 써야 합니다. '自满', '自私', '骄傲'는 모두 '거만하다, 교만하다, 이기적이다'는 뜻으로 문맥과 일치하지 않습니다. 따라서 정답은 역시 B입니다.

(×) **自满 zìmǎn** 통 자만하다, 자신만만하다
  : 自满(的人 / 的态度 / 的表现 / 情绪)//骄傲自满

(○) **自卑 zìbēi** 통 열등감을 가지다, 스스로를 낮추다
  : 自卑(的人 / 性格 / 表现)

(×) **自私 zìsī** 형 이기적이다
  : 自私(的人 / 自利 / 做事 / 想法)

(×) **骄傲 jiāoào** 형 거만하다, 교만하다
  : 骄傲(的人 / 的心 / 自满 / 自大)

세 번째 단어

'为痛苦失去爱的人说一句______同情的话'에서 '痛苦失去爱的人(실연을 하여 괴로워하는 사람)'에게는 '위로의 말'을 해주어야 하므로 빈칸에는 '安慰'를 써야 하므로 정답은 역시 B입니다.

(×) **嘱咐 zhǔfù** 통
  ① 분부하다, 알아듣게 말하다 ② 부탁하다
  : 嘱咐(命令 / 办事 / 交待 / 人)

(○) **安慰 ānwèi** 형동
  마음이 편하다 / 위로하다, 위안하다
  : 安慰(人 / 心情 / 情绪)

(×) **辜负 gūfù** 통
  (호의, 기대, 도움 등을) 헛되게 하다, 저버리다
  : 辜负(好意 / 好心 / 期望 / 帮助 / 善意)

(×) **慰问 wèiwèn** 통
  위문하다 [불행한 사람이나 수고하는 사람을 찾아가 물품을 주거나 말로 위로하고 격려함]
  : 慰问(演出 / 灾区 / 灾区人民 / 病人 / 信 / 话)

네 번째 단어

'雪中送炭比__________更能温暖人心'에서 비교구문이므로 비교하는 대상이 같은 종류이어야 하므로 빈칸에는 '雪中送炭 (눈 속에 탄을 보내다, 다른 사람이 급할 때 도움을 주다)'는 말 함께 쓸 수 있는 긍정적인 뜻의 단어이어야 합니다. 따라서 빈칸에는 '锦上添花 (금상첨화, 좋은 일에 또 좋은 일을 더함)'을 써야 합니다. 정답은 역시 B인 것을 알 수 있습니다.

(×) **半途而废 bàntúérfèi** 성
  중간에 그만두지 않다, 포기하지 않다
  : (学习 / 工作 / 事业)半途而废

(○) **锦上添花 jǐnshàngtiānhuā** 성
  금상첨화, 좋은 일에 또 좋은 일을 더하다
  : (可谓是 / 真是 / 的确是)锦上添花的效果

(×) **知足常乐 zhīzúchánglè** 성
  분수를 지키어 만족할 줄 아는 사람은 항상 즐겁다
  : 知足常乐的(心态 / 生活)

(×) **雪上加霜 xuěshàngjiāshuāng** 성
  눈 위에 서리가 내리다, 엎친데 덮치다, 설상가상이다, 나쁜 일에 또 나쁜 일이 겹치다
  : 雪上加霜的(事情 / 困难 / 灾难)

[정답] B

65.
[단어]

激起 jīqǐ 통 (자극이나 충격을 주어) 불러일으키다, 야기하다 / **欲望 yùwàng** 명 욕망

[번역]

어떤 사람은 기분이 안 좋을 때나 긴장할 때에 달콤한 음식을 먹어서 긴장을 풀기 좋아하지만, 또 어떤 사람은 자신을 위로할 때에 달콤한 음식 먹기를 좋아한다. 여러 가지 간식의 화려한 포장을 보면 먹고 싶은 욕망이 반드시 생길 것이며, 기분이 저절로 좋아질 것이다. 그래서 화가 날 때나 기분이 안 좋을 때에 달콤한 음식으로 나쁜 기분을 풀어 보는 것도 괜찮다.

[해설]

첫 번째 단어

'在心情不好或是紧张的时候，很喜欢吃甜食______心情(기분이 나쁘거나 긴장이 될 때, 달콤한 음식을 먹어서 기분을___하게 하는 것을 좋아한다)'에서 '긴장을 완화시키다, 긴장된 마음을 풀다'는 뜻의 동사로 '放松'을 써야 하므로 정답은 C입니다.

(×) **轻松 qīngsōng** 형
  ① (일이) 수월하다, 가볍다 ② (기분이) 홀가분하다
  : (学习 / 工作)很轻松//心情轻松愉快。

(×) **发挥 fāhuī** 통
  발휘하다 [안에 있는 힘을 밖으로 표현함]
  : 发挥(能力 / 功能 / 作用 / 潜能 / 水平 / 优势)

(○) **放松 fàngsōng** 통
  늦추다, 느슨하게 하다, (근육을) 이완시키다
  : 放松(紧张的心情 / 精神 / 身体 / 肌肉 / 警惕 / 运动 / 学习)

(×) **释放 shìfàng** 통
  ① 석방하다 ② (에너지, 감정 등을) 방출하다, 분출하다
  : 释放(人质 / 奴隶 / 罪犯)//释放(能量 / 感情)

두 번째 단어

'有的人在心情不好或是紧张的时候，很喜欢吃甜食…，有的人则在______自己时喜欢来一点甜的 (어떤 사람은 기분이 나쁘거나 긴장될 때, 단 음식을 먹어서 …하는 것을 좋아하지만, 그러나 어떤 사람은 오히려 자신을___할 때 단 것을 먹는 것을 좋아한다)'에서 뒤 절의 '则'는 문맥상 '그러나 오히려 (=却)'의 뜻으로 전환의 의미를 나타냅니다. 앞 절에서 '在心情不好或是紧张的时候'라고 했으므로, 뒤 절의 빈칸에는 앞 절과 반대되는 긍정적인 뜻을 가지는 동사서술어를 써야 합니다. 따라서 '奖励' 또는 '犒劳'를 쓸 수 있습니다.

(○) **奖励 jiǎnglì** 형동 장려(하다), 칭찬(하나)
  : 奖励(制度 / 工资 / 扶助 / 自己)

(×) **赞赏** zànshǎng 동 높이 평가하다, 칭찬하다
  : 赞赏(别人 / 地方)
(○) **犒劳** kàoláo 명동
  (술과 음식으로) 위로(하다) / 위로받다
  : 犒劳(自己 / 别人 / 军队)
(×) **欣赏** xīnshǎng 동
  ① 감상하다, 즐기다 ② 좋아하다
  : 欣赏(风景 / 景色 / 事物 / 画 / 花)
    他很欣赏我。 [= 喜欢]

세 번째 단어

'看到各种甜品的_______包装'에서 '포장이나 장식이 곱고 화려하다'는 뜻으로 형용사 '华丽'를 쓸 수 있으므로 정답은 C입니다. '豪华'는 '건축' 또는 '생활'하는 면과 관련된 단어이므로 '包装'과는 함께 쓸 수 없습니다.

(×) **繁华** fánhuá 형
  번화하다 [거리, 도시 등이 번창하여 시끌벅적함]
  : (街道 / 都市 / 城市 / 商场)很繁华
(×) **豪华** háohuá 형
  ① (생활이) 호화롭다, 사치스럽다
  ② (건축, 장식 등이) 화려하고 웅장하다, 매우 화려하다
  : (别墅 / 饭店 / 房间 / 客厅 / 汽车)很豪华
    过了奢侈豪华的生活 / (装饰 / 布置)得很豪华。
(○) **华丽** huálì 형
  화려하다 [광채가 나고 아름다움]
  : (衣服 / 衣着 / 装饰 / 表演 / 舞台 / 光彩 / 颜色)华丽
(×) **完整** wánzhěng 형
  온전하다, 제대로 갖추어져 있다 [있어야 하는 각 부분이 빠진 것 없이 다 있음]
  : 完整的(表达 / 故事 / 叙述 / 句子)// 完整无缺 / 保存得很完整。

네 번째 단어

'你想发_______'에서 문맥상 '화를 내다'는 뜻의 관용적인 표현으로 '发脾气'라고 써야 하므로 정답은 C입니다.

(×) **幸运** xìngyùn 명형 행운 / 운이 좋다
  : 人非常幸运。
(×) **气氛** qìfēn 명 분위기
  : 气氛(热烈 / 紧张 / 温馨 / 良好)
(○) **脾气** píqi 명 성격, 기질
  : 脾气(急躁 / 温顺 / 暴躁)// 发脾气
(×) **运气** yùnqi 명 (행)운
  : 运气(好 / 坏 / 不错)

다섯 번째 단어

'用甜美的食物来_______坏心情 (단 음식을 먹어서 나쁜 감정을 __하다)'에서 '나쁜 감정을 없애다'는 뜻의 동사가 와야 합니다. 따라서 '바라지 않는 추상적인 것을 없애다, 풀다'는 뜻의 동사 '消除'를 써야 하므로, 정답은 역시 C입니다.

(×) **消灭** xiāomiè

소멸하다, 없어지다, 멸망하다 / 없애다, 멸하다, 소멸시키다 [완전히 없어짐]
  : 消灭(害虫 / 蚊子 / 敌人 / 文盲)
(×) **取消** qǔxiāo 동
  취소하다, 없애다
  : 取消(约会 / 计划 / 限制 / 制度 / 比赛)
(○) **消除** xiāochú 동
  없애 버리다, 풀다, 해소하다, 퇴치하다 [추상적인 부정적인 것을 없앰]
  : 消除(误会 / 疑问 / 怀疑 / 矛盾 / 顾虑 / 疲劳 / 噪音 / 成见 / 不好的心情 / 疾病)
(×) **消失** xiāoshī 동
  사라지다, 없어지다, 소실하다 [구체적, 추상적인 사람이나 사물이 점점 없어짐, 줄어 듦]
  : 消失的(踪迹 / 无影)// (人 / 事物 / 影子 / 彻底 / 完全)消失

[정답] **C**

66.

[단어]

炫耀 xuànyào 동 ① (눈부시게) 비치다, 빛나다 ② 자랑하다, 뽐내다 / **奢华** shēhuá 형 ① 사치스럽고 화려하다 ② 아름답다 / **和谐** héxié 형 ① 잘 어울리다, 조화하다, 맞다 ② 의좋다, 정답다, 화목하다 / **推崇** tuīchóng 명동 숭배(하다), 추앙(하다)

[번역]

최근 사람들은 가옥의 인테리어를 더욱더 중시한다. 사람들은 이미 더 이상 호화스러운 장식을 뽐내지 않고, 대신 친환경적인 건강한 인테리어 스타일을 선호한다. 현재 자연스럽고 조화로운 인테리어 스타일이 더욱 유행하고 있고, 대중들의 환영을 더욱 많이 받고 있으며, 동종업자들의 추앙을 받는다.

[해설]

첫 번째 단어

'人们对房屋的装修越来越重视，人们已经不再是炫耀奢华的_______ (사람들은 가옥의 인테리어를 더욱더 중시한다. 사람들은 이미 더 이상 호화스러운 장식을 __않고)'에서 앞 절에서 '装修'에 대해서 언급을 하였으므로, 뒤 절의 이어지는 내용인 빈칸에도 '装修'라는 단어가 들어가야 하므로 정답은 D입니다.

(×) **时装** shízhuāng 명
  유행복, 뉴패션, 유행의상
  : 时装(表演 / 风格 / 展示 / 潮流 / 专卖)
(×) **象征** xiàngzhēng 명동

상징(하다): 象征(和平 / 吉祥 / 好运)

(×) **潮流 cháoliú** 명

① 조류 ② 시대의 추세, 조류

: 潮流(风尚 / 时装)//赶潮流

(○) **装饰 zhuāngshì** 명동

장식(품) / 치장하다, 장식하다, 꾸미다

: 装饰(品 / 物)//装饰(房间 / 摆设)

두 번째 단어

'人们已经不再是炫耀奢华的~, ____的是环保健康的装修风格 (사람들은 이미 더 이상 호화스러운 장식을 뽐내지 않고, ____친환경적인 건강한 인테리어 스타일을 선호한다)'에서 문맥상 '뒤 절에서 언급된 것이 앞 절에서 언급된 것을 대신하였다, 뒤의 것으로 대체되었다'는 내용이 나와야 하므로 빈칸에는 '取而代之'를 써야 합니다. 따라서 정답은 역시 D입니다.

(×) **东张西望 dōngzhāngxīwàng** 성

여기저기 바라보다, 두리번거리다

: 东张西望地(看 / 寻找)

(×) **迫不及待 pòbùjídài** 성

사태가 절박하여 기다릴 (우물쭈물할) 여유가 없다, 한시도 지체할 수 없다

(×) **供不应求 gōngbùyìngqiú** 성

공급이 수요를 따르지 못하다

: (市场 / 商品 / 货物)供不应求

(○) **取而代之 qǔérdàizhī** 성

남의 지위를 빼앗아 대신 들어서다

세 번째 단어

'目前自然和谐的装修风格更________, 更受大众的欢迎 (현재 자연스럽고 조화로운 인테리어 스타일이 더욱 ____하고 있고, 대중들의 환영을 더욱 많이 받고 있다)'에서 뒤 절의 부사 '更'은 비교의 의미가 있는 문장 뒤 절에 쓰이는 부사인데, 뒤 절에 '受大众的欢迎'이라는 말이 있으므로 앞 절의 서술어에 해당하는 빈칸에도 비슷한 뜻인 형용사서술어 '时髦' 또는 '时尚'을 써야 합니다.

(×) **完美 wánměi** 형

완전하여 결함이 없다, 매우 훌륭하다

: (人 / 事物 / 计划 / 结局)很完美

表现得很完美 / 完美主义

(×) **新颖 xīnyǐng** 형

참신하고 새롭고 독특하다

: (装饰 / 文章 / 样式 / 款式)新颖//新颖别致

(○) **时髦 shímáo** 명형

유행(이다), 현대적(이다)

: 时髦的(服装 / 装饰 / 语言)

(○) **时尚 shíshàng** 명형

당시의 풍조, 시대적 풍모, 유행

: (服装 / 依着 / 都市 / 装修)很时尚

네 번째 단어

'为业内________所推崇'에서 '동종업자, 같은 업무를 하는

사람'의 뜻을 나타내는 관용적인 표현은 '业内人士'이므로, 정답은 역시 D입니다.

(×) **人员 rényuán** 명

① 인원 ② 요원 [직무를 담당하는 사람]

: (工作 / 公司 / 保安 / 管理)人员

(×) **人才 réncái** 명

인재 [어떤 분야에서 뛰어난 능력을 가지고 있는 사람]

: (专业 / 行业 / 市场)人才

(×) **职员 zhíyuán** 명

직원, 사무원 [기관, 기업, 학교, 단체 안에서 행정 또는 업무를 맡고 있는 사람]: (公司 / 高级 / 前台)职员

(○) **人士 rénshì** 명

인사, 명망 있는 사람 [사회적으로 시위가 있거나 영향력이 있는 사람 또는 사회적 활동이 많은 사람]

: (业内 / 相关 / 专业)人士

[정답] D

67.

[단어]

盏 zhǎn 명 잔 양 등(灯)을 세는 양사 / **犹如 yóurú** 동 ~와 같다 [= 如同] / **指引 zhǐyǐn** 동 지도하다, 인도하다, 안내하다, 이끌다 / **汲取 jíqǔ** 동 흡수하다, 섭취하다, 얻다

[번역]

중국의 전통문화는 밝은 등처럼 의심할 것도 없이 중국문화를 배우는 모든 젊은이에게 방향을 인도해 주었다. 자신을 더욱 교양 있어 보이게 하기 위하여, 젊은이들은 모두 중국 전통문화로부터 열심히 영양을 흡수한다. 이렇게 하면 젊은이들은 유달리 교양이 있어 보이도록 할 것이다.

[해설]

첫 번째 단어

'中国的传统文化犹如一盏明灯，它________是给…青年指引了一个方向 (중국의 전통문화는 밝은 등과 같아서, 그것은 ____젊은이에게 방향을 인도해 주었다.)'에서 동사 '是'앞의 빈칸에는 문맥상 젊은이에게 방향을 인도해 주었다는 것을 인정하거나 강조하는 단어를 뜻하는 부사가 와야 합니다. 따라서 빈칸에는 부사 '无疑'를 써야 하므로 정답은 B입니다. 부사 '难怪'는 결과를 나타내는 문장 맨 앞에 쓰이고, 문장 중간에는 쓸 수 없습니다.

(×) **难怪 nánguài** 부

과연, 어쩐지 [= 怪不得] [결과의 문장 맨 앞에 씀]

(○) **无疑 wúyí** 부

의심할 것도 없이, 틀림없이

[동사이지만 보통 서술어 앞의 부사로 쓰임]

(×) **说不定** shuōbúdìng 🟦🟥

단언하기 어렵다 / (짐작컨대, 아마도) ~일 것이다
(= 可能，也许，或许，说不准，大概，多半)
[추측, 가능성을 나타냄]

(×) **估计** gūjì 🟥

예측하다, 예정하다, 평가하다 [어떤 상황에 근거해서, 사물의 성질, 수량, 변화 등을 대략적으로 추측하여 예상함]
: 估计(结果 / 后果 / 错误 / 不会下雨)

두 번째 단어

'为了让自己显得更加有_______，青年们都努力从中国传统文化中汲取营养(자신을 더욱 ___ 해 보이게 하기 위하여, 젊은이들은 모두 중국 전통문화로부터 열심히 영양을 흡수한다)'에서 문맥상 '중국 전통문화를 배워서 교양을 쌓는다'는 뜻이므로, 빈칸에는 명사 '修养'을 써야하므로, 정답은 B입니다. 중국 전통문화를 배운다고 해서 장래성이나 개성이 생기거나, 겉으로 근사한 것은 아니기 때문에 '出息', '个性', '好看'은 모두 정답이 될 수 없습니다.

(×) **出息** chūxi 🟫

장래성, 발전성, 전도: 有/没(出息)

(○) **修养** xiūyǎng 🟩🟥

교양, 수양(하다): 修养(好 / 高尚 / 境界)

(×) **个性** gèxìng 🟩

개성: 个性强 / (人)很有个性

(×) **好看** hǎokàn 🟩

보기 좋다, 근사하다: 好看的(人 / 东西)

세 번째 단어

'为了让自己显得更加有修养，……，这样就会让青年们格外有_______(자신을 더욱 교양이 있어 보이게 하기 위하여, ，이렇게 하면 젊은이들은 유달리 ___ 해 보이도록 할 것이다.)'에서 앞 절에서 '更加有修养'이라고 했으므로, 무맥상 뒤 절의 빈칸에도 '修养'과 같은 뜻의 명사가 들어가야 합니다. 따라서 정답은 '内涵'입니다.

(×) **意义** yìyì 🟫

의의, 의미, 가치
: (积极的/人生的 / 伟大的)意义//(有 / 没有)意义

(○) **内涵** nèihán 🟩

교양, 수양, 교양 [문화에 대한 광범위한 지식을 쌓아 길러지는 마음의 윤택함]
: (文化 / 科学)内涵//(人)有内涵 / 内涵很深厚

(×) **水平** shuǐpíng 🟩

수준: (生活 / 文化)水平//提高水平

(×) **素质** sùzhì 🟩

소양, 자질 [어떤 분야의 일에 대한 능력이나 실력의 정도]
: 素质(教育 / 评价 / 能力 / 测试)
(自然 / 心理 / 社会 / 国民)素质

68.

[단어]

倾诉 qīngsù 🟥 (속마음을) 이것저것 죄다 말하다, 다 털어 놓다 / **承受** chéngshòu 🟥 ① 접수하다, 감당하다, 이겨내다 ② (재산, 권리 등을) 이어받다, 계승하다

[번역]

누구도 침울한 사람하고는 같이 있고 싶어 하지 않는다. 왜냐하면 우리가 살고 있는 이 시대에 사람마다 모두 어느 정도의 스트레스에 직면해 있어서, 남의 고민에 대해 귀를 기울일 시간이나 힘은 더욱 없다. 불만과 나쁜 기분을 상대방에게 이것저것 죄다 털어놓으면 자신의 기분은 풀 수 있지만, 시간이 갈수록 상대방과 점점 멀어질 것이다.

[해설]

첫 번째 단어

'我们生活的这个_______(우리가 생활하고 있는 이 시기)'에서 '생활하고 있는 시점, 시기'라는 뜻으로 '개인의 일생 중의 한 시기나 시점'을 가리키는 '时代'를 쓰고, '특징이 있는 일정기간, 일정시기'를 나타내는 '时期'는 쓸 수 없습니다. 따라서 정답은 A입니다.

(○) **时代** shídài 🟩

① (역사상의) 시대 [역사상 경제, 정치, 문화 등의 상황에 근거한 어떤 한 시기나 시점] ② (개인의 일생 중의 한) 시기, 시절 [개인의 일생 중의 어떤 한 시기나 시점]
: (电气 / 信息 / 石器//儿童 / 青年)时代
时代精神 / 时代潮流

(×) **当代** dāngdài 🟩

① 당대, 그 시대 ② 중화인민공화국 건국(1949년) 이후의 시기: 当代(生活 / 艺术 / 经济)

(×) **时期** shíqī 🟩

시기, 특정한 (정해진) 때 [대부분 어떤 특징이 있는 일정기간을 말함]: (战争 / 漫长 / 一段)时期

(×) **时机** shíjī 🟩

시기, 기회: (掌握 / 错过)时机

두 번째 단어

'_______着(…的)压力'에서 '불리한 상황이나 바라지 않는 상황에 직면하다, 처하다'는 뜻의 동사로 '面临' 또는 '面对'를 씁니다.

(○) **面临** miànlín 🟥

(대부분 불리한 상황이나 바라지 않는 일에) 직면하다, 처하다, 앞에 놓여있다
: 面临(困难 / 危机 / 危险 / 挑战 / 选择 / 问题 / 考验 / 形势)

(○) **面对** miànduì 🟥

① (구체적인 사람이나 사물을) 마주보다, 직접 대면하다 ② (대부분 불리한 상황이나 현실에) 직면하다,

처하다

: 面对(人 / 黄河 / 这座山)∥面对(困难 / 挫折 / 失败 / 现实)

(×) **掌握** zhǎngwò 〔동〕

① 숙달하다, 정통하다, 마스터하다

② 장악하다, 지배하다, 관리하다, 주관하다

: 掌握(技术 / 技巧 / 外语 / 发音 / 知识 / 方法) 掌握(主动 / 政权 / 命运 / 分寸)

(×) **防止** fángzhǐ 〔동〕

방지하다, 예방하다 [바라지 않는 일을 미리 예방함]

: 防止(扩散 / 中毒 / 小偷 / 病毒 / 意外 / 自然灾害)

세 번째 단어

'没有时间更没有精力来______你的烦恼 (당신의 고민에 대해 ___ 할 시간이나 힘은 더욱 없다)'에서 문맥상 목적어 '(你的)烦恼' 앞의 빈칸에는 동사서술어 '倾听'을 써야 하고 나머지 단어는 문맥과 일치하지 않으므로 정답은 역시 A입니다.

(○) **倾听** qīngtīng 〔동〕

경청하다, 주의 깊게 듣다

: 倾听(诉说 / 谈话 / 意见)

(×) **处理** chǔlǐ 〔동〕

① 처리하다, (일을) 안배하다, (문제를) 해결하다 ② 내린 가격으로 또는 시가로 처분하다 ③ 처벌하다, 징벌하다

: 处理(问题 / 事物 / 财产 / 信息)∥处理(商品 / 价格)∥处理 (犯罪 / 犯错的人)

(×) **宣告** xuāngào 〔동〕

선고하다, 선포하다, 발표하다, 선언하다 [남에게 공개적으로 알림]

: 宣告(成功 / 成立 / 失败 / 破产 / 死亡 / 无效)

(×) **承受** chéngshòu 〔동〕

감당하다, 이겨내다

: 承受(考验 / 压力 / 失败 / 痛苦 / 重量)

네 번째 단어

'你把你的不满、坏______全部倾诉给了别人'에서 ','는 병렬을 나타내므로, 빈칸에는 불만과 비슷한 부정적인 단어가 와야 합니다. 따라서 문맥상 '나쁜 기분, 불쾌한 감정'의 뜻인 '坏情绪'를 써야 하므로 정답은 역시 A입니다.

(○) **情绪** qíngxù 〔명〕

① 정서, 기분, 마음가짐 ② 불쾌한 감정, 의기소침

: 情绪(稳定 / 良好 / 不好)∥坏情绪

(×) **心情** xīnqíng 〔명〕

심정, 기분, 마음: 心情(好 / 愉快 / 安定)

(×) **精神** jīngshén 〔명〕

정신: 精神(面貌 / 负担 / 错乱)

(×) **感情** gǎnqíng 〔명〕

감정: 感情(生活 / 色彩 / 深厚 / 丰富)

[정답] A

69.

[단어]

无处不在 wúchùbúzài 〔성〕 없는 곳이 없다 / **机智** jīzhì 〔명〕〔형〕 기지(가 넘치다) / **宽广** kuānguǎng 〔형〕 (면적, 범위 등이) 넓다

[번역]

유머는 일종의 독특한 표현 방식중의 하나이고, 언어나 동작을 통해서 표현할 수 있다. 일상생활에서 유머가 없는 곳은 없고, 어떠한 사람이라도 모두 유머러스한 사람이 될 수 있다. 유머는 사람들이 즐겨 듣고 즐겨 보는 코믹예술이며, 유머는 낙관적인 태도이고, 기지가 넘치는 사고방식이라서 우리는 넓은 마음을 유지하는 것이 필요하다.

[해설]

첫 번째 단어

'幽默是一种______表达方式, 可以通过语言或动作来表现'에서 문맥상 '독특한, 특별한 표현방식이다'라는 뜻이므로 명사 '表达方式' 앞의 빈칸에는 형용사 '独特'를 써야 하므로 정답은 D입니다. '特殊'는 '평범하지 않다, 일반적이지 않다'는 뜻이므로 문맥에 맞지 않습니다.

(×) **特殊** tèshū 〔형〕

특수하다, 특별하다 [평범하지 않음, 일반적이지 않음]

: 特殊(意义 / 规律 / 问题 / 符号 / 照顾 / 任务 / 情形)

(×) **神奇** shénqí 〔형〕

신기하다, 신비롭고 기이하다

: 神奇(事情 / 世界 / 动物)

(×) **特地** tèdì 〔부〕

특별히, 일부러: 特地(前来 / 拜访 / 品尝 / 准备)

(○) **独特** dútè 〔형〕

독특하다, 특수하다 [특별히 다른 점이 있음]

: 独特的(艺术 / 性格 / 风格 / 风味)

두 번째 단어

'幽默…, 可以通过语言或动作来表现。……, 因此幽默是人们______的一种搞笑艺术 (유머는 … 언어나 동작을 통해서 표현할 수 있다.……, 그렇기 때문에 유머는 사람들이 ___하는 코믹예술이다)'에서, 앞 절에서 '通过语言或动作来表现'이라고 했으므로, 뒤 절에는 '듣고 보다'는 뜻의 '喜闻乐见'을 써야 합니다. 정답은 역시 D입니다.

(×) **见多识广** jiànduōshíguǎng 〔성〕

보고 들은 것이 많고 식견이 넓다, 박식하고 경험이 많다: (自然/肯定) 见多识广

(×) **有条不紊** yǒutiáobùwěn 〔성〕

조리 (질서) 정연하다

: 有条不紊地进行(工作/学习)

(×) **兴致勃勃** xìngzhìbóbó 〔성〕

흥미진진하다, 흥미가 솟아나다

: 兴致勃勃地(参观 / 欣赏 / 观赏 / 讨论)
(○) **喜闻乐见** xǐwénlèjiàn ㉑

기쁜 마음으로 듣고 보다; 기쁘게 반기다. 환영하다
: 喜闻乐见的(活动 / 艺术 / 方式 / 文艺作品)

'幽默是…, **机智活跃的**＿＿＿＿**方式**(유머는 기지가 넘
치는 __방식이다)'에서 형용사 '活跃'는 '분석, 종합, 판단,
추리 등 생각하는 과정에서 적극적이다. 활발하다'는 뜻인
데, 이것을 다른 말로 '사유(활동)'이라고 하므로, 빈칸에는
명사 '思维'를 써야 합니다. 따라서 정답은 D입니다.

(×) **思想** sīxiǎng ㈱ 사상, 의식
: 思想(复杂 / 简单 / 进步 / 落后 // 道德)
(×) **考虑** kǎolǜ ㈱㈰ 고려(하다)
: 考虑(事情 / 问题)
(×) **思念** sīniàn ㈰ 그리워하다
: 思念(人 / 物)
(○) **思维** sīwéi ㈱㈰ 사유(하다)
[분석, 종합, 판단, 추리 등 인식활동을 하는 과정]
: 思维(活跃 / 灵活 // 方式 / 能力 / 模式 / 活动 / 训练)

'需要我们有一个 **宽广的**＿＿＿＿'에서 문맥상 '(유머를 받
아들일 수 있는) 넓은 마음, 도량'이라는 뜻으로 '宽广的
胸怀'라고 해야 하므로 정답은 역시 D입니다.

(×) **心灵** xīnlíng ㈱
영혼, 정신, 마음: (美好的)心灵
(×) **视野** shìyě ㈱
시야: 视野(宽阔 / 明亮 / 宽广 / 范围)
(×) **气魄** qìpò ㈱
① 기백, 진취성 있는 정신, 패기 ② 기세
: (伟大的 / 雄伟的)气魄
(○) **胸怀** xiōnghuái ㈱
① 도량, 생각, 흉금, 포부
② 마음속으로 생각하다, 가슴에 품다
: (广阔的 / 宽广的 / 伟大的)胸怀 // 胸怀(大志 / 祖国)

[정답] D

70.
[단어]

精湛 jīngzhàn ㈱ 정밀하고 조예가 깊다. 심오하다 /
彩绘 cǎihuì ㈱ 기물(器物)이나 건축에 그려져 있는
채색 도안, 도화, 채색화 ㈰ 채색하여 그림을 그리다.
채색화를 그리다 / **石窟** shíkū ㈱ 석굴 / **独树一帜**
dúshùyìzhì ㉑ 독자적으로 한 파(派)를 형성하다

甘肃 성 돈황의 막고 동굴은 유구한 역사와 높은 예술성
취를 지니고 있다. 그리고 막고 동굴은 독특한 벽화예술,
훌륭한 수공조각, 다양한 채색그림 및 모양이 서로 다른
조형예술로 세계 석굴예술에서 독자적으로 한 파(派)를 형
성하였다.

'莫高窟…, 有很高的 **艺术**＿＿＿＿'에서 빈칸에는 '예술
성취, 업적'이란 뜻의 명사 '成就'를 써야 하므로 정답은 B
입니다.

(×) **财富** cáifù ㈱
부, 재산, 자원 [가치가 있는 것을 말함]
: (积累 / 创造 / 获得)财富 // (自然 / 物质 / 精神)
财富
(○) **成就** chéngjiù ㈱㈰
① 성과, 성취, 업적 [건설, 과학, 예술 등 비교적 큰 성
과나 업적을 말함] ② 성취하다, 완성하다, 이루다 [주
로 사업적으로 이룬 것을 말함]
: (巨大的 / 伟大的)成就 // (建设 / 科学 / 艺术)
成就 // 成就革命大业
(×) **收获** shōuhuò ㈱㈰
① 수확, 성과, 소득 [어떤 일을 하여 얻은 성과]
② (농작물을) 거두어들이다, 수확하다
: 收获(农作物 / 小麦 / 果实) // 收获 (很大 / 不少)
(×) **成果** chéngguǒ ㈱
성과 [일이나 공부를 한 후 얻은 좋은 결과]
: 成果(显著 / 突出 / 累累 / 喜人)
(积累 / 获得 / 扩大)成果

'以其＿＿＿＿＿的壁画艺术'에서 문맥상 '독특한 벽화예술'
이라고 해야 하므로 빈칸에는 형용사 '独特'를 써야 합니
다. 따라서 정답은 B입니다.

(×) **坚固** jiāngù ㈱㈰
견고하다, 튼튼하다 / 견고하게 하다, 굳히다
: 坚固(城墙 / 楼房)
(○) **独特** dútè ㈱
독특하다, 특수하다 [특별히 다른 점이 있음]
: 独特的(艺术 / 性格 / 风格 / 风味)
(×) **特殊** tèshū ㈱
특수하다, 특별하다 [평범하지 않음, 일반적이지 않음]
: 特殊(意义 / 规律 / 问题 / 符号 / 照顾 / 任务 /
情形)
(×) **罕见** hǎnjiàn ㈱
보기 드물다, 희한하다: 罕见的(病 / 自然灾害 / 奇迹)

'精湛的＿＿＿＿＿雕刻'에서 '손으로 직접 파는 조각'이란 뜻
으로 빈칸에는 '手工'을 써야 하므로 정답은 B입니다.

(×) **制作** zhìzuò 을

제작하다, 만들다 [주로 손으로 만들 수 있는 작은 물건을 만드는 것을 말함]

: 制作(工艺品 / 风筝 / 模型 / 产品 / 电影 / 东西)

(○) **手工** shǒugōng 병을

수공, 세공, 손으로 하는 공예 / 손으로 하다

: 手工(饰品 / 产品 / 艺品 / 艺人 / 操作)

(×) **制造** zhìzào 을

① 제조하다, 만들다 [주로 배, 비행기 등 비교적 큰 물건을 만드는 것을 말함]

② 조성하다, 만들다, 조장하다 [주로 나쁜 상황이나 분위기를 만드는 것을 말함]

: 制造(机器 / 船 / 飞机∥机会 / 气氛)

(×) **人工** réngōng 병청

인력(으로 하는 일), 수공업적인 일 / 인공의, 인위적인 ['自然', '天然'과 반대되는 개념임]

: 人工(湖 / 制作 / 降雨)

네 번째 단어

'丰富的彩绘图画和______的造型艺术'에서 '和'는 병렬을 나타내는 낱말이며, '和' 앞부분에 '丰富的~'라고 했으므로, 뒷부분의 빈칸에도 '많다'는 뜻을 나타내는 단어 '千姿百态'를 써야 하므로 정답은 역시 B입니다.

(×) **刻不容缓** kèbùrónghuǎn 청

한시도 지체할 수 없다 (늦출 수 없다)

: (时间 / 事情)刻不容缓

(○) **千姿百态** qiānzībǎitài 청

여러 가지 다양한 모양, 각양각색의 모양

: (花朵 / 人物 / 造型 / 服饰)千姿百态

(×) **千方百计** qiānfāngbǎijì 청

온갖 방법, 계략(을 다하다)

: 千方百计地(想办法 / 利用关系 / 争取成功)

(×) **物美价廉** wùměijiàlián 청

물건도 좋고, 값도 싸다 [상점의 선전문구로 많이 사용됨]

: 物美价廉(的商品 / 地方)

[정답] B

2회

[정답]

61 D	62 B	63 A	64 D	65 A
66 D	67 C	68 C	69 A	70 C

61.

[단어]

> **抵抗** dǐkàng 병을 저항(하다), 대항(하다)

[번역]

우리는 자신의 감정을 자제하고, 기분을 조절하는 것을 배워야 하며, 자신의 나쁜 기분에 대한 저항력을 증강해야 한다. 이렇게 해야만 비로소 진정으로 좋은 기분을 가질 수 있다.

[해설]

첫 번째 단어

'要/学会/______/(自己的)情绪'에서 '감정을 억제하다, 자제하다'는 뜻의 동사로 '控制'를 써야 하므로 정답은 D입니다.

(×) **抓住** zhuāzhu 을

붙잡다, 움켜잡다, 틀어쥐다 [구체적인 사람이나 사물, 특별히 강조하고 싶은 점, 기회를 잡다는 뜻임]

: 抓住(东西 / 皮球 / 犯人 / 小偷)

　抓住(生产 / 重点 / 质量)∥抓住(机会)

(×) **掌握** zhǎngwò 을

① 숙달하다, 정통하다, 마스터하다

: 掌握(知识 / 技术 / 理论 / 外语 / 方法 / 原理)

② 장악하다, 지배하다, 관리하다, 주관하다

: 掌握(会议 / 政权 / 命运 / 主动权 / 领导权 / 方向)

(×) **支配** zhīpèi 병을

① 안배(하다), 배치(하다), 분배(하다), 할당(하다)

: 支配(时间 / 人力 / 劳动力)

② 지배(하다), 지도(하다)

: 思想支配行动。 / 父母支配孩子的事。

　金钱可以支配一切。

(○) **控制** kòngzhì 을

제압하다, 제어하다, 규제하다, 억제하다 [어떤 활동, 범위, 감정 등을 제멋대로 못하게 함]

: 控制(资金的使用 / 市场物价 / 传染病的蔓延 / 人口 / 自己的感情 / 内心的激动)

두 번째 단어

'要/______/(…的)抵抗力'에서 문맥상 '저항력을 강화시키다'는 뜻으로 동사서술어 '增强' 또는 '加强'을 쓸 수 있습니다.

(○) **增强** zēngqiáng 을

(어떤 힘을) 증강하다, 강화하다

: 增强(体力 / 信心 / 抵抗力 / 作用 / 免疫力)

(×) **减弱** jiǎnruò 을

(힘이) 약해지다, 완화시키다, 약화시키다

: (逐渐 / 声音 / 噪音 / 听力 / 体力)减弱

(×) **减少** jiǎnshǎo

적게 하다, 적어지다, 감소하다, 덜다, 줄(이)다

: 减少(时间 / 数量 / 分数 / 次数)

(○) **加强** jiāqiáng 을

(힘을) 강화하다, 보강하다

: 加强(防范 / 体力 / 锻炼 / 管理 / 免疫力)

'能/真正/_______/一个好心情'에서 문맥상 '좋은 기분을 가지다, 지니다'는 뜻의 동사서술어로 '拥有'를 쓰므로 정답은 D입니다.

(×) **享受** xiǎngshòu 명·동
누리다, 즐기다 / 향수, 향락, 즐거움
: 享受(幸福的生活 / 权利 / 物质 / 服务 / 时光)

(×) **充满** chōngmǎn 동
충만하다, 가득 차다 [주로 추상적인 목적어와 함께 쓰임]
: 充满(力量 / 信心 / 活力 / 想象 / 热情 / 幻想 / 感情 / 悲伤 / 阳光)

(×) **取得** qǔdé 동
취득하다, 얻다
: 取得(成功 / 证书 / 优势 / 平衡 / 资格 / 进步 / 突破)

(○) **拥有** yōngyǒu 동
보유하다, 소유하다, 가지다 [토지, 재산 등 구체적인 것을 소유함 또는 기회, 권리 등 후천적으로 가지다. 소유하다는 뜻임]
: 拥有(财产 / 物品 / 土地 / 东西 / 机会 / 权力)

[정답] D

62.

[단어]

喜鹊 xǐquè 명 까치 / **枝头** zhītóu 명 ① 나뭇가지의 끝 ② 좋은 일자리 / **天河** tiānhé 명 은하(수) / **情缘** qíngyuán 명 ① (남녀간의) 정분 ② 연분, 인연

[번역]

까치는 행운과 복의 상징이다. 집에서 나갈 때에 까치가 나뭇가지 위에서 우는 것을 보면 행운이 올 것이라는 것을 상징한다. 까치가 매화나무 위에 올라가 있는 것은 중국 서예와 그림에서 흔히 볼 수 있는 소재이다. 중국 민간전설에서 매년 음력 7월7일에 인간세상의 모든 까치들이 은하수에 올라가서 오작교를 놓아 헤어진 견우와 직녀를 만나게 해준다. 그래서 중국문화에서 오작교는 항상 남녀 간의 인연의 상징이 되었고, 사람들은 까치를 사랑 새, 연인 새라고 부른다.

[해설]

'喜鹊登梅是中国书画中常见的_______(까치가 매화나무 위에 올라가 있는 것은 중국 서예와 그림에서 흔히 볼 수 있는___이다)'에서 '中国书画中常见的**题材**'라고 해야 하므로 정답은 B입니다.

(×) **主题** zhǔtí 명 주제
: (音乐 / 目录 / 模式 / 演讲)的主题

(○) **题材** tícái 명 제재, 소재
: (电影 / 作品 / 诗画) 的题材

(×) **关键** guānjiàn 명 관건, 핵심
: 关键(人物 / 工作 / 时期 / 时刻 / 事件 / 问题 / 部分)

(×) **材料** cáiliào 명
① (건축물 등의) 재료, 자재 ② (문서 등의) 자료, 데이터
③ (사람) 인재, 감, 자질, 그릇
: 材料(单据 / 费用)//(打印 / 整理 / 购买)材料

칠월칠석에 견우와 직녀가 오작교에서 만나는 것은 중국의 민간에서 내려오는 전설 (설화)이므로, '在中国民间传说中~'이라고 써야 하므로 정답은 역시 B입니다.

(○) **故事** gùshi 명
① 이야기 ② 플롯, 줄거리
: (童话 / 历史 / 民间)故事//(讲 / 搜集) 故事

(○) **传说** chuánshuō 명
전설 [예부터 전해 내려오는 이야기 또는 어떤 민족이나 지방에서 전승된 설화]
: (民间)传说故事

(×) **节目** jiémù 명
프로그램: (电视 / 访谈 / 表演)节目

(×) **风闻** fēngwén 명
떠도는 소문, 풍문 [실증되지 않은 말]

'_______起一座鹊桥'에서 '다리를 놓다'는 뜻의 동사서술어는 '搭' 또는 '架'를 씁니다.

(×) **做** zuò 동
① 하다, 일하다, 종사하다, 할동하다 ② 만들다, 짓다
: 做(事情 / 工作 / 工艺品 / 东西)

(○) **搭** dā 동
① (다리를) 놓다, (막을) 치다, 세우다, (새 둥지를) 치다, 만들다 ② 걸다, 걸치다, 널다 ③ (차, 비행기 등을) 타다
: 搭(桥 / 衣服 / 电线 / 车)

(○) **架** jià 명·양·동
① 물건을 놓거나 걸거나 받치는 선반, 골조, 틀, 대
② 싸움, 말다툼
③ (다리를) 놓다, (전선) 가설하다, (사다리를) 놓다, 세우다
: 架(桥 / 电线 / 梯子)//(打 / 吵 / 劝)架

(×) **组** zǔ 명·양·동
① (소수의 인원으로 구성된) 조, 그룹 ② 조, 벌, 세트
③ 조직하다, 구성하다
: 组(织 / 长 / 员)//组队

'让分离的牛郎和织女相会，_______中华文化中鹊桥常

常成为男女情缘的象征 (헤어진 견우와 직녀를 만나게 해준다. ___중국문화에서 오작교는 항상 남녀 간의 인연의 상징이 되었다)'에서 앞 절에는 원인을, 뒤 절에는 결과를 나타내므로, 뒤 절의 빈칸에는 접속사 '因而 [= 因此]'를 써야 합니다.

- (×) **总而言之** zǒngéryánzhī 상
  총괄적 (전체적)으로 말하면, 요컨대
- (○) **因而** yīnér 접
  그러므로, 그래서, 그런 까닭에, 따라서 [뒤 절의 결과의 문장 맨 앞에 쓰여서 결과를 나타냄]
- (○) **因此** yīncǐ 접
  '因而'과 동의어임
- (×) **以致** yǐzhì 접
  ∼이 되다, ∼을 초래하다 [앞 절에는 원인을, 뒤 절에는 결과를 나타내는 문장에서 뒤 절의 나쁜 결과를 나타내는 문장 맨 앞에 쓰임]

[정답] B

63.

[단어]

乾隆 qiánlóng 고 청(清) 고종의 연호 (1736∼1795) / 汲取 jíqǔ 동 ① (물을) 긷다 ② 흡수하다, 섭취하다, 얻다 / 唱腔 chàngqiāng 명 (중국 전통 극에서) 노래 곡조, 노래 가락

[번역]

경극예술은 역사가 유구하다고 할 만하다. 청나라 건륭 시기에 흥기하여, 끊임없이 중국 전통희극을 흡수하고 발양하는 기초 위에서 특색이 있는 경극이 형성되었다. 경극의 노래 가락과 복식은 모두 독특한 점이 있다. 경극은 다른 많은 전통희극의 장점을 참고해서, 노래 가락이 풍부하고 연극 제목이 다양하여, 높은 감상가치가 있다.

[해설]

첫 번째 단어

'京剧艺术 …, ＿＿＿＿于清朝乾隆年间'에서 '청나라 건륭 시기에 생겨나고 흥기하다'는 뜻의 동사서술어로 '兴起'를 써야 하므로 정답은 A입니다.

- (○) **兴起** xīngqǐ 동
  일어나다, 흥기하다, 세차게 일어나다 [한시기 (때)에 흥성함]: 兴起(事物 / 时间)
- (×) **成立** chénglì 동
  (조직, 기구 등을) 설치하다, 창립하다, 만들다
  : 成立(组织 / 政府 / 公司 / 大学)
- (×) **起源** qǐyuán 명동
  기원(하다), 시작하다
  : 起源(于……地方 / 于……文化 / 于……事)
- (×) **兴建** xīngjiàn 동
  (주로 대규모) 건설하다, 창설하다, 건축하다
  : 兴建(高楼/工程/水电站/水库)

두 번째 단어

'汲取和＿＿＿＿中国传统戏剧'에서 '전통을 발양하다'는 뜻의 동사서술어로 '发扬'을 써야 하므로 정답은 역시 A입니다.

- (○) **发扬** fāyáng 동
  발양하다, 발양시키다 [좋은 것을 떨쳐서 일으킴]
  : 发扬(传统 / 作风 / 风格 / 优点)
- (×) **发明** fāmíng 명동
  (새로운 물건을) 발명(하다): 发明(东西 / 汽车)
- (×) **发行** fāxíng 동
  발행하다 [정기 간행물, 표(票)를 세상에 내놓음]
  : 发行(报纸 / 杂志 / 邮票 / 股票 / 钞票)
- (×) **发掘** fājué 동
  발굴하다, 캐내다: 发掘(宝藏 / 人才 / 文物 / 物)

세 번째 단어

'京剧的唱腔、服饰＿＿＿＿有独到之处'에서 주어가 둘 이상인 경우 그 뒤에 부사 '均 [=都]'을 쓸 수 있습니다.

- (○) **均** jūn 부형동
  ① 모두, 다 ② 균일하다, 균등하다, 고르다 ③ 가지런히 하다, 균등하게 하다
  : 均(都/是)∥均(匀 / 等 / 衡 / 一 / 分)
- (○) **都** dōu 부 모두, 다
- (×) **各** gè 대부
  ① 여러, 갖가지 (하나가 아니고 수효가 여럿임을 나타냄) ② 각각, 각기, 각자
  : 各(位 / 方面 / 国 / 别 / 类 / 种)∥各有所爱
- (×) **还** hái 부
  여전히, 또, 계속해서, 변함없이 [동작이나 상태가 지속됨을 나타냄]

네 번째 단어

'＿＿＿＿了其他许多剧种的优点'에서 '(지나간 일이나 남의 잘잘못에 비추어 스스로 본보기로 삼다, 참고하다, 거울로 삼다'는 뜻의 동사서술어로 '借鉴'을 써야 하므로 정답은 A입니다.

- (○) **借鉴** jièjiàn 동
  참고로 하다, 거울로 삼다
  : 借鉴(历史 / 经验 / 方法)
- (×) **吸取** xīqǔ 동
  빨아들이다, 흡수하다, 섭취하다, 받아들이다
  : 吸取(营养 / 水分∥教训 / 经验)
- (×) **吸收** xīshōu 동
  흡수하다, 빨아들이다, 받아들이다
  : 吸收(消化 / 营养∥知识 / 过程 / 外国文化)
- (×) **反映** fǎnyìng 동명

① 반영(하다, 시키다) ② (객관적 상황 또는 다른 사람의 의견 등을 상급기관 또는 관련기관에) 보고하다, 전달하다
: 反映(生活 / 现实 / 情况 / 意见)

[정답] A

64.

[단어]

名满天下 míngmǎntiānxià 젱 명성이 천하에 널리 알려지다 / 田间 tiánjiān 몡 ① 논밭, 전지, 들 ② 경작지 / 栽培 zāipéi 됭 심어 가꾸다, 배양하다, 재배하다 / 培育 péiyù 됭 기르다, 재배하다 / 乡亲 xiāngqīn 몡 ① 한 고향 사람 ② 시골 사람 ③ 마을 사람

[번역]

만약 농촌에서 생활하고 일해 본 경험이 없었다면, 나중에 명성이 천하에 널리 알려진 袁隆平도 없었을 것이다. 그는 여러 해 동안 농촌의 논밭에서의 세심한 재배와 연구 끝에, 마침내 성공적으로 교잡논벼를 재배하였다. 그는 유명한 사람이 되었지만, 본인은 그렇게 생각하지 않는다. 그는 '모든 것은 다 마을 사람들이 함께 노력해서 얻은 성과이며, 우리가 노력하기만 하면 어떤 방향으로 향하든지 모두 향상될 것이다.'라고 말했다.

[해설]

첫 번째 단어

'没有在农村生活和工作的______(농촌에서 생활하고 일한 __이 없다)'에서 문맥상 빈칸에는 '경험'이라는 뜻의 명사 목적어를 써야 하므로 '经验' 또는 '经历'를 쓸 수 있습니다.

(×) 阶段 jiēduàn 몡 단계, 계단
: (现 / 历史 / 前 / 后 / 分几个)阶段
(○) 经验 jīngyàn 몡 경험
(×) 课程 kèchéng 몡 과정
(○) 经历 jīnglì 몡됭 경험(하다), 겪다

두 번째 단어

'他成了名人，但袁隆平不这么______，他说 "这些都是(…的)共同努力得到的成果 (그는 유명한 사람이 되었지만, 본인은 그렇게__하지 않고, 그는 모든 것은 다 마을 사람들이 함께 노력해서 얻은 성과라고 여긴다)'에서 문맥상 빈칸에는 '~라고 생각하다, 여기다'는 뜻의 동사서술어를 써야 하므로 '认为' 또는 '理解'를 쓸 수 있습니다.

(○) 认为 rènwéi 됭 ~라고 여기다, 생각하다
(×) 分析 fēnxī 몡됭 분석(하다)
: 分析(问题 / 错误 / 形势 / 失败)//(语法 / 化学 / 性格)分析
(×) 以为 yǐwéi 됭 ~라고 (잘못) 생각하다, 여기다
(○) 理解 lǐjiě 몡됭 이해(하다), 생각하다

세 번째 단어

'只要我们肯______, … , 都是向上的 (우리가 __하기만 하면, … , 모두 향상될 것이다)'에서 문맥상 빈칸에는 '努力'를 써야 하므로 정답은 D입니다.

(×) 付出 fùchū 됭
지출하다, 지불하다, 들이다, 바치다
· 付出(劳动 / 汗水 / 代价 / 牺牲 / 钱 / 全部)
(×) 加油 jiāyóu 됭
① 기름을 넣다
② 힘을 (더) 내다, 기운을 내다, 격려하다, 응원하다
(×) 刻苦 kèkǔ 혱
고생을 참아내다, 몹시 애를 쓰다, 노력하다 [= 努力]
: 刻苦(学习 / 钻研 / 练功)
(○) 努力 nǔlì 됭
노력하다, 힘쓰다 [주로 부사어로 쓰임]
: 努力(工作/学习)

네 번째 단어

'无论向哪个______, 都是向上的'에서 전치사 '向 (~를 향해)'은 방향을 나타내는 낱말이므로 빈칸에는 '方向'을 써야 하므로 정답은 D입니다.

(×) 目标 mùbiāo 몡 목표
(×) 目的 mùdì 몡 목적
: (达到 / 实现 / 明确)目的
(×) 范围 fànwéi 몡 범위
(○) 方向 fāngxiàng 몡 방향

[정답] D

65.

[단어]

变换 biànhuàn 됭 변환하다, 바꾸다, 바꾸어지다

[번역]

이러한 젊은이들이 있다. 그들은 자신의 사업을 매우 사랑해서, 사업상 필요하다면 생활환경을 바꿀 수 있으며, 심지어 생활하는 도시까지도 바꿀 수 있다. 그래서 그들은 이사하는데 습관이 되었다.

[해설]

첫 번째 단어

'他们______自己的事业'에서 문맥상 '일을 사랑하다, 좋아하다'는 뜻의 동사서술어로 '热爱' 또는 '喜欢'을 쓸 수 있습니다.

(○) **热爱** rèài 통 열렬하다, 열렬히 사랑하다
  : 热爱(工作 / 人民)
(×) **愿望** yuànwàng 명 바람, 소원
  : (实现 / 表示 / 满足 / 共同)愿望
(○) **喜欢** xǐhuan 통 좋아하다
(×) **追求** zhuīqiú 통 추구하다, 쫓다
  : 追求(人 / 梦想 / 成功 / 完美)

두 번째 단어

'只要事业______, 他们就会变换生活环境 (사업상 ___하다면 생활환경을 바꿀 수 있으며)'에서 문맥상 '필요하다'라는 뜻의 서술어가 들어가야 하므로 정답은 A입니다.

(○) **需要** xūyào 평통
  수요, 필요, 요구, 욕구 / 필요(로) 하다
  : (市场 / 人民 / 经济上的)需要 // 需要(休息 / 人 / 东西)
(×) **指望** zhǐwàng 평통
  기대 / (한마음으로) 기대하다, 꼭 믿다, 바라다
  : 指望(生活 / 成功 / 人 / 事)
(×) **要求** yāoqiú 평통 요구(하다)
  : (合理的 / 重点 / 领土)要求 // 要求(赔偿 / 自己 / 别人 / 答应)
(×) **需求** xūqiú 명 수요, 필요, 요구
  : (消费 / 资金 / 市场 / 人才 / 商品)需求

세 번째 단어

'他们就会变换生活环境, ______变换生活的城市 (그들은 생활환경을 바꿀 수 있으며, ___생활하는 도시까지도 바꿀 수 있다)'에서 뒤 절에서 앞 절의 내용을 한층 더 강조하는 어감을 나타내므로 동사 '变换' 앞의 빈칸에는 부사 '甚至'를 써야 하므로 정답은 A입니다.

(○) **甚至** shènzhì 부
  심지어, ~까지도, ~조차도[앞 절에서 한 걸음 더 나아감을 나타냄, 뒤 절을 더욱 강조함]
(×) **而且** érqiě 접
  게다가, ~뿐만 아니라, 또한 [뒤 절에서 앞 절의 '不但'과 함께 호응하여 쓰임] (= 并且)
(×) **宁愿** nìngyuàn 접
  차라리 ~한다 하더라도, ~할지라도 [앞 절에서 뒤 절의 '也要(= 也愿意)', '也不(= 也不愿意, 也决不)' 등과 함께 호응하여 쓰여, 뒤의 것을 반드시 하고 싶다 또는 하고 싶지 않다는 굳은 의지를 나타냄 / 宁可, 宁肯과 동의어임]
(×) **并且** bìngqiě 접
  '而且'와 동의어 임

네 번째 단어

'他们______搬家'에서 문맥상 빈칸에는 동사서술어 '习惯'을 써야 하므로 정답은 역시 A입니다.

(○) **习惯** xíguàn 평통
  습관, 버릇 / 습관 (버릇)이 되다, 익숙해지다
  : 习惯(生活 / 做…事情) // (生活 / 风俗 / 吸烟)习惯
(×) **等候** děnghòu 통
  기다리다 [주로 구체적인 대상에 쓰임]
  : 等候(人 / 汽车)
(×) **时常** shícháng 부
  자주, 항상 [= 常常, 经常, 时不时地, 不时]
(×) **频繁** pínfán 형
  잦다, 빈번하다 [횟수가 잦음]
  : 频繁地(搬家 / 换工作 / 打电话 / 眨眼)

[정답] A

66.

[단어]

> **规划** guīhuà 명 계획, 기획 [비교적 종합적이고 장기적인 계획에 쓰임] / **敏感** mǐngǎn 형 민감하다, 감수성이 예민하다

[번역]

도시 공기 질의 좋고 나쁨은 도시계획과 직접적인 연관이 있다. 그래서 도시 주택가와 공업기업의 위치 계획이 합리적인가하는 여부는 공기 질을 개선하는 효과에 영향을 미칠 것이다. 일반적으로 공업기업 계획은 도시의 바람이 부는 방향 5 킬로미터 위치에 있으면 비교적 적당하다.

[해설]

첫 번째 단어

'有______关系'에서 명사 '关系' 앞에서 직접 수식할 수 있는 낱말은 형용사 '直接'가 있으므로 정답은 D입니다.

(×) **相关** xiāngguān 통 상관되다, 관련되다, 관계하다
(×) **敏感** mǐngǎn 형 민감하다, 감수성이 예민하다
  : 敏感(话题 / 体质 / 皮肤)
(×) **复杂** fùzá 형 복잡하다
(○) **直接** zhíjiē 평통형 직접(적인), 직접(의)
  : 直接(关系 / 原因) // 直接(前来 / 办理 / 说)

두 번째 단어

보기에는 모두 '결과'라는 뜻을 가지고 있는 명사가 있는데, '会影响空气质量改善的______'에서 빈칸 앞에 '改善的'라는 긍정적인 뜻의 관형어가 있으므로, 빈칸에는 '좋은 결과, 효과'란 뜻의 명사 '效果'를 써야 하므로 정답은 D입니다.

(×) **结果** jiéguǒ 명 결과
(×) **成果** chéngguǒ 명
  성과 [일하거나 공부하고 얻은 좋은 결과]
  : (科研 / 劳动)成果

(×) **后果** hòuguǒ 〈명〉 (나쁜) 결과
  : (严重的 / 不良的)后果
(○) **效果** xiàoguǒ 〈명〉 효과 [좋은 결과]
  : 效果(明显 / 良好 / 让人满意)

세 번째 단어

'工业企业规划在城市的下风向5公里的位置比较____'
(공업기업 계획은 도시의 바람이 부는 방향 5 킬로미터 위
치에 있으면 비교적___)'에서 문맥상 정도부사 '比较' 뒤의
빈칸에는 '알맞다, 적당하다'는 뜻의 형용사서술어를 써야
하므로 '合理' 또는 '合适'를 쓸 수 있습니다.

(○) **理想** lǐxiǎng 〈명〉〈형〉 이상(적이다)
  : 理想的(位置 / 工作 / 成绩)
(○) **合理** hélǐ 〈형〉
  합리적이다. (논리나 이치, 도리)에 맞다. 합당하다
  : 合理的(安排 / 要求 / 价格 / 做法 / 时间 / 地点
   / 位置)
(×) **适合** shìhé 〈동〉 적합하다. 알맞다. 적절하다
  : 适合(人 / 身材)
(○) **合适** héshì 〈형〉 적합하다. 알맞다. 어울리다. 적절하다
  : 合适的(价格 / 衣服 / 时间 / 地方)

[정답] D

67.

[단어]

权利 quánlì 〈명〉 권리 / **背景** bèijǐng 〈명〉 ① 배경 ②
배후 세력, 배경, 빽

[번역]

많은 사람들이 실패하는 원인은 자신의 능력이 부족한 것
도, 운이 좋지 않아서 그런 것도 아니라, 건강한 심리상태
를 유지하지 못하기 때문이다. 그래서 그들은 결국 성공의
희열을 맛보지 못한다. 경쟁상대에게 패배한 것이라고 하
기보다는 차라리 자신에게 패배한 것이라고 말할 수 있다.

[해설]

첫 번째 단어

'许多人失败并不是由于他们能力不够，也不是因为
____不好'에서 문맥상 '운이 나쁘다'는 뜻을 쓸 수 있으
므로 빈칸에는 명사 '运气'를 써야 하므로 정답은 C입니다.

(×) **感情** gǎnqíng 〈명〉 감정
  : 感情(丰富 / 流露 / 转移 / 冲动)
(×) **背景** bèijǐng 〈명〉 ① 배경 ② 배후세력, 배경, 빽
(○) **运气** yùnqi 〈명〉 운, 행운
  : 运气(不佳 / 坏 / 好)
(×) **心情** xīnqíng 〈명〉 심정, 마음, 기분
  : 心情(不佳 / 恶劣 / 安定 / 烦躁 / 愉快 / 放松)

두 번째 단어

'于没有保持一种____的心态'에서 문맥상 '좋은, 건강
한, 건전한 심리상태'라는 뜻이 와야 하므로 빈칸에는 '健
康'을 써야 하므로 정답은 C입니다.

(×) **较好** jiàohǎo 〈형〉 비교적 좋다
(×) **愉快** yúkuài 〈형〉 기분이 좋다. 기쁘다. 유쾌하다
(○) **健康** jiànkāng 〈형〉 건강
(×) **轻松** qīngsōng 〈형〉
  ① (일이) 수월하나, 가볍나 ② (기분이) 홀가분하다, 가뿐
  하다: (感到)轻松愉快 // 工作很轻松

세 번째 단어

'品尝不到____的喜悦'에서 명사 '喜悦 (희열, 기쁨)'에
서 문맥상 빈칸에는 '成功'을 써야 하므로 정답은 역시 C
입니다.

(×) **权利** quánlì 〈명〉 권리
  : (争取 / 取得 / 丧失 / 剥夺 / 赋予)权利
(×) **命运** mìngyùn 〈명〉
  운명 [앞으로 일어나는 여러 가지 일이나 사태]
(○) **成功** chénggōng 〈명〉〈동〉〈형〉 성공(하다), 성공적이다
  : (获得 / 取得)成功 // 会议开得非常成功。
(×) **胜利** shènglì 〈명〉〈동〉 승리(하다)

네 번째 단어

'与其说他们败给了竞争对手，____说他们是败给了
自己。'에서 앞 절에 접속사 '与其'가 있으므로, 뒤 절에 함
께 호응하여 쓰는 접속사 '不如'를 써야 하므로 정답은 C
입니다.

(×) **那么** nàme 〈대〉〈접〉
  ① 그렇게, 저렇게, 그런, 저런 [상태, 방식, 정도를 나
   디냄]
  ② 그러면, 그렇다면 [앞 절의 '如果', '既然' 등과 함
   께 뒤 절의 맨 앞에 접속사로 쓰임]
(×) **也要** yěyào 〈부〉+조동
  또한 ~해야 한다. ~하려고 하다
(○) **不如** bùrú 〈접〉
  ~만 못하다, ~하는 편이 낫다
  [앞 절의 '与其'과 힘께 뒤 질의 접속사로 쓰임]
(×) **不过** búguò 〈접〉
  그러나 [뒤 절 맨 앞에 쓰여, 전환의 의미를 나타냄]
  (= 但是，可是，然而)

[정답] C

68.

[단어]

> **倒影** dàoyǐng 명 거꾸로 선 그림자, 수면에 비친 그림자

[번역]

사람들은 모두 '계림의 경치는 천하제일이다'라고 말하는데, 그 중에서도 漓江의 물은 세상에서 가장 맑고 투명한 물이다. 마치 큰 거울처럼 강의 수면 위로 산의 거꾸로 선 그림자도 볼 수 있고, 물속에서 물고기가 왔다갔다 헤엄치는 것도 볼 수 있는데, 모두 매우 신기하고 매혹적이라서 사람들을 아름다운 경치에서 빠지게 하여 떠나기 싫게 만든다. 물은 漓江의 가장 매력적인 경치이면서, 계림산수의 영혼이다.

[해설]

첫 번째 단어

'是人间最______的水'에서 빈칸에는 '물이 맑다, 깨끗하다'는 뜻으로 형용사 '清澈'를 쓰므로 정답은 C입니다.

- (✕) **清楚** qīngchu 형·동
  - ① (눈에 보이는 것이) 분명하다, 명백하다, 뚜렷하다
  - ② 이해하다, 알다
  - : (字迹 / 声音 / 头脑 / 发音 / 交代)清楚
- (✕) **透明** tòumíng 형 투명하다
  - : 透明的(气体 / 布料 / 玻璃)
- (○) **清澈** qīngchè 형 맑다, 투명하다, 깨끗하다
  - : 清澈的(眼睛 / 溪水 / 池水)
- (✕) **清晰** qīngxī 형 (눈에 보이는 것이) 뚜렷하다, 분명하다 : 清晰的(图像 / 画面 / 脚印)

두 번째 단어

'都是那么神奇迷人，令人______(모두 매우 신기하고 매혹적이라서___하게 한다)'에서 문맥상 '사람들을 아름다운 경치에서 빠지게 하여 떠나기 싫게 만든다'는 뜻의 성어 '流连忘返'를 써야 하므로 정답은 C입니다.

- (✕) **称心如意** chènxīnrúyì 성
  - 마음에 꼭 들다, 생각대로 (원한대로)되다
- (✕) **锲而不舍** qièérbùshě 성
  - 새기다가 중도에 그만두지 않는다 ; 인내심을 갖고 일을 계속하다, 한 번 마음만 먹으면 끝까지 해낸다.
- (○) **流连忘返** liúliánwàngfǎn 성
  - 놀이에 빠져 집에 돌아가는 것을 잊다, 도락에 빠져 정신을 잃다 ; 어떤 일에 미련을 두어 떠나지 못하다
  - : (景色 / 风景 / 建筑 / 画)令人流连忘返。
- (✕) **得不偿失** débùchángshī 성
  - 얻는 것보다 잃는 것이 많다

세 번째 단어

'水…是的桂林山水的______'에서 문맥상 '灵魂'을 써야

하므로 정답은 C입니다.

- (✕) **形象** xíngxiàng 명 형상, 이미지
- (✕) **心灵** xīnlíng 명
  - 심령, 정신, 영혼, 마음 [사람의 마음 속, 정신, 사상 등을 가리킴]
- (○) **灵魂** línghún 명
  - 영혼, 혼 [어떤 작용을 주도하고 결정하는 요소를 가리킴]
- (✕) **灵感** línggǎn 명
  - 영감 [문학, 예술, 과학, 기술 등 활동을 하면서 불현듯 생겨난 창조적인 사고 방향] 创作灵感

[정답] C

69.

[단어]

> **摆脱** bǎituō 동 (속박, 어려운 상황 등에서) 벗어나다, 빠져나오다, 떨쳐버리다 / **琐碎** suǒsuì 형 ① 자질구레하고 번거롭다, 사소하고 잡다하다 ② 잔병이 많다, 잔병치레를 자주하다

[번역]

우리는 가끔 사소한 일에서 벗어나고 싶고 하찮은 일에 신경을 쓰고 싶어 하지 않는다. 티끌 모아 태산이라는 도리를 모르고, 항상 한 번에 다른 사람을 놀라게 할 정도로 큰일을 하고 싶어 한다. 자신보다 못한 사람들이 이미 훌륭한 성과를 낸 것을 천천히 발견하고 나서야 비로소 자신은 알고 보니 아무것도 이루어 놓은 것이 없다는 것을 발견하고, 이때서야 하느님께서 자신에게 기회를 주지 않은 것이 아니라, 자신이 수확만 생각하고 씨를 뿌리는 것을 잊어버렸다는 것을 알게 된다.

[해설]

첫 번째 단어

'我们有时候会希望摆脱小事，…，总是想做大事______(우리는 가끔 사소한 일에서 벗어나고 싶고… , 늘 큰일을 해서___하고 싶어 한다)'에서 문맥상 '사람을 놀랠 정도의 큰일을 이루다'는 뜻의 성어 '一鸣惊人'를 써야 하므로 정답은 A입니다.

- (○) **一鸣惊人** yìmíngjīngrén 성
  - (새가) 한 번 울면 사람을 놀라게 한다 ; 뜻밖에 사람을 놀라게 하다, 평소에는 특별한 것이 없다가도 한 번 시작하면 사람을 놀랠 정도의 큰일을 이루다
  - : (说话 / 做事)一鸣惊人
- (✕) **滔滔不绝** tāotāobùjué 성
  - 끊임없이 흐르다 (말하다) : (说话 / 江水)滔滔不绝
- (✕) **画蛇添足** huàshétiānzú 성

뱀을 그리는데 다리를 그려 넣다; 쓸데없는 짓을 하다. 사족을 가하다

(×) **一帆风顺** yìfānfēngshùn ㉑
　순풍에 돛을 올리다; 일이 순조롭게 진행되다
　：(事业 / 生活)一帆风顺

두 번째 단어

'有了 _______ 的收获'에서 문맥상 빈칸에는 '훌륭한, 뛰어난, 대단한'이라는 뜻의 형용사 '可观'을 써야 하므로 정답은 A입니다.

(○) **可观** kěguān ㉑
　① 가관이다, 볼만하다 ② 대단하다, 굉장하다, 훌륭하다
　：(入 / 效益 / 数目 / 损失)可观//(景色 / 仪容)可观

(×) **奇观** qíguān ㉑
　① 기관, 기이한 풍경 (현상) ② 훌륭한 광경 (경치)
　：(世界七大 / 山顶 / 景象 / 罕见的 / 天外)奇观

(×) **美观** měiguān ㉑㉑
　미관, (외관상) 아름다움 / (장식, 외관 등이) 보기 좋다, 아름답다：(布置 / 装饰)得美观

(×) **壮观** zhuàngguān ㉑㉑
　장관(이다)：壮观的(山 / 景象 / 队伍 / 场面)

세 번째 단어

'不如自己的人有了(…的)收获，才发现自己原来 ______，这时他才懂得不是上帝没有给他机会 ~(자신보다 못한 사람들이 …한 성과를 냈고, 비로소 자신은 알고 보니 하다는 것을 발견하고, 이때서야 하느님께서 자신에게 기회를 주지 않은 것이 아니라~)'에서 문맥상 빈칸에는 '자신은 성과를 내지 못했다, 이루어 놓은 것이 없다'는 뜻의 성어 '一无所有'를 써야 하므로 정답은 A입니다.

(○) **一无所有** yìwúsuǒyǒu ㉑
　아무 것도 없다：(家里 / 口袋里 / 人)一无所有

(×) **有条不紊** yǒutiáobùwěn ㉑
　조리 (질서) 정연하다
　：有条不紊地(工作 / 学习 / 做事情)

(×) **各抒己见** gèshūjǐjiàn ㉑
　제각기 자기 의견을 말하다
　：(观点 / 看法)各抒己见

(×) **饱经沧桑** bǎojīngcāngsāng ㉑
　세상사의 온갖 변천을 다 겪다
　：饱经沧桑的(脸 / 人)

네 번째 단어

'他一心只想着丰收，却忘了 _______ (수확만 생각하고 씨를 뿌리는 것을 잊어버리다)'에서 문맥상 '播种'을 써야 하므로 정답은 A입니다.

(○) **播种** bōzhǒng ㉑
　① 파종하다, 씨를 뿌리다 ② 발전성이나 전망이 있는 새 사상, 새 이론을 전파하다
　：播种(种子 / 希望 / 春天 / 知识)

(×) **照顾** zhàogù ㉑

① 고려하다, 주의하다, 생각하다 ② 돌보다, 보살펴주다, 배려하다, 정신을 쏟다
　：照顾(孩子 / 亲人 / 伤员)//照顾(面子 / 全局 / 多数)

(×) **培养** péiyǎng ㉑
　① 배양하다, 기르다 ② 양성하다, 키우다, 육성하다
　：培养(植物 / 花草 / 人才 / 新人 / 能力 / 爱好 / 兴趣)

(×) **酿造** niàngzào ㉑
　(술, 간장, 식초 등을) 양조하다：酿造(美酒 / 食品)

[정답] A

70.

[단어]

默默无闻 mòmòwúwén ㉑ 이름이 세상에 알려지지 않다 / **方丈** fāngzhang ㉑ 주지(스님)

[번역]

소림사의 이름이 세상에 알려지지 않았을 때부터 명성을 온 천하에 떨칠 때까지, 그리고 사람들의 많은 관심을 불러일으키게 된 것은 모두 한 사람과 매우 큰 관계가 있다. 이 사람이 바로 소림사의 현재 주지를 맡고 있는 '스용신'이며, 그는 '소림사 CEO'라고 불린다.

[해설]

첫 번째 단어

'少林寺从默默无闻到 _______'에서 빈칸에는 문맥상 '명성을 세계에 떨치다, 세계적으로 유명하다'는 뜻이 성어 '名扬中外'를 써야 하므로 정답은 C입니다.

(×) **肆无忌惮** sìwújìdàn ㉑
　방자하여 거리낌 없이 (제멋대로 하)다
　：肆无忌惮地(攻击 / 入侵 / 说话 / 做事)

(×) **得天独厚** détiāndúhòu ㉑
　하늘로부터 받은 것이 홀로 두텁다; 특별히 좋은 조건을 갖추다, 치한 횐경이 남달리 좋다
　：得天独厚的(条件 / 地理位置 / 环境 / 天赋)

(○) **名扬中外** míngyángzhōngwài ㉑
　명성을 세계에 떨치다
　：(风景 / 名胜 / 美食 / 文化作品 / 名人)名扬中外

(×) **理直气壮** lǐzhíqìzhuàng ㉑
　이유가 충분하여 하는 말이 당당하다, 떳떳하다
　：理直气壮地(回答 / 说)

두 번째 단어

'少林寺 …, 引起世人的高度 _______'에서 문맥상 '관심, 집중을 불러일으키다, 야기 시키다'는 뜻이므로, 빈칸에는 명사 '关注'를 써야 하므로 정답은 C입니다.

(×) **注意** zhùyì 명동 주의(하다), 조심(하다)
  : 注意(事项 / 安全 / 听课 / 观察)

(×) **注重** zhùzhòng 동 중시하다
  : 注重(外面 / 打扮 / 人际关系 / 礼貌)

(○) **关注** guānzhù 명동 관심(을 가지다), 배려(하다)
  : 关注(问题 / 新闻 / 报道)

(×) **关怀** guānhuái 명동
  (주로 윗사람이 아랫사람에게) 관심(을 보이다), 배려(하다), 보살피다 : 关怀(孩子 / 下一代 / 生命)

세 번째 단어

'他被______为少林寺总裁'에서 '~라고 (찬양하여, 영예롭게) 불리다'는 뜻으로 '被誉为~' 또는 '被称为'를 씁니다.

(×) **耸** sǒng 동
  ① 치솟다, 우뚝 솟다 ② (어깨를) 추키다, 으쓱거리다
  ③ 주의를 끌다, 놀라게 하다

(×) **叫** jiào 동
  ① 외치다, 소리를 지르다, 고함치다
  ② 부르다, 불러오다, 찾다

(○) **誉** yù 명동
  ① 명예, 영예 ② 칭찬(하다), 찬양(하다): 被誉为~

(○) **称** chēng 동
  부르다, 일컫다, 불리다, 칭하다 : 被称(为 / 呼 / 作) ~

[정답] C

[2주차 실력다지기 실전문제]

1회

[정답]

61 C	62 D	63 A	64 B	65 C
66 B	67 A	68 B	69 C	70 D

61.

[단어]

营造 yíngzào 동 ① (집, 건축물 등)을 짓다 ② (계획적인) 조림을 하다 / **光影** guāngyǐng 명 영화 / **浓缩** nóngsuō 명동 농축(하다)

[번역]

영화의 가장 중요한 특징은 독특한 매력을 갖춘 영화세계를 만드는데 있다. 사람들은 이 세계에서 긴장을 완화시키고 즐거움을 얻을 수 있을 뿐만 아니라, 더욱이 인생을 맛볼 수 있으며, '영화는 농축된 인생이다'라는 특징도 충분히 체험할 수 있다.

첫 번째 단어

'电影 …, 在于营造一个独具______光影的世界'에서 문맥상 '독특한 매력이 있다, 특색이 있다'는 뜻으로 명사 '魅力' 또는 '特色'를 쓸 수 있습니다.

(×) **独特** dútè 형 독특하다

(×) **特意** tèyì 부 특별히, 일부러
  : 特意(准备 / 来 / 拜访 / 做)

(○) **魅力** mèilì 명 매력
  : (有 / 充满 / 富有 / 散发)魅力

(×) **特色** tèsè 명 특색, 특징
  : (具有 / 带有)特色//特色(食品 / 风味 / 商店)

두 번째 단어

'使人得到______和快乐'에서 문맥상 '긴장을 풀게 하고, 즐거움을 주다'는 뜻이고, 전치사 '和'는 병렬을 나타내는 낱말이므로 빈칸과 '快乐'는 둘 다 서술어로 쓰이는 단어가 들어가야 하므로, 빈칸에는 '放松'을 쓸 수 있으므로, 정답은 C입니다.

(×) **休息** xiūxi 명동 휴식 / 쉬다, 휴식하다

(×) **兴趣** xìngqù 명 흥미, 관심
  : 兴趣(广泛) // (丧失 / 产生 / 引发 / 激发 / 培养)兴趣

(○) **放松** fàngsōng 동
  늦추다, 느슨하게 하다, (근육을) 이완시키다
  : 放松(心情 / 身体 / 警惕 / 看管 / 管理)

(×) **趣味** qùwèi 동
  ① 흥미, 취미, 재미 ② 기호, 취미, 관심, 의향

세 번째 단어

'充分______到电影是浓缩的人生'에서 빈칸에는 문맥상 '영화에 농축된 인생을 체험하다'는 뜻의 동사서술어 '体会'를 써야 하므로 정답은 C입니다. 동사 '意味'는 뒤에 '着'와 함께 써야하므로 형태만 보더라도 정답이 될 수 없습니다.

(×) **意味** yìwèi 명
  ① 의미, 뜻 ② 정취, 흥취, 흥미, 기분, 재미, 맛

(×) **理解** lǐjiě 명동 이해(하다)

(○) **体会** tǐhuì 명동
  체득, 이해 / (직접, 간접적으로) 체험하여 터득하다, 체득하다
  : 体会(精神 / 文章 / 意思 / 含义 / 心得 / 爱心 / 用意 / 情感)

(×) **意识** yìshí 명동
  의식(하다), 깨닫다 [동사인 경우 뒤에 '到'와 함께 씀]
  : 意识到(错误 / 危机 / 疼痛)

[정답] C

62.

[단어]

必备 bìbèi ⑧ 반드시 갖추다, 구비하다 / **传递** chuándì ⑧ ① (차례차례) 전달하다, (공을) 패스하다 ② 시험장에서 종이쪽지 따위를 건네다

[번역]

훌륭한 영어 회화능력은 이미 국제교류에서 반드시 갖추어야 할 자질이 되었다. 언어 교류는 사람들이 시로에게 정보를 전달하는 과정일 뿐만 아니라, 사람들이 교류하는 기본적인 수단이기도 하다. 현대 국제무역의 폭넓은 발전으로 인해 영어 능력에 대한 요구가 갈수록 높아진다.

[해설]

첫 번째 단어

'良好的英语口语能力，已成为国际交流必备的______ (훌륭한 영어 회화능력은 이미 국제교류에서 반드시 갖추어야 할 __이 되었다)'에서 '능력이나 실력의 정도'에는 명사 '素质'를 쓰므로 정답은 D입니다.

(×) **美德** měidé ⑨ 미덕, 좋은 품성
  [아름답고 가륵한 덕행]
  : (具有 / 培养 / 体现 / 表现)美德

(×) **道德** dàodé ⑨⑧ 도덕, 윤리 / 도덕적이다

(○) **品质** pǐnzhì ⑨ ① 품성, 소질, 인품 ② 품질
  : 人的品质(恶劣 / 良好) // (商品或物品的) 品质
  (优良 / 合格 / 保证)

(×) **素质** sùzhì ⑨ 소양, 자질
  [어떤 분야의 일에 대한 능력이나 실력의 징도]
  : (国民 / 身体 / 社会 / 生活)素质 // 提高素质

두 번째 단어

'语言的交流 … 是人们相互______信息的过程 (언어 교류는 사람들이 서로에게 정보를__하는 과정이다)'에서 문맥상 빈칸에는 '정보를 전달하다'는 뜻의 동사서술어 '传递'를 써야 하므로 정답은 D입니다.

(×) **传播** chuánbō ⑧⑨
  전파, 퍼지는 것 / 전파하다, 퍼뜨리다
  : 传播(经验 / 技术 / 知识 / 信息 / 病毒 / 疾病)

(×) **传授** chuánshòu ⑧ 전수하다, 가르치다
  : 传授(技术 / 技艺 / 武功 / 秘方)

(×) **流传** liúchuán ⑧
  (민간에서 전해져 내려오는 이야기, 문예에 관한 것 등이) 세상에 널리 퍼지다, 널리 퍼져서 전해오다

(○) **传递** chuándì ⑧
  ① (차례차례) 전달하다, (공을) 패스하다
  ② 시험장에서 종이쪽지 따위를 건네다

세 번째 단어

'语言的交流 … 也是人与人之间沟通的基本______(언

어교류는 … 사람들이 교류하는 기본적인____이기도 하다)'에서 문맥상 빈칸에는 '수단, 방법'이란 뜻의 명사 '手段'을 써야 하므로 정답은 D입니다.

(×) **模式** móshì ⑨ 유형, 패턴, 모델
  : (生活 / 学习 / 工作 / 考试 / 安全 / 标准)模式

(×) **途径** tújìng ⑨ 경로, 절차, 순서
  : (学习 / 致富 / 成功 / 寻找)途径

(×) **形式** xíngshì ⑨
  형식, 형태 [① 겉으로 들어나는 모양이나 겉모습 ② 잉을 할 때 일정한 절차나 양식, 방법을 말함]
  : (内容 / 文章 / 工作 / 学习)形式

(○) **手段** shǒuduàn ⑨
  ① 수단, 방법, 수법 ② 잔꾀, 잔재주

[정답] D

63.

[단어]

矿产 kuàngchǎn ⑨ 광산물 / **宝藏** bǎozàng ⑨ ① 수장하고 있는 보물 ② 광산물, 지하자원

[번역]

우리는 모두 세계의 71%가 바다라는 것을 알고 있다. 바다의 생물과 광산자원은 풍부하고 다채롭다. 그러나 사람들이 항상 소홀히 여기는 바닷물도 자원중의 하나이다. 과학자들은 장기간의 연구를 통해 심층해수는 바다가 정화된 것이며, 심층해수에서는 다량의 미량 원소와 광물질이 함유되어 있다는 것을 발견했다. 그래서 우리는 충분히 심층해수를 이용히여 인류의 자원위기를 극복해야 한다.

[해설]

첫 번째 단어

'海洋里的生物和矿产______，丰富多样 (바다의 생물과 광산__은 풍부하다)'에서 '자연에 의해 주어진 여러 가지 물자'를 '资源'이라고 하므로 '矿产资源'이라고 써야 합니다. 따라서 정답은 A입니다.

(○) **资源** zīyuán ⑨
  자원 [기술의 발전에 따라 생산에 이용되는 여러 가지 물자, 그중에서도 특히 자연에 의해 주어진 것을 말함]
  : (自然 / 森林 / 矿产)资源

(×) **能源** néngyuán ⑨
  에너지원 [석탄, 석유, 천연가스, 태양열, 핵연료 등 에너지 공급의 원천이 되는 물질을 말함]
  : (石油 / 生物 / 可再生 / 环保 // 节约 / 消耗)能源

(×) **物资** wùzī ⑨
  물자 [경제나 생활의 바탕이 되는 물품이나 자재를 말함]

(×) **物力** wùlì ⑨

물력 [온갖 물건의 재료와 노력을 말함]

두 번째 단어

'深层海水是海洋的____(심층해수는 바다의 _이다)'에서 '바닷물을 정화시킨 물'을 심층해수라고 하므로 빈칸에는 '精华'를 써야 하므로 정답은 A입니다.

(○) **精华** jīnghuá 명
정화, 정수 [걸러져서 깨끗하고 아주 순수한 부분을 말함]: 精华(液 / 露 / 水)

(×) **重心** zhòngxīn 명
① 중심, 무게 ② (일의) 중심, 핵심, 중점
: (工作 / 发展 / 经济 / 偏离)重心∥中心(高 / 低)

(×) **核心** héxīn 명
① (과일 속의) 씨 ② 핵심, 주요부분, 중심
: (领导 / 人物 / 城市 / 生产)的核心

(×) **精心** jīngxīn 형
공들이다, 정성들이다, 심혈을 기울이다 [부사어로 쓸 수 있음]
: 精心(照顾 / 照料 / 准备 / 伺候 / 调制 / 保护 / 治疗)

세 번째 단어

'深层海水含有大量的微量____和矿物质'에서 전치사 '和'는 병렬을 나타내는 낱말인데, '和' 뒤에 '矿物质'라고 했으므로 빈칸에도 '矿物质'과 비슷한 뜻의 낱말인 '元素'를 써야 하므로 정답은 A입니다.

(○) **元素** yuánsù 명
① 요소 ② (화학) 원소 [금, 은, 수소, 질소 등 모든 물질을 구성하는 기본적 요소로, 화학적으로 성립과 구조가 간단한 요소를 말함]
: (化学 / 生命 / 生活)元素

(×) **成分** chéngfen 명
① 성분, 요소 ② (출신)성분, (출신)계급
: 营养成分∥(分析 / 组成 / 构成 / 营养)成分

(×) **物质** wùzhì 명
물질: (营养 / 化学 / 易燃)物质

(×) **因素** yīnsù 명
① 구성요소 ② (사물의 성립을 결정하는) 원인, 조건, 요소
: (自然 / 重要)因素

네 번째 단어

'我们应该____利用深层海水'에서 동사 '利用' 앞의 빈칸은 부사가 와야 하며, 문맥상 '充分利用 (충분히 이용하다)'이라고 써야 하므로 정답은 A입니다. '充足'는 '충분하다'는 뜻이지만 부사로 쓸 수 없으므로 정답이 될 수 없습니다.

(○) **充分** chōngfèn 형부
충분하다 / 충분히, 충분하게 [추상적인 것이 많이 있음]
: 充分(理解 / 准备 / 燃烧 / 认识 / 利用 / 考虑)

(×) **深刻** shēnkè 형
① 핵심을 찌르다, 본질을 파악하다 [문제나 사건의 본질에까지 이른 경우에 사용함] ② 깊다

: (体会 / 分析 / 检讨 / 印象)深刻

(×) **完全** wánquán 형부
완전하다, 충분하다 / 완전히, 전혀, 전적으로, 전부
: 四肢完全∥完全(停止 / 消化 / 同意)

(×) **充足** chōngzú 형
충분하다 [구체적인 것이 많이 있음]
: (物资 / 东西 / 阳光 / 水分 / 营养 / 时间)充足

[정답] A

64.

[단어]

自立 zìlì 명동 자립(하다), 자활(하다) / **拐杖** guǎizhàng 명 지팡이 / **迷失** míshī ① (길, 방향을) 잃다 ① (물건을) 잃어버리다, 분실하다 / **附属品** fùshǔpǐn 명 부속품 / **搀扶** chānfú 동 ① 부축하다, 붙잡아 주다 ② 간호하다 / **拄** zhǔ (지팡이 따위로) 몸을 지탱하다 / **捧** pěng 동 받들다, 두 손으로 받쳐 들다, 두 손으로 움켜 뜨다

[번역]

자립은 우리를 강하게 하고, 자신의 삶을 자유롭게 결정할 수 있으며, 다른 사람이 손으로 부축해 주는 것이 필요하지 않다. 의지하는 것은 정상인들이 지팡이를 짚는 것과 같이, 지팡이의 힘을 빌려서 자신을 편하게 할 수 있다. 하지만 시간이 오래되면 우리는 어떻게 걷는 지 잊어버리는 것처럼, 자신을 잃어버릴 것이며, 우리는 영원히 자아를 잃고 남의 부속품이 될 수도 있을 것이다.

[해설]

첫 번째 단어

'自立… 能____决定自己生活'에서 문맥상 빈칸에는 '自由决定~'이라고 쓰므로 정답은 B입니다.

(×) **主动** zhǔdòng 형부
능동적이다, 자발적이다, 적극적이다 / 주동적으로, 자발적으로

(○) **自由** zìyóu 명형 자유(롭다)
: 自由(时间 / 贸易 / 竞争∥选择 / 决定 / 自在)

(×) **独立** dúlì 명동 독립(하다), 홀로서다
: 独立(国家 / 自主 / 自由 / 宣言)

(×) **积极** jījí 형
적극적이다, 열성적이다, 진취적이다
: 积极(作用 / 表现 / 发言 / 工作)

두 번째 단어

'不需要别人用手____'에서 '다른 사람의 도움이 (부축하는 손이) 필요 없다'는 뜻의 '搀扶'를 써야 하므로 정답은 B입니다.

(×) 帮忙 bāngmáng 명·동
① 원조, 조력, 도움
② 일(손)을 돕다, 원조하다, 일을 거들어 주다

(○) 搀扶 chānfú 동
① 부축하다, 붙잡아 주다 ② 간호하다
: 搀扶(老人 / 病人 / 体弱的人)

(×) 陪同 péitóng 동
모시고 다니다, 수행하다, 동반하다
: 陪同(参观 / 游览 / 考察)

(×) 同伴 tóngbàn 명·동
동행자, 동반자, 동료, 짝 / 동반하다

세 번째 단어

'___拐杖'에서 빈칸에는 '지팡이를 짚다'는 뜻의 동사 '拄'을 써야 하므로 정답은 B입니다.

(×) 使 shǐ 동
~에게 …하게 하다, 시키다

(○) 拄 zhǔ 동
(지팡이 따위로) 몸을 지탱하다 , 지팡이를 짚다
: 老人拄着拐杖走。

(×) 摔 shuāi 동
(몸이 균형을 잃어) 넘어지다
: 摔(倒 / 跤 / 伤 / 打 / 碎)

(×) 打 dǎ 동
① 때리다, 치다, 두드리다 ② 남과 관련되는 행위를
하다: 打(人 / 字 / 电话 / 听 / 招呼)

네 번째 단어

'我们可能将______失去自我 (우리는 __ 자아를 잃게 될
것이다)'에서 문맥상 부사 '永远'을 써야 하므로 정답은 B
입니다.

(×) 逐渐 zhújiàn 부 점차, 차츰차츰, 점점

(○) 永远 yǒngyuǎn 형·부
영원하다 / 늘, 항상, 언제(까지)나, 영원히
: 永远(离开 / 消失 / 记住 / 相爱 / 幸福)

(×) 始终 shǐzhōng 부 (시종일관) 계속해서

(×) 总算 zǒngsuàn 부
결국은, 마침내 (= 终于) [비교적 오랜 기간이나 노력
끝에 결국은, 마침내 ~하다는 뜻임]

[정답] B

65.

[단어]

打喷嚏 dǎpēntì 재채기를 하다 / **中枢** zhōngshū 명
중추, 중심 / **随即** suíjí 부 즉시, 곧 / **指令** zhǐlìng
명·동 지령(하다), 명령(하다) / **袭击** xíjī 명·동 습격(하
다), 기습(하다)

[번역]

재채기하는 것은 인류의 본능적인 행위이고 주관적인 의
지로 억누를 수 없다. 사람은 차가운 공기나 강렬한 냄새
등 자극으로 인해 코가 민감해지고, 더 나아가 대뇌 속의
'재채기 중추'의 흥분을 야기하면, 즉시 코에 '명령'을 내려
서 관련된 신경들이 엄격하게 '명령'에 따라 움직인다. 그
래서 재채기가 나오는 것이다.

[해설]

첫 번째 단어

'打喷嚏 …, 非___意志所能控制 (재채기는___인 의지
로 억누를 수 없다)'에서 문맥상 빈칸에는 '主观 (주관적
인)'을 써야 하므로 정답은 C입니다.

(×) 自我 zìwǒ 명
자기 자신[주로 2음절 동사 앞에 쓰임]
: 自我(崇拜 / 暴露 / 表现 / 批评 / 检讨 / 牺牲 /
安慰 / 介绍)

(×) 客观 kèguān 명·형 객관(적이다)
: 客观(存在 / 分析 / 实际 / 主义 / 要求 / 真理 /
世界)

(○) 主观 zhǔguān 명·형 주관(적이다)
: 主观(判断 / 真理 / 主义 / 认识 / 愿望 / 努力 /
世界)

(×) 自己 zìjǐ 대 자기, 자신

두 번째 단어

'当一个人受到冷空气、强烈气味等因素的______时,
鼻子会变得敏感 (사람은 차가운 공기나 강렬한 냄새 등
____로 인해 코가 민감해지고)'에서 문맥상 '刺激 (자극)'
을 써야 하므로 정답은 C입니다.

(×) 冲击 chōngjī 명·동
충격, 쇼크 / (흐르는 물 따위가) 세차게 부딪치다, 충
돌하다

(×) 袭击 xíjī 명·동 습격(하다), 기습(하다)

(○) 刺激 cìjī 명·동 자극(하다)
: 刺激(肠胃 / 大脑 / 神经)

(×) 打扰 dǎrǎo 동
(남의 일을) 방해하다, (남의 일에) 지장을 주다 / 폐를 끼
치다

세 번째 단어

'引起大脑中 "喷嚏中枢" ____(대뇌 속의 '재채기 중추'
의 __을 야기하다)'에서, 문맥상 명사 '兴奋 (흥분)'을 써야
하므로 정답은 C입니다.

(×) 激动 jīdòng 동
(감정이) 격하게 움직이다, 감격하다, 감동하다

(×) 喜悦 xǐyuè 명·동
희열, 기쁨 / 기쁘다, 즐겁다, 유쾌하다
: (充满 / 怀着 / 带着)喜悦

(○) 兴奋 xīngfèn 명·형·동
흥분(하다), 감격(하다) / 흥분시키다

(×) **快乐** kuàilè ^형 즐겁다. 유쾌하다

네 번째 단어
'严格____ "指令" 运动'에서 빈칸에는 '지령, 명령을 따르다'는 뜻의 동사 '遵照'를 써야 하므로 정답은 C입니다.

(×) **随着** suízhe ^전 ～에 따라

(×) **采取** cǎiqǔ ^동
 (방법, 제도, 태도 등을) 채용하다, 채택하다, 받아들이다
 : 采取(方法 / 办法 / 措施 / 制度 / 态度)

(○) **遵照** zūnzhào ^동 ～대로하다, 따르다
 : 遵照(命令 / 指令 / 嘱咐 / 说明 / 政策)

(×) **采用** cǎiyòng ^동
 ① (구체적인 물건 등을) 사용하다 ② (제도, 방법 등을) 받아들이다. 채택하다, 수용하다

다섯 번째 단어
'一个喷嚏____了'에서 문맥상 '재채기가 나온다, 생기다'는 뜻으로 동사 '产生' 또는 '诞生'을 쓸 수 있습니다.

(×) **出生** chūshēng ^{명동} 출생(하다)
 : (人) 出生

(○) **产生** chǎnshēng ^동 발생하다. 생기다. 나다
 [추상 목적어와 함께 쓰임]
 : 产生(影响 / 效果 / 印象 / 错觉 / 感情)

(○) **诞生** dànshēng ^동 탄생하다, 생기다
 : (人 / 新事物)诞生

(×) **发生** fāshēng ^동 발생하다, 일어나다, 생기다
 : 发生(事情 / 事件 / 事故 / 故障 / 意外 / 反应 / 问题 / 冲突 / 矛盾)

[정답] C

66.
[단어]

> **反省** fǎnxǐng ^{명동} 반성(하다)

[번역]
잘못을 저지를 때 우리는 항상 다른 사람의 비판을 걱정한다. 만약 우리가 생각한대로 과연 다른 사람의 비판을 받는다면, 우리는 오히려 일종의 '매우 안심이 되는' 느낌이 들고, 타인의 비판과 자신의 잘못에 대해 <u>그렇게 생각하지 않을 것이다</u>. 그러나 반대로 마약 다른 사람이 침묵을 지키면 우리는 오히려 긴장을 하고, '불편함'을 느낄 것이며, 더 나아가 자신의 잘못을 반성할 것이다.

[해설]
첫 번째 단어
'出差错时，我们总是会____他人的批评'에서 문맥상 '다른 사람의 비평을 받을 까봐 마음이 불안하다, 걱정되

다'는 뜻으로 '担心'을 써야 하므로 정답은 B입니다.

(×) **发愁** fāchóu ^동
 근심하다, 걱정하다. 우려하다 [방법이 없어서 조급하고 걱정됨]

(○) **担心** dānxīn ^동
 염려하다. 걱정하다 (= 不放心)
 [마음이 불안함, 마음을 놓을 수 없음]

(×) **忧虑** yōulǜ ^동
 걱정(하다), 우려(하다) [어려움을 겪거나, 뜻대로 되지 않아서 고민스러움]

(×) **担忧** dānyōu ^동
 걱정하다, 근심하다 [= 发愁]

두 번째 단어
'如果我们…受到了别人的批评，我们反而会有一种"很安心"的感觉，对批评和自己所出的差错也就____了 (만약 우리가…다른 사람의 비판을 받는다면, 우리는 오히려 일종의 '매우 안심이 되는' 느낌이 들고, 타인의 비판과 자신의 잘못에 대해__할 것이다'에서 부사 '反而 (그러나 오히려)'는 전환의 의미가 있으므로, 문맥상 빈칸에는 '不以为然'을 써야 하므로 정답은 B입니다.

(×) **相辅相成** xiāngfǔxiāngchéng ^성
 서로 보완하고 도와서 일을 완성하다. 서로 도와서 일이 잘 되어 나가도록 하다. 상부상조하다

(○) **不以为然** bùyǐwéirán ^성
 그렇다고 생각하지 않다 [앞에서 언급한 말이나 행동에 반대하며, 경시하는 뜻을 내포함]

(×) **想方设法** xiángfǎshèfǎ ^성
 온갖 방법을 생각하다. 갖은 방법을 다하다

(×) **漠不关心** mòbùguānxīn ^성
 (냉담하게) 전혀 관심을 갖지 않다

세 번째 단어
'他人____沉默'에서 '침묵을 지키다'는 뜻으로 동사 '保持'를 쓰므로 정답은 B입니다.

(×) **支持** zhīchí ^동
 ① 지지하다, 후원하다 ② 힘써 견디다, 지탱하다
 : 支持(行动 / 人 / 事情 / 帮助)

(○) **保持** bǎochí ^동
 지키다, 유지하다 [원래 가지고 있는 좋은 것을 유지함 또는 상태를 유지함을 나타냄]
 : 保持(传统 / 风格 / 优良的关系 / 卫生 / 沉默 / 优势)

(×) **坚持** jiānchí ^동
 (주장 등을) 견지하다, 끝까지 버티다, 고수하다, 지속하다. 고집하다 [어려운 상황이나 환경에서도 포기하지 않고 끝까지 계속함을 나타내며, 뒤에 동사 성 어구 목적어가 올 수 있음]
 : 坚持(不懈 / 到底 / 下去 / 原则 / 学习 / 做下去)

(×) **维持** wéichí ^동
 유지하다, 지키다 [노력을 통해서 나쁘게 변하지 않도록

유지함을 나타냄]
: 维持(秩序 / 现状 / 生活 / 治安 / 生命 / 社会 / 局势)

'我们的心里反而______会感到 "不舒服"'에서 빈칸 뒤
에서 '불편하게 느끼다'는 말이 있으므로 빈칸에도 비슷한
어감인 '紧张 (긴장하다)'을 써야 하므로 정답은 B입니다.

(×) **谨慎** jǐnshèn 형
　　 신중하다: 小心谨慎
(○) **紧张** jǐnzhāng 형 긴장하다
(×) **慌张** huāngzhāng 형 (당황해서) 허둥대다
(×) **慎重** shènzhòng 상 신중하다 [= 谨慎]

[정답] B

67.

[단어]

场地 chǎngdì 명 장소, 마당, 그라운드, 운동장 / **提
升** tíshēng 동 ① 진급시키다 (하다), 등용 (발탁)하다
② (권양기 따위로) 높은 곳으로 운반하다

[번역]

영화의 발전은 사회의 발전과 밀접한 관계가 있다. 도시는
영화가 생겨난 경제기반과 장소의 근원이다. 영화는 도시
의 발전 모습을 기록하고 반영하며, 도시의 관광경제와 문
화를 발전시키는데 도움이 된다. 도시는 영화를 통해 조화
로운 도시문화 분위기를 만들고, 도시의 인지누를 높이며,
그래서 도시의 경쟁력을 강화시킨다.

[해설]

'城市是电影产生的经济基础和场地______'에서 '장소의
근원'이라고 하는 경우 '来源'을 쓰며, 가장 근본적인 원인
을 나타내는 '根源'이나 처음시작 함을 나타내는 '起源'은
함께 호응하여 쓸 수 없습니다. 따라서 정답은 A입니다.

(○) **来源** láiyuán 명동
　　 (사물의) 근원, 출처 / (사물이) 기원하다. 유래하다 [동
　　 사로 쓰는 경우 뒤에 '于'와 함께 씀]
　　 : 来源于…(城市 / 生命 / 火 / 风) // (经济 / 生命
　　 / 生活) 来源
(×) **根源** gēnyuán 명동
　　 근원 / ~에서 비롯되다, ~에서 근원하다 [어떤 사물
　　 이 생겨나게 된 **가장 근본적인 원인**]
　　 : (社会 / 历史 / 思想 / 事物 / 危机 / 错误) 根源
(×) **基础** jīchǔ 명 기초
(×) **起源** qǐyuán 명동
　　 기원(하다) [사물이 발생한 **기원 (처음)**을 말하며, 동사로

쓰는 경우 뒤에 '于'와 함께 씀]
: 起源于~ // (生物的 / 生命的 / 故事的) 起源

'城市用电影营造______的城市文化气氛'에서 '분위기가
조화롭다, 잘 어울리다'는 뜻으로 형용사 '和谐'를 써야 하
므로 정답은 A입니다. '和睦'는 '가정이나 사람들의 관계
가 화목하다'는 뜻이므로 정답이 될 수 없습니다.

(○) **和谐** héxié 형
　　 ① (배합, 가락 등이) 잘 어울리다, 조화하다, 맞다 ②
　　 온종다, 정답다, 화목하다
　　 : (音调 / 气氛 / 社会 / 人际关系 / 家庭) 和谐
(×) **和平** hépíng 명형 평화(롭다)
　　 : (世界 / 社会 / 局势 / 地区) 和平 // 和平相处
(×) **和睦** hémù 형 화목하다, 정답다
　　 : (家庭 / 夫妻 / 民族) 和睦
(×) **和蔼** héǎi 형 상냥하다, 부드럽다, 사근사근하다
　　 : (女人的态度) 和蔼

'______城市的竞争力'에서 '경쟁력을 강화하다'는 뜻으로
동사 '增强'을 쓰므로 정답은 역시 A입니다.

(○) **增强** zēngqiáng 동
　　 (힘을) 증강하다, 강화하다
　　 : 增强(抵抗力 / 能力 / 体质 / 力量)
(×) **增添** zēngtiān 동
　　 더하다, 늘리다, 보태다 : 给 ~增添 + 목적어
(×) **增长** zēngzhǎng 동
　　 늘어나다, 높아지다, 증가하다, 신장하다
　　 : 增长(10% / 速度 / 快慢 / 知识 / 人口 / 才丁)
(×) **增加** zēngjiā 동
　　 (수량이) 증가하다, 늘(리)다
　　 : 增加(数量 / 资本 / 工资 / 生产 / 收入 / 运动量 /
　　 节目)

[정답] A

68.

[단어]

咬文嚼字 yǎowénjiáozì 상 일부러 어려운 문자를
쓰다, 글귀만 파고 따지다, 문구에 얽매이다 / **严谨**
yánjǐn 형 ① 엄격하다, 엄밀하다, 신중하다 ② 완전하
다, 빈틈없다

[번역]

어떤 사람은 말하거나 글을 쓸 때 항상 일부러 어려운 낱
말을 사용하는데, 사실 이것은 아주 나쁜 습관이다. 그래
서 '문구에 얽매이다'란 사자성어의 뜻도 **보통** 안 좋은 뜻

으로 쓰인다. 그러나 열독하고 글을 쓸 때 우리는 <u>반드시</u> 한 글자도 소홀히 넘어가지 않는 신중한 태도를 지녀야 <u>한</u> <u>다</u>. 문학 작품은 글자로 사상을 표현하기 때문에, 글이 <u>모</u> <u>호하면</u> 문학의 본질적인 정신을 잃어버린다.

[해설]

첫 번째 단어
'其实这是一个不好的习惯。 所以 … 也＿＿＿是不好的 (사실 이것은 나쁜 습관이다, 그래서 ＿＿＿…도 또한 나쁜 것이다)'에서 문맥상 동사 '是' 앞의 빈칸에는 부사 '通常'을 써야 하므로 정답은 B입니다.

- (×) **偶尔** ǒuěr 🔵 간혹, 이따금, 때때로
- (○) **通常** tōngcháng 🟢🔵
  통상적인, 일반적인 / 통상적으로, 일반적으로 [= 一般]
- (×) **常常** chángcháng 🔵 자주, 항상
- (×) **尤其** yóuqí 🔵 특히, 더욱

두 번째 단어
'我们＿＿＿要有一字不肯放松的严谨态度'에서 '要 (～해야 된다)' 앞의 빈칸에는 '반드시'에 해당하는 부사인 '必须' 또는 '一定'를 쓸 수 있습니다.

- (×) **未必** wèibì 🔵
  (그러나) 반드시, 꼭 ～인 것은 아니다 [= 不一定, 不见得]
- (○) **必须** bìxū 🔵 반드시 ～해야 된다
- (○) **一定** yídìng 🔵 반드시
- (○) **不一定** bùyídìng 🔵
  (그러나) 반드시, 꼭 ～인 것은 아니다 [= 未必]

세 번째 단어
'文学＿＿＿借文字表达思想'에서 '文学作品'이라고 쓰므로 정답은 B입니다. '小说作品'은 범위가 너무 한정이 되어 있으므로 정답이 될 수 없습니다.

- (×) **小说** xiǎoshuō 🟢
  소설: (历史 / 言情 / 创作 / 科幻) 小说
- (○) **作品** zuòpǐn 🟢
  작품: (文艺//欣赏 / 创作) 作品
- (×) **题材** tícái 🟢 제재, 소재
- (×) **著作** zhùzuò 🟢🔵 저작(하다)

네 번째 단어
'文字上面有＿＿＿, 就失去了文学的精神实质'에서 문맥상 빈칸에는 '모호하다, 정확하지 않다, 불분명하다'는 뜻인 '模糊'를 써야하므로 정답은 B입니다.

- (×) **矛盾** máodùn 🟢🔵
  모순(되다): (互相 / 产生 / 自相 / 解决) 矛盾
- (○) **含糊** hánhu 🟢
  ① 모호하다, 명확하지 않다 ② 소홀히 하다, 대충대충하다: 含糊(不清 / 不明)
- (×) **差错** chācuò 🟢
  착오, 실수, 잘못: 出差错

- (×) **分歧** fēnqí 🟢
  (의견 상의) 불일치, 상이 / 어긋나다, 엇갈리다, 갈라지다
  : (严重 / 存在 / 产生) 分歧

[정답] B

69.
[단어]

> **花样游泳** huāyàngyóuyǒng 🟢 싱크로나이즈드 스위밍 / **间歇** jiànxiē 🟢🔵 중간 휴식(하다) / **编排** biānpái 🔵 (일정한 목적에 따라) 배열하나, 편성하다, 편곡하다 / **芭蕾** bālěi 🟢 발레

[번역]
싱크로나이즈드 스위밍은 체육 종목의 하나인데, 원래 수영 경기 중간에 잠깐 쉴 때 수중에서 <u>공연했던</u> 수영, 기교, 춤과 음악으로 편성하여 만들어진 종목이며, '수중 발레'라고도 불린다. 싱크로나이즈드 스위밍은 예술적이고 <u>우아한</u> 체육 운동인데, 역량과 <u>기교</u>도 필요해서, 다년간 부단한 <u>훈련</u>을 통해 마스터해야 된다.

[해설]

첫 번째 단어
'花样游泳 … , 原为游泳赛间歇时的水中＿＿＿项目 (싱크로나이즈드 스위밍은 … 원래 수영 경기 중간에 잠깐 쉴 때 수중에서＿＿＿했던 종목이다)'에서 문맥상 '表演'을 써야 하므로 정답은 C입니다.

- (×) **娱乐** yúlè 🟢
  : (休闲 / 大众 / 游戏) 娱乐//娱乐(活动 / 新闻)
- (×) **比赛** bǐsài 🟢🔵 시합(하다)
- (○) **表演** biǎoyǎn 🟢🔵 공연(하다)
- (×) **竞赛** jìngsài 🟢🔵
  경쟁(하다), 경기(하다), 시합(하다) [= 比赛]

두 번째 단어
'花样游泳是一项艺术型的＿＿＿的体育运动'에서 '예술적이며, 우아하고 아름답다'라고 해야 하므로 '优美' 또는 '优雅'를 쓸 수 있습니다.

- (×) **美妙** měimiào 🟢 아름답(고 즐겁)다
  : 美妙(的时刻 / 的音乐 / 的歌喉 / 的青春 / 的享受)
- (○) **优美** yōuměi 🟢 우아하고 아름답다
  : 优美 (的舞姿 / 的体型 / 的音乐 / 的风景)
- (○) **优雅** yōuyǎ 🟢 우아하다, 고상하다
  : 优雅(的姿态 / 的举止 / 的表现 / 的人)
- (×) **美丽** měilì 🟢 아름답다
  : 美丽(的花 / 的风景 / 的脸)

'花样游泳是一项艺术型的(…的)体育运动，它也需要力量和_____(싱크로나이즈드 스위밍은 예술형식의 … 한 체육운동이기 때문에, 힘과 __이 필요하다)'에서, '예술성'도 포함하고 있다고 했으므로, 빈칸에는 '技巧 (기교, 테크닉)'을 써야 하므로 정답은 C입니다.

(×) **才华** cáihuá 웹
    재능, 재주 [주로 문예 방면의 재능을 말함]

(×) **速度** sùdù 웹 속도

(○) **技巧** jìqiǎo 웹 기교, 테크닉
    : (舞蹈//掌握 / 入门 / 学习)技巧)

(×) **技能** jìnéng 웹 기능, 솜씨
    : (工作 / 职业//掌握)技能

'需要许多年不断的_____来掌握'에서 '체육, 문예 방면에서 연습하다'는 말은 '训练'을 쓰므로 정답은 C입니다.

(×) **锻炼** duànliàn 웹
    (몸과 마음을) 단련하다, 운동하다
    : (体育)锻炼//锻炼(身体 / 肌肉)

(×) **培养** péiyǎng 웹
    배양하다, 기르다, 육성하다
    : 培养(植物 / 兴趣 / 习惯 / 人才)

(○) **训练** xùnliàn 형웹
    훈련(하다) [문예, 군사, 체육 방면에서 연습하는 것을 말함]

(×) **培训** péixùn 웹
    (기술자, 전문 간부 등을) 훈련, 양성하다
    : 培训(人员 / 中学师资)

[정답] C

70.

[단어]

提倡 tíchàng 웹 제창하다 / **节能** jiénéng 웹 에너지를 절약하다

[번역]

현재 국가에서 대대적으로 제창하는 많은 에너지 절약과 온실가스 배출을 줄이는 시책은 생활환경을 크게 개선할 수 있다. 이런 시책들은 자원의 이용률을 높일뿐더러, 녹색자원을 이용하는 범위를 부단히 넓혀서, 자원의 효과를 더욱 크게 발휘할 수 있게 한다.

[해설]

'_____生活环境'에서 '환경을 개선하다'는 뜻으로 동사

'改善'을 쓰므로 정답은 D입니다.

(×) **改正** gǎizhèng 웹
    개정하다, 고치다 [틀린 것, 잘못된 것을 바르게 고침]
    : 改正(错误 / 坏习惯 / 毛病 / 缺点)

(×) **改变** gǎibiàn 웹 바꾸다
    : 改变(主意 / 想法 / 看法 / 态度 / 做法 / 生活 / 行程 / 时间)

(×) **改良** gǎiliáng 웹
    개량하다, 고치다 [농업 방면에서 더욱 좋게 고침]
    : 改良(品种 / 土地)

(○) **改善** gǎishàn 웹
    개선하다 [생활, 조건, 환경을 더욱 좋게 고침]
    : 改善(生活 / 条件 / 环境)

'这些措施不仅提高资源的利用_____'에서 '이용률을 높이다'라고 해야 하므로 빈칸에는 '率'를 써야 하므로 정답은 역시 D입니다.

(×) **度** dù 웹 ～도
    [정도, 한도, 열도, 농도, 습도 등을 나타냄]
    : (知名 / 透明 / 过 / 高 / 鲜明) 度

(×) **化** huà 접미 ～화(하다)
    [일부 명사나 형용사 뒤에 붙어 동사로 되어 어떤 성질이나 상태로 변함을 나타냄]
    : (美 / 恶 / 绿)化

(×) **性** xìng 접미 ～성
    [명사, 동사, 형용사 뒤에 붙어서 추상명사 또는 성격, 성질, 성능을 나타냄]
    : (民族 / 冒险 / 创造 / 优越 / 普遍)性

(○) **率** lǜ 웹 율, 비율
    [일정 조건에서 어떤 서로 다른 수나 양에 대한 비교 값]
    : (利用 / 比 / 速 / 效 / 增长 / 出生 / 税)率

'这些措施 … , 还可以_____扩大清洁资源利用的范围'에서 동사 '扩大' 앞의 빈칸에는 부사 '계속해서'라는 뜻의 '不断'와 '持续'를 쓸 수 있고, 뒤에 동사 성 어구 목적어를 가지는 동사 '继续'도 쓸 수 있습니다.

(×) **渐渐** jiànjiàn 웹 점점, 점차 [= 逐渐]

(○) **继续** jìxù 웹 계속하다
    [뒤에 동사 성 어구 목적어를 씀]
    : 继续(工作 / 学习 / 存在 / 比赛 / 等待)

(○) **持续** chíxù 웹 지속하다, 계속 유지하다
    [부사어로 쓸 수 있음]
    : 持续(了3年//发展 / 发烧 / 改进 / 增长 / 繁荣)

(○) **不断** búduàn 웹 끊임없다 / 끊임없이, 부단히
    : 不断(努力 / 进步 / 发展 / 来信)

'资源_____更大的作用'에서 '작용을 발휘하다'는 뜻의 동사 '发挥'를 쓰므로 정답은 D입니다.

(✕) **发扬** fāyáng 圈 발양하다, 발양시키다
　　[전통, 스타일, 정신, 마음, 기운, 재주, 기세 등 좋은 것
　　을 떨쳐 일으킴]
　　: 发扬(传统 / 风格 / 精神 / 光大)
(✕) **发生** fāshēng 图 발생하다, 일어나다, 생기다
(✕) **产生** chǎnshēng 图 생기다, 나다
(○) **发挥** fāhuī 图 발휘하다
　　[안에 내재된 힘을 밖으로 표현함]
　　: 发挥(能力 / 功能 / 作用 / 力量 / 水平)

[정답] D

2회

[정답]

| 61 A | 62 D | 63 A | 64 D | 65 A |
| 66 C | 67 A | 68 B | 69 D | 70 A |

61.

[단어]

> **香片** xiāngpiàn 圐 화차(花茶)의 다른 이름

[번역]

화차는 '향편'이라도 한다. 화차의 생산은 송나라 때부터 시작했고, 최초의 가공 중심지는 복건 성에 있었다. 화차는 찻잎이 이상한 냄새를 쉽게 흡수하는 특징을 이용하여, 향기로운 싱싱한 꽃과 새로운 차를 함께 덮어두어서, 찻잎이 꽃의 향기를 흡수하게 한다. 화차는 아무것도 안 넣고 그냥 마시는 것이 적당한데, 이는 <u>천연의</u> 향기를 보존하기 위해서이다.

[해설]

첫 번째 단어

'最早的加工＿＿＿在福建'에서 빈칸에 들어갈 '장소'를 나타내는 말로 '中心' 만 쓸 수 있으므로 정답은 A입니다.

(○) **中心** zhōngxīn 圐
　　중심, 중요 지역, 센터 [장소를 말함]
　　: (市 / 购物 / 交通)中心
(✕) **重心** zhòngxīn 圐
　　① 무게 중심 ② (일 등의) 중심, 중요한 부분, 핵심, 중점
　　: 身体重心
(✕) **基地** jīdì 圐
　　기지 [주로 군대의 보급, 수송, 통신, 항공등의 기점이
　　되는 곳, 또는 행동반경의 근거지, 터전을 말함]
　　: (生产 / 物流 / 军事)基地
(✕) **关键** guānjiàn 圐

관건, 핵심: 关键(问题 / 部分 / 地区 / 人物 / 时刻)

두 번째 단어

'＿＿＿茶叶吸收花的香气 (찻잎이 꽃의 향기를 흡수＿＿)'에서, '～를 …하게 하다'는 사역(＝ 使)의 뜻을 가진 동사 '促使'를 써야 하므로 정답은 A입니다.

(○) **促使** cùshǐ 图 ～하도록 (재촉)하다, ～하게 하다
　　: 促使(发育 / 生长 / 吸收)
(○) **促进** cùjìn 图 촉진하다
　　: 促进(生产 / 生长 / 分泌 / 消化 / 吸收 / 作用 /
　　两国关系)
(✕) **催促** cuīcù 图 재촉하다, 독촉하다
　　: 催促(时间 / 行动 / 办事)
(✕) **导致** dǎozhì 图
　　야기하다. (나쁜 결과, 바라지 않는 일를) 초래하다 (가져
　　오다)
　　: 导致(后果 / 疾病 / 死亡 / 失败)

세 번째 단어

'保留＿＿＿香味'에서 문맥상 '자연의, 천연의 향기'라고 해야 하므로, 빈칸에는 '天然' 또는 '自然'을 써야 합니다.

(○) **天然** tiānrán 圀
　　자연의, 천연의, 자연적인
　　: 天然(宝石 / 景色 / 香料 / 资源)
(✕) **纯真** chúnzhēn 圀
　　순진하다
　　: 纯真(的笑容 / 的爱 / 的本色 / 的性格 / 的心)
(✕) **天生** tiānshēng 圀图
　　천성적(이다), 선천적(이다), 자연적(이다)
　　: 天生(一对 / 缘分 / 性格 / 容貌 / 事物)
(○) **自然** zìrán 圀图
　　자연, 천연 / 자연히, 저절로:
　　自然(规律 / 资源 / 灾害 / 科学 / 景观)∥(态度 / 表
　　情 / 文笔 / 动作)自然

[정답] A

62.

[단어]

> **调皮** tiáopí 图 장난치다, 까불다 圀 말을 잘 듣지 않
> 다, 다루기 어렵다 / **启发** qǐfā 圀图 계발(하다), 계몽
> (하다)

[번역]

장난이 심한 아이는 온순한 아이보다 창조력이 더 높다는 것을 과학적으로 증명했다. 보통 장난이 심한 아이는 접촉하는 사물의 폭이 넓어서, 대뇌가 받은 <u>자극</u>도 적지 않다. 그래서 그들의 <u>지능</u>을 계발할 수 있다. 학부모는 그런 장

난이 심한 아이를 혼내지 말고, 그들에게 더 많은 시간과 공간을 주어야 한다. 그들이 장난을 좀 심하게 치도록 내버려 두어서, 아이를 자유롭게 상상하고 창조할 수 있게 해주어도 괜찮다.

[해설]

첫 번째 단어

'接触的事物面比较______'에서 '면이나 폭이 넓다'는 뜻으로 형용사서술어 '宽' 또는 '广'을 쓸 수 있습니다.

- (×) **大** dà 형부
  - ① (체적, 면적 등이) 크다, (수량이) 많다, (임, 강도가) 세다 ② 크게, 몹시, 매우
- (×) **多** duō 형부
  - (수량이) 많다 / 훨씬, 더
- (○) **宽** kuān 형명동
  - (폭, 넓이, 면적, 한도 등이) 넓다 / 늦추다, 느슨하게 하다
- (○) **广** guǎng 형명
  - 폭, 넓이, 너비 / 넓다

두 번째 단어

'大脑受到的______也不少'에서 문맥상 '刺激'를 써야 하므로 정답은 D입니다.

- (×) **激发** jīfā 동
  - 감정을 불러일으키다, 끓어오르게하다, 분발시키다
  - : 激发(积极性 / 兴趣)
- (×) **打击** dǎjī 명동
  - ① 치다, 때리다 ② 공격(하다), 타격(을 주다)
  - : 打击(力量 / 敌人 / 犯罪) // (受到 / 遭受 / 实施) 打击
- (×) **兴奋** xīngfèn 형
  - (感到) 兴奋
- (○) **刺激** cìjī 명동형
  - 흥분(하다), 감격(하다), 감동(하다) / 흥분시키다
  - : (产生 / 感到 / 受到) 刺激
  - 刺激(神经 / 身体 / 肠胃 / 口味)

세 번째 단어

'可以启发他们的______'에서 '지능, 지혜를 계발하다'라고 쓰므로, 빈칸에는 '智慧' 또는 '智力'를 쓸 수 있습니다.

- (○) **智慧** zhìhuì 명 지혜, 슬기
  - : (聪明 / 充满 / 拥有 / 启发) 智慧
- (×) **看法** kànfǎ 명 견해
  - : 看法(一致 / 简单 / 错误 / 不成熟)
- (×) **想象** xiǎngxiàng 명동 상상(하다)
  - : (随意 / 充分 / 创造) 想象
- (○) **智力** zhìlì 명 지능
  - : (开发 / 启发) 智力 // 智力(水平 / 游戏 / 测试 / 障碍 / 低下 / 缺陷)

네 번째 단어

'让孩子______地去想象、去创造'에서 '자유롭게 상상하

다, 자유롭게 창조하다'는 말을 쓰므로 빈칸에는 '自由'를 써야 합니다. 따라서 정답은 D입니다.

- (×) **随便** suíbiàn 형동부
  - 제멋대로 하다, 함부로 하다 / 마음대로, 자유로이, 함부로
- (×) **活跃** huóyuè 형동
  - 활기를 띠다, 적극적으로 하다, 활발하다
  - : (气氛 / 思维 / 表现 / 发言) 活跃
- (×) **活泼** huópo 형
  - 명랑하다, 활발하다: (人 / 开朗) 活泼
- (○) **自由** zìyóu 명형
  - 자유(롭다) [부사어로 쓸 수 있음]
  - : (获得 / 渴望 / 拥有) 自由 // 自由(活动 / 自在 / 职业 / 发挥 / 想象)

[정답] D

63.

[단어]

> **打破** dǎpò 동 타파하다, 때려 부수다

[번역]

학문을 하는 것은 매우 신중한 일이며, 힘든 노동을 지불하는 것이 필요하다. 학문은 한 치의 거짓이 있어서는 안 되며, 동시에 창조도 필요하다. 이렇게 해야만 전통의 속박을 벗어날 수 있고, 이렇게 해야만 비로소 더욱 많이 발전할 수 있다.

[해설]

첫 번째 단어

'做学问是一件严谨的事情，需要付出______的劳动'에서 '힘들고 고생스러운 노동'이라는 뜻으로 빈칸에는 '艰辛'을 써야 하므로, 정답은 A입니다.

- (○) **艰辛** jiānxīn 형
  - 고생스럽다 [심신이 힘들고 고생스럽다는 뜻으로, 辛苦의 어감임]
- (×) **艰难** jiānnán 형
  - (생활이나 환경이) 곤란하다, 어렵다, 힘들다 ['艰苦'와 같은 의미이지만, '艰难'은 행동하기 불편하다는 뜻을 포함함]
- (×) **艰苦** jiānkǔ 형
  - (생활이나 환경이) 고달프다, 힘들고 어렵다, 고생스럽다
  - : 艰苦的 (的生活 / 环境 / 岁月 / 工作)
- (×) **辛勤** xīnqín 형
  - 부지런하다, 근면하다 [부사어로 쓸 수 있음]
  - : 辛勤(劳动 / 汗水 / 种地 / 耕田 / 工作)

두 번째 단어

'做学问…来不得半点_____(학문은 한 치의___이 있어서는 안 되며)'에서 빈칸에는 '虚假'를 써야 하므로 정답은 A입니다. '虚伪'도 같은 뜻이지만, 사람한테 쓰는 말이므로 정답이 될 수 없습니다.

(○) **虚假** xūjiǎ 〔형〕
  허위(의), 거짓(의) [사람, 사물에 모두 쓰임]
  : 虚假(报告 / 心意 / 广告 / 新闻 / 宣传 / 陈述 / 现象)

(×) **虚度** xūdù 〔동〕
  (세월을) 헛되이 보내다, 허송세월하다
  : 虚度(时间 / 光阴 / 年华 / 日子)

(×) **虚伪** xūwěi 〔형〕〔동〕
  (사람이) 허위(적이다), 거짓(이다), 진실(하지 못하다), 위선(적이다)
  : 虚伪(的表示 / 的心 / 的人 / 的表现)

(×) **虚心** xūxīn 〔형〕
  겸허하다 [대부분 부사어로 쓰임]
  : 虚心(听取意见 / 学习 / 请教)

세 번째 단어

'打破传统的_____'에서 '전통의 굴레, 속박을 벗어나다, 타파하다'는 뜻이므로, 빈칸에는 '束缚'를 써야 하므로 정답은 A입니다.

(○) **束缚** shùfù 〔명〕〔동〕
  속박(하다), 구속(하다), 제한(하다) [봉건의식, 낡은 사상 등이 사람의 행동을 얽어맨다는 뜻으로 쓸 수 있음]
  : (封建意识 / 封建思想 / 旧思想 / 传统观念)束缚他们的行动。

(×) **规矩** guīju 〔명〕〔형〕
  규칙, 법칙, 표준 / (행위가) 단정하다, 성실하다
  : (遵守 / 制定 / 破坏 / 不守 / 订立)规矩

(○) **拘束** jūshù 〔형〕〔동〕
  ① 구속하다, 속박하다 [사람의 언어나 자유로운 행동을 지나치게 제한함] ② 어색하다, 거북하다, 자연스럽지 못하다
  : 拘束(情感 / 行动 / 活动 / 身体)

(×) **风俗** fēngsú 〔명〕
  풍속: (民族 / 地方国家)风俗

[정답] A

64.

[단어]

天赋 tiānfù 〔명〕 ① 천부, 선천적인 것, 타고난 것 ②타고난 재질, 천성, 천품

[번역]

李娜는 처음으로 올림픽에 출전하지만, 완전히 대형 경기 선수처럼 아주 차분하게 자신을 표현하고, 매우 큰 잠재력을 가지고 있다. 李娜는 아버지가 테니스 관련업을 운영하기 때문에 테니스를 친 경험을 쌓았다. 그녀는 10살부터 정규의 훈련을 받기 시작했고, 2008년 베이징올림픽의 테니스 경기에서 자신의 천부적인 자질을 보여 주었다.

[해설]

첫 번째 단어

'她完全是和名大赛型选手一样，自己表现得非常_____'에서 문맥상 '침착하게, 안정되게 자신을 표현하다'는 뜻이므로 빈칸에는 형용사 '稳定' 또는 '镇定'을 쓸 수 있습니다.

(×) **稳定** wěndìng 〔형〕
  안정되다 [변동 폭이 적음]
  : (价格 / 物价 / 情绪)稳定

(×) **固定** gùdìng 〔형〕〔동〕
  고정된, 일정(불변)한 / 고정하다 (시키다), 정착하다 (시키다) [한자리에 위치를 고정시킴]
  : 固定(电话 / 收入 / 场所 / 的人 / 资产 / 不变 / 职业)

(×) **固执** gùzhí 〔형〕〔동〕
  고집하다 / 완고하다, 고집스럽다, 집요하다

(○) **镇定** zhèndìng 〔형〕〔동〕
  (다급한 상황에서도) 침착하다, 냉정하다, 차분하다 / 진정시키다, 마음을 가라앉히다

두 번째 단어

'具有很大的_____'에서 문맥상 '운동선수로써 매우 큰 능력, 저력, 잠재력'이 있다는 뜻이므로, 빈칸에는 '能力', '实力', '潜力'를 쓸 수 있습니다.

(×) **魅力** mèilì 〔명〕 매력
  : (有 / 充满 / 富有 / 散发)魅力

(×) **能力** nénglì 〔명〕 능력

(×) **实力** shílì 〔명〕 실력

(○) **潜力** qiánlì 〔명〕 잠재(능)력, 숨은 힘, 저력
  : (开发 / 挖掘 / 发挥 / 提升)潜力

세 번째 단어

'父亲_____网球生意'에서 '테니스 사업을 하다, 경영하다'는 뜻으로 동사 '经营'을 써야 하므로 정답은 D입니다.

(×) **承担** chéngdān 〔동〕
  (책임, 의무 등을) 지다, 맡다: 承担(责任 / 义务)

(×) **实施** shíshī 〔명〕〔동〕
  실시(하다): 实施(法规 / 计划 / 行动)

(×) **包办** bāobàn 〔동〕
  도맡아 하다: 包办(婚姻 / 活儿 / 事情)

(○) **经营** jīngyíng 〔동〕
  경영하다, 운영하다 : 经营(事业 / 生意 // 公司 / 酒吧 / 企业 / 商店 / 饭馆)

'她从10岁开始接受＿＿＿训练'에서 '정식 훈련, 정규 훈련'이란 뜻으로 '正式训练' 또는 '正规训练'이라고 쓸 수 있습니다.

(×) **正经** zhèngjīng 형
　(품행이나 태도가) 올바르다, 단정하다, 성실하다, 착실하다: 正经(人 / 表情)

(×) **正式** zhèngshì 형·부
　정식의, 공식의 / 정식으로 [정당한, 규정대로의 방식을 말함]
　: 正式(场合 / 服装 / 任命 / 比赛 / 大妻 / 出版物 // 邀请 / 宣布)

(×) **正当** zhèngdāng 형·부
　정당하다 / 정당하게
　: 正当(要求 / 生意 / 竞争 / 合法)

(○) **正规** zhèngguī 형
　정규적인, 정식의 [정식 규정, 또는 공인된 기준에 맞는 정상적인 상태를 말함]
　: 正规(学校 / 场合 / 产品 / 教育 / 培训)

'＿＿＿自己的网球天赋'에서 '자신의 테니스 자질을 보여주다, 발휘하다, 과시하다'는 뜻이므로 '显示' 또는 '展示'를 쓸 수 있습니다.

(×) **表明** biǎomíng 동
　표명하다, 분명히 나타내다
　: 表明(态度 / 想法 / 立场 / 看法) // 研究资料表明~

(×) **暗示** ànshì 명·동
　암시(하다)

(○) **显示** xiǎnshì 동
　과시하다, 뚜렷하게 나타내 보이다 [주어가 사람인 경우, 목적어 자리에는 다른 사람보다 뛰어난 것이 오고, 사물주어노 볼 수 있음]
　: 显示(力量 / 能力 / 方式 / 功能 / 画面)
　　研究资料显示~

(○) **展示** zhǎnshì 동
　전시하다, 분명히 나타내 (드러내) 보이다, 펼쳐 보이다
　: 展示(成果 / 产品 / 图片)

[정답]　D

65.

[단어]

缺憾 quēhàn 명 유감스러운 점, 불충분한 점 / **承受** chéngshòu 동 감당하다, 이겨내다

[번역]

사람들이 완전무결함을 추구하는 심리상태는 장점도 있고 단점도 있다. 그것은 사람들의 꿈을 실현하는 갈망을 불러일으킬 수 있게 하고, 사람들이 더욱 완벽하게 표현할 수 있게 한다. 또한 사람들을 더욱 초조하게 할 수도 있고, 꿈을 이루지 못하는 것을 두려워하게 하며, 심지어 아주 작은 단점이라도 사람들이 감당해 낼 수 없는 좌절이 될 수도 있을 것이다.

[해설]

'＿＿＿人们对实现梦想的渴望'에서 '갈망을 불러일으키다, 끓어오르게 하다'는 뜻으로 '激发'를 쓰므로 정답은 A입니다.

(○) **激发** jīfā 동
　(감정을) 불러일으키다, 끓어오르게 하다, 분발시키다

(×) **引起** yǐnqǐ 동
　(주의를) 끌다, 야기하다, (사건 등을) 일으키다

(×) **导致** dǎozhì 동
　(나쁜 결과, 바라지 않는 일을) 초래하다

(×) **推动** tuīdòng 명·동
　밀고 나아가다, 추진(하다), 촉진(하다)
　: 推动(发展 / 进程 / 事业 / 增长)

'可能让人们更加＿＿＿、害怕不能实现梦想'에서 ','는 병렬을 나타내는 문장부호이므로 빈칸에는 '害怕'와 비슷한 뜻의 형용사 '焦虑'를 써야 하므로 정답은 A입니다. '恐惧'는 '害怕'와 완전히 같은 뜻이므로 중복해서 쓸 필요가 없습니다.

(○) **焦虑** jiāolǜ 형
　가슴을 태우다, 미음을 졸이다, 애타게 근심(걱정)하나
　: 焦虑(不安 / 状态 / 反应 / 过度)

(×) **疑惑** yíhuò 명·동 의혹(이 있다), 이심(하다)

(×) **恐惧** kǒngjù 명·동 겁먹다, 두려워하다
　: 恐惧(惊讶 / 颤抖)

(×) **犹豫** yóuyù 형 주저하다, 망설이다, 머뭇거리다
　: 犹豫(不决 / 徘徊)

'成为我们无法承受的＿＿＿'에서 '감당할 수 없는 좌절 노는 실패가 되다'라는 뜻이므로 빈칸에는 '挫折' 또는 '失败'를 쓸 수 있습니다.

(○) **挫折** cuòzhé 명·동
　좌절, 실패 / 좌절하다, 좌절시키다
　: (遭受 / 遇到 / 战胜) 挫折

(×) **刺激** cìjī 명·동 자극(하다)

(×) **痛苦** tòngkǔ 형 고통스럽다, 괴롭다

(×) **失败** shībài 명·동 실패(하다), 패배(하다)
　: (最终 / 彻底 / 导致) 失败

[정답]　A

66.

[단어]

忠言 zhōngyán 몡 충언, 충고하는 말 / 逆耳 nìěr 통 귀에 거슬리다

[번역]

민간에는 '좋은 약은 입에 쓰지만 병에는 이롭고, 충고하는 말은 귀에 거슬리지만 행함에는 도움이 된다.'라는 속담이 있다. 이 말은 좋은 약은 먹을 때는 쓰지만, 병을 치료하는 것에 대해서는 이롭고 효과가 좋다는 의미를 포함한다. 마찬가지로 만약 다른 사람이 당신에게 충고를 할 때, 당신의 그의 의견을 받아들이고 싶지 않을 수도 있지만, 그러나 그 당신에게 도움이 될 것이다. 그래서 우리는 다른 사람의 의견을 잘 받아들여야 한다.

[해설]

첫 번째 단어

'民间有句______叫做"良药苦口利于病, 忠言逆耳利于行"(민간에는 '좋은 약은 입에 쓰지만 병에는 이롭고, 충고하는 말은 귀에 거슬리지만 행함에는 도움이 된다.'라는__이 있다)'에서 빈칸에는 '俗话'를 쓰므로 정답은 C입니다.

(×) 寓言 yùyán 몡 우언, 우화
　　: 寓言(故事 / 小说)
(×) 闲话 xiánhuà 몡
　　① 잡담, 쓸데없는 말, 여담, 한담
　　② 불평, 험담, 남의 뒷말
(○) 俗话 súhuà 몡 속담
(×) 谚语 yànyǔ 몡
　　속어, 항간에 떠돌며 쓰이는 속된 말, 民间谚语

두 번째 단어

'虽然好药吃的时候很苦, 但对______病很有利 (좋은 약은 먹을 때는 쓰지만, 병을__것에 대해서는 이롭다)'에서 '약을 먹을 때'라고 했으므로 빈칸에는 '병을 치료하다'는 뜻인 '治疗'를 써야 하므로 정답은 C입니다.

(×) 防止 fángzhǐ 통 방지하다
　　: 防止(扩散 / 污染 / 损失 / 措施)
(×) 诊断 zhěnduàn 몡통 (병을) 진단(하다)
　　[의사가 환자의 병을 치료하기 전에 진찰하여 병상을 판단하는 것을 말함]
(○) 治疗 zhìliáo 몡통 (병을) 치료하다
(×) 预防 yùfáng 통 예방하다
　　: 预防(疾病 / 感冒 / 传染病)

세 번째 단어

'如果别人______你的话, 你可能不愿意接受他的意见 (만약 다른 사람이 당신에게___는 말을 할 때, 당신의 그의 의견을 받아들이고 싶지 않을 수도 있다)'에서, 문맥상

빈칸에도 '다른 사람이 하는 말, 다른 사람의 의견'이라는 뜻의 '劝'을 써야 하므로 정답은 C입니다.

(×) 揍 zòu 통
　　(남을) 때리다: 揍(人)
(×) 骂 mà 통
　　욕하다: 骂(人)
(○) 劝 quàn 통
　　권하다, 권고하다, 충고하다, 타이르다
(×) 提 tí 통
　　① (손에) 들다 (쥐다) ② 제시하다, 제기하다, 제출하다

네 번째 단어

'我们要______听取别人的意见'에서, 문맥상 다른 사람의 의견을 잘 귀담아 들어야 한다'는 뜻이므로, 빈칸에는 동사(구) 목적어를 가지는 동사 '善于'를 써야하므로 정답은 C입니다.

(×) 便于 biànyú 통 (어떤 일을 하기에) 편리하다
　　[뒤에 두 글자 동사 성 어구 목적어를 씀]
　　: 便于(携带 / 计算 / 联络 / 沟通)
(×) 鉴于 jiànyú 통 ~에 비추어 보아, ~을 감안하여
　　[원인, 이유 등을 나타내는 인과 관계를 나타내는 종속절에 쓰이며, 주어 앞에 쓸 수 없음]
(○) 善于 shànyú 통 ~에 능숙하다, ~을 잘하다
　　[뒤에 보통 동사(구) 목적어를 가짐]
　　: 善于(创造 / 交际 / 接受 / 表达 / 说谎)
(×) 敢于 gǎnyú 통 대담하게 ~하다, 용감하게 ~하다
　　[뒤에 보통 두 글자 동사 목적어를 가짐]
　　: 敢于(说话 / 反抗 / 斗争 / 承担 / 正视错误)

[정답] C

67.

[단어]

心胸狭窄 xīnxiōngxiázhǎi 도량(마음)이 좁다 / 郁闷 yùmèn 형 마음이 답답하고 괴롭다 / 负面 fùmiàn 몡 나쁜 면, 부정적인 면 / 相继 xiāngjì 통잇따르다, 잇닿다, 연잇다, 계속하다 / 磁铁 cítiě 몡 자석

[번역]

보통 마음이 넓은 사람들은 생활하면서 늘 즐겁다. 그들은 이 세계에 대해 선의로 충만해서 흡수하는 것도 모두 아름다운 것이다. 반대로 마음이 좁은 사람들은 생활하면서 늘 비관적이고 우울하다. 그들이 너무 많은 불만을 품고 있으며, 모든 것이 다 나쁘다고 생각할 때 부정적인 모든 것이 계속해서 잇달아 나타날 것이다. 그래서 즐거운 사람들은 즐거운 사람과 일을 끌어 들이지만, 비관적인 사람들은 오히려 비관적인 사람과 일을 끌어 들일 것이다.

첫 번째 단어

'对于这个世界______善意'는 문맥상 '선의로 충만하다'
는 뜻이므로 '充满'을 써야 하므로 정답은 A입니다.

- (○) **充满** chōngmǎn ⑧ 충만하다, 가득 차다

  [추상 목적어를 가지고, 전치사 '对(于)…充满+목적
  어'의 형태로 쓸 수 있음]

  : 充满(爱 / 信心 / 感激 / 感情)

- (×) **盛满** chéngmǎn ⑧ 가득 담다

  : 盛满(饭 / 水 / 东西)

- (×) **存在** cúnzài ⑧ 존재하다, 현존하다, 있다

  [주로 뒤에 '着'와 함께 쓰임]

- (×) **盛行** shèngxíng ⑧ 성행하다, 매우 널리 유행하다

두 번째 단어

'是______、郁闷的'에서 ','는 병렬을 나타내는 문장부호
이므로 빈칸에는 '郁闷'과 비슷한 부정적인 어감을 가진
낱말이 와야 하므로 빈칸에는 '悲观' 또는 '焦虑'를 쓸 수
있습니다.

- (○) **悲观** bēiguān ⑧ 비관적이다
- (×) **气愤** qìfèn ⑧ 분개하다, 분노하다, 성내다
- (○) **焦虑** jiāolǜ ⑧

  가슴을 태우다, 마음을 졸이다, 애타게 근심(걱정)하다

- (○) **悲哀** bēiāi ⑧ 슬프다, 비참하다

세 번째 단어

'负面的一切就相继来______了'에서 문맥상 '부정적인 모
든 것이 잇따라 나타내다, 오다'는 뜻이므로, 빈칸에는 '报
到 (도착하다)'를 쓸 수 있으므로, 정답은 A입니다.

- (○) **报到** bàodào ⑧

  ① 도착보고(하다), 도착하다, 등록하다

  ② 출석하다, 출두하다

- (×) **报复** bàofù ⑧ 보복하다, 앙갚음하다
- (×) **预报** yùbào ⑧⑧

  예보(하다): 天气预报

- (×) **报答** bàodá ⑧

  보답하다: 报答(恩人 / 好人 / 父母)

네 번째 단어

'快乐的人会吸引快乐的人和事，悲观的人______会吸引
悲观的人和事 (즐거운 사람들은 즐거운 사람과 일을 끌
어 들이지만, 비관적인 사람들은__비관적인 사람과 일을
끌어 들일 것이다.)'에서 앞 절과 뒤 절의 내용이 상반되므
로 빈칸에는 부사 '则'를 써야 하므로 정답은 A입니다.

- (○) **则** zé ⑧

  ① 곧, 바로 [= 就] ② (그러나) 오히려 [= 却]

- (×) **皆** jiē ⑧ 모두 [= 都]
- (×) **颇** pō ⑧ 매우, 퍽, 꽤 [= 很]
- (×) **勿** wù ⑧ ~하지 마라, ~해서는 안된다 [= 别]

[정답] A

68.

[단어]

> **自私自利** zìsīzìlì ⑧ 이기적이다 / **协调** xiétiáo ⑧
> 협조하다, (의견을) 조정하다, 조화하다

[번역]

개인과 단체의 이익은 일종의 미묘한 관계이어서, 그것들
은 대립하기도 하고 일치하기도 한다. 이익은 개인이든 단
체이든 상관없이, 모두가 지나치게 따지면 안 된다. 만약
우리가 지나치게 개인의 이익을 따진다면 이기적인 사람
이 될 것이고, 그래서 천천히 단체의 신임을 잃을 것이다.
그렇기 때문에 우리는 양자의 관계를 잘 조절하여야 한다.

[해설]

첫 번째 단어

'个人和集体的利益是一种______的关系'에서 문맥상 빈
칸에는 '微妙的关系 (미묘한 관계)'라는 낱말이 와야 하므
로 정답은 B입니다.

- (×) **美妙** měimiào ⑧ 아름답고 즐겁다

  : 美妙(的歌声 / 的音乐 / 的感觉 / 的享受)

- (○) **微妙** wēimiào ⑧ 미묘하다

  : 微妙(的关系 / 的处境 / 的问题)

- (×) **奇妙** qímiào ⑧ 기묘하다, 신기하다

  [흥미를 갖게 하는 신기한 사물에 대해 많이 쓰임]

- (×) **巧妙** qiǎomiào ⑧

  (방법이나 기술이) 교묘하다, 뛰어나다

  : 巧妙(的构思 / 的手工 / 的手法)

두 번째 단어

'我们过于____个人利益'에서 문맥상 빈칸에는 '지나치게
개인의 이익에 신경을 쓰다, 이익을 따지다'는 뜻의 동사
'计较'를 써야 하므로 정답은 역시 B입니다.

- (×) **较量** jiàoliàng ⑧

  (힘, 기량 등을) 겨루다, 대결하다, 경쟁하다

  : 较量(高低 / 高下)

- (○) **计较** jìjiào ⑧

  계산하여 비교하다, 따지다, 염두에 두다, 문제 삼다

  : 计较(得失 / 好坏)

- (×) **计算** jìsuàn ⑧⑧ 계산(하다)
- (×) **统计** tǒngjì ⑧⑧

  통계 (합산) (하다): 统计(数据 / 多少人口 / 数量)

세 번째 단어

'就会变得自私自利，从而会慢慢地______集体的信任
(이기적인 사람이 될 것이고, 그래서 천천히 단체의 신임
을____것이다)'에서 문맥상 '失去信任 (신임을 잃다)'라고
해야 하므로 정답은 B입니다.

- (×) **损害** sǔnhài ⑧ 손상시키다, 손해를 주다, 해치다

  : 损害(财务 / 赔偿 / 身体 / 利益 / 程度)

(○) 失去 shīqù 동 잃다, 잃어버리다
　: 失去(亲人 / 机会 / 联络 / 平衡 / 耐心 / 理性)

(×) 损失 sǔnshī 명동 손실(하다), 손해(보다)
　[주로 경제적인 방면에서 손해를 보다는 뜻으로 쓰임]

(×) 消除 xiāochú 동
　(바라지 않거나 부정적인 추상적인 것을) 없애다, 제거하다, 풀다, 해소하다
　: 消除(误会 / 紧张 / 顾虑 / 疲劳 / 成见)

네 번째 단어

'我们要 ＿＿＿ 协调二者的关系'에서 문맥상 '우리는 양자의 관계를 잘 조절하여야 한다'는 뜻이며, 빈칸 뒤에는 동사구 목적어가 있으므로, 빈칸에는 동사 '善于 (～에 능숙하다, 잘하다)'를 써야 합니다. 따라서 정답은 B입니다.

(×) 擅长 shàncháng 동
　장기가 (재간이) 있다, ～에 뛰어나다, 정통하다, 숙달하다: 擅长(演说 / 烹饪 / 打球 / 画画)

(○) 善于 shànyú 동 ～에 능숙하다, ～을 잘하다
　[뒤에 보통 동사(구) 목적어를 가짐]

(×) 鉴于 jiànyú 개 ～에 비추어 보아, ～을 감안하여
　[원인, 이유 등을 나타내는 인과 관계를 나타내는 종속절에 쓰이며, 주어 앞에 쓸 수 없음]

(×) 勇于 yǒngyú 동 용감하게 ～하다
　[뒤에 주로 2음절 동사 목적어를 가짐]
　: 勇于(斗争 / 说出 / 挑战)

[정답] B

69.

[단어]

演奏 yǎnzòu 명동 연주(하다) / 二胡 èrhú 명 이호, 얼후 [호금의 일종으로 현이 둘이고 음이 낮은 중국의 전통악기를 말함] / 音域 yīnyù 명 음역

[번역]

유천화 선생은 서양 악기의 연주 수법과 기교를 흡수하여, 얼후의 연주방법을 개혁하였고, 대담하고 과학적으로 얼후를 5개의 음조로 만들어서 얼후의 음역 범위를 확대하였고 표현력을 풍부하게 하였으며, 새로운 예술 수양을 확립하였다. 얼후는 민간의 반주 악기에서 독특한 독주 악기로 상승했다.

[해설]

첫 번째 단어

'＿＿＿ 了西方乐器的演奏手法和技巧 (서양 악기의 연주 수법과 기교를 ＿＿)'에서, 빈칸에는 '남의 장점을 받아들이다, 흡수하다'는 뜻의 동사 '吸收' 또는 '吸取'를 쓸 수 있습니다.

(○) 吸收 xīshōu 동
　흡수하다, (남의 좋은 점을) 받아들이다
　: 吸收(水分 / 营养 / 知识 / 外国文化)

(×) 吸引 xīyǐn 동
　끌어당기다, 매료시키다
　: 吸引(人 / 注意 / 观众 / 关注)

(×) 采纳 cǎinà 동
　(의견, 건의, 요구 등을) 받아들이다
　: 采纳(意见 / 要求)

(○) 吸取 xīqǔ 동
　흡수하다, (남의 좋은 점, 교훈 등을) 받아들이다
　: 吸取(教训 / 知识∥液体 / 营养)

두 번째 단어

'对二胡演奏方法进行＿＿＿'에서 빈칸에는 '얼후의 낡은 연주방식을 새롭게 바꾸다, 개혁하다'는 뜻으로 '改革'를 써야 하므로 정답은 D입니다.

(×) 革命 gémìng 명동형
　혁명(하다) / 혁명적이다 [① 무력을 사용하여 정권을 잡고 구사회 제도를 없애고 새로운 사회제도를 세우는 것 ② 자연, 사회 등에 대해 원래 권위나 방식을 단번에 뒤집는 큰 변혁]
　: (民主 / 工业 / 产业 / 技术 / 思想)革命

(×) 改正 gǎizhèng 동
　(잘못, 단점 등을) 개정하다, 고치다
　: 改正(错误 / 缺点)

(×) 改善 gǎishàn 동
　(환경, 조건, 생활, 관계를 더욱 좋게) 개선하다
　: 改善(环境 / 条件 / 生活 / 关系)

(○) 改革 gǎigé 명동
　개혁(하다) [불합리한 낡은 기구, 제도를 새롭게 바꿈]
　: 改革(体制 / 管理制度 / 机构 / 经营方式 / 文字)

세 번째 단어

'二胡从民间伴奏乐器＿＿＿为独特的独奏乐器 (민간의 반주 악기에서 독특한 독주 악기로 ＿＿)'에서, 빈칸에는 '지위가 오르다, 향상하다' 는 뜻으로 '提高' 또는 '上升'을 써야 합니다.

(×) 成长 chéngzhǎng 동
　(사람, 식물 등이) 성장하다, 자라다

(○) 提高 tígāo 동
　향상하다, 향상시키다, 높이다, 끌어올리다 / 늘리다
　: 提高(水平 / 价格 / 质量 / 地位 / 效率)

(×) 飙升 biāoshēng 동
　상승하다, 오르다, 증가하다
　: (价格 / 数量)飙升

(○) 上升 shàngshēng 동
　① (물체가 위로) 올라가다 ② (지위, 등급, 정도, 수량 등이) 향상하다, 올라가다, 증가하다
　: (国旗 / 气球)上升∥(人口 / 位置 / 地位 / 价格 / 气温 / 河水 / 升学率)上升

[정답] D

70.
[단어]

订正 dìngzhèng 동 (글이나 글자의 잘못을) 정정하다, 수정하다 / 访遍 fǎngbiàn 동 두루 방문하다 / 纲目 gāngmù 명 사물의 대강과 세목, 대략적인 줄거리와 세부적인 목록

[번역]

李时珍은 우리나라의 유명한 의학자이다. 그는 수많은 의학 서적을 연구하고 나서, 한편으로는 물론 옛날의 의약대가들의 훌륭한 성과에 대해 감탄했지만, 또 한편으로는 그들의 잘못된 부분도 발견하여서, 틀린 것을 정리하고 수정할 필요가 있었다. 그래서 그는 이것을 책임을 지기 시작하였다. 그는 각지의 명의를 두루 방문하였고, 약물 표본을 관찰하고 수집하였다. 27년 동안 탐방과 편찬을 한 끝에, 그는 마침내 위대한 의학 저서인《본초강목》을 완성하였다.

[해설]

첫 번째 단어

'一方面_______佩服(…的)优秀成果。另一方面也发现(…的)一些错误的地方 (한편으로는___ …의 훌륭한 성과에 대해 감탄했지만, 또 한편으로는 …의 잘못된 부분도 발견하였다)'에서, 빈칸에는 앞 절과 뒤 절의 내용을 모두 인성할 때, 앞 설에 쓰이는 접속사 '固然'을 써서 '固然~也 …。(물론 ~이거니와, 또한 …하다)'의 형태로 쓰거나, '当然'을 쓸 수 있습니다.

(○) 固然 gùrán 접 물론 ~이지만
　　['固然~也….'의 형태로 쓰여, 앞의 내용과 뒤의 내용을 모두 인정함을 나타내며, 이 경우 특히 뒤 절의 내용을 강조함]
(×) 当然 dāngrán 형·부 당연하다, 물론이다 / 당연히
(×) 毅然 yìrán 형 의연하다 / 의연히, 결연히, 단호히
　　: 毅然(决定 / 立起)
(×) 果然 guǒrán 부 과연, 생각대로
　　[생각이나 이론과 결과가 일치하는 경우, 뒤 절의 결과의 문장 부사자리에 쓰임]

두 번째 단어

'他在研究很多医书以后，…，需要加以_____、订正'에서 '、'는 병렬을 나타내므로 문맥상 '정리하고 수정하다'는 뜻이 와야 합니다. 따라서 빈칸에는 '자료를 정리하다'는 뜻으로 '整理'를 써야하므로 정답은 A입니다.

(○) 整理 zhěnglǐ 동 정리하다
　　: 整理(资料 / 屋子 / 纪录 / 档案 / 采访录音 / 花草)

(×) 整顿 zhěngdùn 동
　　(조직, 기율, 기풍, 풍조 등을) 정돈하다
　　: 整顿(市场 / 出版社 / 考场纪律 / 风气 / 局面 / 治安情况)
(×) 挖掘 wājué 동 파다, 캐다, 발굴하다
　　: 挖掘(潜力 / 文物)
(×) 整齐 zhěngqí 형
　　정연하다, 단정하다, 질서 있다, 깔끔하다, 가지런하다
　　[엉망인 것을 가지런하고 질서 있게 정돈하거나, 구비되어 있지 않은 것을 잘 구비함]
　　: 整齐(的队伍 / 的房子 / 排列 / 商品)//牙齿很整齐//字写得很整齐。

세 번째 단어

'他就把这个责任_____起来'에서 빈칸에는 '책임을 지다'는 뜻의 동사 '担负' 또는 '承担'을 써야 합니다. '负责'는 '负(동)+责(목)'의 형태이므로 정답이 될 수 없습니다.

(○) 担负 dānfù 형·동 부담(하다), 지다
　　: 担负(责任 / 重任 / 费用 / 罪名 / 家务)
(○) 承担 chéngdān 동 (책임이나 의무를) 지다, 맡다
　　: 承担(责任 / 义务 / 债务)
(×) 负责 fùzé 동 책임을 지다
(×) 担任 dānrèn 동
　　(구체적인 일이나 직무를) 맡다, 담당하다, 담임하다
　　: 担任(职务 / 领导 / 主持人)

네 번째 단어

'他访遍各地名医，观察和收集药物标本。经过27年_____和编书的生活 (그는 각지의 명의를 두루 방문하였고, 약물 표본을 관찰하고 수집하였다. 27년 동안 ___과 편찬을 하나)'에서 앞 설에서 '访遍各地名医，观察和收集药物标本'라고 했으므로, 뒤 절의 빈칸에는 '采访' 또는 '访问'을 쓸 수 있습니다.

(○) 采访 cǎifǎng 동 탐방하다, 취재하다, 인터뷰하다
(×) 采集 cǎijí 동 채집하다, 수집하다
　　: 采集(标本 / 样品 / 植物 / 民间故事)
(×) 采取 cáiqǔ 동 취하다, 채택하다, 수용하다
　　: 采取(方法 / 办法 / 措施 / 制度 / 态度)
(○) 访问 fǎngwèn 동 방문하다
　　: 访问(国家 / 人)

[정답] A

독해3부분

[1주차 실력다지기 실전문제]

1회

[정답]

| 71 C | 72 A | 73 E | 74 B | 75 D |
| 76 E | 77 D | 78 C | 79 B | 80 A |

71.-75.

[단어]

马拉松 mǎlāsōng 명 마라톤 / 领奖台 lǐngjiǎngtái 명 수상대 / 越野赛 yuèyěsài 명 (오토바이) 크로스컨트리 / 汗流浃背 hànliújiābèi 땀이 줄줄 흘러서 등 위의 옷을 다 적시다. 땀이 철철 비오는 것 같이 흐르다 / 发虚 fāxū 동 기력이 없다. 나른하다 / 迟疑 chíyí 동 망설이다. 주저하다 / 压制 yāzhì 동 억누르다 / 膨胀 péngzhàng 동 부풀어 오르다. 팽창하다 / 眼冒金星 yǎnmàojīnxīng 눈앞에 별이 반짝하다 / 虚脱 xūtuō 동 허탈(한 상태에 이르다) / 攀登 pāndēng 동 (무엇을) 붙잡고 기어오르다. 등반하다 / 拐弯 guǎiwān 동 방향을 바꾸어 돌다. 굽이돌다 / 冲刺 chōngcì 명동 전력투구(하다). 막바지 노력(을 하다) / 泄气 xièqì 동 낙담하다. 마음이 헤이해지다. 맥이 빠지다

[번역]

爱·罗塞尼奥는 제 7회 국제 마라톤대회 우승자이다. 그가 시상대에서 내려 왔을 때, 기자 한 명이 그에게 어떤 힘이 그를 끝까지 버티게 해서, 제일 앞쪽에서 달릴 수 있었는지를 물어보았다. 그는 잠깐 생각을 하더니 바로 자신의 이야기를 했다.

중학교를 다닐 때, 한 번은 그가 학교에서 주최한 10 킬로미터 크로스컨트리에 참가했다. 시작했을 때, 그는 쉽게 달렸는데, 천천히, 그는 달리지 못하겠다는 생각이 들고, 땀은 등으로 줄줄 흐르고, 발바닥은 힘이 없어서, 멈추어 좀 쉬면서, 물을 마시고 싶었다. **(71)** 이때, 스쿨버스 한 대가 왔는데, 이 스쿨버스는 전문적으로 오직 마라톤 경기 코스에서 달리지 못하거나 부상을 당한 학생을 데리고 가는 버스였다. 그는 너무 차에 타고 싶었지만, 참았다. 또 얼마간을 뛰었는데, 그는 두 눈이 흐릿해지고, 명치는 조여오고, 두 다리가 무거운 것을 느껴, **(72)** 멈춰서 쉬고 싶은 바람이 강렬하게 엄습해왔다. 또 스쿨버스가 오자, 그는 조금 망설다가, 급격히 부풀어 오른 오른 바람을 억누르고, 계속해서 앞으로 달렸다.

또 얼마나 뛰었을까, 작은 산비탈 앞에 도착했는데, 그는 눈앞에 별이 반짝했고, 몸에 기력이 없었으며, 두 다리는 마치 자신의 다리가 아닌 듯 했다. 그가 지금 눈앞에 있는 이 작은 산비탈을 오르는 것이, 그에게 있어 에베레스트 산을 오르는 것과 같다고 생각했다. 그는 절망했고, 더 이상 버티지 못하고, 스쿨버스가 다시 한 번 왔을 때, **(73)** 그는 망설임 없이, 차에 올라탔다. 그런데 스쿨버스가 지나간 그 작은 산비탈을 돌기만 하면 바로 결승점이라는 것을 생각지도 못했다. **(74)** 그는 아주 크게 후회를 했다. 만일 1분만 더 버티고, 전력투구했다면, 작은 산비탈을 넘어서 결승점까지 갔을 텐데, 그것은 얼마나 자랑스러운 일일까! 그 때부터, 매번 경기에 참가해서 자신이 더 이상 뛸 수 없고, 힘이 빠지려고 할 때, 그는 끊임없이 자신에게 '**(75)** 1분만 더 버티자, 곧 결승점이야!' 하고 말했다. 이렇게 해서 그는 계속 세계 정상의 시상대까지 가게 되었다.

[해설]

71. 71번 빈칸 뒤쪽에 '这辆巴士'라는 말이 있는데, 지시 대명사 '这'는 앞의 낱말을 가리키는 지시대명사이므로 앞쪽에도 버스라는 말이 와야 하므로, 정답은 C입니다.

72. 72번 빈칸 앞뒤의 '他感到两眼模糊, 胸口发紧, 双腿沉重, ___72___。一辆校巴又开过来了, 他迟疑了一下 ~ (그는 두 눈이 흐릿해지고, 명치는 조여오고, 두 다리가 무거운 것을 느껴, ___72___, 또 스쿨버스가 오자, 그는 조금 망설다가 ~)'에서 달리기가 힘들어서 스쿨버스가 오자 잠시 망설였다는 내용이 나오므로, 72번 빈칸에는 같은 의미에 해당하는 망설이는 내용이 나와야 하므로 정답은 'A. 停下来休息的愿望强烈地袭了上来 (멈추고 쉬고 싶은 바람이 강렬하게 습격해 왔다.)'입니다.

73. 73번 빈칸 앞쪽에 '不再坚持, 当校巴再一次开过来的时候___73___ (더 이상 버티지 못하고, 스쿨버스가 다시 한 번 왔을 때 ___73___.)'라는 내용이 있으므로, 73번에는 망설임 없이 버스에 올라탔다는 내용인 '他没有犹豫, 上去了'가 와야 하므로 정답은 E입니다.

74. 74번 빈칸 앞 뒤에 '没想到的是, 校巴开过那个小山坡一拐弯就到了终点。(스쿨버스가 지나간 그 작은 산비탈을 돌기만 하면 바로 결승점이라는 것을 생각지도 못했다.)', '要是再坚持一分钟, 冲刺一下, 就能越过小山坡, 跑到终点, 那是多么令人骄傲的事情啊! (만일 1분만 더 버티고, 전력투구했다면, 작은 산비탈을 넘어서 결승점까지 갔을 텐데, 그것은 얼마나 자랑스러운 일일까!)'라며 후회하는 내용이 전개되고 있으므로 같은 내용인 '他后悔极了'가 와야 하므로 정답은 B입니다.

75. 75번은 마지막 남은 D를 써야 하므로 정답은 D입니다. 75번 정답을 다시 확인해 보면, 뒤쪽에 '___75___, 就这样, 他一直跑到世界冠军的领奖台。(___75___, 이렇게 해서 그는 계속 세계 정상의 시상대까지 가게 되었다.)'라고 했으므로 자신을 위안하는 말인 '再坚持一分钟, 快到终点了! (1분만 더 버티면 종점이다)'이 와야 합니다.

[정답] 71. C 72. A 73. E 74. B 75. D

76.-80.

[단어]

国务卿 guówùqīng 몡 (미국의) 국무장관 / 颇 pō 뮈 자못, 꽤, 매우 / 种族 zhǒngzú 몡 종족, 인종 / 歧视 qíshì 몡동 경시(하다), 차별 대우(하다) / 欺压 qīyā 동 억압하다 / 倍感 bèigǎn 동 더욱더 느끼다 / 羞辱 xiūrǔ 몡 치욕, 모욕 / 凝神 níngshén 몡 정신을 집중하다 / 良久 liángjiǔ 몡 아주 오랫동안, 오랜 시간 / 志向 zhìxiàng 몡 지향, 포부 / 灌输 guànshū 동 (지식 등을) 주입하다 / 并驾齐驱 bìngjiàqíqū 쉥 어깨를 나란히 하여 나아가다 / 出任 chūrèn 동 (나와서) 임무나 관직을 담당하다 (맡다) / 花样滑冰 huāyànghuábīng 몡 피겨스케이팅 / 芭蕾舞 bālěiwǔ 몡 발레 / 礼仪 lǐyí 몡 예의 / 耕耘 gēngyún 동 정신과 노력을 기울이다 / 急切 jíqiè 혱 몹시 절박하다, 절실하다

[번역]

미국 여 국무장관 콘돌리자 라이스 (Condoleezza Rice)의 그 분투 사는 꽤 전설적인 색채를 가지고 있다. 라이스가 어렸을 때, 미국의 인종차별은 더 심했다. 흑인의 지위가 낮아서, 여러모로 백인의 억압을 받았다.

라이스가 10살 때, 온 식구들이 수도로 관광을 하러 갔는데, **(76)** 신분이 흑인이었기 때문에, 백악관에 들어가 구경을 할 수 없었다. 어린 라이스는 더욱 더 무욕감을 느꼈고, 백악관을 오랫동안 멀리서 쳐다보았다. 그런 다음 몸을 돌려 아버지께 '언젠가는 내가 이 집의 주인이 될 거에요!' 하고 말했다. 라이스의 부모는 그녀의 포부를 칭찬하였고, 항상 그녀에게 이런 생각을 심어주었다. 흑인의 상황을 바꾸는 제일 좋은 방법은 뛰어난 업적을 이루는 것이라는 생각을 심어 주셨다. **(77)** 만일 네가 두 배의 노력을 하며 앞으로 나간다면, 백인의 절반은 따라잡을 것이고, 만일 네가 4배의 노력을 한다면, 백인과 어깨를 나란히 할 수 있을 것이며, 만일 네가 8배의 노력을 한다면, 분명히 백인을 앞서를 수 있을 것이다.

'백인의 앞을 앞지르기'위해, 그녀는 수 십 년을 마치 하루같이, '8배의 노력'으로 학습에 분발하고, 지식을 쌓고, 재능을 더해, 백인들을 앞질렀다. 그녀는 모국어 이외에도, 러시아어, 불어, 스페인어에 능통했다. 그녀는 덴버 대학에 들어가서 박사학위를 받았고, **(78)** 26세에 그녀는 이미 스탠퍼드 대학의 최연소 교수가 되었고, 이어서 스탠퍼드 대학의 역사상 최연소 부총장을 맡았다. 그녀는 일찍이 미국 청소년 피아노 대회에서 일등을 한 적이 있었다. 그 외에도 그녀는 열심히 테니스와 피겨스케이팅, 발레, 예절을 배워 백인이 할 수 있는 것을 그녀는 해냈고, **(79)** 백인이 할 수 없는 것도 그녀는 해냈다. 그녀는 마침내 성공했다.

노력을 기울이면 수확이 있다. 절실하게 성공을 바라지만, **(80)** 항상 성공과 인연이 없는 사람은 다른 사람을 원망할 필요가 없고, 먼저 자신에게 '당신은 "8배의 노력"을 하고 있는가?'하고 물어보자.

[해설]

76. 76번 빈칸 앞쪽에 '全家到首都游览 (온 식구들이 수도로 관광을 하러 갔다)'는 말이 있으므로, 76번 빈칸에는 '观光'과 관계있는 내용인 '却因身份是黑人, 不能进入白宫参观 (신분이 흑인이었기 때문에, 백악관에 들어가 구성을 할 수 없었다.)'이 와야 하므로 정답은 E입니다.

77. 77번 빈칸 뒤쪽에 계속해서 '如果你愿意付出四倍的辛劳 (만일 네가 4배의 노력을 한다면)', '如果你愿意付出八倍的辛劳 (만일 네가 8배의 노력을 한다면)'이라는 내용이 나오므로, 77번 빈칸에도 같은 내용인 '如果你拿出双倍的劲头往前冲 (만일 네가 두 배의 노력을 하며 앞으로 나간다면)'이 와야 하므로 정답은 D입니다.

78. 78번 빈칸 뒤쪽에 '随后又出任斯坦福大学历史上最年轻的副校长 (이어서 스탠퍼드 대학의 역사상 최연소 부총장을 맡았다)'이라는 내용이 있으므로, 78번 빈칸에도 비슷한 내용인 '26岁她已经是斯坦福大学最年轻的教授 (26세에 그녀는 이미 스탠퍼드 대학의 최연소 교수가 되었고)'가 와야 하므로 정답은 C입니다.

79. 79번 빈칸 앞쪽에 '白人能做到的她要做到 (백인이 할 수 있는 것을 그녀는 해냈고)'라는 내용이 있으므로, 79번 빈칸에도 비슷한 형태인 '白人做不到的她也要做到 (백인이 할 수 없는 것도 그녀는 해냈다)'가 와야 하므로 정답은 B입니다.

80. 80번은 마지막 남은 A를 써야 하므로 정답은 A입니다. 80번이 정답을 다시 확인해 보면, '一个急切渴望成功却又总与＿＿80＿＿, ~ (노력을 기울이면 수확이 있다. 절실하게 성공을 바라지만, 그러나 ＿＿80＿＿, ~)'에서 전환의 의미를 나타내는 부사 '却'가 있으므로 80번 빈칸에는 '성공을 원하지만 성공을 할 수 없다'와 비슷한 내용이 들어가야 합니다. 따라서 80번 빈칸에는 '成功无缘的人无需埋怨别人 (항상 성공과 인연이 없는 사람은 다른 사람을 원망할 필요가 없고)'가 와야 하므로 정답은 A입니다.

[정답] 76. E 77. D 78. C 79. B 80. A

2회

[정답]

71 B	72 E	73 D	74 A	75 C
76 C	77 B	78 D	79 A	80 E

71.-75.

[단어]

海誓山盟 hǎishìshānméng (성) (영원한 사랑을) 굳게 맹세하다 / **憧憬** chōngjǐng (명동) 동경(하다) / **横溢** héngyì (동) ① (강물 등이) 범람하다 ② (재능, 기분 등이) 넘쳐흐르다 (넘치다) / **穷书生** qióngshūshēng (명) 가난한 서생, 엘리트, 지식인 / **愤然** fènrán (형) 벌컥 성을 내는 모양 / **施展** shīzhǎn (동) (재능, 수완 등을) 발휘하다, 나타내다, 보이다 / **进程** jìnchéng (명) ① 수속, 절차 ② 여정(旅程), 노정(路程) / **拼搏** pīnbó (동) 맞붙어 싸우다, 필사적으로 싸우다, 끝까지 다투다 / **千辛万苦** qiānxīnwànkǔ (성) 천신만고, 온갖 노고(劳苦) / **愈合** yùhé (명동) 〈医〉 유합(하다) / **弥补** míbǔ (동) (결점, 결손 등을) 메우다, 보충하다, 보완하다 / **厌倦** yànjuàn (동) 물리다, 싫증나다, 진저리가 나다 / **商战** shāngzhàn (명) 상업(상의) 경쟁, 상업상의 싸움 / **报仇** bàochóu (동) 원수를 갚다, 복수하다 / **年迈** niánmài (동) 연로하다, 나이가 많다 / **驱车** qūchē (동) 차를 몰다, 운전하다, 타다 / **不意** búyì (부) 뜻밖에, 상상외에 / **墓地** mùdì (명) 묘지, 무덤 / **俯身** fǔshēn (동) 몸을 구부리다, 허리를 굽히다 / **惊呆** jīngdāi (동) 놀라 어리둥절하다, 얼이 빠지다, 멍해지다 / **灿然** cànrán (형) (빛이) 밝다, 찬연하다 / **定格** dìnggé (명) ① 고정불변의 격식 (법칙, 격식) ② (영화나 텔레비전의 갑자기 나타난) 정지 화면 / **绝症** juézhèng (명) 불치병 / **未曾** wèicéng (부) 일찍이 …한 적이 없다, 지금까지 …못하다

[번역]

王建과 쯔르는 사람들이 부러워하는 한 쌍이다. 두 사람은 영원히 사랑을 맹세했으며, 아름다운 미래를 꿈꾸었다. 그런데 어느 날 갑자기 쯔르은 王建한테 더 이상 그를 사랑하지 않는 다고 말했다. **(71) 왜냐면 그녀는 돈 많은 부호와 결혼하기를 원했기 때문이다.** 비록 그는 능력은 있지만, 어쨌든 가난한 서생에 지나지 않았다. 모든 것이 현실로 돌아오면 결국 사랑의 방향과 질은 여전히 돈으로 결정이 된다.

쯔르의 말을 다 듣고 나서 그는 한마디도 하디 않은 채 화가 나서 떠났다. 그는 자기의 재능을 펴지 못하는 것을 믿을 수가 없었다. 인생의 여정 중에서 사랑을 잃는 다면 그 어떤 것에 가치가 두어야 한다는 말인가? **(72) 그는 직장을 그만두고 사업을 하여 열심히 돈을 벌기로 하였고,** 필사적으로 분발하여 천신만고 끝에 마침내 백만장자가 되었다. 그는 의기양양했지만, 마음속에 남아있는 한 가닥 상처는 치유되지 못했다. 그때 당시 쯔르이 그에게 준 상처는 그의 인생에 있어 치유할 수 없는 아픔으로 남아있었다. 지긋지긋한 상업 경쟁 후에, 그는 쯔르을 찾아가, 그녀한테 자신의 성공과 가지고 있는 모든 것을 보여주며, 그때의 복수를 하기로 결심을 했다.

王建은 우연히 **(73) 쯔르의 연로한 부모님이 마침 외출을** 하려는 것을 발견하였고, 그는 차를 몰아 뒤를 쫓았는데, 뜻밖에 묘지에 도착하게 되었다. 두 노인은 허리를 굽혀 묘 앞에 꽃을 놓아두었다. 그는 놀라서 어리둥절했다. 묘비에 선명하게 빛나는 것은 그녀의 영원히 정지된 미소였다. 여러 해 동안의 사랑과 증오가 결국 이런 사실에 직면하다니!

두 노인이 그에게 **(74) 딸은 그에게 평생 이 사실을 숨기길 바랐으며,** 차라리 그가 그녀를 평생 증오하는 한이 있어도, 그에게 자신의 불치병을 알려주어서 그로인해 마음 아프게 하고 싶어하지 않아 했다는 것을 알려 주었다. 그녀는 한 번도 그를 저버린 적이 없었고, 그녀의 짧은 생애 동안 그를 향해 일생의 사랑을 다 불태웠다. 그 또한 그녀에게 떳떳했다. 십여 년 동안 그는 그녀 외에 다른 여자를 사랑하지 않았기 때문이다. 이것이 바로 사랑의 모든 것이다.

[해설]

71. 71번 빈칸 앞 뒤에 '兰兰对王建说不再爱他, ___71___ 。他虽然有本事，却终究只是一个穷书生。(쯔르은 王建한테 더 이상 그를 사랑하지 않는다고 말했다. ___71___. 비록 그는 능력은 있지만, 어쨌든 가난한 엘리트에 지나지 않았다.)'이라는 내용이 있으므로, 71번 빈칸에도 비슷한 내용인 '因为她想嫁给一个有钱人 (그녀는 돈 많은 부호와 결혼하기를 원했기 때문이다)'가 와야 하므로 정답은 B입니다.

72. 72번 빈칸 뒤쪽에 '终于赢得百万财富 (마침내 백만장자가 되었다)'라는 내용이 있으므로, 72번 빈칸에도 돈을 버는 것과 관련된 내용인 '他辞职去做生意，努力地赚钱 (그는 직장을 그만두고 사업을 하여 열심히 돈을 벌기로 하였고)'이 와야 하므로 정답은 E입니다.

73. 73번 빈칸 뒤쪽에 '王建意外地发现了 ___73___ 他开车跟在后面 (王建은 뜻밖에 ___73___ 을 발견하였고, 그는 차를 몰아 뒤를 쫓았는데)'이라는 내용이 있으므로, 73번 빈칸에는 문맥상 이와 하나로 연결이 되는 내용인 '兰兰的年老的父母正要出门 (쯔르의 연로한 부모님이 마침 외출을 하려는 것)'이 와야 하므로 정답은 D입니다.

74. 74번 빈칸 뒤쪽에 '宁可让他恨她一生，也不想告诉他自己得了绝症 (차라리 그가 그녀를 평생 증오하는 한이 있어도, 그에게 자신의 불치병을 알려주고 싶어 하지 않았다)'라는 내용이 있으므로, 74번 빈칸에도 남자에게 이 사실을 숨기고 싶어 하는 내용인 '女儿希望他们隐瞒他一生 (딸은 그에게 평생 이 사실을 숨기길 바랐으며)'이 와야 하므로 정답은 A입니다.

75. 75번 정답은 자연히 C입니다. 75번 정답을 다시 한 번 확인해 보면, 75번 빈칸 앞쪽에 '她未曾负他 (그녀는 그를 저버린 적이 없다)'라는 내용이 있으므로, 75번 빈칸에도 비슷한 내용인 '他也没有对不起她 (그도 그녀에게 미한하지 않았다)'가 들어가야 합니다.

[정답] 71. B 72. E 73. D 74. A 75. C

76.-80.

[단어]

射击 shèjī 명통 사격(하다) / 对准 duìzhǔn 통 ① 겨누다, 조준하다, 초점을 맞추다 ② (시계 등을) 정확하게 맞추다 / 靶心 bǎxīn 명 과녁이나 표적의 중심 / 发射 fāshè 통 ① (포탄, 인공위성 등을) 발사하다 ② 보내다, 방출하다 / 子弹 zǐdàn 명 총알, 탄알 / 突飞猛进 tūfēiměngjìn 성 비약적으로 발전하다, 전력으로 매진하다 / 珍重 zhēnzhòng 통 ① (중요하거나 얻기 어려운 물건을) 진기하게 여기고 소중히 하다 ② 보중하다, 몸을 소중히 하다 / 漠然视之 mòránshìzhī 전혀 신경을 쓰지 않다. (마음을 쓰지 않다, 개의치 않다) / 漫不经心 mànbùjīngxīn 전혀 아랑곳하지 않다, 조금도 마음에 두지 않다, 소홀히 대하다

[번역]

만약에 갑에게 기회를 한 번 주고, 을에게 300 번을 준다면, 그러면 **(76)** 누가 기회를 잡을 가능성이 있겠는가? 만약 당신이 선택한다면 누구를 선택할 것인가? 나는 분명히 당신이 을을 선택할 것이라고 생각한다. 왜냐하면 을은 갑보다 더 많은 기회를 가지고 있기 때문이다. **(77)** 당신의 답이 옳은 지 판단하기 전에, 우리는 먼저 다음과 같은 이야기를 좀 읽어보기로 하자.

어느 사격 선수가 있는데, 처음에는 코치가 매일 그에게 총알 300알을 주었다. **(78)** 그런데 그는 훈련할 때 늘 전혀 신경을 쓰지 않고, 과녁을 조준하지 않고, 제멋대로 발사하여서, 결국은 사격 성적이 계속 향상되지 못했다. 나중에 코치는 훈련방식을 바꾸어서 매일 총알을 한개만 주었다. 총알이 하나만 있었기 때문에, 기회도 한 번밖에 없었다. 그래서 그는 유달리 열심히 훈련하기 시작했고, **(79)** 다시는 대충하지 않았다. 일정기간 동안의 훈련 끝에, 그의 사격 성적은 비약적으로 향상되었다.

'1'은 왜 '300'보다 더 큰가? '1'은 '유일한 것'이라서 '유일한 것'을 잃어버리면 아무 것도 없기 때문에 사람들은 '1'을 유난히 중요시한다. '300'의 경우를 바꾸어 생각하며, 그중에서 '1'을 잃어버려도, 많은 '1' 들이 여전히 남아 있기 때문에, 사람들은 '1'을 하나하나 잃어버리는 것을 무시해 버린다. 이런 무관심한 태도 때문에, **(80)** 그 사람은 결국 모든 것을 다 잃어버리게 된다.

[해설]

76. 76번 빈칸 뒤쪽에 물음표가 있으므로, 76번 빈칸에는 의문문 형태인 '谁更有可能把握机会呢 (누가 기회를 잡을 가능성이 있겠는가)'가 와야 하므로 정답은 C 입니다.

77. 77번 빈칸 뒤쪽에 주어 '我们'이 있으므로, 주어 앞에 올 수 있는 어구를 찾으면 됩니다. 따라서 77번 빈칸에는 '在判断你的答案是否正确之前 (당신의 답이 옳은 지 판단하기 전에)'이 와야 하므로 정답은 B입니다.

78. 78번 빈칸 뒤쪽에 '还没对准靶心就随意地发射 (과녁을 조준하지 않고, 제멋대로 발사하여서)'라는 내용이 있으므로, 78번 빈칸에도 같은 내용인 '可他训练总是漫不经心 (그런데 그는 훈련할 때 늘 전혀 신경을 쓰지 않고)'이 와야 하므로 정답은 D입니다.

79. 79번 빈칸 앞쪽에 '他训练起来变得格外认真 (그는 유달리 열심히 훈련하기 시작했고)'이라는 내용이 있으므로, 79번 빈칸에도 같은 내용인 '再也不敢有丝毫马虎 (다시는 대충하지 않았다)'가 와야 하므로 정답은 A입니다.

80. 80번 정답은 자연히 E입니다. 80번 정답을 다시 한 번 확인해 보면, '正因为这种漠然视之的态度, ___80___。 (이런 무관심한 태도 때문에, ___80___.)'에서 80번 빈칸에는 문맥상 원인과 결과에 해당하는 구절인 '这样的人最终失去了全部 (그 사람은 결국 모든 것을 다 잃어버리게 된다.)'가 와야 하므로 정답은 E입니다.

[정답] 76. C 77. B 78. D 79. A 80. E

3회

[정답]

71 D	72 E	73 A	74 B	75 C
76 C	77 D	78 A	79 E	80 B

71.-75.

[단어]

陪练 péiliàn 통 (운동선수와) 함께 훈련 (연습)하다 명 (운동선수와 함께 훈련하는) 연습 상대, 훈련 파트너 / 凶猛 xiōngměng 형 사납다 / 狼 láng 명 늑대, 이리 / 借助 jièzhù 통 (다른 사람 또는 사물의) 도움을 빌다, ~의 힘을 빌리다 / 改行 gǎiháng 통 직업을 바꾸다 / 气喘吁吁 qìchuǎnxūxū 형 씩씩 가쁜 숨을 몰아쉬다 / 描述 miáoshù 명통 묘사(하다) / 遭遇 zāoyù 명 처지, 경우, 경험, 운명 [주로 불행한 것을 가리킴] / 超常 chāocháng 형 뛰어나다, 보통을 초월하다 / 潜能 qiánnéng 명 잠재(능)력 / 聘请 pìnqǐng 통 초빙하다 / 驯兽师 xùnshòushī 명 조련사 / 大幅度 dàfúdù 부 대폭으로, 큰 폭으로

[번역]
캐나다의 장거리 달리기 코치 한 명이 있었는데, 짧은 시간 내에 장거리 달리기 우승자를 몇 명 배출해 내서 유명했다. 그러나 누구도 그의 성공의 비밀이 **(71)** 신기한 훈련 파트너 가 있기 때문일 것이라고 생각하지 못했다. 그리고 이 연습상대는 사람이 아니라, 사나운 늑대였다! 그는 그가 이렇게 늑대를 훈련 파트너로 결정했다고 말했다. 그의 훈련 팀의 종목이 장거리 달리기였기 때문에, 그는 계속 그의 팀원들에게 집에서 올 때 반드시 어떤 교통수단의 함을 빌리지 않고, **(72)** 반드시 자신이 달려서 와야 한다고 요구했다.
그의 한 선수는 매일 항상 꼴찌로 왔지만, 그의 집이 제일 먼 것도 아니었다. 코치는 심지어 그에게 직업을 바꾸고 다른 일을 하라고 말하였고, **(73)** 여기서 시간을 낭비하지 말라고 했다. 그런데 어느 날 갑자기 그의 이 선수가 의외로 다른 선수들 보다 20분 먼저 도착했고, 코치는 그가 집에서 떠난 시간을 알고, 계산해 보니 놀랍게도 이 선수의 오늘 속도는 거의 세계기록을 넘는 기록이라는 것을 발견했다.
그가 이 선수를 보았을 때, 그는 가쁜 숨을 몰아쉬면서 그의 팀 선수들에게 그가 오늘 겪은 일을 자세히 말하고 있었다. 알고 보니 그는 집에서 나온 지 얼마 되지 않아서 5킬로미터 지점의 들판을 지나고 있었을 때, 늑대 한 마리를 만났다. 그 늑대가 뒤에서 필사적으로 쫓아오는 바람에, **(74)** 그는 필사적으로 앞에서 뛰어서, 뜻밖에 늑대를 떼어 놓았다.
코치는 이 선수의 오늘의 뛰어난 성적은 그가 무서워하는 적이 있었기 때문에, 이 적이 그의 모든 잠재능력을 발휘해 내게 한 것이라는 것을 알게 되었고, **(75)** 이때부터 그는 조련사 한 명을 초빙해 오고, 늑대를 몇 마리를 데려와서, 매번 훈련을 할 때 마다 늑대를 풀어놓았다. 시간이 얼마 걸리지 않아, 그의 팀원의 성적은 모두 대폭 향상되었다.

[해설]

71. 71번 빈칸 뒤쪽의 '这个部练 (이 훈련 파트너)'에서 지시대명사 '这'는 앞의 낱말을 가리키므로, 71번 빈칸에도 같은 단어 '部练'이 와야 하므로 정답은 'D. 因为有一个神奇的陪练 (신기한 훈련 파트너 가 있기 때문)'입니다.

72. 72번 빈칸 앞쪽에 '他一直要求他的队员从家里来时一定不要借助任何交通工具 (그는 계속 그의 팀원들에게 집에서 올 때 반드시 어떤 교통수단의 함을 빌리지 않고)'라는 내용이 있으므로, 72번 빈칸에도 '걸어서 또는 뛰어서 와야 한다.'는 내용이 와야 합니다. 따라서 정답은 'E. 必须自己一路跑来 (반드시 자신이 달려서 와야 한다)'입니다.

73. 73번 빈칸 앞쪽에 '教练甚至都告诉他让他改行去干别的 (코치는 심지어 그에게 직업을 바꾸고 다른 일을 하라고 말하였고)'라는 내용이 있으므로, 73번 빈칸에도 비슷한 내용인 '不要在这里浪费时间了 (여기서 시간을 낭비하지 말라고 했다)'가 와야 하므로 정답은 A입니다.

74. 74번 빈칸 앞쪽에 '那野狼在后面拼命地追他 (그 늑대가 뒤에서 필사적으로 쫓아와서)'라는 내용이 있으므로, 74번 빈칸에도 비슷한 형태인 '他拼命地在前面跑 (그는 필사적으로 앞에서 뛰어서)'가 와야 하므로 정답은 B입니다.

75. 75번 정답은 자연히 C입니다. 75번 정답을 다시 한 번 확인해 보면, '从此, __75__, 找来几只狼, 每当训练的时候, 就把狼放开。(이때부터 __75__, 늑대를 몇 마리를 데려와서, 매번 훈련을 할 때 마다 늑대를 풀어놓았다)'에서 75번 빈칸에는 문맥상 늑대를 조련할 조련사 한 명을 초빙해 왔다는 내용인 '他聘请了一个驯兽师'가 올 수 있으므로 정답은 C입니다.

[정답] **71.** D **72.** E **73.** A **74.** B **75.** C

76.-80.

[단어]

拐杖 guǎizhàng [명] 지팡이 / **泥** ní [명] 진흙 / **摔跤** shuāijiāo [명][동] ① 씨름 (레슬링)(하다) ② 자빠지다, 넘어지다 / **先见之明** xiānjiànzhīmíng [성] 선견지명 / **有恃无恐** yǒushìwúkǒng [성] 믿는 데가 있어 두려움을 모르다 [폄하하는 어투로 사용함] / **撑开** chēngkāi [동] 억지로 열다, 벌리다, 펼치다, 펴다 / **泥泞** nínìng [명] 진창 [형] 질퍽거리다, 질퍽거려 걷기 어렵다 / **拣** jiǎn [동] 고르다, 선택하다 / **凭借** píngjiè [동] …에 의(지)하다, …를 통하다, …을 믿다 / **掉以轻心** diàoyǐqīngxīn [명] 대수롭지 않게 여기다, 예사로 생각하다, 소홀히 하다, 경솔한 태도를 취하다 / **悟性** wùxìng [명] 지성, 사고 능력, 이해

[번역]
3명의 여행객이 동시에 같은 여관에 묵게 되었다. 아침에 나갈 때 여행객 한 명은 우산을 가지고 있었고, 다른 한 명은 지팡이를, 또 다른 한 명은 두 손에 아무것도 들고 있지 않았다.
저녁에 집에 돌아 왔을 때, 우산을 들고 간 사람은 옷이 젖어 있었고, **(76)** 지팡이를 들었던 사람은 넘어져 온 몸에 진흙이 묻어있었으며, 그러나 아무것도 들지 않았던 사람은 비에 젖지도 진흙이 묻어있지도 않았다. 앞의 두 사람이 너무 이상해서 세 번째 사람에게 어떻게 된 것이냐고 물어보았는데, 세 번째 사람은 오히려 우산을 든 사람에게 '당신은 왜 비에 젖고, 넘어지지는 않았지요?'하고 물었다.
그러자 우산을 든 사람은 '비가 올 때 **(77)** 나의 선견지명 때문에 너무 기뻤고, 그래서 우산이 있기에 믿는 구석이 있어서 대담하게 빗속을 걸어 다녔더니 옷이 많이 젖었어요. 그러나 질퍽거려 걷기 어려운 곳에서는 지팡이를 갖고

있지 않아 넘어질 까봐 특별히 조심을 해서 걸었지요. 그랬더니 돌아오기까지 아무 일이 없었지요.'하고 대답하였다. 첫 번째 사람의 말을 다 듣고 나서, 세 번째 사람이 또 다시 **(78)** 지팡이를 든 사람에게 지팡이를 가지고 있었는데, 어떻게 비에 젖지는 않고, 오히려 넘어져서 온 몸에 흙 투성이가 되었는지 물어 보았다. 상대방은 '비가 올 때 우산이 없었기 때문에 비를 피할 곳을 찾아다니면서 걷거나 멈추어 서서 비를 피했지만, 질퍽거리는 걷기 어려운 곳에선 지팡이에 몸을 지탱해서 걸었는데, 오히려 넘어질 줄은 생각지도 못 했어요.'하고 대답하였다.

아무것도 들고 나가지 않았던 여행객은 큰소리로 웃으며 '**(79)** 비가 올 때에는 비를 피할 곳을 찾아서 걸었고, 길이 험한 곳을 걸을 때는 특별히 조심했지요. 그래서 저는 비에 젖지도 넘어지지도 않았답니다. 보아하니 당신들은 당신들의 좋은 점만 믿고 신중하게 행동하지 않고, **(80)** 자신의 적극성만 내세우고, 경솔한 태도를 취해서, 결국 자연히 좋은 점이었던 것이 오히려 해가 되었군요.'하고 말했다.

우세와 열세는 영원이 상반된 것이다. 열세를 어떻게 우세로 전환하고, 가지고 있는 우세를 어떻게 잘 이용해 더 좋은 작용을 발휘할 수 있게 하는 것은 개인이 노력을 해야 할 뿐만 아니라, 개인의 사고능력 또한 중요하다.

[해설]

76-80번 문제는 3사람의 여행객이 같은 환경에서 겪었던 서로 다른 이야기를 서술하고 있으므로, 전체적인 문맥의 흐름을 이해한 다음에 문제를 풀면 더 쉽게 정답을 고를 수 있습니다. 첫 번째 단락에서 3명의 여행객은 외출할 때 각각 '一个旅行者带了一把伞，一个拿了一根拐杖，第三个则两手空空。(여행객 한 명은 우산을 가지고 있고, 다른 한 명은 지팡이를. 또 나른 한 녕은 두 손에 아무것도 들고 있지 않았다.)'라고 서술하고 있습니다.

76. 76번 빈칸 앞 뒤에 '拿雨伞的人淋湿了衣服，____76____, 而空手的人却衣不湿，身无泥。(우산을 들고 간 사람은 옷이 젖어 있었고, ____76____, 그러나 아무것도 들지 않았던 사람은 비에 젖지도 진흙이 묻어있지도 않았다.)'라는 내용이 있으므로, 76번 빈칸에는 '지팡이를 들었던 사람'에 관한 내용이 와야 합니다. 따라서 정답은 'C. 拿拐杖的人跌得全身是泥 (지팡이를 들었던 사람은 넘어져 온 몸에 진흙이 묻어있었다)'입니다.

77. 77번 빈칸 앞 뒤에 '下雨时，____77____, 就有恃无恐地撑开伞大胆地在雨中走 (비가 올 때, ____77____, 그래서 우산이 있어서 믿는 구석이 있기에, 우산을 펴고 대담하게 빗속을 걸어 다녔다)'라는 내용이 있으므로, 77번 빈칸에는 '비가 올 것을 미리 알아서 우산을 준비했다'는 내용이 와야 합니다. 따라서 정답은 'D. 我很高兴有先见之明 (나의 선견지명 때문에 너무 기뻤다)'입니다.

78. 78번 빈칸 앞쪽에 '听完第一个人说的话，第三个人又____78____, (첫 번째 사람의 말을 다 듣고 나서, 세

번째 사람은 또 ____78____,)'라는 내용이 있는데, 부사 '又'는 '이전에 했던 것과 마찬가지로 또 ~했다'는 뜻으로 이미 일어난 동작의 반복을 나타냅니다. 따라서 78번 빈칸 앞쪽에서 세 번째 사람이 한 행동을 찾아보면 됩니다. 즉 두 번째 단락에서 '第三个旅行者没有回答，他反过来问拿伞的人 (세 번째 사람은 오히려 우산을 든 사람에게 물어 보았다.)'는 내용이 있으므로, 따라서 78번 빈칸에도 이와 비슷한 내용이 와야 하므로, 정답은 'A. 问拿拐杖者为何没有淋雨 (지팡이를 든 사람에게 지팡이를 가지고 있었는데, 어떻게 비에 젖지는 않았는지 물어 보았다.)'입니다.

79. 79번 빈칸 뒤쪽의 '____79____, 路不好走时我就分外小心，所以我没有淋着也没有摔着。(____79____, 길이 험한 곳을 걸을 때는 특별히 조심했지요. 그래서 저는 비에 젖지도 넘어지지도 않았답니다.)'는 원인과 결과에 해당하는 문장입니다. '路不好走时我就分外小心'의 결과로 '我没有淋着'라고 하였으므로, 79번 빈칸에는 '没有淋着'에 대한 이유가 나와야 합니다. 따라서 정답은 'E. 下雨时我拣能躲雨的地方走 (비가 올 때에는 비를 피할 곳을 찾아서 걸었다)'입니다.

80. 80번 정답은 자연히 B입니다. 80번 정답을 다시 한 번 확인해 보면, '你们有可以凭借的优势反而不会谨慎行事，____80____。也难怪你们会掉以轻心，结果自然是反受其害了。(당신들은 당신들의 좋은 점만 믿고 신중하게 행동하지 않고, ____80____, 경솔한 태도를 취해서, 결국 자연히 좋은 점이었던 것이 오히려 해가 되었군요.)'에서 80번 빈칸에는 문맥상 '(좋은 점만 믿고 신중하게 행동하지 않고,) 자기 마음대로 ~했다'는 내용이 와야 하므로 'B. 发挥自己的主动性 (자신의 적극성만 내세우다)'가 올 수 있으므로 정답은 B입니다.

[정답] 76. C 77. D 78. A 79. E 80. B

[3주차 실력다지기 실전문제]

1회

[정답]

71	C	72	D	73	A	74	E	75	B
76	E	77	D	78	C	79	A	80	B

71.-75.

[단어]

剃须刀 tìxūdāo 명 면도기 / 昂贵 ángguì 형 가격이 비싸다 / 刮 guā 동 (칼날로) 깎다. 밀다 / 胡

须 húxū 圏 수염 / 磨 mó 圏 문지르다, 갈다 / 前景 qiánjǐng (名) 전망 / 滞销 zhìxiāo 圏 판매가 부진하다 / 刀架 dāojià 圏 날 고정기 / 前线 qiánxiàn 圏 〈軍〉전방, 전선 / 拉碴 lāchā 圏 (수염이) 덥수룩하다 / 劳军 láojūn 圏 군대를 위문하다 / 优待 yōudài 圏圏 우대(하다) / 慰劳 wèiláo 圏 위로하다 / 辗转 zhǎnzhuǎn 圏 여러 사람의 손이나 혹은 여러 장소를 거치다 (경과하다) / 征战 zhēngzhàn 圏 출정하여 싸우다 / 角落 jiǎoluò 圏 구석 / 无形之中 wúxíngzhīzhōng 圏 모르는 사이에, 어느 틈에 / 享誉 xiǎngyù 圏 명성과 명예를 떨치다

[번역]

20세기 초, 미국 질레트 회사의 창시자 질레트는 안전한 면도기를 발명했다. **(71)** 그 당시 사람들이 쓰던 전통 면도기는 아주 비쌌으며, 게다가 사용이 안전하지도 않고 불편해서, 매번 수염을 깎으려면 면도날을 갈아야 하고, 조심해서 사용해야 했다.

막 안전한 면도기를 발명한 질레트는 **(72)** 자신의 면도기의 전망에 대해 희망으로 가득찼고, 그는 그의 면도기가 틀림없이 좋은 판매 성적을 낼 것이라고 생각했다. 그러나 그는 생각지도 못하게 한 것은 사람들이 그의 생각과 다르게 쉽게 안전한 면도기를 받아들이지 않아서, 그의 상품은 심각하게 판매가 부진할 줄은 생각지도 못했다. 1903년 일 년 내내, 겨우 날 고정 기 51개, 면도날 168개를 팔았다.

어느 날, 질레트가 신문을 볼 때, 전방 병사들의 사진 한 장을 발견했는데, 이 병사들의 얼굴은 전체는 수염으로 덥수룩했다. 이것은 질레트에게 영감을 주었고, 그는 바로 군대의 구매부에 연락을 해서 **(73)** 자신의 질레트 면도기를 '군인들에게 특별우대' 해주겠다고 하고, 전선의 병사들을 위문하기 위해, 한 푼도 이윤을 남기지 않고 원가로 군에 납품하겠다고 했다. 이렇게 해서 질레트 면도기는 군대로 들어갔고, 병사들은 사용해보고 좋아했다. 동시에, 병사들은 출정을 하면서, **(74)** 질레트 면도기를 세계의 각지로 가져갔고, 이 무형의 광고는 질레트에게 세계적 범위로 대 광고를 해주었다.

1917년, **(75)** 질레트 면도기는 이미 세계적으로 유명 브랜드 면도기가 되었다. 겨우 1년 만에 질레트 면도기는 1억 3천만 개의 면도날을 판매했는데, 이것은 거의 질레트 상품 시장의 80만 배에 달했다! 질레트는 이윤을 남기지 않고 군대에 한 번 증정한 것을 통해, 얻은 것은 오히려 질레트의 아주 큰 성공이었다.

[해설]

71. 71번 빈칸 뒤쪽의 '而且使用不安全又不方便, 每次刮胡须都要磨刀片, 使用也要很小心。(게다가 사용이 안전하지도 않고 불편해서, 매번 수염을 깎으려면 면도날을 갈아야 하고, 조심해서 사용해야 했다.)'에서

뒤 절의 접속사 '而且 (그리고, 게다가, 또)'는 앞 절의 내용을 뒤 절에서도 순조롭게 이어지도록 접속하는 역할을 합니다. 접속사 '而且' 뒤에 '使用不安全又不方便'이라는 내용이 있으므로, 71번 빈칸에도 마찬가지로 면도기 사용 시의 부정적인 면이 나와야 합니다. 따라서 정답은 'C. 当时人们使用的传统剃须刀十分昂贵 (그 당시 사람들이 쓰던 전통 면도기는 아주 비쌌다)'입니다.

72. 72번 빈칸 뒤쪽에 '一定会取得很好的销售成绩 (그는 그의 면도기가 틀림없이 좋은 판매 성적을 낼 것이라고 생각했다)'라는 내용이 있으므로, 72번 빈칸에도 '면도기에 대해서 매우 긍정적으로 생각하는' 내용이 와야 합니다. 따라서 정답은 'D. 对自己的剃须刀的前景充满希望 (자신의 면도기의 전망에 대해 희망으로 가득 찼다.)'입니다.

73. 73번 빈칸 뒤쪽에 '一分钱不赚地以成本价卖给军队 以慰劳前线的战士 (전선의 병사들을 위문하기 위해, 한 푼도 이윤을 남기지 않고 원가로 군에 납품하겠다고 했다.)'라는 내용이 있으므로, 73번 빈칸에도 '군대에 특별우대해 주겠다'는 내용이 와야 합니다. 따라서 정답은 'A. 表示要以自己的吉列剃须刀 "优待劳军" (자신의 질레트 면도기를 '군인들에게 특별우대' 해주겠다고 했다)'입니다.

74. 74번 빈칸 뒤쪽에 '这无形之中给吉列做了一个全球范围的大广告 (이 무형의 광고는 질레트에게 세계적 범위로 대 광고를 해주었다.)'라는 내용이 있으므로, 문맥상 74번 빈칸에는 '세계각지로 질레트 면도기를 가지고 갔다'는 내용이 와야 합니다. 따라서 정답은 'E. 将吉列剃须刀带到了世界的各个角落 (질레트 면도기를 세계의 각지로 가져갔다)'입니다.

75. 75번 정답은 자연히 B입니다. 75번 정답을 다시 한 번 확인해 보면, 맨 마지막 부분에서 '吉列通过一次无利润的劳军赠送, 收获的却是吉列的巨大成功 (질레트는 이윤을 남기지 않고 군대에 한 번 증정한 것을 통해, 얻은 것은 오히려 질레트의 아주 큰 성공이었다)'라고 했으므로, 같은 단락에 있는 80번 빈칸에도 비슷한 내용이 와야 합니다. 따라서 정답은 'B. 吉列剃须刀已经成为享誉世界的名牌剃须刀 (질레트 면도기는 이미 세계적으로 유명 브랜드 면도기가 되었다.)'입니다.

[정답] 71. C   72. D   73. A   74. E   75. B

76.-80.
[단어]

跟踪 gēnzōng 圏 종직을 따르다, 뒤를 쫓다 / 懈 xiè 圏 해이하다, 게으르다 / 顶尖 dǐngjiān 圏 최고, 중

심 / **不乏** bùfá 형 드물지 않다, 매우 많다 / **白手创业** báishǒuchuàngyè 성 맨 손으로 창업하다 / **领袖** lǐngxiù 명 수령, 지도자 / **精英** jīngyīng 명 인재, 엘리트 / **达成** dáchéng 동 달성하다, 이루다 / **稳步** wěnbù 점진적인 진행 / **抱怨** bàoyuàn 동 원망을 품다, 원망하다

[번역]

하버드 대학에서는 목표가 인생에 대해 영향을 주는 것에 관한 아주 유명한 추적조사가 있었다. **(76)** 대상은 지능, 학력, 환경 등 조건이 비슷한 젊은 사람들이었는데, 조사 결과 27%의 사람은 목표가 없고, 60%의 사람은 목표가 불분명하며, 10%의 사람은 뚜렷한 목표가 있지만 비교적 단기적인 목표를 가진 사람이며, 3%의 사람은 분명한 장기적인 목표를 가지고 있다는 것을 발견하였다.

25년 동안 추적 연구한 결과, 그들의 생활형편과 분포현상은 아주 흥미롭다. 그 3%를 차지한 사람들은, **(77)** 25년 동안 거의 자신의 인생 목표를 바꾼 적이 없었다. 25년 동안 그들은 한 방향을 향해 나태하지 않고 노력했고, 25년 후에 그들은 거의 사회 각계의 가장 성공한 인사가 되었다. 그들 중에는 자립 창업자, 업종의 지도자, 사회 엘리트가 많았다. 10%을 차지한 분명한 단기목표가 있었던 사람들은, **(78)** 대부분 사회의 중상층에서 생활했다. 그들의 공통적 특징은 단기목표를 끊임없이 달성했고, 생활형편도 안정적으로 상승하여, 예를 들어 의사, 변호사, 엔지니어, 고위관리자 등 각종 직업에서 없어서는 안 되는 전문인이 되어 있었다. **(79)** 그중 60%를 차지한 목표가 모호한 사람들은, 거의 사회의 중하층에서 생활했고, 그들은 안정적인 생활과 일을 할 수 있었지만, 특출한 성과는 없었다. 남은 27%는 25년 동안 목표가 없는 무리들이었는데, 그들은 거의 사회 최하층에서 생활했다. 그들의 생활은 뜻대로 되지 않아, **(80)** 자주 직장을 잃고, 사회에 의해 구제를 받았으며, 다른 사람을 원망하고, 사회를 원망하고, 세상을 원망했다.

[해설]

76-80번 문제는 같은 조건과 환경에 있는 여러 사람들을 추적 조사한 내용이므로, 전체적인 문맥의 흐름을 이해한 다음에 문제를 풀면 더 쉽게 정답을 고를 수 있습니다. 첫 번째 단락에서 추적조사 결과 '**27%的人**没有目标; **60%的人**目标模糊; **10%的人**有清晰但比较短期的目标; **3%的人**有清晰且长期的目标。 (27%의 사람은 목표가 없고, 60%의 사람은 목표가 불분명하며, 10%의 사람은 뚜렷한 목표가 있지만 비교적 단기적인 목표를 가진 사람이며, 3%의 사람은 분명한 장기적인 목표를 가지고 있다)'라고 서술하고 있습니다.

76. 76번 빈칸 앞쪽에 '哈佛大学**有一个**非常著名的关于目标对人生影响的**跟踪调查** (하버드 대학에서는 목표가 인생에 대해 영향을 주는 것에 관한 아주 유명한

추적조사가 있었다.)'라는 내용이 있으므로, 76번 빈칸에도 '跟踪调查(추적조사)'와 관련된 내용이 나와야 합니다. 따라서 정답은 'E. 对象是一群智力、学历、环境等条件差不多的年轻人 (대상은 지능, 학력, 환경 등 조건이 비슷한 젊은 사람들이었다)'입니다.

77. 77번 빈칸 뒤쪽에 '25年来他们都**朝着同一方向**不懈地努力 (25년 동안 그들은 한 방향을 향해 나태하지 않고 노력했고)'라는 내용이 있으므로, 77번 빈칸에도 '한 방향을 향해 노력했다'는 내용과 비슷한 내용이 나와야 합니다. 따라서 정답은 'D. 几乎都**不曾更改过自己的人生目标** (거의 자신의 인생 목표를 바꾼 적이 없었다)'입니다.

78. 문장의 형태를 살펴보면 모두 '몇 %에 해당하는 사람들은 사회의 어떤 계층에서 생활하고 있었다'라는 형태로 서술되어 있습니다. 따라서 78번 빈칸에도 '10%을 차지한 분명한 단기목표가 있었던 사람들은 사회의 ~ 계층에서 생활하고 있다' 는 내용이 와야 합니다. 따라서 정답은 'C. 大都生活在社会的中上层 (대부분 사회의 중상층에서 생활했다)'입니다.

79. 79번 빈칸 뒤쪽에 부사 '几乎都'가 있으므로 79번 빈칸에는 주어에 해당하는 낱말이 들어갈 수 있습니다. 따라서 정답은 'A. 其中占60%的模糊目标者 (그중 60%를 차지한 목표가 모호한 사람들)'입니다.

80. 80번 정답은 자연히 B입니다. 80번 정답을 다시 한 번 확인해 보면, 빈칸의 앞 뒤쪽에서 '他们的生活都过得不如意，____80____，并且常常都在抱怨他人，抱怨社会，抱怨世界。(그들의 생활은 뜻대로 되지 않아, ____80____, 다른 사람을 원망하고, 사회를 원망하고, 세상을 원망했다.)'라고 했으므로, 같은 단락에 있는 80번 빈칸에도 비슷한 부정적인 내용이 와야 합니다. 따라서 정답은 'B. 常常失业，靠社会救济 (자주 직장을 잃고, 사회에 의해 구제를 받았다)'입니다.

[정답] **76. E   77. D   78. C   79. A   80. B**

2회

[정답]

71 C	72 A	73 E	74 D	75 B
76 E	77 C	78 A	79 D	80 B

71.-75.

[단어]

避 bì 동 피하(여 숨)다, 비키다 / **蜥蜴** xīyì 도마뱀 / **蜘蛛** zhīzhū 명 거미 / **蠕虫** rúchóng 연충

/ 海燕 hǎiyàn 몡 ① 바다제비 ② 별 불가사리 / 披
pī 됭 (겉옷을) 걸치다 / 鱼鳞 yúlín 몡 물고기의 비
늘 / 袭击 xíjī 몡동 습격(하다), 기습(하다) / 水母
shuǐmǔ 몡 해파리 / 透明 tòumíng 혱 투명하다 /
红褐色 hónghèsè 몡 적갈색 / 裸露 luǒlù 동 발가
벗다. (알몸) 드러내다. 노출하다 / 土壤 tǔrǎng 몡
① 토양 ② 온상. 바탕 / 打成一片 dǎchéngyípiàn
동 한 덩어리가 되다, 한데 뭉치다 [주로 생각이나 감
정이 융합되는 것을 가리킴]

[번역]

어떤 동물의 외관 색깔은 주위환경과 비슷한데, 이런 색깔
을 보호색이라고 부른다. 자연계에서 많은 생물은 보호색
으로 적을 피하고, **(71)** 생존의 경쟁 속에서 자신을 보존한
다. 이런 보호색의 예는 동물계에 많이 들 수 있다.

사막에서 사는 대부분 동물은 옅은 황색인 '사막색깔'을 그
들의 특징으로 한다. 사막의 사자, 새, 도마뱀, 거미, 연충
등 **(72)** 사막에서 사는 동물들의 몸에서 모두 이런 색깔을
찾아볼 수 있다. 그러나 북쪽 설원 위에서 사는 동물, 즉
북극곰도 그렇고, 바다제비도 그렇고 모두 흰 색을 띠고
있어서, 그들이 눈의 배경 위에서는 거의 보이지 않는다.
수생동물도 마찬가지이다. 은색의 물고기 비늘도 보호색
의 특성을 갖고 있어서 물고기는 새에게 잡아먹히지 않고,
또 작은 물고기는 물 아래의 큰 물고기의 습격을 받지 않
게 할 수 있다. 해파리와 물속의 기타 투명 동물에 관해서
말하자면, **(73)** 그들의 보호색은 완전히 투명하여 그 무색
투명한 자연환경에서 적에게 보이지 않게 할 수 있다.

많은 동물들은 주위 환경의 변화에 따라 보호색을 바꿀 수
있다. **(74)** 변색 족제비가 만약 눈이 녹은 후에 자기의 보
호색을 바꾸지 않는다면, 그러면 그것의 보호색은 아무 소
용이 없을 것이다. 그래서 봄이 되면 은색 쥐는 적갈색으
로 털갈이를 하여, 그 색깔이 눈이 녹은 후 드러난 땅의 색
깔과 비슷하게 만들고, **(75)** 그리고 겨울이 되면, 그들은
또 흰색 겨울옷으로 갈아입어서, 다시 흰색으로 털갈이를
한다.

[해설]

독해3부분은 반드시 보기 ABCDE의 순서대로 문제를 풀
필요가 없습니다. 이 문제 역시 보기 ABCDE 순서에 따라
정답을 찾기 보다는, 5개의 빈칸 중에서 정답이 확실한 것
부터 보기부터 체크한 후, 그것을 제외한 나머지 보기도
같은 방법으로 배열하면서 문제를 풀어 나가면 훨씬 쉽게
정답에 접근할 수 있으므로, 72번부터 문제를 풀어 보겠
습니다.

72. 빈칸 뒤쪽에 '都/可以找到/这种颜色'라고 하였으므
로, 72번 빈칸에는 '주어'가 있으면서 모두라는 뜻을
가지고 있는 형태인 '在(⋯⋯一切动物的)身上'가 들어
가야 합니다. 따라서 정답은 'A. 总之在沙漠动物当
中一切动物的身上 (어쨌든 사막동물 중의 모든 동물
의 몸은)'입니다.

73. 73번 빈칸 앞쪽에 '至于水母和水里的其他透明动物
(해파리와 물속의 기타 투명 동물에 관해서 말하자면)'
라는 내용이 있으므로, 73번 빈칸에도 '투명 동물'에 관
한 내용이 나와야 합니다. 따라서 정답은 'E. 它们的
保护色完全是透明的 (그들의 보호색은 완전히 투명
한 색이다)'입니다.

74. 74번 빈칸 뒤쪽의 '那它的保护色就失去了作用。(그
러면 그것의 보호색은 아무 소용이 없을 것이다.)'에
서 뒤 절의 맨 앞에 쓰는 접속사 '那 (그러면)'이 있으므
로, 74번 빈칸에는 이 접속사와 함께 호응하여 쓰이는
접속사가 나와야 합니다. 따라서 정답은 'D. 银鼠如果
不随着雪的融化而改变自己的颜色 (은색 족제비가
만약에 눈이 녹는 것에 따라 자신의 색깔을 바꾸지 않
으면)'입니다.

75. 75번 빈칸 뒤쪽에 '它们又穿上了雪白的冬衣 (그들
은 또 흰색 겨울옷으로 갈아입어서)'라는 내용이 있으
므로, 75번 빈칸에도 이것과 비슷한 내용 와야 합니다.
따라서 정답은 'B. 而随着冬季的来临 (겨울이 옴에
따라서)'입니다.

71. 71번 정답은 자연히 C입니다. 71번 정답을 다시 한 번
확인해 보면, 빈칸의 앞쪽에서 '自然界有许多生物靠
保护色避过敌人 (자연계에서 많은 생물은 보호색으
로 적을 피하고)'라고 했으므로, 71번 빈칸에도 비슷한
내용이 와야 합니다. 따라서 정답은 'C. 在生存竞争中
保存自己 (생존경쟁 속에서 자신을 보존한다)'입니다.

[정답] 71. C   72. A   73. E   74. D   75. B

76.-80.
[단어]

总部 zǒngbù 몡 총본부 / 拳击 quánjī 몡 권투
/ 奇形怪状 qíxíngguàizhuàng 혱 괴상망측하다
/ 吹口哨 chuīkǒushào 동 휘파람을 불다 / 激情
jīqíng 몡 (억누르기 힘든) 열정, 정열 / 疯疯癫癫
fēngfēngdiāndiān 혱 정신이 나간 것 같다. 미치광이
다. (말이나 행동이) 비정상적이다 / 喧闹 xuānnào 동
왁자지껄하다. 떠들썩하다 / 离谱 lípǔ 실제와 다
르다. 동 떨어지다 / 税 shuì 몡 세금 / 总裁 zǒngcái
몡 총재 / 赌 dǔ 동 내기를 걸다, 내기하다 / 兑现
duìxiàn 동 약속을 실행하다 / 承诺 chéngnuò 동 승
낙하다 / 仓库 cāngkù 몡 창고 / 狗熊 gǒuxióng 몡
곰 / 摔跤 shuāijiāo 몡동 레슬링(하다), 씨름(하다) /
捧腹 pěngfù 동 배꼽이 빠지도록 웃다. 포복절도하
나 / 亲近感 qīnjìngǎn 몡 친근감

[번역]

[번역]

월마트 본부는 매주 토요일의 회의는 이러하다. 어떤 때에는 에어로빅을 하고, 구호를 외치고, 노래를 부르고, 또 어떤 때는 희극 배우를 초청하고, 권투 시합을 열기도 한다. (76) 사장과 이사들도 직원들과 같이 큰 소리로 외치고, 심지어 이상한 형태의 춤을 추기까지도 하는데, 아무 이유 없이 이렇게 하는 것이 아니다. 이것은 월튼의 '일할 때 휘파람 불기'의 관리 철학의 구현이다. 월튼은 직원들에게 생기와 활력을 유지하게 하면, (77) 그들이 일할 때 비로소 열정과 창조력을 갖게 한다고 생각한다. 정신 나간 것처럼 시끌벅적한 모임은 더욱 '틀을 벗어난' 연출이다.

1984년, 월튼은 그 해의 세금을 내기 전 전체 이윤율은 7%를 넘지 않을 것이라고 예측했지만, 당시 회사 이사장 데이비드는 오히려 틀림없이 8%를 넘을 것이라고 생각했다. (78) 그래서 두 사람은 내기를 했고, 진 사람은 반드시 하와이안 풍의 나뭇잎 치마를 입고 월 스트리트에서 춤을 추기로 했다. 그 결과 그 해의 판매 상황은 아주 이상적이어서, (79) 세금을 내고 난 이윤은 8%를 넘었다. 월튼은 져서, 어쩔 수 없이 지기의 약속을 지켜야 했다. 이렇게 해서 월마트의 이사장의 월 스트리트에서의 이상하게 춤추는 모습은 신문과 TV에 서 널리 퍼졌다.

더 재미있는 이야기는 또 그 뒤에 있다. 창고 관리인 스나이더는 직원과 내기를 한 적이 있는데, 그는 월마트는 (80) 생산 기록을 깰 수 없다고 하며, 그렇지 않으면 곰과 씨름을 하겠다고 말했다. 그 결과, 그는 어쩔 수 없이 곰과 씨름을 했다.

사람을 포복절도하게 하는 일은 거의 월마트의 전통 중에 하나가 되었다. 이것은 직원들에게 많은 재미를 가져다주었고, 또 그들이 회사에 대해 많은 친근감을 갖게 해 주었다.

[해설]

76. 76번 빈칸 앞 뒤쪽에 '有时做健美操，有时喊口号，有时唱歌，有时请来喜剧演员，有时举行拳击比赛，____76____，甚至跳起奇形怪状的舞蹈。(어떤 때에는 에어로빅을 하고, 구호를 외치고, 노래를 부르고, 또 어떤 때는 희극 배우를 초청하고, 권투 시합을 열기도 한다. ____76____, 심지어 이상한 형태의 춤을 추기까지도 하는데)'라는 내용이 있으므로, 76번 빈칸에도 '평범하지 않은 어떤 행동을 하는 것'에 관한 내용이 나와야 합니다. 따라서 정답은 'E. 总经理和董事们也和员工一样大喊大叫 (사장과 이사들도 직원들과 같이 큰 소리로 외친다)'입니다.

77. 77번 빈칸 앞쪽에 '让员工保持生气和活力 (직원들에게 생기와 활력을 유지하게 하면)'이라는 조건에 해당하는 내용이 있으므로, 77번 빈칸에는 결과에 해당하는 '(앞의 것에 의해서) 어떤 결과가 나타나다' 라는 내용이 나와야 합니다. 따라서 정답은 'C. 他们在工作时才会有激情和创造力 (그들이 일할 때 비로소 열정과 창조력을 갖게 한다)'입니다.

78. / 79. 78번과 79번 문제가 있는 두 번째 단락은 '세금을 낸 후의 이윤이 8%를 넘을 것인가에 대해 두 사람이 내기를 하는' 내용을 서술하고 있는 부분이므로, 정답은 각각 A와 D 둘 중 하나입니다.

78번 빈칸 앞 뒤쪽의 '沃尔顿预测，当年的税前净利润率不会超过7%，但当时的公司总裁大卫却认为一定会超过8%。____78____：输了的人 ~ (월튼은 그 해의 세금을 내기 전 전체 이윤율은 7%를 넘지 않을 것이라고 예측했지만, 당시 회사 이사장 데이비드는 오히려 틀림없이 8%를 넘을 것이라고 생각했다. ____78____, 진 사람은 ~)'에서 문맥상 '월튼과 이사장의 생각이 서로 달라서 내기를 하게 되었고, 진 사람은 …하기로 했다'는 내용이 나와야 하므로, 따라서 정답은 'A. 于是两人打了一个赌 (그래서 두 사람은 내기를 했다)'입니다.

79번 빈칸 뒤쪽에 '沃尔顿输了(월튼이 내기에서 졌다)'라는 내용이 있으므로, 79번 빈칸에는 '이윤이 8%를 넘었다'는 내용이 나와야 합니다. 따라서 정답은 'D. 税后利润都超过了8% (세금을 내고 난 이윤은 8%를 넘었다)'입니다.

80. 80번 정답은 자연히 B입니다. 80번 정답을 다시 한 번 확인해 보면, 빈칸의 앞 뒤쪽에서 '仓库经理史奈德曾跟员工打赌说沃尔玛____80____，否则他就和狗熊摔跤。结果，他不得不和狗熊摔跤。(창고 관리인 스나이더는 직원과 내기를 한 적이 있는데, 그는 월마트는 ____80____, 그렇지 않으면 곰과 씨름을 하겠다고 말했다. 그 결과, 그는 어쩔 수 없이 곰과 씨름을 했다.)'라고 했으므로, 80번 빈칸에는 '내기에서 지는' 내용이 와야 합니다. 따라서 정답은 'D. 不可能打破生产纪录 (생산 기록을 깰 수 없다고 했다)'입니다.

[정답] 76. E 77. C 78. A 79. D 80. B

3회

[정답]

71	E	72	D	73	A	74	C	75	B
76	E	77	C	78	A	79	B	80	D

71.-75.

[단어]

付账 fùzhàng ⑧ ① 빚을 갚다 ② 돈을 내다 / 心想 xīnxiǎng ⑧ 마음속으로 말하다, 생각하다 / 选购 xuǎngòu ⑧ 골라서 사다 / 赤脚 chìjiǎo ⑧ 맨발 / 拖鞋 tuōxié ⑧ 슬리퍼 / 名贵 míngguì ⑧ 귀

중하다 / **设置** shèzhì 图 설치하다, 설립하다 / **鞋架** xiéjià 圀 신발장 / **召集** zhàojí 图 불러 모으다, 소집하다 / **郑重** zhèngzhòng 圀 심각하다, 중대하다 / **代为** dàiwéi 图 대신 …하다 / **告示** gàoshi 圀 게시물 / **慕名而来** mùmíngérlái 명성을 알고 찾아오다 / **销售额** xiāoshòué 圀 판매액

[번역]

2006년 초, 영국 런던시의 한 큰 거리에 '罗毕'라는 신발 가게가 생겼는데, 신발 스타일이 다양하고, 품질도 좋았지만, 이 거리에는 신발 가게가 너무 많아서, (71) 경쟁이 아주 치열히였고, 그래서 이 신발 가게의 장사가 계속 그저 그랬다.

어느 날, 신발가게로 세련된 여자 두 명이 들어왔다. 그녀들은 계속해서 신발을 신어보고, 고르기를 반복하였고, 결국 한 컬레를 샀다. 계산을 할 때, 신발을 산 고객이 같이 온 사람에게 '오늘 쇼핑 정말 힘들다. (72) 계속 신발을 벗는 게 너무 귀찮고 피곤해.'하고 말하는 것을 들었다. 가게 주인은 속으로 이왕 많은 손님이 신발을 골라 살 때, 자주 신발을 갈아 신는 것이 너무 귀찮다고 불평하는데, 만일 손님을 맨발로 가게에 들어오게 한다면, 불필요한 번거로움이 줄어들고, 손님이 물건을 사는 것이 더 편해 질 것이라고 생각했다. 그러나 어떻게 손님들을 자진해서 맨발로 가게에 들어오게 할 것인가? 많은 슬리퍼를 놓는 것은 분명히 좋지 않을 것이고, 겨우 슬리퍼 한 컬레 가지고는 손님이 자진해서 신발을 벗게 할 수 없을 것이다. 그럼 어떻게 해야 할까?

나중에, (73) 가게 주인은 중요한 장소에서 바닥에 깔린 레드카펫을 보고 깨달았다. 그래서 가게 안에 좋은 명품 카펫을 깔기로 결정했다. 카펫을 깔고 나서 그는 가게 이름을 '맨발 신발가게'라고 바꾸고, 문 앞에 신발장을 놓았고, 다 갖추고 나서, 그는 모든 직원들을 불러 모아 놓고 '고객이 신발을 벗고 가게로 들어오고 나서, (74) 직원들은 대신해서 신발을 닦아야 한다'는 중대발표를 하였다. 그런 다음, 사장은 문 앞에 '가게 안에는 좋은 명품 카펫이 깔려 있습니다. 손님들은 반드시 신발을 벗고 들어와서 물건을 사셔야 하며, 저희 가게에서는 손님을 대신하여 신발을 닦아드립니다.'라고 써놓은 게시물을 붙였다.

게시물을 공고하고 나서, (75) 많은 손님들이 명성을 듣고 찾아왔다. 손님들이 가게에 들어오고 나면, 자유롭고, 친근한 느낌이 들었고, 또 신발을 닦아 주는 사람이 있어서, 결국 신발 가게의 판매액은 크게 증가하였다.

[해설]

71. 71번 빈칸 앞쪽에 '这条街上的鞋店实在太多 (이 거리에는 신발 가게가 너무 많아서)'라는 내용이 있으므로, 71번 빈칸에는 문맥상 '경쟁이 치열했다'는 내용 와야 합니다. 따라서 정답은 'E. 竞争非常激烈 (경쟁이 아주 치열하였다)'입니다.

72. 72번 빈칸 앞 뒤쪽에 '她们挑了一双又一双的鞋 ，试穿了一次又一次， 最后终于买了一双。(그녀들은 계속해서 신발을 신어보고, 고르기를 반복하였고, 결국 한 컬레를 샀다.)'이라는 내용이 있으므로, 72번 빈칸에는 '신발을 계속해서 벗는 것'과 관련된 내용이 와야 합니다. 따라서 정답은 'D. 一次一次地脱鞋, 又烦又累 (계속 신발을 벗는 게 너무 귀찮고 피곤해)'입니다.

73. 73번 빈칸 뒤쪽에 '于是决定在店内铺放名贵地毯 (그래서 가게 안에 좋은 명품 카펫을 깔기로 결정했다)'라는 내용이 있으므로, 73번 빈칸에도 '카펫'과 관련된 내용이 와야 합니다. 따라서 정답은 'A. 店老板从一些重要场合中地上铺的红地毯得到了启发 (가게 주인은 중요한 장소에서 바닥에 깔린 레드카펫을 보고 깨달았다)'입니다.

74. 74번 빈칸 뒤쪽에 '由本店代为擦鞋 (저희 가게에서는 손님을 대신하여 신발을 닦아드립니다.)'라는 내용이 있으므로, 74번 빈칸에도 '대신 신발을 닦는 것'과 관련된 내용이 와야 합니다. 따라서 정답은 'C. 由服务员代为擦鞋 (저희 직원들이 손님을 대신하여 신발을 닦아드립니다)'입니다.

75. 75번 정답은 자연히 B입니다. 75번 정답을 다시 한 번 확인해 보면, 빈칸의 뒤쪽에 '结果鞋店销售额大增。(결국 신발 가게의 판매액은 크게 증가하였다.)'라고 했으므로, 75번 빈칸에도 이와 비슷한 내용이 와야 합니다. 따라서 정답은 'B. 许多顾客慕名而来 (많은 손님들이 명성을 듣고 찾아왔다)'입니다.

[정답] 71. E   72. D   73. A   74. C   75. B

76.-80.

[단어]

屡次 lǚcì 图 자주, 종종 / **碰壁** pèngbì 图 난관에 부딪치다 / **伯乐** bólè 圀 백락 [춘추 시대 진나라 사람, 말을 잘 감별한 사람. 후에 인재를 잘 발견하여 등용하는 사람을 비유함] / **赏识** shǎngshí 图 (남의 재능이나 작품의 가치를) 알아주다 / **绝路** juélù 圀 막다른 골목 / **诉说** sùshuō 图 감동적으로 이야기하다 / **沙滩** shātān 圀 백사장 / **捡** jiǎn 图 줍다, 거두다 / **流露** liúlù 图 (의사, 감정을) 무의식중에 표출하다 / **屑** xiè 圀 하찮다, 시시하다 / **掏** tāo 图 꺼내다, 찾아내다 / **晶莹** jīngyíng 圀 반짝반짝 빛나다, 투명하게 반짝이다 / **慈爱** cíài 圀圀 자애(를 베풀다), 자애롭다 / **苛求** kēqiú 图 가혹하게 요구하다

[번역]

자기 자신이 아주 재능이 있다고 생각한 한 청년은, 졸업

을 하고 나서 여러 번 난관에 부딪쳤고, 계속해서 이상적인 직업을 찾지 못했다. 그는 자신의 이런 어려움은 불운일 뿐이라고 생각했지만, 아무도 그를 맘에 들어 하거나 눈여겨 보지 않아서, **(76)** 여러 번 난관에 부딪쳤고, 그를 상심하고 절망하게 하였다. 그는 그의 '천리마'를 알아봐주는 백악이 없어서 괴로움과 절망에 빠져서, 어느 날 그는 자신의 생을 마감할 생각으로 바닷가로 가서 **(77)** 자신의 생명을 마치려고 했다. 그가 자살하려고 하는 순간, 마침 한 노인이 근처를 지나다가 그를 보고 구해주었다. 노인이 그에게 왜 막다른 골목을 선택했느냐고 물었더니, 그는 자신이 다른 사람과 사히이 인정을 받지 못해, **(78)** 사회에 대해 매우 실망했다고 말했다. 청년의 하소연을 듣고, 노인은 발아래에 있는 모래에서 모래 한 알을 집어서, 청년에게 좀 보게 하더니, **(79)** 아무렇게나 바닥에 던졌다. 그리고 청년에게 '방금 내가 바닥에 던진 그 모래알을 주워 보시오……'하고 말했다. '이건, 어림도 없는 말씀이세요!' 청년은 시시하다는 눈빛을 보냈다.

노인은 아무 말도 하지 않고, 자신의 주머니에서 반짝반짝 빛나고 투명한 진주 한 알을 꺼내어, 마찬가지로 마음대로 모래사장에 던지고 나서 청년에게 '당신은 이 진주를 주울 수 있소?'하고 물었다. 청년은 '당연하죠!'하고 말했다.

노인은 매우 자애롭게 청년에게 '그럼 당신은 이것이 왜 그런지 분명히 알겠군요? 당신은 **(80)** 지금 아직 진주가 아닌 것입니다. 그래서 당신은 다른 사람에게 당신을 인정하라고 지나치게 요구하면 안 됩니다. 만일 다른 사람이 인정해주길 바란다면, 당신은 자신이 진주가 될 방법을 생각해야 합니다.'하고 말했다.

청년은 고개를 떨구었다.

[해설]

76. 76번 빈칸 앞쪽에 '毕业后屢次碰壁 (졸업을 하고 나서 여러 번 난관에 부딪쳤고)'라는 내용이 있으므로, 76번 빈칸에도 비슷한 내용이 와야 합니다. 따라서 정답은 'E. 多次地碰壁, 让他伤心而绝望 (여러 번 난관에 부딪쳤고, 그를 상심하고 절망하게 하였다)'입니다.

77. 77번 빈칸 뒤쪽에 '在他正要自杀的时候 (그가 자살하려고 하는 순간)'이라는 내용이 있으므로, 77번 빈칸에도 '자살'과 관련된 내용이 와야 합니다. 따라서 정답은 'C. 打算就此结束自己的生命 (자신의 생명을 마치려고 했다.)'입니다.

78. 78번 빈칸 앞쪽에 '自己得不到别人和社会的承认 (자신이 다른 사람과 사회의 인정을 받지 못해)'라는 내용이 있으므로, 78번 빈칸에도 '다른 사람과 사회에 대한 것'과 관련된 내용이 와야 합니다. 따라서 정답은 'A. 对社会感到非常失望 (사회에 대해 매우 실망했다고 말했다)'입니다.

79. 79번 빈칸 뒤쪽에 '请你把我刚才扔在地上的那粒沙子捡起来吧 (방금 내가 바닥에 던진 그 모래알을 주워 보시오)'라는 내용이 있으므로, 79번 빈칸에도 '모래

알을 던지는 내용'과 관련된 내용이 와야 합니다. 따라서 정답은 'B. 然后就随便地扔到了地上 (아무렇게나 바닥에 던졌다)'입니다.

80. 80번 정답은 자연히 D입니다. 80번 정답을 다시 한 번 확인해 보면, 빈칸의 뒤쪽에 '那你就要想办法使自己成为一颗珍珠才行 (당신은 자신이 진주가 될 방법을 생각해야 합니다)'라고 했으므로, 80번 빈칸에도 '珍珠(진주)'와 관련된 내용이 와야 합니다. 따라서 정답은 'D. 现在你自己还不是一颗珍珠 (지금 아직 진주가 아닌 것입니다)'입니다.

[정답] 76. E 77. C 78. A 79. B 80. D

독해4부분

[2주차 실력다지기 실전문제]

1회

[정답]

81 B	82 D	83 C	84 A	85 D
86 B	87 D	88 B	89 C	90 B
91 A	92 C	93 D	94 A	95 B
96 C	97 C	98 A	99 A	100 C

81.-84.

[단어]

防身 fángshēn ⑧ 몸을 지키다, 호신하다 / 山麓 shānlù ⑨ 산록, 산기슭 / 眼镜蛇 yǎnjìngshé ⑨ 〈动〉코브라 / 敌害 díhài ⑨ 다른 생물을 해치는 동물 / 舞动 wǔdòng ⑧ ① 휘두르다. 내젓다 ② 흔들리다 / 剧毒 jùdú ⑨ 맹독, 극심한 독성 / 莴苣 wōjù 〈植〉상추 / 菜粉蝶 càifěndié ⑨ 배추흰나비 / 菜青虫 càiqīngchóng ⑨ 배추흰나비 따위의 애벌레 / 艾叶 àiyè ⑨ ① 쑥잎 ② 약쑥 / 驱虫 qūchóng ⑧ 구충하다. 기생충을 없애다 / 楝树 liànshù ⑨ 〈植〉멀구슬 나무의 열매 / 氨基酸 ānjīsuān ⑨ 〈化〉아미노산 (aminoacid) / 天敌 tiāndí ⑨ 천적

[번역]

어떤 식물은 진화 과정 중 독특한 형태가 형성된다. 이런 형태는 그것들의 호신술이 된다. 예를 들면 우리나라의 **(81)** 히말라야 산 산기슭에 '안경 초(眼镜草)'라는 것이 있는데, 그것의 모습은 머리를 높게 쳐들고 있는 코브라 같

아서 다른 동물들이 감히 그것에 해치기 위해 접근을 못한다. 스리랑카에서 성장하는 '무초(舞草)'는 멈추지 않고 나풀거려서 초식동물로 하여금 그것이 무슨 물건인지 몰라 피해 가게 한다. **(82)** 적에게 불리한 화학물질을 제조하는 것은 식물에게 있어 가장 많이 볼 수 있는 자기 보호 방법이다.

어떤 독초(독버섯)는 매우 아름답지만 사람과 동물은 그것을 건드리려 하지 않는다. 이유는 그것이 맹독을 품고 있기에 먹을 수가 없기 때문이다. **(83)** 상추는 일종의 자극적인 쓴맛을 뿌릴 수 있어 배추흰나비와 그 애벌레가 감히 접근하지 못한다. 쑥 잎이 분비하는 특이한 냄새는 기생충을 없애고 쥐를 방지하는 기능이 있다. 멀 구슬 나무의 열매에는 일종의 '곤충 거식 제'를 함유하고 있어 벌레가 절대 그것을 먹지 않으며, 설령 먹게 되더라도 곧 죽는다. 적지 않은 식물은 미생물의 병균 침해를 받게 될 때 신속히 '식물 방어 소'를 분비할 수 있다. 이런 점성의 항균물질은 병균이 계속해서 침입하는 능력을 잃게 한다. 어떤 수목은 가짜 아미노산을 제조할 수 있는데, 해충으로부터 그것을 영양물질이라 오해하게 만들지만, 사실 그것은 해로운 단백질이어서 해충의 사지(死地)이다.

과학자들은 식물은 태어나서 죽을 때까지 이런 저런 방어 물질을 분비할 수 있으며, 필요한 경우에는 몇 시간 안에 신속히 합성할 수 있다고 여긴다. 식물은 비록 '손발' 과 '이빨'이 없지만 생존을 위해서 여러 가지 호신술을 가지고 있는 것을 볼 수 있다. 그렇지 않다면 천적이 많은 이 세계에서 수십 만종의 식물이 어떻게 죽지 않고 살아 대대로 전해지겠는가?

81. 본문에 의하면 '안경 초'의 모습은 어떠한가?
    A. 매우 크고 무서움
    B. 독이 있는 어떤 동물과 비슷하게 생김
    C. 안경을 쓰고 있는 것 같음
    D. 사람을 매우 놀라게 함

82. 대부분의 식물은 어떤 방식으로 자기 보호를 하는가?
    A. 아름다운 색깔   B. 무서운 겉모습
    C. 기타 동물을 흉내 냄   D. 화학물질

83. 상추는 어떠한가?
    A. 맹독을 함유하고 있음
    B. 기생충을 없애고 쥐를 방어함
    C. 자극적인 쓴맛을 발사함
    D. 곤충의 거식 제를 함유하고 있음

84. 본문에서 주로 설명하고 있는 것은 무엇인가?
    A. 식물의 호신
    B. 식물은 곤충을 어떻게 대처 하는가
    C. 식물의 이빨
    D. 안경 초의 원리

[해설]

81. '我国喜马拉雅山麓有种 "眼镜草"，它的样子很

像高昂着头的眼镜蛇 (히말라야 산 산기슭에 '안경 초(眼镜草)'라는 것이 있는데, 그것의 모습은 머리를 높게 쳐들고 있는 코브라 같다)'라고 하였으므로 정답은 B입니다.

82. '制造不利于敌人的化学物质 则是植物最多见的自卫方法。(적에게 불리한 화학물질을 제조하는 것은 식물에게 있어 가장 많이 볼 수 있는 자기 보호 방법이다.)'라고 하였으므로 정답은 D입니다.

83. '莴苣能散发出一种刺激性的苦味，能使菜粉蝶、菜青虫不敢靠近它(상추는 일종의 자극적인 쓴맛을 뿌릴 수 있어 배추흰나비와 그 애벌레가 감히 접근하지 못한다)'라고 하였으므로 정답은 C입니다.

84. 이 문장은 식물들이 자기를 방어하는 방법에 대해 소개하고 있으므로 정답은 A입니다.

[정답]   **81.** B   **82.** D   **83.** C   **84.** A

85.-88.

[단어]

两性交配 liǎngxìngjiāopèi 양성교배 / 生儿育女 shēngéryùnǚ 아들딸을 낳아 기르다 / 繁殖 fánzhí (동) 번식하다 / 克隆 kèlóng (동) (단일 개체 등에서) 복제하다 / 蜗牛 wōniú (명) 달팽이 / 水蚤 shuǐzǎo 물벼룩 / 龙虾 lóngxiā (명) 바닷가재, 랍스터 / 无性繁殖 wúxìngfánzhí (명) 무성번식 / 震惊 zhènjīng (동) 놀래다, 놀라게 하다 / 洪堡大学 hóngbǎodàxué (명) (독일의) 베를린 대학교 / 雌性 cíxìng (명) 암컷 / 瘟疫 wēnyì (명) 유행성 급성 전염병 / 呼吁 hūyù (원조, 지지, 동정 등을) 구하다. 호소하다 / 湖泊 húpō (명) 호수 / 坚硬 jiānyìng (형) 질기다, 굳다, 단단하다 / 灭绝 mièjué (동) 완전히 사라지다, 소멸하다, 멸종하다

[번역]

자연계는 대부분의 생물은 양성교배를 통해 번식을 하여 후대를 만들게 된다. 그러나 극히 적은 종은 무성생식 능력을 가지고 있는데, 속칭 자아 클론이라고 부른다. 예를 들면 달팽이와 물벼룩 등은 자아 클론 능력이 있다. 가재는 이런 능력이 없음에도 불구하고, **(85)** 독일에서 인공으로 사육되는 신비한 가재는 무성번식 능력을 가지고 있음이 밝혀져 현지 과학자들을 대단히 놀라게 하였다.

과학자들은 이 신비한 종류의 가재를 '마블가재'라 명칭하고, 몸통이 단단하고 성질이 사납고 거칠며, 북미의 어떤 종류와 관계가 있을 것이라고 했으나 확실한 기원을 밝히진 못했다. 독일의 베를린 대학의 비교 동물학자는 자성인 '마블가재'는 6개월이 되면 자아번식으로 20마리 이상의 새끼 가재를 얻을 수 있으며, 어떤 것은 백 마리에 가까운 새끼를 얻게 된다고 말했다. 그 밖에도 이 종류의 가재

는 강한 환경 적응력과 병균 저항력을 가지고 있어서 스스로 병균을 가지고 있어도 병에 걸리는 경우가 아주 적다. 만약 다른 종류의 가재가 이 가재로부터 병균이 전염되는 경우에는 쉽게 병에 걸리며, 심지어는 치명적인 생명의 위험이 있는 '가재 급성 전염병으로 유행'하게 된다. 그로 인해 과학자들은 이 종류의 가재는 양식장에서 양식하고 강, 하천, 호수에서 양식하지 말라고 한다. Schultz 박사는 '이 신비한 종의 가재는 **(87)** 번식 능력과 병에 대한 저항력도 강하고 맛도 좋아 유럽의 각 양식장에서 큰 환영을 받아서, 사람들이 계속해서 양식을 한다. **(86)** 이 가재는 틀림없이 유럽 담수 생태계의 아주 큰 위협이며, 만약 한 마리라도 야외로 진입되면, 몇 년도 안 되서 그들의 수량은 제압이 안 될 정도로 늘어나게 될 것이고, 기타 가재들은 그들과 경쟁할 능력을 갖추고 있지 않다.'고 경고하였다.

85. 본문에 의하면 독일의 이런 종류의 가재의 가장 큰 특징은 무엇인가?
  A. 성질이 흉학함
  B. 몸통이 단단함
  C. 인공으로 양식할 수 있음
  D. 자아 클론 할 수 있음

86. 만약 이 종류의 가재가 자연환경으로 진입하면 어떻게 되는가?
  A. 다른 가재들과 같이 생존함
  B. 기타 다른 가재를 위협함
  C. 세균을 죽임
  D. 가재 종족이 모두 멸종함

87. 사람들이 이 종류의 가재를 좋아하는 이유는 무엇인가?
  A. 성질이 훈하기 때문에
  B. 몸통이 단단하기 때문에
  C. 생태계를 위협하기 때문에
  D. 맛이 좋기 때문에

88. 본문에서 주로 설명하는 것은 무엇인가?
  A. 새로운 가재의 시장 전망은 밝음
  B. 새로운 가재가 지니는 위협
  C. 새로운 가재의 번식은 매우 이상함
  D. 새로운 가재의 맛이 매우 좋음

[해설]

85. '在德国有一种人工饲养的神秘龙虾居然被发现具有无性繁殖能力，令当地的科学家深感震惊。(독일에서 인공으로 사육되는 신비한 가재는 무성번식 능력을 가지고 있음이 밝혀져 현지 과학자들을 대단히 놀라게 하였다.)'라고 하였으므로 정답은 D입니다.

86. '这种龙虾绝对是欧洲淡水生态系统的一个巨大威胁，即使只有一只进入野外，要不了几年，它们的数量就会达到难以控制的地步，其它的龙虾没有能力与它们竞争。(이 가재는 틀림없이 유럽 담수 생태계의 아주 큰 위협이며, 만약 한 마리라도 야외로

진입되면, 몇 년도 안 되서 그들의 수량은 제압이 안 될 정도로 늘어나게 될 것이고, 기타 가재들은 그들과 경쟁할 능력을 갖추고 있지 않다고 경고하였다.)'라고 하였으므로 정답은 B입니다.

87. '这种神秘的龙虾在欧洲的各养殖场里很受欢迎，人们纷纷养殖，因为它们生育能力强，抗病毒能力强，且味道鲜美。(번식 능력과 병에 대한 저항력도 강하고 맛도 좋아 유럽의 각 양식장에서 큰 환영을 받아서)'라고 하였으므로 정답은 D입니다.

88. 이 글은 마블가재와 생태계의 위협에 대해 주로 설명하고 있으므로 정답은 B입니다.

[정답] 85. **D** 86. **B** 87. **D** 88. **B**

89.-92.
[단어]

菜圃 càipǔ 🅰 채소밭 / 破烂 pòlàn 🅰 해져 너덜너덜하다, 낡아 빠지다, 남루하다 / 肮脏 āngzang 🅰 ① 더럽다, 불결하다, 지저분하다 ② 추하다, 추악하다 / 臭气 chòuqì 🅰 나쁜 (불쾌한) 냄새, 악취 / 冲天 chōngtiān 🅰 충천하다, 하늘 높이 오르다 (치솟다) / 施舍 shīshě 🅰 은덕을 베풂 🅰 은덕을 베풀다, 희사하다, 시주하다 / 挤脓 jǐnóng 🅰 고름을 짜다 / 溅 jiàn 🅰 (물방울, 흙탕물 따위가) 튀다 / 水槽 shuǐcáo 🅰 물통, 물탱크 / 诡怪 guǐguài 🅰 의심스럽다, 수상쩍다 / 屁股 pìgu 🅰 엉덩이, 둔부 / 隐居 yǐnjū 🅰 🅰 은거(하다)

[번역]

옛날에 마음씨가 착한 阿巧란 여자아이가 있었다. 집이 가난해 어릴 때 부자 집의 하녀로 팔려갔었다. 어느 날 阿巧가 뒷마당의 채소밭에서 채소에 물을 주고 있을 때, 갑자기 더러운 몸에 넝마를 걸치고 악취를 풍기는 거지가 그녀 뒤에 나타났다. 거지는 阿巧한테 '마음씨 좋은 아가씨, 저는 이미 며칠을 굶었어요, 은덕을 베풀어 저한테 먹을 것 좀 주세요.' 하고 구걸을 했다. **(90)** ① 阿巧는 거지의 이런 가엾은 모습을 보자, 몰래 자기의 점심을 반으로 나누어 거지에게 주었다.

그 다음날 阿巧가 빨래를 할 때 그 거지가 또 왔다. 阿巧가 먹을 것을 주려고 할 때, 마침 여주인이 그것을 보게 되었다. 여주인은 '阿巧, 너 지금 뭐하고 있는 거야, 얼른 가서 빨래하지 않고.'하고 큰소리를 쳤다. 阿巧는 빨래를 다시 할 수 밖에 없었고, 여주인은 욕을 퍼 부으며 거지를 문 밖으로 밀치면서 '악취 나는 거지새끼, 얼른 나한테서 꺼지지 못하겠어. 여긴 네게 줄 음식이 없어, 얼른 꺼져.'하고 욕을 했다. 거지는 곧 바로 문밖으로 쫓겨났다. **(90)** ② 이 광경을 보고 있던 阿巧는 마음이 너무 아파서 여주인

이 보지 않는 틈을 타서 몰래 먹을 것을 가지고 문 옆에 있는 거지에게 갖다 주었다. 거지는 매우 감동하여 계속해서 阿巧에게 '고맙습니다. 당신은 마음씨가 정말 착하군요. 좋은 사람에겐 반드시 좋은 보답이 있을 거예요.' 하고 말했다. 거지는 순식간에 먹을 것을 먹어 치운 후, 阿巧에게 '마음씨 좋은 아가씨, 이왕 좋은 일 했으니 끝까지 나를 도와서, 내 다리에 있는 고름 좀 짜 주세요. 며칠 동안 아팠다오.'하고 말하자, 마음씨 좋은 阿巧는 아무 말도 하지 않은 채 거지 다리의 고름을 짜냈다. 고름이 阿巧의 얼굴과 몸 전체에 튀었지만, 阿巧는 조금도 개의치 않고 오히려 거지에게 '훨씬 괜찮아지셨죠?'하고 물어 보았다. '훨씬 좋아졌어요. 훨씬 좋아졌어요. 아가씨 정말 고마워요.' 거지는 말을 다하고는 싱글벙글 웃으며 가버렸다.
거지가 간 후 阿巧는 물통 가에서 얼굴, 손과 발을 깨끗이 닦은 후 집으로 들어가려 할 때 여주인은 매우 수상쩍게 그녀를 보며 '당신 누구야? 왜 阿巧의 옷을 입고 있는 거지?' 하고 물어 보았다. 알고 보니 **(92)** 阿巧는 이미 꽃처럼 아름다운 얼굴과 옥과 같은 피부를 가진 미녀로 변해있었다. 여주인은 매우 부러워하며 阿巧에게 그 이유를 물었다. 阿巧는 여주인에게 알려주었고, 여주인이 곧 거지를 찾아갔다. 여주인은 그에게 식사를 대접했을 뿐만 아니라 그를 도와 그의 다리에 있는 고름을 짜주었다. 그 결과 여주인은 예전보다 예뻐지기는커녕 이전보다 못생겨졌으며 ,게다가 얼굴과 몸에 털이 나 산짐승 같았다. 여주인이 속상해서 울기 시작했고, 거지는 불에 달군 기와를 가지고 와 그녀에게 '만약 몸에 난 원숭이 털을 뽑아내고 싶다면, 이 기와에 앉으시오!'하고 말했다. 여주인은 그 말을 듣자마자 재빨리 기와 조각 위에 앉았으나, 털이 빠지기는커녕 엉덩이가 타서 새빨개졌으며, 아파서 '와와' 비명을 질러댔다.
그 후로 여주인은 마을에 살지 못하고 홀로 산 속에 은거하였다. **(89)** 전하는 바로는 그녀가 바로 원숭이의 선조라고 한다.

89. 이 글의 종류는 무엇인가?

A. 산문　　B. 소설
C. 민간전설　　D. 일기

90. 阿巧는 거지에게 음식을 몇 번 제공하였는가?

A. 한 번　　B. 두 번
C. 세 번　　D. 준 적이 없음

91. 阿巧는 왜 예쁘게 변했는가?

A. 그녀의 선량한 마음 때문에
B. 거지에게 음식을 주었기 때문에
C. 새 옷을 입었기 때문에
D. 화장을 했기 때문에

92. 여주인이 거지를 찾아갔는가?

A. 거지가 그녀의 음식을 훔쳤기 때문에
B. 거지에게 음식을 가져다주기 위해
C. 阿巧와 같이 예쁘게 변하고 싶어서
D. 얼굴의 털을 뽑아버리고 싶어서

[해설]

89. '据说，这就是猴子的祖先。(전하는 바로는 그녀가 바로 원숭이의 선조라고 한다.)'라고 하였으므로 정답은 C입니다.

90. 첫 번째 단락에서 '阿巧看到乞丐这样可怜，于是就把自己的午餐偷偷留下一半，送给乞丐。(阿巧는 거지의 이런 가엾은 모습을 보자, 몰래 자기의 점심을 반으로 나누어 거지에게 주었다.)'라고 하였고, 또 두 번째 단락에서 '阿巧看到这个情形，心里很难过，就趁着女主人不注意的时候，偷偷拿了东西，送给已倒在门旁边的乞丐 (이 광경을 보고 있던 阿巧는 마음이 너무 아파서 여주인이 보지 않는 틈을 타서 몰래 먹을 것을 가지고 문 옆에 있는 거지에게 갖다 주었다.)'라고 했으므로 정답은 B입니다.

91. 阿巧가 거지를 불쌍히 여겨서 먹을 것도 나누어 주고, 고름도 짜주면서 돌보아 준 것으로 보아서 阿巧의 착한 마음씨 때문에 얼굴이 아름답게 변한 것을 알 수 있으므로 정답은 A입니다.

92. '阿巧已经变成一个如花似玉的美人！女主人非常羡慕，就问阿巧原因。阿巧告诉了女主人，女主人就找到了乞丐 (阿巧는 이미 꽃처럼 아름다운 얼굴과 옥과 같은 피부를 가진 미녀로 변해있었다. 여주인은 매우 부러워하며 阿巧에게 그 이유를 물었다. 阿巧는 여주인에게 알려주었고, 여주인이 곧 거지를 찾아갔다)'라고 하였으므로 정답은 C입니다.

[정답] **89.** C　**90.** B　**91.** A　**92.** C

93.-96.

[단어]

节能 jiénéng [동] 에너지를 절약하다 / **零污染** língwūrǎn [명] 무 오염 / **蓄电池** xùdiànchí [명] 축전지 / **内燃机** nèiránjī [명] 내연기관 / **废热** fèirè [명] 폐열, 쓰고 난 열 / **廉价** liánjià [명] 염가, 저렴한 가격, 싼 가격, 싼 값 / **机动性** jīdòngxìng [명] 가동성 / **储能** chǔnéng [명] 저축(한) 에너지 / **质疑** zhìyí [동] 의문을 제기하다, 질의하다 / **推崇** tuīchóng [동] 높이 평가하다, 높이 받들다 / **目光短浅** mùguāngduǎnqiǎn 안목이 얕다, 근시안적이다 / **转移** zhuǎnyí [동] (위치를) 바꾸다, 옮기다, 전이하다 / **开采** kāicǎi [동] (지하자원을) 채굴하다, 개발하다 / **熔解** róngjiě [동] 융해하다, 녹이다 / **提炼** tíliàn [동] 추출하다, 정련하다 / **毒性** dúxìng [명] 독성 / **加剧** jiājù [동] (어떤 일의 상황이나 정도가) 심해지다, 지나치다, 격화하다 / **琐碎** suǒsuì [형] 자질구레하고 번거롭다, 보잘것없고 너저분하다, 사소하고 잡다하다 / **装置** zhuāngzhì [동] 장치하다, 설치하다, 달다

에너지 절약하고 대체 에너지를 사용하는 환경보호 형 자동차의 개발을 통해, 환경에 대한 오염을 줄이는 것은 요즘 세계 자동차 산업 발전의 중요한 추세이다. 모든 미래 자동차 중에서 전동 자동차는 가장 전망이 있는 **(93)** 무 오염 자동차인 것 같다. 전동 자동차는 배터리 에너지를 동력으로 하며, 운전할 때 배기가스 배출이 거의 없어서, 내연기관 자동차보다 92%-98% 적다. 또한 자동차의 소음이 매우 작아서, 내연기관 자동차의 절반 정도이고, 배출하는 폐열도 매우 적다. 어쨌든, 전동 자동차는 무 오염 자동차의 목표와 가장 가깝다.

지금까지 전동 자동차의 가장 큰 단점은 에너지 효율이 높고 저렴한 배터리를 얻을 수 없는 것이다. **(95)** 원가를 고려하여 대부분 제조업자들은 전동 자동차를 개발할 때 전통적인 연축전지를 동력으로 하는데, 자동차의 체적과 무게에 적당한 한도 내에 이런 연축전지가 저축한 에너지가 너무 낮아서 전동 자동차를 매 번 충전하고 나서 운전할 수 있는 거리의 제한을 많이 받고, 충전시간도 10여 시간이 걸려야 하기 때문에 자동차의 아주 중요한 기동성을 저해한다. 에너지 밀도가 높고, 충전 시간이 짧으며 가격도 저렴한 신형 배터리를 구하는 것은 전동 자동차가 더 큰 기동성을 가지고 휘발유차와 경쟁할 수 있는가에 대한 관건이지만, 에너지 밀도가 높고 수명이 비교적 길며, 가격도 적당한 배터리를 만들 수 있다 할지라도, 전동 자동차가 필요한 전동기와 이에 상응하는 충전기 그리고 전자 조절장치 등 필요한 원가도 휘발유 자동차보다 높을 수 있다. **(94)** 전동 자동차의 유일한 장점이 오염 정도가 낮은 것이기 때문에 전시회 센터와 보행구역 등 일정한 상황 하에서 사용하는 게 합리적이다. 그러나, 이 '유일한 장점'도 의심을 받는다. 어떤 사람은 전동 자동차는 오염을 줄이는 것이 아니라 오염이 집중되는 곳을 발전소로 옮기는 것뿐이기 때문에, 전동 자동차를 추앙하는 환경 보호 전문가들의 안목이 얕다고 비판한다. 만약 미래의 전동 자동차의 전지가 전통 연축전지를 위주로 한다면 중금속 오염의 결과는 아마도 지금의 배기가스 오염보다 더 심각할 것이다. 미래 전동 자동차가 필요한 연축전지를 생산하기 위해 사람들이 어쩔 수 없이 독성이 매우 강한 납을 대량으로 채굴하고, 용해해서 추출해야 하기 때문에 광산과 공장 근처의 오염이 심해질 것이다. 따라서 **(96)** 전동 자동차의 승패의 또 다른 관건은 무해한 전지를 찾을 수 있는가 하는 것이다.

93. 첫 번째 단락 중의 '零污染'의 '零'은 무슨 뜻인가?
    A 감소함   B. 부족함
    C. 사소하고 잡다함   D. 없음

94. 다음 중 전동 자동차의 유일한 장점에 해당하는 것은 무엇인가?
    A 오염 정도가 낮음
    B. 체적이 작고 무게가 가벼움
    C. 기동성 강함

    D. 충전 시간 짧고 가격 적당함

95. 자동차 제조업자는 왜 연축전지를 사용하는가?
    A. 성능이 좋음   B. 원가가 낮음
    C. 수명이 김   D. 가장 선진적임

96. 진정한 무 오염을 실현하기 위해 제일 관건은 무엇인가?
    A 현재 있는 내연기관 자동차를 생산하는 것
    B. 필요한 전동기 등의 장치를 발전시키는 것
    C. 무해한 전지를 개발하는 것
    D. 대량으로 납을 채굴하는 것

93. '零'은 '0' 즉 '없다'는 뜻이므로 정답은 D입니다.

94. '电动汽车的唯一优点是污染程度低 (전동 자동차의 유일한 장점이 오염 정도가 낮은 것이기 때문에)'라고 하였으므로 정답은 A입니다.

95. '出于对成本的考虑, 多数厂商在开发电动汽车时都以传统的铅蓄电池为动力 (원가를 고려하여 대부분 제조업자들은 전동 자동차를 개발할 때 전통적인 연축전지를 동력으로 하는데)'라고 하였으므로 정답은 B입니다.

96. '电动汽车成败的另一个关键是能否找到无害电池 (전동 자동차의 승패의 또 다른 관건은 무해한 전지를 찾을 수 있는가 하는 것이다.)'라고 하였으므로 정답은 C입니다.

 93. D   94. A   95. B   96. C

97.-100.

唾液 tuòyè 명 타액, 침 / 毛骨悚然 máogǔsǒngrán 등골을 오싹하게 하다. 머리카락이 곤두서다. 소름이 끼치다 / 难以置信 nányǐzhìxìn 믿기 어렵다 / 一不留神 yìbùliúshén 잠깐 한눈 판 사이에. 잠깐 소홀히 한 틈을 타서 / 中奖 zhòngjiǎng (복권. 상품권 등의 상품에) 당첨되다 / 接种 jiēzhòng 통 (백신 등을) 접종하다 / 疫苗 yìmiáo 명 백신 / 抗体 kàngtǐ 명 항체. 면역체 / 天花病 tiānhuābìng 명 천연두 / 结痂 jiéjiā 딱지가 생기다. 딱지가 앉다 / 牛痘 niúdòu 명 우두 (천연두와 흡사한 병임) / 杀手 shāshǒu 명 살인자. 킬러 / 艾滋病 àizībìng 명 에이즈 / 疑难 yínán 형 (어떤 사물이나 문제 등을) 해결하기 힘든. 처리하기 어려운. 판단하기 힘든 / 卡介苗 kǎjièmiáo 명 비시지(BCG, 결핵 예방 백신) / 脊髓灰质炎 jísuǐhuīzhìyán 명 폴리오바이러스 (poliovirus) / 腮腺 sāixiàn 명 귀밑샘. 이하선 / 麻

疹 *mázhěn* 명 마진, 홍역 / 水痘 *shuǐdòu* 명 수두 / 乙型脑炎 *yǐxíngnǎoyán* 명 유행성 B형 뇌염 / 乙型肝炎 *yǐxínggānyán* 명 B형 바이러스성 간염 / 抵抗力 *dǐkànglì* 명 저항력 / 免疫系统 *miǎnyìxìtǒng* 명 면역체계 / 脆弱 *cuìruò* 형 연약하다, 나약하다 / 机体 *jītǐ* 명 유기체

[번역]

과학 연구에 따르면 총 250 종류의 세균과 바이러스는 침을 통해 서로 전염시킬 수 있다고 한다. 피부를 통해 전염되는 경우, 일단 피부가 서로 접촉하면 cm² 당 5000 여 마리의 세균이 자리를 바꾸려고 기다리고 있다⋯⋯이것을 들으면 사람들의 등골을 오싹하게 하고 믿기 어려울 것이다. 그렇다면 우리가 매일 세균에 감염될 위험에서 생활하고 있고, 조심하지 않으면 '당첨 될 것'이 아닌가? 维士达 진료소의 오 닥터는 당신에게 인체는 모두 어느 정도 면역 기능이 있어서 정상적인 상황에서는 감염 확률이 아주 낮지만, 당신이 어떠한 공공장소도 가지 않는 것이 아닌 이상, 만약 마침 당신이 피로하거나 감기에 걸렸거나 다른 원인 때문에 면역기능이 떨어졌다면, 쉽게 감염될 것이다. 물론 세균에 감염되지 않는 더 직접적이고 간단한 방법은 백신을 접종하는 것이라고 말한다.

여기까지 말하면 당신은 백신이 아주 이상적인 예방수단이라고 인정할 수밖에 없다. 백신은 인체의 바이러스에 면역력이 생기게 해 줄 수 있어서, 병고를 피할 수 있다 (물론 면역 기 간 내이어야 함). 사실 백신의 원리는 아주 간단하다. **(97)** 백신이 바이러스 자극 유기체를 억제하면서 이용하여, 유기체가 맨 처음 바이러스를 접촉한 후에 자동적으로 항체가 생겨서 감염이 되지 않게 하는 것이다.

(98) 백신을 발명한 과정은 매우 길다. 일찍이 16, 17세기 중국과 인도에서, 사람들은 천연두 환자의 딱지가 앉은 것으로 만든 가루로 천연두의 감염을 예방할 수 있다는 것을 발견하였다. 이 방법 자체도 매우 큰 위험성이 있어서, 약 0.5%~2%에 해당하는 사람들은 접종하고 나서 천연두에 감염되어서 죽었지만, 자연 천연두의 20%~30%의 사망률에 비교한 다면, 모험할 만하다. 18세기가 되어서 영국의 한 의사가 종두바이러스로도 면역을 할 수 있고 심각한 부작용이 없는 것을 발견했다. 그 이후에 19세기가 되어서 백신을 만드는 기술이 더 좋아져서 인류를 전염병과 유행병의 그늘에서 구해주었다.

(99) 현대인에게 가장 큰 건강의 킬러는 암과 심혈관계 병 등이 있다. 이것들은 인류의 사망률이 가장 높은 질병이다. 그러나 100 년 전에는 바이러스나 세균이 일으킨 전염병이야말로 사람들이 제일 무서워하는 병이었다. 백신을 발견한 것은 암, 에이즈와 다른 치료하기가 어려운 난치병을 치료하는 방법을 찾은 것에 상당하며, 의료사상의 중대한 업적 중의 하나이다. 당신은 이미 아기가 아니라 할지라도, 여전히 백신으로 전염병을 예방하는 것이 필요 하다. 사실 각종 바이러스가 일으키는 전염병과 유행병은 이

에 상응하는 백신으로 예방할 수 있다. **(100)** 보통 사람이 태어난 후에 비씨지, 플리오 백신, 이하선염 백신, 백일해 백신, 홍역 백신, 수두 백신, 유행성 B형 뇌염 백신, 간염 백신 등 백신을 접종해야 한다. 왜냐하면 이 시기에는 저항력과 면역계통이 모두 비교적으로 약하기 때문이다.

97. 백신을 접종한 후에 유기체는 처음 바이러스를 접촉할 때 어떠한가?
  A. 바로 감염됨
  B. 전혀 반응이 없음
  C. 자동적으로 항체가 생김
  D. 다른 바이러스로 변함

98. 제일 처음 유기체가 처음 바이러스를 접촉해서 자동적으로 항체를 생기는 원리를 이용하여 질병을 예방했던 질병은 무엇인가?
  A. 천연두   B. 종두
  C. 수두   D. 홍역

99. 본문에 따르면 현대인의 가장 높은 사망률을 초래하는 질병은 무엇인가?
  A. 암과 심혈관계 질병
  B. 에이즈와 심혈관계 질병
  C. 바이러스가 일으키는 전염병
  D. 세균이 일으키는 전염병

100. 아기가 태어나서 바로 백신을 접종해야 하는 까닭은 무엇인가?
  A. 아기는 쉽게 항체가 생기기 때문임
  B. 질병은 어릴 때부터 전염되기 때문임
  C. 아기는 면역력이 약하기 때문임
  D. 아기는 면역력이 더 강하기 때문임

[해설]

97. '它是控制性地利用病毒刺激机体，从而使机体在首次接触病毒后自动产生抗体而不会再感染。(백신이 바이러스 자극 유기체를 억제하면서 이용하여, 유기체가 맨 처음 바이러스를 접촉한 후에 자동적으로 항체가 생겨서 감염이 되지 않게 하는 것이다.)'라고 하였으므로 정답은 C입니다.

98. '疫苗被发明的过程是极为漫长的，早在十六、十七世纪的中国和印度，人们发现用天花病人的结痂制成的粉末可以预防天花的感染。(백신을 발명한 과정은 매우 길다. 일찍이 16, 17세기 중국과 인도에서, 사람들은 천연두 환자의 딱지가 앉은 것으로 만든 가루로 천연두의 감염을 예방할 수 있다는 것을 발견하였다.)'라고 하였으므로 정답은 A입니다.

99. '对于现代人来说，头号的健康杀手是癌症和心血管病等等 (현대인에게 가장 큰 건강의 킬러는 암과 심혈관계 병 등이 있다)'라고 하였으므로 정답은 A입니다.

100. '通常一个人从出生后要接种 ⋯ 等疫苗，因为

这个时期的抵抗力和免疫系统都比较脆弱 (보통 사람이 태어난 후에 등 백신을 접종해야 한다. 왜냐하면 이 시기에는 저항력과 면역계통이 모두 비교적으로 약하기 때문이다.)'라고 하였으므로 정답은 C입니다.

[정답] 97. C 98. A 99. A 100. C

2회

[정답]

81 B	82 C	83 B	84 D	85 B
86 D	87 D	88 B	89 B	90 C
91 D	92 B	93 B	94 D	95 B
96 C	97 D	98 A	99 D	100 A

81.-84.

[단어]

豆薯 dòushǔ 명 〈植〉 콩과에 속하는 등본(藤本) 식물로 고구마와 같은 덩이뿌리가 달림 / 攀缘 pānyuán 동 (물건을 타고) 기어오르다 / 爬山虎 (儿) páshānhǔ(r) 명 〈植〉 담쟁이덩굴 / 藤蔓 téngwàn 명 덩굴 / 蔓生 mànshēng 동 식물의 줄기가 덩굴져 나다, 만생하다 / 泛 fàn 동 ① (물 위에) 뜨다, 띄우다 ② (표면에) 나타나다, 띠다 / 宛如 wǎnrú 동 마치 (흡사) …같다 / 锦 jǐn 명 (색채와 무늬가 있는) 비단 형 아름답다, 화려하다, 눈부시다 / 卷须 juǎnxū 명 〈植〉 덩굴손 / 遮蔽 zhēbì 동 ① 덮다 ② (시선 따위를) 가리다 ③ 감추다, 속이다, 은폐하다 / 聚伞花序 jùsǎnhuāxù 명 〈植〉 취산꽃차례, 최산화서 / 吸盘 xīpán 명 흡반, 빨판 / 浆果 jiāngguǒ 명 〈植〉 장과 / 滋长 zīzhǎng 동 (주로 추상적인 의미로) 자라다, 성장하다 / 密布 mìbù 동 (구름 따위가) 짙게 덮이다, 깔리다, 빽빽하게 들어차다 / 屏障 píngzhàng 명 병풍처럼 둘러쳐진 것, 장벽, 보호벽 동 가려서 막다, 막아서 지키다 / 不致 búzhì 동 어떤 결과를 가져오지 않다, …하게 되지 않다, 정도에 이르지 않다 / 尘土飞扬 chéntǔfēiyáng 동 먼지가 흩날리다 / 枝蔓 zhīmàn 명 가지와 덩굴 / 扦插 qiānchā 명 동 꺾꽂이(하다) / 生根 shēnggēn 동 ① 뿌리가 돋아나다, 뿌리를 내리다 ② 확고한 기초를 세우다, 뿌리박다 / 长势 zhǎngshì 명 (식물의) 성장 상황, 성장도(成長度) / 绿阴 lǜyīn 명 녹음, 나무 그늘 / 吹拂 chuīfú 동 ① 바람에 흔들리다

[번역]

포도과의 낙엽등본식물인 (81) 담쟁이덩굴은 덩굴이 부드럽고 잎 마디가 무성하여 뿌리까지 뻗어있고, 물건을 타고 기어서 뻗어 올라가는 것을 잘하며, 지면에 만생하고, 가을이 되면 잎 색이 붉은 색을 띠어 마치 비단이불이 땅을 덮고 있는 거 같아 땅의 비단이라고도 부른다.

담쟁이덩굴의 어린 덩굴은 담황색을 띠며 덩굴손이 있고, 덩굴 앞쪽에 빨판이 있다. 여름에 녹색의 작은 꽃을 피며 취산(聚) 꽃차례로 잎 속에 잡다하게 장식되어 있다. 꽃 뒤쪽에 푸른색의 아주 작은 원형 장과가 열리고, 가을에는 자줏빛 흑색을 띤다. 담쟁이덩굴은 벽 근처에서 자라며 신속하게 뻗어 나가며 잎이 빽빽하게 가득 찬다. 몇 년도 안 되어 풀 벽 혹은 집 전체 외벽을 덮어버려 생명이 있는 '녹색 벽'으로 징식된다. 담쟁이넝굴은 도시 수식녹화 중 벽 근처에 기어올라 성장하는 수완을 드러낼 뿐 아니라, 환경보호에서도 기능을 발휘한다.

담쟁이덩굴은 점유하는 장소도 적을 뿐 아니라 성장도 빨라 녹화로 덮는 면적이 크다. 길 따라 벽을 에워싸고, 집 담벼락을 기어오르는 담쟁이덩굴 줄기와 잎은 마치 녹색의 장벽 같다. (82) 여름에는 뿌리부분의 수분이 잎을 통해 증발되고 공기 중의 열량도 빼앗아가 환경의 온도를 낮추어 준다. 벽면 위에 밀집된 줄기와 잎은 햇볕으로부터 벽면이 너무 뜨거워 지지 않게 도와준다. 그 밖에 환경소음을 흡수하고, 먼지가 흩날리는 것을 줄여 준다. 대도시는 고밀도 산소를 소모하는 지역으로 대 면적의 녹화를 이루는 것이 공기 중의 산소를 증가시키는 주요방법인데 담쟁이덩굴이 그 능력을 잘 발휘할 수 있다.

담쟁이덩굴이 벽면을 기어올라도 벽면을 눅눅하게 하지 않을 뿐 아니라, 반대로 그것의 빨판이 벽의 수분을 흡수해간다. (83) 건조한 계절에는 담쟁이덩굴이 벽을 덮고 있으면 습도 또한 증가시킬 수 있다.

(84) 담쟁이덩굴은 쉽게 번식한다. 그늘지고 축축한 곳을 좋아하니 적응성이 상해 선소를 살 버티며 토질과 비료에 대한 요구도 까다롭지 않다. 초봄에 일 년 전에 자란 가지와 덩굴을 잘라 사질 토양에 꺾꽂이하여 그늘지고 시원한 곳으로 옮겨 습윤을 유지해주면, 5월 중순에 뿌리를 내려 잎을 피워 벽을 의지해 기어올라 빠르게 성장해서, 얼마 지나지 않아 당신에게 녹음을 선사해 줄 것이다. 산들바람이 스치면 마치 녹색파도가 출렁이는 것 같아서, 무더운 여름에는 무한한 상쾌함을 가져 줄 것이다.

81. 본문에서는 우리에게 담쟁이덩굴이 어떤 식물이라는 것을 밀해주고 있는가?
A. 땅 위에서 뻗어 자라는 식물
B. 벽으로 뻗어서 자라는 식물
C. 땅 밑에서 자라는 식물
D. 성장속도가 매우 느린 식물

82. 여름에 담쟁이덩굴은 어떤 작용을 하는가?
A. 온도를 높여줌
B. 따뜻함을 느끼게 해줌
C. 온도를 내려줌
D. 소리를 강화시켜줌

83. 공기가 매우 건조할 경우에 담쟁이덩굴은 어떠한가?

A. 공기 중의 수분을 흡수함
B. 벽면을 덮어 습도를 증가시킴
C. 공기 중의 산소를 증가시킴
D. 빛을 반사함

84. 본문에 의하면 담쟁이덩굴의 번식은 어떠한가?
A. 번식하기 매우 힘듦
B. 잎을 자르면 번식할 수 있음
C. 그늘지고 서늘한 곳에 나두면 번식함
D. 쉽게 번식함

[해설]

81. '爬山虎，藤蔓质柔，叶节满生吸根，善于依物攀缘伸展 (담쟁이덩굴은 덩굴이 부드럽고 잎 마디가 무성하여 뿌리까지 뻗어있고, 물건을 타고 기어서 뻗어 올라가는 것을 잘하며)'라고 하였으므로 정답은 B입니다.

82. '夏天，根部的水分经叶片蒸腾，可带走空气中的热量，降低环境温度 (여름에는 뿌리부분의 수분이 잎을 통해 증발되고 공기 중의 열량도 빼앗아가 환경의 온도를 낮추어 준다.)'라고 하였으므로 정답은 C입니다.

83. '干燥季节，爬山虎遮蔽墙面，又可增加湿度。(건조한 계절에는 담쟁이덩굴이 벽을 덮고 있으면 습도 또한 증가시킬 수 있다.)'라고 하였으므로 정답은 B입니다.

84. '爬山虎容易繁殖 (담쟁이덩굴은 쉽게 번식한다)'라고 하였으므로 정답은 D입니다.

[정답] 81. B 82. C 83. B 84. D

85.-88.

[단어]

娃娃鱼 wáwáyú 명 자이언트 도롱뇽 / 两栖类 liǎngqīlèi 명 양서류 / 酷似 kùsì 몹시 닮다, 빼닮다, 매우 비슷하다 / 鳍 qí 명 지느러미 / 鳞 lín 명 비늘 / 趾 zhǐ 명 발가락 / 粘液腺 zhānyèxiàn 명 점액선 / 鳃 sāi 명 아가미 / 大鲵 dàní 명 큰 도롱뇽, 자이언트 도롱뇽 / 阴暗 yīnàn 형 음침하다, 어둡다 / 溪谷 xīgǔ 명 계곡, 산골짜기 / 遍体 biàntǐ 명 온몸, 전신 / 蛙 wā 명 개구리 / 拒食 jùshí 동 절식하다, 음식을 거부하다 / 螃蟹 pángxiè 명 게 / 投入 tóurù 동 (어떤 환경 속으로) 뛰어들다, 들어가다, 돌입하다. 참가하다 / 如狼扑食 rúlángpūshí 늑대(이리)처럼 먹이를 잡다 / 囫囵 húlún 명 온전한, 완정된, 전체의 / 吞下 tūnxià 동 삼키다 / 消退 xiāotuì 동 감퇴하다, 점점 사라지다 / 河谷 hégǔ 명 하곡(강 양쪽 기슭 사이의 지면보다 낮은 부분) / 蚯蚓 qiūyǐn 명 지렁이 / 忍痛割爱 rěntònggēài 가슴 아파하며 버리다 / 凶猛 xiōngměng 형 (기세나 힘 등이) 세차다, 사납다, 맹렬하다 / 贪吃 tānchī 동 게걸스럽게 먹다

[번역]

도롱뇽은 세상에 현존하는 가장 큰 양서류이며, 소리가 아기가 우는 소리와 매우 비슷하고 모양이 어류와 비슷해서 '아기 물고기'라고도 불린다. 하지만 도롱뇽은 물고기의 지느러미가 없고, **(85)** 살찌고 짧은 네발이 있다. 앞발에는 발가락이 4개가 있고, 뒷다리에도 발가락이 4개가 있다. 그리고 비늘이 없고 발달한 점액선이 있다. 성체는 아가미가 없고 폐가 있다. 그래서 동물학자들은 '큰 도롱뇽'이라고 부른다. 큰 도롱뇽은 국보급 보호 동물이다.

壶瓶山 보호구의 江坪강과 계곡 속에 붉은색 도롱뇽이 살고 있다. 壶瓶山 북쪽의 호북 五峰 현 안의 海洋강과 汉阳강의 어두운 계곡 속에서 여러 번 이런 온 몸이 붉은 도롱뇽을 발견했다. 壶瓶山 읍 长岭촌 당 지부 부서기 唐纯贤 이 施家강에서 12.5kg의 붉은색 도롱뇽 한 마리를 잡아와 집의 항아리 안에 넣어 길렀다. 목격자의 말에 따르면 **(87)** 처음에 주인이 고기, 밥, 개구리를 주면 다 안 먹더니, **(86)** 나중에 살아 있는 게를 항아리에 넣어 주었더니 늑대처럼 게의 꼬리부터 물어서 게 한 마리를 삼킨다고 하며, 매일 매일 이렇게 먹는다고 한다.

1994년 5월, 壶瓶山 읍 水打溪 촌 堰湾 마을 주민 钟民文 이 홍수가 지나간 후 강에 들어가서 물고기를 잡고 있었는데, 南坪강에서 뜻밖에 250g의 붉은색 도롱뇽을 한 마리 잡았다. 그는 살아 있는 작은 물고기, 새우, 지렁이, 새 등을 잡아 도롱뇽에게 먹여 주고, 더운 날씨에도 도롱뇽을 건강하게 자라게 하기 위해 15도로 수온을 유지해 주면서 도롱뇽을 키웠는데, 현재 도롱뇽의 무게가 이미 6kg이 되었다. 2001년1월17일, 기자가 사진을 찍으러 갔고, 주인이 반 동면 상태가 된 도롱뇽을 대야에 넣은 약 1시간 후 도롱뇽의 몸이 점점 붉어지는 것을 기자가 보고 사진을 찍었다. **(88)** 钟民文은 얼마 전에 어떤 외지에서 온 사업하는 사장이 5000원을 주고 이 도롱뇽을 사려고 했는데, 그가 거절했다고 했다. 钟民文은 국가가 필요로 한다면, 아픈 가슴을 뒤로하고, 국가에 기증하겠다고 말했다.

85. 도롱뇽은 어떤 기관이 있는가?
A. 비늘   B. 발
C. 아가미   D. 지느러미

86. 도롱뇽은 특징이 있는가?
A. 조심스러움   B. 흉악하고 맹렬함
C. 낙천적임   D. 게걸스러움

87. 唐纯贤은 도롱뇽을 잡고 나서 어떤 일이 있었는가?
A. 어떤 사람이 도롱뇽을 사고 싶어 함
B. 도롱뇽이 매일 게를 먹음
C. 도롱뇽의 몸 색깔이 붉어졌음
D. 도롱뇽이 음식을 먹지 않음

88. 어떤 외지 사장이 도롱뇽을 사려고 했을 때, 钟民文은
어떻게 했는가?

    A. 속았음   B. 안 팔았음
    C. 가격을 의논했음   D. 국가에 기증했음

[해설]

85. '有肥短的**四肢** (살찌고 짧은 네발이 있다)'라고 하였
으므로 정답은 B입니다.

86. '捉来活螃蟹投入缸中，它便如狼扑食，从螃蟹的
尾部一口咬去，囫囵吞下，每每如此。(살아 있는
게를 항아리에 넣어 주었더니 늑대처럼 게의 꼬리부터
물어서 게 한 마리를 삼킨다고 하며, 매일 매일 이렇게
먹는다고 한다.)'라고 하였으므로 정답은 D입니다.

87. '开始主人给它喂肉喂饭喂蛙，它一一拒食 (처음에
주인이 고기, 밥, 개구리를 주면 다 안 먹더니)'라고 하
였으므로 정답은 D입니다.

88. '前不久有个外地进山经商的老板要花5000元将这
条娃娃鱼买走，被他拒绝 (얼마 전에 어떤 외지에서
온 사업하는 사장이 5000원을 주고 이 도롱뇽을 사려
고 했는데, 그가 거절했다고 했다)'라고 하였으므로 정
답은 B입니다.

[정답] 85. B 86. D 87. D 88. B

89.-92.
[단어]

利**索** lìsuo ⑬ (말이나 동작이) 재빠르다. 민첩하다.
시원스럽다 / **粗话** cūhuà ⑬ 상스런 말, 막말, 속된
말, 저속한 말 / **捉** zhuō ⑧ ① (손에) 들다, 잡다, 쥐
다 ② 사로잡다, 체포하다 / **蜻蜓** qīngtíng ⑬ 왕잠
자리 / **苍白** cāngbái ⑬ 창백하다, 생기가 없다 / **收
留** shōuliú ⑧ (생활이 곤란하거나 특별한 사정이 있
는 사람을) 떠맡다, 수용하다, 묵게 하다, 받아들이다 /
羞愤 xiūfèn ⑬ 부끄러움과 분함, 수치와 분노 ⑧ 부
끄러운 나머지 화를 내다 / **交加** jiāojiā ⑧ 한꺼번에
오다 (닥치다), 동시에 기해지다, 겹치다 / **酗酒** xùjiǔ
⑧ 주정하다, 취해서 난폭하게 굴다 / **容忍** róngrěn
⑧ 참고 용서하다, 참고 견디다, 허용하다, 용인하다 /
摇摇欲坠 yáoyáoyùzhuì ⑭ 흔들흔들하여 곧 떨어질
(무너질) 것 같은 모양 / **骨瘦如柴** gǔshòurúchái ⑭
장작같이 바싹 마르다, 몹시 여위어 뼈만 앙상하다, 피
골이 상접하다, 빼빼 마르다 / **神采** shéncǎi ⑬ 안색,
기색, 정기, 풍채 / **执意** zhíyì ⑧ 자신의 견해를 고집
하다 / **振作** zhènzuò ⑧ 진작하다, 분발하다 / **至交**
zhìjiāo ⑬ 가장 친한 벗, 친구 / **掏心** tāoxīn ⑬ 마음
속 (진심)에서 나오다 (꺼내다) / **倾诉** qīngsù ⑬ (속

마음을) 이것저것 죄다 말하다, 다 털어놓다 / **厌倦**
yànjuàn ⑧ 물리다, 싫증나다, 진저리가 나다 / **用心
良苦** yòngxīnliángkǔ ⑭ 마음 씀이 매우 깊다 / **积
劳** jīláo ⑧ 오랜 기간 피로가 쌓이다 / ⑬ 누적된 피
로 / **回光返照** huíguāngfǎnzhào ⑭ 태양이 지기 직
전에 잠시 빛나다; 죽을 무렵에 잠깐 정신이 맑아지
다, 소멸 직전에 잠시 왕성해지다

[번역]

한 소녀는 어렸을 때 다리가 불편해서 일 년 내내 문 앞에
앉아 다른 아이들의 노는 모습을 보면서 외로워했다. **(89)**
어느 해 여름 이웃집에 도시에 사는 친척이 놀러 왔는데,
그들은 소녀보다 5살 많은 남자아이도 데려왔다. 어린 아
이들이었으므로 소년과 근처의 어린아이들은 금방 한 무리
가 되어 산으로 강으로 같이 뛰어 놀았으며, 피부는 햇볕에
그을려 같이 검게 그을렸으며, 즐거운 웃음을 함께 짓고 있
었다. **(90)** 다른 친구들과 다른 점이라면 그 소년은 욕을 할
줄 몰랐으며 게다가 걸을 수 없는 한 소녀에게 주의를 기울
였다. **(92)** 소년은 처음으로 직접 잡은 잠자리를 소녀의 손
바닥에 놓아 준 사람이었으며, 처음으로 그녀를 엎어 강가
로 데려간 사람이었으며, 처음으로 이야기를 들려준 사람
이었으며, 처음으로 소녀에게 다리를 고치게 될 거라고 알
려준 사람이었다. 자세히 생각해보니 그는 처음이자 마지
막인 사람이었고, 소녀는 모처럼 웃을 수 있었다.

여름이 지나갈 때 소년은 가족과 함께 떠나야 했다. **(91)**
소녀는 눈물을 뚝뚝 흘리며 그의 귓가에 작은 소리로 '내
다리가 다 나으면 너에게 시집가도 되지?'하고 물어 보았
고, 소년은 고개를 끄덕였다.

눈 깜박 할 사이에 20년이 흘렀다. 그 소년은 커피전문점
을 오픈 했고, 약혼자가 있었으며, 평범하고 평온한 생활
을 하고 있었다. 어느 날 그는 전화 한 통화를 받았는데 한
여자가 가는 소리로 자기 다리가 다 나았고, 이 도시에 와
있다고 했다. 그는 그녀가 누구인지 기억이 나질 않았다.
그는 이미 오래 전에 어린 시절의 어느 여름의 추억을 잊
고 있었고, 얼굴색이 창백한 그 어린 소녀를 잊고 있었으
며, 한 아이의 선량한 승낙은 더욱 잊고 있었다. 그러나
그는 그녀를 받아들여 그의 가게에서 일을 하게 했다. 그
는 그녀가 하두 종일 거의 침묵하고 있음을 알았다. 그러
나 그는 그녀에게 관심을 베풀 겨를이 없었다. 그는 약혼
자와 헤어졌다. 그는 수치와 분노를 동시에 느끼며 결혼을
하기 위해 준비한 모든 물건들을 버렸고, 매일 술에 취해
난폭하게 굴었으며, 가게 일에는 신경도 쓰지 않았으며,
얼마 지나지 않아 큰 병에 걸렸다. 그 기간 동안 그녀는 그
의 곁에서 그를 돌보고 술에 취해 때리고 욕하는 것을 참
아 견디었으며, 망해가는 가게를 혼자서 유지해나갔다. 그
녀는 많은 것을 배우게 되었고, 피곤함에 몹시 여위어 뼈
만 앙상하게 남았지만 눈빛에는 정기가 살아있었다.

6개월 후 그의 건강은 마침내 회복되었다. 그녀가 해준 모
든 것에 너무도 감사했다. 그는 가게를 그녀에게 선물하려

했으나 그녀가 완강하게 받지 않았다. 그녀의 도움아래 그는 천천히 기운을 차리기 시작했으며, 그녀를 가장 친한 벗이라 여기고 마음속에 있는 말들을 거리낌 없이 죄다 털어놓았는데, 그녀는 여전히 말없이 듣고만 있었다. 그는 그녀가 무엇을 생각하는지 몰라서, 그저 인내심을 갖고 경청 할 수밖에 없었다.

그런 어느 날 그는 자신의 평온한 생활에 지루함을 느끼고 어디론가 떠나기로 결심을 했다. 그는 여권을 발급받기 전에 가게의 모든 것을 정식으로 그녀에게 주었다. 이번에는 그녀도 반대하지 않고 그저 '당신을 돌아올 때까지 잘 관리 할게요' 라고 만 말했다.

그가 집으로 돌아왔을 때 그는 그를 위한 그녀의 마음 씀씀이에 감동을 했다. 집은 물론 가게의 물건 하나하나까지 원래에 자리에 잘 보관되어 있었으며, 마치 그가 돌아오기만을 기다리고 있는 것 같았다. 그는 큰 소리로 그녀의 이름을 불렀지만 아무도 대답하는 사람이 없었다. 가게는 새 주인으로 바뀌었는데, 새 주인이 그에게 그녀가 누적된 피로로 인해 반 년 전에 이미 세상을 떠났다고 알려 주었다. 그 주인은 그에게 그녀의 유품을 전달했는데, 잠자리 표본과 그녀가 임종 전에 유언을 남긴 녹음테이프였다. 테이프에는 그녀가 죽음 직전 잠깐 정신이 맑아졌을 때에 남긴 것으로 마치 어린 아이와 같은 부드러운 말로 '나……너에게 시집가도……괜찮아?'하고 말했다.

아무도 모를 것이다. 때로는 한 여자가 그녀의 일생을 바쳐 이처럼 간단한 말을 하려고 하는지를……。

89. 소년과 소녀는 어렸을 때 어떤 사이였는가?
    A 오빠와 여동생   B. 이웃지간
    C. 누나와 남동생   D. 학우

90. 소녀는 왜 소년에게 시집가려고 했는가?
    A. 그가 그녀를 엎고 강가에 놀러 가서
    B. 그녀에게 잠자리를 선물해서
    C. 그녀에게 관심을 가지고 잘 돌봐주어서
    D. 그가 욕을 하지 않아서

91. 그녀는 왜 결혼을 하지 않았는가?
    A. 나이가 어려서
    B. 다리가 불편해서
    C. 좋아하는 사람을 찾지 못해서
    D. 줄곧 그을 기다렸기 때문에

92. 그녀의 유품 중 왜 잠자리 표본이 있었는가?
    A. 잠자리를 좋아하기 때문임
    B. 그가 자신에게 선물 한 것이기 때문임
    C. 표본 수집을 좋아하기 때문임
    D. 그에게 선물하려고

[해설]

89. '有一年的夏天，邻居家的城里亲戚来玩，带来了他们的小孩，一个比女孩大五岁的男孩 (어느 해 여름 이웃집에 도시에 사는 친척이 놀러 왔는데, 그들

은 소녀보다 5살 많은 남자아이도 데려왔다)'라고 하였으므로 정답은 B입니다.

90. 첫 번째 단락에서 '不同的是，他不会说粗话，而且，他注意到了一个不会走路的小姑娘。男孩第一个把捉到的蜻蜓放在女孩的手心，第一个把女孩背到了河边，第一个对着女孩讲起了故事，第一个告诉她她的腿是可以治好的。第一个，仔细想来，也是最后一个。女孩难得地有了笑容？(다른 친구들과 다른 점이라면 그 소년은 욕을 할 줄 몰랐으며 게다가 걸을 수 없는 한 소녀에게 주의를 기울였다. 소년은 처음으로 직접 잡은 잠자리를 소녀의 손바닥에 놓아 준 사람이었으며, 처음으로 그녀를 엎어 강가로 데려간 사람이었으며, 처음으로 이야기를 들려준 사람이었으며, 처음으로 소녀에게 다리를 고치게 될 거라고 알려준 사람이었다. 자세히 생각해보니 그는 처음이자 마지막인 사람이었고, 소녀는 모처럼 웃을 수 있었다.)'라고 하였으므로 정답은 C입니다.

91. 두 번째 단락에서 '女孩眼泪汪汪地来送，在他耳边小声地说："我治好腿以后，嫁给你好吗？"男孩点点头。… 有一天，他接到一个电话，一个女子细细的声音说她的腿好了，她来到了这个城市 (소녀는 눈물을 뚝뚝 흘리며 그의 귓가에 작은 소리로 '내 다리가 다 나으면 너에게 시집가도 되지?'하고 물어 보았고, 소년은 고개를 끄덕였다. … 어느 날 그는 전화 한 통화를 받았는데 한 여자가 가는 소리로 자기 다리가 다 나았고, 이 도시에 와 있다고 했다.)'라고 하였으므로 정답은 D입니다.

92. 첫 번째 단락에서 '男孩第一个把捉到的蜻蜓放在女孩的手心 (소년은 처음으로 직접 잡은 잠자리를 소녀의 손바닥에 놓아 준 사람이었으며)'라고 한 것으로 보아, 어릴 때, 소년이 소녀에게 잡아준 잠자리를, 소녀가 표본으로 만들어 죽을 때 까지 간직하고 있었던 것을 알 수 있으므로, 정답은 B입니다.

[정답] 89. B 90. C 91. D 92. B

93.-96.
[단어]

干涸 gānhé 동 (호수, 연못 등의) 물이 마르다 / 萎缩 wěisuō 동 ① (식물이) 시들어 오그라들다, (몸이) 위축하다 ② (경제가) 쇠퇴하다. 활기를 잃다. 부진하다 / 鼠虫灾害 shǔchóngzāihài 명 쥐와 벌레에 의한 재해 / 畜牧 xùmù 명동 목축(하다) / 地盘 dìpán 명 세력권, 관할구역 / 分享 fēnxiǎng 동 (기쁨, 행복, 이점, 즐거움 등을) 함께 나누다. 함께 누리다 / 消减 xiāojiǎn 동 ① 감소하다. 줄어들다 ② (몸에 살이 빠져) 파리해지다. 수척해지다. 여위다 / 势头 shìtóu 명 형세. 형

[번역]

(93) 내몽고의 초원 면적이 해마다 감소하고, 수로가 마르고, 습지가 쇠퇴하나가 사라시고, 지하수위도 떨어지고 있다. 사막화는 비록 대규모로 발생하지 않았지만, 쥐와 벌레에 대한 재해는 오히려 빈번하게 나타난다. 사막화와 비교해 보았을 때 **(94)** 쥐와 벌레에 의한 재해가 적다고는 볼 수 없기 때문에, 사막화와 마찬가지로 국가의 생태 안전에 심각한 위협이 되었다.

내몽고 초원의 퇴화에 대해 사람들은 계속해서 맹목적으로 목축을 확대한 결과라고 강조한다. 그러나 어쨌든 사람들은 여전히 다른 원인을 간과하였는데, 그것은 바로 사람들이 자기의 노동성과나 활동지역을 동물들과 같이 누리는 것을 허용할 수 없는 것이다. 우리나라는 세계에서 습지유형이 완전하게 잘 갖추어져 있고, 수량이 풍부한 나라 중이 하나인데, 경제 발전과 인구증가의 압력으로 습지와 기타 생물들의 다양성에 보편적인 위협과 훼손을 입어 서, 감소하는 속도가 놀랍다.

자료에 따르면 우리나라에서는 매년 약 20개 정도의 호수가 사라진다고 한다. **(95)** 후베이의 호수 수량은 1066개에서 325개로 줄었다. 헤이룽 강 삼강평원의 500 여만 헥타르의 늪은 이미 113만 헥타르로 줄었다. 바닷가 습지는 이 세 반반 남았 나, 삼림은 20세기 50년대에 5만 헥타르에서 현재 1.4만 헥타르로 줄었다. 습지의 감소와 파괴로 습지 생태기능과 사회 효익은 정상적으로 발휘할 수 없고, 자연 재해를 방어하는 능력이 없어졌다. 소개에 따르면 습지는 지구에서 생물의 다양성이 가장 풍부한 생태계이며 인류의 제일 중요한 생태환경 중의 하나이다. **(96)** 습지는 인류의 생산과 생활에 여러 가지의 자원을 제공해 줄 뿐만 아니라 거대한 환경기능과 효익을 가지고 있다. 그리고 습지는 전 지구의 온난화를 완화시켜 준다. 습지는 겨우 육지면적의 25%~30% 만 차지하고 있지만, 탄수 순환문제에 중요한 작용을 하고 있다.

93. 본문에 따르면, 내몽고의 초원은 현재 어떠한가?
  A 나무를 심어 조림하고 있음
  B. 점점 사막화 되어 가고 있음
  C. 습지로 변했음
  D. 수로를 파고 있음

94. 사막화이외에, 마찬가지로 생태안전을 위협하는 것은 무엇인가?
  A 환경오염   B. 기후의 온난화
  C. 수질파괴   D. 쥐와 벌레의 재해

95. 후베이 성에서 현존하는 담수호는 얼마나 되는가?
  A. 113개   B. 325개
  C. 500개   D. 1066개

96. 본문에서 주로 논의하는 것은 무엇인가?
  A. 동물보호의 중요성   B. 중국 수자원의 위기
  C. 습지보호의 중요성   D. 토지 사막화의 해로움

[해설]

93. '内蒙古的草原面积逐年减少，河道水道干涸 ，湿地萎缩消失，地下水位下降 (내몽고의 초원 면적이 해마다 감소하고, 수로가 마르고, 습지가 쇠퇴하다가 사라지고, 지하수위도 떨어지고 있다)'라고 하였으므로 점점 사막화되어가고 있는 것을 알 수 있으므로 정답은 B입니다.

94. '鼠虫灾害损失并不见得小，同样对国家的生态安全构成了严重的威胁。(쥐와 벌레에 의한 재해가 적다고는 볼 수 없기 때문에, 사막화와 마찬가지로 국가의 생태 안전에 심각한 위협이 되었다.)'라고 하였으므로 정답은 D입니다.

95. '湖北的湖泊数量由1066个减少到325个 (후베이의 호수 수량은 1066개에서 325개로 줄었다.)'라고 하였으므로 정답은 B입니다.

96. '湿地是地球上最富生物多样性的生态系统和人类最重要的生态环境之一。它不仅为人类生产、生活提供了多种资源，而且具有巨大的环境功能和效益。另外它对缓解全球气候变暖也有重要作用，湿地仅占陆地面积的25%-30%，在碳循环问题上发挥着重要的作用。(습지는 인류의 생산과 생활에 여러 가지의 자원을 제공해 줄 뿐만 아니라 거대한 환경기능과 효익을 가지고 있다. 그리고 습지는 전 지구의 온난화를 완화시켜 준다. 습지는 겨우 육지면적의 25%~30% 만 차지하고 있지만, 탄소 순환문제에 중요한 작용을 하고 있다.)'라고 하였으므로 정답은 C입니다.

[정답] 93. B 94. D 95. B 96. C

97.-100.
[단어]

589

악 / **粉尘** fěnchén 몡 분진(분말 형태의 오염물) / **真菌** zhēnjūn 몡 진균, 곰팡이 / **燥热** zàorè 몡 (날씨가) 건조하고 덥다 / **误导** wùdǎo 그릇된 길로 이끌다. 오도하다 / **自主** zìzhǔ 통 (다른 사람에게 의지하지 않거나, 남의 간섭 또는 도움을 받지 아니하고 일을) 스스로 처리하다. 자주(自主)하다 / **循环** xúnhuán 통 순환하다 / **二氧化碳** èryǎnghuàtàn 이산화탄소(CO2) / **挥发** huīfā 통 휘발하다 / **有机化合物** yǒujīhuàhéwù 몡 유기화합물 / **未能** wèinéng 조동 …하지 못하다. …할 수 없다 / **达标** dábiāo 통 (규정된 표준에) 이르다. 다다르다. 도달하다 / **告诫** gàojiè 통 경고하다. 타이르다. 훈계하다 / **治理** zhìlǐ 통 ① 통치하다. 다스리다. 관리하다 ② 처리하다. 손질하다 / **推波助澜** tuībōzhùlán 솅 파란을 더 크게 하다. 부채질하다. 조장하다 [주로 좋지 않은 사태의 발전에 쓰임]

[번역]

요즘 높은 빌딩에서 일하는 많은 사람들은 영문을 모르게 **(97)** 자주 머리가 아프고, 코가 막히고, 눈이 건조하며 간지럽고, 피곤하고 무기력한 증상이 나타난다. 시간이 길어지면서, 사람들은 이런 현상을 '고층빌딩 증후군'이라고 부르게 되었고, 마치 이런 고층 빌딩 자체가 빌딩 안에서 일하는 직원들의 건강에 재난을 가져 온 것 같아서, 많은 이유 없는 비난들이 모두 고층 빌딩을 향해 쏟아졌다.

그러나 영국 과학가가 최근 발표한 어떤 연구보고에 따르면 이런 고층빌딩 증후군을 일으키는 병원체는 고층빌딩 자체가 아니라, 사람들이 일하는데 받는 스트레스가 진정한 주범이라고 한다. 이러한 연구를 하는 과정 중 연구원들은 런던의 44개의 고층빌딩에서 일하는 4000명의 영국 공무원들의 건강상태를 조사했다. 연구원들은 그들의 작업환경과 스트레스를 연구하고, 빌딩 안의 온도, 습도, 먼지, 공기 중의 진균과 세균 함량 등 관련 환경지표를 분석했다. 연구원들은 **(99)** 작업환경 중의 조열과 습도상태 및 공기 중의 가루먼지와 세균이 빌딩 안의 직원들한테 약간 영향을 미치기는 하지만, 진짜로 통계의미가 있는 결과에서는 오히려 **(98)** 공무원들이 받는 작업 스트레스와 항상 도움을 청할 곳이 없는 상황이 이 사람들을 '고층빌딩 증후군'에 걸리게 하는 진짜 원인이며, 일하는 장소는 이런 증후군과 실제로 상관이 없는 것을 발견하였다.

연구원들은 사실 '고층빌딩 증후군'이란 말을 잘못 이해하고 있다고 말한다. 이런 증후군의 증상은 실제로 존재하고, 또한 많은 직원들이 병가를 신청하기 때문에 경제적 손실이 매우 크다. 하지만 구체적인 작업환경이 이런 증후군을 생기게 하는 근원은 아니다. 연구원들은 소위 '고층빌딩 증후군'이란 것이 가리키는 것은 머리가 아프고, 코가 막히고, 눈이 건조하고, 피곤하고 힘이 없는 것 등 사람이 어떤 실내 환경 안에서 일할 때 받는 여러 증세를 말하는 것이라고 하였다. 그들의 연구는 이런 증세와 빌딩환경 사이에 상응하는 관계를 구체적으로 찾지 못하였지만,

오히려 이 연구를 통해 빌딩 안에서 일하는 사람들이 받는 일적 스트레스가 갈수록 심해지지만, 직원들의 권리는 갈수록 작아지는 상황에서 이런 증세가 더 심해지는 것을 발견하였다. 이외에도 연구원들은 공기순환이 잘 안 되는 편이고, 공기중의 이산화탄소, 진균 그리고 휘발성 유기 화합물의 지표가 기준치를 넘지 않는 작업 환경에서 사람들이 '고층빌딩 증후군'이 비교적 적은 것을 발견하였다. 연구원들은 이 발견에서 이런 기준치를 넘지 않는 작업 환경이 좋다는 것을 의미하는 것이 아니며, 빌딩 안의 직원들이 큰 영향을 받지 않더라도 이런 환경도 여전히 강력히 개선해야 된다고 경고하였다. 연구원들은 '고층 빌딩 증후군'같은 경우 심리와 사회 환경의 종합적인 차원에서 분석할 필요가 있다고 말한다. **(100)** 어쨌든 사람들이 일하는 데 받는 스트레스가 이런 증후군을 일으키는 주요한 원인이며, 작업 환경의 차이는 부채질하는 작용을 한다.

97. 본문에 따르면, 다음 중 고층빌딩 증후군을 일으키는 원인이 아닌 것은 무엇인가?
  A. 코 막힘   B. 눈이 건조하고 간지러움
  C. 피곤하고 무기력함   D. 더움

98. '고층빌딩 증후군'의 근본적인 원인은 무엇인가?
  A. 작업 스트레스   B. 공기 중의 세균
  C. 빌딩의 먼지   D. 빌딩의 습도

99. 연구원들은 연구결과를 통해 무엇을 발견했는가?
  A. 확인할 수 없음
  B. 연구 중 결론을 얻지 못함
  C. 작업환경은 직원에게 영향이 큼
  D. 작업환경은 직원에게 영향이 크지 않음

100. 작업 환경은 '고층빌딩 증후군'과 어떤 관계가 있는가?
  A. 전자가 후자를 심해지게 함
  B. 후자가 전자를 심해지게 함
  C. 전자가 후자는 상관이 없음
  D. 글에서 언급하지 않음

[해설]

97. '常常会莫名其妙地出现类似头疼，鼻塞，眼睛干涩发痒，以及疲乏无力这样的症状，时间一长，人们将这种现象称为"大楼综合征"(자주 머리가 아프고, 코가 막히고, 눈이 건조하며 간지럽고, 피곤하고 무기력한 증상이 나타난다. 시간이 길어지면서, 사람들은 이런 현상을 '고층빌딩 증후군'이라고 부르게 되었다)'라고 하였으므로 정답은 D입니다.

98. '这些政府雇员所面临的工作压力，以及常常所处的无助状态导致了这些人产生"大楼综合征"(공무원들이 받는 작업 스트레스와 항상 도움을 청할 곳이 없는 상황이 이 사람들을 '고층빌딩 증후군'에 걸리게 하는 진짜 원인이다.)'라고 하였으므로 정답은 A입니다.

99. '工作环境中的燥热和湿度情况，以及空气中的粉

尘和细菌对楼内工作人员的健康**有一些影响** (작업 환경 중의 조열과 습도상태 및 공기 중의 가루먼지와 세균이 빌딩 안의 직원들한테 약간 영향을 미치기는 하지만)'라고 하였으므로 정답은 D입니다.

100. '**总的来讲，人们所面对的工作压力是**造成这种综合征的**主要根源，而工作环境差别可以起到推波助澜的作用。** (어쨌든 사람들이 일하는데 받는 스트레스가 이런 증후군을 일으키는 주요한 원인이며, 작업 환경의 차이는 부채질하는 작용을 한다.)'라고 하였으므로 정답은 A입니다.

[정답] 97. D 98. A 99. D 100. A

[4주차 실력다지기 실전문제]

1회

[정답]

81 A	82 D	83 A	84 A	85 C
86 B	87 B	88 D	89 A	90 C
91 B	92 A	93 C	94 C	95 B
96 C	97 A	98 C	99 C	100 B

81.-84.

[단어]

向日葵 xiàngrìkuí 몡 해바라기 / 生长素 shēngzhǎngsù 몡 성장 호르몬 / 花盘 huāpán 몡 화반 / 背阳 bèiyáng 图 태양을 등지다 / 向阳 xiàngyáng 图 남쪽을 향하다. 남향하다. 해를 향하다 / 细胞分裂 xìbāofēnliè 세포분열 / 相应 xiāngyìng 图 상응하다. 호응하다. 서로 호흡이 맞다. 서로 맞아 어울리다 / 植株 zhízhū 몡 식물체 / 打转 dǎzhuǎn 图 맴돌다. 빙빙 돌다 / 基部 jībù 몡 (꽃의) 기반부분 / 显而易见 xiǎnéryìjiàn 솅 (일이나 도리 등이 매우 명백해) 쉽게 볼 수 있다. 분명히 알 수 있다. 똑똑히 보이다 / 冷光 lěngguāng 몡 ① 냉광 ② 냉혹한 시선, 싸늘한 눈빛 / 日光灯 rìguāngdēng 몡 형광등 / 模拟 mónǐ 图 본뜨다. 흉내내다. 모방하다 / 照射 zhàoshè 图 (빛이 물체에) 비치다. 비추다 / 转动 zhuǎndòng 图 ① (물체가 한 점을 중심으로) 돌다. 회전하다 ② 돌리다. 회전시키다 / 火盆 huǒpén 몡 화로 / 遮挡 zhēdǎng ① 图 막다. 가리다. 저지하다. 차단하다 ② 몡 차단물. 방해물. 은폐물 / 一反常态 yìfǎnchángtài 솅 평소의 태도와 완전히 다르게 바뀌다. 평상시와 판이하다 / 管状 guǎnzhuàng 몡 관모양의 모습 / 晒热 shàirè 图 열을 쬐다 / 纤维 xiānwéi 몡 섬유 / 收缩 shōusuō 图

① (물체가) 수축하다. 졸아들다 ② 축소하다. 줄이다. 좁히다. 집중하다 / 耐寒 nàihán ① 图 추위를 이기다 ② 휑 내한성이 있다. 추위에 강하다 / 均匀 jūnyún 휑 고르다. 균등하다. 균일하다

[번역]

당신은 해바라기의 화반이 마치 태양에 특별한 감정이 있는 것처럼 항상 태양을 따라서 돌고 있다는 것에 대해 주의를 기울인 적이 있는가? 과거에 사람들은 줄곧 이것은 식물의 성장호르몬이 작용한 것으로 여겼다. 즉 성장호르몬이 화반과 줄기의 태양을 등진 부분에 분포하여 그 부분의 세포분열을 촉진하면, 반대로 태양을 향한 면의 성장은 상대적으로 느려진다. 그래서 식물체는 구부러지기 시작하고, 해바라기 꽃의 화반은 이렇게 태양을 향해 돌게 되는 것이다.

하지만, 최근 식물 생리학자는 해바라기 꽃 화반의 기반 부분에서 태양을 향한 부분과 태양을 등진 부분의 성장호르몬 분포가 기본적으로 같다는 것을 발견하였다. 이것으로 **(81)** 해바라기 꽃이 태양을 향하는 것은 식물 성장호르몬의 작용으로 인한 것이 아니라는 것을 분명히 알 수 있다. 그렇다면, 해바라기 꽃이 태양을 향하는 이유는 무엇일까? 어떤 사람이 온실에서 햇빛 대신 형광등을 이용해서 햇빛의 방향을 모방하여 해바라기 꽃 화반에 빛을 비추는 실험을 하였다. 아침에는 동쪽에서 비추고, 저녁에는 서쪽에서 비추었는데도 불구하고, 해바라기 꽃은 시종일관 움직이지 않았다. 그러나 태양 대신 화로를 이용하고, 불빛을 가리자, 화반은 평상시와 다른 반응을 보였다. 밤낮, 동서남북을 가리지 않고, 한 결 같이 화로를 향해서 움직였다

이로써, **(82)** 해바라기 꽃 화반의 이동은 빛이 직접적인 영향을 끼치는 게 아니라, **(83)** 햇빛이 해바라기 화반 속의 길쭉한 관 모양의 꽃자루를 열로 덥혀서, 기반 부분의 섬유질이 수축되고, 이 수축이 곧 화반으로 하여금 스스로 방향을 이동하여 햇빛을 받는 것임을 알 수 있다. 그래서 해바라기는 '向热葵 (열바라기)'로도 불린다.

81. 식물학자는 해바라기가 태양을 향하는 것에 대해 어떻게 설명하였는가?
A. 싱징호르몬과 무관함
B. 온도와 무관함
C. 빛과 관계가 있음
D. 화반의 크기와 관계가 있음

82. 실험은 해바라기 꽃 화반의 이동은 주로 무엇과 관련이 있다는 것을 말해주고 있는가?
A. 빛 　　　　B. 토양
C. 비타민 　　D. 열량

83. 해바라기에 관해서 다음 중 옳은 것은 무엇인가?
A. 화반에 길쭉한 관 모양의 꽃자루가 있음
B. 밤에 꽃이 핌

　　C. 화반에 태양을 향하는 기능이 있음
　　D. 화반의 크기는 온도와 관계가 있음

84. 이 글의 제목으로 가장 적합한 것은 무엇인가?
　　A. 해바라기　　　　　B. 태양을 향하는 꽃
　　C. 빛과 온도　　　　　D. 신기한 식물

[해설]

81. '显而易见, 葵花向阳就不是植物生长素在起作用了 (해바라기 꽃이 태양을 향하는 것은 식물 성장호르몬의 작용으로 인한 것이 아니라는 것을 분명히 알 수 있다)'라고 하였으므로 정답은 A입니다.

82. 向日葵花盘的转动并不是由于光线的直接影响, 而是由于阳光把向日葵花盘中的管状小花晒热了, 基部的纤维会发生收缩, 这一收缩就使花盘能主动转换方向来接受阳光。 所以, 向日葵还可以称作 "向热葵"。 (해바라기 꽃 화반의 이동은 빛이 직접적인 영향을 끼치는 게 아니라, 햇빛이 해바라기 화반 속의 길쭉한 관 모양의 꽃자루를 열로 덥혀서, 기반 부분의 섬유질이 수축되고, 이 수축이 곧 화반으로 하여금 스스로 방향을 이동하여 햇빛을 받는 것임을 알 수 있다. 그래서 해바라기는 '向热葵 (열바라기)'로도 불린다.)'라고 하였으므로 정답은 D입니다.

83. '把向日葵花盘中的管状小花晒热了 (해바라기 화반 속의 길쭉한 관 모양의 꽃자루를 열로 덥혀서)'라고 하였으므로 정답은 A입니다.

84. 이글은 해바라기 꽃에 대해서 설명하고 있는 글이므로 정답은 A입니다.

[정답] **81.** A　**82.** D　**83.** A　**84.** A

85.-88.

[단어]

寄居蟹 jìjūxiè 명 소라게 / 螺 luó 명 (우렁이, 다슬기, 소라 등의) 권패류, 나사조개, 고동 / 海葵 hǎikuí 명 말미잘 / 追捕 zhuībǔ 통 추적하여 붙잡다. 체포하다 / 章鱼 zhāngyú 명 문어 / 花瓣(儿) huābàn(r) 명 〈植〉꽃잎, 화판 / 刺细胞 cìxìbāo 명 자세포 / 敬而远之 jìngéryuǎnzhī 성 존경하기는 하되 가까이하지는 않다 / 刺丝 cìsī 자사 [강장동물에 특유한 방어 장치인 자세포(刺細胞)의 일부를 말함] / 蜇 zhē ① (벌, 전갈 따위가) 쏘다 ② 쓰리다. (약한) 통증을 느끼다 / 尼罗河 Níluóhé 나일(Nile)강 / 鳄 è 명 악어 [＝ 鳄鱼 èyú] / 千鸟 qiānniǎo 명 물떼새 / 牙缝(儿) yáfèng(r) 명 잇새, 이 사이 / 残渣 cánzhā 명 찌꺼기 / 棘刺 jícì 명 ① 멧대추나무의 가시 ② 호저(豪猪) 따위의 등에 난 (단단하고 긴) 가시 ③ 동식

물의 가시 / 牙床(子) yáchuáng(zi) 명 잇몸 / 刺痛 cìtòng 통 ① (가시나 바늘로 찌르듯이) 쿡쿡 쑤시다 ② (가시나 침 등으로) 쿡쿡 쏘다 (찌르다) ③ (듣는 사람의 마음이 뜨끔하도록) 쏘다 (말하다) / 剔牙 tīyá 통 이를 쑤시다 / 蚜虫 yáchóng 명 진딧물 / 相投 xiāngtóu 통 (사상이나 감정 등이) 서로 맞다. 의기투합하다 / 亲密无间 qīnmìwújiàn 성 매우 친밀하여 조금의 격의(隔意)도 없다 / 糊精 hújīng 명 〈化〉덱스트린(dextrin) / 共栖 gòngqī 명통 편리 공생(하다)

[번역]

(85) ① 바다 구역에서는 고둥의 빈껍데기를 빌려 사는 소라게를 자주 볼 수 있으며, 껍데기 위에는 말미잘이 성장하고 있는 기묘한 현상도 볼 수 있다. 이는 말미잘은 스스로 옮겨 다닐 수가 없어 식량을 찾아다니기가 어려워서, 소라게의 껍데기 위에 붙어서 같이 활동을 하며 이러 저리 힘도 안 들이고 식량을 찾을 수 있다. 동시에 소라게가 남긴 식량도 먹는다. 예를 들어 문어의 다리가 껍데기 속으로 쉽게 들어와 소라게를 꺼내 먹어버린다 해도, 고둥껍데기 위에 있는 말미잘은 두려워할 필요가 없다. 말미잘의 촉수는 꽃잎 모양으로 독즙을 가득 가지고 있는 많은 자세포가 자라고 있어, 해양 동물들 모두 말미잘 근처에 가지 않으려고 한다. **(86)** 만약 다른 동물들이 그것에 닿으면 말미잘은 그 즉시 자세포에서 자사를 발사해 상대방을 쏘아 마비시킨 후 잡아 먹어버린다. 그러나 소라게의 혈액에는 독을 저항하는 물질이 있기에 말미잘의 독이 소용이 없다. 이렇기 때문에 문어 등 다른 동물들은 감히 소라게를 공격하거나 해치지 않으려고 한다.

(85) ② 아프리카 나일 강에 생활하는 나일 악어는 자주 수면으로 출몰하여 물고기류와 기타 동물들을 공격하는데 물떼새에게만은 친절하다. 물떼새는 자유자재로 악어 주둥이 근처에서 날아다니며 악어 잇새 사이에 낀 찌꺼기를 쪼아 먹는다. 어떤 때는 나일 악어가 너무 편안하여 주둥이 안의 친구를 잊어버리고 입을 다물어 버릴 때 가 있다. 이때 물떼새는 급하게 날개를 펄럭이며 깃털에 난 가시로 악어의 잇몸을 쿡쿡 찔러 나일 악어의 주둥이를 다시 벌리게 하여 배불리 먹은 물떼새는 재빨리 날아간다. 또 어떤 때는 물떼새가 날아 왔을 때 **(87)** 악어가 자고 있는 경우가 있는 데, 물떼새는 그것의 주둥이를 살며시 두드리면, 자기의 친구가 온 것을 알고 악어는 꿈속에서 깨어나 즉시 주둥이를 벌려 환영해주어 자기의 이를 쑤시게 해준다.

(85) ③ 개미와 진딧물의 냄새는 서로 맞아 매우 친밀하다. 개미는 진딧물을 보호하고 **(88)** 진딧물은 개미에게 '꿀 즙'을 나누어 주며 개미의 '젖소'가 되어 준다. 진딧물의 꼬리 부분에는 꿀 즙과 당분이 배출되는데, 단백질과 덱스트린을 함유하고 있어서 영양성분이 매우 풍부하여 개미가 아주 좋아한다. 어떤 때는 개미가 와서 촉각을 이용해 잔디물의 꼬리부분을 지면 신닛물은 개미가 믹을 수 있도록 비로 꼬리부분의 날개를 펴서 꿀 즙을 배출해준다. 개미 또한 진

딧물에게 많은 도움을 준다. 혹한 겨울이 오면 진딧물의 알을 자신의 소굴로 옮겨 겨울을 나게 해주며, 날씨가 따뜻해지면 진딧물의 알이 일광욕을 할 수 있도록 소굴 밖으로 또 다시 옮겨준다. 진딧물의 알이 부화해서 진딧물이 되면 작은 황색 개미는 날개가 아직 없는 진딧물을 또 다시 야생 풀 혹은 옥수수 뿌리 위로 옮겨 놓는데, 마치 사람들이 젖소를 푸른 풀이 있는 곳으로 끌고 가는 것과 같다.

85. 본문에서 주로 설명하고 있는 것은 무엇인가?
   A. 소라게의 이야기   B. 악어와 물새
   C. 동물의 편리 공생 현상 D. 동물의 우호관계

86. 만약 문어가 소라게를 잡아먹고 싶어 하면 어떻게 되는가?
   A. 소라게는 문어를 무서워하지 않음
   B. 말미잘의 촉수가 소라게를 보호함
   C. 장어는 죽을 것임
   D. 기타 동물은 모두 말미잘의 촉수를 두려워함

87. 만약 악어가 잠을 자고 있다면, 물떼새는 어떻게 하는가?
   A. 악어의 잇몸을 찌름
   B. 악어 주둥이를 두드림
   C. 악어를 맞이함
   D. 악어가 자신의 이를 쑤시게 함

88. 본문 중, 진딧물은 어떻게 개미를 돕는가?
   A. 대소변을 배출해 개미에게 줌
   B. 겨울에 개미를 옮겨 줌
   C. 개미에게 부화를 시켜 줌
   D. 개미에게 '꿀 즙'을 제공함

[해설]

85. ① '常常可以看到一些寄居蟹借居在空的螺壳内，壳上又生长着海葵的奇妙现象。(바다 구역에서는 고둥의 빈껍데기를 빌려 사는 소라게를 자주 볼 수 있으며, 껍데기 위에는 말미잘이 성장하고 있는 기묘한 현상도 볼 수 있다', ② '生活在非洲尼罗河上游的尼罗鳄，经常出没水面，袭击鱼类和其他动物，但它对千鸟却十分友好。千鸟可以自由自在地在鳄的嘴里跳跃，啄食其牙缝中的残渣 (아프리카 나일 강에 생활하는 나일 악어는 자주 수면으로 출몰하여 물고기류와 기타 동물들을 공격하는데 물떼새에게만은 친절하다. 물떼새는 자유자재로 악어 주둥이 근처에서 날아다니며 악어 잇새 사이에 낀 찌꺼기를 쪼아 먹는다', ③ '蚂蚁与蚜虫，这对动物气味相投，亲密无间。蚂蚁保护蚜虫，蚜虫供给蚂蚁"蜜汁"，成了蚂蚁的"乳牛"(개미와 진딧물의 냄새는 서로 맞아 매우 친밀하다. 개미는 진딧물을 보호하고 진딧물은 개미에게 '꿀 즙'을 나누어 주며 개미의 '젖소'가 되어 준다.'라고 하였으므로 정답은 C입니다.

86. '如别的动物碰着它，它会立即从刺细胞里射出刺丝蜇对方，使其麻痹，然后吃掉它。… 这样，章

鱼等别的动物就不敢轻易地去攻击和伤害寄居蟹了。(만약 다른 동물들이 그것에 닿으면 말미잘은 그 즉시 자세포에서 자사를 발사해 상대방을 쏘아 마비시킨 후 잡아 먹어버린다. … 이렇기 때문에 문어 등 다른 동물들은 감히 소라게를 공격하거나 해치지 않으려고 한다.'라고 하였는데, 지시 대명사 '它'는 바로 앞 문장에서 말하는 '海葵 (말미잘)'을 말하므로, 정답은 B입니다.

87. '尼罗鳄正在熟睡，千鸟就用翅膀轻轻敲打它的嘴巴 (악어가 자고 있는 경우가 있는 데, 물떼새는 그것의 주둥이를 살며시 두드리면)'이라고 하였으므로 정답은 B입니다.

88. '蚜虫供给蚂蚁"蜜汁" (진딧물은 개미에게 '꿀 즙'을 나누어 주며)'라고 하였으므로 정답은 D입니다.

[정답]   **85.** C   **86.** B   **87.** B   **88.** D

89.-92.
[단어]

蔚蓝色 wèilánsè 몝 쪽빛, 짙은 남색 / 斑驳 bānbó 몝 알록달록하다 / 穿梭 chuānsuō (베틀의 북이 왕복하듯이) 왕래가 빈번하다 / 映照 yìngzhào 몽 (빛이) 비추다, 조영하다 / 黑鳍鲨 hēiqíshā 몝 흑상어 / 珊瑚 shānhú 몝 산호 / 穿行 chuānxíng 몽 (구멍, 틈 등을) 빠져나가다, 지나가다, 통행하다, 가로질러 가다 / 美人鱼 měirényú 인어공주 / 攀 pān (무엇을 잡고) 기이오르다 / 海龟 hǎiguī 몝 바다거북 / 行礼 xínglǐ (절, 경례, 인사 등의) 예를 표하다, 선물을 보내다 / 太平洋海底世界 tàipíngyánghǎidǐshìjiè 태평양해저세계 / 花样 huāyàng 몝 ① 꽃무늬 양식, (각종) 양식, 종류, 패턴(pattern), 디자인(design) ② 속임수, 수작, 술수 / 潜水 qiánshuǐ 몽 잠수하다 / 不折不扣 bùzhébúkòu 솀 ① 할인하지 않다, 에누리 없다 ② 영락없다, 틀림없다 / 芳容 fāngróng 몝 아리따운 용모 / 光景 guāngjǐng 몝 ① 경치, 풍경, 경관 ② 상황, 정경, 형편 / 便装 biànzhuāng 몝 평상복 / 出人意料 chūrényìliào 솀 (사물의 좋고 나쁨, 상황의 변화, 수량의 크기 등이 사람의) 예상을 뛰어넘다, 예상 밖이다 / 鲨鱼 shāyú 몝 상어 / 嬉戏 xīxì 몽 즐겁게 놀다, 장난치다 / 纤弱 xiānruò 몝 섬약하다 / 忧郁 yōuyù 몝 (마음이) 무겁다, 침울하다, 우울하다, 울적하다 / 蛙泳 wāyǒng 몝 평영 / 飞行员 fēihángyuán 몝 (비행기 등의) 조종사, 파일럿(pilot) / 冷血 lěngxuè 몝 냉혈 / 蜥蜴 xīyì 몝 도마뱀 / 晒干 shàigān 몝 볕에 말리다 / 馋嘴 chánzuǐ 몝 게걸스럽다 / 乱子 luànzi 몝 화, 재난, 재앙 / 疤痕 bāhén 몝 흉터, 상처자리 / 抢劫 qiǎngjié 몝 (폭력이나 힘으로

남의 물건을) 빼앗다, 약탈하다, 강도질하다 / **血腥味** xuèxīngwèi 명 피 비린내, 피 냄새 / **后怕** hòupà 동 나중에 두려워하다, 뒤에 무서워하다 / **深度** shēndù 명 심도, 깊은 정도, 깊이 / **好胜** hàoshèng 형 지려고 하지 않다, 승부욕이 강하다

[번역]

새파란 쪽빛 해수 안에 아름다운 '인어' 한 마리가 여러 가지 불빛의 조명 아래서 수영하면서 왔다 갔다 하고 있다. 어떤 때는 무서운 흑 상어의 지느러미를 잡고 산호 사이를 지나가고, 어떤 때는 200여 살 된 큰 거북이의 등에 올라가서 관중들에게 인사한다. 이 '인어'의 역할을 하는 여자는 바로 북경 태평양 해저세계의 아크로바틱 잠수원 刘晶이다.

(89) 북경 태평양 해저세계의 7미터 깊은 해수조 안의 올해 23살도 채 안 되는 刘晶은 영락없이 스타이다. 많은 관중들이 해저 세계에 오는 목적은 바로 '인어'의 아름다운 모습을 한 번 보기 위해서이다. 刘晶이 이 특별한 직업에 종사한 지 이미 거의 2년이 다 되어가는 것을 알고 있지만, (90) 평상복을 입은 刘晶이 기자 앞에 앉아 있을 때 좀 뜻밖이었다. ― 방금 전의 사나운 상어와 물에서 놀고 있었던 '인어'가 뜻밖에 이렇게 마르고, 약하고, 조용하면서 약간 우울해 보이는 소녀일 줄은 생각지도 못했다.

'인어'를 하려면 수영을 잘해야 한다. 초등학교 1학년 때부터 수영을 배우기 시작한 刘晶은 북경시 초등학생 50미터 평영에서 5등을 한 적이 있다. 하지만 刘晶이 '인어'가 될 수 있었던 것은 단순히 수영만 잘해서가 아니다. 해양 관에서 아크로바틱 잠수원, 특히 '인어' 공연을 할 수 있는 사람은 전국에서 40명을 넘지 않는다. '인어'를 하는 조건은 심지어 파일럿이 되는 것보다 더 어렵다. 공연을 하는 사람은 수영을 잘해야 할 뿐만 아니라 더욱 중요한 점은 동물에 대한 사랑하는 마음이 있어야 한다. 그렇지 않으면 아무리 수영을 잘해도 사나운 냉혈동물들과 정을 쌓을 수 없고, 합격한 '인어'도 될 수 없다.

(91) 刘晶은 선천적으로 동물을 사랑하는 소녀이다. 겉으로 보기에는 약해 보이지만 고양이, 개 이외에 작은 뱀, 도마뱀 같은 냉혈동물들도 그녀의 집에 오는 단골손님이다. 그리고 물고기를 키우는 것을 가장 좋아한다. 물고기가 죽을 때마다 刘晶은 우는 것 말고도 물고기를 햇볕에 말려 표본을 만들어서 물고기들이 그리울 때마다 표본을 본다. 회사규정에 '인어'는 상어한테 음식을 주면 안 된다고 하지만, 刘晶은 상어와 정이 들려고 몰래 게걸스러운 상어 친구를 만족시킨다. 그러나 이 때문에 하마터면 큰 일 날 뻔했다고, 유정이 오른 손 위의 흉터를 가리키면서 기자에게 알려 주었다. 그 때는 정말 매우 위험했는데, 그녀가 작은 상어에게 음식을 먹여 줄 때 '美国红' 한 마리가 갑자기 먹이를 빼앗으러 와서, 결국 그녀의 손을 깨물고 말았다고 한다. 사실 '美国红' 한테 불려도 상관없지만, 옆에 있던 10여 마리 상어가 피 냄새를 맡았으면 큰 일 났을 것이다. 지금은 추억이 되었지만, 刘晶이 생각해보면 아직도 좀 무섭게 느껴진다.

여기서 제일 긴 상어는 3-6미터가 되고, 刘晶의 2 배 이상 크다. 그녀는 상어와 같이 춤을 추는 것도 위험하다고 인정한다. 그런데 (92) 기자가 왜 이런 '위험한 직업'을 선택했냐고 물어 보자, 刘晶은 '왜냐하면 이것은 다른 여자들은 할 수 있는 일이 아니잖아요.' 하고 대답하였다.

89. 이 문장에 따르면, 우리가 북경 태평양 해저세계에 대해 알 수 있는 것은 무엇인가?
   A. 깊이   B. 여행객의 인원 수
   C. 규모   D. 인어의 수

90. 이 문장에 따르면, 刘晶이 평상복을 입었을 때 어떠했는가?
   A. 활발함   B. 아름다움
   C. 조용함   D. 튼튼함

91. 네 번째 단락에 근거해서 우리가 알 수 있는 것은 무엇인가?
   A. 刘晶은 상어 사육사임
   B. 刘晶은 작은 동물을 기르는 것을 좋아함
   C. 刘晶은 동물표본 만드는 것을 좋아함
   D. 刘晶은 울기 싫어함

92. 刘晶은 왜 이 일을 선택했는가?
   A. 도전성이 강하기 때문임
   B. 그녀의 전공과 관계가 있음
   C. 수영을 좋아하기 때문임
   D. 그녀가 동물을 매우 사랑하기 때문임

[해설]

89. '在北京太平洋海底世界7米深的海水池里 (북경 태평양 해저세계의 7미터 깊은 해수조 안에서)'라고 하였으므로 정답은 A입니다.

90. '当换上便装的刘晶坐在记者面前时还真是有些出人意料—刚刚与凶猛的鲨鱼在水下嬉戏的 "美人鱼", 竟然是如此纤弱的一个女孩, 安静而略带忧郁。(평상복을 입은 刘晶이 기자 앞에 앉아 있을 때 좀 뜻밖이었다. 방금 전의 사나운 상어와 물에서 놀고 있었던 '인어'가 뜻밖에 이렇게 마르고, 약하고, 조용하면서 약간 우울해 보이는 소녀일 줄은 생각지도 못했다.)'라고 하였으므로 정답은 C입니다.

91. '刘晶就是一个天生喜欢动物的女孩, 别看她娇柔的模样, 除了猫、狗以外, 就连小蛇、小蜥蜴这些冷血动物也是她屋里的常客, 而养鱼更是她的最爱 (刘晶은 선천적으로 동물을 사랑하는 소녀이다. 겉으로 보기에는 약해 보이지만 고양이, 개 이외에 작은 뱀, 도마뱀 같은 냉혈동물들도 그녀의 집에 오는 단골손님이다. 그리고 물고기를 키우는 것을 가장 좋아한다.)'라고 하였으므로 정답은 B입니다.

92. '当记者问她为什么要选择这个 "危险职业" 时, 刘晶回答说: "因为这不是别的女孩能做的！" (기 자가 왜 이런 '위험한 직업'을 선택했냐고 물어 보자, 刘晶은 '왜냐하면 이것은 다른 여자들은 할 수 있는 일 이 아니잖아요.' 하고 대답하였다.)'라고 하였으므로 정 답은 A입니다.

[정답] **89.** A **90.** C **91.** B **92.** A

93.-96.
[단어]

开罗 Kāiluó 몡 〈地〉카이로(Cairo) / 伊斯法罕 Yīsīfǎhǎn 몡 〈地〉이스파한(Isfahan) / 波斯 Bōsī 몡 〈地〉페르시아(Persia), 이란의 옛 이름 / 阿 拉伯半岛 Ālābóbàndǎo 몡 아라비아 반도 / 波 斯湾 Bōsīwān 몡 페르시아 만 / 扎格罗斯山 Zhāgéluósīshān 몡 자그로스산맥(Zagros Mts) / 山 巅 shāndiān 몡 산꼭대기 / 客死 kèsǐ 툉 객사하 다 / 跋涉 báshè 툉 ① 산을 넘고 물을 건너다 [여 행길이 고생스러움을 형용] ② 여러 지방을 편력(遍 歷)하다 (돌아다니다) / 险阻 xiǎnzǔ 튕 ① 험조하 다. (길이) 험준하(여 다니기 어렵)다 ② (일이) 어렵 다. 힘들다. 간고하다 몡 장애(물), 험난한 길 / 风尘 仆仆 fēngchénpúpú 이리저리 떠다니며 객지에서 고생하다. 세상의 온갖 고생을 다 겪다 / 兵荒马乱 bīnghuāngmǎluàn 솅 병사와 군마가 어지러이 날뛰 다. 전시(戰時)에 세상이 어수선하다 / 土匪 tǔfěi 몡 ① 지방 악한, 토박이 악질 ② 토비, 토구, 지방의 무 장 도적떼 / 气息奄奄 qìxīyānyān [= qìxīyǎnyān] 솅 숨이 곧 끊어지려 하다. 목숨이 간들간들하다 / 成 千上万 chéngqiānshàngwàn 솅 수천수만, 대단히 많은 수의 형용 / 日晷(仪) rìguǐ(yí) 몡 해시계

[번역]

한 카이로 사람이 온종일 부자가 되는 생각만 했는데, 어 느 닐 밤 그의 꿈속에서 신이 그에게 '부자가 되고 싶으면 이스파한으로 가거라. 그곳에서 금화를 찾을 수 있을 것이 다.'하고 말씀하셨다. '세상에! 이스파한은 먼 페르시아에 있지 않은 가. 반드시 아라비아반도를 지나 페르시아 만을 거쳐 자그로스산맥을 타야만 산꼭대기에 있는 그 도시에 도착할 수 있게 되는데, 아마 도착하기도 전에 타향에서 객사하게 될 지도 모른다. 도대체 가야 하는지 말아야 하 는지.' 그러나 **(93)** 카이로 인은 '그러나 만약 가지않는 다 면 평생 부자가 되기는 힘들겠지.' 라고 생각하고, 그는 결 국 떠나기로 결심을 했다. 카이로 인은 산을 넘고 물을 건너 수많은 험난한 여정과 온갖 고생을 거쳐 '산꼭대기 도시'인 이스파한에 도착을 했

다. 그러나 그는 **(94)** 전시에 어수선한 그곳을 보고 매우 크게 실망을 했고, 가지고 왔던 값진 물건마저도 도적떼에 게 빼앗겼는데, 다행히 그곳 주민이 그를 구해주었다. '말 투가 이곳 사람 같지 않은데?' 생명의 은인이 그에게 물었 다. '저는 카이로에서 왔습니다.' 카이로 인이 숨을 헐떡거 리며 말했다. '어디? 카이로? 그렇게 멀고 부유한 도시에 서 새도 알을 까지 않는 이스파한에 온 이유가 뭡니까?' 은 인이 그에게 물었다. '제가 꿈에서 신의 계시를 받았거든 요. 이곳에 오면 수많은 금화를 얻을 수 있다고 했거든요.' 카이로 인은 솔직히 말하였다.

(95) 그는 크게 웃으며 '정말 우습군요. 저는 자수 이런 꿈 을 꾼답니다. 제가 카이로에 집이 있는데, 뒤뜰엔 일 곱 그 루의 무화과나무와 해시계가 있고, 그 해시계 근처에는 연 못이 있는데, 연못 바닥엔 많은 금화를 숨겨 놓았죠. 헛된 꿈꾸지 말고, 카이로로 돌아가시오.'하고 말했다. 카이로 인이 초라한 행색으로 카이로로 돌아온 지 얼마 되 지 않아 그는 카이로에서 가장 돈이 많은 부자가 되었다. 이스파한의 그 사람이 말한 일 곱 그루의 무화과와 연못이 바로 그의 집 뒤뜰에 있었으며, 그가 말한 연못 바닥에서 정말로 수없이 많은 금화를 찾아냈기 때문이다. 어떤 사람은 카이로 인이 자기 집 뒤뜰에 금화가 있는데 이스파한까지 다녀 온 것이 헛고생이었다고 하지만, **(96)** 만약 그가 이스파한으로 가지 않았다면 영원히 그곳에 금 화가 있다는 것을 몰랐을 것이다.

93. 카이로 인은 왜 아주 먼 이스파한에 갔는가?
  A. 그는 신을 만나기 위해서
  B. 이스파한이 부유한 도시이기 때문에
  C. 그는 부자가 되고 싶었기 때문에
  D. 그는 그 도시가 너무 좋아서

94. 이스파한의 상황은 어떠하였는가?
  A. 온통 풍요로움   B. 곳곳에 신선이 있음
  C. 전쟁 중이었음   D. 숲속에 도시가 있음

95. 현지인은 카이로 인의 행동을 어떻게 여겼는가?
  A. 배울 점이 많음   B. 매우 어리석음
  C. 신념이 강함   D. 매우 똑똑함

96. 만약 카이로 인이 이스파한에 가지 않았다면 그는 어 떠했을까?
  A. 여전히 금을 찾을 수 있었을 것임
  B. 부자가 될 수 있었을 것임
  C. 자기 집에 금이 있다는 것이 알지 못했을 것임
  D. 성공했을 것임

[해설]

93. '但是，如果不去，这辈子恐怕难以发财了 (그러나 만약 가지 않는다면 평생 부자가 되기는 힘들겠지'라고 생각하고, 그는 결국 떠나기로 결심을 했다.)'라고 하 였으므로 정답은 C입니다.

94. '令他大失所望，当地兵荒马乱 (전시에 어수선한 그

곳을 보고 매우 크게 실망을 했고)'라고 하였으므로 정답은 C입니다.

95. '那人大笑了起来：“真是个笑话⋯回到开罗去吧，别做白日梦了 (그는 크게 웃으며 '정말 우습군요 ⋯ 헛된 꿈꾸지 말고, 카이로로 돌아가시오.)'라고 하였으므로 정답은 B입니다.

96. '如果他没去伊斯法罕，也许永远不会知道这个结果 (만약 그가 이스파한으로 가지 않았다면 영원히 그곳에 금화가 있다는 것을 몰랐을 것이다.)'라고 하였으므로 정답은 C입니다.

[정답] **93.** C **94.** C **95.** B **96.** C

97.-100.

[단어]

埃及 **Āijí** 〈地〉 이집트(Egypt) [수도는 '开罗'(카이로임)] / 古国 **gǔguó** 명 역사가 오랜 나라 / 谷地 **gǔdì** 명 골짜기 / 大麦 **dàmài** 보리 / 小麦 **xiǎomài** 명 소맥, 밀 / 亚麻 **yàmá** 명 ① 〈植〉 아마 ② 〈방직〉 아마포 / 驯化 **xùnhuà** 통 (동물을) 길들이다 / 驯养 **xùnyǎng** 통 (야생 동물을) 기르며 길들이다, 길들여 기르다 / 共命运 **gòngmìngyùn** 운명을 같이 하다

[번역]

고대 이집트는 세계 4대 문명국 중의 하나이다. 이집트인은 오래 전에 이미 나일 강 골짜기의 비옥한 토지에 보리, 밀, 아마 등 농작물을 경작하고 식량을 비축하였다. 식량 창고는 마치 자석이 쇠 부스러기를 잡아당기는 것처럼 보통 무수한 쥐들을 끌어 들였고, 쥐는 또 무수한 고양이들을 끌어 들였다. 고양이는 이렇게 사람들의 노동성과를 위협하는 쥐라는 동물을 잡아먹어 주어서, 점점 인류와 가까워지기 시작했고, 아마도 음식을 훔쳐 먹는 쥐로 인해 고양이가 사람들의 아낌과 사랑을 받았으며 더욱이 **(98)** 고양이를 신의 화신이라 여겨서, 숭배되어지기 시작하였다. **(97)** 그런데 그때 당시 고양이는 아직 집 고양이로 길들이지 못했던 것 같다.

비록 5000년 전의 이집트인은 고양이를 길들이기 시작했으나, 여전히 농촌의 여러 지역으로만 국한되어 있었는데, 고양이가 쥐를 잡는 능력으로 인해 농민의 보호와 사육을 받았으며 고양이 자신도 대량으로 번식을 하게 되었다. 추측에 의하면 3500년 전이 되어서야 고양이는 비로소 집 고양이로 길들어졌다고 한다. 현재 남아있는 자료에 의하면, 집 고양이에 대한 자료 중 이집트보다 오래된 자료를 아직 찾지 못했기 때문에 세계에서 제일 최초로 집 고양이로 길들인 곳은 이집트라고 공인하였다.

비록 인류가 오랜 시간에 걸쳐 고양이를 길들여 인간과의

관계가 밀접한 집 고양이를 만들었지만, **(100)** 집 고양이는 여전히 독립성이 매우 강한 동물이다. 일부 생물학자는 **(99)** 집 고양이는 기타 가축과 달리 일단 집을 떠나면 본래의 외부 생존환경에 다시 적응하기 힘들기 때문에 인류의 생존과 인간에게 지나치게 의존을 해야만 한다고 말한다. 고양이는 인류가 정착하고 나서 비로소 인류의 생활 속으로 진입했으며 인류와 공동으로 노동생산품을 공유했다. 고양이들의 독립 생존 본능은 지금까지 여전히 남아 있는데, 야행성 또는 자유롭게 떠도는 것과 같은 원래 습관들은 현재에도 여전히 고쳐지지 않았다.

97. 본문에서 주로 설명하고 있는 것은 무엇인가?
  A. 고양이 길들이기
  B. 이집트인의 생활
  C. 고양이의 역사
  D. 집 고양이는 왜 사람들의 사랑을 받는가

98. 이집트인이 고양이에 대한 태도는 어떠한가?
  A. 싫어함   B. 좋아함
  C. 숭배함   D. 매료시킴

99. 만약 집 고양이가 사람을 떠나면 어떻게 되는가?
  A. 적응 못해 죽게 됨   B. 고통스러워 할 것임
  C. 다시 적응하기 힘듦   D. 새로운 환경에 잘 적응함

100. 작가는 고양이 성격의 특징은 무엇이라고 생각하는가?
  A. 인류와 공존함   B. 매우 독립적임
  C. 매우 귀여움   D. 매우 완강함

[해설]

97. '不过这时的猫，可能还未被驯化为家猫。虽然在5000年以前埃及人就开始驯养猫，不过还只限于农村各地。由于猫的捕鼠能力，而受到农民的保护和饲养，猫自身也大量繁殖起来。据推测，直至3500年之前，猫才被驯化为家猫。据现有的资料，还未见到比埃及更早的关于家猫的记载，所以世界上公认最早驯化家猫的是埃及。(그런데 그때 당시 고양이는 아직 집 고양이로 길들이지 못했던 것 같다. 비록 5000년 전의 이집트인은 고양이를 길들이기 시작했으나, 여전히 농촌의 여러 지역으로만 국한되어 있었는데, 고양이가 쥐를 잡는 능력으로 인해 농민의 보호와 사육을 받았으며 고양이 자신도 대량으로 번식을 하게 되었다. 추측에 의하면 3500년 전이 되어서야 고양이는 비로소 집 고양이로 길들어졌다고 한다. 현재 남아있는 자료에 의하면, 집 고양이에 대한 자료 중 이집트보다 오래된 자료를 아직 찾지 못했기 때문에 세계에서 제일 최초로 집 고양이로 길들인 곳은 이집트라고 공인하였다.)'라고 하였으므로 정답은 A입니다.

98. '开始被当作神的化身来崇拜 (고양이를 신의 화신이라 여겨 숭배되기 시작하였다)'라고 하였으므로 정답은 C입니다.

99. '一旦离开了人就**很难再适应原有的外界生存环境** (집 고양이는 기타 가축과 달리 일단 집을 떠나면 본래의 외부 생존환경에 다시 적응하기 힘들기 때문에)'라고 하였으므로 정답은 C입니다.

100. '家猫仍是一种**独立性很强**的动物 (집 고양이는 여전히 독립성이 매우 강한 동물이다)'라고 하였으므로 정답은 B입니다.

[정답]　**97.** A　**98.** C　**99.** C　**100.** B

2회

[정답]

81	D	82	B	83	C	84	D	85	A
86	C	87	D	88	B	89	B	90	A
91	B	92	B	93	B	94	A	95	A
96	B	97	C	98	A	99	D	100	A

81.-84.

[단어]

三角洲 sānjiǎozhōu 명 삼각주 / 导航 dǎoháng 동 〈航〉 항해나 항공을 유도하다 / 磁北极 cíběijí 명 자북극 / 重合 chónghé 동 포개어 합쳐지다 / 失踪 shīzōng 동 실종되다, 행방불명되다 / 磁气圈 cíqìquān 명 자기권 / 磁场 cíchǎng 명 자장 / 卫星 wèixīng 명 위성 / 暴风雨 bàofēngyǔ 명 폭풍우 / 液态 yètài 명 액화, 액상, 액체상태

[번역]

우리는 버뮤다 삼각지에 관해 일부 사람들이 버뮤다 삼각지가 이 지역의 항해나 항공유도 문제를 야기 시킨다고 여기고 있는 것을 알고 있다. 이곳은 **(81)** 지구상에서 몇 개의 자북극과 지리 북극이 포개어져 합쳐진 소수 지역이기 때문이다. 이와 비슷한 또 다른 지역은 일본의 해안 밖에 있는데, 그곳에선 신기하게도 배기 감쪽같이 사라지는 사건이 발생했다.

(82) 발견에 따르면, 버뮤다 삼각지에서 퍼지는 자기권의 변화속도가 지구상의 기타 어떤 지역보다 빠르다고 한다. 이 점에서 볼 때 버뮤다 삼각지는 세계 어느 지역과도 다르다. 덴마크 과학자 그룹은 자신들의 데이터와 20년 전 미국이 위성에서 얻어낸 자장 데이터를 비교했다. 이는 그들이 처음으로 버뮤다 삼각지를 전문적으로 연구한 것이며 놀랄 만한 결과를 얻어냈다. 그들은 **(83)** '우리는 위성을 통해 얻은 자장자료를 비교했는데, 이에 의하면 지난 20년 동안 버뮤다 삼각지의 자장은 6% 정도가 약해졌다.'고 전하였다.

버뮤다 삼각지의 자장이 약해지는 속도는 세계의 기타 어떤 지역 보다 빠르다. 이는 중요한 발견이다. 그렇다면 20년 동안 도대체 무엇이 이런 변화를 일으켰단 말인가? 과학자는 자장의 변화는 아마도 **(84)** 일종의 강렬한 난기류 즉 폭풍우 같은 것으로부터 생겨난 것인데, 자장의 지심 중의 액화 철에서 기원한 것으로 위치는 버뮤다 삼각지의 바로 아래라고 추측하였다.

81. 본문 중 버뮤다 삼각지가 어떤 지역인가?
　A. 매우 조용한 지역임
　B. 비행기가 이륙하는 지역임
　C. 배가 실종되는 지역임
　D. 자북극과 지리 북극이 포개진 지역임

82. 과학자는 버뮤다 삼각지의 어떤 변화가 빠른 것을 발견하였는가?
　A. 기체 온도　　　　　B. 자기권
　C. 비행기 속도　　　　D. 풍력이 약해짐

83. 과학자가 발사된 위성에서 얻은 데이터로 무엇을 설명하였는가?
　A. 자기권이 작아짐　　B. 자기권이 커짐
　C. 자장이 약해짐　　　D. 자장이 강해짐

84. 본문에 의하면 버뮤다 삼각지의 변화 이유는 무엇인가?
　A. 인위적 원인　　　　B. 동물의 파괴
　C. 자장의 변화　　　　D. 지심 물질의 변화

[해설]

81. '因为这是地球上少数**几个磁北极和地理北极重合**的地方 (지구상에서 몇 개의 자북극과 지리 북극이 포개어져 힙치진 소수 지역이기 때문이나.)'라고 하였으므로 정답은 D입니다.

82. '一项发现指出，百慕大三角洲上方**磁气圈的变化速度，比地球上其他任何地方都要快** (발견에 따르면, 버뮤다 삼각지에서 퍼지는 자기권의 변화속도가 지구상의 기타 어떤 지역보다 빠르다고 한다.)'라고 하였으므로 정답은 B입니다.

83. '我们比较了卫星所取得的磁场资料。它们显示，在过去的20年中，**百慕大地区的磁场减弱了大约6%** (우리는 위성을 통해 얻은 자장자료를 비교했는데, 이에 의하면 지난 20년 동안 버뮤다 삼각지의 자장은 6% 정도가 약해졌다.)'라고 하였으므로 정답은 C입니다.

84. '**来自一阵强烈的乱流**，就像一场暴风雨。**它起源于地核中的液态铁** (일종의 강렬한 난기류 즉 폭풍우 같은 것으로부터 생겨난 것인데, 자장의 지심 중의 액화 철에서 기원한 것으로)'라고 하였으므로 정답은 D입니다.

[정답]　**81.** D　**82.** B　**83.** C　**84.** D

85.-88.

[단어]

挥笔 *huībǐ* 图 붓을 휘두르다. 휘호(挥毫)하다 / 成章 *chéngzhāng* 图 ① 문장을 이루다 ② 조리가 서다 / 专心致志 *zhuānxīnzhìzhì* 图 온 마음을 다 기울이다. 열심이다. 전심전력으로 몰두하다 / 昼夜 *zhòuyè* 图 주야, 밤낮 / 凿壁偷光 *záobìtōuguāng* 图 벽에 구멍을 뚫어 이웃집의 불빛을 빌다; 가난하나 학문에 힘쓰다 / 出类拔萃 *chūlèibácuì* 图 출류발췌, 같은 무리보다 뛰어나다 / 是故 *shìgù* 图 이런 까닭으로, 그러므로 / 天资 *tiānzī* 图 타고난 자질, 천부의 성질 / 手到擒来 *shǒudàoqínlái* 图 손을 쓰면 곧 잡힌다; 식은 죽 먹듯이 해내다

[번역]

노력은 참된 지식을 낳는다. 노력은 성공으로 가는 열쇠이며 성공의 문으로 나아가게 한다. 노력은 지식을 세계에서 배움을 충실히 할 수 있는 교량이 된다. 노력은 실현한 이상이 훌륭하지 못한다 해도 새로운 것을 실현하게 해준다. 아인슈타인은 '천재는 1%의 영감과 90%의 노력으로 이루어진다.'고 했다. 그런 까닭에 우리는 노력을 배움의 기초로 해야 한다.

옛날에 한 학자가 집이 너무 가난해서 유등을 살수가 없었다. 그는 낮에 열심히 공부할 수밖에 없었다. 그는 전심전력으로 공부하는데 몰두하였으며 나중에는 **(86)** 벽에다 구멍을 뚫어 빛이 들어올 수 있게 하여 밤낮으로 쉬지 않고 공부에 전념했다. 후에 그는 마침내 성공을 거두었는데, 그가 바로 성어 '착벽투광(凿壁偷光)'의 주인공 광형(匡衡)이다. 이는 노력은 인재를 양성하게 되고 이상을 실현하게 해준다는 것을 충분히 설명해준다.

(87) 노력은 인재를 양성하고 바꾸어 말하면 노력하지 않으면 인재를 낭비하게 된다. 내 기억 중에 한 학생은 지능이 다른 사람보다 뛰어났다. 그의 두뇌 회전은 재빠르고 다각도로 사고할 수 있었기에 다른 급우들은 줄곧 그가 '천재'라고 생각했다. 그러나 그는 스스로를 개발하지 못하고 하루 종일 오락에 빠져 놀았다. 얼마 지나지 않아 그는 예전처럼 다재다능하지도 못했고 가지고 있던 그 지능 또한 결국 발휘하지 못했다. 그런 까닭에 단지 타고난 재능만 믿고 노력하지 않는다면 헛된 명성만 있을 뿐 결국 아무것도 이룰 수가 없다.

노력을 말로써는 다 설명하기는 힘들다. 그것은 실제행동의 표현이다. **(88)** '젊었을 때 학업에 충실하지 못하면 늙어서 후회해도 소용이 없다.' 그러므로 노력은 인재가 되기 위한 첫 걸음이며, 노력의 힘은 하늘보다 높으며 바다보다 깊고 땅보다 크다.

노력의 중요성을 이해한 사람은 인생의 철학과 이치를 체득하게 된다. 왜냐면 노력은 인재를 키울 수 있으며, 고생을 참아내고 분투하는 것이다. 노력은 지혜를 얻고 이상을 부추겨 그 다음 목표를 위해 노력하게 하며, 중국의 미덕을 충분히 발양하며, 동시에 눈부신 성과를 써낼 수 있다. 공부를 하는 생애 중에서 노력은 당신의 양손이며, 노력을 하면 모든지 쉽게 해낼 수 있다.

85. 첫 번째 단락은 어떤 수사법을 사용하였는가?
　　A. 비유법　　　　　　B. 의인법
　　C. 대구법　　　　　　D. 비유와 대구법

86. 광형(匡衡)은 왜 벽에다 구멍을 뚫었는가?
　　A. 유등을 아끼려고　　B. 벽이 망가졌기 때문에
　　C. 책을 보기 위해　　D. 재미있다고 여겨서

87. 노력하지 않으면 왜 인재를 낭비하게 되는가?
　　A. 근면은 학습의 기초이기 때문에
　　B. 똑똑하지 않은 사람은 노력을 해도 소용이 없기 때문에
　　C. 노력은 사람에 따라 다르기 때문에
　　D. 열심히 공부하지 않으면, 아무 일도 이룰 수 없기 때문에

88. 네 번째 단락의 밑줄 친 구절의 뜻은 무엇인가?
　　A. 밤낮으로 열심히 공부해야 함
　　B. 젊었을 때 열심히 공부해서 늙어서 후회하지 말아야 함
　　C. 나이와 상관없이 열심히 공부해야 함
　　D. 젊었을 때 열심히 돈을 벌지 않으면, 늙어서 비참하게 됨

[해설]

85. 노력의 중요성을 아인슈타인의 말에 빗대어서 설명했으므로 정답은 A입니다.

86. '灯光从洞口穿进, 他便昼夜不停地读书 (벽에다 구멍을 뚫어 빛이 들어올 수 있게 하여 밤낮으로 쉬지 않고 공부에 전념했다)'라고 하였으므로 정답은 C입니다.

87. 세 번째 단락 맨 앞부분에서 '勤奋可以铸就人才, 反之亦可浪费人才 (단지 타고난 재능만 믿고 노력하지 않는다면 헛된 명성만 있을 뿐 결국 아무것도 이룰 수가 없다.)'라고 하면서 바로 뒤에 모두가 천재라고 여길 정도로 총명한 한 학우에 노력하지 않아서 결국 아무 것도 해내지 못했다는 예를 들었고, 마지막부분에서 '光有天资, 不勤奋也只是浪得虚名, 最终一无所成 (단지 타고난 재능만 믿고 노력하지 않는다면 헛된 명성만 있을 뿐 결국 아무것도 이룰 수가 없다.)'이라고 하였으므로 정답은 D입니다.

88. '黑发不知勤学早, 白首方悔读书迟'는 "젊었을 때 학업에 충실하지 못하면 늙어서 후회해도 소용이 없다'는 뜻이므로 정답은 B입니다.

[정답] 85. A　86. C　87. D　88. B

89.-92.

[단어]

懶猴 lǎnhóu 몡 로리스(loris), 늘보원숭이 / 昼伏夜出 zhòufúyèchū 낮에 숨고 밤에 나오다 / 胆怯 dǎnqiè 겁내다. 위축되다 / 蜷缩 quánsuō 동 둥글게 오그라들다. 오므라들다 / 桠 yā 몡 가장귀 / 隐蔽 yǐnbì ① 은폐하다. 숨기다 ② (나뭇가지에) 가리우다. 덮이다 / 怕羞 pàxiū 동 부끄러워하다. 수줍어하다 / 寻觅 xúnmì 동 찾다 / 扑空 pūkōng 동 허탕 치다. 헛걸음하다. 헛일하다 / 巡视 xunshi 동 ① 순시하다 ② 사방을 살피다 / 出其不意 chūqíbùyì 성 출기불의. 뜻밖에. 불의에. 남이 생각이 미치지 않는 틈을 타(서 행동을 취하)다 / 嚼 jiáo 동 씹다 / 狼吞虎咽 lángtūnhǔyàn 성 게걸스럽게 먹다. 게눈 감추듯 하다. 꿀떡 삼키다 / 倦怠 juàndài 동 나른 (느른)하다. 권태롭다

[번역]

늘보원숭이는 중국 운남 동남부와 베트남의 북부 등에 분포되어 있다. 이 지역들은 세계에서 제일 북쪽에 위치한 열대우림지역으로써 늘보원숭이의 이상적인 서식환경이다. **(89)** 늘보원숭이는 전형적인 열대우림의 나무에서 서식하는 동물에 속하며, 땅에 내려와서 활동하는 경우가 극히 드물다. 늘보원숭이는 낮에는 숨어 있다가 밤에 나오며, 성질이 괴팍하고, 겁이 많고 사람을 무서워한다. 낮에는 몸을 공처럼 오므리고 나무 구멍이나 나무 가지 가장자리 또는 기타 밀폐된 지역에서 머리를 감싸 쥐고 잠을 자며, 밤이 되어서야 비로소 먹이를 찾으러 나온다. 소리 없이 느리게 행동해서 어떤 지역에서는 늘보원숭이를 '수줍은 고양이'라고 부른다.

늘보원숭이는 사냥할 때는 시각과 후각뿐만 아니라 매우 민첩한 청각에 의지한다. 이런 점은 야행성 동물에게 매우 중요하다. 사실 그것은 **(90)** 사냥할 때 먼저 소리를 통해 곤충, 작은 새, 쥐 류, 개구리, 달팽이 등 사냥감을 잡는데, 그 정확성이 매우 높아서 허탕을 치는 일이 거의 없다. 일반적으로 먼저 경계하여 사방을 살피고, 목표를 발견하게 되면 슬며시 접근하여 불시에 앞발로 공격을 해 사냥감을 잡는다. **(91)** 먹을 때는 주로 앉은 자세나 나무 가지에 걸쳐 있는 자세를 취하며, 손을 이용해 먹이를 쥐고 느리게 입 안에 들어온 먹이를 씹어 먹으며, 절대 게걸스럽게 먹는 일이 없다. 어떤 때는 뒷발을 나무 가지에 말고 손을 이용해 아래에 있는 과실을 따서 거꾸로 매달린 채 먹기도 한다. 늘보원숭이의 하루 식사량 중 동물성 식량의 비율은 10%~85%로 일정치 않으며, 이는 그것의 식성이 광범위하나 육식을 더 좋아한다는 것을 설명해준다. 매일 밤 많은 시간을 들여서 동물 사냥을 다니며, 동시에 먹고 싶은 과실들을 취한다.

늘보원숭이는 겉으로 보기에는 표정이 권태롭고, 동작이 느려 보이지만, 그러나 **(92)** 기어오르는 능력이 매우 탁월하며, 그 엄지손가락과 집게손가락은 180도로 구부러져있고 민첩해서, 독특하게 잡는 능력이 있어서, 가늘고 작은 나뭇가지 사이에서 왔다갔다 다닐 수 있고, 자주 이 능력에 의해 위험을 피할 수 있다.

89. 본문에 의하면 늘보원숭이는 일종의 어떤 동물인가?
    A. 땅에서 활동하는 동물임
    B. 나무에서 서식하는 동물임
    C. 고양이 과 동물임
    D. 체형이 아주 큰 동물임

90. 늘보원숭이는 제일 처음 무엇을 통해 먹이를 찾는가?
    A. 청각   B. 시각
    C. 후각   D. 미각

91. 늘보원숭이는 어떻게 식사를 하는가?
    A. 게걸스럽게 먹음
    B. 천천히 먹음
    C. 식물류를 좋아하는 편임
    D. 땅 위에서 먹음

92. 본문에 따르면, 늘보원숭이의 어떤 점을 알 수 있는가?
    A. 나무에 기어오르지 못함
    B. 기어오르는 것을 잘함
    C. 매우 어리석음
    D. 평소에 동작이 매우 민첩함

[해설]

89. '它属于典型的热带雨林中的树栖动物 (늘보원숭이는 전형적인 열대우림의 나무에서 서식하는 동물에 속하며)'라고 하였으므로 정답은 B입니다.

90. '它在捕猎的过程中常常是先通过声音寻觅到昆虫、小鸟、鼠类、青蛙、蜗牛等猎物的 (사냥할 때 먼저 소리를 통해 곤충, 작은 새, 쥐 류, 개구리, 달팽이 등 사냥감을 잡는데)'라고 하였으므로 정답은 A입니다.

91. '进食的时候，主要采取坐姿或爬站在树枝上，用手抓握食物缓慢地放进口中嚼食，从来没有狼吞虎咽的现象 (먹을 때는 주로 앉은 자세나 나무 가지에 걸쳐 있는 자세를 취하며, 손을 이용해 먹이를 쥐고 느리게 입 안에 들어온 먹이를 씹어 먹으며, 절대 게걸스럽게 먹는 일이 없다.)'라고 하였으므로 정답은 B입니다.

92. '有很强的攀援能力 (기어오르는 능력이 매우 탁월하며)'라고 하였으므로 정답은 B입니다.

[정답] 89. B 90. A 91. B 92. B

93.-96.

[단어]

高尚 gāoshàng 톙 ① 고상하다 ② 훌륭하다 / **强盗** qiángdào 톙 강도 / **打劫** dǎjié 튕 재물을 약탈하다 / **陷害** xiànhài 튕 모함하다 / **悬崖** xuányá 톙 현애, 낭떠러지, 벼랑 / **蹿** cuān 튕 (훌쩍) 뛰어오르다, 솟구쳐 오르다, 상승하다 / **扑** pū 튕 뛰어들다, 돌진하다, 달려들다 / **侵吞** qīntūn 튕 (재물, 토지 등을 슬그머니) 착복 (점유, 횡령)하다

[번역]

옛날 옛적에 한 늙은 국왕이 조만간 세 명의 아들 중 한 명에게 왕위를 계승해주겠다고 결심을 했다. 하루는 국왕이 아들 세 명을 불러놓고 '나는 늙었다. 너희 삼형제 중 한 사람에게 왕위를 물려주겠다. 그러나 너희 셋 모두 1년간 여행을 다녀와야 한다. 일 년 후에 너희들이 돌아와서 그 일 년 동안 해낸 일 중 가장 훌륭한 일을 나에게 알려주길 바란다. 정말로 훌륭한 일을 해낸 사람만이 나의 왕위를 계승하게 될 것이다.'하고 말했다.

일 년 후에 세 아들은 국왕에게 돌아와 지난 일 년 동안 밖에서 얻은 것들을 알려주었다. 큰 아들이 먼저 '저는 여행하는 동안 한 낯선 사람을 만나게 되었는데, 그가 저를 대단히 신임을 해서 저에게 금화 한 주머니를 주며, 다른 마을에 사는 자신의 아들에게 전해주라고 부탁을 했습니다. 저는 그 마을에 가서 본래 그대로의 금화 주머니를 그의 아들에게 잘 전해주었습니다.'하고 말씀을 드렸다. 국왕은 **(93)** 네가 한 일을 옳은 일이다. 그러나 성실함은 인간이 당연히 지녀야 할 인품으로써 훌륭한 일을 한 것이라고 하기 어렵구나.'하고 대답하였다.

둘째 아들이 뒤이어 '저는 여행 중 한 마을에 도착을 했는데 마침 강도가 약탈을 하고 있었습니다. 그래서 **(94)** 뛰어들어가 마을 주민을 도와 강도를 내쫓아 그들의 재산을 보호해 주었습니다.'하고 말씀드렸다. 국왕은 '네가 한 일은 잘한 일이다. 그러나 사람을 구해주는 것은 너의 책임감이니, 훌륭한 일을 한 것이라고 하기 어렵구나.'하고 대답하였다.

셋째 아들이 주저하면서 '제게는 원수 한 사람이 있습니다. 그는 온갖 방법을 동원해 저를 모함하려 했습니다. 저는 하마터면 수차례나 그의 손에 죽을 뻔했습니다. 저는 여행 중, 어느 날 밤에 홀로 말을 타고 벼랑 끝을 지나게 되었는데, 저의 원수가 마침 나무 아래에서 자고 있는 것을 발견하게 되었습니다. 제가 그를 살짝 밀어버리기만 하면 그는 벼랑 끝으로 떨어져 죽을 수 있었지만, 저는 그렇게 하지 않고, 오히려 그를 깨워서 이런 곳에서 자면 위험하다며 알려주며 길을 재촉해서 가라고 권했습니다. 후에 제가 말에서 내려 강을 건너려고 할 때 근처 숲에서 호랑이 한 마리가 튀어 나와 저를 공격했는데, 저의 절망에 빠졌을 때 저의 원수가 뒤 쫓아와 단 칼에 호랑이의 목숨을 끊어버렸습니다. 제가 왜 제 목숨을 구해 주었느냐고 그에

게 묻자 그는 '**(95)** 당신이 먼저 내 목숨을 구해 주었기 때문이오. 당신의 자애심이 나의 복수심을 녹였소.'하고 말했습니다. 이 일은…… 사실 큰일을 해낸 것이라고 보기는 어렵습니다.' 하고 말씀드렸다. '아니다, 아들아. **(96)** 자기의 원수를 도울 수 있다는 것은 훌륭하고 성스러운 일이다.' 국왕은 엄숙하게 '이리 오거라, 아들아 네가 훌륭한 일을 해냈으니, 오늘부터 왕위를 너에게 물려 줄 것이다.' 하고 말했다.

93. 국왕의 큰 아들은 어떤 덕성은 가지고 있는가?
   A. 고상함   B. 성실함
   C. 용감함   D. 책임감

94. 강도기 외서 약탈을 할 때 국왕의 둘째 아들은 어떻게 하였는가?
   A. 마을사람들의 재산을 보호해 주었음
   B. 강도를 죽였음
   C. 재산을 착복했음
   D. 강도를 도와주었음

95. 국왕의 셋째 아들의 원수는 왜 그를 도와주었는가?
   A. 그가 먼저 그의 원수를 구해주었기 때문에
   B. 그가 국왕의 셋째 아들을 좋아했기 때문에
   C. 원수가 양심에 가책을 느꼈기 때문에
   D. 그들은 원래 좋은 친구였기 때문에

96. 국왕은 왜 왕위를 셋째 아들에게 물려주었는가?
   A. 그가 매우 성실하기 때문에
   B. 원수를 도와주는 것은 훌륭한 일이라고 생각해서
   C. 그의 아들은 재능이 뛰어나기 때문에
   D. 셋째 아들을 가장 좋아하기 때문에

[해설]

93. 국왕이 첫째 아들에게 '你做得很对，但诚实是你做人应有的品德，不能称得上是高尚的事情。(네가 한 일을 옳은 일이다. 그러나 성실함은 인간이 당연히 지녀야 할 인품으로써 훌륭한 일을 한 것이라고 하기 어렵구나)'라고 하였으므로 정답은 B입니다.

94. '我冲上去帮村民们赶走了强盗，保护了他们的财产 (뛰어 들어가 마을 주민을 도와 강도를 내쫓아 그들의 재산을 보호해 주었습니다)'라고 하였으므로 정답은 A입니다.

95. '是你救我在先 (당신이 먼저 내 목숨을 구해 주었기 때문이오)'라고 하였으므로 정답은 A입니다.

96. '能帮助自己的仇人，是一件高尚而神圣的事 "来，孩子你做了一件高尚的事，从今天起，我就把王位传给你。" (자기의 원수를 도울 수 있다는 것은 훌륭하고 성스러운 일이다. 국왕은 엄숙하게 '이리 오거라, 아들아 네가 훌륭한 일을 해냈으니, 오늘부터 왕위를 너에게 물려 줄 것이다)'라고 하였으므로 정답은 B입니다.

97.-100.

[단어]

辐射 fúshè 명통 방사(하다), 복사(하다) / **极限** jíxiàn 명 극한, 최대한 / **抵御** dǐyù 통 막아 내다, 방어하다 / **演化** yǎnhuà 명통 진화(하다) / **搭乘** dāchéng 통 (차, 배, 비행기 등에) 타다, 탑승하다 / **陨石** yǔnshí 명 〈천문기상〉 운석 / **碰撞** pèngzhuàng 통명 충돌(하다), 충격 / **太空** tàikōng 명 우주, 매우 높은 하늘

[번역]

영국 방송국은 19일 미국과 러시아 과학자들로 구성된 연구팀이 최근 '특수한 물질로 만들어진'된 세균 몇 종류를 발견했다고 보도했다. 그들은 **(97)** 이런 종류의 세균들은 인체 내에서 방사능을 견딜 수 있고, 최대 수천 배의 방사능에서도 여전히 살아 있을 수 있다는 것을 발견했다. 그래서 과학자들은 이 극히 드문 특수한 세균 내부에 이미 강한 방사능을 막아 낼 수 있고, 수분을 유지할 수 있는 몇 가지 기능이 있다고 생각하였다.

(98) 증거를 바탕으로 할 때, 지난 40억년이 넘는 기간 동안 지구상에는 방사능 강도의 변화가 크지 않았기 때문에, 과학자들은 지구의 어떠한 생명의 기원도 이런 특이한 기능을 가지고 진화 할 수 있다고 믿지 않고, 이런 슈퍼 세균들은 화성으로부터 운석을 타고 지구로 온 지구상 최초의 간단한 생명체라고 생각했다.

그러나 또한 많은 학사들이 이것에 대해 문제를 제기하였다. 일부 학자들은 이런 슈퍼 세균의 DNA와 보통 세균과 별 다르지 않다고 지적했다. 그리고 또 다른 일부 학자들은 지구상에서 이미 발견된 수많은 운석 중 **(99)** 20여 개 정도만 화성에서 온 것이며, 설령 화성에서 이런 슈퍼세균이 왔다고 해도, 슈퍼 세균들이 운석을 타고 지구로 왔다는 가능성은 크지 않다고 지적하였다.

화성이 다른 천체에 의해 충돌된 후, 화성 표면의 일부 물질이 우주에 부딪혀서 마침내 지구상에 떨어져 형성된 것이 화성의 운석이다. **(100)** 태양계 형성 초기에는 작은 천체가 큰 천체가 큰 행성과 충돌하는 현상이 자주 나타났다.

97. 본문에 의하면 과학자들이 발견한 특수한 세균의 가장 큰 특징은 무엇인가?
　　A. 수명이 매우 김
　　B. 생존능력이 떨어짐
　　C. 매우 강한 방사능에 대항할 수 있음
　　D. 방사능에 대항 할 수 없음

98. 과학자들은 왜 이런 생명체가 지구에서 온 것이 아니라고 생각하는가?
　　A. 지구의 방사능 강도 변화가 크지 않기 때문에

　　B. 화성의 방사능이 매우 크기 때문에
　　C. 지구의 방사능은 매우 약하기 때문에
　　D. 화성의 외계인이 지구에 왔기 때문에

99. 현재 지구상의 운석 중 화성에서 온 것은 얼마나 되는가?
　　A. 없음　　　　　　　B. 400 여 개
　　C. 수 만개　　　　　D. 20여 개

100. 태양계 형성 초기 자주 있었던 일은 무엇인가?
　　A. 작은 천체가 큰 행성과 충돌함
　　B. 화성의 돌이 지구에 옴
　　C. 슈퍼세균이 지구에 옴
　　D. 화성의 운석이 지구에 충돌되었음

[해설]

97. '这些细菌在人体能够承受辐射，极限几千倍的辐射下仍然能够成活 (이런 종류의 세균들은 인체 내에서 방사능을 견딜 수 있고, 최대 수천 배의 방사능에서도 여전히 살아 있을 수 있다는 것을 발견했다)'라고 하였으므로 정답은 C입니다.

98. '科学家们不相信任何地球上起源的生命可以演化出这些特异功能，因为有证据显示，在过去40多亿年中，地球上的辐射强度变化不大 (증거를 바탕으로 할 때, 지난 40억년이 넘는 기간 동안 지구상에는 방사능 강도의 변화가 크지 않았기 때문에, 과학자들은 지구의 어떠한 생명의 기원도 이런 특이한 기능을 가지고 진화 할 수 있다고 믿지 않고)'라고 하였으므로 정답은 A입니다.

99. '只有20多枚来自火星 (20여 개 정도만 화성에서 온 것이미)'라고 하였으므로 정답은 D입니다.

100. '在太阳系形成的早期，经常出现小天体碰撞大行星的现象 (태양계 형성 초기에는 작은 천체가 큰 행성과 충돌하는 현상이 자주 나타났다)'라고 하였으므로 정답은 A입니다.

쓰기부분

[1주차 실력다지기 실전문제]

1회

[단어]

嗒嗒 dādā 의성 딱딱 / **竹竿** zhúgān 명 대나무 장대, 죽간 / **敲打** qiāodǎ 통 (물체의 표면을 소리가 나게)

두드리다, 치다, 때리다 / 打火机 dǎhuǒjī 몡 라이터 / 谋生 móushēng 됭 생계를 찾다, 살 방도를 찾다, 생활하다 / 颤抖 chàndǒu 됭 덜덜 떨다, 부들부들 떨다 / 自言自语 zìyánzìyǔ 엥 혼잣말하다, 혼자 중얼거리다 / 保佑 bǎoyòu 됭 보우하다, 가호하다 [미신적 개념] / 瞎子 xiāzi 몡 장님 / 爆炸 bàozhà 됭 터지다, 폭발하다, 파열하다 / 失声 shīshēng 이합동사 ① 엉겁결에 소리를 내다, 자신도 모르게 소리를 내다 ② (너무 비통하여) 목이 메다, 울음이 나오지 않다 ③ 목소리가 나오지 않다 / 喋喋不休 diédiébùxiū 엥 재잘재잘 끊임없이 지껄이다, 쫑알쫑알 쉴 새 없이 지껄이다 / 遭遇 zāoyù 됭 (적이나 불행한 일, 여의치 못한 일 등을 우연히) 만나다, 부닥치다 / 博得 bódé 됭 (호감, 동정 등을) 갖다, 얻다 / 交加 jiāojiā 됭 한꺼번에 오다, 겹치다 / 巨响 jùxiǎng 몡 큰 (울림) 소리 / 烈火 lièhuǒ 몡 맹렬한 불 / 熊熊 xióngxióng 엥 (불길이) 거세다 / 冷冷 lěnglěng 엥 냉랭하다, 쌀쌀맞다, 냉담하다 / 挣脱 zhèngtuō 됭 필사적으로 벗어나다 / 手杖 shǒuzhàng 몡 지팡이 / 不屑 búxiè 囝 …할 가치가 없다고 여기다 [주관적인 의식을 강조하며, 경시하는 의미를 포함하고 있음] / 生命无常 shēngmìngwúcháng 생명은 덧없다, 무상하다 / 践踏 jiàntà 됭 밟다 / 颓废 tuífèi 형 의기소침하다 / 听天由命 tīngtiānyóumìng 엥 하늘이 정해 준 운명을 따르다 / 彼岸 biàn 몡 ① (강, 호수, 하천, 바다 등의) 맞은편 기슭 ② 피안(彼岸) [불교에서 이승의 번뇌를 해탈하여 열반의 세계에 도달하는 일]

[번역]

张明 선생은 여러 해 동안 노력을 한 끝에, 지금은 마침내 존경 받는 기업가가 되었다.

어느 날, 그가 사무실에서 나오는데, 뒤에서 '딱딱'거리는 소리가 들려와서 발걸음을 멈춰 보니, 그것은 한 맹인이 대나무 지팡이로 바닥을 치면서 나는 소리였다. 맹인은 앞에 사람이 있다는 것을 알아차리고는 황급히 앞을 향해 '선생님, 저는 불쌍한 맹인입니다. 정말 정교하게 잘 만든 라이터를 1달러에 팔고 있습니다. 저는 이걸 팔아 겨우 먹고 살고 있는데 좀 도와주세요.'라고 말했다. 张明은 한숨을 한번 쉬고는 라이터를 받아 들고서 '제가 사용하지는 않지만 당신을 돕고 싶네요.'라고 말하며 지폐 한 장을 건네주었다. 맹인은 한번 만져보고는 그것이 100달러짜리 지폐인걸 알아차리고 흥분되어 목소리까지 떨면서 '선생님은 정말 착하신 분이군요. 하나님께서 보살펴 주실 거예요.'하고 말했다.

张明은 몸을 돌려 자리를 뜨려고 했지만, 맹인은 여전히 혼잣말로 '저는 원래 선천적인 장님은 아니었어요. 18년 전의 폭발사고로 이렇게 됐는데 정말 무서웠어요.'라고 말했다. 여기까지 듣고 나서 张明은 깜짝 놀라서 고개를 돌리고는 엉겁결에 '그때 그 화학공업공장 폭발이요?'라고

외쳤다. 그러자 맹인은 '그렇습니다.'하고 대답했다. 맹인은 자신이 张明의 주의를 끌었다는 것을 알게 되자, 곧 바로 쉴 새 없이 자신의 처지를 늘어놓았다. 그는 이 부자의 동정을 얻어 더 많은 것을 얻고 싶었다.

맹인은 '그 때 아주 많은 사람들이 죽었어요. 저도 그 때문에 오늘 이런 지경이 되어 빈곤까지 겪어야 했어요. 선생님께서는 당시 상황이 얼마나 무서웠는지 모르실 거예요. 엄청나게 큰 소리가 난 후 여기저기 불길에 휩싸였어요. 목숨을 건진 사람들은 한꺼번에 출구 쪽으로 몰렸지요. 원래 저는 이미 문 앞에 도착했었는데, 뒤에서 한 덩치 큰 남자가 '내가 아직 젊으니까 먼저 나가게 해주세요.'라고 말하면서 저를 밀어서 넘어뜨리고는 제 몸을 밟고 뛰어 나갔어요. 제가 깨어났을 때는 이미 앞을 전혀 볼 수 없었어요.'라고 말했다.

맹인이 계속 얘기하려고 하는데, 张明은 차갑게 그의 말을 끊으며 '당신은 지금 거짓말을 하고 있어요. 사실은 그렇지 않잖아요.'하고 말했다. 맹인은 깜짝 놀라 하소연을 멈추었다. 张明은 '당시 저도 화학공업공장 안에 있었는데, 당신이 제 몸을 밟고 문 밖으로 나갔잖아요. 당신이 했던 그 말들을 저는 평생 동안 잊지 못할 거예요!'하고 말했다. 그 소리를 듣고 나자 맹인은 멍해졌다. 그리고는 갑자기 张明의 옷을 붙잡고 격앙된 목소리로 '이건 불공평해! 나는 탈출했는데도 장님이 되었고, 당신은 안에 남아 있었는데 오히려 지금 이렇게 멀쩡하다니.'하고 부르짖었다.

张明은 그를 힘껏 뿌리치고 나서 자신의 근사한 지팡이를 치켜들고는, 무시하는 말투로 '저 역시 장님이에요. 하지만 저는 이제껏 한 번도 운명을 믿지 않았어요.'하고 말했다.

생명은 무상하여, 모든 사람은 크고 작은 고난을 겪게 마련이지만, 사람들마다 역경에 처했을 때 서로 다른 방법으로 대처한다. 몸이 불구가 되는 것, 특히 눈이 그렇게 되면, 우리의 생활에 끼치는 영향이 매우 커서 자신의 생존 방식을 찾는 것이 아주 쉽지 않다. 우리는 张明 선생이 어떤 방식으로, 어떠한 고난들을 극복하고, 자신의 사업을 시작하고 나서 성공까지 해낼 수 있었는지를 알 수 없다. 하지만, 그의 성공에는 18년 전 자신의 몸을 짓밟고 도망간 그 사람을 너그럽게 이해하는 것과 같은 일종의 엄청난 관용이 내포되어 있다. 그러나 张明은 그 사람의 의기소침하고, 무력하며, 운명에 그저 순응하는 모습에는 관용을 베풀 수가 없었다.

운명을 믿지 않고, 오로지 자신만을 믿고서, 절대로 지지 않겠다는 정신과 꿋꿋한 의지만 갖는다면, 마음속에 용감히 앞을 향해 나갈 수 있는 용기가 생길 것이고, 다시는 하늘이 불공평하다는 원망을 하지 않게 될 것이다. 설령 원망을 하지 않는다고 하더라도 반드시 모두 가 이상적인 결과를 얻는 것은 아니지만, 이런 마음의 격려와 노력의 과정이 우리의 생명을 더욱 완벽하게 할 것이다.

[모범답안]

							不	相	信	命	运					
	经	过	一	生	的	奋	斗	，	张	明	先	生	终	于	成	为	受 人

```
尊重的企业家。一天，张明碰见一个盲人在卖
打火机，盲人对他说："先生你可怜我买一个打
火机吧，只要1美元。"张明说自己虽然不用打
火机，可愿帮盲人，他给盲人一张一百美元的
钞票，盲人高兴极了。
　　盲人说他原来不是盲人，因为一场事故，
后来什么也看不见了，张明心里一震，他问盲
人是不是那场化工厂爆炸，盲人说："是啊，那
次死了很多人，我在往外跑时，有个人喊着'我
还年轻，先让我出去！'他把我推倒了，踩着我
出去了，而我醒来后就这个样子了。"
　　这时张明说："你说谎，当时我也在，是你
踩着我的身体跑出去的，你说的那几话，我永
远也忘不了。"盲人惊呆了，他对张明说，这不
公平，自己跑出去了，成了瞎子，张明却成了
富人。
　　张明不屑地对盲人说："我也是盲人，可我
不相信命运。"
　　不相信命运，只相信自己，只要你有一种
坚强的意志，内心就会有一种勇往直前的勇气
从而也就不再抱怨老天的不公平。这个心灵的
激励，这个奋斗的过程会让我们的生命更完美。
```

운명을 믿지 않다

张明 선생은 평생을 노력한 끝에, 마침내 존경 받는 기업가가 되었다. 어느 날, 张明은 라이터를 파는 한 맹인과 우연히 마주쳤는데, 맹인은 그에게 '선생님, 저를 불쌍하게 여기셔서 라이터 하나만 사주세요. 1달러면 됩니다.'하고 밑했다 张明은 비록 사신은 라이터를 안 쓰시반, 맹인을 돕고 싶은 마음에 맹인에게 100달러짜리 지폐 한 장을 건네자, 맹인은 아주 기뻐했다.

맹인은 자신이 원래부터 장님은 아니었는데, 한 사고 때문에 앞을 못 보게 되었다고 말했다. 张明은 깜짝 놀라 맹인에게 그때 그 화학공업공장 폭발사고냐고 묻자, 맹인이 '맞아요. 그 때 많은 사람들이 죽었지요. 제가 마침 밖으로 달려 나가고 있는데 어떤 사람이 '제가 아직 어리니까 먼저 나가게 해주세요!'라고 외치고는 저를 밀어 넘어뜨리고 나서 밟고 나갔어요. 제가 깨어나서 보니 이렇게 눈이 멀어 있더군요.'하고 말했다.

이 때, 张明은 '거짓말 마세요. 그 때 저도 거기에 있었는데 당신이 제 몸을 밟고 나갔잖아요. 당신이 했던 그 말들을 저는 영원히 잊을 수가 없어요.'하고 말했다. 맹인은 놀란 나머지 멍해졌다. 그는 张明에게 자신은 탈출했는데도 장님이 되고, 张明은 오히려 부자가 돼 어 있는 것이 너무 불공평하다고 말했다. 张明은 맹인에게 무시하는 어투로 '저도 맹인이에요. 하지만 저는 이제껏 한 번도 운명을 믿지 않았어요.'라고 말했다.

운명을 믿지 않고 오로지 자신만을 믿고서, 꿋꿋한 의지를 갖는다면, 마음속에 용감히 앞을 향해 나갈 수 있는 용기가 생길 것이고, 다시는 하늘이 불공평하다는 원망을 하지 않게 될 것이다. 이런 마음의 격려와 노력의 과정이 우리의 생명을 더욱 완벽하게 할 것이다.

[단어]

任教 rènjiào 이합동사 교편을 잡다, 교직을 맡다 / 逐一 zhúyī 부 하나씩, 하나하나 / 缎带 duàndài 명 댕기, 리본 / 别针 biézhēn 명 ① 핀, 옷핀, 시침 바늘, 안전핀, 머리핀, 브로치 / 仪式 yíshì 명 의식 / 易怒 yìnù 쉽게 화내다, 쉽게 성내다 / 极富 jífù 명 [중국지명] 장시성(江西省)에 위치함 / 仰慕 yǎngmù 동 우러러 그리워하다, 앙모(仰慕)하다 / 不可思议 bùkěsīyì 성 불가사의하다, 상상할 수 없다, 이해할 수 없다 / 夹克 jiákè 명 재킷 / 惭愧 cánkuì 형 (결점이나 잘못으로 인해) 부끄럽다, 수치스럽다, 송구스럽다, 면목이 없다 / 大吼大叫 dàhǒudàjiào 큰 소리로 울부짖다 / 呜咽啜泣 wūyèchuòqì 동 오열하다, 목메어 울다, 흐느껴 울다 / 颤抖 chàndǒu 동 덜덜 떨다, 부들부들 떨다

[번역]

뉴욕에서 교편을 잡고 있는 한 교사는 그녀의 학생들에게 그들이 얼마나 중요한지 그들에 대한 칭찬을 해서 알려주기로 했다.

그녀는 학생들을 일일이 강단으로 부른 후, 모두에게 이 학생이 전체 학급과 그녀에게 있어서 얼마나 중요한지를 알려주고 나서, 모든 학생에게 위에 금색으로 '나는 중요하다'라고 쓰여 있는 파란색 리본을 주었다. 그 후, 그 교사는 학급 연구프로젝트를 계획해서, 이런 행동이 사회에 미치는 영향을 알아보고 싶었다. 그녀는 모든 학생들에게 리본 핀 3개씩을 나누어 주고, 그들이 밖에 나가서 다른 사람들에게 자신이 했던 것처럼 감사 의식을 하고나서, 그 결과를 관찰하고, 1주일 후에 반에서 그 결과를 발표하도록 하였다.

그 반의 남자아이 한 명은 근처에 있는 회사의 한 젊은 관리자를 찾아갔는데, 그 관리자는 예전에 남자아이가 생활계획을 완수할 수 있도록 지도해준 적이 있었다. 남자아이는 파란색 리본을 젊은 관리자의 셔츠에 달아주고 나서, 핀 2개를 더 주면서 '저희는 지금 연구조사를 실시하고 있는데, 반드시 이 파란색 리본 하나를 감사하고 존경하는 사람에게 달아 주고, 또 나머지 핀도 함께 드려서, 그 사람도 다른 사람에게 제가 한 것과 같은 감사의식을 하게 하는 거예요. 그리고 나중에 제게 그 결과를 알려주시면 돼요.'라고 설명했다.

며칠 후, 이 젊은 관리자는 그의 사장을 찾아갔다. 어떤 면

에서 보면, 그의 사장은 화를 잘 내고, 잘 지내기 힘든 동료이지만, 재능이 정말 뛰어난 사람이었다. 젊은 관리자는 사장에게 그의 천부적인 사업적 수완에 감탄하고 있다고 말해 주자, 사장은 그 말을 듣고 매우 놀라워했다. 이어서 이 젊은 관리자는 사장에게 파란색 리본을 받아달라고 했으며, 아울러 그에게 직접 달아드릴 수 있게 해달라고 했다. 사장은 놀란 기색을 보였지만 곧 흔쾌히 허락했다. 그 젊은이는 리본을 사장 외투의 왼쪽가슴 위쪽에 달아 주었고, 남은 핀을 마저 주면서 '사장님, 저를 도와주실 수 있겠습니까? 이 리본을 사장님께서 감사하게 생각하는 사람에게 주십시오. 이것은 어떤 남자아이가 연구조사를 한다면서 제게 준건데, 이 감사 의식을 계속해나가게 되면 사람들에게 어떤 결과를 가져오는지를 알아보려고 하는 것입니다.'하고 말했다.

그날 저녁, 그 사장이 집에 돌아간 후, 14살 된 아들의 옆에 앉아서 아들에게 '오늘 이상한 일이 있었다. 사무실에 있는데 한 젊은 직원이 내게 와서, 나의 사업적 수완에 매우 감탄한다고 하면서 파란색 리본을 하나 주더구나. 생각해보니, 그 친구는 내 사업적 수완이 매우 존경 받을 만 하다고 여긴 모양이야. 그는 '나는 아주 중요하다'라고 쓰인 리본까지 나의 재킷에 달아주더구나. 그리고는 핀을 하나를 더 주면서 내가 감사하고 존경하는 사람에게 주라고 했어. 오늘 저녁에 차를 몰고 집에 오면서 이 핀을 누구에게 줄까 하고 곰곰이 생각해 보았는데 네가 생각나더구나. 너야말로 내가 감사하고 싶은 사람이야. 그 동안 내가 집에 돌아와서는 별로 너를 보살피지도 못하고, 놀아주지 못한 것 같아 정말 부끄럽게 생각한다. 때로는 네 성적이 안 좋다고, 또는 방이 너무 지저분하다고 네게 소리를 지르기도 했었지. 하지만 오늘밤은 그저 내가 여기에 앉아서, 네가 내게 얼마나 중요한 사람인지를 알게 하고 싶구나. 네 엄마 빼고, 내 삶에서 가장 중요한 사람은 바로 너란다. 착한 내 아들. 사랑한다.'하고 말했다.

그의 말을 들은 아들은 깜짝 놀랐다. 그리고는 이내 흐느껴 울기 시작하더니 나중엔 온몸을 들썩이며 주체할 수 없이 많은 눈물을 흘렸다. 아이는 눈물범벅이 된 얼굴로 '아버지, 저는 원래 내일 자살하려고 했었어요. 저는 아버지가 저를 사랑하지 않는다고 생각했었어요. 지금 보니 이젠 그럴 필요 없겠네요.'하고 말했다.

삶에 있어서, 모든 사람들은 다 중요하다. 우리는 감사하는 법과 존중하는 법을 배워야 한다. 당신이 다른 사람을 중요한 사람으로 여기면, 당신도 마찬가지로 중요해진다.

[모범답안]

我很重要

有一位老师，她给每一个学生一条蓝色的缎带上面写着"我是重要的。"之后老师发给每个学生3条这样的缎带，让他们把这3条缎带送给他们觉得最值得感谢的人。然后让他们报告这样做所产生的效果。

班上一位男孩子来到一家公司，他把这条缎带送给了一位年轻主管，并给他别在衬衫上然后，男孩把剩下的2条给了他，让他做同样的事情，然后告诉他所产生的效果。

这个主管把一条别在了老板的衣服上，然后对老板说："我很敬重你的才华。"接着他说请帮助自己把剩下的这条送给老板所感谢的人，因为这是一个男孩送给自己的，那个男孩正在进行一项研究，希望这样的感谢仪式继续下去，看看对大家会产生什么样的效果。老板答应了主管的请求。

那晚老板回家了，他把这条缎带给自己的儿子别上了，他对儿子说："原谅我对你关心不够，可我是爱你的，你是我一生中最重要的人。"

孩子哭了，对爸爸说，他本来以为爸爸不爱自己，正准备自杀，看来没有必要这样做了。

人生中，每个人都很重要，我们要学会感谢，学会尊重，当你把别人当成重要的人的同时，你也同样重要。

나는 매우 중요하다

한 선생님이 있었는데, 그녀는 모든 학생에게 '나는 중요하다'라고 새겨진 파란색 리본을 달아주었다. 그런 다음, 선생님은 모든 학생에게 리본을 3개씩 나눠 주고는, 그 리본들을 그들이 가장 감사하게 생각하는 사람에게 나누어 주고, 이렇게 해서 얻은 결과를 발표하도록 하였다.

그 반의 남자아이 한 명이 한 회사를 찾아가서, 젊은 관리자에게 리본을 주고, 직접 셔츠에 달아주었다. 그런 후에 남자아이는 남은 2개도 그에게 주며, 자신이 한 것과 마찬가지로 하고 난 후에 나중에 그 행동으로 인해 얻어진 결과를 알려달라고 했다.

이 관리자는 그 중 하나를 사장의 옷에 달아주고 나서, 사장에게 '저는 뛰어난 재능을 가진 사장님을 매우 존경합니다.' 라고 말하고 나서 남은 핀을 사장이 감사하다고 생각하는 사람에게 주라고 부탁했다. 아울러 이것은 연구조사를 실시하고 있는 한 남자아이가 자신에게 준 것인데, 이런 감사의식을 계속해나가게 되면 사람들에게 어떤 결과를 가져오는지를 알아보기 위한 것이라고 말했다. 사장은 그 관리자의 부탁을 들어주었다.

그날 저녁, 사장은 집에 돌아가서, 이 핀을 자신의 아들에게 달아주며 '내가 네게 너무 무심했던 것을 용서해 주렴. 하지만 나는 너를 많이 사랑한단다. 그리고 너는 내 삶에서 가장 중요한 사람이란다.' 말했다.

아이는 울면서 '아빠가 저를 사랑하지 않는다고 생각해 자살하려고 했었는데 이젠 그럴 필요 없을 것 같아요.'하고 말했다.

삶에 있어서, 모든 사람은 모두 중요하다. 우리는 감사하고 존중하는 법을 배워야 한다. 당신이 다른 사람을 중요한 사람으로 여기면, 당신도 마찬가지로 중요해진다.

1회

[단어]

苦闷 kǔmèn 휑 (마음이) 번거롭고 답답하다, 고민하다, 번민하다 / 愚笨 yúbèn 휑 어리석다, 미련하다, 멍청하다, 아둔하다 / 出乎意料 chūhūyìliào 솅 (사물의 좋고 나쁨, 상황의 변화, 수량의 많고 적음 등이 사람들의) 예상을 뛰어넘다, 예상 밖이다 / 灰雀 huīquè 똉 피리새 / 海浪 hǎilàng 똉 (바다의) 파도, 물결 / 翅膀 chìbǎng 똉 날개 / 海燕 hǎiyàn 똉 ① 칼 새 [칼 새 과의 새] ② 별 불가사리 [별 불가사리 과의 하나] / 穿越 chuānyuè 圐 (어떤 지역을) 통과하다, 지나가다, 관통하다 / 灵活 línghuó 휑 ① 민첩하다, 재빠르다, 융통성이 있다 ② 탄력적이다 / 笨拙 bènzhuō 휑 어리석다, 둔하다 / 彼岸 bǐàn 똉 ① (강, 호수, 하천, 바다 등의) 맞은편 기슭 ② 피안(彼岸) [불교에서 이승의 번뇌를 해탈하여 열반의 세계에 도달하는 일] / 顽强 wánqiáng 휑 (태도나 성질 등이) 완강하다, 굳세다, 꿋꿋하다, 강경하다 / 脆弱 cuìruò 휑 연약하다, 나약하다

[번역]

한 아이가 있었는데, 그는 늘 왜 자신의 학업성적이 항상 다른 아이들보다 뒤쳐지는지 이해할 수가 없었다. 그의 짝꿍은 1등을 하겠다고 마음만 먹으면 1등을 해냈지만, 그는 1등을 하겠다고 마음먹어도 반에서 21등 밖에 못했다. 집에 돌아가서 그는 '엄마, 저는 다른 사람보다 미련한가요? 제 생각에 저와 제 짝꿍은 똑같이 선생님의 말씀을 잘 듣고, 똑같이 열심히 숙제하고, 똑같이 복습하는 것 같은데, 왜 늘 제 성적은 그 아이보다 나쁜 거죠?'하고 물었다. 엄마는 어떻게 대답해 주어야 할지 몰랐다. 아이는 매우 고민했지만 이유를 찾을 수가 없었다.

또 한 번 시험을 보았는데, 이번에 아이는 17등을 했고, 그의 짝꿍은 역시 1등을 했다. 아들은 집에 돌아가서 같은 문제를 또 물어 보았다. 엄마는 사람의 지능은 분명히 차이가 있어서, 1등을 하는 사람의 머리는 보통사람보다 더 똑똑하다고 말해주고 싶었다. 하지만 엄마는 만일 그녀가 아들에게 그렇게 알려준다면, 아이가 자신이 미련하다고 여겨 학업을 포기할 수도 있을 것이라는 것을 알았다. 그래서 엄마는 아이의 자존심에 상처를 입고 학업의 흥미를 잃을까봐 두려워서 말을 꺼낼 수가 없었다. 얼마 후에 엄마는 이 문제 때문에 아이를 데리고 바다를 보러 갔고, 여행을 하면서 엄마는 아들의 문제에 대답해 주었다.

아들이 초등학교를 졸업했다. 비록 여전히 그의 짝꿍의 성적에는 못 미쳤지만 그는 줄곧 공부를 포기하지 않았고, 더욱 노력하여 계속 향상되어 갔다. 그는 다시는 어머니에게 이전과 같은 질문을 하지 않았다. 아이가 노력하는 모습을 보고 엄마는 매우 기뻤다. 시험을 여러 차례 치르면서 아이는 점점 더 우수해졌으며, 엄마는 한 결 같이 아이가 반드시 해낼 수 있다고 굳건히 믿고 있었다.

중학교에 다닐 때, 아들은 10등을 했고, 선생님은 아들이 좀 더 노력한다면 반드시 명문 고등학교에 들어갈 수 있을 거라고 말했다. 아들은 처음으로 선생님께 칭찬을 받고 나서 더욱 자신감을 갖게 되었다. 나중에 고등학교를 졸업할 때 아들은 전교 1등의 성적으로 청화대학에 합격했다. 이것은 온 가족이 자랑스러워할 만한 대단한 일이었으며, 아들의 여러 해 동안의 노력이 드디어 결실을 맺은 것이었다.

학교에서는 아이한테 다른 학생들과 선생님에게 자신의 학습경험과 대학에 합격한 소감을 발표하라고 했다. 의외로 그는 자신이 어떻게 힘들게 공부했는지에 대해서는 말하지 않고, 오히려 어렸을 때의 한 경험담을 이야기했다. 그는 '한번은 저와 어머니가 바다를 향해 모래밭에 앉아 있었는데, 어머니께서 앞을 가리키며 제게 '저기 바닷가에서 먹이를 놓고 다투는 새들을 보거라. 파도가 밀려오면 작은 피리새는 늘 빠르게 날아오르지. 그들은 날갯짓을 몇 번 하고는 곧바로 하늘로 날아 올라가는데, 아주 날렵하고 또 아주 똑똑하지. 하지만 바다제비는 아주 둔해 빠져서, 모래사장에서 하늘로 날아오르기까지 긴 시간이 필요하단다. 그렇지만, 오직 바다제비만이 바다를 넘어서 더 광활한 하늘로 날아 갈 수 있단다.'하고 말씀하셨어요. 제가 다른 사람보다 못할 때마다, 저는 자신이 우둔하다고 생각했지만 어머니는 오히려 저한테 '애야, 너는 용감한 바다제비란다!'하고 일러 주셨어요. 그 때부터 저는 줄곧 바다제비처럼 꿋꿋하게 생활한다면 언젠가는 성공할 수 있다고 다짐했어요. 저는 어머니께 감사드립니다.'하고 말했다. 이 발표는 그의 어머니를 포함해 많은 어머니들이 눈물을 흘리게 했다.

아이의 마음은 예민하고 연약해서, 늘 작은 실패에도 자신을 의심한다. 이때 아이에게 필요한 것은 칭찬과 격려인데, 아이로 하여금 이 세상에서 영원한 실패는 없고 노력하기만 한다면 언젠가는 성공할 수 있다는 것을 알게 해주어야 한다. 어머니의 격려 한 마디로 아이는 다시는 자신을 의심하지 않게 되며, 자신감을 되찾고 성공을 향해 전진할 수 있게 된다.

[모범답안]

			孩	子	需	要	肯	定	与	鼓	励			
	有	一	个	孩	子	，	他	想	不	通	为	什	么	自	己	学	习	不
好	，	每	次	考	试	后	，	他	总	是	问	母	亲	，	是	不	是	我	比
别	人	笨	？	母	亲	想	说	，	人	的	智	力	是	有	高	低	之	分	的
考	第	一	的	人	总	是	比	一	般	人	要	聪	明	，	但	母	亲	没	有
说	出	口	，	她	怕	孩	子	认	为	自	己	很	笨	，	因	此	就	会	放
弃	学	习	。	为	了	回	答	儿	子	的	问	题	，	她	带	儿	子	去	海
边	旅	游	，	然	后	回	答	了		儿	子	的	问	题	。				
	从	此	以	后	，	儿	子	经	历	了	小	学	、	初	中	、	高	中	,
他	再	也	没	问	过	母	亲	同	样	的	问	题	，	他	一	直	很	努	力
地	学	习	，	高	中	毕	业	时	，	儿	子	以	全	校	第	一	名	的	成
绩	考	上	了	清	华	大	学	。											

儿子在做学校报告的时候讲了一个故事，就是那次海边旅游的时候，妈妈对他说："那些聪明的小海鸟可以很快地飞起来，飞向大海，而小海燕却很笨拙，需要很时间才飞起来。但是只有海燕能穿越大海，飞向更广阔的天空。孩子，你就是一只海燕。"从那以后，他一直告诉自己要像海燕一样顽强的生活。最后他说我要感谢我的妈妈。

孩子常常因为小小的失败而自我怀疑，这时候最需要的是肯定与鼓励，要让他知道没有永远的失败，只要肯努力，总有一天会成功。

아이는 칭찬과 격려가 필요하다

한 아이가 있었는데, 그는 자기가 왜 공부를 못하는 지 이해가 안 되었다. 매번 시험을 보고나서 엄마께 자신이 다른 아이들보다 미련하냐고 물어 보았다. 엄마는 사람의 지능은 차이가 있어서 1등 하는 사람은 머리가 보통사람보다 똑똑하다고 말해주고 싶었지만, 엄마는 아이가 자신이 미련하다고 여겨 학업을 포기할까 봐 입 밖에 낼 수 없었다. 아이의 문제에 대답해주기 위해 그녀는 아이를 데리고 바닷가로 여행을 가서, 아들의 문제에 대답해 주었다.

그 후로 아들은 초등학교, 중학교, 고등학교를 거치면서 다시는 엄마에게 이전과 같은 질문을 하지 않았다. 그는 끊임없이 열심히 공부하여, 고등학교를 졸업할 때는 전교 1등의 성적으로 청화대학에 합격했다. 아들은 학교에서 발표를 할 때, 엄마와 함께 바닷가로 여행 갔을 때의 이야기를 했다. 그것은 엄마가 그에게 '저 총명한 피리새들은 빠르게 날아올라 바다로 날아갈 수 있지만, 바다제비는 아주 둔해 빠져서 오랜 시간이 걸려서야 비로소 날아오를 수 있단다. 그렇지만, 오직 바다제비만이 바다를 넘어서 더 넓은 하늘로 날아오를 수 있단다. 얘야, 너는 바로 바다제비란다.' 라고 해 주었던 이야기이다. 그 때부터 그는 줄곧 자신에게 바다제비처럼 꿋꿋하게 살겠다고 다짐했다고 하였으며, 마지막에 그는 자신의 어머니께 감사하다는 말씀을 드리고 싶다고 말했다.

아이는 늘 작은 실패에도 자신을 의심하는데, 이때 제일 필요한 것은 칭찬과 격려이다. 아이에게 영원한 실패는 없으며 노력하기만 한다면 언젠가는 성공할 수 있다는 것을 알려 주어야 한다.

2회

[단어]

哀求 āiqiú [동] 애원하다, 애절하게 구하다 / **毫无意义** háowúyìyì 부질없다, 의미가 없다 / **闷气** mènqì [형] (기압이 낮거나 공기가 통하지 않아) 답답하다, 갑갑하다 / **爆发** bàofā [동] ① (화산이) 폭발하다 ② (어떤 일이 갑자기) 폭발하다, 일어나다, 발생하다, 생기다, 터지다 / **枕头** zhěntou [명] 베개 / **弄皱** nòngzhòu [동] 구기다, 구김살이 생기게 만들다 / **凶** xiōng ① 흉악다, 포악하다, 사납다 ② 모질다, 지나치다 / **湿润** shīrùn [형] ① (토양 · 공기 등이) 습윤하다, 축축하다 ② 촉촉하다 / **沟通** gōutōng [동] 교류하다, 소통하다, 통하게 하다 / **无价** wújià 무의미하다, 무가치하다

[번역]

아버지는 대기업에서 일하시느라 매일 늦은 밤이 되어서야 퇴근을 했고, 아버지가 집에 돌아왔을 때마다 아들은 이미 잠들어 있었기 때문에, 아버지를 볼 수 있는 시간이 매우 적었다.

하루는, 아버지가 퇴근한 후 아주 늦게야 집에 돌아왔고, 너무 피곤해서 만사가 귀찮은 생각에 소파에 기대서 잠시 쉬려고 했다. 이때 아빠는 8살 된 그의 아들이 문 옆에 기대서서 그를 기다리고 있는 것을 발견했다. 아들은 마치 그에게 뭔가 말할 게 있는 것 같았다. 아들이 아빠한테 '아빠, 저 뭐하나 여쭤 봐도 돼요?'하고 말하자, 아버지는 '당연하지, 뭔데?'하고 되물었다. 그러자 아들은 '아빠가 1시간에 얼마나 버는지 가르쳐 줄 수 있어요?'하고 물었다. 아버지는 매우 화가 나서 '그건 네가 신경 쓸 일이 아니야. 그건 왜 묻는데?'하고 말했다. 아이는 '그냥 알고 싶어서 그래요. 1시간에 얼마나 버는지 좀 알려 주세요.'하고 애원했다. 아버지는 '네가 꼭 알아야겠다면 알려주마. 나는 1시간에 20달러를 번단다.'하고 말해주었다. 아들은 머리를 숙이면서 '아……'라고 하고는 바로 '아빠, 저한테 10달러만 빌려 주시겠어요?'하고 말했다. 아버지는 아들의 말을 듣고 화가 나서 아들에게 큰 소리로 '만일 네가 이렇게 물어본 것이 그저 돈을 빌려서 아무 의미도 없는 장난감이나 다른 물건을 사려는 것이라면, 네 방으로 돌아가서 침대에서 네가 왜 그렇게 이기적인지를 잘 생각해 보거라.'하고 나무라면서, 계속해서 '나는 매일 오랜 시간 동안 힘들게 일하느라 너와 함께 애들 장난이나 할 시간이 없다!'하고 말했다. 아들은 아무 말 없이 조용히 자신의 방에 돌아가 문을 닫았다. 아버지는 아직 아들의 문제로 화가 풀리지 않은 채 앉아서, 아들이 어떻게 감히 돈 때문에 이런 질문을 할 수 있을까를 생각했다.

1시간 쯤 지나고 나서 그는 마음이 좀 진정이 되자 그가 아들에게 너무 모질게 대했나 하는 생각이 들었다. 어쩌면 그는 그 10달러로 아들이 정말 갖고 싶어 하는 물건을 사 주어야 했는지도 몰랐다. 왜냐하면 아들이 그에게 용돈을 달라고 하는 일은 매우 드물었기 때문이다. 아버지는 아들의 방으로 가서 아들에게 '얘야, 자니?'하고 물었다. 그러자 아들이 '아빠, 저 아직 안 자는데요.'하고 대답했다. 아버지는 아들에게 '내가 생각해봤는데 내가 방금 전 네게 너무 심하게 했던 것 같다. 오늘 답답했던 마음이 한꺼

번에 폭발했던 것 같아. 미안하다. 이것은 네가 달라고 하던 10달러야……'하고 말했다. 아들은 미소를 지으며 일어나 앉은 다음 '아빠, 감사합니다!'하고 외치고는 곧바로 베개 밑에서 꼬깃꼬깃해진 지폐들을 꺼냈다. 이때 아빠는 아들이 이미 돈을 갖고 있으면서도 또 그에게 돈을 달라고 한 것을 보고는 다시 화가 치밀었다. 아들은 천천히 돈을 세고 있었다. 아빠는 화가 나서 '너는 이미 돈이 있는데도, 왜 더 많은 돈이 필요한 거니?'하고 물어 보았다. 아들은 '이전에는 돈이 모자라서 그랬는데, 하지만 지금은 충분해졌어요.'하고 대답했다. 아들은 신이 나서 아버지에게 '아빠, 저 지금 20달러 있거든요, 제가 아빠한테 1시간을 살 수 있나요? 내일 집에 일찍 오세요. 저는 아빠랑 함께 저녁 먹고 싶어요.'하고 말했다. 아빠는 잠시 멍해졌다가 이내 눈가가 촉촉해졌다……

바쁘게 살아가는 사람들은 종종 자신도 모르는 사이에 가족의 정에 신경을 못 써서, 아이와 대화하는 시간이 점점 줄어들고 있다. 우리는 그저 아이에게 돈을 주거나 아이의 요구를 들어준다고 해서 부모의 책임을 다했다고 생각하면 안 된다. 때때로 아이들은 그저 부모가 시간을 좀 내서 그들과 함께 있어주는 것을 바랄 뿐이다. 설령 한 끼 저녁 식사라 할지라도 그것으로 오랫동안 아이를 즐겁게 해줄 수도 있다. '저는 20달러로 아빠의 1시간을 사서 아빠와 함께 저녁밥 먹고 싶어요.' 바로 이것이 아이의 바람이며, 이런 가족의 정이야말로 가장 소중하고, 세상에서 가장 아름다우며, 가장 고귀한 사랑이다.

[모범답안]

最珍贵的亲情

　　一天爸爸回来的很晚，他感觉有点累，这时候他发现8岁的儿子正在等自己，儿子对爸爸说："爸爸你一小时能赚多少钱？"爸爸生气地对他说："你问这个干什么，这与你无关。"儿子哀求着说："爸爸，我想知道，请告诉我。"爸爸对他说："我一个小时赚20美金。"儿子听完，对爸爸说："那您能借给我10美元吗？"爸爸发怒了，他对儿子说："如果你问这问题只是要借钱去买玩具话，那么你回房间好好想想为什么你会那么自私？"爸爸继续说："我每天辛苦工作着，没时间和你玩小孩子的游戏！"儿子什么也没说回自己的房间了。

　　过了一个小时以后，爸爸平静下来了，他走到孩子的房间，跟儿子说对不起并给了儿子10美元。儿子高兴地从枕头底下拿出皱巴巴的钱，爸爸发现儿子有钱还向自己要钱，又生气了，儿子说因为以前钱不够，但是现在够了。儿子开心地对爸爸说："爸爸，我想用20美元买你一个小时的时间，明天请早一点儿回家，我想和你一起吃晚饭。"爸爸的眼睛湿润了。

　　这是一个孩子纯真的心愿，这份亲情永远无价，它是人世间最美好、最珍贵的爱。

가장 소중한 가족의 정

어느 날, 아버지는 아주 늦게 집에 돌아왔는데 좀 피곤했다. 이때 그는 8살 난 아들이 자신을 기다리고 있는 것을 발견했다. 아들은 아버지에게 '아빠, 1시간에 얼마 버세요?'하고 묻자, 아빠는 화가 나서 아들에게 '그건 물어서 뭐하게. 네가 신경 쓸 일이 아니야.'하고 대답하였다. 그러자 아들은 '아빠, 그냥 알고 싶어서 그래요, 좀 알려 주세요.'하며 애원했고, 아버지는 아들에게 '나는 1시간에 20달러를 번다.'하고 말해 주었다. 아들은 다 듣고 난 후 아버지게 '그럼 제게 10달러만 빌려주시겠어요?'하고 말씀을 드리자, 아버지는 화를 내며 아들에게 '만일 네가 이 질문을 하는 것이 그저 돈을 빌려서 장난감을 사려고 하는 것이라면, 네 방에 가서 네가 왜 그렇게 이기적인지를 잘 생각해 보아라.'하고 말하고는 이어서 '나는 매일 힘들게 일하느라 너와 애들 장난이나 할 시간이 없어.'하고 대답하였다. 아들은 아무 말 없이 자신의 방으로 돌아갔다.

1시간이 지난 후, 아빠는 마음이 좀 진정되자, 아이의 방으로 가 아들에게 사과하고 10달러를 주었다. 아들은 기뻐하며 베개 밑에서 꼬깃꼬깃해진 돈을 꺼냈다. 아빠는 아들이 돈이 있는데 또 자기에게 돈을 달라고 한 것에 다시 화가 났다. 아들은 예전엔 돈이 부족했지만 지금은 충분해졌다고 말하면서, 신이 나서는 아빠에게 '아빠, 저는 20달러로 아빠의 1시간을 사고 싶어요. 내일 좀 일찍 퇴근하셔서 저와 저녁 식사 함께 해주세요.'하고 말했다. 아빠의 눈은 이내 촉촉해졌다.

이것은 한 아이이 순진한 바람이며, 이런 가족의 정은 영원히 가장 소중하며, 세상에서 가장 아름답고, 고귀한 사랑이다.

Me
mo

송산출판사

듣기 1부분 기출 단어

〈기출 단어정리〉는 5000개 필수단어에는 없지만, 실제시험에는 출제된 듣기 1부분의 기출단어만 따로 정리해 놓은 부분입니다. 이 부분의 단어를 포함하여 듣기부분을 학습하여 철저히 실전에 대비해 보도록 합시다.

단어	발음	품사와 뜻
船舶	chuánbó	몡 배, 선박
能见度	néngjiàndù	몡 가시거리, 가시도
光照	guāngzhào	몡 일조 동 비치다, 비추다
进而	jìnér	접 더 나아가, 진일보하여
领奖	lǐngjiǎng	동 상(품)을 타다 (받다)
言谈举止	yántánjúzhǐ	몡 언행, 말과 행동
彬彬有礼	bīnbīnyǒulǐ	성 예의가 밝아 점잖다, 점잖고 예절이 바르다
殷勤	yīnqín	형 은근하다, 정성스럽다, 따스하고 빈틈없다
得体	détǐ	형 (언어나 행동 등이) 틀에 꼭 맞다, 신분에 걸맞다, 제격이다
拘禁	jūjìn	몡동 구금(하다)
排除	páichú	동 (1) (장애를) 제거하다, 배제하다 (2) 배설하다
碰杯	pèngbēi	동 (건배할 때) 잔을 서로 부딪치다, 건배하다
清脆	qīngcuì	형 (목소리, 발음 등이) 낭랑하다, 맑고 깨끗하다
甲天下	jiǎtiānxià	천하제일이다
风情	fēngqíng	몡 (1) 풍향, 풍력의 상황 (2) 풍치, 운치

视为	shìwéi	(동) ~로 보다 (생각하다, 간주하다)
职场	zhíchǎng	(명) 직장, 일터
网民	wǎngmín	(명) 네티즌
曲折	qūzhé	(명) (우여)곡절, 복잡하게 얽힌 (미심쩍은) 사정, 자세한 내용 (형) (1) 굽다, 구불구불하다 (2) 복잡하다, 곡절이 많다
航天	hángtiān	(명) 우주비행
卫星	wèixīng	(명) (인공)위성
调控	tiáokòng	(동) 조정, 제어하다
机智	jīzhì	(명)(형) 기지(가 넘치다)
奇特	qítè	(형) (1) 기묘하다, 기괴하다 (2) 특출하다
宣泄	xuānxiè	(동) (1) 새나가다, 누설되다, 누설하다 (2) 물길을 트다, 물을 빼다, 배수하다 (3) 화나 울분을 풀다 (털어 놓다)
秘诀	mìjué	(명) 비결
依附	yīfù	(동) 의지하여 따르다, 의뢰하다, 종속하다, 붙다
载满	zàimǎn	(동) 만재하다, 가득 싣다
下坡	xiàpō	(명) 내리막 (동) (1) 언덕 (비탈, 내리막)을 내려가다 (2) 떨어지다, 세력이 약해지다
追赶	zhuīgǎn	(동) (1) (뒤)쫓다, 쫓아가다, 따라잡다 (2) 재촉하다, 몰아붙이다, 다그치다
气喘吁吁	qìchuǎnxūxū	(동) 숨이 차다 (가쁘다), 헐떡거리다
票房	piàofáng	(명) (극작, 역 등의) 매표소
演技	yǎnjì	(명) 연기
一举手 一投足	yìjǔshǒuyìtóuzú	일거수일투족

待人接物	dàirénjiēwù	성 사람을 대하는 태도
卵黄色	luǎnhuángsè	명 난황색, 노란 색
开阔	kāikuò	형 (면적 혹은 공간범위가) 넓다, 광활하다
明朗	mínglǎng	형 (1) 밝다, 환하다 (2) 분명하다, 명백하다, 뚜렷하다
松弛	sōngchí	형 (1) (줄이) 늘어지다, 느슨하다, 헐겁다 (2) (관계, 규율, 경계 등이) 해이하다, 무르다, 엄하지 않다
氛围	fēnwéi	명 (1) 대기, 공기 (2) 분위기
烹饪	pēngrèn	명동 요리(하다), 조리(하다)
缩短	suōduǎn	동 (길이, 거리, 시간 등을) 단축하다, 줄이다
分享	fēnxiǎng	동 (1) 몫을 받다, 배당을 받다 (2) (행복, 기쁨 등을) 함께 나누다, 누리다
排斥	páichì	동 배격하다, 배척하다, 반발하다
与众不同	yǔzhòngbùtóng	성 보통 사람과 다르다, 남다르다, 남보다 뛰어나다
消遣	xiāoqiǎn	동 심심풀이하다, 한가한 시간을 보내다, 소일하다
高谈阔论	gāotánkuòlùn	성 고상하고 오묘한 의론을 끊임없이 주고받다; 공리공론 (탁상공론)을 끊임없이 늘어놓다
处世	chǔshì	동 사회에서 활동하며 사람들과 왕래하다, 처세하다
规划	guīhuà	명 계획, 기획 [비교적 종합적이고 장기적인 계획에 쓰임] 동 계획하다, 기획하다
笨拙	bènzhuō	형 (1) 서툴다 (2) 우둔하다, 굼뜨다

付诸	fùzhū	동 (～에) 부치다
先天	xiāntiān	명형 선천(적인)
仰望	yǎngwàng	동 (1) (머리를 들어) 바라보다 (2) 삼가 바라다 (3) 받들다, 존경하다
企盼	qǐpàn	동 바라다, 기대하다, 희망하다
游子	yóuzǐ	명 나그네, 방랑자
借此	jiècǐ	동 이 기회를 빌다 접 이(것으)로써, 그(것으)로써
花光	huāguāng	동 전부 써버리다
云游四海	yúnyóusìhǎi	온 천하를 주유하다, 여러 곳을 돌아다니다
奢侈	shēchǐ	형 사치하다
岁月	suìyuè	명 세월
缺席	quēxí	명 결석(자) 동 결석하다
肠炎	chángyán	명 장염
羊圈	yángjuàn	명 양 우리
亡羊补牢	wángyángbǔláo	성 소 잃고 외양간 고치다 (1) 이미 실패나 손실을 당한 뒤에 대책을 강구하는 것도 치후의 재난에 대비할 수 있다 (2) 실패한 후 손질하는 것은 쓸데없다
修复	xiūfù	동 (1) (건축물을) 수리하여 복원하다 (2) 재생하다, 회복하다 (3) 편지 회답을 하다
前提	qiántí	명 (1) 전제 (2) 전제조건, 선결조건
胜任	shèngrèn	동 (맡은 직책, 임무 등을) 능히 감당하다
肯干	kěngàn	동 자발적으로 일을 하다
酗酒	xùjiǔ	동 주정하다, 취해서 난폭하게 굴다

忧郁	yōuyù	동 근심 걱정하다, 번민하다 형 우울하다, 울적하다, 마음이 무겁다
本真	běnzhēn	명 원래 모습, 원래 모양 형 성실하고 순진한, 바르고 솔직하다
绅士	shēnshì	명 (1) (옛날, 지방의) 유력인사, 명사, 세도가 (2) 신사
工匠	gōngjiàng	명 공예가, 공인
臀围	túnwéi	명 (양장에서) 엉덩이 둘레
摩擦	mócā	명동 마찰(하다)
融洽	róngqià	형 사이가 좋다, 조화롭다, 융화하다
交界	jiāojiè	명 경계, 접경 동 경계선이 맞닿다, 인접하다
掩护	yǎnhù	명동 엄호(하다), 몰래 보호하다
凝聚力	níngjùlì	명 응집력
鲸鱼	jīngyú	명 고래
栖息	qīxī	동 서식하다, 깃들이다, 머물다 [주로 새에 대하여 씀]
须子	xūzǐ	명 수염뿌리, 수근
全力以赴	quánlìyǐfù	성 전력을 다하여 일에 임하다, 전력투구하다
后悔莫及	hòuhuǐmòjí	성 후회막급
轰动	hōngdòng	동 뒤흔들다, 진동시키다, 센세이션을 불러일으키다, 파문을 일으키다
婉拒	wǎnjù	동 완곡하게 거절하다
执意	zhíyì	동 집의하다, 자신의 견해를 고집하다
阅历	yuèlì	명 경험, 경력에서 얻은 지식, 체험한 지식 동 체험하다, 겪다

覆盖	fùgài	동 가리다, 덮다
惯性	guànxìng	명 관성, 타성
延缓	yánhuǎn	동 늦추다, 미루다, 연기하다
宠爱	chǒngài	명동 총애(하나)
智商	zhìshāng	명 지능지수
情商	qíngshāng	동 (1) 사정을 털어놓고 상의하다, 기탄 없이 의논하다 (2) 개인적인 관계를 통하여 상담하다
望眼欲穿	wàngyǎnyùchuān	성 뚫어지게 바라보다 ; 눈이 빠지게 기다리다, 매우 간절히 바라다
垂钓	chuídiào	동 낚시를 물속에 드리우다
琐事	suǒshì	명 자질구레한 일, 번거로운 일, 사소한일
不屑	búxiè	동 ~할 가치가 없다(고 생각하다), 하찮게 여기다
轻描淡写	qīngmiáodànxiě	성 (공들이지 않고) 대충 묘사하다 (서술하다)
醇厚	chúnhòu	형 (1) (냄새나 맛이) 깨끗하고 진하다 (2) 신중하고 온후하다, 꾸밈이 없고 인정이 두텁다
腰缠万贯	yāochánwànguàn	아주 부유하다
忧心忡忡	yōuxīnchōngchōng	근심걱정에 싸이다, 매우 시름겹다
一贫如洗	yìpínrúxǐ	성 씻은 듯이 가난하다 ; 매우 가난하다
愁眉不展	chóuméibùzhǎn	성 양 눈썹을 잔뜩 찡그리다, 근심 걱정에 잠기다
逆境	nìjìng	명 역경
绝佳	juéjiā	형 대단히 (상당히) 아름답다, 훌륭하다
怯懦	qiènuò	형 겁이 많고 나약하다, 비겁하다
恰恰	qiàqià	부 꼭, 바로, 마침

冲刺	chōngcì	몡동 전력투구, 막바지 노력, 스퍼트(하기)
懦弱	nuòruò	휑 패기가 없고 연약하다, 용기가 없고 나약하다, 무기력하다
谦逊	qiānxùn	휑 겸손하다 동 남에게 양보하다
尤为	yóuwéi	뷔 더욱이, 특히, 특별히
如意算盘	rúyìsuànpán	성 뜻대로 되기만을 바라는 심산, 자체 타산, 독장수셈
熟能生巧	shúnéngshēngqiǎo	성 익숙해지면 교묘한 기능이 생긴다; 술견은 연습 (경험)에서 온다
画蛇添足	huàshétiānzú	성 뱀을 그리는데 다리를 그려 넣다 ; 쓸데 없는 짓을 하다, 사족을 가하다
徒劳无功	túláowúgōng	성 아무런 성과도 없이 헛일을 하다, 헛수고하다
适可而止	shìkěérzhǐ	성 적당한 정도에서 그치다 (그만두다)
以貌取人	yǐmàoqǔrén	성 용모로 사람을 평가하다, 용모로 사람을 고르다
仪表堂堂	yíbiǎotángtáng	풍채가 당당하다
不修边幅	bùxiūbiānfú	성 (1) 몸가짐 (겉치레)에 신경을 쓰지 않다 (2) 소소한 예의범절과 형식에 구애되지 않다
灵魂	línghún	몡 (1) 마음, 정신 (2) 인격, 양심 (3) 영혼, 혼 (4) 사물의 중심, 핵심
科幻	kēhuàn	몡 과학 환상, SF
唐三彩	tángsāncǎi	몡 당삼채 (1) 잿물이 세 가지 빛으로 된 당나라 도자기 (2) 당대에 사용한 도자기용 유약
陶器	táoqì	몡 도자기, 오지 그릇

雕塑	diāosù	몡 조형예술의 한 분야인 조각과 소조
潜能	qiánnéng	몡 잠재(능)력, 가능성, 잠재 에너지
光环	guānghuán	몡 (1) (행성 주위의) 밝은 빛의 고리 (2) 빛나는 (반짝이는) 고리 (3) (불상 등의) 원광, 후광
流淌	liútǎng	동 (액체가) 흐르다, 유동하다
奢望	shēwàng	몡 지나친 욕망
丰厚	fēnghòu	혱 (1) 두툼하다, 두텁다 (2) 푸짐하다, 풍성하다 (3) 살림이 넉넉하다, 유복하다
盲目	mángmù	몡 잘못된 인식　혱 맹목적(인)
夸大	kuādà	동 과대하다, 과장하다
吉祥	jíxiáng	몡 상서로운 징조, 길한 징조 혱 (1) 상서롭다, 운수가 좋다, 길하다 (2) 순조롭다
孝道	xiàodào	몡 효도
名副其实	míngfùqíshí	솅 명실상부하다, 명성과 실제가 부합 되다
唠叨	láodao	동 되풀이하여 말하다, 말을 많이 하다, 시끄럽게 떠들다, 잔소리하다, 수다 떨다
吝啬	lìnsè	몡혱 인색(하다)
传授	chuánshòu	동 전수하다, 가르치다
口耳相传	kǒuěrxiāngchuán	솅 입으로 (친히) 전수하다
力度	lìdù	몡 (1) 힘, 기력, 역량 (2) (예술, 문학작품에) 깊이 내포된 뜻의 심도 (3) 음의 세기, 강도, 강약, 셈여림
局限	júxiàn	동 국한하다, 한정하다
门卫	ménwèi	몡 수위, 문지기, 경비원

平衡	pínghéng	몡 평형, 균형 동 평형 되게 하다, 균형 있게 하다
循环	xúnhuán	명동 (1) 순환(하다) (2) 사이클
宝典	bǎodiǎn	명 (1) 희귀한 책 (2) 경전
默默无闻	mòmòwúwén	성 이름이 세상에 알려지지 않다
潦草	liáocǎo	형 (1) (글씨가) 조잡하다, 거칠다, 난잡하다 (2) (일을 하는데) 허술하다, 성실하지 않다
手绢	shǒujuàn	명 손수건
高亢	gāokàng	형 (1) (노랫소리 등이) 높고 낭랑하다, 우렁차다 (2) (지세, 산세가) 높다
粗犷	cūguǎng	형 (1) 거칠고 상스럽다, 난폭하다, 조심성이 없고 거칠다 (2) 호방하다, 걸걸하고 소탈하다, 활달하다
诙谐	huīxié	명 해학, 익살 형 재미있다, 익살맞다, 우스꽝스럽다
空谈	kōngtán	명 공담, 공론, 헛소리 동 입으로만 말할 뿐 실행하지 않다
虫牙	chóngyá	명 충치
编纂	biānzuàn	동 편찬하다
饱满	báomǎn	형 (1) 포만하다, 풍만하다, 옹골지다 (2) 충만하다, 왕성하다 (3) 만족하다, 만족시키다
蹦	bèng	동 뛰어오르다, 껑충 (팔짝) 뛰다
超前	chāoqián	동 (1) (현재 수준을) 앞서다, (시대를) 앞서가다 (2) 선인을 (전대를) 뛰어넘다

投产	tóuchǎn	图 생산에 들어가다, 조업 (가동)을 개시하다
汇集	huìjí	图 (1) 모이다, 집중하다 (2) 모으다, 집중시키다
耍嘴皮	shuǎzuǐpí	图 (1) 빈 말만 하다 (2) 억지를 부리다, 생떼를 쓰다
死缠烂打	sǐchánlàndǎ	죽자꾸나 하고 매달리다 (달라붙다)
叼	diāo	图 입에 물다
倒影	dàoyǐng	图 거꾸로 선 그림자, 수면에 비친 그림자
扑	pū	图 (1) 뛰어들다, 돌진하다, 달려들다 (2) (향기, 냄새 등이 코를) 찌르다, 진동하다 (3) (바람이 얼굴에) 스치다 (4) (일, 사업 등에) 몰두하다, 열중하다
开垦	kāikěn	图 개간하다
尖端	jiānduān	图 (1) 첨단, 뾰족한 끝 (2) 정점 图 첨단의, 최신의
边缘	biānyuán	图 (1) 가장자리 (2) 거의 닿을 듯한 곳 (상태), 위기, 더 이상 여지가 없는 상태 图 (경계에) 근접한, (양방이) 관계가 있는
涵养	hányǎng	图 수양, 교양 图 (1) 함양하다 (2) (수분 등을) 축적, 보존하다
日积月累	rìjīyuèlěi	图 날을 거듭하다, 세월이 쌓이다
天伦之乐	tiānlúnzhīlè	图 가정의 즐거움, 가정의 단란함
朝霞	zhāoxiá	图 아침 놀
谚语	yànyǔ	图 속어, 속담
情侣	qínglǚ	图 사랑하는 사람, 애인, 연인
由来已久	yóuláiyǐjiǔ	유래가 이미 오래되었다, 유래가 깊다

듣기 2부분 기출 단어

〈기출 단어정리〉는 5000개 필수단어에는 없지만, 실제시험에는 출제된 듣기 2부분의 기출단어만 따로 정리해 놓은 부분입니다. 이 부분의 단어를 포함하여 듣기부분을 학습하여 철저히 실전에 대비해 보도록 합시다.

단어	발음	품사와 뜻
聆听	língtīng	동 공손히 (정중히) 듣다
省吃俭用	shěngchījiǎnyòng	성 아껴 먹고 아껴 쓰다 ; 절약해서 생활하다
鉴定	jiàndìng	명 (사람에 대한) 평가서 동 (1) (사람의 잘잘못, 출신, 장단점 등을) 평정하다 (2) (사물의 우열, 진위 등을) 감정하다, 판정하다
捐	juān	동 (1) 버리다, 포기하다, 희생하다 (2) 헌납하다, 기부하다
荣誉	róngyù	명 영예, 명예
厚爱	hòuài	명 (상대방이 자신에게 베푼) 두터운 사랑, 깊은 배려, 특별한 보살핌
简便易行	jiǎnbiànyìxíng	성 간편해서 사용하기 편리하다, 간단하고 편리하다
立竿见影	lìgānjiànyǐng	성 장대를 세우면 그림자가 나타나다 ; 즉시 효과가 나타나다
纯粹	chúncuì	형 순수하다, 깨끗하다 부 (1) 순전히, 오직, 전적으로 (2) 단순히
抵御	dǐyù	동 막아내다, 방어하다
任重道远	rènzhòngdàoyuǎn	성 맡은 바 책임은 무겁고 갈 길은 아직도 멀다
巅峰	diānfēng	명 최고봉

无所适从	wúsuǒshìcóng	쳉 누구를 따라야 할 지 모르다, 누구의 말을 믿어야 좋을 지 모르다
统筹	tǒngchóu	동 전반적인 계획을 하다
兼顾	jiāngù	동 고루 (아울러) 돌보다, 겸하여 (함께) 고려하다
收视率	shōushìlǜ	명 시청률
反馈	fǎnkuì	명 귀환, 재생, 피드백 동 (정보나 반응이) 되돌아오다
紫砂壶	zǐshāhú	명 자사 차 주전자 [강소 성 의흥에서 생산되는 도자기 용 흙으로 만든 차 (茶) 주전자]
治标不治本	zhìbiāobúzhìběn	겉으로만 일시적으로 해결하고 문제를 근본적으로 해결하지 못하다
刻不容缓	kèbùrónghuǎn	성 한시도 지체할 수 없다. 잠시도 늦출 수 없다
循序渐进	xúnxùjiànjìn	성 차례대로 한 걸음 한 걸음 앞으로 나아가다 ; 학습이나 업무를 점차적으로 심화시키다
双胞胎	shuāngbāotāi	명 쌍둥이
龙凤胎	lóngfèngtāi	명 이란성 쌍둥이
子宫	zǐgōng	명 자궁
胎盘	tāipán	명 태반
目眩	mùxuàn	형 눈앞이 아찔하다, 눈앞이 캄캄해지다, 눈이 어지럽다
超声波	chāoshēngbō	명 초음파
分娩	fēnmiǎn	동 분만하다, 아기를 낳다, 출산하다
遵医嘱	zūnyīzhǔ	동 의사의 지시를 따르다
使命	shǐmìng	명 (1) 사명 (2) 명령
破译	pòyì	동 암호를 해독하다
畅销	chàngxiāo	형동 판로가 넓다, 잘 팔리다

虚荣心	xūróngxīn	몡 허영심
下坡路	xiàpōlù	몡 (1) 내리막길 (2) 쇠락, 멸망의 길
兴建	xīngjiàn	동 건설 (건축)하다, 창설하다 [주로 대규모 건설을 말함]
初衷	chūzhōng	몡 맨 처음 먹은 생각, 최초의 지향과 소망
策划	cèhuà	몡동 계획(하다), 기획(하다), 계략(을 꾸미다)
配套	pèitào	동 (1) (관계가 있는 사물을 조합하여) 하나의 세트로 만들다 (2) (부품을 모아) 조립하다, (부분품을) 맞추다
嘉年华	jiāniánhuá	몡 카니발
庞大	pángdà	혱 방대하다, 거대하다
眼花缭乱	yǎnhuāliáoluàn	성 눈이 어지럽다, 눈부시다
信手	xìnshǒu	동 손에 맡기다, 손길 닿는 대로 하다 [주로 부사성 수식어로 쓰임]
揣摩	chuǎimó	동 (의도 등을) 반복하여 세심하게 따져보다, 헤아리다, 사색하고 탐구하다
热衷	rèzhōng	동 (1) (지위나 이익을) 간절히 바라다, 열을 올리다 (2) 몰두하다, 열중하다
宽容	kuānróng	동 관용하다, 너그럽게 받아들이다 (용서하다)
莫若	mòruò	~하는 것만 못하다, ~하는 것이 낫다 [주로 '与其'와 호응하여 쓰임]
痴醉	chīzuì	동 도취하다, 심취하다
全力以赴	quánlìyǐfù	성 전력을 다하여 일에 임하다, 전력투구하다
感悟	gǎnwù	동 느끼어 깨닫다

踏实	tāshi	휑 (일, 학습 태도 등이) 착실하다, 성실하다
		통 (마음이) 놓이다, 편안하다, 안정되다
果断	guǒduàn	휑 과단성 있다
桃李满天下	táolǐmǎntiānxià	문하생이 천하에 가득하다
授课	shòukè	통 강의를 하다
奉行	fèngxíng	통 (1) 바람이 불다 (2) 널리 퍼지다, 유행 (성행)하다
劣势	lièshì	명 열세
冒险	màoxiǎn	통 모험하다, 위험을 무릅쓰다
初生牛犊不怕虎	chūshēngniúdú búpàhǔ	호랑이 범 무서운 줄 모른다
头脑发热	tóunǎofārè	(머리에) 발끈 열이 오르다, 열내다, 발끈하다
羹	gēng	명 고기나 야채 등을 찌거나 삶아서 만든 수프
施展才华	shīzhǎncáihuá	재능을 발취하다
朝气蓬勃	zhāoqìpéngbó	생기가 넘쳐흐르다, 생기발랄하다
高深莫测	gāoshēnmòcè	성 내용이 너무 심오한 나머지 헤아릴 수 없디 [흔히 풍자의 뜻으로 쓰임]
冷场	léngchǎng	명 (1) (연극에서 배우가 제때에 등장하지 않거나 대사를 잊어버려) 쑥스러운 장면, 난처한 장면 (2) (모임에서 발언하는 사람이 없어서) 분위기가 어색한 장면, 멋쩍게 침묵이 흐르는 장면
门槛	ménkǎn	명 문지방, 문턱
擀皮儿	gǎnpír	통 (반죽의) 피를 밀방망이로 얇게 밀(어서 피)다
发掘	fājué	통 발굴하다, 캐다

酝酿	yùnniàng	동 (1) 술을 빚다, 술을 담그다, 양조하다 (2) 내포하다, 배태하다, 품다, 성숙되어 가다
妥协	tuǒxié	동 (1) 타협하다, 상담이 성립되다 (2) 의견이 맞다, 단합되다
编剧	biānjù	명 각본가, 시나리오 작가, 극작가 동 각본 (시나리오)을 쓰다,
按部就班	ànbùjiùbān	성 (일을) 순서에 따라 규정대로 진행시키다, 순서대로 하나하나 진행시키다, 착실히 한 걸음 한 걸음 나아가다
扶持	fúchí	동 (1) 부축하다 (2) 돕다, 보살피다
修订	xiūdìng	동 (서적이나 계획을) 수정하다
筹措	chóucuò	동 (1) 마련하다, 조달하다 (2) 조치를 취하다
躯体	qūtǐ	명 신체, 체구
不容	bùróng	동 용납 (허용)하지 않다
加盟	jiāméng	동 (1) (동맹, 연맹, 단체, 조직 등에) 가입하다 (2) (운동선수가) 입단하다
事倍功半	shìbèigōngbàn	성 많은 노력을 들이고도 성과는 적다
适得其反	shìdéqífǎn	성 (결과가 바라는 바와) 정반대가 되다
毫无疑义	háowúyíyì	조금도 의심스러운 점이 없다
自欺欺人	zìqīqīrén	성 스스로를 기만하고 남도 속이다
沮丧	jǔsàng	동 (1) 기가 꺾이다, 실망하다, 낙담하다 (2) 기를 꺾다, 실망시키다
微妙	wēimiào	형 미묘하다
狡猾	jiǎohuá	형 교활하다, 간사하다
折腾	zhēteng	동 (1) 잠자리에서 엎치락뒤치락하다 (2) 되풀이하다, 반복하다 (3) 고민하다, 괴로워하다

捣乱	dǎoluàn	툉 (1) 교란하다, 소란을 피우다 (2) 성가시게 굴다
误区	wùqū	명 오류가 (폐단이) 있는 부분, 잘못된 영역 (부분)
魔术师	móshùshī	명 마술사
见证	jiànzhèng	명 (1) (사건을 목격한 현장) 증인, 증거 (물품) (2) 증명서, 증거서류 형 (목격자로서) 증거를 댈 (증명할) 수 있는
屡屡	lǚlǚ	부 자주, 누차, 여러 번, 여러 차례
碰壁	pèngbì	동 벽에 부딪치다, 난관에 부닥치다
轨道	guǐdào	명 궤도, 선로
晋升	jìnshēng	동 승진하다, 승진시키다
摇钱树	yáoqiánshù	명 (1) 신화 속에 나오는 흔들면 돈이 떨어진다는 나무 (2) 돈줄
微软	wēiruǎn	명 (1) '微机软件'의 준말. 마이크로 (컴퓨터) 소프트(웨어) (2) 마이크로소프트(Microsoft)사 [미국의 소프트웨어 회사 또는 상표 이름]
毅然	yìrán	형 의연하다 부 의연히, 결연히, 단호히
筹划	chóuhuà	동 (1) 계획 (기획)하다 (2) 마련하다, 조달하다
旋律	xuánlǜ	명 선율, 멜로디
东家	dōngjia	명 (1) (옛날, 상점, 중소기업의) 자본주, 자금을 댄 사람 (2) 옛날, 점원이 주인을 이르는 말 (3) 소작인이 지주를 이르는 말
股权	gǔquán	명 주주의 권리

行头	xíngtou	몡 (1) 무대 의상과 소도구 (2) (해학의 뜻으로) 복장, 옷차림 (3) 옛날의 여행용품 (4) 송 대의 축국에 쓰인 가죽 공
隔三差五	gésānchàwǔ	(일정한 사이를 두고) 언제나, 늘
磨合	móhé	됭 마찰을 거쳐 빈틈없이 맞물리다 (새로 조립한 기계의 가공 표면이 일정 시간동안 사용하면 마찰을 거쳐 접촉면이 딱 맞물리는 것을 일컬음)
一帆风顺	yìfānfēngshùn	셩 순풍에 돛을 올리다 ; 일이 순조롭게 진행되다
磕绊	kēbàn	몡 불우, 노고, 괴로움
情不自禁	qíngbúzìjìn	셩 자신의 감정을 억제할 수 없다, 저도 모르게, 저절로
细致入微	xìzhìrùwēi	정성껏하다, 세심하게 돌보다
平起平坐	píngqǐpíngzuò	셩 동등한 자격으로 대하다, 지위나 권력이 동등하다

〈기출 단어정리〉는 5000개 필수단어에는 없지만, 실제시험에는 출제된 듣기 3부분의 기출단어만 따로 정리해 놓은 부분입니다. 이 부분의 단어를 포함하여 듣기부분을 학습하여 철저히 실전에 대비해 보도록 합시다.

단어	발음	품사와 뜻
畏惧	wèijù	동 외구하다, 무서워하고 두려워하다
墨守成规	mòshǒuchéngguī	성 종래의 규칙, 관례 등을 묵수하다, 낡은 틀에 매달리다, 얽매이다
缺陷	quēxiàn	명 (1) 결함, 결점, 허물 (2) 부족한 것, 아쉬운 것 (3) 신체적 장애
推崇	tuīchóng	명동 숭배(하다), 추앙(하다)
横纹	héngwén	명 가로무늬
雌雄	cíxióng	명 (1) 암컷과 수컷 (2) 승패, 우열 (3) 쌍이 되는 것
嗅觉	xiùjué	명 후각
濒临	bīnlín	동 (1) ~에 인접하다 (2) 임박하다, ~한 지경에 이르다
乳白色	rǔbáisè	명 유백색
演化	yǎnhuà	명동 진화(하다)
空空落落	kōngkōngluòluò	형 텅 비어 쓸쓸하다
汇聚	huìjù	동 한데 모이다, 모여들다
波斯	bōsī	명 페르시아, 이란의 옛 이름
造假	zàojiǎ	동 거짓으로 꾸미다, 가짜 상품을 만들다
归咎	guījiù	동 잘못을 남에게 돌리다, ~의 탓으로 돌리다
掌控	zhǎngkòng	동 장악 (파악)하고 통제(규제)하다 ['掌握控制'의 줄임말임]

完美无缺	wánměiwúquē	완전무결하다
夹克	jiākè	몡 자켓
衡量	héngliáng	동 (1) 따져보다, 판단 (평가)하다, 가늠하다 (2) 고려하다, 짐작하다
铲除	chǎnchú	동 뿌리 뽑다, 제거하다, 없애버리다
经脉	jīngmài	몡 경맥
针管	zhēnguǎn	몡 침과 부황 [침구를 말함]
敷药	fūyào	몡 바르는 약, 외용약 동 약을 바르다
石器时代	shíqìshídài	몡 석기시대
渔猎	yúliè	몡 어렵, 고기잡이와 사냥, 어업과 수렵
铁器时代	tiěqìshídài	몡 철기시대
开启	kāiqǐ	동 열다, 개방하다
极致	jízhì	몡 극치
随心所欲	suíxīnsuǒyù	몡 자기의 뜻대로 하다, 하고 싶은 대로 하다
为所欲为	wéisuǒyùwéi	성 (주로 나쁜 일을 하는데 쓰여) 하고 싶은 대로 하다, 마음대로 하다
蛮干	mángàn	동 무리하게 하다, 무턱대고 하다, 억지로 하다
望而却步	wàngérquèbù	성 (위험, 곤경 혹은 힘이 닿지 않을 듯한 일을) 보는 대로 뒷걸음질 치다, 꽁무니를 빼다
门可罗雀	ménkěluóquè	몡 문 앞에 그물을 쳐 참새를 잡을 정도이다 ; 방문객이 거의 없어 적막하다
跳楼价	tiàolóujià	몡 (손해마저도 불사하는) 최저 판매가
脱手	tuōshǒu	동 (1) 손에서 떨어져 나가다, 놓치다 (2) 손을 떼다, 팔아 버리다

起死回生	qǐsǐhuíshēng	(성) 기사회생하다
爆满	bàomǎn	(동) 꽉 차다, 만원이 되다
素食主义	sùshízhǔyì	(명) 채식주의
锋利	fēnglì	(형) (1) (공구, 무기 등의) 끝이 날카롭다 (2) (언론, 문장 등이) 예리하다
味蕾	wèilěi	(명) 미뢰, 맛 봉오리
稀缺	xīquē	(동) 희소하다, 결핍하다
收购	shōugòu	(명) 구입, 구매, 수매, 조달 (동) (여러 곳으로부터) 사들이다, 수매하다, (대량)구입하다
颓废	tuífèi	(동) 무너져 쓰지 못하게 되다 (형) 의기소침하고 퇴폐적이다
榨油	zhàyóu	(명) 짜낸 기름 (동) (1) 기름을 짜다 (2) 착취하다
开拓	kāituò	(명) 채굴에 앞서 진행되는 갱도 건설 등 공정의 총칭 (동) 개척하다, 개간하다
坚韧	jiānrèn	(형) 강인하다, 단단하고 질기다
绳索	shéngsuǒ	(명) 밧줄, 새끼
过山车	guòshānchē	(명) 제트 코스터 (jetcoaster)
难以置信	nányǐzhìxìn	믿기 어렵다
贴近	tiējìn	(동) 바짝 다가가다, (아주 가까이) 접근하다
不足为怪	bùzúwéiguài	(성) 진기한 (신기한, 이상한) 것이 못되다, 이상한 것은 아니다
红极一时	hóngjíyìshí	(한 때) 매우 인기가 있다, 환영을 받다
遗忘	yíwàng	(동) 유망하다, 잊(어버리)다
推移	tuīyí	(명)(동) (시간, 형세, 기풍 등이) 추이(하다), 변천(하다), 변화(하다)
缆车	lǎnchē	(명) 케이블카

腿肚子	tuǐdùzi	몡 장딴지
抽筋	chōujīn	통 경련을 일으키다, 쥐가 나다
孤陋寡闻	gūlòuguǎwén	성 학문이 얕고 견문이 좁다, 보고 들은 것이 적다
老生常谈	lǎoshēngchángtán	성 노서생의 평범한 여러 가지 이야기 ; 늘 들으면서 입버릇처럼 해오던 이야기, 상투적인 말
千篇一律	qiānpiānyílǜ	성 (모두 똑 같은 가락으로) 조금도 변화가 없다 ; (문장이나 말 등이) 천편일률적이다
荣耀	róngyào	몡 영예, 영광 혱 영광스럽다
视网膜	shìwǎngmó	몡 망막
舒展	shūzhǎn	통 (주름, 구김살 등을) 펴다 혱 (1) (심신이) 편안하다, 쾌적하다 (2) 넓다, 널찍하다
瑜伽	yújiā	몡 요가 (yoga)
统领	tǒnglǐng	몡 (1) 통솔자 (2) 청말, 무관이름 [현재, 여단장에 해당함] 통 통솔하다
陷入	xiànrù	통 (1) (불리한 상황에) 빠지다 (2) 몰두하다, 열중하다, 깊이 빠져들다
装载	zhuāngzài	통 (짐을) 싣다, 적재하다
堆积	duījī	몡 퇴적 통 쌓아 올리다, 쌓이다, 밀리다
倾泻	qīngxiè	통 퍼붓다, 쏟다, 흘러내리다
急不可待	jíbùkědài	성 조급하여 기다릴 수 없다, 한시도 참을 수 없다
自言自语	zìyánzìyǔ	성 혼잣말을 하다, 중얼거리다
克制	kèzhì	몡통 (감정 등을) 자제(하다), 억제(하다)

屈服	qūfú	동 굴복하다
因人而异	yīnrényì	성 사람에 따라 (대응책이) 다르다
一落千丈	yíluòqiānzhàng	성 일순간에 천장이 떨어지다 ; (명예, 지위, 시세 등이) 갑자기 여지없이 떨어지다, 폭락하다
视而不见	shìérbújiàn	성 보아도 보이지 않다, 보고도 알지 못하다 , 보고도 못 본 척하다 ; 주의하지 않다, 전혀 관심이 없다
忘恩负义	wàngēnfùyì	성 배은망덕하다
无动于衷	wúdòngyúzhōng	성 아무런 느낌이 없다, 조금도 동요하지 않다, 무관심 (무감동)하다
纳凉	nàliáng	동 더위를 피하여 서늘한 바람을 쐬다
提拔	tíbá	동 등용하다, 발탁하다
开场白	kāichǎngbái	명 (1) (연극 등의) 개막사, 프롤로그 (2) 머리말, 서두, 서론
一扫而空	yìsǎoérkōng	성 일소하다, 말끔히 쓸어버리다, 완전히 없애버리다
疏导	shūdǎo	동 (1) 막힌 물을 터서 통하게 하다 (2) 완화하다
心胸开阔	xīnxiōngkāikuò	도량 (마음)이 넓다
假以时日	jiǎyǐshírì	시일 (시간과 날짜)의 여유가 주어지다
硕果累累	shuòguǒlěilěi	훌륭한 성적 (큰 업적)이 거듭 쌓이다
明智	míngzhì	명 명지, 총명한 (밝은) 지혜 형 사리를 알다, 현명하다
长大成材	zhǎngdàchéngcái	커서 쓸모 있는 사람 (인재)이 되다
谱写	púxiě	동 (1) 작곡하다, 창작하다 (2) 새로운 장을 열다
鲜为人知	xiǎnwéirénzhī	아는 사람이 드묾다, 적다
镁光灯	měiguāngdēng	명 (사진 촬영 용) 플래시, 섬광등

窃	qiè	(동) 훔치다, 도둑질하다 (부) 남몰래, 살짝, 마음속으로, 슬그머니
偷偷摸摸	tōutōumōmō	슬며시, 슬쩍, 넌지시, 남몰래, 가만가만
丑陋	chǒulòu	(형) 용모나 모양이 추하다
侵犯	qīnfàn	(명)(동) 침범(하다)
浑身发抖	húnshēnfādǒu	온 몸이 덜덜 떨리다
纽带	niǔdài	(명) (1) 유대, 연결체 (2) 허리띠, 허리끈
话筒	huàtǒng	(명) (1) (전화기의) 수화기 (2) 마이크, 메가폰
抑扬顿挫	yìyángdùncuò	(성) 소리의 고저, 기복과 휴지, 곡절 ; 소리 의 높낮이와 곡절이 조화롭고 리드미 컬하다
自告奋勇	zìgàofènyǒng	(성) (어려운 일을) 스스로 맡아 나서다, 자 신해서 (자발적으로) 나서다
驱逐	qūzhú	(동) 구축하다, 몰아내다, 쫓아내다
寄予厚望	jìyùhòuwàng	큰 기대를 걸다
跳槽	tiàocáo	(동) 원래의 구유 (먹이)통을 버리고 다른 구유에 뛰어들다 (1) 직업을 바꾸다 (2) 본처를 버리고 다른 여자를 얻다 (3) 마음이 다른 곳으로 가다
羞辱	xiūrǔ	(명)(동) 치욕(을 주다), 모욕(하다)
施加	shījiā	(동) (압력, 영향 등을) 주다, 가하다
线索	xiànsuǒ	(명) 실마리, 단서
自投罗网	zìtóuluówǎng	(성) 스스로 그물에 걸려들다 ; 화를 자초하 다, 스스로 죽을 길을 찾아가다
攒钱	cuánqián	(동) 돈을 (걸어) 모으다
料理家务	liàolǐjiāwù	가사 (집안 일)를 돌보다 [= 操持家务]

体恤	tǐxù	동 그 입장이 되어 생각해 (돌보아) 주다, 그 처지가 되어 동정하다
凌人	língrén	명 주대(周代)에 얼음을 관장하던 벼슬 동 (1) 남을 능가하다, 앞서다 (2) 남을 능욕 (학대)하다
相辅相成	xiàngfǔxiāngchéng	성 서로 보완하고 도와서 일을 완성하다, 서로 도와서 일이 잘되어 나가도록 하다 ; 상부상조하다
窜出	cuànchū	동 달아나다, 도망하다 [주로 비적, 적군, 짐승 등에 대해 씀]
弯弓	wāngōng	명 (활처럼) 휘어진 물건 동 활시위를 당기다
梅花鹿	méihuālù	명 꽃사슴
苍鹰	cāngyīng	명 (1) 흰 매, 참 매 (2) 가혹한 관리
瞄准	miáozhǔn	동 (1) 조준하다, 겨누다 (2) 맞추다
遁	dùn	동 (1) 도망치다 (2) 회피하다 (3) 숨다
一无所获	yìwúsuǒhuò	전혀 얻은 것이 없다, 아무런 소득이 없다
嬉戏玩耍	xīxìwánshuǎ	동 즐겁게 놀다, 장난치다
诱人	yòurén	동 사람을 꾀다, 호리다 형 매력적이다
荒废	huāngfèi	동 (1) (농경지를) 내버려 두다, 묵히다 (2) 능한시하나, 소홀히 하다
虚荣	xūróng	명 허영, 헛된 영화
灯红酒绿	dēnghóngjiǔlǜ	성 홍등녹주 (1) 화류계의 번화한 모양 (2) 사치스럽고 방탕한 생활
堕落	duòluò	동 (1) 떨어지다 (2) 영락하다, 쇠락하다 (3) (정치가) 부패하다, 타락하다
偏离	piānlí	동 빗나가다, 벗어나다, 일탈하다
防暑	fángshǔ	동 더위를 막다

1 **举世闻名** jǔshìwénmíng
온 세상이 다 알다, 온 세상에 널리 이름나다

我们这次旅游的目的地是举世闻名的大熊猫故乡，列入世界自然遗产的九寨沟自然保护区。
우리의 이번 여행 목적지는 세계에서 이름이 난 팬더의 고향으로, 세계 자연 유산에 속해 있는 九寨沟 자연 보호구이다.

那些举世闻名科学家最大的特征便是拥有很强的自信力。
세계에서 이름난 과학자들의 가장 큰 특징은 바로 매우 강한 자신감을 가지고 있는 것이다.

2 **家喻户晓** jiāyùhùxiǎo
집집마다 다 알다, 누구나 다 알다

姚明在中国和美国都是一个家喻户晓的人物。
姚明은 중국과 미국에서 누구나 다 아는 인물이다.

每家公司都希望他们每年推出的新产品可以家喻户晓。
모든 회사는 그들이 매년 출시하는 신상품이 모두에게 알려질 수 있기를 바란다.

3 **不言而喻** bùyánéryù
말하지 않아도 안다

不言而喻，科学技术的发展对中国经济进步是至关重要的。
말하지 않아도 과학기술의 발전은 중국 경제발전에 매우 중요하다는 것을 안다.

欢笑是小事，但是要知道，它点缀着我们的人生路，它的好处是不言而喻的。

웃는 것은 작은 일이지만, 우리의 인생길을 아름답게 해준다는 것을 알아야 하는
데, 그것의 장점은 말하지 않아도 안다.

4 众所周知　zhòngsuǒzhōuzhī
다 아는 바와 같이, 모든 사람이 다 알고 있다

复活节游行是众所周知的一种时装展览。
부활절 행진은 모든 사람들이 다 아는 바와 같이 일종의 패션쇼이다.

众所周知，在社会中人才的竞争是十分激烈的。
모두 다 알다시피 사회에서 인재의 경쟁은 아주 치열하다.

5 爱不释手　àibúshìshǒu
잠시도 손에서 놓으려 하지 않다,
매우 아껴서 손을 떼지 못하다

这部小说很有意义，简直使我爱不释手。
이 소설은 너무 재미있어서, 정말 내가 손에서 놓지 못하게 한다.

有特色的人性化设计和高性能商品令人爱不释手。
독색이 있는 휴머니즘 설계와 고성능 상품은 사람들로 하어금 손을 뗄 수 없게
한다.

6 安居乐业　ānjūlèyè
평안하고 조용히 살면서 즐겁게 일하다

保障人民群众安居乐业，是政府应尽的责任。
국민들이 평안하게 살면서 즐겁게 일할 수 있게 보장하는 것은 정부가 당연히 해
야 할 책임이다.

现在社会稳定，经济繁荣，人民安居乐业。

현재 사회가 안정되고, 경제가 번영하여서, 사람들이 평안한 생활을 하면서 즐겁게 일한다.

7 理所当然　lǐsuǒdāngrán
도리로 보아 당연하다

自由，现在已被认为是件理所当然的事情。
현재 자유는 이미 당연한 일로 여겨진다.

请记住，并不是所有事情都是理所当然的。
모든 일이 다 당연한 일은 아니라는 것을 기억하십시오.

8 一目了然　yímùliǎorán
⑴ 일목요연하다　⑵ 한눈에 환히 알다(보다)

在网上，商品的外形，大小和颜色一目了然。
인터넷에서는 상품의 모양, 크기와 색을 한눈에 훤히 알 수 있다.

在地图上标记不同的颜色，看上去一目了然。
지도에 다른 색으로 표기하여, 일목요연한 것 같다.

9 一帆风顺　yìfānfēngshùn
순풍에 돛을 올리다, 일이 순조롭게 진행되다

在新的一年里祝大家：新年快乐，工作生活一帆风顺。
올 한해 모두 새해 복 많이 받으시고, 모든 일이 순조로우시길 바랍니다.

在成功的道路上不是一帆风顺的，但只要坚持下去，努力前进着，就会成功。
성공의 길은 순조롭지 않지만, 끝까지 계속하고, 열심히 앞으로 나간다면 성공할 것이다.

10 一举两得　yìjǔliǎngdé
일거양득이다

这次活动既好玩，又很有知识性，真是一举两得。
이번 활동은 재미도 있으면서, 지적인 면도 있어서 정말 일거양득이다.

我去北京出差顺便看望一下住那附近的姐姐，真是一举两得。
나는 북경에 출장 가는 김에 그 근처에 사는 언니도 좀 볼 수 있어서 정말 일거양득이다.

11 一如既往　yìrújìwǎng
지난날과 다름없다

我们将一如既往地为用户提供更好服务。
우리는 여느 때와 다름 없이 고객을 위해 더 좋은 서비스를 제공할 것이다.

公司将一如既往地提供优质稳定的展览展示产品。
회사는 여느 때와 다름 없이 우수하고 편안한 전시회를 열어 상품을 전시 할 것이다.

12 与日俱增　yǔrìjùzēng
날이 갈수록 번창하다

他的知识和经验与日俱增。
그의 지식과 경험은 날이 갈수록 더 쌓인다.

祝我们两国友谊与日俱增。
우리 양국의 우정이 날이 갈수록 더 돈독해지길 바랍니다.

13 继往开来 jìwǎngkāilái
지난날의 것을 이어받아 앞길을 개척하다,
계승 발전시키다

继往开来，学习外国的优点，以便更好地服务中国的发展。

중국의 발전에 더 좋게 기여하기 위해, 외국의 좋은 점을 공부하고, 받아들여 발전시킨다.

愿与国内外新老客户继往开来，精诚合作，恪守信用，共同繁荣!

국내외의 신구 고객들을 개척하고, 성실하게 협력하고, 신용을 지키며, 함께 번영하기를 바랍니다.

14 潜移默化 qiányímòhuà
모르는 사이에 (은연중에) 감화하다,
바람직스럽게 변화시키다

爸爸是个幽默的人，孩子潜移默化地受到了影响，所以也很幽默。

아빠는 유머러스한 사람이라, 아이들도 은연중에 영향을 받아서, 아이들 또한 유머러스하다.

你的一言一行都会对孩子产生潜移默化的影响。

당신의 언행은 모두 아이들에게 바람직한 영향을 줄 것이다.

15 循序渐进 xúnxùjiànjìn
차례대로 한걸음 한 걸음 앞으로 나아가다,
(학습, 업무를) 점차적으로 심화시키다

学习是一个循序渐进的过程，不能过于急躁，否则达不到效果。
학습은 한걸음 한 걸음 앞으로 나아가는 과정이라서, 너무 조급해하면 안 된다,
그렇지 않으면 효과를 볼 수 없다.

学习语言必须遵循循序渐进的原则。
언어 학습은 반드시 점차적으로 심화시켜가야 하는 원칙을 따라야 한다.

16 欣欣向荣 xīnxīnxiàngróng
(1) 초목이 무성하다, 무럭무럭 자라다
(2) (사업이) 활기차게 발전하다, 번영하다

当春天来的时候，万物欣欣向荣，到处是春的气息。
봄이 올 때, 만물은 무럭무럭 자라서, 어디든지 봄의 분위기이다.

人民生活水平提高，市场也繁荣，到处充满着欣欣向
荣的景象。
사람들의 생활수준이 높아졌고, 시장도 번영하여, 사방이 활기찬 모습으로 가득
하다.

17 精益求精 jīngyìqiújīng
훌륭한 것을 더 훌륭하게 하려고 하다,
더 잘하려고 애쓰다

老刘是个医生，他以医疗为职业，对技术精益求精。
老刘는 의사인데, 그는 의료를 직업으로 하여, 그 기술을 더 훌륭하게 하려고 한다.

本店以精益求精的态度为顾客奉上美味佳肴。
본점은 더 잘하려는 태도로 고객에게 맛있는 음식을 제공한다.

18 日新月异   rìxīnyuèyì
나날이 새롭게 되다, 날마다 새로워지다, 괄목상대하다

人才作为一种重要的稀缺资源，在高科技日新月异的今天，越来越受到人们的关注。

인재는 중요한 희소자원으로서, 고등 과학기술이 날로 새로워지는 지금, 나날이 사람들의 관심을 받는다.

在经济全球化深入发展和科学技术日新月异的新形势下，中国将坚定不移地实行对外开放政策。

경제 세계화의 심화 발전과 과학 기술이 나날이 새로워지는 상황에서, 중국은 흔들림 없이 외부 개방정책을 실행할 것이다.

19 再接再厉   zàijiēzàilì
더욱 더 힘쓰다, 한층 더 분발하다

校长讲了许多鼓励他的话，希望他再接再厉，在今后的考试中取得优异成绩。

교장 선생님께서는 그를 격려하는 말씀을 많이 하셨고, 그가 한층 더 분발하여, 다음 시험에서 좋은 성적을 거두기를 바라셨다.

在下次比赛中我会再接再厉的。

나는 다름 시합에서 더욱더 분발할 것이다.

20 竭尽全力   jiéjìnquánlì
모든 힘을 전부 쓰다, 안간힘은 다하다, 전력을 다하다

女人们用自己的智慧竭尽全力使家庭生活丰富多彩。

여성들은 자신의 지혜를 이용하고 전력을 다해 가정의 생활을 풍부하고 다채롭게 한다.

运动员们竭尽全力向终点冲去。
선수들은 전력을 다해 결승점을 향해 돌진한다.

21 全力以赴 quánlìyǐfù
혼신의 힘을 다해 일에 임하다, 전력투구하다

你们想赢得这场比赛，一定要全力以赴。
당신들이 이 시합에서 이기고 싶다면, 반드시 온 힘을 다해야 한다.

有了目标就要全力以赴去实现，这样才有意义。
목표가 있다면 혼신의 힘을 다해 실현해야 하는데, 이렇게 해야 의미가 있다.

22 聚精会神 jùjīnghuìshén
정신을 집중하다

爷爷戴上了眼镜，聚精会神地看报纸。
할아버지는 안경을 쓰고, 집중하여 신문을 보신다

课堂上学生们聚精会神地听老师讲课。
교실 안의 학생들은 집중하여 선생님의 수업을 듣는디.

23 举足轻重 jǔzúqīngzhòng
일거 수 일 투족이 전체에 중대한 영향을 끼치다,
[매우 높은 지위에 있음을 가리킴]

特别是公共厕所，作为城市文明的窗口，更是起着举
足轻重的作用。
특히 공공화장실은 도시문명의 문으로서 더욱 중대한 영향을 끼치는 작용을 하
고 있다.

信息社会，网络传播的高速发展，使网页设计人员在
网站的建设中占着举足轻重的地位。
정보사회에 인터넷 전파의 빠른 발전은, 홈페이지 구축 자가 사이트 개설을 할
때, 매우 중요한 부분을 차지하고 있다.

24 名副其实　míngfùqíshí
이름이 그 내용과 일치하다, 명실 공히, 명실상부하다

杭州西湖是名副其实的人间天堂。
항주의 서호는 명실 공히 인간세계의 천당이다.

《清明上河图》是名副其实的珍品。
《청명상하도》는 명실상부한 진귀품이다.

25 理直气壮　lǐzhíqìzhuàng
이유가 충분해서 하는 말이 떳떳하고 거리낌이 없다,
당당하다

他觉得自己没有错，所以说起话来理直气壮。
그는 자신이 틀리지 않다고 생각하기 때문에, 당당하게 얘기하기 시작했다.

你付出了劳动，就应该理直气壮地向老板索要工资。
당신이 일을 했으면, 당연히 당당하게 사장에게 월급을 요구해야 한다.

26 不相上下　bùxiāngshàngxià
막상 막하이다 : 서로 우열을 가릴 수 없다

两个人竞选班长的实力不相上下，大家都在猜最后谁
会获胜。

반장 선거에 나온 두 사람의 실력은 서로 우열을 가릴 수 없어서, 모두들 마지막
에 누가 승리를 거둘 것 인지 예상해보고 있다.

这两种水稻都是优良品种，产量不相上下。

이 두 종의 벼는 모두 우량 품종이어서, 생산량이 막상 막하이다.

27 力所能及　lìsuǒnéngjí
스스로 할 만한 능력이 있다

那些体弱者，在从事力所能及的劳动中，也得到了很
好的锻炼。

그 체력이 약한 사람들은, 스스로 할 수 있는 일에 종사 하는 중에, 좋은 신체 단
련 또한 얻었다.

我们每个人都应该做些力所能及的事，来保护我们的
环境。

우리는 각자 모두 스스로 할 수 있는 일을 해서, 우리의 환경을 보호해야 한다.

28 难能可贵　nánnéngkěguì
(1) 매우 귀하다, 진귀하다　(2) 매우 갸륵(기특) 하다

她带病努力工作，真是难能可贵！

그녀는 아프면서도 열심히 일하는데, 정말 기특하다.

他有两点特别难能可贵之处：才华和动力。

그는 특별히 두 가지 훌륭한 점이 있다: 재능과 원동력이다.

29 苦尽甘来 kǔjìngānlái
고진감래, 고생 끝에 낙이 온다

有人说今天的痛苦是为了明天的丰收，这就叫苦尽甘来。

어떤 사람은 오늘의 고통은 내일의 수확을 위한 것이라고 하는데, 이것을 바로 고진감래라고 부른다

老王辛苦地抚养儿子，现在儿子考上大学了，老王也算苦尽甘来啊。

老王은 고생스럽게 아들을 키웠고, 지금 아들이 대학에 들어가서, 老王도 고생 끝에 낙이 온 것이라 여긴다.

30 锲而不舍 qièérbùshě
새기다가 중도에 그만두지 않는다.
한번 하고자 하는 일은 중도에서 포기하지 않는다.

真的很佩服法国人锲而不舍追求爱情的决心和恒心。

프랑스인이 도중에 포기하지 않고 사랑의 결심과 변하지 않는 마음을 추구하는 것에 정말 감탄한다.

我们在学习上要有锲而不舍的精神，这样才会取得好成绩。

우리는 공부할 때 중도에서 포기하지 않는 정신이 필요한데, 그래야만 좋은 성적을 받을 수 있을 것이다.

31 半途而废 bàntúérfèi
끝을 내지 않고 중도에 그만두다

不论你做什么，都要尽你的全力去做。若是半途而废，那你永远都不可能成功。
낭신이 무엇을 하든지, 전력을 다해서 하세요. 만일 중도에서 포기한다면, 당신은 영원히 성공하지 못할 것입니다.

这项试验一定要搞到底，不能半途而废。
이런 실험은 반드시 끝까지 해야지, 중간에서 포기하면 안 됩니다.

32 雪上加霜　xuěshàngjiāshuāng
엎친 데 덮치다, 설상가상이다

全球金融危机让中国的高等教育更加雪上加霜。
전 세계 금융위기는 중국의 고등 교육을 더욱 악화시켰다.

日子本来就很不好过了，偏偏这时候母亲又病了，真是雪上加霜。
원래 생활이 넉넉하지 못한데다 하필이면 이 때 어머니께서 편찮으셔서, 정말 엎친 데 덮친 격이다.

33 不可思议　bùkěsīyì
상상할 수 없다, 이해할 수 없다, 불가사의하다

猎豹的奔跑速度之快，令人不可思议。
치타의 달리는 속도의 빠르기는 사람이 상상할 수 조차 없게 한다.

一个孩子能独立完成这件事情，真是不可思议。
아이가 이 일을 혼자서 완성할 수 있다는 것은 정말 불가사의하다.

34 莫名其妙 mòmíngqímiào
영문을 모르다, 귀신이 곡할 일이다

他看见我转身就走，真是莫名其妙。

그는 내가 몸을 돌려 바로 가는 것을 발견했는데, 정말 영문을 모를 일이다.

最近，我总是莫名其妙地感觉头晕，应该去医院检查一下。

요즘, 나는 항상 이상하게 머리가 어지러운데, 반드시 병원에 가서 진찰을 좀 받아봐야 할 것 같다.

35 迫不及待 pòbùjídài
절박하다, 더는 기다리지 못하다,
사태가 절박하여 한시도 지체할 수 없다

听说那本小说出版了，他就迫不及待地跑到书店去买。

듣자 하니 그 소설이 출판되었다고 해서, 그는 한시가 급하게 서점으로 뛰어가 샀다.

他一听到这个好消息，就迫不及待地告诉了他的父亲。

그는 이 좋은 소식을 듣자마자, 지체하지 않고 바로 그의 아버지에게 말했다.

36 刻不容缓 kèbùrónghuǎn
잠시도 멈출 수 없다, 한시도 미룰 수 없다

病人的病情刻不容缓，必须马上进行手术，否则有生命危险。

환자의 병세는 한시도 미룰 수 없고, 반드시 곧 수술을 해야지, 그렇지 않으면 생명이 위험하다.

原有的技术已经非常落后了，技术改革刻不容缓。
원래 기술은 이미 아주 낙후되어서, 기술개혁은 한시도 지체할 수 없다.

37 实事求是　shíshìqiúshì
실사구시 : 사실을 토대로 하여 진리를 탐구하다

我们要用实事求是的态度，对待学习和工作。
우리들은 실사구시의 태도로 공부와 일에 임해야 한다.

你应该实事求是反映群众的意见，不要有所保留，这样不利于工作。
당신은 실사구시 적으로 모두의 의견을 반영하고, 조금도 보류해선 안 된다. 이렇게 하면 일하는데 불리하다.

38 齐心协力　qíxīnxiélì
한마음 한 뜻으로 협력하다

只有大家齐心协力，我们才能最终取得胜利。
모두가 뭉쳐지 한마음 한 뜻으로 협력해야만, 우리는 비로소 마지막에 승리를 할 수 있을 것이다.

保护环境不是一个简单的问题，而是要靠大家齐心协力共同努力，才能解决的问题。
환경보호는 간단한 문제가 아니고, 모두의 협력과 함께 노력해야 만이 비로소 해결할 수 있는 문제이다.

39 见多识广　jiànduōshíguǎng
보고 들은 것이 많고 식견이 넓다

她自幼随父亲经商，周游四方，可谓见多识广。

그녀는 어렸을 때부터 아버지가 장사하시는 것을 따라, 사방팔방 돌아다녀, 식견이 넓어졌다고 할 수 있다.

老李工作十年了，在工作方面可是见多识广。
老李는 10년간 일을 하고 있으며, 일 방면에서 식견이 넓다.

40 见义勇为　jiànyìyǒngwéi
정의를 보고 용감하게 뛰어들다

人人都赞美他这种见义勇为的精神。
사람들은 모두 그의 이런 정의롭고 용감한 정신을 찬양한다.

对见义勇为人员实行精神鼓励与物质奖励相结合的原则。
정의롭고 용감한 사람에게 그 정신적인 격려와 물질적인 장려를 결합한 원칙을 실행한다.

41 精打细算　jīngdǎxìsuàn
세밀하게 타산하다, 꼼꼼히 따지다, 정밀하게 계획하다

这个月他通过精打细算节省了一大笔钱。
이번 달에 그는 꼼꼼한 계획을 통해 많은 돈을 절약했다.

许多家庭主妇都是精打细算地过日子。
많은 가정주부는 모두 꼼꼼히 따져가며 생활한다.

42 统筹兼顾　tǒngchóujiāngù
여러 방면의 일을 통일적으로 계획하고 돌보다

无论是在学习中还是在生活中，我们都要统筹兼顾地

做事情。
공부하거나 생활하는 면에서 우리는 모두 계획적으로 일을 해야 한다.

在工作中采用统筹兼顾的科学方法，能达到事半功倍的效果。
일을 할 때 통일적이고 계획적인 과학적 방법을 채택하면, 작은 노력으로 많은 성과를 보는 효과에 이를 수 있다.

43　小心翼翼　xiǎoxīnyìyì
(1) 엄숙하고 경건하다
(2) 거동이 신중하고 소홀함이 없다, 매우 조심스럽다

护士小心翼翼地将病人受伤的手臂包扎起来。
간호사는 매우 조심스럽게 환자의 부상당한 팔을 싸매기 시작했다.

他小心翼翼地打开盒子，看见里面有一件精美的工艺品。
그가 조심스럽게 상자를 열자, 안에 있는 예쁜 공예품 하나가 있었다.

44　一丝不苟　yìsībùgǒu
(1) 조금도 소홀히 하지 않다　(2) 조금도 빈틈이 없다

她一丝不苟地遵照医生嘱咐吃药休息，病渐渐好起来了。
그녀는 소홀히 하지 않고 의사의 지시에 따라 약을 먹고 쉬었더니, 병이 점점 나아지기 시작했다.

他甚至对服装、饰物的选择也一丝不苟。
그는 심지어 옷과 액세서리에 대한 선택마저도 빈틈이 없다.

45 从容不迫 cóngróngbúpò
태연자약하다, 침착하다

我已经养成了凡事从容不迫的习惯。
나는 이미 범사에 침착하게 처리하는 습관을 길렀다.

他讲演经验丰富，每次都是从容不迫地走上讲台。
그는 강의 경험이 풍부해서, 매번 침착하게 강단으로 올라간다.

46 斩钉截铁 zhǎndīngjiétiě
결단성이 있고 단호하다

你的回答应该是斩钉截铁的一个"不"字，不要拖拖拉拉。
당신의 대답은 단호하게 '아니요'라고 해야지, 질질 끌면 안 된다.

他斩钉截铁地说："这事情我来办，大家都回去吧。"
그는 '이 일은 내가 처리할 테니, 모두들 돌아가세요.' 하고 단호하게 말했다.

47 恰到好处 qiàdàohǎochù
꼭 알맞다, 지극히 적당하다

这个花瓶放在这里真是恰到好处。
이 꽃병을 여기에 놓으면 딱 맞겠다.

她是一个说话总能恰到好处的女人。
그녀는 항상 맞는 말만 하는 여자이다.

48 　有条不紊　yǒutiáobùwěn
조리(질서) 정연하다

他们总是有条不紊地干他们的工作。
그들은 항상 조리 있게 그들의 일을 처리한다.

你放心吧，各项工作都在有条不紊地进行着。
안심하세요, 각 항목의 일은 모두 질서 정연하게 진행되고 있습니다.

49 　轻而易举　qīngéryìjǔ
별로 노력하지 않아도 실행할 수 있다,
가벼워서 들기 쉽다: 매우 편하다

如果竞技状态良好，她可以轻而易举地赢得这场比赛。
만일 경기 상황이 좋다면, 그녀는 쉽게 이 시합에서 이길 수 있을 것이다.

以他的技术水平，修理这台机器轻而易举。
그의 기술 수준으로, 이 기계를 수리하는 것은 아주 쉽다.

50 　称心如意　chènxīnrúyì
마음에 꼭 들다, 생각대로 (뜻 한대로, 원한대로) 되다

如今大学毕业能找到一份称心如意的工作很难。。
오늘날 대학을 졸업하고 마음에 드는 직업을 찾기란 아주 어렵다.

他逛了一整天的商场，终于买到了称心如意的礼物。
그는 하루 종일 상점을 돌아다녀서, 결국은 마음에 드는 선물을 샀다.

51 喜闻乐见   xǐwénlèjiàn
듣기 좋아하고 보기 좋아하다

童话是儿童喜闻乐见的文学形式，它对儿童的成长有重要影响。

만화는 어린이들이 좋아하는 문학 형식인데, 그것은 아이들의 성장에 중요한 영향을 준다.

装饰图案的题材多反映人们喜闻乐见的内容，具有清新活泼的生活气息和浓厚的民间色彩。

도안을 장식하는 소재는 사람들이 좋아하는 내용을 많이 반영하여, 참신하고 활기찬 생활의 분위기와 짙은 민간 색채를 가지고 있다.

52 空前绝后   kōngqiánjuéhòu
(너무 특별해서) 비교 대상이 전무후무하다

这次全球性的金融危机是空前绝后的，它波及了全球200多个国家和地区。

이번 세계적인 금융위기는 전무후무한 것이었으며, 전 세계 200 여 개 국가와 지역에 영향을 미쳤다.

这是奥运会后首都体育馆迎来的首次个人演唱会，可谓空前绝后。

이것은 올림픽 후의 수도 체육관에서 맞이한 첫 번째 개인 음악회인데, 전무후무하다고 할 만 하다.

53 **得天独厚** détiāndúhòu
하늘로부터 분부 받은 것이 홀로 두텁다 :
처한 환경(조건)이 남달리 좋다 [사람의 소실이나 토지
의 자연 조건에 대해 쓰이는 경우가 많음]

公司地理位置得天独厚，交通快速便捷。
회사 지리적인 위치는 아주 좋아서, 교통이 신속하고 빠르다.

这里的煤炭资源得天独厚，是我国主要的产煤基地。
이곳의 석탄 자원은 조건이 매우 좋으며, 우리 나라의 주요한 석탄생산기지이다.

54 **供不应求** gōngbúyìngqiú
수요가 너무 많아서 공급이 수요를 따라잡지 못하다

水果供不应求是由于干旱造成的。
과일의 수요 공급이 힘에 부치는 것은 가뭄 때문이다.

这种产品卖得很好，目前市场上出现了供不应求的
状况。
이 상품은 잘 팔려서, 현재 시장에서 수요에 따른 공급이 부족한 상황이 나타났다.

55 **讨价还价** tǎojiàhuánjià
흥정하다

他在买东西时喜欢跟小贩讨价还价。
그는 물건을 살 때 상인과 값을 흥정하는 것을 좋아한다.

他与商人讨价还价了一个小时才买下一块地毯。
그는 상인과 한 시간 동안 흥정을 하고 나서야 카펫 하나를 샀다.

56 兴致勃勃 xìngzhìbóbó
흥미가 솟다, 흥미진진하다

那位收藏家兴致勃勃地谈他最新的发现。
그 수집가는 흥미진진하게 그가 가장 새로운 발견을 했다고 말했다.

我每天晚上都兴致勃勃地阅读当地的报纸。
나는 매일 저녁마다 흥미롭게 현지 신문을 읽는다

57 津津有味 jīnjīnyǒuwèi
(1) 흥미진진하다 (2) 매우 맛있다

他拿起书便津津有味地读起来了，连吃饭都忘记了。
그는 책을 들고 바로 흥미진진하게 읽기 시작했는데, 밥 먹는 것 조차 잊어버렸다.

客人们津津有味地吃着当地的特色小吃。
고객들은 맛있게 현지의 특색 음식을 먹고 있다.

58 东张西望 dōngzhāngxīwàng
여기저기를 두리번거리며 보다

这个女学生提着她的行李，在站台外东张西望，却看不见有接她的人。
이 여학생은 그녀의 짐을 들고, 역 밖을 여기저기 두리번거렸지만, 그녀를 마중 나온 사람을 발견하지 못했다.

考生请注意考场纪律，不要东张西望。
수험생은 고사장 규율에 주의하십시오, 주위를 두리번거려서는 안 됩니다.

59 千方百计 qiānfāngbǎijì
온갖 방법 (백방으로), 계책, 계략을 다하다

我千方百计地想留住他，可是他还是走了。
나는 온갖 방법으로 그를 붙잡아 두려 했지만, 그는 가버렸다.

公司非常重视人才，目前正千方百计地招揽人才。
회사는 매우 인재를 중시하는데, 현재 백방으로 인재를 끌어 모으고 있다.

60 不择手段 bùzéshǒuduàn
수단 방법을 가리지 않다, 온갖 수단을 다 쓰다

他这个人很自私，为了达到自己的目的常常是不择手段。
그는 이기적이라서 자신의 목적을 달성하기 위해서 종종 수단 방법을 가리지 않는다.

有些商家为了谋取利益，不择手段地制造假货，损害消费者的利益。
어떤 상인들은 이익을 취하기 위해 수단 방법을 가리지 않고 가짜 상품을 만들어서 소비자의 이익에 손해를 끼친다.

61 想方设法 xiǎngfāngshèfǎ
온갖 방법을 생각하다

在比赛中，他想方设法使自己表现的更好。
시합 중에 그가 온갖 방법을 생각하는 것은 자신을 더 잘 드러내게 한다.

你要想方设法通过考试，不然你就没有机会了。
당신은 온갖 방법을 다 동원하여 시험을 통과해야지, 그렇지 않으면 기회가 없을 것이다.

62 层出不穷 céngchūbùqióng
끊임없이 나타나다, 꼬리를 물고 일어나다,
차례차례로 나타나서 끝이 없다

最近几年，有关"幸福科学"的研究文章层出不穷。
최근 몇 년 사이에, '행복과학'과 관련된 연구 문장은 끊임없이 나왔다.

随着时代的发展变化，婚礼在演进变异，当今的婚礼花样更是层出不穷。
시대의 변화 발전에 따라, 결혼식은 진화하고 변화하고 있고, 현재 결혼식 형식은 더욱 끊임없이 나타나고 있다.

63 滔滔不绝 tāotāobùjué
끊임없이 흐르다 : 끊임없이 말하다

推销员在销售产品时，滔滔不绝地讲了三十分钟。
외판원이 상품을 판매할 때, 30분간 끊임없이 말을 하였다.

沉默也许并不是智慧，但滔滔不绝是愚蠢的表现。
침묵도 결코 지혜로운 것이 아니겠지만, 그러나 끊임없이 말하는 것은 어리석음의 표현이다.

64 川流不息 chuānliúbùxī
냇물의 흐름이 쉬지 않다 :
(사람과 차들이) 물처럼 끊임없이 오가다

宽阔的林荫道上，汽车川流不息。
넓은 가로수 길에 차들이 끊임없이 오간다.

每到节假日，商场里的人们川流不息，都是来购买节日用品的。

매번 명절이 되면, 상점 안의 사람들은 끊임없이 오가는데, 모두 명절 용품을 사러 온 사람들이다.

65 络绎不绝   luòyìbùjué
그칠 줄 모르다,
(사람, 수레, 배 등) 왕래가 빈번해 끊이지 않다

每年来此游览的各国游客络绎不绝。

매 년 이곳에 여행을 오는 각국의 여행객은 끊이질 않는다.

全聚德闻名世界，来品尝烤鸭的人的络绎不绝。

전취덕은 세계에서 유명해서 오리구이를 먹으러 오는 사람들이 끊이지 않는다.

66 得不偿失   débùchángshī
얻는 것 보다 잃는 것이 더 많다, 수지가 맞지 않다,
혹 떼러 갔다가 혹 붙여오다

这事不值得我们去做，如果做这件事就会得不偿失。

이 일은 우리가 가서 할 필요가 없다, 만일 이 일을 한다면 혹 붙여 오는 격이 될 것이다.

为了经济发展而不顾生态环境保护，到头来只能是得不偿失。

경제 발전을 위해 생태 환경을 보호하지 않으면, 결국에는 어쩔 수 없이 잃는 것이 더 많을 수밖에 없다.

67 丢三落四 diūsānlàsì
이것저것 잘 빠뜨리다, 잘 잊어버리다,
건망증이 심하다

我最近总是丢三落四的，出门不是忘了锁门就是忘了
拿钱。
나는 요즘 깜박깜박하는데, 집을 나설 때 문 잠그는 것을 잊거나 돈을 가지고 나
오는 것을 잊는다.

我们出外旅行时，要将路上需要的东西都准备好，不
要丢三落四。
우리는 여행을 갈 때, 여행에서 필요한 물건을 모두 완벽히 준비해야 하고 이것
저것 빠뜨리면 안 된다.

68 画蛇添足 huàshétiānzú
뱀을 그리는데 다리를 그려 넣다: 쓸데없는 짓을 하다

对于这么漂亮的女孩儿，化妆简直就是画蛇添足。
이렇게 예쁜 여자 아이에게 화장은 정말 쓸데없는 짓이다.

剧作者最后加了一个美满的结局，实在是画蛇添足。
작가는 맨 마지막에 원만한 결말을 보태었는데, 사실 쓸데없는 짓이다.

69 根深蒂固 gēnshēndìgù
뿌리가 깊고 꼭지가 튼튼하다 :
매우 깊이 뿌리 박혀 있다, 고질이 되다

新的政策在当地根本无法实行，因为旧的观念根深
蒂固。
낡은 관념이 매우 깊게 뿌리 박혀 있기 때문에, 새로운 정책은 현지에서 근본적
으로 실행될 수 없다.

民族优越感在他的心里根深蒂固。
민족 우월감은 그의 마음속에 깊이 뿌리 박혀있다.

70 拔苗助长　bámiáozhùzhǎng
(모가 늦게 자란다고 하여) 모를 뽑아서 자라게 하다:
성급하게 일을 서두르다 오히려 그르치다 (망치다)

文化艺术事业不能拔苗助长，不能急于求成。
문화 예술 사업은 서두르다 일을 그르쳐서는 안 되며, 급하게 성공을 바라서는
안 된다.

草会自己生长，如果拔苗助长，它便会死去。
풀은 스스로 자랄 수 있는데, 성급히 모를 뽑는다면, 풀은 바로 죽게 될 것이다.

71 后顾之忧　hòugùzhīyōu
뒷걱정, 이후의 일에 대한 염려

厂里开办了幼稚园，解决了双职工后顾之忧。
공장 안에 유치원을 열어서, 맞벌이하는 직원의 걱정을 해결했다.

公司以员工的安全放在首位，使得公司的员工都能安
心的工作，无后顾之忧。
회사는 직원의 안전을 최우선에 두어, 직원이 안심하고 일을 하게하고 걱정이 없
게 하였다.

72 急功近利　jígōngjìnlì
눈앞의 이익에 눈이 멀다

现在急功近利的年轻人越来越多了，踏实肯干的年轻
人不多了。
현재 눈앞의 이익에 눈이 먼 청년들은 점점 더 많아졌고, 성실한 청년은 많지 않다.

急功近利是医学创新中的一种不良现象，给我国医学
科学的发展带来了十分严重的后果。
눈앞의 이익에 눈이 먼 것은 의학창조 중의 좋지 않은 현상이며, 우리나라 의학
과학의 발전에 매우 심각한 결과를 가져왔다.

73 任重道远　rènzhòngdàoyuǎn
책임은 무겁고 갈 길은 멀다 [일이 중대함을 나타내는 말]

中国是一个发展中国家，消除贫困任重道远。
중국은 개발도상국이라서 빈곤을 없애는데 책임이 막중하다.

中国出版业未来的国际化道路仍任重道远。
중국 출판업의 미래 국제화의 길은 여전히 갈 길이 멀다.

74 肆无忌惮　sìwújìdàn
거리낌이 없다, 제멋대로이다

洪水肆无忌惮地冲毁了人们的家园，许多人无家可归。
홍수는 사람들의 집 정원을 아무렇게나 휩쓸어 버려서, 많은 사람들이 돌아 갈
집이 없다.

恐怖分子肆无忌惮地制造爆炸事件，造成大量的平民
死亡。
테러리스트는 거리낌 없이 폭파사건을 일으켜, 많은 사람들의 사망을 초래하였다.

75 岂有此理　qǐyǒucǐlǐ
어디 그런 법이 있는가? 어찌 이럴 수가 있는가?

岂有此理! 他不说一句话就走，太没有礼貌了。
어떻게 이럴 수가 있지! 그가 한 마디도 하지 않고 가버리다니, 너무 예의가 없다.

岂有此理！你话说得很过分，必须向我道歉。
어떻게 이럴 수가 있습니까！ 당신이 말씀이 지나치셨으니, 반드시 저한테 사과
하셔야 합니다.

76 当务之急 dāngwùzhījí
당장 급한 일, 급선무

控制人口增长速度，提高人们的素质，是我国的当务
之急。
인구증가 속도를 규제하고, 사람들의 수준을 높이는 것은 우리나라의 급선무이다.

目前公司的当务之急是解决资金问题。
현재 회사의 급선무는 자금문제를 해결하는 것이다.

77 各抒己见 gèshūjǐjiàn
제각기 자기 의견을 말하다

对于这个讨论，学生们发言积极，各抒己见，想出了
好多个主意。
이 토론에 대해 학생들은 발표를 적극직으로 하고, 각사 지기 의견을 말해서, 많
은 좋은 방법들을 생각해냈다.

我们会考虑大家的意见与建议，欢迎大家各抒己见。
우리들은 모두의 의견과 건의를 고려하며, 모두가 자신의 의견을 말하는 것을 환
영한다.

78 饱经沧桑 bǎojīngcāngsāng
온갖 경험을 다하다

风风雨雨，一个血气方刚的黑发人已经变成了一个饱

经沧桑的白发老人。
무수한 시련 속에서 한 혈기 왕성한 젊은이는 이미 온갖 경험을 다 한 백발노인이 되었다.

他消瘦的脸上, 露出了饱经沧桑的笑容。
그의 마른 얼굴에는 온갖 경험을 다한 미소가 드러났다.

79 波涛汹涌　bōtāoxiōngyǒng
파도가 출렁거리다, 풍랑이 세차다

这船在波涛汹涌的海面行驶。
이 배는 풍랑이 심한 바다 위를 항해한다.

水闸一开, 几万吨的水波涛汹涌地流向河里。
수문이 열리자마자, 몇 만 톤의 물이 출렁이며 강으로 흘러 들어갔다.

80 归根到底　guīgēndàodǐ
결국은, 끝내, 마침내

这件事归根到底都是我的错, 我会承担责任的。
이 일은 결국은 모두 내 잘못이어서, 나는 책임을 질 것이다.

全球市场范围的激烈竞争, 归根到底还是人才的竞争。
세계 시장 범위의 치열한 경쟁은 결국은 역시 인재경쟁이다.

81 物美价廉　wùměijiàlián
물건도 좋고, 값도 싸다 [상점의 홍보 문구로 많이 쓰임]

物美价廉的商品总是会受到广大消费者的欢迎。
품질이 좋고 값도 싼 상품은 항상 많은 소비자의 환영을 받는다.

这个手提包确实是物美价廉。

이런 핸드백은 정말 품질도 좋고 값도 저렴하다.

82 相辅相成　xiāngfǔxiāngchéng

두 가지 사물이 서로 보충하여 잘 되어 나가도록 하다,
서로 보완하고 도와서 일을 완성하다 : 상부상조하다

服务与文化相辅相成，文化支配着服务，服务又蕴含着文化。

서비스와 문화는 서로 상부상조한다. 문화는 서비스를 지배하고 있고, 서비스는
또 문화를 포함하고 있다.

科学和技术是相辅相成的。

과학과 기술은 서로 상부상조 하는 것이다.

83 兴高采烈　xìnggāocǎiliè

아주 흥겹다, 매우 기쁘다, 신바람 나다,
기뻐 어쩔 바를 모르다

孩子们一听说要放假的消息，兴高采烈地跑回家。

아이들은 방학을 할 것이라는 소식을 듣고, 매우 기뻐하며 뛰어서 집으로 돌아
갔다.

每当"六一"儿童节的时候，孩子们都兴高采烈地欢度着自己的节日。

'6월 1일'어린이 날마다, 아이들은 모두 매우 기뻐하여 자신의 명절을 보낸다.

84 咬牙切齿   yǎoyáqièchǐ
⑴ 이를 부득부득 갈다   ⑵ 몹시 화를 내다

老百姓对敌人恨得咬牙切齿。
백성들은 적을 이를 부득부득 갈 정도로 미워한다.

他咬牙切齿地说：“抓住那个小偷，然后把他交给警察!”
그는 몹시 화를 내며 '그 도둑을 잡으면 그를 경찰에 넘기세요!' 하고 말했다.

85 争先恐后   zhēngxiānkǒnghòu
늦을세라 앞을 다투다 : 모두 경진하다 (앞을 다투다)

这个班级很活跃，学生们都争先恐后地回答问题。
이 반은 매우 활발한 분위기여서, 학생들은 모두 뒤질세라 앞 다투어 문제에 대답을 한다.

孩子们争先恐后地抢到食物，狼吞虎咽地吃起来。
아이들은 앞 다투어 음식을 가로채어, 게걸스럽게 먹기 시작했다.

〈기출 단어정리〉는 5000개 필수단어에는 없지만, 실제시험에는 출제된 독해 4부분의 기출단어만 따로 정리해 놓은 부분입니다. 이 부분의 단어를 포함하여 독해부분을 학습하여 철저히 실전에 대비해 보도록 합시다.

단어	발음	품사와 뜻
得心应手	déxīnyìngshǒu	성 (1) (일이) 마음먹은 대로 되다, 순조롭게 진행되다 (2) 매우 익숙해 있어서 자유자재로 하다
沃土	wòtǔ	명 옥토, 비옥한 땅
豁达	huòdá	형 (성격이) 활달하다, 명랑하다, 도량 (통)이 크다, 확 트이다, 너그럽다
轶事	yìshì	명 일화
唉声叹气	āishēngtànqì	성 (슬픔, 고통, 번민 때문에) 탄식하다
怨天尤人	yuàntiānyóurén	성 하늘을 원망하고 남을 탓하다 ; 모든 것을 원망하다
患得患失	huàndéhuànshī	성 얻기 전에는 얻으려고 노심초사하고 얻은 뒤에는 잃을까봐 걱정하다, 일득일실에 끙끙 앓다, 개인의 이해득실만 따지다
狭隘	xiáài	형 (1) 시세의 폭이 좁다, 협애하다 (2) (마음, 견식, 기량 등이) 좁고 한정되다, 편협하다
隔绝	géjué	동 막히다, 끊어지다, 단절시키다, 차단하다
挣脱	zhèngtuō	동 애써 벗어나다, 필사적으로 벗어나다
公顷	gōngqǐng	양 헥타아르 (hectare)
蓄水	xùshuǐ	동 저수하다
蒸腾	zhēngténg	동 김이 무럭무럭 나다, 열기가 오르다, (기체기) 상승하다
均匀	jūnyún	형 균등하다, 고르다, 균일하다

环抱	huánbào	형 둘러 (에워) 싸다 [주로 자연 경치에 대해 씀]
绿树成荫	lǜshùchéngyīn	녹음이 우거지다
御寒	yùhán	명 방한　동 추위를 막다, 방한하다
辐射	fúshè	명동 방사(하다), 복사(하다)
抵御	dǐyù	동 막아내다, 방어하다
弥补	míbǔ	동 (결점, 결손 따위를) 메우다, 보충하다, 보완하다, 벌충하다
自卫	zìwèi	동 자위하다, 스스로 지키다
章鱼	zhāngyú	명 문어
墨汁	mòzhī	명 먹물
掩盖	yǎngài	동 (1) 덮어씌우다　(2) 덮어 감추다
撤退	chètuì	동 철퇴하다, 철수하다 [군대용어임]
喷射	pēnshè	동 분사하다, 내뿜다
趁机	chènjī	동 (1) 기회를 타다 (이용하다) [주로 부사적으로 쓰임]　(2) 비행기를 타다
愈合	yùhé	명동 (상처가) 아물다
蠕动	rúdòng	동 연동 운동을 하다, 꿈틀거리다
溶解	róngjiě	명동 용해(하다)
孵化	fūhuà	명동 부화(하다)
洞穴	dòngxué	명 (1) (땅이나 산의) 동굴　(2) 터널
无足轻重	wúzúqīngzhòng	성 문제 삼을 만한 것이 못되다, 별로 중시할 것이 못되다, 대수롭지 않다, 보잘 것 없다, 하찮다
乘虚而入	chéngxūérrù	허를 타고 들어오다, 허점을 이용해서 (노리고) 들어오다

吹拂	chuīfú	동 (1) (미풍이) 스치다, 바람에 흔들리다 (2) 남을 거들어 말해주다, 선전하다
津津乐道	jīnjīnlèdào	성 흥미진진하게 이야기하다
红疹	hóngzhěn	명 홍역
束手无策	shùshǒuwúcè	성 속수무책이다, 어쩔 도리가 없다
抑郁	yìyù	형 (불만을 호소할 수 없어) 우울하다, 울적하다, 번민하다
郎中	lángzhōng	명 (1) 낭중 [벼슬이름, 옛날, 주대에 근시를, 한 대에서는 상서랑을 가리킴] (2) 한의사
痊愈	quányù	동 병이 낫다, 완쾌되다
落成	luòchéng	명 동 (건축물을) 낙성(하다), 준공(하다)
夹杂	jiāzá	동 혼합하다, 뒤 섞(이)다
御医	yùyī	명 어의, 시의
纷至沓来	fēnzhìtàlái	성 차례차례로 그치지 않고 계속 오다
供奉	gòngfèng	명 (1) 옛날, 궁중의 예인 (2) 청대에 '南书房'에서 문학 시중을 들던 관직 동 바치다, 공양하다, 모시다
授命	shòumìng	동 (1) 생명을 바치다 (2) 명령을 내리다 [대개 국가 원수가 의회의 다수당 대표에게 조각(组阁)하도록 명령을 내리는 것을 가리킴]
益母草	yìmǔcǎo	명 익모초
特准	tèzhǔn	동 특별히 허가하다
更新换代	gēngxīnhuàndài	낡은 것을 새것으로 바꾸다, 갱신하다
川流不息	chuānliúbùxī	성 (사람과 차들이) 냇물처럼 끊임없이 오가다
遮掩	zhēyǎn	동 (1) 덮어 가리다 (2) (잘못, 결점 등을) 숨기다

如梦初醒	rúmèngchūxǐng	(성) 막 꿈에서 깨어난 것 같다 ; 사리에 어둡다가 방금 깨닫다
视角	shìjiǎo	(명) (1) 시각 (2) (카메라의) 앵글 (3) 시각 [사물을 관찰하는 각도]
激素	jīsù	(명) (1) 호르몬 (2) 격려 요소
浑浊	húnzhuó	(형) (1) 혼탁하다, 흐리다 (2) 어리석다, (머리가) 흐리멍덩하다
抵触	dǐchù	(명)(동) (1) 저촉(되다), (상호) 모순(되다) (2) 위화감을 느끼다
水火不容	shuíhuǒbùróng	물과 불은 섞일 수 없다, 함께 있는 것을 용납하지 않는다 ; 두 사람의 관계가 매우 나쁘다
喜闻乐见	xǐwénlèjiàn	(성) 기쁜 마음으로 듣고 보다 ; 기쁘게 반기다 (환영하다)
演绎	yǎnyì	(명)(동) 연역(하다) [일반적인 원리에서 논리적으로 특수원리를 이끌어내는 진술방법을 말함]
负载	fùzài	(명) 하중, 부하 (동) 등에 지다
混淆	hùnxiáo	(동) (1) 뒤섞이다, 헷갈리다 [주로 추상적인 것에 씀] (2) 뒤섞다, 헷갈리게 하다
地盘	dìpán	(명) (1) 지반, 지구 표면의 단단한 부분 (2) 지반, 세력범위, 근거지 (3) (건물의) 토대, 지반
目光短浅	mùguāngduǎnqiǎn	시야가 좁다
贪图	tāntú	(명) 욕심나는 물건, 욕심부리는 목적물 (동) 욕심을 부리다, 탐내다
价值连城	jiàzhíliánchéng	(물건이) 매우 값지다, 귀중하다

心花怒放	xīnhuānùfàng	廖 마음의 꽃이 활짝 피다 ; 기쁨이 넘치다, 대단히 기쁘다
唇亡齿寒	chúnwángchǐhán	廖 순망치한 ; 입술이 없으면 이가 시리다 [상호 이해가 같은 밀접한 관계를 말함]
豪爽	háoshuǎng	廖 호쾌하고 시원시원하다
消遣	xiāoqiǎn	廖 (1) 심심풀이하다, 한가한 시간을 보내다, 소일하다 (2) 희롱하다
片酬	piànchóu	廖 (영화배우나 탤런트에게 지급되는) 출연료
执导	zhídǎo	廖 연극, 영화감독 (연출)을 맡다
淡化	dànhuà	廖廖 (1) 담수화(하다) (2) (관념, 인식 등이) 희미해지다, 희미하게 하다 (3) 담박화(淡泊化)
大手笔	dàshóubǐ	廖 (1) 대작, 명작, 명저 (2) 문호, 이름난 작가 (3) 돈을 물 쓰듯 쓰는 사람 廖 대규모의 사업을 시작하다
档期	dàngqī	廖 영화를 상영하는 기간
里程碑	lǐchéngbēi	廖 (1) 이정표 (2) 역시상 이정표가 되는 사건, 획기적인 사건
周期	zhōuqī	廖 주기
沉默寡言	chénmòguǎyán	廖 입이 무겁고 말이 적다, 과묵하다
不知所措	bùzhīsuǒcuò	廖 어찌할 바를 모르다, 갈팡질팡하다
释放	shìfàng	廖 릴리즈(release), 배포 廖 (1) 석방하다 (2) (에너지 등을) 방출하다
宣泄	xuānxiè	廖 (1) 물길을 트다, 물을 빼다, 배수하다 (2) 새나가다, 누실되디, 누설하다 (3) 화나 울분을 풀다 (털어놓다)

松弛	sōngchí	웹 (1) (줄이) 늘어지다, 느슨하다, 헐겁다 (2) (관계, 규율, 경계 등이) 해이하다, 무르다, 엄하지 않다 동 느슨하게 하다, 풀다, 이완하다
漠视	mòshì	동 경시하다, 냉담하게 대하다
谨记	jǐnjì	동 잘 기억하다, 새겨두다
封闭	fēngbì	동 (1) 밀봉하다, 봉인하다, 봉하다 (2) 봉쇄하다, 폐쇄하다 (3) 차압하다
牢固	láogù	형 견고하다, 확고하다
斟酌	zhēnzhuó	동 (1) 짐작하다, 헤아리다, 고려하다, 숙고하다, 따져보다 (2) 상의하다, 의논하다
权衡	quánhéng	명 (1) 저울 (2) 권력 동 무게를 달다, 가늠하다, 평가하다
照耀	zhàoyào	동 밝게 비추다, 눈부시게 비치다
不消	bùxiāo	(1) ~할 필요가 없다, ~할 나위가 없다 (2) 견딜 수 없다 (3) 필요하지 않다
附着	fùzhuó	동 부착하다, 틈이 없이 착 붙다, 붙다
属性	shǔxìng	명 속성
混合	hùnhé	명 혼합 동 혼합하다, 함께 섞다
仪表堂堂	yíbiǎotángtáng	풍채가 당당하다
广开言路	guǎngkāiyánlù	성 누구나 다 말할 수 있는 길을 널리 열어주다
疆土	jiāngtǔ	명 강토, 영토
城池	chéngchí	명 (1) 성지 (2) 성(城) (3) 도시
妃子	fēizi	명 임금의 비 (첩)

蒙蔽	méngbì	몡 속임, 기만 됭 (사실을) 감추다, 가리우다, 속이다, 기만하다
劝谏	quànjiàn	됭 (윗사람에게) 충고하다, 간언하다
奶酪	nǎilào	몡 유락
胆固醇	dǎngùchún	몡 콜레스테롤
飞禽	fēiqín	몡 비금, 날짐승, 조류
柔嫩	róunèn	혱 부드럽다, 연하다, 여리다
红润	hóngrùn	혱 (피부가) 볼그스름하다, 볼그레하다, 혈색이 좋다
喧嚣	xuānxiāo	혱 시끄럽다, 소란스럽다 됭 떠들어대다, 시끄럽게 굴다
荤食	hūnshí	고기류의 음식
生猛	shēngměng	혱 (1) 싱싱하다, 생기 있다 (2) 용맹스럽다 (3) 원기왕성하다 (4) 대단하다, 엄청나다
急于求成	jíyúqiúchéng	솅 서둘러 성공을 추구하다
烹饪	pēngrèn	몡됭 요리(하다), 조리(하다) [- 烹调 pēngtiáo]
捷径	jiéjìng	몡 첩경, 빠른 길 (방도)
拯救	zhěngjiù	됭 구(제)하다, 구조 (구출)하다, 건지다, 구원하다
耳熟能详	ěrshúnéngxiáng	솅 여러 번 들어 귀에 익어 자세하게 말할 수 있다
耗油	hàoyóu	됭 기름을 소비(소모)하다
坠毁	zhuìhuǐ	됭 추락하여 부서지다
安然无恙	ānránwúyàng	평안히고 탈이 없다, 무탈하다, 건강하다
介质	jièzhì	몡 매체, 매개체, 매개물

存储	cúnchǔ	몡 축적, 축전, 기억(장치) 동 (1) 저장하다 (2) 저축하다
芯片	xīnpiàn	몡 껍질을 벗긴 골풀 (등심초)
烈焰	lièyàn	몡 맹렬한 불길
眷顾	juàngù	혱 돌봐주다, 관심을 갖다, 돌보다
橱	chú	몡 장롱, 궤짝
问津	wènjīn	동 (1) 나루터가 있는 곳을 묻다 (2) 가격, 상황 등을 묻다 [주로 부정문에 쓰임] (3) 학문의 길을 묻다, 학문의 길에 들다
碰巧	pèngqiǎo	동 마침 잘 되어 가다, 좋은 기회를 만나다 뷔 공교롭게, 때마침, 운 좋게
阔绰	kuòchuò	혱 사치스럽다, 호사스럽다
咋舌	zéshé	동 (놀라거나 두려워서) 말이 나오지 않다, 말을 못하다, 말문이 막히다, 혀가 굳어지다
麦穗	màisuì	몡 (1) 밀, 보리이삭 (2) 털이 보리 이삭처럼 더부룩하게 긴 양가죽
奢侈	shēchǐ	혱 사치하다
吝啬	lìnsè	몡혱 인색(하다)
聚焦	jùjiāo	동 초점을 모으다, 집광하다
倾向	qīngxiàng	몡 경향, 추세 동 마음이 쏠리다, 편들다
一览	yìlǎn	몡 일람, 편람 동 일람하다, 한 번 죽 훑어보다
审视	shěnshì	동 (1) (매우 조심해서) 자세히 (살펴) 보다 (2) 심사하고 주시하다
尽收眼底	jìnshōuyándǐ	셩 (모든 경물이) 한눈에 다 보이다, 한눈에 들어오다

揭	jiē	통 (1) 벗기다, 떼다, 뜯다 (2) (덮어씌운 것을) 열다, 벗기다 (3) 폭로하다, 들추어내다 (4) 높이 들다, 추켜들다, 게양하다 (5) (어깨에) 메다
观摩	guānmó	통 (경험이나 장점을 흡수하기 위해) 서로 (교류하며) 보고 배우다, 견학하다, 참관하다
破格	pògé	형 파격적이다, 예외적이다 통 전례를 깨다, 규약을 깨뜨리다
胶泥	jiāoní	명 점토, 찰흙
精湛	jīngzhàn	형 정밀하고 깊다, (조예가) 깊다, 심오하다, 능란하다
名垂青史	míngchuíqīngshǐ	성 청사에 길이 이름을 남기다
拆卸	chāixiè	통 분해하다, 해체하다
盲从	mángcóng	통 맹종하다, 무턱대고 따르다
一窝蜂	yìwōfēng	벌집하나 ; 벌집을 쑤신 것 같은 소란, 벌 떼 처럼
逐利	zhúlì	통 (장사 따위를 해서) 이익을 추구하다
冒然	màorán	형 경솔하다, 부주의하다
诱发	yòufā	통 (1) 유도 계발하다 (2) (주로 질병을) 유발하다
驱动	qūdòng	명 〈电〉 부팅
地狱	dìyù	명 (1) 지옥 (2) 아주 괴로운 지경
陈词滥调	chéncílàndiào	성 진부하고 상투적인 논조, 케케묵은 소리
亢奋	kàngfèn	통 극도로 흥분하다
蜂拥而上	fēngyōngérshàng	성 벌떼처럼 몰려오다, 쇄도하다
荒谬	huāngmiù	형 티무니없다, 엉터리이다, 황당무계하다
险境	xiǎnjìng	명 위험 지대, 위험한 곳 (처지)

贪婪	tānlán	형 (1) 매우 탐욕스럽다 (2) 만족할 줄 모르다
审时度势	shěnshíduóshì	성 시기와 형세를 판단하다, 시세를 잘 살피다
孵化	fūhuà	명동 부화(하다)
荒唐	huāngtáng	형 (1) 황당하다, 터무니없다 (2) 방종하다, 방탕하다
极品	jípǐn	명 (1) 최상품, 일등품 (2) 최고의 관직
吹嘘	chuīxū	동 (자신이나 다른 사람을) 추켜세우다, 과장해서 말하다, 선전하다
挑逗	tiǎodòu	동 직접거리다, 건드리다, 놀리다, 희롱하다
发誓	fāshì	동 맹세하다
搜寻	sōuxún	동 여기저기 (돌아다니며) 찾다, 물으며 찾다
迄今	qìjīn	부 지금에 이르기까지, 지금까지
陡峻	dǒujùn	형 (지세가) 높고 가파르다, 험준하다
悬崖	xuányá	명 낭떠러지, 벼랑
层叠	céngdié	동 서로 겹치다, 겹겹으로 포개다
殿阁	diàngé	명 (1) 궁전과 누각 (2) 재상
危楼	wēilóu	명 (1) 붕괴 위험 건물 (2) 위루, 매우 높은 누각
凌空	língkōng	동 하늘 높이 오르다, 높이 솟다
汗马功劳	hànmǎgōngláo	(1) 전쟁에서 세운 (큰) 공로 (2) (일정 분야에서의) 공로, 공적, 공헌
承重	chéngzhòng	명동 (1) 하중(을 견디다) (2) 아버지를 일찍 여의고 조부의 상속자가 되다

身不由己	shēnbùyóujǐ	(성) (1) 몸이 자기 마음대로 되지 않다 ; 어쩔 수 없이 (2) 무의식적으로, 자기도 모르게
因地制宜	yīndìzhìyí	(성) 각지의 구체적인 실정에 맞게 적절한 대책을 세우다
小巧玲珑	xiáoqiǎolínglóng	(성) 깜찍하고 정교하다, 작고 깜찍하다
争奇斗艳	zhēngqídòuyàn	(성) 기이함과 아름다움을 다투다
东拉西扯	dōnglāxīchě	(성) (1) 조리 없이 함부로 말하다, 이것저것 말하다 (2) 이곳 저 곳에서 잡아당기다
随心所欲	suíxīnsuǒyù	(성) 자기의 뜻대로 하다, 하고 싶은 대로 하다
闲散	xiánsǎn	(형) (1) 한산하다, 한가하고 자유롭다 (2) (사람이나 자재가) 놀고 있다, 남아 돌다 (3) (직무가) 중요하지 않다
漫不经心	mànbùjīngxīn	전혀 아랑곳하지 않다, 조금도 마음에 두지 않다, 소홀히 대하다
点缀	diǎnzhuì	(동) (1) 점철하다, 단장하다, 장식하다, 돋보이게 하다 (2) 숫자 (머릿수)를 채우다, 구색을 맞추다
空灵	kōnglíng	(형) 변화가 많아 포착하기 힘들다, 시문이 생동적으로 쓰여 진부하지 않다 (명) 동양화에서 여백 처리로 신묘한 뜻을 나타내는 것
浮游	fúyóu	(명) 〈虫〉 하루살이 (동) (1) 떠다니다 (2) 이리저리 돌아다니다
寥寥数笔	liáoliáoshùbǐ	(형) (1) 글을 매우 적게 쓰다, 조금밖에 쓰지 않다 (2) 그림을 매우 적게 그리다
赋予	fùyǔ	(동) (중대한 임무나 사명 등을) 부여하다, 주다

朝气	zhāoqì	뗑 (1) 생기, 패기, 진취적 기상 (2) 아침의 신선한 공기
简练	jiǎnliàn	뼹 간결하고 세련되다, 간단하고 요령이 있다
洞窟	dòngkū	뗑 동굴
逼真	bīzhēn	뼹 (1) 핍진하다, 진실에 거의 가깝다, 마치 진짜와 같다 (2) 똑똑하다, 명확하다
鬼魅	guǐmèi	뗑 귀매, 도깨비와 두억시니 (모질고 악한 귀신의 하나, 야차)
淋漓尽致	línlíjìnzhì	뗀 (글이나 말이) 통쾌하기 그지없다 ; 남김없이 다 드러내다 (표현하다)
纤维	xiānwéi	뗑 섬유(질)
收缩	shōusuō	뗑 (1) 심장 수축 (2) (수족, 관절 등의) 굴곡 뙹 (1) (물체가) 수축하다, 졸아 들다 (2) 축소하다, 줄이다, 좁히다, 오그라지다 (분산하였다가) 집중하다
德高望重	dégāowàngzhòng	뗀 덕성과 명망이 높다
依依不舍	yīyībùshě	헤어지기 서운하다
毫无怨言	háowúyuànyán	한 마디 원망의 말도 하지 않다
传颂	chuánsòng	뙹 전해 내려오며 칭송하다 (되다)
不择手段	bùzéshǒuduàn	수단을 가리지 않다, 온갖 수단을 다 쓰다
驱逐	qūzhú	뙹 구축하다, 몰아내다, 쫓아내다
唾骂	tuòmà	뙹 욕을 내뱉다, 모질게 욕하다
鄙视	bǐshì	뙹 경멸하다, 경시하다, 깔보다
罪魁祸首	zuìkuíhuòshǒu	뗑 두목, 괴수, 장본인
远走他乡	yuǎnzǒutāxiāng	뙹 타향으로 멀리 떠나다, 원정하다, 멀리 도망치다

斩尽杀绝	zhǎnjìnshājué	(성) 깡그리 죽이다, 몰살 시키다
凸显	tūxiǎn	(동) 분명히 드러내다 (나타내다), 분명히 보이다 (드러나다)
大名鼎鼎	dàmíngdǐngdǐng	(명) 명성, 명망
枯竭	kūjié	(형) 고갈되다, 소멸하다, 없어지다
质疑	zhìyí	(동) 질의하다, 질문하다
推崇	tuīchóng	(명)(동) 숭배(하다), 추앙(하다), 추장(하다)
回馈	huíkuì	(명) (1) 피드백 (2) 귀환 (3) 반응 (4) 보답
舱位	cāngwèi	(명) (1) (배, 비행기 등의) 객석, 좌석, 자리 (2) (선실 등의) 공간
幅度	fúdù	(명) (1) 정도, 폭 (2) 사물의 변동 폭
里程	lǐchéng	(명) (1) 이정, 노정 (2) 발전 과정
青黄不结	qīnghuángbùjié	(성) (1) 묵은 곡식은 다 떨어지고 햇곡식이 아직 수확되지 않은 단 경기, 보릿고개, 춘궁기 (2) 인력, 재력, 물자 등의 공백상태
觅食	mìshí	(동) 먹을 것을 찾다, 먹이를 구하다
喜出望外	xǐchūwàngwài	(성) 뜻밖의 기쁜 일을 만나 기뻐 어쩔 줄을 모르다
环顾	huángù	(동) (사방을) 둘러보다
衣食无忧	yīshíwúyōu	입고 먹는데 아무런 근심 걱정도 없다
抉择	juézé	(명)(동) 선택(하다), 채택(하다)
无能为力	wúnéngwéilì	(성) 무능해서 아무 일도 못하다, 일을 추진 시킬 힘이 없다
据为己有	jùwéijǐyǒu	자신이 가졌다고 생각하다
内训	nèixùn	(명) 내훈, 규중의 가르침
慷慨	kāngkǎi	(형) (1) 강개하다 (의기, 정서가) 격앙되다 (2) 기개가 있다 (동) 아끼지 않다, 후하게 대하다

房贷	fángdài	몡 주택구입 융자금
潇洒	xiāosǎ	혱 (모습, 행동 등이) 소탈하다, 말쑥하고 멋스럽다, 시원스럽다, 스마트하다
购置	gòuzhì	통 (장기간 사용할 물건을) 사들이다
沦落	lúnluò	통 (1) 떠돌다, 유랑하다, 영락하다 (2) 몰락하다, 쇠락하다 (3) 전락하다, 타락하다
隐患	yǐnhuàn	몡 잠복해 있는 병, 겉에 드러나지 않은 폐해 또는 재난
日积月累	rìjīyuèlěi	셍 날을 거듭하다, 세월이 쌓이다
亚健康	yàjiànkāng	몡 아직 병은 나지 않았지만, 생리기능 감퇴되고 신진대사기능이 떨어지는 상태 [주로 피로, 가슴이 답답함, 두통, 불면증, 정서불안, 업무효율 저하, 허리와 등이 결림 등의 증상이 나타남]
跽坐	jìzuò	통 꿇어앉다
军姿	jūnzī	몡 군인의 자세
折叠	zhédié	통 접다, 개다, 개키다
玲珑	línglóng	혱 (1) (물건이) 정교하고 아름답다 (2) (사람이) 영리하고 민첩하다 (3) 눈부시게 찬란하다, 영롱하다
奠定	diàndìng	통 다지다, 닦다, 안정시키다
顺理成章	shùnlǐchéngzhāng	셍 (일, 문장 등이) 이치에 맞으면 저절로 되기 마련이다 ; 문장을 쓰거나 일을 하는 것이 조리 있고 분명하다, 조리정연하다
体魄	tǐpò	몡 신체와 정신, 체력과 기백
三棱镜	sānléngjìng	몡 프리즘
光谱	guāngpǔ	몡 스펙트럼, 분광(分光)

冷酷	lěngkù	[형] 냉혹하다, 잔인하다
敬畏	jìngwèi	[명][동] 경외(하다)
忧心忡忡	yōuxīnchōngchōng	근심걱정에 싸이다, 매우 시름겹다
半径	bànjìng	[명] 반경
延伸	yánshēn	[동] (1) 뻗(어 나가)다 (2) (의미가) 확대되다, 확대시키다
极目远眺	jímùyuǎntiào	눈길이 닿는 데까지 멀리 바라보다
虚幻	xūhuàn	[형] 가공의, 비현실적인, 허황한
蒙昧	méngmèi	[형] (1) 미개하다 (2) 우매하다, 몽매하다, 사리에 어둡다
旗帜	qízhì	[명] (1) 깃발 (2) 모범 (3) 기치, 대표적이거나 또는 호소력 있는 어떤 사상, 학술 또는 정치 역량
碌碌无为	lùlùwúwéi	매우 평범하다
匮乏	kuìfá	[형] (물자가) 결핍하다, 부족하다
划破	huápò	[동] 그어 찢다, 째다, 베다
锋利	fēnglì	[형] (1) (공구, 무기 등의) 끝이 날카롭다 (2) (언론, 문장 등이) 예리하다
锯子	jùzi	[명] 톱
螺旋	luóxuán	[명] (1) 나선, 니사 (2) 농기구의 날 (3) (배의) 스크루, (비행기의) 프로펠러
名声大振	míngshēngdàzhèn	명성을 크게 떨치다
蕴藏	yùncáng	[동] 묻히다, 간직해두다, 매장되다, 잠재하다
望尘莫及	wàngchénmòjí	[성] 앞 사람이 일으키는 먼지만 바라볼 뿐 따라가지 못하다 ; 발전이 (진보가) 빨라 도저히 따라잡을 수 없다, 발밑에도 미치지 못하다
蓝图	lántú	[명] (1) 건설 계획, 설계노 (2) 청사진, 미래도

不解之谜	bùjiězhīmí	수수께끼를 풀 수 없다, 문제를 해결할 수 없다
触目惊心	chùmùjīngxīn	성 보기만 해도 몸서리치다, 마음이 아프다
血肉模糊	xuèròumóhu	피와 시체가 모호하다 (1) 격전 또는 격투가 참혹하다 (2) 매우 심하게 다친 것을 형용하는 경우에 쓰임
毫不知情	háobùzhīqíng	전혀 모르다 [= 一点儿也不知道事情]
粗鲁	cūlǔ	형 (성격이나 행동 등이) 우악스럽다, 우락부락하다, 거칠다, 경솔하다
隐蔽	yǐnbì	동 (1) (나뭇가지에) 가리우다, 덮이다 (2) 숨기다, 은폐하다
凹凸	āotū	형 울퉁불퉁하다 명 요철
映射	yìngshè	동 영사하다 , (햇빛이) 비치다, 반사하다
破茧	pòjiǎn	고치 (누에가 실을 토하여 제 몸을 둘러싸서 긴 타원형으로 얽어 만든 집)를 깨다
蝴蝶	húdié	명 나비
阻力	zǔlì	명 (1) 저항(력), 항력 (2) 상해, 장애, 제지, 저지, 억제
苍老	cānglǎo	형 (1) (용모, 목소리 등이) 나이가 들어 보이다 (2) (그림, 필치가) 고아하고 힘차다, 세련되고 웅건하다
润滑剂	rùnhuájì	명 윤활제
天真烂漫	tiānzhēnlànmàn	성 천진난만하다
吻合	wěnhé	동 꼭 들어맞다, 부합하다
游刃有余	yóurènyǒuyú	성 솜씨 있게 일을 처리하다, 힘들이지 않고 여유있게 일을 처리하다 ; 식은 죽 먹기

健谈	jiàntán	혱 입담이 좋다, 능변이다
得心应手	déxīnyìngshǒu	성 (1) (일이) 마음 먹은대로 되다, 순조롭게 진행되다 (2) 매우 익숙해 있어서 자유자재로 하다
沃土	wòtǔ	명 옥토, 비옥한 땅
典故	diǎngù	명 (1) 전고 (2) 이유, 까닭, 사정
豁达	huòdá	혱 확 트이다, (성격이) 활달하다, 명랑하다, 도량 (통)이 크다, 너그럽다
名人轶事	míngrényìshì	명 유명한 사람의 일화
唉声叹气	āishēngtànqì	성 (슬픔, 고통, 번민 때문에) 탄식하다

Me
mO

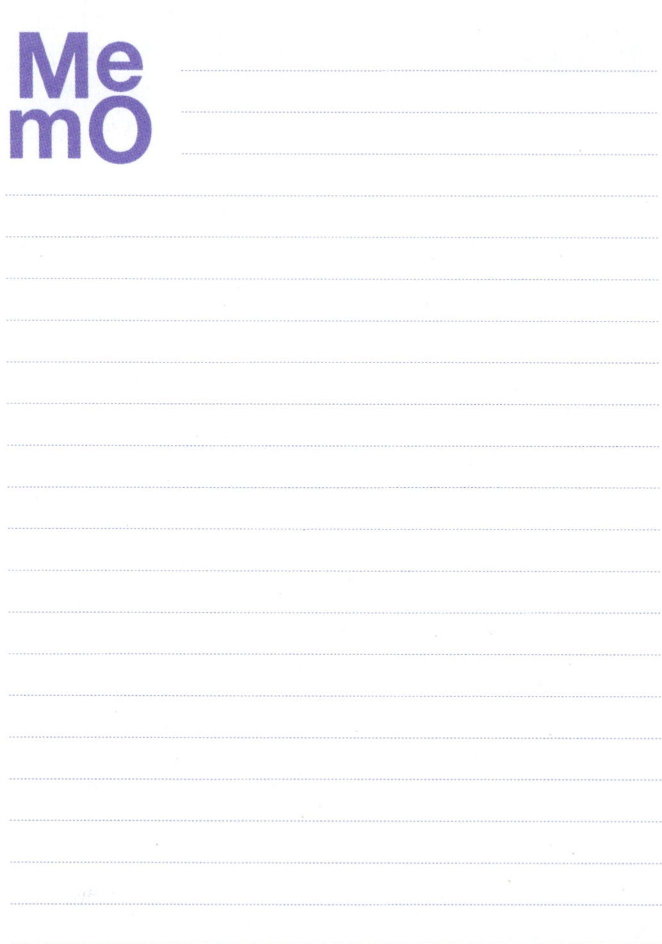